독도 영토주권 연구

● 국제법·한일관계와 한국의 도전 ●

獨島독도
영토주권
연구

박현진 저

景仁文化社

先親 一純 朴在珪 先生의 靈前에 이 책을 바친다.
- '전진' 스케이트, 색동 방패연과 사각(四角) 실패를 추억하며

대한민국 경상북도 울릉군 울릉읍 독도리 지도[1]

독도의 지리적 위치·좌표[2]

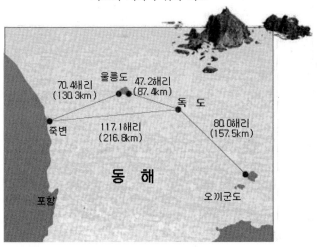

---

1) http://blog.naver.com/damboy/70050776194 (2014. 11. 15 검색).
2) 대한민국 구 해양경찰청 홈페이지, http://www.kcg.go.kr/main/user/cms/content.jsp?menuSeq=530 (2014. 11. 15 검색).

동도 : 동경 131°52′10.4″,　**북위** : 37°14′26.8″

서도 : 동경 131°51′54.6″,　**북위** : 37°14′30.6″

"독도는 북위 37°14′26.8″, 동경 131°52′10.4″(동도 삼각점 기준)에 위치한 우리나라 최동단의 섬입니다. 행정구역상 대한민국 경상북도 울릉군 울릉읍 독도리 1~96번지(101필지)이다. 독도를 기점으로 울릉도와의 거리는 87.4km(47.2M), 울진(죽변)에서는 216.8km(117.1M), 죽변에서 울릉도까지 최단거리 130.3km (70.4M), 독도에서 오키 군도까지(해도상 기점) 최단거리 157.5km(85.0M)이다."

서 문

1953년 제3차 한일회담 당시 구보다(久保田貫一郎) 망언 이후 침략·식민지배를 미화·호도하는 일본 우익인사들의 릴레이 망언 경연은 비단 어제 오늘의 일이 아니다. 또 명성황후 시해, 관동대지진 시 한국인 학살, 종군위안부 강제동원, 강제노동 등 일제(日帝)가 저지른 반인도·반인륜적 만행을 부인·왜곡하거나 침묵으로 일관해 왔다. 2005년 2월 23일 노무현 대통령 재임시에는 다카노 도시유키(高野紀元) 주한일본대사가 광화문 한복판에서 주재국 정부와 국민을 상대로 "독도는 역사적, 법적으로 일본 영토"라고 도발적 망언을 외치는가 하면,1) 2006년엔 일본 조사선이 해양과학조사를 구실로 독도 영해진입을 시도하는 등 일본의 끊임없는 도발을 목도하면서 국제법학도의 한사람으로 참담한 심정을 금할 수 없었다. 또 2008년 이명박정부 시절에는 미국 지명위원회(BGN)가 공식 웹사이트에서 일시적이나마 독도를 주권 미지정 지역으로 공시하는 사건까지 일어났다.

이한기 교수의 『한국의 영토』와 박관숙 교수의 『독도의 법적지위에 관한 연구』가 나온 지 거의 반세기, 진화하는 국제판례와 법리를 반영한 연구가 요구되는 시점에서 그리고 광복 70년이자 을미사변 120년 등 우리 근세사의 파란과 곡절, 영광과 좌절을 올바르게 성찰하고 그 교훈을 내면화·일상화해야 할 시점에서 『독도 영토주권 연구』를 출간하게 되어 감회가 새롭다. 일본의 독도도발과 함께, 1998년 체결된 신한일어업협정상 독도의 법적 지위에 대한 학문적·정치적 논란이 가열되고 심각한 국

---

1) 신용하, 『한국의 독도영유권 연구』(서울: 경인문화사, 2006), 책 머리말.

론분열을 지켜보면서 10년 전 독도연구에 뛰어들게 되었다. 연구과정에서 신용하·송병기·김병렬 교수의 역사적 연구에 힘입은 바 크다.

무릇 출간이란 연구자가 주어진 문제를 대면·천착하여 얻은 분석·통찰 등 내공을 외부로 표출·소통하고, 동시에 동시대 연구공동체의 공개적 검증·평가에 초대하는 하나의 의식이다.[2] 연구자라면 거쳐야 할 관문이며, 통과의례이다. 이 책은 저자가 인생도정에서 경험하고 느꼈던 고민과 성찰, 그리고 학문의 바다에서 만난 많은 동서양 인물·저작과의 직·간접 '대화'[3]에서 배우고 익힌 정보·사실을 바탕으로 저자 나름대로 깨달은 지식을 성실하게 정리·기록·평가하려 노력한 흔적이다. 연구의 진실성·생명력에 대한 궁극적 판단은 후대와 역사의 몫일 것이다. 다만 저자는 단순한 『서방견문록』을 경계하고자 하였다.

이 책은 한국이 신라시대 독도에 관해 본원적 권원을 확립한 이후 독도권원의 역사적 전개·진화·응고과정에 근대 국제법 규칙과 법리를 적용하여 통시적으로 분석하는 역사적·지리적·법적 접근법을 취하였다. 서양 국제법 이론과 영토분쟁을 규율하는 국제판례가 확립하고 있는 규칙·원칙과 학설·법리를 독도문제에 적용, 독도가 역사적·지리적으로는 물론, 실정 국제법상 한국의 고유영토임을 입증·논증하고자 하였다. 궁극적으로 우리의 독도영토권원의 압도적 우월성(overwhelming superiority)을 규명·입증함으로써 독도영토주권을 확고한 기반위에 정립하고 국제사회의 법적 확신을 확산시키기 위해 노력한 흔적이다. 따라서 본서는 기본적으로 한국의 독도주권에 관한 국제법적 연구이다.[4]

---

2) 태사공(太史公) 사마천(司馬遷, 145년?~86년, B.C.)의 『사기』는 저자가 한 인간으로서 겪은 트라우마를 극복하고 자신과의 치열한 대결을 통해 승리한 명품의 감동과 울림을 전달한다. 이는 '절실한 요구'에서 쓰인 역사의 서술이어서 남에게 감동을 주는 것이라 한다. 천관우, 『한국사의 재발견』(서울: 일조각, 1974, 1978), pp.40~41.
3) 본서, 제1장, 13. 기록과의 대면, 과거와의 대화, 참조.
4) 독도문제는 독도의 영유권(*dominium*)과 통치권(*imperium*), 그 영해·영공에 대

독도는 한국 독립의 상징이자 주권 회복의 아이콘이다. 온 국민의 자주독립, 통일조국의 열망과 염원이 담긴 한국의 영예로운 '국민도서'이다. 독도문제의 본질은 단순한 영토문제가 아니다. 양국 간 역사·지리적 문제인 동시에 국제정치적 성격(불법 영토'편입'과 대일강화조약 등)도 포함하고 있는 문제로서,[5] 대일관계 정상화의 시금석이라는 것이 저자의 인식이자 관점이다. 양국은 울릉도쟁계(1693~1699; 제6장)의 결과 거리관습에 따라 울릉도와 그 부속도서 독도에 대한 조선의 영유권에 합의, 독도문제는 당시 불가역적으로 해결된 문제이다.[6] 또 광복 후 연합국최고사령부는 훈령 제677호(SCAPIN 677)를 통해 이를 확인·원상회복시킨 바 있다(제7장).

그럼에도 일본이 1905년 비밀·유사 '편입'을 통한 영토침탈 행위를 근거로 불법 영유권 주장을 계속하고 있는 점에서 독도문제는 본질적으로 왜구, 임진왜란에서 강제병합에 이르는 일본 문화의 습관적·일방적·고질적 공격·약탈·침략성에서 발원하는 과거사의 문제이다.[7] 또 한민족의 역사·문화의 고유·독자성과 정체성(正體性: identity)에 대한 집요·부당한 도전·도발에 관한 역사·문화적 문제이기도 하다. 독도문제는 불행한 역사의 소산으로서 이를 공평한 한일관계로 환원·회복·정상화시키는 문제의 일부이며, 이는 결국 민족사의 정체성 회복의 문제이다.

다른 한편으로 독도문제는 일본이 패전 후 침략의 과거사를 부정 또는

한 주권, 그리고 그 배타적 경제수역(EEZ)에 대한 관할권 문제를 모두 포괄한다는 의미에서 독도 영토주권의 문제로 규정하고자 한다. 다만 본서는 역사적·법적 및 국제정치적 관점에서 주로 한국의 독도의 '영유권'을 입증·논증하기 위한 것이다.

5) 정병준, 『독도 1947 – 전후 독도문제와 한·미·일 관계』(경기 파주: 돌베개, 2010), p.73.

6) 당시 안용복의 안목과 창의적·실증적·실천적 협상방식, 남구만과 숙종의 현실인식·상황판단, 협상전략·협상력은 교훈적이다.

7) 이 점에 관해서는 본서, 제1장, 1. 침략·무력강점의 굴레: 한일 과거사와 영토문제, 각주 2, 참조.

왜곡·호도하면서 일제(日帝) 군국주의의 팽창야욕, '폭력과 탐욕'(카이로 선언)으로 일으킨 불법 영토침탈을 외교적·국제정치적·국제법적 문제(소위 '국제분쟁화')로 변질시키려 기도하고 있는데 기인한다.[8] 일본 제국주의가 자행한 불법행위를 포장·가공하여 대일강화조약(1951) 체결 전후 국제사회를 상대로 부당한 외교·선전전을 전개하고 우리에게 국제사법재판소 제소를 제안한 데 연유한다. 독도문제는 따라서 연구자의 창의적 접근·분석과 합리적 평가, 국민적 공감대 형성에 기초한 법·정책·제도의 수립·집행, 그리고 국제사회·여론의 지지 확보·확산 등 삼위일체적 접근이 중요하다.

이러한 인식에서 본서는 국제법의 관점에서 독도문제의 발단·원인과 전개과정에 역사·지리·국제정치적 관점을 가능한 한 수용·접목하여 통시적·통합적·융합적 접근·분석(diachronic, holistic and inter-disciplinary approach and analysis)을 시도하였다. 법률상 우리의 독도 영토주권을 입증·논증하면서(제2~11장), 광복 70년, 분단 70년을 맞은 현시점에서 역사학도가 아닌 저자가 그동안 우리 역사·사회에 대한 천착을 바탕으로 미래의 국가비전에 대한 고민을 함께 피력하였다(제1, 12~13장).[9] 관련 연구자들과의 교감·소통과 함께 따뜻한 질정을 또한 기대해 마지않는다.

이 책은 독도주권에 대한 법적 논의에 앞서 제1장에서 이를 통시적 관

---

8) 동시에 독도문제는 일제의 한반도 무력강점에 앞선 침탈이라는 점에서 결국 우리 자신의 무기력·무능의 문제로 귀착되는 문제이기도 하다. 또 광복 후 일부 지식인·지도층의 이중적 행태의 소산이기도 하다고 본다. 기득권과 권력다툼에 몰입했던 과거사를 성찰하고, 과오를 되풀이하지 않을 우리의 각오와 실천 의지는 다시 준엄한 시험대에 올라 있다. 과거사 극복·청산은 현세대가 대면하고 있는 현재진행형의 국내외적 도전인 셈이다.

9) 미국의 홈즈 연방대법관은 "법의 역사는 논리가 아니라 경험이었다"라면서, 현재의 법을 이해하기 위해서는 역사와 기존 입법론을 연구해야 한다고 주장하였다. O.W. Holmes, Jr., *The Common Law* (Boston: Little, Brown & Co., 1881, 1938), p.1. 또 "과학사 없는 과학철학은 공허하며, 과학철학 없는 과학사는 맹목적이다." I. Lakatos, "History of Science and Its Rational Reconstruction", in I. Hacking(ed.), *Scientific Revolutions* (Oxford University Press, 1981), p.107.

점에서 과거사를 포함하는 한일관계사의 문제로 접근하면서, 제2~3장에서 울릉도와 독도(울릉군도)의 역사·지리적 사실(인접·부속·통일성)을 법적 분석의 출발점으로 삼았다. 이어 『세종실록』 지리지(1432)의 기록에 입각한 상징적 병합과 수토제도에 입각한 가상적 실효지배의 권원(제4장), 조선 숙종조 일본 덕천막부와 「울릉도쟁계」 과정에서 교환공문을 통한 (약식)조약상의 권원(제5~6장), 광복 후 SCAPIN 제677호(1946)[연합국 공동결정에 의한 한국영토의 원상회복]에 입각한 권원 및 대일강화조약(1951)과 관련한 연합국·일본의 국가실행(동의·승인 또는 묵인 등)에 입각한 권원의 증거(제7~8장)를 규명·논증하고, 독도 관련 각종 지도·해도·수로지의 증거능력·증명력(제9~10장)에 관해 확립된 국제판례에 비추어 한국의 독도주권을 법적으로 정립·입증하려 노력하였다.

제1장과 제12장은 본서를 위해 새로 집필한 것이며, 제2~3장은 발표된 국·영문 논문을 바탕으로 거의 새로 쓴 것이다. 또 결론에 해당하는 제13장은 학술잡지에 게재한 에세이를 확대·증보한 것이다. 그 외에는 학술지 발표 논문을 그 필요와 정도에 따라 수정·보완하였다. 이들 논문·에세이들을 주제·쟁점별로 편제를 나누어 독도연구서로서 체계적 접근·분석에 기초한 일관된 논리를 구축하고자 하였다. 발표 논문들에 대해서는 오자·오류의 시정과 함께, 본문과 각주를 수정·보완 또는 추가하고, 논문 발표 이후 나온 새로운 연구결과를 반영하려 노력하였다. 특히 대일강화조약 관련 제7장은 원고 발표 후 진전된 연구를 반영하여 대폭 확대·보완하였다. 논지의 전개상 일부 중복된 내용이 있다면, 독자들의 양해를 구한다.

산업화와 민주화를 달성한 21세기 초반, 우리는 정보통신혁명과 남북분단이라는 도전 속에서 미·중 간 경쟁이 가열되고 일본이 '정상국가'로 탈바꿈하는 변화하는 현실을 마주하며 사회 모든 분야의 정상화·내실화·선진화라는 오랜 도전에 직면해 있다. 새로운 변혁의 시대의 한가운데에 서서 이 책은 법치사회, 신용사회와 정보화 사회라는 비전을 제시하였다

(제12장). 이러한 비전은 부강한 선진통일조국으로 연결되는 초석이 될 것이다. 다만 이는 '남북전선 이상 없음'을 전제로 하는 것임은 두말할 나위도 없다.

광복 70년 을미년, 그동안의 연구를 바탕으로 단행본을 세상에 전하고 남기게 되어 연구자로서 보람과 행운을 느끼지 않을 수 없다. 나름대로 연구의 정확·엄밀성을 기하려 노력하였지만, 부족함이 적지 않다. 특히 영토분쟁 관련 실체법(판례법) 연구에 비해 국제사법쟁송절차(법) 등에 대한 연구가 미진함을 인정하지 않을 수 없다. 다만 독도주권에 관한 기존 연구를 심화·확대시키고 새로운, 융합적 시각에서 문제에 접근·분석을 시도, 연구의 지평을 확대하고 후속 연구의 디딤돌이자 밑거름이 될 수 있다면 영광이 아닐 수 없다. 앞으로도 우공이산(愚公移山)의 의지와 열정, 절차탁마(切磋琢磨)의 은근과 끈기로 한국의 확정적 독도권원(definitive title)을 입증·논증·추론하여, 독도연구의 학문적 전통과 기반의 확립에 기여하고자 한다.

귀국 후 학문의 도정(道程)에서 예기치 않게 마주쳤던 복선과 복병, 여울과 갈림길, 그리고 굴곡과 고비마다 가족과 주위의 성원, 선배 지식인의 행적[10]은 연구에 일로(一路) 매진토록 인도한 어둠 속 길라잡이 횃불이지 등대였다. 징병·징용을 포함한 2번의 전쟁, 식민지배와 분단·이산과 굶주림 등 격랑의 현대사, 그 소용돌이 속에서도 사랑과 헌신으로 서자를 키워주신 존경하는 부모님, 저자의 이름을 짓고 그 성장·교육에 각별한 관심을 보이셨던 조부 소은(素隱) 박성렬(朴盛烈) 선생, 형제자매와

---

10) 특히 유배된 남해도의 부속도서 노도에서 생을 마감한 서포 김만중, 강진에서 18년 세월을 견뎌내며 실학을 완성한 다산 정약용과 9년간의 서귀포 유배기간 중 「세한도」를 그린 추사 김정희는 강인한 창조적 의지로 불우한 환경을 극복하고 후세에 큰 울림을 남겼다. 다산은 미사여구를 경계하면서, 경전에 대한 저서, "세상을 경륜하고 백성에게 혜택을 베풀어 주는 학문" 그리고 국방 및 기구(機構)에 관한 저서의 중요성을 강조하였다. 정약용, 『유배지에서 보낸 편지』(박석무 편역, 개정 2판, 경기 파주: 창비, 2009), pp.146 & 154.

사랑하는 우경과 지영에 감사한다. 가족의 사랑은 깊은 산속 옹달샘처럼 마르지 않는 원기와 용기를 북돋워 주었다. 이 작은 정성과 결실로 그 사랑과 희생에 보답하고자 한다.[11]

과거와 현재,[12] 도시와 전원,[13] 인간과 자연이 하나로 교감·소통하는 '식물나라',[14] 창의적 도전과 실험정신의 열린 사회,[15] '라운드어바웃'(roundabout: 로터리)의 천국, 그리고 원조 경험론·판례법 국가에서 공부할 도전과 기회를 제공한 영국 외무성(FCO)·문화원에도 감사하지 않을 수 없다. 학문과 일상에서 다양한 접근과 자유로운 사고를 존중·장려하는 문화는 문제의 창의적 해석·해결이라는 앵글로색슨의 전통과 유산을 태동·진화시킨 토양일 것이다. 뉴턴 경(1643~1727)과 다윈(1809~1882)을 배출한 실증적·분석적·귀납적 학문·과학의 원천일 것이다.

대륙의 추상적·연역적 관념론과는 달리, 구체적 사실·사건에 대한 경험(감각·지각)에 기초한 실증적 사유·인식을 중시하는 경험론(empiricism)의 전통은 실험·도전을 일상화하고, 귀납적으로 입증된 가설·명제를 진리로 수용하는 학문·과학적 전통을 확립했다. 명분(이상)과 현실(실리)이 서로

---

11) 일본·일본사에 대한 저자의 이해는 선친과 고 김준엽 선생의 가르침에서 출발한 것이나, 본서의 대일관계에 관한 생각은 온전히 저자의 것이다.

12) 런던 중심부에 위치한 대영박물관(British Museum)을 비롯한 박물관의 나라이기도 한 영국 런던에는 하이드파크 남쪽에 '자연사 박물관'(Natural History Museum)과 '과학박물관'(Science Museum)이 자리잡고 있다.

13) 런던은 거대한 잔디·정원과 공원 속에 파묻힌 도시이며, 영국·영국인의 삶과 역사, 사고와 경험을 품은 도시이다. 한 복판의 하이드 파크, 리젠트 파크에서 남부의 윔블던·리치몬드 파크 외에도 크고 작은 수많은 공유지(commons) 정원·공원이 곳곳에 산재해 있다. 특히 런던 남부 「큐」왕립식물원(Royal Botanic Gardens, Kew: 2003년 세계문화유산 등재)과 햄튼 궁 정원(Hampton Court Palace), 런던 북부 함스테드 히스(Hampstead Heath)와 칼 마르크스의 묘소가 있는 Highgate Cemetery 역시 거대한 녹지 정원이다.

14) 박현진, "일본은 아시아의 영국인가", 한국일보, 2012. 12. 1, p.30 참조.

15) 저자가 유학을 시작한 1980년대 말 런던에서는 이미 보행자보호시설(traffic island)과 버스 전용차로제(bus lane)를 운영·시행하여 선구적으로 보행자의 '보행권'을 보호하고 있었다.

유리(遊離)되지 않고 하나의 사고·인식체계 속에 통합된다. 경험론과 파생상품-산업혁명, 근대 민주주의, 판례법과 법의 지배-은 영국의 등록상표(trademark)이다. 영국의 자부심인 세계기록유산 「마그나카르타」(대헌장: 1215)[16]와 더불어 인류무형문화유산 '등재후보'로 꼽을 만하다.[17]

경험론의 본고장에서 공리주의(utilitarianism)·법실증주의(legal positivism)의 아이콘 벤담(Jeremy Bentham: 1748~1832)을 조우한 경험은[18] 모골이 송연해지는 '섬뜩함' 그 자체였다. 공공장소에 유해의 일부가 포함된 모형 밀랍상을 영국판 '반가사유상'(半跏思惟像)이나 '생각하는 사람'으로 복원·전시하는 문화 자체도 생소한데다 마치 누워 있어야 할 '시신'이 벌떡 일어나 앉아있는 모습을 대하는 기괴한 느낌이었다.[19]

석·박사과정 논문의 엄밀성(thoroughness)·명징성(clarity)·독창성(originality)

---

16) *Magna Carta Libertatum* (Latin for "the Great Charter of the Liberties"). 현존하는 4통의 인증 등본(four exemplifications of the original 1215 charter)은 런던의 영국도서관(British Library)과 링컨·솔즈베리 대성당에 보존되고 있다(the cathedrals of Lincoln and Salisbury), at https://en.wikipedia.org/wiki/Magna_ Carta (2016. 1. 11 방문).

17) 문호 셰익스피어가 형상화시킨 인간의 심연에 관한 깊은 인문학적 상상력은 영국의 문학·연극을 규정하는 고급문화 브랜드이다.

18) 런던대학교 본부대학(University College London) 본부건물 1층 남쪽 회랑 끝에는 벤담의 친구인 스미스 박사(Doctor Southwood Smith)가 그의 유골의 일부를 수습하여 그의 생전의 의복 차림으로 앉아 사색하는 모습을 재현한 밀랍상이 공중전화 부스만한 목제가구 안에 전시되고 있다. 본래 스미스 박사는 벤담의 유언에 따라 그의 실제의 머리를 방부처리하여 몇 년 간 전시하였으나 섬뜩한 (macabre) 모습에 학생들의 괴담이 끊이지 않자 이를 다른 곳에 보관하고, 머리카락 일부를 이식한 밀랍 얼굴로 대체하여 전시하고 있다. See "Jeremy Bentham's auto-icon -University College London", at http://www.ucl.ac.uk/ Bentham-Project/who/autoicon/#will (2014. 11. 6 검색) & http://en.wikipedia. org/wiki/Jeremy_Bentham (2015. 3. 20 검색). 이 밀랍상은 엄격히 일과시간에만 공개되며, 따라서 야간에 이를 대할 일은 없다.

19) 판례법 국가에서 이를 비판하고 제정법 위주의 대륙법을 옹호한 '급진적' 사상을 전개했던 그의 '이단적' 입장과 생애에도 불구하고 '정신의 거인' 벤담의 독창적 기여와 유산은 불문가지이다.

을 지도해 준 런던대학교 본부대학 법학부 Richard Gardiner 교수(국제항공법)와 William Twining 교수(법철학)에 감사드린다. 귀국 후 국제포경위원회(IWC) 연례회의, 유엔식량농업기구(FAO) 수산회의, 유엔총회 수산결의안 채택을 위한 정부 간 회의 등 30여 차례의 국제수산회의·협상 참석을 위촉·지원한 안치국·방종화 사무관, 최국일·서준한 서기관과 김장근·소성권·문대연 박사를 비롯한 해양수산부·국립수산과학원의 관계 공무원 여러분에 감사드린다. 특히 2008년 6월 산티아고에서 열린 IWC 연례회의 기간 중 우리 대표단에 바쁜 시간을 할애해 준 임창순 전 주칠레대사에 감사한다.

국제한국학연구원 최서면 원장, 김국헌 장군, 김영석 전 주이태리 대사와 이순천 전 외교안보연구원장의 관심·배려를 간직하며, 류근하 코리아 헤럴드 주필의 우의(友誼), 한국해양대 총장 박한일 박사의 후의에 감사한다. 연구 초기 외교부 이재완 공사는 연구방향을 제시하고 연구를 지원해 주었다. 경희대 법전원 최승환 교수의 소통·지원에 감사하며, 국제학술대회 발표를 지원한 독도연구소 유하영·김영수 연구위원과 연구자 제위의 발전을 기원한다.

귀국 후 지난 20년 간 현실의 무게와 일상의 피로에서 벗어나 휴식과 평안, 치유와 충전을 선사하는 '화수분'과도 같은 금수강산 산하 - 대관령, 설악산과 동해안, 태백산에서 덕유산·섬진강과 지리산 둘레길, 강진·해남에서 남해도와 통영의 한려수도[20]·한라산까지 - 의 축복 속에서 놀멍쉬멍 연구에 몰입할 수 있었던 행운에 감사한다. 조류와 물살을 거슬

---

20) 영불해협의 해협제도(Channel Islands) 남쪽 프랑스 북서부 브르타뉴(Bretagne) 지방 해안가의 생말로(Saint Malo)의 성곽으로 둘러싸인 구시가지(old town)에서 내려다보이는 비취색 바다 위 옹기종기 떠 있는 카페리·요트의 앙상블은 동화 속 그림엽서(picture-postcard)처럼 평화로운 풍경을 선사한다. http://www.saint-malo-tourisme.com/ (2016. 1. 10 방문). 이곳에서 동쪽으로 약 50km 떨어진 곳에 노르망디(Normandie) 지방의 Le Mont St-Michel 섬이 있으며, 또 그 동쪽 고땅땡(Cotentin) 반도 북단에 쉘부르(Cherbourg)가 있다.

러(against the current) 포식동물이 도사린 폭포를 뛰어오르며 주어진 숙명에 도전, 극복해 나가는 연어의 강인한 생명력과 창의적 적응력, 거대한 백조 무리가 동기화된 도움달리기 군무(群舞)에 이은 비상(飛上)으로 펼치는 감동적 스펙터클과 자연의 섭리[21], 대자연이 지휘·감독·연출하고 항성·행성이 연기하는 우주 파노라마가 선사하는 신비·경이로운 조화와 질서[22]에도 감사한다.

해군 전우이자 인생의 도반(道伴) 진형우 대표의 늘 푸른 우정에 감사하면서, 윤재영 변호사와의 때 이른 작별을 아쉬워하며 그의 학문적 열정과 생전의 후의를 기억하고자 한다. 끝으로 단행본 2권 분량의 이 책의 출간을 허락해 준 경인문화사 한정희 사장, 신학태 기획실장과 김지선 과장, 그리고 조판·편집 및 원고정리를 도와준 한명진·남은혜씨와 관계자 여러분들의 노고에 감사드린다.

갑오년을 뒤로한 을미·병신년 겨울
와룡산 자락 어떤 갠 날

산수(山水) 朴玄鎭 씀

---

21) 본서, 제12장, 각주 4 참조.
22) G. Holst, 「행성」(The Planets), op.32, 특히 제4곡 「목성」(Jupiter).

차 례

[지도/그림]1)

[출전]

제2~3장 "울릉제도의 인접성·통일성과 무인도에 대한 실효지배−상징적 병합과 가상적 실효지배를 중심으로", 독도학회·독도연구보전협회 주최 2013년도 학술대토론회 '국제정세변동 속에서의 한국의 독도수호정책과 일본의 독도침탈정책 실상'(서울 역사박물관, 2013. 10. 11,) 『발표자료집』, pp.75~117.

제 4장 『國際法學會論叢』제58권 제4호(통권 제131호, 2013. 12), pp.103~132.

제 5장 『國際法學會論叢』제58권 제2호(통권 제129호, 2013. 6), pp.95~129.

제 6장 『國際法學會論叢』제58권 제3호(통권 제130호, 2013. 9), pp.131~168.

제 7장 『國際法評論』2008-II(통권 제28호, 2008. 10), pp.125~146.

제 8장 『서울국제법연구』제15권 제2호(2008. 12), pp.149~170.

제 9장 『國際法學會論叢』제52권 제1호(통권 제107호, 2007. 6), pp.89~128.

제10장 『國際法學會論叢』제53권 제1호(통권 제110호, 2008. 4), pp.61~98.

제11장 『國際法學會論叢』제50권 제2호(통권 제102호, 2005. 10), pp.125~156.

제13장 『독도연구저널』(한국해양수산개발원) 제9호(2010 봄), pp.14~19.

---

1) 본서에 수록된 지도·해도들은 독자들의 이해증진을 위해 예시목적으로 제공된 개요도 내지 약도로서, 반드시 정확한 지리적 정보를 표시하고 있는 것은 아니다.

제1부

과거사의 무게와 굴레
그리고 공유와 극복

제1장 일제의 한반도 침략·독도침탈의 서곡 청일, 러일전쟁*

1. 침략·무력강점의 굴레: 한일 과거사와 영토문제

주지하는 바와 같이 일본의 독도침탈은 러일(露日) 전쟁에서 발원한다.[1] 일제의 울릉도·독도 침략은 한반도 침략의 '축쇄판'이자[2] 전주곡이

---

* 제1장은 저자가 2014. 3. 22 한국러시아사학회 주최 국제학술대회['러일전쟁, 110년을 말하다'(동북아역사재단 국제회의실)]에서 행한 환영사("러일전쟁과 독도: 역사적 진실, 울림 그리고 여운")를 바탕으로 2014년 저자가 참여한 국내외 학술활동에서 얻은 경험과 소감을 반영하여 그 논지를 확대하고 본서의 목적에 비추어 새로 쓴 것이다. 특히 2014년 4월초 세계국제법협회(International Law Association: ILA)가 미국 국제법학회(American Society of International Law: ASIL)와 공동으로 '국제법의 실효성'('The Effectiveness of International Law')을 주제로 워싱턴 D.C. 소재 로널드 레이건 빌딩 겸 국제무역 센터에서 일주일 간 개최한 제76차 총회(Biennial Conference) 겸 미국 국제법학회 제108차 연례총회에 참석·논평하고, 동년 5월 30일 제주평화포럼(Jeju Peace Forum)에서 한·일과거사 문제에 관해 지정 영어토론한 내용의 일부(예컨대 제13장, 10. 역사적 이성, 실정법적 정의), 그리고 동년 9월 초 동북아역사재단 독도연구소 후원으로 한국국제해양법학회가 히로시마 시립대학 평화연구소와 히로시마에서 가진 세미나에서 저자가 논평한 내용과 과거사에 대한 일본 학자들의 전반적 인식·태도 및 가치관에서 느낀 소감(제1장, 6. 민족자결권 부정·침략과 평화파괴범에 대한 심판) 등을 여기에 반영하였다.
1) 신석호, "독도소속에 대하여", 『사해』 창간호, 1948, p.89, 90. 러일전쟁 개전 이전 클라우제비츠의 『전쟁론』이 이미 일본어로 번역되어 육·해군 지휘관들에게 이용되고 있었다. M. Howard, "The Influence of Clausewitz", in C. von Clausewitz, On War (edited & translated by M. Howard & P. Paret, N.J.: Princeton University Press, 1984), p.27, 37.
2) 송병기, 『고쳐 쓴 울릉도와 독도』(서울: 단국대학교 출판부, 2005), 서문, p.10.

었다. 19세기 중반 막부통치를 종식시키고 명치유신(明治維新: Meiji Restoration, 1868)으로 근대국가로 탈바꿈한 일본은 후쿠자와 유키치(福澤諭吉, 1835~1901) 등이 내세운 아시아와 결별해야 한다는 '탈아입구'(脫亞入歐)론을 국시(國是)로 1894년 청일전쟁을 일으키고 1895년 4월 17일 하관조약(下關條約: 시모노세키 조약; Treaty of Shimonoseki)을 강요하였다.[3] 1860~1862년 간 3차례에 걸쳐 미국과 유럽을 두루 여행한 후쿠자와는 막부의 봉건질서를 국민주권국가로 변혁시켜 '일본정신의 근대화'를 이끈 인물로 평가되고 있다.[4] 그는 1863년 1월 30일 귀국 후 『서양사정』을 집필, 막부기구의 개혁과 일본의 혁신을 주창했다. 그는 "조선국은 (…) 미개하므로 이를 유인하고 이끌어야 하며, 그 인민 정말로 완고하고 고리타분하므로 이를 깨우치고(…) 끝내 무력을 사용해서라도 그 진보를

독도문제의 국제정치적 성격은 일제가 1904. 2. 23 한일의정서 및 1904. 8. 22 제1차 한일협약을 조선에 강요하고, 동년 8월 러일전쟁 중 독도를 군사점령한 후, 이어 일련의 민관 공모(共謀)과정을 거쳐 1905년 2월 22일 시마네현으로 하여금 독도를 비밀 '편입'하게 하괴본서, 제1장, 제2절 참조, 태프트-가쓰라 밀약(1905. 7. 29)과 제2차 영일동맹(1905. 8. 12)으로 독도 '편입'을 은폐한 후 1905. 11. 17 제2차 한일협약(을사늑약)을 강요하여 조선의 외교권을 박탈함으로써 조선의 항의를 봉쇄한데서 찾을 수 있다. 이어 패전 후 6·25전쟁 기간 중인 1951년 대일강화조약 협상과정에서 일본이 이번에는 무력이 아닌 외교전을 통해 독도를 탈취하려는 야심을 공식화하고 1952년 이후 외교공문을 통해 독도 영유권을 주장하면서 1954년 국제사법재판소 제소를 제안하는 등 독도문제의 2차전이 재개되었다. 정병준, 『독도 1947 – 전후 독도문제와 한·미·일 관계』(경기 파주: 돌베개, 2010), pp.60~64 참조.

3) 이홍장(李鴻章)과 이등박문(伊藤博文)이 체결한 '하관조약'('시모노세키조약')은 제1조에서 청국(양국)은 조선국이 완전한 자주독립국임을 인정하고(1902년 제1차 영일(英日)협약 제1조 참조), 제2조에서 청국은 요동반도(遼東半島: 랴오뚱반도)의 만(灣)의 동부(the eastern portion of the bay of Liaodong Peninsula), 대만(臺灣; Taiwan) 및 팽호도(펑후섬: 澎湖島; Penghu group)를 할양한다고 규정하였다. http://en.wikipedia.org/wiki/Treaty_ of_Shim onoseki (2014. 9. 21. 검색).

4) 이하 Wikipedia, "Fukuzawa Yukichi", at http://en.wikipedia.org/wiki/Fukuzawa_ Yukichi (2015. 1. 24 검색) 참조.

도와야 한다."(1882. 3)고 주장하였다.

후쿠자와는 갑신정변 이후 1885년 3월 16일자 일본의 「시사신보」(時事新報)의 사설을 통해, 일본의 서구문명화와 '탈아'(脫亞)를 주창하면서, "서양문명의 유행은 막을 방도가 없다. 일본은 문명화를 받아들여 아시아에서 새로운 축을 마련했다. 근대화를 거부하는 중국과 조선은 서양이 압박하는 가운데 독립을 유지할 방법이 없다. 일본은 이웃과 헤어져 서양열강과 함께 움직이자. 우리는 마음속에서부터 아시아의 나쁜 친구를 사절해야 한다."며 서구 문물을 적극적으로 수용해야 함을 주장하였다.

1885년 8월 13일 "조선 인민을 위해서 그 나라의 멸망을 축하한다"라는 제목의 기사에서는 "조선 인민을 위하여 조선 왕국의 멸망을 기원한다"면서 "인민의 생명도, 재산도 지켜주지 못하고, 독립국가의 자존심도 지켜주지 않는 그런 나라는 오히려 망해 버리는 것이 인민을 구제하는 길이다."라며 조선 정부를 질타하였다. 조선의 국운이 기울자 그는 '조선의 멸망은 그 나라의 인민을 위해서 축하할 일이다'(朝鮮人民のために其國の滅亡を賀す)라는 글을 발표하여, 저주와 극언을 퍼부었다. 조선병합을 노골적으로 독려하고 부추기는 함성이자 전투구호(battle cry)인 셈이다. 그가 만일 그로부터 꼭 60년 후 일어난 히로시마, 나가사키에 대한 원폭투하의 참상과 일제의 무조건 항복을 목도했다면, 과연 그의 반응이 어떠했을지 자못 궁금하다.

후쿠자와의 극언 후 10년 뒤인 1895년 8월 22일(양력 10월 8일) 주한 일본공사의 교사·지휘아래 경복궁에 난입한 일단의 일본 군인·낭인들이 명성황후를 잔혹하게 시해하는[5] 전대미문의, 전무후무한 그리고 극악무도한 테러 만행을 저질렀다. 일제는 청·일 전쟁 10년 만인 1904년, 이번

---

5) 김영수, 『명성황후 최후의 날—서양인 사바찐이 목격한 을미사변, 그 하루의 기억』(서울: 말글빛냄, 2014); 나홍주, 『민비암살(角田房子 著) 비판』(서울: 미래문화사, 1990). 그는 "백의민족에 관한 일본의 역사 왜곡은 명성황후 시해사건에서부터 비롯되었다"는 부제를 붙이고 있다.

에는 러시아를 상대로 전쟁을 일으켜 굴복시켰다. 3국 간섭으로 요동반
도 반환을 압박했던 러시아에 대한 앙갚음인 셈이다. 일제는 한국병합을
기정사실화하고 러일전쟁 중인 1905년 2월 소위 시마네현 고시 제40호라
는 '유령'문서 한 장으로 은밀히 독도를 '편입'하였다. '편입' 직후, 미·영
과 밀약과 동맹을, 러시아와 강화조약을 체결하며 그들과 대등한 지위를
확보하였다. 청일전쟁으로 요동반도를 빼앗은 후 삼국간섭으로 반환해야
했던 수모를 되갚을 지원군과 안전판도 마련해 둔 셈이다. 1905년 11월
조선에 을사늑약(Ulsa Dictate)을, 1910년 병합조약을 강요하여 조선을 무
력강점하고6) 그 자결권을 박탈하였다. 일제의 침략행진곡이 울려 퍼지고
군국주의 침략 도미노가 쓰나미처럼 아시아 전역을 덮치기 시작했다. 만
개한 벚꽃처럼 '욱일승천'의 기세로 '열강의 반열'에 올라섰다. '대동아공
영'의 중심 일본은 더 이상 극동 '변방'의 이름 없는 섬나라가 아니었다.

사실 19세기 중반까지 조선과 일본의 국력, 특히 군사력은 큰 차이가
없었다. 19세기 중반까지 조선은 집권층의 고집과 오만, 무지와 몽매, 부
패와 무능, 이기적 욕심과 탐욕, 봉건적 특권과 기득권에 대한 집착, 개
혁과 변화에 대한 완고한 저항, 실천적 의지와 지혜7)·판단력의 부족과

---

6) 을사늑약의 경우 지난 1992년 5월 고종 황제의 수결(서명)의 위조사실이 드러
　났으며 이어 1993년 6월 을사늑약의 무효를 선언한 고종 황제의 친서가 발견
　되는 등 을사늑약과 정미조약의 법률적 하자가 밝혀진 바 있었다. 또 1910년
　병합조약 체결 당시 순종 황제가 국민들에게 공표한 칙유문(勅諭文)이 일본에
　의해 날조된 사실이 밝혀졌다. 인터넷 연합뉴스, "한일합방 조약의 무효입증
　의미", 1995. 6. 6.
7) 아리스토텔레스(B.C. 384~B.C. 322)에 의하면 인간의 사고·인식과 행동은 '올
　바른 이성'에서 출발해야 하며, 지식(가르침)은 이미 알고 있는 것들로부터 시
　작한다. 또 학문적 인식이란 엄밀하게 논증될 수 있는 원리, 판단과 지식 등을
　의미하며, '철학적 지혜'는 학문적 인식 가운데 가장 정확한 것으로서, 학문적
　인식과 직관적 지성이 결합된 것이다. 또 '실천적 지혜'(practical wisdom)는 올
　바른, 고귀한 또는 영예로운 일에 대한 철학적 지혜이며 실천성을 동반하는 최
　종적 지혜로 해석된다. 이러한 실천적 지혜는 공동체 구성원 모두에게 유익한
　결과를 가져온다. 아리스토텔레스, 『니코마코스 윤리학』(Ethica Nicomachea,

국가의 미래에 대한 국가비전8) 부재 등 자신의 미래를 선제·주도적으로 개척·건설하지 못하고 유아독존적 고립의 길을 선택했다. 조선 지배층은 과학기술문명의 영향과 효과에 대한 몰이해·인식 부족, 거부감과 저항감, 국제관계에 대한 경직된 사고방식으로 스스로의 미래에 대한 주체적 비전과 개척·실천 의지를 가지지 못했다.9) 개혁의지는 미미했으며 그마저도 국가와 백성보다는 자신과 자신이 속한 당파의 이익을 앞세운 정치투쟁의 수단인 경우가 많았다.10) 일본 역시 막부 270년 간 기본적으로 폐쇄적 사회를 유지하면서도 경제적 측면에서 지역(번; 藩) 간 특화·전문화 등 경쟁이 진행되고 있었으며, 특히 조선, 포르투갈과 네덜란드 등으로부터 꾸준히 문물을 수입하고 있었다. 따라서 새로운 과학기술문명에 대한 열린 수용자세가 차이라면 차이였으며, 바로 이러한 인식과 실천적 자세

이창우 외 옮김, 서울: 이제이북스, 2006), 제6권 제1~13장, pp.203~232 참조. 철학적 지혜는 일반인 또는 학자에게 행복을 가져다 줄 수 있으나[같은 책, p.228], 지도자에게 단순한 철학적 지혜는 무의미하다. 지도자의 덕목이라면 올바른 목적을 적절한 방법으로 행하는 실천적 지혜가 필수적이며, 또 한국의 미래는 이러한 실천적 지혜에 입각한 실천적 공동체의 실현에 있다고 본다. 본서, 제12장, Ⅵ.1 및 제13장, 18. 도덕적 국가, 비도덕적 사회: 한국의 경우, 참조.

8) 여기에서 '국가비전'이란 조선시대 유가(儒家) 경전연구를 통해 국가경영철학을 세우려 했던 경학(經學, Confucian classics)에 해당하며, 그 정치적 실천을 목적으로 하는 학문이 경세학(經世學)이다. 네이버 지식백과 및 정약용, 『목민심서』[1818년(순조 18)] 및 『경세유표』(經世遺表)[(방례초본(邦禮草本), 1817년 (순조 17)] 참조.

9) 『논어』(論語) 학이편(學而篇)의 "학이시습지 불역열호"(學而時習之不亦說乎)에서 '습'(習)은 1. 실습, 실천하다; 2. 날개를 퍼득이다(1. to practice 2. flapping wings)의 의미를 가진다고 한다. 위키피디아, '習', at http://en.wiktionary.org/wiki/%E7%BF%92 (2015. 1. 28 검색). 공자 역시 『논어』(論語)에서 '근본의 확립', '말과 행동의 일치'[학이(學而)편], '말보다 먼저 행동을 앞세울 것'[위정(爲政)편], '말보다 행동을 중요하게 처신하라', '말보다 행동이 민첩할 것'[이인(理仁)편]을 강조하고 있다. 조선 중기의 유학자 남명 조식(南冥 曺植:, 1501~1572)은 퇴계 이황(1501~1570)의 형이상학적 사변론에 반대하면서 의(義)를 실천하는 것을 선비의 궁극적 목표·가치로 삼았다.

10) '대동법'과 '서얼차별금지법' 등은 지배계층의 부정적 개혁·실천의지에 대한 예외일 것이다.

의 차이가 양국의 운명을 갈랐을 것이다.

이러한 배경 하에서 19세기 후반 조선에서는 지배계층은 물론, 농민에 의한 개혁운동이 모두 실패로 돌아가면서 양국의 운명은 갈렸다. 당시 주변 강대국들이 일제의 팽창주의적 한반도·만주 침략에 정면대응을 꺼리고 유화책을 썼던 것도 조선을 하나의 종속변수로 간주한 냉엄한 국제정치의 현실이었다. 히틀러의 침략·팽창에 안일·무기력하게 대응했던 유럽 열강들과 미국도 혹독한 대가를 치러야 했다. 자국의 이익을 위해 일제의 한반도 침략을 묵인하고 그 대가로 일정한 반대급부를 인정받는 비밀거래가 성사되기도 했다. 결국 독도문제는 이러한 한·일 과거사 및 국제관계와 깊이 결부되어 있는 문제이며, 동시에 우리의 영토주권 및 국가안보, 그리고 아시아·국제 평화의 문제를 아우르는 법률(국제법) 상의 문제이기도 하다. 이러한 가운데 맞이한 21세기, 중국의 굴기 등 새로운 국제질서가 형성되고 있는 국제정치 현실에서 통일의 기반을 구축하고, 준비·성취해야 하는 과제는 금세기 우리 민족의 최대의 도전이다.

2. 「편입대하원」(編入貸下願)

일제는 러일전쟁 중 러시아 해군의 움직임을 감시, 견제할 목적으로 독도를 지방행정기관인 시마네현을 시켜 비밀리에 '편입'하고 영토주권국 조선을 비롯한 이해관계 당사국에 전혀 통고하지 아니하였다.[11] 시마

---

11) 독도의 '편입' 시 무주지 '선점론'을 내세우면서 통고를 생략한 것은 당사국과 이해관계국을 자극하지 않으려는 데 기인하는 것으로 해석된다. 태수당 정(太壽堂 鼎), 『領土歸屬の國際法』(東京: 東信堂, 1998), pp.204~206; 허영란, "명치기(明治期) 일본의 영토 경계 확정과 독도-도서 편입 사례와 '죽도 편입'의 비교", 『서울국제법연구』 제10권 1호(2003. 6), p.1, 15, 24~25 & 27~28, 이러한 비밀 '편입'은 바로 그 10년 전 청일전쟁 후 1895년 하관(시모노세키) 조약을 강요하여 요동반도를 할양받았으나, 그러한 조약 내용이 공개되자 곧 러시아,

네현 거주 어로업자인 나카이 요자부로(中井養三郎)는 독도가 한국영토임을 인지·확신하면서도 독도에서의 물개(강치)잡이 독점권을 획득할 상업적 목적으로 정부기관을 접촉, 외무성과 해군성은 그에게 독도를 일본영토로 편입 후 자신에게 대여해 달라는 취지로 서류를 제출하도록 사주·종용하게 된다. 이에 나카이는 1904년 9월 29일 '량고 도(島) 영토편입대하원'을 내무성·외무성·농상무성대신에게 제출하고, 일본정부는 이를 승인하는 형식으로 1905년 1월 28일 내각회의에서 독도가 당시 '무주지'로 간주된다면서 이를 일본영토로 편입하는 결정을 내렸다고 주장한다.[12] 전 세계의 이목이 러일전쟁에 쏠린 틈을 타 은밀하게 소위 내무성 훈령과 1905년 2월 22일 시마네현 고시 제40호를 통해 독도를 '죽도'(竹島)로 명명하고 시마네현 은기도사(隱岐島司) 소관으로 정해 편입하였다는 주장이 일본의 독도침탈의 시발점이다.

일본은 이 때 일방적 독도 '편입'에 대한 조선조정과 국제사회의 반발을 우려하여 이를 '무주지'에 대한 합법적 편입으로 가장하고, 국제사회가 인지하지 못하도록 지방행정기관의 고시라는 은밀한 방식으로 독도를 불법 '편입'하였으며, 조선을 비롯한 주요국에 이를 통고하지 않았다. 이러한 이유로 나이토 교수는 일본의 독도 영유권 주장은 근거 없는 것이라고 반박한다.[13] 특히 나카이의 청원서에는 독도와 울릉도를 돌아보았

프랑스 및 독일의 3국 간섭으로 이를 청국에 반환해야 했던 경험과 무관하지 않아 보인다. See 'Triple Intervention', at http://en.wikipedia.org/wiki/Triple _Intervention (2014. 10. 15 검색).

12) 신용하,『한국의 독도영유권 연구』(서울: 경인문화, 2006), pp.256~262; 송병기,『고쳐 쓴 울릉도와 독도』, 전게각주 2, pp.180~186; 김병렬,『일본군부의 독도 침탈사』(동북아의 평화를 위한 바른역사정립기획단, 2006. 6), pp.110~122; 김 병렬,『명치38년 죽도편입소사』(韓誡 譯, 2006. 12).

13) Seichu Naito, "Tokyo's Dokdo claim is groundless", in The Korea Herald & Park Hyun-jin (eds.),『Insight into Dokdo – Historical, Political and Legal Perspectives on Korea's Sovereignty·(Paju, Kyeonggi-do: Jimoondang, 2009. 4), p.158.

다고만 기술했는데, 일본 내각 결의에는 "나카이라는 자가 1903년 이래 해도(該島)에 이주하여 어업에 종사한 것은 관계서류에 명백한즉, 국제법상 점령(占領)의 사실이 있는 것으로 인정하고 본방(本邦) 소속으로 하였다"라는 구절이 있는 바, "이는 사실의 왜곡임은 물론, 설령 나카이라는 사인(私人)이 독도에 이주하였더라도 국제법상 점유행위로 간주되지는 않는다".14)

3. 비극의 탄생

덕천(德川: 도쿠가와) 막부는 과학적 합리주의의 유입을 제한하였으며, 일본의 토지제도 관련 재산권, 특히 토지를 담보로 한 대출 문제는 20세기 들어 통제 불능상태로 전개되는 등 서구에 비해 상당히 '후진적 사회'였다.15) 다만 270년간의 평화로 축적한 기술력16)과 경제력을 바탕으로 19세기 중반 개항(開港) 후 서양 과학기술은 물론, 법·제도 등 서구 근대국가의 경영 노하우 등을 재빨리 도입·학습하여,17) 계몽군주의 '밝은 정치'(명치: 明治)로 팽창의 인프라를 깔고 주변국을 압박·침략하여 본격적으로 영토 확장에 돌입했다. 일제의 팽창주의는 바로 조선에게 비극의

---

14) 정일영, "독도영유권 연구의 향후 과제", 연세대 동서문제연구원/이준 국제법연구원 주최 '신동욱교수 추모 세미나'(서울: 프레스센터, 2009. 3. 26), 발표 요지, p.4.

15) 윌리엄 번스타인(William Bernstein), *The Birth of Plenty: How the Prosperity of the Modern World Was Created*(2004), 김현구 역, 『부의 탄생』(서울: 시아퍼블리셔스, 2012), p.376.

16) 1868년 명치유신 후 농촌은 잘 훈련된 노동력과 풍부한 수력을 제공했다. 영국이 요코하마와 도쿄 간 일본 최초의 철도를 건설한 지 8년째인 1880년 '농촌산업학교'에서 훈련된 원주민 노동자들은 교토와 오쓰(大津) 간 구릉지에 훨씬 까다로운 철도노선을 깔았다. 번스타인, 상게서, p.375.

17) 번스타인, 상게서, p.376 이하 참조.

탄생을 의미했다. 청일·러일전쟁은 조선왕조에 대한 '장송곡'이나 마찬가지였다. 지리멸렬한 조선 지배층은 구한말에 이르러서는 치매마저 도졌다. 불과 300여 년 전 풍전등화 속의 나라를 구한 전설적 해전은 아득한 과거의 희미한 추억으로 뇌리 속에서 사라진 지 오래였다.[18] 자국 주변 해역에서 일어난 외세 간 힘의 충돌·각축조차 수수방관할 수밖에 없는 한낱 무기력한 장기판 '수졸'의 처지로 전락했다.

조선의 참담한 몰락은 1차적으로 조선 지배층의 책임일 수밖에 없다. 개인주의적 성향의 고집불통 조선지배층은 주변 국제정세에 무관심한데다 국제정세에 아랑곳하지 않고 붕당(朋黨)을 지어 개혁군주에 저항하고 기득권 수호에 몰입했다. 오랜 집단적 권력투쟁으로 국력을 소진한 '식물나라' 조선은 풍신수길(豊臣秀吉:1536~1598) 후예들의 한낱 손쉬운 '먹잇감' 신세로 전락했다. 조선 지도층은 나라의 운명이 백척간두에 걸렸던 7년 전란에 이은 정묘·병자호란의 호된 시련에도 불구하고 절치부심·와신상담은커녕, 그 어떤 유비무환도 오불관언(吾不關焉)이었다.[19] 살신성인,

---

18) 갤리선, 범선에서 증기선, 핵추진 함정 등 군함과 각종 무기체계의 발전·변화 등으로 과거 해전 경험·양식을 '전술적 선례'로 원용하는 것은 불가능하지만, 원칙은 적용조건이 바뀐다고 하더라도 성공을 위해 꼭 지켜야 하는 기준이라는 점에는 변함이 없다. 특히 현재의 해상전투는－전쟁 지역, 전쟁 수행, 양군 병력, 이동의 난이도 등에서 과거의 그것과 차이가 있을 수 있으나, 이는 규모와 정도의 차이일 뿐 작전의 본질(원칙)의 차이는 아니다. 해군작전은 광범위한 작전지역을 망라한다는 점에서, 그리고 해군의 목표·기능, 해군의 집결 지점과 전쟁 전체에 대한 전반적 작전계획을 지원하기 위해 결정해야 할 많은 전략적 요소(항로 확보, 효과적 상선 파괴·방해의 군사적 가치 등)에 있어서 과거 경험과 역사는 영구적 가치를 갖는다. 알프레드 세이어 마한(Alfred Thayer Mahan), *The Influence of Sea Power Upon History 1660~1783*(1890), 김주식 역, 『해양력이 역사에 미치는 영향 1』(서울: 책세상, 1999), pp.43~47.
19) 우리 민족의 정서적·감성적·열정적 성향(소위 '냄비문화'), 그리고 지나친 혈연·연고주의와 지역 이기주의 [소위 '님비'(NIMBY)문화에 비추어, '옹기문화'는 하나의 대안이 될 수 있다. '열정과 신중'(passion and prudence), 온정과 합리를 겸비·조화한 '냉정·침착한 문명'(sober civilization)의 건설, 과학적·실증적·분석적 (특히 연역보다 귀납적) 사고와 현실적·합리적·전략적 결론을 중시·실

진충보국, 국리민복, 보국안민은 과거시험용 사서(史書)나 경전 속에서나 만나는 성현들의 '고리타분한' 가르침이거나 위인들의 행적일 뿐, 입신출세, 사리사욕, 부귀양명, 심지어 지록위마(指鹿爲馬)에 눈 먼 위정자들에겐 쓸데없는 잔소리와도 같았다. 권력과 탐욕, 유아독존적 고집·독선과 파당으로 기득권 유지에 골몰한 양반 관료들에게 헌신과 희생에 입각한 국가비전의 수립과 이를 현실로 바꾸는 실천적 지혜(practical wisdom)는 피안의 무지개였다.

동학농민운동이 내건 '반봉건, 반외세', '보국안민(輔國安民)·제폭구민(除暴救民)'의 개혁비전을 수용할 만한 힘도 의지도 없었던 조선조정은 기회주의적 태도로 이를 진압했다.[20] 행동하는 욕심, 기득권과 현상유지에 급급했던 대안 없는 위선적·고압적·독선적 고집불통 양반들이 바로 조선 위정자의 대부분이었다. 변화의 실체와 내용을 배우고 익혀 적응하는 노력을 기울이기는커녕, 이를(천주교, 서양세력 출현, 동학 등) 배척·탄압하고 관성과 타성, 자만과 오만에 젖어 국정을 농단·사유화하여 외우내환과 자중지란을 자초하였다. '노예'로 전락한 한민족은 국권을 되찾기 위해 혹독한 희생과 대가를 치러야 했으며, 결국 국권을 회복했지만 국토는 분단되고 혈육은 남북으로 격리된 채 이미 70년의 고통을 강요당하고 있다.

천하는 정신문화의 전통을 확립할 필요가 있다. See B. Russell, *A History of Western Philosophy* (1946, 2nd edn., London: George Allen & Unwin, 1961), p.36. 스토아학파의 영향을 받은 경제학의 원조 아담 스미스 역시 자신의 도덕론에서 신중(prudence)의 덕성을 강조하고 있는데, 여기에는 근면과 조심·절제의 의미가 함축되어 있다. A. Smith, *The Theory of Moral Sentiments* (1759; ed. by D.D. Raphael & A.L Macfie, Oxford: Clarendon, 1976), Pt. VI.i.11, IV.2.8 & p.9(Introduction).

20) See the *Beveridge Report: Social Insurance and Allied Services* (1942), pt.7: "The object of government in peace and in war is not the glory of rulers or of races, but the happiness of the common man".

4. 침략의 유전인자

러일전쟁은 일본이 한반도와 만주 및 그 주변해역에 대한 지배권을 놓고 지금으로부터 꼭 111년 전인 1904년 2월 8일 일으킨 동북아 패권전쟁이었다. 1592년 풍신수길이 정명가도(征明假道)를 구실로 일으킨 임진왜란(Hideyoshi invasion)에 이어 약 310여 년 만의 일이다. 내전을 거쳐 막번체제를 종식시키고 왕정복고(王政復古)에 성공한 일본의 군국주의가 근대화라는 수입무기와 대화혼(大和魂)으로 재무장, 한반도 지배와 대륙공격에 나선 침략전쟁(war of aggression)이었다. 기습공격 직후인 1904월 2월 23일 일본은 재빨리 서울에 군사를 진주시키고 「한일의정서」를 강요하여 조선의 영토를 자의적으로 사용할 수 있는 권리를 보장받고 한반도를 전쟁의 후방·보급기지화 하였다. 17세기 초반 후금(後金)이 명(明)을 치기 전, 정묘호란과 병자호란을 통해 자신들의 배후 조선을 침략한 것도 마찬가지 전략과 맥락에서였을 것이다. 흥미로운 점은 17세기 초 막부가 2개 어부 가문에 울릉도 도해면허를 발급했다는[21] 일본 측 기록이 바로 정묘·병자호란 등 외침으로 조선이 국가적 위기에 처해 있던 시기와 거의 겹친다는 사실이다.

특히 러일전쟁은 국지전이 아니라, 국제적 무력충돌이었다. 러일전쟁은 1894년 청일전쟁, 동학운동 탄압과 1895년 명성황후 시해, 1902년 제1차 영일동맹과 1904년 러일전쟁 등 일련의 일제의 군국주의적 침략팽창정책의 연장선상에서 이해되어야 한다.[22] 러일전쟁 종전 직전 일본은

---

21) 후술 본서, 제6장 참조.

22) Sato, Shojin(左藤正人), "Japanese Expansionist Policy and the Question of Tokdo", 『Korea Observer』, vol.29, 1998, p.165; 박현진, "러일전쟁과 독도: 역사적 진실, 울림 그리고 여운", 2014년 한국러시아학회 주최 동북아역사재단 후원 국제학술대회 '러일전쟁, 110년을 말하다'(서울: 동북아역사재단, 2014. 3. 22), '환영사' 삼소. 일본은 1902년 영일동맹으로 안건만을 하보한 후, 1904년 전쟁을 일으킨 바, 여기에는 삼국간섭(Tripartite Intervention)에 의한 굴욕에 대

1905년 7월 미국과 태프트-가쓰라 밀약(Taft-Katsura Agreed Memorandum), 동년 8월 제2차 영일동맹을 체결하여 양국으로부터 조선에서의 우선권을 인정받았다. 이어 9월 미국의 중개(mediation)로 포츠머스 조약 (Treaty of Portsmouth)을 체결, 조선에서의 정치·군사·경제적 우월권과 조선에 대한 지도·보호·감독권, 만주에서의 경제적 이권과 동해 어업권을 보장받고, 배상금 대신 전리품으로 사할린(Sakhalin) 섬의 남쪽 절반을 빼앗았다.[23]

일본의 무력과 강박을 앞세운 밀약·담합과 불평등조약의 강요는 학습한 것이다. 한반도 침략과 강제병합을 주도한 이등박문(伊藤博文: 이토 히로부미)은 본주(本州; 혼슈) 서남쪽 끝 야마구치(山口)현[24] 무사가문 출신으로 개항 직후인 1863~1864년 런던대학교 본부대학(University College London)에 단기간 유학한 바 있다.[25] 이들은 열강들과는 뒷거래를 통하거나 또는 기습공격으로 기선을 제압한 후 조약을 통해 영토를 빼앗았다.[26] 또 약소국에 대해서는 무력 위협·행사를 통해 합법을 가장

한 보복심리가 깔려있었을 것으로 본다. "Triple Intervention", at http://en.wikipedia.org/wiki/Triple_Intervention (2014. 10. 15 방문).

23) "Treaty of Portsmouth", 1905, at http://en.wikipedia.org/wiki/Treaty_of_Portsmouth & http://ko.wikipedia.org/wiki/%ED%8F%AC%EC%B8%A0%EB%A8%B8%EC%8A%A4_%EC%A1%B0%EC%95%BD (2014. 9. 20 검색).

24) 막부 시절 장주번(長州藩; 조슈 번) 또는 하기번(萩藩)이라 불렸으며, 규슈九州 남부의 살마번(薩摩藩: 사쓰마번)과 함께 막부체제 타도의 선봉에 섰다. See http://terms.naver.com/entry.nhn?docId=1165906&cid=40942&categoryId=33414 (2014. 9. 15 검색).

25) 박현진, "만남·교감·울림", 대한국제법학회 제정 현민 국제법 학술상 수상연설 (2014. 1. 10, 단국대 서관); F. Rausch, "Why Did Ahn Jung-geun Kill Hirobumi Ito?", The Korea Times, 2009. 8. 24, at http://www.koreatimes.co.kr/www/news/nation/2009/09/192_50617.html (visited 2014. 10. 26); "Ito Hirobumi", in New World Encyclopedia, at http://www. newworldencyclopedia .org/entry/Ito_Hirobumi (both visited 2014. 10. 26).

26) 예컨대 청일전쟁 후 하관조약에서 랴오둥 반도, 대만과 팽호도를, 그리고 러일 전쟁 후 포츠머스 조약을 통해 사할린 섬의 남쪽 절반을 할양받은 것 등이 그

한 불평등조약을 강요하였다. 또 경우에 따라 종이 한 장에 몇 구절의 문장(영토 '편입' 고시)으로 영토를 취득하거나 빼앗는 간지(奸智)도 서양에서 배운 것이다.[27] 4개 섬에 갇혀 지내기에는 당시 일본의 힘과 기술은 너무 강력했고 그들의 안목과 지략은 아시아 변방에 머무르기엔 너무도 웅대했던 것일까?

5. 러일전쟁: 독도침탈·한반도 침략의 서막

이러한 맥락에서 러일전쟁의 과정과 결과는 독도 및 대한제국의 운명과 관련, 적어도 3가지 의미를 가진다고 본다. 첫째, 일제는 러시아 블라디보스톡 함대의 움직임을 감시하기 위한 독도의 군사전략적 가치를 인식하여 1904년 9월 군함 신고(新高)호를 파견, 망루설치를 위한 예비조사 활동을 벌인 후 이어 1905년 7월 25일 독도망루공사를 개시하였다. 이때 일제는 러시아 함대의 동태 감시를 통한 동해 제해권 확보의 필요성과 중요성, 그리고 군사 감시기지로서의 독도의 전략적 가치를 인식하고 이에 따라 러일전쟁의 혼란을 틈타 독도침탈을 결심, 군사적 목적에서 나카이를 부추겨 침탈을 실행에 옮긴 것으로 해석된다. 러일전쟁은 일본이 청일전쟁으로 빼앗은 요동반도를 러시아 등의 '삼국간섭'으로 반환해야 했던 수모에 대한 보복의 성격이 강하다. 청나라를 굴복시킨 후 아시아 최강국으로 발돋움하는데 최대 장애물이 제정 러시아였으며, 따라서 러시아 블라디보스톡 함대의 활동을 감시할 동해 상 감시기지의 설치는 러일전쟁 승전을 위한 1차적 전략·전술적 과제였다.

둘째, 러일전쟁은 일제의 독도침탈의 출발점이었다. 1905년 1월 여순

것이다. 전게각주 3 참조.
27) 러일전쟁 중 시마네현에 의한 독도 편입 주장은 그 대표적인 사례의 하나이다.

(旅順: 뤼순)을 함락시킨 일본은 1월 28일 소위 내각 결정으로 '독도(일본명 '竹島') 편입을 결정하고 이를 시마네현 지사에 훈령하여 시마네현 지사가 1905년 2월 22일 소위 독도 '편입' 고시를 현보에 게재하였다고 주장하고 있다. 일본 측이 주장하는 비밀 독도 '편입' 고시는 이보다 10년 앞서 청일전쟁 중 첨각(센카쿠)열도/조어도(댜오위다오)를 편입한 정황과 매우 흡사하다는 점을 부인하기 어렵다. 즉 독도편입과 첨각도 편입은 일본의 대외침략과 밀접하게 연관되어 있다.[28] 일본은 이어 11월 대한제국을 강박, 을사늑약을 강요하고 외교적 재갈을 물려 독도침탈에 대한 국제적 호소를 차단하였다. 이와 같이 합법성을 가장한 톱니바퀴와도 같은 일련의 치밀한 대내·외적 조치를 통해 일본은 독도를 강탈하고 한반도에 발을 들여놓았다.

6. 민족자결권 부정·침략과 평화파괴범에 대한 심판

셋째, 러일전쟁 종전 후 대한제국 고종은 1907년 이준 열사 등을 헤이그 만국평화회의에 파견, 일제가 한국민의 의사에 반하여 한반도 침략의 서곡 을사늑약을 강요한 불법·부당성을 세계만방에 고하려 하였으나 뜻을 이루지 못하였다. 이에 대한의군(大韓義軍) 안중근(安重根) 참모중장(1879~1910)은 1909년 10월 26일 오전 9시경 하얼빈 역에서 이등박문을 향해 세기의 총성 3발을 발사하였다.[29] 안중근 의사가 옥중에서 「내가

---

28) 허영란, "명치기(明治期) 일본의 영토 경계 확정과 독도 – 도서 편입 사례와 '죽도 편입'의 비교", 전게각주 11, p.25.

29) 안중근, 『안중근 의사 자서전 – 안중근 옥중 집필』(경기 파주: 범우사, 2000), p.100; 뉴시스, "'안중근 이토암살' 105년 전 LA헤럴드 1면 톱…최초 보도는 AP", 2014. 10. 25, at http://www.newsis.com/ar_detail/view.html?ar_id=NISX 20141025_0013254310&cID=10104&pID=10100(2014. 10. 25 검색). 기사에 의하면 LA Herald는 당시 AP의 일본주재기자가 작성·송고한 기사를 바탕으로 이토

이토를 죽인 15가지 이유」와 미완의 『동양평화론』을 집필한 후,[30] 사형
판결이 선고되자 항소하지 않고 이틀 후인 1910년 3월 26일 순국, 「등신
불」(等身佛)로 소천한 곳이 바로 러일전쟁의 현장인 여순 감옥이란 역사
적 사실도 역사적 울림과 여운을 더해주는 역사적 연결고리라 할 것이
다. 그럼에도 안중근 의사에게 '범죄자', '테러리스트'의 굴레를 씌우려
한 일본 정치지도자에 대해서 황당한 심정을 금할 수 없다.

이 일본 지도층 인사는 왜 수 백만 명을 태평양전쟁에 동원하여 희생
시킨 일왕 히로히토(裕仁: 1901~1989, 재위 1926~1989)의 법적 책임에 대

암살 사건을 "Prince Ito of Japan Assassinated"라는 통단 제목을 달아 1면 톱기
사로 보도했다.

30) 안중근, 상게서, pp.101 & 119; 동아닷컴, "설, 설, 설 안중근 거사 촬영 필름
…"러시아에 사본 있을 가능성, "2014. 3. 26 및" '이토를 죽인 15가지 이유' 안
중근 의거 105년 전 신문 찾았다", 2014. 3. 26; 조선닷컴, "안중근 의사의 '이토
를 죽인 15가지 이유' 보도한 영어매체 기사 첫 발견", 2014. 3. 26; 인터넷 문
화일보, "총맞은 이토 마지막말 "내가 당했어 … 누가 쐈나?"", 2014. 3. 26. 이
들 보도에 의하면 안중근 의사가 의거 후 일본 법정에서 이토 히로부미를 저격
한 15가지 이유를 상세히 보도한 싱가포르의 영자신문 '스트레이츠 타임스'의
기사가 처음으로 발견되었으며, 이 신문은 '하얼빈의 비극'("The Harbin Tragedy-
Assassin's Charges Against the Late Prince Ito")이라는 제하의 기사에서 105년
전인 1909년 12월 2일 5면을 통해 안 의사가 일본 재판관 앞에서 밝힌 이토를
죽인 15가지 이유를 빠짐없이 기술한 바, 여기에는 그동안 알려졌던 것과 일부
다른 내용이 포함돼 있다고 한다. 신문은 사살 후 3주 만인 11월 16일 예비심
문 결과 중죄를 범한 것으로 결론내리고 비공개 재판에 회부키로 했으며, 저격
에 연루된 '공범'이 18세부터 49세까지 모두 8명이라는 내용도 함께 전하고 있
다고 한다. 이 신문은 안 의사가 이토를 죽인 15가지 이유로 '명성황후를 시해
한 죄, 을사늑약을 강제로 맺은 죄, 정미7조약을 강제로 맺은 죄, 정권을 강제
로 빼앗은 죄, 철도·광산·산림·천택을 강제로 빼앗은 죄, 한국인의 권리를 박
탈한 죄, 교육을 방해한 죄, 한국인들을 신문에 기여하지 못하게 한 죄, 한국인
들의 외국유학을 금지시킨 죄, 한국이 300만 파운드의 빚을 지게 한 죄, 현재
한국과 일본 사이에 경쟁이 쉬지 않고 살육이 끊이지 않는데 태평무사한 것처
럼 위로 천황을 속인 죄, 동양의 평화를 깨뜨린 죄, 일본의 보호정책을 호도한
죄, 일본천황의 아버지인 고메이 천황을 죽인 죄, 일본과 세계를 속인 죄'를 적
시했던 것으로 보도했다고 한다.

해서는 애써 함구하는 것일까? 연합국이 설치한 극동(동경)국제군사재판에서 일왕을 전범(戰犯)으로 기소하지 않은 것이 무죄의 증거를 구성한다고 항변하고 있는 것일까?[31] 그렇다면 그는 한국에게 법이 아니라 포장된 힘의 논리를 원용하고 있거나 아니면 미국이 당시 냉전이라는 국제정세변화로 인해 정치·전략적 이유로 일제의 침략범죄·무력강점과 식민지배에 대하여 일제의 항복 후 '관대한 정의'를 집행했던 정치적 결정을 보편적 법의 원칙·정신과 혼동하고 있는 것이다. 실제로 1862년 한 영국인이 규슈 사쓰마(薩摩)번에서 살해된 데 대한 보복으로 영국 군함이 1863년 가고시마(鹿兒島)를 포격하자, 사쓰마 번은 복수 대신 영국에 우호를 청하면서 가르침을 받으려 했다.[32] 이는 고립된 사례가 아니라 다음해 장주번(長州藩; 현 야마구치(山口)현)[33] 시모노세키에서 반복되고 있다.[34] 일본인의 현실적·실리적 사고와 행동을 보여주는 일화이다. 오직 힘을 신봉하며 힘을 근거로 상대에 '합법'을 가장한 법을 강요하지만, 상대를 힘으로 제압할 수 없을 때에는 편리하게 법을 동원한다.[35] 패전

---

31) 일왕 면죄부는 오늘날 일본의 책임회피문화를 조장한 근본원인이라는 해석·평가이다. 패트릭 스미스(P. Smith), *Japan: A Reinterpretation* (1998), 노시내 역, 『일본의 재구성: 현대 일본이 부끄러워하는 진짜 일본』(서울: 마티, 2008), p.287 & 333.

32) 번스타인, 『부의 탄생』, 전게각주 15, p.377.

33) 장주(조슈) 번(藩)은 사쓰마 번과 함께 명치유신의 주체세력이며, 정한론(征韓論)을 주장한 요시다 쇼인(吉田松陰: 1830~1859), 이토 히로부미(伊藤博文), 을미사변을 사주·주도한 이노우에 가오루[정상형(井上馨)] 등이 장주 번 출신이다.

34) R. Benedict, *The Chrysanthemum and the Sword: Patterns of Japanese Culture*(Boston: Houghton Mifflin Co., 1946), 김윤식·오인석 옮김, 『국화와 칼』(제3판, 서울: 을유문화사, 1995), pp.187~188; 번스타인, 『부의 탄생』, 전게각주 15, p.377. 1951년 미일안전보장조약(1960년 미일 상호협력 및 안전보장 조약으로 폐기)은 또 다른 예이다. 반면 1953년 한미상호방위조약은 일제를 패퇴시키고 한반도에 광복을 가져온 국가이자 공산주의 침략군을 함께 격퇴한 국가와의 군사동맹이라는 의미가 있다고 본다.

35) 영국 외교정책의 근간이 계획된 원칙이 아니라 경험주의적, 상업적, 심지어 "기회주의적" 세력(힘의) 균형에 기초한 것이라면, 독일의 외교정책은 전사적

후 연합국 점령당시 점령당국의 요청·지시로 일본 행정부가 제정·시행한 법을 이제 '점령군의 법'으로 용도폐기하는 편리한 사고 역시 일본인의 사고방식의 단면을 보여준다. 생존과 이익은 그 어떤 가치에도 우선하며, 법과 정의는 편리한 그리고 유용한 장식물에 불과하다. 오직 목적이 수단을 정당화한다. 이익이 된다면 무엇인들 마다할 이유가 없다.

일본의 변명은 사실과 상식마저 부정한다. 국제법상 국가의 권리인 민족자결권을 수호하기 위해 침략의 원흉을 사살한 '안중근 의사는 '테러리스트'이고,36) '침략과 만행은 다른 나라들도 저지른 행위이고, 국권회복 투쟁은 불법'인 셈이며, 위안부 강제동원은 없었으며,37) '태평양전쟁은 일본을 옥죄는 서양세력에 맞선 '자위적' 전쟁이었으므로 전쟁책임을 일본에게만 전가하는 것은 부당하고, 진주만 기습은 '실수'였지만 핵무기사용 역시 정당한 것으로 보기 어렵다고 주장하는 셈이다. 일방적, 자의적 변명은 계속된다. 법적으로 볼 때 '남들이 한 일'을 따라했다고 나의 범죄행위에 면죄부가 주어지는가? 아니면 단순한 공범 내지 종범이라고 항

(戰士的), 영웅적, 무사적 또는 군사적 성격을 띠며, "힘의 정치"(Machtpolitik)라고 한다. 즉 영국은 열강들의 이해가 걸린 문제를 다룰 때 처음부터 맺고 끊는 분명한 태도로 선택을 폭을 스스로 제한하는 적극적 행동을 피하는 반면, 독일은 상대에게 신뢰감을 형성하기보다 처음부터 공포감을 불러일으키는 것이 더 중요하다고 생각한다는 것이다. H. Nicolson, *Diplomacy*(1939; 3rd edn., Oxford University Press, 1969), 신복룡 역, 『외교론』(서울: 평민사, 1979), pp.136~138 & 144~148.

36) 이는 형식논리로 포장된 억지이다. "힘없는 정의는 무력하지만, 정의 없는 힘은 폭력"에 불과하다["Justice without might is helpless; might without justice is tyrannical. Justice without might is gainsaid, because there are always offenders; might without justice is condemned. We must then combine justice and might and, for this end, make what is just strong, or what is strong just."], B. Pascal, *Pensées* (1660), 홍순민 역, 『팡세』(서울: 삼성출판, 1976), 제5장 제298절, p.114 & *Pensées*, translated by W. F. Trotter, available at http://folk. uio.no/lukeb/books/theo/Pascal-Pensees.pdf.

37) 인터넷 연합뉴스, "일본정부, 교과서 '군 위안부' 기술 삭제 허용 〈요미우리〉", 2015. 1. 9.

변하는 것인가? 대동아공영을 외치며 아시아 '중심국'으로 그 '해방'을 외치던 일본이 아니었던가? 침략과 식민지배의 본질은, 정도의 차이는 있을지언정, 타민족의 민족자결권을 부정하고 그 주권을 빼앗아 그 국민을 노예로 부리는 데 있다. 게다가 식민지 국민을 징병·징용과 위안부로 전쟁에 동원하여 제국주의적 탐욕과 폭력의 제물로 삼은 것을 당연시한다.

이중적 가치기준으로 타국과 타민족을 노예상태로 지배하면서 그 민족·정체성 말살을 기도한 것은 인본·인도주의에 반하는 범죄행위이다. 자신의 팽창목적을 추구하는 수단으로 타국을 무력강점·식민지배하고, 경제적 착취·수탈의 대상으로 이용한 것은 침략범죄 외 다름 아니다. 근대성(modernity)은 인간 본성과 휴머니즘에 대한 자각에서 출발한다. 상호 존중에 입각한 호혜 관계는 국제관계의 기초이며 그 전제이다. 법적으로 말한다면 동의와 수락에 입각한 자발적 의사의 합치가 국제관계의 기본이 된다. 그럼에도 근대 제국주의는 힘과 폭력에 의존하여 강압적 지배와 탐욕적 착취의 원시적·야만적 질서를 강요하였다. 강요된, '타자의 질서'는 지속될 수 없다. 구소련의 해체는 그러한 명제를 반증한다. 또 반드시 대가가 따르기 마련이다. 제3제국과 나치당의 최후는 그 대표적 사례이다. 또 힘에 의존한 제국의 시간은 유한하다는 것이 역사의 교훈이다.

고려 무신정권의 도방(都房) 방주(房主) 격인 스가 요시히데(菅義偉) 관방장관은 안중근 의사를 심지어 '테러리스트'로 언급하는가 하면, 아베 총리는 안 의사를 '사형 판결을 받은 인물'이라면서, 한반도 침략의 장본인 이등박문(이토 히로부미)는 '고향 조슈(長州)번(현 야마구치 현)에서도 존경받는 인물'이라고 주장한다. 마치 일본이 고대부터 법을 공정하게 시행한 전통에 빛나는 문명법치국가였던 것처럼 쑥스럽지도 않은 듯 말한다.[38] '침략의 원흉'을 마치 노벨평화상 감이라도 되는 듯한 인물로 묘사

38) 인터넷 오마이뉴스, "아베에게 안중근은? "사형판결 받은 인물", 의회 제출 답변서에서 밝혀… "안중근 기념관 개관은 유감'", 2014. 2. 5. 몽테스큐(Montesquieu;

한다. 차라리 '노벨 침략상'이나 '동양평화파괴 대상' 수상자로 선정·시상하는 게 보다 적절하지 않을까? 영국의 식민지배에 대항하여 싸운(미국독립혁명: American Revolution) 조지 워싱턴은 테러리스트였는가? 일본군의 만주 침략과 하와이 진주만 기습은 정당하고 합법적인 무력사용이었다고 주장하는 것인가? 국제법적 관점에서 볼 때 스가 장관의 주장은 을사늑약과 통감부 설치가 정당·적법했다는 가정 내지 전제하에서만 성립할 수 있는 주장이다.

일본이 즐겨 원용하는 당시의 실정 국제법 규칙을 따져보자(소위 시제법). 청일전쟁 후 전술한 하관조약(1895)에서 청국(과 일본)은 조선국이 완전한 자주독립국임을 명시적으로 인정하였으며,39) 3개 주요 연합국 정상들은 카이로선언(1943)에서 일제가 "폭력과 탐욕으로 탈취한" 모든 영토로부터 축출하고, "...한국민의 노예상태에 유의하여 적절한 절차를 거쳐 한국을 독립시킬 것을 결의"하였다.40) 특히 카이로선언을 당시 연합국 전체, 나아가 국제사회의 집단적 의사를 대변한 것으로 간주하는 것은 결코 불합리한 해석으로 볼 수 없다. 이 2개 법률문서는 바로 일제의 한반도 무력강점이 반인도적이며 민족자결권을 부정한 침략행위임을 입

1689~1755)는 일본의 경우 전제주의 하에서 도처에서 공포에 휩싸여 흉포해진 정신을 지도하기 위해 더욱 흉포한 처벌(할복과 같은 극형)로 다스릴 수밖에 없었으며, "이것이 일본의 법의 기원이고 그 정신"이며, "그 법은 힘보다 오히려 분노를 가지고 있었다."고 주장한다. 몽테스큐(Montesquieu), 『법의 정신』(신상초 역, 서울: 을유문화, 1963), pp.106~107.

39) Article 1: "China recognizes definitively the full and complete independence and autonomy of Korea, and, in consequence, the payment of tribute and the performance of ceremonies and formalities by Korea to China, that are in derogation of such independence and autonomy, shall wholly cease for the future.", at https://en.wikipedia.org/wiki/Treaty_of_Shimonoseki (2015. 12. 22 검색).

40) "...The aforesaid three great powers, mindful of the enslavement of the people of Korea, are determined that in due course Korea shall become free and independent.", at https://en.wikipedia.org/wiki/Cairo_Declaration (2015. 12. 22 검색).

증하는 국제적 문건이 아닐 수 없다. 대한의군(義軍)의 고위 간부가 자국의 민족자결권을 박탈하고 무력병합을 시도하는 침략국의 요인을 사살한 것은 국제법상 정당·적법한 민족해방투쟁의 일환이다. 국제 자살폭탄테러의 원조는 바로 태평양전쟁 말기인 1944년 11월 일제가 비관적인 전황을 반전시키기 위혜 도입한 인간폭탄 자살특공대, 즉 공중·수중(인간어뢰) 가미카제(神風)에서 기원한다는 사실에 왜 애써 시치미를 떼는 것일까? 특히 인간어뢰는 아마도 역사상 그 어느 민족도 일찍이 상상하지 못했던 잔인하지만 '독창적'인 발명품이 아니었을까.[41]

7. 안중근 의거와 '법의 지배'

보편적인 가치관과 역사관, 또는 미래지향적 선린우호관계 등에 대해서는 일단 차치해 두자. 법적으로 말한다면 안중근 의사는 1909년 10월 26일 만주 흑룡강성 하얼빈 역에서 대한의군 참모중장의 자격으로 한민족의 실정법상의 권리인 민족자결권(民族自決權)을 부정하고 동양평화를 파괴한 적국(敵國)의 원흉 이등박문(伊藤博文)을 사살한 것이다.[42] 당시 이토는 러시아 재무장관을 만나기 위해 열차편으로 하얼빈 역에 내리자마자 기다리고 있던 안 의사의 총격 3발로 현장에서 사망했다. 법직으로

---

41) 가미카제의 경우, 연합국(국민)에 충격과 공포심을 야기하기 위한 일본(군부)의 의사는 충분히 입증될 수 있지만, '민간인'을 포함한 불특정다수를 살상할 의도가 있었던 것으로 해석하기는 어렵다는 점은 인정된다.

42) 국제연합헌장 제55조는 주권평등과 민족자결의 원칙을 명문으로 규정하고 있으며, 1951년 조인된 대일강화조약 전문 역시 주권평등의 원칙을 천명하면서(제1항), 국제연합헌장 제55조를 언급하고 있다(제2항). 제1차 세계대전 후 1919년 파리강화회의에 영국대표단의 일원으로 참가했던 카아(Carr)는 민족자결원칙을 무시하고 유럽의 지도를 다시 그리는 것은 위험하다는 것이 역사의 교훈이라는 통찰을 남겼다. E.H. Carr, *What is History?* (London: Macmillan, 1961, Penguin Books, 1964), p.67.

볼 때, 우선 1905년 이미 이등박문에 의해 외교권을 박탈당한 대한제국
이 1909년 안 의사의 의거 당시 일본에 대해 전쟁을 선포할 국제법적 지
위를 가졌거나 입장에 있지 않았음은 명백하다. 의거 당시 대한제국이
비준하였으며, 또 일본에 대해 발효한 1899년 「육전의 법 및 관습에 관
한 협약」(헤이그 제2협약)[43]은 1864년 제네바 협약 규정을 포함, 포로의
지위와 대우에 관한 관습법화 된 규범을 담고 있다. 동 협약 제1장(교전
자의 자격) 제1조에 의하면 "전쟁법 및 전쟁의 권리와 의무는 군대에 적
용될 뿐만 아니라 다음 조건[44]을 구비하는 민병 및 의용병단에도 적용된
다"고 규정하면서 "민병 또는 의용병단이 군의 전부 또는 일부를 구성하
는 국가에 있어서는 이들도 군대라는 명칭 중에 포함된다"고 규정하고
있다. 대한제국은 1903년 헤이그 제2협약 가입서를 네덜란드에 기탁하였
으므로 등 협약은 대한제국에 대하여 발효한 것이나, 1905년 을사늑약
(Ulsa Dictate)으로 일제가 대한제국의 외교권을 불법 박탈한 것이므로,

---

43) Convention with Respect to the Laws and Customs of War on Land(Hague II),
1899. 7. 29 헤이그에서 작성, 1900. 9. 4 발효. Wikipedia, "Hague Conventions
of 1899 and 1907", at http://en.wikipedia.org/wiki/Hague_Conventions_of_
1899_and_1907 (2015. 3. 25 검색). 대한제국은 1903. 3. 17 가입서를 기탁하여
1986. 8. 8 대한민국에 대하여 발효하였다(조약 제886호). 국가법령정보센터,
at http://www.law.go.kr/trtyInfoP.do?mode=4&trtySeq=287& chrClsCd=010202
(2015. 3. 25 검색). 일본은 1899. 7. 29 서명 및 1900. 6. 10 비준하였다.

44) "1. 부하에 대하여 책임을 지는 자에 의해 지휘될 것 2. 멀리서 식별할 수 있는
특수한 휘장을 부착할 것 3. 공공연히 무기를 휴대할 것 4. 작전수행에 있어서
전쟁의 법 및 관습을 준수할 것"이 그것이다. 여기에서 "멀리서 식별할 수 있는
특수한 휘장을 부착할 것"이라는 조건과 관련, 의거 당시 안 의사가 그러한 휘
장을 부착했는지의 여부는 확실하지 않다. 이러한 교전자의 자격 및 조건은
1907년 「육전의 법 및 관습에 관한 헤이그 제4협약」 부속서Convention
Respecting the Laws and Customs of War on Land, with Annex of Regulations
Respecting the Laws and Customs of War on Land), 제1조에서 반복되고 있다.
만일 안 의사의 전투원 자격을 문제 삼아 안 의사에게 '테러리스트'라는 억지
굴레를 씌운 것이라면, 과연 명성황후를 시해한 '문명국' 일제의 야수만도 못한
외교관·낭인들에 대해서는 또 어떤 아전인수 변명과 변호를 궁리하고 있을지
자못 궁금하다.

1909년 안 의사에 대한 관할권을 행사한 일본이 동 협약을 준수할 의무를 졌다고 해석된다. 즉 일제는 안 의사에 포로로서의 지위를 인정하고 그렇게 대우했어야 한다. 헤이그 제2협약 상 대한의군 참모중장 안중근 의사가 민족자결권에 입각, 민족해방투쟁의 일환으로 행한 이토 사살에는 위법성이 없으며(위법성조각사유), 안 의사가 포로의 지위를 요구한 것은 정당했다.[45]

보다 구체적으로 1) 안 의사는 항일 의병대의 지휘관으로서 일본의 불법 무력위협·사용 및 침략행위에 대해 급박·비례성의 원칙에 따라 그에 상응하는 무력을 사용한 것이며; 2) 당시 흑룡강(헤이룽장)성 하얼빈 역에서 안 의사를 체포한 러시아가 형사(재판)관할권을 행사하지 않고 일본에 넘겨 재판토록 한 것이 당시 관련 국제법 규범에 부합하는 행위였는지 의심스러우며; 3) 안 의사는 당시 대한의군 참모중장으로서 체포된 후 자신에게 「만국공법」(law of nations=국제법)을 적용, 포로로 대우할 것을 요구하였으나 일제가 1910년 2월 14일 뤼순 관동도독부 지방법원에서 안 의사에 대해 형사법에 따라 '살인범'으로 사형선고를 내린 것은 당시 국제법 위반으로 해석되며; 또한 4) 순국 후 일제가 안 의사의 유해를 유족들에게 인도하지 않은 것도 인도주의에 반한 불법이 아닐 수 없다.[46]

특히 일본은 안중근·윤봉길 의사에 대한 형사관할권(재판권) 행사 그

---

45) 1949년 제네바 협약(제3협약)[제4조 제1항]과 1977년 제1의정서[제1조, 제4항]는 이를 확인하고 있다.

46) See the Martens Clause, as enshrined in the preamble to the Hague Convention II- Laws and Customs of War on Land(1899. 7. 29) and in the Laws and Customs of War on Land (Hague IV)(1907. 10. 18). 마르텐스 조항은 '이 조약에 포함되지 않은 사안에 있어서 민간인과 전투원은 문명국이 확립하고 있는 관행, 인도주의 원칙과 공공의 양심으로부터 유래하는 국제법 원칙의 보호를 받는다고 선언한다'는 내용으로 되어 있다. https://en.wikipedia.org/wiki/Martens_Clause (2016. 1. 20 검색). See also Lee Jang-Hie, "Some International Legal Evaluations on Ahn Jung-geun's Judidial Trial", 『Korean Yearbook of International Law』, vol.2(2015), p.17.

리고 기소·처형하는데 적용한 자신들의 법은 적법하다는 아전인수격 이 중기준으로 법을 자의적으로 재단한다. 또 명성황후를 시해하고,[47] 유해 를 훼손한 극악무도한 자국 '외교관'과 낭인·폭도들을 히로시마 재판소 에서 여론조작용 공개재판(show trial)[48]을 통해 면죄부를 준 나라가 과 연 법을 운위할 자격이 있는지 의심스럽다. 안중근 의사를 '테러리스트' 니, '범죄자'로 폄훼하려는 저들의 자세는 적반하장이다. 1910년 3월 26 일 안중근 의사가 대련의 뤼순 감옥에서 순국한 후, 일제는 유족들의 유 해인도 요청을 거부하고 아직까지도 유해처리에 관해 아무런 입장도 밝 히지 않고 있다. 명성황후의 유해를 훼손한 저들이다. 일제가 안 의사의 유해인도를 거부한 것도 유해를 훼손·유기했을 가능성이 높기 때문이라 고 본다. 당시 안 의사의 의거를 정당한 민족자결을 위한 저항투쟁으로 인정하고, 조국이 독립하는 그 날 고국에 묻히기를 원했던 안 의사의 유 언을 곧이곧대로 들어줄 일제였다면, 그 후손이 안 의사에 '테러리스트' 라는 굴레를 씌우는 억지스런 몽니를 부리지도 않았을 것이다. 인도주의 (humanitarianism)라는 용어는 근대 일본의 군국·팽창주의자 그리고 그 직계후손인 일본 우익의 사전이나 의식에 존재하지 않았던 용어임이 분 명하다. 법이나 법치, 원칙은 더 말할 것도 없다. 페어플레이가 과연 일 본 무사도의 정신인지 묻지 않을 수 없다. 오로지 겁박·폭력 아니면 기 회주의적 변신이 이들의 행동강령이었다면 지나친 말일까.

일제가 한반도 침략행위는 '합법'이었다면서 일제의 무력위협·사용을

---

47) 시해당시의 구체적 정황에 대해서는 양국정부에 의해 정확한 객관적 사실이 확인되고 있지 않으나, 여러 가지 정황상 사실관계에 대한 일본 측의 상당한 은 폐 내지 조작이 있었다는 합리적 의심을 불러일으키기에 충분하다. 예컨대 나 카츠카 아키라(中塚明), 『歷史の僞造おただす』(REKISHI NO GIZOWO TADASU: 1997), 박맹수 역, 『1894년, 경복궁을 점령하라』(서울: 푸른역사, 2002), pp.177 ~181 참조.

48) 송영희, "개국오백사년팔월사변 보고서", 『이대사원(梨大史苑)』, vol.2, 1960, pp.80 ~83 참조.

통한 침략에 맞서 그 원흉을 사살한 데 대하여서는 불법이라는 것은 아전인수, 견강부회가 아닐 수 없다. 더욱이 일본의 전통 사상·관념에 따른다면, 안 의사의 행위는 결코 악덕이 아니라 일본식 '갚음의 규칙'을 따른 것이다.[49] 당연한 응징이다. 적어도 일본이 한반도병합을 합법이라고 주장한다면, 그 '합법'은 일본식 '힘(무력)의 지배'를 의미하는 것이다. 힘이 정의이므로, 논리적으로 안 의사가 이토를 힘으로 제압한 것은 정의임을 인정해야 하며, 불법으로 비난할 근거가 전혀 없다. 또 '법이 정의'라면, 조선의 국권을 침탈하고 명성황후를 시해하는 등 조국과 국민을 욕보인 원흉에 대한, 일본인들이 명예롭게 여기는 "정당한 복수"이며 "정의로운 덕행"으로 해석된다.[50] 조국의 독립과 명예를 위해 조국의 영토를 빼앗은 원흉을 사살하고 자신의 생명을 바친 안중근 의사는, 일본식 사고에 의하면, 테러리스트는커녕 '덕이 높은 사람'이 아닐 수 없다.[51]

일본의 '손 안의 법'은 여기에서 그치지 않는다. 17세기말 울릉도쟁계로 울릉도·독도 주권문제가 완전히 매듭지어진 후,[52] 그들의 '밝은 군주' 명치 정부조차 1870년과 1877년 2번에 걸쳐 이 사실을 거듭 확인하여 200여 년 간 한국의 독도주권에 군소리 없던 일본이 뒤늦게 1905년 독도를 슬쩍 '편입'했다면서 이를 근거로 영유권을 주장한다. 21세기 대명천지 대한민국 수도 서울 광화문 앞에서 2005년 주한일본대사라는 일본 최상류 지식인이자 지도층 인사가 독도는 일본의 '고유영토'라고 억지와 궤변을 외치며 비상식적, 비우호적, 비외교적 무례와 오만도 서슴지 않았다. 심지어 한국이 독도를 '불법점령'하고 있다고 교과서에 기술토록 강

---

49) Benedict, 『국화와 칼』, 전게각주 34, p.155 참조.
50) Benedict, 상게서, pp.154, 160 & 175 참조. '47 로닌(浪人) 이야기'는 그 예의 하나일 것이다. 같은 책, pp.214~220. 이 이야기는 에도 막부시대인 1702년 영주(주군)를 위해 복수하고 죽임을 당한다는 것으로, 일본의 국민 드라마의 소재인 '주신구라'(忠臣藏)로도 알려져 있다.
51) Benedict, p.161.
52) 본서, 제6장.

제하여 어린 세대에게 노골적으로 명백한 거짓을 '집단세뇌'시키는 일본이 과연 법을 말할 자격이 있을까? 영토·과거사 문제에 관해 원칙과 상식, 합리성과 객관성을 저버리고 역사 '파괴·세탁'과 영토도발을 서슴지 않는 일본은 과연 함께 법과 정의, 국제평화와 안전을 논의할 수 있는 진정한 이웃이며 우방인지 의심스럽다.

8. 원폭투하, '점령군의 법'과 일본식 '법의 지배'

법은 인간과 국가의 행동의 최소한의 원칙이자 기준이며, 건전한 상식에 기초를 둔 보편적 규범이자 준칙이다. '법의 지배'(The Rule of Law)[53]는 '힘의 지배'[54]에 우월한 가치·제도이며, 문명사회의 이상이다. 또 예측가능한 법은 잠재적·현실적 분쟁의 사회적 비용을 절감시켜 주는 역사적·사회적 제도이다. 동시에 법이 만병통치약은 아니다. 동·서양을 막론하고 실정법이 만능이라는 사고는 위험하다. 나치 독일 역시 형식논리에 따르자면 '국내법'에 따라 법적으로는 대부분 자국민, 즉 '독일인'인 유태인을 학살(holocaust)하였다. 보편적 이성에 반한 악법에 대해서는 저항권이 인정되어야 한다. 법은, 그 초기 형성기에는 물론, 궁극적으로 도덕과 양심의 명령의 인도·지배를 받아야하며, 도덕과 양심은 인간사회와

---

53) 이 개념은 본래 영국의 헌법학자인 다이시 교수가 영국 국내법의 전통 속에서 정립한 것이다. A.V. Dicey, *Introduction to the Law of the Constitution* (9th edn., London: Macmillan, 1950), ch.IV; 서희원, 『영미법강의』(박영사, 1996), pp.9~10 & 37~42. '법의 지배'는 법 앞의 평등, 즉 공정성(fairness)을 그 핵심개념의 하나로 상정한다. See e.g. J. Rawls, A *Theory of Justice* (Harvard University Press, 1971), pp.251~257(Kantian interpretation of justice as fairness).
54) 투키디데스가 전하는 '멜로스의 비극' 참조. 최자영, "전쟁의 원인과 국제관계에 대한 투키디데스의 분석 – 긍정적 인간성과 평화의 지향에서 보이는 현대적 의미", 『대구사학』 제101집(2010), pp.1~26, http://www.daeguhistory.org/ original/101/4.%20%EC%B5%9C%EC%9E%90%EC%98%81.pdf (2014. 10. 30 검색).

동물세계를 구별하는 척도이다.

인류 최초의 원폭 피폭사실이 인과관계상 진주만 기습공격과 침략의 직접적 결과이자 대가라는 것을 애써 감추려하거나 이를 받아들이지 않으려는 태도는 이중적, 위선적이며 심지어 기만적이다. 원폭 피폭은 한반도와 만주 침략 등 그릇된 군국주의적 팽창정책과도 밀접한 관계가 있다. 또 히로시마 원폭투하로 인한 약 10만 여 명의 희생자 가운데 안타깝게도 약 1/5이 전쟁범죄와 무관한 한국인이라는 사실에 대해서도 일본이 진정 객관적이고 공정한 인도주의적 관점에서 문제에 접근하고 있는지 묻지 않을 수 없다. 명성황후 시해사건 전말 공개·사죄, 관동대지진 시 한국인 학살55)통계의 공개와 공식 사죄는 현재까지도 오리무중이다. 명성황후를 시해하고 그 유해를 함부로 훼손한, '문명국' 시민이라고 볼 수 없는 야수 폭도들을 히로시마 재판소에서 '재판'하는 '그들만의 정의'를 자의적으로 집행하는 문명 법치국가이다.56)

---

55) 스미스, 전게각주 31, p.412. 타부족(민족)에 대한 공격성이 인간에 내재하는 본성이라는 주장(가설)에 대해서는 L. Stevenson, *Seven Theories of Human Nature* (2nd edn., N.Y. & Oxford: Oxford University Press, 1987), pp.125~126 참조.

56) '문명국'('civilized nations')이라는 용어는 1856년 파리조약(Treaty of Paris)의 당사국들이 자신들을 지칭하면서 사용했던 모호한 개념으로서, 과거 국제법의 주체를 가리킨 용어라 할 수 있다. '문명' 개념의 중심적인 공통 가치는 대외무역과 상업적 교통에 법적 보호를 제공할 능력과 의지를 함축하며, 군사력과 군사행동 역시 일정한 역할을 할 수 있다고 한다. B.V.A, Röling, "Are Grotius' Ideas Obsolete in an Expanded World?", in H. Bull, B. Kingsbury & A. Roberts (eds.), *Hugo Grotius and International Relations* (N.Y.: Oxford University Press, 1990), p.281, 292. 청일·러일전쟁 후인 20세기 초 일제는 문명국 클럽에의 가입이 허용된 바, 이를 기념하는 한 행사에서 일본 외교관은 "우리(일본)가 과학적 도살(scientific butchery)에서 당신들(서양 제국)과 어깨를 나란히 하고 있음을 입증하자마자 즉시 문명시민으로 인정되었다"라고 언급하였다고 한다. Röling, *ibid*. '문명국'은 1945년 국제연합헌장에서 '평화애호국'(제4조)으로 대체되었으나, 국제사법재판소 규정(規程)의 재판규범에 조약, 국제관습과 함께, '문명국이 인정하는 법의 일반원칙'[제38(1)(c)조]이 포함되어 적어도 형식적으로는 '문명국' 기준이 유지되고 있는 셈이다.

법은 사실관계에서 출발하며, 인과관계(causation; causal link)는 사실관계에 대한 법적 해석·평가의 기초로서 법률관계를 결정하는 중요한 판단기준이다. 안타깝지만 법적으로 말한다면 국제사법재판소(ICJ)는 1996년 핵무기 위협·사용의 적법성에 관해 그 명확한 입장을 유보한 바 있다.[57] 침략·평화파괴와 전쟁범죄의 책임을 규율하는 보편적 정의를 부인하면서, 최초의 원폭 피해국이라는 사실만을 과도하게 부각시키려 한다면, 이는 1919년 베르사이유 조약(Treaty of Versailles, 1919. 6. 28)상의 피해의식을 내세워 극단적 보복과 침략을 정당화한 나치의 선전·선동 구호와 무엇이 어떻게 다른 것인지 알 수 없다. 대일강화조약에서 쿠릴열도에 대한 모든 권리, 권원과 청구권을 명시적으로 포기하고서도[58] 아직도 4개 남쿠릴열도를 '북방도서'('Northern Islands')로 명명하여 이에 대한 영유권을 주장하며 반환을 요구하는 근거 역시 이해하기 어렵다. 종

---

57) Legality of the Threat or Use of Nuclear Weapons, Advisory Opinion, *ICJ Reports*, 1996, p.226. 248, para.56["In view of this. it does not seem to the Court that the use of nuclear weapons can bé regarded as specifically prohibited on the basis of the above-mentioned provisions of the Second Hague Declaration of 1899, the Regulations annexed to the Hague Convention IV of 1907 or the 1925 Protocol (see paragraph 54 above)".] & p.266, para.105["(2) ⋯ A. Unanimously, There is in neither customary nor conventional international law any specific authorization of the threat or use of nuclear weapons; B. By eleven votes to three, There is in neither customary nor conventional international law any comprehensive and universal prohibition of the threat or use of nuclear weapons as such; ⋯ E. By seven votes to seven, by the President's casting vote, It follows from the above-mentioned requirements that the threat or use of nuclear weapons would generally be contrary to the rules of international law applicable in armed conflict, and in particular the principles and rules of humanitarian law; However, in view of the current state of international law, and of the elements of fact at its disposal, the Court cannot conclude definitively whether the threat or use of nuclear weapons would be lawful or unlawful in an extreme circumstance of self-defence, in which the very survival of a State would be at stake;"]
58) 제2(c)조 및 본서, 제7장 참조.

군위안부 강제동원은 없었다고 사실 자체를 부인하거나, 또는 1965년 한일협정으로 '법적으로 모두 해결된' 문제라는 일본의 주장은 편리한 사고방식이자 억지스런 책임회피일 뿐이다.

일제는 "폭력과 탐욕"으로 청일, 러일전쟁으로 한반도와 만주를 침략하면서 국제연맹의 만주철수 요구 결의를 무시하였으며, 강제병합조약은 합법적으로 체결되었다고 주장해 왔다. 한편 패전 후 '항복문서'(Instrument of Surrender)[59]에서 일본은 연합국 최고사령관이 요구하는 모든 명령과 조치를 발하거나 취할 것을 서약하면서 또한 그에게 '천황'과 일본정부를 대신하여 일본을 통치할 권능을 부여하고 그가 항복조건을 이행하기 위해 적절한 것으로 판단하는 조치를 취할 권능을 부여하였다. 또 대일강화조약에서 연합국 점령당국의 점령 기간 중 그 지시에 따라 행한 조치의 합법성을 인정한다고 합의하였다.[60] 그럼에도 연합국 점령당시 합의·제정한 '평화헌법'과 법률을 이제 "점령군의 법"이라고 주장하는 이중성을 드러낸다. 자신에 도움이 되거나 이익이 될 때에는 법을 들먹이다가, 득이 되지 않으면 '점령군의 법'이라면서 용도 폐기하여 법을 사유화한다. 을사늑약, 강제병합은 적법·유효하게 성립한 조약이었다는 일본의 주장도 같은 맥락이다. 조선은 안중근 의거, 기미독립선언과 독립운동, 청산리·봉오동 전투, 상해임시정부(1919.4.13.~1945. 8.15)의 활동, 광주

---

59) "We hereby undertake for the Emperor, the Japanese Government and their successors to carry out the provisions of the Potsdam Declaration in good faith, and to issue whatever orders and take whatever actions may be required by the Supreme Commander for the Allied Powers or by any other designated representative of the Allied Powers for the purpose of giving effect to that Declaration… The authority of the Emperor and the Japanese Government to rule the state shall be subject to the Supreme Commander for the Allied Powers who will take such steps as he deems proper to effectuate these terms of surrender.", Instrument of Surrender, 1945. 9. 2, at http://www.taiwandocuments.org/surrender01.htm (2015. 7. 28 검색).

60) 제19(d)조.

학생운동, 윤봉길 의거 등을 통해 일제의 불법 강제병합과 무력강점에 저항투쟁을 전개하였다. 「평화헌법」은 연합국의 은전이며 시혜라고 해야 마땅하다. 또 미국에게 현재의 일본에 자유민주주의와 시장경제를 확립하여 경제대국으로 만들어준 은인으로 평가·감사하는 것이 마땅하지 않은가?[61]

일제 패망 및 국제연합헌장 채택 70년, 이제 일본은 소위 '평화헌법' 상 무력위협·사용 및 교전권의 포기(제9조)[62]에 대한 재해석과 국제연합헌장 상 집단적 자위권(제51조)을 내세우며 「자위대법」 등 소위 유사법제의 제·개정을 통해 '전범국가'에서 전쟁할 수 있는 '정상국가'로 탈바

---

61) 2002년도 미국 국가안보전략보고서는 미국식 자유와 민주주의 가치의 보편·우월성을 강조하면서 그 확산을 미국의 목표로 천명했다. 마상윤, "미국의 외교정책", 김계동 외, 『현대외교정책론』(서울: 명인문화, 2007), p.395, 421~422 & 436. 또 미국과 일본은 양국 동맹을 자유와 민주주의라는 공동의 가치를 공유하는 '가치의 동맹'으로 발전시키는데 합의하고 있으며, 최근 호주와 인도를 여기에 포함시켜 동맹을 형성하려는 움직임이 있다. 마상윤, p.444. 이 점과 관련, 중국은 한반도통일 자체를 반대하지는 않지만, 통일한국이 중국의 우방으로서의 역할을 기대하고 있다고 한다. 다만 한국의 고토회복 주장과 미국과의 가치동맹에 대해서는 불편한 심기를 숨기지 않는다. 자칭궈, "21세기의 중국과 한국", 문정인, 『중국의 내일을 묻다: 중국 최고지성들과의 격정토론』(서울: 삼성경제연구소, 2010), p.465, 469 & 477.

62) "第九條　日本國民は、正義と秩序を基調とする國際平和を誠實に希求し、國權の發動たる戰爭と、武力による威嚇又は武力の行使は、國際紛爭を解決する手段としては、永久にこれを放棄する。
二　前項の目的を達するため、陸海空軍その他の戰力は、これを保持しない。國の交戰權は、これを認めない。"
The official English translation: "ARTICLE 9. Aspiring sincerely to an international peace based on justice and order, the Japanese people forever renounce war as a sovereign right of the nation and the threat or use of force as means of settling international disputes.
(2) To accomplish the aim of the preceding paragraph, land, sea, and air forces, as well as other war potential, will never be maintained. The right of belligerency of the state will not be recognized.", at https://en.wikipedia.org/wiki/Article_9_of_the_Japanese_Constitution (2015. 7. 28 검색); 본서, 제12장, V.1 참조.

꿈을 시도하고 있다.[63] 중국의 급격한 부상은 일본에 침략과 만행이라는 부정적 과거사 유산에 부담스러운 짐으로 짓누르고 있는 탓일까? 차라리 후쿠자와 유키치가 가르쳤듯이 일제의 지배적 사고는 "힘이 정의"였으며, 지금도 힘을 신봉한다고 말하는 편이 솔직하고 일관된 태도일 것이며, 진정성과 설득력을 가질 수 있을 것이다. 일본이 과거 신봉했던 '힘'의 논리대로 패전했으면 그로 인한 모든 결과에 승복하든가, 아니면 처음부터 끝까지 '법'으로 따지든가 어느 쪽이든 일관성이 있어야 한다. 전술한 바와 같이 일본이 「항복문서」에서 일본에 대한 통치권을 연합국 최고사령관에 자발적으로 양도해 놓고 이제 와서 "점령군의 법"을 운위하는 것은 힘을 신봉하는 자신들의 무사문화 자체를 부정하고 전쟁책임을 부정하는 이율배반적인 언행이다.

청일, 러일전쟁 후 강요한 시모노세키 조약과 포츠머스 조약 역시 일본이 무력으로 강요한 것이 아니었는가? "점령군의 법"을 운위하려면 동일한 논리로 대한제국의 민족자결권을 빼앗고 침략·무력 강점했다고 인정하는 것이 논리 상 일관성이 있지 않은가? 대한제국 고종의 수결이 위조된 을사늑약과 뒤이은 강제병합은 무효임에도 아직도 유효하게 성립하였으나 일제의 항복·패망으로 '법적으로' 실효하였다는 이중적 논리를 내세운다. 한편 자신들이 일으킨 전쟁에서 패전 후 연합국 점령당국에 통치권을 위임, 상호 합의하여 제정한 헌법과 법률은 - 일본의 일부 우익 인사들에 의하면 - '점령군의 법'으로서 정당성이 없으며, '불법'이라고 뒤집고 있다.[64] 게다가 이제 다시 '법'을 동원, '집단적 자위권'이 국제법상

---

63) 이에 대해 우리 정부는 한미연합작전구역(Korea Theater of Operation) 내에서 일본의 집단자위권의 행사는 원칙적으로 용인하지 않는다는 입장이다. 인터넷 연합뉴스, "정부 "유사시 한미연합작전구역서 日집단자위권 불용"", 2014. 7. 9.
64) 논리적으로 그러한 일본의 주장이 성립하기 위해서는 먼저 자신들이 무력 위협·강박으로 대한제국을 강제 병합한 침략행위의 무효를 먼저 인정하는 것이 순서일 것이다. 왜냐하면 연합국의 무력사용은 인과관계 상 그러한 일제의 선행 무력에 의한 침략행위를 응징하기 위한 국제사회의 보편적 의지·이성 및 정

국가의 고유권리라면서 다시 무력사용의 유혹을 떨치지 못하는 본색을 드러낸다. 논리적 일관성이나 법적 일관성을 스스로 포기하고 필요에 따라 그때그때 임기응변식으로 갈지(之) 자 행보를 하고 있는 셈이다.

불법 강박·전쟁으로 빼앗은 영토는 자신의 '적법한' 영토이고, 자신이 일으킨 불법전쟁에서 패전하여 빼앗긴 구 영토도 자신의 '고유영토'라는 이중논리는 무슨 법에 근거한 것일까?[65] 법도 정의도 일관성도 없는 그야말로 궤변이 아닐 수 없다. 보편적 이성과 상식, 원칙과 정의에 아랑곳하지 않고 일방적 주장을 고집하는 일본의 모습은 남빙양 포경사건에 관한 국제사법재판소(ICJ) 판결[66]에 대한 일본의 '유보적' 태도에서도 확인

의에 기초한 정당·적법한 무력사용이었음이 명백하기 때문이다(카이로·포츠담 선언 및 일제의 항복문서).

65) 연합국 정상들은 카이로선언에서 일본이 중국으로부터 '도둑질한' 모든 영토를 원상회복시킬 것이라고 결의하고 있다("… It is their purpose … that all the territories Japan has stolen from the Chinese, such as Manchuria, Formosa, and the Pescadores, shall be restored to the Republic of China…"].

66) 국제사법재판소(ICJ)는 국제포경위원회(IWC)의 상업포경 전면중지조치(moratorium)에도 불구하고 일본이 남대양/남빙양에서 실시한 대규모 대형고래 '과학조사' 포경을 불법으로 판결하였다. Whaling in the Antarctic (Australia v. Japan: New Zealand Intervening), Judgment, *ICJ Reports*, 2014, p.226. 일본은 2014년까지 매년 남대양/남빙양에 대규모 자국 선단을 파견하여 약 1,000두 정도의 대형고래를 포획하면서 이를 금지된 '상업포경'(commercial whaling)이 아니라, '과학조사 포경'(scientific whaling)으로서 합법적인 포경활동이라고 주장했었다. 물론 포경에 반대하는 국가의 수가 압도적으로 많은 국제포경위원회(IWC)가 1986년 채택한 상업포경중지를 결정하면서 동시에 남빙양 서식 고래 개체수(population) 변화추이에 따라 상업포경중지 조치의 타당성 여부를 1990년 이후 검토하도록 스스로 결정했음[International Convention for the Regulation of Whaling, 1946, Schedule, Art.10(e)]에도 불구하고 이를 지키지 않은 점도 역시 합법적이라고 할 수는 없을 것이다. 이러한 이유로 저자는 IWC 연례회의 본회의 발언을 통해 양측을 모두 비판하였다("You can't break the rules. You can't bend the rules. Rules are rules."). 이러한 저자의 본회의 논평은 일본과 호주 간 타협을 기대한 것이었으나 실제로 일본은 본회의에서 남빙양포경 포획두수 감축 의사를 표명했으나, 호주는 미국·뉴질랜드의 만류에도 불구하고 ICJ 제소라는 강경조치를 선택하였다. 박현진·류재형, "국제포경규제협약 60주년과 양

된다. 한일 양국은 민주주의·시장경제는 몰라도 인권과 법의 지배라는 가치를 공유하는지 의심스럽다. 역사상 대부분의 기간 동안 무력을 신봉하는 무사계급이 지배했으며, 또 신비주의적 신도를 신봉하는 일본에 법의 지배 전통이 있었다고 보기 어려우며, 따라서 법에 대한 양국 (국민) 간 접근방식과 개념은 판이하게 다르다. 개별적 자위능력의 획기적 향상은 생존의 필수불가결의 절대적 요소이며, 대일관계 정상화의 전제조건이다.

9. 민족주의

민족주의(nationalism)는 자신이 속한 종족에 대한 애착심·유대감의 외부적 표현으로서, 자신이 속한 정치·사회공동체의 문화, 역사, 체제 등에 대한 자부심·정체성과 독립·통일·발전성 등을 신봉하는 신념(belief), 이념이나 집단적 자각·인식·의식(또는 자의식), 또는 주의·주장(이데올로기)라고 할 수 있다.[67] 민족은 동일한 언어·전통·관습·종교 등 문화·역

극화로 갈림길에 선 국제포경위원회: 상업포경중지 20주년과 '책임포경'을 향한 한국의 선택", 『해사법연구』, 제18권 제2호(2006. 9), p.151 및 박현진, "국제포경위원회 정상화와 연안포경 재개 – 대형고래자원의 이용을 둘러싼 변화·도전과 대응", 『국제법평론』 2009-I, 통권 제29호 (2009. 6), p.109.

67) 진덕규(편), 『한국의 민족주의』(서울: 현대사상사, 1976), pp.8~9(서언); 천관우, "한국 민족주의의 역사적 구조 – 재발견", 진덕규 (편), ibid., p.75, 77; 이극찬, "신생국 민족주의의 일반론", 진덕규 (편), ibid., p.13, 15~16; Wikipedia, "nationalism", at https://en.wikipedia.org/wiki/Nationalism (2015. 7. 12 검색). 근대 민족주의의 기원은 일반적으로 프랑스 대혁명(1798)에서 찾고 있으며, 민족주의 감정과 의식에는 인류애를 지향하는 선의 요소와 함께, 배타적 독점적 이익을 추구하는 부정적 요소를 또한 내포한다. 진덕규, p.10. 내셔널리즘은 또한 흔히 민족공동체의 집단적 이기심이나 공격성(aggressiveness)을 표시하는 의미로 쓰이기도 하는데, 이 경우 내셔널리즘은 '애국심'(patriotism)에 대비되는 경멸적인 용어가 된다. H. Seton-Watson, *Nations and States: An Inquiry into*

사적 고리를 매개로 한 '사회적 집단'이자 운명공동체로서 민족(동포)의
식, 민족정신·전통, 민족혼을 공유하며, 민족국가(nation-state)와 민족(국
가)이익(national interest)을 정당화하는 경향이 있다.[68] 민족주의는 개개
인의 최고의 충성은 마땅히 자신이 속한 민족국가(조국)에 바쳐져야 한
다고 느끼는 심리상태 또는 신념 등을 의미하므로[69] 민족주의에 대한 논
의는 조국애가 정당한가 하는 점에서 출발할 수 있다. 또 이는 개인의 자
기사랑(자기애)의 문제로 치환하여 접근할 수 있다.

일반적으로 자신의 금전적, 사회적 이익이나 육체적 욕망을 앞세우는
자기사랑을 이기적이라고 비난하는 것은 정당하다.[70] 이러한 관점에 서

---

the origins of nations and the politics of nationalism (London: Methuen, 1977),
p.2.
68) 이극찬, 상게논문, pp.15~16 & 27; 천관우, 상게논문, *ibid.* 학문적으로는 종족
(ethnie)과 민족(nation)은 서로 구별되는 개념이며, 민족국가(nation-state)는 영
토, 종족 등 2가지 요소를 가진다. A.D. Smith, *The Ethnic Origins of Nations*
(Oxford: Basil Blackwell, 1986), p.15, 135 & ch.2. 민족주의는 국가와 사회가
하나의 단일실체(an unitary entity)를 구성하며 대외정책은 객관적인 국익에 의
해 결정된다고 가정하는 경향이 있다. 그러나 사회는 복수의 개인·집단으로 구
성된 다원적 조직이며, 이 가운데 지배적인 집단들은 국가기관을 포획하여 자
신들의 이익에 부합하도록 국가의 대외정책의 수립·형성에 영향을 미쳐 이를
변경시킨다는 것이다. R. Gilpin, *The Political Economy of International
Relations* (Princeton University Press, 1987), p.48.
69) 한스 콘(Hans Kohn), *Nationalism: Its Meaning and History*(Princeton: Van
Nostrand Co., 1955), 차기벽 역, 『민족주의』(삼성문화문고 50, 삼성문화재단,
1974), p.10.
70) 아리스토텔레스, 『니코마코스 윤리학』(Ethica Nicomachea), 이창우 외 옮김(서
울: 이제이북스, 2006), p.334. 아담 스미스는 부유층의 이기심과 탐욕(rapacity)
을 비판한다. 그에게 이기심(selfishness)은 타인을 배려하지 않거나 타인에 해
를 끼치는 경멸적인 의미로 사용되며 탐욕에 유사한 의미로 사용된다. 동시에
그는 자기애(self-love)를 자기보존(self-preservation)과 자기완성 및 여건 개선을
위해 자연계와 동물세계에 소여된 본성으로 규정하면서, 다만 자기애에 '타인에
손해를 끼치지 않을' 조심·신중함(prudence)이라는 한계를 제시한다. Smith,
The Theory of Moral Sentiments, supra note 19, Pt.VII.ii.1.15, VII.ii.3.16,
IV.1.10, II.ii.2.1 & pp.8~9 & 22.

면, 자국의 이익만을 앞세우거나 자국만이 옳다고 고집하는 민족주의를
비난하는 것은 정당하다. 그러나 만약 누군가 언제나 정의로운 일들을
행하는데, 절제하는 일에, 또는 탁월성을 발휘하는 일에 다른 누구보다
열성적이어서 항상 고귀한 것을 만들어 낸다면,[71] 그는 일반적으로 다른
사람에게도 유익한 결과(공공의 이익 등)를 가져올 것이므로, 이 경우 그
의 자기애를 이기적이라고 비난하는 것은 정당하지 않다.[72] 마찬가지로
한 국가가 다른 어떤 국가보다 정의로운 일을 행하기 위해, 자국의 이익
등을 절제하기 위해, 또는 탁월성을 발휘하기 위해 국가(사랑)주의, 즉
민족주의를 채택한다면, 이를 비난하는 것은 정당하지 않다. 또 일반적으
로 안중근 의사의 이토 사살과 같은 독립투쟁은, 무차별적 적국 민간인
살상 등 반인륜·인도적 범죄나 테러범죄를 수반하지 않는다면, 민족자결
권을 실현시키기 위한 올바른 조국애를 실천하는 활동으로서 이를 비난

---

71) 윤봉길·이봉창 의사를 위시한 독립투사, 김구, 안창호, 한용운과 윤동주의 일
생은 이러한 3가지 조건을 모두 충족하는 실천적 지혜를 솔선수범한 삶으로 평
가할 수 있으며, 따라서 그들의 자기애는 정당하다. 특히 안창호 선생이 표리
부동(表裏不同)과 모략중상, 공리공론과 허례허식을 경계하고, 스스로 지행합일
(知行合一)을 성실하게 행한다는 무실역행(務實力行)을 흥사단의 기본사상으로
삼아 자아혁신·자기개조를 통하여 민족혁신·민족개조를 이루고자 한 것(네이
버 지식백과, "무실역행")도 실천적 지혜와 맥락을 같이 한다. 또 한용운의 「님
의 침묵」, 윤동주의 「서시」, 「별 헤는 밤」과 「십자가」(十字架)는 올바른 길(광
복)을 향한 이타적 사랑과 순수 실천이성을 보여준다.

72) 아리스토텔레스, op. cit., pp.335~336. 정의로운 것은 준법과 공정함으로 나누
어지며, 부정의(injustice)는 불법(위법)과 불공정으로 구분된다(같은 책, p.166).
또 정의는 배분적(분배적) 정의, 시정적 정의와 교환적(평균적) 정의로 구분된
다(같은 책, pp.168~181). 문제는 능력·공적과 업적(교환적/평균적 정의)과 사
회적 약자 등에 대한 형평성(배분적 정의)의 고려 필요성 간 어떻게 조화를 이
룰 것인가 하는 점이다. 아리스토텔레스는 "정의로운 것과 근원적으로 공정한
것은 동일하며, 양자 모두 신실한 것이되 근원적으로 공정한 것이 더 뛰어날
뿐"라고 하여, 근원적으로 공정한 것이 정의보다 더 나은 것이며 더 훌륭한 것
(같은 책, pp.196~197)으로 보고 있다. '근원적으로 공정한' 사람이란 "엄격하게
정의에 집착하는 사람이 아니라, 도움이 되는 법을 가지고 있음에도 불구하고
(자신의 몫보다) 덜 갖고자 하는" 사람을 말한다(같은 책, pp.197~198 참조).

하는 것은 정당하지 않다.

'민족주의'는 정의와 형평·공정성, 민주주의적 원칙과 가치에 기반해야 한다. "대표 없이 세금 없다", '예수의 것은 예수에게, 시저의 것은 시저에게' 세금이 부과되고 납부되는 원리이다.[73] 타국과 타민족의 권리를 자신의 그것과 마찬가지로 존중하고 보다 나은 미래를 향해 함께 노력하는 건설적 민족주의라면 이는 보편적 세계주의에 닿아 있다. 자국의 역사, 문화와 정체성에 대한 자부심을 바탕으로 인권과 인도주의 그리고 다양성을 존중하고 분쟁의 평화적 해결을 지향하는 민족주의라면 보편적 가치에 기반한 국제평화의 초석이 된다.[74] 민족주의의 저항적 배타성은 진취적·개방적으로 전환되어야 한다.[75] 민족자결권과 주권평등,[76] 내정

---

73) *The Bible*, New Testament, St. Matthew, 22: 17~21 & St. Luke, 20: 22~25. Henkin 교수는 '거의 모든 국가가 거의 모든 국제법 원칙과 거의 모든 그들의 의무를 거의 항상 준수하는 것이 필경 사실일 것'이라는 유명한 아포리즘을 내세우면서, 그 근거로 위반 비용에 비해 준수 이익이 클 것이라는 이유를 들고 있다. L. Henkin, *How Nations Behave: Law and Foreign Policy*(2nd edn., N.Y.: Columbia University Press, 1979), pp.47 & 49~50. 국가가 지역·국제기구에 참여·협력하는 주요한 이유 역시 비슷한 맥락에서 이해가능하다. 연구에 의하면 국가 간 성공적 거래의 결과는 배분적 효율성보다 정의와 형평의 기준을 충족시키는 인식에, 그리고 개인의 경우 '죄수의 딜레마'에 입각한 경제적 이익 극대화보다 도덕성, 공정성과 의무감 등에 보다 의존하는 사실을 보여준다고 한다. See A. Hurrell, "International Society and the Study of Regimes: A Reflective Approach", in V. Rittberger(ed.), *Regime Theory and International Relations* (Oxford: Clarendon, 1993), p.49, 68.

74) 예컨대 손진태교수는 실증사학의 토대위에서 신민족주의를 지향하면서 "민족의 균등한 행복과 민족 간의 친선을 실현"하고, "인류사회의 발전향상과 평화를 재래(齎來)할 수 있는 이론과 방법을 터득하는 것이 사학의 지고의 목적일 것"이라는 목표와 사명을 제시한다. 이기백, "신민족주의사관론", 이우성·강만길(편), 『한국의 역사인식(하)』(창비신서 16, 경기, 파주: 창비, 1976), p.522, 530~534 참조. 또 천관우 선생은 '주인의 사명과 책임을 전향적 실체적으로 파악한다면, 한국의 민족주의가 당면·설정할 목표가 비합리적인 것만일 수는 없을 것'이라고 설파한다. 천관우, 『한국사의 재발견』(서울:일조각, 1974, 1978), p.378.

75) 강만길, "민족사학론의 반성", 이우성·강만길, 상게서, p.536, 546. 근대 국사연

불간섭의 원칙[77]은 국제사회의 핵심적 기초이며, 이는 "국제법의 출발점"으로 평가되는 1648년 베스트팔리아(Westphalia) 체제에서 종교의 자유와 함께 확립된 국제법의 기본원칙이다.

문제는 민족주의가 배타적 우월감·선민의식을 내세우며 타국의 정당·적법한 민족자결권을 부정하고 타국이나 타민족·국민을 부당하게 압박·핍박하고 타국에 대한 강제병합 등 약탈적·팽창주의적 이데올로기로 이용될 때이다. 이는 극단적 민족주의로서 국수주의라고 할 수 있다. 타국 영토와 타민족을 무력 침략·강점하여 지배와 수탈의 대상으로 삼는 것은 물론(제국주의), 그 자결권을 박탈하여 독자적 정체성과 독립성을 부정하는 국수주의적 행태를 띠게 될 때이다. 이는 두말할 나위 없이 원초적 불법과 야만성을 수반한다. '문명'의 이름으로 야만적 집단학살과 인권유린을 불사하는 위험한 지배야욕과 집단적 광기를 수반한다. 공동체 내부의 일부 개인·집단이 자신(들)에 내재한 신분상의 차별 등으로 인해 억눌렸던 휴면상태의 잠재적 열등의식과 불만을 은폐한 채, 집단 전체에 대한 선동·세뇌 및 의식화를 통해 이를 우월감으로 포장한 후 극단적 가학심리로 활성화시켜 외부로 표출한다. 주변의 약자를 그 공격·학대의 희생양으로 삼는다. 국제관계의 기초인 국가·민족 간 상호신뢰·존중 정신의 원초적 실종으로 국제평화와 안전은 도전·위협받고 유지되기 어렵다.

과거사에 대한 올바른 접근과 해결은 동아시아 평화의 전제조건이다. '동북아에서 정치지도자가 과거의 적을 비난함으로써 값싼 박수를 받는 건 어렵지 않다'는 취지의 미국 국무성 고위관리의 발언은 과거사 문제의 본질에 대한 인식과 시각의 간극을 노정한다. 문제에 대한 올바른 접근·해결을 통한 진정한 화해를 촉구하는 것이라기보다는 적당히 서로 미

구의 성과에 의하면, 우리 역사상 근대 내셔널리즘 의식은 실학에서 처음 싹튼 이후, 개화당과 독립협회 운동, 애국계몽운동, 3·1운동과 이후 독립운동으로 연결되는 것이라고 한다. 강만길, 같은 논문, p.541.
76) 국제연합헌장, 제55조 및 2(1)조 참조.
77) 국제연합헌장, 제2(7)조.

봉하고 새로운 잠재적 '공동의 적'을 향해 뭉쳐 대응하자는 이야기로 들린다. 식민지배를 경험하고 식민지를 경영했으며 태평양전쟁을 승전으로 이끈 미국의 입장을 이해하지 못하는 바도 아니다. 동시에 오랜 역사를 통해 일방적·습관적인 침략과 약탈, 그리고 35년 무력강점 기간 중 반인륜적, 야만적 학대를 감내해야 했던 동맹국 국민의 고통과 아픔, 그리고 이를 부정·왜곡·도발하며 책임을 회피하는 일본 우익 정치인의 그릇된 인식과 자세의 사이에서 미국의 일정한 역할이 기대된다는 점에서는 안타까운 측면도 수반한다. 특히 민주주의, 시장경제와 인권신장에 기초한 미국 대외정책에 비추어서도 그러하다. 또 전후 연합국을 대표한 미국이 동경국제군사재판에서 기소한 일제의 전범은 극소수에 불과했으며, 일왕 히로히토와 생체실험 관련자는 제외되었고, 이는 전술한 바와 같이 현재의 일본의 책임회피 문화를 조장한 주요한 원인이라는 설득력있는 지적[78]에 비추어서도 그러하다. 더욱이 그러한 발언은 과거사 도발을 강화하는 일본을 부추기는 것으로도 해석될 소지도 있다는 점에서 더욱 신중한 접근이 요구된다는 것이 우리의 생각이다.

10. 지리적 인접, 정신적 간극과 법의 사유화

과학기술의 획기적 진보, 정보통신혁명의 진전에 따른 교통·통신수단의 혁명적 진화에 힘 입어 지리적 거리는 국가 간 우방·동맹관계의 형성에 더 이상 결정적 장애물은 아니다. 역사적 경험에 의하면, 지리적 인접국 간 우호관계를 유지하는 것은 어느 나라에게나 하나의 큰 도전이다. 티격태격, 견원지간(犬猿之間)이 원칙이고, 선린우호(善隣友好)는 예외인 셈이다.[79] 해상국경 약 4만km를 포함, 국경선의 총길이가 6만 9천여 km

---

78) 전술한 본장, 6. 민족자결권 부정·침략과 평화파괴범에 대한 심판, 참조.

에 이르는 러시아연방의 경우, 육상국경선을 맞댄 국가는 16개국이며, 미국, 일본 등과는 해상국경선을 마주하고 있다.[80] 한편 중국의 경우에는 북한과의 1962년 조·중 국경조약을 포함, 14개국과 약 2만 2천km의 육상국경선, 그리고 6개국과 약 1만 8,000km의 해상국경선을 접하고 있다.[81]

오랜 기간 구소련의 외상(1957~1985)을 역임하여 구소련 외교의 산증인인 그로미코(Andrei Gromyko:1909~1989)는 자신의 『회고록』에서 러시아와 터키 간 과거 악연을 소개한다.[82] 흥미로운 점은 그가 지난 세기에 들어 교통통신혁명으로 인접성의 관념(notion of proximity)이 근본적인 변화를 겪어왔다면서, 북극점을 중심으로 북극해에서 서로 마주 보고 있는 점 이외에는 별로 공통점이 없어 보이는 캐나다와의 북극지역에서의 공동의 이해관계를 강조하면서 지리적으로 '사실상의 이웃'(virtual neighbours)으로 기술하고 있는 점이다.[83] 특히 그는 트뤼도(Pierre Trudeau:1919~2000) 수상과의 인연을 긍정적으로 소개하고 있다. 그로미코에 의하면, 튀르

---

79) 이스라엘과 이집트·시리아 등 인접국, 이란과 이라크, 영국과 프랑스, 스페인과 포르투갈, 호주와 파푸아 뉴기니, 중국과 베트남·인도, 칠레와 페루의 관계가 그러하다. 과거 프랑스와 독일 간의 관계 역시 그러했다. 서양문명(헬레니즘)의 원조이자 종주국인 그리스와 이슬람 문명의 후계자인 터키 역시 해묵은 과거사의 앙금으로 인해 영토·해양 분쟁을 겪고 있다. 본서, 제8장, IV 참조.

80) 발레리 글루쉬코프, "러시아의 영토문제: 과거, 현재, 그리고 미래", 독도연구소 개소 1주년 기념 국제학술회의 「국제질서의 변용과 영토문제」(서울 프라자 호텔, 2009. 8. 6-8. 7) 발표자료집, p.164.

81) 유하영, "중·러 간 조약 및 협상을 통해 본 한·일 해양경계협상", (사)독도연구보전협회 2015년도 학술대회 '일본 아베정권의 독도침탈정책 강화추세와 한국의 독도영유권의 명증'(서울역사박물관, 2015. 10. 8) 「발표자료집」, p.73; 이동률 외, 『중국의 영토분쟁과 해결』(서울: 동북아역사재단, 2008), pp.17~25.

82) A. Gromyko, *Memories* (translated by H. Shukman, London: Hutchinson, 1989), ch.14: Friends and neighbours. p.233. 러시아의 인접국 가운데 비교적 우호적인 관계를 유지하고 있는 국가는 아마도 과거 유고연방-현 세르비아와 인도 정도일 것이다. 그로미코 역시 자신과 인도 지도자들-간디, 네루, 인디라 간디 등-과의 개인적 친분관계를 회고하고 있다. Gromyko, *ibid.*, pp.240~246.

83) *Ibid.*, ch.14(Friends and neighbours), esp. p.227.

도는 항상 열린 마음으로(with an open mind) 구소련 측의 설명에 귀를 귀울였고, 항상 자국의 남쪽 이웃(미국)에 대하여 비판적으로 언급할 자세가 되어 있었으며, 미국 역시 경계심을 가지고 그를 주시했다고 한다.[84]

지리적으로 볼 때 일본은 분명 동아시아의 일부이다. 그러나 일본은 역사상 대부분의 기간 동안 동아시아와 유라시아 대륙으로부터 단절된 채, 거의 독자적인 생활과 문화를 영위해 온 것이 사실이다. 일본의 유라시아 대륙과의 소통은 상당부분 한반도를 통한 제한적 방식으로 이루어졌으며, 또 해적행위 등 불법적 방식에도 의존하였다. 16세기말 군웅할거 시대를 종식시키고 북해도를 제외한 일본열도를 통일한 풍신수길(豊臣秀吉)은 그 축적된 힘을 바탕으로 조직된 군사력을 동원, 대륙에 대한 본격적 야심을 드러냈지만 실패했다. 일본이 한반도와 만주 그리고 중국 본토에 발을 들여 놓게 된 것은 그로부터 약 400년 뒤인 19세기 말~20세기 초였다. 1853년 페리 제독이 이끈 미국 흑선(黑船) 4척의 동경만 출현 이후 충격을 받은 일본은 소위 서양문명의 과학·기술력을 재빨리 흡수, 한국과 중국의 생산·군사력을 질적으로 앞서게 되면서부터이다. 포함(砲艦: gunboat) 건조에 있어서 일본은 서구 강대국에 근접했다.

그러나 이번에도 일본 자체의 역량은 중국 본토를 제압할 정도의 힘에는 턱없이 부족했다. 무모한 군국주의적 침략과 팽창정책은 결국 인류최초의 원폭 피폭국이라는 재앙과 함께, 전범국가라는 낙인으로 귀착되었다. 역사상 그 어느 국가도 자신이 처한 지리적·지정학적 조건에서 자유로울 수 없다. 유라시아 대륙이 다시 세계사의 중심으로 떠오르고 있는 21세기, 일본이 그 일원으로 참여하기 위해서는 주변국의 협조가 필수적이지만, 적어도 한국과 중국은 과거사를 부정하는 일본에 냉담할 수밖에 없다. 이러한 현실을 타개하고 유라시아 대륙에 발을 들여놓기 위해 일

---

84) *Ibid.*, p.228.

본은 끊임없이 독도영유권 주장을 되풀이하며 우리에게 과거의 악몽을 일깨우고 있다. 일본의 계속되는 억지주장과 행태는 새로운 모험주의이자 우리에게 영토도발이자 사실상 안보위협이며, 주변국의 경계와 의심을 사고 있다. 특히 임진왜란·정유재란에 이어 을미사변, 동학농민운동·의병 탄압, 그리고 35년간 무력강점과 노예상태에 시달린 한민족으로서는 일본의 행태를 보면서 그 국민성과 민족성에 회의마저 느끼지 않을 수 없다.

일본이 꺼내들기 좋아하는 "법적으로 말해서" 완전히 규명된 문제를 가지고, 그리고 스스로 여러 차례 포기한 도서에 대해 억지주장을 고집하는 것은 명백한 영토도발이며, 일본의 한반도와 대륙에 대한 야심을 의심케 한다. 더욱이 우리는 일제강점이 종식되면서 분단의 고통을 겪고 있다. 그러나 일본은 카이로선언, 포츠담선언과 항복문서에서 연합국의 요구를 수락함으로써 일제가 '폭력과 탐욕'으로 탈취한 모든 영토에서 철수할 것에 동의하였다. 또 대일강화조약에서 스스로 점령당국의 행위(예컨대 SCAPIN 제677호 등)[85]의 적법성을 인정하고서도,[86] 이제 와서 그 효력을 부인한다. "(현재의) 헌법은 연합군총사령부(GHQ)의 문외한들이 8일 만에 만들어낸 것"[87]이라면서 연합국 점령시절 자신들이 스스로 제정·시행한 국내법을 이제 뒤집어 '점령군의 법'으로 부정하는 이중적이고 편리한 사고방식을 가지고 있다. 당시 '점령군'은 일본의 기존 통치기구를 이용한 간접통치 방식을 취하지 않았는가? '점령군'은 일본의 의식·제도와 법을 민주화·'현대화'하고 이후 미국은 일본 안보를 담당하여 현재의 '경제대국' 일본을 건설하는데 기여하지 않았는가? 한반도 침략과 무력강점이 한국의 근대화에 기여했다고 주장하는 일본이 왜 점령당국의

---

85) 본서, 제7장, III.2 및 IV.1 참조.
86) 대일강화조약, 제19(d)조.
87) 인터넷 연합뉴스, "일본 야당 대표 "아베 총리 때 개헌 논의 매우 위험"", 2015. 2. 7.

기여에 대해서는 일언반구도 없을까? 미국이 정보통신기술에서 뒤떨어진 일본을 강박·재점령하여 정보통신강국으로 만들어 준다면 합법적일 뿐만 아니라 일본은 감사해야 하지 않겠는가?

11. 침략전쟁·무력강점의 뒤안길

우리는 왜 자꾸 '비우호적으로' 과거를 들먹이는가? 왜 과거사를 기억해야 하는가? 무엇보다도 일제의 항복 후 냉전과 '관대한 강화'정책으로[88] 말미암아 침략범죄, 무력강점과 식민지배에 대한 올바른 법적 처리·처벌이 이루어지지 않았기 때문이다.[89] 나치 전범에 대한 단죄가 현재진행형인 것과 극명하게 대비된다. "매를 아끼면 아이를 망친다"("Spare the rod, spoil the child").[90] 히틀러의 팽창·침략에 대한 영국과 프랑스의 유화적, 미온적 초기대응이 결국 제2차 세계대전의 참화를 부른 것이 그것이다. 과거에 대한 진정한 성찰과 청산 없이 미래로 나아가자는 것은 사상누각을 함께 짓자는 달콤한 사탕발림이나 다름없다. 책임 있는 자세는 아니다. 누구도 그 진정성을 믿지 않을 것이다. 침략의

---

88) H.P. Bix, *Hirohito and the Making of Modern Japan* (N.Y.: HarperCollins, 2000; Perennial edn., 2001), pp.592~593 & 618.
89) 본서, 제12장, IV.3 참조.
90) 저자는 제9회 '평화와 번영을 위한 제주포럼'(2014. 5. 30, 제주 해비치 호텔)에서 미국 메인대 법학전문대학원(University of Maine School of Law) 노키(Charles H. Norchi) 교수의 "Korea-Japan and the Continuing Quest for Human Dignity" 및 서울대 이근관 교수의 'The Unmasterable Past and International Law in East Asia—With Particular Reference to the 1965 Claims Settlement Agreement' 발표에 대한 영어 지정토론에서 한일관계를 언급하면서 이 영국속담과 함께 1995년 무라야마 담화 상의 'past wrongs'.(과거사의 불법행위), 'prisoner's dilemma'(죄수의 딜레마), 1965년 한일협정 체결당시의 'original position'(원초적 입장) 등을 인급하였다.

버릇과 근성을 완전히 결별했는지, 아니면 언제 또 도질지 누구도 예측할 수 없기 때문이다. 불행한 과거의 청산은 앞으로 유사한 불행의 재발을 방지하는 첩경이라 믿기 때문이다. 왜 히로시마엔 원폭투하 당시 피해 건물, 피해자들의 끔찍한 참상을 담은 사진과 유물을 고이 간수·전시하고 있을까? 미국의 '사과'를 아직도 한 번도 받지 못해서인가? 인류최초의 원자폭탄 '피해자'라면서 박물관·공원을 지어 이를 후세에 '영원히' 기억·애도할 것을 주문하면서도,91) 정작 자신들이 일으킨 침략과 기습공격이 인과관계 상 그러한 참혹한 결과를 초래한 최직근 원인(最直近 原因: proximate cause; *causa causans*)92)이라는 사실의 인정과 반성에는 인색해 보인다.

과거는 현재의 풍향계이자 미래의 나침반이라는 것이 역사적 상식이다. 더욱이 과거 명백한 침략·불법강점과 만행에 대한 진정한 성찰·반성없이 그 객관적 사실을 부정하거나 호도·물타기하려는 역사왜곡 기도가 계속되는 한, 진정성 있는 신뢰의 구축은 기대할 수 없다. 오직 '힘이 정의'인 것처럼 19세기말~20세기 전반 침략과 전쟁을 일삼았던 일본이 이제 자신들의 현재의 법이 '점령군'의 법이라고 주장한다. 자신들이 불법무력강점으로 한반도에 강요했던 법은 합법이라면서 침략을 부정하거나 왜곡하고 또 그 전쟁을 미화하면서 이를 응징한 타국의 적법·정당한 징

---

91) 조지프 나이(Joseph Nye) 교수 역시 1976년 일본 방문 시 원폭투하 생존자의 안내로 히로시마 박물관(Hiroshima Museum)을 견학한 바, 당시 그 일본인 안내자는 자신에게 왜 그렇게 많은 무고한 민간인이 죽어야 했는지 이해할 수 없었다는 말을 전했다고 소개하고 있다. J.S. Nye, Jr., *Nuclear Ethics* (N.Y.: Free Press, Macmillan, 1986), p.x. 그러나 이 일본인 생존자는 왜 그보다 훨씬 많은 인접국 국민이 임진·정유재란 시, 1923년 관동대지진 시, 태평양전쟁 시, 그리고 독립운동을 이유로 무의미한 죽음을 강요당하거나 학살되었는지에 대해서도 동시에 진지한 의문을 가졌어야 할 것이다.

92) See *Payne v. Railway Executive*, [1952] I KB 26; H.L.A. Hart & T. Honoré, *Causation in the Law*(2nd edn., Oxford: Clarendon Press, 1985), p.161; Hyun-jin Park, *Economic Analysis of the Legal Regime for Aviation Liability* (Ph.D. thesis, University of London, 1998), p.50 & 353.

벌은 이를 배척·부정하려 한다. 이중기준으로 일관된 원칙을 부정하고, 보편타당한 정의를 부인한다. 선량한 사마리아인(good Samaritan)까지는 기대하지 않지만, 후쿠자와 유키치가 말한 '나쁜' 이웃도 기대하지 않는다. 역사적 진실을 부정하는 가해사실을 은폐하면서 지도층의 망언제조 릴레이로 자국 국민들을 집단 세뇌시키거나 위협하고, 피해국의 심기를 자극하면서 단순히 '과거'라는 이유만으로 이에 대한 진정한 성찰 없이 미래로 나아가자는 것은 괴벨스(Paul Joseph Goebbels, 1897~1945)의 선전선동과 과연 무엇이 어떻게 다른 것인가?

과거사에 대한 성찰과 진정한 사죄는 문명인, 문명사회로서의 기본전제이다. 패전으로 배상하였으니 그리고 전후 지역평화에 기여하였으니 더 이상 과거 만행을 거론하지 말라는 것은 적반하장이며, 문제에 대한 올바른 접근·해결방식은 아니다. 무엇보다도 일제가 일으킨 전쟁, 침략행위와 무력강점 기간 동안 자행된 대규모 인권유린, 반인도적 범죄는 1951년 대일강화조약 체결 당시 그리고 1965년「한일협정」체결당시 제대로 알려지거나 확인되지 않은 상태였다. 이러한 가운데 '일제가 미처 파기하지 못해' 새롭게 계속 발굴되는 자료와 증거에 기초한 각종 만행 등 과거사에 대하여 올바른 인식을 촉구하고 반인도적 범죄행위에 대한 사죄와 정당한 배상을 요구하는 것은 결코 '값싼 민족주의'를 자극하는 것이 될 수 없다. 정의의 요구이자 회복이며 법의 정신이 아닐 수 없다.[93] 더욱이 일제가 항복 전후 731부대의 생체실험 등 반인도·인륜적 범죄의 증거를 대량 파기했음에도 불구하고 역사가들은 아직도 많은 증

---

93) 예컨대 국제사법재판소 규정[제61(1)조 및 61(4)~61(5)조; 본서, 제10장, II.2.]에 의하면, 확정판결에 대해서 재판소 및 재심을 청구하는 당사자가 선고 당시 인지하지 못했던, 그러나 판결에 결정적 요소로 작용할 성격을 가진 어떤 새로운 사실을 발견하고, 또 그러한 무지가 그 당사국의 과실에 의한 것이 아닌 경우, 판결일자로부터 10년 이내 그리고 그러한 새로운 사실의 발견 후 적어도 6개월 이내에 판결의 수정을 신청할 권리를 가진다. 종군위안부 피해자의 헌법소원 사건에 대한 헌법재판소의 결정에 대해서는 본서, 제12장, V.2 참조.

거에 입각하여 이를 객관적으로 기술하고 있으며,[94] 또한 피해자가 살아서 증언하고 있음에도 엄연한 사실·진실을 부정하고 왜곡·호도하려는 태도는 그 양심과 보편적 인도주의 정신을 의심케 하는 또 하나의 만행을 구성할 수 있다.

12. '사과 피로감'

일본 측은 1965년 「한일협정」으로 법적으로 이미 모두 해결된 문제인데 한국측이 자꾸 '새로운' 문제를 들고 나와 '귀찮다'는 표정이 역력하다. 짜증과 불쾌감마저 묻어나온다. 기회만 있으면 막말과 망언도 마다하지 않는다. 법적으로 모두 해결된 문제를 한국에서는 정서적 반감으로 이를 되풀이하여 표시한다는 불만이다. 소위 '사과 피로감'이다. 형식적 사죄 '시늉'은 한국도 더 이상 원하지 않는 바이다. 사죄했다면서 기회만 있으면 '뒤통수'치고, 정상회담 후 흘리고 치고 빠지는 행태는 스스로 선진국을 자부하는 국격에 비추어 부끄러운 일이 아닐 수 없다. 그럼에도 일본은 스스로 법의 지배를 신봉하고 실천하는 나라라고 주장한다. 설령 한국이 정서적 성향이 강하다고 하더라도, 아래에서 설명하는 바와 같이 일본이 '법의 지배'의 나라라는 주장은 근거 없는 주장이며 동의하기 어렵다.

객관적 경험과 사실이 입증하듯이 일본은 일왕을 정점으로 하는 신비주의적이며, 주관적인 고유의 신도(神道), 그리고 무력을 신봉하는 집단적·수직적·폐쇄적 문화의 나라이다.[95] 범죄의 문화가 아니라 수치의 문화이며, 개인의 행동규범과 행위기준은 집단(적 가치)이 결정한다. '이지

---

94) 후술, 본장, 14. 과거사의 무게와 굴레, 그리고 법의 지배, 참조.
95) 후술, 본장, 제18절 및 본서, 제12장, II.3 참조,

메' 문화가 그것이다. 실정법, 즉 '속세의 법'에서 규정하는 전쟁범죄, 인도에 반한 죄, 평화에 반한 죄를 부정하는 이중적 의식구조를 양산하는 구조적 문제점이 바로 그러한 비합리적·아전인수적 신도문화에 기인한다.

문제는 우익정권이 과거 사실에 대한 '검증' 운운하며 확립된 역사적 사실·진실과 그에 따른 사죄마저 부정하고 뒤집으려는 행태를 반복한다는 것이다. 역사상 오랜 기간동안 아시아의 변방에서 힘과 술수에 의존하여 약탈·침략(왜구, 청일, 러일전쟁으로 대만과 사할린 섬의 남부 절반 탈취, 한반도 침략 등)에 익숙한 사고, 역사와 문화에서 사상 첫 패전·패망으로 인해 연합국을 중심으로 국제사회가 일본에 부과한 준엄한 법적·도덕적 심판·평가와 전후 국제질서는 일본 우익의 수치심의 연원이며, 도발적 언동의 근원이다. 가까운 선조의 부끄러운 집단 행적에 대한 젊은 세대의 기억을 그들의 뇌리에서 포맷, 그 흔적을 지우고 집단세뇌(brainwashing)시켜 오롯이 '선량(善良)한' 신형 브랜드로 갈아타고 싶어 하는 현세대 일본 우익지도층의 초조한 심리상태를 반영한다. 거창한 겉 치장도 본심과 본색까지 숨겨줄 수는 없는 법이다. 게다가 우익의 '혐오발언'(hate speech)은 아시아 '일등국민'의 명성과 품격에 어울리지 않는다. 이쯤 되면 신뢰에 기반한 진정한 선린우호관계는 신기루일 수밖에 없다.

일본 우익의 사상적 모태가 소위 '대동아전쟁'의 뿌리인 청일·러일전쟁 당시의 군사모험주의에 기초한 과거에의 향수와 과거로의 회귀 염원을 동반하는 한, 과거사는 단순히 흘러간 과거가 아니라 현재진행형일 수밖에 없다. 침략과 팽창의 대가는 참담한 패배, 참혹한 파멸 그 자체였다는 엄연한 사실도 또한 엄숙하게 아로새겨야 할 준엄한 역사의 교훈일 것이다. '폭력과 탐욕'[96])을 앞세운 침략전쟁은 결국 부메랑처럼 일본에 지울 수 없는 역사적 굴레와 낙인을 남겼다. 스스로 철저히 반성·청산함

---

96) 카이로선언(1943. 11. 27).

으로써 그 굴레와 낙인에서 비로소 그리고 영원히 해방될 수 있을 뿐이다. 식언과 망언을 되풀이하여 사죄의 진정성을 의심케 하고, 국제사회의 신의를 배반하는 어리석음을 범하는 것은 결코 일본의 장기적·전략적 이익에 부합하지 않는다. 링컨의 말대로 지구상 모든 사람을 영원히 속일 수는 없다.

한일 간 과거사 문제의 해결은 우리의 몫이다. 과거사 문제를 미국에 과도하게 의존하는 태도는 바람직하지 않다. 태평양전쟁으로 미국은 값비싼 대가를 치렀지만, 승전국으로서 우리의 입장과는 다르다. 적어도 1951년 대일강화조약, 1953년 한미 상호방위조약(한미군사동맹), 1951년 미일안전보장조약(미일동맹) 등으로 일제의 침략 등 과거사 문제에 대한 미국의 임무와 역할은 끝난 것이며, 현상유지를 원하고 있는 것으로 보인다. 더욱이 미국은 대일강화조약 체결 당시 구소련·중국과의 냉전으로 일본의 전쟁책임에 관해 '관대한 강화'를 원했듯이, 현재는 부상하는 중국 견제의 전략상 일본의 협력을 절실히 필요로 하는 상황에서 한미일 3각 협력의 강화에 동아시아 안보정책의 우선순위를 두고 있다. 미국이 대일(對日) 관점과 시각 그리고 전략적 이익을 우리와 모두 공유한다고 보기는 어렵다. 또 미국은 한국이 중국 쪽으로 기울고 있다는 의혹마저 가지고 있다. 미국이 안보전략 상 아시아에서 믿을 수 있는 '우방'이지 '동맹'은 일본뿐이라는 해석마서 나오는 소이이다. 결국 민관 여러 차원에서 우리의 입장을 미국의 조야(朝野)에 상시 전달·소통하는 시스템(제도)을 구축, 인식의 간극을 좁히고 상호이해 및 공동이익을 증진·심화시키는 노력을 강화하여야 한다.

13. 기록과의 대면, 과거와의 대화

'기록문화의 강국' 조선[97]은 왜 몰락하였을까? 역사적 기록은 우리 민족이 겪은 경험적 사실에 대한 기술이며 평가이다. 문제의 발단, 생성, 원인, 과정과 결과에 대한 설명을 제공한다. 기록은 과거의 자신의 모습을 비추어보는 거울과도 같다. 또 자신을 둘러싼 주변과의 관계에 대한 정리와 성찰을 위한 것이다. 과거의 잘못을 되풀이하지 않도록 후세에 준엄한 교훈과 경고를 남겨 이를 두고두고 새겨보기 위한 것이다『징비록』과 『난중일기』(국보 제76호, 1962년 지정) 등. 기록은 기억하기 위한 것이며, 자신과의 진지한 대면과 대화를 통해 과거의 긍정적 유산을 계승하고, 동시에 부정적 폐단을 단절·극복하기 위한 것이다. 이를 위해서는 자신과의 치열한 대결이 필수적이다. 현실적, 실용적 대안은 당연하다. 과거 잘못에 대한 책임규명과 개선 의지·노력은 또한 기록의 원초적 소명이다.

결국 기록이란 끊임없는 자기 성찰·혁신·변화의 노력을 위한 대화 교범이자 스승이다.[98] 그러한 지위와 기능이야말로 기록의 진정한 존재의

---

97) 조선닷컴, "한국이 2위와 3위를 차지한 유네스코 기록유산과 인류무형문화유산", 2015. 11. 5. 우리나라는 2015년 11월 현재『훈민정음』, 『조선왕조실록』과 『난중일기』등 세계기록유산 13건, 인류무형문화유산 17건, 그리고 세계유산 12건 등 총 42건의 세계등재유산을 보유한 문화강국이다(아래 도표 참조). At http://premium.chosun.com/site/data/html_dir/2015/11/04/2015110402168.html & http://www.cha.go.kr/cha/idx/Index.do?mn=NS_01 (2016. 1. 8 검색) & "세계기록유산", at http://terms.naver.com/entry.nhn?docId=1255020&cid=40942&categoryId=33736.

98) 희랍의 역사가 투키디데스(Thucydides)가 전하는『멜로스의 대화』, 그리고 갈릴레이가 천주교의 천체·우주관에 도전하여 펴낸 저서『프톨레마이오스 - 코페르니쿠스 두 개의 주요 우주 체계에 대한 대화』(1632)[http://navercast.naver.com/contents.nhn?rid=75&contents_id=171(2014. 10. 28 검색)]는 대표적 예이다. 서양철학의 원조 소크라테스가 진리에 이르는 방법론으로 제시·사용한 대화법(산파술)은 플라톤의 저작을 통해 잘 알려져 있다. 또『논어』는 공자와 제

종류	세계등재유산		
	세계유산	인류무형문화유산	세계기록유산
등록현황	163개국 (1031건)	105개국 (314건)	107개국 (348건)
한국의 등록현황	12건	17건	13건
등록순위	세계 20위	세계 3위	세계 2위
비고	이태리(47건) 중국(47건) 스페인(41건) 일본(19건)	중국(29건) 일본(22건)	독일(16건) 폴란드(13건) 오스트리아(13건)

〈출처 : 문화재청 홈페이지〉

의와 가치라 할 것이다. 기록은 오직 과거의 과오를 성찰하여 보다 나은 미래를 준비하기 위한 것이다. 그렇지 않다면 『조선왕조실록』의 가치는 선조의 유물로서 고서(古書) 경매시장에서의 경제적 가치만 가질 뿐이다. 조선은 기록을 중시하면서도 그 기록의 진정한 의미를 살려 나라를 혁신하는데 실패했다. 훈구파와 사림(士林) 간 대립·갈등과 당쟁, 지배계층의 부패와 기득권 수호, 비전 부재는 기록의 의미를 퇴색시켰다. 국론을 분열시켜 국력을 소진시키고 실학파의 대안을 무력하게 만들었다. 불행히도 구한말에 이르면 조선의 기록은 대부분의 지도층에게 공감·울림 없는

자가 주고받은 대화를, 신약 『성서』는 예수의 행적과 함께 제자들과 나눈 대화를 기록한 것이다. 로마의 황제 마르쿠스 아우렐리우스(121~180)의 『명상록』(*Meditations*)은 '자신과의 대화'('thoughts/ writings addressed to himself') ["Meditations", at http://en.wikipedia.org/wiki/Medita tions(2014. 11. 21 검색)]이며, 『토인비와의 대화』, 『괴테와의 대화』 등도 잘 알려져 있다. 고 넬슨 만델라 대통령의 회고록의 제목은 『자신과의 대화』(*Conversations with Myself*)이며, 카렌 호른(K.I. Horn), *Roads to Wisdom, Conversations with Ten Nobel Laureates in Economics*(England: E. Elgar Publishing Co., 2009), 안기순 등 옮김, 『지식의 탄생』(서울: 미래엔, 2012)에는 '노벨 경제학상 수상자 10인과의 인터뷰'라는 부제가 달려 있다. 주한 미국대사를 역임한 하비브 대사(Philip Habib)가 모교인 Berkeley大 국제학연구소(Institute of International Studies)에서 가진 90분간의 동영상 대담은 「역사와의 대화」(The Work of Diplomacy, Conversations with History, 1982. 5. 14)란 이름으로 인터넷에 올라 있다.

공허한 외침으로 외면되고 있을 뿐이다. 과거에 대한 성찰과 교훈, 그에 따른 혁신적 실천이 수반되지 않는 기록은 무의미하다.

아베 신조(安倍晋三) 일본 총리는 재임 중인 2013년 3월 극동(동경)국제군사재판에 대해 "연합국 측이 승자의 판단에 따라 단죄했다"고 말해 파문을 일으켰다. 2차대전 종전 이듬해인 1946년 1월 설치된 극동국제군사재판소는 도조 히데키(東條英機) 등 전쟁 수행의 핵심 관계자 25명을 유죄로 인정, 7명에게 사형, 16명에게 종신형, 1명에게 금고 20년, 다른 1명에게 금고 7년을 각각 선고했다.[99] 일본 우익 지도층의 과거사 '알레르기'는 결국 과거사를 기억하고 싶지 않고, 기억에서 지우고 싶은 것이 아마도 솔직한 심정임을 다르게 표현한 것이다. 1965년 한일협정을 통해 "법적으로" 모두 '청산'되었으니 과거의 반인륜적 만행, 인권유린, 침략, 전쟁 등의 기억과 기록에서 해방되고 싶다는 가해자의 희망일 것이다. 일본인들의 기록문화는 정평이 있다. 특히 자국에 관련된 사건에 관해서는 세밀하게 기록해두는 습관이 있다. 그러나 전후 일왕 체제를 유지시키고 평화헌법 체제를 도입하면서 재구성(remaking)된 일본의 이미지는 일본에서의 사회적 격변에 대한 과장된 위협, 증언 조작(rigging testimony), 증거 인멸(destroying evidence), 그리고 역사 왜곡(distorting history)에 의해서만 달성될 수 있었던 복잡한 정치적 과정이었다.[100]

일본은 독도가 자신들의 '고유영토'이며, 1905년 시마네현의 독도 '편입' 고시를 통해 이를 '재확인한' 것이라고 주장한다. 그러나 일본은 17세기말 울릉도쟁계 당시 교환공문을 통해,[101] 명치정부 외무성의 1870년

---

99) Bix, *supra* note 88, p.593. 일본은 대일강화조약 제11조에서 극동국제군사재판소의 판결을 수락하였다. '군국주의'와 '인종 광신주의(racial fanaticism)'를 설교했던 기업인, 대학교수, 재판관이나 언론인은 아무도 기소되지 않았다. Bix, *ibid.*; 문규석, "동경재판에서 일본의 전쟁책임에 관한 연구", 동북아역사재단(편), 『한일간 역사현안의 국제법적 조명』(2009.1), p.255, 277.

100) Bix, *ibid.*, p.618.

101) 본서, 제5~6장.

문서와 1877년 태정관 문서[102) 그리고 정부 간행 각종 지도를 통해,[103) 그리고 패전 후 대일강화조약 비준 시 일본 정부가 동조약의 비준 동의 (승인)의 목적으로 자국 국회에 제출한 지도(『일본영역참고도』)[104)를 통해 자신들의 영토가 아니라고 여러 차례 인정한 바 있다. 일본의 독도영유권 주장이 근거없는 가공(架空)의 허위사실이자 불법 '편입'임이 쉽게 판명된다. 낯 뜨거운 조작이자 '무주지' 날조가 아닐 수 없다.[105) 또 일본 학자조차 독도 '고유영토'론의 허구성을 인정하고 있다.[106) 스스로 양심과 신의를 외면·배반하는 염치없는 행동이다. 일본의 이율배반적, 이중적 행동은 여기에 그치지 않는다. 명성황후 시해사건, 안중근 의사 유해 처리, 1919년 수원 인근 제암리 학살사건, 1923년 관동대지진 시 한인학살, 종군위안부 강제동원, 포로학대와 마루타 생체실험 등 자신들의 범죄사실 관련 기록이나 불리한 기록을 교묘하게 조작 또는 철저히 폐기·은폐하는데 능란하다.[107) 뻔한 사실을 놓고 억지와 술수로 버틴다. 심지어 기록을 은폐·폐기한 후, 자국인 범인을 처벌할 수 없다거나 또는 당시 처벌규정이 없어서 처벌할 수 없었다고 시치미를 뗀다(1919년 4월 15일 제암리 학살 사건). 그렇다면 왜 일본은 유독 원폭 피해국임을 기억하려 하는 것일까?

1947년 '평화헌법'이 제정된 후 이듬해 10월 요시다 시게루(吉田茂: 1878~1967)가 권좌에 복귀하고 신헌법 공포 2년 후 일왕 히로히토는 1949년 5월 17일 24일간의 규슈 방문 일정에 돌입, 노동자 복장으로 미쓰이(三井) 상사의 한 탄광을 시찰하고, 나가사키 병원을 방문, 원폭 피

---

102) 본서, 제3장, V.3, 제6장, IV.3 및 제9장, VII.1 참조.
103) 본서, 제9장, VII~X 참조.
104) 본서, 제7장, V.3.
105) 정병준, 전게각주 2, p.361.
106) 예컨대 호리 가즈오(堀和生). 후술 본장, 19. 과거사 청산·극복과 아시아 평화 공동체 건설, 참조.
107) 예컨대 나카츠카 아키라, 전게각주 47, 제3, 5장 참조(일제의 청일전쟁사 위조).

해자이자 죽음을 앞둔 나가이 다카시 교수의 침대 옆에서 서서 사진을 찍는 행사를 연출했다.[108] 그의 연출은 자신의 책임을 뒤늦게 통감하는 의식이었을까? 아니면 1889년 명치헌법 하에서 신성불가침의 국가·국정의 최고통치자에서 신헌법 체제하에서 단순한 '국가의 상징'으로 지위가 격하된 자신의 존재감을 그럼에도 국민들에게 부각시키려 한 고도로 계산된 정치적 행위였을까? 또 일본 언론은 왜 원자폭탄을 투하했던 미군 조종사의 생전 사과 한마디에 큰 관심과 호기심을 기울인 것일까? 원자폭탄은 '반인도적' 무기였다고 주장하고 있는 것인가? 인류 최초의 원폭 피해자라는 이미지를 부각시켜 고통받았다고 항변하는 것일까? 조종사로부터 '인간적인' 사과를 기대했던 것일까? 왜 일본은 이제 와서 '평화헌법'이 '점령군의 법'이라고 주장하고, 대일강화조약에서 '쿠릴 열도'를 모두 포기하는데 합의하고 나서 이제 와서 그 가운데 남쿠릴 4개 도서에 '북방도서'라는 이름을 붙여 영유권을 주장하는 것일까?

더욱이 아베정부는 타국의 민족자결권을 '폭력과 탐욕'으로 빼앗아 그 정체성을 말살하고 징병·징용과 종군위안부로 동원하여 희생을 강요하고서도 왜 피해자의 고통을 외면하는 것은 물론, 그 사실 자체를 부인하는 것일까? 왜 일본은 명성황후 시해, 제암리 학살사건과 독립투사(김마리아 선생 등)에 대한 잔혹한 고문, 1923년 관동대지진 시 한국인 학살, 생체실험 등에 대해서는 모든 기록을 투명하게 공개하고 사죄하지 않는가? 왜 일본은 일본인 원폭피해사실만을 강조하고, 한국인 원폭피해자들의 참상과 고통에 대해서는 일절 함구하는 것일까? 왜 히로시마에는 기념관을 세워 추모하면서, 한국인 피해자에 대하여서는 일본 정부·관련 지자체 차원에서 기념공원·박물관을 지어 추모하지 않고 침묵하고 있을까? 늘 그렇듯이 '당시의 법'으로는 '합법적'이었다고 앵무새처럼 말하고 있

---

108) Bix, *supra* note 88, p.637. 나가이 교수는 1949년 초 『The Bells of Nagasaki』 (Nagasaki no kane)라는 증언을 줄간하여 일본 내에서 큰 반향을 일으켰다고 한다. Bix, *ibid*.

는 것일까? 임진왜란·정유재란 시 코베기·귀베기는 단지 서구 문명화되기 전 일본의 고대·중세시대 지나간 '과거'한 때의 야만적 문화였을 뿐이라고 말하고 싶은 것일까? 아니면 그 이전 몽골과 비교하여 일본의 행태는 훨씬 관대한 행동이었다고 주장하는 것일까? 그도 아니면 일본 내에서는 당시 그보다 더 잔인한 행위도 빈번했다고 주장하는 것일까? 미개한 조선을 '근대화'시키고 '독립축하금'을 쥐어 주었으며 따라서 '돈'으로 다 해결되었으니 더 이상 거론할 것이 없는 지난 일이라는 것인가? 그렇다면 종전 후 미국이 일본의 안보비용을 지불하고 수출시장을 제공하면서 일본을 세계 제2위의 경제대국으로 만들어 '항복축하금'을 지불한 셈이니 일본(우익)은 미국에 지극히 감사해야 할 일이며, '점령군의 법', '원폭피해국' 운운하는 언행은 자제해야 하지 않겠는가? 그것이 아니라면 1998년 구한·일어업협정을 일방 파기하였듯이, 왜 1960년의 미일 안전보장조약(Treaty of Mutual Cooperation and Security between the United States and Japan)도 일방 파기하고 '점령군'을 몰아내지 않는 것인가?

14. 과거사의 무게와 굴레, 그리고 법의 지배

일본은 과연 보편적 상식에 입각한, '법의 지배'를 신봉하고 일성화하여 실천하는 사회인가? 아베식 진실 부정·파괴 시도에 결국 2015년 2월 5일 미국 역사협회(American Historical Association: AHA) 소속 역사학자 19명이 연대 서명한 '일본의 역사가들과 함께 서서'('Standing with Historians of Japan')[109]라는 제목의 집단성명 및 국내언론매체와의 인터뷰[110]를 통해 표현의 자유와 학술의 자유에 대한 도전을 용납할 수 없다

---

109) The Hankyoreh, "American historians issue statement opposing Japanese PM's efforts to alter history textbooks", Feb.7, 2015. 2. 7.
110) The Yonhap News online, "Japan's attempt to dispute wartime history raises

고 선언하였다. 이들은 성명에서 "우리는 최근 일본 정부가 2차 세계대
전 당시 일본 제국주의에 의한 성 착취의 야만적 시스템 하에서 고통을
겪은 일본군 종군위안부에 대해 일본과 다른 국가의 역사교과서 기술을
억압하려는 최근의 시도에 경악을 금치 못한다"고 밝혔다.111) 성명은 특
히 아베 총리가 미국 맥그로힐 출판사의 역사교과서를 거론하며 위안부
관련 기술이 잘못됐다고 지적한 데 대해 "우리는 출판사를 지지하고 '어
떤 정부도 역사를 검열할 권리가 없다'("[n]o government should have
the right to censor history.")는 허버트 지글러(Herbert Ziegler) 하와이대
교수의 견해에 동의한다"고 강조하여 양심적 지식인들의 실천적 행동과
연대("an act of professional solidarity with historians")를 보여주었다.

집단성명을 주도한 미국 코네티컷 대학의 알렉시스 더든(Alexis
Dudden) 교수는 "이것은 결코 '일본 때리기'가 아니다."라며 "위안부 문
제를 연구하고 저술활동을 하는 일본과 한국, 필리핀, 오스트레일리아,
인도네시아 학자들과의 전문가적 단결 행위"라고 말해 집단성명에 표출

questions about academic freedom: U.S. scholar", 2015. 2. 6 & "U.S.
scholars express strong protest against Japan's attempt to 'censor history'",
2015. 2. 6.
111) 인터넷 연합뉴스, "미국 역사학자들 "아베 '역사수정' 압력에 경악" 집단성명",
2015. 2. 5. 미국의 뉴욕타임스는 "역사를 바로 알리려는 한국을 저지하겠다
는 아베 정부의 시도는 거의 성과를 거두지 못하고 있다"고 논평했다. 이 신
문은 "일본 총리, 미국 교과서가 역사를 왜곡했다고 언급"이라는 제하의 기사
에서 아베 총리가 지난 29일 중의원 예산위원회에 출석해 "미국 맥그로힐 출
판사가 펴낸 교과서에 '일본군이 최대 20만 명에 달하는 14~20세의 여성을 위
안부로 강제 모집·징용했다'는 내용이 담겨 있어 정말 깜짝 놀랐다"고 발언한
것을 비판적으로 지적했다. 이 신문은 아베 총리는 "정정해야 할 것을 국제사
회에서 바로 잡지 않은 결과 이런 교과서가 미국에서 사용되는 결과를 낳았
다"며 "국제사회는 얌전하게 있다고 좋게 봐주는 것이 없다. 주장할 것을 확
실히 주장해야 한다"고 말한 것으로 소개했다, 인터넷 연합뉴스, "일본, 역사
적 사실 알리는 한국 못 막아(NYT) − 맥그로힐 출판사 '군위안부·동해표기' 우
회 지지", 2015. 1. 31 및 The New York Times Online(www. nytimes.com/),
"U.S. Textbook Skews History, Prime Minister of Japan Says", 2015. 1. 29.

된 역사적 진실에 입각한 학문의 자유와 국제적인 지식인 네트워크를 강조하였다.112) 그는 또 "우리는 연구와 저술을 하는 데서 반드시 지켜야 할 기준을 가지고 있다"고 강조하면서 이어 2차 세계대전 종전 70주년을 맞아 "미국은 일본이 과거의 침략전쟁과 식민지배를 사죄한 1995년 무라야마(村山) 담화를 반드시 지지하도록 만들어야 한다고 본다. 지금 아베 총리의 과거사 관련 발언이 무라야마 담화에서 크게 벗어나고 있고 있기 때문이다. 전후 질서는 일본이 샌프란시스코 강화조약을 실효적인 것으로 인정하는 데서 출발하고 있으며 샌프란시스코 조약은 바로 1946년 일본의 전쟁범죄를 재단한 극동국제군사재판의 결과에 기초하고 있다. 과거 일본의 특정한 행위를 범죄라고 규정하는 것은 전후 질서에 있어 중요하다. 만일 이것이 흔들린다면 미국으로서는 가만히 있어서는 안 된다."고 강조하였다.

그녀는 또 인터뷰에서 학문의 자유에 대한 간섭·침해(interference with academic freedom)를 용납할 수 없다고 밝히기도 하였다. 미국 역사학자들의 성명은 객관적 사실에 대한 보편적인 역사관을 반영한다. 이는 카이로·포츠담선언과 항복문서, 극동(동경)국제군사재판, 그리고 대일강화조약에 이르는 일련의 역사적 사실에 대한 객관적 기술과 인식을 반영하고 있다. 특히 성명은 대일강화조약에 의하여 성립한 전후 동아시아 안보질서의 구속력과 적법성에 대한 강한 신념과 의지를 보여준다. 이러한 자국 역사학자들의 입장 표명에 대하여 미국 국무성도 학문의 자유에 대한 "강력한 지지"를 표명하여 일단 아베의 '폭주'에 제동을 걸었다. 명백한 진실에 대한 은폐·왜곡 시도는 어리석은 짓이다. 무엇보다도 히로시마와 나가사키는 일제의 "폭력과 탐욕" 그리고 각종 비인도적 만행을 웅변하는 반대증거가 되고 있다. 또 한반도의 방방곡곡, 만주 하얼빈(哈爾濱) 기차역 그리고 뤼순 감옥113)에 그대로 남아있다.

---

112) 인터넷 연합뉴스, "〈인터뷰〉 알렉시스 더든 교수 "역사는 편한대로 기억하는 것 아냐"(종합)", 2015. 2. 6.

더든 교수를 중심으로 한 미국 역사학자들의 집단성명이 발표된 지 3개월 만인 5월 6일에는 저명한 역사학자 187명이 아베 총리에게 일본군 위안부 문제와 관련한 역사적 사실을 왜곡하지 말고 정면으로 인정할 것을 촉구하는 집단성명을 발표했다.[114] 이 성명은 외교경로를 통해 아베 총리에게도 직접 전달됐다. 특히 성명은 "피해자의 증언에 의문을 제기하려고 특정한 용어 선택이나 개별적인 문서에 집중된 법률적 논쟁을 벌이는 일은 피해자가 당한 야만적 행위라는 본질적 문제와 피해자들을 착취한 비인도적인 제도라는 더 큰 맥락을 모두 놓치는 일"이라고 지적했다.[115] 이들은 "올해는 일본 정부가 말과 행동을 통해 식민지배와 전시

---

113) 안중근 의사와 신채호 선생(1880~1936)이 순국한 곳이며, 많은 독립투사들이 옥고를 치른 곳이다.

114) 인터넷 연합뉴스, "세계 역사학자 187명 집단성명 "아베 '위안부' 과거사 왜곡 말라"", 2015. 5. 6. 집단성명에 참가한 학자들은 퓰리처상을 수상한 허버트 빅스(미국 빙엄턴대학), 디어도어 쿡·하루코 다야 쿡(미국 윌리엄 패터슨 대학), 존 다우어(미 매사추세츠공과대학)를 비롯해 에즈라 보겔(하버드대), 브루스 커밍스(시카고대), 피터 두스(스탠포드대) 등 미국과 유럽, 호주에서 활동 중인 일본학 전공 역사학자들로서, 이들은 연합뉴스와 연합뉴스TV를 통해 '일본의 역사가들을 지지하는 공개서한'이라는 제목의 집단성명을 공개했다.

115) 성명은 특히 "가장 첨예한 과거사 문제 중의 하나가 일본군 위안부 문제"라며 "위안부 피해자들의 고통을 피해 국가에서 민족주의적인 목적 때문에 악용하는 일은 국제적인 문제 해결을 어렵게 하고 피해 여성의 존엄을 더욱 모독하는 일이지만 피해자들에게 있었던 일을 부정하거나 무시하는 일 또한 똑같이 받아들일 수 없다"고 비판했다. 이어 "20세기에 있었던 수많은 전시 성폭력과 군 주도의 성매매 사례 중에서도 위안부 제도는 방대한 규모와 군 차원의 조직적 관리, 그리고 일본에 점령됐거나 식민지배를 받았던 지역의 어리고 가난하며 취약한 여성을 착취했다는 점에서 특히 두드러진다"고 강조했다. 이들은 "제국주의 일본군의 기록 중 상당수는 파기됐고 일본군에 여성을 공급하기 위해 지역별로 활동했던 자들에 대한 기록은 아예 없었을 수도 있다"며 "그러나 역사학자들은 일본군이 여성들의 이송이나 위안소 관리에 관여했음을 증명하는 수많은 자료들을 발굴해 왔다"고 강조했다. 그러면서 "피해자들의 증언이 중요한 증거"라며 "비록 피해자들의 이야기가 다양하고 일관성 없는 기억의 영향을 받았다 하더라도, 피해자들이 제공하는 총체적인 기록은 설득력이 있으며 공식 문서와 병사 또는 다른 사람들의 증언에 의해 뒷받침되고 있다"고

침략행위를 다룸으로써 일본의 지도력을 보일 기회가 될 것"이라며 "지난 4월 미국 의회에서의 합동연설을 통해 아베 신조 일본 총리는 인권이라는 보편적 가치와 인도적 안전의 중요성, 그리고 일본이 다른 나라들에 가했던 고통에 직면하는 문제에 대해 언급했는데, 이 모두에서 과감하게 행동하기를 바란다"고 촉구했다. 미국 학자들의 용기, 양심과 지성이야말로 초강대국 미국을 이끄는 저력과 지도력의 소재와 실체임을 보여주는 사례가 아닐 수 없다.

　과거사에 대한 인류의 반성과 성찰에 기초한 실정법적 정의는 진전을 계속하고 있다. 그로티우스 이후116) 전쟁법, 식민지배, 그리고 국제인권·인도법의 분야에서 그 존재감을 더하고 있다. 예컨대 국제사법재판소(ICJ)는 1970년 바르셀로나 전력회사 사건에서 침략행위·집단학살·인종차별의 불법화 등 국제공동체에 대한 국가의 대세적 의무(obligations *erga omnes*)를 언급하면서, '정의의 부정'(deninal of justice)으로부터 인권보호의 필요성을 강조하였다.117) 또 1971년 나미비아 사건에서 남아공의 나미비아 위임통치의 종료를 결의한 국제연합총회의 결의를 지지하는 권고적 의견을 통해 탈식민지화(decolonization)에 대한 사법적 판단의 근거와 기초를 제시하였다.118) ICJ는 1975년 서부 사하라 사건에서 서구 여러 나라들이 아프리카에서 영토쟁탈 및 식민지화를 정당화했던 1885년 베를린 회의(Congress of Berlin)에 최후의 일격(coup de grace)을 가했다.119) 동 재판소는 인간 거주지역이 '무주지'로서 점유의 대상이라는 관

　　설명했다.

116) 본서, 제12장, III.2 및 제13장, 10. 역사적 이성, 실정법적 정의, 참조.
117) Barcelona Traction, Light and Power Co., Ltd., Judgment, *ICJ* Reports, 1970, p.3, 32 & 47, para.91.
118) Legal Consequences for States of the Continued Presence of South Africa in Namibia(South West Africa) notwithstanding Security Council Resolution 276 (1970), Advisory Opinion, *ICJ* Reports, 1971, p.16; 본서, 제12장, III.3 & IV.2 참조.
119) 이하 N. Singh, "The United Nations and the Development of International

념은 더 이상 국제법상 설 자리가 없다고 선언하였다.[120] ICJ는 또 역사적 쟁점들은 탈식민지화 과정에서 총회에 부여된 '일정한 재량권'(a measure of discretion)으로 인해 더 이상 미해결로 남아 있지 않게 되었으며, 역사적 분석은 탈식민지화를 실현하기 위해 채택될 궁극적인 절차에 일정한 효과를 가질 수 있을 것이라고 추론하였다.[121]

15. 과거사 청산과 극복: 아베 스타일

종군위안부 강제 동원은 결코 없었다고 역사적 사실 자체를 부인하며 손바닥으로 하늘을 가리던 아베 총리는 자국 외교관을 동원하여 미국 L.A. 소재 맥그로힐 출판사가 간행하는 역사교과서의 위안부 관련 기술을 삭제 또는 수정토록 공공연한 외교적 압력을 행사하다가 미국 역사학자들의 강력한 집단 반발에 부딪히고 미국 국무성이 자국 역사학자들의 학문의 자유를 강력히 지지하고 나서면서 외교적 문제로 비화했다. 그러자 아베 총리는 위안부 문제를 "외교 문제화하는 것은 안 된다"고 말을 바꾸면서 또 '남의 탓'으로 돌리는 옹졸함과 편협함을 보인다. 그렇다면 종군위안부 문제가 양국 간 군사정보 교류·보호의 문제인가? 아니면 경제문제나 문화적 문제인가? 인류역사의 보편성·합리성을 부정하고 억지와 변명으로 일관한다. 독일 메르켈 총리가 일본을 방문, 일본에 "과거를 직시"할 것을 언급한 것은 일본에 반성과 사죄를, 주변국들에 관용을 촉

　　Law", in A. Roberts & B. Kingsbury(eds.), *United Nations, Divided World* (Oxford & N.Y.: Clarendon Press, 1988), p.159, 179 참조.
120) Western Sahara, Advisory Opinion, *ICJ Reports*, 1975, p.12, 40, para.83.
121) Western Sahara, *ibid.*, pp.36~37, paras.71~72; N. Berman, "Sovereignty in Abeyance: Self-Determination and International Law", *Wisconsin International Law Journal*, vol.7, 1988~1989, p.51, 100 & in M. Koskenniemi(ed.), *International Law* (New York University Press, 1992), p.389, 438.

구한 것이라는 해석이다.[122] 또 그가 위안부 문제를 해결할 것을 촉구한[123] 것은 종전 70주년을 맞는 독일의 일관된 대응자세를 보여준다.[124]

모략과 술수, 선동과 조작은 적어도 근대 일본 제국주의와 관련이 있다. 아니 전국시대와 막부 봉건시대 대명(大名: daimyo) 간 끊임없는 싸움 또는 충성경쟁에서 생존을 위해서라면 치열한 이합집산, 합종연횡은 물론, 온갖 지략과 술수를 동원해야 했던 과거 경험이 은연중 일본 지도층의 유전자에 각인되어 있는지도 모른다. 더욱이 제한된 국토와 자원은 영주 간 협력을 통한 윈윈 게임보다는 제로섬 게임에 보다 익숙한 문화를 형성할 기반과 토양이 일본 문화와 정체성의 소여된 조건이 아니었을까. 또 신라 이후 일찍부터 통일왕조를 운영해 중앙집권제에 익숙한 한민족과는 달리, 16세기말에 이르러 비로소 북해도를 제외한 3개 주요 섬을 통일한 역사적 배경은 아직도 일본에 지역색이 짙게 남아있는 소이가 아닐까 생각된다.

물론 교통통신이 발달하지 못했던 고대와 중세시대 일본의 4개 주요

---

122) 조선닷컴, "日 방문 독일 메르켈 총리, "일본 과거 직시하고, 주변국은 인내해야"". 2015. 3. 9; 인터넷 연합뉴스, "메르켈 독일총리 "과거 정리는 화해를 위한 전제"", 2015. 3. 9.

123) 인터넷 연합뉴스, "메르켈 총리 "군위안부 문제 제대로 해결해야"", 2015. 3. 10.

124) 메르켈 총리는 우크라이나 시데에 대해서도 중개노력을 계속하면서 광폭행보를 보이고 있다. 이러한 그의 일련의 행보, 특히 아베에게 과거사 청산을 조언한 것은 국제연합 안전보장이사회 개편을 향한 양국 간 공동노력을 염두에 둔 사전포석의 측면도 배제할 수 없다. 일본이 과거사문제로 계속 잡음을 일으키고 주변국의 신뢰를 얻지 못한다면, 독일은 상임이사국 동반진출을 포기해야 할 것이며 일본 없이 독일만의 상임이사국 진출시도는 그 추진동력이 떨어져 그 실현가능성 또한 미지수일 것이다. 또 과거사 문제에 대한 메르켈 총리의 '개입'은 중국 견제를 위해 아베의 역사수정주의를 묵인하는 듯한 모호한 태도를 취해 온 미국의 짐을 덜어주고, 한일 간 화해를 중개하면서 동시에 중국 측의 입장도 고려해 줌으로써 이러한 외교적 성과를 바탕으로 향후 안보리 상임이사국 진출의 교두보로 활용할 가능성도 염두에 둔 포석으로 해석될 수 있을 것이다.

섬이 길게 늘어선 지리적 상황(열도)과 공간적 거리감 역시 중앙집권 체제 형성에 하나의 걸림돌로 작용했을 개연성이 높다. 근대 막부타도의 선봉에 섰던 장주 번(長州藩; 야마구치 현)은 덕천막부의 본거지인 동경에서 멀리 떨어진 본주(혼슈) 섬의 서남단 변방에 위치한 번이었으며, 사쓰마 번은 구주(규슈) 섬의 한 번으로서 혼슈 섬과는 관문 해협(關門海峽: 간몬 해협; 시모노세키 해협)으로 격리된 변방이었다. 2개 번은 덕천막부 시대 중앙정치무대에서 거리상으로도 소외된 세력이었을 것임은 미루어 짐작하기 어렵지 않다. 동서고금을 막론하고 권력의 크기가 권력핵심과의 '거리'에 비례한다는 것은 역사의 철칙이 아닐까. 조선 시대 중앙관직이 아니라 외직은 한직과 거의 동일시되었던 것도 그러한 연유일 것이다.

마키아벨리(Niccolò di Bernardo dei Machiavelli: 1469~1527)가 비교문화 관점에서 일본의 사례를 실증적으로 연구할 수 있었더라면 더욱 깊은 학문적 통찰력을 얻어 우리에게 실용적 지혜와 예지를 가져다주었을지도 모른다. 결국 그는 그러한 영예를 400여 년 후학인 루스 베네딕트(Ruth Fulton Benedict: 1887~1948)에게 양보할 수밖에 없었다(*The Chrysanthemum and the Sword: Patterns of Japanese Culture*, 1946). 그리고 베네딕트는 국화 속에 감추어진 '칼'의 본질, 위치와 논리, 그리고 일본인들의 행동양식과 사고방식을 규명한 최초의 학자로 자리매김하게 되었다. 이러한 연구결과를 바탕으로 그녀는 루스벨트 대통령(Franklin D. Roosevelt: 1882~1945)에게 '천황제'의 유지를 허용할 것을 항복조건으로 제시하도록 건의한 것으로 알려져 있다.[125]

1895년 전대미문의 명성황후 시해 사건 음모·사주·실행, 그 범죄자와 안중근 의사에 대한 재판관할권 행사, 1931년 7월 2일 만보산(萬寶山) 사건,[126] 1931년 9월 18일 만주침략 당시 관동군의 류타오후 사건(柳條湖

---

125) Wikipedia, "Ruth Benedict", at http://en.wikipedia.org/wiki/Ruth_Benedict (2015. 3. 25 검색).
126) 중국 만주 지린 성(吉林省) 창춘 현(長春縣) 싼싱바오(三姓堡)에 있는 만보산

사건=만주사변, 만철폭파사건, 9·18 사변: Manchurian Incident, Mukden Incident) 조작 등은 그 전형적인 사례일 것이다. 또 독도영유권 주장에 서부터 최근의 남대양/남빙양/남극해(Southern Ocean; Antarctic Ocean) '과학조사 포경'(scientific whaling)에 이르기까지 독선과 자기합리화는 유별나다. 일본의 국가브랜드와도－혼슈와 규슈 간 시모노세키 해협만큼 －큰 괴리와 간극을 보여준다. 보편타당한 원칙과 규칙이 아니라 자국 중심적 특수성과 예외를 내세우는 고집과 억지, 은폐와 변명은 유별나다. 오랜 동안 섬나라에 갇혀 생활하면서 체득한 그들만의 생존논리인지도 모른다. 극단적으로 말한다면 목적을 위해서라면 수단과 방법을 가리지 않는다는 의구심마저 자아낸다.[127] 법과 원칙은 오직 무력·술수를 정당화·합법화하는 도구로 활용되었다.

일제의 군국팽창주의는 일방주의를 더욱 부추겼다. 일제는 대한제국에 을사늑약을 강요하기에 앞서 기습공격으로 러일전쟁에서 승기를 잡은 후 1905년 7월 미국의 필리핀 지배를 묵인하는 대가로 한반도에서 우월적 지배권을 인정받았다(태프트-가쓰라 밀약). 또 1905년 8월 영국과 제2차 영일동맹으로 한반도 지배를 위한 안전판을 확보하였다. 또 만주사변(1931년 9월 18일~1932년 2월 18일)을 일으켜 1932년 1월 만주의 동북삼성(三省)을 점령하고 3월 괴뢰정권 만주국(滿洲國)을 성립시켜 국제적

지역에서 일본의 술책으로 한국인 농민과 중국인 농민 사이에 수로(水路) 문제로 일어난 충돌 및 유혈사태로서 만주사변을 촉발했다. Wikipedia, "Wanpaoshan Incident", http://en.wikipedia.org/wiki/Wanpaoshan_Incident (2015. 2. 25 검색).

127) 마키아벨리의 사상은 그의 생존(1469~1527) 당시 그의 고향이자 단테(1265~1321)의 출생지인 도시국가 피렌체(플로렌스)가 프랑스, 스페인과 나폴리 등으로부터 많은 침략에 시달렸으며, 따라서 그의 관심은 약소국이 어떤 책략을 써서 생존, 부강해질 수 있는가 하는 문제에 천착한 결과이다. 즉 마키아벨리즘은 약소국·민족의 치열한 생존전략이다. 미켈란젤로(1475~1564)와 동시대인이기도 한 그는 군주, 군대와 양법(good laws)의 중요성을 강조했다. N. Machiavelli, *The Prince* (1513; ed. by Q. Skinner & R. Price, Cambridge University Press, 1988), chs.VIII, XII & XXIV.

비난과 함께 국제연맹이 1933년 2월 리튼 보고서(Lytton Report)를 채택하여 일본의 철병(撤兵)을 요구했으나 일본은 이를 거부하고 국제연맹을 탈퇴했다.[128] 과연 일본이 법을 존중하고 법의 지배를 인정하는 전통을 확립·실천해 왔다고 당당히 말할 수 있을까? 아니 말할 자격이 있을까? 한 세기 전의 억지와 버티기가 아직도 국제사회에서 통할 것으로 착각한 아베 총리는 최근 정상회담에 응하지 않는다고 한국을 '어리석은' 국가로 비난하는 무례와 오만도 마다하지 않는다.

아시아 '일등국민'의 자존심이 사죄를 허용하지 않는다면 일본 '고유'의 전통 가치·예절, 즉 겸손과 감사의 마음으로 되돌아가 일본에 알맞는 '제자리'를 찾아가면 된다.[129] 1945년 8월 15일 히로히토 일왕의 옥음방송을 다시 틀어보면 된다. 동경 만에 정박한 미국 전함 미주리호 함상에서 항복문서에 조인한 9월 2일을 기억하면 된다.[130] 히로시마와 나가사키를 상기하면 된다. 1895년 명성황후 시해, 빼앗긴 민족자결권과 국권을 회복하기 위해 일어선 대한의군·독립투사들에 대한 잔혹한 고문·학살, 1923년 관동대지진 시 한인학살, 종군위안부 강제동원과 마루타 생체실험 등으로 점철된 공격적·가학적·차별적·파멸적 의식구조·행동을 성찰하고 양심과 이성을 회복하여 전화위복의 계기로 삼으면 된다. 명백·확고한 증거 앞에서도 진실을 잡아떼는 것도 모자라, 일제의 만행을 기술한 외국 교과서의 수정을 요구하는 시대에 역행하는 반역사적·몰가치적 오만과 독선을 지양하고, 기본과 개념을 회복하는 기회로 삼으면 된다. 종교의 자유만 내세울 것이 아니라, 로켓, 지진계, 원자력발전, 고속철도

---

128) Wikipedia, 'Mukden Incident'. http://en.wikipedia.org/wiki/Mukden_Incident (2015. 2. 24 검색).
129) Benedict, 전게각주 34, p.92 참조
130) 영원한 무적의 제국은 지구상에 존재한 적이 없다. 모든 문명은 생성, 성장, 쇠락과 해체/붕괴(genesis, growth, time of troubles, universal state, and disintegration)의 과정과 단계를 거쳐 순환한다. A. Toynbee, *A Study of History*, at http://en.wikipedia.org/wiki/A_Study_of_History (2014. 9. 19 검색).

와 컴퓨터를 발명, 인류의 지식의 지평을 확대하고 그 진보·복지에 기여한 연구자들의 땀과 노고를 되새기면 된다.

후쿠자와 못지않은 극우 언론의 자유는 신주 모시듯 신봉하면서, 전 세계 유수한 학자들의 양심과 확립된 객관적 사실에 기초한 학술활동을 제국주의적 구미와 시각에 맞게 재단하려는 반시대적·반이성적 사고와 착각을 최종적, 불가역적으로 청산하면 된다. 격이 맞지 않는 '어리석은 국가'와는 더 이상 상대하지 않으면 된다. 문명국 법원의 판결에 딴죽 거는 무도(無道)와 무례를 중단하고 이를 존중·수용하면 된다. 자국 국민의 납치사건에 대해서는 온갖 부산을 떨며 사실규명을 요구하면서, 무고한 타국 국민 수십, 수백만의 고통과 피해, 희생과 비탄에 대해서는 모르쇠로 일관하거나, 자신들이 조직적으로 파기하여 사라진 증거를 들먹이며 잡아떼거나 또는 "법적으로' 모두 해결된 '과거사'라고 간단히 치부하는 억지의 족쇄에서 스스로를 해방시키면 된다. 최초의 원폭 피해국이라는 사실을 도드라지게 부각시키려 하면서 그 원인행위에 대해서는 눈을 감는 고유의 편리한 사고방식과 문화를 청산하고 '법의 지배'를 남용하지 않으면 된다.

종이 한 장에 도장 찍고 "독립축하금"을 내놓은 것으로 과거사가 "법적으로" 완전히 해결된 것이라고 강변하기 전에, 왜구, 임진왜란·정유재란, 을사늑약과 강제병합에 이르는 약탈·납치·파괴와 학살의 질긴 악연의 역사를 돌아보고 재발방지의 확고한 의지와 각오를 만천하에 방송하면 된다. 식민지배를 반성한다면서도, 기회만 있으면 이를 검증해야 한다는 등 좌충우돌 이중 플레이나 '눈 가리고 아웅 하는' 습관에서 스스로 해방시키면 된다. 침략의 첨병을 존경받는 인물이라 추켜세우면서 그를 처단한 한국인은 테러리스트의 굴레를 씌워 폄하하려는 시대착오적 팽창주의 사고와 망상을 청산하고 문명국이 공유하는 보편적 가치와 시각으로 재무장하면 된다. 아직도 나치 전범을 처벌하는 과거 동맹국의 예를 좇아 당시 협의·합의되지 않았던 문제에 대해서도 시효 없이 협의·해결하려는 전향적 의지와 겸허한 자세로 돌아가면 된다. 법이면 법, 힘이면 힘, 어느 쪽이든 일관성있게 행동하면 된다. 법을 말하기 이전에 양심과 상식에 반하는 반인륜적 만행에 수치는커녕, 이를 호도·미화 또는 회피· 전가하려 한다면, 과연 명예와 의리를 중시하는 진정한 '수치의 문화'라 고 할 수 있을까?

16. 정보통신혁명과 부·권력지형의 변환

정보통신혁명은 농업혁명과 산업혁명에 이은 인류의 제3의 혁명이다. 정보통신혁명은 유·무선으로 전 지구를 하나의 거대한 초고속 정보통신 망(네트워크)으로 연결하여 시공간을 축약시켜 거리를 '소멸'시키고 있 다.[131] 정보통신혁명은 지식·정보 콘텐츠의 개발·생산·취득·수집·가공· 전달·소통·저장 관련 패러다임의 변화는 물론, 획기적인 새로운 미디어 (표현·소통 수단)의 발명으로 지식·정보·부와 자유·이념·사상과 가치를 광속에 가까운 속도로 이동·전파·확산시켜 전통 권력(정치)·경제·문화

---

131) 프랜시스 케언크로스(Frances Cairncross), *The Death of Distance: How the Communications Revolution Will Change Our Lives* (1997), 홍석기 역, 『거리 의 소멸 ⓐ 디지털 혁명』(서울: 세종출판, 1999). '거리의 소멸'에도 불구하고 미국의 정보통신과 인터넷 관련 회사들은 캘리포니아의 실리콘 밸리, 시애틀 의 실리콘 포리스트, 샌프란시스코의 멀티미디어 협곡, 로스앤젤레스의 디지 털 해안, 오스틴의 실리콘 언덕, 뉴욕의 실리콘 앨리, 워싱턴 D.C.의 실리콘 도미니언 등에 집중되어 있다는 사실이다(정보통신기업 '클러스터'). 이는 이 들 지역이 광통신, 슈퍼컴퓨터, 고속 인터넷 등 정보 인프라가 잘 갖추어져 있으며, 동종의 직종 종사자들이 어울릴 수 있는 창조적 혁신의 문화공간을 제공하는 점, 그리고 청소·세탁, 경비, 운송 등을 효율적으로 제공하는 저렴한 육체노동 서비스의 존재 등으로 위해 지식기반 벤처기업에 유인을 제공한다 는데 있다. 홍성욱, 『네트워크 혁명, 그 열림과 닫힘』(서울: 들녘, 2002), pp.136~137.

지형에 지각변동을 가져오고 있다. 정보통신기술은 네트워크상에서 지식 생산·전파를 가능케 하여 지식의 생산·저장과 활용방식을 바꾸고, 생산· 전달·전파·확산비용을 절감시킨다. 기존 지식이 디지털화된 아카이브 (archive)에 저장되고 재생·복구·가공을 용이하게 하여 지식자원의 양이 폭발적으로 증대되었다(지식 네트워크).132) 정보가 주로 도서·웹사이트 에서 보거나 들어서 얻어지는 것으로서 대부분 기록된 형태로 존속하며 이동가능하다면, 지식은 두뇌를 통한 생각을 거쳐서 비로소 획득될 수 있는 사고의 산물이라는 점에서 차이가 있다.133)

정보통신혁명 시대, 정보는 광통신 네트워크(서비스)를 통해 쌍방향으 로 실시간 전파·유통되고(online) 사실여부가 확인되며(소셜 미디어/네트 워크 서비스: SNS), 지식은 네트워크에서 공동으로 생산된다(예컨대 위키 피디아). 개인은 방송국을 통하지 않아도 직접 동영상을 제작해 인터넷 을 통해 자신만의 육성 생방송도 진행할 수 있다. '나 홀로' 프로듀서의 1인 방송국이다. 정보통신기술의 다양한 애플리케이션은 혁명적으로 진 화하고 있다. 온라인 쇼핑몰을 통해 24시간 신속한 해외 직접 구매·결제 가 가능해졌다. 정류장에서는 기다리는 버스가 도착할 시간을 실시간으 로 예고한다. 고위 공직자의 언행이 비밀리에 녹음·녹화되어 결정적 순 간에 그의 운명과 세상을 바꾸는 증거로 제시된다.134) 정보통신기술과

132) 배영자, "동아시아 지식네트워크: 싱크 탱크(Think Tank)와 공개소프트웨어 (Open Source Software) 사례", 하영선(편), 『동아시아 공동체: 신화와 현실』 [제2판, 서울: (재) 동아시아연구원, 2010], p.329, 329~330.
133) 배영자, 상게논문, pp.332~333. 지식은 실용지식(technology), 이론 및 과학지 식(science), 상징 및 이념지식(humanities), 그리고 지식에 관한 지식 (meta-knowledge)로 나뉜다고 한다. 배영자, p.333.
134) 최근 전직 영국 외무장관이자 정치인인 잭 스트로 노동당 하원의원과 역시 전직 외무장관이자 보수당의 말콤 리프킨드 하원의원이 중국기업을 위한 로 비 요청을 받고 금전적 대가를 요구하는 내용의 발언이 영국 언론의 위장취 재로 녹화되어 정치생명이 위태로운 처지에 몰리는 사건이 발생했다. The Telegraph Online, "Why I'm standing down from Parliament: Jack Straw, MP for Blackburn", 2015. 2. 13, at http://www.telegraph.co.uk/news/general-

지식은 부의 원천이자 권력135)의 필수요소이다.

인류 역사의 원동력을 분석하는 틀, 관점과 시각은 여럿 있을 수 있다. 그 가운데 생산력(경제력), 무력(군사력)과 지식(정보)가 가장 핵심적 요소일 것이다.136) 정보통신혁명은 3번째 요소인 지식(정보)이 우월적·지배적 요소로 부각되는 지식정보화 사회의 등장을 의미할 것이다. 또 국제질서를 형성·변화시키는 4가지 구조적 권력으로 안보, 금융,137) 생산 및 지식이 꼽히며,138) 지식이 생산·발견·저장·소통되는 수단과 구조(지식구조)는 권력의 출처이자 권력의 요소가 된다. 정보통신기술과 지식은 유용한 생산도구이자 파괴의 도구이기도 하다. 불법조직이 네트워크에

---

election-2015/11404389/Why-Im-standing-down-from-Parliament-Jack-Straw-MP-for-Blackburn.html (2015. 2. 25 검색); The BBC Online, "Sir Malcolm Rifkind and Jack Straw have whip withdrawn over 'sting'", 2015. 2. 23, at http://www.bbc.com/news/uk-politics-31589202 (2015. 2. 25 검색).

135) 권력(power)은 타인·타국에 일정한 방식으로 행동하거나 하지 말 것, 즉 준수·복종할 것을 요구하고 그 행동·사고를 지배하는 명령을 발할 수 있는 권능·영향력 또는 권위·위세 등을 의미한다. F.V. Kratochwil, *Rules, norms, and decisions: on the conditions of practical and legal reasoning in international relations and domestic affairs* (Cambridge University Press, 1989), p.165. 따라서 권력은 그 속성상 일정한 강제(coercion)와 제재(sanctions)를 수반하는 것이 일반적이다. T. Parsons, "Power and the Social System", in S. Lukes (ed.), *Power* (Oxford: Basil Blackwell, 1986), p.94 참조.

136) E. Gellner, *Plough, Sword and Book: The Structure of Human History* (London: Paladin Grafton Books, 1988).

137) 예컨대 인터넷 연합뉴스, "미국, 동맹 잇단 AIIB 참여에 곤혹…미·중 신경전 가열(종합)", 2015. 3. 18 참조. 영국, 프랑스, 독일과 이태리 등 미국의 주요 우방국들이 중국이 주도하는 아시아 인프라투자은행(AIIB) 참여를 결정함으로써 미국을 곤혹스럽게 하고 있다. 이는 중국이 주장하는 전후 국제(금융·무역·경제)질서의 개선·시정(왕이 외교부장)을 향해 중국이 구체적 행보를 딛기 시작한 신호탄으로 볼 수 있을 것이다. AIIB 설립·운영은 중국의 국제무대 데뷔 작품으로 볼 수 있으며, 이 점에서 중국의 향후 리더십을 가늠하는 시금석이 될 公산이 크다.

138) S. Strange, *States & Markets* (England: Blackwell Publishers, 1988), 배영자, 전게각주 132, p.333에서 재인용.

접속, '국경'을 자유롭게 넘나들며 해킹·테러 또는 바이러스 유포 등의 통로로 이용한다. 일단의 민족국가(nation-states)의 권력이 '국제적 검투사'('Global Gladiators')로 이동하고 있는 셈이다.139) 폭력, 부와 지식 간 권력 각축140)은 21세기 국가권력과 국가안보 그리고 문명의 생존과 향배를 이해·규정하는 열쇠가 된다.141)

17. 아베 총리와 시대착오

지식·정보의 공유·공동생산, 표현의 자유 및 실시간 감시·검증은 정보 통신혁명의 시대정신이다. 감시의 눈과 귀는 도처에 산재해 있으며, 대중은 더 이상 어리석지도, 쉽게 선동·조작가능하지도 않다. 정보통신 네트워크는 지도자와 국민, 국민 상호간, 그리고 외국 지식인·국민과 효율적 소통을 강화하고 투명성을 제고한다. 네트워크에 연결된 사람은 모두 평등한 자격으로 소통하며, 거짓과 술수는 네트워크를 통해 실시간으로 바로바로 폭로·판명·확인되고 반론이 제기된다.142) 근거 없는 허위 사실·

139) A. Toffler, *Powershift: Knowledge, Wealth, and Violence at the Edge of the 21st Century* (N.Y.: Bantham Books, 1990), pp.458~459.
140) 유럽 여러 나라는 농양에서 독점교역권을 얻기 위해 때로는 무력(포르투갈의 인도 고아 및 중국 마카오 점령, 네덜란드의 1602년 동인도회사 설립 및 자바 지배, 영국의 1600년 동인도회사 설립과 인도지배, 아편전쟁 등)을 동원하였다.
141) Toffler, *Powershift, op.cit.,* p.440 & 464.
142) 예컨대 위키리크스(WikiLeaks)는 익명의 정보제공자가 제공하거나 자체 수집한 정보·비밀, 미공개 정보를 공개하는 비영리기관을 표방한다. 주로 각국 정부나 기업 등의 비공개문서를 공개한다. 위키리크스 웹사이트는 선샤인 프레스(Sunshine Press)에 의해서 2006년 개설되었으며, 채 1년이 지나기도 전에 120만 건 이상의 문서가 등록되었다. 위키리크스에 대한 평가는 엇갈린다. 미디어 분야나 학계의 위키리크스 지지자들은 더 많은 정부·기업의 미공개 자료공개와 투명성 제고, 출판의 자유에 대한 지지, 민주적 의사표현의 신장을 주문하고 있다. 한편 미국은 위키리크스에 대해 비밀정보 누설, 국가안위 위

지식·정보의 생산·전파자는 신상정보가 털려 광통신망을 타고 전 세계에 실시간으로 공개·전파된다. 악의적인 비방성 댓글(악플)에 시달리고 가상 공간(cyberspace)에서 곧 퇴출당한다. 자료의 신속·정확성은 디지털 문화의 생명이다. 신상이 공개된 허위 정보·지식의 생산·유포자는 현실세계에서조차 경원시되어 현실생활에 큰 어려움을 겪게 되기도 한다. 가상공간이 현실세계를 규정하고 지배하는 세상이 펼쳐지고 있는 셈이다.

아베 총리의 치명적 실수는 일본 제국주의의 침략과 만행에 대한 향수에 있다. 군국주의 탐욕과 팽창정책의 종말 그리고 타국(민)에 가한 고통을 직시·성찰하지 않고, 신도와 '천황 이데올로기'의 가림막 뒤에서 자국·타국 국민을 무모한 집단명령의 실행도구로 동원하여 무의미한 희생을 강요한 군국주의자들을 미화·숭배하는 데 있다. 국제법과 정의는 부단히 진화하고 있음에도, 그의 역사관, 역사인식에 기초한 법과 정의에 대한 관념은 한 세기 전 일본제국주의 그것에서 한 발짝도 진보하지 않았다는데 있다. 또 정보통신혁명의 시대가 가져온 변화의 본질을 깨닫지 못하고, 그릇된 사실과 가치관에 집착하는 데 있다. 국제사회 구성원 모

협 및 외교활동 방해 등을 이유로 비난해왔다. 백악관은 2010년 12월 초부터 미국정부 부처·기관의 직원들에게 컴퓨터를 통해 위키리크스나 참여언론사의 웹사이트로 들어가 공개된 외교전문을 열람하는 것을 금지시켰다. 미국 국내법상 그 문서들이 여전히 기밀로 분류되기 때문에 다운로드할 수 없다는 이유에서였다(마르셀 로젠바흐·홀거 슈타르크, *Wilileaks* (2011), 박규호 역, 『위키리크스: 권력에 속지 않을 권리』(경기 파주: 21세기북스, 2011), p.331]. 위키리크스 대표 줄리언 어산지(Julian Paul Assange)는 BBC와의 인터뷰에서 수많은 익명의 사람들이 참여해 집단지성으로 만들어지는 세계최대의 백과사전 위키백과(Wikipedia)[D. Tapscott & A.D. Williams, *Wikinomics: How Mass Collaboration Changes Everything* (expanded edn., N.Y.: Portfolio, Penguin Group, 2008), p.7]에 착안하여 위키리크스를 시작하게 되었으며, 주로 익명 제보에 의존하지만 자체적인 검증 시스템을 통과한 정보만을 사이트에 올리고, 이미 공개된 내용이나 단순한 소문은 다루지 않는다고 주장한다. 자금조달 문제로 위키리크스는 2009년 12월 모든 작동을 일시 중지했으나, 곧 시스템 작동을 복구하였고, 2010년 2월 3일 자금 조달을 위한 최소 목표가 성취되었다고 공표했다. http://en.wikipedia. org/wiki/WikiLeaks (2015. 2. 25 검색).

두가 알고 있는, 또는 실시간으로 검증가능한 공지의 확립된 사실을 부정하는 우를 범하고 있는 데 있다.

일제시대 압제와 핍박을 피해, 또는 징용으로, 또는 스탈린의 강제이주로 인해 그리고 광복 후에는 일자리와 보다 나은 삶의 기회와 조건을 찾아 한민족은 중앙아시아, 사할린과 일본은 물론, 미주, 구주와 중동, 아프리카 등 전 세계 도처에 흩어져 살아가면서 한국어를 모국어로 하는 네트워크를 구축하고 있다. 아베 총리는 지구촌 네트워크로 연결된 한국인 교포, 각국의 양심적 지식인과 시민사회 연대, 각국 정부·의회가 그의 일거수일투족, 특히 부당한 과거 가리기를 실시간으로 감시·검증하면서 용납하지 않고 필요하면 실력행사에 나선다. 초고속 정보통신망과 가상공간(cyberspace)은 학습·교류의 창·공간이며, 지식·가치를 전파하는 첨병·전도사이자 지식·정보의 검색·검증 통로이다.[143] 확립된 사실에 대한 부인이나 은폐 등 거짓이 하루아침에 진실로 둔갑할 수 없다. 근거 없는 일방적 주장은 점점 설 땅을 잃고 고립될 수밖에 없다. 비판은 건전한 상식과 확고한 근거에 입각하여 책임 있는 방식으로 행할 때 설득력을 가진다.

게다가 한국과 일본의 대학들은 대부분 교환학생 프로그램을 운영한다. 장·단기 교류는 의무화 또는 보편화되고 있다. 국가 간 학술·문화 교류는 세계화 시대의 피할 수 없는 대세이자 요구이다. 아시아 각국 학생은 물론, 구미 학생들도 어울려 공부하고 토론한다. 학생 교류는 편협한 민족주의적 국가관을 순치하고 세계화 시대의 보편적 관점과 가치를 형성하는 기회를 제공한다. 학교생활을 통해 학생들은 서로 다름과 다양성을 교육받고 실천하도록 요구받지만, 편견과 독선은 쉽게 판명되고 배척된다. 학생들은 독립적 인식·사고능력과 비판적 추론·판단능력을 익히게 된다. 다국적 외국 학생들과의 공동생활을 통해 각국 젊은이들은 국제공

---

143) 물론 인터넷은 해킹, 컴퓨터 바이러스 유포 등의 통로로도 이용된다. 또 테러조직은 요원 모집, 테러 교육·훈련 및 지령 전달에 인터넷을 이용한다고 한다.

동체의 일원으로서 건전한 비판의식과 책임의식에 대한 소양과 자질을 함양해 나간다. 명백한 객관적 사실의 은폐·왜곡 또는 호도 시도는 인접 피해국은 물론, 지역사회와 국제사회의 기대와 신뢰를 배반하고 그가 대표하는 국가의 품격을 복구할 수 없을 정도로 훼손할 뿐이다.

18. 신도, 신비주의와 국수주의

일본 우익은 무력과 신도(神道)를 신봉한다. 국가 신도는 일본 이외의 주요 문명국에는 존재하지 않는다. 억지와 독선적 주장, 우기고 버티는 데에도 능란하다. 현실주의적 경험론자인 일본 지도층은 필요하면 지원군(영일동맹, 태프트-가쓰라 밀약 등)을 확보하여 자신의 이익 수호에 나서는 '외교력'을 동원하기도 한다. 법을 존중한다면서도 법의 기초인 보편적 상식과 정의란 섬나라의 '특수한' 폐쇄적 삶에서는 큰 의미를 가지지 않는다. 역사와 진실은 오직 자신들에 이익이 될 때에만 유용한 도구가 된다. 이민족과의 교류·투쟁을 통해 개방적 역사를 일구어 온 한반도 및 대륙과 단절되어 폐쇄적 공간에서 그들만의 독자적 생존방식을 이어 온 일본의 오랜 역사적 배경에서, 그러한 실리지향적·실용적·집단적 습관과 사고방식은 자연스럽게 그들만의 생존·생활방식과 정체성의 불가분의 일부를 구성한다. 일본이 중국의 유교문명권과 달리 8개 문명의 하나로 인정된 것[144]은 이상한 일이 아니다. 가장 쉽게 인식할 수 있는, 이들 문명을 구분 짓는 특징은 각 문명의 종교적 배경이다.[145]

---

144) 예컨대 새뮤얼 헌팅턴(Samuel P. Huntington), *The Clash of Civilizations and the Remaking of World Order*(1996), 이희재 역, 『문명의 충돌』(서울: 김영사, 1997), p.53 및 후술 본서, 제12장, II.3, III.1 & VIII.1 참조.

145) A. Zimmerman, C. Tomuschat, K. Oellers-Frahm & C.J. Rams, *The International Court of Justice: A Commentary* (2nd edn., Oxford University

평균적 일본인들의 삶과 의식구조에는 법이나 합리성보다는 '일왕' 숭배를 중심내용으로 하는 신도(神道)를 중심으로 한 토속신앙과 전통정서가 중요한 가치로 자리잡고 있다.146) 특히 개인의 자유의사에 맡겨져 신도들의 헌금에 의존하는 불교·기독교의 각 교파 신도와는 달리, 국가 신도는 내무성의 한 국(局)에 의해 감독되며 그 신관(神官)이나 제식, 신사(神社)는 국비로 유지된다.147) 또 일본문화는 '죄의 문화'라기보다는 '수치의 문화'라고 한다.148) 범법보다 모욕이나 수치스런 행동을 더욱 금기시하며, 명예·체면과 의리를 소중히 여기는 문화라는 것이다. 포로보다 죽음을 택한다는 것이다.149) 일본인의 의식은 법보다는 전통적 가치의 지배를 받는다는 얘기이다. 과거사에 부끄러움을 탄다는 얘기이다. 스스로 떳떳하지 못하다고 느끼는 것이다. 그러나 자신들이 스스로 공개적으로 인정하기는 싫다는 고백이다. 보편적인 가치기준에 따른 사죄는 일본인에 고유한 의식구조와 사고방식에 어긋나는 '어려운' 일로 보인다.

신도를 축으로 하는 일본의 민족주의는 단순히 자국 역사, 문화와 정

Press, 2012), pp.308~309.
146) Benedict, 전게각주 34, pp.98~99 & 257. '신사(神社)'는 태평양전쟁 패전 이전까지 일본이 국교로 내세운 신도(神道)의 사당이다. 즉, 신도의 신을 제사 지내는 곳이 '신사'이다. '신도'는 일본의 고유 민족 신앙으로, 선조나 자연을 숭배하는 토착 신앙이다. 종교라기보다는 조상의 유풍을 따라 가미(神)를 받들어 모시는 생활관습이며, 그 문화현상을 말한다. 일반적인 종교와는 달리 특별한 경전은 없다. 일본에는 약 8만여 개의 신사가 있다고 한다. '신궁(神宮)'은 특히 왕실과 관계가 있는 가미를 모신 신사를 가리킨다. 네이버 지식백과, "일본의 신도" & "일본의 신사"(神社) (시사상식사전, 박문각), at http://terms. naver.com/entry.nhn?docId=71461&cid=43667&categoryId=43667 (2014. 9. 20 검색). 신도문화는 신비주의적이며, 기본적으로 엄격한 제정분리를 체현한다고 보기 어렵다. 따라서 국왕에 대한 법적 책임 추궁은 사실상·법률상 어렵다. 이러한 제도는 문명의 진화과정에서 보면 발전된 체제는 아닌 것으로 평가된다.
147) Benedict, 상게서, p.99.
148) Benedict, p.51; 스미스, 전게각주 31, p.98.
149) Benedict, pp.49~52 &.

체성에 대한 긍지, 자부심 또는 애국심만으로 설명하기 어렵다. 타국 침략, 무력강점과 식민지배에 이어 과거사의 만행에 대한 사죄에 매우 인색한 점에서 그러하다. 일본의 민족주의는 일방적·독선적·폐쇄적, 그리고 극단적 공격성·가학성을 가진다는 점에서 국수주의라고 할 만하다. 국수주의(國粹主義; ultra-nationalism)는 자국의 역사·문화와 국민성 등과 같은 전통·유산의 우월성을 신봉하면서, 그것을 유지·발전시켜 나가기 위해 다른 나라나 민족의 역사·문화를 업신여기고 배척하는 편협한 배타적 태도·정신이나 경향을 말한다.150) 국수주의는 영토에 민감하며, 문화적으로 지난 역사를 과장하거나 불리한 역사를 축소시키는 등 역사적 시각을 조정하려고 하거나 이를 통해 현실적인 이득을 도모하려고도 한다고 한다.151) 일본 우익은 역사교과서를 왜곡하고, 전쟁범죄인 남경대학살, 오키나와 섬 사람들에 대한 자살 강요에 대해서 사실이 아니라고 주장하거나 교과서에서 삭제하려고 하고 있다.152) 민족자결권을 주창한 윌슨 대통령이 평화애호국과 호전적 국가(peaceful and aggressive states)를 준별하면서, 국민의 통제를 받는 민주국가에 전자의 속성을 부여한 것153)은 상당히 일리 있는 통찰이 아닐 수 없다.

한일관계가 냉각된 최근 일본에서는 혐한 서적 그리고 서구와 비교하여 일본을 '지상낙원'으로 그린 서적이 불티나듯 팔린다고 한다. 일본이 지구상 '유일한' 유토피아가 된 것은 어제 오늘의 일은 아닐 것이다. 옛적부터 외부에서 침략해 오는 국가도 없었고, 그들만의 세상에서 하고 싶은 대로 할 수 있었으니 그야말로 지상천국이었을 것이다. 실제로 일

---

150) Wikipedia, "국수주의", at https://ko.wikipedia.org/wiki/%EA%B5%AD%EC%88%98%EC%A3%BC%EC%9D%98 (2015. 7. 12 검색).

151) Wikipedia, *ibid.*

152) Wikipedia, *ibid.*

153) Quoted in K.N. Waltz, *man, the state and war: a theoretical analysis* (N.Y.: Columbia University Press, 1959), p.8 & 101, quoting T. Paine, *The Rights of Man.*

본에는 온천과 함께 정신적 치유(healing)에 더할 나위 없이 좋은 '원시적 무릉도원'(pristine paradise)이 부지기수인 것 같다. 축복받은 자연환경을 축하해 마지않는다. 문제는 지상낙원에 사는 사람들이 왜 예로부터 '지상 낙원'도 아닌 인접국에 자주 출몰 또는 왕림, 침략하고 그 재물, 문화재, 기술자와 사람에 대한 약탈·노략질·수탈을 자행했는가 하는 점이다.154) 상대가 잘되는 것을 용인할 수 없는 심사 탓이었을까? 일본 내 일부 낙원 아닌 지옥마을에 사는 '하층민'들이 조선에 원정 나와 많은 코베기·귀 베기로 '전공'(戰功)을 세워 돌아가면 낙원마을로 입성이 허가되었기 때문에 그러한 야만적 만행, 약탈과 노략질이 끊이질 않았던 것일까? 그도 아니면 그러한 약탈과 노략질로 무릉도원이 된 것인가? 오죽하면 이 나라에 '눈뜨고 코 베어가는 세상', '큰 코 다친다'란 말이 다 생겼을까?

의문은 거기에서 끝나지 않는다. 이들 일본 '지상낙원' 주민들이 조선 에도 일본식 아름다운 '지상낙원'을 세우는 '은전'을 베풀기 위해 한반도 에 건너와 그 국모를 잔인하게 시해한 것일까? 징병·징용과 위안부 동원, 토지·자원·물자 수탈,155) 신사참배, 창씨개명 등 35년 간 한반도와 만주 일대를 편집증적 고문·학살, 전쟁동원의 현장으로, 그리고 생체실험 등 지상 최고의 '생지옥'으로 만들었던 것일까? 또 1923년 관동대지진 시 '무릉도원'에서 일어난 한국인 대량학살·실종사건에 대하여 이들 일본= 유토피아 지지자들은 과연 어떤 변명을 궁리하고 있을까? 희생된 '열등· 미개한' 조선인들은 모두 일본 내 '지상낙원' 승천이 허용되지 않아 '지상 지옥'에 거주해야만 했던 사람들이었는가? 더욱이 재무장한 '지상낙원' 국민들이 인접 '미개국'을 문명국으로 '근대화' 또는 '선진화'시키기 위해 서 다시 대량 상륙할 걱정은 완전히 접어두어도 될 것인가? 일왕 히로히

---

154) 인터넷 연합뉴스, "일본박물관 소장 한국문화재 반환 국제청원 추진 – 일본법 원 시민단체 반환소송 각하 따른 후속조치", 2015. 3. 5.

155) A.S. Milward, War, *Economy and Society* 1939~1945 (1977; Penguin Books, 1987), pp.165~168 참조.

토의 칙령으로 설립한 일제의 731부대가 패전 후 마루타 생체실험 만행의 증거를 대량파기한 후 연합국에 의해 그 누구도 반인륜적 만행에 대하여 전범으로 동경국제군사재판에 회부되지 않았다고 하여 마치 '아무 일도 없었다'는 듯이 습관적으로 잡아떼면 그러한 중대한 범죄사실이 모두 깨끗이 '세탁될' 것이라고 주장하는 것인가? 이에 대한 진솔하고 설득력있는 답변이 없고서는 '미개국' 출신 외국인들에게 일본은 언제 어떻게 대량 의문사의 현장으로 변할지 모르는 지상최고·최대의 원조 리얼 공포체험장, 그리고 '지상낙원' 주장은 블랙 코미디로 끝날 수도 있지 않겠는가? 그럼에도 진정 지상낙원 브랜드를 원한다면 관동대지진 시 발생한 대규모 '의문사', 그리고 한국인 강제징용 피해자에 대한 정확한 조사부터 선행시키는 진정성을 보여야 할 것이다.[156]

19. 과거사 청산·극복과 아시아 평화공동체 건설

아직도 일본에 과거 군국주의 팽창정책의 시대착오적 향수와 미망(迷妄)에 젖어 침략의 역사를 부정하고 이를 미화·호도하려는 세력이 있다면, 이들은 결코 진정한 애국자도 평화주의자도 아니다. 국제사회의 공감과 울림은커녕, 소통·교감조차 일으키지 못한다. 국제평화와 법의 지배를 위협하는 위험한 군사모험주의자일 뿐이다. 타국의 민족자결권을 부인하는 침략은 용서될 수 없는 범죄이자 죄악이다. 스스로 자신의 가감 없는 자화상을 성찰하는 자세는 상대에 대한 올바른 인식의 전제이다. 겸허하게 과거사의 과오를 거울삼아 국제사회의 보편적 가치기준에 따라 함께 지혜를 모아 국제평화에 기여하는 것만이 올바른 선택일 것이다.

---

156) 인터넷 연합뉴스, "일본 나가사키시, '다카시마 공양탑 가는 길' 폐쇄", 2016.
    1. 4.

특히 분단 70년이 계속되고 있는 한국의 입장에서 일본 우익 인사·언론들의 망언이 계속된다면, 해묵은 국민적 응어리가 무 자르듯 하루아침에 신뢰회복과 관계 '정상화'의 길로 들어설 것으로 기대하기는 난망일 것이다. 양국관계의 아킬레스건이다.

일본 관방장관은 미국 사법부가 미국 내 종군위안부 소녀상의 철거요청을 기각하는 결정을 내리자 이에 유감을 표명하여[157] 문제를 "외교문제화"하려 들지 말고 반역사적·봉건적 도방(都房) 방주(房主)의 전근대적·근시안적 안목과 인식을 스스로 성찰할 수 있어야 한다. 과거 사실과 진실이 부끄럽다면 객관적 사실의 진위성 여부에 대해 베팅하려는 오만과 독선에 종지부를 찍고 일관성을 가지고 '통석(痛惜)의 염(念)을 실천하기만 하면 된다. 정보통신혁명시대 역사적 진실과 국제여론을 좌지우지할 수 있다는 시대착오적 사고에서 벗어나야 한다. 종군위안부 문제가 양국 간 "의견이 전혀 다른" 사안이라면서 문제의 본질을 훼손하려는 일체의 망언을 즉각 중단해야 한다. 일본을 경제대국으로 이끈 국제적 표준에 따라 국제사회의 합리적 요구에 보편적 관점에서 접근함으로써 침략과 만행의 역사적 족쇄에서 스스로를 해방시켜야 한다. 외국 사법기관의 객관적 결정을 존중하고 자중하는 변화된 모습을 보임으로써 문명국이 확립·집행하는 법의 지배의 의미를 되새겨보고 국격을 높여야 한다. 사죄했다면서 틈만 있으면 검증 운운하며 그 내용을 흠집 내고, 기회만 있으면 부정하는 기회주의적 행태를 자제해야 한다. 과거 습관적 만행에 대하여 피해자가 만족할 만한 수준의, 그리고 만족할 때까지 진정성 있는 일관된 언행만이 '아시아를 떠났던' 일본의 복귀를 인정할 수 있을 것이다.

'이중 플레이'를 하기 위해 본심·본색을 숨기고[158] 외국 정상을 자신

---

157) 인터넷 연합뉴스, "일본 정부 "미국내 군위안부 소녀상 설치 매우 유감"–관방장관, 美법원의 철거요구 기각 결정 관련 언급". 2015. 2. 25.
158) 스미스, 『일본의 재구성』, 전게각주 31, p.74.

의 '탈춤'무대나 '가면'무도회에 초대한다면 누가 그 진정성을 믿을 것인가? 한국이 일본의 '고유영토'인 독도를 '불법점거'하고 있다고 주장하면서 동시에 침략을 반성한다고 수사를 동원한다면, 신뢰형성은커녕, 불신만 가중시킬 것임은 명약관화하다. 조선이 교역을 거부하면 해안을 노략질하고, '왜관'을 세워주면 난동을 부리고 침략을 위한 정보·물자 수집의 거점으로 활용하고, 침략을 통해 왕자, 기술자, 학자들을 납치하고 유물을 약탈했던 게 본심은 아니었기를 바라는 마음 간절하다. 습관적으로 한반도를 집적대며 "폭력과 탐욕"으로 한반도를 침략, 한국인을 '노예화'하고(카이로선언), 패전 후에는 위안부 강제동원은 '날조'이며, 과거사 문제는 완전히 '법적으로 해결되었다'는 등 역사 부정·세탁에 골몰하고, 이제는 '침략 무용담'을 직접 설교하겠다며 마주 앉아 얘기하자고 졸라대는 모습은 참으로 어처구니없다. 만나서 고해성사할 것도 아니라면, 과연 정상회담으로 기대할 수 있는 구체적인 우리의 국익은 무엇인지 묻지 않을 수 없다.

과거사의 '질곡'에서 벗어나 미래지향적 관계를 구축하자는 일본 우익 집권층은 소수의 자국 어민들의 17세기 독도 인근 부정기적 조업활동을 근거로[159] 자국 중학교 검정교과서에 이어 초등학교 5·6학년용 사회교과서에도 '독도는 일본 고유영토'라느니, '한국이 불법으로 점령' 등 근거없는 도발적 주장을 담은 교과서를 유포시키고 있다. 과거 침략과 무력강점, 인권유린과 만행의 과거사를 희석·호도하는 궤변과 '맞불'로 위기를 모면하려는 술수가 아닐 수 없다. 후속세대를 세뇌시켜 침략을 미화하고 국수주의적 영웅심리를 부추긴다는 의구심을 자아낸다. 이룰 수 없는 엉뚱한 꿈을 쫓는 돈키호테(Don Quixote)의 기사(騎士) 연기는 우스꽝스러

---

159) 천상건삼(川上健三: 가와카미 겐조), 『竹島の歷史地理學的 硏究』(동경: 古今書院, 1966), pp.71~73 및 본서, 제6장, V.3 참조. 그러나 일본학자조차 1877년 일본의 태정관지령에 입각하여 '고유영토' 주장이 허구임을 인정하고 있다. K. Hori(堀和生), "Japan's Incorporation of Takeshima into Its Territory in 1905", 『Korea Observer』, vol.28, 1997, p.477, 524~525.

울지언정, 위선적이지는 않다. 아큐(阿Q)도 엉뚱하기는 마찬가지지만 그의 행태는 자기기만으로 가득 차 있다. 패전 후 국제평화에 기여했다는 자화자찬에 앞서 더 이상 타국 영토를 빼앗을 생각을 접고, 영토야욕을 접는다면 일본의 전후 기여와 진정성은 조바심을 내지 않아도 자연스레 인정받게 될 것이다.

현재의 일본 우익 지도층에 절실한 것은 모순과 위선의 과거사를 직시하고 청산하는 일이다. 침략·팽창의 과거사와의 단절에 대한 명확하고 단호한 의지를 일관된 언행을 통해 입증하는 일이다. 만난 후 뒤통수나 치는 술수는 더 이상 통하지 않는다. 히로시마와 나가사키의 참상은 안타깝지만 침략전쟁의 말로를 웅변·경고하는 살아있는 불행한 역사의 현장이다. 그러나 동시에 움직일 수 없는 '폭력과 탐욕'의 증거가 아닐 수 없다. 임진왜란, 청일전쟁, 러일전쟁과 한반도 강제병합, 진주만 공격에 이르기까지 늘 선전포고 없는 기습공격으로 기선제압 후 상대를 강박, 합법성을 가장한 조약을 통해 타국의 영토와 이익을 빼앗던 행태에 대한 국제사회의 단호한 합법적 응징이었다. '남이 하는 것을 따라했을 뿐'이라고 하여 범죄사실이 면책되는 것은 아니다. 또 그런 구실로 변명 또는 책임을 회피하려는 태도는 '대동아공영'과 '탈아입구'을 외치며 한 때 아시아 운명 구원에 나섰던 호기와 호언에 비하면 구차하고 초라하다. 더욱이 전시범죄는 물론, 임진왜란 시 코·귀베기, 명성황후 시해, 제암리 학살사건, 관동대지진 시 무고한 한국인 학살 등 평시 잔악한 만행도 서슴지 않은 무도한 집단적 의식구조·사고방식과 인종적 편견·차별에 대한 국제사회의 준엄한 심판은 아니었을까 스스로 성찰하는 성숙함을 시현해야 한다.

올바른 사고·인식과 그에 따른 일관된 언행·행동의 바탕 위에서만 히로시마를 아시아 평화공원으로 탈바꿈시킬 수 있다. 히로시마를 진정한 아시아 평화의 아이콘으로 승화시킬 수 있는 발상과 사고의 혁명적 전환이 필요하다. 오늘의 유럽연합(European Union)은 과거 서독이 진솔하게 역사적 진실과 선조들의 과오를 인정하고 무한책임을 부담하면서 가능했다는 점을 잊어서는 안 된다. 사죄 '시늉'은 한국도 더 이상 원하지 않는바이다. 그렇게 내키지 않는다면 '죄수의 딜레마'(prisoner's dilemma)[160]처럼 솔직하게 서로 각자의 길을 가면 된다. 특히 1940년대 초 '대동아공영'과 '탈아입구'를 외쳤던 일본은 아시아를 다시 '탈출'하면 된다. 한국에 특별히 관심을 가질 필요도, 정상회담을 갈망할 필요도 없다. 선택은일본의 것이다. 역사적으로 한국, 특히 '조용한 아침의 나라' 조선은 일제강점 35년을 제외하면 별로 일본의 영향을 받지 않고서 평화롭게 살아왔다. '어리석게도' 그리고 '무기력하게도' 타국을 강박하거나 해적질로 노략질하지 않고, 폭력을 행사하거나 타국을 침략하지 않으며 탐욕이나 술수를 부리지 않고 소박하게 살아온 게 죄라면 죄일 뿐이다.

20. 민주주의, 국제평화와 일본의 선택

20세기는 '전면전의 시대'인 동시에 국제법과 국제기구의 시대라고 할만하다.[161] 또 1960년대 말 항공기 납치·파괴·폭파로 시작된 국제테러리즘[162]은 21세기 들어 한층 조직화·세력화하면서 국제평화와 안전을 위협

---

160) R.D. Luce & H. Raiffa, *Games and Decisions* (N.Y.: Wiley, 1957), pp.94 ~102.

161) 애덤 로버츠, "세계공동체를 향하여? 유엔과 국제법", 마이클 하워드 & 로저 루이스(편.), *The Oxford History of the Twentieth Century* (Oxford University Press, 1998), 차하순 외 역, 『20세기의 역사』(서울: 가지않은 길, 2000), p.464, 464.

162) 박현진, "국제테러의 억제와 집단적 책임·관할권의 한계", 『서울국제법연구』 제19권 1호(2012. 6), p.139 ; 박현진, "테러와의 투쟁: 美國 해외군사기지에 억류중인 탈리반·알 카에다 전사의 법적 지위와 권리", 『인도법논총』 제23호 (2003. 6), p.61 ; 박현진, "고분방지협약에 대한 미국의 유모와 국가실행: 낭립성, 허용가능성과 효과", 『인도법논총』 제25호(2005, 8), p.57 ; 박현진, "美

하고 있다. 국제분쟁의 평화적 해결은 인류의 염원이며, 국제법의 이상이다. 1899년 및 1907년의 제1~2차 헤이그 회의에서[163] 채택된 전쟁법 관련 국제법규범들은 1928년 부전조약(不戰條約)을 거쳐 국제연합헌장 상 '무력위협·사용금지의 원칙'(제2조 제4항)[164]으로 진화하였다. 21세기, 국가주권에 기초한 분권적 전통은 여전히 국제질서의 근간을 형성하고 있으며, 법의 지배에 기초한 초국가적 민주질서는 아직 정착되지 않고 있다. 동시에 국제기구와 지역기구·공동체를 통한 국제협력은 통상·기후·테러문제를 넘어 난민·안보분야로 확대되고 있다. 국제법이 표방·지향하는 자유, 평화와 인권은 문명사회라면 양보·타협할 수 없는 보편적 가치이자 공동의 좌표가 아닐 수 없기 때문이다.[165] 자유, 평화와 인권은

세계무역센터 및 국방성청사 '자살충돌' 테러사건과 변화하는 항공테러리즘" (항공기 불법 납치/파괴의 억제를 위한 헤이그/몬트리올협약 30주년의 회고), 『항공우주법학회지』 제14호(2001. 12), p.9.

163) 1899년 5월에서 7월까지 26개국이 참가한 가운데 개최된 제1차 헤이그 평화회의, 그리고 1907년 6월부터 10월까지 44개국(중남미 17개국 포함)이 참가한 가운데 개최된 제2차 헤이그 평화회의는 그러한 인류 염원의 소산이다. 제1차 헤이그 회의는 국제분쟁의 평화적 처리에 관한 제1협약 그리고 육전의 법과 관습에 관한 제2협약 등 3개의 협약과 3개의 선언을 채택하고, 제2차 회의는 13개 협약과 1개의 선언을 채택하였다. 이러한 헤이그 평화회의의 성취에 대한 일부 비판적 평가에도 불구하고, 동 회의가 전쟁법의 성문화와 국제기구 설립의 초석을 놓았다는 사실을 부정할 수 없다. 애덤 로버츠, *op. cit.*, pp.466~467.

164) 박현진, "무력사용금지의 원칙과 미국의 국가실행: 연방헌법, 전쟁권 결의 및 사법부의 태도를 중심으로", 『국제인권법』 제6호(2003. 12), pp.17~73. 부전조약에 대해서는 본서, 제12장, III.4 참조.

165) "자유는 만물의 생명이요, 평화는 인생의 행복이다. 그러므로 자유가 없는 사람은 죽은 시체와 같고 평화를 잃은 자는 가장 큰 고통을 겪는 사람이다. 압박을 당하는 사람의 주위는 무덤으로 바뀌는 것이며, 쟁탈을 일삼는 자의 주위는 지옥이 되는 것이니, 세상의 가장 이상적인 행복의 바탕은 자유와 평화에 있는 것이다. 그러므로 자유를 얻기 위해서는 생명을 터럭처럼 여기고 평화를 지키기 위해서는 희생을 달게 받는 것이다. 이것은 인생의 권리인 동시에 또한 의무이기도 하다. 그러나 참된 자유는 남의 자유를 침해하지 않음을 한계로 삼는 것으로서 약탈적 자유는 평화를 깨뜨리는 야만적 자유가 되는 것이다. 또한 평화의 정신은 평등에 있으므로 평등은 자유의 상대가 된다. 따

생명의 행복과 아름다움을 상징하기 때문이다.[166] 또 인류의 보편적 규범과 원칙으로서 만민법(*jus gentium*)의 핵심적, 본질적 내용을 구성한다. '대동아공영'의 위선과 허구가 적나라하게 드러난 지금, 이제 역사의 교훈은 자명하다. 정당한 명분 없는 침략전쟁은 결코 성공하지 못할 뿐만 아니라, 전쟁과 무관한 타국은 물론, 자국의 무고한 백성들에게 반드시 참혹하고 혹독한 희생을 강요한다는 것이다. 절대적 권력이 절대적으로 부패하는 것과 마찬가지로, 치명적 과오는 치명적 대가를 요구한다. 인류최초의 원자폭탄 피폭은 그 준엄한 경고이자 교훈이 아닐 수 없다. 유사 이래 인류역사가 진보해 왔다면, 그 증거는 바로 그러한 역사적 사실과 교훈에서 찾을 수 있다. 현행 실정국제법이 확립하고 있는 노예제·해적행위 금지, 무고한 민간인을 대량살상하고 인질로 억류하는 국제테러의 불법화,[167] 포로의 인도적 대우,[168] 고문금지,[169] 무력사용·침략의 불법화[170] 등 보편적 이성과 정의가 궁극적으로 승리해 온 역사 그 자체

라서 위압적인 평화는 굴욕이 될 뿐이니 참된 자유는 반드시 평화를 동반하고, 참된 평화는 자유를 함께 해야 한다. 실로 자유와 평화는 전 인류의 요구라 할 것이다." 한용운, 「조선독립의 서」, 1919, 만해사상실천선양회(편), 『만해 한용운 논설집』(서울: 장승, 2000), p.283(1. 개론); 김광식, 『만해 한용운 평전』(서울: 참글세상, 2009), pp.114~123.

166) 로버트 와이즈 감독의 세기의 명화 '사운드 오브 뮤직'(The Sound of Music, 1965)은 때 묻지 않은 영혼들이 자연을 배경으로 일상에서 마주치는 개인과 국가, 자유와 의무, 관습과 사랑 간 인간적 갈등과 고뇌를 서정적 리얼리즘과 감성적 로맨티시즘으로 그려내고 있다. 특히 남녀 주인공들이 완벽한 콤비를 이뤄 환상적 호흡을 보여준 오스트리아 민속무용 "Ländler" 공연장면과 인형극 "The Lonely Goatherd"(외로운 염소치기 소년) 공연은 압권이며 영원한 영감의 고향이 아닐 수 없다. 이 영화는 대중예술을 고전의 반열로 끌어올린 걸작이라 해도 과언은 아닐 것이다.

167) 박현진, "미 세계무역센터 및 국방성 청사 '자살충돌' 테러사건과 변화하는 항공테러리즘", 전게각주 162; 박현진, "국제테러의 억제와 집단적 책임·관할권의 한계", 전게각주 162.

168) 박현진, "테러와의 투쟁: 미국 해외군사기지에 억류중인 탈리반·알 카에다 전사의 법적 지위와 권리", 전게각주 162.

169) 박현진, "고문방지협약에 대한 미국의 유보와 국가실행", 전게각주 162.

가 바로 인류(역사)의 진보를 웅변한다. 최소한의 염치와 보편적 양심에 기초한 정의감은 인간 본성의 기본적 전제이며, 자유의 보루, 인권의 수호신으로 인류(사회)를 이끈 지도이념이자 항성이었다.

120여 년 전 일제의 침략전쟁으로 조선은 민족자결권을 박탈당하고 국호를 상실하였다. 일제의 1910년대 무단통치 기간 중 헌병통치·경찰정치를 통해 "삼천리 강토가 하나의 큰 감옥으로" 변했으며,[171] 1920년대 소위 '문화통치' 기간을 거쳐 중일전쟁·태평양전쟁 기간 중 우리 민족은 징병·징용·수탈과 독립운동 탄압 등 노예노동, 가혹한 고통과 무의미한 죽음을 강요받았다. 동아시아를 불바다로 만들고, 고문, 생체실험과 종군위안부 강제동원 등 인간 존엄성을 유린하며, 동아시아를 처참한 살육과 생지옥의 현장으로 만든 일제의 군국·팽창주의를 소수의 극우 군국주의자들의 불장난, 광기로 치부하는 것은 진실을 외면하고 호도하는 것이다. 심지어 이를 애국심으로 포장하는 것은 모험주의적 도발이자 또 다른 참화를 잉태하는 위험천만한 선동이다. 게다가 관권을 동원한 종군위안부 자체를 부정하는 '역사세탁·파괴' 기도는 문명세계의 이성과 상식에 도전하는 '지록위마'(指鹿爲馬)가 아닐 수 없다. 과거사에 대한 진지한 성찰은커녕, 과거의 과오를 부정하고 역사세탁 교육을 시행하는 것은 민족자결권, 국제평화와 인간의 존엄성에 대한 공공연한 도전이자, 피해국에 대한 공공연한 모욕이다. 더욱이 스스로 새로운 비극의 탄생을 예고하는 서곡이자 전조일 수도 있다.

우주 삼라만상은 팽창과 수축, 분열과 융합 사이를 진자처럼 주기적으로 왕복한다. 우주와 자연의 법칙이며, 모든 유기체의 피할 수 없는 숙명이기도 하다. 심장 박동이 그러하고, 항성과 행성 역시 빅뱅과 융합과정

---

170) 박현진, 전게각주 164.
171) 신채호, "조선혁명선언", 단재 신채호 전집(하) (서울: 을유문화, 1972), p.365 이하, 한인섭, 『식민지 법정에서 독립을 변론하다 ─ 허헌·김병로·이인과 항일재판투쟁』(서울: 경인문화, 2012), p.19에서 재인용.

을 반복한다. 우주는 모든 물질이 무한밀도로 압축된 하나의 점 상태에서 약 140억 년 전 대폭발로 팽창하기 시작했다. 우주가 언제까지 팽창할 것인지는 아무도 모른다. 다만 끝없는 팽창은 가능하지 않을 것이다. 급격한 팽창은 급격한 수축을 수반한다. 수축기엔 불필요하게 적극적인 활동을 자제하는 것이 현명하다. 그렇지 않으면 몰락을 가속화시킨다. 가용한 자원사용에 있어서 신중과 자제가 요구된다. 강대국의 흥망사를 연구한 역사학자의 조언이자 고언이다.[172] 로프에 지나친 장력을 가하면 끊어지는 건 시간문제다.

일본이 소위 근대화 또는 대동아공영의 구호 아래 인접국과 그 국민에 저지른 침략과 범죄행위를 깨닫지 못한다면, 또 한일 간 과거사 문제가 모두 해결되었다고 주장한다면, 히로시마·나가사키 역시 한낱 또 하나의 흘러간 망각속의 과거에 불과하다. 구태여 박물관을 지어 기억하고 추모할 까닭이 있을까? 우리가 이를 지적·경고하는 것은 결코 '일본 때리기'가 아니다. 미래 유사한 사태의 발생 가능성을 미연에 경고·차단하고, 우리 모두에게 소중한 자유, 국제평화와 안전, 인권과 인도주의를 온전히 보전, 후세에 전하기 위해서이다. 손바닥으로 하늘을 가리는 그 어떤 시도도 인간 본연의 양심에 반하고 위기를 모면하기 위한 임기응변의 술수이며 위험한 도박에 불과하다. 일본의 주권자인 국민과 지식인·시민사회 단체는 이제 주체적인 집단지성으로 과거 침략과 전쟁 책임 문제에 적극적으로 나서야 한다.[173] 침략적 군국주의 망령의 준동에 목소리를 내고, 이를 강력히 저지하여야 한다. 지도자 선택권의 의미를 무겁게 되새기고 그 지도자 선택권 행사로 인한 엄중한 결과에 책임질 자세를 갖추어야 한다. 침략을 부정·미화하려는 세력에 자신들의 '새로운' 미래를 맡기려

---

172) See P. Kennedy, *The Rise and Fall of the Great Powers: Economic Change and Military Conflict From 1500 to 2000* (N.Y.: Random House, 1987).

173) 에드워드 사이드(Edward Wadie Said), *Representations of the Intellectual*, 최유준 역, 『지식인의 표상: 지식인이란 누구인가?』(서울: 마티, 2012), p.56.

한다면, 그로 인한 모든 불행한 결과에 대해서까지 책임질 자세가 요구
된다는 것이 신 「무궁화 통신」의 준엄한 메시지이다.

제 2 부

울릉군도의 통일성, 상징적 병합과 가상적 실효지배

제2장 선점·실효지배 추정의 원칙·증거로서의 인접·부속·통일성의 원칙

I. 서 론

도서영유권 분쟁사건에서 무인 소도서·암초에 대한 영유권 귀속 판단은 재판소에 맡겨진 도전 가운데 하나일 것이다. 1928년 팔마스 섬 중재판정에서 후버 재판관이 실효지배의 현시에 기초하여 팔마스 섬의 주권 귀속 문제를 판결하면서, 접속성·인접성의 원칙은 실정 국제법상 권원의 근거로 간주될 수 없다는 입장을 확립하였다. 그는 다만 일정한 경우 실효지배·점유를 추정하는 근거 내지 증거로 원용될 수 있다는 부수적 의견도 함께 개진함으로써 그 '일정한 경우'에 대한 해석을 둘러싸고 국제 판례·학설은 진화하고 있다. 국제중재·사법재판소의 판정·판결 및 학설에 의하면, 접속성·인접성·부속성과 통일성의 법리는, 일부 논란·한계에도 불구하고, 무인소도서의 경우와 같이 현실적으로 실효적 지배 주장을 입증하기 어려운 경우 등 일정한 사정 하에서는 실효지배·주권의 추정의 법리 또는 실효적 지배 주장의 입증 방식·기술로 원용·평가되고 있기도 하다. 바꾸어 말한다면 인접성의 원칙은 주권 추정에 유효한 법리, 실효적 지배 주장의 유효한 증거, 또는 실효적 지배 주장을 입증하는 유효한 방식이나 기술로 인정되고 있다.

이러한 해석은 후술하는 바와 같이 1953년 망끼에·에끄레오 사건 판결에서 ICJ가 일부 긍정한 바 있으며, 이어 1998년 에리트레아/예멘 간 도서분쟁 사건에 관한 상설중재재판소(PCA)의 중재판정, 그리고 1992년

ICJ의 엘살바도르/온두라스 영토·도서 및 해양경계분쟁사건 판결에서 확인되고 있다. 이러한 관점에서 이 글은 팔마스 섬 중재판정 이후 상설중재재판소(PCA)가 인접성·통일성의 원칙과 관련하여 내린 1998년 에리트레아/예멘 간 홍해 상 도서분쟁 사건 중재판정(제1단계), 그리고 국제사법재판소(ICJ)의 1953년 영/불 간 영·불해협상 망끼에·에끄레오 도서영유권 분쟁 사건 판결 및 2001년 카타르/바레인 사건 판결 등 영토·해양분쟁 관련 중재판정·국제판결을 중심으로 영토·도서 주권 귀속문제를 규율하는 증거 또는 법리로서 인접성·부속성·통일성 원칙의 지위와 내용, 그 관련성·타당성 여부와 근거, 증거 지위·가치 및 한계 등을 검토해 보고자 한다.

이 글은 우선 팔마스섬 중재판정, ICJ의 망끼에·에끄레오 사건과 카타르/바레인 사건 판결, 그리고 상설중재재판소(PCA)의 에리트레아/예멘 간 홍해상 도서분쟁 사건 중재판정 등 국제판례가 인접·부속성·통일성의 원칙을 그 자체로서 영토권원의 근거로 인정하지 않고 있는 점을 논의의 출발점으로 삼는다. 이어 중재판정·국제판결에 대한 해석을 통해 이러한 판례의 입장은 실효지배의 법리가 인접성의 원칙에 우월한 권원의 근거 그리고/또는 증거라는 법리를 확립한 것일 뿐, 동 원칙이 영토·도서·해양 분쟁사건과 무관·부당한 법리로 판단한 것이라거나 또는 영유권 귀속 판단에 있어서 동 원칙의 관련성·타당성 그리고 그 지위·효력 자체를 부정한 것으로 해석될 수 없으며, 또 해석되어서도 안 된다는 점을 논증한다. 즉 영토분쟁사건에서 인접성·부속성·통일성의 원칙이 그 자체로서 권원을 창설하는 법리는 아니지만, 동시에 이 법리는 타방 당사국이 우월한 권원 또는 주장을 입증·확립하지 못하는 경우, 실효지배의 일정한 추정을 일으키거나 이를 입증하는 '정황증거'로 원용될 수도 있다는 것이 국제판례의 입장이라는 점을 강조한다. 또 여러 사건에서 분쟁당사국들이 이 법리를 원용하여 자국의 영유권을 주장하고 있다는 점(망끼에·에끄레오 사건, 에리트레아/예멘 사건 및 엘살바도르/온두라스 사건 등)도이 법리가 국가관행 및 국제판례상 일정 상황에서 그 효력이 인정되는 법리임을 보여준다.

II. 인접성의 원칙과 제도의 통일성: 팔마스 섬·클리퍼튼 섬 중재판정

1. 인접성과 통일성의 의의·관계

국제판례는 '인접성'(proximity; adjacency)과 '접속성'(contiguity)의 개념을 명확히 정의하고 있지 않다. 다만 일반적으로 '인접성'은 '접속성'(contiguity)과 유사한 의미로 사용되는 것으로 이해된다. 또 제도/군도의 일체성/통일성은 '부속도서 이론'[속도이론'(屬島理論)]과 유사한 맥락에서 사용되고 있는 것으로 보인다. 따라서 그 개념상의 모호성이 수반되고 있는 것이 사실이다. 예컨대 인접성의 원칙이 문제의 도서와 분쟁국 각각의 본토 연안 간의 거리를 기준으로 하는 것인지, 아니면 문제와 분쟁도서와 가장 가까운 인접도서와의 거리를 기준으로 하는 것인지에 대한 명확한 일반 원칙이 정리되어 있지 않다.[1] 다만 인접성과 접속성이 주로 지리적 거리기준에 입각한 개념이라면, 부속도서론은 주로 역사적 경험에 따라 본섬에 인접한 부속도서의 정치·경제·사회·문화적 의존성과 통일성을 강조하는 개념이라 할 수 있다.

인접성·접속성의 원칙은 제도/군도의 일체·통일성 또는 부속도서론과 충돌할 수 있다. 예컨대 후술하는 망끼에·에끄레오 도서 영유권 분쟁사

---

[1] Territorial and Maritime Dispute between Nicaragua and Honduras in the Caribbean Sea (Nicaragua v, Honduras), *ICJ Reports*, 2007, p.659, para.164 참조. 현행 국제판례상 인접성은 양자를 모두 포함하는 개념으로 해석된다. 후술 (본상, IV.1) 망끼에·에끄레오 사건 참조.

건(IV.1)에서 분쟁도서인 망끼에 제도는 프랑스 연안에 위치한 프랑스령 쇼제 제도와 영국령 저지 섬으로부터 각각 대략 등거리에 위치한 바(인접성), 이 경우 망끼에 제도를 저지 섬의 부속도서로 볼 것인가 아니면 쇼제 제도와 함께 동일한 제도를 구성하는가(통일성)의 문제가 발생할 수 있다.[2] 이러한 문제점은 2008년 말레이시아/싱가포르 간 암초영유권 분쟁사건에서 간조노출지인 사우스 레지의 영유권과 관련, 이 노출지가 분쟁당사국 연안 또는 도서·암초에서 대략 비슷한 거리에 위치한 바, 국제사법재판소는 이 간조노출지가 어느 분쟁당사국의 영해에 위치한 것인지의 여부에 따라 그 주권이 결정되어야 한다는 판결을 내렸다.[3] 즉 도서·암초의 통일성(부속도서)은 인접성 기준에 비해 보다 주관적이라는 평가도 가능할 것이다.

도서분쟁 사건에 관한 국제판결의 사실상 효시로 평가되는 1928년 팔마스 섬 중재판정에서 후버(Huber) 단독중재재판관이 접속성에 입각한 영토권원을 부인한 것은 사실이다. 후버 재판관은 필리핀군도(archipelago)의 근해 유인도인 팔마스 섬[4]이 필리핀에 인접해 있다는 사실에 입각한 미국의 영유권 주장을 배척하면서[5] "영토주권의 근거로서의 접속성의 권원은 국제법상 아무런 근거가 없다", "접속성의 원칙은 영토주권 문제를 결정하는 법적인 방법으로 인정·수락될 수 없으며, 그 이유는 이 원칙이

---

2) The Minquiers and Ecrehos case, *ICJ Reports*, 1953, p.85, 101~102(Indiv. Op., Judge L. Caneiro).
3) 본장, VI.4 참조.
4) 팔마스섬(Miangas, Meangas or Melangis)은 루손섬에 이어 필리핀 제2의 섬인 민다나오섬의 동남단 샌 어거스틴 곶(Cape San Augustin)으로부터 남동쪽으로 약 48마일 정도 떨어져 있으며, 팔마스섬 동남방향으로 수 마일 떨어져 네덜란드령 Nanusa 섬(Meangis Islands)이 있다. 팔마스섬은 길이 약 2마일, 폭 약 3/4마일의 작은 도서로서 중재판정 당시 원주민 750명이 거주하고 있었으며 그 전략적·경제적 가치는 크지 않은 섬이라고 한다. P.C. Jessup, "The Palmas Island Arbitration", *American Journal of International Law*, vol.22, 1928, p.735.
5) The Island of Palmas arbitration, 1928, *United Nations Reports of International Arbitral Awards*, vol.2, 1949, p.831, 867.

전적으로 정확성이 결여되어 있으며 그 적용은 자의적인 결과를 가져올 것이기 때문이다", 그리고 "이러한 판단은 이 사건 문제의 도서의 경우에 특히 그러하며, 이 도서는 하나의 단일 대륙에 상대적으로 인접하지 않지만, 커다란 군도의 일부를 구성하여 서로 다른 부분(구역) 간 엄격한 경계가 당연히 명백한 것이 아니다"라고 설시하였다.[6]

후버 재판관은 이어 "여러 나라들이 일정 사정 하에서 자국 해안에 상대적으로 가까운 섬들은 지리적 상황에 비추어 자국에 속하는 것이라고 주장해 왔지만, 단지 한 국가의 영토가 (가장 가까운 대륙 또는 상당한 크기의 섬과 같은) 육지(terra firma)를 구성한다는 사실만으로 영해 밖에 위치한 섬들이 그 국가에 귀속해야 한다는 실정 국제법 규칙의 존재를 입증할 수 없다"[7]고 판시하였다. 그는 또 인접성의 원칙이 하나의 국제법 규칙으로서 확립될 만큼 충분히 빈번하고 정확한 선례가 부재한 "불확실하며 이견이 있는"("uncertain and contested") 원칙으로 규정하면서,[8] 실효

---

6) *Ibid.*, p.869["The title of contiguity, understood as a basis of territorial sovereignty, has no foundation in international law."] & p.855["Nor is the principle of contiguity admissible as a legal method of deciding questions of territorial sovereignty; for it is wholly lacking in precision and would in its application lead to arbitrary results. This would be especially true in a case such as that of the island in question, which is not relatively close to one single continent, but forms part of a large archipelago in which strict delimitation between the different parts are not naturally obvious."].

7) *Ibid.*, p.854[["Although States have in certain circumstances maintained that islands relatively close to their shores belonged to them in virtue of their geographical situation, it is impossible to show the existence of a rule of positive international law to the effect that islands situated outside territorial waters should belong to a State from the mere fact that its territory forms the *terra firma* (nearest continent or island of considerable size)."].

8) *Ibid.*, p.854["Not only would it seem that there are no precedents sufficiently frequent and sufficiently precise in their bearing to establish such a rule of international law, but the alleged principle itself is by its very nature so uncertain and contested that even Governments of the same State have on different occasions maintained contradictory opinions as to its soundness."(밑

적 지배에 관해 그 내용과 법적 요건(legal formulae)에 일정한 편차가 존
재하는 것은 사실이지만, 네덜란드가 확립한 실효적 지배를 유효한 영토
권원(의 근거)[9]으로 판단하였다.[10] 이러한 그의 견해는 접속성이 근대국
제법이 확립한 영토취득 권원(의 근거)의 하나로 인정되지 않는 법리를
반영한 것이며, 또한 실효지배에 의하여 완성되지 않은 단순한 접속성·인
접성의 원칙(principle of contiguity/proximity)이 권원의 근거·증거로서
가지는 지위에 전반적으로 부정적 입장을 피력한 것으로 해석된다.[11]

2. 후버재판관의 유보

동시에 후버 재판관이 접속성의 원칙을 전적으로 부정한 것만은 아니
다. 그는 접속성의 원칙이 당사자 간 합의에 따라 또는 반드시 법에 기초
하지만은 않은 결정에 따라 도서주권을 한 국가에 귀속시키는 문제일 경
우 동 원칙이 부당한 것만은 아닐 수도 있다고 지적하고 있다.[12] 동시에

줄은 필자)].

9) *Ibid.*, p.839: "영토주권의 계속적·평화적 현시는 권원이나 마찬가지이다"("…
practice, as well as doctrine, recognizes — though under different legal
formulae and with certain differences as to the conditions required — that the
continuous and peaceful display of territorial sovereignty (peaceful in relation
to olther States) is as good as a title."); See Jessup, *supra* note 4, p.742; 박현
진, "영토분쟁과 권원 간 위계 — 조약상의 권원, 현상유지의 법리와 실효지배의
권원을 중심으로", 『국제법학회논총』, 제59권 제3호(통권 제134호, 2014. 9),
p.109, 132 참조.

10) I*bid.*, pp.854~855 & 869["The Netherlands title of sovereignty, acquired by
continuous and peaceful display of State authority during a long period of
time going probably back beyond the year 1700, therefore holds good."].

11) G. Schwarzenberger, "Title to Territory: Response to A Challenge", *American
Journal of International Law*, vol.51, 1957, p.307, 318 참조,

12) Palmas arbitration, *op.cit.*, p.854["The principle of contiguity, in regard to
islands, may not be out of place when it is a question of allotting them to
one State rather than another, either by agreement between the Parties, or by
a decision not necessarily based on law;"]. 여기에서 '반드시 법에 기초하지만

그는 "그러나 법률상(*ipso jure*) 특정 국가에 주권의 추정을 확립하는 규칙의 관점에서 볼 때, 이 원칙은 영토주권의 내용에 저촉되며 그리고 일정 지역에서 타국을 배제할 수 있는 권리와 국가 활동의 현시 의무 간 요구되는 관계에 저촉된다"고 설시하였다.[13] 즉 접속성의 원칙이 유효한 영토권원의 성립·창설 또는 영토주권의 확립과 관련하여 실정 국제법상 확립된 규칙으로 보기는 어려우며 또한 실효적 지배의 요건에 충돌하는 법리로서 그에 우선할 수 없다는 취지일 뿐, 이 원칙이 주권귀속에 관한 판단에 있어서 아무런 법적 관련성(legal relevance)이나 효과도 없다고 판시한 것으로 해석할 수 없다.[14]

요컨대 후버 재판관이 영토권원의 근거로서 접속성의 원칙의 타당성에 의문을 제기하면서도, 그 유효성, 타당성과 유용성을 전면 부정한 것은 아니다. 이러한 해석 내지 추론은 후버 재판관이 팔마스 섬 중재판정의 다른 곳에서, 후술하는 바와 같이, 일정한 경우-예컨대 망끼에·에끄레오 제도와 같이 유인도(영국령 저지·건지 섬)[15]에 인접한 무인소도서(군)의 영유권 문제 등- 접속성 이론에 대하여 일정한 법적 지위와 가치를 인정하는 부수적 의견을 동시에 개진하고 있는 점에서도 확인된다. 특히 민다나오 섬 근해 유인도인 팔마스 섬 영유권에 관한 중재판정이 근해 유인도-무인도로 구성된 하나의 제도·군도에도 아무런 수정 없이 그대로 적용되어 이 경우에도 접속성의 원칙이 당연히 부정된다는 논리는 성립하기 어렵다. 더욱이 팔마스 섬 중재판정은 도서영유권 분쟁 관

은 않은 결정'에는 예컨대 '형평과 선'(*ex aequo et bono*)에 따른 결정을 들 수 있을 것이다. 국제사법재판소 규정, 제38(2)조 참조.

13) Palmas arbitration, *ibid.*, pp.854~855["[b]ut as a rule establishing *ipso jure* the presumption of sovereignty in favour of a particular State, the principle would be in conflict with what has been said as to territorial sovereignty and as to the necessary relation between the right to exclude other States from a region and the duty to display therein the activities of a State."].

14) P. Malanczuk, *Akehurst's Modern Introduction to International Law*, p.158.

15) 후술 본장, IV.1 참조.

련 근대 국제판결로서는 비교적 초기의 선구적 판결로서, 이후의 판정·판결에서는 상이한 상황에 따라 보다 풍부한 법리·학설에 입각한 다양한 의견이 개진되고 법리가 진화해 왔음을 감안하여 타당성 있는 합리적 추론을 도출하는 것이 필요하다.

3. 팔마스 섬 중재판정의 재해석

이러한 이유로 후버 재판관이 이 사건에서 접속성의 원칙을 배척한 근거를 살펴볼 필요가 있다. 후버 재판관은 스페인에 의한 팔마스 섬의 발견, 파리조약[16] 상의 승인과 접속성에 입각한 미국 측의 권원주장과 관련, 이 섬에 대한 스페인의 권원확립 여부가 명확하지 않고 따라서 미서 전쟁의 결과 1898년 체결된 파리조약 상 미국이 스페인의 권원을 승계(succession)하여 동 섬에 대한 권리를 확립하였는지 여부를 확인할 수 없다고 판시하였다.[17] 따라서 그가 미국 측 주장을 배척한 이유는 선행 종주국 스페인이 필리핀 군도를 지배했다는 사실만으로, 또는 스페인이 팔마스 섬을 발견했다는 사실에 기초하여 또는 팔마스 섬이 단지 필리핀의 주요 섬(민다나오 섬)에 인접하다는 사실만으로 문제의 분쟁도서에 대한 네덜란드 측의 구체적 실효적 지배의 권원에 우선할 수 없다고 판단했기 때문이라고 해석된다.[18] 또 접속성의 원칙 상 정확히 어느 정도

---

16) Treaty of Paris, signed at Paris on Dec. 10, 1898 & entered into force on April 11, 1899, at http://en.wikipedia.org/wiki/Spanish%E2%80%93American_War (2015. 1. 3 검색).

17) Palmas arbitration, *supra* note 5, p.870.

18) *Ibid.*, pp.846, 867 & 870["International law, like law in general, has the object of *assuring the coexistence of different interests which are worthy of legal protection*… Supposing that, at the time of the coming into force of the Treaty of Paris, the Island of Palmas (or Miangas) did not form part of the territory of any State, Spain would have been able to cede only *the rights which she might possibly derive from discovery or contiguity*"(이탤릭은 필자)].

떨어져 있어야 부속도서로(제도의 일부로) 간주되는가 하는 정확성이 결여되어 있다는 이유로,[19] 또는 국제법상 확립된 원칙이 아니라는[20] 등의 이유도 그가 접속성의 원칙을 배척한 근거로 볼 수 있다.

후버 재판관은 그러나 영토주권의 현시는 시간과 공간의 조건에 따라 다른 양태를 취하게 되는 것은 사실이며, 우선 원칙적으로 '계속성'의 조건은 사실상 영토의 모든 지점에서 모든 순간 행사될 수는 없는 것이라면서 권리의 유지에 양립하는 중단과 불연속성은 주민이 거주하는 지역에 관한 것인가, 거주하지 않는 지역에 관한 것인가, 또는 이론의 여지없이 주권이 행사되는 지역인가, 또는, 그 지역이, 예컨대, 공해로부터 접근할 수 있는 지역인가에 따라 달라질 수밖에 없다고 설시하였다.[21] 그는 팔마스 섬의 주권문제와 관련하여 접속성 개념의 뿌리에는(at the root of the idea of contiguity) 필히 고려해야 할 또 하나의 논점/쟁점(point)이 있다고 지적하면서, 실효지배로서의 주권행사가 '계속적'이어야 한다는 것은 결코 시간적 간극과 중단, 그리고 공간적 불연속성의 부재를 의미하는 것은 아니며, 이러한 현상은 부분적으로 사람이 거주하지 않거나 또는 부분적으로 정복되지 않은 식민지역의 경우에 특히 두드러진다는 해석을 제시하였다.[22]

그는 이어 영토의 일부에 대한 주권의 현시를 입증할 수 없다고 하여 이를 즉각 그 섬에 대한 주권부재로 해석할 수 없다면서, 이는 구체적 사정에 따라 판단할 문제라는 입장을 천명하였다.[23] 팔마스 섬은 전술한

---

19) *Ibid.*, p.854 & 869.
20) *Ibid.*, p.869.
21) *Ibid.*, p.840.
22) *Ibid.*, p.840 & 855["… in the exercise of territorial sovereignty there are necessarily gaps, intermittence in time and discontinuity in space. This phenomenon will be particularly noticeable in the case of colonial territories, partly uninhabited or as yet partly unsubdued,"],
23) *Ibid.*, p.855["The fact that a State cannot prove display of sovereignty as regards such a portion of territory cannot forthwith be interpreted as showing

바와 같이(II.1), 필리핀 민다나오 섬의 근해 유인도이며, 후버 재판관은 팔마스 섬이 하나의 단일 대륙에 비교적 인접하지 않는 도서로서 하나의 큰 제도의 일부를 구성하는 도서이며, 이 제도 내에서 엄격한 경계 획정은 '자연적으로 명확하지 않다면서도',[24] 팔마스 섬이 필리핀 군도의 일부인 민다나오 섬과 그 경계가 확연히 구별되는 독립된 섬이며, 어느 정도 고립된 도서(a somewhat isolated island)로서 더욱이 주민이 영구적으로 거주하며 충분한 수의 인구가 점유하고 있어 매우 장기간 행정행위가 부재하다는 것은 불가능한 곳이라고 설시하였다.[25] 이러한 관점에서 미국이 "그렇게 취득한 것으로 주장하는 주권이 그 어떤 시기에도 실효적으로 현시되었다는 사실을 확립하지 못했다"고 후버 재판관이 설시한 점에 주목해야 한다.[26]

4. 팔마스 섬 중재판정의 재평가·유산과 클리퍼튼 섬 중재판정: 격지 무인도의 경우

결국 후버 재판관의 논지는 네덜란드의 실효지배에 입각한 권원주장이 접속성에 입각한 미국의 주장에 비해 상대적으로 우월한 권원이라고 판단했기 때문에 미국의 주장을 배척한 것으로 보는 것이 타당하다. 동시에

---

that sovereignty is inexistent. Each case must be appreciated in accordance with the particular circumstances."].

24) *Ibid.*, p.855["This would be especially true in a case such as that of the island in question, which is not relatively close to one single continent, but forms part of a large archipelago in which strict delimitations between the different parts are not naturally obvious."].

25) *Ibid.*

26) *Ibid.*, p.867["The United States base their claims on the titles of discovery, of recognition by treaty and of contiguity, i.e. titles relating to acts or circumstances leading to the acquisition of sovereignty; they have however not established the fact that sovereignty so acquired was effectively displayed at any time."],

그는 형평의 원칙상 접속성의 관념에서 연역되는 권리주장이 국가권능의 현시로부터 파생되는 미성숙의 권원에 버금가는 효과를 창설할 수 있는 가능성을 시사하고 있다.27) 그는 또 팔마스 섬이 필리핀에 인접하다는 이 유만으로 그 종주국인 미국의 '영토'로 간주할 수는 없지만, "일단의 도서에 관해서는 일정한 사정 하에서는 법률상 1개 단위(제도/군도)로 간주될 수 있으며, 이 경우 그 중심 도서가 나머지(도서들)의 운명을 포함(결정)할 수도 있다"28)고 판시하여 주도(主島)의 운명이 부속도서의 그것을 결정지을 수 있다고 설시하면서, 팔마스 제도 전체를 하나의 도서단위로 간주하여 네덜란드 영토를 구성한다고 판시하였다.29)

후버 재판관은 이어 실효지배의 구체적 요건과 관련, 영토 구석구석까지 그 효과가 미치지는 않는 1차적 점유취득(the act of first taking of possession)과 이후 계속적, 장기적 주권의 현시를 구별할 것을 요구하고 있다.30) 즉 그는 1차적 선점 이후 실효지배의 현시를 통해 확정적 권원으

---

27) *Ibid.*, p.870["Such inchoate title, based on display of State authority, would, ⋯ prevail over an inchoate title derived from discovery, especially if this latter title has been left for a very long time without completion by occupation; and it would equally prevail over any claim which, in equity, might be deduced from the notion of contiguity."].

28) *Ibid.*, p.855["As regards groups of islands, it is possible that a group may under certain circumstances be regarded as in law a unit and that the fate of the principal part may involve the rest."]; J.M. Van Dyke, "Legal Issues Related to Sovereignty over Dokdo and Its Maritime Boundary", *Ocean Development & International Law*, vol.38, 2007, p.157, 193~194 & 존 반 다이크, "독도 영유권과 해양경계선에 관한 법적 쟁점", 동북아역사재단(편), 『독도 논문번역선 III』(동북아역사재단 독도연구소, 2009), p.9, 88.

29) *Ibid.*, p.871["⋯forms *in its entirety* a part of the Netherlands territory".](Italics added), quoted in Island and Maritime Frontier Dispute(El Salvador/Honduras: Nicaragua intervening), *ICJ Reports*, 1992, p.351, para.342. 이러한 팔마스 중재판정의 부수적 의견은 울릉제도의 통일성과 관련하여 일정한 유추를 가능하게 한다는 점에서 주목을 요한다.

30) *Ibid.*, p.855["Here, however, we must distinguish between, on the one hand, the act of first taking possession, which can hardly extend to every portion of

로 확립되는―드 비셔(Charles de Visscher)가 언급한― 권원의 점진적 응고(a gradual "consolidation" of title) 과정을 상정하고 있다.[31] 물론 ICJ가 2002년 카메룬/나이지리아 사건 본안판결에서 판시하고 있듯이 역사적 응고이론(the theory of historical consolidation)은 논란이 있는 것은 사실이지만, 동시에 이는 이 이론이 국제법상 확립된 권원취득 방식을 대체하거나 이에 우월할 수는 없다는 의미이며, 또 국제법은 합법적 권원취득 여부의 판단에 있어서 많은 다른 중요한 사실관계 및 법률관계 상의 변수(variables)를 고려한다는 의미일 뿐이다.[32] 이러한 추론은 재판소가 권원 취득방식(근거)으로서 역사적 응고이론에 대한 부정적 견해를 피력한 데 이어 나이지리아 측이 주장하는 차드 호수(Lake Chad) 동부 지역에 대한 실효지배의 권원 주장이 약 20년의 기간에 불과한 것으로서 이는 나이지리아 측이 주장하는 역사적 응고 학설에 따른다고 해도 "어쨌든 너무 짧은"("in any event far too short, even according to the theory relied on by it") 기간[33]이라고 판시하고 있는 점에서도 정당화될 수 있다.

이러한 팔마스 섬 중재판정의 논지를 평가한다면, 우선 후버 재판관이 접속성(인접성)의 원칙이 그 적용상의 정확성 결여 등의 이유로 인해 당연히 지리적 인접국에 권원을 창설하는 근거는 아니라고 설시한 점은 인정해야 한다. 동시에 그가 동 원칙이 도서분쟁 사건에서 전혀 무관한 원칙이라고 판시한 것은 아니다. 일반적으로 실효적 지배가 접속성의 원칙

territory, and on the other hand, the display of sovereignty as a continuous and prolonged manifestation which must make itself felt through the whole territory."].

31) See Eritrea/Yemen arbitration, Phase I: Territorial Sovereignty and Scope of Dispute, PCA, 1998 [http://www.pca-cpa.or.], paras.450~451 & 461, quoting the Legal Status of Eastern Greenland(1933) and Palmas arbitration.

32) Land and Maritime Boundary between Cameroon and Nigeria(Cameroon v. Nigeria, Equatorial Guinea Intervening), Merits, *ICJ Reports*, 2002, p.303, para.65.

33) Cameroon/Nigeria case, *ibid.*

에 우월한 실정국제법의 규칙이지만, 동시에 일정한 경우 접속성이 일단의 제도에 대한 통일성의 추정을 일으키는 원칙으로 인정한 점 또한 유의할 필요가 있다. 특히 팔마스 섬이 필리핀군도 근해 유인도라는 점에서 오랜 동안 '무인도'로 남아 있었던 독도의 주권 귀속문제에 팔마스 섬 중재판정을 유사 선례(판결)[34]로서 가감 없이 유추·적용하는 데에는 한계가 있을 수밖에 없다. 유인도인 팔마스섬의 경우 장기간 비밀리에 그 주민들에 대하여 국가기능을 행사하는 것이 불가능하므로 실효적 지배를 입증하는데 큰 어려움이 없는데 반해, 비교적 근래까지 격지 무인도였던 독도에 대하여 근대 국제법이 정립한 법적 개념·원칙인 '실효지배'를 입증하는 것은 용이하지도, 그리고 같을 수도 없기 때문이다.

팔마스 섬 중재판정이 내려진 지 3년 후 프랑스/멕시코 간 클리퍼튼 섬 분쟁사건 중재판정[35]에서 단독 중재재판관 이태리 국왕 에마뉴엘 3세는 후버 재판관의 미완의 명제에 마주했다. 즉 이 사건에서 그는 태평양상 무인소도서인 클리퍼튼 섬에 대한 실효적 지배의 요건과 입증방식에 대한 구체적 판단기준을 정립할 것을 요구받았다. 그는 무인도의 경우 전혀 인간이 거주하지 않는다는 사실로 인해 점유국이 타국의 방해 없이 처음으로 그 영토에 출현한 순간부터 그러한 영역이 그 점유국의 이론의 여지없는 절대적 처분권 아래에 놓이게 된다면, 바로 그 순간부터 '점유의 취득'(the taking of possession)이 성취된 것으로 간주되어야 하며 동시에 선점이 완성된 것으로 추정 또는 간주된다는 매우 혁신적인 판정을 내렸다.[36] 이러한 에마뉴엘 III세의 입장은 Von der Heydte에 의하여 상징적

---

34) 국제사법재판소 규정, 제38(1)(d)조 참조.
35) Arbitral Award on the Subject of the Difference Relative to the Sovereignty over Clipperton Island (France v. Mexico), Decision rendered at Rome, Jan. 28, 1931, *American Journal of International Law*, vol.26, 1932, p.390. 이 판정의 내용에 대해서는 본서, 제1장, III.? 참조
36) Clipperton Island arbitration, *ibid.*, p.394["There may also be cases where it is unnecessary to have recourse to this method. Thus, if a territory, by virtue of

병합 및 가상적 실효성(symbolic annexation and virtual effectiveness)의 이론으로 정립되었다.[37]

III. 에리트레아/예멘 간 도서분쟁 사건 중재판정: 인접성·통일성 부분 긍정

1. 사건의 배경·발단, 분쟁의 범위와 로잔조약의 해석

통일성의 법리와 인접성 원칙에 대한 긍정적 입장은 에리트리아/예멘 간 홍해상 도서분쟁 사건 중재판정[38]에서도 확인된다. 홍해상 도서 분쟁은 터키(구 오스만 제국)가 1918년 1차 대전에서 패배하고 이어 그리스와 전쟁을 치른 후 1923년 연합국(the Allied Powers)과 스위스 로잔에서 체결한 대터키 강화조약(Treaty of Peace with Turkey: 로잔조약)[39] 제16조[40]에서

---

the fact that it was completely uninhabited, is, from the first moment when the occupying state makes its appearance there, at the absolute and undisputed disposition of that state, from that moment the taking of possession must be considered as accomplished, and the occupation is thereby completed."]; F.A.F. von der Heydte, "Discovery, Symbolic Annexation and Virtual Effectiveness in International Law", *American Journal of International Law*, vol.29, 1935, p.448, 463~464; I. Brownlie, *Principles of Public International Law* (6th edn., Oxford: Clarendon Press, 2003), p.141.

37) Von der Heydte, *ibid.*,, p.468; 본서, 제3장, III.1 및 제4장 참조.

38) Eritrea/Yemen arbitration, *supra* note 31.

39) Treaty of Peace with Turkey, signed at Lausanne, July 24, 1923, *LNTS*, vol.28, 1924, p.11, at http://wwi.lib.byu.edu/index.php/Treaty_of_Lausanne (2015. 1. 2 검색). 조약당사국은 터키와 영국, 프랑스, 이탈리아, 일본, 그리스, 루마니아, 유고슬라비아 등으로서, 이 사건 분쟁당사국인 에리트레아(1993년 에티오피아로부터 독립)와 예멘(북예멘(1962~1990)과 남예멘(1967~1990)은 1990년 예멘으로 통일)은 로잔조약의 당사국이 아닌 제3국이었다.

40) Art.16: "Turkey hereby renounces all rights and title whatsoever over or

홍해상 일군의 도서(구체적으로 명시하지는 않음)에 대한 모든 권리와 권원을 포기하고, 이를 추후 '관련당사국'(the parties concerned)에 의하여 해결한다고 규정함으로써 발생하게 되었다.[41] 상설중재재판소(Permanent Court of Arbitration) 중재재판부는 우선 1923년 조약으로 분쟁도서들이 무주물(*res nullius*)이 된 것은 아니며 따라서 취득시효(acquisitive prescription)의 대상은 아니었으며, 또한 자동적으로 예멘의 지도자인 이맘(Imam)에 원상회복되는(revert) 것도 아니라고 판시하였다.[42]

예멘 측은 답변서(Counter-Memorial)에서 오스만 제국의 붕괴 후 이들 분쟁도서들의 법적 지위는 제국을 대체한 독립국가 간 국경·해상경계에 부합할 것이라는 추정이 가능하며 따라서 이 사건에 현상유지의 법리(*uti possidetis juris*)를 적용할 것을 제안하고 에리트레아 측은 이에 강력한 반대의사를 표명하였다. 재판부는 당시 오스만 제국이 공포한 칙령("firman"; royal mandate or decree)[43]에서 홍해의 아프리카 해안에 대한 관할권을 이집트에 양여하였으며, 이 관할권은 아마도 아프리카 연안 인근 도서에 미쳤을 것으로 추정되지만 그 관할권이 과연 이 사건 문제의 분쟁 군도의 어디까지 미쳤을 것인가의 문제는 추측의 문제(a matter for

---

respecting the territories situated outside the frontiers laid down in the present Treaty and the islands other than those over which her sovereignty is recognised by the said Treaty, the future of these territories and islands being settled or to be settled by *the parties concerned*.

The provisions of the present Article do not prejudice any special arrangements arising from neighbourly relations which have been or may be concluded between Turkey and any limitrophe countries."](이탤릭은 필자).

41) Eritrea/Yemen arbitration, *op.cit*, paras.157~158, 162~163. 본 장에서는 주로 통일성·인접성의 법리의 타당성·효과에 대한 재판부의 판결을 중심으로 논의한다. 이 사건의 다른 쟁점 가운데 하나인 1923년 대터키 강화조약(로잔조약)과 1947년 대이태리 강화조약(파리조약) 상 터키 및 이태리의 분쟁도서에 대한 권원의 성립성·효력에 대해서는 본서, 제3장, Ⅱ.1 및 제7장, Ⅲ.1 참조.

42) Eritrea/Yemen arbitration, *ibid.*, paras.153, 162~165 & 444.

43) Wikipedia, "Firman", at http://en.wikipedia.org/wiki/Firman (2014. 12. 27 검색).

conjecture)일 뿐이며,[44] 또한 이 문제에 관련 이해관계가 있는 제3국 정부(영국)의 내부 비망록(memorandum) 역시 법률적 추정을 도출하는데 일정한 한계를 가질 수밖에 없다면서,[45] 현상유지의 법리의 적용가능성에 대해 현실적, 법적 관점에서 부정적 입장을 피력하였다.

재판부는 특히 에리트레아 측이 이태리로부터 승계에 입각하여 헤이콕스 제도에 대한 영유권을 주장한 데 대하여 그러한 승계론 주장이 가지는 법률(조약)상의 문제점을 지적하면서 그 대신 "에리트레아 연안에 인접한 지리적 주장은 계속해서 설득력이 있으며, 또한 만일 다른 우월한 권원이 확립되지 않는다면, 어떤 연안에 인접한 도서들은 그 연안국에 귀속한다는 일반적 견해에 부합한다"고 설시하면서, 예멘 측이 그러한 우월한 권원을 입증하는데 실패하였다고 덧붙였다.[46] 재판부는 자신의 논지를 뒷받침하면서 로잔조약 제6조 역시 반대 규정이 없는 경우 연안 3해리 이내에 위치한 도서·소도서들은 연안국 국경 내에 포함된다[47]고 규정하고 있다고 지적하였다.[48] 이러한 관점에서 재판부는, 후술하는 바와 같이, 사우스 웨스트 암(Wouth West Rocks) 역시 아프리카 연안으

---

44) Eritrea/Yemen arbitration, *op. cit.*, paras. 96~97.

45) *Ibid.*, para. 99.

46) *Ibid.*, paras. 480 & 482.

47) Treaty of Peace with Turkey, *supra* note 39, Art. 6["In so far as concerns frontiers defined by a waterway as distinct from its banks, the phrases "course" or "channel" used in the descriptions of the present Treaty signify, as regards non-navigable rivers, the median line of the waterway or of its principal branch, and, as regards navigable rivers, the median line of the principal channel of navigation. It will rest with the Boundary Commission to specify whether the frontier line shall follow any changes of the course or channel which may take place, or whether it shall be definitely fixed by the position of the course or channel at the time when the present Treaty comes into force. *In the absence of provisions to the contrary, in the present Treaty, islands and islets lying within three miles of the coast are included within the frontier of the coastal State.*"](이탤릭은 필자).

48) Eritrea/Yemen arbitration, *op. cit.*, para. 156.

로부터 관리되어 온 다른 도서들과 마찬가지로 에리트레아 영유로,[49) 그리고 에리트레아 영해 바로 외측에 위치한 하이 섬(High Islet)에 대해서는 항상 하나의 제도로 간주되어 온 모하바카 제도의 일부를 구성하여 동일한 법적 운명(the same legal destiny)을 공유한다는 통일성 이론(unity theory)과 함께 명백히 아프리카 연안에 접속한 것(접속·인접성)이라는 이유로 또한 에리트레아 영유로 판시하였다.[50)

2. 통일성·인접성의 의의·근거 및 한계

예멘 측은 이 사건 변론서면(pleadings) 본문과 예시지도에서 예멘측은 하니쉬 제도의 도서들(the Hanish group of islands)의 '자연적 또는 물리적 통일성의 원칙'(the principle of natural and physical unity)을 주장하면서, 헤이콕스 제도와 모하바카 제도를 포함한 모든 섬을 포괄하는 하니쉬 제도(the Hanish group)라는 용어를 쓰고 있다.[51) 그러나 중재재판부는 이 문제는 단순한 통일성의 문제 이상이라면서,[52) 서로 다른 그룹의 도서들은 법적 측면에서 상당한 정도로 서로 다른 역사를 가지고 있으므로 이들 소그룹 도서별로 영유권을 별도로 검토할 필요가 있다면

---

49) *Ibid.*, paras.483~484.

50) *Ibid.*, para.475.

51) *Ibid.*, para.460; 이석용, "국제사법재판소의 도서영유권 및 해양경계획정 관련 분쟁해결", 『국제법학회논총』, 제51권 제1호(통권 제104호, 2006. 6), p.123, 130~31 참조.

52) *Ibid.*, para.461. 만일 현실적 접속·인접성(actual contiguity or proximity)에 입각해 문제의 분쟁지역에 대한 영유권을 주장하는 국가가 전체적으로 하나의 통일체(an entity or unity)의 일부로서 분쟁지역에 대한 주권을 입증한다면, 그러한 분쟁지역에 관한 국가활동의 구체적 증거를 원용할 필요가 없게 된다. 다만 이 경우 그러한 선점·실효적 점유(effective occupation and possession)에 해당하는 국가활동은 팔마스 섬 사건에서 천명된 원칙 - "주권은 영토의 모든 지점에서 항상 행사될 수는 없다" - 이 요구하는 소선을 충속하면 충분하다고 설시하였다. *Ibid.*, para.461.

서, 예멘측이 '자연적 또는 지물리적 통일성의 원칙'(the principle of natural or geophysical unity)에 따라 하니쉬 제도가 헤이콕스 제도·모하바카 제도를 포함하는 전(全) 도서군(the entire island chain)을 포괄한다고 주장한 데 대해 이를 기각하였다.[53]

또 예멘측이 '자연적 또는 지물리적 통일성의 원칙' 또는 '자연적 통일성'(natural unity)을 언급하며 하니쉬 제도에 관한 주권을 주장한 데 대하여, 재판부는 이 원칙이 '절대적 원칙'(an absolute principle)은 아니며,[54] 그 자체로서 권원을 창설하는 근거가 되지는 않으나[55] 인접·접속한 동일한 통일체에 관해 이미 확립된 기존 권원을 문제의 영역으로 확대시키는, 즉 확립된 권원의 범위에 관한 가능성(possibility) 또는 확률(probability) 상 추정을 발생시키는 관념으로 국제법상 잘 알려져 있다고 설시하였다.[56] 재판부는 이 사건에 이태리의 식민지배와 국가승계의 문제(에리트레아는 1993년 독립) 등 복잡한 문제가 개재되어 있는 것은 사실이지만, 이에 관계없이 에리트레아에 가까운 지리적 인접성의 주장은 설득력을 가지며 또한 연안 인접도서는 연안국에 귀속한다는 일반적 견해와 합치한다고 판시,[57] 원칙적으로 통일성 이론(unity theories)과 인접성의 원칙에 일정한 구속력과 증거능력을 인정하였다.[58]

재판부는 분쟁도서·소도서 및 암초들의 대부분이 상대적으로 폭이 좁은

---

53) *Ibid.*, paras.458~466 & 470.
54) *Ibid.*, para.461.
55) *Ibid.*, paras.462 & 464.
56) *Ibid.*, para.461~462["Thus, the authorities speak of "entity" or "natural unity" in terms of a presumption or of probability and moreover couple it with proximity, contiguity, continuity, and such notions, well known in international law as not in themselves creative of title, but *rather of a possibility or presumption for extending to the area in question an existing title already established in another, but proximate or contiguous, part of the same "unity."*(이탤릭은 필자)] & 464.
57) *Ibid.*, paras.458, 463 & 480.
58) *Ibid.*, paras.458~465 & 480.

바다를 가로질러 당사국 연안 사이에서 여러 그룹으로 군도(archipelago)를 형성하고 있으므로, 이는 재판부로 하여금 한쪽 연안으로부터 떨어져 있는 도서들은 그 부속성·접속성으로 인하여(by appurtenance) 그 연안에 속하는 것이라는 추정에 무게를 두게 하는 것이라면서, 이러한 추정은 반대편 연안국이 명백히 '보다 우월한 權原'(a better/superior title)을 입증하지 못하는 한 유효한 추정이 되며,[59] 또 이들 도서들의 역사에 비추어 이러한 추정이 작용하고 있다(가능하다)고 판단하였다.[60] 따라서 재판부는 1) 한 제도 내 한 도서에 대하여 확립된 권원은 동일 제도 내 다른 인접·부속 도서에 대한 주권 추정을 가능하게 한다(제도의 통일성); 또한 2) 연안에 인접한 도서는 일반적으로 그 연안국의 주권에 귀속한다는 추정을 가능하게 한다(인접·접속성의 원칙)고 이를 모두 긍정하였다.

---

59) *Ibid.*, paras.458, 463~464 & 480.
60) *Ibid.*, paras.453~458; B. Kwiatkowska, "The Eritrea/Yemen Arbitration: Landmark Progress in the Acquisition of Territorial Sovereignty and Equitable Maritime Boundary Delimitation", *Ocean Development & International Law*, vol.32, 2001, as updated as of 27 March 2003, at http://www.law.uu.nl/nilos, p.1, 16.

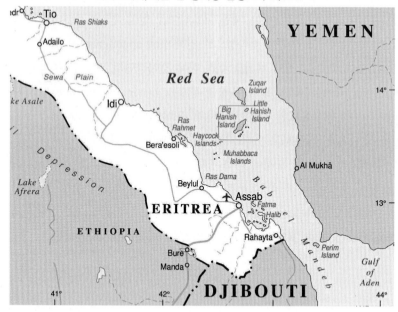

에리트레아/예멘 간 홍해상 분쟁도서 개요도[61]

재판부는 다만 그러한 주권 현시가 사실상 국가권능행사의 영향이 적거나 전무한 격지영토(outlying territory)에까지 그러한 인접성이 추정되는 것인가에 관해 약간의 의문은 남는다고 덧붙였다.[62] 재판부는 또 자연적·물리적 통일성의 원칙을 '양날의 칼'(a two-edged sword)에 비유하면서 이 개념이 "본토의 영향력 하에 있는 근해 해양지형(off-shore features)에 대한 주권을 귀속시키는 수단"으로 인정되고 있다고 판시하면서도, 동시에 그러한 본토 연안 1개 도서에 대하여 확립된 영향력(권

---

61) See http://www.baike.com/wiki/%E5%93%88%E5%B0%BC%E4%BB%87%E7%BE%A4%E5%B2%9B 및 http://a1.att.hudong.com/73/94/01300000449351255339946223 232. jpg (2015. 1. 17 검색). 이하 본 장에 수록된 지도들은 독자들의 이해증진을 위한 예시목적의 개요도이며, 반드시 정확한 지리적 정보를 반영한 정밀지도는 아니다.

62) Eritrea/Yemen arbitration, *op.cit.*, para.461.

능)이 어느 범위까지 자연스럽게 그 연안에 인접·부속한("proximate" to the coast or "appurtenant" to it) 도서에까지 확대되는 것으로 간주되는가에 대한 부수적 의문이 생긴다고 그 한계에 대하여 언급하였다.[63] 이러한 재판부의 입장은 예멘 측이 소송과정에서 피츠모리스(Fitzmaurice), 월독(Waldock)과 드 비셔(Charles de Visscher)를 원용, '자연적 또는 지물리적 통일성의 원칙'을 주장한 데 대하여 재판부는 그 적용가능성·적용범위와 효과 등에 대한 일정한 '유보'하에 이를 수용한 것으로 볼 수 있다.[64]

3. 헤이콕스·모하바카·하니쉬 제도와 북방도서의 영유권

5인의 재판관으로 구성된 중재재판부는 우선 분쟁도서들에 대하여 양측이 변론과정에서 주 제도(the main group)에 대한 소제도(sub-groups)의 존재를 묵시적으로 인정하고 있으며 또한 제출된 증거의 신빙성(the weight of evidence)에 비추어 이 주 제도가 적어도 4개의 소제도군 - 즉 모하바카 제도(the Mohabbakahs), 헤이콕스 제도(the Haycocks; Haycock Islands), 주카르-하니쉬 군도(Zuqar-Hanish group), 그리고 북방도서인 자발 알-타이르 섬(Jabal al-Tayr Island)과 알-주바이르 군도(al-Zubayr group) - 으로 구성된 것이라고 판시하였다.[65] 이러한 구분에 따라 재판부는 홍해 상 분쟁도서를 3개 소제도와 북방도서(northern islands) 등 4개 도서군으로 나누어 그 영유권 문제에 접근하였다.[66]

---

63) *Ibid.*, paras.463~464, quoting D.P. O'Connell, *The International Law of the Sea* (2 vols., ed. by I.A. Shearer, vol.I, Oxford: Clarendon, 1982), p.185. 재판부는 통일성의 원칙을 19세기 널리 확립되어 '주랑현관' 이론(portico doctrine)으로 명명된 바 있다고 설시하였다. *Ibid.*, para.463.

64) *Ibid.*, paras.458, 461, 463~464.

65) *Ibid.*, paras.467, 475~476, 485 & 508~509; Kwiatkowska, *supra* note 60, pp.16·17. 알 주비이르 군도에서 가장 큰 심은 자빌 구바니트(Jabal Zubayr) 섬이다. *Ibid.*, paras.460 & 465.

재판부는 우선 예멘 측이 모하바카 제도[67]에 관한 명확한 본원적 역사적 권원의 존재를 입증하지 못했다면서, 이 제도가 에리트레아 연안에서 12해리 이내에 위치하고 있다는 이유로 이를 에리트레아 주권에 귀속한다고 판정하였다.[68] 재판부는 또 에리트레아 연안의 헤이콕스 제도는 그 연안에서의 지근성(immediate vicinity) 내지 인접성의 주장이 설득력을 가지며, 예멘측이 이보다 우월한 권원 주장을 입증하는데 실패하였으므로 이 도서들이 에리트레아 영유라고 판시하였다.[69] 헤이콕스 제도는 남서쪽에서 북동쪽 방향으로 늘어선 서남 헤이콕 섬(South West Haycock), 미들 헤이콕 섬(Middle Haycock)과 북동 헤이콕 섬(Northeast Haycock) 등 3개의 작은 섬으로 구성되어 있으며, 이 가운데 서남 헤이콕 섬은 수율 하니쉬(Suyul Hanish)의 최근지점까지 약 6해리 정도 떨어져 있고, 이 2개 도서의 대략 중간 지점에 아주 작은 '3피트 암'(Three Foot Rock)가 위치해 있다.[70]

재판부는 헤이콕스 제도가 홍해 상 등대와 관련한 독특한 역사를 가지고 있다면서, 안보목적 및 편의상, 특정 해안가의 도서들은 명확히 확립된 반대의 권원이 존재하지 않는다면, 그 도서에서 가장 가까운 당국의 관할권에 놓이게 되는 것이라면서,[71] 에리트레아 연안에 인접한 3개 헤

---

66) *Ibid.*, paras.167 & 465.
67) 모하바카 제도는 4개의 암석 소도서로 구성되는데, 이 가운데 사얄 섬(Sayal Islet)은 에리트레아 본토 연안의 최근지점(最近地点)에서 겨우 6해리 떨어져 있으며, 하비섬(Harbi Islet)과 플랫섬(Flat Islet)은 모두 에리트레아 연안에서 12해리 이내에 위치한다. 마지막으로 하이 섬(High Islet)은 본토 연안 12해리 한계선 밖에 위치하며 동시에 헤이콕스 제도 내의 가장 가까운 섬인 사우드 웨스트 헤이콕(South West Haycock) 섬으로부터 약 5해리 떨어져 있다. *Ibid.*, paras.467 & 475.
68) *Ibid.*, paras.475 & 527(i).
69) *Ibid.*, paras.464, 480 & 527(ii). 재판부는 자연적·물리적 통일성의 원칙을 '양날의 칼'에 비유하면서 그 이유는 이 원칙을 적용하려면 어느 쪽 해안에서 기원하는지의 여부를 결정해야 하기 때문이라고 설명하였다.
70) *Ibid.*, para.476.

이콕 섬, 암초와 간조 노출지를 포함하는 헤이콕스 제도는 에리트레아 영토주권에 복종하는 것으로 전원일치로 결정하였다.[72] 재판부는 또 모하바카 제도 가운데 작은 돌출한(prominent) 하이 섬(High Islet)는 비록 에리트레아 영해기선에서 12.72해리 떨어진 지점에 위치하고 있는 것은 사실이지만, 통일성 이론(unity theory)에 따라 모하바카 제도의 일부로 간주되어 왔으며 또 아프리카 해안에 인접해 있기 때문에 에리트레아 주권에 귀속한다고 판단하였다.[73] 재판부는 또 사우스 웨스트 암(South West Rocks) 역시 모하바카 제도와 헤이콕스 제도와 마찬가지로 재판관 만장일치로 에리트레아 영유로 판시하였다.[74]

또 에리트레아 측이 에티오피아의 승계국으로서 3번째 소도서군인 주카르-하니쉬 제도의 영유권에 관해 역사적 권원을 주장한 데 대해서 재판부는 로잔조약 제16조 규정과 함께 1947년 대이태리 강화조약에 비추어 에리트레아가 이태리로부터 권원을 승계한 것으로 해석하기 어렵다면서,[75] 예멘 측의 국가권능의 행사 주장에 보다 증거의 신빙성을 부여하여, 이 소도서군을 예멘 영유로 판시하였다.[76] 재판부는 이어 관련 역사적, 사실적 및 법적 검토와 증거(국가활동의 상대적 빈도·수준과 중간선)에 비추어 자발 알-타이르 섬, 알-주바이르 제도/군도의 도서, 소도서, 암초와 간조 노출지 – Quoin Island, Rugged Island, Table Peak Island, Saddle Island, Low Island, Middle Reef, Saba Island, Connected Island, East Rocks, Shoe Rock, 자발 주바이르 섬과 Centre Peak Island 등 – 를 재판관 전원일치로 예멘의 영토주권에 귀속한다고 판시하였다.[77]

---

71) *Ibid.*, para.477.
72) *Ibid.*, para.482.
73) *Ibid.*, paras.472~482; Kwiatkowska, "The Eritrea/Yemen Arbitration", *supra* note 60, pp.16~17.
74) *Ibid.*, paras.484 & 527(iii); Van Dyke, *supra* note 28, p.162.
75) *Ibid.*, para.489
76) *Ibid.*, paras.508 & 527(iv).
77) *Ibid.*, paras.524 & 527(v); Van Dyke, *loc.cit.*

Ⅳ. 인접성과 통일성 원칙에 대한 ICJ의 입장

1. 망끼에·에끄레오 도서 영유권 분쟁사건

망끼에·에끄레오 도서 영유권 분쟁사건[78]에서 프랑스 측은 망끼에 제도[79]가 프랑스연안의 쇼제 제도[80]와 영국령 저지 섬으로부터 대략 등거리에 위치한다면서 동 제도는 쇼제 제도의 종속물(appurtenance to the Chausey Islands) 또는 부속도서(dependency of the Chausey Islands)로서 프랑스령임을 주장한 데 대하여 ICJ는 그러한 주장으로부터 망끼에 제도의 지위에 관한 아무런 연역적 결론도 이끌어낼 수 없다면서 프랑스의 주장을 기각하였다.[81] 즉 부속도서론 만으로는 권원 창설 또는 권원

---

78) Minquiers and Ecrehos case, *supra* note 2, p.70
79) *Ibid.*, p.71. 망끼에 제도는 해협제도의 주섬(본도)인 영국령 저지섬 남쪽 약 9.8 해리, 프랑스 본토에서 약 16.2 해리, 그리고 프랑스령 쇼제 제도에서 약 8해리 떨어진 도서군으로, 가장 큰 섬인 메트레스(Maîtresse)섬은 길이 약 50m, 폭은 약 20m이며, 여기에는 10여 채의 석조 오두막(stone cottages)이 있으나 상주 거주민(permanent inhabitants)은 없으며, 단지 어부, 요트인(yachtsmen), 해초 비료 채취자(vraic collectors), 아마추어 무선사(radio amateurs) 및 때때로 카약인들(kayakers)이 여름철에 상륙한다고 한다. Minquiers and Ecrehos case, *ibid.*, p.53 & http://en.wikipedia.org/wiki/Minquiers (2013. 10. 9 검색). 또 에끄레오 제도는 저지섬에서 북동쪽 약 3.9 해리, 그리고 프랑스 해안으로부터 약 6.6 해리 떨어져 있는 작은 도서·암초군으로 만조 시 그 가운데 3개의 섬을 제외하면 모든 다른 섬과 암초들은 해수면 아래에 잠기는 간조노출지로서 상주 거주민은 없으며, 담수 식수도 없다고 한다. 가장 큰 섬인 메트릴(Maître Île)섬은 그 길이가 약 300m이며, 여기에는 휴가철 숙소로 이용되기도 하는 어부들의 임시숙소(fishermen's huts) 몇 채, 그리고 다른 하나의 섬인 마르모트치에스(La Marmotchiéthe)섬에는 세관건물(a customs house)로 이용되는 공공건물(official building)이 있다고 한다. Minquiers and Ecrehos case, *ibid.*, p.53 & http://en.wikipedia. org/wiki/%C3%89cr% C3%A9hous (2013. 10. 9 검색).
80) 프랑스령 쇼제 제도는 망끼에·에끄레오 제도에 비해 큰 도서군으로 주섬인 그랑드 일(Grande Île)섬은 길이 1.5 km, 폭 0.5 km에 이르며, 약 30명의 상주 주민이 거주한다. http://en.wikipedia.org/wiki/Chausey 참조.

창설에 직접적으로 기여하는 추론을 가능하게 하지 않는다는 입장을 천명한 것이다. 이는 '인접성'을 합법적 영토취득 권원의 근거의 하나로 인정하지 않는 근대국제법의 입장을 반영한 것이다. 또 근대 서양 열강들의 신대륙 '발견'과 실효지배를 '사실상의 권원'[82]으로 인정한 팔마스섬 중재판정의 선구적 판례를 따른 것이다.

동시에 이 사건판결과 관련하여 간과되어서는 안 될 점은 프랑스 측이 인접성에 입각한 부속도서론 이외에 실효적 지배 등 재판소가 인정하는 증명력이 높은 증거를 제시하지 못했다는 점이다.[83] ICJ는 분쟁당사국들이 공히 해협제도(Channel Islands)라는 용어를 사용함으로써 그 가운데 가장 큰 섬인 저지(Jersey) 섬과 건지(Guernsey) 섬을 본도 내지 주도(主島)로 그 주위의 작은 섬들과 함께 하나의 제도를 형성하고 있다고 설시하고 있다.[84] 즉 ICJ는 분쟁당사국(의 국가실행)이 통일성·인접성의 법리에 입각하여 영유권을 주장하고 있다는 점을 원용하면서도, 실효지배에 입각하여 판결하였으므로(판결이유) 동 법리의 구속력·증거능력을 명시적으로 인정한 것으로 해석하기 어렵다. 중요한 점은 재판소가 에끄레오·망끼에 제도(the Ecrehos and the Minquiers groups) 등 2개 소도서

---

81) Minquiers and Ecrehos case, *op. cit.*, p.70.
82) Palmas arbitration, *supra* note 5, p.839 및 전게각주 9.
83) Minquiers and Ecrehos case, *op. cit.*, pp.70~71.
84) ICJ는 판결문에서 저지섬과 에끄레오 섬 간 "밀접한 관계"("a close relationship", Minquiers and Ecrehos case, *ibid.*, pp.63, 64~65), "부속도서"("dependencies", p.60), "에끄레오 및 망끼에 제도"("the Ecrehos and Minquiers groups", p.60], "에끄레오 제도"("the Ecrehos", p.64; "the Ecrehos group", p.66), "해협제도의 속도로 주장"("claim the Ecrehos as a dependency to the Channel Islands", p.60 & 67), "제도"("the group", p.67 & 71), "이 제도, 망끼에 제도"("this group", "the Minquiers group", p.71), "해협제도의 이 부속도서"("this dependency of the Channel Islands", p.71), "망끼에 제도는 해협제도의 부속도서 가운데 하나이다"("the Minquiers group was a dependency of the Channel Islands", p.71), "에끄레오 및 망끼에 제도의 소도서와 암초들"("the islets and rocks of the Ecrehos and Minquiers groups", p.72) 등의 용어·표현을 사용하고 있다.

제도(the two groups of islets)로 명명하면서, 양 제도에 관한 영국령 저지 섬 당국의 국가권능의 행사 사실에 주목하고 있다는 점이다.[85]

망끼에·에끄레오 제도[86]

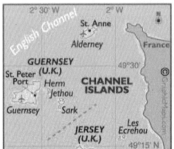
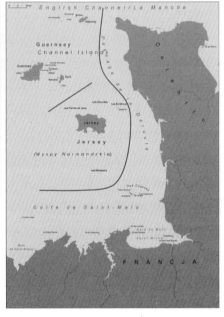

　둘째, 이 사건에서 양국은 각각 원시적 또는 본원적 권원을 주장하였다. 영국 측은 1066년 노르만디 공 윌리엄이 영국을 정복하면서 영국, 노르만디 영지와 해협제도가 하나의 연합왕국을 형성하였으며, 이 왕국은 프랑스 왕인 필립 아우구스투스가 노르만디 지역에서 앵글로-노르만 세력을 축출한 1204년까지 지속되었다고 주장하였다.[87] 그러나 해협제도가

---

85) Minquiers and Ecrehos case, *ibid.*, pp.67 & 72.
86) See http://programacontactoconlacreacion.blogspot.kr/2013/07/islas-britanicas-del-can al-de-la-mancha.html 및 http://es.wikipedia.org/wiki/Islas_del_Canal (2015. 1. 16 검색).
87) Minquiers and Ecrehos case, *op.cit.*, p.53.

지 점령하려 했던 프랑스 왕의 시도는 그 일부를 단기간 점령한 것을 제외하고는 성공하지 못했다.[88] 한편 프랑스 측은 1204년 이후에도 영국왕이 저지, 건지, 올더니, 사크 섬 등을 계속 점유한 사실에 대해서는 이를 부정하지 않으면서도, 노르망디 지역에서 앵글로-노르만 세력이 축출됨으로써 노르망디 공국이 해체된 1204년 이후에도 영국왕이 에끄레오 및 망끼에 제도를 점유했다는 영국 측의 주장에 대해서는 이를 부정하면서, 이 2개 제도는 이후 프랑스 왕이 점유한 것이라고 주장하였다.[89] 재판소는 그러나 에끄레오 제도가 13세기 초부터 영국 국왕이 점유한 해협제도 봉토의 불가분의 일부를 구성하는 것으로 인정·간주되었다고 확인하고 있다.[90]

ICJ는 또 양국의 원시적·역사적·봉건적 권원 주장에 대한 판단을 유보하면서도, 프랑스 측이 주장한 본원적 봉건적 권원(original feudal title)은 1204년에 발생한 사건들로 인하여 실효하였으며, 따라서 그러한 봉건적 권원은 새로운 권원 - 예컨대 실효적 점유(effective possession) 등 - 으로 대체될 당시의 법에 따라 유효한 권원으로 대체되지 않았다면, 오늘날 아무런 법률효과(legal effect)도 발생시키지 않는다고 설시하였다.[91] ICJ는 영국 저지 섬 당국이 중요한 시기에 문제의 양 제도에 대한 국가주권의 행사를 입증하는 증거가 보다 설득력있는 것으로 판단하여(판결이유) 양 제도를 영국의 영유로 판결하였다.[92] ICJ는 해협제도 상의 주된 섬인 저지·건지섬과 그 부속도서라 할 수 있는 에끄레오 제도 간 일정한 관련성

---

88) *Ibid.*
89) *Ibid.*, pp.53~54.
90) *Ibid.*, p.67. 재판소는 에끄레오 제도의 수도원(Priory)이 영국왕의 몰수 조치로 인하여 생계수단을 상실한 후 유기되고(abandon) 교회당(chapel)은 영락하여 에끄레오 제도와 저지 섬 간 밀접한 관계도 중단되었으나, 이후 상당기간 동안 저지 섬 주민들은 단지 이따금씩 조업 및 해초 채취 목적으로 에끄레오 제도를 방문하였다는 사실은 인정하고 있다. *Ibid.*, p.64.
91) *Ibid.*, p.56.
92) *Ibid.*, pp.53, 67 & 72; El Salvador/Honduras case, *supra* note 29, paras.343~344.

을 전제하면서, 영국 당국이 19~20세기의 대부분 기간 동안 동 제도에 대하여 국가 기능을 행사하였음을 확인하고 따라서 에끄레오 제도에 대한 영유권은 영국 측에 귀속한다고 결론지을 수밖에 없다고 판시하였다.[93]

셋째, ICJ는 또 망끼에 제도의 영유권과 관련, 파리주재 영국 대사관이 프랑스 외무장관에 보낸 1869년 11월 12일자 각서에서 프랑스 어부들의 망끼에 제도에서의 '절도행위' 혐의에 대하여 항의하면서 동 제도를 "해협제도의 이 부속도서"(this dependency of the Channel Islands)로 언급한 바, 프랑스 외무장관은 1870년 3월 11일자 답서에서 프랑스 어부들에 대한 영국 측의 비난을 일축하면서도 망끼에 제도(the Minquiers group)가 저지·건지섬으로 구성된 해협제도의 한 부속도서라는 영국 측 사실기술(statement of facts)[94]에 대하여 아무런 유보도 제기하지 않았음을 지적함으로써, 망끼에 제도의 해협제도에의 부속성('dependency')을 부정하지 않았다고 지적하였다.[95] 즉 분쟁당사국 양국 모두 망끼에 제도가 영국령 해협제도 또는 프랑스령 쇼제 제도 가운데 어느 제도에 부속하는 동일제도로 간주될 것인가(제도의 부속·통일성)에 대한 이견에도 불구하고, 양국은 망끼에 제도의 부속성과 해협제도에의 종속성을 인정하였다는 것이다.

특히 카네이로(Carneiro) 재판관은 개별의견에서 "대륙에의 인접성"("proximity of the Continent"), "인접도서"("adjacent islands") 및 "부속도서"("dependencies") 등의 개념이 명확하지 않다는 점을 지적하면서도, 망끼에·에끄레오 제도가 프랑스 본토보다 저지섬에 가깝다면서 "군도의 자연적 통일성"("natural unity of the archipelago")을 고려할 것을 강조하고 있다.[96] 그는 "연안 또는 한 도서의 중요한 부분을 점유한 국가가

---

93) Minquieres and Ecrehos case, *ibid.*, pp.53, 56, 67 & 72.
94) 본서, 제3장, II.2 & 제5장, III.2.
95) Minquiers and Ecrehos case, *op.cit.*, p.71.
96) *Ibid.*, p.85, 99~101(Indiv. Op. of Judge L. Caneiro); 이한기,『한국의 영토: 영토취득에 관한 국제법적 연구』(서울대 출판부, 1969), pp.166~167.

그 도서를 전반적으로 점유한 것으로 간주되는 것과 마찬가지로, 한 군도의 주요 섬들을 점유하면 동일 군도 내 다른 소도서 및 암초도 포함하는 것으로 간주되어야 한다."[97]는 입장을 피력하였다.

2. 엘살바도르/온두라스 간 폰세카 만 도서영유권 분쟁사건

1992년 엘살바도르/온두라스 간 폰세카만 영토·도서 및 해양경계 분쟁사건[98]에서 ICJ 재판부(Chamber)는 우선 스페인 식민지법(Spanish colonial law)은 변두리 지역(marginal areas) 또는 최소한의 경제적 중요성을 가진 매우 희박한 인구거주지역(sparsely populated areas of minimal economic significance)에 대한 관할권 또는 경계에 관해 충분히 명확하고 확정적인 답변을 주고 있지 않다고 판단하였다. 따라서 재판부는 독립 후 관련국들의 문제의 3개 섬들에 대한 실효적 점유·지배의 증거를 검토함으로써 현상유지의 법리(*uti possidetis juris*)[99]를 효과적으로 적용하는 것이 정당하다는 입장을 개진하였다.[100] 이러한 논지에서 재판부는 양국과 니카라과 간 해양경계가 중첩되는 태평양상 폰세카 만(Gulf of Fonseca)에 위치한 3개 섬 가운데, 엘 티그레(El Tigre) 섬은 온두라스 영토로,[101] 그리고 유인도인 메안게라 섬(Meanguera Island)과 무인도인

---

97) *Ibid.*, p.99["Just as a State which has occupied the coast or an important part of an island is deemed to have occupied the island as a whole, the occupation of the principal islands of an archipelago must also be deemed to include the occupation of islets and rocks in the same archipelago, which have not been actually occupied by another State."].

98) El Salvador/Honduras case, *supra* note 29, pp.558~559, para.343 & p.565, para.345.

99) 박현진, 전게각주 9, pp.121 & 124~130 참조.

100) El Salvador/Honduras case, *op.cit.*, paras.333, 342~343 & 368. 재판소는 이 법리가 근해도서와 해양영역에도 적용가능하다고 판시하였다. *Ibid.*, paras.333 & 386; Nicaragua/Honduras case, *supra* note 1, paras.154 & 156.

101) El Salvador/Honduras case, *ibid.*, para.355.

메안게리타 섬(Meanguerita Island) 등 2개 도서[102]는 엘살바도르의 영유로 판결하였다.

폰세카 만과 메안게라섬[103]

엘 티그레 섬에 대한 양국 간 도서영유권 분쟁 사건은 1854년 온두라스 정부가 엘 티그레 섬 등 폰세카 만 내의 도서에 대한 토지매각 계획

---

102) 유인도인 메안게라 섬은 그 최고점이 해발 480미터이며, 남북 6km, 동서 3.7km로서 총면적 1,586 헥타르[1 헥타르는 10,000 제곱미터이며 아르(are)의 100배이며, 초목으로 뒤덮여 있고 높은 암석으로 구성된 해안선을 가지고 있다. 또 메안게리타 섬은 메안게라 섬 동남쪽에 위치하는 총 26 헥타르의 무인도로서, 간조노출지(low-tide elevation)는 아니며 초목으로 덮여있으나 담수가 부족하다. El Salvador/Honduras case, *ibid.*, para.356.

103) Worldatlas, at http://www.worldatlas.com/aatlas/infopage/fonseca.htm (2015. 1. 15 검색).

을 수립하자 이에 대하여 엘살바도르 측이 같은 해 10월 항의각서(Note of Protest)를 통해 이의를 제기하면서 발생하였다.[104] ICJ는 우선 엘 티그레 섬 영유권과 관련, 엘살바도르 정부가 1854년 항의각서에서 엘 티그레 섬과 다른 도서들을 구분하고 있으며, 또 엘살바도르가 온두라스의 엘 티그레 섬의 토지매각 계획에 강력히 반대하면서도 온두라스 측이 이섬에 대한 주권자로서의 매각권을 보유하고 있다는 사실 자체에 대해서는 이의를 제기하지 않았다고 설시하였다.[105] ICJ는 또 온두라스 측이 1849년 이후 엘 티그레 섬에 대한 실효적 점유를 유지해 왔으며, 1873년 말 엘살바도르 측이 군사적 침략(a military invasion)을 감행하여 아마팔라(Amapala) 항을 일시적으로 점령하였으나 1974년 2월에는 엘살바도르 군의 부사령관이 온두라스 대통령에게 엘 티그레 섬과 아마팔라 항이 온두라스 측으로 이미 반환되었음을 통보한 바 있었다고 지적하였다.[106]

ICJ 재판부는 결론적으로 양국의 독립 및 중앙아메리카 연방공화국(the Federal Republic of Central America)의 해체 이후 일어난 이러한 역사적 사실과 당사국들의 실행(conduct)은 엘 티그레 섬이 신생독립국 온두라스에 속했다는 가정(assumption)과 부합하며, 또 중앙아메리카 국가들의 현상유지의 원칙(the principle of the *uti possidetis juris*)에 대한 확고하고 일관된 믿음(attachment)에 비추어, 이 사건들은 그러한 가정이 온두라스가 스페인으로부터 승계에 의한(by succession) 권원을 가졌다는 믿음을 또한 시사하는 것이라는 결론을 뒷받침한다고 판시하여[107] 엘 티그레 섬을 온두라스의 영유로 인정하였다.

한편 ICJ는 메안게라 섬과 무인도 메안게리타 섬의 영유권 분쟁과 관련, 분쟁당사국들이 공히 이 2개 섬을 별도로 처리할 것을 주장하지 않고

---

1. 15 검색).
104) El Salvador/Honduras case, *op.cit.*, paras.352 & 357.
105) *Ibid*, paras.352~353.
106) *Ibid.*, para.354.
107) *Ibid.*, para.355.

하나의 단일 도서단위(a single insular unit)를 구성하는 것으로 간주한 사실(통일성), 무인도인 메안게리타 섬의 작은 면적과 큰 섬(메안게라)에 의 접속성(contiguity)은, 영·불 간 1953년 망끼에·에끄레오 제도 영유권 분쟁사건에서 망끼에 제도가 해협제도(Channel Islands)의 부속도서 (dependency)로 주장되었다는 의미에서[108] 메안게리타 섬을 메안게라 섬의 부속도서(appendage to or dependency of Meanguera)로 명시적으로 규정하는 것을 허용한다고 설시하였다.[109] 1991년 1월 23일 온두라스 정부는 각서(Note)를 통해 자국과 '분쟁 중에 있는' 메안게라 섬에 대하여 엘살바도르 측이 실효지배 행위와 주권행사 - 메안게라 섬에서의 선거 실시, 학교 교실 및 진료소 건축·설치 및 전기 가설·공급 업무개시 - 를 강화한 데 대하여 항의하면서 이는 양국 간 평화조약(General Treaty of Peace) 제37조를 명백히 위반하는 행위라고 주장하였다.[110]

이에 대하여 엘살바도르 외무장관은 그로부터 8일 만인 1991년 1월 31 일자 답변 각서를 통해 온두라스 측의 항의를 묵살하면서 자국 정부의 행위의 적법성과 정당성을 주장하였다. 이 각서에서 엘살바도르 외무장관은 엘살바도르 정부가 1916년 6월 입법명령(Legislative Decree)에 의거, 메안게라 섬에 메안게라 지방자치청(Municipality of Meanguera del Golfo)을 설치하고 동 명령을 관보(Official Gazette)에 게재한 사실, 그리고 그러한 영토 범위 내에서 공화국 헌법에 따라 선거를 실시하여 메안게라 섬 주민들이 엘살바도르 시민으로서 자치위원회(Municipal Council) 위원, 공화국 대통령과 부통령 및 국회(National Assembly) 의원들을 선출한 것이며, 이는 양국 간 평화조약의 내용과 정신을 위반하는 것이 아닐 뿐만 아니라 조약 발효 이후 현재까지 메안게라 섬을 포함, 엘살바도르 전역에서 6번의 선거가 개최되는 동안 한 번도 온두라스 측으로부터

---

108) Minquiers/Ecrehos case, *supra* note 2, p.71.
109) El Salvador/Honduras case, *op.cit.*, para.356.
110) *Ibid.*, para.362.

항의가 없었다고 반박하였다.111)

양측의 상반된 주장에 대하여 ICJ 재판부는 이어 유인도인 메안게라 섬에 대하여 엘살바도르가 1854년 이후 19세기 후반 내내 온두라스 측의 이의·항의 없이 실효적 점유·지배를 통해 주권을 현시·행사한 점, 그리고 온두라스 측이 1991년 처음으로 제기한 항의는 온두라스 측의 묵인을 추정하는 데 영향을 미칠 수 있는 상당한 기간 내에 제기되지 못하고 지나치게 늦게 제기된 점을 지적하면서, 이러한 온두라스 측의 행위는 현상에 대한 인정, 승인, 묵인 또는 다른 형태의 묵시적 동의를 표시한 것이며, 또 현 쟁송과 관련하여 온두라스 측이 제시한 많은 자료들은 온두라스가 메안게라 섬에서의 존재감(presence)을 입증하는데 실패하였다고 지적하였다.112) 즉 ICJ는 약 140년 가까이 메안게라 섬에 대한 엘살바도르 측의 주권행사에 대하여 온두라스 측이 아무런 이의나 항의를 제기하지 않고 묵인했던 점을 중시하여 메안게라 섬에 대한 온두라스 측의 영유권 주장을 기각하였다. 재판부는 또 이러한 사실들은 온두라스가 엘티그레 섬에 대한 스페인의 주권을, 그리고 엘살바도르가 메안게라 섬과 메안게리타 섬에 대한 스페인의 주권을 승계한 것으로 간주되었다는 점을 입증한다고 판시하였다.113)

3. 니카라과/온두라스 간 영토·해양 분쟁사건

2007년 니카라과/온두라스 간 도서영유권·해양경계 분쟁사건에서 니카라과는 온두라스 측이 주장하는 실효지배를 부정하면서, 자국과 온두라스가 독립한 1821년 당시 이들 도서, 암초와 모래톱 등은 무주지가 아니었으나, 독립과 함께 그 어느 나라에도 양도된 것이 아니었다고 주장

---

111) *Ibid.*, para.363.
112) *Ibid.*, pp.570~579, paras.357~364 & 368.
113) *Ibid.*, paras.356 & 368; Van Dyke, *supra* note 28, pp.193~194.

했다.114) 니카라과는 분쟁수역에 산재한 여러 도서 및 해양지형에 대한 지리적 인접성(geographical proximity)의 원칙에 입각한 본원적 권원(original title)을, 그리고 온두라스 측은 현상유지의 법리(uti possidetis juris)와 실효적 지배에 입각한 권원을 내세웠다.115) ICJ는 우선 분쟁수역인 폰세카 만의 지리적 사실116)과 역사적 배경을 조사한 후 당사자의 입장을 검토한 후,117) 현상유지의 법리118), 실효적 지배 여부,119) 그리고 지도의 증거가치120) 등을 평가·판결하고 있다. 재판소는 먼저 양국이 독립 이전 4개 분쟁도서의 영유권에 관한 문서 또는 기타 증거를 제출하지 않았다면서, 인접성의 원칙이 법적 권원을 결정하는 것은 아니라고 설시하였다.121)

ICJ는 특히 문제의 분쟁도서들이 모두 코코강(River Coco) 어귀에서 상당히 떨어져 있는 근해 도서로서, 니카라과 또는 온두라스의 본토의 그 어느 해안에도 명백히 인접하지 않다고 설시하였다.122) 인접성 주장과 관련, 니카라과 측이 문제의 분쟁 도서들이 자국령 에든버러 섬(Edinburgh Cay)에 가깝다고 주장한 데 대해 재판소는 니카라과와 온두라스 측이 스페인과 체결한 독립 조약("independence treaties")은 근해

---

114) Nicaragua/Honduras case, *supra* note 1, paras.74~76, 79 & & 171.
115) *Ibid.*, para.75 & 146 이하.
116) *Ibid.*, paras.20~32.
117) *Ibid.*, paras.33~71 및 72 이하.
118) *Ibid.*, paras.151~154.
119) *Ibid.*, para.168 이하.
120) *Ibid.*, paras.209~219.
121) *Ibid.*, paras.150, 161["The Court further observes that proximity as such is not necessarily determinative of legal title."] & 163~164.
122) *Ibid.*, para.163. 코코강 하구로부터 사바나 섬(Savanna Cay)은 약 28해리, 사우드 섬(South Cay)는 약 41해리, 보벨 섬(Bobel Cay)은 약 27해리, 그리고 Port Royal Cay는 32해리 떨어져 있다. *Ibid.* Cay(섬; 사주)라 함은 산호초 위에 생성된 작은 모래톱 노출지를 말한다["A cay is a small, low-elevation, sandy island on the surface of a coral reef", at http://en.wikipedia.org /wiki/Cay (2014. 12. 23 검색)].

다른 도서들에 대한 인접성(adjacency to offshore islands)이 아니라 분쟁 도서의 본토 해안에 대한 인접성에 관해 언급하고 있다[123])고 지적하여 니카라과 측의 주장을 받아들이지 않았다. 재판소는 이러한 관점에서 볼 때 분쟁 도서들이 사실상 니카라과에 비해 온두라스의 해안에 보다 가까운 것으로 보인다고 설시하여[124] 사실인정(findings)에 있어서 인접성이 아니라 실효지배에 입각하여 판단을 내릴 것임을 분명히 하였다.

재판소는 이어 식민지 시대 분쟁도서에 대한 양국의 실효지배의 증거를 검토, 독립 이전 스페인 중앙아메리카 식민지 행정(colonial administration of Central American by Spain)에 관해 양국이 제출한 정보만으로는 당시 양국 가운데 어느 나라가 분쟁도서에 행정권을 행사했는지의 여부가 명확하지 않다고 판단하였다. 재판소는 육지영토와는 달리 양국 간 도서영토, 특히 영구 주민이 부재하고 주변해역에서의 어업을 제외하면 개발·이용할 만한 이렇다 할 천연자원이 부재한 문제의 분쟁도서들에 대해서는 당시 그 경계가 분명하지 않았다고 판단하였다.[125] 재판소는 중남미 탈식민지화 과정과 밀접한 관련성이 있는 현상유지의 원칙의 역사적 및 지속적 중요성에도 불구하고 이 원칙을 이 소도서들에 적용하면 주권문제를 해결해 줄 것으로 말할 수는 없다고 설시하였다.[126]

결국 재판소는 독립 후 양국이 분쟁도서에 대하여 행사한 국가기능의 행사의 양태·정도를 검토, 온두라스 측이 이들 도서 주위에서 행한 조업 면허 발급, 사바나 섬 상의 숙소 건축 허가, 그리고 푸에르토 랑피라 지방자치청(the municipality of Puerto Lempira)이 사바나 섬에 어구(漁具) 보관 허가증 발급 등에 입각하여 온두라스의 영유권을 만장일치로 판결하였다.[127] ICJ는 니카라과가 주장한 인접성의 원칙에 입각하여 판결한

---

123) 이러한 ICJ의 입장은 전술한 팔마스 섬 중재판정의 논지를 일부 계승한 것으로 해석할 수 있을 것이다.
124) *Ibid.*, paras.34 35 & 164.
125) *Ibid.*, para.162.
126) *Ibid.*, para.163.

것은 아니라는 점을 분명히 하면서 동 원칙의 이 사건에의 직접 적용가
능성을 부정하였지만, 동 원칙의 효력 자체를 부정하지는 않고 있다. 또
이 사건에서 분쟁당사국이 모두 만일 인접성·통일성에 입각한 영유권을
주장하였다면(망끼에·에끄레오 사건 및 엘살바도르/온두라스 사건), ICJ
역시 이를 고려하여 판단했을 가능성도 배제할 수 없다. 즉 실효지배 등
권원(취득)의 우월한 근거를 입증하는 증거가 부재한 경우 인접성의 원
칙은 주권을 추정하는 정황증거로서 원용·인정될 수 있다.

V. 카타르/바레인 간 해양경계·영토분쟁 사건: 인접성·통일성 부정 판결

1. 배경·의의, 사건 개요와 쟁점

카타르/바레인 간 해양경계·영토분쟁 사건은 1994년 관할권 존부 판
결에서 의사록의 실체·절차법상 지위(구속력 및 증거능력)에 관한 적극
적 해석을 시도한 판결이라는 점은 물론,[128] 2001년 본안판결[129]은 1928
년 팔마스섬 중재판정 이후 전개된 인접성의 원칙 관련 기존 국제법의
법리 진화과정에서 중요한 의의·위치를 차지하고 있는 판결로 평가된다.
ICJ는 이 사건에서 인접성의 원칙 내지 부속도서이론을 부정하는 판결을
내린 것으로 이해되고 있는 바, 그 근거·타당성 여부에 대한 정확한 이
해가 필요하다. 카타르/바레인 간 분쟁은 1920년대 이후 이 지역에서 석
유채굴이 시작되면서 노골화되었다. 분쟁의 발단은 1915년 오스만 제국

---

127) *Ibid.*, paras.195~196 & 208.
128) Maritime Delimitation and Territorial Questions between Qatar and Bahrain,
　　　Jurisdiction, *ICJ Reports*, 1994, p.112; 본서, 제3장, II.4 및 제5장, V 참조.
129) Qatar/Bahrain case, Merits, *ICJ Reports*, 2001, p.40.

이 카타르 지역에서 물러나면서 영국이 카타르 및 걸프 지역에 대한 지배권을 확립한 후 1939년 영국이 양국 간 영유권 분쟁의 핵심 쟁점인 하와르 제도(Hawar Islands)[130]를 바레인령으로 결정한[131] 데 대해 카타르가 1948년까지 다섯 차례 이의를 제기하면서 불거지기 시작하였다.

이 사건에서 카타르는 본원적 권원(original title), 인접성과 영토의 통일성의 원칙(principle of proximity and territorial unity)에 입각한 영토주권을 주장한 바, 특히 하와르 제도를 구성하는 대부분의 섬들이 카타르 영해기선 3해리 이내, 그리고 모든 섬들이 그 12해리 이내에 위치하여 하와르 제도가 카타르 본토(반도) 연안의 불가분의 일부(an integral part of the mainland coast of Qatar)를 형성한다고 주장하였다.[132] 카타르 측은 또 부르키나 파소/말리 사건[133]을 원용, 자국의 권원이 바레인이 주장하는 실효적 지배에 입각한 권원에 우선한다고 주장하면서 실효적 지배의 권원은 무주지의 경우 또는 또 카타르가 묵인한 경우에 한하여 권원을 창설할 수 있을 것이라면서 카타르는 그러한 묵인을 행한 적이 없었다고 주장하였다.[134] 한편 바레인 측은 하와르 제도에 관해 카타르의 인접성

---

130) See http://www.hawar-islands.com/Hawar_application.htm (2015. 1. 16 검색).
131) Qatar/Bahrain case, 2001, op.cit., pp.59~60, para.57 & p.82, para.133.
132) Qatar/Bahrain case, ibid., p.70, para.99. 하와르 제도는 카타르 반도(본토)에서 약 1.1km, 바레인 본도에서 약 16km 떨어져 있으며, 해발 0.5~22m에 이르는 총 36개의 섬 또는 해저기반암 위에 쌓인 모래톱·자갈퇴적층(sand or shingle accumulations)으로 구성되어 있다. 제도의 총면적 약 52km² 가운데 주섬인 하와르 섬이 41km²(18km x 0.9~5.2km)를 차지한다. 하와르 섬은 식수가 귀하며 현재 경찰파견대와 하나의 호텔이 있어 관광업에 종사한다고 한다. See http://en. wikipedia.org/wiki/Hawar_Islands (last visited 2015. 4. 11).
133) Frontier Dispute(Burkina Faso/Mali), Judgment, ICJ Reports, 1986, p.554, 586, para.63.
134) Qatar/Bahrain case, 2001, op.cit., paras.106~107, 134 & 137. 카타르는 하와르 제도에 대한 권원의 근거로서 협정, 지도, 영국 소장 각종 문서·보고서 및 자료(British archives)와 지도, 그리고 과거 바레인 통치자의 영유권 수장 거부 등을 제시하였다. Ibid., paras.108~109.

에 입각한 주장은 팔마스섬 중재사건에서 이미 부인되었으며 또 영·불간 망끼에·에끄레오 사건에서 ICJ 자신이 인접성의 원칙은 유인도의 영유권 판단에 무관한(irrelevant) 것이라고 판시하였다고 주장하면서, 자국이 지난 200년간 중단 없이 계속적으로 하와르 제도에 대한 주권을 행사한 사실은 그 주민들도 인정해 왔으며 카타르 측은 그 어떤 경쟁적인 주권행위도 행사한 바 없다고 주장하였다.[135]

하와르 제도[136]

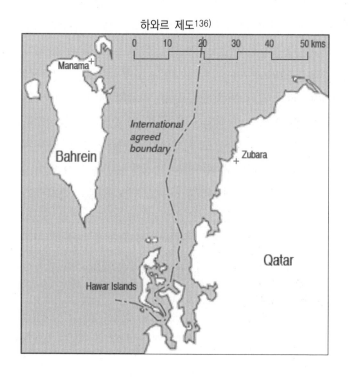

하와르 제도 영유권과 함께 또 하나의 쟁점은 하와르 섬 남서쪽 약 3km 지점에 위치한 소도서 자난 섬(Janan Island)과 하드 자난(Hadd Janan)

---

135) *Ibid.*, paras.100~101.
136) See http://catnaps.org/islamic/history.html (2015. 1. 16 검색).

에 대한 영유권 문제로서 이들이 하와르 제도의 일부를 구성하는 것으로 간주되는가 하는 점이었다. 자난 섬은 카타르 반도보다 하와르 섬에 지리적으로 더 가까우며, 하드 자난은 작은 모래톱(sand bottom) 간조노출지(a low-tide elevation)로서, 바레인 측에 의하면 간조 시 지난 섬과 하나의 섬이 된다고 주장하였다.[137] 바레인은 카타르가 내세운 인접성(proximity)이 국제법상 권원의 근거가 아니라면서도 하와르 섬-자난 섬 간 인접성에 근거하여 카타르의 인접성에 입각한 권원 주장을 반박하였다.[138] ICJ는 바레인 입장을 수용, 자난 섬과 하드 자난을 '하나의 섬'으로 간주하여 판결하였다.[139] 바레인 측은 또 카타르 반도(본토)의 서북쪽에 위치한 주바라 지역(Zubarah region)에 대해서도 1937~1960년대 중반까지 자국이 영국과 카타르 측에 숱하게 공식적으로 기록된 영유권 주장을 제기한 점 등을 근거로 영유권을 주장하였으나, ICJ는 이를 기각하였다.[140]

2. 영국의 선행 행정적 결정 및 후속 유권해석

ICJ는 카타르 측의 주장이 하와르 제도에 대한 입증되지 않은 주권 주장 그리고 카타르 반도와 동 제도 간 지리적 인접성에 주로 의존한 점을 지적하면서,[141] 이를 기각하고 주로 1939년 영국정부가 분쟁당사국의 '동

---

137) Qatar/Bahrain case, 2001, *op.cit.*, paras.149~150. 자난 섬은 면적 약 0.1km²(700m×175m)의 소도서로서 하와르 섬 남서단 쪽 1.6해리(2,890m) 밖에 위치하며, 동시에 카타르 최근지점(最近地點)의 저조선에서 약 2.9해리 (5,360m) 그리고 바레인의 최근지점(Ras at Barr)에서 17해리 떨어져 있다. 즉 자난 섬은 카타르 반도보다 하와르 섬에 보다 가깝다. *Ibid.* & http://en.wikipedia.org/wiki/Hawar_Islands (last visited 2014. 11. 20).
138) *Ibid.*, para.152.
139) *Ibid.*, para.150.
140) *Ibid.*, paras.58, 82, 86, 97, 103 & 252.
141) *Ibid.*, p.80, paras.128 & p.85, para.149.

의'하에 내린 결정과 동 결정에 대한 1947년 영국정부의 유권해석에 의존하여 사실상 이를 추인하는 판결을 내렸다.[142] ICJ는 당시 걸프지역 담당 영국 정치고문(British Political Agent) 웨이트만(Weightman)이 하와르 제도 전체(the complete Hawar group)에 관해 카타르 지도자(the Ruler/Shaikh of Qatar)가 주권주장과 그 증거를 제시한 1939년 3월 30일자 15페이지 서한을 검토한 후 카타르 측이 아무런 유효한 증거도 제시하지 못했다고 결론을 내린 후 걸프지역 관할 영국 정무총감(British Political Resident in the Gulf)[143]에 올린 1939년 4월 22일자 보고서를 원용하였다. 이 보고서에서 웨이트만은 하와르 제도를 구성하는 불모의 무인도나 암초 소도서(rocky islets)의 경우 하와르 본섬(Hawar main island)에 대한 주권자 지위를 확립한 지배자의 권능에 복종하는 것으로 추정된다는 입장을 정리하면서, 그러한 추정은 특히 바레인 정부가 이들 무인도나 암초에 모두 표지(標識: marks)를 설치한 점에 비추어 더욱 뒷받침된다는 입장을 표명하였다.[144]

1939년 4월 29일 정무총감은 웨이트만의 보고서를 런던의 인도담당 국무장관에 송달하면서 이를 사건에 대한 "매우 명확한 기술"로 평하면서 자신의 견해도 그와 같다고 언급하였다.[145] 동년 6월 13일 영국 외무성은 외무장관(Lord Halifax)도 인도담당 국무장관의 제안에 동의한다면서, 인도담당 국무장관이 인도 정부의 이의가 없다면 인도 정부에 요청하여 걸프지역 영국 정무총감으로 하여금 바레인과 카타르의 지도자에게

---

142) *Ibid.*, paras.128~148.
143) 영국 정무총감은 영국 외무성 소속으로 대사급의 지위를 가졌으며, 예하에 바레인, 카타르, 두바이 및 아부다비 등에 상주 정치고문들을 거느리고 이들의 보고·자문을 받아 걸프지역의 족장들에게 외교·정치·원유양허협정 등의 문제에 대한 광범위한 자문을 행하고 치외법권적 관할권을 행사하였다. 위키피디아, 'Duties of the Residency', in the article "Persian Gulf Residency", at http://en.wikipedia.org/wiki/Persian_Gulf_Residency (2013. 8. 25 검색).
144) Qatar/Bahrain case, 2001, *op.cit.*, para.128.
145) *Ibid.*, paras.129.

각각 이 섬들(하와르 제도)이 바레인에 속한다는 영국 정부의 결정을 통보하도록 훈령하였다. 이러한 훈령에 따라 걸프지역 관할 정무총감은 1939년 7월 11일 영국 정부의 공식 입장을 바레인 및 카타르 지도자에게 각각 통보하였으며,[146] 카타르 지도자가 이에 이의를 제기하면서 재고를 요청하자 영국 정무총감은 동 결정이 최종적인 것이며 다시 심의될 수 없다고 통보하였다.[147]

이 사건에서 양 당사자의 주장은 모두 사실상 자난 섬과 하드 자난이 하와르 제도의 부속섬(appendages)이라는 주장에 입각해 있다. 다만 바레인은 그 외에도 바레인 어부들의 정기적 이용, 어부들이 자난 섬에 임시숙소를 설치하도록 바레인 통치자가 허가한 사실, 그리고 1939년 자난 섬 등대설치·운영(beaconing) 등도 주장하였다. 이에 대하여 카타르 측은 자난 섬 주변의 어로활동, 전등·등대 또는 부표(buoys)의 설치는 확립된 국제판례 상 주권현시로 간주될 수 없다면서 바레인 주장을 반박하고, 오직 입법, 사법 또는 관할권과 같은 국가기능의 행사에만 증거능력이 부여된다고 주장하였다.[148] 이에 대하여 ICJ는 주로 영국의 1939년 보고서와 이를 확인한 1947년 정무총감의 보고서를 원용, 하와르 제도를 바레인령으로 평결하면서도 이 보고서에 자난 섬에 대한 명시적 언급이 없었다고 지적하여,[149] 자난 섬이 하와르 제도의 일부를 구성하지 않는다는 입장을 취하였다.

3. 판결 이유·내용

ICJ는 우선 1939년 당시 바레인이 실효적 국가권능의 행사를 통해 유

---

146) *Ibid.*, paras. 132~133.
147) *Ibid.*, paras. 134~135.
148) *Ibid.*, paras. 155~156.
149) *Ibid.*, para. 157.

효한 영토권원을 취득한 것이라면서 하와르 제도를 바레인령으로 판결한 영국 정부의 결정의 구속력을 추인하였다.[150] 이 추론 과정에서 ICJ는 양측이 영국의 결정에 동의한 데 기초하여 양측의 서면 주장을 일차 검토한 영국 정치고문이 자국 정부에 최종 결정을 의뢰하면서 당시 카타르 측은 아무런 유효한 증거도 제출하지 못했다고 기술한 점,[151] 그리고 영국 정무총감의 결정에 대하여 카타르 지도자가 서면을 통해 이의를 제기한 데 대하여 동 정무총감이 다시 서한을 통해 동 결정이 최종적이라고 통보한 데 유의한 것으로 보인다. 또 ICJ가 영국의 선행결정을 대체로 추인한 것은 당시 분쟁당사국이 영국의 결정에 구속되기로 사전 합의했던 점, 그리고 결정 과정에서 양 당사국에 충분한 입장개진 및 증거제출 기회가 부여되었던 점 등 절차법상 하자가 없었다는 점을 고려한 것으로 해석된다. 다수의견은 전술한 팔마스섬 사건 중재판정과 ICJ의 1953년 망끼에·에끄레오 사건 판결을 인용, "유인도의 지리적 인접성 사실의 (법적) 무관성"("The irrelevance of the fact of geographical proximity of inhabited islands")[152]을 언급함으로써 유인도 영유권 분쟁사건에 있어서 지리적 인접성의 원칙의 구속력을 부인하였다.

다수의견은 영국 정부의 선행 결정을 '구속력을 가진 행정적 결정'(administrative decisions of a binding character)[153]으로 규정하여 그 구속력을 인정하고, 하와르 제도에 대한 바레인 측의 국가권능의 현시에 입각하여 판결하면서,[154] 유인도의 영유권 귀속 판단과 관련하여 인접성은 관련성이 없다고 판시함으로써 팔마스 섬 중재판정의 논지를 계승하였다. 즉 연안국이 자국 해안 '인접' 유인도에 대하여 당연히 영유권을 가지는 것으로 해석되지는 않는다. 이는 유인도에 대한 실효지배가 인접

---

150) *Ibid.*, paras.147~148.
151) *Ibid.*, para.128.
152) *Ibid.*, para.100.
153) *Ibid.*, paras.112 & 139.
154) *Ibid.*, paras.128 & 155~156.

성에 우월한 권원의 근거라는 점에서 정당화될 수 있다. 동시에 망끼에·에끄레오 사건에서 당사국들이 무인도인 분쟁 제도가 해협제도, 특히 그 본도인 저지 섬에 인접한 부속도서로 규정한 데 대해서 ICJ는 적어도 무인도로 이루어진 제도·군도의 인접 유인도에 대한 부속성을 일정부분 인정했던 것은 사실이다. ICJ도 이 사건에서 불모의 무인 섬·암초의 경우에는 유인도인 하와르 섬을 지배하는 주권자의 권능에 복종하는 것으로 추정된다는 1939년 웨이트만 보고서를 원용함으로써,[155) 본섬(유인도)과 무인 인접·부속도서 간 부속성·통일성의 원칙을 일부 인정·수용하고 있는 것으로 해석된다. 즉 무인도나 간조노출지의 영유권 귀속여부의 판단에 있어서는 분쟁당사국이 이에 대한 실효적 지배의 현시를 입증하기 어려운 만큼, 부속성의 법리가 당연히 배제되는 것은 아니라는 입장을 확인한 것이다. 부속성의 적용가능성에 대한 ICJ의 태도는 유·무인도 여부 등 구체적 사안별로 판단되어야 할 가변적 법리라고 판시한 것으로 해석된다.

그럼에도 불구하고 ICJ는 1939년 영국 정부의 결정문에 자난 섬에 대한 명시적 언급이 없다는 점, 그리고 동 결정문에 '하와르 제도'(Hawar Islands)라는 표현이 정확히 무엇을 의미하는지(즉 동 제도가 자난 섬을 포함하는 것인지의 여부가) 명확하지 않다는 사실을 지적하면서, 1947년 영국정부의 서한 제4항 (ii)목의 마지막 문장에서 "자난 섬은 하와르 제도의 도서에 포함되는 것으로 간주되지 아니한다"고 명시한 점에 주목하였다.[156) ICJ는 영국이 1939년 결정과 1949년 유권해석에서 자난 섬을 하와르 제도에 포함되지 않는 것으로 간주한 사실에 주목, 1939년 영국정부의 결정이 자난 섬에 대한 바레인의 주권을 인정한 것이라는 바레인의

---

155) *Ibid.*, para.128.
156) *Ibid.*, paras.61, 157 & 164. ICJ는 1947년 영국정부를 대리한 바레인 주재 영국 정치고문이 분쟁당사국 양국 정부에 보낸 서한이 1939년 결정에 대한 권위 있는 유권적 해석을 제시한 것이라는 입장을 표명하고 있다. *Ibid.*, para.164.

주장을 기각하고 하와르 섬에서 불과 3km 떨어진 자난 섬과 인접한 간조 노출지인 하드 자난에 대한 카타르의 주권을 인정하였다.[157] 결국 카타르/바레인 사건에서 ICJ는 1) 하와르 제도가 카타르 연안 부속도서라는 카타르의 주장을 배척하고, 실효지배의 현시에 입각하여 바레인 영유를 판결하였으며; 2) 자난 섬과 하드 자난이 하와르 제도의 부속도서라는 양 당사자들의 주장을 배척하고 주로 영국 정부의 1939년 선행 결정에 입각하여 이 2개 도서를 하와르 섬(제도)의 영유권과 분리하여 카타르의 영유로 판결하였다.

4. 비판 및 반대·별도의견

이러한 ICJ의 카타르/바레인 사건 본안판결 상의 판결이유와 추론과정은 거의 영국 정부의 선행 행정적 결정을 추종한 판결한 것이라는 비판을 면하기 어렵다. 특히 ICJ는 하와르 제도에 인접한 자난 섬과 하드 자난에 대해서 이 섬들이 하와르 제도의 일부를 구성하지 않는다는 영국 정부의 1939년 결정 및 1947년 유권해석을 원용, 이 섬들은 하와르 제도의 부속도서로 간주되지 않는다면서 하와르 제도의 영유권 주체(바레인)와는 달리 카타르의 주권을 인정하였다. 이러한 ICJ의 판결은 불모의 무인 섬·암초의 경우에는 하와르 섬을 지배하는 주권자의 권능에 복종하는 것으로 추정된다는 1939년 웨이트만 보고서의 입장을 기각한 것이다. 또 양 분쟁당사자의 주장은 모두 자난 섬과 하드 자난이 하와르 제도의 부속섬이라는 입장에 서 있음에도 불구하고 ICJ가 이에 대한 법적 판단을 유보한 것은 부속성 여부 판단의 객관성 여부에 대한 의문을 제기한다. 더욱이 하와르 제도를 구성하는 대부분의 섬들이 카타르 본토 영해기선 3해리 이내, 그리고 모든 섬들이 그 12해리 영해 내 수역에 위치한다는

---

157) *Ibid.*, paras.165 & 128.

카타르 측의 주장에도 불구하고, ICJ가 하와르 제도가 유인도라는 점에서 이 제도를 당연히 연안국의 일부로 볼 수는 없다면서, 이 경우에도 실효지배의 원칙에 입각하여 이를 바레인 영유로 판결한 ICJ 측의 판단 역시 현행 국제해양법 상 일정한 긴장·충돌을 야기할 수 있다는 비판이 가능하다. 즉 ICJ는 하와르 제도가 지리적으로 카타르 본토에 인접하다는 입각한 카타르의 영유권 주장을 받아들이지 않고, 1939년 당시 영국 정치고문 웨이트만이 하와르 제도에 관해 양국의 주장·증거를 비교·검토한 후 바레인령으로 판단하여 영국 정부의 공식 재가를 받았던 결정에 주목, 이를 추인하는 판결을 내렸다.

이러한 ICJ의 입장은 실효지배의 사실이 인접성의 원칙에 우월한 권원의 근거라는 국제판례의 입장(팔마스섬 중재판정)을 확인한 것일 뿐, 인접성의 법리 자체를 부인한 것은 아니다. 실제로 ICJ는 하와르 제도에 부속한, 불모의 무인도나 암초 소도서의 경우 하와르 본섬(Hawar main island)의 주권자(바레인 지도자)의 권능에 복종하는 것으로 추정된다는 당시 영국 정치고문의 1939년 보고서를 인용,[158] 이를 인정하는 입장을 취하였다. 다만 영국 정부의 행정적 결정의 근거가 된 웨이트만 보고서가 하와르 섬(제도)을 바레인 영유로 결정하고, 하와르 제도를 구성하는 불모의 무인도나 암초 소도서(rocky islets)들의 경우 하와르 본섬(Hawar main island)에 대한 주권자 지위를 확립한 지배자의 권능에 복종하는 것으로 추정된다는 입장을 정리하고 나서도, 이 섬에서 가까운 남쪽 사실상의 무인도인 자난 섬(Janan Island)과 간조 노출지 하드 자난(Hadd Janan)은 하와르 제도의 일부를 구성하지 않는다는 결정을 추인하여 ICJ가 이들을 카타르의 영유로 결정한 것은 그 법리상의 근거가 명확하지 않으며, 또한 논지의 일관성을 인정하기 어렵다. 즉 카타르 반도보다는 바레인령 히와르 섬에서 더 가까운 자난 섬과 간조노출지 하드 자난을

---

158) *Ibid.*, paras.128.

하와르 섬의 부속도서로 인정하지 않은 것은 그 근거가 명확하다거나 설득력있는 것으로 보기 어렵다.

특히 전술한 바와 같이 바레인 정부가 무인도서 내지 암초인 자난 섬 및 하드 자난에 모두 표지(marks)를 설치한 점(상기 V.2), 바레인 어부들의 정기적 이용, 어부들이 자난 섬에 임시숙소를 설치하도록 바레인 통치자가 허가한 사실, 그리고 1939년 자난 섬 등대설치·운영(beaconing) 등 국가기능 행사의 측면에서 카타르 측에 비해 우월한 증거를 다수 제시하였음에도 불구하고,159) ICJ가 단지 영국 정부의 선행 '행정적 결정'에 지나치게 의존·추종하여 판결한 것은 그 타당성에 의문을 제기한다. ICJ가 영국의 선행결정의 사실적, 법적 근거에 대한 독자적인 분석을 시도하는 대신, 이를 '구속력을 가진 행정적 결정'으로 규정하여 이 사건에 사실상 '수정 없이 추인'한 점에서 이 사건 본안판결을 '현상유지의 법리를 적용한 판결'이라 해석할 수도 있을 것이다. 결국 이 사건에서 ICJ는 무인도서·암초의 인접성·부속성의 원칙 그리고 제도·군도의 통일성의 내용, 요건과 한계를 보다 명확히 분석·규정하는 논지와 논거를 제시하지 못하고 단지 영국의 선행결정을 추종하여 판결했다는 점에서 비판을 면하기 어렵다.

이러한 이유로 다수의견에 대해 많은 재판관들이 반대 또는 비판적 선

---

159) *Ibid.*, paras.128 & 155~156. ICJ는 등대설치·운영·관리 행위 또는 부표 설치 행위는 그 자체로서는 일반적으로 주권자로서의 영유권 현시 관련 실효지배 (입법·행정·사법관할권의 행사)의 증거로 인정되지 않는다는 입장을 표명하고 있다. *Ibid.*, para.197; Minquiers and Ecrehos case, Judgement, *ICJ Reports,* 1953, p.71; Sovereignty over Pulau Ligitan and Pulau Sipadan (Indonesia/Malaysia), Judgment, *ICJ Reports,* 2002, p.625, para.147. 다만 매우 작은 도서의 경우에는 항해보조시설·기구(navigational aids)가 영유권 귀속판단에 있어서 법적으로 관련성이 있을 수도 있다면서(can be legally relevant), 키타트 자라다(Qit'at Jaradah) 섬이 이 경우에 해당한다면서 이 섬에 대한 바레인의 활동은 바레인의 주권을 뒷받침하기에 충분하다고 판시하였다. Qatar/Bahrain case, 2001, *ibid.*, para.197.

언·별도의견을 개진한 것은 이상한 일이 아니다. 쿠이지만스(Kooijmans) 재판관은 별도의견에서 다수의견이 1939년 영국의 결정에 의존하여 판결한 점을 비판하면서 동 결정에 카타르 측의 동의가 있었다거나 결정 후 카타르가 묵인했다고 보기 어렵다면서 다수의견이 과도한 형식적 접근(an unduly formalistic approach)을 취했다고 비판하였다.[160] 또 베레쉬틴 (Vereshchetin) 재판관은 비판적 선언을 첨부, 다수의견이 인접성의 원칙, 실효성(effectivité), 원시적 권원 등을 함께 검토, 분석했어야만 했다고 비판하면서,[161] 1930년대 당시 보호국과 피보호국 간 관계의 성격에 주목한다면, 카타르가 영국에 호소한 것은 자유로운 의사(동의)에 따른 것이 아니라 카타르에 주어진 유일한 수단이었다고 강조하여,[162] 영국의 선행결정의 절차적 한계를 지적하였다. 또 베자위 재판관 등 3인의 재판관은 공동 반대의견에서 다수의견이 원시적 권원, 실효성의 법리, "인접성의 법원칙"("the legal principle of proximity") 및 지도증거 등에 대한 보다 엄밀한 법적 검토와 분석이 필요함에도 다수의견이 이를 의도적으로 무시하고 1939년 영국의 결정 하나에 기초하여 결정했다고 비판하였다.[163]

---

160) *Ibid,*, p.239, para.57 & p.225, para.1(Separate Opinion of Judge Kooijmans).
161) *Ibid,*, p.219, para.8 & p.220, para.12(Declaration of Judge Vereshchetin).
162) *Ibid,*, para.8.
163) *Ibid,*, p.152, para.13[Joint Dissenting Opinion of Judges Bedjaoui, Ranjeva & Koroma: "Far from examining all of these grounds and according them such full value as they deserved to be given as support for the position of one or other of the Parties, the Court deliberately ignored the first five, in order to base its solution on the British decision of 11 July 1939 alone."].

VI. 말레이시아/싱가포르 간 도서영유권 분쟁사건

1. 페드라 브랑카

2008년 말레이시아/싱가포르 간 도서영유권 분쟁사건은 남중국해 싱가포르 해협에 위치한 3개 도서/암초 – 페드라 브랑카(Pedra Branca)/풀라우 바투 푸테(Pulau Batu Puteh)[이하 페드라 브랑카], 미들 락스(Middle Rocks)와 간조 노출지 사우스 레지(South Ledge)[164]의 영유권에 관한 분쟁이다. 우선 페드라 브랑카의 영유권과 관련, ICJ는 말레이시아의 선행국인 조호르의 국무장관 서리가 1953년 페드라 브랑카에 대한 주권을 천명하지 않았다는 것이 명확한 입장이며, 이러한 입장은 상당한 중요성(major significance)을 가진다고 판시하고,[165] 또 이와 함께 싱가포르가 동 도서에 대하여 주권자의 자격으로 행한 행위(국가실행)에 말레이시아 및 그 선행국이 대응하지 않은(부작위) 국가실행을 함께 고려하여 1980년에 이르러 페드라 브랑카에 관한 주권은 싱가포르로 이전된 것이라고 결론지었다.[166]

2. 미들 락스, 사우스 레지의 통일성

다음으로 페드라 브랑카에 인접한 미들 락스와 사우스 레지에 대한 영

---

164) 미들 락스와 사우스 레지는 페드라 브랑카로부터 각각 0.6 그리고 2.2 해리 떨어져 있으며, 또 말레이시아 본토 해안에서 각각 8.0 그리고 7.9 해리 떨어져 있다. 또 미들 락스와 사우스 레지는 서로 1.7해리 떨어져 있다. 미들 락스는 영구적으로 수면 위 0.6~1.2 미터 높이인 여러 개의 암초로 구성되어 있으며, 사우스 레지는 간조노출지라는 점에 당사국 간 이견이 없다. Sovereignty over Pedra Branca/Pulau Batu Puteh, Middle Rocks and South Ledge (Malaysia/Singapore), Judgment, *ICJ Reports*, 2008, p.12, paras.18, 278 & 293.

165) Malaysia/Singapore case, *ibid.*, para.275.

166) *Ibid.*, para.276.

유권 판단의 근거로서 싱가포르는 3개 도서의 인접·통일성을 들어 영유권을 주장한 반면, 말레이시아는 이를 부정·반박하였다. 보다 구체적으로 싱가포르는 페드라 브랑카를 소유하는 국가가 그 부속도서(dependencies)인 미들 락스와 사우스 레지도 소유하는 것이며, 이들 3개도서·암초는 단일해양암초군(a single group of maritime features)을 형성하는 것이라고 주장하였다, 싱가포르는 그 근거로서 1) 미들 락스와 사우스 레지가 지리적·지형학적으로 하나의 암초군을 형성하며; 또한 2) 말레이시아가 주권행위를 통해 이 무인 환초를 단독으로 영유한 바 없었으므로 이들 환초는 페드라 브랑카가 발생시키는 싱가포르의 영해 내에 위치하고 있다는 사실로 인해 싱가포르에 귀속한다고 주장하였다.[167] 싱가포르 측은 1)의 주장을 뒷받침하기 위해 팔마스 섬 중재판정의 부수적 의견 – "도서군(群)에 관해서, 하나의 도서군은 일정한 상황 하에서는 법률상 하나의 단위로 간주될 수 있으며, (하나의 도서군의) 주요 구성부분의 운명이 나머지(의 그것)를 수반할 수도 있다"[168] – 을 원용하였다.[169]

---

167) *Ibid.*, para.279.
168) Palmas arbitration, *supra* note 5, p.855.
169) Malaysia/Singapore case, *op.cit.,* para.280.

페드라 브랑카/풀라우 바투 푸테, 미들 락스와 사우스 레지 약도[170]

페드라 브랑카[171]

싱가포르 측은 또 1992년 엘살바도르/온두라스 사건에서 ICJ 재판부가 "실효적 점유 및 지배"(effective possession and control)의 기준(test)을

170) "Property Highlights of Singapore", at http://propertyhighlights.blogspot.kr/
2008_05_24_archive.html or http://2.bp.blogspot.com/_YlvEjlIelzk/SDeG
Mbfj9ZI/AAAAAAAALnI/WtSEeLK2_oQ/s400/1.jpg (2015. 1. 16 검색).
171) At http://www.theage.com.au/articles/2003/04/16/1050172649473.html

적용함에 있어서 증거가 부재한 가운데 무인도인 메안게리타의 법적 지위가 유인도인 메안게라의 그것과 달랐을 것으로 간주하는 것은 가능하지 않다[172]고 판시한 내용을 인용하였다.[173] 싱가포르 측은 또 페드라 브랑카와 그 속령 암초들이 하나의 암초군으로 간주해야 할 정당성의 근거로서 그 외에도 이들 3개 암초군이 지형(학)적으로 하나의 물리적 단위를 구성한다면서, 이 3개 암초에서 채취한 암석 표본을 지질학적으로 분석한 결과 모두 동일한 암석 형태, 즉 가벼운, 거친 결의 흑운모 화강암(a light, coarse-grained biotite granite)으로 구성되어 있으며 이는 3개 암초가 모두 동일한 기반암(rock body)에 속한다는 사실을 입증하는 것이라고 주장하였다.[174] 싱가포르 측은 또 2)의 주장을 뒷받침하기 위해 미들 락스와 사우스 레지는 페드라 브랑카와 분리하여 별도로 영유할 수 없으며, 만일 미들 락스를 단독 영유가 가능한 "도서"로 간주한다고 해도 말레이시아는 미들 락스에 대한 권원을 창설할 정도의 주권행사를 입증할 수 없다고 주장하였다.[175]

이에 대하여 말레이시아는 이들 3개 암초들은 역사적, 지형학적으로 하나의 '도서군'(one identifiable group of islands)을 구성하는 것으로 확인된 바 없으며, 역사적 기록 역시 결코 공식적으로 하나의 도서와 그 부속 암초(appurtenant rocks)로 기술된 바도, 또한 집합적 명칭(a collective title)이 주어진 바도 없었다고 주장하면서, 또한 미들 락스와 사우스 레지는 항상 조호르/말레이시아 관할권 내에 위치한 암초로 간주되어 왔다고 주장하였다.[176] 말레이시아는 이어 1968년 영해의 외측 경계 설정에 있어서 사우스 레지를 기점으로 사용하는 등 다양한 방식으로 일관되게

---

172) El Salvador/Honduras case, *supra* note 29, p.579, para.367.
173) Malaysia/Singapore case, *supra* note 164, para.281.
174) *Ibid.*, para.282.
175) *Ibid.*, para.283.
176) *Ibid.*, paras.284~285; Malaysia/Singapore case, *ibid.*, Counter-Memorial of Malaysia (2005. 1. 25), paras.154~155.

주권을 행사해왔다고 주장하면서, 싱가포르가 미들 락스와 사우스 레지에 대한 말레이시아 측의 주권 현시에 대하여 항의하지도 또 자신의 영유권 주장을 내세우지도 않았다고 주장하였다.[177]

3. 미들 락스 영유권 귀속: 본원적 권원의 말레이시아 승계

3개 암초의 인접·통일성 여부에 대한 양측의 상반된 주장에 대하여 ICJ는 이 2개 암초가 지리적·법적으로 하나의 암초군으로 간주되어야 하는지의 여부에 대한 판단을 회피하였다. 재판소는 대신 페드라 브랑카 영유권 판단에 적용된 1980년 이전의 국가실행을 포함한 전반적 사정(circumstances: 상기 Ⅵ.1)은 그 인근 2개 암초에는 적용되지 않는다고 판시하여 이들에 대한 별도의 법적 지위를 인정하였다. 즉 조호르 술탄이 보유했던 원시적 본원적 권원(ancient original title)에 관한 한, 미들 락스는 페드라 브랑카와 동일한 법적 지위를 가졌던 것으로 해석되어야 하지만, 그럼에도 불구하고 페드라 브랑카에 대한 권원을 싱가포르로 이전시킨 구체적 사정은 미들 락스와 사우스 레지에는 적용되지 않는다고 평가·판단하였다. 따라서 미들 락스에 대한 본원적 권원은, 싱가포르가 반대의 사실을 입증하지 못하는 한 그리고 재판소는 싱가포르가 실제로 이를 입증하지 못하였다고 판단하여 조호르 술탄의 승계국으로서 말레이시아에 계속 귀속한다고 판시하였다.[178]

4. 간조 노출지 사우스 레지

마지막으로 사우스 레지의 지위에 관해 재판소는 우선 사우스 레지의 경우 미들 락스와는 달리 간조노출지라는 특수한 지리적 특성을 가지는

---

177) *Ibid.*, paras. 286~287.
178) *Ibid.*, paras. 289~290.

특별한 문제점을 고려하여야 한다고 지적하였다.[179] 말레이시아는 사우스 레지가 미들 락스에서 1.7 해리, 페드라 브랑카에서 2.2 해리 떨어져 있는 지리적 사실을 들어 사우스 레지가 미들 락스의 영해 내에 위치하고 있는 것이라면서 사우스 레지는 페드라 브랑카가 아니라 미들 락스에 부속하는 것으로 주장하였다. 말레이시아는 이를 뒷받침하기 위해 '연안국은 그 영해에 대한 주권을 향유하므로 영해 내에 위치한 간조노출지에 대한 주권을 향유한다'고 판시한 ICJ의 카타르/바레인 사건 판결[180]을 원용하였다.[181] 이에 대하여 싱가포르 측은 카타르/바레인 사건과 니카라과/온두라스 사건을 원용하면서,[182] 사우스 레지는 간조노출지로서 별도의 영유 대상이 될 수 없다고 주장하였다.[183]

ICJ는 우선 간조노출지가 영유대상이 될 수 있는가의 여부와 관련, 자신의 2001년 카타르/바레인 사건 본안판결을 원용, 연안국의 영해 내에 위치한 간주노출지에 대한 연안국의 영유권을 인정하면서도 이 사건에서 결정적인 문제는 그러한 간조노출지가 또한 다른 국가의 영해 내에 위치한 경우 이를 영유하여 주권을 취득할 수 있는가의 문제라고 규정하였다.[184] ICJ는 간조노출지가 '영토'로 간주될 수 있는지의 여부에 대하여 조약법은 침묵을 지키고 있다면서, 재판소 역시 이에 관해 관습법 규칙을 창설할 만큼 통일된 일반관행의 존재에 대해서 아는 바 없다고 전제하였다. ICJ는 도서가 육지를 구성하며 영토취득에 관한 규칙과 원칙의 적용을 받는 것은 의심의 여지가 없으나 해양법상 도서와 간조노출지에 부여되는 법률효과의 차이는 상당하다면서, 다른 규칙과 법적 원칙이 부재한 가운데 주권취득의 관점에서 간조노출지를 도서 또는 다른 육지영

---

179) *Ibid.*, para.291.
180) Qatar/Bahrain case, Merits, 2001, *supra* note 129, p.101, para.204.
181) Malaysia/Singapore case, *op.cit.,* para.293.
182) Nicargua/Honduras case, *supra* note 1, para.144.
183) Malaysia/Singapore case, *op.cit.*, para.294.
184) *Ibid.*, para.295.

토와 완전히 통합하는 원칙은 확립되지 않았다[185]는 기존 입장을 확인하였다.[186] ICJ는 이어 사우스 레지가 말레이시아 본토, 페드라 브랑카와 미들 락스에 의하여 발생하는 영해[187]가 중첩되는 수역 내에 위치하고 있다면서,[188] 이 사건에서 재판소는 분쟁당사국들로부터 영해선 획정을 위임받지 않았으므로 간조노출지 사우스 레지에 대한 주권은 사우스 레지가 위치한 해역을 영해로 가지게 될 국가에 속한다고 판결하였다.[189]

VII. 평 가

영토분쟁사건에 있어서 인접성·통일성의 원칙에 관한 ICJ의 태도는 이 원칙의 존재 자체를 명시적으로 부인하지는 않으면서도 이를 일반적 구속력을 가진 규칙 내지 원칙으로 수락하여 판결하지는 않는 경향을 보인다. 특히 위에서 검토한 판례를 보면 ICJ는 인접성·통일성의 원칙을 판결 이유로 채택하여 판결하지 않는 경향을 보여준다. 즉 ICJ는 사안별로 구체적 상황 및 당사국의 입장에 따라 이 원칙의 타당성을 일부 인정하면서도, 이 원칙에 의존하여 판결하는 것으로 해석하기는 어렵다. 예컨대 망끼에·에끄레오 사건에서 ICJ는 당사국들의 주장을 수용하여 부속성·통일성 개념의 유용성 자체를 부정하지는 않으면서도, 영국 측의 분쟁도서에 대한 실효지배를 근거로 영국 측의 영유권을 인정하였다. ICJ는 실효지배, 현상유지의 법리, 승계, 승인·묵인 또는 구 식민지 종주국의 법(국

---

185) Qatar/Bahrain case, *supra* note 129, pp.101~102, paras.205~206.
186) Malaysia/Singapore case, *op.cit.*, para.296.
187) ICJ가 암초인 페드라 브랑카와 사우스 레지의 '영해'를 명시적으로 언급한 점은 이들을 유엔해양법협약(제121조) 상의 '도서'(island)로 간주하고 있다고 해석할 수도 있을 것이다.
188) Malaysia/Singapore case, *op.cit.*, para.297.
189) *Ibid.*, para.299.

가실행)190) 등 사안별로 적용가능한 구체적 규칙 내지 원칙이 있을 경우 이러한 구체적 행위·사실, 규칙 내지 원칙을 권원의 근거 또는 권원창설의 근거로 원용하여 판결함을 원칙으로 하는 것으로 해석된다.

특히 엘살바도르/온두라스 사건은 유인도와 이에 인접한 무인도의 영유권에 관한 판결로서 울릉도-독도 간 법적 관계에 일정한 유추를 가능하게 하는 판결로 평가된다. 이 사건에서 분쟁 당사국은 모두 유인도인 메안게라 섬과 무인도인 메안게리타 섬을 하나의 단일 도서군으로 간주하고, ICJ도 메안게리타 섬을 메안게라 섬의 부속도서로 명시적으로 규정한 것 역시 독도문제에 대한 일정한 유추를 가능하게 한다. 즉 일본 역시 오랜 동안 독도를 울릉도의 부속도서로 인정해 왔다는 점에서 독도문제와 관련하여 원용가능한 하나의 선례가 될 수 있다. 또 ICJ가 이 사건에서 이 2개 섬을 엘살바도르의 소유로 인정하면서 그 근거로서 엘살바도르 측의 오랜 기간 동안에 걸친 실효적 점유·지배를 통해 주권현시·행사 그리고 온두라스 측의 약 140년 간의 항의부재(묵인)를 들고 있는 점 역시 독도주권 문제에 유추가능하다고 해석된다. 1696년 조·일(朝·日) 간 울릉도쟁계를 통한 울릉도-독도 영유권 문제의 외교적 해결 이후 일본이 1905년 소위 '시마네현 고시'에 이르기까지 200년 이상 한국의 독도주권을 일관되게 묵인한 사실과 관련하여 엘살바도르/온두라스 사건은 우리 측 입장을 뒷받침할 수 있는 유력한 선례로 원용가능하다고 해석된다.

또 에리트레아/예멘 사건 중재판정은 울릉도-독도의 인접성·부속성·통일성에 관해 보다 직접적·명시적인 유추를 가능하게 하는 판례로 원용할 수 있을 것이다. 비록 중재재판소가 제도의 통일성을 판단하는 기준이 명확하지 않다는 한계를 언급한 것은 사실이지만, 울릉도-독도의 경우 한일 양국의 오랜 역사적 기록은 오랜 기간 동안 이를 하나의 제도로 인정한 관행을 보여준다는 점에서 울릉도-독도문제에서 에리트레아/예멘

---

190) 박현진, 전게각주 9 참조.

판정을 원용하는 데 법리 상 큰 어려움은 없을 것으로 해석된다. 한편 카타르/바레인 사건 본안판결에서 ICJ는 카타르 반도에 인접한 하와르 제도를 실효지배의 법리와 카타르 측의 묵인에 입각하여 바레인 영유로 판단한 바, 이 판결은 주로 1939년 영국의 선행 행정적 결정의 효력을 추인한 판결로 해석된다. 이 판결이 의존하고 있는 선행 행정적 결정에서 영국 정부는 무인도서·암초의 경우에는 인접 유인도를 실효지배하는 주권자의 권능에 복종하는 것으로 추정된다는 법리를 원용하고 있는 점 또한 ICJ가 인접성·부속성·통일성의 법리를 일정 부분 인정하고 있다는 반증이 아닐 수 없다.

VIII. 결 론

현행 실정 국제법, 특히 영토분쟁 판례법상 통일성·인접성의 원칙이 유효한 영토권원(의 근거)을 창설하는 '요술방망이'(magic wand)는 아니다.[191] 위에서 논의한 바와 같이 팔마스 섬 중재판정과 동부 그린란드 사건 판결 이후 영토·해양경계 분쟁 관련 국제판례는 인접성·부속성·통일성 원칙이 직접 권원을 창설하는 근거 또는 권원을 창설하는 효과를 발생시키는 구속력을 가진 규칙은 아니라는 일관된 입장을 견지하고 있다. 또 과학기술의 진보로 인해 인류의 해양지배·이용 역량이 비약적으로 강화되면서 인접성·통일성의 원칙의 규범적 설득력이 훼손된 것도 사실이다. 또 위에서 검토·분석한 바와 같이 국제사법쟁송과정에서 분쟁당사국들의 국가실행·관행 상 인접성·통일성의 내용은 구체적으로 규정·합의되지 못하고, 그 객관적 적용에 요구되는 구체적·보편적 기준은 제시되지 못하고 있다. 국제사법재판소(ICJ) 역시 그러한 구체적 기준과 요

---

191) Palmas arbitration, *supra* note 5, p.854 참조.

건을 정의하지 않고 있어 이 원칙은 아직도 상당한 모호성을 수반하고 있는 것이 사실이다. 특히 인접성·통일성 여부를 판단할 수 있는 객관적 거리기준 및 기타 제반사정·조건을 명확하게 규정하지 못하고 있는 점은 이 원칙의 타당성과 효력에 관한 한계를 보여준다.

동시에 홍해상 도서영유권 분쟁 관련 에리트레아/예멘 사건 중재판정에서 중재재판소는 통일성의 원칙이 일응 주권 추정을 일으키는 법리임을 명시적으로 인정하고, 반대의 확고한 증거가 부재한 경우 그러한 추정에 무게가 실릴 수밖에 없다고 판시하여 통일성 원칙에 대한 긍정적, 적극적 입장을 표명하고 이를 고려하여 판결하였다. 다만 중재재판소는 부속성·인접성·통일성의 의미의 객관적·일관성 있는 기준의 미흡 등 그 한계를 또한 지적하고 있어 향후 국가실행 및 국제판례 등을 통해 그 구체적, 객관적 기준과 요건/요소의 명확한 정립이 요구되고 있다.

이러한 국가실행 및 국제판례의 입장에 비추어 볼 때, 인접성의 원칙은 완성된 법리라기보다 '형성중의 관행'이라고 볼 수 있을 것이다. 또 도서영유권 귀속 판단을 결정하는 보조적 증거 내지 입증수단으로 해석할 수 있다. 이러한 해석은 다음 장에서 논의하는 이 원칙의 성격·지위에 관한 학설에서도 확인된다. 따라서 국제판례 및 학설상 인접성의 원칙이 그 자체로서 실효된 원칙이거나 폐기되어야 할 법리라고 규정할 근거는 없다. 마치 역사적 권원이 '미성숙의 권원'으로 해석된다고 하여, 그리고 1969년 국제사법재판소가 북해대륙붕 사건에서 확립한 대륙붕의 '자연연장설'이 그간 과학기술의 진보 및 항해술의 발전 등으로 말미암아 그 규범적 설득력과 가치가 약화되었다고 하여 이미 실효된 법리라거나 '허구'로 보기는 어려운 것과 마찬가지이다. 그러나 동시에 만일 인접성의 원칙을 부정할 경우 실효지배가 어려운 격지 무인도에 대한 영토침탈 가능성도 배제할 수 없으며, 이를 부추길 개연성도 증대된다.

따라서 '접속·인접성의 원칙' 또는 제도의 통일성의 법리의 한계를 이유로 이를 폐기된 원칙으로 간주하는 것은 실정 국제법의 내용을 오도할 위험을 내포한다. 예외 없는 규칙이 없듯이, 한계 없는 규칙이나 법리는 존재하지 않는다. 대부분의 영토·해양경계 관련 분쟁사건관련 판결에서 규칙·원칙과 법리의 해석을 둘러싸고 반대의견, 별도의견이 개진되는 이유 가운데 하나일 것이다. 더욱이 인접성·부속성·통일성의 원칙은 다른 권원의 근거·증거와 결합될 경우 시너지 효과로 확립된 기존 권원을 공고화하는데 기여할 수 있다. 이 원칙은 이를 반박할 수 있는 보다 우월한 권원의 근거·증거가 부재한 경우, 이미 확립된 권원을 문제의 영역에 확대·적용할 수 있는 주권 추정을 일으키는 법리로 국제판례(에리트레아/예멘 사건 중재판정)가 인정한 원칙이다. 또 국가실행이 현시·인정하는 법리(에리트레아/예멘 사건 및 엘살바도르/온두라스 사건)이다. 동시에 인접성·부속성과 통일성 여부를 판단하는 명확하고 객관적인 기준·요건의 확립은 동 원칙·법리가 안고 있는 하나의 도전이며, 향후 국가실행과 국제판례를 통해 보다 구체적·과학적·체계적으로 규정·진화시켜야 할 숙제로 남아 있다.

제3장 울릉군도의 역사·지리·법적 인접·부속·통일성: 독도주권과 부속도서론

I. 서 론

독도 주권[1]과 관련한 정부의 공식입장과 학계의 다수설은 울릉도와 독도가 신라시대 이전부터 하나의 군도/제도로 「우산국」을 형성하였고, 신라의 정복 이후 대한제국 고종의 재위 시까지 하나의 정치·경제·지리 적 공동체로 유지되었으므로 이 2개 섬에 대한 주권은 하나의 문제로 간 주되어야 한다는 입장이었다.[2] 독도는 풍랑과 안개 등 가혹한 일기, 낮

---

1) 소위 '독도문제'라고 하면 이는 단순한 소유권(ownership), 점유권(possession) 또는 영유권(dominium)의 문제가 아니라 독도 영토주권(territorial sovereignty) 에 관한 문제라고 본다. 즉 독도의 배타적경제수역 향유 여부, 독도 영해내 국 가행위 등 도서로서의 법적 지위 향유문제와 주권 행사의 적법성 문제 등을 모 두 포괄하는 문제이다. 예컨대 1958년 제네바 영해협약 제1조 및 1982년 유엔 해양법협약 제2조는 연안국의 영해에 대한 '주권'을 언급하고 있다. See also Fisheries Jurisdiction case (U.K. v. Iceland), Jurisdiction, *ICJ Reports*, 1973, p.3, 25~26(Separate Opinion of Judge G. Fitzmaurice); Sovereignty over Certain Frontier Land (Belgium/Netherlands), Judgment, *ICJ Reports*, 1959, p.209; Eritrea/Yemen arbitration, Phase I: Territorial Sovereignty and Scope of Dispute, PCA, 1998, paras.449, 452~454 & 480, available at http://www. pca-cpa.or; Sovereignty over Pulau Ligitan and Pulau Sipadan(Indonesia /Malaysia), Judgment, *ICJ Reports*, 2002, p.625; Territorial and Maritime Dispute between Nicaragua and Honduras in the Caribbean Sea (Nicaragua v. Honduras), Judgment, *ICJ Reports*, 2007, p.659, paras.132ff; Sovereignty over Pedra Branca/Pulau Batu Puteh, Middle Rocks and South Ledge (Malaysia/ Singapore), Judgment, *ICJ Reports*, 2008, p.12, paras.46~117.
2) 신용하, 『한국의 독도영유권 연구』(서울: 경인문화, 2006), p.43 및 『독도의 민

은 지리적 접근성, 그리고 독자적으로 장기간 인간의 경제생활을 지원하기 어려운 사정 등으로 인해 역사상 오랜 기간 동안 무인도로 남아있었던 것이 사실이다. 따라서 독도는 수산자원 등 주로 울릉도 주민들의 경제생활과 밀접한 연관을 가진 그 부속도서로서, 한·일 양국 공식 역사적 기록에 의하면, 양도(兩島)는 지리적 통일성을 가진 군도/제도(諸島)로서 하나의 정치·경제공동체로 인식·간주되어 왔다. 또 독도는 역사상 오랜 동안 한·일간 동해 해상국경3)으로 기능해 온 것도 사실이다.

그러나 김영구 교수는 근래 이러한 통설을 반박하는 과감한 안티테제(anti-thesis: 반명제)를 던지고 있다.4) 그는 우리의 독도 영토권원의 상대적 우월성(the relative strength/ superiority of the opposing claims or evidence)5)을 확보하는 역사적, 법적 근거를 확립하는 것은 '문제'를 완

족영토사 연구』 (서울: 지식산업사, 1996), pp.125~126; 김명기, 『독도의 영유권과 국제법』 (안산, 경기도: 투어웨이사, 1999), p.213; 이장희, "독도영유권 관련 국제법적 쟁점 법리 재조명", 독도연구보전협회 2010년 학술대토론회 '일본의 독도 침탈정책 비판'(2010. 10. 15, 서울역사박물관) 발표자료집, p.7; 나홍주, 『독도의 영유권에 관한 국제법적 연구』(서울: 법서출판, 2000), pp. 48~49.

3) 본서, 제6장, IV.3 참조.

4) 김영구, "독도 영유권에 관한 법적 논리의 완벽성을 위한 제언 - 이른바 '속도이론(屬島理論)'이라는 허구", 『저스티스』 통권 제124호(2011. 6), p.419. 한편 김명기 교수는 이 문제에 관해 원칙적 해석을 제시한다. 김명기, "The Island of Palmas Case(1928)의 판정 요지의 독도문제에의 적용 - 대상 판결 The Island of Palmas Case(1928)", 『판례월보』 336호(1998. 9), pp.52~53["이 중재판결[팔마스 섬 중재판정]에서는, 영해 밖에 있는 어느 문제된 섬이 어느 국가의 영토와 근접거리에 있다는 사실이 곧 영역주권 문제의 해결 기준이 되는 것은 아니라 판시했다… 한국정부는 독도가 울릉도의 속도라는 것을 근거로 하여 독도의 영역주권이 한국에 귀속된다고 주장하면서 울릉도와 독도간의 거리가 오키도와 독도간의 거리보다 짧다는 것을 근거로 제시한다. 그러나 독도가 울릉도에 접근해 있다는 것만으로 독도의 영역주권이 한국에 귀속된다고 주장할 수 없는 것이다"].

5) Island of Palmas arbitration, 1928, *United Nations Reports of International Arbitral Awards*, vol.2, 1949, p.831, 868~870; Eritrea/Yemen arbitration, *supra* note 1, para.452 & 454; Legal Status of Eastern Greenland (Denmark v.

전히 해소하지 못하므로, 일본의 주장을 압도할 수 있는 '완벽한' 법적 논리의 구성을 주문하면서, 이러한 관점에서 부속도서/속도(屬島)이론은 현행 국제법상 하나의 '허구' (fiction)에 불과하다고 주장한다.6) 그의 주장은 카이로선언, 포츠담선언과 일제의 항복문서에 이르는 일련의 '국제협정'(international agreement)7)이 일본의 독도에 관한 그 어떤 권리, 권원도 박탈한 것이며,8) 그 결과 영토·해양경계 관련 분쟁에서 국제재판소가 비교·교량하는 증거의 상대적 우월성 여부는 적용될 여지가 없다는 입장과 일맥상통한다고 볼 수 있다.

김영구 교수가 지리적 인접성의 원칙(의 구속력)을 부정한 근거는 1928년 팔마스 섬 중재판정에서 접속성(contiguty)에 입각한 속도이론이 부인되었다는 점에 입각하고 있는 것으로 보인다. 이러한 그의 입장에 일부 공감하면서도 동시에 인접성의 원칙 내지 부속도서론은 독도의 지위에 관한 하나의 역사적·지리적 사실로서, 관련 국제판례와 법리에 비

Norway) *PCIJ Ser.A/B*, No.53, 1933, p.22. 46; Minquiers and Ecrehos case (France/U.K.), Judgment, *ICJ Reports*, 1953, p.47, 67, quoted in Land, Island and Maritime Frontier Dispute(El Salvador/Honduras: Nicaragua intervening), *ICJ Reports*, 1992, p.351, para.343["···but the United Kingdom presented, ···. *better and more convincing evidence* of exercise··· of State sovereignty by the authorities of the British island of Jersey over the two groups of islets."] (이탤릭은 필자); Nicaragua/Honduras case, *supra* note 1, para.169; I. Brownlie, *Principles of Public International Law* (6th edn., Oxford: Clarendon Press, 2003), p.134; 본서, 제10장, VII(결론) 참조.

6) 그러나 그는 다른 곳에서는 분권적 국제사회의 특성상 "언제나, 모두에게, 절대적으로, 확정적으로 성립되는 영토권원을 보장하는 그러한 제도는 없다"고 주장한다. 김영구, "독도 영유권 문제에 관한 기본입장의 재정립", 『독도영유권 연구논집』(독도연구총서 9, 서울: 독도연구보전협회, 2002), p.83, 119.

7) Park Hyun-jin, "SCAPIN 677 as an International Legal Instrument Constituting both A Root and Evidence of Korean Title to Dokdo", in 『Korean Yearbook of International Law』, vol.1(2013) (2014. 12), p.123, 125 및 본서 제7장, III.3.

8) 이한기, 『한국의 영토: 영토취득에 관한 국제법적 연구』(서울대 출판부, 1969), p.295.

추어 별도로 법적으로 규명·정립되어야 할 문제이기도 하다고 본다. 더욱이 팔마스 섬은 유인도라는 점에서 역사상 오랜 기간 동안 무인 소도서로 남아 있던 독도와는 지리적·법적 지위가 동일하다고 하기 어렵다. 후버 재판관 역시 이러한 차이를 인정하면서, 격지 무인도의 경우 인접성의 원칙의 적용가능성을 고려할 수 있다고 인정함으로써,[9] 그 적용가능성을 완전히 배제하지는 않고 있는 것도 사실이다.

이러한 관점에서 이 글은 제1장에서 논의한 팔마스 섬 중재판정과 이후 전개된 국제판례 및 학설 상 인접성·부속성·통일성 원칙·법리의 가치와 한계를 재정리하면서 그 극복방안에 대하여 논의한다. 이어 이 글은 한·일 양국의 관련 공식·비공식 기록에 입각하여 17세기 이후 양국의 국가실행 역시 양국 간 특수관행·관습으로 확립된 거리관습에 따라 교환공문(약식조약)을 통해 울릉도·독도 영유권 논란을 해결한(1699) 역사적 사실, 그리고 명치유신(1868) 이후에도 일본정부 스스로 내부문서에서 독도가 울릉도의 부속도서임을 거듭 확인하고 있는 점을 지적한다. 이를 통해 이 글은 역사상 오랜 동안 무인도로 남아있었던 독도에 대한 한국의 주권과 관련하여 인접성의 원칙이 그 구체적 내용과 객관적 적용기준의 명확성 부족 등으로 보편적 적용의 한계에도 불구하고 – 역사적 권원의 법리 또는 대륙붕의 자연연장설과 마찬가지로 – 현행 국제법상 완전히 실효된, 그래서 폐기되어야 할 '허구적' 과거의 유물이 아니라 보다 정교하게 다듬어 활용해야 할 소중한 자산임을 강조하고자 한다.

---

9) Park Hyun-jin, "The Proximity, Dependency and Unity of the Ulleung Archipelago as Evidence Creating Presumption of Effective Control", 『Korean Yearbook of International Law』, vol.2, 2015. 9, p.69, 74; 본서, 제2장, II.3~II.4 참조.

II. 인접성·통일성의 원칙·법리와 독도 영토주권

1. 에리트레아/예멘 중재판정

이 사건은 문제의 분쟁도서들 대부분이 식수가 없는 무인도·소도서 및 암초[10]를 둘러싼 영유권 분쟁사건에 관한 판정이라는 점에서 독도 주권과 관련하여 일정한 유추를 가능하게 하는 선례로 해석된다.[11] 중재재판소는 1998년 에리트리아/예멘 사건 중재판정에서 분쟁도서들에 대한 역사적 배경, 예멘 측의 역사적(원시적) 권원 주장, 식민지 종주국 또는 선행 점령국의 영토권원의 합법성 여부와 시제법, 그리고 관련 조약(1923년 대터키 강화조약=로잔조약 및 1947년 대이태리 강화조약) 규정에 대한 분석에서 출발, 분쟁도서 주변해역 조업허가의 영토주권에 대한 효과·효력, 지도증거와 통일성·인접성의 원칙·법리의 가치와 한계에 이르기까지 분쟁당사국간 주요 쟁점에 대한 상세한 법적 분석·논증을 통해 결론에 이르고 있음을 보여주고 있다. 따라서 이 중재판정은 영토분쟁 국제판례의 점진적 발전에 기여할 중요한 중재판정으로 평가된다. 이러한 재판소의 분석·논증과정은 유사 사안을 다룬 카타르/바레인 사건 본안판결(2001)에서 ICJ의 다수의견이 통일성·인접성의 법리 등 주요 쟁점에 대한 분석을 회피하고 주로 1939년 영국의 행정적 결정에 따라 판결

---

10) Eritrea/Yemen arbitration, *supra* note 1, para.449.
11) 17세기 일본 어부들이 설령 막부의 도해면허(조업 규제)를 받아 울릉도·독도 인근 해역에서 어로활동을 하던 중 식수 음용·휴식 등의 목적으로 독도에 상륙, 이를 이용했다고 하더라도 이는 독도주권에 관한 국가권능의 현시로 볼 수 없다. Eritrea/Yemen arbitration, *ibid.*, paras.261~263, 334 & 353~356; Maritime Delimitation and Territorial Questions between Qatar and Bahrain (Qatar v. Bahrain), Merits, *ICJ Reports*, 2001, p.40, 87, para.156(카타르 측 주장) 참조; 독도 서도에는 식수원인 용출소가 있다. 홍성근, "독도 영유권 문제와 영토의 실효적 지배", 독도보전협회(편), 『독도영유권 연구논집』(독도연구총서 9, 2002. 12), p.125, 148.

한 것과 현저하게 대비된다.

이 사건에서 상설중재재판소는 통일성의 법리의 적용에 있어서 전반적으로 연안도서 간에 적용되는 법리로 해석하고 있는 것으로 보이나, 연안도서와 근해도서의 통일성 간 준별을 시도하고 있지 않다고 해석된다. 중재재판소는 통일성의 법리가 절대적 원칙 또는 권원 창설의 근거는 아니라는 점을 분명히 하면서도, 연안 인접 도서에 관해 확립한 기존 권원을 그 인접도서 또는 영역으로 확대시키는 추정력에 긍정하였다. 재판소는 이 사건 홍해상 분쟁도서들을 그 상이한 '역사적 배경'에 따라 4개 소도서군으로 분류하여 각각 그 소제도에 대한 주권문제로 접근한 점,[12] 또한 일정 영토에 대하여 주권을 행사·현시하여 권원을 확립한 국가는 그 영토에 접속한 동일한 통일체에 속하는 도서에 대한 주권 추정(제도의 통일성)에 긍정한 점에서 독도주권 문제에 일정한 긍정적 유추를 가능하게 하는 것으로 해석될 수 있다. 이러한 재판소의 견해는 영해 밖 근해 도서에 대해서도 인접성 내지 통일성의 원칙을 긍정한 것으로 해석된다.

동시에 에리트리아/예멘 사건 중재판정에서 중재재판소가 1923년 대터키 강화조약(로잔조약) 제16조 상 분쟁도서들에 대한 터키 측의 권리·권원 포기,[13] 그리고 1947년 대이태리 강화조약[14] 제23조[15] 상 문제의 분

---

12) 본서, 제2장, III.3.
13) 본서, 제2장, III.1 참조.
14) Treaty of Peace with Italy, signed at Paris, Feb. 10, 1947, *UNTS*, vol.49, 1950, p.3(French) & p.126(English), at https://treaties.un.org/doc/Publication/UNTS/Volume%2049/v49.pdf (2015. 6. 7 검색).
15) "SECTION IV – ITALIAN COLONIES
Article 23
1. Italy renounces all right and title to the Italian territorial possessions in Africa, i.e. Libya, Eritrea and Italian Somaliland.
2. Pending their final disposal, the said possessions shall continue under their present administration.
3. The final disposal of these possessions shall be determined jointly by the

쟁도서들에 대한 영토처리 조항(특히 제1항)을 원용하여 예멘 측의 역사적 권원 주장을 배척한 것을 근거로 독도주권에 일정한 부정적 유추가능성을 제기할 수 있는가? 즉 1951년 대일강화조약 제2(a)조 상 일본이 한국에 대한 모든 권원·권리와 청구권을 포기한다는 문안은 일응 일본의 한반도 무력강점과 식민지배에 일정한 정당성과 합법성을 부여한 규정으로 해석될 수 있는가? 이 경우 한국의 독도권원은 계속성 부재 내지 단절로 인해 권원을 약화시키는 근거로 원용될 수도 있을 것이기 때문이다.

그러나 이러한 평행적 비교에 입각한 유추 내지 추론은 타당하다고 보기 어렵다. 대이태리 강화조약은 이태리가 점유했던 문제의 영토에 대한 모든 권리와 권원을 포기하며, 그 주권은 추후 결정될 것이라는 명문의 규정을 두고 있다(제23조). 그에 반해 독도의 경우에는, 이미 설명한 바와 같이, 청일전쟁 후 하관조약에서 청국과 일본이 조선국의 완전한 자주독립국임을 인정한 바 있으며, 또 카이로선언(1943)에서 연합국 수뇌들이 일제의 한반도 강점은 그 민족자결권을 부정한 불법임을 천명한 바 있기 때문이다(제1장). 또 포츠담선언(1945. 7. 26)에서 이미 독도를 일본의 영역에서 '사실상' 분리시킨 후(제8조) 이어 종전 직후 연합국 최고사령관이 연합국 및 미국 대통령의 권한 위임을 받아 훈령 제677호(SCAPIN 677: 1946. 1. 29) 및 그 첨부지도를 통해 독도를 한국의 영토로 귀속·원상회복시킨 것이기 때문이다.[16]

따라서 1951년 대일강화조약은 1948년 이미 독립한 대한민국의 영토의 범위와 국제법적 지위를 추인한데 지나지 않는다. 즉 SCAPIN 제677

Governments of the Soviet Union, of the United Kingdom, of the United States of America, and of France within one year from the coming into force of the present Treaty, in the manner laid down in the joint declaration of February 10, 1947, issued by the said Governments, which is reproduced in Annex XI.", at https://treaties.un.org/doc/Publication/UNTS/Volume%2049/v49.pdf (2015. 6. 7 검색).

16) 본서, 제7장, IV.1~IV.2 참조.

호는 1945년 일본의 무조건 항복으로 일본열도와 한반도에 진주한 연합국 점령당국(the occupation authorities),[17] 즉 연합국 최고사령부(headquarters, Supreme Commander for the Allied Powers)가 카이로·포츠담선언과 일제의 항복문서에 이르는 일련의 국제협정[18]에 기초하여 일제가 '폭력과 탐욕'으로 탈취한 모든 영토로부터 축출시켜 한국을 독립시킬 것을 선언한(카이로선언) 데 따라 SCAPIN 제677호를 통해 그러한 약속을 이행하여 한국의 영토를 원상회복시킨 후 대일강화조약에서 이를 확인한 것이기 때문이다. 이러한 해석은 또한 발트 3국의 사례, 그리고 미군이 점령했던 오키나와 제도를 미국이 1972년 미-일 간 오키나와 반환협정을 통해 반환한(원상회복) 선례에 대한 법적 해석과도 부합한다.[19]

팔마스 섬 중재판정 및 에리트레아/예멘 사건 중재판정 등 2개 판정에서 제도의 통일성의 법리 또는 접속·인접성의 원칙을 권원의 근거가 아니라 주권(실효지배) 추정의 법리로 원칙적으로 긍정한 판결로 해석한다면, 여기에서 그 의미와 효과 그리고 그 한계에 대하여 요약해 볼 필요가 있다. 즉:

1) 지리적 통일성의 원칙은 그 자체로서 권원을 창설하는 근거는 아니지만, 일정한 사정 하에서는 다른 방식으로 확립된 권원의 범위를 확대시키는 추정을 일으킬 수 있다.[20]

2) 인접성의 원칙은 영해 내측에 위치한 도서는 물론, 영해 외측 도서에도 적용될 수 있다. 인접성의 원칙은 원칙적으로 본토 연안과의

---

17) Treaty of Peace with Japan, signed at San Francisco, Sept. 8, 1951, *UNTS*, vol.136, 1952, p.46, Arts.6(b) & 19(d) 참조.

18) See Park, *supra* note 7.

19) 박현진, "독도 실효지배의 증거로서 민관합동 학술과학조사: 1947년 및 1952~53년 (과도)정부·한국산악회의 울릉도·독도조사를 중심으로", 『국제법학회논총』 제60권 제3호(2015. 9), p.61, 74~75. 발트 3국의 사례에 대해서는 본서, 제12장, III.1 참조.

20) Eritrea/Yemen arbitration, *supra* note 1, paras.462 & 464.

인접성에 관한 것이지만(팔마스 섬 중재판정), 근해 도서 간의 통일성, 인접성에도 적용될 수 있다.

3) 인접성·통일성의 원칙을 인정·적용하는 경우에도 일국이 자국 본토 연안 1개 도서에 대하여 확립된 권원 또는 권능이 그 연안에 인접 또는 부속한 어떤 도서에까지 계속되어야 하는가에 대한 의문을 모두 해결하는 것은 아니다.[21]

4) 다만 근해 유인도의 영유권은 통일성, 인접성의 원칙보다는 주로 문제의 도서에 대한 실효지배 여부에 따라 결정되며, 근해 도서 가운데 유인도-무인도 간 관계에 있어서 유인도를 실효지배하는 국가에 인접 무인도에 대한 주권 추정을 일으킨다.[22] 그리고

5) 유인도와 무인도로 구성된 제도의 통일성은 인정되나, 과연 어느 범위, 즉 어떤 섬이 어떤 제도에 속하는가를 결정하기 위해 통일성·인접성의 법리가 적용되어야 하는가에 대한 명확한 기준은 불명확·불확실한 상태에 있다. 예컨대 많은 도서로 이루어진 제도의 경우, 이를 하나의 제도로 볼 것인가, 아니면 여러 개의 제도로 나누어 볼 것인가에 대한 의문이 제기되는 것도 사실이다.[23]

2. 망끼에·에끄레오 사건

ICJ가 영/불 간 망끼에·에끄레오 사건에서 다수의견이 2개 분쟁 제도가 프랑스령 쇼제 제도의 부속도서라는 프랑스 측의 주장을 받아들이지 않은 이유는 인접성 또는 통일성의 원칙이 이 사건에서 전적으로 부당하거나 전혀 무관한 법리였기 때문은 아니다. 그보다는 프랑스 측이 2개 제도가 영국령 해협제도(Channel Islands)의 부속도서라는 입장이 담긴

---

21) *Ibid.*, para.463.
22) Eritrea/Yemen arbitration & Minquiers & Ecrehos case.
23) Eritrea/Yemen arbitration, *ibid.*, para.468; 본서, 제2장, III.2~III.3.

영국 측 각서에 대하여 아무런 유보나 이의도 제기하지 않은 점(묵인)과 분쟁도서에 대하여 영국 저지섬 당국이 행사한 실효지배의 증거 등 2가지 사실에 입각하여 판결한 것으로 해석할 수 있다. 또 ICJ가 망끼에·에끄레오 제도의 각각의 통일성을 인정하고 에끄레오 제도를 해협제도의 부속도서로 인정하면서 그 의존성을 인정한 점 등에 비추어 볼 때, 영토분쟁 관련 사법쟁송에서 유인도인 본도와 무인도인 부속도서 간 인접·접속성에 입각한 일정한 상호의존성을 부인할 수는 없을 것이다. 또 이 사건에서 프랑스는 망끼에 제도가 자국령 쇼제 제도와 영국령 저지섬으로부터 대략 등거리에 위치하는 쇼제 제도의 부속도서로 주장한 바, 이에 대해 영국이 인접성 이외에 다른 우월한 권원(실효지배 등)의 증거를 제시하지 못했다면 ICJ가 과연 프랑스 측이 주장한 분쟁도서의 쇼제 제도와의 인접성 주장을 기각할 수 있었을까 하는 의문도 제기할 수도 있을 것이다. 따라서 이 사건에서 프랑스가 인접성과 함께 망끼에 제도에 대한 주권자로서의 영유의사와 일정한 국가기능현시를 입증할 수 있었더라면 그 결과는 예측할 수 없었을 지도 모른다.

3. 엘살바도르/온두라스 사건과 니카라과/온두라스 사건

1992년 엘살바도르/온두라스 사건에서 분쟁당사국들이 공히 인접성 원칙을 원용하면서 문제의 분쟁도서들이 별개의 실체(separate entities)라는 입장을 내세우지 않음으로써 공히 통일성을 부인하지 않은 점에 비추어, 이 사건에서 ICJ가 확립·적용한 법리를 그대로 독도주권문제에 변형 없이 유추·적용하는 것은 무리라는 주장도 제기되고 있다.[24] 동시에 이

---

24) 이석우, 『동아시아의 영토분쟁과 국제법』(경기 파주: 집문당, 2007), p.163, 각주 56. 그러나 일본은 소위 시마네현의 1905년 독도'편입' 이전까지 200여 년간 독도를 울릉도의 부속도서로 간주해 온 국가실행을 보였다. 본서, 제6장, IV.3 참조.

사건에서 인접성의 원칙이 양국 국가실행과 법적 확신에 의해 뒷받침되고 있다는 사실에도 주목해야 한다. 또 적어도 재판소가 무인 소도서 또는 암초의 경우 유인도인 주도에의 의존·부속성을 인정하면서 그 일체성을 인정한 점,25) 또 그러한 인접 부속도서에 대한 타방 당사국의 실효적 지배 등 명백히 우월한 증거가 부재한 경우 통일성의 원칙에 따라 본섬의 주권국에 인접 무인도에 대하여 합리적인 주권 추정을 일으킨다는 점도 인정되어야 할 것이다(에리트레아/예멘 중재판정).26)

또 2007년 니카라과/온두라스 간 영토·해양 분쟁사건에서 ICJ는 영토권원 귀속 판단에 있어서의 인접성 원칙의 관련성·유효성을 부인하지 않으면서, 명확한 입장·판단을 유보하고 있다.27) 이 사건에서 니카라과 측만이 인접성의 원칙을 원용하여 영유권을 주장하였으며 온두라스는 주로 실효지배에 의존한 권원을 주장한 바, 만일 양국이 모두 인접성의 원칙을 주장하였다면, 재판소 역시 이를 고려하여 판결했을 가능성을 완전히 배제할 수 없다. 이러한 추론은 전술한 망끼에·에끄레오 사건 판결에서 ICJ가 부속도서(dependency)에 입각하여 판결한 것은 아니라고 하더라도, 분쟁당사국 모두 분쟁도서에 대한 부속도서론과 인접성의 원칙을 주장하고 ICJ가 이를 원용한 점에 비추어 상당한 근거를 가진다. 또 엘살바도르/온두라스 사건에서 분쟁당사국 모두 인접성에 입각한 분쟁도서에 대한 영유권을 주장하는 등 국가실행 상 인접성의 원칙이 인정되고 있다는 점 역시 이러한 추론을 가능하게 하는 선례일 것이다.

4. 카타르/바레인 사건

2001년 카타르/바레인 사건 본안판결에서 ICJ는 주로 1939년 영국정부

---

25) 본서, 제2장, IV.2.
26) 본서, 제2장, III.1.
27) Nicaragua/Honduras case, *supra* note 1, paras.150 & 163~164.

가 분쟁당사국의 '동의'하에 내린 결정과 동 결정에 대한 1947년 영국정부의 유권 해석문서(증거)에 의존하여 판결하면서, 카타르 측이 주장한 하와르 제도와 카타르 반도(본토) 간 지리적 인접성의 원칙을 받아들이지 않은 것은 사실이다. 그러나 이는 동 제도에 대한 바레인의 실효지배에 입각한 권원이 카타르의 인접성의 원칙에 입각한 주장에 우월하며 우선한다는 기존 법리를 확인한 것일 뿐이다. 즉 카타르 측이 인접성 이외에 실효지배 등 유효한 권원의 증거를 제시하지 못한 데 따른 것이다. 따라서 인접성의 법리의 관련성·타당성을 전면 부인한 것이라 해석하기 어렵다.[28] ICJ의 본안판결의 논지와 근거는 주로 영국의 선행 '행정적' 결정에 기초하고 있어 새로운 법리를 개진·정립하는 데 소극적이었다.

이 사건에서 바레인 측이 분쟁도서(자난 섬과 하드 자난) 주변 해역에서의 자국 어민들의 정기적 어로활동을 원용한 데 대하여 ICJ가 이를 실효지배 등 권원의 근거로 인정하지 않은 것[29]은 확립된 국제판례의 입장에서 정당화된다. 전술한 에리트레아/예멘 사건 중재재판소는 해양자원 이용 관련 면허/허가(water-related license)는, 조업행정규제 또는 수산관련 법률(fisheries regulations or laws)과는 달리, 영유권의 증거로 원용할 수 없다고 판시한 바 있다.[30] 또 카타르/바레인 사건 본안판결의 다수의견이 하와르 섬에 가까운 무인도 자난 섬과 하드 자난이 하와르 제도의 일부를 구성하지 않는다면서 카타르령으로 판결한 것은 인접성의 원칙과 하와르 제도의 통일성을 또한 부인한 판결로 해석될 수 있을 것이다. 동시에 이 점에 관해 ICJ가 명확하고 설득력있는 법적 근거를 제시하지 않았거나 못했다는 비판은 가능하다.

---

28) 본서, 제2장, V 참조.
29) 본서 제2장, V.2 & V.4 참조.
30) Eritrea/Yemen arbitration, *supra* note 1, paras.258, 334, 347~350 & 353~356. 문제의 분쟁도서 인근해역에 대한 조업규제 또는 수산관련 국내법은 국제판례 상 분쟁도서에 대한 영토주권·관할권의 행사로 간주되는 실효적 지배의 증거로 인정된다.

동시에 ICJ는 2007년 니카라과/온두라스 사건에서 온두라스 측이 자국 어민들의 어로활동과 함께 이들 도서 주위에서 행한 조업면허 발급, 사바나 섬 상의 숙소 건축 허가, 그리고 온두라스 푸에르토 랑피라 지방자치청(the municipality of Puerto Lempira)이 사바나 섬에 어구(漁具) 보관 허가증 발급한 사실 등에 국가가능 행사의 효력을 부여하여 사바나 섬에 대한 온두라스 영유를 인정하였다.[31] 문제는 이 사건의 경우에는 단순한 사인의 어로활동이 아니라, 어로활동과 관련하여 다양한 형태의 국가 및 지방행정기관의 권능이 행사되었다는 차이점이 있다는 데 주목해야 한다. 카타르/바레인 사건 본안판결 다수의견의 정당성을 굳이 찾는다면 – 반대의견 또는 비판적 선언·별도의견에서 지적하고 있듯이 – 궁극적으로 1939년 당시 보호국 영국의 정무총감이 내린 결정에 따라 60여 년간 확립·지속된 도서영토주권 및 기존 (해상) 국경의 존중(현상유지)이라는 관점에서 이해될 수 있을 것이다. 동시에 많은 재판관들이 원용한 이러한 반대·비판의견은 인접성의 원칙이 비록 이 사건 본안판결에서 판결이유로 인용된 법리·원칙은 아니라고 하더라도 동시에 결코 실효된 이론이 아님을 반증하는 하나의 강력한 증거로 원용할 수도 있을 것으로 본다. 이러한 해석은 에리트레아/예멘 사건에서 중재재판소가 반대의 증거로 권원 또는 주권을 입증하지 못하는 경우 통일성의 원칙을 주권추정의 법리로 인정하고 있는 데서도 확인되고 있다.

---

31) 본서, 제2장, IV.3 참조.

III. 인접성의 원칙: 지위·가치와 한계

1. 학 설

실효적 지배의 법리에서 볼 때 1928년 후버 재판관의 기념비적 팔마스 섬 중재판정에 이어 상설국제사법재판소(PCIJ)는 1933년 동부 그린란드의 법적 지위에 관한 사건에서 실효지배의 요건으로서 주권자로서의 영유의 사·의지(주관적 요소)와 일정한 현실적 권능의 행사·현시 (객관적 요소) 등 2가지 요소를 정립하였다.[32] 문제는 주권(행사)의 증거로서의 국가행위는 영토의 모든 지역에 동일하게 통일적으로 작용할 필요는 없으며, 동부 그린란드 사건 판결에 따르면, 황량한 또는 가혹한 기후조건을 가진 영토의 경우, 그 해안 또는 연안, 즉 그 변방에 대한 일정한 국가활동에 입각하여 그 인근 영역에 대한 점유의 추정을 가능하게 한다는 것이다.[33] 팔마스섬 중재판정과 동부 그린란드 사건 이후 망끼에·에끄레오 사건과 에리트레아/예멘 중재판정 등 국제판례는 전술한 바와 같이 격지, 오지 또는 무인도의 영유권 귀속을 판단하는 인접성·부속성 및 통일성 원칙의 내용, 성격과 지위를 보다 구체화하고 있다. 또 Von der Heydte, Jennings 와 Brownlie에 이르기까지 학설 역시 관련 법리를 진화시켜 왔다.

특히 Von der Heydte에 의하면 오지 또는 일단의 제도를 구성하는 개별 격지 무인소도서의 경우 선점과 실효지배의 요건은 완화·적용될 수 있다(가상적 실효지배)고 한다. 그는 한 장소의 현실적 점유는 그와 관련되고 또 그로부터 지배할 수 있는 영역 내에 위치한 전 지역의 병합을

---

32) Legal Status of Eastern Greenland, *supra* note 5, pp.45~46.

33) Palmas arbitration, *supra* note 5, p.855; Minquiers and Ecrehos case, *supra* note 5, p.85, 99(L. Caneiro 재판관 개별의견); R.Y. Jennings, *The Acquisition of Territory in International Law*(Manchester University Press & N.Y.: Dobbs Ferry, Oceana Publications, 1963), pp.74~76.

수반한다고 주장한다. 그는 같은 이유로 하나의 병합행위와 하나의 정착촌에 의해, 즉 제도 가운데 가장 중요한 도서를 현실적으로 점유함으로써 매우 작은 일단의 소도서 모두를 취득할 수 있으며, 일정한 육지를 점유하면 그 인근 점유하지 않은 도서들을 점유한 것으로 추정된다고 주장한다.34) 이러한 이유로 그는 가상적 실효성(virtual effectiveness)의 관점에서 접속성의 원칙에 접근할 것을 주문하면서, 접속성의 원칙이 단지 일국의 영해 내에 위치한 도서에만 적용된다(유효하다)는 입장에 반드시 동의하는 것만은 아닌 것으로 보인다.35) 그는 심지어 실효적 지배는 물론, 지리적 접속성(geographic contiguity) 또한 완전하고 충분한 주권적 권원으로 인정된다고 주장한다.36)

또 Jennings 교수에 의하면 접속성은 '선점'의 추정을 일으키는 증거에 불과하다고 주장한다.37) 특히 오지의 경우 주권은 영토 내 모든 지점에서 또는 항상 한결같이 행사될 수 없으며, 또 격지 무인소도서(outlying

---

34) F.A.F. von der Heydte, "Discovery, Symbolic Annexation and Virtual Effectiveness in International Law", *American Journal of International Law*, vol.29, 1935, p.448, 468["[t]he actual occupation of one place involves the annexation of the whole region connected with it, and situated within a sphere capable of being ruled from it"(virtual effectiveness). Again, a whole "group of very small islands may be acquired by one act of annexation and one settlement", viz., "the actual occupation of the most important of the islands, and also "the occupation of any *terra firma* is taken to include the presumption of possession of its adjacent unoccupied islands."].

35) Von der Hyedte, *ibid.*, pp.470~471.

36) Von der Heydte, *ibid.*, p.463 & 467 이하.

37) "Contiguity is no more than evidence raising some sort of presumption of effective occupation — a presumption that may be rebutted by better evidence of sovereign possession by a rival claimant", Jennings, *The Acquisition of Territory in International Law*, *supra* note 33, p.73; Legal Status of Eastern Greenland, 1933, *supra* note 5, pp.45~52. See also L. Gross, book review, *American Journal of International Law*, vol.59, 1965, pp.408~410; C. Thornberry, book review, *International and Comparative Law Quarterly*, vol.12, 1963, pp.1051~1053.

uninhabited islands)의 경우 이에 대한 현실적·계속적인 국가기능의 행사를 기대하기 어렵기 때문이다.[38] 이러한 그의 해석은 전술한 Von der Heydte의 입장의 연장선상에서 이해된다.

한편 식민지 유산과 불가피하게 결부되어 있는 아프리카의 영토·국경분쟁의 현황에 관하여 자료집을 출간한[39] Brownlie 교수는 연속·접속성과 지리적 통일성의 원칙(principles of continuity, contiguity and geographical unity)이 권원의 근거(roots of title)로서가 아니라 정당한 권원에 입각한 영토주권으로부터 파생된 주권의 현실적 범위를 결정하는데 중요한, 논리적으로 일관성을 가진 형평의 원칙이라고 정의하고 있다.[40] 그는 이 원칙이 문제의 분쟁영토가 주민이 없는 황량한 장소인 경우 그 의미가 부각된다면서, 도서영토 분쟁사건에서 전반적으로 관련성이 있는 (relevant) 개념으로 평가한다.[41] 그는 인접성의 원칙이 단지 사법적 논증 (judicial reasoning) 방식의 일부이지만, 다른 관점에서도 의미를 가진다고 주장한다. 그에 의하면, 선점의 관점에서 접속·연속성(continuity and contiguity)은 근대적 영토주권의 한 측면이며, 근대적 영토주권론에 의하면 주권은 인접 정착촌(close settlement)에 의존하는 것이 아니라 국가권능을 대외적으로 현시하는 국가활동(실효지배)에 근거하는 것으로 주장한다.[42] 이러한 입장에서 그는 주권의 증거로서 국가활동이 문제의 영토

---

38) Palmas arbitration, *supra* note 5, p.840["Although continuous in principle, sovereignty cannot be exercised in fact at every moment on every point of a territory."] & 855["···we must distinguish between, on the one hand, the act of first taking possession, <u>which can hardly extend to every portion of territory</u>, and, on the other hand, the display of sovereignty as a continuous and prolonged manifestation which must make itself felt through the whole territory."(밑줄은 필자)].

39) I. Brownlie, *African Boundaries: A Legal and Diplomatic Encyclopaedia* (London: C. Hurst & Co., for the Royal Institute for International Affairs, 1979); Book review, *Journal of African Law*, vol.25(1), 1981, p.51.

40) Brownlie, *supra* note 5, p.142.

41) Brownlie, *ibid.*

의 모든 장소에서 균일하게 그리고 명확하게 행사될 필요는 없으며, 따라서 이 원칙은 주변점유의 추정(presumption of peripheral possession)과 결부된다고 설명한다. 결론적으로 Brownlie 교수는 접속성 원칙(principle of contiguity)이 그 성격상 통상적인 선점 원칙의 적용에 있어서 하나의 법적 기술(technique)이며, 도서 영유권 분쟁의 경우 접속성의 관념은 문제해결에 도움이 되지 않을 수도 있다고 주장한다.[43]

또 Malanczuk 교수는 문제의 영토에 대한 "한 국가의 실효적 통제, 주민의 충성심, 또는 그 영역이 전통적으로 보다 큰 행정단위의 일부를 구성했다는 사실 등에 관하여 진정한 의구심이 있는 경우 인접성의 원칙은 실효적 지배의 증거를 구성할 수 있다"고 한다.[44] 그는 또 접속성은 매우 까다로운 사건(borderline cases)에서 국제재판소에 의해 고려될 수 있다는 점은 인정되어야 한다고 주장한다(에리트레아/예멘 사건).[45]

이러한 학설의 입장을 종합하면 접속성은 권원의 근거로 인정되지 않으나, 선점 또는 실효적 지배의 추정을 일으키는 증거, 또는 그 입증방식·기술에 관한 원칙으로 평가된다. 특히 영구적 주민이 없는 오지 지역이나 또는 격지 무인 소도서의 경우 현실적으로 실효적 점유·지배의 입증은 용이한 작업이 아니므로 이 경우 접속성 내지 인접성에 입각한 영유권/주권 주장은 설득력 있는 논증방법이 될 수 있다(엘살바도르/온두라스 사건). 또 만일 이 경우 인접성의 원칙에 입각한 영유권 주장과 미약한 실효지배에 근거한 영유권 주장이 경합하는 경우 양자 간 상대적 우월성에 대한 판단은 국제재판소에 맡겨진 하나의 도전임은 분명하다. 실효지배의 증거가 부재·미흡한 경우 인접성의 원칙은 문제의 영토·도서의 영유권 귀속여부에 대한 중요한 고려 요소가 될 수 있다.

---

42) *Loc. cit.*
43) Brownlie, *ibid.*, pp.142~143.
44) P. Malanczuk, *Akehurst's Modern Introduction to International Law* (7th rev. edn., London: Routledge, 1997), p.158.
45) Malanczuk, *loc. cit.*

2. 인접성의 원칙의 지위·가치: 주권 추정의 증거 또는 사법 적 논증 방식

인접성의 원칙 내지 부속도서의 법리는 국제판례 및 학설 상 권원의 근거로 인정되지 않으나, 주권 추정의 방식 또는 실효지배에 관한 사법 적 논증·입증 기술·증거로 원용되며, 그러한 한도 내에서 여전히 독도 주권문제에 일정한 관련성이 있는 법리이다. 특히 '가상적 실효성'이 국 가권능을 '사실상 실효적이며 인식 가능한 방식'으로 행사하는 것을 의미 한다면,[46] 인접성의 원칙이 영해 밖에 위치한 도서에 적용가능하다는 것 은 당연하다. 무엇보다도 인접성의 원칙의 가치는 인접 유인도를 지배하 는 주체가 육안으로 관측되는 가시거리 내의 인근 무인도에 대하여 일반 적으로 요구되는 엄격한 실효지배의 입증요건을 완화시켜 '가상적 실효 지배'의 주체로 추정되는 증거로 인정될 수 있다는 점일 것이다(후술 제4 장 참조). 따라서 상대가 그러한 추정을 반박할 수 있는 명백한 반대증거 를 제시할 수 있을 때 비로소 그러한 추정은 더 이상 유효하지 않게 될 것이다.

인접성의 원칙의 한계에도 불구하고 그 가치 가운데 하나는 무엇보다 도 실효지배의 명백한 증거가 부재·미흡한 오지 또는 격지 무인도에 대 한 '가상적' 실효지배의 추정을 일으킬 수 있다는 점일 것이다. 동부 그 린란드 사건에서 상설중재재판소는 대체로 이러한 가상적 실효지배의 법 리에 입각하여 그린란드의 내륙 오지에 대한 덴마크의 권원을 인정한 것 으로 볼 수 있다. 즉 덴마크가 대략 10세기부터 15세기경까지 그린란드 서부 해안가에 정착촌을 건설, 지배하고 있었던 점, 그리고 19세기 말 그 린란드 동북 해안에 정착촌을 건설·운영한 덴마크에 인접성의 원칙에 입 각한 그린란드 전역에 대한 실효적 지배의 추정을 일으킨다는 점에서[47]

---

46) Heydte, *supra* note 34, pp.470~471.
47) 동부 그린란드 사건에서 그린란드가 발견된 것은 서기 900년경이며, 그로부터

역사적 권원, 인접성의 원칙과 실효지배는 모두 상호 보완적, 의존적인 법리임을 인식하고 그에 따라 행동할 것이 요구된다.

보다 구체적으로 인접성(제도/군도의 통일성 포함)의 원칙을 인정하는 경우 인접성은 반드시 문제의 도서가 반드시 영해 내에 위치할 것이 요구되는 것은 아니며, 영해 외측에 위치한 경우에도 연안과의 인접성은 고려요소 가운데 하나이다.[48] 또 근해 도서의 경우 도서 간 인접성과 부속성은 고려될 수 있다. 특히 당사자들이 이를 명시적으로 인정하는 경우 재판소는 이를 평가한다(망끼에·에끄레오 사건). 인접성 판단의 기준과 관련, 문제의 분쟁도서와 본토 해안(연안)까지의 거리(팔마스 섬 중재판정)의 상대적 인접성은 물론, 근해 도서 간 인접·접속성 내지 통일성 역시 고려된다(망끼에·에끄레오 사건 판결). 다만 이 경우에도 분쟁 유인도에 대한 영유권 판단은 그에 인접한 유인도까지의 인접성 내지 접속성에 의존하지 않는다. 왜냐하면 이 경우 각각의 유인도에 대한 당사국의 실효지배의 여부가 보다 우월한 권원이기 때문이다. 다만 유인도와는 달리 무인 소도서의 영유권 판단의 경우에는 그 인접 유인도에 대한 주권

한 세기 후 노르웨이 출신(당시 노르웨이는 덴마크 왕국의 일부를 구성)으로 아이슬란드 거주민이었던 붉은 머리 에릭(Eric the Red) 등이 그린란드 서부 해안의 남단에 2개 정착촌을 건설하여 식민지화한 사실, 19세기 식민지화되지 않았던 그린란드 동부지역에 대한 덴마크 원정대의 여러 차례에 걸친 탐험·탐사, 그리고 19세기말(1894) 덴마크 최초의 동부해안 정착촌(Angmagssalik) 건설 등 일정한 시간적 단절·간극에도 불구하고 전체적으로 계속된 일련의 행위에 근거하여 영유권을 주장할 수 있었던 측면을 간과할 수 없다. 이 2개의 초기 정착촌은 북아메리카에서 건너 온 이누이트족(Inuit)에 의하여 15세기 경 완전히 정복·파괴되어 사라진 것으로 추정되나(노르웨이 측 주장), 상설국제사법재판소는 그러한 침략과 '정복'이 있었다고 하더라도 이러한 정복은 국가 간 전쟁이 아니므로 이누이트족이 이에 입각하여 초기 정착촌이 소재하였던 지역에 대한 주권을 취득한 것으로 볼 수 없다고 판시하였으며, 따라서 이 동·서부 정착촌들은 덴마크가 그린란드 전역에 대한 주권을 주장하는 출발점으로 작용한 것으로 볼 수 있다. See Legal Status of Eastern Greenland, *supra* note 5, pp.27~28, 31~32 & 46~47.

48) 에리트레아/예멘 중재판정에서 하이 섬(High Islet)의 경우, 본서, 제2장, III.3.

을 확립한 국가가 무인 소도서 역시 지배하고 있다는 유리한 추정을 일으킨다.

3. 인접성의 원칙, 제도의 통일성과 유·무인도 여부

접속성의 원칙을 부인한 것으로 해석되는 팔마스 섬 중재사건의 팔마스 섬 그리고 카타르/바레인 사건에서 하와르 제도의 주섬인 하와르 섬은 유인도로서,[49] 독도와는 그 국제법적 지위가 동일하다고 하기 어렵다. 유인도에 대한 국가권능의 현시(양태)는 공개적이고 공연할(open and public) 수밖에 없으며, 상당기간 동안 비밀리에 국가권능을 현시하는 것은 거의 불가능하다(주권행사의 공연성: notoriety).[50] 이 경우 국가기능의 현시(예컨대 조세부과, 사법관할권 행사 등) 사실을 입증하는데 큰 어려움이 없다.[51] 따라서 카타르/바레인 사건 본안판결에서 ICJ는 유인도인 하와르 섬에 대한 영유권 귀속 판단은 주로 실효지배에 의존하였으며, 하와르 섬의 카타르 반도와의 인접성 여부는 중요한 고려요소가 될 수 없었다. ICJ가 스스로 인정하고 있듯이,[52] 이러한 ICJ의 판단은 거의 1939년 영국의 선행 결정(및 1947년 이를 추인한 유권해석)의 실체법 및 절차법[53] 상의 타당성·정당성 분석에 의존한 것으로서,[54] ICJ는 자신의

---

49) 본서, 제2장, II.3, 끝부분 참조.
50) Palmas arbitration, *supra* note 5, p.855 & 868.
51) 이러한 논지에 따르면, 유인도의 경우 종주권 확립 또는 주권·주장 현시를 타국에 통고할 법적 의무는 원칙적으로 존재하지 않는다고 해석된다. Palmas arbitration, *ibid.*, p.868. 이 사건에서 후버 중재재판관은 유인도의 경우에는 비밀 주권행사가 불가능하므로 1885년 베를린 의정서가 규정한 영토편입 통고의무가 네덜란드의 팔마스 섬에 대한 공공연한 주권행사에는 적용되지 않고, 따라서 통고의무가 없다고 판시한 것에 불과하다. 김명기, "독도의 영유권에 관한 일본정부 주장에 대한 법적 비판", 독도학회(편), 『한국의 독도영유권 연구사』(독도연구총서 10, 독도연구보전협회, 2003), p.247, 262.
52) Qatar/Bahrain case, *supra* note 11, para.148.
53) ICJ는 카타르가 동 제도 영유권분쟁 해결을 영국정부에 위임한 사실(Qatar/Bahrain

판단의 근거와 이유에 대한 구체적이고 독자적인 분석을 제시하지 않았다. ICJ가 제시한 판결이유ー즉 카타르 측의 지리적 인접성(geographical propinquity)에 입각한 주권주장을 배척하고 바레인이 제출한 실효지배의 증거에 주로 입각하여 하와르 섬을 바레인 영유로 판단[55]ー 역시 영국의 선행 결정이유를 원용한 것이다.

그러나 유인도에 인접·부속한 '무인' 소도서의 경우는 다르다. 에리트레아/예멘 사건에서 상설중재재판소는 연안에 인접한 무인 소도서·암초들은 소그룹별로 인접한 동일한 통일체에 관해 확립된 권원을 확대시키는 추정을 일으킨다고 판시하여 인접성의 원칙 내지 통일성을 명시적으로 긍정하였다. 다만 카타르/바레인 사건에서 ICJ는 무인 소도서 자난 섬과 간조노출지 하드 자난에 대해서는 이들이 하와르 섬에 보다 인접함에도 불구하고 이를 하와르 제도의 일부로 간주되지 않는다는 영국 정부의 선행 행정적 결정에 의존, 이를 인접 유인도인 하와르 섬의 주권자로 결정된 바레인이 아니라 카타르의 영유로 판결하였다.[56] 이러한 ICJ의 판결은 결과적으로 자난 섬과 하드 자난이 하와르 섬에 인접한 도서 또는 하와르 제도를 구성하는 통일성을 인정하지 않은 것이라는 해석은 가능하다. 동시에 ICJ가 인접성의 원칙, 또는 통일성의 법리가 영유권 판단에 있어서 법적 관련성(legal relevance)과 타당성을 전혀 결여한 법리로 판단한 것으로 볼 수는 없다. 비록 인접성의 원칙이ー현행 국제법상 대륙붕의 자연연장설[57]과 마찬가지로ー과학기술의 진보 등으로 인해 규범적

---

case, *ibid.*, paras.113~114, 118~119 & 139), 영국정부의 1939년 결정에 동의한 사실, 그리고 그 결정을 통보받은 카타르 측이 당시 영국정부가 그 결정이유를 명시하지 않은 데 근거하여 무효주장을 제기하지 않았던 점(*ibid.*, paras.134~135 & 139~146) 등 절차적 정당성에 입각하여 동 결정의 구속력을 인정하였다.

54) Qatar/Bahrain case, *ibid.*, paras.118~133 & 142.
55) *Ibid.*, para.128.
56) 본서, 제2장, V.3 참조.
57) North Sea Continental Sea cases (Federal Republic of Germany/The Netherlands; Federal Republic of Germany/Denmark), *ICJ Reports,* 1969, p.3 및 유엔 해양

효력이 떨어진 것은 사실이나, 실효(失效)된 법리로 간주할 만한 그 어떤 유효한 법률상의 근거 내지 증거도 찾아보기 어렵다.[58]

유인도인 울릉도의 부속도서로서 조선시대 무인도로 남아 있던 독도 영유권 귀속 판단에 있어서 인접성의 원칙이 여전히 유효하다는 추론은 불합리하게 부당한 것은 아니다. 또 팔마스 섬 중재판정에서 후버 재판관은 "일정한 사정 하에서는 하나의 제도가 법률상 하나의 단위(a unit)로 간주될 수 있으며, 그 가운데 주요 도서의 운명이 나머지의 운명을 결정할 수 있다"고 판시한 바 있다.[59] 그는 그러나 최초의 점유의 취득 행위는 문제의 영토의 구석구석 미칠 수는 없으니, 이와 구별하여 국가주권의 현시는 지속적, 장기적 국가권능의 현시로서 영토의 전 지역에 행사되어야 한다고 지적하였다.[60] 그는 이어 팔마스 섬이 고립된 도서(a somewhat isolated island)로서 다른 영토와는 명백히 구분되는 영토이며, 충분히 많은 영구적 주민을 가진 도서이므로 이러한 도서에 대하여 장기간 행정행위(acts of administration: 국가기능의 행사)가 부재한 경우는 불가능할 것[61]이라고 설시하였다. 즉 그에 의하면 유인도의 경우에는 실효지배의 현시가 영토주권 확립의 핵심적 기초 내지 증거를 구성하는 것이라고 설시하였다.

다만 그는 무인 소도서에 대해서는 어떤 근거, 기준 또는 증거에 기초하여 영유권 귀속여부를 판단해야 하는지에 대한 구체적 입장을 유보하

법협약 제76(1)조; 김영구, 『한국과 바다의 국제법』(서울: 21세기북스, 2004), p.527 참조.

58) 예컨대 북아일랜드 영유권 분쟁에 있어서 아일랜드는 자연적 지리적 단위(natural geographical unit) 내지 지리적 접속성(geographical contiguity) 원칙과 1922년까지 수세기 간 하나의 정치적 단위를 형성했다(역사적 계속성: historical continuity)는 점을, 그리고 영국은 다수 인구의 의사(민족자결)를 내세우고 있다. Malanczuk, *supra* note 44, p.157.

59) Palmas arbitration, *supra* note 5, p.855.

60) Palmas arbitration, *loc. cit.*

61) *Loc. cit.*

였다는 점은 인정해야 할 것이다. 즉 "일정한 사정 하에서는 하나의 제도가 법률상 하나의 단위(a unit)로 간주될 수 있으며, 그 가운데 주요 도서의 운명이 나머지의 운명을 결정할 수 있다"는 그의 부수적 의견에서 '일정한 사정'에 대한 구체적인 설명이 부재하며, 또 그러한 경우 어떤 기준이나 근거에 따라 '주요 도서의 운명이 나머지의 운명을 결정'하게 되는 것인지에 대한 구체적 법리를 제시하지 않았다는 점은 아쉬운 점이다. 결국 팔마스 섬 중재판정에서 후버 재판관 역시 무인 소도서의 영유권 귀속 판단에 있어서는 자신이 제시한 실효적 지배의 원칙을 고집할 수 없다는 점을 스스로 인정한 것이며, 또한 이 경우에도 그가 인접성·통일성의 원칙의 적용가능성이나 타당성을 전면 부정한 것으로 해석할 수 없다는 것은 결코 불합리한 해석이라 보기 어렵다.

4. 인접성의 원칙의 한계와 극복

팔마스섬 사건 및 에리트레아/예멘 간 도서영유권 분쟁사건 등 국제판결/중재판정은 '인접성의 원칙'을 실정 국제법상 구속력 있는 규칙으로 인정·확립하고 있지 않다. 또 그 자체로서 유효한 권원의 근거(roots of title)[62] 내지 그 증거로 간주되거나 권원을 창설하는 법리는 아니다. 따라서 독도가 울릉도에 인접한 부속도서라는 지리적·정치경제적 사실을 입증한다 하여도 그것만으로 유효한 권원을 창설하는 근거가 되기는 어렵다는 점은 인정하여야 한다. 인접성의 원칙은 인접국의 영유권 주장에 유리한 추정을 가능하게 할 뿐, 보다 우월한 권원(실효지배 등)에 입각한 영유권 주장에 대항하기 어렵다는 점은 인정해야 한다. 또 본토 연안 1개 도서에 대하여 확립된 국가권능이 그 연안에 자연스럽게 인접 또는 부속한("proximate" or "appurtenant" to the coast) 어느 범위의 도서에까

---

62) Eritrea/Yemen arbitration, *supra* note 1, para.464.

지 확장되는 것으로 간주되어야 하는가에 대한 의문도 있다.[63] 인접성은 해안까지의 인접성은 물론, 또 인접성이 문제의 도서에서 본토 연안까지의 인접성인가 아니면 도서 간 인접성을 의미하는가? 망끼에·에끄레오 사건에서 분쟁당사국과 ICJ는 공히 본토 연안까지의 인접성이 아니라 해협제도의 주섬인 저지 섬(유인도)과 망끼에·에끄레오 제도의 인접성·부속도서를 언급하고 있다.

보다 구체적으로 인접성의 원칙은, 후버 재판관이 지적하였듯이, 정확히 어느 정도 떨어져 있어야 부속도서(제도·군도의 일부)로 간주될 수 있는가 하는 명확성·구체성이 결여되어 있어 불확실하며, 다툼이 있는[64] 원칙이라는 점도 인정된다. 카타르/바레인 사건에서 문제는 '자난 섬과 바레인 본섬의 최근지점' 간의 거리를 '자난 섬과 카타르' 간 거리와 비교하면 물론 자난 섬은 카타르 반도 쪽에 더 가깝지만, 만일 그 거리를 바레인 본섬이 아니라 바레인 영유 하와르 제도로부터 측정한다면 오히려 바레인 쪽에 더 가깝게 된다.[65] 하와르 제도의 남쪽에 인접한 사실상의 무인도인 자난 섬과 하드 자난(간조 노출지)이 하와르 섬에서 불과 3km 떨어져 있음에도 불구하고, IJC는 자난 섬과 하드 자난이 하와르 제도의 일부를 구성하지 않는다는 1939년 및 1947년 영국의 결정을 추인하면서 이를 카타르 영유로 판결하였다. 즉 카타르 반도에 접속·부속한 도서로 판결한 셈이다. 따라서 하와르 섬(제도)에 인접한 무인도서·암초의 경우 어느 도서·암초가 하와르 제도의 일부를 구성하는가(제도/군도의 통일성)를 판단할 명확한 기준이 불명확하다는 점은 인정되어야 한다.

동시에 통일성의 법리 및 인접성의 원칙이 권원을 창설하는 근거로 인정되지 않더라도, 그리고 권원의 직접·확정적 증거를 구성하는 것은 아

---

63) *Ibid.*, para.463.
64) Palmas arbitration, *supra* note 5, p.854.
65) Qatar/Bahrain case, *supra* note 11, para.152; K.H. Kaikobad, "Some Observations on the Doctrine of Continuity and Finality of Boundaries", *British Yearbook of International Law*, vol.54, 1983, p.119.

니라고 하더라도, 상대국이 보다 우월한 권원의 증거를 제시하지 못하는 경우 인접국에 유리한 권원의 귀속을 추정하게 하는 간접·정황증거[66]로 여전히 원용될 수 있다. 특히 다른 권원의 근거 또는 증거와 함께 제시될 경우[67] 한국의 독도 주권은 한층 공고화될 것이다.[68] 특히 울릉도쟁계 당시 조·일 양국이 확인한 구속력있는 거리관습은 본토 연안에서 독도까지의 거리가 아니라 각각 오키 섬과 울릉도로부터의 거리에 입각한 점 (망끼에·에끄레오 사건 판결) 역시 중요한 선례로 원용할 수 있을 것이다. 만일 국제판례가 인접성의 원칙을 권원(창설)의 근거로 인정하지 않는다는 이유로 '허구적' 법리로 간주해야 한다면, 현재 확립되지 않은 모든 형성 중의 관습·관행 등도 모두 같은 이유로 폐기되어야 할 것이다.[69] 이 경우 관습이 진화하여 관습법 규칙으로 응고한다는 법리는 상정할 수도, 성립할 수도 없게 된다.

---

66) 본서, 제9장, II.3 참조.
67) Qatar/Bahrain case, *op. cit.*, p.80, paras.128~129.
68) B. K. Sibbett, "Tokdo or Takeshima? The Territorial Dispute between Japan and the Republic of Korea", *Fordham International Law Journal*, vol.21, 1998, p.1606, 1644.
69) 예컨대 '현상유지의 법리'(*uti possidetis juris*) 역시 그 타당성, 구속력 및 적용 범위에 있어서 상당한 논란을 야기하는 법리 가운데 하나이다. 박현진, "영토 분쟁과 권원 간 위계: 조약상의 권원, 현상유지의 법리와 실효지배의 권원을 중심으로", 『국제법학회논총』 제59권 제3호(2014. 9), p.109. 또 현행 국제판례 상 묵인(acquiescence)이, 명시적 합의·동의와는 달리, 권원을 창설하는 근거(a root of title)를 구성하는지 불분명하지만, ICJ는 많은 시간에서 묵인의 법리에 의존하여 판결하고 있다.

IV. 울릉군도의 인접성·부속성·통일성: 역사적 사실 관계와 조선의 국가실행

영토·해양경계 분쟁사건에서 국제·중재재판소는 분쟁당사국의 의사를 추정·확인하는 보충적 해석수단으로서 그리고 당사국을 구속하는 근거 내지 증거로 흔히 당사국의 후속 국가실행(관행) 또는 조약체결 시의 사정 등을 원용한다.[70] 일국의 국가원수·행정수반의 일방·공동 선언·성명과 외교장관 등의 발언(동부 그린란드 사건) 등이 여기에 포함된다.

1. 조선 초기의 기록과 국가실행

독도[71]는 울릉도와 함께 고대 우산국의 일부로서 서기 512년 이후 동해상에서 지리적으로 하나의 통일적 정치·경제 공동체를 형성하여 동일한 주권에 복종해 왔음은 역사적 사실이다.[72] 『세종실록』 지리지(1432)

---

70) 조약법에 관한 비엔나 협약, 제31(3)(b)조 및 32조; 본서, 제6장. IV.3 & VI.1~VI.2 및 제7장, V.3~V.4.

71) 1787년(정조 11) 프랑스 해군이 울릉도를 관측하고 다줄레(Dagelet)라 명명하였으며, 1849년(헌종 15)에는 프랑스 포경선 리앙쿠르호가 독도를 '발견'하고 '리앙쿠르 암'(Liancourt Rocks)이라는 이름을 붙였다. 송병기, 『고쳐 쓴 울릉도와 독도』(서울: 단국대 출판부, 2005), p.48.

72) 1416년(태종 16년) 9월 태종은 호조판서 박습의 천거로 우산·무릉도의 사정을 파악하고 조세와 군역을 회피하기 위해 울릉도에 들어가 거주하는 백성들을 본토로 쇄환시킬 목적으로 전 삼척만호 김인우(金麟雨)를 '무릉등처안무사'(武陵等處按撫使)로 임명, 파견한 바, 그는 울릉도에 가서 15가구 86명이 거주하고 있음을 확인하고 그 가운데 3명을 본토로 데리고 1417년 2월 돌아왔다. 여기에서 김인우를 '무릉안무사'로 임명하지 않고 '무릉등처안무사'라고 한 것은 바로 울릉도 외에 또 하나의 작은 섬이 있다는 호조판서의 보고에 따른 것이다. 김인우는 1차 울릉도 조사 후 국왕에 복명하면서 독도를 확인하지는 못하였으나, 울릉도 주민들로부터 '우산도'라는 소도가 있음(傍有小島)을 조정에 보고한 것으로 보인다. 이에 따라 세종은 1425년(세종 7년) 8월 다시 김인우를 이번에는 '우산·무릉등처안무사'로 임명, 울릉도에 들어간 남녀 28명을 쇄환시켜 오도록

에 의하면 "두 섬이 서로 거리가 멀지 않아 날씨가 청명하면 가히 바라볼 수 있다"고 기록되어 있다.[73] 『세종실록』 지리지의 기록은 오랜 세월 동안 독도가 울릉도민의 경제생활의 터전으로서 지속적으로 이용된 경험적 사실을 기록한 것이다.[74] 조선은 관찬『세종실록』 지리지에서 양도가 서로 가시거리 내에 있음을 기록한 후 울진현 우산·울릉도條에서 2개 도서를 명시하여 영유의사를 분명히 하고, 역시 관찬『신증동국여지승람』(1530, 중종 25)에 첨부된「팔도총도」에 이를 명시하여[75] 양도에 대한 '주권자로서의 영유의사와 의지'(intention and will to act as sovereign)[76]를 확인하고 있다. 이어 성종 7년(1476) 김자주(金自周)를 단장으로 한 동해안 시찰단이 삼봉도를 시찰하고 돌아와 조정에 보고한 내용 역시 독도에 관한 기록으로 해석된다.[77] 이후 조선의 무인도유지 정책으로『신증동국여지승람』 강원도 울진현조에서 우산·울릉 1도설이 제기되면서 한 때 양도에 대한 조선의 인식의 혼란이 야기되기도 하였

명했다. 신용하,『독도의 민족영토사 연구』, 전게각주 2, pp.72~77; 나이토우 세이쮸우,『독도와 죽도』(권오엽·권정 역, 서울: 제이앤씨, 2005), p.35.

73) "于山武陵二島 在縣正東海中 二島相去不遠 風日淸明 則可望見", 송병기, 전게각주 71, pp.20~21, 55; 신용하,『독도의 민족영토사 연구』, 상게서, p.61 & 87; 영남대학교 민족문화연구소,『독도를 보는 한 눈금 차이』(서울: 도서출판 선, 2006), p.15.『세종실록』이 편찬된 것은 1454년(단종 2년)이지만, 그 지리지(「신찬팔도지리지」)는 1432년 편찬되었다고 한다. 송병기, 같은 책, p.19.

74) 영남대학교 민족문화연구소,『독도를 보는 한 눈금 차이』(서울: 도서출판 선, 2006), p.22.

75) 본서, 제8장 참조. 고지도상의 오류는 증거능력 자체를 부인하지는 않으나, 다만 지도상에 표시된 그릇된 지리정보의 증명력은 제한을 받게 된다.

76) Legal Status of Eastern Greenland, *supra* note 5, pp.45~46.

77) "…25일에 섬 서쪽 7, 8리 남짓한 거리에 정박하고 바라보니, 섬 북쪽에 세 바위가 벌여 섰고, 그 다음은 작은 섬, 다음은 암석이 벌여 섰으며, 다음은 복판 섬이고, 복판 섬 서쪽에 또 작은 섬이 있는데, 다 바닷물이 통합니다. 또 바다 섬 사이에는 인형같은 것이 별도로 선 것이 30개나 되므로 의심이 나고 두려워서 곧바로 갈 수가 없어 섬 모양을 그려왔습니다…", 신동욱,『독도영유에 관한 연구』(서울: 어문각, 2008), pp.106 107 및 나이토우 세이쮸우,『독도의 죽도』, 전게각주 72, p.45에서 재인용.

으나, 17세기 숙종 조 안용복 사건과 울릉도쟁계 등을 거치면서 2도설이 재확인되고 있다.[78]

2. 조선 중기 국가실행

1696년 봄 안용복은 울릉도 인근해역에서 조업 중인 일본어선 5척을 발견하고 일본 어부들을 향해 "마쓰시마(松島)는 곧 자산도(子山島)로서 조선의 땅"이라는 점을 강조한 것으로 양도에 대한 인식을 재확인하고 있다.[79] 1693년 및 1696년 등 2차례에 걸친 안용복의 도일활동으로 촉발된 울릉도쟁계에서 울릉도·독도 영유권 문제 및 어업권 문제가 불거지자[80] 일본 막부는 1697년 2월 교환공문에서 조선의 울릉도 영유권을 명시적으로 인정하고 조선의 독도 영유권을 묵인한 바 있다.[81] 이어 『만기요람』(1808) 군정편(軍政編)은 "울릉도와 독도는 모두 우산국의 영토"로서 예로부터 독도는 울릉도와 하나의 공동운명체로 인식되어 왔다고 기록하고 있다.[82]

『세종실록』 지리지와 『신증동국여지승람』의 기록에 입각한 이러한 우리 측의 해석에 대하여 가와카미 겐조(川上健三)는 그 외에도 『고려사』 지리지(1451)를 또한 참조할 것을 주장하면서, 『고려사』 지리지에 의하면

---

78) 송병기, 전게각주 71, pp.23~45, 67~71, 73 & 225; 신용하, 『독도의 민족영토사 연구』, 전게각주 2, pp.95~96. 한편 일본 측은 울릉도쟁계(1693~1699) 당시 자국 문헌·지도에서 이미 울릉도와 독도를 정확히 인지하고 묘사하고 있다고 주장한다. 신용하, 같은 책, p.90 & 293 참조.

79) 김학준, 『독도연구 - 한일간 논쟁의 분석을 통한 한국영유권의 재확인』(동북아 역사재단, 2010), p.104.

80) 숙종은 남구만이 개진한 역사적 권원, 울릉도와 동해안 간 지리적 인접성과 안보위협 등에 입각한 적극 대응 진언을 채택, 앞서의 공문을 회수하도록 지시하였다. 본서, 제4장, II.3 및 제6장, II.1 참조.

81) 본서, 제6장, III.2 & IV.3.

82) 신용하, 『독도의 민족영토사 연구』, 전게각주 2, pp.27~28; 바른역사정립기획단, 『일본은 이렇게 독도를 침탈했다』(서울: 한아문화, 2006), p.36.

동해에는 울릉도와 별도로 우산도라는 섬은 존재하지 않는다고 주장한 바 있다.[83] 그는 따라서 조선이 우산도를 정확하게 인식하지 못하고 있었다는 취지의 주장을 제기한 것이나, 이는 전술한 바와 같이 『세종실록』 지리지에서 "우산·무릉 2도"로 명기하고 있으며, 또 『신증동국여지승람』 역시 "우산도, 울릉도"라고 구별하면서 "일설에는 우산, 울릉이 원래 1도"라고 주기하고 있어,[84] 그의 주장에 대해서는 가지무라 히데키(梶村秀樹)와 호리 가즈오(堀和生) 등 일본 학자들조차 비판을 가하고 있다.[85]

3. 조선 후기 국가실행

조선 조정은 1699년 울릉도쟁계가 완전히 마무리된 후 매 3년마다 수토사를 파견하여 울릉도에 대한 정기 순시를 실시, 자원조사 등을 통한 국가기능의 현시로 실효지배를 현시하였다. 더욱이 고종은 1883년 김옥균을 '동남제도개척사 겸 관포경사'로 임명하였으며,[86] 1900년 칙령 제41호를 통해 양도를 관할구역으로 하는 울도군을 창설하는 행정구역개편조치를 통해 실효지배를 강화하였다. 특히 일본이 주장하는 독도편입 시마네현 고시(1905. 2. 22)의 이듬해인 1906년 시마네현 사무관을 책임자로

---

83) 川上健三, 『竹島の歴史地理學的硏究』(동경: 古今書院, 1966), pp.103~105.
84) 나이토우 세이쥬우, 『독도와 죽도』, 전게각주 72, p.43.
85) 나이토우 세이쥬우, 상게서, pp.43~44 참조. 세종조 『세종실록』 지리지와 같은 관찬지리지는 물론, 조선의 관찬지도인 「팔도총도」에서 독도는 부정확하나 명확히 '우산'도로 표시되고 있으며, 이어 정상기가 그린 「동국지도」(1700년 대초), 「해좌전도」(1822), 「조선전도」(1846)에서는 그 위치가 정확하고 일관되게 표시되고 있는 사실은 조선조정이 초기부터 독도를 명확히 인식하고 있음을 보여준다. 김병렬, 『독도: 독도자료총람』(서울: 다다미디어, 1998), pp.257~406, 531~549 및 『독도냐 다께시마냐』(서울: 다다미디어, 1997), pp.325~326. 또 일본의 「일본여지노정전도」(1773), 임자평(林子平)의 「삼국접양지도」(1785) 등 관찬·사찬 여러 지도 역시 조선의 독도영유권을 인정하고 있음을 입증하고 있다. 김병렬, 『독도냐 다께시마냐』, *ibid.*, p.332; 본서, 제9장, VII.2, VIII & IX.
86) 송병기, 『고쳐 쓴 울릉도와 독도』, 전게각주 71, p.112.

하여 은기도사(隱岐島司), 그리고 영토편입 및 대하원 출원인 나카이 요자부로(中井養三郞)를 포함한 45명으로 구성된 일본 관민 조사대가 3월 27일 독도에 도착하여 서도·동도를 차례로 조사하고 3월 28일 울릉도에 상륙, 울도군수 심흥택을 방문한 자리에서 1905년 일본의 독도 '편입' 주장을 알렸다.[87] 놀라운 통보에 접한 심흥택은 강원도관찰사 서리 춘천군수 이명래(李明來)에 "본군 소속 독도가 …"라고 시작하는 보고서를 상주하였다.[88]

「심흥택 보고서」에 접한 이명래는 1906년 4월 29일자로 의정부 참정대신에 이러한 사실을 보고하면서, 여기에 「심흥택 보고서」를 함께 수록하였다.[89] 이러한 일련의 일관된 역사적 사실은 울릉도와 독도가 오랫동안 하나의 역사적 정치·경제공동체로 간주되어 왔다는 점을 입증하는 것으로서, 독도문제는 이러한 본도(주도)인 울릉도 주민들의 독도와 그 인근 해양자원에 대한 이용권(주권적 권리) 등 경제적 이익을 우선적으로 고려하여 접근하는 것이 당연하다. 예컨대 추자도·우도·마라도의 제주도에의 의존·부속성은 이를 웅변한다. 또 대일강화조약 제2(a)조에서 이러한 제주도의 부속도서를 명시하지 않은 점을 이유로 연합국이 당시 이들 부속도서들이 일본의 도서라고 인정한 것이라는 주장은 근거없는 것임은 두말할 나위조차 없다.

87) 송병기, 상게서, pp.198~200.
88) 신석호, "독도소속에 대하여", 『사해』(史海) 창간호(1948. 12), p.89, 91 & 96; 박현진, 전게각주 19, p.83; 송병기, 상게서, p.201.
89) 송병기, 상게서, p.200.

V. 일본 측 기록과 국가실행

1. 17세기 일본 측 기록과 인식

독도를 울릉도의 부속도서로 인식한 기록은 일본 문헌에도 남아 있다
고 한다.[90] 일본측 연구에 의하면 문헌 사료(연대미상의 書狀) 상 '송도'
(松島: 독도)라는 단어가 등장하는 것은 1650년대 초이며, 또 1618년 당
시 막부의 도해면허를 받았다는 일본의 오오야(大谷)家와 무라카와家 등
2개 어부 가문은 울릉도를 제외하고 독도 인근해역에서만 단독 강치포획
은 경제성이 없어 항상 울릉도와 연계하여 조업하는 것을 전제로 출어하
였음이 확인되고 있다.[91] 막부로부터 울릉도 독점 도해면허를 받은 양가
중 무라카와家만이 1650년대 초 독도를 이용하다가 큰 손해를 보았으며,
1681년에 이르러 양가가 함께 울릉도와 독도를 함께 이용하기로 합의하
였다. 또 1696년 막부가 조선조정과 울릉도쟁계의 타결로 울릉도 도해를
공식 금지한 이후, 독도만의 경제적 이용가치가 없었던 점에 비추어 양
가가 울릉도 대신 독도에만 도해하여 물개와 전복을 채취했을 가능성은
희박하거나 심지어 불가능하다고 본다.[92] 당시 일본 막부와 출어 어민
역시 울릉도와 독도는 정치·경제·지리적으로 하나의 통일적 일체성을 가
진 도서군(울릉군도: Ulleung archipelago or Ulleung Islands group)으로
인식되고 있었음을 반증하는 것이라 아니할 수 없다.

또 17세기말 울릉도쟁계 당시 막부가 돗토리현 및 호키(伯耆)주 태수
에게 문의한 서한 그리고 호키주 요나고의 무라카와(村川)家와 오오야家

---

90) 한일관계사연구회(편), 『독도와 대마도』(서울: 지성의 샘, 1996, 2005), 제3부
   종합토론, p.165, 169.
91) 이케우치 사토시, "17~19세기 울릉도 해역의 생업과 교류", 바른역사정립기획
   단(편), 『독도논문번역선』 II(2005), p.131, 142~143.
92) 이케우치 사토시, 상게논문, pp.144~145.

의 울릉도 도해면허 신청서에서 '울릉도 내의 독도'(竹島之內松島), '울릉도 근변의 독도'(竹島近邊松島), '울릉도 근처의 작은 섬'(竹島近所之小島) 등의 표현을 쓰고 있다.[93] 즉 '송도도해면허'를 신청한 서류에서 사용된 이러한 표현은 독도가 울릉도의 부속도서라는 인식이 당시 일본에 팽배해 있었음을 반증한다.[94]

2. 울릉도쟁계와 한·일 교환공문: 특수관습으로서의 거리 관습

특히 1696년 막부의 울릉도 도해면허 취소 및 독도도해금지 조치, 그리고 1697년 2월 일본 막부가 교환공문을 통해 양국 간 특수관습인 거리 관습(지리적 인접성)에 입각, 조선의 울릉도 영유권을 명시적으로 인정하고 그 독도 영유권에 묵시적으로 합의 내지 묵인한 사실[95] 등을 종합적으로 고려한다면, 이는 일본이 독도가 조선의 영토로서 그 인근 해상 조업은 불법임을 인정하고 당시 독도 이남의 해상국경을 묵시적으로 인정한 것 또는 양국이 이에 묵시적으로 합의한 것으로 해석하는 것은 불합

---

93) 송병기, 『고쳐 쓴 울릉도와 독도』, 전게각주 71, p.236; 김병렬, 『독도: 독도자료총람』, 전게각주 85, p.176 & 186 및 김병렬, "독도영유권에 관련된 일본학자들의 몇 가지 주장에 대한 비판", 『국제법학회논총』 제50권 제3호(통권 제103호, 2005. 12), p.77, 91; 신용하, 『한국의 독도영유권 연구』, 전게각주 2, pp.86~87, p.113, 각주 44 & pp.344~345 및 『독도의 민족영토사 연구』, 전게각주 2, p.125; 본서, 제6장, IV.3.

94) 동부 그린란드 사건에서 상설국제사법재판소는 지리적 용어로서 그린란드의 의미를 해석함에 있어서 그 자연적 의미는 지도에 표시된 지리적 의미로 판시하였다. 재판소는 이어 만일 관련 조약들이 특별한 의미로 '그린란드'라는 용어를 사용하고 있다고 주장한다면, 그 입증책임은 노르웨이에 있으며, 노르웨이 측은 이들 조약에서 '그린란드'라는 용어가 단지 '식민지 지역'만을 의미한다는 것을 입증하는데 성공하지 못하였다고 판시하였다. Legal Status of Eastern Greenland, *supra* note 5, p.52.

95) 본서, 제6장.

리한 추론이라 볼 수 없다.[96] 특히 이러한 추론은, 전술한 바와 같이 (V.1), 막부와 일본 어부 가문 등 일본 내에서 독도를 울릉도의 부속도서로 인정하던 전반적 인식과 관행에 부합한다.

울릉도쟁계 당시 교환공문에서 막부 측이 조선 동해안에서 울릉도까지의 거리가 자국 본토 연안에서 울릉도까지의 거리에 비해 가깝다는 점을 인정한 것은 바로 거리관습에 따라 울릉도에 대한 조선의 영유권을 명시적으로 인정한 것이며, 또한 그 부속 무인도서인 독도에 대한 영유권을 묵시적으로 인정한 것으로 해석하는 것이 당시의 지리적 사실과 특수관습, 그리고 막부의 인식과 영유권 관념에 비추어 통상적인 해석이라 할 것이다. 막부와의 교환공문을 통해 조선의 울릉도에 대한 본원적·역사적 권원은 근대 국제법상 조약상의 권원으로 대체되었으며,[97] 막부는 교환공문 전달 당시 동해상 "작은 도서"의 가치·중요성에 대하여 부정적 시각과 인식을 가지고 있었음이 드러나고 있다.[98] 즉 1696년 1월 울릉도쟁계 당시 막부 집정관이 조선의 울릉도 영유권을 결정하면서 "…쓸모없는 조그만 섬을 가지고 이웃나라에 우호관계를 잃는 것은 좋은 계책이 아니다"라고 유시한 데 비추어, 당시 그 부속 무인 소도서인 독도에 대해서는 더 말할 것도 없다고 할 것이다.[99]

이러한 사실에 비추어 볼 때에도 울릉도와 독도는 정치·경제·지리적

---

96) 본서, 제6장, IV.3.
97) 본서, 제6장.
98) 이는 마치 오키섬에 대한 일본의 영유권을 인정하는 경우, 그 반대의 주장이 부재한 경우(실제로 현재 오키섬이나 그 부속도서에 대해 영유권을 주장하는 국가는 없다), 그 인접 부속도서를 포함시키는 것과 마찬가지이다. 오키제도(隱岐諸島: Oki-shotō; Oki-guntō)는 16개의 섬으로 이루어져 있으며[총면적 346.1 km²], 이 가운데 4개 섬에만 주민이 거주한다. 주섬인 Dōgo(島後)는 약 243 km², Chiburi-shima(知夫里島)[약 14 km²], Nakano-shima(中ノ島)[약 33 km²], Nishino-shima(西ノ島)[약 56 km²]이다, 위키피디아, "Oki Islands", at http://en. wikipedia.org/wiki/Oki_Islands (2013. 4. 18 검색).
99) 본서, 제6장, VI.2 참조.

으로 하나의 제도(울릉군도)를 구성하며 양국이 그렇게 간주해왔다는 사실이 인정된다. 일본 어부가문의 약 70년에 걸친 부정기적 월경 어업활동에 근거하여 독도를 일본의 '고유영토'라고 주장하는 것은 1696년 1월 막부 집정(관)의 결정과 유시에도 정면으로 배치되는 주장이다.[100] 일본이 주장하는 '고유영토론' 또는 역사적 권원 주장이 국제법상 유효한 것으로 인정되기 위해서는 법리상 막부가 1696년 1월(1697년 2월 조선 동래부에 통보) 울릉도의 조선령을 공식 인정할 당시 일본이 주장하는 대로 독도가 울릉도의 부속도서가 아닌 별개의 도서로 인식하고 있었다는 것만으로는 충분하지 않으며, 당시 양국 간 교환공문에서 막부가 공식적·명시적으로 조선의 독도 영유권에 관해 유보, 이의 또는 반대를 제기했어야만 했다.[101] 1697년 2월 동래부에 전달된 막부의 교환공문을 통해 조선에 통보된 막부의 결정은 "별도의 단서가 없는 한, 언제나 그 부속도서인 '송도'에 대한 결정을 자동적으로 포함한 것"으로 해석하는 것이 당연하다.[102] 당시 막부가 교환공문에서 인정한 조선의 영유권이 단지 현재의 울릉도에 국한된 것이었다고 주장하는 측은 이에 대한 입증책임을 진다.

또 비록 그렇다 하더라도 당시 양국 울릉도쟁계를 해결하면서 공히 구속력있는 규칙으로 인정한 거리관습에 비추어 볼 때 독도는 오키 섬에 비해 울릉도에 훨씬 가깝다는 점을 막부 측이 인지하고 있었으므로 독도에 대한 별도의 주장을 제기하지 않은 것으로 추론하는 것이 합리적이다. 또 막부는 당시 독도를 울릉도의 부속도서로 인식하고 있었으므로 독도영유권 문제를 제기할 수 없었을 것이다. 울릉도쟁계 당시 일본이 독도주권 문제에 대해 문제를 제기하지 않은 것은 1953년 영/불 간 망끼에·에끄레오 사건에서 국제사법재판소가 1869년 파리 주재 영국 대사관

100) 신용하, 『한국의 독도영유권 연구』, 전게각주 2, p.90.
101) 김병렬, 『독도: 독도자료총람』, 전게각주 85, p.186; 본서, 제6장, III.2.
102) 신용하, 『한국의 독도영유권 연구』, 전게각주 2, p.87.

이 프랑스 측에 보낸 각서에서 망끼에 제도를 '해협제도의 부속도서' (dependency)로 언급한 데 대하여 프랑스 외무장관이 1870년 답서에서 아무런 이의나 유보도 제기하지 않았던 점을 지적한[103] 사례에 흡사하며, 일정한 유추를 가능하게 한다.

요약한다면 울릉도쟁계 당시 막부가 독도 영유권 주장을 제기하지 않은 사실은 독도에 대한 권리·권원이 부재하였음을 입증하는 명백한 증거를 구성한다. 이러한 역사적 사실은 한일 양국의 오랜 관행상 독도를 울릉도의 부속도서로 인식해 왔다는 점을 반증하는 것이다. 또 15세기부터 19세기까지 일본에서 간행된 각종 지도 역시 독도의 위치에 관한 일부 오류에도 불구하고 조선의 독도영유권이 확고하고 일관성있게 표시되고 있다.[104] 특히 고종 31년(명치 27년)인 1894년 일본 해군성이 발행한 「조선수로지」는 울릉도와 독도를 모두 조선의 영토로 표시하고 있으며, 또 1936년 일본의 육군참모본부가 제작한 「지도구역일람도」 역시 독도를 울릉도 및 제주도와 함께 한국의 영토로 표시하고 있다.[105] 이러한 일본 측 기록과 지도는 당시 일본의 독도에 대한 일관된 영유의사 부재를 반증하는 것이다.

3. 19세기 말 명치정부의 입장

울릉도쟁계 당시 막부가 현재의 울릉도에 대한 영유권만을 인정한 것이라는 일본 측 주장은 1868년 명치유신 직후 작성된 일본 정부의 내부

---

103) Minquiers & Ecrehos case, *supra* note 5, p.71 및 본서, 제2장, IV.1 및 제9장, VI.2 참조.
104) 신용하, "조선왕조의 독도영유와 일본제국주의의 독도침략: 독도영유에 대한 실증적 일 연구", 독도학회(편), 『한국의 독도영유권 연구사』(독도연구총서 10, 독도연구보전협회, 2003), p.123, 140~147 참조.
105) 김학준, "독도를 한국의 영토로 원상복구시킨 연합국의 결정 과정", 독도연구 보전협회, 『독도영유의 역사와 국제관계』(독도연구총서 1, 1997), p.189, 205~206.

문서와도 모순된다. 1870년 일본 외무성 문서(「조선국교제시말내탐서」) 와 1877년 일본 태정관(太政官) 지령문서106)에는 도쿠가와 막부가 1696 년 1월 조선과 울릉도와 독도 영유권 문제에 관해 조선의 영유권을 인정 하면서, 독도[松島]는 무주지가 아니라 울릉도[竹島]의 부속도서로서 조선 의 영토로 재확인한 사실을 첨부·기록하고 있다.107) 즉 일본이 덕천막부 의 교환공문에 이어 명치 정부의 1877년 태정관 문서에 이르기까지 약 200년간 일관되게 거리관습에 입각, 독도를 울릉도의 부속도서로 인정· 간주하고 조선의 울릉도·독도 영유권을 명시·묵시적으로 인정한 국가실 행을 보인 것으로 간주하는 것은 지극히 당연하고 타당한 해석이 아닐 수 없다.108)

VI. 연합국의 국가실행

한편 1945년 9월 22일 미국 정부는 승전국을 대표하여 연합국 최고사 령관에 '항복 후 초기 대일본정책'을 수립하고 그에 따른 훈령을 하달하 였다.109) 미국 정부는 이 훈령에서 일본의 주권(영토) 범위를 4개 본도 그리고 카이로선언과 미국이 이미 참가했고 또 앞으로 참가할 기타 협정 에 의해 결정될 '주변의 여러 섬들'(minor outlying islands)로 국한시켰 다.110) 이어 1945년 11월 1일 미국정부는 2번째 훈령111)을 통해 일본의

---

106) 본서, 제6장, IV.3 및 제9장, VII.1 참조.
107) 송병기, 전게각주 71, p.190; 신용하, 『독도의 민족영토사 연구』, 전게각주 2, pp.156~171; 신용하, 『한국의 독도영유권 연구』, 전게각주 2, pp.108~113, 115~126 & 166~175; 독도학회, "독도영유권에 대한 일본주장은 왜 오류인 가?"(2006. 6. 8), 외교통상부 웹사이트, 언론/홍보〉핫이슈〉독도문제, p.11(2007. 11. 2 검색).
108) 본서, 제6장, VI.2 참조.
109) 본서, 제7장, IV.1 및 Park, *supra* note 7, p.125 참조.

'지리적 범위'를 4개 본도와 대마도를 포함한 약 1천개의 '인접 소도서'(smaller adjacent islands)로 보다 구체적으로 규정하였다.[112] 즉 지리적 인접성("adjacent") 내지 지리적 거리("outlying")는 국가실행에 있어서도 영역의 범위를 규정하는 하나의 준거기준으로 작용하고 있음을 보여주는 것이다. 이러한 2개의 미국정부의 지령에 의거, 동경주둔 연합국최고사령관 맥아더 원수는 훈령(SCAPIN) 제677호(1946. 1. 29)[113]를 하달하였다.

이 훈령은 카이로선언, 포츠담선언, 항복문서와 '항복 후 미국의 초기 대일본정책'에 이르는 일련의 연합국의 일관된 대일정책의 연장선상에서 발령된 것으로서 연합국의 공동결정에 의거, 일제가 "폭력과 탐욕"으로 탈취한(카이로선언) 영토를 일본으로부터 분리시킨 처분이며, 한반도 불법강점을 확인하고 원상회복시킨 것으로 해석된다.[114] SCAPIN 제677호는 "일본제국이 일본에서 제외되는 지역에서 또는 그러한 지역의 관리, 사용인 및 기타 인원을 상대로 통치 및 행정상의 권능을 행사하거나 행사하려 기도하는 것을 정지한다"(제1항)고 규정하고, 일본의 영역으로 4개 본도, 대마도 및 북위 30도 이북의 류큐(琉球) 제도와 그에 '인접한' 약 1천 개의 작은 섬들을 포함하는 것으로 규정하면서 독도를 일본의 영

---

110) 여기에서 '미국이 이미 참가했던' 협정이란 1945. 2. 11 미·영·소 등 3개국이 서명한 얄타협정을 가리키며, 이 협정은 일본이 탈취한 남 가라후토(사할린) 와 쿠릴열도를 소련에 반환키로 결정한 바 있다. 김학준, 전게각주 79, pp.213~214; 이상면, "독도 영유권의 증명", 독도학회(편), 『한국의 독도영유권 연구사』, 전게각주 104, p.281, 302.

111) 「연합국최고사령관에 하달된 일본의 점령·지배를 위한 항복 후 기본적 초기지령」(Basic Initial Post-Surrender Directive to the Supreme Commander for the Allied Powers for the Occupation and Control of Japan); 본서, 제7장, IV.1.

112) 이한기, 전게각주 8, pp.264~265, 각주 68; 김학준, 전게각주 79, pp.215~216.

113) Memorandum for Governmental and Administrative Separation of Certain Outlying Areas from Japan, SCAPIN No.677 (1946. 1. 29), available at http://www.geocitics.com/mlovmo/temp10.html.

114) Park, *supra* note 7.

역으로부터 명시적으로 제외시켰다(제3항).

VII. 평가·소결

1. 독도권원의 역사적 전개

한국의 독도 권원을 통시적 관점에서 본다면, 신라시대 서기 512년 양도에 관해 확립한 역사적 권원, 울릉도쟁계(1693~1699) 당시 조선 조정과 막부가 양국 간 일련의 교환공문(약식조약)을 통해 양국 간 특수관습인 거리관습에 따라 조선의 울릉도·독도 주권에 합의한 조약상의 권원,[115] 그리고 1900년 대한제국 고종이 칙령 제41호를 반포하여 울릉도·독도로 이루어진 울도군을 창설, 독도를 울릉군수의 관할하에 두는 등 국가기능의 현시를 통한 실효지배를 강화한 것은 한국의 독도 영토권원이 점진적·확정적 권원으로 응고·확립·강화되는 과정으로 해석할 수 있을 것이다.[116] 칙령 제41호는 '울릉군도'에 대한 권원을 확인하는 법적 근거이자 증거가 된다.[117] 특히 전술한 바와 같이 유인도와 인접 무인 소도서 간 통일성과 부속성에 대한 ICJ의 엘살바도르/온두라스 사건 판결[118]은 그

---

115) 본서, 제6장 참조.

116) Palmas arbitration, *supra* note 5, p.855["···Here, however, we must distinguish between, on the one hand, the act of first taking possession, which can hardly extend to every portion of territory, and, on the other hand, the display of sovereignty as a continuous and *prolonged manifestation* which must make itself felt through the whole territory."(*italics* added)]; Eritrea/Yemen arbitration, *supra* note 1, para.451. 역사적 응고 이론에 대해서는 본서, 제2장, II.4 참조.

117) Sibbett, *supra* note 68, pp.1644~1645.

118) El Salvador/Honduras case, *supra* note 5, p.570, para.356; 본서, 제2장, IV.2 및 상기 II.3 참조.

러한 추론을 가능하게 한다.

더욱이 팔마스 섬 중재판정 및 클리퍼튼 섬 중재판정을 독도주권에 유추·적용한다면, 『세종실록』 지리지에 이어 『신증동국여지승람』과 관찬 「팔도총도」에서 울릉도·독도에 대한 상징적 병합을 통해 영유의사를 공시한 후, 성종과 숙종에 이르기까지 격지 무인도인 독도에 대한 정기·부정기적 수토(평화적·현실적 점유)119)를 통해 가상적·현실적 실효지배를 행사한 사실에 의하여 독도영토주권은 이미 확립된 것이다. 결국 한국의 독도 권원은 서기 512년 신라의 우산국 복속 이후 조선 초기부터 독도는 울릉도의 속도(appendage)로서 양도는 하나의 정치·경제적 단위(통일성)로 간주되어 한국의 주권에 복종해 왔다는 역사적 사실은 의문의 여지가 없다. 또 울릉도쟁계 이후 19세기 말까지 약 200년 간 양국은 공식·비공식 기록·문서에서 일관되게 독도를 울릉도의 부속도서로 인정한 관행120)을 보여주고 있다.

2. 특수관습으로서의 거리관습과 인접성·부속성·통일성

인접성의 원칙과 통일성의 법리는 결국 주권행사의 합법성 및 범위에 관한 것이며,121) 한반도의 부속도서는 육지 및 다른 도서 영토와 불가분의 관계 속에 접근·이해되어야 한다. 조선은 17세기 말 울릉도쟁계 당시 양국 간 특수관습인 거리관습을 통해 울릉도 주권을 공식, 명시적으로 확인받고, 독도주권에 대한 묵인을 받았으며, 일본 막부 측의 도해면허 취소로 독도 남부로 해상경계가 사실상 확인된 것이다.122) 역사적으로 지리적으로 오랜 동안 무인도로 남아 울릉도민들에 의해 개척·이용되고

---

119) 본서, 제4장, IV.2.
120) 본서, 제6장, IV.3.
121) Brownlie, *supra* note 5, 5th edn., 1998, p.147.
122) 본서, 제6장, IV.3.

수호된 독도[123]를 울릉도로부터 지리·경제적으로 독립된 섬으로 주장하는 것은 근거나 설득력이 없다. 특히 원격지 무인도의 경우 실효적 지배는 통상적인 주권자로서 행동하려는 의사와 통상적인 국가권능의 행사요건이 상당히 완화·적용될 수밖에 없다는 점에서도 그러하다. 특히 실제로 독도의 경우 그 지리적 거리는 인접 본섬/주도인 울릉도에서 87.4km 떨어져 있는데 반해 일본의 오키 섬으로부터 거의 그 2배인 157.5km 떨어져 있으며, 또 한반도 본토의 울진(죽변)에서는 216.8km인데 비해 일본 본토 시마네현 마쓰에 시(松江市)에서 독도까지는 약 220km로서 역시 독도가 우리나라의 동해안에서 더 가깝다고 한다.

ICJ는 2007년 니카라과/온두라스 사건에서 양국 간 묵시적 합의에 입각한 사실상의 해상국경(a "*de facto* boundary based on the tacit agreement of the Parties")이 존재하였다는 온두라스 측의 주장[124]을 기각하였다. ICJ는 그 근거로서 온두라스 외무장관이 1982년 5월 3일자 각서(Note)에서 양국 간 해상국경이 법적으로 획정되지 않았다는 점에 니카라과 외무장관과 의견을 같이 하고 이어 더 이상의 국경분쟁을 피하기 위해 당사국들이 적어도 국경에 관한 "잠정"약정("temporary" arrangement)에 합의할 것을 제안하였던 점을 지적하였다. ICJ는 이어 영/불간 망끼에·에끄레오 제도 영유권 분쟁사건 판결[125]을 원용, 이러한 양국 외무장관 간 법적 해상국경이 부재하다는 인정은 교섭과정중의 제안 또는 양보가 아니라 쟁점에 관한 아무런 유보도 표시하지 않은 "사실의 기술"(statement of facts)로서 당시 온두라스의 공식적 견해의 증거로 간주되어야 한다고 판시하고 있다.[126] 즉 이 사건에서는 당사국 쌍방의 외무장관이 각서를 통해 명시적으로 국경의 부재를 인정하고 있다는 점에서

---

123) 홍성근, 전게각주 11, pp.158~159.
124) Nicaragua/Honduras case, *supra* note 1, para.237.
125) Minquiers & Ecrehos case, *supra* note 5, p.71.
126) Nicaragua/Honduras case, *supra* note 1, para.257; Minquiers & Ecrehos case, *loc. cit.*; 본서, 제2장, IV.1, 제5장, III.2 및 제9장, VI.2.

울릉도쟁계 관련 한·일 교환공문의 내용 및 효과와는 다르다.

3. 인접성·통일성 원칙의 한계와 극복

에리트레아/예멘 중재재판소는 다만 주권 현시가 사실상 국가권능행사의 영향이 적거나 전무한 격지영토(outlying territory)에까지 인접성을 추정되는 근거로 원용되는가에 관해 약간의 의문은 남는다고 덧붙였다.[127] 재판소는 또 자연적·물리적 통일성의 원칙을 '양날의 칼'에 비유하면서 이 개념이 "본토의 영향력 하에 있는 근해 해양지형(off-shore features)에 대한 주권을 귀속시키는 수단"으로 인정되고 있다고 판시하면서도, 동시에 그러한 본토 연안 1개 도서에 대하여 확립된 영향력(권능)이 어느 범위까지 자연스럽게 그 연안에 인접·부속한("proximate" to the coast or "appurtenant" to it) 도서에까지 확대되는 것으로 간주되는가에 대한 부수적 의문이 생긴다고 그 한계에 대하여 언급하였다.[128] 이러한 재판소의 입장은 예멘 측이 소송과정에서 피츠모리스(Fitzmaurice), 월독(Waldock)과 드 비셔(Charles de Visscher)를 원용, '자연적 또는 지물리적 통일성의 원칙'을 주장한 데 대하여 재판소가 그 적용가능성·적용범위와 효과 등에 대한 일정한 '유보'를 조건으로 이를 수용한 것으로 볼 수 있다.[129]

이러한 점에 비추어 독도 영유권 '논란'의 시발점은 격지 무인도를 둘러싼 것이며 따라서 무인도 영유권 분쟁에 관한 클리퍼튼섬 중재판정[130]

---

127) Eritrea/Yemen arbitration, *supra note 1,* para.461.

128) *Ibid.,* paras.463~464, quoting D.P. O'Connell, *The International Law of the Sea*(2 vols., ed. by I.A. Shearer), vol.I(Oxford: Clarendon, 1982), p.185. 재판소는 통일성의 원칙을 19세기 널리 확립되어 '주랑현관' 이론(portico doctrine)으로 명명된 바 있다고 설시하였다. *Ibid.,* para.463.

129) *Ibid.,* paras.458, 461 & 463~464; 상기 III.3 & 본서, 제2장, II.2.

130) Arbitral Award of His Majesty the King of Italy on the Subject of the Difference Relative to the Sovereignty over Clipperton Island (France v.

이 유인도인 팔마스 섬 영유권에 관한 중재판정에 비해 독도문제에 법적으로 보다 관련성을 가진 판정이며 또 일정한 유추를 가능하게 하는 판정이라는 점에 유의하여 독도주권문제에 접근할 필요가 있다. 이 사건에서 중재재판관 에마뉴엘 3세는 무인도의 경우 전혀 인간이 거주하지 않는다는 사실로 인해 점유국이 타국의 방해 없이 처음으로 그 영토에 출현한 순간부터 그러한 영역이 그 점유국의 절대적이며 이론의 여지없는 절대적 처분권 아래에 놓이게 된다면, 바로 그 순간부터 '점유의 취득'(the taking of possession)이 성취된 것으로 간주되어야 하며 동시에 선점이 완성된 것으로 추정 또는 간주된다는 것이다.131)

유사한 맥락에서 ICJ는 2007년 니카라과/온두라스 간 영토·해양 분쟁사건에서 소도서·암초에 관한 주권은 질적, 양적 측면에서 상대적으로 미약한 국가권능의 행사에 기초하여서도 성립할 수 있다고 이를 긍정하고 있다.132) ICJ는 2001년 카타르/바레인 간 해양경계획정 및 영토분쟁사건 본안판결을 원용, 문제의 리기탄·시파단 섬의 경우 영토권원 취득의 주관적 요건인 '주권자로서의 자격으로'라는 요건 역시 완화된다고 설시하였다.133) ICJ는 이어 니카라과 측이 문제의 4개 도서에 대한 국가권능

Mexico), Jan. 28, 1931, *American Journal of International Law*, vol.26, 1932, p.390.

131) Clipperton Island arbitration, *ibid.*, p.394["There may also be cases where it is unnecessary to have recourse to this method. Thus, if a territory, by virtue of the fact that it was completely uninhabited, is, from the first moment when the occupying state makes its appearance there, at the absolute and undisputed disposition of that state, from that moment the taking of possession must be considered as accomplished, and the occupation is thereby completed."]; Von der Heydte, *supra* note 34, pp.463~464; Brownlie, *supra* note 5, p.141; 본서, 제2장, II.4 참조.

132) "Sovereignty over minor maritime features … may therefore be established on the basis of a relatively modest display of State powers in terms of quality and quantity.", Nicaragua/Honduras case, *supra* note 1, para.174; Indonesia/Malaysia case, *supra* note 1, para.134.

133) Indonesia/Malaysia case, *ibid.*, para.147.

의 현시 관련 증거를 제시하지 못하여 동 분쟁도서들에 대해 주권자로서 행동할 의사·의지를 입증하지 못하였다고 판시하였다.[134] ICJ는 또 2002년 인도네시아/말레이시아 간 도서영유권 분쟁사건을 원용, 사람이 거주하지 않거나 영구적으로 거주하지 않는, 그리고 경제적 중요성이 비교적 작은 해양지형(maritime features)의 경우 국가권능의 실효적 행사는 상대적으로 희소할(scarce) 수밖에 없으므로 온두라스 당국이 제출한 증거들이 "미약하지만 현실적인 권능의 행사"(a modest but real display of authority)를 구성한다고 판단하면서 동시에 니카라과 측의 항의 부재를 원용하여 온두라스 측이 4개 섬에 대하여 주권자로서 행동할 의사를 입증할 수 있는 전반적으로 충분한 행동양태를 현시한 실효적 지배의 증거로서 인정하였다.[135]

4. 인접성·통일성의 적용가능성·범위를 구체화하는 3가지 기준의 도입

에리트레아/예멘 사건에서 상설중재재판소가 대체로 긍정한 기존 인접성·통일성의 원칙에 구체적 기준(tests)을 확립·도입한다면 이 원칙의 내재적 한계를 극복하고 그 객관적 적용가능성·적용범위에 보다 유효성과 명확성을 기할 수 있을 것이다. 이러한 관점에서 연안국의 영해 밖 근해 유인도-무인도로 구성된 제도의 경우 1) 육안으로 서로 가시거리에 인접해 있어 오랜 동안 무인도가 유인도의 부속도서로 인식·간주되어,[136] 역사·지리·물리적으로 오랫동안 어업 및 해양자원이용 등의 측면에서 하나의 통일적 지리·정치경제공동체(unity)의 단위(unit)[137]로서 기능하여

---

134) Nicaragua/Honduras case, *op. cit.*, note 1, para.208, 제2문단.
135) Nicaragua/Honduras case, *ibid.*, paras.174 & 208; Indonesia/Malaysia case, *op. cit.*, paras.134 & 136.
136) Minquiers and Ecrehos case, *supra* note 5, pp.60, 63 65, 67 & 71.
137) Eritrea/Yemen arbitration, *supra* note 1, paras.458, 462 & 464; Malanczuk,

유인도(주도)의 운명이 부속 무인도의 지위를 규정하는가의 여부;[138] 2) 문제의 무인도에 대하여 『지리지』, 고시 또는 주요 외국 신문·잡지(클리퍼튼 중재사건에서 프랑스의 하와이 언론에 광고 등) 등을 통한 공개적 영유의사·의지의 현시 여부(상징적 병합); 그리고 3) 잠재적 주권자가 상징적 병합 등 1차적 점유취득(the act of first taking of possession) 이후 정기·부정기적으로 최소한의 계속적 국가기능(가상적 실효지배)을 현시(정기·부정기적 수토, 조사 등)하였는가의 여부[139] 등이 그것이다. 물론 이러한 상징적 병합, 가상적 실효지배 행위를 취한 이후 일정한 시간적 단절·중단과 공간적 불연속성에도 불구하고 평화적, 현실적, 계속적 국가권능을 현시한다면 문제의 영토에 대한 권원은 응고·확립되어 실효적 지배(effective control)의 요건을 충족할 것이므로 이는 별도의 확정적 권원으로 성립될 것이다.

VIII. 결 론

영토(해양영토 포함)는 국가의 3요소 중 하나로서 민족·국가공동체의 기반이자 그 전제이다. 또 그 구성원의 육신의 쉼터이자 영혼의 안식처이다. 도서든 육지든 민족에 소여된 지리적 영토·해양 조건은 정치·경제공동체는 물론, 나아가 민족공동체의 정체성(형성)의 근간이며, 민족문화 창출의 거푸집이다.[140] '한반도와 인접도서·바다'라는 지리적·지정학적

---

supra note 44, p.158 참조.

138) Palmas arbitration, *supra* note 5, p.855 & 871.

139) 격지 소도서(outlying possessions)의 경우 그 도서의 모든 지점에서 항상 국가권능의 현시는 불가능하므로[Palmas arbitration, *ibid.*, p.855] 그러한 현시는 상대적·가변적일 수밖에 없으며, 일정한 시·공간적 간극과 불연속성(gaps and intermittence)이 불가피하기 때문이다. Palmas arbitration, *ibid.* p.867.

140) 박현진, "역사적 이성, 실정법적 정의와 독도문제", 『독도연구저널』(해양수산

위치는 바로 우리 민족사의 운명적 만남이자 도전이며, 민족정체성을 규정하는 한 조건임을 부인하기 어렵다. 통시적 민족문화사의 입장에서 볼 때 우리 역사는 간단없는 외세의 침략과 도전에 맞서 이 강역, 공역(空域)과 해양공간을 수호하기 위한 줄기찬 대응과 극복의 역사이다.[141] 또 영토·공역·해양 주권은 민족자결권의 계속성을 담보하는 법적 기초·근거이자 동시에 민족정체성을 규정하는 물적·정신적 기반이다. 그만큼 영토·공역·해양 주권의 의미는 각별하며, 또 영토·해양(국경)과 그 국민(민족) 간 상호관계 역시 밀접하다.[142] 또 지리적·공간적 측면에서 볼 때

개발원, 2010년 봄), p.14, 17; 본서, 제12장, III.1 및 제13장, 2. 역사문제와 영토문제, 참조.

141) 한사군, 수, 당, 몽골, 풍신수길, 만주족과 일제 등 끈질긴 외세의 침략에 맞선 줄기찬 저항·투쟁정신과 불굴의 자유·독립의지는 한국인의 유전인자(DNA) 속에 아로새겨져 그 정체성의 일부를 형성하고 있다.

142) See J. Agnew, "The Territorial Trap: The Geographical Assumptions of International Relations Theory", *Review of International Political Economy*, vol.1, 1994, p.53, 53, at http://www.tandfonline.com/doi/abs/10.1080/09692299408434268#.U7ow4bewe70 (2014. 7. 5 검색). 영토라는 지리적 공간은 민족정체성(national identity)과 민족문화(national culture), 지역·향토문화 등 그 동질적·집단적 사고·의식·심리·가치관 등 정신문화의 형성에 일정부분 영향을 미친다고 본다. G.H. Herb, "National Identity and Territory", in G.H. Herb & D.H. Kaplan(eds.), *Nested Identities: Nationalism, Territory and Scale* (Lanham, MD: Rowman & Littlefield Publishers, 1999), p.9, 12~16(역사, 민족 정체성과 영토 간 상관관계); D. Knight, "People Together, Yet Apart: Rethinking Territory, Sovereignty, and Identities", in G.J. Demko & W.B. Wood(eds.), *Reordering the World: Geopolitical Perspectives on the Twenty-First Century* (Boulder, Colo.: Westview Press, 1994), p.71, 74~75; G. Hofstede, *Cultures and Organizations: Intercultural Cooperation and Its Importance for Survival* (London: HarperCollins, 1991), pp.5, 11~12, 67 & 260~262. 인간은 정착지에 대한 강한 애착심을 가지며[L. Brilmayer & N. Klein, "Land and Sea: Two Sovereignty Regimes in Search of a Common Denominator", *New York University Journal of international Law & Politics*, vol.33, 2001, p.703, 731], 영토는 집단 정체성의 형성에 기여하고[M.N. Shaw, "Territory in International Law", *Netherlands Yearbook of International Law*, vol.13, 1982, p.61, 63], '문화'의 개념에는 그 핵심에 소속감(a sense of

'현 단계'의 우리 민족사는 한반도와 그 주변 도서·해양 공간에 대한 주권 및 주권적 권리를 실정 국제법상의 권리로 확립한 역사이다.

역사상 오랜 동안 무인도로 남아 있었던 격지 근해도서인 독도는 울릉도와 함께 역사·지리적으로 정치·경제 공동체를 구성, 본도인 울릉도 주민들의 경제적 이익에 봉사해 왔다. 독도는 울릉도에서 육안으로 관측되는 가시거리에 위치해 있어 울릉도 주민들의 어로활동과 경제생활의 터전으로 활용된 공간이었다. 인접성의 원칙과 부속도서론은 서양 과학기술혁명과 조선·항해술의 진보에 따른 '지리상의 발견'과 원양 항해시대가 열린 이후 인류의 해양지배권이 강화되면서 그 규범적 구속력에 도전을 받기 시작한 것으로 추정된다. 1920~1930년대 팔마스섬 중재사건과 클리퍼튼섬 분쟁사건은 그 대표적인 예이다. 또 근대 서양 열강들의 무력을 동원한 포함(砲艦) 외교는 부속도서론에 직격탄을 때린 첨병이었으며,[143] 식민지배는 인접성·통일성의 원칙을 무력화시킨 장본인이었다.

근대 국제법은 영토취득의 근거와 방식을 유형별로 규정하면서 실효적 지배를 영토권원의 하나로 인정하였다(팔마스 섬 중재판정). 그러나 무인 소도서에 대한 국가권능의 현시를 입증하는 것은 용이하지 않다는 현실적 문제를 야기하였다. 클리퍼튼 중재판정과 에리트레아/예멘 사건 판결 등은 이러한 무인 소도서에 대한 실효적 지배의 입증상의 어려움을 극복하고, 그 내용·범위 및 요건을 보다 구체적으로 정의·확립하기 위한 선구적인 시도(상징적 병합과 가상적 실효지배)로서, 일정 조건 하에서 인접성의 원칙과 통일성의 법리의 타당성을 긍정하고 있다. 조선시대 격지 무인도였던 독도의 경우 실효적 지배를 입증하는 것이 어려우며 따라서 인접성의 원칙과 통일성의 법리가 당연히 배척된다고 볼 수 없다. 무

---

belonging)이 자리잡고 있다고 한다[B.T. Sumner, "Territorial Dispute at the International Court of Justice", *Duke Law Journal*, vol.53, 2003~2004, p.1779, 1785~1786].

143) 영국은 1885년(고종 22) 3월 1일부터 1887년 2월 5일까지 러시아의 조선 진출을 견제할 목적으로 거문도를 불법 점령한 바 있다.

인도의 경우 유인도에 적용되는 실효적 지배의 요건이 동일하게 적용된다고 해석될 수 없다.[144] 더욱이 한일 양국은 17세기말 울릉도쟁계 당시 양국 간 특수관습인 거리관습에 따라 울릉도 영유권 문제를 해결한 경험과 역사를 가지고 있다.

팔마스 섬 중재판정이나 하와르 제도의 영유권에 관한 카타르/바레인 사건 판결이 접속·인접성의 원칙의 타당성을 전면 부정한 것으로 해석할 수는 없다. 따라서 이를 근거로 독도 주권문제에 인접성의 원칙을 적용할 수 없다거나 동 원칙이 무관하다는 해석은 타당하다고 볼 수 없다. 한 제도·군도 가운데 주도를 지배함으로써 '현실적 점유'를 수반하지 않은 인접 무인 소도서에 대한 점유의 추정을 일으키는 상징적 병합과 가상적 실효지배의 법리[145]는 인접성·부속성·통일성의 원칙의 내용을 보다 구체화하고 한 단계 진화시킨 법리로서, 이를 올바르게 반영하는 독도영유권 논리를 구축한다면 압도적 권원을 확립할 수 있다. 이를 위해서 독도 주권연구는 역사학, 국제법은 물론, 국제정치학, 지리학, 지도학, 지질학, 지형학, 측량학,[146] 해양학(조류 등), 수학,[147] 고고학과 민속학 등 관련 학문을 아우르는 종합적·체계적·융합적 접근을 지향할 필요가 있다.[148]

이러한 관점에서 독도주권 논리는 역사적·지리적·경험적 사실에 기초

---

144) Von der Heydte, *supra* note 34, p.463.
145) 본서, 제4장 참조.
146) 남한 과도정부와 조선산악회는 1947년 8월 16일에서 동월 28일까지 13일 간 광복 후 최초로 80여명의 전문가로 구성된 대규모 민관합동 울릉도·독도 종합학술조사를 실시하였다. 이 학술조사는 광복 후 최초의 독도상륙조사를 통해 고고학·민속학 조사도 실시하였다. 정병준, 『독도 1947』(경기 파주: 돌베개, 2010), pp.121~122 참조; 박현진, 전게각주 19.
147) 정태만, "독도문제의 수학적 접근: 독도는 왜 지리적, 역사적으로 우리 땅이 될 수밖에 없는가?", 『독도연구』 제5호(2008. 12), p.167.
148) 한철호, "독도에 관한 역사학계의 시기별 연구동향", 『한국근현대사연구』, 제40집 (2007년 봄), p.200, 221 참조. 우리 역사학계가 독도연구에 적극 참여하기 시작한 시절은 1978년 일본의 200해리 메디직깅제수역 신꼬 식우부터인 것으로 파악되고 있다. 한철호, 같은 논문, p.206.

하여 국제판례·학설상의 법리를 반영·결합한 분석적·종합적·체계적 이론으로 진화할 될 때 완성될 수 있다. 인접성·부속성·통일성의 원칙은 실효적 지배의 요건·내용, 특히 그 계속성·실효성과 관련된 법리로서, 실효지배의 요건·내용은 고정불변의 법리가 아니라 지리적 상황, 유·무인도 여부 등에 따라 가변적·상대적이다. 즉 유인도의 영유권 판단에 있어서는 인접성·부속성·통일성의 원칙이 중요한 고려요소가 될 수 없지만, 무인 소도서의 영유권 판단의 경우에는 반드시 그렇다고 볼 수 없다(에리트레아/예멘 사건 및 엘살바도르/온두라스 사건). 실제로 한·일 양국은 17세기말 교환공문을 통해 양국 간 특수관습인 '거리관습', 즉 인접성의 원칙에 입각하여 조선의 울릉도 영유권에 명시적으로 합의하고 그 가시거리에 있는 독도의 영유권에 관해서도 막부는 이를 묵인한 바 있다(「울릉도쟁계」).[149] 즉 당시 이미 양국은 인접성의 원칙을 특수관습으로 인정한 것이다. 1697년 율릉도쟁계 당시의 막부의 교환공문에서 1877년 명치정부의 태정관 문서에 이르기까지 일본의 오랜 일관된 국가실행은 울릉군도의 인접성·부속성과 통일성을 명시적으로 인정해 온 사실을 입증한다.

따라서 본 장에서 논의·주장한 바와 같이 인접성·통일성의 법리의 한계를 보완하면서 일관된 의지와 국가실행을 통해 이를 정교하게 발전·심화시켜 활용하는 접근법이 중요하다.[150] '압도적' 사례(a compelling case)

---

149) 본서, 제6장, III.2 참조.
150) 보편타당한 이성과 합리 그리고 정의의 회복을 지향하는 창의적 논리 개발로 국제법이 단순히 강대국의 기득권 보호 수단이라는 '오명'에서 해방시킬 책무는 오롯이 우리의 몫이다. 가일층 창의적·혁신적 법리 연구의 무거운 책무가 현세대 연구자들에게 맡겨져 있다. 제3차 유엔해양법회의에서 몰타(Malta)의 파르도(Arvid Pardo) 대사(1914~1999)가 1967. 11. 1. 국제연합 총회에서 심해저를 '인류공동의 유산'으로 선언한 아포리즘은 1982년 유엔해양법협약에 명문(제136조: "The Area and its resources are the common heritage of mankind")으로 반영되어 실정 국제법 규칙으로 제정되는 결과를 가져왔다. See S.N. Nandan, M.W. Lodge & S. Rosenne(eds.), *United Nations Convention on the*

는 원용·적용가능한 모든 원칙·규칙과 판례·학설에 대한 종합적·체계적·실증적 분석·평가의 기초위에서 정교한 논리를 구축할 때 비로소 가능하다. 특히 진화하고 있는 국제판례의 동향과 흐름을 정확하게 이해·분석하여 이를 창의적으로 해석·적용하는 바탕위에서만 '완벽한' 주권논리의 구축은 가능하다. 기존 국제법 이론과 법리 그리고 영토분쟁 관련 국제판례를 독도문제에 기계적으로 적용할 것이 아니라, 창의적으로 해석·변용시키고 보편타당한 논리·법리를 개발하여 영토주권을 강화하는 유력한 무기로 활용하는 지혜와 사고가 요구된다.

향후 영유권분쟁 관련 국제판례·학설 상 인접성·부속성·통일성의 모호성 등 그 한계를 극복하고 그 보편적 적용을 가능하게 하기 위해서는 그 의미와 내용을 보다 구체화하고 그 요건을 명확하게 정의하려는 노력이 필요하다. 이를 위해 특히 울릉도·독도 관계를 고려하여 다음과 같은 3가지 기준을 도입한다면, 이 법리의 의미·내용을 보다 구체적으로 규정하여 그 객관적·보편적 적용에 기여할 수 있을 것이다. 즉 연안국의 영해 밖 근해 유인도-무인도로 구성된 군도/제도의 경우 1) 지리적 관점에서 육안으로 서로 가시거리에 인접해 있어 무인도가 유인도의 부속도서로 인식·간주되어 왔는가의 여부; 2) 서로 역사·지리적으로 어업·해양자원이용 등의 측면에서 하나의 통일적 정치·경제공동체(unity)의 단위(unit)로서 기능하여 유인도(주도)의 운명이 부속 무인도의 지위를 규정하는가의 여부; 그리고 3) 문제의 무인도에 대한 영유의사의 공개적 천명 여부 및 최소한의 실효지배(가상적 실효지배)의 현시(예컨대 정기·부정기적 방문·조사 등) 여부 등 3가지 기준을 설정·도입한다면 동 원칙에 구체성과 명확성을 부여하여 그 적용상 일관성, 객관성과 예측가능성을 높일 수 있을 것이다.

Law of the Sea 1982: A Commentary, vol.VI(The Hague, London & New York: Martinus Nijhoff, 2002), pp.95~100; GA Resolution 2/49, Dec. 17, 1970; "Arvid Pardo", at http://en.wikipedia.org/wiki/Arvid_Pardo(2014. 12. 9 검색).

제4장 독도 영토주권과 격지 무인도에 대한 상징적 병합·가상적 실효지배

I. 서 론

일본은 조선의 국가권능의 행사가 울릉도에 국한된 것이며, 조선은 독도를 정확히 인지하지 못했거나 또는 '무인도 유지정책'으로 독도를 '방기'하였으므로 독도를 실효적으로 지배하지 못한 것으로 주장하고 있다.[1] 따라서 1905년 일본의 비밀 독도'편입'은 '무주지'의 선점에 해당한다는 주장이다. 이러한 일본 측 주장은 근거있는 주장으로 보기는 어렵다. 왜냐하면 우선 당시 독도는 명백히 무주지가 아니었다는 사실을 일본 역시 충분히 인지하고 있었음이 드러나고 있기 때문이다.[2] 또 후술하는 바와 같이 『세종실록』 지리지(1432) 등의 기록에서 양도에 대한 명시적 언급을 통한 영유의사의 공시, 그리고 조선 성종 7년(1476) 김자주 등의 동해안 시찰단의 보고내용과 숙종의 명을 받아 울릉도·독도를 수토한 삼척첨사 장한상의 보고내용은 모두 독도에 관한 기술로 보는 것이 타당

---

1) 김학준, 『독도연구-한일간 논쟁의 분석을 통한 한국영유권의 재확인』(서울: 동북아역사재단, 2010), p.114; 본서, 제6장, V.1 참조. 접근·거주가 어렵다는 지리적·환경적 특성상 극지·오지에 대한 실효지배와 격지 무인도에 대한 그것 간에는 상당한 유사성이 있다고 보나, 다만 이 글의 목적상 극지·오지 지역에 대한 주권 확립에 요구되는 국가권능의 행사의 양태·요건과 무인 소도서에 대한 그것을 구별하여 분석적으로 논의한다,
2) 허영란, "명치기 일본의 영토 경계 확정과 독도-도서 편입 사례와 '죽도 편입'의 비교", 『서울국제법연구』, 제10권 1호(2003. 6), p.1, 31; 본서, 제6장, VIII(결론) 끝부분 참조.

하며, 아울러 숙종 이후 정기적 울릉도·독도 수토를 통해 (IV.2) 독도에 대한 현실적 지배를 현시한 것으로 합리적으로 추정되기 때문이다.

이 글은 현재 주민이 거주하는 독도가 역사상 오랜 기간 동안 지리적 거리, 불순한 일기 및 가혹한 기후 조건 등으로 인해 격지 무인도로 남아 있었으며, 따라서 당시 독도에 대한 실효적 지배의 양태 및 요건은 인접 유인도인 주도(본섬) 울릉도에 요구되는 일반적인 실효지배의 요건과 같을 수 없다는 점에서 출발한다. 후술하는 바와 같이 팔마스섬 중재판정 (1928), 클리퍼튼섬 중재판정(1931)과 동부 그린란드의 법적 지위(1933) 등 주요 국제판례는 극지·오지 또는 격지 무인도에 대한 주권의 현시가 '영토 내 모든 지점에서 항상 행사될 수는 없으며', 또한 통상적으로 유인도에 대하여 요구되는 엄격한 실효적 지배의 요건은 극지·오지 또는 격지 무인 소도서의 경우 완화·적용될 수밖에 없다는 판례와 법리를 확립하고 있다. 이러한 판례의 입장은 후술하는 바와 같이 Hall, Von der Hyedte, Brierly, Jennings 및 Brownlie 교수에 의해 학설로 정립되어 왔다.

본 장에서는 현대 국제판례 및 학설이 확립하고 있는 '상징적 병합' 및 '가상적 실효지배'의 법리에 입각, 이를 한국의 독도권원의 역사적 전개 과정에 통시적으로 적용·분석하고, 비교·유추·추론 등을 통해 독도권원을 논증하고자 한다. 특히 조선 전·중기 세종·성종과 숙종조 국왕과 조선조정이 독도에 관해 취한 일련의 행위·조치의 국제법적 성격을 실효지배의 주관적 요건(영유의사) 및 객관적 요건(평화적·현실적·계속적 국가권능 현시)의 관점에서 규명하고 아울러 그러한 국가행위·조치의 결과 (법적 효과)로 조선이 확립한 독도권원의 국제법적 성격·근거를 분석한다. 이를 통해 이 글은 한국의 독도 영토주권의 역사적 전개·진화 과정에서 그 동안 일본 측이 한국의 독도 권원의 '취약한 고리'(a missing link)로 주장해 왔던, 조선 초·중기 독도에 대한 '실효지배'의 증거에 관한 '간극'(gap)을 메워 보다 '치밀·완벽한' 독도주권의 법적 논리 구성에 일조해 보고자 한다.

II. 극지·오지에 대한 상징적 병합·가상적 실효지배

1. 선점·실효적 지배의 의의·요건

선점(effective occupation)에 의한 영토 권원의 취득은 원칙적으로 무주지에 대한 주관적 영유의사(*animus occupandi; animus possidendi*)와 함께 일정한 실효적 지배(예컨대 문제의 영역에서의 정착촌 건설 또는 요새의 건축 등)의 현시를 그 요건으로 한다.[3] 이 같은 맥락에서 1999년 나미비아/보츠와나 간 카시킬리/세두두 섬 영유권 분쟁사건에서 국제사법재판소는 지도증거 및 국가권능 행사에 관한 나미비아의 주장을 기각하면서, 나미비아의 선조 또는 현재의 국가당국이 문제의 섬에 대하여 행하였다는 조치에 관해 필요한 정도의 명확하고 확실한 사실을 제시할 것을 요구하였다.[4] 선점의 2가지 요건 가운데 주관적 요건인 영유의사의 존재는 추정될 수 있으므로 실효적 지배의 객관적 요건의 입증이 문제시된다. 다만 선점의 개념이 반드시 주민의 현실적 정착 및 물리적 점유(actual settlement and a physical holding)를 의미하는 것은 아니다.[5]

실효적 지배(effective control)는 문제의 영토에 대한 공공연한 평화적·현실적·계속적 국가권능(입법·행정·사법권)의 행사(*corpus occupandi*)(법률 제정·시행, 세금 부과·징수, 치안유지, 출생·사망 접수·처리, 민

---

3) J.L. Brierly, *The Law of Nations: An Introduction to the International Law of Peace* (6th edn., by H. Waldock, Oxford: Clarendon, 1963), pp.163~164; I. Brownlie, *Principles of Public International Law* (6th edn., Oxford: Clarendon Press, 2003), p.133~134.
4) Case concerning Kasikili/Sedudu Island (Botswana/Namibia), *ICJ Reports*, 1999, p.1045, para.99; Brownlie, *ibid.*, 5th edn. 1998, pp.136~142; *Oppenheim's International Law* (9th edn. by R. Jennings & A. Watts, N.Y.: Longman, 1992), vol.1, pp.688~696 참조.
5) Brownlie, *supra* note 3, p.133.

사·형사 재판관할권 행사 등)를 통한 실효적 점유의 현시를 요구한다.[6]
따라서 문제의 영역에 대한 국제적 기준에 맞는 일정한 질서유지 등이
요구된다.[7] 여기에서 무주지 여부는 실효적 지배에 입각한 영토권원 취
득[8]과 취득시효(acquisitive prescription)에 의한 권원취득 간 차이점을
구성한다.[9] 특히 망끼에·에끄레오 사건 등에서 국제사법재판소는 역사
적·원시적 권원은 그 자체로서는 현대 국제법상 유효한 법적 효과를 발
생시키지 못한다면서, 실효적 지배 등 유효한 권원으로 보완 또는 대체
되어야 비로소 효력을 가질 수 있다고 판시하였다.[10] 실효지배의 현시는

---

6) The Island of Palmas arbitration, 1928, *United Nations Reports of International Arbitral Awards*, vol.2, 1949, p.831; I. Brownlie, *The Rule of Law in International Affairs – International Law at the Fiftieth Anniversary of the United Nations* (The Hague: Martinus Nijhoff, 1998), p.154. 망끼에·에끄레오 영유권 분쟁사건에서 국제사법재판소는 영국 저지섬 당국, 즉 지방행정당국이 문제의 소도서에 대하여 행한 행정행위(재산에 대한 지방세 부과·징수, 망끼에·에끄레오 섬에서 발견된 시신 검시, 저지섬 인구조사 통계에 망끼에·에끄레오 섬 주민 포함, 망끼에·에끄레오 섬 거주 주민 소유 어선의 저지섬 등록) 등 국가기능의 행사에 상당한 증명력을 부여·인정하였다. The Minquiers & Ecrehos case(France/U.K.), Judgment, *ICJ Reports*, 1953, p.47, 65~66 & 67~ 70.

7) F.A.F. von der Heydte, "Discovery, Symbolic Annexation and Virtual Effectiveness in International Law", *American Journal of International Law*, vol.29, 1935, p.448, 463. 17~18세기 호주의 경우 새로 발견된 지역에 대한 단순한 상징적 병합은 완전한 주권적 권리를 부여하지 않고, 단지 미성숙한 권원(an inchoate title)을 부여했을 뿐이며, 상당한 시간 이내에 현실적 점유가 수반되지 않으면 소멸하는 것으로 간주되었다고 한다. Von der Heydte, *ibid.*, p.460.

8) Palmas arbitration, *op.cit.*, p.839; R.K. Gardiner, *International Law* (Harlow, England: Pearson, 2003), p.89.

9) Brownlie, *supra* note 3, p.133.

10) Minquiers and Ecrehos case, *supra* note 6, pp.53~59 & 67; 이한기, 『한국의 영토: 영토취득에 관한 국제법적 연구』(서울대 출판부, 1969), p.289; 본서, 제6 장, III.2, 각주 59 참조. 이 사건에서 양국은 모두 중세에서 기원하는 원시적· 역사적 권원을 원용, 영유권을 주장하였으나, ICJ는 이에 대한 양국 주장의 타 당성 여부에 대한 판단을 유보하고, 영국 저지섬 당국(현지 지방행정청)이 분 쟁도서에서 사법관할권 행사, 현지행정관리(local administration) 등 실효지배 의 현시에 증명력을 부여하여 판결하였다.

영토권원에 해당한다.[11]

2. 상징적 병합

영유권주장이 동결된 남극대륙을 탐사한 탐험가들은 탐험지역에 "깃발을 꽂고, 이정표를 세우고, 탐사 기념패를 설치하거나, 눈 속에 우표와 영유권 주장문서를 묻음으로써" 그리고/또는 엄숙한 선언의식을 거행하여 발견영토에 대한 주권을 주장하기 위한 '상징적 의식'을 거행한다.[12] 이러한 상징적 의식은 "완전히 실효적이지(는) 못한"[13] 것이며 따라서 권원을 창설하지 못한다는 견해가 일반적이다. 이러한 단순한 상징적 의식과는 달리, 상징적 병합(symbolic annexation)이라 함은 국가(정부)의 주권 선언이나 다른 주권 행위(예컨대 주권 공시 등), 또는 국가(정부)가 사전 승인 또는 사후 추인한, 그에 갈음하는 사인(私人)의 행위[14]로서, 일정 영역 또는 도서에 대한 주권취득의 확고한 증거(unequivocal evidence)의 제시를 의도하여 행해지는 국가행위를 의미한다.[15] 상징적 병합은 기본

---

11) Palmas arbitration, *supra* note 6, p.839. 그러나 '국가기능'의 현시(display/manifestation of state authority) 요건과 관련, 위에서 언급한 망끼에·에끄레오 사건 이후 ICJ는 지방행정기관의 행위에 실효지배의 증거로서 법적 효과(증거능력)를 부여하는데 소극적이다. Sovereignty over Certain Frontier Land(Belgium/Netherlands), Judgment, *ICJ Reports*, 1959, p.209, pp.228~229, 231~232, 248~251 & 255; The Temple of Preah Vihear(Cambodia v. Thailand), Merits, *ICJ Reports*, 1962, p.6, 29~30; Brownlie, *supra* note 3, p.137. 이러한 ICJ의 판례에 따르면 1905년 2월 일본 시마네현의 비밀 영토'편입' 주장은 국가기능의 현시로서의 증거능력이 결여된 행위이다.

12) 김기순, 『남극의 영유권주장에 관한 국제법적 고찰』, 박사학위논문, 고려대학교, 1990, p.103; Von der Heydte, *supra* note 7, p.464.

13) 김기순, 상게논문, p.104.

14) 정부의 허가, 승인 또는 추인 등을 수반하지 않는 단순한 사인의 단독행위 등은 국가에 법적 효과를 수반하지 않는다. Fisheries case (U.K./Norway), *ICJ Reports*, 1951, p.116, 184(per Judge McNair).

15) Brownlie, *supra* note 3, p.140.

적으로 발견과 영유의사의 현시로 구성되며, 상당한 국가실행에 의하여 지지를 받고 있다.16)

상징적 병합은 확정적 권원을 부여하지 않지만, 발견에 의한 '미성숙의 권원'을 전제하고 있으므로 그러한 한도 내에서는 상징적 병합에 일정한 법적 효력이 부여되어야 한다.17) 특히 인간거주가 불가능하거나 또는 주민이 희박한 극지·오지지역의 경우(특수사정), 상징적 병합은 최초의 결정적 주권행위로 유효한 권원을 창설하기에 충분하다.18) 따라서 잠재적 권원 경쟁자는 적극적인 국가권능(국가활동) 행사의 증거나 취득시효 또는 상대방의 묵인 등에 의해서만 그러한 상징적 병합에 입각한 '미성숙의 권원'에 대항할 수 있다. 또 상징적 병합 이후 국가권능의 행사에 있어 상당한 기간의 시간적 간격이 있는 경우에는 타국의 현실적·계속적 주권행사에 대항할 수 없다.19) 만일 극지·오지 또는 무인 소도서에 대해서 상징적 병합을 부정하고 권리 유지에 필요한 통상적인 국가권능의 현시를 요구한다면, 군도나 제도를 구성하는 많은 도서 가운데 국가기능이 미치지 않는 오지 또는 무인 소도서의 경우, 강대국의 일방 비밀편입 등에 의한 '점령' 또는 '약탈'이 일어날 가능성과 '평화에 대한 위협'(threats to the peace)을 조장할 가능성도 배제할 수 없게 된다.20)

3. 가상적 실효지배

실효적 지배의 요건은 문제의 영토의 모든 구석까지 항상 현실적·물

16) F.M. Auburn, *Antarctic Law and Politics* (London: C. Hurst & Co., 1982), p.11 & F.M. Auburn, "The White Desert", *International & Comparative Law Quarterly*, vol.19, 1970, p.234; Von der Heydte, *supra* note 7, p.464; Brownlie, *loc.cit.*

17) Auburn, *Antarctic Law and Politics*, *ibid.*

18) Brownlie, *op.cit.*, p.140.

19) Brownlie, *loc.cit.*

20) Brownlie, *ibid.*, pp.140~141.

리적 지배를 행사·유지할 것은 요구하는 것은 아니다. 오지·극지 등 인간의 영구적 거주를 불가능 또는 어렵게 하는 영역에 대한 실효지배의 법적 요건·양태는 거주 가능한 지역·유인도에 대한 실효지배의 그것과는 상당한 차이가 있다. 물리적 지배가 어려운 영역에 대한 실효지배는 영토 내 모든 구석구석까지 항상 행사될 것을 요구하는 것은 아니다. 이 경우 가상적 실효성(virtual effectiveness)의 법리에 따라 그러한 영역의 일부를 점유함으로써 그 일부 영역과 연관된 나머지 영역의 전체에 대한 병합을 달성한 것으로 추정된다.[21] 즉 '가상적 실효성'이란 영토 점유국이 그 국경 내에서 영토 내의 일부 장소·지역을 물리적·현실적으로 점유·정착하여 강한 통치력을 사용·행사하고(dispose of such a strong force), 그러한 통치력이 영역 내 최소한의 법질서 유지·보호를 보장하기 위해 그리고 제3국의 간섭을 배제하기 위해 필요한 경우 그 영역과 연관된 전 지역 또는 그 장소로부터 통치할 수 있는 영역 내 전 지역으로 확대·행사될 수 있을 만큼 강력하고 효과적이라면, 이로써 그 전체 영역에 대한 병합을 추정하기에 충분하다는 법리를 의미한다.[22]

결국 가상적 실효지배라 함은 실효적 지배(effective control)에 일반적으로 요구되는 공연하고 계속적인, 엄격한 국가권능의 현시에 미달하는 미약한 국가기능의 현시만으로도 실효적 지배로 추정될 수 있다는 것을 의미한다. 즉 격지·오지에 대한 그러한 '사실상'의 실효지배를 현실적 실효지배로 간주할 수 있다는 법리이다. 만일 가상적 실효성의 법리를 부정할 경우, 일국이 현실적·물리적으로 점유하지 않은 자신의 격지 인접 영토·도서를 타국이 점령·점유하거나 영유권을 주장하도록 용인하는 결과를 초래하게 될 것이며, 또한 그 국가가 정당하게 점유하고 있는 영토의 안보 역시 위협을 받게 될 것이다.[23] 이러한 이유로 Hall 교수 역시

---

21) Von der Heydte, *supra* note 7, p.462, quoting the *Acquisition of Sovereignty over Polar Territories* by Verdross.
22) *Ibid.*, pp.463, 465 & 467~468.

'정착촌(settlement)이라 함은 실제로 주민이 거주하고 그 직접적 통제를 받는 지역은 물론, 그러한 정착촌의 안보에 필요한 모든 지역과 그러한 정착촌에 부속하는 것으로 통상적으로 간주되는 영토에 대해서도 권리를 가진다'[24]고 강조하고 있다.

4. 동부 그린란드 사건

동부그린란드의 법적 지위 사건에서 핵심 쟁점 가운데 하나는 덴마크 국왕의 권능이 그린란드의 식민지역에서만 행사되었는가 아니면 식민화되지 않은(정착촌이 건설되지 않고 주민이 거주하지 않는) 인구가 희박한 기타 지역에까지 미친 것으로 간주해야 하는가 하는 문제였다. 상설국제사법재판소는 일반적으로 영토분쟁사건은 제기된 2가지 상반된 주장 가운데 상대적으로 우월한 주장을 판별하는 일이라면서, 일방 당사국이 우월한 주장을 내세우지 못하는 경우 다른 당사국이 제시한 현실적 주권적 권리의 행사 방식에도 별로 만족하지 못해왔다고 피력하였다.[25] 따라

---

23) Brierly, *supra* note 3, p.165. 울릉도쟁계 당시 남구만이 숙종에게 "…조종의 강토에 또 어찌 타인을 용납하겠습니까 …만약 왜가 (울릉도를) 점거하여 이것들을 가지면 <u>가까운 강릉, 삼척이 반드시 그 해를 입을 것입니다.</u>"(밑줄은 필자)라면서 앞서 보낸 1차 회답서를 회수하고 강력한 답서를 다시 작성하여 일본(막부)에 보낼 것을 진언하였으며, 숙종은 남구만이 개진한 역사적 권원, 울릉도와 동해안 간 지리적 인접성과 안보위협 등에 입각한 적극 대응 진언을 받아들였다. 본서, 제6장, II.1.

24) W.E. Hall, *A Treatise on International Law* (8th edn., N.Y.: Clarendon Press, 1917), p.129['a settlement is entitled, not only to the lands actually inhabited and brought under its immediate control, but to all those which may be needed for its security, and to the territory which may fairly be considered to be attendant upon them'.], Brierly, *loc. cit.*

25) Legal Status of Eastern Greenland(Denmark v. Norway) *PCIJ Ser. A/B*, No.53, 1933, p.22, 45~46["It is impossible to read the records of the decisions in cases as to territorial sovereignty without observing that in many cases the tribunal has been satisfied with very little in the way of the actual exercise of

서 "극히 소수의 인구가 거주하거나 정착 주민이 부재한 영토에 대한 주권주장에 관해서는, 다른 국가가 월등한 권리 주장을 내세우지 않는 이상, 주권의 현실적 행사의 수준이 낮더라도 재판소 측이 만족할 수 있다"는 것이며 이를 영유권의 근거로 용인할 수 있다는 것이다.[26)]

이에 따라 재판소는 우선 기존 국제판례의 입장을 보다 구체화하면서 선점에 의한 영역취득의 요건으로 2가지 요건을 제시하였다. 즉 권원의 주장·공표 등 주권자로서 행위하려는 영유의지·의사의 존재(will and intention to act as sovereign), 그리고 국가권능의 행사를 통한 "권원의 계속적·평화적·현실적 현시"가 그것이다.[27)] 재판소는 그러나 "인구가 희박하거나 정착주민이 없는 지역"(areas in thinly populated or unsettled countries)인 그린란드의 경우, 즉 지역·지형적 성격·상황에 따라 기후조건이 가혹하며(inhospitable) 외진(remote) 극지·오지 등 접근이 어려운 지리적 원격지의 경우 그에 대한 주권행사는 제한적일 수밖에 없으며, 따라서 그러한 지역에 대한 실효지배의 내용과 양태는 접근이 용이한 지역에 대한 실효지배의 그것과 다를 수밖에 없다면서 그러한 지역에 대해서는 통상적인 실효적 지배의 엄격한 요건은 이를 완화시켜 적용할 당위성을 역설하였다.

재판소는 극지·오지 등 접근이 어려운 지역의 경우 "원격지가 아닌 지역에서는 부적당하게 보여지는 것 같은 지배행위를 현재에는 실효적인 것으로서 아마 수락하려는 의사를 표시"[28)]한 것으로 해석된다. '실효적

---

sovereign rights, provided that the other State could not make out a superior claim. This is particularly true in the case of claims to sovereignty over areas in thinly populated or unsettled countries".]

26) Western Sahara, Advisory Opinion, *ICJ Reports*, 1975, p.12, 43.
27) Legal Status of Eastern Greenland, *loc. cit*; Territorial and Maritime Dispute in the Caribbean Sea (Nicaragua v. Honduras), Judgment, *ICJ Reports*, 2007, p.659, paras.172 & 177; Sovereignty over Certain Frontier Land, *supra* note 11, p.250; P. Malanczuk, *Akehurst's Modern Introduction to International Law* (7th edn., London: Routledge, 1997), pp.148~149; 이한기, 전게각주 10, p.287.

점유'는 반드시 영역 내 모든 지역에 대한 현실적·물리적 정착을 의미하는 것은 아니며, 실효적 점유·지배의 내용은 선험적·고정불변이 아니라 지역적 상황에 따라 상대적·가변적인 것이라는 취지로 판결한 것이다. 이러한 논지에서 재판소는 덴마크/노르웨이 국왕이 1721년 한스 에게데(Hans Egede)에 의한 식민지 건설로부터 1814년까지(덴마크/스웨덴 연합왕국에서 노르웨이가 분리된 때) 유효한 주권 주장을 자국에 부여하기에 충분한 정도까지 그 권능을 현시하였으며 또 그린란드에 대한 국왕의 권리가 식민지 지역에만 국한되지는 않았다고 설시하였다.[29]

재판소는 이어 덴마크가 그린란드에 대하여 취한 입법·행정행위와 체결한 다수의 조약에 비추어 볼 때 문제가 된 1814년에서 1915년까지의 기간 동안 이러한 덴마크의 행위는 식민화된 지역은 물론 식민화되지 않은 지역을 포함, 그린란드 전역에 대한 권원을 부여하기에 충분한 정도로 국가권능을 현시한 것으로 간주되어야 한다고 판시하였다.[30] 보다 구체적으로 상설국제사법재판소는 1) 1931년까지 그린란드에 대하여 덴마크 이외의 국가에 의한 주권 주장이 없었다는 사실;[31] 2) 북극권에 속하며 접근이 어려워 주민이 거주하지 않는 그린란드 내륙지역에 대해서는 지속적·적극적 국가권능의 행사를 기대하는 것이 불합리하다는 현실 그리고 3) 보다 우월한 주권주장이 부재한 경우 "상대적으로 미약한 권능의 행사"(a relatively slight exercise of authority)[32]를 그린란드 전역에 대한 덴마크의 현실적 주권의 현시로 간주하면서 통상적인 실효적 지배에 갈음하는 권원의 근거 및 증거로 인정하였다. 이러한 상설국제사법재판소의 논거와 논지는 다음 절에서 설명하는 바와 같이(III.4) ICJ에 의하여 2007년 니카라과/온두라스 사건에서 사실상 답습되었다.

---

28) 이한기, 상게서, pp.288 & 290~291.
29) Eastern Greenland case, *loc. cit*, 이한기, 상게서, p.288.
30) Eastern Greenland case, *ibid.*, p.54; Brownlie, *supra* note 3, p.136.
31) Eastern Greenland case, *ibid.*, p.46.
32) Brierly, *supra* note 3, p.164.

III. 격지 무인도에 대한 실효적 지배

1. 상징적 병합

일반적으로 영토취득은 무주지의 발견·병합과 후속 국가기능의 행사(실효적 지배)를 통하여 완성된다. 그러나 독도와 같이 과거 오랫동안 무인도로 남아있던 소도서에 대한 권원주장에는 통상적인 실효적 지배의 요건·절차가 요구되는 것은 아니라는 것이 확립된 국제판례의 입장이다. 무인도 또는 인간의 거주가 어려운 지역의 경우 그러한 영역에 대한 주권의 현시는 시간적 간극과 공간적 단절도 불가피하게 용인될 수 있으며, 이는 바로 주권 부재로 해석될 수 없다.[33] 영토주권의 현시는 원칙적으로 계속적이어야 하지만, 이는 모든 순간, 모든 지점에 대하여 행사될 수는 없으며, 그러한 권리 유지에 부합하는 간극·단절의 양태·조건은 지역의 특성, 유·무인도 여부, 위요지 여부 또는 공해로부터 접근가능 여부 등에 따라 달라진다.[34] 즉 실효적 지배의 관념과 요건은 고정불변이 아

---

33) Palmas arbitration, *supra* note 6, p.840, 867 & 855["[t]hat in the exercise of territorial sovereignty there are necessarily *gaps, intermittence* in time and discontinuity in space··· The fact that a State cannot prove display of sovereignty as regards such a portion of territory cannot forthwith be interpreted as showing that sovereignty is inexistent. Each case must be appreciated in accordance with the particular circumstances."(이탤릭은 필자)]. 이는 캐롤라인 제도(Caroline islands)의 경우에도 적용된다고 한다. Von der Heydte, *supra* note 7, p.466.

34) Palmas arbitration, *ibid.*, p.840["Manifestations of territorial sovereignty assume, it is true, different forms, according to conditions of time and space. Although continuous in principle, sovereignty cannot be exercised in fact at every moment on every point of a territory. The *intermittence and discontinuity* compatible with the maintenance of the right necessarily differ according as inhabited or uninhabited regions are involved, or regions enclosed within territories in which sovereignty is incontestably displayed or again regions

니라 가변적·상대적인 것이다.

따라서 무인도에 대해서는, 유인도와는 달리 최초의 국가권능행사 또는 상대적으로 미약한 국가권능의 현시로도 실효적 지배의 증거로 원용될 수 있다. 이는 유인도 경우 국가권능은 명시적으로 공연히 행사되는데 비해, 무인도의 경우에는 그러한 명시적, 공연한 국가권능의 행사를 입증하기 어렵다는 사실에 기인한다. 예컨대 육지에서 멀리 떨어진 일단의 소도서로 이루어진 원격 제도·군도의 경우, 그 가운데 가장 중요한 하나의 도서에 대한 현실적 점유와 하나의 정착촌(one settlement) 건설을 통해 나머지 실제로 점유하지 않은 인접도서 전체에 대한 실효적 점유의 추정을 가능하게 하는 것으로 해석된다.[35] 다만 그러한 최초의 상징적 병합은 상당기간 내에 물리적·현실적 점유(실효지배)로 보완할 것을 요구하는 것이 일반적이다.

이러한 관점에서 무인도 등에 대한 실효적 지배의 원칙·요건은 크게 3가지로 요약될 수 있다:[36]

'1) 권원취득에 실효적 지배를 요구하는 일반원칙을 인정하면서, 예외적으로 사람들이 거의 왕래하지 않는 무인도에 대한 주권은 상징적 병합으로 취득된다;

2) 일반적으로 요구되는 선점은 문제의 영역에 모든 구석에 미칠 필요는 없다. 단지 그 영역의 일정한 장소에서 강력한 권능을 행사하여 필요할 경우 전체 영역으로 확대시켜 그 국경 내에서 최소한의 법질서와 법적 보호를 보장하면 된다(가상적 실효성); 그리고

3) 선점 외에 지리적 접속성은 완전하고 충분한 권원으로 인정된다.'

---

accessible from, for instance, the high seas."(이탤릭은 필자).]; 이한기, 전게각주 10, p.292; Brownlie, *supra* note 3, p.135; Malanczuk, *supra* note 27, p.149.
35) Von der Heydte, *op. cit.*, p.468.
36) *Ibid.*, pp.462~463 & 467 이하.

2. 클리퍼튼 섬 중재판정

프랑스와 멕시코 간 클리퍼튼섬(Clipperton Island)[37] 영유권분쟁사건 중재판정[38]에서 1858년 11월 17일 이 해역을 항해하던 프랑스 상선 (L'Amiral)에 승선한 해군 대위(Victor Le Coat de Kerweguen)가 이 섬을 발견, 영토주권을 선언하고 항해 관련 자세한 지리적 비망록(careful and minute geographical notes)을 작성한 후 소형 선박을 이용하여 선원 중 일부를 한 차례 상륙시키는데 성공하였다. 그는 3일 후인 11월 20일 저녁 2차 상륙에 실패한 후 섬에 별다른 주권표지를 남기지 않고 섬을 떠나면서 도서발견 사실을 호놀룰루 주재 프랑스 영사관에 통보하자 동 영사관은 하와이 정부에 무주지의 발견과 프랑스의 주권 주장을 통보하고, 또 호놀룰루에서 발행되는 폴리네시안(The Polynesian)紙의 1858년 12월 8일자 2면에 프랑스가 클리퍼튼섬에 대한 주권을 이미 선포하였음을 선언하는 영문 광고(advertisement)를 게재하였다.[39]

---

37) 클리퍼튼 섬은 멕시코 남서쪽, 코스타리카의 서쪽 그리고 에콰도르 령 갈라파고스 제도의 북서쪽으로 2,420km 떨어져 있는 동태평양 무인 산호 환초(an uninhabited coral atoll)로서 그 한쪽 끝에는 작은 화산 암석이 솟아 있어, 지질학적으로 이 섬은 단순히 암석(rock)은 아니다. 환초의 둘레는 약 12km, 환초 내 산호 석회석(coral limestone)의 평균 폭은 약 200m, 면적은 약 $1.6km^2$이며, 초목(vegetation)이 거의 자라지 못한다. 1892년부터 1917년까지 일부 주민들이 이 섬에 거주한 바 있으나 이들은 지속적인 외부의 지원을 필요로 했으며, 구아노(guano) 채취만으로 독자적 경제생활을 영위한 것으로 보기는 어렵다. J.M. Van Dyke & R.A. Brooks, "Uninhabited Islands: Their Impact on the Ownership of the Oceans' Resources", *Ocean Development & International Law*, vol.12, 1983, p.265, 269 & 287; 위키피디아, at http://en.wikipedia.org/wiki/Clipperton_Island.

38) Arbitral Award of His Majesty the King of Italy on the Subject of the Difference Relative to the Sovereignty over Clipperton Island(France v. Mexico), Jan. 28, 1931, *American Journal of International Law*, vol.26, 1932, p.390.

39) 동 영문 광고의 내용은 Van Dyke & Brooks, *supra* note 37, p.269 & 290,

이후 1887년 말까지 프랑스를 포함한 그 어떤 국가도 이 섬에 대한 적극적이고 분명한 국가권능을 현시하는 그 어떤 행정조치도 취한 바 없었으며, 섬은 무인도로 남아있었다.[40] 1897년 11월 24일 프랑스 해군 태평양 정찰대의 한 해군 대위가 무인도인 이 섬에서 샌프란시스코 소재 인산회사(Oceanic Phosphate Co.)를 위하여 구아노(guano)를 수집하는 세 사람을 발견하였으며, 이들은 프랑스 함정이 출현한 것을 보고 미국 국기를 게양하였으므로 프랑스는 이에 관해 미국 측에 해명을 요구하였다. 약 한 달 후인 1897년 12월 13일 멕시코는 프랑스 측의 선점주장을 무시하고 포함(gunboat)을 파견, 일부 장교와 해병 병사들이 섬에 상륙, 역시 동일한 미국인들을 발견하여 이들로 하여금 미국 국기를 멕시코 국기로 바꾸어 게양토록 강제하고,[41] 이후 과거 종주국이었던 스페인의 발견에 근거하여 영유권을 주장하기 시작하였다.

이에 대해 단독 중재재판관 에마뉴엘 이태리 국왕은 비록 멕시코가 주장하는 역사적 권원이 존재하더라도 멕시코가 단지 자국 국기를 게양하는 상징적 행위에만 종사하였으며 이후 평화적·계속적인 주권의 현시라는 요건을 충족하지 못하였다고 판시하였다.[42] 중재재판관은 특히 프랑스 해군대위의 '발견'의 자연스런 결과로서 상징적 병합이 아니라 1858년 프랑스가 취한 상징적 병합행위(하와이 정부에 통보 및 하와이 잡지 공시)에 기초하여 판결하였다.[43] 그는 이어 프랑스가 최초의 주권선언 후 실효적 지배의 요건을 충족했는지의 판단해야 한다면서, 실효적 점유는 명목적 점유가 아니라 현실적 점유가 필요조건이며, 현실적 점유는 하나 또는 일련의 행위로 구성된다고 판시하였다.[44]

---

fn.13 참조.

40) Clipperton Island arbitration, *op.cit.*, p.391; Brownlie, *supra* note 3, p.141.

41) Clipperton Island arbitration, *ibid.*, p.392

42) *Ibid.*, p.393 & Eastern Greenland case, *supra* note 25, p.46.

43) Von der Heydte, *op.cit.*, p.463.

44) Clipperton Island arbitration, *op.cit.*, p.393["…that by immemorial usage

중재재판관은 프랑스가 공시를 통한 주권 선언, 1897년 멕시코의 주권 주장에 대한 항의, 1858년 클리퍼튼섬 상륙 그리고 구아노 채취 허가 등에 기초하여 프랑스의 영유권을 인정하였다.[45] 중재재판관은 무인도의 경우 유인도에 관한 영유권 확립에 요구되는 절차를 따르는 것이 필수적인 것은 아니라는 취지로 판단하였다. 즉 주민이 거주하지 않는, 가혹한 (inhospitable) 격지 무인도에서는 국가권능의 현시라는 통상의 실효지배의 엄격한 요건이 완화되어, 주권자가 실효적으로 지배할("effectively occupy") 것이 요구되지 않으며,[46] 최초의 결정적인 주권행위(예컨대 클리퍼튼섬 분쟁사건에서 하와이 정부에의 통고 및 신문·잡지 공시 등)로 유효한 권원을 창설하는데 충분하다는 것이다.[47] 중재재판관은 무인도의 경우 전혀 인간이 거주하지 않는다는 사실로 인해 점유국이 타국의 방해 없이 처음으로 그 영토에 출현한 순간부터 그러한 영역이 그 점유국의 절대적이며 이론의 여지없는 절대적 처분권 아래에 놓이게 된다면, 바로 그 순간부터 '점유의 취득'(the taking of possession)이 성취된 것으로 간주되어야 하며 동시에 선점이 완성된 것으로 추정 또는 간주된다는 것이다.[48]

---

having the force of law, besides the *animus occupandi*, the actual, not nominal, taking of possession is a necessary condition of occupation. This taking of possession consists in the act, or series of acts, by which the occupying state reduces to its possession the territory in question and takes steps to exercise exclusive authority there…"].

45) Clipperton Island arbitration, *ibid.*, pp.391~392.
46) Van Dyke & Brooks, *supra* note 37, pp.269~270 & 287~288.
47) Brownlie, *supra* note 3, pp.140~141 & *supra* note 4, pp.145~146.
48) Clipperton Island arbitration, *supra* note 38, p.394["There may also be cases where it is unnecessary to have recourse to this method. Thus, if a territory, by virtue of the fact that it was completely uninhabited, is, from the first moment when the occupying state makes its appearance there, at the absolute and undisputed disposition of that state, from that moment the taking of possession must be considered as accomplished, and the occupation is thereby completed.**]; Von der Heydte, *op.cit.*, pp.463~464, Brownlie, *supra* note 3, p.141.

3. 가상적 실효지배

일반적으로 상징적 병합으로 개시된 영역주권을 취득하는 절차를 완성하기 위해서는 그 점유자가 자신의 배타적 권리를 집행하고(effect) 자신이 부과하는 법령을 존중하게 할 수 있는 기관을 설치하는 등의 추후 점유(later occupation)가 필수적이다.[49] 그러나 전술한 바와 같이 인간의 거주가 어려운 격지 소도서의 경우, 실효적 점유 내지 지배의 개념은 정의하기 어려워지게 된다. 격지 무인도서의 경우 고립성 및 거친 기후 등 거주 부적합성 등의 이유로 국가기능의 현시는 용이하지 않다. 따라서 격지 도서에 대한 주권확립의 경우에는 통상적으로 요구되는 실효적 지배의 증거는 매우 낮은 수준이라도 충분하다.[50] 그러한 격지 도서에 대한 권리의 유지에 지나치게 높은 수준의 지배를 요구하거나 실효성의 명확한 최소기준(a determinate minimum of 'effectiveness')을 요구하는 것은 19세기의 실효성(effectiveness)의 개념으로 복귀하여 평화에 대한 위협을 부추기게 될 것이며, 문제해결에 도움이 되지 않는다(unhelpful).[51] 만일 전혀 주민이 거주하지 않는 무주지의 경우 점유국이 처음으로 그곳에 출현(appearance)한 순간부터 점유국의 이론의 여지없는 절대적 처분하에 놓이게 된다면, 그 순간부터 점유는 달성된 것으로 간주되고 선점이 완성된다.[52] 불완전한 물리적·현실적 지배의 행사로서 실효적 지배의 추정을 일으키게 되기 때문이다.

이와 관련, 팔마스섬 중재판정 부수적 의견에서 후버 재판관이 '접속성이론'을 부정하는 견해를 피력하면서도[53] 다른 한편에서는 일정사정하

---

49) Clipperton Island arbitration, *ibid.*, pp.393~394.
50) Eritrea/Yemen arbitration, Phase I (Territorial Sovereignty and Scope of the Dispute Award), Permanent Court of Arbitration(PCA), 1998, available at http://www.pca-cpa.or, para.523.
51) Brownlie, *supra* note 3, pp.140~141 & *supra* note 4, p.145.
52) Clipperton Island arbitration, *op.cit.,* p.394.

에서는 제도의 일체성·통일성을 인정할 수 있다고 시사한 것은 흥미롭다. 즉 일정한 조건하에서는 복수의 도서로 이루어진 제도·군도의 경우 그 가운데 가장 중요한 섬을 현실적으로 점유함으로써 나머지 도서들에 대한 권리도 인정될 수 있다고 설시한[54] 점(가상적 실효지배)은 울릉도와 독도의 일체성·통일성(아래 Ⅳ.3)과 관련하여 주목을 요하는 대목이 아닐 수 없다. 특히 후술하는 바와 같이(Ⅳ) 조선 초 울릉도 주민의 본토 송환, 17세기말 울릉도쟁계 당시 막부에 대한 조선 조정의 단호한 외교적 대응 그리고 1900년 고종의 칙령 등 일련의 조치는 조선의 통치력이 한반도 또는 울릉도로부터 독도를 포함한 조선의 강역 전체에 대하여 타국의 간섭을 배제하고 강력하게 확대·행사되었음(실효적 지배)을 입증하는 사례일 것이다.

4. ICJ의 관련 판례

ICJ는 2002년 인도네시아/말레이시아 간 도서영유권 분쟁사건에서[55]

---

53) Palmas arbitration, *supra* note 6, p.869["The title of contiguity, understood as a basis of territorial sovereignty, has no foundation in international law".] & p.855["Nor is the principle of contiguity admissible as a legal method of deciding questions of territorial sovereignty; for it is wholly lacking in precision and would in its application lead to arbitrary results. This would be especially true in a case such as that of the island in question, which is not relatively close to one single continent, but forms part of a large archipelago in which strict delimitations between the different parts are not naturally obvious."].

54) Palmas arbitration, *ibid.*, p.855["As regards groups of islands, it is possible that a group may under certain circumstances be regarded as in law *a unit* and that *the fate of the principal part may involve the rest.*"(italics added)] & p.871["The Island of Palmas (or Miangas) forms in its entirety a part of the Netherlands territory."].

55) Sovereignty over Pulau Ligitan and Pulau Sipadan(Indonesia/Malaysia), Judgment, *ICJ Reports*, 2002, p.625, para.134.

두 당사국의 문제의 도서에 대한 실효성(effectivité)의 사실/양태를 비교·분석하면서 리기탄·시파단 두 섬이 무인도 또는 사람이 상주하지 않는 아주 작은 섬으로서 이 경우 주권적 권리의 현실적 행사가 최소한에 그쳐도 영토주권 확립에 충분하며, 두 섬과 같이 무인소도서의 경우 실효지배의 현시는 일반적으로 빈약할 수밖에 없다는 점을 인정하고 있다.56) 즉 상당기간에 걸쳐 비록 미약하더라도(modest) 문제의 분쟁도서에 대한 영유의 의사로 국가기능의 행사를 현시하는 일정한 양태를 보여주는가(show a pattern)를 검토·판단해야 한다.57) 이러한 소도서·암초에 관해서는 질적·양적 측면에서 상대적으로 미비한 국가권능의 행사에 기초하여서도 주권이 확립될 수 있다는 것이다.58) ICJ는 2001년 카타르/바레인 간 해양경계획정 및 영토분쟁사건 판결을 인용, 리기탄·시파단 섬의 경우 영토권원 취득의 주관적 요건인 '주권자로서의 자격으로'라는 요건 역시 완화된다고 판시하였다.59)

ICJ는 2007년 니카라과/온두라스 사건에서 우선 니카라과 측이 문제의 4개 도서에 대한 국가권능의 현시 관련 증거를 제시하지 못하여 동 분쟁도서들에 대해 주권자로서 행동할 의사·의지를 입증하지 못한 점을 지적하였다.60) ICJ는 2002년 인도네시아/말레이시아 간 도서영유권 분쟁사건을 원용, 사람이 거주하지 않거나 영구적으로 거주하지 않는, 그리고 경제적 중요성이 비교적 작은 해양지형(maritime features)의 경우 국가권능

---

56) *Loc.cit.* ["···in the case of very small islands which are uninhabited or not permanently inhabited – like Ligitan and Sipadan, which have been of little economic importance (at least until recently) – *effectivité* will indeed generally be scarce."].

57) *Ibid.*, paras.136 & 148; Nicaragua/Honduras case, *supra* note 27, para.175.

58) Nicaragua/Honduras case, *ibid.*, para.174["Sovereignty over minor maritime features···.may therefore be established on the basis of *a relatively modest display of State powers in terms of quality and quantity.*"](이탤릭은 필자).

59) Indonesia/Malaysia case, *supra* note 55, para.147.

60) Nicaragua/Honduras case, *op.cit.*, para.208, 제2문단.

의 실효적 행사는 상대적으로 희소할(scarce) 수밖에 없으므로 온두라스 당국이 제출한 증거들이 "미약하지만 현실적인 권능의 행사"(a modest but real display of authority)를 구성한다고 판단하면서 동시에 니카라과 측의 항의 부재를 원용하여 온두라스 측이 4개 섬에 대하여 주권자로서 행동할 의사를 입증할 수 있는 전반적으로 충분한 행동양태를 현시한 실효적 지배의 증거로서 인정하였다.[61]

ICJ는 또 이 경우 일반적 성격의 행정규제 또는 행정행위도 문제의 도서에 관한 것이라는 것이 명백하기만 하다면, 실효적 영역관할권의 행사로 간주될 수 있다고 판시하였다.[62] 이는 니카라과 측이 상대적으로 우월한 영유권 주장을 입증하지 못한 상황에서 온두라스 측이 제시한 현실적 국가권능의 행사의 양태 역시 충분히 만족할 만한 수준은 아니었지만 재판소로서는 제출된 증거자료에 입각하여 결정해야만 하는 상황에서 증거자료의 신빙성의 상대적 우월성의 관점에서 내린 불가피한 선택이었음을 주목할 필요가 있다.[63] 유사한 맥락에서 ICJ는 이에 앞서 1992년 엘살바도르/온두라스 간 영토·도서 및 해양경계분쟁 사건에서 과거 양국의 선행 종주국 스페인의 식민지법이 국경선 인근 지역 또는 경제적 가치가 미미하며 인구가 희박한 지역(the appurtenance of marginal areas, or sparsely populated areas of minimal economic significance)이 어느 나라에 접속·귀속했는지의 여부를 판단하는데 명확하고 확정적인 답을 주지 못하는 경우도 충분히 가능하다고 판시하였다.[64]

---

61) Nicaragua/Honduras case, *ibid.*, paras.174 & 208; Indonesia/Malaysia case, *op.cit.*, paras.134 & 136.
62) Nicaragua/Honduras case, *ibid.*, para.174; Indonesia/Malaysia case, *ibid.*, para.136.
63) Nicaragua/Honduras case, *ibid.*, para.173, quoting Legal Status of Eastern Greenland, *supra* note 25, p.46.
64) Land, Island and Maritime Frontier Dispute(El Salvador/Honduras, Nicaragua intervening), *ICJ Reports*, 1992, p.351, 559, para.333; 본서. 제3장, II.3 참조.

Ⅳ. 조선의 국가실행

1. 조선전기 상징적 병합·가상적 실효지배

현재까지 울릉도·독도에 관한 최초의 기록은 『세종실록』 지리지 (1432)에 보인다. 동 지리지(강원도 삼척도호부 울진현조)에 의하면 "두 섬이 서로 거리가 멀지 않아 날씨가 청명하면 가히 바라볼 수 있다."고 기록되어 있다.[65] 실제로 독도는 한류와 난류가 교차하면서 발생하는 안개로 인해 1년 중 안개가 끼지 않는 날은 9월부터 이듬해 2월까지 기간 중 불과 60~90일에 불과하지만, 이 시기에는 울릉도에서 실제로 육안으로 관찰가능하다고 한다.[66] 안개, 바람과 조류변화 등으로 인해 나침반이 발명되기 전 한반도 동해안에서 독도를 찾아가는 일은 의외로 어려움을 야기했던 것으로 보인다.[67] 『세종실록』 지리지의 기록은 따라서 오랜 세월동안 독도가 울릉도민의 경제생활의 터전으로서 지속적으로 이용된 경험적 사실을 바탕으로 이를 기록한 것이며, 그 효과는 독도를 영토의

---

65) 송병기, 『고쳐 쓴 울릉도와 독도』(서울: 단국대 출판부, 2005), pp.20~21 & 55; 신용하, 『독도의 민족영토사 연구』(서울: 지식산업사, 1996), p.61 & 87; 영남대 민족문화연구소, 『독도를 보는 한 눈금 차이』(서울: 도서출판 선, 2006), p.15; 본서, 제3장, Ⅳ.1 참조. 『세종실록』이 편찬된 것은 1454년(단종 2년)이지만, 그 지리지(「신찬팔도지리지」)는 1432년 편찬되었다고 한다. 송병기, 같은 책, p.19.

66) 영남대 민족문화연구소, 상게서, pp.222~226. 중국에서 방향을 찾기 위해 본격적으로 나침반을 사용한 시기는 11세기 초 송(宋)나라 시대로 추정되며, 항해에 사용가능한 방위가 표시된 나침반은 12세기 초에 나타났는데, 24방위(북쪽이 '자' 방향, 남쪽이 '오' 방향)가 표시된 나침반을 사용했다는 기록이 발견됐다고 한다. 오늘날과 유사한 형태의 나침반은 14세기 유럽에서 등장했고 16세기에 이르러서야 현재 사용하고 있는 32방위의 나침반이 사용됐다고 한다. 네이버닷컴, "나침반의 발명", http://navercast.naver.com/contents.nhn?rid=116&contents_id=5939 (2014. 11. 28 검색).

67) 영남대 민족문화연구소, *ibid.*, p.22.

일부로 편입·병합한 것이다.[68] 특히 『세종실록』 지리지 및 『신증동국여
지승람』(1530, 중종 25)은 모두 단순한 관찬지리지가 아니라 조선의 강
역, 즉 영토·국경의 범위를 명확히 천명한 "영토·지리해설서"[69]라는 점
이 고려되어야 한다.

따라서 비록 김인우가 독도를 심찰하지 못했다고 해도 이는 동해상 가
장 중요한 섬인 울릉도를 현실적으로 점유함으로써 그 가시거리 내에 있
는 부속도서인 독도를 가상적 실효성의 법리에 따라 지배한 것으로 추정
될 수 있다. 또 1476년(성종 7년) 김자주(金自周)를 단장으로 한 동해안
시찰단이 삼봉도를 시찰하고 돌아와 조정에 보고한 내용은 독도에 관한
기록으로 추정되며,[70] 이는 독도에 대한 실효지배를 현시한 것으로 해석
된다. 한편 조선 초기 우산·울릉 1도설이 제기되면서 양도에 대한 독도에
대한 일부 인식의 혼란이 야기되기도 하였으나, 17세기 숙종조 안용복의
2차 도일활동과 울릉도쟁계 등을 거치면서 2도설이 재확인되고 있다.[71]

현대 국제법 법리에 따르면, 『세종실록』 지리지, 『신증동국여지승람』
과 『만기요람』(1808) 등 관찬서에서 2섬에 대한 기록·간행은 영유의사를
명백히 한 상징적 병합행위 또는 그 확인·재천명 행위에 해당한다. 즉

---

68) *Ibid.*, p.22.
69) 신용하, 『한국의 독도영유권 연구』(서울: 경인문화, 2006), p.398 및 신용하, 전
    계각주 65, pp.89 & 144~145.
70) "···25일에 섬 서쪽 7, 8리 남짓한 거리에 정박하고 바라보니, 섬 북쪽에 세 바
    위가 벌여 섰고, 그 다음은 작은 섬, 다음은 암석이 벌여 섰으며, 다음은 복판
    섬이고, 복판 섬 서쪽에 또 작은 섬이 있는데, 다 바닷물이 통합니다. 또 바다
    섬 사이에는 인형같은 것이 별도로 선 것이 30개나 되므로 의심이 나고 두려워
    서 곧바로 갈 수가 없어 섬 모양을 그려왔습니다···", 신동욱, 『독도영유에 관한
    연구』(서울: 어문각, 2008), pp.106~107; 나이토우 세이쮸우, 『독도와 죽도』(권
    오엽·권정 역, 서울: 제이앤씨, 2005), p.45; 신용하, 전계각주 65, pp.86~87.
71) 송병기, 전계각주 65, pp.23~45, 67~71, 73 & 225; 신용하, *ibid.*, pp.95~96. 한
    편 일본 측은 울릉도쟁계(1693~1699) 당시 자국 문헌·지도에서 이미 울릉도와
    독도를 정확히 인지하고 묘사하고 있다고 주장한다. 신용하, *ibid.*, p.90 & 293
    참조.

관찬 영토지리지에 국경·영토의 범위를 명시한 기록은 오늘날 관보 (Official Gazette)에 고시한 행위에 갈음하는 행위로 간주된다.[72] 세종은 1425년(세종 7년) 8월 김인우를 '우산·무릉등처안무사'로 임명, 울릉도에 들어간 남녀 28명을 송환시켜 오도록 명하면서,[73] 본토로 송환된 울릉도 민들을 처벌하자는 예조참판의 주장을 물리치면서 "이 사람들이 '타국'에 몰래 따라 들어간 것이 아니며" 우산·무릉도가 조선의 강역이므로 여기에 몰래 들어간 것에 죄를 줄 필요가 없다는 처분을 내렸다.[74] 이러한 울릉도 주민의 강제 본토송환정책[75]을 통한 무인도유지정책은 당시 자국 민보호·통제를 위해 그 주권자로서 집행관할권을 행사한 것이다.[76]

2. 조선 중기 실효지배

1696년 봄 동래 어부 안용복 등은 울릉도 인근해역에서 조업 중인 일 본어선 5척을 발견하고 일본 어부들을 향해 "마쓰시마(松島)는 곧 자산도 (子山島)로서 조선의 땅"이라는 점을 강조하여 울릉·독도 양도에 대한 인

---

72) See El Salvador/Honduras case, *supra* note 64, paras. 362~363 참조.
73) 신용하, *op. cit.*, pp. 72~77; 나이토우 세이쮸우, 전게각주 70, p.35. 이에 앞서 1416년 태종은 우산·무릉도의 사정을 파악하고 조세와 군역을 회피하기 위해 울릉도에 몰래 들어가 거주하는 백성들을 본토로 송환시킬 목적으로 전 삼척 만호 김인우(金麟雨)를 '무릉등처안무사'(武陵等處按撫使)로 임명, 파견한 바, 그는 울릉도에 가서 15가구 86명이 거주하고 있음을 확인하고 그 가운데 3명 을 본토로 데리고 1417년 2월 돌아왔다. 김인우를 '무릉안무사'로 임명하지 않 고 '무릉등처안무사'라고 한 것은 바로 울릉도 외에 또 하나의 작은 섬이 있다 는 호조판서 박습의 보고에 따른 것이다. 김인우는 1차 울릉도 조사 후 국왕에 복명하면서 독도를 확인하지는 못하였으나, 울릉도 주민들로부터 '우산도'라는 소도가 있음(傍有小島)을 조정에 보고한 것으로 보인다.
74) 신용하, *ibid.*, p.79.
75) 영남대 민족문화연구소, 전게각주 65, p.15.
76) 신용하, *op. cit.*, pp. 78~79. 관할권의 법적 성질·목적과 그 행사의 성격 등에 관 해서는 박현진, "국제테러의 억제와 집단적 책임·관할권의 한계", 『서울국제법 연구』 제19권 1호(2012. 6), p.139, 146~150 참조.

식을 재확인하고 있다.[77] 1693년 및 1696년 등 2차례에 걸친 안용복의 피랍·도일활동으로 촉발된 울릉도쟁계 사건에서 울릉도·독도 영유권 및 어업권 문제가 불거지자 대마도주를 창구로 외교교섭이 시작되어, 일본 막부는 조선의 1694년 8월 공문에 대하여 1697년 2월 교환공문(약식조약; 양자간 국제협정)에서 양국 간 특수관습인 거리관습에 따라 조선의 울릉도 영유권을 명시적으로 인정하고 조선의 독도 영유권을 묵인 내지 묵시적으로 합의한 바 있다.[78] 울릉도 분규가 발생하면서부터 조선은 울릉도 비어책(備禦策: 방비책)에 관심을 갖게 되고, 숙종은 1694년 장한상(張漢相)을 삼척첨사로 발탁하여 울릉도에 파견하였으며, 특히 장한상이 울릉도 심찰 과정에서 독도를 확인한 점은 주목할 만하다.[79]

조선은 장한상의 심찰 이후 매 3년마다 정기적으로 관원을 파견, 순시·시찰·조사하고 조정에 보고하도록 제도화하여 현실적 실효지배를 현시함으로써 세종조 상징적 병합에 이어 독도에 관한 확정적 권원(definitive title)을 확립하였다. 즉 울릉도쟁계가 매듭지어진 1697년(숙종 23) 조선은 울릉도 수토(=搜索)제도를 정례화하여 1699년 월송포 만호 전회일과 1702년 삼척 영장(營將) 이준명이 파견되어 울릉도를 수토하였다.[80] 울릉도 수토제도는 다음 항에서 설명하는 바와 같이 1895년 전임 도장제를 실시할 때까지 약 2세기에 걸쳐 계속되었다.[81] 『만기요람』 군정편(軍政編)은 "울릉도와 독도는 모두 우산국의 영토"로서[82] "『여지지』

---

77) 김학준, 전게각주 1, p.104. 안용복의 도일활동에 대해서는 본서 제6장 참조.
78) 본서, 제6장, III.2.
79) 송병기, 전게각주 65, pp.53~54. 장한상은 1694년(숙종 20) 9월 19일 기선(騎船) 2척, 급수선 4척을 동원하여 일본어 역관을 포함, 총 150명의 인원을 태우고 삼척을 출발하여 9월 20일부터 10월 3일까지 10여일 체류하면서 울릉도를 살피고 10월 6일 삼척으로 귀환하여 조정에 지도와 함께 심찰(審察)결과를 보고하였다.
80) 김병렬, 『독도: 독도자료총람』(서울: 다다미디어, 1998), p.171; 송병기, 상게서, pp.63~65 & 83.
81) 송병기, *ibid.*, pp.47~48

(輿地志)에 이르기를 울릉도와 우산도는 모두 우산국의 땅이며, 우산도는 왜인들이 말하는 송도(松島)이다"고 기록하여 예로부터 독도는 울릉도와 하나의 공동운명체로 인식하고 있다.[83] 이러한 우리측의 사료 해석에 대하여 가와카미 겐조 등은 조선시대 조정은 우산도를 정확하게 인식하지 못하고 있었다는 주장을 제기한 바 있으나, 일본 학자들조차 이에 비판을 가하고 있다.[84]

3. 조선 후기 실효지배

조선 후기에 들어 고종은 수토정책을 폐기하고[85] 울릉도 재개척정책을 채택하면서 백성들을 이주시켜 읍을 설치할(設邑) 계획을 세우고 1882

---

82) 신용하, 전게각주 65, pp.27~28, 142, 145 & 290; 바른역사정립기획단, 『일본은 이렇게 독도를 침탈했다』(서울: 한아문화, 2006), p.36.
83) 신용하, 상게서, pp.27, 57, 142 & 231.
84) 나이토우 세이쮸우, 전게각주 70, pp.40~44. 『세종실록』 지리지와 같은 관찬지리지는 물론, 관찬지도인 『신증동국여지승람』 첨부 「팔도총도」에서 독도는 부정확하나 명확히 '우산'도로 표시되고 있으며, 이어 정상기가 그린 「동국지도」(1700년 대 초), 「해좌전도」(1822)와 「조선전도」(1846)에서는 그 위치가 정확하고 일관되게 표시되고 있는 사실은 조선이 독도를 명확히 인식하고 있음을 보여준다. 신용하, 상게서, p.89; 김병렬, 전게각주 80, pp.257~406 & 531~549 및 『독도냐 다께시마냐』(서울: 다다미디어, 1997), pp.325~326. 또 일본의 「일본여지노정전도」(1773), 임자평(林子平)의 「삼국접양지도」(1785) 등 관찬·사찬 여러 지도 역시 조선의 독도 영유권을 인정하고 있다. 본서, 제9장, IX.1; 김병렬, 『독도냐 다께시마냐』, ibid., p.332.
85) 1881년 5월과 1882년 음력 6월 조선의 예조판서는 일본인들의 울릉도 불법 침입·벌채를 적발, 이를 엄금해 줄 것을 요구하였다. 김병렬, 『독도냐 다께시마냐』, 상게서, pp.127~131. 1882. 9. 22 제물포조약을 비준하는 자리에서 수신사(修信使) 박영효도 일본 외무경에게 일본인의 울릉도 불법 침입과 무단 벌목에 항의하면서 일본인들의 울릉도 철수를 요구, 일본 측은 1882년 12월 비로소 울릉도도항금령을 내렸다는 회답을 보내고, 실제로는 이듬해인 1883년 1월 22일(양력 3월 1일) 태정대신의 이름으로 울릉도도항 금지령을 시달하였다. 신용하, ibid., p.182.

년(고종 19) 이규원을 검찰사로 임명하여 울릉도·독도에 대한 상세한 조사를 명하고 있다.[86] 1882년 8월 20일 고종은 전석규를 울릉도 도장(島長)으로 임명하여 울릉도 재개척을 개시하고, 이듬해인 1883. 3. 16 김옥균을 '동남제도개척사 겸 관포경사'(東南諸島開拓使兼管捕鯨事)로 임명하여 울릉도·독도에 대하여 주권자의 자격으로 실효적으로 지배하려는 의사와 행동을 현시하고 어업권 수호를 지시하였다.[87] 고종은 1895년 초약 2세기에 걸친 수토제도를 폐지하고 전임도장(專任島長: 고종 32년 1월)을 두어[88] 울릉도·독도에 대한 실효지배를 유지·강화하였다.

이어 본격적인 울릉도 이주정책이 실시되어 1897년 3월에는 12개 동리가옥 호수 397호에 주민이 1,134명에 달하였다.[89] 1899년 우용정 조사단 파견에 이어 고종이 1900년 10월 칙령(勅令) 제41호를 통해 행정구역 개편·정비를 단행, 울릉도를 군으로 승격시키고 울도로 개칭하면서 기존의 도감직을 폐지하고 울도군수직을 신설하여[90] 울릉도와 독도를 포함하는 동해 도서 전역을 울도군수의 관할지역으로 정한 것도 울릉도와 독도의

---

86) 이규원이 4월 울릉도에 도착하여 약 10일에 걸쳐 울릉도를 조사한 후 같은 해 6. 5 고종에 복명, 문서 및 지도로 보고한 후 고종을 알현, 대화한 내용은 『고종실록』 및 『승정원일기』에 전해진다. 양태진(편), 『독도연구문헌집』(서울: 경인문화, 1998), pp.198~199; 김병렬, 전계각주 80, pp.203~212 및 김병렬, 『독도냐 다께시마냐』, 상계서, pp.129~131; 신용하, 『독도영유권에 대한 일본주장 비판』(개정 증보, 서울대학교 출판문화원, 2011), pp.276~301. 당시 이규원이 독도를 검찰하지는 못했으나, 울릉도조사 중 78명의 일본인들이 침입, 벌목 등에 종사하고 있었으며 또 울릉도에 일본인 세운 영유권 주장 푯말을 발견, 보고하자 고종은 일본에 서계를 보내 이를 항의토록 하고 무인도정책을 폐기하고 울릉도 개척을 지시하였다.
87) 김병렬, 전계각주 80, p.213 및 『독도냐 다께시마냐』, 상계서, p.132; 송병기, 전계각주 65, p.112; 신용하, 전계각주 65, p.183.
88) 송병기, 상계서, pp.47~48 & 87 및 송병기, "조선후기·고종기의 울릉도 수토와 개척", 최영희선생 화갑기념논총간행위원회(편), 『한국사학논총』(서울: 탐구당, 1987), p.403.
89) 김병렬, 『독도냐 다께시마냐』, op.cit., p.132.
90) 김병렬, 상계서, p.134.

'일체성'을 인식하고 그 영유의사를 재확인한 것이다. 또 울도군수직 신설
로 울릉도·독도에 대한 통치·행정권을 행사·강화한 사실은 조선이 확정
적 권원을 대외적으로 재천명하고 실효적 지배를 강화한 행위로 간주된
다. 또 석도(독도)를 울도군수의 관할로 한 것은 독도를 울릉도에 인접한
부속도서로 인식하고 있었음을 입증한다.[91] 1903년 4월 울도군수로 부임
한 심흥택은 부임하자마자 일본인들의 벌채를 일절 금지시켰다.[92]

V. 평가·소결

1. 영토주권

영토주권(territorial sovereignty)의 개념은 단순한 영유권(*dominium*),[93]
소유권(ownership), 점유권(right to possession)을 뛰어넘는 국가의 최고
의 독립적 권력이며 통치권(*imperium*)을 포괄한다. 주권은 법적 권리이
자 권능이자 또한 배타적 권력이며, 또한 영토와 민족의 계속성을 담보
하는 법적 근거(민족자결권)이자 민족정체성을 규정하는 정신적 기반이
다. 따라서 독도문제는 법적 권리와 권능(legal competence)의 문제이고

---

91) 나홍주, 『독도의 영유권에 관한 국제법적 연구』(서울: 법서출판, 2000), p.49.
92) 김병렬, 『독도냐 다께시마냐』, *op. cit.*, p.135.
93) '영유권'이라는 용어는 '점령'과 '소유'를 결합한 일본식 법률용어라고 한다. 인
터넷 법률신문, "'영유권'은 '점령'·'소유' 결합한 일본식 법률용어 - 광복 65년
에 살펴 본 법조계 용어 실태", 2010. 8. 16, at http://www.lawtimes.co.kr/
LawNews/NEwsAccs/ArticlePrint.aspx?serial=53727 (2010. 12. 7 검색). 이 글에
서는 가급적 영유권 분쟁 대신 영토주권 분쟁 등을 원칙으로 한다. 다만 일국
의 영토에 대한 통치, 행정 및 처분에 관한 전반적 자유·권능을 의미하는 통치
권(*imperium*)의 개념과 구별하여 일국 내의 재산(토지)의 공공·사적 소유를 의
미하는 영유권(*dominium*)의 개념 자체를 부인할 필요는 없다고 본다. See
Brownlie, *supra* note 3, p.106.

또한 명령(퇴거 요구, 격추권 등)을 발할 권력의 문제를 함축·포함하는 문제이다.[94] 즉 독도문제라 함은 독도영유권 문제는 물론, 그 영해·영공 및 배타적경제수역(EEZ)과 그 상공 등 영토·해역(지원)·공역에 대한 주권·주권적 권리와 관할권(jurisdiction)[95] 또한 포괄하는 문제이기도 하다.

2. 상징적 병합 및 가상적 실효지배의 재검토

극지·오지 또는 격지 무인도 등 영토의 지리·환경적 특성에 따라 실효적 지배의 요건은 선험적·불변적이라기보다는 상대적·가변적(II.4)이라는 팔마스섬 및 클리퍼튼섬 중재판정의 판결은 과거 오랜 동안 격지 무인도로 남아있었던 독도의 주권귀속문제에 유추적용이 가능한 중요한 법리로 해석된다. 특히 팔마스섬 중재판정의 부수적 의견의 논지를 한 걸음 더 진전시켜 상징적 병합만으로ー즉 후속 평화적·계속적·현실적 국가권능의 현시를 통한 실효지배의 행위 없이ー영토권원을 취득가능하다는 클리퍼튼섬 중재판정은 매우 특별한 판결이며 비판의 여지가 없는 것은 아니다. 중재재판관은 권원 취득의 한 방식으로서의 선점의 요건 중 주관적 요건인 영유의사의 공시(상징적 병합)만으로 권원을 인정한 결정을 내렸기 때문이다. 또 중재재판관은 1897년 이후 멕시코가 취한 여러 가지 국가기능의 행사에 별다른 가치를 부여하지 않은 반면, 그에 대한 프랑스의 항의에 증거가치를 부여하였다.[96] 그의 판정은 크게 1) 클리퍼튼섬은 주민이 거주하지 않는 격지 무인도라는 점; 2) 프랑스의 상징적 병합의 공시행위(1858); 그리고 3) 상징적 병합 당시 주권을 주장한 국가가 없었다는 점 등 3가지 근거에 기초하고 있는 것으로 보인다.

---

94) 박현진, 전게각주 76, p.147,
95) 관할권은 주권이 대외적·현실적·구체적으로 실현되는 양태로 해석된다. 박현진, 상게논문, p.147.
96) Van Dyke & Brooks, *supra* note 37, p.270.

전술한 바와 같이 문제의 영역에 대한 권원을 창설·확립하기 위해 요구되는 유효한 주권 행사(국가활동 내지 국가권능의 현시)의 내용은 상대적이다. 무인도의 경우 유인도에 관한 영유권 확립에 요구되는 절차를 따르는 것이 필수적인 것은 아니다. 이 경우 만일 전혀 인간이 거주하지 않는다는 사실로 인해 점유국이 그러한 영역에 처음 출현하는 순간부터 그러한 영역이 점유국의 절대적 그리고 이론의 여지없는 처분권 아래에 놓이게 된다면, 바로 그 순간부터 '점유의 취득'(the taking of possession)이 성취된 것으로 간주되어야 하며 동시에 선점이 완성된 것(클리퍼튼섬 중재판정)으로 추정 또는 간주된다(III.2~III.3). 이러한 판례에 따르면 프랑스는 1858년 11월 17일 클리퍼튼섬에 대한 주권 선언에 이어 상징적 병합행위(하와이 정부에 통고 및 The Polynesian지에 공시)를 통해 영토주권 취득이라는 법률효과를 발생시킨 것이다.[97]

클리퍼튼섬 중재판정에서 제시된 이러한 3가지 근거는 독도영유권 귀속 문제를 유추·추론함에 있어 중요한 선례가 될 수 있다. 즉 전술한 바와 같이 조선조정은 『세종실록』 지리지(1432)에서 우산·무릉 양도에 대한 상징적 병합을 통해 영유의사를 공시·확인한 바, 당시 일본은 이 섬을 인지하지도 따라서 영유권을 주장하지도 않았다. 이와 관련, 팔마스섬 중재판정에서 후버 중재재판관은 '주권현시가 정확히 어떤 시기/시대에 시작되었는지 이를 확립할 필요는 없으며 분쟁이 현실화된 1898년 이전의 중요한 기간 동안 주권현시가 존재했었다는 것으로 충분하며, 주권의 확립은 국가 통제력의 완만한 진화 내지 점진적 강화의 결과일 수도 있다는 것은 지극히 당연하다'[98]고 판시한 바 있다.

---

97) Brownlie, *supra* note 3, p.141.
98) Palmas arbitration, *supra* note 6, p.867["It is not necessary that the display of sovereignty should be established as having begun at a precise epoch; it suffices that it had existed at the critical period preceding the year 1898. It is quite natural that the establishment of sovereignty may be the outcome of a *slow evolution, of a progressive intensification of State control*."(italics

이러한 국제법의 법리에 따른다면, 이 글이 추론·주장하는 바와 같이 조선(한국)의 독도주권 역시 서기 512년 신라의 우산국 정복 이후 조선 세종에서 숙종 조 울릉도쟁계에 이르는 일련의 국가행위를 통해 점진적 강화 과정을 겪어온 것으로 해석할 수 있다. 특히 전술한 동부 그린란드 사건에서 상설국제사법재판소는 "1931년까지 덴마크 이외의 그 어떤 국가도 그린란드에 대한 주권을 내세운 국가가 없었다"는 점이 이 사건의 특이한 점이라고 강조하고 있다(II.4). 실제로 1905년에 이르기까지 일본이 독도영유권 주장을 제기한 적이 없다는 사실은 일본의 독도에 대한 영유의사·역사적 권원의 부재를 입증하는 것이다.[99] 특히 일본이 울릉도·독도는 일본영토 밖이라는 사실을 최초로 인정한 『은주시청합기』(『隱州視聽合記』: 1667)의 기록,[100] 그리고 1870년 및 1877년 명치정부의 외무성, 내무성과 태정관(太政官)은 각각 1차례씩 일본의 독도영유권을 공식 부인하고 조선의 영토임을 인정·존중하고 있다.

3. 한국의 독도 권원: 통시적 평가

한국의 독도 영토권원은 동해에 가까운 경주에 도읍한 신라가 일찍부터 외적방어 등의 목적으로 동해경영에 관심을 가졌으며(예컨대 문무왕릉), 서기 512년(지증왕 13년) 우산국을 정복·병합하여[『삼국사기』] 울릉도·독도에 대한 본원적·역사적 권원을 확립한 데서 출발한다.[101] 즉 512년 이후 독도는 울릉도와 함께 고대 우산국의 일부로서 하나의 통일적 정치·경제 공동체를 형성하여 동일한 주권에 복종해 왔다. 고려시대에는 서해안 쪽 개경에 도읍하면서 자신들이 개척하지 않은 동해 도서에 대한

---

added)]

99) 본서, 제6장, VI.2.

100) 송병기, 전게각주 65, pp.72, 04, 187 & 261~262.

101) 신용하, 전게각주 65, pp.27, 57, 142 & 231.

관심이 상대적으로 약화되었던 것으로 보인다.[102] 고려 말 계속된 홍건적·왜구의 침략을 격퇴한 경험·자신감을 바탕으로 한반도의 중심인 한양에 도읍을 정한 조선은 초기부터 안보의 관점에서 한반도를 둘러싼 3면의 바다의 중요성을 인식하고 이를 균형있게 관리하면서 제한적 도서 개방정책(소위 무인도유지정책)을 시행하였다.[103] 우산국 정복 후 약 900년이 지난 조선 초 지리적 인식과 영토관념이 확대되면서 『세종실록』지리지(1432, 세종 14)에서 우산·무릉 양도의 상징적 병합을 통해 본원적 권원 및 영유의사를 재확인하고 있다. 특히 1425년 '우산·무릉등처안무사'로 임명된 김인우가 당시 독도를 발견하지 못하였으나, 이는 울릉도를 현실적으로 점유한 조선이 울릉도에서 그 인접 부속도서이자 가시거리에 있는 독도에 대한 가상적 실효지배를 현시한 것이다.

이어 성종조 김자주의 동해안 시찰단의 삼봉도 심찰보고(IV.1) 및 『신증동국여지승람』(1530)에 첨부된 「팔도총도」[104]는 양도에 대한 조선의 주권을 재천명·확인한 것이다.[105] 또 17세기말 울릉도쟁계 당시 1694년 삼척첨사 장한상이 숙종의 명에 따라 독도를 방문·확인한 사실 및 이후 정기적 수토사 파견 정책을 채택하여 독도에 대한 물리적, 현실적 점유

---

102) 『세종실록』지리지(1432, 세종 14)에서는 우산·무릉 2도의 존재를 확인하고 있는데 반해, 이보다 약 20년 뒤에 간행된 『고려사』(1451, 문종 1) 지리지에서는 울릉 1도를 내세우면서도 우산·무릉 2도설을 부언하고 있다고 한다. 이는 비록 『고려사』지리지가 연대 상 『세종실록』지리지보다 뒤늦게 편찬되었다고는 하나, 고려시대의 우산도에 대한 지견(인식)을 반영하는 것으로 보아야 할 것이다. 송병기, "고려 중·후기, 조선초기의 울릉도 경영: 조선 초기 지리지의 우산·울릉도기사 검토", 독도학회(편), 『한국의 독도영유권 연구사』(독도연구총서 10, 독도연구보전협회, 2003). p.101, 102~103 참조.

103) 예컨대 당상관인 전라좌·우수사, 충청수사 및 경상좌·우수사제도 확립, 강화도 유수 및 각종 진의 설치, 동래부사 등.

104) 고지도상의 일부 오류 또는 부정확성은 그 증거능력 자체를 부인하는 것은 아니며, 다만 증명력을 일부 훼손시킬 수 있다는 것이 현행 국제판례의 입장으로 해석된다. 본서, 제9장, VII.2 및 제10장, IV.4.

105) 본서, 제9장, VII.2.

를 통한 '실효적 지배'를 현시·확립한 것은 바로 조선이 숙종에 이르러 독도에 대한 가상적이 아닌 현실적 실효지배에 입각한 확정적 권원을 완성하였음을 입증하는 것이다. 이는 1697년 양국 간 교환공문을 통해 조선이 양도에 대한 본원적·역사적 권원을 조약상의 권원으로 대체하고 양국 간 해상국경에 묵시적으로 합의한(IV.2) 것과는 별도이다.

이어 1900년 고종의 칙령 제41호에 입각한 행정구역개편을 통해 울도군을 창설하고 양도에 대한 평화적·현실적 국가기능을 행사하여 기존 실효지배를 강화하였다. 조선은 1905년 을사늑약의 체결로 외교권을 박탈당할 때까지 이후 독도주권을 명시적·자발적으로 유기·방기(abandonment; derelictio; dereliction) 또는 포기(renunciation; relinquishment)한 적이 없으며, 유기·포기의 의사표시는 추정되지 않는다는 것이 국제법의 확고한 확립된 입장이다.[106] 따라서 1945년 일제의 패망과 함께, 1951년

---

106) Eastern Greenland case, *supra* note 25, p.47["As regards voluntary abandonment, there is nothing to show any definite renunciation on the part of the kings of Norway or Denmark".]. 클리퍼튼섬 중재판정에서 중재재판관은 유기(遺棄)는 문제의 영토에 대한 권능행사의 부재(객관적 요건)와 유기의 사의 존재(주관적 요건)를 함께 요구한다고 판시하였다. Clipperton Island arbitration, *supra* note 38, p.394; 본서, 제6장, VI.1~VI.3. 유기란 선점(effective occupation)의 반대 개념이며 유기 역시 추정되지 않는다. Brownlie, *supra* note 3, p.138; 이한기, 전게각주 10, p.272 & 296. 한편 포기의 예로서는 Sovereignty over Pedra Branca/Pulau Batu Puteh, Middle Rocks and South Ledge (Malaysia/Singapore), Judgment, *ICJ Reports*, 2008, p.12, para.114. 동부 그린란드 사건 판결은 유기와 포기를 구분하지 않고 있는 데 반해, Brownlie 교수는 양자를 구별한다. 예컨대 자발적 유기로 문제의 영토는 무주지가 되는데 반해, 포기의 경우에는 문제의 영토가 무주지가 되는 것은 아니라고 한다. 포기는 포기국이 문제의 영토에 대한 타국 권원을 승인하거나 또는 일방적으로 타국(들)에 그 처분권(a power of disposition)을 인정하거나 또는 그 처분권을 부여하는 합의를 의미할 수 있다. 즉 포기의 절차는 단지 권원에 관한 것이고 따라서 포기로 인해 권원을 상실하는 국가는 위임을 통해 문제의 영토에 관한 행정권(powers of administration)을 유지할 수도 있다. 이 점에서 포기는 할양국이 할양된 영토를 계속 관리할 수 있는 할양(cession)과 법적으로 유사하다. Brownlie, *ibid.*, pp.131~132, 138 & 107, n.13.

대일강화조약과는 관계없이, 불법 강점되었던 독도에 대한 권원은 합법적 권원자인 조선(대한민국)에 당연히 환수·복귀(reversion)[107]된 것이다.

4. 역사적 권원, 실효지배의 권원과 상호의존·보완성

영토주권 문제는 흔히 분쟁당사국 간 역사와 법이 만나는 긴장관계에서 출발한다. 역사학은 이성적으로 과거 사실관계 또는 그 진실여부를 규명하는데 그 본령이 있다. 한편 국제법은 단순한 이성, 도덕이 아니라 조약·관습법 그리고 판례·학설이 확립하고 있는 실정법적 정의에 기초하여 국가 간 권리·의무관계를 판단하고 합리적으로 분쟁을 해결하기 위한 강제규범의 체계이다.[108] 영토문제에 관한 근대 국제법 규칙과 법리 역시 본질적으로 그 형성 당시의 현실적 힘의 관계에 기초하거나 또는 이를 배경으로 성립한 규범이라는 점을 부인할 수 없다. 그렇다고 법(질서)이 단지 힘에만 의존하는 규범은 아니다. 또 과거 명백한 불법 사실에 대한 법적 정의의 실현에는 일정한 시간적 단절, 공간적 간극이 발생하기도 한다. 또 권리의 창설과 권리의 존재 역시 구별되어야 한다.[109]

그러나 법이 과거 사실에 아무런 권리·이익(또는 손해)도 부여하지(부담시키지) 않는 것은 아니다. 역사적 권원과 실효지배의 권원 간 차이는 결국 과거의 권리와 현재의 그것 간 괴리이며 그 계속성 여부인 셈이다. 역사적 권원은 근대 국제법상 유효한 권원으로 인정되지 않는다는 법리는 절반의 진리에 불과하다.[110] 실정국제법상 '역사적 권원'은 분명 실효

---

107) 환수·복귀라 함은 침략국이 자신이 침탈한 영토가 합법적으로 피해국의 주권에 재귀속됨을 인정하는 것이라고 한다. Brownlie, *ibid.*, p.131~132 참조.
108) 박현진, "역사적 이성, 실정법적 정의와 독도문제", 『독도연구저널』(한국해양수산개발원, 2010년 봄), p.14,
109) Palmas arbitration, *supra* note 6, p.845.
110) 일본은 첨각열도/조어도와 독도에 대하여 힘과 법을, 그리고 북방도서 문제에 대해서는 역사적 권원을 내세우고 있다.

적 지배 등 근대적 권원으로 대체되지 않으면 그 자체로서 유효한 권원으로 인정되지 않는다. 전술한 영·불간 망끼에·에끄레오 도서영유권 분쟁사건에서 영국은 정복에 의한 원시적 권원, 영·불 간 다수의 조약에 입각한 권원 확인 및 계속적 주권행사를 통한 권원의 현시를 주장하였으며,[111] 프랑스는 봉건적 권원을 주장하였으나 ICJ는 이러한 원시적, 봉건적 권원은 실효적 점유/지배 등 근대적 권원으로 대체되어야 현대 국제법상 그 효력이 인정된다고 설시하였다.[112]

동시에 역사적 권원의 법리가 실효된, 폐기되어야 할 법리만은 아니다. 역사적 권원이 근대 국제법상 '무효'라는 주장은 성립하지 않는다. ICJ가 근대 이전의 역사적·원시적 권원을 유효한 영토권원으로 인정하지 않은 것은 현대 국제법상 이들 권원의 지위·가치를 전혀 인정하지 않은 것은 아니다.[113] 이는 역사적·봉건적 권원은 그 자체로서는 시대적·사회적 변화에 따라 변화된 법이 요구하는 실효적 지배에 기초한 권원에 우선할 수 없다는 취지로 해석하는 것이 타당하다. 과거의 발견(discovery)의 사실은 발견자에 유효한 권원을 창설하지는 않지만, '미성숙의 권원'은 창설한다.[114] 그러한 미성숙의 권원은 시간적 경과에 따라 국가권능

---

111) Minquiers & Ecrehos case, *supra* note 6, pp.50, 53~54, 65 & 69.
112) Minquiers and Ecrehos case, *ibid*, p.56 & 67 & Sep. Op. of Judge Basdevant, pp.74~79; El Salvador/Honduras case, *supra* note 64, pp.564~565, paras.343~344; Malaysia/Singapore case, *supra* note 106, p.29, para.38, p.30, para.40 & pp.49~51; Eritrea/Yemen arbitration, *supra* note 50, paras.441 & 447~450; 본서, 제6장, II.3, 각주 34 및 III.2, 각주 59 참조.
113) See El Salvador/Honduras case, *ibid*, p.564, para.344; Brownlie, *supra* note 3, pp.141~142, n.147. 또 2008년 말레이시아/싱가포르 간 도서분쟁 사건에서 ICJ는 미들 락스(Middle Rocks)에 대한 주권은 원시적인 본원적 권원보유자인 술탄국 조호르의 승계국인 말레이시아에 귀속한다고 판결하였다. Malaysia/Singapore case, *ibid*, paras.68~69, 75 & 276; 박현진, "영토분쟁과 권원 간 위계: 조약상의 권원, 현상유지의 법리와 실효지배의 권원을 중심으로", 『국제법학회논총』 제59권 제3호(2014. 9), p.109, 116 및 본서, 제6장, II.3, 각주 38 참조.
114) Palmas arbitration, *supra* note 6, p.846 & 848. 역사적 만, 과거의 실적(오염,

의 현시를 통해 확정적 권원(definitive title)으로 완성된다. 역사적 권원 역시 근대 국제법상 그 자체로서 하나의 완전한 완성된 독립 권원으로 인정되지 않지만, 변화하는 국제법 원칙·법리가 요구하는 주권의 계속적·평화적·현실적 현시에 의하여 뒷받침되면 확정적 권원으로 완성·확립된다는 의미(시제법)로 해석되어야 한다. 과거부터 현재까지(일부 시간적 단절이 있더라도) 현실적·계속적인 국가권능을 현시하는 관행(practice)은 권리를 창설·유지시킨다(실효지배).[115]

팔마스섬 분쟁 중재사건에서 승소한 네덜란드 측은 17세기 동인도회사가 이 지역 주도서인 상이(Sangi)섬의 추장 2인과 협약을 체결하여 팔마스섬에 대한 주권을 확립하였다면서 역사적 권원도 주장하고 있다.[116] 또 전술한 동부 그린란드 사건에서 덴마크가 노르웨이 측의 주장에 대항하여 그린란드 전역에 대한 주권을 주장할 수 있었던 근거는 역사적 권원에 상당부분 뿌리를 두고 있음을 간과해서는 안 된다. 특히 격지 무인도에 대한 역사적 권원의 보유자는 상징적 병합 및 가상적 실효지배의 법리에 의하여 그 합법적 권원(의 근거 및 증거)을 확립·강화할 수 있다(클리퍼튼섬 중재판정). 결국 역사와 법, 그리고 역사적 권원과 실효적 지배의 권원은 상호 배타적인 것이 아니라 상호의존·보완적 관계에 있다. 즉 역사적 권원에 근거하여 실효지배의 합법성을 취득하거나, 또는 역사적 권원을 근거로 양자조약(예컨대 교환공문 등) 또는 다자조약을 통해 근대국제법상의 권원을 취득하는 것이 일반적이다.

독도문제 역시 과거의 문제이며 또한 현재의 문제이기도 하다(역사적 현재). 일본은 1905년 독도가 조선의 영토임을 알면서도 비밀리에 영토 '편입'을 행하고 이를 현재까지도 적법한 행위로 강변하기 때문이다. 과

사고빈도 등), 상습범 등은 법에서도 가중·경감 등 참작사유가 된다는 점에서 일정한 법률효과를 가진다고 본다.
115) Palmas arbitration, *ibid.*, pp.839~840.
116) *Ibid.*, pp.855~856.

거에도 독도가 남의 것임을 인지하고서, 즉 무주지가 아닌 줄 알면서도 비밀리에 이를 '편입'·침탈했다가 패전 후 점령국에 그 점유권을 빼앗겼으며, 대한민국 정부 수립 후 그 합법적 권원보유국이자 권리자에 정당하게 반환되어 현재 자신이 점유하지 못한, 그리고 합법적으로 영유할 수 없는 영토에 대해 아직도 영유권을 주장하는 것은 역사적으로 그리고 국제법상 결코 정당화될 수 없다. '힘없는 정의가 무력하다면, 정의 없는 힘은 폭력에 불과한' 것이기 때문이다.[117]

VI. 결 론

독도와 같은 과거 격지 '무인도'에 대한 실효적 지배의 요건은 고정불변의 확정적인 것이 아니라 유·무인도 여부, 지리적 여건/상황에 따라 상대적·가변적이라는 점에 착안하고 출발해야 한다. 한 제도 가운데 가장 중요한 섬 하나를 현실적으로 점유하고 주민을 정착시킴으로써 실제로 점유하지 않은 인접 무인 소도서(들)에 대한 점유 추정을 일으킨다는 상징적 병합이론, 그리고 1905년까지 일본이 독도에 대한 그 어떤 권리·권원도 주장한 바 없었던 사실(권리·권원 주장 경합의 부재)에 비추어 격지 무인 도서에 대해서는 미약한 국가기능의 현시로 실효지배에 갈음한다는 가상적 실효지배의 법리는 독도주권을 뒷받침할 수 있는 유용한 개념이며 법리이다. 특히 조선 초 『세종실록』 지리지 및 『신증동국여지승람』의 기록에 입각한 상징적 병합에도 불구하고 조선 조정이 파견한 관

---

117) B. Pascal, *Pensées*, 1660, 홍순민 역, 『팡세』(서울: 삼성출판, 1976), 제5장 제298절 p.114("힘없는 정의는 무력하며, 정의 없는 힘은 폭력이다") & *Pensées*, translated by W. F. Trotter, available at http://folk.uio.no/lukeb/books/theo/Pascal-Pensees.pdf (2013. 11. 14 검색); 본서, 제1장, 6. 민족사실권 부정·침략과 평화파괴범에 대한 심판, 참조.

리의 심찰과정에서 일부 독도를 발견·확인하지 못한 사례로 인해 실효지배 여부에 대한 의구심을 야기하고 있는 점에서 그러하다.

위에서 검토·추론 및 주장한 바와 같이 한국의 독도권원은 역사적 진화·강화 과정을 겪어왔다. 신라 지증왕의 우산국 정복·병합(『삼국사기』)에 의한 원시적·본원적 권원 취득, 조선 전기 독도주권을 주장하는 국가가 없는 가운데 『세종실록』 지리지(1432; 세종 14)의 기록·공시에 입각한 우산·무릉도 2도의 상징적 병합과 성종조 김자주의 독도확인을 통한 가상적(또는 현실적) 실효지배, 조선 숙종조 울릉도쟁계 관련 외교교섭의 결과로 조·일 교환공문에 입각한 울릉도·독도에 관한 (약식)조약상의 권원 취득과 함께,118) 이와는 별도로 숙종조 및 그 이후 장한상의 독도 방문·확인(1694) 등 정기적 수토정책에 입각한 현실적 실효지배(국가권능의 현시)로 조선의 근대 국제법상 선점에 입각한 확정적 영토권원을 완성·확립하였다. 이어 고종의 동남제도개척 및 1900년 칙령 제41호 행정구역개편을 통한 실효지배 강화 조치로 독도에 대한 실효적 지배는 평화적·계속적·현실적으로 행사되어왔다.

법리연구는 궁극적으로는 권원의 증거를 강화하여 주권 논리를 보강하기 위한 것이지만, 이러한 연구를 통해 설득력 있는, 유리한 국제여론을 형성하는 기반을 제공한다는 측면을 과소평가할 수 없다. 분석을 통한 귀납적 추론과 이들 개별적 추론들을 유기적으로 연결시켜 통합된 일관된 논리를 도출하는 것이 중요하다. 정책 수립(입안)·결정·집행부서의 경우 일관된 지속적 국가실행(consistent practice)을 통해 새로운 국제관습과 관습법을 탄생시키는 것은 물론, 영토권원도 창설한다119)는 학설에 유의할 필요가 있다. 일본이 자국 영유의 '침대만한' 암초 주위에 200해리 배타적경제수역을 설정·집행하고 있는 사실은 시사적이다.120) 창의적

---

118) 본서, 제6장 III.1~III.2 참조.
119) Hall, *supra* note 24, p.143, Brierly, *supra* note 3, p.167에서 재인용.
120) 미국 역시 트루먼 선언(1945)을 통한 인접 해양에 대한 일방적 관할권 주장

접근 자세와 능동적 문제해결 의지는 법과 원칙을 제정하는, 또는 불합리한 법과 원칙을 변경시키는 첫걸음이라는 인식에서 법·정책을 수립·집행할 것이 주문되는 이유이다.

및 수산자원 관할권 주장, 하와이 남쪽 존스턴 섬(Johnston Island)과 킹만 산호초(Kingman Reef)를 포함하는 도서에 대한 관할권 주장, 「인산섬 법」(Guano Islands Act 1856)[48 U.S.C. 1411~19(1976)]상 키리바시(Kiribati) 동쪽 적도 상 모든 유·무인도서에 대한 영유권 주장과 1976년 이들 모든 도서 주위의 200해리 어업수역[U.S. Fishery Conservation and Management Act, 16 U.S.C., §§ 1801~1882(1976)]을 선언하였다. Van Dyke & Brooks, *supra* note 37, pp.267~268. 또 프랑스는 1978. ? 12 전술한 무인도 클리퍼튼섬 주위에 200해리 배타적경제수역을 선언하였다. Van Dyke & Brooks, *ibid.*, p.270.

>>> 제 **3** 부

조약상의 권원과 실효지배의 권원

제5장 영토·해양경계 분쟁과 '약식조약'의 구속력·증거력: 의사록·합의의사록과 교환각서/공문 해석 관련 ICJ의 '사법적 적극주의'(1951~2005)를 중심으로[*]

I. 서 론

전통적으로 자연법 및 국제(외교)관습에 의존하던 만국공법[1]은 19세기 법실증주의의 영향으로[2] 19세기 후반부터 시작된 성문화 노력의 결과 현행 실정 국제법 질서에서 관습법과 조약의 역할은 역전되어 관습법

---

[*] 국제사법재판소는 2002년 카메룬/나이지리아 간 국경·해양경계 분쟁사건(후술 Ⅲ.4) 판결에서 육상경계(국경) 획정 규칙과 해양경계획정 규칙은 서로 독립된 별개의 법의 분야로 규정한 바 있으나, 이 글은 구체적 국경 또는 해양경계 획정에 관한 것이 아니라 단지 영토·해양경계 분쟁 당사국 간 분쟁해결방식의 방식·절차를 논의·기록한 의사록 등 문서의 법적 구속력과 증거지위에 관한 것이므로 양자를 함께 논의할 수 있다고 본다.

1) H. Wheaton, *Elements of International Law* (1866, rep. 1936, Oxford University Press), Pt. I, p.20, sec.14["International law, as understood among civilized nations, may be defined as consisting of those rules of conduct which reason deduces, as consonant to justice, from the nature of the society existing among independent nations; with such definitions and modifications as may be established by general consent".]; I.A. Shearer, *Starke's International Law* (11th edn., London: Butterworths, 1994), p.31.

2) A. Nussbaum, *A Concise History of International Law* (rev. edn., N.Y.: Macmillan, 1958), pp.232~236, H. Kelsen, *Principles of Public International Law* (2nd edn., N.Y. & Chicago: Holt, Rinehart & Winston, 1966), pp.441~443 & 452~453.

은 심지어 많은 양자·다자조약을 해석하는 '보조적' 수단으로 그 역할이 격하되고 있다.[3] 그럼에도 조약, 특히 양자 및 수자간 조약은 보편적 효력을 가진 일반국제법(general international law)이 아니라 '특별법'(special or particular law)으로서의 지위를 가지는 한계를 가진다.[4] 또 조약의 체결·성립과 발효는 국가의사에 입각해 있으며(의사주의: consensualism), 예컨대 '국제테러'의 개념[5] 등에 관한 국제사회 구성원들의 보편적 의사형성의 어려움·부재로 인해, 또는 최대한의 당사국을 확보하기 위해 명백한 이견 또는 정치적 절충·양해의 결과를 반영하는 '의도적으로' 모호한 문안으로 인해 조약해석에 어려움을 야기한다.[6] 또 심지어 유보·선언을 허용하여 '이견의 합의'(agree to disagree)를 조약체결절차의 고유한 기술로 허용하는 경우도 있다.[7]

이에 따라 국제사법쟁송에서 절차법상의 문제(제소합의, 공동·단독제소 합의 여부 등) 및 본안 문제에 관한 당사자의 의사, 즉 일방적 약속·

---

3) E. Denza, "Two Legal Orders: Divergent or Convergent?", *International & Comparative Law Quarterly*, vol.48, 1999, p.257, 258; E. Denza, *Diplomatic Law* (2nd edn., Oxford: Clarendon Press, 1998). 이러한 역전 상황의 극명한 한 예는 바로 설립조약으로 창설되는 수많은 국제·지역기구의 출현을 들 수 있을 것이다. R.K. Gardiner, *International Law* (Harlow, England: Longman Pearson, 2003), p.11.

4) J.L. Brierly, *The Law of Nations: An Introduction to the International Law of Peace* (6th edn., by Sir H. Waldock, Oxford: Clarendon, 1963), p.57.

5) 박현진, "국제테러의 억제와 집단적 책임·관할권의 한계", 『서울국제법연구』 (2012. 6), p.139 참조.

6) "[t]he history of treaty-making has been as much one of recording disagreement in acceptable ambiguity as of achieving clear and precise texts", Gardiner, *supra* note 3, p.84; K. Zemanek, "Majority Rule and Consensus Technique in Law-Making Diplomacy", in R. St.J. Macdonald & D.M. Johnston, *The Structure and Process of International Law: Essays in Legal Philosophy, Doctrine and Theory* (Dordrecht: Martinus Nijhoff, 1986), p.857.

7) B. Simma, "Consent: Strains in the Treaty System", in Macdonald & Johnston, *ibid.*, p.485, 491.

동의 또는 합의 여부에 대한 발견·추론은 국제·중재재판소가 직면하는 가장 핵심적 작업의 하나이며 그 해석의 가장 중요한 부분을 구성한다. 문제는 당사자의 의사는 흔히 각서/공문교환, 의사록 또는 합의의사록 등 '약식조약'에 기록되기도 한다는 점이다. 약식조약은 일반조약과는 달리 그 체결방식·형식·절차 면에서 고전적 '조약'의 개념과 거리가 있으므로 그 성립여부와 지위, 법적 구속력 여부·범위를 놓고 당사자 간 이견이 흔히 노출된다.[8] 영토·해양경계 분쟁 관련 국제사법쟁송의 관점에서 볼 때 이러한 쟁점들은 결국 약식조약의 증거로서의 지위 및 가치에 관한 다툼이라 할 수 있다.

이 글은 1951년 이후 영토·해양경계 분쟁 관련 주요 국제판결을 중심으로 '약식조약'의 의의·구별 기준·체결방식 및 효력·구속력에 대하여 검토, 그 국제법상 지위·효력과 국제사법쟁송에서의 증거능력·증명력에 관해 논의를 전개한다. 이 글은 ICJ가 다룬 약식조약 관련 주요 판결에 대한 분석을 통해 동 재판소가 정의·규정하는 국제합의·협정의 개념과 구별기준이 고전적 '조약'의 개념 및 전통 국제법 법리에서 이탈하고 있음을 주장한다. 즉 의회(국회)의 동의를 거쳐 조약 체결권자의 서명·비준(가입·수락 또는 승인) 및 공포 등 정식체결절차를 거친 조약은 물론, 그러한 절차를 거치지 않고 행정부(대통령, 외교장관 등)의 서명을 통해 성립·발효하는 '약식조약'도 국제의무를 창설하고, 국제사법쟁송에서 조약과 동등한 증거능력·증명력을 향유한다는 점을 강조한다. 또 약식조약의

---

8) 한편 외교실무 등 광범위한 일관된 국가실행의 축적에서 출발한 관습이 법적 확신을 얻어 일반적 구속력을 가지게 되는 관습법의 경우 관행의 보편성·일관성·계속성 여부에 대한 판단, 그리고 법적 확신의 존재 여부를 둘러싼 논란으로 인하여 일반적 효력에 한계를 가진다. North Sea Continental Shelf cases(Federal Republic of Germany/The Netherlands; Federal Republic of Germany/ Denmark), Judgment, *ICJ Reports*, 1969, p.3, 43. Bin Cheng 교수는 이러한 시간적 요소는 관습법 규칙의 성립요건은 아니며, 속성관습법도 가능하다고 수상한다. United Nations Resolutions on Outer Space. "instant" Customary Law?", *Indian Journal of International Law*, vol.5, 1965, p.23.

체결은, 국내법의 관점에서 볼 때, 그 성격상 단순히 기술적 성격의 법집행적 행정행위가 아니라 국가주권·권익과 국민에 중대한 의무·부담을 지우는(헌법 제60조 제1항) '입법행위'로서,[9] 세밀한 사전 검토와 신중한 서명이 요구됨은 물론, 행정부 단독으로 처리하기보다는 일정한 사전·사후 입법·사법적 협력 또는 견제·보완장치를 구축·정비하는 것이 바람직하다는 점을 강조하고자 한다.

II. 약식조약

1. 조약의 지위

현행 국제법상 조약의 형식(forms of treaties)을 규율하는 기술적인 규칙은 부재하거나 미비하다.[10] 국제법은 조약에 어떤 특정한 명칭·용어/문안(wording)을 사용할 것을 요구하지는 않으며, 조약은 여러 가지 명칭·형식을 취할 수 있다(후술 V.2, 카타르/바레인 사건 판결 참조). 조약에는 협약, 협정(international agreement), 규정, 규약, 헌장,[11] 의정서 등이 포함되나,[12] 그 명칭의 의미는 반드시 명확하거나 일관된 것만은 아

---

9) 행정부 단독으로 서명에 의해 성립·발효하는 약식조약의 체결절차가 헌법 등 우리 국내법질서에 합치하는가의 여부는 주로 국내법상의 문제로서 이 논문의 범위를 벗어나는 주제이며 별도의 논문에서 다룰 문제로 본다. See generally L. Wildhaber, *Treaty-making and Constitution* (1971).

10) Brierly, *supra* note 4, p.317.

11) 외교관·정치인 간 법적 구속력을 부여하지 않고 상대방의 신의에 기초한 정책 수행상의 정치적·도의적 약속인 '신사협정'(gentlemen's agreement)은 여기에서 말하는 조약이 아니다. 오윤경, "조약의 실체와 절차", 오윤경 외, 『21세기 현대 국제법질서 – 외교실무자들이 본 이론과 실제』 (서울: 박영사, 2001), p.3, pp.7~8; Lord Gore-Booth(ed.), *Satow's Guide to Diplomatic Practice* (5th edn., London & N.Y.: Longman, 1979), para.29.7.

니며, 진화를 계속하고 있다.[13] 또 후술하는 바와 같이 그 체결방식·절차에 있어서도 조약과 약식조약 간 상당한 차이가 있다. 따라서 문서의 명칭·체결방식에 따라서 조약·약식조약과 조약이 아닌 문서를 구별하는 것이 용이한 일만은 아니다.

국제법상 조약은 그 명칭이야 어떠하든 국가 간, 국제기구 간, 또는 국가와 국제기구(국제법 주체) 간[14] 문서(및 예외적으로 구두[15])에 의한 합의이며, 국제법에 의하여 그 법률관계가 규율되는 국제적 합의로 정의된다.[16] 여기에서 "국제법에 의하여 규율되는"(governed by international law)이라는 표현은 국제법위원회(ILC)의 평석(commentary)에 의하면 '국제법상 의무를 창설할 의사'(intention to create obligations under international law)의 요소를 포함하는 것이라 한다.[17] 즉 조약의 교섭·체

---

12) 의정서(protocol)는 다른 조약을 보충·보완 또는 추가하는 별도의 조약을 말한다. Lord McNair, *The Law of Treaties* (Oxford: Clarendon, 1961), p.23; Gore-Booth, *ibid.*, para.29.24 & 29.27.

13) See P.C. Jessup, *A Modern Law of Nations – An Introduction* (N.Y.: Macmillan, 1956), p.123; Brierly, *supra* note 4, p.317; Gore-Booth, *ibid.*, p.238, para.29.5; Gardiner, *supra* note 3, p.65; Harvard Research in International Law, Draft Convention on the Law of Treaties, *American Journal of International Law*, vol.29, 1935, Supp., p.653, 667(Introductory Comment) & p.712.

14) 이와 관련, 유엔헌장 제71조는 경제사회이사회와 비정부간 기구/시민사회단체 (nongovernmental organization: NGO) 간의 합의를 '약정'(arrangement)이라는 용어로 표현하고 있다. 이는 적어도 당시 헌장 기초자들과 각국 대표들은 당시 실정 국제법상 국제법 주체성이 제한되는 비정부간기구/시민사회단체(NGO)와 국제조직의 주요 기관 간의 합의는 조약으로서의 법적 성질이 결여되어 있음을 인식하고 있었음을 시사하는 것이며, 따라서 그러한 합의는 국제법에 의하여 규율되는 문서가 아니라는 사실을 의미하는 것으로 해석된다. 그러나 국가 간 잠정적 성격의 조약도 잠정약정(provisional arrangement)이라는 이름으로 불리기도 한다. 1982년 유엔해양법협약 제74(3)조.

15) Legal Status of Eastern Greenland, *PCIJ*, Ser.A/B, No.53, 1933, p.22, 70~71. See McNair, *supra* note 12, pp.9~10; 본서, 제8장, III.2.

16) Vienna Convention on the Law of Treaties 1969, 제2조 제1항 a호.

17) See A. Aust, *Modern Treaty Law and Practice*(Cambridge University Press, 2000), p.17.

결 및 발효의 방식은 모두 당사자가 그러한 문서에 의하여 법적으로 구속을 받겠다는 의사(동의)표시에 의하여 지배되며, 그러한 의사표시는 조약의 서명·비준·가입·수락 또는 승인 시에 행할 수 있다.[18] 조약은 당사자(들)에게 의무를 창설·변경하는 효력을 가지거나 또는 당사자(들)이 그렇게 의도하는 것이 일반적이다.[19] 조약은 일반적으로 체결 시 국내법절차에 따른 비준동의 및 비준을 요하며,[20] 조약체결권자(통상 국가원수)가 비준한 문서를 상호 교환(양자조약)·기탁(다자조약)함으로써 성립·발효하게 된다. 비준을 요하는 조약의 경우 국회의 동의는 조약 서명 후 비준 전에 행하는 것이 우리나라의 관행이다.[21]

국가 간 법률관계를 규율·해석하는 규범으로서의 조약 및 약식조약의 한계에도 불구하고 조약은 국제법의 주체인 국가들이 국제법률관계를 수립해 나가는데 있어서 국가의 1차적 행위준거규범으로 기능하고 있을 뿐만 아니라,[22] 국제·중재재판소가 분쟁해결을 위한 사법쟁송에서 1차적 재판규범(1차적/형식적 法源)으로 기능하고 있다.[23] 특히 국가 간 상호의

---

18) 조약법에 관한 비엔나 협약, 제12~16조; I. Brownlie, *Principles of Public International Law*(6th edn., Oxford University Press, 2003), p.581.
19) Aust, *loc. cit.*
20) 우리 헌법 제6조, 미국 연방헌법 제6(1)조 및 F.G. Jacobs & S. Roberts (eds.), *The Effect of Treaties in Domestic Law*(London: Sweet & Maxwell, 1987) 참조. 우리 헌법상 조약체결·비준·공포권은 대통령에 있으나(헌법 제73조), 안전보장에 관한 조약, 중요한 국제조직에 관한 조약, 우호통상항해조약, 주권의 제약에 관한 조약, 강화조약, 국가·국민에게 중대한 재정적 부담을 지우는 조약 또는 입법사항에 관한 조약 등에 대해서는 국회에 대통령의 조약 체결·비준에 대한 동의권을 부여하고 있다(대헌법 제60조 제1항).
21) 오윤경, 전게각주 11, p.13.
22) 국제사법재판소 규정 제38조에 열거된 국제법의 법원은 형식적 법원과 실질적 법원의 구별의 기초 위에 서 있거나 모든 경우에 적용되는 엄격한 위계(hierarchy)를 표시한 것은 아니지만, 실제로는 국제사법재판소에 의하여 적용상의 우선순위로 기능한다. Brownlie, *supra* note 18, p.5. 형식적 법원을 법률상의 법원이라고 한다면, 실질적 법원은 사실상의 법원이라 할 수 있을 것이다. 본서, 제8장, II.3 참조.
23) 국제사법재판소 규정, 제38(1)조.

존이 증대함에 따라 국가 간 평화적 협력의 증진수단으로서의 조약의 역할·중요성은 증대하고 있으며,[24] 조약체결건수는 증가추세에 있다. 1948년 정부 수립 이후 2006년까지 우리나라가 다양한 분야에서 체결한 조약은 총 2,395건(양자 1,855건, 다자 540건)이다.[25] 이 가운데 많은 교환각서/공문, 의사록과 합의의사록 등 '약식조약'(treaty concluded in simplified form)[26]은, 후술하는 바와 같이, 국제사법재판소(ICJ)가 확립하고 있는 국제판례상 '정식조약'과 마찬가지로 당사국을 법적으로 구속한다. 그럼에도 불구하고 그 법적 성격·지위, 체결절차와 효력·증거능력에 대해서는 상대적으로 간과됨으로써 약식조약의 체결로 수반되는 우리의 영토·안보에 미치는 중요한 효력·효과에도 불구하고 그 의미와 중요성은 상대적으로 과소평가되거나 오해되어 온 경향이 있다.

2. 약식조약의 의의·형식과 체결방식

현행 국제법의 형식적 법원과 관련한 중요한 변화 가운데 하나는 '약식조약'의 증가현상이다.[27] 다자·양자조약(협정, 의정서[28] 등)과 함께 또

---

24) 조약법에 관한 비엔나 협약, 전문 및 Simma, *supra* note 7, p.485.
25) 외교통상부, 『알기 쉬운 조약업무』(e-book, 2006. 3), 정무〉조약과 국제법〉우리나라의 조약체결 활동(2008. 10 검색).
26) 현재 우리나라가 체결하는 조약 가운데 약 1/3은 고시류(약식) 조약이라 한다. 정인섭, 『신국제법강의』(서울: 박영사, 2012), p.105. 예컨대 "대한민국, 일본국, 중화인민공화국 정부간 3국 협력 사무국 설립에 관한 협정(Agreement on the Establishment of the Trilateral Cooperation Secretariat)", 외교통상부, "한·일·중 3국협력 사무국 설립협정 서명식 개최", 외교통상부 정책메일 제326호 (2010. 12. 21).
27) Gore-Booth, *supra* note 11, p.238, para.29.5. See Customs Régime between Germany and Austria, Advisory Opinion, *PCIJ Ser. A/B*, No.41, 1931, p.37. 예컨대 외교통상부 동북아 1과, "한·일간 체결한 협정·조약 목록", 「한일협정 관련 참고자료」(2005. 8 공개), pp.44~51 (2005. 9. 6 검색); '대한민국정부와 칠레공화국 정부간의 기유무역협정 부속서 개정을 위한 교환각서'[2004. 4. 1 시명, 2004. 4. 1 발효(외교부고시 제486호: 관보게재일, 4. 7)]는 2004. 3. 29 칠

는 별도로 회의·회담의 내용을 작성·기록한 의사록(Minutes)·합의의사록 (Agreed Minutes), 국가 간 신속한 정책조율과 협력의 필요성이 증대함에 따라 통상의 체결절차를 거치지 않고 체결되는 합의각서,[29] 기술적 성격 의 합의에 이용되는 교환각서/공문(Exchange of Notes/Letters),[30] 복잡한

레 외무부의 제안각서에 대하여 2004. 4. 1 우리나라의 주칠레대사관의 회답각 서로 체결되었다. 그러나 2004. 4. 1 산티아고에서 서명된 '대한민국 정부와 칠 레공화국 정부간의 자유무역협정 제3장(상품에 대한 내국민대우 및 시장접근), 제4장(원산지 규정), 제5장(통관절차)의 해석, 적용 및 운영에 대한 통일규칙 제정을 위한 교환각서'는 조약 제1067호(동년 4. 1 발효)로 체결되었다. http:// www.mofat.go.kr/mofat/mk_a005/mk_b030/mk_c056/mk_d154/mk05_ 02_sub06_01.jsp (2007. 4. 25 검색). 1992. 9. 4 조인된 미국과 네덜란드 간 시 장개방적 항공협정('open skies' agreement)은 Memorandum of Consultations (MoC)이라는 이름으로 체결되었다. P.M. Mendes de Leon, "Before and After the Tenth Anniversary of the Open Skies Agreement Netherlands-US of 1992", *Air and Space Law*, vol.28, 2002, p.280. 또 2차대전 중 미국이 영국에 구축함 60척을 대여하고 미국은 그 대가로 영국의 기지를 임차하는 내용을 규정한 1940년 '무기대여협정'(Lend-Lease Agreement)은 교환각서의 형식으로 체결되 었다. Aust, *supra* note 17, p.21.

28) 국제항공법의 맥락에서 체결된 협정, 의정서나 교환각서의 예로서는 박현진, "국제민간항공에 관한 시카고 협약 55주년의 회고-운항권 분쟁, 항공기인증 및 안전/보안규제 관련 사례 및 판례를 중심으로", 서울국제법연구원(편), 『국 제판례연구』 제1집(서울: 박영사, 1999), p.95, 109 및 117 이하, 특히 각주 33~ 34, 38, 61, 65~67 및 79~80 참조.

29) 예컨대 1965년 동경에서 서명된 "일본국에 거주하는 대한민국 국민의 법적지 위와 대우에 관한 대한민국과 일본국간의 협정"에 입각한 '재일한국인 3세 이 하 자손의 법적지위에 관한 한·일 외무장관 간 합의각서'(1991. 1. 10, 서울), http://terms.naver.com/entry.nhn?cid=504&docId=956705&mobile&categoryId=5 04 (2013. 4. 2 검색).

30) 이병조·이중범, 『국제법신강』 (서울: 일조각, 2003), p.58, 각주 7; 오윤경, 전게 각주 11, p.7. 2003. 10. 4 외교부 북미국장이 주한미군의 '전략적 유연성' (strategic flexibility)의 필요성을 지지하는 내용을 골자로 하는 외교각서 초안을 청와대에 사전 또는 사후에 보고하지 않고 전결처리, 미국 측과 교환하였다는 의혹은 약식조약 체결절차 및 책임소재의 불투명성을 보여주는 사례이다. '전 략적 유연성'이란 미국이 해외주둔 미군 재배치계획에 따라 세계 어디서든 신 속하게 대응할 수 있도록 이를 유연하게 배치하려는 구상으로서, 1) 주한 미군 병력의 전입·전출의 유연성 2) 기지(시설과 구역) 사용의 유연성 및 3) 장비 사

상황을 정리하기 위한 교섭과정에서 1단계로 합의된 사항을 기록하거나 또는 조약 본문에 사용된 용어의 개념을 명확히 하기 위해 당사자 간 외교 교섭의 결과로 상호 양해된 사항을 확인·기록하는 경우에 사용되는 전문적·기술적 내용의 합의를 의미하는 양해각서(Memorandum of Understanding: MOU),[31] 그리고 잠정협정/약정(*modus vivendi*; temporary/provisional interim agreement/arrangement)[32] 등이 증가하는 추세에 있다.

'약식조약'은 i) 국내법절차에 따른 비준 등의 요건을 충족한 모조약에 기초하여 그 이행 등에 관한 구체적 사항을 규율하기 위해 행정부에 재량권을 부여하여 체결되는 조약; 또는 ii) 긴급한 사안의 처리목적 상 조약의 신속한 발효를 위하여 비준 또는 의회(국회)의 비준동의를 요하지 않고 대통령 또는 외교부장관 등 행정부(기관) 단독으로 체결·성립 및 발효하는 "행정적·기술적 내용의 조약"을 의미한다.[33] 약식조약은 비준

용의 유연성이 포함된다고 한다. 사태가 커지자 청와대는 대통령이 동 사안에 대하여 '시차를 두고 직접 검토한 것'이라고 진화에 나섰다. 인터넷 프레시안, "노대통령, 전략적 유연성 최종문안 직접 검토", 2006. 2. 3; 동아닷컴, "이종석 장관 내정자와 외교·안보팀 갈등설", 2006. 2. 3; 인터넷 프레시안, "'전략적 유연성' 외교각서…대통령은 몰랐다", 2006. 2. 3; 조선닷컴, "청와대 국정상황실, 이종석 차장이 대통령 기망", 2006. 2. 5.

31) McNair, *supra* note 12, p.15; 외교통상부, 『알기 쉬운 조약업무』, 전게각주 25, p.18 및 오윤경, 전게각주 11, p.7. 2000년 한중어업협정 가서명에 앞서 우리측은 북방한계선(NLL) 인근 서해 5도 인근해역에 설정된 특정금지구역을 존중해 줄 것을 중국 측에 요청한 바, 중국은 북한과의 관계를 이유로 이를 인정할 수 없다는 입장을 고수하면서 동시에 수산자원보호를 이유로 양자강 하구 조업금지구역을 설정하고 우리측에 이에 대한 존중을 요구하였다. 양국은 동 협정 가서명 후인 1999년 3월 동 협정 서명 후 양해각서를 체결하여 문제를 해결하였다. 다만 각서 문안에 어업규제 관련 구체적 법령명칭이나 좌표를 기재하지 않고 "현재 시행하고 있는 법령"으로 포괄적으로 표현하였다. 최종화 외, 『국제어업분쟁 해결제도론』(서울: 두남, 2003), p.236.

32) See Frontier Dispute (Benin/Niger), Judgment, *ICJ Reports*, 2005, p.90, 129, para.85; Gardiner, *supra* note 3, p.246; Gore-Booth, *supra* note 11, paras. 31.12 31.15 참고.

33) 이석용, 『국제법』(서울: 세창출판, 2011), p.197; 김대순, 『국제법론』(삼영사,

을 요하지 않거나 또는 비준동의 없이 체결되는 조약으로서, 대통령 또는 외교부장관 등의 서명으로 국가의 최종 기속적 동의의 의사를 표시하여 체결되는 조약의 한 형식이며, 일반적으로 서명한 때로부터 효력을 발생한다.34) 이러한 약식조약은 합의의 요소를 포함하고 있다는 점에서 그 법적 성격·효력 면에서 일방선언 등 단독 국가행위35)와는 구별된다. 우리나라 조약체결 관례·관습 상 약식조약은 서명권자의 서명으로 당사국을 구속하는 효과를 발생시킨다.36) 특히 교환각서/공문37)의 형식으로 체결되는 약식조약의 경우 통상 각 당사자의 각서 또는 공문이 타방 당사자에게 도착한 일자 중 나중일자에 발효한다.38) 이러한 약식조약의 발

2009), pp.65~66; 이병조·이중범, 전게각주 30, p.58, 각주 7; 오윤경, 전게각주 11, p.17; P. Malanczuk, *Akehurst's Modern Introduction to International Law* (7th edn., London: Routledge, 1997), p.134 참조.

34) Jessup, *supra* note 13, p.126; 杉原高嶺, 『國際法學講義』(동경: 有斐閣, 2008), p.123. 이러한 체결절차상의 차이로 인한 법적 효과의 차이의 한 예는 국제연맹규약을 서명한 미국이 이를 비준하지 않음으로써 동 규약의 당사국이나 국제연맹의 회원국이 되지 않은 사례일 것이다. Kelsen, *supra* note 2, p.468.

35) 본서, 제8장, III.1 참조.

36) 외교통상부, 『알기 쉬운 조약업무』, 전게각주 25, p.18. '양해각서'라는 명칭은 근래 정부 기관(부, 처, 청 등) 간 약정(arrangement)이란 명칭으로도 사용되고 있으며, 국가간 합의인 조약에서는 그 사용빈도가 급격히 줄어들고 있다. 외교통상부, 『알기 쉬운 기관 간 약정 업무』(2007. 10), p.33. 이러한 기관 간 약정은 동일 또는 유사한 업무를 수행하는 외국 정부기관과 우리 정부기관이 국내법상 자신의 소관업무 내지 권한의 범위 내에서 체결하는 것이며, 헌법에서 말하는 "헌법에 의하여 체결·공포된 조약"이 아니므로, 국제법상 대한민국에 아무런 권리·의무관계를 창설하지 못한다. 외교통상부, 같은 책, pp.22~23. 이와 관련, 국제법 주체성을 결여한 지방자치단체의 경우 조약체결권은 인정되지 않으므로(헌법 제117조 제1항 및 지방자치법 제11조 제1호), 우리나라의 지자체(예컨대 서울시)가 외국의 상응기관(예컨대 북경시 또는 동경도)과 체결하는 약정 역시 약식조약의 범주에 포함되지 않는다. 다만 외국의 지방자치단체와 고유의 업무 범위 내에서 약정서 또는 합의서 체결은 가능하다. 외교통상부, 같은 책, pp.52~55.

37) 예컨대 1991년 '대한민국 정부와 미합중국 정부간의 북태평양내 유자망어업과 관련한 교환각서'(1992. 6. 30까지 유효) 및 첨부 양해기록.

38) 오윤경, 전게각주 11, p.17.

효 후 국내법상 국회의 사후동의를 요하는가 하는 문제에 대한 명확한 입장이 정립되어 있지 않다.[39]

각국 간 상이한 국내법 절차에 따라 국제법상 그 효력 면에서는 같은 조약이라도 그 체결절차는 다를 수 있다.[40] 미국의 경우 조약은 그 체결 방식·절차 면에서 볼 때 1) 연방 상원의 비준동의를 얻어 대통령이 체결하는 조약(treaties), 2) 연방 상하원의 과반수의 찬성으로 채택된 일반 입법(ordinary legislation)을 대통령이 서명하는 '의회 - 행정협정'(congress-ional-executive agreements); 그리고 3) 연방의회의 동의를 요하지 않고 대통령 단독으로 체결하는 '행정협정'(sole executive agreements) 등 3가지 종류가 있으며,[41] 행정협정은 영국의 행정협정(administrative agreement)[42]과 마찬가지로 별도의 국내입법을 요하지 않는다. 프랑스의 경우 1958년 헌법상 3가지 종류의 조약 또는 협정을 상정한다. 즉 1) 입법부의 승인과 비준을 요하는 조약; 2) 입법부의 승인을 요하지 않으나 비준을 요하는 조약; 그리고 3) 단지 공표 내지 고시(publication)를 요하는 조약 등이 그것이다.[43]

---

39) 정인섭, "조약체결에 대한 국회의 사후동의", 『서울국제법연구』 제9권 1호 (2002. 6), p.1, pp.2~3 참조.

40) 예컨대 한·미간 '주한미군의 지위에 관한 협정'(SOFA)은 우리나라에서는 국회의 비준동의를 받은 조약이나, 미국에서는 상원의 동의를 요하지 않는 약식조약이다. 오윤경, 전게각주 11, pp.15~16 & 121. "한-미간 비자면제 MOU 서명" (외교통상부 정책메일, 2008. 4. 24), 그리고 '쇠고기 위생조건'은 MOU 서명으로 각각 체결되었다.

41) L. Henkin, *Foreign Affairs and the Constitution* (2nd edn., N.Y.: Oxford Univ. Press, 1996), pp.175~230; Malanczuk, *supra* note 33, p.67; J.H. Jackson, in Jacobs & Roberts, *supra* note 20, ch.8, p.141. 미국 국내법 상 조약의 지위·효력은 연방헌법 규정[Art.VI(2)]과 미국법원에 의한 자기집행적 조약과 비자기집행적 조약의 구분 등에 의존한다. Shearer, *supra* note 1, pp.74~76.

42) Shearer, *ibid.*, p.72.

43) 프랑스 헌법 제53조 및 J.D. de la Rochère, "France", in Jacobs & Roberts, *The Effect of Treaties in Domestic Law*, *supra* note 20, p.39, 42. 프랑스 헌법(제55조)에 의하면 합법적으로 체결된 조약은 단지 공표/고시 및 각각의 협정·조약

3. 고시류 조약

우리나라에서 약식조약은 흔히 '고시류(告示類) 조약'이라 불리며, 이는 모조약의 실시와 집행 목적으로 체결되는 시행약정이나 모조약의 내용 일부를 수정하기 위한 각서교환의 경우 국무회의 심의 및 국회의 비준동의 등 통상의 조약비준절차를 따르지 않으며, 외교부장관이 관계부처와의 협의를 거쳐 전결로 체결하고 관보에 고시(공표)하는 조약을 말한다.[44] 즉 고시류 조약은 관보 고시[45]를 통해 국내법 상 그 효력을 발생하며, 국제법상 효력 면에서 당사국을 구속하는 점에서는 국내법절차에 따라 비준을 통해 체결되는 조약과 큰 차이가 없다. 고시류 조약의 체결은 제정헌법의 후행적 헌법관습을 구성한다고 한다.[46] 문제는 영토·해

별로 타방 당사국의 상호적용을 조건으로 프랑스 국내법상 입법(legislation)에 우월한 지위를 가지며 국내법상 적용가능하다. E. Zoller, *Droit des relations extérieures* (Paris: Presses Universitaires de France, 1992), pp.77~79 & De la Rochère, *ibid.*, p.43. 프랑스 헌법 역시 3가지 종류의 조약 또는 협정을 구분하고 있으며, 프랑스 파기원(Cour de Cassation)은 국제협약 비준의 효력에 대한 판단에 소극적이라고 한다. De la Rochère, *ibid.*, p.42. 또 최고행정재판소(Conseil d'Etat)는 프랑스 의회의 의사절차, 조직 및 기능 그리고 대통령/정부와 의회 간 관계에 관한 사법심사(judicial review)를 자제한다. 물론 영미법상 사법심사라 함은 일반 법원에 의한 행정행위의 심사·통제를 의미하나 프랑스의 Conseil d'Etat는 최고의 특별행정법원으로서 일반법원은 아니다. See L.N. Brown & J.S. Bell, *French Administrative Law*(Oxford: Clarendon, 1993), pp.5~6 & 133~134.

44) 정인섭, 전게각주 26, p.105; 오윤경, 전게각주 11, p.15.
45) 일반적으로 국제/지역수산관리기구가 채택하는 구속력있는 보존관리조치의 경우 농림수산식품부(해양수산부) 고시를 통해 우리 국내법상 법적 효력을 가지게 된다. 최종화·손재학, "국제수산기구 자원보존관리조치의 국내적 수용체계", 『해사법연구』제18권 제2호(2006. 9), p.1 참조.
46) 김승대, "헌법관습의 법규범성에 대한 고찰"(헌법재판소 웹사이트), p.133, pp.181 & 191~194. 정부의 한 고위 관리는 고시류 조약에 대한 국회동의는 헌법상 맞지 않는다는 해석을 내놓은 바 있다. 인터넷 연합뉴스, "이 법제처장, 고시 국회동의, 헌법상 맞지 않아", 2008. 8. 4.

양경계 관련 고시류 조약(예컨대 후술하는 합의의사록 등)은 단순한 행
정적·기술적 성격의 조약이라고 하기 어렵다는 점이다. 고시류 조약의
체결은 추후 국가주권·권익에 중대한 제약을 초래할 수 있는 입법행위임
에도 국내법상 그 성격과 지위가 모호하며, 그 체결절차에 대한 법적·제
도적 통제가 미비하다. 따라서 대외적 법률관계에 불확실성을 야기하거
나 국가 권익에 불리한 효과를 초래할 소지가 있다. 따라서 행정부가 단
독으로 체결하는 고시류 조약의 경우 그 명칭, 범위, 종류, 체결절차 및
효력에 관한 사항에 대한 보다 구체적인 법적·제도적 통제가 바람직하
다. 예컨대 국무회의 심의 또는 미국의 '의회-행정협정'과 같이 입법부와
의 협력을 통한 서명 등의 조치를 검토해 볼 만하다.

4. 약식조약과 공동선언·성명

조약과 조약이 아닌 문서를 구분하는 기준은 쟁점에 관한 당사국의 의
사(동의 내지 합의 여부)이다. 그 자체로서는 국가 지도자간 공동선언
(joint declaration)은 그 자체로서는 조약으로 보기 어렵다.[47] 왜냐하면
그러한 공동선언은 법률관계를 창설하기 위한 것이라기보다는 정치적 의
지 및 정책추진의 기본원칙을 표현하기 위한 정치적 선언/약속(*engagements*

---

47) 예컨대 1941. 8. 14 루스벨트 대통령과 처칠 수상 간 발표된 공동선언인 '대서
양헌장'(the Atlantic Charter)은 법적 의무를 창설하기 위한 문서는 아니라고 한
다. See Gore-Booth, *supra* note 11, pp.238~239, para.29.7. 또 같은 맥락에서
연합국 수뇌들의 카이로선언(1943)과 포츠담선언(1945)은 각각 그 자체로서 조
약을 구성하는 것으로 보기 어렵다. 그러나 일제가 1945년 항복문서에서 연합
국 수뇌들의 통첩을 수락하였으므로, 이러한 일련의 국제문서를 하나의 '국제
협정'으로 간주하는 것(2001년 ICJ의 카타르/바레인 사건: 후술 V 참조)은 영
토·해양경계분쟁 관련 현행 국제판례에 비추어 불합리한 해석으로 볼 수 없다.
Park Hyun-jin, "SCAPIN 677 As An International Legal Instrument Constituting
Both A Root and Evidence of Korean Title to Dokdo", 『Korean Yearbook of
International Law』, vol.1(2014. 12), p.123 참조.

politiques)으로 해석되며, 또한 엄격한 의미에서 국제법에 의하여 규율되는 조약(*un traité au sens strict*)으로 의도한 것으로 보기 어렵기 때문이다.[48] 중요한 점은 국가기관(장관 등) 간 공적으로 행해진 구두합의는 물론, 한 국가(기관)의 일방선언/성명도 국제법상 법적 구속력을 가진다는 점이다.[49]

그럼에도 국제문서에서 '선언'(declaration)을 통해 법적 의무를 수락하는 것이 법리·국제관습 상 반드시 모순된(inconsistent) 것만은 아니다. 예컨대 후술하는(III.4) 2002년 카메룬/나이지리아 간 국경·해양경계 분쟁사건 판결에서 20세기 초 분쟁지역을 분할·위임통치하던 영·불 간 이 지역 국경선에 관한 '톰슨-마샹 선언'(Thomson-Marchand Declaration)을 채택한 바, 이 선언은 협정(agreement)으로 기술되고 있다.[50] 또 유엔헌장 제

---

48) See Zoller, *supra* note 43, p.76; 외교통상부, 『알기 쉬운 기관 간 약정업무』, 전게각주 36, p.9. 동시에 선언은 1) 조약과 마찬가지로 의무적, 입법적 또는 법선언(law-declaring) 성격의 선언[봉쇄·금수품에 관한 국제법규칙을 정의한 1856년 파리선언; 폭발성 탄환에 관한 1868년 상페테르부르크 선언]; 2) 타국에 권리·의무를 창설하는 일방선언[선전포고/개전선언; 금수품 간주 품목에 관한 교전자의 선언; 전쟁발발 시 제3국의 중립선언; 그리고 3) 국가가 타국에 대한 의사표시로 취한 과거의 일련의 행동(a line of conduct)을 기술·설명·정당화하기 위한 선언 또는 특정 문제에 관한 입장·견해·의사 표명을 위한 선언 등 3가지 의미로 사용되며, 2)와 3)의 유형의 선언은 조약을 구성하지 않는다고 한다. L. Oppenheim, *International Law* (8th edn., 1955), vol.1, p.899, quoted in Gore-Booth, *supra* note 11, p.245, paras.29.28~30.

49) 1933년 동부 그린란드 사건에서 상설국제사법재판소(PCIJ)는 노르웨이 외무장관이 덴마크 외무장관에게 덴마크의 그린란드에 대한 주권확립과 관련하여 '문제를 일으키지 않겠다'고 약속한 사실의 법적 구속력을 인정하였으며, 1974년 뉴질랜드/호주 대 프랑스 간 핵실험 사건에서 프랑스 대통령의 대기권 핵실험 중지 관련 일방선언의 구속력을 인정하였다. 본서, 제8장, III.1. 또 1873년 수에즈 운하에 관한 오스만 제국의 일방선언 역시 10개국이 수락하여 다자협정이 되었다. McNair, *supra* note 12, p.11. 국제사법재판소 규정(제36조 제2~3항) 상 당사국의 일방선언에 의한 ICJ의 강제관할권 수락도 유사한 맥락에서 이해할 수 있다.

50) Land and Maritime Boundary between Cameroon and Nigeria(Cameroon v. Nigeria, Equatorial Guinea Intervening), Merits, *ICJ Reports*, 2002, p.303,

11장 '비자치지역에 관한 선언'(Declaration regarding Non-Self-Governing Territories)에서 "신성한 신탁으로 …할 의무를 수락한다"(…accept as a sacred trust the obligation to …)는 표현은 일응 법적 의무를 내포하며, 실제로 이 문구가 제국민의 동등권과 자결원칙에 기초한 인권에 관한 동 헌장 제55~56조의 규정과 마찬가지로 진정한 법적 의무를 창설하지 않는다고 믿기는 어렵다.[51]

에게해 대륙붕 사건[52]에서 그리스와 터키 수상이 의견교환 후 발표한 1975년 5월 31일자 브뤼셀 공동성명(Brussels joint communiqué)의 법적 효력과 관련, ICJ는 공동성명이 구속력을 가진 국제합의를 구성하는 것을 배제하는 국제법 규칙을 알지 못한다면서도 궁극적으로는 성명이 가리키는 행위의 성격(nature)에 달려있다고 판시하였다.[53] ICJ는 이어 공동성명에 양국 수상의 서명이나 가서명(initials)이 포함돼 있지 않다는 점 그리고 동 성명'에 사용된 용어, 합의와 발표의 맥락과 배경 등을 검토한 후 두 나라 수상들이 공동성명을 통해 각각 자국 정부를 대신하여 양국 간 분쟁의 일방적 제소를 무조건적으로 수락할 것을 의도하지도, 또 공동성명이 즉각적인 약속(an immediate commitment)을 구성하지도 않았다는 결론에 이르렀으며, 따라서 ICJ는 공동성명이 1976년 8월 10일 그리스가 제소한 신청을 심리할 유효한 재판관할권의 근거를 제공하지 않으며 재판소에 관할권이 없다고 판시하였다.[54]

---

para.34.

51) See Brierly, *supra* note 4, p.177.

52) Aegean Sea Continental Shelf case(Greece/Turkey), Jurisdiction, *ICJ Reports*, 1978, p.3, 39~44.

53) *Ibid.*, p.39, para.96.

54) *Ibid.*, pp.39~44, paras.94~96 & 106~107; 본서, 제8장, IV.1~IV.3; J.M. Van Dyke, "The Aegean Sea Dispute: Options and Avenues", *Marine Policy*, vol.20, 1996, p.397.

III. 구상서, 각서·교환각서와 양해각서

1. 의 의

각서(note)라 함은 '공식적인 사적 서한'(a formal personal letter)으로서 원래 외교 공관의 長과 주재국 외무장관 간 1인칭 화법의 서면에 의한 의사소통(written communication), 즉 1인칭 서신왕래(correspondence)의 방식이다. 각서는 지역별 현지사정에 따라 그 작성·전달의 방식·절차에 일정한 편차와 재량이 존재하며 그에 따라 다양한 명칭으로 불린다.[55] 한편 대사관과 주재국 외교부 간 서신왕래는 3인칭 각서로 작성·전달되는 것이 일반적이다.[56] 이 경우 3인칭 각서는 구상서(*note verbale*)라고 불리기도 하는데, 여기에는 구두에 의한 의견교환 내지 대화의 내용과 어법(wording)을 기술한 공식기록(a formal record)이라는 의미가 내포·함축되어 있다.[57] 구상서는 대사들이 서명한 각서보다는 비공식적이며, 비망록(memorandum; mémoire; aide-mémoire)보다는 공식적이라고 한다.[58] 구상서는 서명을 허지 않는 대신, 말미에 관례적으로 사용하는 정중한 인사말(courtesy)을 덧붙이는 것이 일반적이며, 이 때문에 비망록[59]과 구별된다고 한다. 비망록은 구체적인 사실의 기술 또는

---

55) Gore-Booth, *supra* note 11, pp.41~42, paras.7.10~7.12. 각서는 구상서(verbal note; *note verbale*), 통고각서(official note), 설명각서(explanatory note), 외교각서(diplomatic note) 등 여러 가지 명칭으로 사용된다.

56) Gore-Booth, *ibid.*, p.42, para.7.15.

57) Gore-Booth, *ibid.*, p.42, para.7.14.

58) H. Nicolson, *Diplomacy*(1939; 3rd edn., Oxford University Press, 1969), 신복룡 역, 『외교론』(신복룡 역, 서울: 평민사, 1979), pp.191 & 230~231.

59) 1905. 7. 29 작성된 미국 육군장관 태프트-일본 총리 가쓰라 간 밀약(桂·タフ가 密約: かつら·たふとみつやく)의 영문명칭은 "Taft-Katsura Agreed Memorandum" [위키피디아(http://en.wikipedia.org/wiki/Taft%E2%80%93Katsura_Agreement)] 으로서 이는 서명된 조약이나 협정은 아니며, 각서형식으로 작성되었다. 또 북

그에 기초한 주장의 기술로서 본질적으로 각서(note)와 다르지 않으나, 다만 시작과 말미에 정중한 경칭 인사말이 들어가지 않으며 또한 서명이 필요하지 않다는 점에서 각서와는 다르다고 한다.[60]

각서 역시 구속력이 인정되거나 일정한 법률효과가 인정된다. 1951년 대일강화조약도 각서의 구속력을 인정하고 있다. 즉 일본은 '1901년 9월 7일 베이징에서 서명된 최종 의정서 그리고 이에 부속된 부속서 및 각서 규정에서 유래하는 모든 이익과 특권을 포함, 중국에서의 모든 특별 권리와 이익을 포기한다'(제10조)[61]고 규정하고 있다. 여기에서 각서의 구속력은 연합국과 일본 간 합의로서의 조약의 규정에 근거한다. 캄보디아/태국 간 프레아 비헤어 사원 영유권 분쟁사건에서 프랑스 측은 1949년 2월 이후 캄보디아의 종주국으로서 태국이 동 사원에 4명의 군인(경찰)을 배치한 데 대한 정보를 요청하는 각서(Note)를 태국정부에 여러 차례 보냈으며, 특히 1949년 5월 각서에서는 동 사원에 대한 캄보디아의 주권을 명확하게 주장하였다. 캄보디아 역시 1953년 독립 직후부터 사원 관할권을 언급한 각서를 보냈으나 태국 측은 이에 답변하지 않았다. ICJ는 태국 측의 이러한 무응답이 프랑스/캄보디아 주장을 외교적 차원에서 부인할 준비가 되어있지 않았던 때문인 것으로 해석하고 있다.[62]

핵문제의 해결을 위해 1994. 10. 21 서명된 미·북한 간 제네바 합의의 영문 명칭은 Agreed Framework between the United States of America and the Democratic People's Republic of Korea이다.

60) Gore-Booth, *supra* note 11, p.45, para.7.20. 이 가운데 특히 담화내용을 요약한 것은 「비망록」(pro-memoria or aide-mémoire)으로 부른다. Gore-Booth, *ibid.* See Fisheries Jurisdiction case (U.K. v. Iceland), Jurisdiction, *ICJ Reports*, 1973, p.3, paras. 9(c) & 15 참조.

61) Treaty of Peace with Japan, signed at San Francisco, on 8 Sept., 1951, *UNTS,* vol.136, 1952, p.46, Art.10("Japan renounces all special rights and interests in China, including all benefits and privileges resulting from the provisions of the final Protocol signed at Peking on September 7, 1901, and all annexes, *notes* and documents supplementary thereto, and agrees to the abrogation in respect to Japan of the said protocol, annexes, *notes* and documents")(italics added).

미국과 캐나다 간 메인만 해양경계분쟁 사건[63])에서 ICJ는 캐나다 정부가 주장한 미국 정부의 묵인 여부와 금반언 원칙의 적용가능성을 검토하면서 캐나다 외교부 차관이 1966년 8월 30일 미국측에 전달한 서한에서 명시적으로 중간선원칙을 언급하였으나 미국 측은 이에 대해 이의 제기권을 유보하지 않은 점을 확인하였다. 그럼에도 ICJ는 미국이 1969년 11월 5일 캐나다 정부에 보낸 비망록(aide-mémoire)에서 중간선원칙에 대해서는 아무런 언급도 없이 단지 조지스 어장(Georges Bank) 대륙붕 부존 천연자원의 개발·이용을 묵인할 수 없다고 언급하였던 점에 주목, 양국 간 잠정협정이나 해양경계 또는 사실상의 해양경계 그 어느 것도 확립된 것으로 볼 수 없다고 판시함으로써,[64]) 미국의 비망록이 교환각서가 아니라 일방적 의사통보로 간주하고 캐나다에 대한 대항력을 인정하였다.[65])

근래에는 교환각서/공문의 방식으로 빈번히 조약이 체결되며,[66]) 이러한 방식으로 체결된 조약은 통상 2개 정부의 합의를 공식 기록하기 위한 장치이다.[67]) 각서/공문교환은 전권위임장 제시 또는 비준을 요하지 않는

---

62) Temple of Preah Vihear (Cambodia/Thailand), Merits, *ICJ Reports*, 1962, p.6, 31~32; Brownlie, *supra* note 18, p.581.

63) Delimitation of the Maritime Boundary in the Gulf of Maine Area (Canada/U.S.A.), Judgment[The Gulf of Maine case], *ICJ Reports*, 1984, p.246.

64) *Ibid.*, paras.132~137.

65) *ibid.*, paras.128 & 149~152; 본서, 제8장, V.1 & V.3. ICJ는 또 캐나다 측이 주장하는 양국 간 잠정약정(*modus vivendi*)에 입각한 사실상의 해양경계의 존재는 동 약정이 1965년에서 1972년까지 불과 7년간 지속된 것으로서 법률효과를 발생시킬 수 없다고 판시하였다.

66) 통계에 의하면 1932~1940년 간 국제연맹에 등록된 조약 가운데 24%, 그리고 1946~1950년 간 국제연합에 등록된 조약 가운데 30%가 각서교환 형식으로 체결되었으며, 1917~1974년 간 영국이 체결한 350개 조약(UK Treaty Series) 가운데 약 54%인 188개는 각서교환 형식으로 체결되었다. Gore-Booth, *supra* note 11, para.29.37 참조. 또 각서교환의 구체적 실례에 관해서는 Gore-Booth, *ibid.*, paras.29.38 & 29.39.

67) Gore-Booth, *ibid.*, p.48, paras.7.24 & 29.34. 교환각서/공문의 실제 문안의 예

것이 일반적이며,[68] 통상 양자 간에 체결되는 것이나, 예외적으로 2개국 이상 간에 체결되는 경우도 있다.[69] 교환각서/공문은 구체적으로 합의된 부분에 관해서는 국제의무를 창설하는 약속으로서 구속력있는 조약으로 간주되나, 이견이 있는 부분은 각 당사자의 입장을 개진한, 구속력이 없는 단순한 양해각서(MOU)로 간주된다.[70] 양해각서 역시 구속력을 가진 조약일 경우도 있고 단순한 정치적 선언이나 신사협정(gentlemen's agreement)인 경우도 있다.[71] 1951년 영국/노르웨이 간 어업사건에서 프랑스는 노르웨이와 각서교환(Exchange of Notes)을 통해 노르웨이의 직선기선과 배타적 어업수역 설정에 대한 수락의사를 표명하였으나, ICJ는 분쟁의 제3국과의 각서교환이라는 한계로 인해 동 각서교환의 영국에 대한 구속력을 인정할 수 없었으며, 다만 노르웨이의 행위에 대한 타국의 이의 부재(no opposition), 즉 묵인의 증거로 원용하고 있을 뿐이다.[72]

2. 망끼에·에끄레오 도서영유권 분쟁 사건과 외교각서

망끼에·에끄레오 제도 영유권 분쟁사건[73]에서 런던주재 프랑스대사는

로는 H. Blix & J.H. Emerson (eds.), *The Treaty Maker's Handbook* (Dag Hammarskjöld Foundation, N.Y.: Oceana Publications, Dobbs Ferry, 1973), p.67 & 318 참조.

68) Gore-Booth, *ibid.*, para.29.35.

69) *Ibid.*, para.29.38.

70) 만일 당사자가 교환각서를 국제법상 구속력을 가진 문서로 의도한 경우에는 "우리 두 정부의 합의를 구성한다"("It shall constitute an agreement between our two Governments"), 그리고 또 만일 당사자가 교환각서를 MOU로 의도한 경우에는 통상 "우리 2정부의 양해를 기록하는 바이다"("It records the understandings of our two Governments")와 유사한 표현을 명시적으로 포함하게 된다. Aust, *supra* note 17, pp.20~21.

71) A. Aust, "The Theory and Practice of Informal International Instruments", *International and Comparative Law Quarterly*, vol.35, 1986, p.787; Gardiner, *supra* note 3, p.65, n.24.

72) Fisheries case (U.K. v. Norway), Judgment, *ICJ Reports*, 1951, p.116, 136.

영국령 해협제도(Channel Islands)에 인접한 프랑스령 코땅땡 반도[Cotentin peninsula: 일명 쉘부르 반도(Cherbourg peninsula)] 연안 해역에서 양국 어부들의 배타적 어업권을 설정하는 해역경계를 획정할 목적으로 영국 외무성에 1820년 6월 12일 각서를 전달하였다. 그런데 이 각서에는 자국 해양장관(French Minister of Marine)이 자국 외무장관에 보낸 1819년 9월 14일자 서한과 2장의 해도(charts)가 포함되어 있었으며, 이 서한에는 망끼에 제도가 영국령("possédés par l'Angleterre")으로 기술되어 있었으며, 또 동봉된 해도 하나에는 망끼에 제도가 저지섬과 함께 영국령을 표시하는 적색선 안에 표시되어 있었다. 또 에끄레오 제도 주위에는 아무런 영해선도 표시되지 않았으나, 에끄레오 제도의 일부 도서는 영국령 저지섬의 적색 영해선 내에 그려져 있었고, 나머지 도서들은 무주지로 표시되었다.

재판소는 프랑스 행정부 내부의 의견교환(correspondence)을 프랑스 측의 심리상태(state of mind)를 시사하는 것으로 인정하면서, 프랑스 측의 그러한 사실 인정은 교섭과정 중의 통고(communication), 제안이나 양보가 아니라 프랑스 대사가 영국 외무성에 전달한 '사실의 기술'(statement of facts)이며 또 프랑스 대사가 당시 동 제도에 관하여 아무런 유보도 표시하지 않았다는 사실에 입각, 그러한 사실의 기술을 당시 프랑스의 공식 견해를 표시한 '증거'로 간주되어야 한다고 판시하였다.[74] 결국 이 사건에서는 영국 저지섬 지방행정당국이 분쟁도서인 망끼에·에끄레오 제도에 대하여 행한 실효지배의 현시를 프랑스 측이 인용(認容)한 사실 그리고 프랑스 측의 외교각서에 포함된 자국 해양장관의 서한과 해도 1장에서 망끼에 제도를 영국령으로 기술한 결과 소송에서

---

73) Minquiers and Ecrehos case (France/U.K.), Judgment, *ICJ Reports*, 1953, p.47, 66~67 & 71~72; 본서, 제2장, IV.1 및 제9장, VI.2. 이 사건에서 양국은 적어도 1820년부터 일련의 각서(Note)를 교환하면서 이 문제에 관한 논의를 계속했음을 보여주고 있다.

74) Minquiers and Ecrehos case, *ibid.*, p.71.

패소하는 결과를 자초하게 되었다. 더욱이 이 해도는 공인지도의 지위를 가진 것이라고 볼 수도 없었다.[75]

3. 어업관할권 사건과 교환각서

아이슬란드 정부가 1959년 5월 5일 배타적 어업관할권을 12해리로 확대하면서 이 해역에서 전통적으로 자국 어선들이 조업해 온 영국과 분쟁을 겪게 되면서 양국은 이 문제에 관해 1961년 3월 11일 각서를 교환(Exchange of Notes), 영국은 아이슬란드의 12해리 배타적 어업관할권에 반대하지 않기로 합의하고(제1항), 추가적 어업관할권 확대 시 영국에 6개월 전 사전통고하며, 분쟁이 있을 경우 "당사자 일방의 요청"으로 이 문제를 국제사법재판소에 회부하기로 합의하였다.[76] 동 각서의 최종문안 조율과정에서 영국은 동 각서를 당사국을 구속하는 협정(Agreement)으로 체결할 확약(assurance)할 것과 유엔헌장 제102조 규정에 따라 유엔 등록 협정으로 체결할 것을 제안, 아이슬란드 측이 각서를 통해 이를 수락하고 같은 날 영국이 이에 합의하는 각서를 아이슬란드 측에 전달하였으며, 아이슬란드는 이 교환각서를 1961. 6. 8 유엔 사무국에 등록하였다.[77]

1971년 8월 31일 아이슬란드 정부가 비망록(aide-mémoire)을 통해 어업관할권을 12해리 이원의 자국 대륙붕 상부수역까지 추가 확대하기로 결정하고, 그 구체적 확대범위는 추후 결정할 것임을 통고하자 영국 정부는 그러한 일방적 확대는 국제법상 근거가 없으며, ICJ 제소권을 포함한 1961년

---

75) 양국은 최근 해협제도 및 프랑스령 코땅땡 반도 연안 인근 해역에서의 어업활동에 관한 각서를 교환(Exchange of Notes), 이 해역에서의 자원보존관리조치의 채택·집행권 및 집행관할권 행사 등을 규율하고 있다. J.I. Charney & L.M. Alexander(eds.), *International Maritime Boundaries*(The Hague: Martinus Nijhoff), vol.III(1998), p.2479.

76) Fisheries Jurisdiction case, 1973, supra note 60, pp.8~9, paras.13~14.

77) *Ibid.*, pp.11~13, para.20.

교환각서에 입각한 권리를 유보한다고 답변하였다.[78] 양국 간 분쟁이 교섭으로 해결되지 않자 영국은 1961년 교환각서 규정(compromissory clauses)에 따라 1972년 4월 14일 ICJ에 일방 제소하였다. 영국은 아이슬란드 측의 영해기선으로부터 50해리까지 일방적 배타적 어업관할권 확대권 주장은 국제법상 근거가 없는 무효이며, 그 연안 인근 어족자원보호는 일방적 어업관할권 확대가 아니라 양자 간 약정(arrangements)에 의해 해결되어야 할 문제라고 주장하면서,[79] 어업관할권의 일방적 확대 관련 분쟁은 1961년 교환각서 규정상의 분쟁을 구성하며, 동 규정상 당사자 일방의 ICJ 제소로 관할권이 성립한다고 주장하였다.[80]

ICJ는 이 사건에서 영국이 1961년 교환각서가 유효한 합의로서 발효 중인 조약 또는 협약을 구성한다고 주장한[81] 데 대하여 명확한 입장을 표명하지 않았다. 그러나 ICJ는 동 교환각서 상 당사자 일방에 의한 제소 허용 규정은 아이슬란드가 영국으로부터 12해리 배타적 어업수역을 인정받은 대가(price)이며, 아이슬란드는 그러한 대가관계(quid pro quo) 거래(bargain)의 부담적 측면을 준수하여 추가적 어업관할권 확대의 타당성과 유효성을 심판받아야 할 의무를 지는 것이라고 판시하여 관할권을 확립하였다.[82] ICJ는 또 이 사건 본안판결에서 양국 간 1973년 체결된 잠정

---

78) *Ibid.*, p.9, paras.15~16 & p.4, para.1. 아이슬란드는 변론서면(pleadings)을 제출하지 않고 또 구두변론절차에 불참하면서 준비서면(submissions)도 제출하지 않은 대신, 1972. 5. 29자 외무장관의 서한을 통해 아이슬란드가 여러 문서에서 언급한 협정(교환각서)의 잠정적 성격과 강박에 의한 체결 주장 등에 입각, ICJ의 관할권 부재를 주장하였다. *Ibid.*, paras.10 & 24~25.

79) *Ibid.*, para.8.

80) *Ibid.*, p.6, para.9(a)~(d),

81) *Ibid.*, para.9(a)~(b)

82) *Ibid.*, p.16, para.31 & p.18, para.34. 이러한 재판소의 논증은 동부 그린란드 사건에서 덴마크가 노르웨이 측에 덴마크의 그린란드 영유권을 인정할 경우 덴마크는 스피츠베르겐(스발바드) 제도 영유권 문제에서 양보할 의사를 표명했던 사실[Eastern Greenland case, *supra* note 15, pp.70~71]에 대하여 PCIJ가 이를 사실상 거래(bargain)로 간주했던 입장과 흡사하다. McNair, *supra* note 12, p.10.

협정(interim agreement)은 제한된 발효기간을 가진 약정으로서 당사자의
권리에 영향을 미치지 않는다면서 잠정협정에서 양측의 주장을 포기한다
고 규정하고 있지 않으며, 재판 당시 법적 이익에 관한 양국 간 현실적
분쟁이 존재하므로 동 재판소가 이 사건 판결을 내리는데 아무런 장애가
되지 않는다고 판시하였다.[83]

4. 카메룬/나이지리아 사건과 영·불 간 교환각서

2002년 카메룬/나이지리아 간 국경·해양경계 분쟁사건 본안 판결[84]에
서 ICJ는 제1차 세계대전 종전 후 독일의 식민지였던 분쟁지역이 베르사
이유 조약(Treaty of Versailles, 1919. 6. 28)에 의해 영국과 프랑스에 분
할·위임 통치되면서 양국이 통치 목적상 국경을 획정한 1919년 '밀너-시
몬 선언'(Milner-Simon Declaration)과 이를 보다 명확히 한 1929년과
1930년 등 2차례의 톰슨-마샹 선언(Thomson-Marchand Declaration), 그
리고 톰슨-마샹 선언을 추인, 이를 부속시킨 1931년 헨더슨-플뢰리아우
교환각서(Henderson-Fleuriau Exchange of Notes)에 입각하여 판결을 내
렸다. 재판소는 특히 밀너-시몬 선언에 부속되고 톰슨-마샹 선언에서 명
시적으로 언급된 일부 오류있는 므와젤(Moisel) 지도를 1960년대 제작된
2종의 현대 지도와 비교하여 양국 국경선을 획정하였다.[85] 결국 ICJ는
영·불 간 일련의 선언과 교환각서 등 선행 종주국 간 합의문서 및 므와
젤 인증지도에 결정적 증거능력·증명력을 인정하여(판결이유) 판결을 내
린 셈이다.

---

83) Fisheries Jurisdiction case (U.K. v. Iceland), Merits, *ICJ Reports*, 1974, p.3,
   pp.18~20, paras.38~41.
84) Land and Maritime Boundary between Cameroon and Nigeria, *supra* note 50;
   본서, 제6장, III.4 및 제10장, IV.4 참조.
85) *Ibid.*, paras.34, 45, 51~53, 82 & 115~119.

IV. 의사록과 합의의사록

1. 의 의

의사록(Minutes)이라 함은 회의·회담에서 국가대표 간 표명·논의된 의견·주장 또는 입장을 기술한 공식기록(procès-verbal)을 말한다.[86] 또 합의의사록(Agreed Minutes)이라 함은 1) 외교교섭, 외교회의·회담 또는 조약 체결 시 국가대표에 의하여 표명된 의견, 논의사항 또는 서로 합의된 사항을 기록하는 문서로서 추후 조약해석을 위한 지표가 되며, 2) 독립적으로 작성되는 경우에는 이미 있었던 합의(조약 등)를 수정하거나 완성시키는 별도의 합의로 간주된다.[87] 전자의 경우 합의의사록은 원조약의 일부를 구성하는 것으로 해석되며, 후자의 경우 그 문안과 내용에 따라 별도의 조약으로 간주될 수도 있는 국가 간 합의로 볼 수 있다.[88] 일반적으로 의사록과 합의의사록은 서명자체로서 발효한다. 후술하는 카타르/바레인 사건 ICJ 판결에서 보듯, 의사록 또는 합의의사록 상 기록된 내용이 '약속' 등 국제법상 권리·의무를 창설하는가의 여부는 문서에 사용된 구체적 용어와 문안에 나타난 당사자의 의사를 중심으로 해석해야 하며, 그 명칭에 따라 일방적으로 예단, 추정할 것은 아니다.

---

86) "An official record of the proceedings of a meeting", *American Heritage Dictionary* (4th edn., Boston & N.Y.: Houghton Mifflin Co., 2000) & *Black's Law Dictionary* (6th edn., St. Paul, Minn.: West Pub. Co., 1990).

87) 오윤경, 전게각주 11, p.7.

88) 1974년 체결, 1978년 발효된 '대한민국과 일본국간의 양국에 인접한 대륙붕 남부구역 공동개발에 관한 협정'은 50년 간 발효토록 체결되었으며, 동 협정에는 합의의사록과 3개 교환각서가 부속되어 있다. 최낙정, 『신한·일어업협정은 파기되어야 하나』(서울: 세창출판, 2002), p.159 참조.

2. 벨기에/네덜란드 국경분쟁사건과 의사록

벨기에/네덜란드 간 국경분쟁사건[89])은 양국 국경 인접 2개 촌락 (commune)의 육상경계 분쟁사건으로서, 2개 촌락의 시장들(burgo-masters)은 1836년 국경획정에 관한 '콤뮨의사록'(Communal Minute)을 작성하기 시작하여 1841년 서명하였으며, 동 의사록은 오류가 있을 경우 공동 합의로(by common accord) 이를 수정할 수 있다고 규정하였다.[90]) 1842년 양국은 '국경조약'(Boundary Treaty)에 서명, 이듬해 발효시켰 다.[91]) 동 조약(제14조 제5항)은 2개 촌락의 국경에 대한 현상유지(status quo)를 규정하였으며, 제70조에서 1839년 '런던조약' 규정에 의하여 설치 된 「혼성국경위원회」(Mixed Boundary Commission)에 협약을 기초하도 록 위임, 동 위원회는 1843. 8. 8 '국경협약'(Boundary Convention)을 기 초하였으며 동년 10월 3일 비준서가 교환되었다.[92]) 동 협약에 따라 축척 1/2,500의 대축척 정밀측량지도(a detailed survey map)에 입각한 '설명의 사록'(descriptive minute)이 작성되고(제1조), 축척 1/10,000의 지형도 (topographical maps)가 제작되어(제2조) 국경선을 정의하고 동 국경협약

---

89) Sovereignty over Certain Frontier Land (Belgium/Netherlands), *ICJ Reports*, 1959, p.209 및 본서, 제9장, IV.2 참조. 이 사건은 벨기에와 네덜란드가 하나 의 왕국을 구성했던 1826년(벨기에는 1839년 런던 조약에 의해 네덜란드로부 터 분리) 발생한 바, 이는 고대부터 벨기에의 바를러-둑(Baerle-Duc) 마을의 토 지가 불연속적인 여러 개의 토지(a series of plots of land)로 구성되어 서로 분 리되어 있었으며 또 그 대부분이 네덜란드의 바를러-나사우(Baarle-Nassau) 마 을 안에 둘러싸인 위요지라는 지리적 특성으로부터 발생하였다. Frontier Land case, *ibid.*, pp.212~213.

90) *Ibid.*, p.213. 벨기에의 바를러-둑 마을의 시장은 콤뮨의사록 상 일정한 오류를 이유로 상당기간 동안 동 콤뮨의사록의 서명을 거부하였다. *Ibid.*

91) *Ibid.*, p.214.

92) *Ibid.*, 「혼성위원회」의 법적 의의에 대해서는 H. Von Mangoldt, "Mixed Commissions", in Berhardt(ed.), *Encyclopedia of Public International Law*(4 vols.), vol. III(Amsterdam: Elsevier, 1997), p.439.

에 부속·편입시켜 동 위원회 위원들이 작성·제작 및 서명한 이들 설명의
사록, 정밀측량지도와 지형지도가 모두 마치 하나의 통일된 문서로 협약
에 삽입된 것과 같이 동일한 효력과 효과를 가지게 하였다(제3조).[93] 따
라서 동 협약은 설명의사록 (및 지도)에 조약 자체와 같은 증거능력과 증
명력을 인정하였다.

3. 신한·일어업협정 부속 합의의사록

2001년 헌법재판소는 1998년 체결된 신한일어업협정 부속 합의의사
록[94]의 지위와 효력을 다룰 기회를 가졌다. 재판소는 동 합의의사록의
용어와 문안이 대체로 양국 간 어업질서에 관한 협력과 협의 의사를 선
언한 것으로서 양당사자가 동 합의의사록을 곧바로 구체적 법률관계의
발생을 목적으로 채택한 것으로 보기 어렵고 따라서 동 합의의사록의
'조약'으로서의 지위를 부정하였다.[95] 일반적으로 국가 지도자 간 정상회
담의 결과로 발표되는 공동선언은 법적 구속력을 가진 조약으로 간주하
기 어렵다. 동시에 전술한 바와 같이(II.4) 국제문서에서 '선언'을 통해 구
속력있는 국제의무를 수락하는 것이 사례·국제판례에 비추어 반드시 모
순된 것은 아니며, 현행 국제법상 선례가 없는 것도 아니다. 따라서 이는
결국 문서상의 구체적 용어와 문안에 나타난 당사자의 의사에 대한 해석
과 추론의 문제이다.

---

93) *Ibid.*, pp.214~216.
94) 신한일어업협정(1998)은 2개의 부속서와 부속 합의의사록으로 구성되어 있다.
    정해웅, "EEZ체제와 한일어업협정", 『서울국제법연구』 제6권 1호(1999. 6),
    p.1, 6. 또 '주한미군의 지위 협정'(SOFA)에는 1966년 합의의사록과 합의 양해
    (Agreed Understandings) 및 양국 서한, 그리고 2001년 개정 합의의사록, 양해
    각서 및 특별양해각서(환경보호) 등이 부속돼 있다. At http://www.usfk.mil/
    usfk/sofa (2013. 5. 8 검색) 및 정인섭, 전게각주 26, p.300.
95) 헌재 2001. 3. 21 선고, 99헌마139, 142, 156, 160(병합) 결정, 정인섭, 상게서,
    pp.259~260 참조.

이러한 관점에서 볼 때 동 합의의사록에서 우리나라가 '동중국해의 일부 수역에서 일본이 제3국과 구축한 어업관계가 손상되지 않도록 일본 정부에 대하여 협력할 의향을 가진다'(제2항)는 규정은 그러한 수역에서의 일본의 기존의 권리를 존중할 의무를 규정한 것으로 해석될 수 있다. 또 '양국 정부는 동중국해에 있어서 원활한 어업질서를 유지하기 위한 구체적인 방안을 한일어업공동위원회 등을 통하여 협의할 의향을 가진다'(제4항)는 규정은 동중국해 일정수역에서 어업분쟁이 발생하는 경우 동 위원회를 통한 우선적 '협의의무'를 규정한 것이며 또한 그러한 어업분쟁에 대한 동 위원회의 우선적 관할권을 인정한 것으로 해석할 수도 있다는 점에서 양국이 동 합의의사록을 국제의무를 창설, 구체적 법률관계의 형성을 의도한 조약으로 해석하는 것도 가능하다고 본다.

V. 카타르/바레인 사건 판결

1. 배경 및 사실관계

ICJ의 카타르/바레인 간 해양경계획정 및 도서영토분쟁 사건은 1915년 오스만 세력이 카타르 지역에서 물러나면서 영국이 카타르 및 걸프 지역에 대한 지배권을 확립한 후 1939년 하와르 제도(Hawar Islands)을 바레인령(領)으로 결정한[96] 데 대해 카타르가 1948년까지 지속적 이의제기를 통해 이를 무효(null and void)[97]라고 주장하면서 시작되었으며, 이와 함

---

96) Maritime Delimitation and Territorial Questions between Qatar and Bahrain, Merits, *ICJ Reports*, 2001, p.40, paras.57, 131 & 133.

97) *Ibid.*, paras.105~106, 110 & 135. 이 사건에서 카타르는 본원적/시원적 권원(original title), 인접성 및 영토의 동일성(principle of proximity and territorial unity)에 입각한 영토주권을 주장한 바, 특히 하와르 제도를 구성하는 대부분의

께 카타르 반도 본토 서북쪽에 위치한 주바라 지역(Zubarah region), 하
드 자난(Hadd Janan)을 포함하는 자난섬(Janan Island), 그리고 키타트
자라다(Qit'at Jaradah) 섬 등에 대한 영유권 분쟁이 시작되었다. 양국은
1976년부터 사우디 국왕의 주선(good offices)·중개(mediation)를 통한 노력
이 실패한 후 사우디아라비아를 포함하는 3국위원회(Tripartite Committee)를
설치하였다.98) 이어 1987년 사우디아라비아를 통한 공문교환(exchange
of letters)을 거쳐 1990년 12월 양국 외무장관은 카타르 도하에서 열린
회담에서 분쟁해결에 관한 바레인 방식(Bahrain Formula)99)에 합의하고,
1991년 5월말까지 분쟁해결에 이르지 못할 경우 동 분쟁을 ICJ에 회부하
기로 하고, 협의(consultations) 내용을 기록한 '도하 의사록'(Doha Minutes
of the discussions)에 서명하였다.100)

　　이후 분쟁이 해결되지 않자 카타르는 1991년 7월 ICJ에 사건을 일방
제소하였다. ICJ는 양국이 ICJ 제소합의 여부에 대한 의사를 확인하기 위
해 2개 문서 – 1987년 바레인/사우디 간 그리고 카타르/사우디 간 이중

　　섬들이 카타르 영해기선 3해리 이내, 그리고 모든 섬들이 그 12해리 이내에 위
　　치하여 하와르 제도가 카타르 본토 연안의 불가분의 일부(an integral part of
　　the mainland coast of Qatar)를 형성한다고 주장하면서 또한 1939년 당시 양국
　　의 보호국이었던 영국의 행정적 결정이 무효임을 주장하였다. 이에 대해 바레
　　인은 1937~1960년대 중반까지 주바라 지역(Zubarah region)에 대한 실효적 점
　　유와 지역주민의 충성, 그리고 1939년 영국의 결정(식민지유산 및 현상유지의
　　법리) 등을 근거로 영유권을 주장하였다. Ibid., paras.58, 82, 86, 97, 103.
98) Ibid., p.62, para.66. 주선의 경우 제3자가 분쟁당사자 스스로 교섭·결정하도록
　　분위기를 조성하는 방식이라면, 중개는 제3자가 교섭과정에 참여하여 해결방
　　안·조건까지도 제시하는 방식을 말한다. Brierly, supra note 4, pp.373~376; 최
　　태현, "외교적 방식에 의한 영토분쟁의 해결", 『법학논총』 제24집 제4호 (한양
　　대 법학연구소, 2007. 12) 별책, p.71, p.81.
99) 이 방식에 의하면 당사국들은 재판소에 양국 간 이견이 있는 영유권 또는 권원
　　또는 이익과 관련한 문제에 대하여 판단해 줄 것과 양국 간 해저, 하층토 및 상
　　부수역의 해양구역에 대한 단일해양경계선을 획정해 줄 것을 요청하였다.
　　Ibid., para.67.
100) Ibid., p.63, para.69.

공문교환(a double exchange of letters)과 1990년 도하 의사록 – 의 효력을 검토했다. 바레인 외무장관은 동 의사록이 단순한 회담기록을 성격을 가진 문서로서 양국을 구속하는 '국제합의'로서의 지위를 가질 수 없으며, 자신이 의사록에 서명한 것은 '정치적 양해'에 서명한 것이지, 서명 즉시 발효하는 '국제합의', 즉 바레인을 법적으로 구속하는 합의에 약속한(commit) 것으로 간주한 적이 없다면서 의사록의 법적 구속력을 부인하였다.[101]

2. 1994년 판결과 의사록

ICJ는 양국 외무장관이 1990년 도하 의사록은 양국 정부가 수용한 약속을 기록한 문서로 간주하면서 동 의사록의 문안에서 양국간 분쟁의 ICJ 회부 합의의 의사를 확인하고, 그 구속력을 인정하여 관할권을 확립하였다.[102] 재판소는 국제합의는 여러 가지 형식을 취할 수 있으며 또한 다양한 명칭이 주어질 수 있다고 판시하면서, 1978년 자신의 그리스/터키간 에게해 도서영유권·대륙붕경계 분쟁사건 판결을 인용, 공동성명(joint communiqué)이 분쟁을 중재 또는 사법적 해결에 회부하기로 합의하는 국제합의(international agreement)를 구성하는 것을 배제하는 국제법 규칙을 아는 바 없다고 판시하였다.[103] 따라서 국제합의가 이루어졌는지 여부를 확인하기 위해서는 성명에 실제로 사용된 용어(actual terms)와 성명이 작성된 '특정 사정'(particular circumstances)을 고려하여 판단할

---

101) Maritime Delimitation and Territorial Questions between Qatar and Bahrain, Jurisdiction & Admissibility, *ICJ Reports*, 1994, p.112, para.25; Aust, *supra* note 17, pp.18~19.

102) Qatar/Bahrain case, *ibid.*, paras. 24~25 & 27; 이석용,『국제법』, 전게각주 33, p.196

103) *Ibid.*, pp.120~121, para.23, quoting Aegean Sea Continental Shelf, judgment, *ICJ Reports*, 1978, p.39, para.96; Aust, *supra* note 17, p.18 & 42.

문제라는 입장을 제시하였다.[104]

　재판소는 이어 1990년 도하 의사록이 사우디 외무장관이 임석한 가운데 이루어진 양국 외무장관 간 협의내용(consultations)임을 지적하면서 "당사자 간 합의사항"(what had been agreed between the Parties)을 기술하고 있으며, 또 제1항에서 1987년 교환공문(exchange of letters)에서 이미 형성된 합의를 포함, 이미 체결된 약속들(commitments)을 재확인하고 있다고 판시하였다.[105] ICJ는 동 의사록이 바레인의 주장과는 달리 양국 외무장관의 서명된 약속을 기록한 점 그리고 양국 정부가 이를 수락한 점에 비추어 단순한 회담기록이 아니고, 또 단순히 논의사항을 설명하고 합의사항과 이견의 쟁점을 요약한 것도 아니며, 당사자들이 동의한 약속사항을 열거하고 있으므로 국제법상 당사국의 권리와 의무를 창설하는 것이며 '국제합의'를 구성하는 것이라고 판시하였다.[106] 여기에서 ICJ가 언급한 '국제합의'는 조약법에 관한 비엔나 협약에서 말하는 협의에 있어서의 '조약'(treaty: 제2조 제1항 a호)보다 광의의 의미로 사용하고 있는 것으로 보인다.

3. 1995년 판결

　카타르/바레인 사건에서 ICJ가 1994년 관할권·수리적격 판결에서 1987년 교환공문 및 1990년 의사록에 근거하여 카타르의 일방제소에 입각한 적법한 관할권을 확립하면서, 분쟁대상 전체에 대한 청구 기회를 허용하였다.[107] 그럼에도 양국이 분쟁의 ICJ 회부합의가 당사자 일방에 의한 제소를 허용하였는가의 여부에 대한 이견이 존재함으로써, 추가적인 판결

---

104) *Ibid.*, para. 23.
105) *Ibid.*, paras. 24~25.
106) *Ibid.*, para. 25; Gardiner, *International Law, supra* note 3, p. 82.
107) *Ibid.*, para. 41.

이 요구되었다. 이에 따라 ICJ는 1995년 관할권·수리적격 판결을 통해 분쟁전체에 대한 관할권을 확립하고 이어 2001년 본안판결을 내리게 된다. 1995년 쟁송에서 쟁점은 아랍어로 작성된 1990년 도하 의사록의 제2항 제2문 가운데 "al-tarafan"을 포함한 문장["the (two) parties may submit the matter to the ICJ"]의 해석 문제였는데, 카타르는 이를 "당사자들("the parties")을 의미하며 따라서 양국이 당사국 일방에 의한 제소에 합의한 것이라고 주장한 반면, 바레인은 "두 당사자들"("the two parties")로 번역, 오직 공동제소에 합의한 것으로 주장하였다.[108] 이 문장의 해석과 관련한 다른 하나의 쟁점은 may의 해석문제였다.

다수의견은 may는 통상적 의미에서 '선택권 또는 권리'(option or right)을 의미하는 것이며, 그 문맥에서 문제의 용어의 통상적 의미는 일방 당사자에 ICJ 제소를 허용한 것이라고 해석하였다. 다수의견은 또 동 의사록 작성에 이른 교섭기록 내지 준비문서(preparatory work)를 검토, 역시 같은 결론에 도달하여 카타르의 일방제소에 입각한 관할권을 확립하였다.[109] 그러나 슈베벨 재판관은 반대의견에서 동 교섭기록에 대한 검토를 통해 ICJ 단독제소가 아니라 공동제소의 합의가 올바른 해석이라는 상반된 견해를 제시하였다.[110] 실제로 국제·중재재판소의 일반적 절차에 따르면 분쟁당사자 쌍방 또는 모두의 동의 내지 합의에 따라 분쟁대상의 범위를 규정하는 것이 관행이며, 따라서 도하 의사록의 문장은 공동(합의) 제소가 올바른 해석이라는 비판도 가해지고 있다.[111]

---

108) Maritime Delimitation and Territorial Questions between Qatar and Bahrain, Jurisdiction and Admissibility, *ICJ Reports*, 1995, p.6, para.34; Gardiner, *op.cit.*, pp.82~83.
109) 1969년 '조약법에 관한 비엔나 협약'이 채택한 조약해석의 일반규칙으로서 당사자 의사의 조사에 관해서는 명시적 언급을 생략한 반면, 조약본문의 의미가 모호해지는 등의 경우에는 해석의 보충적 수단으로서 조약의 교섭기록에 대한 검토는 유지되었다. 제31~32조; Gardiner, *ibid.*, p.84.
110) Qatar/Bahrain case, 1995, *op.cit.*, p.27; Gardiner, *ibid.*, pp.83~84.
111) Gardiner, *ibid.*, p.84.

Ⅵ. ICJ 판결의 평가

1. 조약의 개념·명칭·형식·체결절차의 진화

카타르/바레인 사건에서 문제가 된 양국 외무장관 간 회담의 내용을 기록한 '도하 의사록'은 그 명칭에 있어서 '조약' 또는 국제협정의 범주에 포함될 수 있는 합의의사록(Agreed Minutes)이 아닌 단순한 '의사록'이었다. 바레인 외무장관은 의사록 서명 당시 결코 바레인을 의사록의 법적 구속력에 약속한(commit) 것으로 간주한 적이 없었다고 주장하였으나 (Ⅴ.1), ICJ는 동 의사록이 분쟁해결에 관해 당사자 간 약속을 열거한 기록이며 국제법상 양국을 구속하는 권리의무를 창설하는 국제합의 (international agreement)로 규정하였다.112) 이러한 해석에 의하면 당사자의 의사는 문서에 사용된 용어로부터 '사후' 추론되는 것이며, 문서 채택 후, 또는 그 이전 당사자들이 그 문서의 성격에 관하여 행하는 발언으로부터 추론되는 것은 아니다.113) 결국 ICJ는 문서의 법적 성격에 따라 효력을 부여하는 형식적·종합적·일괄 접근법이 아니라 문서의 형식·명칭에 구애되지 않고 구체적·개별적 쟁점에 관하여 문서에 표시된 당사자의 의사(동의, 약속, 합의 등)를 발견·추론해 내는 실질적·분석적·부분적 접근법을 취하고 있다.

이러한 ICJ의 접근·해석은 영토·해양경계분쟁을 사법적으로 해결하는 대표적인 국제재판소가 전통적 조약 개념과 고전적 합의체결의 방식·절차에서 이탈, 당사자의 실질적 의사합치 여부에 대한 적극적 조사·추론을 시도하고 있다고 해석된다. ICJ는 문서의 법적 효력은 그 명칭·형식에

---

112) Qatar/Bahrain case, 1994, *supra* note 101, para.25; Gardiner, *ibid.*, p.64.

113) Qatar/Bahrain case, 1994, *ibid.*, p.121, paras.26~27; Gardiner, *loc.cit.* 이러한 입장은 조약해석의 일반원칙인 문언주의[조약법에 관한 비엔나 협약, 제31조] 의 관점에서도 타당하다.

기초한 형식적 정의에 따른 조약 체결여부에 달려있는 것이 아니라, 문서의 성격에 관계없이 거기에 표시된 특정 쟁점에 대한 당사자의 구체적 의사와 약속에 따른다는 점을 분명히 하고 있다. 즉 의사의 확인은 조약 해석의 1차적 목적이나 그 1차적 검토대상은 당사자 간 작성·서명된 문제의 문서의 본문에 나타난 "문자로 표시된 의사"("expression of the intent in words")라는 것이다.114) 이러한 ICJ의 입장이 조약은 '국가 간 문서에 의한 합의'라는 고전적 정의에 배치되는 것이라고는 하기 어렵다. 또 국제문서(international instrument)에 부여된 명칭이 자동적으로 그 성격·지위·효력을 표시·규정하는 것으로 예단·추정해서는 안 된다.115)

동시에 의사주의(consensualism)에 기초하고 있는 현행 국제법상 문서의 명칭은 당사자들이 합의·이견을 포함한 논의·회담의 내용을 어떤 형식·명칭으로 기록·표현할 것인지 합의·지정한 것이므로 일차적으로 그들의 의사를 반영한 것으로 해석되어야 한다. 즉 합의된 문서의 명칭·형식이 그 국제법적 지위·효력에 대한 결정적 지표(conclusive indicator) 또는 직접 증거가 될 수 없음은 분명하지만, 동시에 문서의 명칭·형식은 당사자의 의사를 추론하는 출발점이자 간접·정황증거로 간주될 수 있다. 이러한 관점에서 문제가 된 1990년 회담기록은 '합의의사록'이 아니라 '의사록'이었다는 점, 그리고 재판소가 의사록 전체를 하나의 통일적 성격을 가진 문서가 아니라 당사자 간 이견이 있는 부분을 배제하고 오직 동의·약속의 의사표시 부분만을 따로 떼어내 이를 '국제합의'로 해석·규정하여 그 '부분'에 증거능력을 인정하고 결정적 증명력을 부여한 것은 판결의 합리적 타당성을 의심할 만한 요소가 아닐 수 없다.

---

114) Gardiner, *loc. cit.*

115) Aust, *supra* note 17, p.20.

2. 조약·증거 해석과 의사록

카타르·바레인 사건 판결에서 ICJ가 당사자 간 조약체결의사 없이 협의·담화·제안 등 교섭과정을 문서화하여 작성·서명한 의사록에서 '약속'(commitment)한 부분만을 적출하여 이를 '국제합의'를 구성한다고 판결하고 더욱이 분쟁당사자 일방의 단독제소에 합의한 것으로 판결한 것이 과연 문제의 의사록의 법적 성격 및 증거 해석 관련 임무를 올바르게 행한 것인지, 또는 '자의적이고 편의적인' 해석을 가한 것은 아닌지에 대한 정당한 의문이 제기될 수 있다.116) 왜냐하면 비록 조약해석의 출발점은 문서의 본문과 문안에 대한 '통상적 의미에 따른 성실한 해석'117)임은 명백하지만, 그 전제조건은 일반적으로 국제의무를 창설하는 조약은 그 체결방식·절차에 있어서 당사국들이 사전에 조약체결 의사를 가지고, 합의를 문서에 표시하고 구속받을 것을 약속하는 것이 전통 국제법의 입장이기 때문이다.118) 이러한 비판은 특히 전술한 어업관할권 사건 본안판결에서 ICJ 스스로 약식조약 체결의 일반적 절차로서 각서/공문을 통한 공식 제안과 수락(formal proposal and acceptance in the exchange of notes/letters)을 제시하고 있기 때문이기도 하다.119)

이와 관련, 1999년 카시킬리/세두두 도서영유권 분쟁사건120)에서 보츠와나 측이 1994년 카타르/바레인 사건 판결을 원용, 영유권 주장을 내세우고 있는 것은 흥미롭다. 보츠와나 측은 1984년 분쟁지역에서 총격사건이 발생한 후 동년 12월 자국과 남아공121) 간 회담에서 문제의 분쟁도서가

---

116) Gardiner, *op. cit.*, p.495 참조.
117) 조약법에 관한 비엔나 협약, 제31조 제1항.
118) Gore-Booth, *supra* note 11, para.29.34. 국제의무의 근거는 일반적으로 국제법 주체의 동의(consent)에서 찾고 있다. J.L. Brierly, *The Basis of Obligation in International Law* (Oxford: Clarendon, 1958), p.1, 9~10.
119) Fisheries Jurisdiction case, Merits, *supra* note 83, p.17, para.36, *in fine*.
120) Case concerning Kasikili/Sedudu Island(Botswana/Namibia), *ICJ Reports*, 1999, p.1045.

초베 강[Chobe (Linyanti) River]의 중심 수로(the main channel)의 남쪽 또는 북쪽에 위치하는가를 판단하기 위한 양국 공동 전문가조사단을 결성, 긴급히 조사에 착수하기로 합의한 결정(decision), 그리고 동 결정에 기초하여 동 조사단이 1985년 7월 수행한 조사결과의 사본을 남아공 외교부에 송달한 1985년 11월 각서[122] 등 일련의 문서가 '국제합의'를 구성한다면서 나미비아에 대한 구속력을 주장하였다.[123] 그러나 나미비아 측은 1984~1985년 간 보츠와나-남아공 간 협의가 국경에 관한 합의(an agreement)에 도달했다는 보츠와나의 주장을 부인하였다. 이에 대해 ICJ는 이 기간 중 합의된 것은 공동조사단의 파견뿐이었으며 또 양국이 조사결과에 의하여 법적으로 구속되는데 합의했다고 결론지을 수 없다고 판시하여 조사착수합의 '결정'과 '각서'의 구속력·증거력을 부정하였다.[124]

그러나 남아공이 비록 조사결과를 수락하기로 사전에 명시적으로 약속·동의한 것은 아닐지라도 그 결과 통보에 대하여 명시적 반대·이의를 제기하지 않고 단지 소극적으로 추후 다시 논의할 것을 제안한 것은 그 조사결과를 인정하였거나, 또는 적어도 그러한 의사를 가졌던 것으로도 해석가능하며 따라서 남아공이 문제의 도서에 대한 보츠와나의 영유권을 묵인한 증거(국가실행)로 해석할 수도 있을 것이다.[125] 또 역으로 카타르/바레인 사건에서 ICJ가 그 구속력·증거능력을 인정한 1987년 교환공문

---

121) 나미비아는 독일, 남아공 등의 지배를 거쳐 1990년 독립하였다.

122) Kasikili/Sedudu Island case, op.cit., paras.64~65.

123) Ibid., p.1090, para.67. 남아공 측은 이 각서에 응답하지 않고, 1986년 10월 양국 외교부 관리들은 다시 회담을 가졌으며 보츠와나 측이 기록한 이 회담에서 남아공 수석대표가 나미비아의 독립 후 보츠와나-나미비아 간 직접협상이 가능해질 때까지 현상유지를 제시하자 보츠와나 수석대표는 공동 전문가 조사단이 분쟁도서가 보츠와나 영토임을 확인하였으므로 더 이상의 협상이 필요하지 않다는 입장을 밝혔다. Ibid., para.66.

124) Ibid., paras.67~68.

125) 전술한 카메룬/나이지리아 간 국경·해양경계 분쟁 사건(III.4) 등에서 ICJ는 구식민지 종주국 간 영토 국경획정 조약의 증거능력을 인정하고 경우에 따라서는 이에 결정적 증명력을 부여하여(판결이유) 판결을 내렸다.

역시 양국이 사우디아라비아의 주선 내지 중개에 입각한 간접적 교섭문서로서의 성격도 동시에 가지고 있는 점에 비추어, 동 공문 상 '약속'이라는 것은 그 성격상 양자간 합의라기보다는 교섭과정 중 제시된, 법적 구속력을 결한 전술적 '제안' 등으로 해석될 여지가 없는 것도 아니다.

따라서 카타르/바레인 사건 ICJ 판결은 전술한 망끼에·에끄레오 사건에서 프랑스 정부의 내부문서에 기술된 내용을 단순한 교섭상의 일방적 제안이 아니라, 프랑스 정부의 문제의 도서 영유권 문제에 관한 '사실의 기술'(a statement of facts) 내지 '사실의 인정'으로 규정하고 이를 프랑스의 공식 견해를 반영·표시한 증거로 간주, 그 구속력·증거력을 인정했던 것(상기 III.2)과 유사한 관점에서 접근하는 것이 보다 설득력 있는 해석이었을 것이라는 비판도 가능할 것이다. 결국 카타르/바레인 판결은 양국이 사전에 '의사록' 전체를 합의할 것으로 의도한 것이 아니었음은 분명함에도, 그 일부 내용만을 추출, '국제합의'로 간주·규정하는 것이 과연 설득력 있는 판결이유가 되는지에 대한 의문을 남기고 있다.

3. 조약의 성립·대항요건과 등록

국제연맹규약(제18조) 및 국제연합헌장(제102조)은 조약의 등록을 규정하고 있다.[126] 다만 조약을 등록하지 않은 당사국은 유엔의 제기관에서 동 조약상의 권리의무를 제3국에 대하여 대항할 수 없다. 문제는 비밀조약이다. 의사의 확인과 관련, 당사자의 의사는 문언에 나타난 또는 숨겨진 의사를 확인하기 위한 것이며, 조약의 UN 등록은 특정 문서가 조약에 해당하는가 하는 여부 판단에 있어서 보조적 역할에 불과하다.[127] 카타르/바레인 사건에서 카타르는 이 사건을 ICJ에 제소하기 불과 10일 전 1990년 12월의 도하 의사록을 등록하기 위해 1991년 6월 제출한 바,

---

126) 이와 관련한 법률문제에 대해서는 Kelsen, *supra* note 2, pp.477~478 참조.
127) Gardiner, *supra* note 3, p.64.

바레인은 카타르가 1990년 의사록을 헌장 제102조 상 유엔에 등록하도록 제출하는 것을 지연한 것은 카타르가 동 의사록을 구속력을 가진 문서로 간주하지 않았음을 입증하는 것이라고 주장하였다. ICJ는 동 합의록이 조 약임을 인정하면서 바레인측이 제기한 지연 등록 이의제기에 의하여 그 지위에 영향을 미치지 않는다고 판시하였다.[128] ICJ는 유엔 등록은 합의 의 유효성(validity)에 관한 것이 아니라 유엔의 諸기관에서 원용가능한가 의 여부, 즉 대항력에 관한 것이라고 설명하였다.[129] 조약의 UN 등록 여 부는 조약 내지 합의의 성립과 효력 여부에 직접 영향을 미치지 않으며, 등록은 대항요건이지 성립요건은 아니라는 점에서 이러한 ICJ의 논지는 타당하다.[130]

4. 각서, 의사록과 교환각서 등 약식조약의 증거능력·증명력

1950년 이후 영토·해양경계 관련 ICJ의 판결은 분쟁당사국 간 작성·교 환된 합의의사록, 교환각서/공문 등 '약식조약'에 기록된 당사국의 의사 표시에 직접·1차적 증거능력·증명력을 부여하고 있음을 보여주고 있다. 또 이들 약식조약의 증거능력·증명력이 각서, 의사록의 그것에 우월할 것임은 의문의 여지가 없다. 예컨대 그러나 1959년 벨기에/네덜란드 간 국경분쟁사건에서 ICJ는 양국간 국경협약 규정에 따라 동 협약에 부속된 설명의사록에 협약 자체와 동일한 효력과 효과를 인정한 동 협약 규정에 따라 동 의사록에 직접·1차적 증거능력·증명력을 인정하면서도 동 의사 록을 '국제합의'로 규정하는데 이르지는 않았다. 또 1973년 영국/아이슬

---

128) Qatar/Bahrain case, 1994, *supra* note 101, paras. 28~30; Aust, *supra* note 17, pp. 279~280.

129) Qatar/Bahrain case, *ibid.*, para. 29.

130) D.N. Hutchinson, "The Significance of Registration and Non-Registration of an International Agreement in Determining Whether or Not It Is a Treaty", *Current Legal Problems*, vol. 46, 1993, p. 257; Gardiner, *loc. cit.*

란드 간 어업관할권 사건에서 ICJ는, 전술한 바와 같이, 영국의 주장에도 불구하고 양국 간 교환각서의 법적 성격을 명시적으로 '국제협정' 내지 '조약'으로 규정하는데 이르지는 않았으나(III.3), 동 교환각서에 직접증거로서의 증거능력과 증명력(판결이유)을 부여하여 관할권을 확립하였다.

근래에 이르러 ICJ는 당사자 간 사전에 '조약'으로 의도하지 않은 의사록 상의 의사표시도 이를 적극적으로 해석, 당사국의 관할권 수락 또는 타국 영역권원 인정 등 당사국을 구속하는 직접증거로서 증거능력을 인정하고 1차적 증명력을 인정하고 있다.[131] 그러한 증거능력은 서명에 근거한다.[132] 1994년 카타르/바레인 사건 판결(관할권)에서 ICJ는 1990년 양국 외무장관 간 회담 의사록 상 '부분적 합의'를 '국제합의'로 규정하고 결정적 증명력을 부여하여(판결이유), 양국 간 분쟁에 관한 관할권을 확립하였다. ICJ는 이 판결에서 동 의사록에 '부분 조약'으로서의 1차적 증거가치를 인정한 것이다. 한편 이 사건에서 ICJ는 제3국인 사우디아라비아를 중개로 한, 양국 간 1987년 교환공문에 대해서는 간접·2차적 증거로서 부차적 증명력을 인정하고 있을 뿐이다.

당사국 간 일방각서는 직접증거로서의 증거능력을 향유하나 그 증명력은 2차적이다. 프레아 비헤어 사원영유권 분쟁사건(1962)에서 ICJ는 프랑스(식민지 종주국)와 캄보디아 측의 동 사원 영유권 주장 각서에 대한 태국 측의 무대응·무응답이 캄보디아 주장을 외교적 차원에서 부인할 준비가 되어있지 않았던 데 기인하는 것으로 해석하면서 그 증명력을 2차

---

131) 예컨대 해양경계획정 분쟁의 경우, 국제재판소는 경계획정의 시발·종착점, 관련 해안, 기준선 등에 관한 '부분적 합의'(partial agreement)가 있는 경우에도 이를 경계획정의 기초로 고려하게 된다. Shi Jiuyong, "Maritime Delimitation in the Jurisprudence of the International Court of Justice", *Chinese Journal of International Law*, vol.9, 2010, p.271; 이석용, "해양경계획정의 최근 동향과 대응방안", 국제해양법학회 정기세미나(서울시립대, 2011. 11. 29) 발표자료집, p.23, 41 참조.

132) Qatar/Bahrain case, *supra* note 101, para.27.

적인 것으로 평가하였다(III.1). 1984년 메인만 사건의 경우 ICJ는 미국 측 각서(비망록)의 증거능력과 캐나다에 대한 대항력만을 인정하였다. 또 망끼에·에끄레오 사건(1953)에서 ICJ는 프랑스측 각서 자체가 아니라 각서에 첨부된 서한·지도의 증거능력을 인정하고 서한·지도에 '기술된 사실'의 증명력을 결정적인 것으로 평가하였다. 그러나 1999년 카시킬리/세두두 도서영유권 분쟁사건에서는 ICJ는 보츠와나 측이 나미비아에 전달한 각서(에서 제기한 영유권 주장)에 대한 남아공 측의 명시적 반대 부재에도 불구하고 동 각서의 증거능력을 부인하였다(VI.2).

또 분쟁당사국과 제3국 간 각서의 경우에는 쟁점에 관한 일방 분쟁당사국의 입장을 확인하는 간접·2차적 증거로서의 증거능력·증명력이 부여된다. 1951년 영국/노르웨이 간 어업사건에서 ICJ는 프랑스가 노르웨이와 각서교환(Exchange of Notes)을 통해 노르웨이의 직선기선과 배타적 어업수역 주장에 대한 수락의사를 표명하였으나 이는 분쟁당사국 간 각서교환이 아니었으므로 직접증거로서의 증거능력과 1차적 증명력을 가지지 못해 판결이유로 원용할 수 없었다. 즉 동 교환각서는 분쟁당사자 일방과 제3국 간 간접증거로서 영국에 대한 구속력을 인정할 수 없었으며, 다만 제3국의 묵인의 증거로 원용하고 있을 뿐이다. 이러한 판례에 비추어 볼 때 각서의 경우 일방적 주장·입장을 제기·표시하는 문서로서 분쟁 상대방에 대한 대항력을 인정하고, 또 상대방의 응답·반박이 없는 경우 묵인의 증거로서 채택·원용될 수 있으나 그 증명력은 당사국간 합의(조약)의 그것에 미칠 수 없다.

VII. 결 론

영토·해양경계분쟁 관련 국제판례기 축적되면서 약식조약 관련 법리와 증거규칙 역시 진화하고 있다. 의사록·합의의사록 작성 및 각서/공문 교환의 관행은 외교실무(diplomatic practice)를 통해 외교관습으로 진화, 국가 간 신속·간편·효과적인 의사소통·외교교섭·업무협력의 방식으로 정착하였다. ICJ는 1951년 영국/노르웨이 간 어업사건에서 2002년 카메룬/나이지리아 사건에 이르기까지 영토·해양경계 분쟁 관련 판결에서 전반적으로 당사국간 교환각서의 증거능력을 인정하면서도 그 증명력에 관해서는 일관된 기준과 명확한 규칙을 확립한 것으로 보기는 어렵다. 이러한 입장은 특히 1973년 어업관할권 사건에서 영국/아이슬란드 간 교환각서가 유효한 국제합의 및 조약을 구성한다는 영국 측 주장에 대하여 ICJ가 명확한 입장표명을 유보했던(III.3) 점에서도 확인된다.

그러나 이후 ICJ의 태도는 적극적으로 선회하면서 분쟁당사국(또는 그 선행 종주국) 간 행정부의 서명으로 체결되는 약식조약(교환각서/ 공문, 합의의사록)에 직접·1차적 증거로서의 증거능력·증명력을 인정하는 규칙을 확립하기 시작하였다. ICJ의 적극적 해석 경향은 ICJ가 1973년 어업관할권 사건 판결 20여 년 후인 1994년 카타르/바레인 사건(관할권)에서 당사국 외무장관 간 회담 '의사록'에 사용된 용어를 검토, '부분적 약속'을 '국제합의'로 규정하고 이에 직접·1차적 증거능력·증명력을 인정하는 판결을 내린 데서도 확인된다. 이러한 조약 개념에 대한 확대해석('약식조약')이 '조약'이란 '국가간 문서에 의한 합의'라는 고전적 정의에 배치되는 것은 아니라고 하더라도, 적어도 당사국이 사전에 체결의사를 가지고 일정한 절차를 거쳐 체결되는 국제합의라는 전통적 법리에서 이탈 또는 변화('후퇴' 또는 '전진')하고 있는 것임은 분명하다.[133]

특히 1990년 카타르/바레인 외무장관 간 회담 '의사록' 작성·서명은 당사국 일방인 바레인 측이 사전에 조약체결을 의도하지 않았다는 점에서 전통국제법상 '국제협정'으로 기술·정의하기에는 무리가 뒤따르는 것

---

133) 국제사법재판소의 적극적인 재판관할권 확립 입장(니카라과 사건 등)에 대해서는 본서, 제11장, 특히 결론, 참조.

도 사실일 것이다. 그러나 ICJ는 국가 간 작성·서명된 의사록(문서)의 법적 성격·효력을 판단하는 기준은 그 명칭·형식 또는 체결방식 또는 당사국 내심의 '진정한 의사'가 아니라 그 문서에 표시된 용어와 문안으로부터 추론되는 국가의사(에 대한 해석)라고 밝히고 있다. 따라서 국가대표가 회의·회담에서 행하는 동의는 '조약' 해석상 국제의무의 존재로 귀결되거나 또는 적어도 그 핵심적 요소를 구성할 수 있다.[134]

도서영유권·국경·해양경계획정을 규율하는 보편조약 또는 관습법이 부재한 현행 국제법 질서에서 국제연합의 제1차적 사법기관으로서의 ICJ[135]가 지난 60여 년 간 영토·해양경계분쟁 관련 판결을 통해 확립해 온 이러한 '사법적 적극주의'는 현재진행형이며 약식조약의 정의·체결방식·효력에 관한 권위 있는 '사법적 유권해석'으로서 국제법의 중요한 실질적 법원을 구성한다. 또 향후 조약·약식조약의 개념, 그리고 국제사법쟁송에서 증거 관련 원칙·규칙과 법리의 변화를 예고하고 있다.[136] 특히 서명에 의해 성립·발효하는 약식조약은 그 법적 성격상 단순히 행정·기술적 성격의 '국제합의'로 보기 어렵다. 약식조약은 영토·해양경계 관련 분쟁사건 또는 잠재적 분쟁사건에서 국제의무를 창설하고, 영토주권과 해양권익에 중대한 법률효과를 수반하는 중요한 외교행위이자 '입법행위'로서 국제사법쟁송에서 1차적 문서증거로서 결정적 증명력(판결이유)이 인정된다.

요컨대 국제판례는 영토·해양경계 관련 회담 의사록 서명, 합의의사록 작성 또는 각서·공문 교환 시 그러한 문서는 추후 국가주권·권익을 훼손하거나 불리한 국제의무를 창설하는 '약속'으로 해석·간주한다. 동시에 국내법상 그러한 의사록 서명, 합의의사록 작성 및 각서·공문교환 등 약

---

134) Gardiner, *supra* note 3, p.65
135) 국제연합헌장, 제92조.
136) See J.I. Charney, "Progress in International Maritime Boundary Delimitation Law", *American Journal International Law*, vol.88, 1994, p.227.

식조약의 명칭·범위·지위·효력과 체결절차 등에 관한 상당한 불확실성이 존재하는 것이 사실이다. 서명, 작성 또는 수령한 의사록·합의의사록·교환각서/공문의 문안·용어·표현을 세밀하게 검토하고 추후 불리하게 해석될 수 있는 문안·표현 내용이 있을 경우 서명을 지연·거부하거나 이의를 제기하는 관행·절차를 확립·정착시킬 필요가 있다.[137] 또 약식조약 체결에 입법·사법적 그리고 사전·사후 견제·보완장치를 정비·구축하여 국내법상 그 범위·지위·형식·명칭과 체결절차·방식을 보다 명확히 규정하는 것이 국가권익 보호 측면에서 중요하다. 예컨대 미국의 "의회-행정협정"과 같이 국회와 협력하여 체결하는 제도적 장치도 검토해 볼 필요가 있다.

---

137) 전술한 벨기에/네덜란드 간 국경분쟁사건에서 벨기에 측 촌락의 시장은 '콤뮨 의사록' 상의 오류를 이유로 서명을 상당기간 거부하였다(IV.2).

제6장 17세기 말 울릉도쟁계 관련 한·일 '교환 공문'의 증명력: 거리관습에 따른 조약상 울릉·독도 권원 확립·해상국경 묵시 합의

I. 서 론

영토·해양경계 분쟁을 규율하는 보편적 조약 또는 일반 관습국제(법)[1] 이 부재·흠결상태인 현행 국제법 질서에서 법의 일반원칙(보조적 법원: 예컨대 시제법 등) 그리고 진화하는 판결·학설의 중요성이 부각되는 것은 불가피하다. 특히 국제판례(international jurisprudence)는 「국제사법 재판소규정」이 규정하는 '법규칙'(rules of law) 결정의 보조수단으로서,[2]

---

1) 이한기 교수는 De Visscher를 인용하여 "관습의 형성을 결정하는 것은 정치력이고 법률가는 질서의 요청에 따라 확립된 관행에 대하여 사후의 법적 승인을 부여하는 것이므로 관습은 실로 '힘과 법'의 공동산물"이라고 한다. 이한기, 『국제법강의』(서울: 박영사, 2002), pp.90~91. 일본은 독도 및 첨각열도/조어도에 대해서는 주로 '힘과 법'의 논리에 의존하고 있는 반면, 쿠릴열도('북방도서') 문제에 대해서는 주로 역사적 권원을 내세우고 있는 등 이중적 접근법을 구사하고 있다[박현진, "독도문제와 적극외교", 『한국일보』, 2012. 10. 26, p.29 참조]. 본 장에서는 독도주권 문제와 관련, 주로 법과 법리에 의존하여 논의를 전개한다.

2) The Statute of the International Court of Justice, 1945. 6. 26 샌프란시스코에서 서명, 1945. 10. 24 발효 [대한민국은 1991. 7. 13 국회 비준동의를 거쳐 1991. 8. 5 수락서 기탁, 1991. 9. 18(조약 제1059호) 발효, 1991. 9. 24 관보 게재], 제38(1)(d)조. 동 규정이 우리말 번역본은 rules of law를 '법칙'으로 번역하고 있으나[외교통상부 조약국(편), 『국제법 기본법규집』 (서울: 현암사, 2008. 1)],

국가·국제기구의 실행과 함께 실정 국제법 규칙·법리를 구체화시키는 원동력이자 원천이며, 국제관습(법)의 형성을 촉진하고 국제법의 점진적 발전을 추동·견인한다. 이 글은 울릉도·독도 영유권과 관련, 한·일 양국이 17세기 말 당시 도서 영유권 귀속을 규율하는 구속력을 가진 별도의 국제법 규칙·체계 또는 법리가 존재하였으며 또한 울릉도·독도문제에 적용 가능했음을 주장·입증하지 않는다면 또는 양국이 현재 그러한 별도의 규칙 등에 합의할 수 없다면(당시 양국 간 '특수관습'으로 합의한 거리관습은 제외), 이 문제에 현대 국제법이 확립하고 있는 개념·규칙·관습과 판례·학설을 적용하는데 양국이 동의한 것으로 가정·전제하고 논의를 전개한다(후술 II.3 참조).[3]

이러한 배경에서 이 글은 '울릉도쟁계'와 관련, 역사적 사실에 기초하여 영토·해양경계분쟁 관련 현대 국제법의 개념·규칙·관습과 판례·학설이 확립하고 있는 법리를 17세기말 '울릉도쟁계' 및 조·일 간 교환공문에 적용하여 그 법적 의의·효과, 특히 그 증명력을 해석·평가한다. 우선 '울릉도쟁계'(1693~1699)는 그 성격상 안용복의 2차에 걸친 도일활동, 그리고 당시 일본의 중앙정부인 막부(幕府)의 의사와는 관계없이 대마도주의 야심으로 촉발된 사건으로서[4] 그 명칭과는 달리 사실상 그리고 법률상

이 경우 '만유인력의 법칙', '운동의 법칙', '질량보존의 법칙' 또는 '중력의 법칙' 등의 용례에서 보듯이 '법칙'(laws)이라는 용어는 자연과학에서 일반화된 과학적 진리·명제를 나타내는 용어로 쓰이기도 하므로 여기에서는 '법규칙'으로 번역한다.

3) ICJ는 리기탄/시파단 도서 영유권 분쟁사건 판결에서 19세기 초로 거슬러 올라가는 동 분쟁사건의 당사국 중 인도네시아가 '조약법에 관한 비엔나 협약'의 당사국이 아니라는 사실에도 불구하고 1) 동 협약 상 조약해석에 관한 제31~32조의 규정을 국제관습법으로 규정하고, 2) 인도네시아가 동 조항의 적용가능성을 다투지 않고 있으며, 그리고 3) 당사자들이 제31(2)조 상의 규칙의 적용가능성을 다투고 있지 않다는 점을 들어, 시제법 논의를 생략하고, 제31~32조 규정의 적용을 정당화하였다. See Sovereignty over Pulau Ligitan and Pulau Sipadan (Indonesia/Malaysia), Judgment, *ICJ Reports*, 2002, p.625, 634, para.15 이하, 특히 p.645, para.37.

양국 간 울릉도·독도 양도의 영토주권, 어업권 및 해양경계를 둘러싼 외교적 분쟁이었다. 또 교섭과정에서 조선 조정과 일본 막부 간 교환된 왕복 외교문서 - 즉 1694년(숙종 20) 8월 조선의 2차 개찬 공문과 1697년 2월 막부의 공문 - 는 현대 국제판례가 규정하는 '교환공문'(Exchange of Letters)으로서 '약식조약'[5]을 구성한다(III.1). 이러한 관점에서 이 글은 울릉도·독도 영유권 귀속에 관해 이 교환공문의 증거능력을 전제하면서 그 전반적 증명력을 중심으로 논의를 전개한다.[6]

이 글은 동 교환공문에 사용된 구체적 용어와 문안에 비추어 동 교환공문은 당시 울릉도·독도 영유권 귀속문제를 규율하는 구속력 있는 양국 간 특수관습으로 '거리관습'에 입각, 막부가 조선의 울릉도 영유권을 명시적으로 인정하고 또 조선의 독도영유권에 묵시적으로 동의·인정한 양자 간 국제협정/합의(international agreement)였음을 논증하고(III~IV), 따라서 당시 양국은 해상국경을 독도남부로 묵시적으로 합의한 것임을 주장한다(IV.2). 이러한 추론은 막부가 당시 일본 어부의 울릉도 도해 취소와 함께 독도도해 역시 금지시켰으며(V.1~V.2), 또 당시 일본 어부가문이 막부에 제출한 울릉도·독도 도해면허 신청서와 그로부터 약 180년 후인 1870년 및 1877년 명치정부 공문서 역시 독도를 울릉도의 부속도서로 간주하면서 양도에 대한 조선의 영유권을 인정하고 있는 점(IV.3 & VI) 등에서도 일관되게 확인된다.

---

4) '울릉도쟁계'라는 용어는 조선 예조 관원들의 실무지침서인 『춘관지』(春官志, 1744·영조 20 편찬, 1781·정조 5 증보), 『여지지』(유형원, 1656·효종 7), 『강계고』(신경준, 1756·영조 32), 『증보문헌비고』(1770·영조 46)에 보인다고 한다. 일본에서는 이를 '죽도일건'이라 부른다. 송병기, 『고쳐 쓴 울릉도와 독도』(서울: 단국대출판부, 2005), p.48, 각주 2, p.69, 각주 43 및 p.226, 각주 7; 김병렬, 『독도: 독도자료총람』(서울: 다다미디어, 1998), pp.187~199.

5) 본서, 제5장 참조.

6) 국제사법쟁송에서 증거능력이라 함은 입증자료로서 타당성을 가지고 있는가의 여부, 즉 증거적격을 의미하며, 증명력이라 함은 증거능력이 인정된 자료의 증거로서의 신빙성·가치 등을 의미한다. 본서, 제9장, II.2 참조.

특히 동 교환공문은 울릉도·독도에 대한 조선의 역사적·본원적 권원을 근대적 '조약상의 권원'으로 대체한 국제협정으로서, 이러한 적법·유효하게 성립한 조약상의 권원은, 그 권원보유국이 이를 명시적으로 포기하지 않는 한, 포기의 의사는 추정되지 않으며(VI), 또 권원보유국이 문제의 영역에 대한 조약상의 권원을 확립한 이후 타국의 실효지배에 입각한 권원을 묵인하지 않은 경우 조약상의 권원이 우선한다(III.4)는 것이 현대 국제판례의 입장이라는 점을 논증한다. 또 17세기 일본 막부가 발급하였다는 울릉도 도해면허는 영토분쟁 관련 현대 국제판례상 권원을 입증하는 증거능력이 인정되지 않는 것이 일반적이며, 또 설령 인정될 경우에도 그 증명력은 매우 제한적일 수밖에 없다는 점을 논증한다(V).

II. 울릉도쟁계와 시제법

1. 안용복의 1·2차 도일활동과 외교교섭

15세기 초 이래 조선의 '무인도유지정책'7)으로 조선의 관심에서 멀어

---

7) '공도'(空島)정책이란 용어는 오해의 소지가 있어 '해금'정책 또는 '쇄환'정책 등의 용어가 제시되고 있는데[한철호, "독도에 관한 역사학계의 시기별 연구동향", 『한국근현대사연구』, 제40집(2007, 봄), p.200, 220], 여기에서는 '무인도유지정책'으로 기술한다. 대마도주는 조선 태종 7년(1407)년 및 광해군 6년(1614)경 대마도인의 울릉도 이주를 허가해 주도록 조선에 요청하였으며, 이에 동래부사는 기[의]죽도가 조선령임을 설명하고 이 섬을 왕래하는 선박은 해적선으로 간주할 것임을 경고하였으나, 대마도주는 이때 일본에서 대판(大阪)의 역(役)으로 인해 이러한 사실을 미처 막부에 보고하지 못했으며, 막부는 이를 모른 채 2개 어부가문에 울릉도도해면허를 내주었다(1618년 경)[송병기, 전게각주 4, p.229, 각주 8]. 1693년 안용복의 1차도일 당시 오오야家의 어부들이 울릉도 해상에서 안용복과 박어둔 등을 납치, 오키도를 거쳐 요나고로 귀환한 후 돗토리번(鳥取藩)에 울릉도에서의 권리확보를 청원하자 돗토리번이 조선인의

졌던 울릉도에는 17세기 말 울릉도 분규가 시작되기 이전부터 조선 내륙인들이 왕래하기 시작하였으며, 양국 간 울릉도 영유권 문제가 불거진 것도 동래 출신 안용복이 일본어부들과 조우, 일본으로 납치되면서부터이다(이하 '안용복 사건').8) 1693년(숙종 19; 일설에는 1692년) 3월 안용복 등 40명의 조선어부들이 울릉도 출어에 나섰다가 그 인근 해상에서 호키주(伯耆州) 요나고(米子町) 출신의 오오야가(大谷家)에 고용된 일본어부들과 조우, 물리적 충돌 끝에 안용복과 박어둔이 일본으로 끌려갔다.9) 오키도를 거쳐 본토의 돗토리현 호키주로 호송된 안용복은 울릉도와 자산도(독도)가 조선령이므로 차후 일본 어부들의 출어를 금지시켜 줄 것을 호키주 태수에 요구하여 '울릉도가 조선의 영토'("鬱陵島非日本界")임을 확인하는 막부 관백의 서계를 받아10) 나가사키를 거쳐 귀국하던 중 대마도에 억류되어 대마도주 종의륜(宗義倫)에게 서계를 빼앗기고11) 동년 9월(또는 11월12)) 동래부로 송환되었다.13)

울릉도도해를 금지하는 조치를 취해주도록 막부에 요청하였으며, 막부는 조선인의 울릉도 도항금지를 요청하도록 대마도주에 명하였고 부산 왜관에서 양국 간 외교교섭이 시작되었다. 나이토 세이츄(內藤正中), "죽도일건을 둘러싼 제문제", 『독도논문번역선』 I (서울: 바른역사정립기획단, 2005. 12), p.119, 132 및 이케우치 사토시(池內敏), "17~19세기 울릉도해역의 생업과 교류", 『독도논문번역선』 II (서울: 동북아 평화를 위한 바른역사정립기획단, 2005. 12), p.131, 132.

8) 이하 신용하, 『독도의 민족영토사 연구』(서울: 지식산업사, 1996), pp.105~109; 송병기, 전게각주 4, pp.47~67 & 228~234 및 송병기, 『독도영유권자료선』(춘천: 한림대출판부, 2004), pp.10~56 참조. 이에 관한 한·일 간 논쟁에 대해서는 김학준, 『독도연구 – 한일간 논쟁의 분석을 통한 한국영유권의 재확인』(서울: 동북아역사재단, 2010), pp.88~116 참조. 안용복의 1·2차 도일·귀국 경로에 대해서는 Park Hyun-jin, "Ahn Yong-bok towers over Dokdo", in The Korea Herald & Park Hyun-jin(eds.), 『Insight into Dokdo – Historical, Political and Legal Perspectives on Korea's Sovereignty』 (Paju, Kyonggi-do: Jimoondang, 2009), p.196, 199, 지도 참조.

9) 송병기, 『고쳐 쓴 울릉도와 독도』, 상게서, p.228.

10) 신용하, 『한국의 독도영유권 연구』(서울: 경인문화사, 2006), p.88.

11) 송병기, 『고쳐 쓴 울릉도와 독도』, op. cit., pp.50, 81 & 229; 신용하, 상게서, p.62 & 66. 일본 학자들은 안용복이 1693년 1치도일 당시 호기주 태수를 통해

이 과정에서 울릉도를 탐내던 대마도주는 1693년 9월 안용복 송환 시 조선에 그 전말을 통지하면서 '마치 '죽도'가 울릉도와는 전혀 다른 별개의 섬인 것처럼 가장하여' 죽도에 대한 일본의 영유권을 주장하고 조선 어부의 '죽도 출어'를 금지해 줄 것을 요구하였다.[14] 이에 대하여 조선 조정은 동년 12월 조선 어부의 '죽도 출어'를 금지시키되 동시에 '울릉도'가 조선의 영토임을 시사하는 애매모호한 「회답서계」를 대마도에 보냈다.[15] 이에 울릉도에 대한 흑심을 품은 대마도 측은 1694년(숙종 20) 2월 사자를 동래부에 보내 조선의 「회답서계」에 들어있는 '울릉' 2자의 삭제를 요청해 왔다.[16] 조선 조정에서는 처음에는 온건론이 우세했으나 점차 강경론이 힘을 얻게 되었다.[17] 남구만은 사관과 함께 소극적 대응을 크

조선의 울릉도·독도 영유권을 인정하는 막부 관백의 서계를 받았으나 이를 대마도주가 빼앗았다는 『조선왕조실록』의 기록은 안용복이 귀국 후 비변사에서 공술한 내용을 바탕으로 쓰인 것이며 이는 사실이 아니라고 주장한다. 나이토 세이츄, "오키의 안용복", 『독도논문번역선』 I, 전게각주 7, p.67, 80~87 및 나이토 세이츄, 전게각주 7, p.149. 가와카미 겐조(川上健三) 역시 안용복의 공술의 신빙성에 의문을 제기하고 있으나(송병기, 전게각주 4, p.231, 각주 9 참죄), 다른 일본학자의 견해는 이와는 달리 "대체로 사실로 믿어진다"고 긍정적으로 평가하고 있다(송병기, 같은 책, p.61, 각주 31 및 p.233, 각주 10 참죄). 한편 신용하 교수는 다른 곳에서는 안용복이 동 서계를 나가사키 도주에게 빼앗긴 것으로 기술하고 있다. 신용하, 전게각주 8, p.31.

12) 신용하, 전게각주 8, p.106. 1차도일 당시 안용복과 박어둔이 막부가 있는 에도(동경)에 보내졌다가 송환되었다는 주장이 있으나, 일본학자는 이를 부정한다. 즉 오키섬 → 요나고 → 돗토리성 → 나가사키 → 대마도를 거쳐 부산으로 송환되었다는 것이다. 나이토 세이츄, "죽도일건을 둘러싼 제문제", 전게각주 7, p.143.

13) 송병기, 『고쳐 쓴 울릉도와 독도』, *op. cit.*, p.81 & 229.

14) 『숙종실록』, 숙종 20년(1694) 2월, 신묘조 ①, 김병렬, 전게각주 4, p.163 및 신용하, 전게각주 10, p.55 & 88; 송병기, 전게각주 8, pp.70~71.

15) 『숙종실록』, 숙종 20년(1694) 2월, 신묘조 ②, 김병렬, 상게서, p.164; 송병기, 전게각주 4, p.51. 이에 관한 일본측 자료에 대해서는 김병렬, *ibid.*, pp.261~273. 조선은 일본이 말하는 '죽도'가 울릉도임을 알면서도 마찰을 염려하여 소극적 입장을 취한 것이라 한다. 송병기, *ibid.*

16) 송병기, 상게서, p.51.

17) *Ibid.*, p.52.

게 비판하면서 "…조종의 강토에 또 어찌 타인을 용납하겠습니까 …만약 왜가 (울릉도를) 점거하여 이것들을 가지면 가까운 강릉, 삼척이 반드시 그 해를 입을 것입니다."[18]라면서, 앞서 보낸 1차 「회답서계」를 회수하고 강력한 답서를 다시 작성하여 보낼 것을 진언하였다.

숙종은 남구만이 개진한 역사적 권원, 울릉도와 동해안 간 지리적 인접성과 안보위협 등에 입각한 적극 대응 진언을 채택, 앞서의 공문을 회수하도록 지시하였다.[19] 조선 조정은 일본 측에 지난 번 답서는 무효이니 반환할 것을 통고하고 1694년 8월 「개작서계」에서 '울릉도가 바로 죽도로서 1도2명으로 강원도 울진현의 속도'임을 명확히 밝히고 '일본인들이 울릉도에 들어와 안용복 등을 데려간 것은 조선의 영토를 침섭(侵涉)하여 조선 땅에 들어간 조선인을 구집(拘執)한 실책'임을 지적한 강경한 입장의 서계를 대마도주를 통해 막부에 보냈다.[20] 숙종은 또 삼척첨사에 장한상을 임명하여 그로 하여금 1694년 9월~10월 기간 중 울릉도에 들어가 조사시킨 후 이후 1~2년에 한 번씩 수토(搜討)할 것을 일단 확정하였다가[21] 1697년 2월 대마도측이 막부의 결정을 동래부에 알려오자(III.1) 그해 4월 3년에 한 번씩 울릉도에 관원을 보내 수토하도록 정례화하였다.[22]

한편 1차 도일기간 동안 대마도주의 울릉도에 대한 야심을 간파한 안용복은 울릉도 쟁계 교섭과정에 별다른 진전이 없자 1696년(숙종 22) 봄 다시 울릉도 출어에 나섰다. 안용복(당시 43세)은 울릉도 인근 해상에서 다시 일본 어부들과 조우, 이들이 독도로 도망해 가자 분격하여 이들을 쫓아가 '자산도(독도) 역시 우리(조선) 지경임 듣지 못하였느냐'고 꾸짖으

---

18) 신용하, 전게각주 10, pp.58~59, 348 & 403.
19) 김병렬, 전게각주 4, pp.166~167 및 신용하, 상게서, p.59. 숙종(1674~1720)의 증손자가 정조(正祖: 재위 1776~1800)이다.
20) 『숙종실록』권27, 숙종 20년(1694) 8월 기유조(己酉條), 신용하, 상게서, pp.60~61; 송병기, 전게각주 4, p.81 & 230 및 전게각주 8, pp.72~73.
21) 신용하, 상게서, p.61; 송병기, 전게각주 4, pp.53 & 81~82, 장한상의 수토활동에 대해서는 본서, 제4장, IV.2 & V.3.
22) 송병기, 상게서, p.83.

며 일본 어부들을 쫓아냈다.[23] 이어 송광사 승려 뇌헌 등 총 11명과 함께 배를 몰아 1696년 5월 18일 오키군도의 주 섬인 도고(島後)를 거쳐,[24] 6월 4일 두 번째로 호키주를 방문, 태수로부터 "울릉도·독도가 이미 당신네 나라에 속했다"며 울릉도를 범경한 15명의 일본인들을 처벌하는 것은 물론, 일본인의 울릉·자산도로의 범월(犯越)을 금지시키겠다는 약속을 받고, 같은 해 8월 자신들의 배로 강원도 양양으로 귀환하였다.[25] 안용복은 2차도일 당시 울릉도와 독도가 조선의 영토임을 표시한 「팔도지도」를 준비해 간 것이 확인되고 있으며,[26] 그의 2차 도일활동은 대마도주를 당황케 하였으며 분규의 해결을 촉진시켰다.[27]

2. 외교적 배경

임진왜란 후 17세기 중반까지 조선의 대일외교가 문제를 드러내지 않고 최소화하려는 '조용한 외교'의 구사였다면, 17세기 후반에 이르러서는 대일관계에서 점차 외교적인 원칙을 적용할 수 있는 힘을 축적·확보해 나감으로써 대일정책에 자신감을 갖게 된 시기였다.[28] 1693년 안용복 등이 울릉도 인근 해상에서 일본 어부들에게 납치당한 사건을 계기로 대마도주는 울릉도를 일본령으로 삼으려는 속셈으로 조선 조정에 울릉도 영유권 문제를 제기하고,[29] 막부로부터 대조선 교섭업무를 지시받아 막부

---

23) 신용하, 전게각주 10, p.89; 송병기, 상게서, pp.73~74 & 82~83.
24) 나이토 세이츄, "오키의 안용복", 전게각주 11, pp.69~73. 안용복은 당시 울산으로 가서 모두 16명을 모아 울릉도로 출어했다고 한다. 신용하, 전게각주 8, p.106.
25) 신용하, 상게서, pp.65~66 & 108~109; 송병기, 전게각주 4, pp.59~61 & 233.
26) 나이토 세이츄, "오키의 안용복", 전게각주 11, p.87.
27) 송병기, 전게각주 4, pp.62, 82 & 233.
28) 이하 장순순, "17세기 조일관계와 '울릉도쟁계'", 『역사와 경계』 제84집 (2012. 9), pp.37~71.
29) 신용하, 전게각주 10, p.54 & 89.

의 "위광 또는 무위(武威)를 내세워 억지를 부리려" 했으나, "말이 되지 않는 것을 주장하는 것은 소용없는 일"이라는 막부 측의 만류 결정(1696년 1월 28일)[30]으로 대마도주의 야심을 좌절시켰다. 또 조선 역시 대일 기조를 유지하면서 과거와는 달리 적극 대응, 울릉도 영유권을 재확인받고 막부의 '죽도도해금지령'을 이끌어 냈다. 결국 안용복 사건은 울릉도쟁계라는 양국 간 도서영토주권 및 해상국경을 둘러싼 외교교섭 및 공문교환의 직접적 원인을 제공한 셈이고 또한 결과적으로 조선의 울릉도·독도 영유권의 재확인에 기여하였다.

3. 시제법

17세기말 양국 간 울릉도·독도영유권을 둘러싸고 외교적 교섭·타결에 이른 소위 '울릉도쟁계' 관련 조·일 교환공문의 법적 효과에 대한 논의는 이 교환공문에 어떤 규칙·원칙 또는 법리를 적용·해석하는 것이 타당한 것인가 하는 문제에서 출발해야 한다. 이와 관련, 근대 서양국제법이 성립하기 이전까지 국제관계는 주로 자연법과 지역 외교·전쟁관습에 의존하였으며, 19세기 서세동점으로 서양국제법의 외연이 동양으로 확대되면서 비로소 보편적 근대 국제법질서가 성립·태동하기 시작한 것으로 볼 수 있다. 이어 19세기 후반 법실증주의의 영향으로 근대 국제법은 성문화 과정을 거치면서 조약이 국제법의 1차적 형식적 법원으로 자리매김하게 된다. 따라서 울릉도쟁계가 일어났던 17세기 말 당시의 국제사회의 법률관계는 유럽, 아시아와 중동 등 지역관습(후술 IV.1 참조)이 지배하던 시기였으며,[31] 한·일 양국은 조선 초기부터 전통 관습에 따라 대마도

---

30) 송병기, 전게각주 8, p.147 참조[1877년 내무성의 지적편찬 관련 질의 문서 부속문서 제1회].
31) 에리트레아/예멘 간 홍해상 도서영유권 분쟁사건에서 상설중재재판소는 영토주권에 관한 서양의 사고·접근법과 이슬람 전통상의 그것과는 차이가 있다는 점을 확인하고 있다. Eritrea/Yemen arbitration, Phase 1 (Territorial Sovereignty

를 교섭창구로 외교교섭을 행하고 문서를 교환한 외교관행을 확립하고
있었다.[32] 특히 여기에는 양자 '조약' – 즉 국가 간 기속적 동의에 기초하
여 문서에 의해 성립·발효하며 국제법에 의해 그 법률관계(권리의무관
계)가 규율되는 국제합의·협정(international agreement) – 의 체결이 포함
된다.[33]

문제는 현대 국제법상의 조약의 개념·형식, 체결방식·절차와는 달리
성립된 17세기 말 조·일 교환공문에 현대 조약법 및 국제판례법의 개념
과 원칙·규칙을 적용, 그 효력을 논하는 것이 타당한가 하는 점이다.[34]
특히 고전적 조약의 개념·형식 및 체결방식·절차에 대한 ICJ의 접근법은
전술한 1994년 카타르/바레인 사건(관할권) 판결 이후 커다란 변화를 겪
고 있다는 점에서 더욱 그러하다(후술 Ⅲ.1).[35] 시제법(inter-temporal

---

and Scope of the Dispute Award), Permanent Court of Arbitration(PCA), 1998,
para.525, available at http://www.pca-cpa.or.

32) 조선의 경우 이러한 조약은 조약체결권자인 국왕의 재가(비준)를 얻어야 비로
   소 체결할 수 있는 관행이 정착되어 있었으며 또한 당시 동아시아에서도 국가
   간 외교교섭은 구속력 있는 문서(조약)로 체결하는 관행이 정착되어 있었다.
   이장희, 『1910년 '한일병합조약'의 역사적·국제법적 재조명』 (서울: 아시아사회
   과학연구원, 2011).

33) 예컨대 '계해약조'(세종 25년, 1443), 임신조약(1512), 임진왜란·정유재란 이후
   양국 간 체결된 기유약조(1609) 등이 그것이다. 이기백, 『한국사신론』 (서울:
   일조각, 1992), pp.258~259 & Lee Ki-baik, *A New History of Korea* (trans. by
   E.W. Wagner & E.J. Shultz, Seoul: Ilchokak Publishers & Cambridge, Mass.:
   Harvard University Press, 1984), p.214 및 네이버 지식백과 참조. 이러한 관습
   은 조선말 '조일수호조규'(1876, 일명 '강화도조약' 혹은 '병자수호조약'), '제물
   포조약'(1882) 및 구미열강들과의 수호통상조약 등 소위 불평등조약의 체결로
   이어진다. 임경석·김영수·이항준(편), 『한국근대외교사전』(서울: 성균관대 출
   판부, 2012), pp.221, 514, 522, 528, 530, 533 및 491(제물포조약) 및 유하영
   (편), 『근대 한국 조약 자료집』(동북아역사재단, 2009. 12) 참조.

34) 망끼에·에끄레오 사건에서 영국은 정복에 의한 원시적 권원의 창설, 영-불 간
   다수의 조약에 입각한 권원 확인 및 계속적 주권행사를 통한 권원의 현시를 주
   장하였다. Minquiers & Ecrehos case, *ICJ Reports*, 1953, p.47, 50, 53~54, 65 &
   69. 재판소는 프랑스가 주장한 봉건적 권원은 다른 유효한 권원으로 대체되지
   않으면 그 어떤 법률효과도 발생시킬 수 없다고 판시하였다. *Ibid.*, p.56.

law)은 변화하는 사회와 법규칙·원칙을 전제·상정하며, 법적 사건·사실의 효력·효과(의 평가·판단)은 그 사건·사실이 발생한 당시의 법에 따라야 할 것을 요구한다. 이는 법의 일반원칙[국제사법재판소 규정, 제38(1)(c)조]의 하나로서, 과거의 사건·사실에 변화된 법을 소급 적용·평가할 수 없다는 것이다.[36] 또 권원의 창설은 권원의 유지·존속과는 법적으로 구별해야 한다.[37]

분명 과거 사실을 현재의 척도로 일방적·일률적으로 재단·심판하는 것은 공정하지도 타당하지도 않다. 그러나 역사적 사건·사실이 합법·유효하게 성립한 후 대항력있는 반대의 권원이 부재한 채 유지됨으로써 사실상 동일한 법률사실이 지속될 때, 그러한 과거 사실에 현재의 법을 적용하는 것은 불합리하게 부당한 것은 아니다.[38] 왜냐하면 이 경우에는

---

35) Maritime Delimitation and Territorial Questions between Qatar and Bahrain (Qatar/Bahrain), Jurisdiction and Admissibility, *ICJ Reports*, 1994, p.112, para.25 & *ibid.*, Merits, *ICJ Reports*, 2001, p.40, paras.118~120 & 139. ICJ는 1938~1939년 카타르 지도자와 영국 정치고문 간 교환공문(Exchange of Letters)의 성격·구속력에 관해 '시제법적' 논의를 생략하고 있다. ICJ는 이러한 양자 간 공문교환 후 카타르 지도자가 하와르 제도 영유권 문제를 영국정부가 결정하도록 위임하는데 동의하였음을 지적하고 있다. ICJ는 또 양국 외무장관 간 회담의사록 상 약속부분을 '국제합의'로 간주하고 당사국을 구속하는 증거로 원용하고 있다. 본서, 제5장, V.2.

36) The Island of Palmas arbitration, 1928, *UN Reports of International Arbitral Awards*, vol.2, 1949, p.829, 845.

37) Palmas arbitration, *ibid.* 이러한 법리의 확장은 불가피한 측면이 있다는 점을 인정해야 하지만 동시에 확립된 권원이라 하더라도 어떤 시점에서든 늘 유지되어야 한다면 그 권원 자체를 위협하거나 그 권원에 불안정성을 초래할 수 있다는 점에서 그 적용에 일정한 주의를 요한다. 또 이러한 규칙 내지 법리는 승인, 묵인 또는 금반언, 유기추정 금지 규칙 및 반론과 증거 등으로 인해 그 작용·효과에 제한을 받게 된다. 예컨대 이 법리는 1953년 영/불 간 망끼에·에끄레오 사건에서는 별다른 조명을 받지 못했다. I. Brownlie, *Principles of Public International Law*(6th edn., Oxford University Press, 2003), p.125.

38) 예컨대 2008년 말레이시아/싱가포르 간 도서분쟁 사건에서 ICJ는 미들 락스 (Middle Rocks)에 내해여 싱가포르 측이 권원을 입증하지 않았다면서 그에 대한 주권은 원시적인 본원적 권원보유자인 슬틴국 죠오트의 승계국인 말레이시

영토주권국이 당시 유효한 법규범·관습 등에 따라 적법한 방식으로 권리·권원을 취득한 사실이 역사적 기록과 지리적 사실에 의해 입증되고, 동시에 역사적으로 확립된 본원적 권리·권원이 변화하는 관행·관습 등을 반영하여 성립·진화한 국제법·판례가 요구하는 조건(조약상 권원 합의·확립 또는 '실효지배'의 현시[39] 등)을 또한 충족하여 그러한 최초의 권리·권원을 일관성 있게 유지하고 있기 때문이다.

더욱이 본 장에서 다루는 한·일간 '교환공문'의 효력은 기본적으로 양국 간 합의의 법적 효력·효과, 즉 국제법상 동 합의의 당사국에 대한 구속력·증거력에 관한 문제이며, 제3국의 권리·의무를 수반하는 문제는 아니다. 동 교환공문의 법적 성격·지위를 현대 국제법상의 '조약'으로 규정하든 아니면 다른 명칭으로 규정하든 그 법적 성격·지위에 관계없이 양자합의라는 그 본질적 성격과 법적 효력·효과에 영향을 미친다고 볼 수는 없기 때문이다. 전술한 바와 같이 ICJ는 인도네시아/말레이시아 간 도서영유권 분쟁사건에서 19세기 초까지 거슬러 올라가는 분쟁사건에 조약법에 관한 비엔나 협약의 조약해석 관련 규정이 관습법규이며 또 양국이 그 적용에 이의·반대가 없었다는 이유로 그 적용을 정당화하였다.[40]

아에 귀속한다고 판결하였다. Sovereignty over Pedra Branca/Pulau Batu Puteh, Middle Rocks and South Ledge(Malaysia/Singapore), Judgment, *ICJ Reports*, 2008, p.12, paras.68~69, 75 & 276; 박현진, "영토분쟁과 권원 간 위계: 조약상의 권원, 현상유지의 법리와 실효지배의 권원을 중심으로", 『국제법학회논총』 제59권 제3호(2014. 9), p.109, 116.

39) Palmas arbitration, *op. cit,*, pp.867~868.

40) Indonesia/Malaysia case, *supra* note 3. 따라서 이 글은 17세기 당시 독도영유권 문제에 적용가능한 보편적 국제법 규범을 발견·확인하기 위한 논의는 생략하며, 당시 양국에 적용가능한 법규범의 발견·적용에 논의를 집중한다.

III. 조·일 교환공문

1. 법적 성격·지위: 약식조약

1693년 발생한 1차 안용복 도일 사건을 계기로 양국은 대마도주를 교섭창구로 하여 1697년까지 공문을 교환하면서 울릉도 영유권을 둘러싼 외교교섭을 진행하였다['울릉도쟁계'; 죽도일건('竹島 一件'): 1693~1699]. 일본에서는 막부의 집정(관) 아베(阿部豊後[守])[41]가 1696년 1월 28일(숙종 22년) 대마도와 호키주 등 4명의 번주를 열석시킨 자리에서[42] 질의·응답을 거친 후:[43]

"1) 죽도(울릉도)와 이나바주(因幡州)와의 거리는 160리쯤이고 조선과의 거리는 40리쯤이어서 일찍이 그 나라(조선) 땅이라는 것은 의심할 바 없고;

2) 앞으로는 일본인이 (울릉도에 도해하여) 고기잡이하는 것을 금지하며; (그리고)

---

41) 신용하 교수는 '阿部豊後'로, 그리고 송병기 교수와 김병렬 교수는 각각 '아베 붕고노카미'(阿部豊後守)로 기록하고 있다. 신용하, 전게각주 10, pp.83~84, 272, 274 & 347; 송병기, 『고쳐 쓴 울릉도와 독도』, 전게각주 4, pp.234~235 및 김병렬, 전게각주 4, p.279.

42) 신용하, 전게각주 10, p.123[당시의 회의록 사본 일부]. 신용하 교수는 이 회의를 주재한 사람은 막부 '장군'(쇼군)으로 기술하고, 막부 관백을 집정(관)으로 기술하여[신용하, 같은 책, p.62], 관백과 집정(관)을 동일인으로 간주하는 것으로 보인다. 한편 송병기 교수는 아부풍후수가 막부 집정(관)으로서 이 회의를 주재한 것으로 기술하고, 막부 '장군'은 관백으로 기술하고 있어 장군과 관백을 동일인으로 간주하고 있다. 송병기, 상게서, pp.234~235 & 50. 본 장에서는 아부풍후(수)를 막부의 집정(관)으로 기술한다.

43) 일본 측 자료 『조선통교대기』(朝鮮通交大紀) 기록, 신용하, 전게각주 10, pp.272~274 및 신용하, 전게각주 8, pp.109~111에서 재인용; 나이토 세이쮸우, 『독도와 죽도』, 권오엽·권정 역(서울: 제이엔씨, 2005), p.120.

3) 이 뜻을 대마태수가 조선측에 전하도록 하고, 대마태수는 섬으로 귀환하는 대로 대마도 형부대보(刑部大輔: 재판담당관)를 조선에 파견하여 이 결정을 알리고 그 결과를 막부 관백에게 보고하라"

는 결정과 함께 지시를 내렸다.

막부 집정(관)의 명령을 받은 대마도주는 이러한 막부의 결정을 조선에 통보하는 것을 미루다가 결국 1697년 2월 형부대보(습유)[刑部大輔(拾遺)] 평의진(平義眞)을 동래부로 파견, 막부의 결정을 알렸다(동년 3월 조선조정에 도달).[44] 이에 조선에서는 예조참의 이선부(李善溥)가 동년 4월 및 7월 각각 대마도를 통해 회답서계를 보냈으나, 대마도 측이 일부 문안의 수정을 요청하였다. 이선부는 1698년(숙종 24년) 3월 막부의 결정에 사의를 표하는 동시에 일본 측이 말하는 '죽도'가 1도2명(1島2名)임을 강조하여 그 정당한 인식을 촉구하는 3차 개찬 회답서한을 작성,[45] 동년 4월 동래부를 통해 대마도 형부대보(습유) 평의진에 전달하였다. 이 공문에서 조선 조정은:[46]

"···울릉도가 우리의 땅임은 『동국여지승람』과 그 지도에 실려 있고, 문헌 증거가 분명하니, 저쪽(일본)으로부터는 멀고 이쪽(조선)으로부터는 가깝다는 것을 논할 것도 없이 강계는 스스로 판별되는 것입니다. 귀주(대마도)는 이미 울릉도와 죽도가 일도이명(一島二名)임은 알고 있은 즉, 그 이름이 비

44) 김학준, 전게각주 8, p.112.
45) 『세종실록』 지리지에서 우산·무릉 2도설을 정설로 채택하고, 『신증동국여지승람』(1530, 중종 25) 강원도 '울진현조'에서 우산·울릉 1도설이 2도설로 바로잡혀가면서 우산도에 대한 국토인식이 구체화되어갔다. 이러한 인식은 유형원의 『여지지』(1656), 신경준의 『강계고』(1756), 『동국문헌비고』(1770·영조 46) 및 『만기요람』(1808, 순조 8년경)에서 계승되고 있다. 신용하, 전게각주 8, pp.91~92; 송병기, 전게각주 4, pp.67~71, 73, 84~85 & 242~244.
46) 김병렬, 전게각주 4, pp.183~185; 송병기, 상게서, p.62 & 233; 신용하, 상게서, pp.120~121 및 전게각주 10, p.78; 나이토 세이쮸우, 전게각주 43, pp.155~159.

록 다를지라도 그것이 우리나라(조선)의 영토임은 매 한가지입니다."

라고 우리 측 문헌증거를 적시하여 회답하고 있다. 이어 이듬해인 1699년(숙종 25년) 1월 평의진이 조선의 답서를 동경의 막부에 잘 전달했다는 확인 서한을 이선부에 전달, 이로써 소위 '울릉도쟁계'를 둘러싼 양국간 외교절차가 종결되었다.[47]

1693년 및 1696년 안용복 등의 2차에 걸친 도일 활동 및 대마도주의 울릉도에 대한 야심으로 촉발된 '울릉도쟁계'[48] 과정에서 당시 조·일간 확립된 외교관행에 따라 조선 조정과 일본 막부가 1694년 8월(상기 II.1)과 1697년 2월 교환한 왕복문서[49]는 현대 국제법상 '교환공문'(Exchange of Letters)의 법적 성격·지위를 가지며,[50] 조선의 1698년 4월 회답공문 및 막부의 1699년 1월 최종 공문은 기존 합의를 확인한 것이다. 즉 1694년 8월 조선의 공문과 1697년 2월 막부가 대마도주를 통해 동래부에 전달한 서한은—ICJ가 확립하고 있는 현대 영토·해양경계 분쟁 관련 국제

---

47) 송병기(편), 전게각주 8, p.58; 신용하, 전게각주 8, pp.123~125 & 317; 김병렬, 상게서, pp.183~186; 나이토 세이쮸우, 상게서, pp. 158~159. 대마도 측의 최종 공문의 사본은 신용하, 전게각주 10, p.124 참조.

48) 일본 측은 조선 어부의 울릉도 출어에 일본 측이 처음으로 항의를 제기했다는 1692년을 울릉도쟁계의 원년으로 본다. 나이토 세이쮸우, 상게서, p.82.

49) 조선의 기록을 보면 양국간 '왕복문서'라는 표현이 등장한다. 신용하, 『독도영유권 자료의 탐구』 제1권(서울: 독도연구보전협회, 1998), p.241; 신용하, 전게 각주 8, p.317.

50) '교환공문'이라 함은 비준을 요하지 않고 서명 자체로서 국가의 기속적 동의를 최종적으로 표시하여 성립·발효하는 형식의 조약을 말한다. 조약법에 관한 비엔나 협약(제13조)은 교환공문을 통한 기속적 동의표시를 규정·인정하고 있다. '교환공문'은 한 국가의 대표(국가원수, 외교장관 등)가 자국의 의사를 표시한 서한을 상대국에 전달하고 그 상대국의 대표가 그 내용의 전부 또는 일부를 확인·동의하는 회답문서를 전달하여 성립하는 국제합의·협정을 말한다(1994년 카타르/바레인 사건 판결, 전게각주 35). Lord Gore-Booth, *Satow's Guide to Diplomatic Practice* (1979), paras.7.24, 29,34 & 29 35; 오윤경, "조약이 실제의 설차", 오윤경 외, 『21세기 현대 국제법질서 — 외교실무자들이 본 이론과 실제』 (서울: 박영사, 2001), p.3, 17; 본 서, 제5장, III.1~III.4 참조.

판례에 의하면 – 양국 간 합의를 기초로 체결된 국제협정(international agreement)이며, '약식조약'(treaty concluded in simplified form)[51]을 구성한다. ICJ는 카타르/바레인 사건에서 문서의 구속력 여부는 문서의 명칭(예컨대 조약 등)이 아니라 문서에 사용된 구체적 용어를 통해 판단한다[52]는 규칙을 확립하고 있다.

2. 법적 효과 및 증명력

약 4년에 걸친 양국 간 왕복문서 교환 끝에 막부 '장군'의 재가를 얻어 1697년 2월 동래부를 통해 조선조정에 전달된 교환공문[53]은 단순히 울릉도·독도 영유권에 관한 막부의 최종 공식 의사표시만은 아니다. 동 교환공문은 또한 후술하는 바와 같이(IV.2~IV.3) 양국 간 해양국경에 관한 양국 간 국제합의·협정이기도 하다. 따라서 이 교환공문은 양국을 법적으

---

51) 본서, 제5장, II 참조. 여기에서 교환공문은 조약체결권자인 조선 국왕의 재가와 당시 사실상 일본의 국정책임자인 막부 '장군' 또는 관백의 재가를 얻어 작성·전달된 문서이므로 사실상 조약체결절차를 충족한 것이다. 그럼에도 이를 '약식조약'으로 규정한 이유는 동 교환공문이, 임진왜란·정유재란 후 양국 간 강화조약에 해당하는 기유약조(1609, 광해군 1) 체결과정과는 달리, 처음부터 울릉·독도 영유권에 관한 조약을 체결할 의사로 교섭에 임하여 양자합의를 기록한 문서에 양국 대표가 서명한 것이 아니라, 공문교환 과정에서 조선이 막부에 울릉도 영유권의 인정을 요구하고 막부가 이를 확인·인정하는 서한을 조선에 전달함으로써 결과적으로 합의에 도달했다는 점에서 통상의 조약체결절차와 다르기 때문이다.

52) Qatar/Bahrain case, Jurisdiction and Admissibility, 1994, *supra* note 35, para.23 및 본서, 제5장, V.2 & VI.1.

53) 송병기, 전게각주 4, p.235. 송 교수는 여기에서 당시 막부 장군(관백)을 덕천강길(德川康吉)로 표기하고 있으나 이는 막부 5대 장군인 도쿠가와 쓰나요시(德川綱吉: 1646~1709)의 오식으로 보이며, 다른 곳에서는(p.57 & 234) 올바르게 표시되고 있다. 민두기(편), 『일본의 역사』(서울: 지식산업사, 1976), pp.149~150; 김희영(편), 『이야기 일본사』(개정 15쇄, 서울: 청아출판, 2000), p.327. 그는 유학을 관학으로 삼아 장려한 문치주의적 정치이념을 표방·추구한 장군으로 알려져 있다.

로 구속하며(실체법), 울릉도·독도 영유권 귀속에 관한 직접·1차적 증거로서의 증거능력·증명력을 향유하는 문서증거이다(절차법/증거법). 막부의 동 서한은 형식상 1) 지리적 '사실의 기술·인정'[54] 및 조선의 울릉도 영유권의 명시적 재확인; 2) 영유권 귀속 판단에 있어 특수관습으로서 거리관습의 구속력 인정; 그리고 3) 차후 일본 어부의 울릉도 도해 금지 및 울릉도 어업면허 취소 등으로 요약할 수 있다. 특히 막부는 이 교환공문에서 울릉도·독도에 대한 역사적 권원은 물론, 그 어떤 권리·권원도 언급·주장하지 않았다.

보다 구체적으로 이 교환공문은 1) 일본 막부는 조선 연안(동해안)에서 울릉도까지의 지리적 거리와 동해에 면한 일본 본토 연안에서 울릉도까지의 거리를 비교하여 조선의 울릉도 영유권을 재확인하였으며; 2) 만일 일본의 주장대로 당시 막부가 교환공문에서 독도를 제외하고 조선의 울릉도 영유권만을 인정한 것으로 해석할(소위 문언해석) 경우에도, 막부가 조선의 울릉도 영유권을 인정한 근거, 즉 거리관습(후술 IV)을 동일하게 독도에 적용한다면, 동 교환공문은 울릉도에서 가까운 독도에 대한 조선의 영유권 또한 묵시적으로 인정한 약식조약으로 해석하는 것이 합리적 추론이며(간접·정황증거;[55] 또 3) 만일 막부가 당시 독도의 존재를 인식하고 있었음에도[56] 영유권에 관한 명시적 의사표시를 하지 않았다면

---

54) ICJ는 망끼에·에끄레오 사건에서 영국(저지섬 지방정부)의 실효적 지배사실과 함께 프랑스 측이 작성한 서한 1통 및 지도(해도) 1부에 표시된 정보를 객관적 '사실의 기술'로 평가하여 이 2가지 증거에 결정적 증명력(증거가치)을 부여하여 판결하였다. Minquiers and Ecrehos case, *supra* note 34, p.71; 본서, 제2장, IV.1 및 제5장, III.2.

55) 조약에 부여된 명칭이나 제목이 반드시 그 지위·효력을 결정하는 것은 아니다. R.K. Gardiner, *International Law* (Longman Pearson, 2003), pp.64~65; A. Aust, *Modern Treaty Law and Practice*(Cambridge Univ. Press, 2000), p.20; 본서, 제5장, VI.1. 한국과 일본에서 각각 독도까지의 지리적 거리와 그 법적 효과에 관한 보다 자세한 논의는 후술 IV.2 참조.

56) 일본 측은 울릉도 쟁계 당시 자국 문헌 및 지도에서 이미 울릉도와 독도를 정확히 구별·인지하고 있었다고 주장한다. '일본성부의 견해(3)'[1956. 9. 20], 신

이는 당시 조선의 독도주권을 묵인한 국가실행으로 간주된다.[57] 따라서 독도에 대한 다른 유효한 권원이 입증되지 않는 한, 그리고 당시 영유권 귀속·해양경계를 결정하는 다른 적용가능한 규칙이 존재하였음을 입증하지 않는 한, 거리에 입각한 특수관습을 당시 독도문제에도 적용할 의사와 준비가 되어있던 것으로 해석하는 것이 당연하다.

특히 막부 집정(관)이 위 결정을 내리면서 "당초에 이 섬(울릉도)을 저 나라에서 취(取)한 것이 아니니, 지금 다시 돌려준다고 말할 수는 없다. 다만 우리나라 사람이 가서 고기잡이 하는 것을 금할 뿐"이라 하고 이 뜻을 조선에 알리도록 하라[58]고 지시한 것은 바로 울릉도·독도에 대한 조선의 역사적·본원적 권원[59]을 재확인하고, 당시 독도에 대한 막부의

용하, 전게각주 8, p.293 참조. 그러나 인식과 (지배/영유의) 의사·행위는 별개의 문제이다.

57) 신용하 교수는 동 교환공문이 울릉도·독도 '영토논쟁'을 종결시키고 양도를 조선영토로 "재확인"한 문서로 본다. 신용하, 상게서, p.109 및 신용하, 전게각주 10, pp.66, 68, 83, 108 & 271. 묵인의 요건 및 효과 등에 대해서는 후술 Ⅵ.3 참조. 카타르/바레인 사건에서 분쟁영토인 하와르 제도에 대한 바레인의 실효지배(*effectivités*)에 입각한 영유권 주장에 대하여 카타르 측은 오직 권원보유자인 카타르 측의 묵인(acquiescence)이 있었을 경우에만 바레인 측에 권원을 창설할 수 있었을 것이라고 주장하였다. Qatar/Bahrain case, Merits, 2001, *supra* note 35, para.107.

58) 송병기, 전게각주 8, p.146 및 송병기, 전게각주 4, p.235; 신용하, 전게각주 10, pp.89~91 & 273~274.

59) 역사적 권원, 원시적 권원 또는 본원적 권원은 근대 국제법 성립 이전에 확립된 권원을 말한다. 국제판례는 본원적, 봉건적 권원은 실효적 점유/지배 등 근대적 권원으로 대체되어야 현대 국제법상 그 효력이 인정된다는 입장을 확립하고 있다. Minquiers and Ecrehos case, *supra* note 34, pp.53~59 & 67 & Sep. Op. of Judge Basdevant, pp.74~79; Land, Island and Maritime Frontier Dispute (El Salvador/Honduras: Nicaragua intervening), *ICJ Reports*, 1992, p.351, 564~565, paras.343~344; Malaysia/Singapore case, *supra* note 38, pp.29~30, paras.38 & 40 & pp.49~51; Eritrea/Yemen arbitration, *supra* note 31, paras.441 & 447~450. 원시적·본원적 권원 등 전통적 권원은 특히 아시아·중남미 영토분쟁 사건에서 의미있는 역할을 한다고 한다. K.H. Kaikobad, "Some Observations on the Doctrine of Continuity and Finality of Boundaries", *Brtish Yearbook of*

영유의사·권원의 부재를 입증한다. 울릉도 도해면허 취소조치는 양도에 대한 그 동안의 '불법'어업을 입증하는 양자 합의의 증거자료로서, 17세기 말 울릉·독도 영유권에 관해 다른 문서·지도에 비해 우월한 증명력을 가지는 증거로 평가된다. 일본이 독도에 대한 '권원'을 주장하기 위해서는 당시 막부가 교환공문에서 적어도 조선의 독도영유권에 대한 명시적 유보·반대 또는 이의를 제기하고, 독도 영유의사 및 지배사실 등을 외교 경로를 통해 조선에 통보했어야 한다.[60] 따라서 막부의 결정은 "별도의 단서가 없는 한, 언제나 그 부속도서인 '송도'(독도)에 대한 결정을 자동적으로 포함한 것"으로 해석하는 것이 당연하다.[61]

International Law, vol.54, 1983, p.119, 131~134; Brownlie, _supra_ note 37, pp.141~142 & n.147.

60) 김병렬, 전게각주 4, p.186["만약에 독도는 반환하지 않았다면 귀국의 안용복이 울릉도와 자산도를 요구하였지만 자산도는 일본 섬이기 때문에 반환할 수 없다는 요지가 들어가야 한다."]. ICJ는 프레아 비헤어 사원영유권 분쟁사건에서 캄보디아 측이 소장 제1부속서로 제출한 비공인지도에 대하여 태국측이 이 지도상의 오류를 인지하고서도 1908년 이후 50년 간 이의를 제기하지 않은 묵인 행위를 이유로 동 지도에 결정적 증명력을 부여하였다. Temple of Preah Vihear (Cambodia v. Thailand), Judgment, _ICJ Reports_, 1962, p.6, 28 & 32; 본서, 제9장, IV.3; Kaikobad, _ibid._, p.122. 말레이시아/싱가포르 간 페드라 브랑카 사건에서 ICJ는 분쟁 상대방에게 대항력을 부여하지 않으려면, 일정한 대응이 필요하다고 판시하였다. Malaysia/Singapore case, _ibid._, para.121["The absence of reaction may well amount to acquiescence. The concept of acquiescence is equivalent to tacit recognition manifested by unilateral conduct which the other party may interpret as consent."]; Delimitation of the Maritime Boundary in the Gulf of Maine case (Canada/U.S.A.), _ICJ Reports_, 1984, p.246, p.305, para.130. 한편 벨기에/네덜란드 간 국경분쟁사건에서는 벨기에의 영토가 네덜란드 영토로 둘러싸인 위요지라는 지리적으로 불리한 입장을 감안, ICJ는 벨기에가 문제의 영토에 대한 네덜란드의 관할권과 지배에 묵종하였다는 네덜란드의 주장을 배척하였다. Sovereignty over Certain Frontier Land (Belgium/ Netherlands), _ICJ Reports_, 1959, p.209, 229; Kaikobad, _ibid._, p.126, 본서, 제8장, III.1.

61) 신용하, 전게각주 10, p.87.

3. 성립 배경

대마도 전(前) 도주 종의진(宗義眞: 대마도주 종의방의 父)은 안용복의 1차도일 활동으로 대마도의 지위가 위협받게 되자 1695년(숙종 21) 10월 막부 '장군'을 알현하여 막부의 지령을 요청하였다.[62] 이에 집정(관) 아부풍후(수)는 1695년 12월 24일 돗토리번(鳥取藩)에 울릉도·죽도의 소속에 관한 질문지를 보냈으며, 이에 돗토리번은 '죽도·송도는 이나바·호키주 부속이 아니며, 그 밖에 그 어떤 부속섬도 없다'[63]고 응답하였다. 이에 아부풍후(수)는 관백 덕천강길(德川綱吉)의 재가를 받아 1696년 1월 9일 종의진을 불러 죽도(울릉도)가 조선의 판도임을 유시하였다.[64] 이 결정은 1) 안용복이 1693년 1차도일 활동을 통해 오키도주 및 호키주 태수 등 고위관리들에게 울릉도와 독도(자산도)가 모두 조선의 강역임을 강조하고 "울릉도는 일본의 영토가 아니다"라는 관백의 서계를 받고[65] 송환된 후 내려졌던 점에 비추어 막부가 안용복 사건을 인지·감안하여 내린 결정으로 추론하는 것이 타당하며;[66] 2) 안용복의 1차도일 당시 울릉도

---

62) 송병기, 전게각주 4, p.234.
63) 김병렬, 전게각주 4, p.285; 송병기, 상게서, p.234 및 송병기, 전게각주 8, p.146.
64) 송병기, 전게각주 4, p.235. 아부풍후(수)는 1) '죽도에 일본인이 거주한 적이 없고, 2) 태덕권제2대 장군인 덕천수충(德川秀忠: 도쿠가와 히데다타, 1579~1632)] 때, 즉 1618년 경 요나고 마을사람들이 그 섬에서 고기잡이를 원해 이를 허락했던 것이며, 3) 지리적으로 이나바주보다 조선과 더 가깝기 때문에 조선의 지계임을 의심할 여지가 없다'는 요지로 유시하였다. 송병기, 전게각주 8, p.146. 아베 집정(관)은 또 이때 '[막부의] 위광 또는 무위를 내세워 억지를 부리려 해도 말이 되지 않는 것을 주장하는 것은 소용없는 일이다'라고 말한 것으로 일본 측 자료는 기록하고 있다. 송병기, 전게각주 8, p.147.
65) 신용하, 전게각주 10, p.62 및 상기 II.1.
66) 니카라과/온두라스 간 도서분쟁사건에서 ICJ는 니카라과 측이 문제의 분쟁도서에 대한 온두라스 측의 국가권능의 현시 내지 행사를 통한 실효적 지배행위를 인지했을 것으로 충분히 추정가능함에도 아무런 이의를 제기하지 않고 묵인한 점을 지적하면서 온두라스측 행위의 니카라과에 대한 구속력을 인정하였다

가 조선의 영토임을 인정한 호키주 태수가 참석하여 집정(관)과의 질의·응답을 거친 후 도달한 결론인 만큼, 막부의 결정은 호키주 태수의 의견이 반영된 것이다.

막부의 최종결정에도 불구하고 대마도주는 이를 조선조정에 알리지 않았다. 그러나 1696년 안용복의 2차도일 소식은 대마도를 당황하게 하였으며, 종의진은 결국 1696년(숙종 22) 10월 전 도주 종의륜(宗義倫)의 문상차 대마도를 방문한 조선의 사신들에게 일본인의 울릉도 어채를 금한다는 막부의 결정을 전달한 후, 이듬해인 1697년 2월 동래부사에게 서계를 보내 이 사실을 정식으로 통고하였다.[67] 조선 조정 역시 1698년(숙종 24) 3월 제3차 개찬 회답공문에서 막부의 결정에 사의를 표한 후, 거리규칙에 따른 영유권 귀속의 원칙을 명시적으로 천명하면서 울릉도가 일도이명(一島二名)으로 이에 대한 정당한 인식을 촉구하고 울릉도(죽도)에 대한 조선의 영유권을 강조하고 있다.[68] 다음해인 1699년 조선의 서계를 막부에 보고하였다는 회신이 대마도 측으로부터 당도하여, 울릉도 쟁계 문제가 마무리되었다. 양국은 일련의 교환공문에서 공히 거리관습의 구속력에 대한 법적 확신(*opinio juris sive necessitatis; opinio juris*)을 확인하고 있다.

["The Court further notes that those Honduran activities qualifying as *effectivité* which can be assumed to have come to the knowledge of Nicaragua did not elicit any protest on the part of the latter"], Territorial and Maritime Dispute in the Caribbean Sea (Nicaragua/Honduras), Judgment, *ICJ Reports*, 2007, p.659, para.208.

67) 송병기, 전게각주 4, p.233. 조선 조정은 안용복이 영유권분규의 해결에 기여한 점을 참작하여 정배(定配: 유배 또는 귀양)에 처하였다. 송병기, 전게각주 8, p.56. 그의 공로는 대마도 이외에도 막부와의 교섭창구가 있다는 점을 조선 조정에 알려준 데 있다. 송병기, 전게각주 4, *loc.cit.* 및 전게각주 8, p.50. 또 한 가지 안용복의 공로는 독도가 울릉도에 부속된 별도의 섬이라는 사실을 확인하고 이를 조정에 명확하게 알린 점, 그리고 어업과 안보 등의 측면에서 조정에 도서영토의 중요성을 일깨운 점이라고 할 것이다.

68) 신용하, 전게각주 8, p.123.

4. 조약상 권원과 실효적 지배의 권원: 카메룬/나이지리아 사건

ICJ는 1973년 영국/아이슬란드 간 어업관할권 사건,[69] 그리고 1994년 카타르/바레인 간 도서영토분쟁 사건(관할권) 등에서 교환각서/공문과 의사록의 구속력을 인정하고 증거로 원용하고 있다.[70] 또 2002년 카메룬/나이지리아 국경·해양경계 분쟁 사건[71]에서 ICJ는 1931년 당시 카메룬을 분할 통치했던 영·불 간 체결된 해당 법적 문서(조약), 즉 1919년 밀너-시몬 선언(Milner-Simon Declaration), 1929년과 1930년 톰슨마샹 공동선언/협정(Thomson-Marchand Declaration/Agreement) 및 1931년 헨더슨플뢰리아우 교환각서(Henderson-Fleuriau Exchange of Notes)[72]에 입각하여 양국간 국경선이 구체적으로 획정된 것으로 간주하고, 이 국경선에 따라 카메룬이 차드 호수(Lake Chad) 동부 다락(Darak) 지역에 대한 합법적 권원을 보유하고 있었음을 인정하였다.[73]

한편 나이지리아는 1987년 이후 주권자의 자격으로 차드 호수 동부 지역에서 행한 약 20년에 걸친 평화적 점유와 구체적 실효적 지배의 사실과 카메룬의 묵인에 입각한 권원 취득을 주장함으로써,[74] 이 권원 주

---

69) Fisheries Jurisdiction case (U.K. v. Iceland), Jurisdiction, *ICJ Reports*, 1973, p.3; 본서, 제5장, III.1.

70) Qatar/Bahrain case, 1994, *supra* note 35, paras.24~25; 본서, 제5장, V.2.

71) Land and Maritime Boundary between Cameroon and Nigeria(Cameroon v. Nigeria; Equatorial Guinea Intervening), *ICJ Reports*, 2002, p.303, paras.68 & 53; 본서, 제5장, III.4 및 제10장, IV.4.

72) *Ibid.*, paras.34~35 & 50~53.

73) *Ibid.*, paras.34 & 50~53.

74) *Ibid.*, paras.66~67. "영토주권의 계속적·평화적 현시는 권원이나 마찬가지이다"("···practice, as well as doctrine, recognizes — though under different legal formulae and with certain differences as to the conditions required — that the continuous and peaceful display of territorial sovereignty (peaceful in relation to olther States) is as good as a title"), Palmas arbitration, *supra* note 36, p.839.

장과 카메룬 측의 조약상의 권원 간 충돌·경합이 발생하였다. 이에 따라 ICJ는 이 지역에 대한 조약상의 권원보유자(holder of the title)인 카메룬이 나이지리아의 실효지배를 통한 권원 변경을 허용하는 묵인을 행하였는가를 검토하였다.[75] 재판소는 1987년 이후 나이지리아인들이 이 지역에 정착촌을 건설하고 나이지리아가 행정권을 행사한 점을 인정하면서 동시에 카메룬측의 이의 제기가 일부 사안에 제한되어 이루어졌음에 주목하였다. ICJ는 33개 나이지리아 부족들이 정착, 거주하던 차드 호수 지역에서 나이지리아가 공공보건기구, 교육·경찰시설 및 사법기구를 설치·운영(국가권능의 현실적 행사)한 '실효적 지배' 사실에도 불구하고, 영·불 간 선행 합의(조약)에 의하여 카메룬이 분쟁지역에 대한 권원을 이미 적법하게 (승계) 취득한 것으로 간주하고, 따라서 카메룬이 나이지리아의 실효지배 행위를 묵인한 증거가 입증되지 않는 한, 나이지리아의 권리는 카메룬의 조약상의 권원에 우선하거나 이를 대체할 수 없다고 판결하였다.[76]

ICJ는 이어 나이지리아가 1994년 4월 14일 외교각서(Diplomatic Note)를 통해 다락(Darak) 지역에 대한 주권을 처음으로 주장하자 카메룬이 1994년 4월 21일 구상서(Note Verbale)를 통해 이에 항의한 사실에 주목하여 카메룬 측이 나이지리아의 주장을 묵인하여 권원을 유기(abandonment)한 것은 아니라고 판단하고,[77] 이어 나이지리아가 주장하는 실효적 지배는 법이 요구하는 조건을 충족하지 못했다면서 부르키나 파소/말리 간 국경 분쟁사건[78]을 인용하여 조약상의 권원보유자에게 우선권(preference)이 주어져야 한다고 결론지었다.[79] ICJ는 카메룬이 종주국 간 선행 합의에

---

75) Cameroon/Nigeria case, *ibid.*, para.68.
76) *Ibid.*, para.70.
77) *Ibid.*, para.69. 구상서에 대해서는 본서, 제5장, III.1.
78) Frontier Dispute (Burkina Faso/Republic of Mali), Judgment, *ICJ Reports*, 1986, p.587, para.63.
79) Cameroon/Nigeria case, *op. cit.*, paras.69~70. 카타르/바레인 간 영토·해양경계

의하여 성립한 조약상의 권원을 적법하게 승계·취득한 것으로 간주하고
(현상유지의 법리), 나이지리아가 주장하는 실효지배를 원용하더라도 약
20년의 기간은 "어떤 경우에나 너무 짧은" 기간("in any event far too
short")이라고 판시하였다.[80]

Ⅳ. 거리관습

1. 거리기준과 지역·특수 관습

국제관습(international custom)은 현대 국제법상 "법으로 수락된 일반
관행의 증거",[81] 그리고 관습국제법을 "국가의 법적 의무감에 의해 형성
되는 일관된 보편적 국가실행의 결과"[82]로 규정된다. 즉 일반 관습국제
법(general customary international law)은 국가들의 광범위한 일반관행

분쟁사건 본안판결에서 이와 유사한 ICJ의 태도에 대해 상당수의 재판관들이
반대의견과 별도의견을 통해 과거 이들 국가들을 보호령/피보호국으로 지배하
였던 강대국 간 합의 또는 강대국의 일방적 결정에 의존하여 판결을 내렸다는
비판을 제기한 바 있다. 즉 ICJ가 탈식민지 시대인 오늘날까지도 영토분쟁 판
결에서 분쟁당사국의 의사보다는 지나치게 식민주의 시대의 관습과 유산을 확
인·강화해 주고 있는 태도를 견지하고 있다는 비판이 제기되고 있다. 이근관
외, 『동북아시아 영토문제의 탈식민주의적 관점에서의 고찰-국제사법재판소
및 국제중재법정의 판결에 대한 분석을 중심으로』(동북아역사재단, 2008. 12),
pp.54~55.

80) Cameroon/Nigeria case, *ibid.*, para.65; B.T. Sumner, "Territorial Dispute at the
International Court of Justice", *Duke Law Journal*, vol.53, 2003~2004, p.1779,
1802; 본서, 제2장, Ⅱ.4.

81) "[i]nternational custom, as evidence of a general practice accepted as law", 국
제사법재판소 규정, 제38(1)(b)조.

82) "Customary international law results from a general and consistent practice of
states followed by them from a sense of legal obligation.", *Restatement of the
Law Third, Foreign Relations of the United States*, sec.102(2) (1987).

(general practice)에 기초하며, 모든 국가에 적용가능하다. 관례(usage) 역시 일반관행을 의미하지만, 관습(custom)과의 차이는 '법적 의무감'(a sense of legal obligation; opinio juris)의 존재 여부이다.[83] 17세기말 당시 '거리기준'이 도서영유권 귀속 판단에 있어서 현대 국제법상 요구되는 보편적 국가관행과 법적 확신을 수반한 일반 관습국제법 규칙으로 확립된 것이었는지의 여부에 대해서는 이를 추론·단정하기 어렵다. 다만 울릉도쟁계의 결과로 양국 간 교환공문의 해석과 관련하여 제기되는 법적 논점은 지역관습(regional/local custom)·지역관습법(regional customary law)[84] 그리고 특수관습의 구분 및 효력문제이다.

우선 지역관습이라 함은 지역 내 "관련 당사국 모두에 의하여 묵시적으로 수락된 합의"를 말하며,[85] 지역관습 역시 일관된 국가관행과 법적

---

83) North Sea Continental Shelf cases (Federal Republic of Germany/The Netherlands; Federal Republic of Germany/Denmark), Judgment, *ICJ Reports*, 1969, p.3, 44, para.77; Military and Para-military Activities in and around Nicaragua(Nicaragua v. U.S.A.), Merits, *ICJ Reports*, 1986, p.14, 108~109, para.207; J.L. Brierly, *The Law of Nations – An Introduction to the International Law of Peace* (6th edn., Oxford: Clarendon, 1963), p.61; Brownlie, *supra* note 37, p.6, 8 & 10. 북해대륙붕 사건에서 ICJ는 일반관행의 성립에 필요한 시간적 요소에 유연한 입장을 보이면서도 법적 확신의 입증에 있어서는 당사자에게 매우 엄격한 기준을 요구·적용하고 있다. Brownlie, *ibid.*, p.9. 어업관할권 사건에서 ICJ는 아이슬란드에 의한 어업수역의 12해리 확대는 당시 일반적 관행으로 수락되고 있는 것으로 판단하였다. Fisheries Jurisdiction case, *supra* note 69, Merits, *ICJ Reports*, 1974, p.3, 23~26; R.R. Churchill & A.V. Lowe, *the law of the sea* (3rd edn., Manchester University Press, 1999), p.284.

84) 지역관습과 지역관습법 일반에 대해서는 김정건·장신·이재곤·박덕영, 『국제법』 (서울: 박영사, 2010), p.14 이하 참조. 현대 국제법은 지역국제법(regional international law)을 인정하고 있다. 국제연맹규약 제21조, 유엔헌장 제8장 및 D. Schindler, "Regional International Law", in R. Bernhardt(ed.), *Encyclopedia of Public International Law*, vol.IV (Amsterdam: Elsevier, 2000), p.161; 최재훈·정운장, 『국제법신강』 (서울: 신영사, 1996), p.44 참조.

85) 김대순, 『국제법론』(서울: 삼영사, 2010), p.58; 정인섭, 『신국제법강의 – 이론과 사례』(서울: 박영사, 2012), p.46.

확신의 2가지 요소가 요구된다.[86] 따라서 지역관습을 원용하는 국가는 관습이 성립되어 타방 당사국에도 구속력을 가지게 되었음을 입증할 책임을 진다. 지역관습이 지역 내 수 개국이상의 제한된 수의 국가에 구속력을 가진 규칙이라면, 엄격히 말해서 울릉도쟁계에서 조·일 양국이 합의한 '관습'은 위에서 언급한 '지역관습'이 아니라 2개국 간 특수관습(special/particular custom)의 성격과 지위를 가지는 것으로 구분하여 접근해야 한다.[87] 특히 이러한 2개국 간 특수관습의 성립에는, 일반관습(general custom)의 성립과는 달리, 당사국의 동의(consent)가 필수적이라고 한다.[88]

---

86) ICJ는 '비호 사건'에서 콜롬비아가 주장하는 중남미 국가 간 비호부여 관례(usage)가 지역관습으로 성립하기 위해서는 그러한 관례가 관련국들의 일관성 있는 획일적 국가실행과 일치하고 또한 그러한 관례가 비호를 부여하는 국가의 권리이자 영토국에 부과된 의무의 표현임을 입증할 것을 요구한다고 판시하였다. Asylum Case(Colombia v. Peru), *ICJ Reports*, 1950, p.266, 276~277; Bernhardt, "Customary International Law", in Bernhardt, *op.cit.*, vol.I(1992), p.898, 902. 법적 확신 내지 법적 의무감을 수반하지 않는 단순한 광범위한 관행/관례(mere widespread practice/usage)는 흔히 국제예양으로 불린다. P. Malanczuk, *Akehurst's Modern Introduction to International Law* (7th rev. edn., London: Routledge, 1997), p.2

87) 이한기 교수는 특수한 관습은 '특별국제관습법'(special international customary law)을, 지역관습은 '지역적 국제관습법'을 형성한다고 하면서, 특수관습과 지역관습을 구별하고 있다. 이한기, 전게각주 1, p.91 & 95. 유사한 맥락에서 Lissitzyn 교수는 "particular" international law'라는 용어를 쓰고 있다. See A.A. D'Amato, "The Concept of Special Custom in International Law", *American Journal of International Law*, vol.63, 1969, p.211, 212.

88) D'Amato, *ibid.*, p.212 & 214. 일반관습과 특수관습의 구분은 로마법과 영미법에 그 뿌리를 두고 있다고 한다. D'Amato, *ibid.*, p.213. 포르투갈/인도 간 '인도영토 통과권 사건'에서 포르투갈 측은 그러한 통과권이 일반국제관습 및 문명국이 승인하는 법의 일반원칙상 확립된 규칙임을 주장하였으나, ICJ는 영국/인도 및 영국/포르투갈 간 특수관행(particular practice) 상 민간인, 공무원 및 물품일반에 대한 그러한 통과권이 인정되고 있다는 결론에 이미 이르렀다는 이유로 그러한 포르투갈 측 주장을 더 이상 판단할 필요가 없다고 판시하였다. Right of Passage over Indian Territory(Portugal v. India), Merits, *ICJ Reports*,

ICJ는 '인도영토 통과권' 사건에서 2개국 간 관습의 성립가능성을 긍정하면서, 일반규칙에 대한 특수관행(particular practice)의 우선적 지위를 인정하였다.[89] 다만 그러한 특별한 권리를 주장하는 측은 영토국의 법적 의무감을 입증해야 하며, 그러한 법적 의무의 존재는 단순히 계속적 관행에 기초하여 추정될 것은 아니며, 추정할 수 없는 경우 묵인(acquiescence)의 법리로 통합된다.[90] 바꾸어 말하면, 법적 확신, 즉 '법적의무에 대한 동의'가 수반되지 않는 관행은 2개국 간 특수관습으로 성립·인정될 수 없으며, 이 경우에는 단지 묵인의 법리를 원용할 수 있을 뿐이다. ICJ는 '모로코 거주 미국인의 권리 사건'[91]에서 관습 또는 관행에 입각한 영사관할권을 행사할 권리가 모로코를 구속할 만큼 광범위하게 확립되어 있다고 볼 수 없다고 판시하였으나, ICJ는 이 사건에서 일반국제관습의 성립·효력문제와 구체적 양자관계에서의 대항력(opposability)의 문제[92]를 혼동한 의문이 있으며, 이 경우 관습의 성립에 관한

1960, p.6, 43.

89) Right of Passage over Indian Territory, *ibid.*, p.44["The Court is here dealing with a concrete case having special features. Historically the case goes back to a period when, and relates to a region in which, the relations between neighbouring States were not regulated by precisely formulated rules but were governed largely by practice. Where therefore the Court finds a practice clearly established between two States which was accepted by the Parties as governing the relations between them, the Court must attribute *decisive effect* to that practice for the purpose of determining their specific rights and obligations. Such *a particular practice* must prevail over any general rules."](이 탤릭은 필자).

90) Brownlie, *supra* note 37, p.11.

91) Rights of U.S. Nationals in Morocco case(France v. U.S.A.), Judgment, *ICJ Reports*, 1952, p.176, 199~200.

92) 영국/노르웨이 간 어업사건에서 ICJ는 노르웨이가 일방적으로 설정한 직선기선의 최대길이가 영국 측의 주장대로 10해리를 초과할 수 없다는 '규칙'이 보편적 관행으로 확립되었는지 여부에 관계없이 그 적용에 반대해 온 노르웨이에 적용할 수 없다고 판시하였다(영국에 대한 대항력 인정). Anglo-Norwegian Fisheries case (U.K. v. Norway), *ICJ Reports*, 1951, p.116, 131; Churchill &

'일반 요건'(general formulae)은 문제해결에 도움이 되지 않는다.93)

2. 17세기 조·일 거리관습과 효과

조·일 교환공문의 문안과 용어를 살펴보면, 양국 모두 당시 도서영유권 귀속주체의 판단에 있어서 지리적 거리기준을 구속력 있는 법적 의무로 간주하는 법적 확신을 확인하고 있다. 일본 막부는 1697년 2월 교환공문에서 '이나바주에서 울릉도까지의 거리가 160리 정도인데 비해 조선에서는 40리 정도로서 울릉도가 조선에 가까우므로 조선의 영토로 결정한다'(상기 III.1)고 쓰고 있다. 또 조선 조정 역시 1698년 3월 회답공문에서 조선의 영유권의 근거로 지리적 원근을 명시적으로 원용함으로써 (III.1), 당시 이를 양국 간 도서영유권 판단·결정에 관한 구속력을 가진 관습으로 간주하고 있음을 보여준다.94) 한·일간 도서 영유권 귀속을 결정할 때 거리관습이 작용했다는 사실은 울릉도쟁계 이전 광해군 7년 통신사로 도일하였던 이경직(李景稷)의 『부상록(扶桑錄)』 및 명치정부 수립 직후 기타자와 세이세이(北澤正誠)의 『죽도고증(竹島考證)』에서 찾을 수 있다고 한다.95) 또 만일 거리관습을 당시 지역관습으로 인정(입증)하지 않더라도(못하더라도), 조선과 막부 간 교환공문에 비추어 볼 때 17세기 말 거리관습은 양국 간 적용가능한 특수관습으로 인정된다. 또 양국이

Lowe, *supra* note 83, pp.8 & 33~35; Brownlie, *supra* note 37, pp.181~182. See also the Gulf of Maine case, *supra* note 60, paras.128 & 149~152; 이한기, 전게각주 1, p.94 참조.

93) Brownlie, *ibid.*, p.10.

94) 여기에서 '거리규칙'은 '인접성의 원칙'(principle of proximity)과 유사한 의미로 사용한다.

95) 김화경, "섬의 소유를 둘러싼 한·일 관습에 관한 연구: 울릉도 쟁계의 결말에 작용된 관습을 중심으로", 『독도연구』 제7호 (2009. 12) p.5, 31~32; 외교부, 『한·일 간 울릉도쟁계와 우리의 독도영유권 확인』, http://dokdo.mofat.go.kr/page.do?page=00103.

당시 거리관습의 구속력에 합의하고 있는 이상, 이 특수관습을 양도 영유권 문제에 적용하는데 아무런 문제도 야기하지 않을 것이다('인도영토 통과권' 사건).

막부는 당시 양국을 구속하는 거리관습 규칙에 따라 조선의 울릉도 영유권을 인정하였으며 또 독도 역시 조선(울릉도)에 가깝다는 사실을 인지하고 있었다.[96] 또 안용복이 1693년 1차도일 당시 오키도주에게 "울릉도에서 우리나라까지의 거리는 하루 노정이나, 일본과의 거리는 5일 노정이니 우리나라에 속한 것이 아니겠는가?"라고 '항해거리'를 근거로 따지자 그를 호키주로 보내 호키주 태수가 '울릉도는 일본 지역이 아니다'는 관백의 서계를 받아 주었으며,[97] 2차 도일시에는 호키주 태수로부터 '울릉도·독도가 조선령'임을 확인받고 있다(II.1) 또 막부와 명치정부의 공문서(아래 IV.3)에서 200년 이상 독도가 울릉도의 부속도서임을 일관성있게 인정하고 있다.[98] 또 후술하는 바와 같이(V.2) 당시 울릉도 도해 면허 취소와 함께 독도도해도 취소·금지되었으며, 독도어장만을 위한 출어는 경제성이 없어 비현실적이었음은 일본학자들도 인정하고 있다. 이러한 사실에 비추어 당시 울릉도의 부속도서인 독도에 대한 조선의 영유권을 막부가 묵시적으로 인정 또는 양국이 묵시적으로 합의한 것으로 해석하는 것은 불합리하거나 지나친 추론이라고 볼 수 없다. 더욱이 울릉도쟁계에 앞서 간행된 일본의 관찬사서인『은주시청합기』(1667)가 일본 본토의 이즈모(出雲)에서 오키도, 호키에서 오키도까지의 지리적 거리 등을 기술한 후 이어 오키도에서 울릉도와 독도까지 '항해거리'를 기준으로 일본의 서북경계를 오키도로 결론짓고 있는 점에서도[99] 이러한 추론은

---

96) 『은주시청합기』(隱州視聽合記) 등을 보면 당시 이러한 사실은 일본 측도 인지하고 있었다.
97) 신동욱,『독도영유에 관한 연구』(서울: 어문각, 2008), p.99 및 상기 II.1 참조.
98) 일본은 1877년 태정관 지령문서에 이르기까지 일과되게 독도를 울릉도의 부속도서로 간주하였다. 신용하, 전게각주 10, pp.109~115 & 409, 특히 p.113 및 아래 IV.3 참조.

설득력을 가진다.

또 안용복이 1696년 2차 울릉도 출어 시 일본 어부들에게 울릉도·독도가 조선의 강역이므로 일본 어부들은 그 인근해역에서 어채에 종사할 수 없다면서 일본 어부들을 몰아내고 일본 어부들이 이에 묵종한 것은 (상기 II.1) 당시에도 섬 주위 일정 거리까지 연안국의 배타적 어업권(생물자원이용권)이 구속력있는 특수관습으로 인정되고 있었다는 점을 입증하는 역사적 사실로 해석된다. 흥미로운 점은 최근 일본 외무성이 홈페이지에 올린 지도에서 시마네현에서 독도까지가 "약 211km"로서 한국 동해안에서의 거리 "약 215km"보다 '약 4km 정도 더 가까운 것'으로 기술하고 있다는 점이다.[100] 실제로는 경북 울진에서 독도까지는 215km, 그리고 시마네현 마쓰에에서는 220km로 오히려 한국에 5km 정도 더 가깝다는 것이다.[101] 또 울릉도(해발 984m)에서 독도(168.5m)는 약 87.4km 인데 반해, 일본의 오키섬에서는 약 157.5km 떨어져 있어, 울릉도에서는 해발 86m 이상이면 독도를 관찰할 수 있으나, 오키섬(해발 608m) 해변에서 독도를 육안으로 관찰하려면 독도쪽으로 약 106km 이상 이동해야 가능하다고 한다.[102]

99) "은주는 북해 중에 있다…술해간(戌亥間)으로 북서쪽으로 2일 1야(夜)를 가면 송도가 있다. 또 거기서 1일정(日程: 1일 거리)에 죽도가 있다. 이 두 섬은 무인도인데, 고려를 보는 것이 운주(雲州)에서 은기(隱岐)를 바라보는 것과 같다. 그러한 즉 일본의 서북건(乾) 경지는 이 주로써 한계를 삼는다.", 송병기, 전게각주 4, pp.71~72; 신용하, "조선왕조의 독도영유와 일본제국주의의 독도침략−독도영유에 대한 실증적 일연구", 독도학회(편), 『한국의 독도영유권 연구사』 (독도연구총서 10, 독도연구보전협회, 2003), p.123, 133~134; 김병렬, 전게각주 4, pp.260~261. 이에 대한 일본측 연구로는 이케우치 사토시, "전근대 죽도의 역사학적 연구 서설", 『독도논문번역선』 II, 전게각주 7, p.167, 173 및 나이토 세이츄, "오키의 안용복", 전게각주 11, p.86.

100) 김화경, 전게각주 95, p.37 참조.

101) 김화경, 상게논문, pp.36~37, http://ja.wikipedia.org/wiki 인용.

102) 정태만, "독도문제의 수학적 접근: 독도는 왜 지리적, 역사적으로 우리 땅이 될 수밖에 없는가?", 『독도연구』 제5호(2008. 12), p.167 및 정태만, 『태정관 지령이 밝혀주는 독도의 진실』 (서울: 조선뉴스프레스, 2012), p.214 & 222.

3. 일본의 국가실행: 독도의 부속도서 인정 및 해상국경 묵시 인정

울릉도쟁계 당시 막부가 돗토리번 및 호키주 태수에게 문의한 서한 그리고 백기주 요나고의 무라카와((村川)家와 오오야(大谷)家의 울릉도 도해면허 신청서에서 '울릉도 안의 독도'(竹島之內松島), '울릉도에 가까운 변두리의 독도'(竹島近邊松島), '울릉도 가까운 곳의 작은 섬'(竹島近所之小島) 등의 표현을 쓰고 있다.[103] 즉 '송도도해면허'를 신청한 서류에서 사용된 이러한 표현은 독도가 울릉도의 부속도서라는 인식이 당시 막부와 일본에 팽배해 있었음을 반증하는 것이다.[104] 또 1870년 일본 외무성 문서('조선국교제시말내탐서')와 1877년 태정관(太政官; State Council) 지령문서는 독도[松島]를 울릉도[竹島]의 부속도서로 간주하고 조선의 주권을 재확인한 사실을 기록하고 있다.[105] 이와 함께 후술하는 1696년 막부의 울릉도 도해면허 취소 및 독도도해금지 조치 등을 종합적으로 고려한다면, 이는 일본이 독도가 조선의 영토로서 그 인근 해상조업은 불법임을 인정하고 당시독도 이남의 해상국경을 묵시적으로 인정한 것 또는 양국이 이에 묵시적으로 합의한 것[106]으로 해석하는 것은 불합리한 추론이라 볼 수 없다.

---

103) 김병렬, 전게각주 4, p.176 & 186 및 김병렬, "독도영유권에 관련된 일본학자들의 몇 가지 주장에 대한 비판", 『국제법학회논총』 제50권 제3호(2005. 12), p.77, 91; 신용하, 전게각주 10, pp.86~87, 113, 각주 44 & 344~345 및 신용하, 전게각주 8, p.125.

104) 동부 그린란드 사건에서 상설국제사법재판소는 지리적 용어로서 그린란드의 의미를 해석함에 있어서 그 자연적 의미는 지도에 표시된 지리적 의미로 판시하였다. 재판소는 이어 만일 관련 조약들이 특별한 의미로 '그린란드'라는 용어를 사용하고 있다고 주장한다면, 그 입증책임은 노르웨이에 있으며, 노르웨이 측은 이들 조약에서 '그린란드'라는 용어가 단지 '식민지 지역'만을 의미한다는 것을 입증하는데 성공하지 못하였다고 판시하였다. Legal Status of Eastern Greenland, Judgment, PCIJ, Ser. A./B., No.53, 1933, p.22, 52.

105) 신용하, 전게각주 10, pp.112~113.

106) 국가실행의 차원에서 묵시적 합의(tacit agreement)에 대해서는 L. Henkin,

V. 도해면허

1. 발급·취소의 법적 성격·효과

1954년 2월 10일 일본 정부는 17세기 막부의 독도도해면허 발급 사실을 들어 독도 영유권을 주장하면서 조선조정이 소위 '무인도유지정책'으로 독도를 방기하였다고 주장하기 시작하였다.[107] 일본 측은 이어 '한국 정부의 견해'(1959. 1. 7)를 반박하는 '일본정부의 견해(4)'(1962. 7. 13자 구상서)에서 울릉도 도해면허가 발급된 지 약 40년 후인 1656년 경(또는 1661년[108]) 오오야가가 막부로부터 독도(송도)에 대한 '독점적 경영면허'를 받아냈다고 다시 주장하였다.[109] 일본 측은 독도에 대한 '발견'에 입각한 권리를 주장하지 않고 있으나 17세기 울릉도와 독도 주변 수역에서 해양자원을 이용한 사실에 의존하여 독도에 관한 권리를 주장하는 것으로 보인다.[110] 소위 '다케시마 도해사업'은 1618년 막부가 돗토리번(鳥取

How Nations Behave: Law and Foreign Policy (1968; 2nd edn., New York: Columbia University Press, 1979), pp.56~58 & 151.

107) 김학준, 전게각주 8, p.114.
108) 신용하, 전게각주 10, p.276.
109) 신용하, 전게각주 8, pp.299~300 참조.
110) 그러나 이러한 주장은 그 신빙성에 의문이 제기되고 있다. 양태진, 『한국독립의 상징 독도』(서울: 백산출판, 2004), pp.71~72. 이 울릉도 통행허가(증)(permission for passage to Ulleungdo)에 따라 양 가문은 1696년 막부가 조선의 울릉도 영유권을 공식 인정하고 도해금지령을 내릴 때까지 부정기적으로 울릉도·독도 출어에 나섰으며, 강치 포획과 전복 채취, 벌목과 대나무 채취에 종사하였다는 주장이다. 이케우치 사토시, 전게각주 7, p.132; 나이토 세이츄, "죽도도해면허를 둘러싼 문제", 『독도논문번역선』 I, 전게각주 7, p.91, 97~98 & 107 참조. 일본측은 또 당시 이들 어부들에게 독도는 오키섬에서 울릉도로 항해하는 중간 계류항구이며(a navigational port and docking point for ships), 중간기착지(a stopping-off port for passage to Ulleungdo)였다고 주장하나, 이 역시 사실이라 하더라도 국제판례에 비추어 독도에 대한 실효적 지배의 증거가 될 수 없다.

藩) 호키(伯耆)주 요나고촌(米子村) 거주 오오야 및 무라카와 등 2개 어부 가문에 울릉도(죽도) 도해를 허가한다는 취지를 돗토리 번주에 전한 데서 시작되었다고 주장한다. 일본 측에 의하면 1626년 처음으로 죽도(울릉도) 도해면허가 발급된 후 1696년 도해금지령이 내려질 때까지 1626~1694년까지 약 70년 간 양가가 교대로 부정기적으로 총 13회에 걸쳐 독점적 허가를 얻어 울릉도 해역에 출어, 조업에 종사하였다고 주장하고 있다.[111)]

그러나 1696년 1월 막부 관백이 조선의 울릉도 영유권을 재확인하면서 "…아직 우리나라(일본) 사람들이 거주한 적은 없고 태덕군(台德君: 德川秀忠) 때 요나고의 어민이 그 섬에 고기잡이를 하겠다고 출원했기 때문에 그것을 허락했던 것이다."[112)]라고 그 배경을 설명한 것은 바로 일본이 당시 울릉도에 관한 아무런 역사적 권리·권원도 확립하지 못했던 사실 및 그 영유·지배의사의 부재를 자인·입증하는 것이다. 또 1697년 2월 막부가 조선에 보낸 서한은: "다케시마까지의 거리가 본방(本邦: 일본)으로부터는 매우 멀고 귀국으로부터는 도리어 가까우므로 다케시마는 조선의 것으로 인정할 것을 결정한다. 아마도 두 나라 사람들이 [그곳에서] 섞이면 잠통(潛通: 드러나지 않게 서로 통함)과 사시(私市: 비공식적 상업 거래) 등의 폐단이 반드시 있을 것이므로 따라서 곧 명령을 내려 영구히 [일본] 사람들이 [그곳에] 가서 어채(魚採)함을 불허했다"[113)]는 문안으로 되어 있다.

막부가 인정하듯이 '도해면허'는 그 성격상 외국어장 출어허가증 내지 외국방문 허가증과 같은 것으로서,[114)] 2개 어부 집안이 교대로 그리고

---

111) 천상건삼(川上健三; Kawakami Kenzou), 『竹島の歷史地理學的 硏究』(동경: 古今書院, 1966), p.91; 이케우치 사토시, 상계논문, p.132; 나이토 세이쮸우, 『독도와 죽도』, 전게각주 43, pp.59, 68, 71~74 & 115~121.

112) 신용하, 전게각주 10, p.274.

113) 신용하, 『독도영유권 자료의 탐구』, 제1권, 전게각주 49, pp.239~240; 김병렬, 전게각주 1, p.277; 김학준, 전게각주 8, pp.112~113.

부정기적으로 울릉도·독도 인근 해상에 출어, 어채 등에 종사하기 위한 것이다. 이와 관련, 1877년 3월 17일 명치정부의 내무성이 지적편찬 작업을 수행하면서 동해상 독도의 지위에 관해 태정관에 질의한 문서에는 원록 9년(숙종 22, 1696년) 1월 28일자 부속문서 제1호가 첨부되어 있는데, 이 부속문서에는 울릉도쟁계 당시 막부의 아베 집정이 4명의 관계 번주를 열석시켜 주재한 회의 내용이 상세히 기록되어 있다(상기 III.1). 이에 의하면 아베 집정은 회의에서 "죽도(울릉도) 건은 원래 확실하지 않으며" 또 허가받은 일본 어부 가문이 어채 목적으로 울릉도에 "해마다 가지도 않았다"고 확인하고 있다.[115]

도해면허는 당시 쇄국정책을 취하였던 막부가 자국 국민이 국경을 넘어 '외국'에 나가거나 건너갈 때 이를 허가한 문서라는 점에서 죽도(독도)와 송도(울릉도)가 당시 외국(조선)의 영토임을 막부가 인정한 증명서에 불과하다. 따라서 도해면허를 근거로 독도 영유권을 주장하는 것은 마치 여권발급 행위를 근거로 자국 국민의 방문대상 국가의 영토에 대한 영토주권을 주장하는 것이나 마찬가지로 근거없는 것이다. 면허는 1회용으로서 도해할 때마다 매번 새롭게 막부에 신청, 허가를 얻어야 했으며, 수혜자인 양가에 직접 발급된 것이 아니라 이례적으로 돗토리번주에 발급되었다.[116] 이 면허는 거주목적의 면허가 아니었으며 실제로 어느 누구도 당시 울릉도에 거주하지 않았다.[117] 막부는 1696년 조선의 울릉도 영유권을 공식 인정하고 도해면허를 취소함과 동시에 일본인의 울릉도·독도 도해금지령을 내림으로써[118] 과거 도해행위의 불법성을 인정하고 향후 유사한 면허발급을 자제할 것을 약속하였다.

---

114) 신용하, 전게각주 10, p.276.
115) 송병기, 전게각주 8, p.147 및 상기 II.2 참조.
116) 나이토 세이쮸우, 전게각주 43, p.73.
117) 이케우치 사토시, 전게각주 99, p.193. 이러한 사실은 1696년 1월 막부 집정(관) 스스로 확인하고 있다(전게각주 64 및 112와 해당 본문 참조).
118) 신용하, 전게각주 10, p.266 & 273; 송병기, 전게각주 4, p.234 이하 참조.

2. 일본의 독도도해면허 유지 주장

일본 측은 울릉도쟁계 당시 만일 도쿠가와 막부가 울릉도와 독도를 외국 영토로 인정하였다면, 일본을 대외적으로 봉쇄하고 일본인들의 해외여행 금지조치를 내렸던 1653년 독도에 대한 통행도 금지시켰을 것이라고 주장한다.[119] 즉 일본은 또 울릉도쟁계로 영토주권 문제가 마무리된 후, 막부가 울릉도 도해면허만 취소한 것으로 주장한다. 일본은 1956. 9. 20자 구상서 '일본정부 견해(3)'를 통해 독도도해면허가 오오야·무라카와 양가에 1656년 최초 발급된 것으로 주장한다.[120] 또 일본정부 견해 (4)[1962. 7. 13자 구상서]에서 1656년 경 오오야家가 막부로부터 독도에 대한 독점적 경영면허를 얻었으며,[121] 막부가 울릉도를 조선의 영토로 공식 인정한 1697년 2월 서한도 조선의 울릉도의 영유권만을 인정한 것이라면서 당시 막부가 독도 도해는 금지하지 않았으며 독도 영유권은 별개라는 주장을 펴고 있다.[122] 그러나 이는 어채 등을 위한 궁극적 목적지인 울릉도에 가는 도중 독도가 있으므로 중간기항 등의 이유로 이를 용인한 것일 뿐, 당시 독도 어장 자체만을 목적지로 한 단독 출어는 경제

---

119) Japanese MOFA, "Sovereignty of Takeshima: Permission for Passage to Utsuryo Island", at http://www. mofa.go.jp/region/asia-paci/takeshima/ sovereignty.html (2007. 12. 3 검색).

120) 신용하, 전게각주 8, p.293.

121) 신용하, 상게서, p.300 참조.

122) 이러한 일본측의 주장은 마치 1951년 대일강화조약 상 독도를 반환영토로 명시하지 않았다는 이유를 들어 동 조약상 독도는 한국의 영토로 인정된 것이 아니라고 주장하고 있는 것을 상기시킨다. 이러한 일본 측의 논리대로라면 대일강화조약에서 일본의 영토로 명시되지 않은 대마도는 과연 일본영토로 간주되는 것인지 묻지 않을 수 없다. 대일강화조약의 제3국인 대한민국의 입장에서 지나치게 동 조약에 입각해서 독도영유권에 관한 권원을 해석·유추하려는 입장이나 시도에 부정적일 수밖에 없는 이유이다. 대마도의 귀속문제는 이보다 앞선 연합국최고사령관 훈령(SCAPIN) 제677호(1946. 1. 29) 제3항에서 일본의 영토로 규정되고 있으며(제3항), 같은 항에서 울릉도와 독도는 일본의 영토에서 제외시키고 있다. 본서, 제7장, III.2 및 IV.1 참조.

성이 없어 비현실적이었음은 일본 학자들도 인정하고 있다.[123)

일본 측은 또 전술한 '일본정부의 견해(4)'에서 요나고의 어선 선주 카이즈야 하치우에몽(會津屋八右衛門)이 1832년 도해면허 없이 독도를 지나 울릉도에 불법 월경한 사실이 발각되어 막부가 1836년 이를 조사한 후 그를 사형에 처한 사건[124)의 판결문에 "가까운 송도(독도) 도해의 명목으로 죽도(울릉도)에 건너가는 방법이 있었다"는 기록이 있다면서, 이는 울릉도 도항이 금지되었을 때도 독도도항은 문제가 되지 않았다는 증거라고 주장한다.[125) 또 가와카미 겐조는 1837년 하치우에몽 사건을 근거로 당시 일본인들의 독도도항이 가능했었다고 주장한다고 한다.[126)

그러나 이러한 일본측 주장은 우선 사실관계에 있어 문제가 있다. 이 사건을 조사·심문한 기록인 「조선죽도도항시말기」에는 하치우에몽이 도항(월경) 후 돌아와 직접 그린 송도(독도)와 죽도(울릉도)의 위치와 거리를 그린 지도가 부속(첨부)되어 있는데, 이 지도에서 송도와 죽도는 조선영토를 표시한 홍색으로 채색하여 양도가 조선영토임을 명확히 표시하였으며 또 막부 역시 주요 항구의 요지에 세운 경고판에서 양도에 대한 도해금지를 경고하였다고 한다.[127) 막부의 울릉도 도해면허 취소와 함께 독도도해 역시 "자동적으로 취소"된 것이다.[128) 따라서 하치우에몽의 독도 도해는, 그것이 사실이었다고 하더라도, 일본 국내법상 막부 정부가 금지한 위법행위였으며, 그로부터 어떠한 유효한 법률효과도 발생하지 않는다. 또 울릉도 인근 어채활동 없이 단지 독도 인근에서만의 어채는 경제적 가치가 없어 비현실적이었다는 것은 일본 학자들도 인정하는 사

123) 이케우치 사토시, 전게각주 7, pp.143~144.
124) 김병렬, 전게각주 4, pp.312~313.
125) 신용하, 전게각주 8, p.300 참조.
126) 이케우치 사토시, 전게각주 7, p.131, 133에서 재인용; 신용하, 상게서, p.300 참조.
127) 신용하, 『독도영유권에 대한 일본주장비판』(개정 증보, 서울대학교 출판문화원, 2011), pp.114~117(지도 및 경고판의 사진).
128) 신용하, 전게각주 10, p.89 & 273.

실이다.

또 무라카와가(家)의 어부들이 1861년 막부에 독도도해면허를 다시 신청하여 면허를 얻어냈다는 주장이 설령 사실이라 하더라도 이 역시 조선의 영토인 독도 인근 해상에서 조업하고 돌아오는 '월경어채 허가', 즉 해양자원 이용허가에 불과한 것이며, 영유권과는 무관한 행위이다.[129] 물론 숙종조부터 조선 조정이 매 3년마다 임명한 수토사가 울릉도를 정기적으로 수토하였으므로[130] 막부의 도해금지령에도 불구하고 일본인의 불법 도해 및 어채활동의 가능성을 배제할 수는 없다. 중요한 점은 막부가 1696년 도해를 금지시킨 후 이를 취소하지 않았다는 점이다. 또 독도도항이 법률상으로는 불가능했으나 실제로는 (법망을 피해) '가능했다'는 것과 막부가 독도에 대한 영유의사를 가지고 계속적·평화적·현실적으로 국가권능을 행사, 실효적으로 지배했다는 것은 법적으로 전혀 다른 문제이다. 더욱이 막부의 허가 없이 불법도항하여 밀무역 또는 어채 등에 종사한 사실이 설령 입증된다고 하더라도 그러한 위법행위는 국제법상 효력이 없으며, 영유권 주장의 근거로 원용될 수 없다. 이는 정부의 행위가 아니라 사인의 (불법) 행위에 불과하기 때문이며, 또한 법의 일반원칙상 불법행위로부터는 그 어떤 합법적 권리도 파생하지 않기 때문이다.

3. 일본의 '고유영토' 주장

막부의 도해면허는 자국 어부로 하여금 육지자원의 이용(use of land resources)에 관련된 경제활동이 아니라 독도 인근 해양 관련 면허활동 (water-related licensing activities)으로서 해양자원을 이용하기 위한 목적

---

129) 신용하, 상게서, pp.266~267; Eritrea/Yemen arbitration, *supra* note 31, paras.334, 353~357 & 526

130) 이는 『승정원일기』에 기록되어 있다고 한다. 송병기, 전게각주 4, pp.63~67 및 싱기 II.1 참조.

으로 발급된 것이므로, 영유권 귀속문제와는 직접 관련이 없으며, 따라서 육지·도서영토 권원 주장의 유효한 근거가 될 수 없다. 또 도해면허는 본질적으로 그 성격상 해양자원이용에 관한 면허로서 울릉도·독도 해역이 '외국해역'임을 입증하는 증거이며, 일본이 주장하는 도서에 대한 실효적 지배의 증거가 될 수 없다(아래 에리트레아/예멘 사건). 더욱이 일본인의 울릉도 불법도해는 중앙정부인 막부의 결정에 위반하여 이루어진 행위로서 국가기능의 평화적·계속적 행사와는 무관한 사적 활동이며 독도영유권에 관한 증거능력을 가지지 않는다. 또 위법행위에 대한 국내판결은 국제법상 하나의 사실 내지 정황증거로서 조·일 교환공문의 직접·1차적 증거로서의 증명력에 비할 수 없다. 즉 울릉도 도해면허 취소 이후 막부가 일본 어부 가문에 독도도해면허를 발급하였다고 하더라도 이는 고작 1~2회에 그친 것으로 도서 자체에 대한 영유의 의사표시 또는 계속적, 평화적인 공연한 국가권능의 현시(실효지배의 증거)로 간주될 수 없으며, 따라서 권원 주장을 뒷받침할 만한 근거 내지 증거가 될 수 없다.

1998년 에리트레아/예멘 간 도서영유권 분쟁사건에서 상설중재재판소(PCA)는 어업면허의 법적 성격·효과와 관련, 해양자원이용과 육지자원이용을 구분하면서 어업면허/규제 그 자체는 육지자원 이용 면허가 아니며 따라서 육지영토(도서)에 대한 실효적 지배를 확립하지 않는다는 취지로 판시하였다.[131] 또 자국 어부들이 분쟁도서에 주거지("dwellings")를 유지하고 조업기간 동안 (주로 여름철) 거주해 왔다는 예멘 측 주장과 관련, 중재재판소는 그러한 거주시설은 예멘측 주장만큼 두드러진(prominent) 영구적인 것은 아닌 임시숙소 수준인 것으로서 잡은 물고기를 건조하거나 염장하기 위한 목적이었던 것으로 판단하여 영유권과 직

---

131) See Eritrea/Yemen arbitration, *op.cit.*, paras.263 & 334. 다만 이 사건에서 중재재판소는 도서주권은 그 인근 해역에서의 어업제도에 부정적인(inimical) 것은 아니며 그 지역에서의 전통적 어업제도의 영속화를 수반하는 것이라면서, 도서 주권을 확립한 국가는 그러한 전통적 어업제도를 확립해야 할 것이라고 판시하였다. *Ibid.*, paras.526 & 527(vi).

접 관련성이 없다는 입장을 취하였다. 다만 중재재판소는 1951년 영/노르웨이 간 어업사건을 원용하여 그러한 활동은 이 지역에 특수한 경제적 이익과 관련된 간과될 수는 없는 문제라는 입장을 표명하면서[132] 결국 이 지역 주민들의 생계를 위한 전통어업제도의 확립을 강조하였다.[133]

2002년 리기탄·시파단 도서영유권 분쟁사건에서 인도네시아 측은 문제의 섬 인근에서 자국 어부들의 어로활동과 자국 해군활동 등을 근거로 문제의 섬들에 대한 실효적 지배의 증거로 원용하였다. ICJ는 말레이시아 측이 제기한 문제의 도서 해역에서의 어업면허와 조류 보호구 설정 등을 유효한 행정규제권능의 주장(regulatory and administrative assertions of authority)[134]을 긍정하면서도 그러한 활동들은 권원 취득에 영향을 미치지 못한다고 판시하였다.[135] 또 17세기 당시 일본 어부들이 설령 도해면허를 얻어 울릉도·독도 인근 해역에서 어로활동을 하던 중 식수해결·취사 등의 목적으로 독도에 상륙, 이를 이용했다고 하더라도 이는 막부가 독도에 영구적 거주시설의 건축허가 및 주민의 영구거주 등을 통해 영유의사를 가지고 독도에 대한 평화적·계속적 국가권능을 현시한 증거로 간주될 수 없다.[136]

또 2007년 니카라과/온두라스 간 영토·해양경계 분쟁 사건[137]에서 온

---

132) *Ibid.*, para.347 이하, 특히 paras.353~356.

133) *Ibid.*, paras.357 & 526.

134) Indonesia/Malaysia case, *supra* note 3, paras.132 & 145.

135) *Ibid.*, para.137 참조.

136) Qatar/Bahrain case, Merits, *supra* note 35, p.87, para.156(카타르 측 주장에 대한 ICJ의 판단) 참조.

137) Nicaragua/Honduras case, *supra*, note 66, paras.19 & 190~192. 온두라스 측은 자국 어부들이 분쟁도서에 거주 또는 방문한 사실, 푸에르토 랑피라(Puerto Lempira) 지방자치청이 사바나섬(Savanna Cay)에서 어부들의 주택 건축을 허가하고 이 가운데 자메이카 어부가 일 년 중 거의 대부분 사바나섬에 거주하고 있는 사실, 이들 모든 건축물들이 합법적으로 건축되어 푸에르토 랑삐리에 등록된 사실, 사우스섬(South Cay)의 목조 가옥에 어망, 잠수장비, 냉장고와 발전설비 등 어구의 보관을 허가한 사실 등을 증거로 제시하였다.

두라스 측은 자국 정부가 4개 주요 분쟁도서 등의 인근해역에서 어부들에 어업면허(fishing licenses)를 발급하여 어로활동을 허가하는 등 문제의 도서에 대한 정부권능의 현시를 통한 실효적 지배(*effectivité*)에 입각한 영유권을 주장하였다. ICJ는 그러나 온두라스 측이 분쟁 도서들 내에 건축 또는 어선 보관 등 어업활동 관련 모든 도서내 활동을 허가한 사실에 관해 제출한 증거와 관련, 전체적으로 볼 때, 어업면허는 지역이 특정되지 않았지만 (분쟁도서들 자체의 육지가 아니라) 그 주변 해역에서 어업활동에 이용된 것이라는 사실을 온두라스 측이 인지하고 있었으며, 또 도서 내 가옥 건축허가 역시 어로활동에 관련된 것이라고 판단하였다.[138] 재판소는 온두라스 측이 문제의 도서 등의 육상에서 어선 및 건축을 규제한 증거는 행정·입법 통제의 관점에서 법적으로 관련성이 있는 (relevant) 것으로 판단하였다.[139] 결국 ICJ는 온두라스 측이 분쟁 도서 주위에서 행한 조업면허 발급, 사바나 섬 상의 숙소 건축허가, 그리고 푸에르토 랑피라 지방자치청(the municipality of Puerto Lempira)이 사바나 섬에 어구(漁具) 보관 허가증 발급 등에 입각하여 온두라스의 영유권을 인정하였다.[140]

VI. 평가·소결

1. 조·일 합의와 조선의 국가실행

역사적 사실을 기초로 영토·해양경계 분쟁과 관련하여 현대 국제판례

---

138) *Ibid.*, para.195.
139) *Ibid.*, paras.195 & 171~181. 증거능력 판단의 1차적 기준은 적합성과 관련성이다. 본서, 제9장, II.2.
140) *Ibid.*, paras.195~196 & 208; 본서, 제1장, IV.3 참조.

가 확립하고 있는 원칙·규칙·관습 및 법리를 독도문제에 적용한다면 독도영유권 문제는 17세기말 울릉도쟁계 관련 교환공문으로 이미 종결된 것이다. 조·일 양국이 교섭과정에서 교환한 공문은 현대 국제판례(1994년 카타르/바레인 사건 등)가 확립한 법리에 의하면 양자간 국제합의·협정으로서 '약식조약'을 구성하며(III.1), 이 조약은 조·일 양국 간 2개국간 특수관습(거리기준 내 거리규칙)에 입각, 울릉도·독도에 대한 조선의 역사적·본원적 권원을 근대적 조약상의 권원으로 대체·확립한 조약이며 동시에 양국 간 묵시적 해상국경조약으로 평가된다. 조선은 이후 독도 권원을 포기하는 의사표시를 행한 적이 없으며(상기 III.4, 카메룬/나이지리아 사건 참조), 그러한 포기의사는 명백한 증거에 의하지 않고는 추정되지 않는다.[141]

또 조선이 독도를 유기하거나, 또는 유기한 의사표시로 해석될 수 있는 국가실행을 행한 바 없다는 것은 양국의 각종 기록과 조선의 국가실행으로 미루어 보아서도 명백하다. 소위 '무인도유지정책'은 조선 조정이 당시 현실적 또는 가상적 외적의 침략·약탈 등으로부터 자국민을 보호하고 군역·공역·징세 상의 편의 등 통치 목적을 위해 불가피하게 본토로 송환시킨 정책이며, 이는 조선 조정이 자국민보호를 위한 실효적 관할권을 행사한 것이다. '무인도유지정책'이 결코 독도를 포기하거나 유기할 의사를 가진 것이 아니었음은 예컨대 숙종조 울릉도쟁계 당시의 조선의 교섭 자세와 교환공문(약식조약)은 물론, 고종의 동남제도 개척과 칙령 제41호[142] 등 구한말까지의 각종 기록과 국가실행에서도 분명하다.

---

141) Legal Status of Eastern Greenland case, *supra* note 104, p.47["As regards voluntary abandonment, there is nothing to show any definite renunciation on the part of the kings of Norway or Denmark".]; 본서, 제4장, V.3.
142) 본서, 제3장, IV 3 및 제4장, IV.3 참조.

2. 막부의 국가실행

막부가 교환공문에서 이의·항의·유보 또는 반대 등 아무런 의사표시도 하지 않고 조선의 독도영유권을 묵인한 것(III.2)은 독도가 울릉도의 부속도서로서 조선의 영토임을 인지·확신하고 있었으며, 또한 외교적으로 조선의 영유권을 부인하고 일본의 영유권을 주장할 준비가 되어 있지 않았던 때문으로 추정된다.[143] 실제로 막부 집정(관)은 1696년 1월 결정 당시 "…쓸모없는 조그만 섬을 가지고 이웃나라에 우호관계를 잃는 것은 좋은 계책이 아니다."[144]라고 유시하여, 울릉도에 대한 영유의사 부재를 분명하게 보여주고 있음에 비추어 그 부속 소도서 독도에 대해서는 말할 것도 없다. 이와 관련, 전술한 엘살바도르/온두라스 간 도서영유권 분쟁 사건[145]에서 ICJ는 온두라스 정부가 1991년 1월 23일자 각서에서 엘살바

---

143) ICJ는 전술한 프레아 비헤어 사원영유권 분쟁사건(전게각주 60)에서 프랑스/캄보디아 측의 영유권 주장 각서에 대해 태국측이 응답하지 않은 이유가 프랑스/캄보디아 주장을 외교적 차원에서 부인할 준비가 되어있지 않았기 때문으로 해석하였다. 본서, 제5장, III.1 & 제9장, IV.3 참조.

144) 신용하, 전게각주 10, p.274; 김병렬, 전게각주 4, p.278; 박현진, 전게각주 1 참조. 도쿠가와 막부의 이러한 결정은 풍신수길(도요토미 히데요시)의 조선침략 이후 조선과의 우호관계를 대외정책의 우선순위로 설정한 당시 국정운영 방향과 목표의 관점에서 파악할 필요가 있다. 울릉도 쟁계 관련 외교교섭의 결과에 대하여 호리 가즈오(堀和生)는 "이 외교교섭 중 쓰시마번은 명백히 조선으로부터 울릉도를 빼앗으려고 기도하였으나 막부는 결국 쓰시마번의 움직임을 억제하고 대조선 우호정책을 선택했다"고 평했다. 堀和生, "1905년 日本の竹島領土編入", 『조선사연구회논문집』 24 (1987), 이케우치 사토시, "죽도일건의 재검토", 바른역사정립기획단, 『독도논문번역선』 II(2005), p.71, 75에서 재인용.

145) El Salvador/Honduras case, *supra* note 59, paras.362~363. ICJ는 엘살바도르 정부가 유인도인 메안게라 섬에 대한 완전한 점유 및 주권행사를 하였으며, 특히 1916. 6. 17 입법명령(Legislative Decree: 시행령)을 발령, 이를 관보(Official Gazette)에 고시하고 메안게라 지방자치청(Municipality)를 설치하여 주민들은 자치위원회(Municipal Council) 위원을 선출하는 것은 물론, 엘살바도르 대통령·부통령 선거 및 국회의원 선거에 참여한 사실관계에 주목하였다.

도르의 이 섬에 대한 주권행사에 항의한 것은 지나치게 뒤늦게 이루어짐으로써 온두라스의 묵인을 추정하는데 영향을 미칠 수 없다고 판시하고, 이어 엘살바도르의 실효적 지배에 대한 온두라스의 행동(국가실행)은 문제의 상황에 대한 온두라스의 자인, 인정, 묵인 또는 다른 형태의 동의(an admission, recognition, acquiescence or other form of consent to the situation)를 나타낸 것이라고 부연하였다.[146]

일본 막부 집정(관)이 1696년 1월 결정 당시 "당초에 이 섬(울릉도)을 저 나라에서 취(取)한 것이 아니니, 지금 다시 돌려준다고 말할 수는 없다. 다만 우리나라 사람이 가서 고기잡이 하는 것을 금할 뿐"(상기 III.2)고 언급한 것은 당시 일본이 울릉도·독도에 관해 아무런 권리·권원도 확립하지 못했음을 자인·확인한 것이다. 또 1870년 일본 외무성의 「조선국교제시말내탐서」 및 1877년 명치정부 최고행정기관 태정관의 내부 지령문서에 이르기까지 일본은 200년 이상 울릉도·독도에 대한 조선의 주권을 재확인하고 있다.[147] 이 공문서들은 일제가 1905년 러일전쟁의 와중에서 행한 소위 비밀 독도'편입' 당시 독도가 무주지가 아니라는 사실을 충분히 인식·인지하고 있었음을 입증한다. 실제로 1880년대 명치정부의 그 어느 정부 부처에서도 조·일 양국간 "국경문제가 존재한다는 인식은 찾아볼 수 없다"는 것이다.[148]

3. 묵인·승인의 의의 및 권원의 근거 또는 증거로서의 묵인

당사자 일방의 권원·주권 행사에 대한 상대방의 묵인은 권원을 입증하는 증거로 원용될 수 있다. 묵인은 독립적인 권원의 근거(a root of

---

146) El Salvador/Honduras case, *ibid.*, para.364.
147) 신용하, 전게각주 8, pp.157~159, 161, 233 & 311 및 신용하, 전게각주 10, pp.26~27; 본서, 제9장, VII 이하 참조.
148) 허영린, "명치기 일본의 영토 경계 확정과 독도-도서 편입 사례와 '죽도 편입'의 비교", 『서울국제법연구』 제10권 1호(2006), p.2, 12.

title)로 간주되는가? 우선 묵인이라 함은 일방행위에 의해 표시되는 묵시적 승인(a tacit recognition)에 해당하는데, 상대방은 이를 동의(consent)로 해석할 수 있다.149) 묵인은 따라서 승인/인정(recognition)과 동일한 법률효과를 가지는데, 다만 묵인이 영토분쟁 당사자의 태도에 적용되는 용어인데 반해 승인/인정은 제3자의 그것을 가리키는 용어라는 점에 차이가 있다.150) 팔마스 섬 중재판정에서 후버 재판관은 1700년부터 1906년까지 네덜란드 당국이 적어도 200년 간 스페인의 항의부재 속에서 현실적, 계속적 및 평화적 주권을 현시하였다는 사실에 입각하여 팔마스 섬에 대한 네덜란드의 주권을 인정하였다.151) 이 판정에서 후버 재판관은 네덜란드 당국의 실효적 지배가 권원의 근거를 구성하는 것으로 간주하여152) 판결하였으며, 스페인 당국의 항의부재(묵인)에 입각하여 판결한 (판결이유) 것으로 보기는 어렵다.

또 2002년 카메룬/나이지리아 간 영토·해양경계 분쟁사건에서 나이지리아 측은 분쟁지역인 차드 호수(Lake Chad) 동부지역에 대한 영유권을 주장하면서 약 20년에 걸친 이 지역에 대한 자국의 실효적 행정권의 행사와 카메룬 측의 묵인 등 2가지 근거에 입각하여 권원을 주장하였다.153) 그러나 ICJ는 나이지리아가 주장하는 실효지배를 둘러싼 사실관계와 제반사정은 겨우 약 20년에 걸친 것으로서, 이는 그 어떤 기준에 비추어 보더라도 실효지배의 요건을 충족시키기에는 "너무 짧은"("far too short") 기간이라고 설시하였다.154) ICJ는 또 나이지리아 측이 1994년 4월 14일자 외교각서(diplomatic Note)를 통해 처음으로 분쟁지역에 대한 주

---

149) *Gulf of Maine* case, *supra* note 60, para.130 & Malaysia/Singapore case, *supra* note 38, para. 121.
150) Brownlie, *supra* note 37, p.129 & 151.
151) Palmas arbitration, *supra* note 36, pp.869 & 871.
152) *Ibid.*, p.839.
153) Cameroon/Nigeria case, *supra* note 71, para.66.
154) *Ibid.*, para.65.

권을 주장한 데 대하여 카메룬 측이 1994년 4월 21일 구상서(Note Verbale)를 통해 강력 항의한 사실에 비추어 카메룬이 나이지리아의 주권 주장을 묵인하여 자국 권원을 유기(abandonment)한 것으로 볼 수 없다고 판결하였다.[155]

그러나 1962년 프레아 비헤어 사원 영유권 분쟁사건[156]에서 ICJ는 영토·국경분쟁 사건에서 묵인이 권원의 하나의 근거로 간주되며, 또한 판결이유로 원용될 수 있는 개연성을 시사하고 있다. 이 사건에서 태국은 샴 당국의 요청으로 프랑스의 지형전문가들이 제작한 문제의 1907년 국경지도(frontier map)에서 이 사원이 캄보디아 영유로 잘못 표시한 오류를 이유로 동 지도의 증거능력을 부인하였다. 그러나 ICJ는 샴 당국이 문제의 지도를 전달받고 1908년 이후 50년 간 아무런 이의도 제기하지 않고 이를 묵인하였다면서 태국의 주장을 기각하였다.[157] 이 사건에서 ICJ는 1907년 국경지도의 증거능력을 인정하고, 태국이 주장한 그 '오류'에도 불구하고 태국 스스로 후속 국가실행 상 50년 간 아무런 이의를 제기하지 않은 묵인에 입각하여 판결함으로써, 묵인을 하나의 권원의 근거로 인정한 것으로 해석될 수 있을 것이다. 또 묵인에 요구되는 최소한의 기간은 약 50년으로 상정해 볼 수 있을 것이다.

따라서, 더욱이, 일본의 지방관원이 저술한 『은주시청합기』(隱州視聽合記: 1667)에서, 그리고 적어도 울릉도쟁계 이후 200여 년간(1697~1905) 일본이 한국의 독도주권에 아무런 문제 또는 이의를 제기하지 않았던 국가실행과 역사적 사실에 비추어, 이는 한국의 확립된 독도권원과 독도주권에 대한 일본의 묵인을 구성한다고 보아 결코 무리한 해석은 아니다. 결국 일본이 주장하는 시마네현 고시 제40호는 국제법상 정당·적법하게 완성된 조선의 독도 권원·주권에 대한 도전이며 따라서 조선이 확립한 확정

---

155) *Ibid.*, paras. 69~70.
156) 본시, 제9장, IV.3 참조.
157) Temple of Preah Vihear case, *supra* note 60, pp. 21, 23 & 32.

적 권원(a definitive title)에 대한 불법 침탈이라는 것(카메룬/나이지리아 사건, 상기 III.4 참조)은 의문의 여지가 없다. 따라서 그 행위 시에 소급하여 원천무효이다. 더욱이 시마네현 고시에 앞서 1904년 8월 러일전쟁 기간 중 일본 해군이 독도를 점거, 무선전신시설을 갖춘 망루를 건설한 것은 군사적 점령으로서 일본의 독도침탈의 시발점으로서 해석된다.

4. 국경선 확정성·안정성의 원칙

이러한 이유로 일본의 '고유영토' 주장과 소위 1905년 '무주지' 독도 '편입'은 근거 없는 주장이다. 한·일 간 교환공문으로 유효하게 성립·발효한 (약식)조약상의 권원은 권원보유자가 타방 분쟁당사국의 권원주장을 묵인(유기 또는 포기)하지 않는 한, 단기간의 실효적 지배에 입각한 권원에 우선한다.[158] 조선은 1697년 2월 막부의 교환공문에서 조선의 독도권원에 대한 묵시적 동의·승인에 입각,[159] 매 2~3년마다 울릉도·독도에 대한 수토를 결정하고 이후 1900년 울도군이 창설될 때까지 200여 년간 수토사를 정기적으로 임명·파견하여 울릉도·독도를 순시·조사하는 현실적·평화적·계속적 국가권능을 행사함으로써 독도에 대한 확고한 영

---

158) 2002년 카메룬/나이지리아 사건, 전술 III.4 참조.

159) El Salvador/Honduras case, *supra* note 59, para.364. 금반언의 경우에는 어떤 국가의 태도변경에 의한 '손해의 요소'가 요구되나, 묵인의 경우에는 이러한 요소가 필요하지 않다고 한다. 양자는 신의성실 및 형평의 기본원칙에서 도출되는 동일제도(법리)의 다른 측면으로서 동일한 법적 효과를 가진다. 즉 그러한 의사표시를 행한 국가에 추후 이를 부인할 수 없는 법률효과를 발생시킨다. Gulf of Maine case, *supra* note 60, paras.130 & 145; 본서, 제8장, V.3. 승인의 법적 의미·효과에 대해서는 Palmas arbitration, *supra* note 36, p.838; Legal Status of Eastern Greenland, *supra* note 104, p.68; G. Schwarzenberger, "Title to Territory: Response to A Challenge", *American Journal of International Law*, vol.51, 1957, p.308, 317["Recognition creates an estoppel in the relations between the state making such a unilateral declaration and its addressee."] & 323.

유의사와 함께 현실적 실효지배를 현시하였다.

영토분쟁사건이 국제사법쟁송에 회부되는 경우 재판소는 문제의 영토에 대한 당사국의 행동을 평가함에 있어서 국제법과 국제관계 상 국가의 영토주권의 중요성, 그리고 영토주권의 안정성, 확정성 및 실효성을 중시한다.[160] 따라서 당사국의 국가실행에 기초한 영토주권의 양도는 그러한 행동과 관련 사실에 의해 명확하고 의문의 여지없이 현시되어야 한다. 이는 특히 영토 일부에 관한 사실상의 유기(遺棄: abandonment)가 관계되어 있는 경우에 그러하다.[161] 17세기 말 교환공문을 통한 한·일 간 조약상의 영토·해상국경의 합의는 확정성, 안정성과 실효성을 담보하기 위한 것으로서, 확립된 영토분쟁 관련 국제판례에 의하면 "오랜 기간 지속된 현상은 그 변경을 최소화해야 한다는 것이 국제법의 확립된 원칙이다".[162]

---

160) See the Dissenting Opinions of Judge M. Quintana in the Case Concerning Sovereignty over Certain Frontier Land, *supra* note 60, p.257; Malaysia/Singapore case, *supra* note 38, para.122["Critical for the Court's assessment of the conduct of the Parties is the central importance in international law and relations of State sovereignty over territory and of the stability and certainty of that sovereignty."].

161) Malaysia/Singapore case, *ibid.*["Because of that, any passing of sovereignty over territory on the basis of the conduct of the Parties, as set out above, must be manifested clearly and without any doubt by that conduct and the relevant facts. That is especially so if what may be involved, in the case of one of the Parties, is in effect the abandonment of sovereignty over part of its territory."],

162) *Grisbadarna* case (Norway v. Sweden), Award of the Tribunal, PCA, 1909, at http://www.pca-cpa.org/showpage.asp?pag_id=1029, p.6["[i]t is a well established principle of the law of nations that the state of things which actually exists and has existed for a long time should be changed as little as possible;"]; Kaikobad, *supra* note 59, p.119. 동부그린란드 사건에서 상설국제사법재판소 (PCIJ)는 덴마크 선행국으로서 노르웨이의 국왕들이 10세기에서 14세기까지 상당한 기간 동안 국가권능의 행사를 통해 영토주권을 유지한 것으로 판단하고 있다. Legal Status of Eastern Greenland, *supra* note 104, p 46 & 54. 또 2개 국가가 국경을 확정한 경우 그 주요한 목적의 하나는 확정성, 안정성과 계속성을 도모하기 위한 것이라 한다. Temple of Preah Vihear case, *supra*

VII. 결 론

신라시대 이후 현재에 이르기까지 독도는 역사·지리·국제법적으로 의심할 바 없는 한국의 고유영토이다. 이러한 역사적 사실은 『삼국사기』,[163] 『고려사』 지리지(1451), 『태종실록』, 조선왕조의 영토지리해설서인 『세종실록』 지리지(1432), 『동국여지승람』(1481) 및 『신증동국여지승람』(1530), 『만기요람』(1808) 군정편과 『승정원일기』 고종 18년(1881), 그리고 양국이 간행한 주요 관찬·공인 고지도에서 비교적 일관성있게 확인되

---

note 60, p.34["… when two countries establish a frontier between them, one of the primary objects is to achieve stability and finality. This is impossible if the line so established can, at any moment, and on the basis of a continuously available process, be called into question, and its rectification claimed, whenever any inaccuracy by reference to a clause in the parent treaty is discovered. Such a process could continue indefinitely, and finality would never be reached so long as possible errors still remained to be discovered. Such a frontier, so far from being stable, would be completely precarious".]; Brownlie, *supra* note 37, p.154; Kaikobad, *ibid.*, p.120["[T]he regime set up by the Treaty, and no other, was meant thenceforth to govern the question of boundaries and title to territory…and it was meant to be definitive, final and complete, leaving no boundary undefined, or territory then in dispute unallocated or …left over for some future allocation"](밑줄은 필자), quoting the Beagle Channel case, Award of April 18, 1977, *International Legal Materials*, vol.17, 1978, p.632. 현상유지의 법리(*uti possidetis juris*) 역시 종주국의 철수 이후 국경을 둘러싼 부족 간 투쟁으로 신생국의 독립과 안정이 위험에 빠지는 것을 방지하기 위한 목적으로 채택된 법리라고 한다. Burkina Faso/Mali case, *supra* note 78, p.565, para.20 & Nicaragua/Honduras case, *supra* note 66, para.151.

163) 『삼국사기』 신라본기 지증왕 13년조와 열전 이사부조에서 두 차례 서기 512년 6월 '우산국'이 신라에 복속되었다는 사실을 기록하고 있다. 이 때 신라에 병합된 우산국의 영토는 울릉도와 독도를 포함한다고 하며, 그 근거는 조선왕조가 편찬한 『만기요람』(1808) 군정편에 "여지지(輿地志)에 이르기를 울릉도와 우산도는 모두 우산국의 땅이며, 우산도는 왜인들이 말하는 송도(松島)이다"고 한 기록이 있다. 신용하, 전게각주 8, pp.27, 57, 142 & 231.

고 있다.[164] 특히 울릉도쟁계 이후 조선 조정과 막부는 약식조약을 통해 울릉도·독도에 대한 조선의 영유권을 재확인하였다. 조선은 이 국제협정에 입각, 매 3년마다 정기적 수토사 파견을 통해 영토주권자로서 계속·평화적으로 국가권능(통치·행정권)을 행사·현시하여 울릉도·독도를 실효적으로 지배해 왔다. 1900년 고종의 칙령 제41호는 이를 재확인하면서 양도를 하나의 행정구역으로 재편·통합한 '울도군'을 창설하여 울릉·독도에 대한 실효적 지배를 강화하였다.

과거의 역사적 사건·사실의 법적 성격·본질이 현대 국제법이 규정하는 개념·법리와 다르지 않고 그러한 사실에 기초하여 성립·창설된 권원이 변화하는 국제법(법리)가 요구하는 조건을 충족한다면(시제법), 그러한 과거의 사건·사실에 현대 국제법 규칙·법리를 적용하여 그 효력·효과를 논의·추론하는 것은 불합리하지 않다. 영토·해양경계 분쟁 관련 국제판례는 거리기준을 권원의 근거로 인정하지 않으나, 타방 분쟁당사국이 '보다 우월한 권원'(a better title)의 증거를 제시하여 이를 입증하지 못하는 경우 인접성의 원칙이 유효한 추정을 일으킬 수 있다(에리트레아/예멘 사건). 이러한 의미에서, 울릉도쟁계 당시 거리관습은 법적 권리·의무를 창설·변경시키는 법률효과를 발생시킬 수 있는 지리적 사실이며, 법률사실(dispositive facts)이다. 거리관습은 영유권 귀속을 추론하는 다른 증거(예컨대 실효지배, 지도증거 등)와 함께 제시할 경우 권리·권원 주장의 상대적 우월성(relative strength)을 확보하는데 기여할 수 있는 법리임을 부인할 수 없다.

17세기 말 한·일 간 울릉도쟁계는 단순히 울릉도 영유권에 관한 외교적 분규가 아니라 울릉·독도의 영유권 및 해상국경을 둘러싼 조·일 양국 간 외교적 분쟁사건이었다. 양국은 조선의 1694년 8월 서한과 막부의

---

164) 이진명, 『독도, 지리상의 재발견』, 개정판(서울: 두서춘판 산인, 2005), pp. 238~324; 호사카 유지, 『일본 고지도에도 독도 없다』(서울: 자음과 모음, 2005)

1697년 2월 서한 등 왕복 '교환공문', 즉 현대 영토·해양경계분쟁 국제판례가 규정하는 약식조약을 통해 울릉도에 대한 조선의 역사적·본원적 권원을 근대 '조약상의 권원'으로 대체하였다. 막부는 이 교환공문 작성·전달 당시 독도를 인지하고 있었으며(일본 측 주장), 또한 안용복의 1차도일 활동을 충분히 인지하였을 것으로 추정된다. 막부는 교환공문에서 양국 간 특수관습인 거리규칙에 따라 조선의 울릉도 영유권을 명시적으로 인정하고 독도영유권에 묵시적으로 동의·승인함으로써 독도영유권 문제는 울릉도쟁계가 외교적으로 마무리된 1699년 법적으로 완전히 종결된 것이다. 조선 조정은 1698년 회답서한에서 역사적 권원 및 거리관습에 입각한 확정적 권원을 재차 강조하였으며, 막부는 1699년 서한에서 별다른 이의 없이 이를 수용하였다. 육상·해상국경 조약은 확정성을 가지며 안정성을 담보하기 위한 것이다.[165)]

또 막부의 도해면허는 외국에 출어·조업하는 것을 허가하는 국내법상 행정행위로서, 도서에 대한 영유의사를 입증하는 증거가 아니며, 실효적 지배의 증거로 간주되지 않는다. 1693년 이후 막부의 도해허가행위는 조선 어부 및 조선 조정의 강력한 항의를 받았으며, 1696년 막부는 울릉도 도해면허 자체를 취소하고 독도 도해 역시 이를 금지시켰다. 이는 양국 간 해상국경 또한 독도 이남으로 묵시적으로 합의된 것으로 해석된다 (IV.3) 특히 1870년 일본 외무성 문서 및 1877년 당시 일본 최고행정기관인 태정관의 내부문서는 울릉도·독도에 대한 조선의 영유권을 재확인함으로써 일본은 약 200년 이상(1905년 소위 비밀 '독도편입' 전까지) 조선의 독도영유권을 묵인한 국가실행을 보여주고 있다. 따라서 러일전쟁의 외중에서 일제가 1904년 8월 독도가 무주지가 아님을 알고서도 이를 군사적 목적(무선전신 시설을 갖춘 망루건설 등)으로 불법 점거하고 이어 이듬해 2월 비밀 '편입'한 것은 불법 '편입' 시점에 소급하여 당연히 원천

---

165) 예컨대 '현상유지의 법리'(기존국경 존중의 원칙: Uti possidetis)의 법리는 이를 잘 나타낸다.

무효인 것이다.

특히 전술한 바와 같이(상기 VI.3), 영토·해양경계 분쟁 관련 국제판례는 약 50년간에 걸쳐 타국의 주권을 묵인하는 국가실행(1962년 프레아 비헤어 사원영유권 분쟁 사건에서 태국이 주장한 '오류 있는' 지도에 대하여 1906년 이후 50년 간 아무런 이의를 제기하지 않은 사실)은 자국 권원 주장의 포기 또는 유기의 효과를 발생시키는 것으로 판시하고 있다. 따라서 일본의 지방관원이 저술한 『은주시청합기』(1667)에서, 아니 적어도 울릉도쟁계 이후 200여 년간(1696~1905) 일본이 한국의 독도주권에 아무런 문제 또는 이의를 제기하지 않았던 국가실행과 역사적 사실에 비추어, 이는 한국의 확립된 독도권원과 독도주권에 대한 일본의 묵인을 구성한다고 보아 결코 무리한 해석은 아니다. 결국 일본이 주장하는 시마네현 고시 제40호는 국제법상 정당·적법하게 완성된 조선의 독도 권원·주권에 대한 도전이며, 따라서 조선이 확립한 확정적 권원(a definitive title)에 대한 불법 침해라는 것(카메룬/나이지리아 사건, 상기 III.4 참조)은 의문의 여지가 없다.

제 4 부

대일강화조약, 현상유지의
법리와 일본의 국가실행

제7장 對日講和條約과 독도주권

I. 서 론

독도문제가 그야말로 점입가경이다. 서기 512년 신라의 영토로 귀속된 후 17세기말 조선 숙종조 안용복의 2차례에 걸친 도일(渡日) 활동 및 후속 조·일간 외교교섭(울릉도쟁계; 죽도일건) 당시 남구만의 건의로 숙종이 단호하게 대응함으로써 울릉도와 독도에 대한 조선의 영유권은 공고해지고 그 후 200여 년 간 일본의 도전은 잠잠해졌다.[1] 그러나 일제가 1904년 2월 군사목적에 따라 필요한 지역을 사용한다는 내용의 한일의정서 및 동 8월 제1차 한일신협약을 강요한 후, 러·일 전쟁의 혼란을 틈타 독도에00 군사 망루시설을 설치·점령하고(1905. 8), 그에 앞서 1905년 2월 22일 시마네현의 독도 비밀 '편입'조치로 독도는 일제의 한반도 침략의 첫 희생물로 전락했다. 광복 후 정부수립으로 독도주권을 회복하였으나 이번에는 일본이 1952년 이승만 대통령의 평화선 선포에 이의를 제기

---

1) 신용하,『독도의 민족영토사 연구』(서울: 지식산업사, 1996); 송병기,『고쳐 쓴 울릉도와 독도』(서울: 단국대 출판부, 2005); 나이토 세이츄, "다케시마는 일본의 고유 영토인가", "다케시마 고유영토론의 문제점" 및 "죽도 일건을 둘러싼 제문제", 바른역사정립기획단(편),『독도논문번역선』I (2005), 제1, 2 및 5장; 이케우치 사토시, "죽도도해와 돗토리번", "죽도일건의 재검토", 바른역사정립기획단(편),『독도논문번역선』II (2005), 제1~2장; 김병렬, "독도영유권과 관련한 일본 학자들의 주장에 대한 비판",『국제법학회논총』제50권 3호(통권 제103호, 2005. 12), p.77; Park Hyun-jin, "Ahn Yong-bok towers over Dokdo-Seaman's 17th century saga fosters Korean sovereignty over islets", The Korea Herald, 2008. 9. 10, p.4.

하고, 이어 1954년 독도문제의 국제사법재판소 제소를 제의함으로써 일본의 독도도발은 계속되고 있다.[2] 근래에도 2005년 시마네현 의회의 '다케시마의 날' 제정 조례 통과, 연례 방위백서에 영유권 명기, 2006년 4월 독도 인근 해역에 대한 해양조사 시도, 2008년 자국 중등학교 사회과 학습지도서에 독도영유권을 명기하는 사태에 이르고 있다.

일본 정부가 2000년대 들어서도 지속적으로 일련의 조치를 통해 한국의 독도 영유권에 대한 훼손 기도를 강화하고 있는 것은 그들 스스로 현상에 조급증을 느끼고 있다는 반증일 수 있다. 한편 근래의 보도 또는 세미나 등을 통해 나타난 '상대적으로 합리적인' 일본 측의 입장은 한국 영유권 인정,[3] 독도 주변 12해리 어업금지구역 설정[세리타 겐타로(芹田健太郎) 愛知學院大 교수], 또는 독도 인근수역에서 일본의 어업권 보장[4] 등인 것으로 보인다. 그러나 이러한 '합리적' 기류는 일본 내 독도문제에 대한 여론의 본류가 아니라 지류에 불과한 것으로 보인다. 예컨대 서울에서 열린 국제분쟁의 사법적 해결 관련 세미나에서 일본 서남학원대학(西南學院大學)의 코가 마모루 교수는 독도영유권 문제와 관련, 1951년 조인된 대일강화조약의 해석 쪽에 무게를 두는 입장을 보여주었다.[5] 이러한 그의 입장은 그가 "일본에서 논의되고 있는 논점을 중심으로 분쟁해결절차의 문제를 검토하고자 한다"[6]고 밝힌 점에 비추어 필경 일본 학계·정부의 지배적 의견과 입장, 나아가 그들의 본심을 상당부분 내비치고 있는 것으로 보아 큰 무리는 없을 것이다.

2) 나홍주, '한국 역대 정권의 독도정책에 대한 검토', (사)영토학회·독도학회 2008년도 학술대토론회(백범기념관, 2008. 9. 19) 발표논문 참조.
3) 인터넷 한국일보, "외국 학자들도 "독도는 한국 땅—나이토 시마네대 명예교수 "러·일전쟁 중 강탈"", 2008. 7. 19.
4) 동아닷컴, "와다 하루키" 독도, '기브앤테이크'로 해결', 2008. 8. 29.
5) 코가 마모루, "해양법상 분쟁해결: 일본의 경험", 대한국제법학회 및 동북아역사재단 공동주최, '국제사법기구를 통한 국제분쟁해결의 최근동향'(2008. 8. 22, 서울 플라자 호텔), 「발표논문집」, p.69.
6) 코가 마모루, ibid., p.70

이러한 맥락에서 이 글은 일본이 주장하는 1905년 2월 22일 시마네현의 소위 독도'편입'은 한반도 침략의 전초라는 인식 하에서 이에 대한 역사적 진실이 우선적으로 규명·평가되어야 한다는 입장에서 독도주권 문제에 접근하고자 한다. 동시에 일본이 주장하는 '편입'의 방식과 형식면에 있어서는 한반도 침탈과정[7]과는 별도로 소위 영토취득에 관한 근대 국제법 법리·절차를 '원용'하여 행하여진 외양을 가지고 있으며, 또 일본 측은 광복 후 1954년 이후 「일본정부견해」라는 구상서 등 왕복문서[8] 등을 통해 그러한 자신의 입장을 표명해왔다. 따라서 우리 측도 일본 측의 '편입'행위에 대하여 국제법 법리(소위 역사적 권원과 선점론)에 따라 그 적법성과 유효성 여부를 판단·대응해야 한다는 입장에서 논의를 전개한다. 이러한 관점에서 이 글은 먼저 일본이 주장하는 '고유영토론'과 선점론을 개관, 비판적으로 평가한다. 이어 조약법에 관한 비엔나 협약에서 규정하는 조약해석의 규칙에 따라 독도 주권 문제에 관한 해석을 시도해보고자 한다.[9]

이러한 관점에서 1951년 9월 8일 조인된 대일강화조약(對日講和條約)상 영토관련 조항의 해석과 관련, 한국이 동 조약의 제3국이라는 사실만으로 한국에 대한 구속력 자체를 부인하기는 어렵다는 전제하에서 1) 동 조약 상 연합국이 독도를 반환대상 영토로 명시하지 않은 것은 일본의 독도영유권을 인정한 것이 아니라, 단지 당시 증거부족과 일본의 외교적

---

7) 한반도 침탈과정이라 함은 1904. 2. 23 한일의정서, 1904. 8. 22 제1차 한일협약, 1905. 11. 17 제2차 한일협약(을사늑약), 1907. 7. 24 제3차 한일신협약, 그리고 1910. 8. 22 합병조약 등 일련의 강박에 의한 '조약'을 통한 무력 침탈·강점을 말한다.
8) 신용하(편), 『독도영유권 자료의 탐구』 제4권(독도연구총서 8, 독도연구보전협회, 2001), pp.215 이하 참조.
9) 이러한 접근은 조약법에 관한 비엔나 협약이 상당부분 기존 관습국제법 규칙을 성문화한 것으로 해석되고 있다는 점에서 불합리한 접근·해석법으로 볼 수 없다. 물론 만일 양 당사국이 다른 구속력있는 객관적이고 보편성 있는 조약해석 규칙에 합의한다면 그에 따른다.

공세 등으로 인해 한국의 독도영유권에 대한 공식·명시적 승인을 유보한 것으로 해석하는 것이 타당하며; 2) 조약문안에 대한 통상적 의미에 따라 성실하게 해석해도 그 의미가 명확하지 않은 경우 조약법에 관한 비엔나 협약이 확립하고 있는 해석규칙에 따라 다른 관련 문서·추후 관행(제31조), 그리고 교섭기록과 체결시의 사정 등 보충적 해석수단에 의존하여 (제32조) 일본의 독도 영유권 주장이 근거 없다는 점을 논증하고; 이러한 분석·평가에 입각하여 3) 일본은 역사적 권원, 선점, 실효적 지배, 그리고 국제적 승인 등 그 어느 측면에서도 독도에 관한 적법·유효한 권원을 확립하지 못했음을 논증·입증하고자 한다.

II. 일본의 영유권 주장과 법리 비판

1. 고유영토론

일본이 주장하는 '고유영토론'은 17세기 초 막부가 2개 일본 어부 가문에 발급한 울릉도(1618 또는 1625년) 및 독도(1661년) 도해(渡海) 면허 발급행위에 근거하고 있는 것으로 보인다. 즉 독도에 대한 역사적 권원을 주장하고 있는 것으로 보인다. 그러나 현행 국제법상 그러한 면허발급행위를 국가권능의 행사의 근거로 원용할 수 있다는 가능성 자체를 부인하는 것은 아니지만, 현행 국제판례는 그러한 면허행위는 단지 해양자원의 이용을 허가하는 행위로 인정할 뿐, 실효적 지배에 입각한 육지/도서 영유권의 근거로 인정하지 않는다.[10] 즉 그러한 도해면허에 입각한 어업활동으로 독도에 대한 실효적 지배를 확립하는 것은 아니다. 둘째,

---

10) Eritrea/Yemen arbitration, Phase I: Territorial Sovereignty and Scope of the Dispute, Award, 1998, Permanent Court of Arbitration, para.334, available at http://www.pca-cpa.org; 본서, 제10장, I(서론) 참조.

이러한 도해면허는 외국 해역에 출어할 때 발급되는 허가로서, 울릉도·독도와 그 인근 해역이 '외국'과 '외국 수역'임을 스스로 인정한 것이다.

셋째, 1661년 막부의 독도 도해면허 발급 후, 조선의 울릉도 영유권을 인정한 막부의 공식 결정(1696. 1. 28)을 대마도주가 동래부에 통고할 (1697. 1) 때까지 일본의 독도 인근 해양이용은 고작 36년에 불과하며, 그나마도 일본 외무성이 인정하듯 이 기간 중 일본 어부들의 독도 인근 해양자원 이용은 조선 어부들과 경쟁적으로 이루어졌다.[11] 이 기간 동안 독도 인근 해양자원을 이용하였다고 하여 독도에 대한 실효적 지배를 확립하였다는 것은 어불성설이다. 넷째, 일본이 주장하는 독도에 대한 '실효적 지배'는 조선이 임진왜란·정유재란 이후 정묘호란(1627)과 병자호란(1636) 등 조선의 정치·사회적 혼란을 틈타 불법 월경조업을 허가한 도해면허에 근거한 것으로서 무효이며,[12] 이러한 사실은 일본의 서북한계를 오키섬으로 규정한 『은주시청합기(隱州視聽合記)』(1667)와 아래에서 설명하는 1870년 외무성 문서 및 1877년 태정관 지령문서에서 일관되게 확인되고 있다. 또 이러한 불법 월경조업 사실에 입각한 역사적 권원 내지 '고유영토론'은 국제법상 유효한 주장으로 성립하지 않는다.

---

11) Park Hyun-jin, "A response to 10 Japanese points on Dokdo sovereignty", The Korea Herald, 2008. 10. 14, p.4. 도쿠가와 막부는 1696. 1. 28 조선의 울릉도 영유권을 공식 결정하면서 대마도주에게 이러한 결정을 즉시 조선에 통보하고 그 결과를 보고하도록 지시하였으나 대마도주는 울릉도에 대한 흑심으로 인하여 이를 지체하다가 1696년 5월 안용복의 2차도일 활동으로 자신의 보고지체 책임문제가 불거지자 마지못해 그 이듬해인 1697년 1월 막부의 결정을 동래부에 공식 통고하였으며, 동래부가 올린 장계는 2월 조선 조정에 도달하였다. 본서, 제6장; Park, 전게각주 1.

12) 홍성근, "독도 영유권 문제와 영토의 실효적 지배", 독도연구보전협회(편), 『독도영유권 연구논집』(독도연구총서 9, 2002), p.125, 134~135.

2. 문서·지도의 증거능력·증명력

코가 교수는 또 2001년 카타르/바레인간 도서 영유권 및 해양경계 분쟁사건13)을 인용, 영유권 분쟁사건에서 국제재판소는 역사적 권원과 관련하여 '분쟁당사국이 증거로 제출한 문서의 증거능력은 타방 당사국이 이의를 제기하는 경우 증거로 채택되지 않는다'14)는 취지의 주장을 내세웠다. 그러나 이러한 그의 주장은 정확한 것은 아니다. 일반적으로 재판소(재판부)는 제출된 증거에 이의가 제기되더라도 제출된 증거가 당사국의 의사를 정확하게 반영·입증하는가 하는 기준, 즉 증거의 객관성·중립성과 신빙성의 관점에서 그 상대적 우월성 여부에 따라 독자적으로 증거의 증거능력과 증명력을 판단하기 때문이다.15)

3. 시마네현의 독도 '편입'과 선점론

일본은 시마네현의 '편입' 조치가 조선에 대한 식민지 침탈과정과는 달리 당시 국제법상 '적법한' 절차에 따른 것임을 주장하고 있다. 일본 외무성 웹사이트 홈페이지에 게시된 글은 "일본의 다케시마에 대한 실효적 지배와 주권확립에 앞서 한국 측이 다케시마에 대한 실효적 지배를 확립했다는 사실을 입증할 것"을 요구하고 있다.16) 이는 1905년 이전 조선이 독도에 대한 실효적 지배를 확립한 증거를 제시할 것을 요구하고 있는 것으로 보인다. 그러나 한국이 이를 입증할 필요도 없이, 1877년 일본 태정관 지령문서와 부속지도(「기죽도약도」)17) 등에서 일본 명치정부

---

13) Maritime Delimitation and Territorial Questions between Qatar and Bahrain (Qatar v. Bahrain), Merits, *ICJ Reports*, 2001, p.40.

14) 코가 마모루, 전게각주 5, p.73.

15) 본서, 제10장, IV.1; Park Hyun-jin, "Map evidence galore against Japan's Dokdo claims", The Korea Herald, 2008. 10. 21, p.4.

16) Available at http://www.mofa.go.jp/mofaj/area/takeshima (2008. 9. 10 검색).

가 스스로 조선의 독도 영유권을 공식인정한 국가실행(묵인)의 증거로 인정하는데 부족함이 없다. 더욱이 시마네현의 '편입'조치에 5년 앞서 1900년 10월 고종이 칙령 제41호를 반포하여 울도군을 창설하고 울릉도와 독도(석도)를 그 관할로 정하고 군수를 임명한 사실은 조선이 소위 근대 국제법에 따라 독도에 대한 실효적 지배를 강화한 증거이며 독도가 무주지가 아니었음은 명백하다.

국제법상 선점(effective occupation)은 본원적 권원(original title)을 취득하는 방식으로서, 그 대상 영역이 선점 당시 무주지라야 그 적법성이 인정된다.[18] 또 선점은 국가의 영유의사라는 주관적 요소와 국가권력에 의한 실효적(평화적·현실적·계속적) 지배라는 객관적 요소를 그 요건으로 한다.[19] 또 독도 '편입' 후 같은 해 8월 러·일 전쟁 기간 중 독도에 군사 망루시설을 설치한 행위[20] 역시 실효적(평화적) 지배 요건에 위배된다.[21] 더욱이 국제판례는 지방정부의 행위에 법률효과를 부여하는데 소극적이다.[22]

또 '편입' 사실을 즉시 조선조정에 통고하지 않고 1905년 11월 17일 을사늑약을 강요하여 외교권을 빼앗은 후 그 이듬해 오키섬 관리들이 울

---

17) 본서, 제9장, VII.1 참조.
18) Western Sahara, Advisory Opinion, *ICJ Reports*, 1975, p.12, 39, para.79; Legal Status of Eastern Greenland case(Norway v. Denmark), *PCIJ*, Series A/B, No.53(5 April, 1933), p.22, 44 & 63; J.L. Brierly, *The Law of Nations* (6th edn. by Sir H. Waldock, Oxford: Clarendon, 1963), p.165; P. Malanczuk, *Akehurst's Modern Introduction to International Law* (7th rev. edn., London: Routledge, 1997), p.146; I.A. Shearer, *Starke's International Law* (11th edn., London: Butterworths, 1994), p.147.
19) I. Brownlie, *Principles of Public International Law*(6th ed., Oxford University Press, 2003), p.133; 이한기, 『국제법강의』(서울: 박영사, 2002), p.307.
20) 김병렬, 『일본군부의 독도침탈사』(바른역사정립기획단, 2006), pp.91 & 109.
21) Eritrea/Yemen arbitration, *supra* note 10, para.332.
22) Sovereignty over Certain Frontier Land(Belgium/Netherlands), Judgment, *ICJ Reports*, 1959, p.209, 229; Temple of Preah Vihear (Cambodia v. Thailand), Merits, *ICJ Reports*, 1962, p.6, 30 & 22.

릉도를 방문하여 통지한 것도 통고요건의 위반이다. 또 시마네현의 독도 '편입' 주장에도 불구하고 그 후 일본 정부 또는 시마네현이 발행한 공인·민간 지도들이[23] 울릉도와 독도를 조선의 영토로 표기하고 있는 사실 (국가의사 및 국가실행)은 일본 주장의 허구성을 보여준다. 이러한 이유로 일본이 독도를 1905년 시마네현의 고시(告示) 40호에 의하여 일방적으로 자국의 영토로 소위 '편입' 또는 '선점'하였다는 것은 완성된 권원에 입각하여 확립된 타국 영토에 대한 불법 약취·침탈이다.[24]

4. 기준시점

코가 마모루 교수는 독도영유권 '분쟁'의 기준시점(critical date)[25]은 "분쟁이 구체화 된 1953년경이 유력하다"고 주장한다.[26] 이는 1905년 시마네현의 소위 독도 '편입'을 기준시점으로 상정하는 것에 비해 자신들에게 유리할 것으로 판단하기 때문일 것이다. 바꾸어 말하면 '분쟁' 발생 이전인 무력강점 시절 35년간 독도에 대한 '실효적 지배권'을 확립하였다는 주장을 내세울 가능성이 있으며, 또 그 연장선상에서 독도영유권 논란의 초점을 1905년의 '편입'의 적법성 문제에서 대일강화조약으로 돌릴 수 있을 것이기 때문이다. 일본은 그간 동 '편입'조치가 1904년 이후 조선의 국가 대표와 국가 자체에 대한 강박[27]을 이용한 한반도 침탈과정과

---

23) 본서, 제9장 참조.
24) 이한기, 『한국의 영토』(서울대출판부, 1969), p.293.
25) '기준시점'이라 함은 당사국간 분쟁이 구체화된 시점을 말한다. Sovereignty over Pedra Branca/Pulau Batu Puteh, Middle Rocks and South Ledge (Malaysia/Singapore), Memorial of Malaysia, vol.I, *ICJ*, 2004, 3. 25, p.6; Minquiers and Ecrehos case(France/U.K.), Judgment, *ICJ Reports*, 1953, p.47, 59; Legal Status of Eastern Greenland, *supra* note 18, p.45; Brownlie, *supra* note 19, pp.125~126.
26) 코가 마모루, 전게각주 5, p.73.
27) 한영구, 『강제력과 국제조약』(서울: 도서출판 오름, 1997), p.10; 조약법에 관한 비엔나 협약, 제51~52조 참조.

는 달리, 당시 국제법상의 법리(선점)에 따른 적법·유효한 영토취득행위였다고 주장해 왔다.

　무엇보다도 1905년을 기준시점으로 주장하는 경우, 스스로 1877년 태정관 지령문서에서 조선의 울릉도와 독도 영유권을 명백히 인정했던 결정적 증거(승인 내지 묵인)가 핵심 쟁점으로 떠오르는 불리한 상황을 회피할 수 없다는 우려가 작용한 것으로 보인다. 실제로 일본 외무성이 공식 웹사이트에 게시한 글('Ten Issues of Takeshima')에서 태정관 지령문서와 1870년 외무성이 작성한 '조선국교제시말내탐서'에 관하여 아무런 언급도 하지 않고 있는 사실은 이러한 해석을 뒷받침한다. 또 일본이 그간 일관되게 독도영유권 문제를 역사적 사실의 문제가 아니라 국제법적 문제로 접근·주장하고 있는 것도 바로 자국의 독도영유권 주장에 불리한 역사적 사실(한반도 침탈 등)을 왜곡·부인하면서 소위 '시제법' 등의 법리를 원용하여 법적 책임을 최대한 희석하기 위한 기도로 해석된다. 또 여러 가지 증거(17세기 안용복의 도일활동과 후속 외교교섭에 따른 조선의 울릉도·독도 주권 인정,[28] 1877년 태정관 지령문서 등)의 증거능력과 증명력을 훼손시키려는 의도로 해석된다.

III. 대일강화조약, 카이로·포츠담선언과 항복문서

1. 조약과 제3국: 대터키·대이태리 강화조약

　일본의 패전의 결과로 반환해야 할 구일본 영토에서 '독도를 누락시킨' 대일강화조약[29]의 본문은 한국의 독도 주권에 관하여 어떤 효과를

---

28) 본서, 제6장.
29) Treaty of Peace with Japan (with two declarations), signed at San Francisco on September 8, 1951 & entered into force on April 28, 1952 for Japan, the

수반하는 것으로 해석되어야 하는가? 법률상, 즉 형식논리로 보면 한국은 대일강화조약의 제3국이다.[30) 조약은 원칙적으로 제3국을 해하지도 득하지도 않는다. 동 강화조약은 연합국의 일원이 아닌 제3국에 권리, 권원 또는 이익을 부여하지 않는다는 일반 규정을 두면서(제25조), 다만 예외적으로 한국과 중국에게 일정한 이익을 부여한다고 규정하여(제21 및 2조), 특수 규칙을 두었다. 대일강화조약상 이러한 영토관련 조항은 제3국을 일반적으로 구속하는 효력을 창설하는 객관적 체제(objective regime)를 구성하는가? 즉 대일강화조약은 대세적 효력(effect *erga omnes*)을 가지는 조약으로 간주되는가?

이 문제와 관련, 상설중재재판소는 1998년 에리트레아/예멘 간 홍해상 도서·암초 분쟁사건 중재판정에서 1923년 로잔조약[31)(대터키 강화조약)

United States of America, Great Britain, France and Australia, *UNTS*, vol.136, 1952, No.1832, p.46, at https:// treaties.un.org/doc/Publication/UNTS/Volume%20136/volume-136-I-1832-English.pdf (2015. 6. 11 검색).

30) 특정 조약이 제3국에 권리를 부여하는 경우 그 효과에 관한 별도의 규정을 두지 않고 또한 권리를 취득하는 제3국이 그러한 권리부여에 관해 명시적 반대가 없는 경우 제3국에게 권리가 발생하게 된다(조약법에 관한 비엔나 협약(1969), 제36(1)~(2)조]. 비엔나 협약은 기존 관습법을 선언한 것으로 이해되고 있으나 일부 조항(제40~41조, 50조 등)은 국제법의 점진적 발전을 도모하기 위한 것이라고 한다. I. Sinclair, *The Vienna Convention on the Law of Treaties*(2nd edn., Manchester University Press, 1984), pp.9~21; Statute of the International Law Commission 1947, adopted by the General Assembly in resolution 174(II) of 21 Nov., 1947, as amended by resolutions 485(V) of 12 Dec., 1950, 984(X) of 3 Dec., 1955, 985(X) of 3 Dec., 1955 and 36/39 of 18 Nov., 1981, Art.15, at http://legal.un.org/ilc/texts/instruments/english/statute/statute.pdf, (2016. 1. 25 검색); I. Brownlie, *Basic Documents in International Law* (3rd ed., Oxford: Clarendon Press, 1983), p.349. 조약법에 관한 비엔나협약의 많은 규정·규칙이 기존 관습법규칙을 법전화한 것이라면, 그러한 범위 내에서 동 조약을 근거로 1951년 대일강화조약 또는 1969년 이전에 체결된 조약의 규정에 대한 소급 해석도 가능하다고 본다.

31) Treaty of Peace with Turkey, signed at Lausanne on July 24, 1923 [본서, 제2장, III.1 참조]. 당사국은 British Empire, France, Italy, Japan, Greece, Romania, Kingdom of Yugoslavia Serb-Croat-Slovene State & Turkey이다. Wikipedia,

은 대세적 효력을 가진 특별한 유형의 조약이라는 법률 현실(a legal reality)을 대변한다고 설시하고,[32] 동 제16조 규정에 따라 분쟁도서·암초들에 대해 관련당사국의 후속 결정 시까지 주권 미정의 "객관적 법적지위"(an objective legal status of indeterminacy)[33]를 창설한 조약이라고 규정한 바 있다. 이러한 상설중재재판소의 입장을 대일강화조약상 도서의 지위에 유추하여 대일강화조약 역시 객관적 법적 지위를 창설한 것으로 해석될 수 있는가? 우선 대일강화조약이 객관적 법적 지위를 창설한 것인지의 여부에 대해 일단 부정적으로 본다.[34] 다만 동 조약상 일정한 영토상의 이익을 부여받은 국가는 동 조약의 자국에 대한 구속력을 부인하기 어려울 것으로 본다.

무엇보다도 우리나라, 중국과 러시아 등 3국 모두 대일강화조약의 당사국은 아니지만, 동 조약(제2조) 상 각각 영토상의 일정한 법률상의 이익을 얻은 것은 사실이다. 둘째, 로잔조약이 분쟁도서·암초의 주권귀속 문제에 대하여 추후 '관련당사국'("the Parties concerned")의 결정에 위임하고 있으며(제16조), 또 1947년 대이태리 강화조약 역시 이태리의 구 아프리카 점령지에 대한 최종적 처분 내지 처리는 동 조약 발효 후 1년 이내에 관련당사국(the Parties concerned)에 의하여 결정한다(제23조)고 명시적으로 규정하고 있다.[35] 그에 반해 대일강화조약에는 그러한 명시적

"Treaty of Lausanne", at http://en.wikipedia.org/wiki/Treaty_of_Lausanne (2015. 1. 13 검색).

32) Eritrea/Yemen arbitration, *supra* note 10, paras.153~154.

33) *Ibid.*, paras.164~165, 443 & 445.

34) 수에즈 운하와 같은 국제수로, 우주조약 또는 스발바드(Svalbard) 체제 등이 이러한 객관적 체제에 해당된다고 해석된다. A. Aust, *Modern Treaty Law and Practice* (Cambridge University Press, 2000), pp.208~209; 이석우, "독도분쟁과 샌프란시스코 평화조약의 해석에 관한 소고", 『서울국제법연구』 제9권 1호 (2002. 6), p.121, 129.

35) Treaty of Peace with Italy, signed at Paris, Feb. 10, 1947, *UNTS*, vol.49, 1950, p.3, 139, SECTION IV – ITALIAN COLONIES, Article 23:
"1. Italy renounces all right and title to the Italian territorial possessions in

제7장 對日講和條約과 독도주권 365

규정이 부재하다는 점에서, 전자의 2개 강화조약과 대일강화조약은 영토 처리 관련 법적 효과가 동일하다고 보기 어렵다. 셋째, 대일강화조약에도 불구하고 독도, 센카쿠 열도(조어도) 및 북방 4개 도서의 주권에 관한 논란이 지속되고 있다는 점에서, 동 조약이 이들 도서에 대하여 구체적으로 어떤 객관적 법적지위를 창설하였는지 의문스럽다. 넷째, 연합국은 1946년 연합국 최고사령관 훈령(SCAPIN) 제677호에 의하여 이미 한반도와 독도를 포함한 주변도서를 한국에 원상회복시키고(아래 IV.1 참조), 대일강화조약 체결 당시 이미 한국이 실효지배하고 있었으므로, 동 조약 상의 규정은 그러한 사실을 묵인 또는 법적으로 추인한 효과를 가지는 것으로 해석하는 것이 합리적이다.

특히 독도주권과 관련, 대일강화조약은 한국에 영토관련 '이익'을 부여하면서도 독도에 대해서는 이를 명시적으로 규정하고 있지 않다.[36] 따라서 한국이 동 강화조약의 제3국이라는 이유로 독도 영유권에 관하여 명시적 이익을 부여하고 있지 않은 동 조약의 구속력을 부인할 수 있는가 하는 점이 문제시된다. 그러나 이를 부인하기는 어려울 것으로 보이며,[37]

Africa, i. e. Libya, Eritrea and Italian Somaliland.

2. Pending their final disposal, the said possessions shall continue under their present administration.

3. The final disposal of these possessions shall be determined jointly by the Governments of the Soviet Union, of the United Kingdom, of the United States of America, and of France within one year from the coming into force of the present Treaty, in the manner laid down in the joint declaration of February 10, 1947, issued by the said Governments, which is reproduced in Annex XI.", at https://treaties.un.org/doc/Publication/UNTS/Volume%2049/v49. pdf (2015. 6. 10 검색).

36) Art.2(a): "Japan, recognizing the independence of Korea, renounces all right, title and claim to Korea, including the islands of Quelpart, Port Hamilton and Dagelet.", at https://treaties.un.org/doc/Publication/UNTS/Volume%20136/olume 136-I-1832-English.pdf(2015. 1. 7 검색).

37) 유엔 총회가 채택한 '유엔헌장에 따른 제국민간 우호관계 및 협력에 관한 국제법원칙의 선언'[Res.2625(XXV), A/RES/25/2625, 1970. 10. 24, at http://www.

동 조약은 독도영유권 문제에 관해 제한된 증거능력·증명력을 가지는 것으로 해석된다. 그 근거로서는 1) 강화조약 교섭 당시 한국이 미국 등 연합국 측에 옵서버 자격으로 회의 참여의사를 전달하고 독도 관련 입장을 전달함으로써 조약교섭에 '사실상' 참가했던 점; 2) 조약 제2조 (a)항 상의 이익 부여에 대하여 명시적 반대 의사표시를 하지 않은 점;[38] 3) 한국과 일본 모두 독도를 자국의 영토로 명기해 줄 것을 요구하였다는 점; 그리고 4) 패전국의 법적 책임, 영토처리 문제와 전후 아시아·태평양 지역에서의 '평화체제'의 정착을 목적으로 체결된 강화조약의 법적 성격과 채택목적 등을 들 수 있다.

2. 대일강화조약의 본문·전문과 대상·목적

조약해석의 일반규칙은 조약문의 문맥, 조약의 대상과 목적(object and

---

un-documents.net/a25r2625.htm (2016. 1. 15 검색)]은 국경선을 침범할 목적의 무력 위협·사용의 금지(헌장 제2조 제4항) 원칙을 확인하면서 국제협정에 따른 또는 그에 의해 확립된 국제적 국경선에 대한 협정 당사국 또는 제3국의 존중의무를 규정하고 있다("Every State likewise has the duty to refrain from the threat or use of force to violate international lines of demarcation, such as armistice lines, established by or pursuant to an international agreement to which it is a party or which it is otherwise bound to respect. Nothing in the foregoing shall be construed as prejudicing the positions of the parties concerned with regard to the status and effects of such lines under their special regimes or as affecting their temporary character").

38) 조약의 제3국에 대한 이익 부여에 대하여 그 제3국의 동의를 필요로 하는가에 대해서 조약법에 관한 비엔나 협약은 명시적 규정을 두고 있지 않으나, 이에 관해서는 그 제3국에 대한 권리 부여에 관한 규정(제36조 제1항)을 준용할 수 있다고 해석된다. 즉 이익 부여에 대하여 제3국의 반대의 의사표시가 없으면 이에 동의한 것으로 추정된다고 해석된다. 김명기, "대일강화조약 제2조에 관한 연구", 『국제법학회논총』 제41권 제2호(통권 제80호, 1996. 12), p1, 13·14; 김병렬, "대일강화조약 제2조의 해석", 『국제법학회논총』 제43권 제1호(통권 제83호, 1998. 6), p.17, 37.

purpose of a treaty)에 비추어 그 조약문에 부여되는 통상적 의미에 따라 성실히 해석하여야 하며, 여기에서 문맥은 조약문과 함께 전문(前文: preamble)과 부속서(annex)를 포함한다.[39] 우선 동 강화조약 본문 제2(a) 조 규정에서는 독도의 지위를 명시적으로 규정하지 않음으로써 논란을 야기해 온 것이 사실이다. 이 규정을 그 통상적 의미에 따라 성실하게 해석한다 하더라도 명확한 결론을 내리기 어려운 것이 사실이다. 다음으로 대일강화조약의 채택 대상과 목적(조약법에 관한 비엔나 협약, 제31조 제1항) 및 전문에 합치되도록 해석할 경우[40] 동 조약의 전문에서 언급한 '국제평화와 안전 및 공동번영'을 증진시키기 위한 우호협력의 국제관계 창설이라는 채택목적도 고려되어야 할 것이다.[41] 즉 동 조약 전문은 동 조약이 국제평화와 안전을 유지하기 위한 협력관계를 구축하기로 결의하고 연합국과 일본 간 전쟁상태로 말미암아 초래된 영토문제 등 미해결의 문제를 해결할 강화조약을 체결하기를 희망한다는 의사를 분명히 하고 있다.[42]

따라서 이러한 전문에 입각한 합리적이며 타당한 추론은 우선 대일강화조약에서 일제가 탈취·점령했던 영토의 처리에 관해, 일본이 주장하듯이, 계속 미해결로 두었다거나 또는 독도주권문제에 '분쟁'이 존재한다는 해석은 불가능하다는 것이다.[43] 둘째, 만일 동 조약에서 연합국이 일본

---

39) 조약법에 관한 비엔나 협약, 제31(1)~(2)조.
40) 목적론적 해석(teleological approach)은 문언해석(textual/literal approach)에 우선하기 어렵다. 즉 조약의 목적론적 해석은 조약 본문 문안에 대한 통상의 의미에 따른 해석에 우선할 수 없다. Aust, *supra* note 34, p.188.
41) 조약해석 시 그 전문과 목적을 고려한 판례로는 예컨대 The Temple of Preah Vihear, *supra* note 22, pp.34~35.
42) Treaty of Peace with Japan, *supra* note 29, Preamble, 1st Paragraph: "Whereas the Allied Powers and Japan are resolved that henceforth their relations shall be those of nations which, as sovereign equals, cooperate in friendly association to promote their common welfare and to maintain international peace and security, and are therefore desirous of concluding *a Treaty of Peace which will settle questions still outstanding* as a result of the existence of a state of war between them; …"(italics added).

의 주장대로 일본의 독도 주권을 인정했다면, 그러한 의사는 연합국이 후술하는 연합국 최고사령관 훈령(SCAPIN) 제677호(1946. 1. 29)에서 천명했던 기존입장(한국의 독도주권 인정)을 뒤집는 새로운 SCAPIN을 공포하거나 또는 동 조약 문안에 명시적으로 이를 반영·표시했어야 한다. 셋째, 만일 동 조약이 일본의 독도영유권을 인정했다면, 미국을 포함한 연합국은 동 조약 체결 및 발효 직후 당시 독도를 실효지배하고 있던 한국에 독도의 일본 반환을 촉구했어야 한다. 이러한 해석이 타당한 것이라면, 일본의 독도 영유권 주장은 근거 없는 것이며, 타국의 정당한 영토주권을 침해·훼손하는 도발행위를 구성한다.

3. 카이로·포츠담선언과 항복문서

대일강화조약의 대상과 목적을 해석하는 데 있어서 빠뜨릴 수 없는 중요한 국제문서가 바로 전쟁 승리에 이르기까지 연합국과 일제 간 교환된 성명·선언과 수락문서이다. 즉 카이로선언(Cairo Communiqué)·포츠담선언(Potsdam Declaration)과 일제의 항복문서(Instrument of Surrender)가 그것이다. 연합국 수뇌들은 카이로·포츠담선언을 통해 천명한 전쟁수행의 방향과 전후 영토처리 문제에 관한 지도적 원칙을 천명하였다. 연합국 정상들은 카이로선언(1943. 12. 1)에서 일제가 '폭력과 탐욕'에 의해 불법 탈취한 모든 영토에서 축출, 한국을 독립시킬 것을 결의하고,[44] 포

---

43) See in this context Sovereignty over Pedra Branca/Pulau Batu Puteh, Middle Rocks and South Ledge (Malaysia/Singapore), *supra* note 25, Judgment, *ICJ Reports*, 2008, p.12, paras. 95~98.

44) "Japan will also be expelled from all other territories which she has taken by violence and greed. The aforesaid three great powers, mindful of the enslavement of the people of Korea, are determined that in due course Korea shall become free and independent " at http://www.ndl.go.jp/constitution/o/shiryo/01/002_46/002_46tx.html (2015. 1. 2 검색). 이와 관련, 총 8개 항으로 이루어진 일본의 '항복문서'(1945. 9. 2. 09시 04분 동경만에서 서명)의 제5항

츠담선언(1945. 7. 26)에서 이를 확인하였다. 보다 구체적으로 카이로선언에서 연합국 수뇌들은 일본이 중국인들로부터 탈취한 만주, 대만과 팽호도 등을 중국으로 원상회복시킬 것[45]이라고 선언하였다. 이러한 연합국 수뇌들의 의사표시는 한국의 영토와 법적 지위에 대해서도 이를 준용, 원상회복시킬 것이라는 의사표시로 해석된다. 연합국 수뇌들이 합의·채택한 이 2개 선언은 연합국 수뇌들이 전후 영토처리 방침과 전후질서에 관한 결의와 의사를 표명한 '(공동)선언'으로 해석된다.[46] 한편 일본은 1945년 9월 2일자 '항복문서'에서 이를 수락하였으므로 이 3개 국제문서는 법적 구속력을 가진 '국제협정'을 구성한다.[47]

특히 1943년 카이로선언에서 연합국 정상들은 일제가 탈취한 영토로부터 축출하고 한국민의 '노예상태'에 유의하여 적절한 절차를 거쳐 자유·독립국으로 원상회복시킬 것을 결의하고, 포츠담선언에서 이러한 의사·의지를 보다 구체화하여 명문화하고 있다. 즉 연합국 정상들은 포츠담 선언에서 일본의 영토의 범위를 4개 주요도서로 구체화하면서, 소도서들에 대해서는 이를 추후 결정할 것임을 천명하였다(제8조).[48] 그러한

역시 일본이 포츠담 선언의 규정을 이행하도록 명시하고 있다. 김병렬, 전게각주 38, p.20. 그러나 항복문서 역시 국제법상 전후 영토처리에 관한 최종적 결정으로 간주되는 1차적 증거로 평가하기는 어렵다.

45) "…that all the territories Japan has stolen from the Chinese, such as Manchuria, Formosa, and The Pescadores, shall be restored to the Republic of China.", at http://www.ndl.go.jp/constitution/e/shiryo/01/002_46/002_46tx.html (2015. 1. 2 검색).

46) 제성호, "전후 영토처리와 국제법상의 독도 영유권", 『서울국제법연구』 제15권 1호(2008. 6), p.135, 138.

47) Park Hyun-jin, "SCAPIN 677 as an International Legal Instrument Constituting Both a Root and Evidence of Korean Title to Dokdo", 『Korean Yearbook of International Law』, vol.1(2013), p.123, 125.

48) "8. The terms of the Cairo Declaration shall be carried out and Japanese sovereignty shall be limited to the islands of Honshu, Hokkaido, Kyushu, Shikoku *and such minor islands as we determine*"(italics added), at http://www.ndl.go.jp/constitution/e/etc/c06.html (visited 2014. 10. 22).

권한 위임에 따라 연합국 최고사령부는 후술하는 바와 같이 1946년 1월 SCAPIN 677호를 발령, 일본 영토의 범위를 보다 구체적으로 규정하면서 독도를 일본의 영역에서 분리시킨 것이다. 따라서 대일강화조약 상 한국의 영토관련 조항은 카이로선언, 포츠담선언과 항복문서, 그리고 SCAPIN 677호의 규정과의 유기적 관계(동 조약의 채택 대상과 목적) 속에서 해석하는 것이 당연하다. 즉 당시 연합국 최고사령관(SCAP)은 카이로·포츠담선언과 항복문서에 따라 일제가 "폭력과 탐욕"으로 탈취했던 영토처리에 관한 합법적 권능을 위임받아 그 권능을 적법하게 행사한 것임이 명백하다.

4. 조약본문 상 독도누락의 해석: 현상유지의 묵인

1951년 9월 8일 샌프란시스코에서 조인된 대일강화조약[49]은 "일본은 한국의 독립을 승인하며, 제주도, 거문도 및 울릉도를 포함한 한국에 대한 모든 권리, 권원 및 청구권을 포기한다"고 규정하고 있다.[50] 이러한 대일강화조약 규정은 독도가 명시적으로 포함되지 않았다는 이유로 한국의 독도 영유권을 부인한 조항으로 해석될 수 있는가? 바꾸어 말한다면 강화조약에 독도를 명시적으로 포함시키지 않은 것은 일본의 주장대로 일본의 영유권 주장에 무게(신빙성)를 실어줄 만한 정황으로 해석될 수 있는가? 대일강화조약이 제3국 한국에 일정한 구속력을 가진다면, 동 조약상 독도가 반환되어야 할 영토로 명시적으로 규정되지 않은 점은 어떻

---

49) Treaty of Peace with Japan (with two declarations), *supra* note 29. 이 조약은 일본의 패전 관련 법적 책임과 그로 인한 영토문제 등에 관한 법적 처리를 위한 조약이라는 점에서 '평화조약'보다 '강화조약'이라는 용어가 보다 정확·타당하다고 본다. 또 일본이 동 조약의 해석을 이유로 독도영유권을 주장하는 한, 동 조약에 의하여 한국의 영토주권에 관해 일정한 법익침해가 발생하게 되며 따라서 진정한 동북아평화는 달성되기 어렵다는 점에서도 '강화조약'이라는 용어가 타당하다.

50) Treaty of Peace with Japan, *ibid.*, Art. 2(a), *supra* note 36.

게 해석되어야 하는가?[51]

우리나라의 다수의 학자들은 대일강화조약에서 한국에 반환될 도서로 열거된 도서들은 한국의 3,000여 개에 이르는 도서들 가운데 '대표적' 도서에 국한된 것(소위 '예시규정')이라는 이유로,[52] 또는 일본이 강화조약 교섭 당시 독도를 일본령으로 만들려는 시도가 좌절되어 동 조약에 반영되지 못하였다는 이유로 "독도가 한국 영토로서 계속 유보되어 있었다는 점을 반증하는 것으로 해석함이 합리적"이라고 한다.[53] 실제로 대일강화조약에서 언급하고 있는 제주도는 당연히 그 부속도서인 우도와 마라도를 포함하는 개념으로 이해되며, 특별한 경우를 제외하면 그 부속도서를 일일이 명기하지 않는 것이 일반적이다. 또 예컨대 일본의 '대마도'(對馬島: Tsushima Island)라고 할 때 이는 대마도 본섬과 함께 약 100개의 인접 소도서·암초를 포함하여 이들을 모두 통틀어 집합적으로 이르는 말이 된다.[54]

또 대일강화조약 문안교섭 당시의 준비문서를 보면, 연합국 측은 본시 SCAPIN 제677호와 마찬가지로 조약 문안에 독도를 한국의 영토로 명기하고자 하였으나 일본의 독도 명기 반대로 인해 연합국 측은 한국의 독도주권에 관한 명시적 확인을 유보한 것일 뿐이다. 일본 외무성은 대일

---

51) 1923년 대터키 강화조약(제16조: 본서, 제2장, 각주 40), 그리고 1947년 대이태리 강화조약(제23조: 전게각주 35)은 1998년 에리트레아/예멘 간 중재사건에서 분쟁대상인 홍해상 도서들의 주권귀속에 관해 명시적 처리절차를 규정한 조항을 두고 있다는 점에서 대일강화조약과는 다르다.

52) 이한기, 『한국의 영토』, 전게각주 24, p.269; 정인섭, "국제법 측면에서 본 독도 영유권 문제", 한국정신문화연구원, 「독도연구」 보고논총 96-1 (1996), p.96; 김학준, 「독도는 우리 땅－독도의 어제, 오늘, 그리고 내일」(서울: 도서출판 한줄기, 1996), p.130; 제성호, 전게각주 46, p.147.

53) 제성호, 상게논문, pp.148~150, 특히 각주 28 및 35~36 참조. 김병렬 교수는 미국이 한국의 요청을 받아들이지 않은 점 등에 비추어 당시 "미국이 관여하고 싶지 않다는 생각에서 중립적인 조치를 취한 것으로 보아야 한다"고 주장한다. 김병렬, 『독도냐 다께시마냐』(서울: 다다미디어, 1997), p.215.

54) Wikipedia, "Tsushima Island", at https://en.wikipedia.org/wiki/Tsushima_Island (2015. 6. 12 검색).

강화조약 조인을 앞두고 상당한 준비기간을 거쳐 1947년 6월 「Minor Islands Adjacent to Japan Proper, Part IV, Minor Islands in the Pacific, Minor Islands in the Japan Sea」라는 팸플릿을 간행, 동경 주둔 연합국 최고사령부(SCAP)와 미 국무부에 대대적으로 선전·홍보하였다.[55] 이 팸플릿의 일본어 제목은 「일본의 부속소도」(日本の附屬小島)로서, 여기에서 일본은 울릉도와 독도가 일본의 부속도서라는 '허위사실'을 주장하여 미국 정부의 판단을 오도하려 시도한 것이다. 따라서 대일강화조약 한국 관련 조항(제2(a)조)은 다음 항에서 설명하는 연합국 최고사령관 훈령 SCAPIN 제677호에서 천명된 현상유지(일본 영토에서 독도 배제)를 묵인한 것으로 해석하는 것이 합리적이며 당연하다.[56]

IV. 조약 체결 관련 연합국 문서와 미국의 실행: 보충적 해석수단

대일강화조약의 본문에 비추어 볼 때 독도주권의 귀속여부에 대한 어떤 명확한 결론을 이끌어내기 어렵다. 조약법에 관한 비엔나 협약은 조약해석 목적상 조약의 문맥(context)이라 함은 그 본문, 전문과 부속서와 함께, 1) '조약 체결과 관련하여 하나 또는 그 이상의 당사국이 작성하고 또한 다른 당사국이 그 조약과 관련된 문서로 수락한 문서'를 포함시키고 있다.[57] 또 추가적으로 문맥과 함께 2) "조약의 해석에 관한 당사국의 합의를 확립하는 그 조약 적용에 있어서의 추후의 관행(any subsequent practice)"을 고려할 것[58]을 규정하고 있다.

---

55) 정병준, 『독도 1947 – 전후 독도문제와 한·미·일 관계』(경기 파주: 돌베개, 2010), pp.47~48, 58, 72~73, 76~77, 335 365 & 463.

56) Park, *supra* note 47, pp.130~131.

57) 조약법에 관한 비엔나 협약, 제31(2)(b)조

1. SCAPIN 제677호

일본의 항복으로 태평양전쟁이 막을 내리자 미국을 주축으로 한 연합국은 일본 열도 및 한반도에 진주한 후 점령군으로서 그 최고사령관이 행정·통치권 행사의 목적상 일본 정부에 훈령(SCAPIN) 제677호(1946. 1. 29)[59]를 발령, '일본의 정의'(the definition of Japan)에서 4개 본섬, 그리고 대마도, 북위 30도 이북의 류큐 제도(琉球諸島), 오가사와라 군도(小笠原群島; Bonin Islands),[60] 미나미토리[Minami Tori; 南鳥島; Marcus Island]와 오키노토리(沖ノ鳥島; 중국어 沖鳥礁; Parece Vela) 등 1,000 여 개의 인접 도서를 포함시키고, 독도["Liancourt Rocks (Take Island)"]를 일본의 영토에서 분리시켜(제3항),[61] 독도의 지위를 원상회복시켰다. 또 여기에 「연합국 최고사령관 관할 행정지역도: 일본과 대한민국」(Map of SCAP Administrative Areas: Japan and South Korea)을 첨부하여 양국 간 경계를 명확하게 하였다.[62] 그럼에도 미국은 대일강화조약에서 이를 명시적으로 반영하지는 않았다.

SCAPIN 제677호는 연합국 (수뇌들)의 영토처리 관련 권한 위임(포츠

---

58) 조약법에 관한 비엔나 협약, 제31(3)(b)조.

59) "Memorandum For Imperial Japanese Government on the Governmental and Administrative Separation of Certain Outlying Areas from Japan"으로, 발령주체는 '연합국 최고사령관'(GENERAL HEADQUARTERS, SUPREME COMMANDER FOR THE ALLIED POWERS)으로, 그리고 발령의 객체는 일본 정부로 되어 있다. At http://en.wikisource.org/wiki/SCAPIN677 (visited 2014. 10. 15)

60) 동경 남쪽 약 1,000km 지점에 위치하며, 면적은 약 84km²로서, 이 중에서 사람이 살고 있는 섬은 '치치지마' 섬(父島; 약 2,000명)과 '하하지마' 섬(母島; 약 440명) 뿐이라고 한다. See "Bonin Islands", at http://en.wikipedia.org/wiki/Bonin_Islands (2015. 1. 6 검색).

61) SCAPIN No.677, para.3, at http://en.wikisource.org/wiki/SCAPIN677 (visited 2014. 10. 20); 나홍주, 『독도의 영유권에 관한 국제법적 연구』(서울: 법서출판, 2000), pp.203~222; 신용하, 『한국의 독도영유권 연구』(서울: 경인문화사, 2006), pp.213~219 & 303~310.

62) 신용하, 상게서, pp.218~219 & 311~312; 아래 지도 참조.

담선언, 제8조)에 따라 적법하게 연합국 최고사령관이 내린 명령이며, 카이로·포츠담선언과 항복문서에 입각한 '국제협정'의 규정에 따라 일본의 항복 후 미국 정부가 작성·하달한 2개의 문서와 부합한다.[63] 즉 미국 정부는 「항복 후 미국의 초기 대일본정책」(1945. 9. 22)에서 일본의 주권(영토) 범위를 4개 본도 그리고 카이로선언과 미국이 이미 참가했고 또 앞으로 참가할 기타 협정에 의해 결정될 '주변의 여러 섬들'(minor outlying islands)로 국한시키고,[64] 이어 2번째 훈령, 「일본의 점령·지배를 위한 연합국최고사령관에 하달된 항복 후 기본적 초기지령」(1945. 11. 1)[65]에서 일본의 '지리적 범위'를 4개 본도와 대마도를 포함한 약 1천 개의 '인접 소도서'(smaller adjacent islands)로 보다 구체적으로 규정하여 독도를 배제시켰었다.[66]

특히 SCAPIN 제677호 제6항 상의 배제조항[67] 역시 이러한 문서에 의례적인(customary) 조항으로서, 이는 동 제5항과의 연관 속에서 해석되어야 한다. 제5항은 연합국 최고사령부가 이후 내릴 모든 지시, 각서 및 명령에서 일본의 영토를 별도로 구체적으로 규정하지 않으면 동 훈령에서

---

63) Park, *supra* note 47, pp.125~126.

64) 여기에서 '미국이 이미 참가했던' 협정이란 1945. 2. 11 미·영·소 등 3개국이 서명한 얄타협정을 가리키며, 이 협정은 일본이 탈취한 남 가라후토(사할린)와 쿠릴 열도를 소련에 반환키로 결정한 바 있다. 이상면, "독도 영유권의 증명", 독도학회(편), 『한국의 독도영유권 연구사』, 독도연구총서 10, 2003), p.281, 302; 김학준, "독도를 한국의 영토로 원상복귀시킨 연합국의 결정과정", 독도연구보전협회(편), 『독도영유의 역사와 국제관계』(독도연구총서 1, 1997), p.189, 198.

65) 「연합국최고사령관에 하달된 일본의 점령·지배를 위한 항복 후 기본적 초기지령」(Basic Initial Post-Surrender Directive to the Supreme Commander for the Allied Powers for the Occupation and Control of Japan).

66) 이한기, 『한국의 영토』, 전게각주 24, pp.264~265, 각주 68.

67) "6. Nothing in this directive shall be construed as an indication of Allied policy relating to the ultimate determination of the minor islands referred to in Article 8 of the Potsdam Declaration", at http://en.wikisource.org/wiki/SCAPIN677 (visited 2014. 10. 19). 포츠담 선언 제8조에 대해서는 전게각주 48 참조.

규정한 일본의 영토의 범위는 계속 효력을 가지고 적용되어야 한다고 규정하였다(제5항).[68] 즉 동 훈령 상 규정된 일본의 정의가 향후 연합국 최고사령부가 내릴 지시, 각서 또는 명령에서 별도로 구체적으로 규정되는 경우에는 그에 따르고, 별도로 다르게 규정되지 않는 경우에는 그대로 계속 적용된다는 취지인 것이다. 따라서 동 훈령이 발령된 이후 대일강화조약의 채택 시까지 동 훈령상의 한국과 일본의 영역을 변경한 별도의 추가적인 훈령, 지시나 각서가 없었다면, 그리고 동 조약에서 이를 명시적으로 뒤집어 일본의 영토를 새로 규정하지 않았다면, SCAPIN 제677호에서 규정한 한국과 일본의 영토 관련 규정-즉 독도가 포함된 대한민국-은 대일강화조약 채택 이후에도 계속 법적으로 유효하다는 해석이 합리적이다. 또한 법 해석의 일반원칙 상 한·일 양국을 구속하는 것으로 해석하는 것은 당연하다.[69]

바꾸어 말한다면, 미국과 연합국의 국가실행 상 독도주권문제에 관한 아무런 추가적인 별도의 훈령·지시 또는 각서가 없었다는 점에서 SCAPIN 제677호에서 규정된 일본의 정의는 구 일본의 영토처리에 관한 최종적인 결정·처분이며 따라서 이후 계속 유효한 것으로 해석하는 것이 합리적이며 당연하다(국경선 안정성의 원칙).[70] 그렇지 않으면 분쟁유발을 조장하고 국경 불안정을 초래하여 평화에 대한 위협을 야기할 것이기 때문이고 이는 대일강화조약의 취택 목적과 취지에 반하는 것임은 명백하다. 이후 독도주권 문제에 관해 연합국 최고사령관에 의한 별도의 새로운 각서, 명령 또는 훈령이 부재한 것은 SCAPIN 제677호가 이 문제에

---

68) "5. The definition of Japan contained in this directive shall also apply to all future directives, memoranda and orders from this Headquarters unless otherwise specified therein", at http://en.wikisource.org/wiki/SCAPIN677 (visited 2014. 10. 19).

69) 정태만, 『17세기 이후 독도에 대한 한국 및 주변국의 인식과 그 변화』, 박사학위논문, 단국대학교, 2014, p.169.

70) 본서, 제6장, VI.3 참조

관한 최종·확정적 결정임을 시사한다. 형사, 민사사건을 막론하고 일사부재리의 원칙(*non bis in idem*)은 문명국이 확립하고 있는 법의 일반원칙71)일 것이기 때문이다.72) 결국 연합국들이 포츠담 선언(제8조)을 통해 연합국 최고사령관에 구 일본 영토처리에 관한 권한을 위임하고, 이에 따라 동 사령관이 SCAPIN 제677호를 통해 규정한 일본의 정의의 국제법상 효력은 이를 계속 그대로 유지하는 것이었다고 추론하는 것이 당연하고 타당하다.

만일 일본 측이 당시 그러한 연합국과의 합의에도 불구하고 독도가 자신의 영토라고 주장할 만한 확고한 증거를 가지고 있었다면, 이를 근거로 연합국 최고사령부에 명시적인 이의를 제기하여 연합국 측에 수정을 요구하고 이를 대일강화조약 본문에 반영시켰어야 한다. 그렇지 않다면, 일본이 SCAPIN 제677호 및 그 첨부지도 상의 한국과 일본의 영역을 묵인한 강력한 증거가 된다. 또 만일 대일강화조약 문안 교섭 당시 연합국이 SCAPIN 제677호에서 천명된 결정을 바꾸어 독도를 일본 영토에 포함시키고자 했다면, 이를 '최종' 영토처리·확인 문서인 대일강화조약 본문에서 독도에 대한 영유권 귀속주체를 '명시적으로' 규정하거나, 아니면 적어도, 전술한 바(상기 III.1), 대터키 강화조약 및 대이태리 강화조약에서와 같이, 추후 그 처리방식·절차에 관해 명시적으로 규정했어야 하는 것이 당연하다.

이러한 해석은 대일강화조약 본문 규정과도 합치하는 합리적인 해석이 아닐 수 없다. 왜냐하면 동 조약은 본문에서 "일본은 (미군) 점령 기

---

71) The Law Dictionary Featuring Black's Law Dictionary Free Online Legal Dictionary, 2nd edn., "What is NON BIS IN IDEM?", at http://thelawdIctIonary. org/non-bis-in-idem/ (2015. 7. 21 검색).

72) 국제사법재판소 규정(제61조 제1항 및 제4항)은 재판소의 판결에 대한 재심청구는 판결 선고 당시에는, 과실이 아닌 사유로, 재판소와 재심청구를 신청하는 당사국 모두에 알려지지 않았던 결정적인 요소로 될 성질을 가진 어떤 사실이 새로 발견된 경우에 허용된다고 규정하고 있다.

간 중 점령당국의 지령에 근거하여 또는 그 결과로 행한, 또는 당시 일본 법에 의하여 승인된 모든 작위와 부작위의 유효성을 인정한다"고 명시적으로 규정하고 있기 때문이다.[73] 즉 SCAPIN 제677호의 효력을 추후 정지·변경시키기 위해서는 구일본의 영토처리에 관한 최종적 국제문서인 대일강화조약 본문에서의 명기가 요구된다고 해석하는 것이 타당하다. 실제로 대일강화조약 교섭 당시 연합국들이 SCAPIN 제677호에서 제외된 독도를 일본 영토에 다시 포함시키고자 했다는 확고하고 일관된 증거는 부재하다. 결국 대일강화조약이 독도주권 문제에 관해 명시적 언급을 하지 않은 것은 당시 일본이 연합국 측을 설득하여 기존 입장을 변경시키는 데 실패한 것이며 이로써 문제는 종결된 것이다[Res judicata("a matter [already] judged"); The case has been closed].

2. SCAPIN 제677호 첨부지도

「연합국 최고사령관 관할 행정지역도」(1946, 좌)와 「일본영역참고도」(1951)[74]

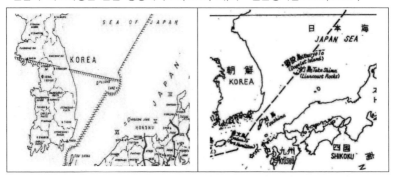

---

73) Treaty of Peace with Japan, *supra* note 29, Art.19(d)["Japan recognizes the validity of all acts or omissions done during the period of occupation under or in consequence of directives of the occupation authorities or authorized by Japanese law at that time…"].

74) 정태만, "샌프란시스코조약과 「일본영역참고도」", 독도연구포럼 주최 세미나 발표논문(한국프레스센터, 2014. 11. 17), p.12에서 전재.

일제의 항복으로 한반도와 일본에 진주한 연합국 최고사령부는 전술한 바와 같이 통치·행정목적으로 '피점령지역'인 한국과 일본의 영토범위를 정한 SCAPIN 제677호를 발령하여 한국과 일본의 영토를 각각 열거하면서 독도["Liancourt Rocks (Take Island)"]를 일본의 영토에서 분리·제외시켜 한국령으로 규정하고, 동 훈령에 입각, 「연합국최고사령관 관할 행정지역도」를 첨부하였다. 영유권·국경 분쟁 관련 국제판례가 확립하고 있는 원칙에 의하면 이 지도는 적어도 2차적 증거가치를 가지는 예시지도로서의 지위를 가지는 것으로 해석된다.[75]

3. 강화조약 체결 관련 문서: 「구일본 영토처리에 관한 합의서」와 첨부지도

조약법에 관한 비엔나 협약은 조약의 해석 목적상 조약의 '문맥'에는 '조약 체결과 관련하여 하나 또는 그 이상의 당사국이 작성하고 또한 다른 당사국이 그 조약과 관련된 문서로 수락한 문서'를 포함한다고 규정한다[제31(2)(b)조]. 이 규정에 따른다면 대일강화조약의 문맥 해석의 목적상 1950년 연합국이 작성한 「구일본 영토처리에 관한 합의서」(Agreement Respecting the Disposition of Former Japanese Territories between the Allied and Associated Powers)를 포함할 수 있을 것이다. 이 합의서에는 지도가 첨부되어 국경을 예시하고 있다.[76]

---

75) 본서, 제9장 참조; 신용하(편), 『독도영유권 자료의 탐구』 제3권(독도연구총서 7, 서울: 독도연구보전협회, 2000), pp.254~255.

76) Article 3: "The Allied and Associated Powers agree that there shall be transferred in full sovereignty to the Republic of Korea all rights and titles to the Korean Mainland territory and all offshore Korean islands, including Quelpart(Saishu To), the Nan how group (San To, or Komun Do) which forms port Hamilton(Tonaikai), Dagelet Island (Utsuryo To, or Matsu Shima), Liancourt Rocks (Takeshima), and all other islands and islets to which Japan had acquired title lying outside … and to the east of the meridian 124° 15′

이 합의서는 연합국이 대일강화조약을 체결하기 전인 1947년부터 1950년까지 구일본의 영토처리의 원칙을 사전에 합의하여 총 5개항으로 작성한 문서로서, 연합국은 이 합의서에서 독도를 한국의 영토로 판단하여 한국에 귀속시키기로 합의하였다(제3조).[77] 이 합의서는 또한 대일강화조약에 대한 연합국의 준비문서(preparatory work)로서의 성격도 가진다고 해석된다. 혹자는 이 합의서가 연합국 간 합의로서 조약법에 관한 비엔나 협약이 규정하는 강화조약의 다른 일방 당사국인 일본이 포함되어 있지 않다는 주장을 제기할지도 모른다. 그러나 일본이 1945년 항복 문서에서 포츠담 선언 제8항의 영토문제에 관한 항복조건을 수락한 사실, 그리고 후술하는 바와 같이, 연합국 최고사령부가 1946년 SCAPIN 제677호에서 독도를 일본의 영토에서 제외시켜 일본 정부에 훈령한 바를 함께 고려한다면, 일본이 항복 당시 이미 '구일본 영토처리에 관한 합의서'에 묵인한 것으로 해석하는 것은 불합리하지 않다.

4. 연합국 및 미국의 실행

대일강화조약 체결 이전 미국과 연합국의 국가실행은 일관성 있게 한국의 독도영유권을 인정하고 있음을 볼 수 있다. 전술한 카이로·포츠담 선언, 일본의 항복문서(1945. 9. 2), 연합국 최고사령관 훈령(SCAPIN) 제677호와 첨부지도, 그리고 동 제1033회[1946. 6. 22: '일본인의 어업 및 포경업의 허가구역'(통칭 맥아더 라인)]를 통해 일본인의 독도 접근을 금

E. longitude, north of the parallel 33° N. latitude, and west of a line from the seaward terminus of the boundary approximately three nautical miles from the mouth of the Tumen River to a point in 37° 30′ N. latitude, 132° 40′ E. longitude. *This line is indicated on the map attached to the present Agreement* (italics added), at http://en.wikisource.org/wiki/Draft_Treaty_of_Peace_With_Japan (visited 2014. 10. 22); 신용하, 전게각주 61, p.223.

77) 신용하, 상게서, pp.221, 234, 314~ 316 & 358.

지하는[78] 등 연합국과 미국의 국가실행은 일관성 있게 한국의 독도영유
권을 인정하고 있다.

대일강화조약 조인에 앞서, 주미 한국대사는 1951년 7월 19일자 서한
에서 강화조약 제2(a)조를 개정하여 독도를 포함시켜 줄 것을 공식 요청
하였으나 미국 국무성은 조약 조인 약 한 달 전인 1951년 8월 10일자 러
스크(Dean Rusk: 1909~1994) 동아시아태평양담당 차관보 명의의 답신에
서 "미국이 가진 정보"에 따라 독도를 1905년 이후 일본 시마네현 오키
제도의 관할하에 있는 일본영토로 인정하면서 한국의 강화조약 참가 요
청을 거부하였다고 한다.[79] 그러나 강화조약 체결 후 1953년 11월 19일
및 12월 4일자 덜레스(John Foster Dulles: 1888~1959) 국무장관의 비망록
등 미 국무성이 독도문제에 관하여 내부입장을 정리해 놓은 보고서에 의
하면 국무성은 강화조약에 독도가 누락된 경위를 상세히 기술한 뒤, 동
조약 규정[제2조 (a)항]의 해석상 독도를 일본의 주권 하에 남겨둔다는 법
적 결론을 수반하는지에 대한 의문을 제기하면서, 러스크 차관보의 답신
이 역사적 사실에 대한 충분한 이해에 근거한 것인지 논란이 있을 수 있
음을 지적하고 있다.[80]

또 일본 측이 주장하는 영유권의 근거인 선행 행위, 즉 1905년 시마네
현 독도 '편입'조치의 적법·유효성에 대한 법적 평가 없이 모호한 강화조
약 본문규정만으로 영유권 주장에 대한 최종적 결론이 내려질 수는 없다.
또 미국 국무성은 지난 2008년 7월 미국 지명위원회(Board on Geographic

---

78) 신용하, 상게서, pp.310~313.
79) 이석우, 『동아시아의 영토분쟁과 국제법』(경기 파주: 집문당, 2007), p.200; 김
   영구, "샌프란시스코 강화조약과 독도의 지위", 한국해양연구원 주최 "역사와
   과학으로 본 우리영토 독도 심포지엄"(2008. 8. 13, 서울 롯데 호텔) 「발표자료
   집」, p.59, 70; 이석우, 『일본의 영토분쟁과 샌프란시스코 평화조약』(인천: 인
   하대 출판부, 2005), pp.70~71.
80) 김채형, "샌프란시스코 평화조약상의 독도영유권", 『국제법학회논총』제52권 제
   3호(통권 제109호, 2007. 12), p.103, 118~119; 정병준, 전게각주 55, pp.67~68.

Names)가 웹사이트에 독도를 '주권 미지정'(undesignated sovereignty) 지역으로 게시하여 야기된 소동 가운데에서도 적어도 공식·형식적으로는 '중립적 입장'임을 천명한 바 있다.[81] 강화조약 조인 이후 미국은 독도문제는 당사국간 평화적으로 해결할 문제라는 원론적 입장에서 '중립'을 유지하고 있다.[82]

V. 준비문서와 대일강화조약 체결 시의 사정

1. 준비문서

조약법에 관한 비엔나 협약은 이러한 조약해석 규칙에 따라 성실하게 해석하더라도 그 의미가 모호하거나 명백히 불합리한 결과에 이르는 경우에는 다음으로 준비문서(*travaux préparatoires*; preparatory work) 그리고 조약 체결 시의 사정(the circumstances of its conclusion) 등 보충적 해석수단에 의존할 수 있다고 규정하고 있다.[83] 여기에서 '교섭기록'이라 함은 조약 초안과 회의기록 등을 포함하는 것으로 해석된다.[84] 태평양전쟁 직후까지 미국의 입장은 카이로·포츠담선언에서 보듯, 영토문제에 있어서 패전국의 응징·책임 등 원칙을 중시하는 입장을 견지하였으나, 전후 대일강화조약 교섭과정에서는 냉전(冷戰; Cold War) 등의 이유로 독도문제 등에 있어서 일본 측 입장에 유연한 입장으로 선회하였다.

우선 조약 초안을 보면 1947년 3월 19일 제1차 초안에서 1949년 12월

---

81) Park Hyun-jin, "Dokdo belongs to Korea — Legal scholar says evidence overwhelming in sovereignty dispute over the islets", an e-mail interview with The Korea Herald, 2008. 8. 4, p.4.

82) The Korea Times Oneline, "US Insists on Neutrality on Islets", 2008. 7. 29.

83) 조약법에 관한 비엔나 협약, 제32조.

84) Aust, *supra* note 34, pp.197~198; 제성호, 전게각주 46, p.152.

19일 초안까지(1949년 12월 8일 초안 제외) 우리 영토로 명기되었던 독도가 1949년 12월 29일 이후 초안[85]에서 빠진 점은 일견 우리 측에 상대적으로 '불리한' 것으로 해석하기 쉽다. 그러나 이 역시 영국과 호주 그리고 미국 간 의견 대립에 의하여 야기된 연합국 내부의 상반된 입장이 드러난 것일 뿐이다. 즉 1949년 12월 29일 초안에서 '일본의 영토'로 명시되었다가 1950년 8월 7일 이후 1951년 8월 13일 최종 초안까지는 거의 일관되게 조약 제2(a)조상의 현재 문안을 유지한 것은[86] 연합국이 일본의 집요한 반대로 한국의 독도영유권을 공식·명시적으로 확인·승인하려던 원래의 입장을 단지 유보한 것으로 해석하는 것이 타당하다. 따라서 동 조항 상 현재의 문안을 놓고 연합국측이 한국의 독도영유권을 철회한, 또는 일본의 독도영유권을 인정한 의사표시로 해석하는 것은 어불성설이 아닐 수 없다.

2. 조약 체결시의 사정

대일강화조약 교섭 당시 우리 정부는 독립군이 중국군과 함께 연합군 작전에 참여한 사실, 만주지방에서 장기간 군사적 항일투쟁을 전개한 사실, 그리고 독립군 특수부대가 미·영과 합동작전을 수행한 사실 등을 근거로 미국 정부 측에 공식, 비공식 경로를 통해 협상자의 자격 또는 자문역으로 회의 참여를 희망하는 의사를 여러 차례 표시하였다.[87] 우리 정

---

85) 과거에는 대일강화조약 준비문서를 1~9차 초안으로 분류하였으나, 최근의 연구에서는 문서작성 일시와 문서번호에 따라 총 19차 초안으로 세분하여 논의하여야 한다는 주장이 제기되고 있다. 이석우, 『동아시아의 영토분쟁과 국제법』, 전게각주 79, pp.174~177 및 p.176, 〈표 2〉 참조. 이 글에서는 가급적 각 초안 작성일시를 명시하는 방식을 택하였다.

86) 김채형, 전게각주 80, pp.118~119 & 120 참조.

87) 김영구, 전게각주 79, pp.61~62, 연합국 최고사령관 맥아더 장군 등은 우리 정부의 입장에 이해와 공감을 표시한 것으로 알려지고 있으나, 미국 국무성은 우리 정부의 요청을 검토하면서 1910년 한일병합조약이 미국 정부가 승인한 적

부는 또 주미 한국대사를 통해 1951년 7월 19일자 서한에서 강화조약 제 2(a)조를 개정하여 독도를 포함시켜 줄 것을 공식 요청하였다. 그러나 미국 국무성은 전술한 바와 같이(상기 IV.4) 동년 8월 10일자 러스크 차관보 명의의 답신에서 이를 거부하면서 우리 측의 강화조약 교섭 참가 요청 또한 거부하였다고 한다. 강화조약 문안 교섭·채택과정에서 일본이 펼친 총력 외교전은 상당부분 이미 알려져 있다. 요시다 시게루(吉田茂) 수상이 이끄는 일본의 집요한 로비 그리고 연합국최고사령부 및 주일 미국대사관의 정치고문을 역임한 시볼드(William J. Sebald: 1901~1980)의 주장 등으로 1949년 12월 29일 초안에서 독도가 한국의 영토라는 내용이 삭제되고 대신 제6차 미국의 초안 제3항(일본 영토)에서 독도가 심지어 '다케시마(리앙쿠르 암)'라는 지명으로 일본의 영토로 둔갑하게 되었다고 한다.[88]

특히 시볼드는 1949년 11월 14일 및 11월 19일 등 2차례에 걸쳐 국무성에 공문을 보내 독도가 일본 영토임을 주장하면서 이를 강화조약에 반영할 것을 요청하였다고 한다.[89] 그러나 이러한 그의 로비는 영국, 뉴질랜드, 호주 등 다른 연합국의 반대와 미국의 거부로 성공하지 못하였다.[90] 특히 영국은 전술한 1950년 「구일본 영토처리에 관한 합의서」에서 합의된 입장을 거듭 확인하면서 3차에 걸쳐 독자적인 초안을 작성하였다.[91] 또 강화회의 당시 미국대표단의 덜레스 특사는 조약 조인 3일 전인 1951년 9월 5일 기조연설을 통해 '한국을 많은 의미에서 연합국의 한

법하게 발효된 조약이며 상해임시정부는 국가 또는 교전당사자 등 하등의 국제법상 주체로서의 지위를 인정할 수 없으며, 독립군의 연합군과의 공동작전 수행도 인정하지 않았다는 입장을 표명했다고 한다. Official Letter dated Aug. 9, 1951 from the Secretary of State Dean Rusk to Korean Ambassador Yang, 김영구, pp.62~63에서 재인용.

88) 김영구, 상게논문, p.61; 신용하, 전게각주 61, p.321.
89) 김채형, 전게각주 80, p.113.
90) 신용하, 전게각주 61, p.363.
91) 신용하, 상게서, pp.234~235.

구성국으로 취급하고', 일본의 영토는 포츠담 선언에서 규정한 일본의 항복조건(제8조)의 내용을 구체화한 것이라는 미국의 입장을 표명하면서, 다만 일본에 남게 되는 '소도서들'(minor islands)의 구성에 대하여 명확히 규정하지 못한 점을 인정한 바 있다.[92]

3. 일본의 국가실행: 대일강화조약 비준동의 관련 「일본영역 참고도」

조약법에 관한 비엔나협약 상 조약 적용에 관한 일본의 추후 관행과 관련, 최근의 한 연구에 의하면 대일강화조약 체결 당시 일본 정부는 의회에 비준 동의를 요청하면서 1951년 8월 자국 해상보안청(海上保安廳: Kaijō Hoan-chō)이 제작한 「일본영역참고도」(「日本領域參考圖」)를 첨부하여 동년 10월 자국 의회에 제출한 것으로서, 이 지도에서 독도는 한국령으로 표시되어 있다고 한다.[93] 일본 의회는 이 지도를 참조하여 대일강화조약에 대한 비준동의를 하고, 일본 정부는 1951년 11월 28일 비준서를 미국 정부에 기탁함으로써 비준절차를 완료하였으며,[94] 동 조약은 전술한 바와 같이 1952년 4월 28일 일본에 대하여 발효하였다.

---

92) 김채형, 전게각주 80, pp.112~113 & 120; 김영구, 전게각주 79, pp.77~78.
93) 정태만, 전게각주 69, p.165, 〈그림 18〉. 그는 이러한 사실과 지도를 일본 국회의 속기록을 통해 확인하였다고 한다.
94) 정태만, 전게각주 74, p.20.

일본 해상보안청 제작 「일본영역참고도」(1951. 8)[95]

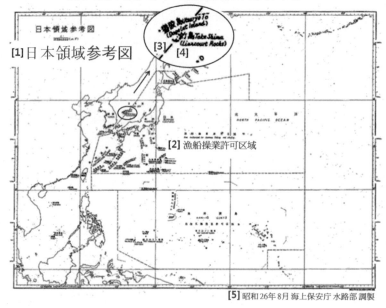

[5] 昭和 26年 8月 海上保安庁 水路部 調製

이 지도의 우측 하단에는 "[5] 昭和 26年 8月 海上保安廳 水路部 調製"
(소화 26년 8월 해상보안청 수로부 조제)라고 표시되어 있어 이 조약의
당사국인 일본의 중앙행정기관이 제작한 공인지도임을 명시하고 있다.
이 지도가 당시 일본 정부가 의회에 제출한 원본지도의 사본으로서 독도
를 일본 영역에서 제외한 것이라면, 이는 대일강화조약의 해석과 관련한
일본 정부의 공식입장을 표시한 의사표시로서 일본 스스로 독도권원의
부재를 자인한 증거로 해석된다. 이 내부지도는, 확립된 영토분쟁 관련
국제판례에 의하면, 대일강화조약 서명·채택 직후 독도주권 귀속 주체에
대한 일본의 인식을 반영하는 '사실의 기술'에 해당하며,[96] 따라서 당연

---

95) 정태만, 상게논문, p.10에서 전재 및 정태만, 전게각주 69, p.165 참조.
96) Minquiers & Ecrehos case, *supra* note 25, p.71; 본서, 제8장, III.1 & III.3 및
    제9장, VI.2 참조,

히 일본에 대한 법적 구속력을 가진다.

동 조약 비준동의를 위한 중의원 외무위원회 토론과정에서 한 의원이 동 지도를 「부속지도」로 언급하고 있는 점[97]도 이 지도의 일본 정부의 공인지도로서의 공식적 지위·가치를 인정하고 있는 것으로 평가된다. 이 지도는 특히 지도 우측 하단에 제작 주체(출처)와 제작 시기가 명시되어 있어 그 증거가치가 크다고 볼 수 있다. 또 이 지도는 후술하는 바와 같이 카이로·포츠담선언과 항복문서에 의거하여 연합국 최고사령관이 훈령(SCAPIN) 제677호(1946. 1. 29) 및 그 첨부지도를 통해 일본의 영토의 범위를 규정하고 이를 일본 정부에 훈령한 바에 따라 일본이 부담한 의무의 내용을 충실히 이행하려 한 증거로 해석된다. 동 조약의 비준동의를 위한 일본 의회 내 토론과정에서 이 지도가 일본의 '어선조업허가구역'을 표시한 지도라는 주장이 제기되었다고 한다.[98]

그러나 이 지도는 첫째, 좌측 상단에 가장 큰 활자로 "[1] 日本領域參考圖"라고 표시하고 있으며, 이는 이 지도가 1차적으로 일본의 주권의 범위와 한계를 구체적으로 규정하기 위한 지도로 해석하는 것이 당연하다. 이는 동 지도 우측 상단에 "[3] 鬱陵島"(울릉도), "[4] 竹島"(죽도)를 표시하면서 일본이 주장하는 어선조업허가구역을 표시한 점선 밖에 표시한 것도 이러한 해석을 뒷받침한다. 또 대일강화조약의 1차적 목적이 일제의 전쟁·패전 책임을 규정하고 일제가 '폭력과 탐욕'(카이로선언)으로 탈취한 영토문제를 처리·원상회복시키기 위한 조약이라는 점에 비추어 일본 정부가 이 조약에 대한 비준을 목적으로 의회의 비준동의를 요하는 국내법 요건에 따른 절차를 밟으면서 국제법상 '새로운' 일본 영토(의 범위)를 규정한 것이 아니라 단순히 일본어선의 조업허가구역을 표시하기 위한 지도를 사용했다는 해석은 하등 설득력이 없다.[99]

97) 정태만, 전게각주 69, p.164.
98) 정태만, *ibid.*, p.163.
99) 정태만, 보도자료(2014. 11. 17), p.7.

또 설령 일본 정부가 당시 이 지도를 그러한 목적으로 사용하였거나 또한 그러한 목적으로 사용할 의도였다고 하더라도(주관적 의사), 법적 관점에서 볼 때, 그러한 의사의 법적 효과는 문자로 표시된 지도의 제목과 제작 당시의 사정을 고려하여 객관적·종합적으로 판단될(본서, 제5장, Ⅵ.1) 문제이다. 따라서 이 지도는 일본의 영역의 범위를 표시한 지도로 해석하는 것이 보다 합리적이다. 둘째, 다만 이 지도 우측 중앙부 일본 열도 동쪽에 기재된 "[2] 漁船操業許可區域"(어선조업허가구역)이라는 한자 문구는 이 지도가 부차적으로 일본 어선의 조업허가 범위(점선)를 표시한 것으로 해석될 수 있다.[100] 셋째, 이 지도에서 어선조업허가구역으로 표시된 점선은 독도 부근에서 남쪽으로 호(弧) 내지 반원 모양으로 휘어져 "[3] 鬱陵島"(울릉도), "[4] 竹島"(죽도) 아래쪽으로 그어져 있다. 이는 독도가 일본 영역에서 제외된다는 사실을 명백히 한 당시 일본 정부의 인식과 의사표시로 해석된다.

「일본영역참고도」의 법적 성격·지위와 관련, 현재로서는 이 지도가 공식문서(예컨대 일본 정부의 대일강화조약 비준동의 요청서)에 부속된 인증지도인지의 여부는 확실치 않으나, 지도의 제목이 표시하고 있듯이 일단 참조목적으로 제작된 예시지도로 판단된다. 중요한 점은 부속·인증지도 또는 예시·참조지도의 여부가 아니라,[101] 「일본영역참고도」가 팔마스 섬 중재사건에서 후버 중재재판관이 증거능력 판단의 1차적 기준으로 제시한 공인·준공인지도의 객관성·중립성·불편부당성의 요건[102]을 충족

---

100) 다만 이 지도에서 ─ 그리고 SCAPIN 제677호 첨부지도에서 ─ 당시 일본이 주장하는 '어선조업허가구역'을 표시한 점선이 독도 북쪽으로 그어져 있는 점은, 현재 일본이 양국 간 배타적 경제수역의 경계를 울릉도-독도 간 중간선으로 주장하고 있는 점과 맥을 같이 하고 있다는 점에서 우리 측이 적절한 기회가 있을 때마다 이를 인정하지 않는다는 분명한 의사표시와 일관된 행동을 계속하는 것이 중요하다.

101) 본서, 제9장, Ⅲ.4 및 제10장, Ⅱ 참조.

102) 본서, 제10장, Ⅳ.1.

한다는 점이다. 또 지도를 발간·간행하게 한 정부가 그러한 지도를 통해 자국의 주권주장을 하지 않을 때 특별한 중요성을 가지게 된다.[103] 그러한 증거는 특별한 신빙성을 가지고 특별한 증거가치(증명력)을 인정받을 수 있다. 즉 일본 스스로 독도에 대한 주권을 부인한 지도라는 점에서, 「기죽도약도」 및 SCAPIN 제677호 첨부지도와 함께, 1951년 체결된 대일강화조약 상 독도주권 귀속 주체의 해석에 관한 결정적 증명력을 가지는 3 대지도의 하나로 해석된다. 조약의 비준동의를 요청하기 위해 의회에 제출된 문서, 자료와 지도 등은, 군사작전명령이나 작전계획과는 달리, 결코 비밀문서로 볼 수 없다.[104] 「일본영역참고도」는 조약의 해석에 관련한 당사국의 관행(국가실행: state practice)을 구성하며, 일본의 독도영유권 주장이 근거 없는 주장임을 입증하는 중요한 증거를 구성한다. 또 이는 「일본영역참고도」가 1870년 외무성문서, 1877년 일본 태정관 지령문서와 부속지도(「기죽도약도」)에 이어 일본이 일관되게 한국의 독도주권을 인정하고 있음을 보여주는 명백한 증거이다.

4. 일본 대장성령 제4호와 총리 부령 제24호

대일강화조약 체결 이전 일본의 관행 역시 독도를 일본의 영토에서 제외시켰음이 드러나고 있다. 일본 대장성령 제4호(1951. 2. 13)와 총리 부령 제24호(1951. 6. 6)[105]에서 독도를 '본방'(本邦=일본의 영역)의 범위에서 제외시켰다.[106] 이러한 일본의 국가실행은 전술한 연합국 최고사령관

---

103) Island of Palmas arbitration, 1928, *UN RIAA*, vol.2, 1949, p.831, 852.
104) See Malaysia/Singapore case, *supra* note 43, paras.242~243.
105) 정식 명칭은 "조선총독부 교통부 공제조합의 본방 내에 있는 재산처리에 관한 정령(政令)의 시행에 관한 총리부령 제24호"이다. 나홍주, "독도문제의 실체와 그 대응책 – 독도관계 일본 총리부령 제24호(1951. 6. 6)와 스카핀(SCAPIN) 제677호 (1946. 1. 29) 비교 고찰을 중심으로", 『독도연구』 제6호(2009. 6), pp.7, 23.
106) 김명기, "일본 총리부령 제24호와 대장성령 제4호에 의한 한국의 독도 영토주권의 승인", 『독도연구』 제9호(2010. 12), p.177.

이 훈령(SCAPIN) 제677호(1946. 1. 29) 및 예시지도를 통해 일본의 영토의 범위를 규정하고 이를 일본 정부에 훈령한 바와 일치시켜 동 훈령의 내용을 충실히 이행하려 한 것으로 해석된다.[107] 따라서 대일강화조약이 독도를 명시적으로 한국령으로 규정하지 않았다고 하더라도 동 조약 체결 전후에 취해진 이러한 일련의 일본의 법령·시행령 및 지도 등에 의하여 대외적으로 객관적으로 천명된 국가의 구체적 의사표시와 국가실행은 한국의 독도 주권을 객관적으로 입증하는 1차적 증거이다.

특히 이러한 해석은 대일강화조약의 규정에 비추어서도 정당화될 수 있다. 동 조약은 전술한 바와 같이 "일본은 (연합국) 점령 기간 중 점령 당국의 지령에 근거하여 또는 그 결과로 행해진, 또는 당시 일본법에 의하여 승인된 모든 작위와 부작위의 유효성을 인정한다"고 규정하고 있다 [제19(d)조].[108] 대일강화조약은 또 그 전문에서 명시적으로 일본의 항복 후 국내입법(post-surrender Japanese legislation)을 언급하면서 그 효력을 인정하고 있다.[109] 동 전문은 일본이 「세계인권선언」의 목적 달성을 위한 노력, 그리고 국제연합헌장 제55~56조에 규정된, 그리고 일본이 항복 후 국내입법을 통해 이미 시작한, 일본 내 안정·복지의 여건조성 노력을 명시적으로 언급하여 이를 긍정적으로 평가하고 있다. 위에서 언급한 일본 대장성령 제4호와 총리 부령 제24호는 구 조선총독부의 일본 내 재산

---

107) 일본 마이니치(毎日) 신문사는 대일강화조약이 일본에 대하여 발효(1952. 4. 28)한 후인 1952년 5월 「일본영역참고도」를 표지에 실은 『대일평화조약』 책자를 발간했다고 한다. 정태만, 전게각주 69, p.164.

108) 본장, 상기 IV.1, 각주 73 참조.

109) Treaty of Peace with Japan, *supra* note 29, Preamble, 2nd Para.: ""Whereas Japan for its part declares its intention to apply for membership in the United Nations and in all circumstances to conform to the principles of the Charter of the United Nations; to strive to realize the objectives of the Universal Declaration of Human Rights; to seek to create within Japan *conditions of stability and well-being* as defined in Articles 55 and 56 of the Charter of the United Nations *and already initiated by post-surrender Japanese legislation*; …" (이탤릭은 필자).

처리를 위한 입법으로서 대일강화조약 전문에서 언급하는 복지 관련 법령에 해당한다.

따라서 일본이 대일강화조약 조인에 앞서 자국 국내법령에서, 그리고 일본 정부가 동 조약 비준동의를 위해 자국 의회에 제출한 문서 에 첨부한 「일본영역참고도」에서 독도를 자국 영역으로부터 명시적으로 제외시킨 사실은 그 법적 성격상 일본이 포츠담선언을 수락한 「항복문서」에 이어 SCAPIN 제677호 상 연합국에 의한 구일본의 영토처리 결과에 따른 국제의무를 이행하는(상기 III.3) 일련의 국내법적 조치임은 물론이다. 이러한 일본 국내입법은 전술한 바와 같이 동 조약 규정[제19(d)조]에 비추어서도 국제법상 적법·유효한 법률행위이며, 따라서 동 조약의 일방 당사국인 일본을 구속하는 행위임은 의문의 여지가 없다.

VI. 대응 전략: 권원강화 연구 및 일관된 국가실행

1. 일본의 선택과 딜레마: 대일강화조약상 독도와 쿠릴열도

일본 역시 대일강화조약상 쿠릴열도를 명시적으로 포기하였으므로 선불리 동 조약을 근거로 독도영유권에 관한 공세적인 국제법상의 조치를 취하기 어려운 딜레마에 처해 있다. 또 당시 덜레스 특사의 공식 입장천명과 최근 발견된 미국 국무성 내부문서 등으로 인해 일본은 동 조약을 독도영유권 주장을 뒷받침하는 증거로 원용하기도 쉽지 않은 입장이다. 일본의 딜레마가 아닐 수 없다. 따라서 일본이 대일강화조약에 근거하여 독도문제에 접근하는 것은 쿠릴열도 문제와 연계되어 있어 반드시 일본에 유리한 것만은 아니다. 즉 쿠릴열도의 역사적 배경이 독도문제와는 달리 4개 도서 중 일부에 일본인들이 거주하고 있었다고 하더라도, 동 강화조약상 일본이 쿠릴 열도에 대한 영유권을 포기한 사실에 비추어(제2조 c항) 일본이 동 조약을 근거로 독도영유권을 주장하는 데에는 정치적 부담과 법적 한계가 있다는 점이다.[110] 결국 '북방도서' 문제는 일본에게 침략과 전쟁을 일으킨 데 따른 '자업자득'인 셈이다.

따라서 샌프란시스코 강화조약은 독도와 쿠릴열도 문제에 있어서 일본에게 '양날의 칼'인 셈이다. 강화조약을 근거로 독도와 쿠릴열도 모두 얻기는 어렵다는 것이다. 또 만일 독도문제가 국제재판에 회부되어 재판소가 1952~1954년경을 '분쟁'발생의 기준시점(critical date)으로 인정하고 이어 강화조약 상 한국의 독도영유권이 명시적으로 인정된 것으로 볼 수 없다고 판시하더라도, 이로써 일본의 승소를 의미하는 것은 아니다. 왜냐하면 연합국최고사령부가 1946년 SCAPIN 제677호에서 규정한 일본의 영토의 범위(정의)를 그 이후 변경시킬 의사를 가졌다거나 실제로 이를 변경한 사실이 전혀 없었기 때문이다.[111] 또 지방행정기관인 시마네현의 소위 독도'편입' 조치의 적법·유효성 여부를 판단해야 하기 때문이다.

더욱이 1667년 일본의 관찬사서인 『은주시청합기』에서 일본의 서북 영역의 한계를 오키섬으로 삼고 있는 사실, 1697년 덕천막부가 울릉도쟁계 관련 한·일 교환공문(약식조약)을 통해 조선의 울릉도 주권을 명시적으로 인정하고, 일본 어부의 울릉도·독도 도해면허를 철회함으로써 울릉도의 부속도서인 독도에 대한 조선의 주권을 묵시적으로 인정한 사실,[112] 또 1870년 일본 외무성 문서와 1877년 태정관 지령문서에서 독도가 자국의 영토와 무관하다고 일방적으로 인정한 사실, 그리고 1900년 고종의 칙령 제41호에 대한 항의 부재 등은 일본의 독도영유권 주장이 역사적 사실 및 국제법에 비추어 유효하게 성립할 수 없는 주장이라는

---

110) 물론 대일강화조약은 일본이 포기한 '쿠릴열도'의 정확한 의미를 정의하고 있지 않고 있어 그 해석상 일정한 논란을 야기하고 있는 것은 사실이다. 이석우, 『동아시아의 영토분쟁과 국제법』, 전게각주 79, pp.211~220.

111) 신용하, 전게각주 61, p.313.

112) 본서, 제6장 참조.

점을 입증하기 때문이다. 일본이 주장하는 1905년 시마네현의 '편입'조치가 국제법상 불법이며 무효라는 점은 이러한 일본 스스로의 거듭된 영유권 부인행위에서도 명백하다. 더욱이 덕천막부 시대 제작·간행된 일본의 지도는 물론, 한반도 무력강점 기간 중 일제의 정부기관이 제작·발행한 각종 관찬지도에서도 독도는 일본의 영토에서 대부분 제외되어 있는 사실[113] 역시 일본의 독도영유권 주장이 근거 없는 정치외교공세에 불과하다는 점을 웅변한다.

2. 증거 축적, 연구와 효과적 홍보

일본은 현재 그간 자국이 주장했던 고유영토론과 선점론 간의 모순이 드러나고, 우리나라·일본 전문가들이 일본 스스로 독도영유권을 부인·포기한 문서·지도 증거와 자료를 지속적으로 발굴, 공개하고 그에 대한 연구 성과를 축적·발표하여 일본 주장의 허구성을 폭로해 온 현실을 의식, 종래의 영유권 주장의 근거, 기조와 입장을 일부 수정하면서 대응전략 조정기를 거치고 있는 것으로 보인다, 즉 과거의 막무가내식 거친 주장과 '도발적' 홍보보다 장기적 관점에서 집요하게 '조용한' 홍보로 전략·전술을 바꾸고 있는 것이 아닌가하는 의구심을 가지게 된다. 특히 현재의 '세 불리'를 의식, 일단 홍보의 초점, 방향과 우선순위를 재조정하면서 현재의 수세국면을 공세로 전환시킬 수 있을 때까지 자국민 교육·'세뇌'와 '역사 세탁' 등 잠복기로 돌입하여 '장기전'에 대비하고 있는 것으로 보인다.

우리의 입장에서 독도주권에 대한 일본의 이의제기는 영토주권에 대한 부당·불법적 간섭이자 한국의 영토주권에 대한 명백한 도전이며 선린 우호관계를 해치는 비우호적 행위를 구성한다는 점은 두말할 나위도 없

---

113) 본서, 제9장, VIII. 2 이하 참조.

다. 우리는 과학적·실증적·분석적 방식으로 일본 주장의 허구성을 국제
사회에 널리 그리고 지속적으로 홍보해 나갈 필요가 있다.[114] 이는 17세
기말 안용복의 2차에 걸친 피랍·도일활동과 후속 외교교섭에서 얻어낸
결과이기도 하며 또한 역사의 엄중한 교훈이기도 하다.[115] 이를 위해 독
도에 대한 입법·행정·사법적 관할권 행사 등을 통해 정부차원의 활동을
강화하고, 지속적인 외교적 노력을 경주해야 한다. 또 문서·지도 증거 등
을 발굴·확보하고, 필요하다면 발굴된 일본측 자료를 순차적으로 공개하
는 방안도 검토해 볼 필요가 있다. 또 문서·지도 증거에 대한 체계적 연
구·분석 성과를 외국어로 홍보하여 외교 네트워크[116]는 물론, 구미·일본
의 학계·지식인 및 양식 있는 시민사회단체와의 연대 및 지속적·효과적
교류·소통망을 구축, 역할분담을 통한 전방위·전천후 효율적·창의적 홍
보체제를 구축하고 지속적으로 우리 권원의 압도적 우월성을 홍보하면서
동시에 일본 주장의 허구성과 독도(영토) 침탈야욕을 폭로해야 한다. 이
를 통해 이해관련 주요국은 물론, 가급적 많은 제3국의 승인을 유도하고
우호적 국제여론을 구축하여야 한다.

우리의 전략은 관련국·단체·기관과 공조하여 일본의 '억지' 독도영유
권 주장이 더 이상 국제사회에서 발붙일 수 없도록 대응하는 것이다. 일
본의 영유권 주장이 역사적, 지리적 그리고 국제법적 정당성과 합법성(현
실적, 평화적, 계속적 국가권능의 행사에 입각한 실효적 지배)을 결여한
근거 없는 허구적 주장임을 국제사회에 널리 확산시켜 일본이 스스로 무
리한 주장을 포기·철회하도록 지속적, 적극적으로 압박하는 것이다.[117]
통시적 한일관계사의 관점에서 볼 때, 역사가 입증하듯이 일본의 속성과

---

114) 홍성근, "국제법상 독도문제의 해결방법과 정책방향", 이석우(편), 『독도분쟁
    의 국제법적 이해』(학영사, 2005), p.239, 284~288.
115) Park, "Ahn Yong-bok Towers over Dokdo", 전게각주 1.
116) 동부 그린란드 사건에서 주요국에 대한 덴마크의 외교활동 참조.
117) Park Hyun-jin, "Dokdo belongs to Korea", e-mail interview with The Korea
    Herald, 2008. 8. 4, p.4.

정체성이 과연 자신의 고유영토를 어디 한 뼘이라도 포기할 나라인가? 자국의 정당한 이익이라면 한 푼이라도 포기할 국가였던가? 패전으로 포기하고서도 북방도서의 반환을 요구하는 근거가 바로 '고유영토'라는 역사적 권원이다. 임진왜란, 정유재란, 청일전쟁과 러일전쟁 그리고 강제병합 등 기회만 있으면 섬에서 탈출하기 위해 인접 국가·도서를 침략·약탈하고 전쟁을 일으켜 패전한 국가가 침략, 평화파괴와 전시 반인도적 범죄를 부정하면서 패전으로 부과된 법질서는 또한 '점령군의 법' 등 이를 부정하는 이중적 행태를 보이고 있다. 논리와 합리 대신 아전인수의 억지와 궤변으로 일관하고 있는 셈이다.

3. 일관된 국가실행

국가지도자와 정부 각료들의 공식, 비공식 언행은 바로 국가의사를 대표하며, 국제법상 그 국가를 구속하는 국가실행(state practice)을 구성한다. 따라서 '이중적 시그널'[118]을 보내는 발언이나 또 상대의 환심을 사기 위해 명백한 역사적 사실을 왜곡·호도하는 인기영합적 언행은 독도주권을 훼손시킬 수 있음을 명심하여 자제하여야 한다. 이는 자승자박이요, 또는 부메랑이 되어 국가와 민족의 부담으로 되돌아오기 때문이다. 일본 명치정부가 작성한 태정관 지령문서(1877)는 '사실의 기술'이며,[119] 일본 스스로 자신의 주장의 허구성을 문서로 입증한 결정적 증거가 되고 있다. 이 점에서 1954년 9월 25일 일본이 독도문제의 국제사법재판소 제소 제의를 해 온 데 대하여 변영태 당시 외무장관이 발표한 특별성명[120]은

---

118) '애치슨라인'이 미국의 의도에 대한 북한의 오판을 유도하였다는 주장이나, 영국 체임벌린 수상이 1938년 히틀러와의 뮌헨 담판에서 모호한 태도를 취함으로써 나치 독일의 폴란드 침공과 2차대전을 유발하였다는 것이 그것이다.
119) 망끼에·에끄레오 도서영유권 분쟁 사건(본서, 제2장, IV.1, 제3장, II.2, 새3상, III.2 및 제9장, VI.2) 참조.
120) "독도는 일본의 한국침략에 대한 최초의 희생물이다. 해방과 함께 독도는 다

금석지언이다. 또 이러한 일본의 태도에도 불구하고 공개적으로 미래우호관계를 강조하는 발언은 상대를 오도할 수 있다.[121]

따라서 일본의 거듭된 독도도발은 훈련상황이 아니라 실전상황이라는 인식 하에 영유권에 관한 한, 어떠한 타협이나 교섭의 여지도 있을 수 없다는 메시지를 일관되고 명확하게 전달하여 도발을 용인하지 않는 국가실행이 필요하다. 일본이 2006년 4월 독도 인근 해역에 대한 해양조사 계획을 일방적으로 발표하여 동해상 충돌위기가 빚어졌을 때 우리 측의 단호한 대응으로 일본의 도발을 저지한 경험이 있다. 일본이 자국 중·고 교과서에 독도 영유권 주장을 명기하며 '훗날을 기약'하는 비우호적 도발을 계속하는 경우,[122] 이를 영토침탈 내지 침략을 기약·기도하는 심각한 도발로 간주하고 이를 단념시킬 전략적 대응이 필요하다. 단순한 의례적·외교적 대응이 아니라, 일정한 손해를 감수하고서라도 실질적 타격을 가할 수 있는 구체적·단계적 대응책이 마련·시행돼야 한다. 일본의 영유권 주장을 반박하는 구체적 증거, 그리고 일본의 과거 침략과정과 무력강점 시 각종 만행(예컨대 관동대지진 시 한국인 학살 등)의 구체적 증거·증언 등을 하나씩 공개해 나가면서 일본의 영유권 주장과 과거사 부정을 연계하여, 이를 묵인하지 않는 단호하고 일관된 국가실행이 중요하다.

시 우리 품에 안겼다. 독도는 한국독립의 상징이다. 이 섬에 손을 대는 자는 모든 한민족의 완강한 저항을 각오하라. 독도는 단 몇 개의 바위덩어리가 아니라 우리 겨레의 영예의 닻이다. 이것을 잃고서야 어찌 독립을 지킬 수가 있겠는가. 일본이 독도탈취를 꾀하는 것은 한국 재침략을 의미하는 것이다"(1954. 10. 28).

121) 예컨대 2005년 노무현 대통령이 동해를 '평화의 바다'로 제안한 것이나, 또 해양수산부 장관 시절 "독도는 배타적 경제수역의 기점이 아니다"(2000년 국정감사 속기록)는 발언 등은 그 부정적 효과(망끼에/에끄레오 도서영유권 분쟁 사건)에 유의하여야 한다. 김찬규, "역사성 간과한 '평화의 바다' 발언", 세계일보, 2007. 1. 10 및 "국제법 사례연구", 「국제법평론」(2007-I, 통권 제25호), p.195, 211~212.

122) 인터넷 한겨레신문, "일본 교과서 '독도 고유 영토' 주장···30년 뒤가 두렵다", 2015. 10. 18.

VII. 소 결

1. 요약·평가

독도문제는 17세기말 안용복 사건으로 촉발된 조·일 외교교섭에서 조선 조정의 올바른 대응으로 1697년 1월 막부로부터 조선의 울릉도 영유권에 공식·명시적으로 합의하고, 독도영유권에 묵시적으로 합의한 이후 현재까지 300여 년 동안 사실상 답보상태를 면치 못하고 있다. 이러한 논란은 물론 일제가 1905년 러일전쟁의 와중에서 러시아 함대의 움직임을 감시·견제할 군사·전략적 목적으로 독도 강탈에 나선 데에 기인한다. 시마네현으로 하여금 독도를 은밀하게 '편입'토록 하였다면서 영토침탈을 기도한 것이다. 특히 전후 일제의 전쟁책임·배상 및 영토문제 등 미해결문제를 법적으로 처리하기 위해 체결된 대일강화조약 문안 교섭·작성 당시 그 본문에서 독도가 누락된 것은 당시 우리측이 조약 교섭당사국의 지위를 확보하지 못한 가운데,[123] 35년 간 일제의 무력강점 과정에서 많은 자료가 소실되고, 독도영유권에 관한 관심이나 연구, 자료를 제대로 축적할 수 없었던 상황 하에서 설상가상으로 북한의 남침으로 혼란한 시점에서 일어났다. 따라서 강화조약 본문 상 독도 누락은 당시 전시 혼란 속에서 우리 정부가 미국 측에 강력한 증거나 자료를 충분히 제시하지 못함으로써 빚어진 측면도 있었음을 부인할 수 없을 것이다.[124]

---

123) 우리 정부는 1947년 이래 연합국 지위를 요구하며 대일강화회의 참가 및 조약 서명국 지위를 요구했으나 관철시키지 못했다. 정병준, 전게각주 55, p.63.
124) 당시 한국의 주미대사와 덜레스 간 회담에 대해서는 김병렬, 전게각주 38, pp.35~37 및 이석우, 『일본의 영토분쟁과 샌프란시스코 평화조약』, 전게각주 79, p.68.

2. 일본의 전략과 대응방향

각종 관찬 고서·문서상의 기록과 지도증거가 압도적으로 명백함에도 일본은 억지 주장을 굽히지 않는다. 자신의 남빙양 '상업포경'을 합법적인 '과학조사' 목적의 포경이라고 우기다가 2014년 국제사법재판소에서 패소하고서도 수긍할 수 없다고 억지를 부린다. 자살특공대를 동원하고, 원자폭탄을 맞고서야 비로소 패배를 인정한(항복문서) 나라이다. 항복하면서도 일왕 히로히토는 전쟁책임 회피와 변명, 자국민 피해에 대한 미국의 원자폭탄에 대한 원망을 늘어놓고 있다.[125] 그리고 이제 그들은 '점령군의 법'을 운위한다. 웬만해선 포기하지 않는 질긴 심성이 그들의 특징이자 셈법이며 전략이다. 역사의 대부분의 기간 고립되어 있던 일본 역사의 특성상 자신만의 예외와 특수성을 들고 나와 법이라고 우긴다. 원래부터 법과 원칙을 믿고 실천하던 민족이 아니다. 자신들이 믿고 싶은 것만 믿는 신비주의적 신사(神社)와 신도(神道)의 나라이다. 신도는 그들만의 고유종교로서 원시적 자연종교의 일종으로 내세관도 없고 교의도 없다. 또 경전도 없고 교주도 없으며 설교도 하지 않는다고 한다.[126] 섬이라는 지리적·지정학적 특수한 환경과 오랜 기간 폐쇄적 봉건체제로 인해 필요한 것만 편리하게 수입한 결과이다. 보편적 상식이나 통시적 이성 등은 폐쇄적 공동체에 특수한 가치와 질서에 우선할 수 없었다. 그것이 일본 민족성의 속성이고 근성이며 진면목이다.

더욱이 안용복의 민간 왕복외교활동에 힘입어 울릉도쟁계 이후 1877년 일본 태정관 지령문서까지 조선의 양도 영유권을 공식·명시적으로 인정·묵인했던 일본이 그 200 여년 후인 1904년 이후 무력 위협과 강박을 이용하여 조선의 민족자결권을 빼앗고 한반도를 침략하는 첫 단추로 독

---

125) 본서, 제13장, 13. 도덕적 사회, 비도덕적 국가: 일본의 경우, 참조.
126) 네이버 지식백과, "신도"[공의식, 『새로운 일본의 이해』(서울: 다락원, 2002)에서 재인용].

도를 군사적 목적으로 침탈한 불법행위를 근거로 현재까지도 영유권을 고집하고 있다. 소위 시마네현의 '편입'은 당시 영토 '편입'에 관한 근대 국제법 규칙(선점론)에도 위반한 일개 지방행정기관의 행위에 불과하며, 영토편입에 관한 고시·통고 요건도 위반한 것이다.127) 문제는 그러한 일본의 굳어진 습성에 우리가 어떻게 대응할 것인가만 과제로 남아 있다. 독도문제를 잘못 대응하면 후세에 그 짐과 책임을 전가하는 것이 된다.

우선 미국은 당시 문안작성 과정에서 조약의 타방 당사국인 일본의 전방위적 집요한 로비에 부딪혀 한국의 독도영유권에 대한 명시적·공식적 확인을 유보하고 한국의 독도에 대한 실효지배라는 현상유지를 묵인한 것으로 해석되므로, 이러한 논지를 더욱 다듬을 필요가 있다. 둘째, 독도 권원의 근거 및 증거로서 SCAPIN 제677호의 국제법적 효력을 적극 활용해야 한다. 대일강화조약은 점령당국(occupation authorities)의 행위의 유효성을 인정하고 있으므로[제19(d)조], 동 조약에 근거하여 우리의 독도권원을 홍보하는 것은 우리 측에 불리하지 않다. 이와 관련, 강화조약 교섭 당시 미·일 대표단 간 구체적 대화 내용과 일본 측이 독도영유권의 근거로 미국 측에 제시한 증거나 자료에 대한 정보도 현재까지 정확히 알려지지 않고 있다. 다만 당시 우리 정부의 독도명기 요청을 거부한 러스크 미국 국무성 차관보의 발언을 보면(V.2), 일본은 1905년 시마네현의 독도 '편입' 주장을 자국의 독도 영유권 주장의 증거의 하나로 미국 측에 제시한 것으로 보인다. 따라서 우리로서는 향후 강화조약 교섭 당시 미·일, 미·영 간 협의내용과 협상문서의 추가적 발굴에도 지속적 관심과 노력을

---

127) 일본이 1905. 1. 28 내각 결정을 거쳐 2. 22 시마네현 고시에 의해 독도를 '편입'했다는 주장과 그 적법성 주장은 오랜 역사를 통해 우리 민족이 겪어야 했던 고통스런 과거를 떠올리게 한다. 숱한 왜구의 약탈행위, 임진왜란·정유재란, 정묘·병자호란 기간 중 울릉도·독도에 대한 도해면허 발급, 6.25 전쟁 기간 중 독도 도발, 1954년 국제사법재판소 제소 제의, 그리고 1997년 국가부도 시대로 IMF 구제금융을 받아야 했던 외환위기 당시 구한·일어업협정의 일방적 파기 등 '비우호적' 행동을 상기시킨다. 국제연합헌장, 제74조 참조.

기울일 필요가 있다.[128]

셋째, 대일강화조약 조인 이후 발굴·확인된 사실·법률관계에 관한 증거자료(예컨대 1870년 일본의 외무성 문서, 1877년 태정관 지령문서와 부속/첨부지도 「기죽도약도」, 1951년 일본 정부가 대일강화조약 비준동의를 요청하면서 의회에 제출한 「일본영역참고도」 등) 등을 중심으로 온·오프라인 매체와 정부·공공·민간 네트워크를 이용하여 국제사회에 적극적으로 우리의 정당한 독도권원을 홍보하고 일본 주장의 허구성(경우에 따라서는 침략·공격성)을 지속적·조직적·체계적으로 홍보하여야 한다. 특히 각국에 거주하는 우리 교포 및 양심적 세력과 연대하여 주요국 시민사회단체·언론과의 민간차원의 온라인 네트워크를 구축, 소통을 강화하는 상시적·지속적 노력을 전개해야 한다. 늘 '설마 하다가 뒤통수를 얻어맞는' 외교적 '순진함'에서 탈피해야 한다. 울릉도쟁계 당시 교섭과정과 결과는 이 점에서 교훈적이다.

끊임없이, 기회만 있으면 온갖 구실로 끈질기게 섬나라 탈출을 기도·획책하는 일본 지도층의 의식구조·사고방식을 이제 올바르게 이해·학습할 때이다. '약자'에 대해서는 상식과 원칙이 아니라 억지와 무력, 경우에 따라서는 술수와 폭력이 그들을 안내·지배해 온 가치관이다. 오랜 역사적 경험, 통시적 통찰에서 철저한 교훈을 얻어 실천을 일상화할 때이다. 이를 위해 일본사회와 일본 지도층의 사고·의식의 흐름－구한말 후쿠자와 등의 「정한론」과 같은－에 대한 체계적 상시적 현미경 관찰 체제를 확립하고 이를 통시적으로 통찰, 율곡의 경고와 같은 경보음을 발하는 사전 대비·대응 태세·역량을 갖추고 이를 끊임없이 업데이트·강화하는 것이 중요하고 시급하다. 특히 일부 극우언론의 선동적·악의적 보도는 일본 내 건전한 여론형성을 방해·왜곡하는 보도로서 집중적 감시와 요주의 대상이며, 사안에 따라 적절한 수위의 대응은 불가피하다.

---

128) 김채형, 전계각주 80, pp.120~121.

3. 국경의 확정성, 안정성과 실효성의 원칙

국경의 확정성, 안정성과 실효성은 국제평화와 안전에 긴요하며, 국경의 안정성을 담보하기 위해서 "오랜 기간 지속된 현상은 그 변경을 최소화해야 한다는 것이 국제법의 확립된 원칙이다".[129] 상설국제사법재판소는 전술한(III.1) 1923년 로잔조약(대터키 강화조약) 제3조 2항(터키-이라크의 국경)[130]의 해석과 관련 권고적 의견에서 국경수립 조약상의 규정은 그 규정을 전체적으로 적용한 결과 국경선 전 구간에서 정밀·완전한 확정적 국경을 확립해야 하는 것이 당연하다고 판시하였다.[131] 마찬가지로 구일본의 통치·행정 영역에서 독도를 분리, 원상회복시킨 SCAPIN 제677호 그리고 대일강화조약에서 연합국이 추인한 구일본의 영토·국경을

---

129) 본서, 제6장, VI.4 참조.

130) Treaty of Peace with Turkey, signed at Lausanne, *supra* note 31, Art.3:
"From the Mediterranean to the frontier of Persia, the frontier of Turkey is laid down as follows:
….
(2): With Iraq: The frontier between Turkey and Iraq shall be laid down in friendly arrangement to be concluded between Turkey and Great Britain within nine months. In the event of no agreement being reached between the two Governments within the time mentioned, the dispute shall be referred to the Council of the League of Nations.
The Turkish and British Governments reciprocally undertake that, pending the decision to be reached on the subject of the frontier, no military or other movement shall take place which might modify in any way the present state of the territories of which the final fate will depend upon that decision.".

131) Interpretation of Article 3, Paragraph 2, of the Treaty of Lausanne((FRONTIER BETWEEN TURKEY AND IRAQ), Advisory Opinion, 1925, *PCIJ, Ser.B*, No.12, p.20; Sovereignty over Pulau Ligitan and Pulau Sipadan (Indonesia/Malaysia), Judgment, *ICJ Reports*, 2002, p.625, para.49; Territorial Dispute(Libya/Chad), Judgment, *ICJ Reports*, 1994, p.6, para.47; 박현진, "영토분쟁과 권원 간 위계: 조약상의 권원, 현상유지의 법리와 실효지배의 권원을 중심으로", 『국제법학회논총』 제59권 제3호(2014. 9), p.109, 120.

부정하는 행위는 하등의 법적 근거나 정당성도 없다고 할 것이다. 연합국에 의한 영토처리를 규율하는 국경조약의 성격과 지위도 가지는 것으로 해석되는 대일강화조약의 효력·구속력을 부인하는 것은 국제법상 침략전쟁과 패전책임을 부인하는 것이나 다름없을 것이다. 또 동 조약 발효 63년을 넘긴 현 시점까지 독도주권 문제가 '미해결'이라는 주장은 태평양전쟁 종전과 더불어 "미해결" 문제의 해결을 목적으로 채택된 대일강화조약 (전문)의 대상과 목적, 그리고 그 실효성을 정면으로 부정하는, 또는 부정하려는 불합리한 추론이 아닐 수 없다. 그러한 주장은 '정의의 실현을 지연시키는 것은 정의를 부정하는 것'("Justice delayed, justice denied")이라는 법언에 비추어서도 용인될 수 없는 자의적 해석임은 자명하다.

VIII. 대일강화조약과 한민족의 한반도 통일권

민족통일, 국토통일을 거쳐 국가통일에 이르는 우리의 목전의 과제와 관련, 한 가지 덧붙여야 할 것이 있다. 한국의 독립을 법적으로 추인한 1951년 대일강화조약은, 전술한 바와 같이(III.4), 미국 등 연합국과 함께 '일본은 한국(Korea)의 독립을 승인하면서 한국에 대한 모든 권리, 권원과 청구권을 포기한다'고 합의하였다. 따라서 법적으로만 말한다면 이 조항에 의하여 한반도에 대한 영토주권은 일제의 강제병합 이전 상태로 원상복귀된 것이다. 여기에서 중요한 점은 대일강화조약 제2(a)조에서 연합국은 대한민국이 아니라 '한국'(Korea)에 한반도와 인접·부속도서에 대한 영토주권을 실정 국제법상의 권리로 인정하였다는 사실이다. 즉 1951년 9월 당시 연합국과 일본이 당시 분단된 한반도 문제에 대해 명문의 규정을 두지 않은 것은 한국민이 스스로 결정·해결해야 할 문제로 규정한 것이며, 또한 '한국'에 통일의 권리를 실정법상의 권리로 인정한 것이다.

따라서 법적으로 말한다면 동 강화조약 상 일본과 연합국은 '통일 한국'에 한반도와 그 부속도서에 대한 영토주권을 부여한 것으로 해석되며, '한반도 통일'(국가통일)에 법적으로 동의한 것으로 해석할 수도 있다. 따라서 통일과 관련하여 한국은 동 강화조약에 근거하여 '통일의 권리'를 주장할 수 있으며, 적어도 동 조약의 주요 당사국인 미국과 일본 등으로부터 별도의 승인·추인 등의 추가적인 법적 절차가 필요하지 않다고 해석된다. 다만 중국(중화인민공화국)은 동 조약 서명국으로 초청되지 않았고, 러시아는 참석하였으나 서명하지 않았으며, 따라서 양국은 조약당사국이 아니므로 조약상의 의무에 구속되지 않는다는 주장을 제기할 수도 있을 지도 모른다.

그러나 1943년 카이로선언 및 1945년 포츠담선언은 장개석 총통이 당시 중국을 대표하여 참가한 연합국 공동선언이므로 자유중국을 승계한 현재의 중국을 구속한다고 볼 수 있다. 특히 중국은 동 조약 영토조항 상 일정한 이익을 얻고 있다는 사실[동 조약 제2(b)조] 등에 비추어 볼 때 현재의 중국이 단지 동 조약 당사국이 아니라는 사실만으로 동 조약에 구속되지 않는다는 주장은 설득력이 없다고 본다. 또 러시아 역시 구소련의 스탈린 서기장이 1945년 얄타회담과 포츠담 선언에 참가·서명한 사실 그리고 동 조약 상 일정한 영토 이익을 향유하면서[제2(c)조] 그러한 이익에 명시적으로 반대하지 않은 이상, 동 조약의 자국에 대한 구속력을 부인하고 의무를 회피하기는 어렵다고 본다. 또 동 조약은 전술한 대터키 강화조약(로잔조약)과 마찬가지로 적어도 전후 동아시아 질서를 창설한 지역적 효력을 가진 조약으로 해석된다. 더욱이 구소련은 전후 북한지역을 점령하고 공산주의 정권 수립을 지원하여 자국의 이익·영향력을 확대하고 또 북한의 남침전쟁과 적화통일을 지원했던 국가로서, 한반도 통일을 반대 또는 방해할 법적·정치적·도덕적 근거나 정당성은 없다. 한반도 분단의 책임을 통감하고 이제 동 조약상 한민족의 실정 국제법상의 권리인 통일권의 실현·행사를 지원해야 할 것이다.

IX. 결 론

이러한 관점에서 첫째, 주권수호는 정부와 국민 간 소통과 국론통일이 중요하다. 17세기말 안용복 사건과 후속 외교교섭, 미국 의회의 일본의 종군위안부에 관한 결의안 채택[132] 등은 좋은 예이다. 일본이 독도와 쿠릴 열도 문제를 별도의 전략- 즉 독도문제는 국제재판을 통해, 쿠릴문제는 외교교섭을 통해-으로 접근하는 '이중적 태도'에 내재된 저의를 추궁할 필요가 있다. 이러한 '이중기준'은 강화조약 상 일본이 포기한 쿠릴 열도 문제와 맞물려 있어 반드시 일본에 유리한 것만은 아니다. 또 우리 측이 1954년 일본의 독도문제의 국제사법재판소 제소 제의를 거부한 것을 마치 영유권의 적법성이나 자신감이 결여된 것처럼 일본이 외교적 공세의 호재로 활용할 경우 이에 대한 단호한 대응과 온·오프라인 네트워크를 통한 논리적·체계적 홍보가 필요하다.[133]

둘째, 일본이 독도문제에 관한 부당한 주장을 계속하는 경우 관계악화에 따르는 큰 손해를 감수해야만 할 것이라는 전략을 구사하는 것이 필요하다. 가능하지도 않을 뿐만 아니라, 오로지 손해만 입을 것이라는 경고이다. 즉 독도를 포기하는 것만이 국제무대에서 일본의 이익에 부합한다는 압박전략을 구사하는 것이다. 100년, 200년을 내다보고 치밀한 전략으로 상대가 스스로 포기하도록 만들어야 한다. 국제사회에서 스스로

---

132) U.S. House of Representatives, H. RES. 121(2007. 7. 30).

133) M. Launius, "A political analysis of Japan's Dokdo claim", The Korea Herald, 2008. 10. 13, p.4; Yuji Hosaka, "Ensuring Korea's sovereignty over Dokdo-Japanese-born scholar says Tokyo's groundless claims are buttressed by effective diplomacy", The Korea Herald, 2008. 10. 15.

억지주장을 부끄럽도록 만들어야 한다. 유사한 문제에서 상대가 생각을 바꾸게 하는 집요한 외교적 노력과 고집이 절실하다. 일본이 주장해 온 고유영토론과 선점론의 국제법적 근거가 없다는 점을 논박하면서, 동시에 침략과 무력강점에 대한 부당성을 부각시키는 병행전략이 필요하다. 미래지향적 관계의 구축은 과거의 불행한 과거를 단절하고 새 출발하려는 결연한 의지와 행동을 보일 때 신뢰할 수 있다.

셋째, 대일강화조약 당사국 등 국제사회를 상대로 과학적, 실증주의적 방식으로 우리의 독도 주권을 지속적으로 널리 홍보·납득시켜야 한다.[134] 증거와 자료를 꾸준히 축적하고 이를 활용하는 체계적·통합적 홍보노력을 조직화하여 주요국과 관련 국제기구에서 압도적 국제여론을 조성하도록 끈질기게 노력해야 한다. 또 독도·동해 표기 등 지명표기 문제에서 '중립'적 입장을 견지하고 있는 국가들을 설득하는 노력도 지속되어야 한다. 프랑스 외교부[135]와 프랑스 국제법학회[(La Société française pour le droit international: SFDI][136])가 독도를 한국의 영토로 표시하고 있는 점은[137] 고무적인 일이며, 프랑스의 유력 일간지 르몽드(Le Monde)사에서 발행한 2015년 판 '세계 대지도책'(Le grand atlas geographique Le Monde)에서 동해가 처음으로 같은 크기의 활자로 일본해('MER DU JAPON/MER DE L'EST': 일본해/동해)와 병기된 것으로 확인됐다.[138] 마찬가지로 러시아와 독일, 호주와 캐나다 등 주요국가와 아시아 국가들의 입장을 점검하고 협력을 유도하여야 한다.

넷째, 정부차원의 단호한 공식 대응과는 별도로, 장기적으로는 실용적 관점에서 대일 경제·문화적 민간 교류를 통하여 일본의 합리적 지식인들

---

134) "일본시민단체, 일본정부의 독도기재문제 규탄성명", at http://kr.blog.yahoo.com/anitrue/359?c=14 (2008. 9. 15 검색).

135) Cf. http://www.diplomatie.gouv.fr/en/.

136) Cf. http://www.sfdi.org/,

137) 인터넷 연합뉴스, "프랑스 정부 "독도 한국영토" 입장 견지", 2008. 8. 1.

138) 인터넷 연합뉴스, "프랑스 르몽드 동해 일본해 병기", 2015. 3. 8.

과 관리·정치인을 설득해 나가는 노력이 필요하다. 이는 17세기말 안용복의 민간 '왕복외교'가 남긴 교훈이다.[139] 실제로 현재 일본학자와 시민운동가들이 각종 증거자료를 바탕으로 "독도는 한국의 고유영토"라는 확신을 가지고 위험을 무릅쓰고 이를 일본 내에 알리고 확산시키는 운동을 전개하고 있다는 사실은 일본의 양심적·합리적 시민단체 및 학계와의 연대를 통한 민간 차원의 창의적 홍보노력의 중요성과 가능성을 일깨우는 사례이다. 양국 민간차원의 공감·공유·협력은 일본 정부·지자체의 부당한 일방·독선적 주장에 대한 일정한 제동력을 발휘할 수 있을 것이다.

이를 위해 관련 정부·공공기관 및 민간단체의 웹사이트를 통한 홍보와 함께, 진화하는 정보통신기술을 적용한 새로운 독도 홍보 애플리케이션을 개발하여 서비스할 수 있는 방안도 지속적으로 강구·실천해야 한다. 또 일본 지식인과 청소년들이 과거 침략과 식민지 지배 등 양국 간 '불행한 과거'에 대한 정확한 이해, 진지한 성찰, 공동의 이해와 인식공유를 통해 공동의 가치관을 형성할 수 있도록 지속적 민간교류 프로그램을 운영하는 노력도 긴요하다.[140] 즉 중단기적으로 독도도발을 저지시키는 전략적 대응노력과 함께 장기적 관점에서 지속적인 문화·학술적 민간교류를 통한 양국 국민 간 이해증진 노력과 함께 신뢰형성·증진 노력도 병행시키는 것이 바람직하다.

2012년은 우산국 귀속 1,500주년이 되는 해였다. 이를 기념하고 주권을 수호하는 행사를 조직, 개최하는 방안을 고려해 봄직 했을 것이다('우산도의 날' 제정 등). 기념행사, 학술행사, 전시회, 홍보자료 배포와 문화행사 개최 등을 고려해 봄직 했을 것으로 본다.

---

139) Park, "Ahn Yong-bok Towers over Dokdo", 전게각주 1.
140) 홍성근, "독도문제에 대한 직접교섭의 실행가능성과 해결형태", 이석우(편), 『독도분쟁의 국제법적 이해』, 전게각주 114, p.291, 342.

제8장 영토분쟁과 국가실행의 구속력·증거력: 일방선언·묵인 등 실질적 법원을 중심으로

I. 서 론

전통 국제법 이론에 의하면 국제법의 주요한 법원은 성문 법규범인 조약과 불문 법규범인 관습법(형식적 법원)이라고 말해진다. 그러나 도서영유권 분쟁이나 국경분쟁('영토분쟁') 또는 해양경계분쟁이 국제·중재재판소에 제소되는 경우, 수소재판소(受訴裁判所)가 분쟁당사국을 구속하는 관련 조약 또는 관습법에 입각하여 판결을 내리는 경우는 흔치 않다.[1] 조약상 영토·국경관련 규정이 명확하다면 이는 당사국 또는 구(舊) 종주국의 객관적 의사(합의)를 반영하는 직접·1차적 증거로 인정될 것이므로, 국가실행은 2차적 증거가치를 가질 뿐이다. 그럼에도 실제로 국제·중재재판소는 영토·국경/해양경계 및/또는 도서영유권 분쟁사건에 있어서 국가(정부)기관이 발행한 문서·도서나 공인지도·해도 등의 증거와 함께, 문제의 영토에 대한 당사국 정부의 주권선언, 그 지도자·각료의 일방·공동선언(1974년 핵실험사건 소송절차 진행 중 프랑스의 일방적 대기 중 핵실험중지 선언 등), 일방적 약속, 이의·항의 제기, 사실의 기술·인정이

---

1) 예컨대 1923년 대터키 강화조약(로잔조약) 및 1947년 대이태리 강화조약은 문제의 각각의 분쟁도서·암초의 영유권 귀속문제에 대하여 이를 규율·판단하는 실체법상의 규칙에 대해서는 언급하지 않고 단지 추후 '관련 당사국'에 의하여 결정한다고 규정하고 있다. 본서, 제2장, III.1 및 제7장, III.1 참조.

나 타국 행위에 대한 대응·항의의 부재에 의한 묵인, 또는 정부의 실효적(현실적·평화적·계속적) 국가권능의 확립·행사 여부 등 당사국의 하나의 국가행위 또는 일련의 국가실행(state practice)에 의존하여 영유권 귀속여부를 판단하는 경우가 적지 않다.[2]

즉 영토분쟁 사건에 있어서 국가실행은 분쟁당사국을 법적으로 구속하는 실질적인 분쟁해결 기준 내지 규범으로 기능하고 있다.[3] 이 경우 국제재판소는 실질적 법원을 명시적으로 인정하기보다는 이를 흔히 보조적 법원인 法의 일반원칙(신의성실의 원칙, 금반언의 원칙, 권리남용금지의 원칙 등)의 관점에서 평가·판결한다. 이러한 이유로 영토분쟁 사건에서 이러한 보조적 법원에 입각한 판결의 중요성은 증대하고 있으며, 판례법은 장래 유사사건에서 선례를 원용한 유추해석에 입각한 판결을 가능하게 하는 중요한 지위와 역할을 차지하고 있다.[4] 결국 영토분쟁사건에서 실질적 법원은 사실상의 재판규범으로 기능하는 셈이다.[5] 또 국제법은 영토분쟁에 관한 증거의 증거능력과 증명력을 규율하는 보편적 적용가능성을 가진 조약 또는 관습법상의 증거법 규칙을 확립하고 있지 못하다. 그러한 규칙은 현재 영토분쟁에 관한 판례법상의 규칙으로만 존재한다.

---

2) 본서, 제9장, II 및 제10장, I(서론) 참조. 일반적으로 특정 도서의 영유권에 합의한 조약은 많지 않으며, 다만 과거 아시아, 아프리카와 남미에서의 식민지 종주국 간 국경조약(카메룬/나이지리아 사건), 또는 전후 강화조약(1923년 대터키 강화조약, 1947년 대이태리 강화조약 등)에서 도서영유권과 영토 문제를 다루고 있는 경우가 있다. 본서, 제2장, III.1 및 제7장, III.1.

3) 국제사법재판소 규정 제38조 제1항은 국제법의 재판규범을 명시하면서 실질적 법원에 대해서는 명시적으로 언급하고 있지 않다.

4) 본서, 제9~10장 참조; Park Hyun-jin, "Map evidence galore against Japan's Dokdo claims", The Korea Herald, 2008. 10. 21, p.4.

5) 후속 국가실행은 또 조약 해석에 있어서도 하나의 중요한 고려요소로 기능한다. 조약법에 관한 비엔나 협약, 제31(3)(b)조. 특히 국가실행이 다수 국가의 지지를 얻어 일반관행(general practice)으로 확립되는 경우 국제 관습·관습법으로 발전한다.

이러한 실정 국제증거법(positive international law of evidence)의 흠결 내지 불명확으로 인해 일방 선언·약속·통고, 유보, 유기·포기나 묵인, 또는 국내 입법·행정명령·판결 등 국가실행('사실')은 영토분쟁사건에서 실질적 법원으로서의 지위와 함께 – 문서 또는 지도·해도와 마찬가지로 – 증거로서의 지위와 가치도 동시에 향유하는 것으로 해석될 수 있다. 이러한 관점에서 본 장에서는 영토분쟁 판례에서 나타난 국가실행의 실질적 법원으로서의 지위와 증거로서의 지위 등 이중적 지위에 관한 논의를 통하여 형식적 법원과 대비되는 실질적 법원의 분쟁해결 규범으로서의 국제법상의 의의와 중요성을 재검토해 보고, 국가실행이 영토분쟁사건에서 가지는 시사점을 도출해 보고자 한다.

II. 법의 연원

1. 법원의 의의

법의 연원(淵源; sources of law) 또는 법원(法源)의 의미는 다의적이다. 예컨대 국제법의 법원은 국제법의 존재를 인식할 수 있는 수단·증거 내지 자료를 의미하는 개념으로 사용되기도 한다. 이 경우 법원에는 조약과 관습법은 물론, 특정 문제에 대한 국가의 입장 표명, 일방·공동 선언, 외교문서, 판결과 학설, 국가의 행위·선언, 국제조직의 결의 등이 포함될 수 있다.[6] 그러나 통상적으로 사용되는 법원의 의미는 특정 규칙이 유효한 규칙으로 수락·확인되는 기준, 즉 그 제정절차 내지 성립방식(합의)에 따른 기술적 의미로 사용된다.[7] 이러한 법원의 의미에 따르면, 국

---

6) 예컨대 이한기,「국제법강의」(서울: 박영사, 2002), p.78.
7) R.K. Gardiner, *International Law*(Essex: Pearson Education Ltd., 2003), p.25; P. Malanczuk, *Akehurst's Modern Introduction to International Law* (7th edn.,

제법의 법원(sources of international law)은 형식적 법원과 실질적 법원으로 나누어 볼 수 있다.

2. 형식적 법원

국제법의 형식적 법원(formal sources of international law)은 국제법규의 성립·변경·소멸의 효과를 발생시키는 국가간 합의(동의)가 표시되는 형식에 따른 분류이다. 즉 형식적 법원이란 국제법규의 성립방식 또는 존재형식(양식)으로서, 그 성립·제정의 동기나 원인과 같은 실질적·주관적 측면이 아니라 그 성립·제정의 절차라는 형식적·객관적 측면에 기초하여 국제법의 법원을 파악하려는 것이다. 국제법 주체 간 각각 명시적·묵시적 합의를 기초로 성립하는 조약과 관습법은 대표적 형식적 법원으로서 실정 국제법 질서의 핵심적 기초가 된다. 형식적 법원은 이미 확립된 질서만을 상정하며(positive law), 따라서 그 제정·형성·변화/변동의 과정과 요인에 대한 고려를 배제한다. 그러나 국제사회는 과학기술의 진보, 기후 변화와 자연현상, 그리고 자원감소 등에 따른 국가 간 경쟁과 분쟁 등으로 끊임없는 진화를 거듭하고 있으며, 그에 따라 이를 규율하는 법질서, 특히 그 필수 구성요소인 규칙과 규범의 변화 역시 불가피하다.

특히 국내법과는 달리 통일적 입법기관 내지 법제정 절차를 확립하고 있지 못한 국제법에 있어서 '형식적 법원'이라는 용어는 오해의 소지가 있다. 예컨대 만장일치로 채택된 법률문제에 관한 유엔총회의 결의, 국제법 규칙을 성문화하거나 개발하기 위하여 채택된 다자조약, 그리고 국제재판소의 결정 그 어느 것도 국가들을 일반적으로 구속하는 규범은 아니라는 의미에서 국제법에는 '형식적 법원'은 존재하지 않는다는 주장도 있

London: Routledge, 1997), p.35; 이한기, 상게서, p.78.

다.[8] 국제법규범 변화의 원동력은 물론 국제법의 1차적 주체인 국가(의 의사와 행동)이다.[9] 국가는 기존 법규범에 대한 동의·묵인 또는 반대·유보의 의사표시 등 개별적·집단적 국가실행을 통하여 새로운 권리·의무관계를 창설하거나, 기존 권리·의무관계를 확인하거나 또는 자국에 불리한 법률관계를 변경시키려고 시도한다.[10] 예컨대 배타적경제수역 상공비행의 자유 등을 둘러싼 국가 간 충돌[11] 또는 유엔해양법협약(UNCLOS) 상 군함의 외국영해 무해통항권 향유 여부(제30조)에 대한 해양강국과 연안국 간 이견도 기존 국제법규범 상의 권리·자유를 확인하거나 또는 그러한 규칙의 변경을 시도하기 위한 국가실행으로 해석된다.

3. 실질적 법원

국제법의 형식적 법원이 그 성립방식(합의)에 근거하여 구속력을 가지는 것이라면, 국제법의 실질적 법원(material sources of international law)이란 그러한 형식적 법원을 창설하는 국제적 합의를 발생시키는 실질적 원인 내지 동태적 요인을 법규 결정의 보조적 수단으로 고려하는 것이다. 실질적 법원은 그 자체로서는 원칙적으로 '일반적 구속력'을 가지는 규범으로 간주되지 않지만, 불완전한 실정 국제법(실체법)과 불완전한 법

---

8) I. Brownlie, *Principles of Public International Law*(6th edn., Oxford University Press, 2003), p.3.

9) L. Henkin, *How Nations Behave: Law and Foreign Policy* (2d edn., Columbia University Press, 1979), p.47; 박현진, "무력사용금지의 원칙과 미국의 국가실행 – 연방헌법, 전쟁권 결의 및 사법부의 태도를 중심으로", 『국제인권법』 (2003. 12), p.17, 67.

10) 예컨대 트루먼 대통령의 인접 대륙붕의 천연자원 및 인접 공해의 연안자원에 대한 주권(정책) 선언(1945. 9. 28)과 1950년대 남미 제국들의 200해리 배타적 어업수역 선포 및 군함의 타국 영해 무해통항권 관련 각국의 국가실행 등.

11) 박현진, "美 EP-3 정찰기와 중국 전투기간 남중국해 상 공중충돌사건 – 영공수권 원칙과 조난 군용기의 法的 地位를 중심으로", 『서울국제법연구』 제9권 1호 (2002. 6), p.75.

제정절차상의 흠결을 보충하여 영토·해양경계 분쟁 사건에서 구속력을 가지는 분쟁해결규범으로 기능하거나 또는 장래 형식적 법원의 형성·확립에 기여하기도 한다.12) 예컨대 묵인의 국가실행의 경우 추후 그러한 표시된 의사에 반하는 주장은 금반언의 원칙(법리)에 의하여 그 효력이 부인되는 법적 효과를 수반하게 됨으로써 사실상 '법규범'으로서 기능한다. 특히 불명확한 조약규정에 대한 해석이 영유권 귀속판단의 주요한 쟁점인 사안에서 후속 국가실행(any subsequent practice)과 준비문서 (preparatory work) 등은 문안채택 당시 당사국의 의사와 타당성을 확인·추정하여 판단하는 보조적 조약해석수단으로 인정된다.13)

실질적 법원을 구성하는 일국(一國) 또는 수 개국의 '국가실행'은 관습법의 객관적 요소로 요구되는 '일반관행'(general practice)과는 구별되어야 한다. 후자는 광범위한 보편적 관행(extensive and virtually uniform practice)을 의미하며,14) 전자는 이에 이르지 않은 관행을 의미하기 때문이다. 실질적 법원에는 판결과 학설은 물론, 국가의 국내 입법(법령)·판결, 정책선언과 일방·공동선언,15) 그리고 구상서(note verbale), 왕복문서·교환공문(exchange of letters), 비망록(aide-mémoires; memorandum)16)과 외교각서 (diplomatic note) 등 외교 문서·행위 등이 포함된다.17)

---

12) Brownlie, *supra* note 8, pp.4~5, 19 & 23; 이한기, 전게각주 6, p.79. 예컨대 지리적 인접성, 대륙붕 영유권 주장의 근거로서 '육지의 자연연장', 배타적어업수역 설정 목적의 '연안주민의 경제적 의존도' 등이 그것이라고 한다.

13) 조약법에 관한 비엔나 협약, 제31(3)(b)조 및 제32조; 본서, 제7장, IV-V 참조.

14) North Sea Continental Shelf cases (Federal Republic of Germany/The Netherlands; Federal Republic of Germany/Denmark), Judgment, *ICJ Reports*, 1969, p.3, 43, para.74.

15) 예컨대 1974년 프랑스의 남태평양 상 핵실험 자제 일방 선언, 이승만 대통령의 평화선 선언(1952), 노태우 대통령의 한반도 비핵화 선언, 미국-북한 간 '제네바 핵합의'(1994), 트루먼 대통령의 인접 해양에 대한 주권 선언(1945)과 남미 제국들의 '세습해역' 선언.

16) Legal Status of Eastern Greenland case(Denmark/Norway), *PCIJ*, Ser. A/B, No.53(1933), p.22, 56 & 60.

또 국가 지도자나 각료의 공식·비공식 발언·담화·연설·약속 또는 성명 등 단독행위, 국가기관에 의한 항의·이의 제기 등 구두·서면 의사표시와 조약에 대한 유보·해석 선언 등이 포함된다. 이러한 국가실행은 승인·수락·묵인·통고(무주지 선점 통고 등)·유보·거부 또는 유기·포기 등의 법률효과를 수반한다.

III. 실질적 법원으로서의 국가실행

1. 일방 선언·성명·약속과 묵인

1974년 핵실험사건에서 ICJ는 한 국가의 법적 의무는 그 국가의 일방 선언(unilateral declaration)으로부터 발생할 수 있다고 판시하였다.[18] 만일 어떠한 선언을 행한 국가가 그 선언에 구속될 의사가 있고 그러한 의사가 그 선언의 문맥에 비추어 확인될 수 있다면, 그러한 의사표시는 선언에 법적인 성격을 부여하게 된다는 것이다. 이러한 선언은 다른 국가를 상대로 이루어져야 할 필요도 없고, 서면으로 작성되어야 하는 것도 아니며, 다른 국가들의 수락을 요하는 것도 아니다. 재판소는 프랑스 국가원수와 국방장관 등 국가기관이 공개적으로 행한 "대기 핵실험 중지"라는 일방적 약속(commitment; undertaking; engagement)에 의해 창설되는 국제의무의 법적인 구속력은 신의성실의 원칙(principle of good faith; confidence and trust)에 근거하고 있다고 판시하였다.[19] 실제로 신의성

---

17) I. Brownlie, *Principles of Public International Law*(5th ed. Oxford: Clarendon Press, 1998), p.5; 김대순, 『국제법론』(서울: 삼영사, 2004), p.43.

18) Nuclear Tests cases (Australia v. France & New Zealand v. France), *ICJ Reports*, 1974, p.253, 269, para 50 & p.457, 474, para.52.

19) Nuclear Tests cases, *ibid.*, p.269, paras.48~49 & 50~51 & p.457, 473, paras.49 & 52~53. 예측가능성과 신의성실에 기초한 의사(intent)에 입각, 일방선언의 구

실에 입각한 국제의무의 성실한 이행은 문명국이 인정하는 법의 일반원칙[20]이자 국제법질서의 기본전제라고 할 수 있다.

2008년 싱가포르 해협 인근 소재 도서·암초 영유권을 둘러싼 말레이시아/싱가포르 간 분쟁사건에서 싱가포르는 1953년 자국이 문제의 분쟁도서의 지위에 관하여 당시 역사적 권원에 입각한 영역주권자로 간주되고 있던 조호르 왕국에 질의한 바, 이러한 질의에 대한 조호르 왕국의 회신은 그 법적 성격 면에서 일방적 약속(unilateral undertaking)이자 공식적·명시적 권원의 포기(formal or express disclaimer of title)라면서 금반언의 법리를 원용하여 문제의 도서에 대한 자국의 영유권을 주장하였다.[21] 이러한 싱가포르의 주장에 대하여 ICJ는 동 재판소의 1974년 핵실험사건 판결을 인용, 한 국가가 자국의 행동의 자유를 제약하는 성명을 발표할 경우, 제한적 해석(a restrictive interpretation)이 요구된다고 설시하였다.[22]

ICJ는 이어 그러한 일방적 성명·기술은 싱가포르의 주장에 대응하여

속력을 인정한 재판소의 논지에 대하여 그러한 의무의 기대는 수락, 약인 (consideration) 또는 교환(대가관계)에 의해서만 발생하는 것(D. Kennedy, "The Sources of International Law", *American University Journal of International Law and Politics*, vol.2, 1987, p.1, 52~57), 또는 다른 당사자가 그러한 일방선언의 의무를 원용할 수 있을 때 비로소 구속력을 가질 수 있는 것(T.M. Frank, "World Made Law: The Decision of the ICJ in the Nuclear Test Cases", *American Journal of International Law*, vol.69, 1975, p.612, 617)이라는 반대의 견이 있다. 또 모든 법적 구속력을 가진 행위는 양자·다자(조약체결) 행위의 경우에도 각각 단독으로 이루어진 일방적 약속으로 구성된 것으로 해석하는 시각도 있다. A.P. Rubin, "The International Effects of Unilateral Declarations", *American Journal of International Law*, vol.71, 1977, p.1, 8.

20) 국제사법재판소 규정 제38조 제1항 3호는 동 재판소의 재판규범으로서 조약, 관습법과 함께 문명국이 인정하는 법의 일반원칙을 들고 있다.
21) Sovereignty over Pedra Branca/Pulau Batu Puteh, Middle Rocks and South Ledge (Malaysia/Singapore), *ICJ Reports*, 2008, p.12, para.226.
22) Malaysia/Singapore case, *ibid.*, para.229; Nuclear Tests cases, *op.cit.*, paras. 44 & 47.

이루어진 것이거나 또는 분쟁의 맥락에서 이루어진 것이 아니라는 점에 주목하면서, 조호르 왕국의 답신은 단지 정보제공을 요청받아 그러한 맥락에서 소유권 부인이 이루어졌으며, 따라서 그러한 부인은 구속력 있는 약속으로 해석될 수 없다고 판단하였다.[23] 그러나 이러한 ICJ의 판단은 논란의 여지가 있을 수 있다. 즉 동 재판소가 1953년 망끼에·에끄레오 도서영유권 분쟁사건(후술 III.3)에서 분쟁당사국 일방인 프랑스의 한 정부 각료(해양장관)가 동 도서에 대한 자신의 부처의 입장을 정리하여 다른 각료(외교장관)에게 전달한 내용을 '사실의 기술'로 규정하면서 그 법적 구속력을 인정한 정황·배경 또는 요소 등과 반드시 쉽게 구별되는 것은 아니기 때문이다.

또 묵인이 상호적인 경우, 묵인의 주체에 대한 판단은 흔히 이견을 노정하게 된다. 예컨대 벨기에/네덜란드 간 국경분쟁사건[24]에서 ICJ는 다수의견(10 대 4)을 통해 네덜란드 측이 문제의 분쟁 지역에 대한 벨기에의 주장을 알고서도 이를 부인하지 않은 국가실행에 의하여 벨기에의 주장을 인정한 것으로 판시하였다. 그러나 아르망-우곤(Armand-Ugon) 재판관은 반대의견에서 오히려 반대로 동부 그린란드 사건과 망끼에·에끄레오 사건 등을 인용하면서 문제의 분쟁지역에 대한 네덜란드 측의 주권행사에 대하여 벨기에 측이 오랜 기간 아무런 항의나 반대를 제기하지 않은 용인(prolonged tolerance)을 원용하여 네덜란드의 주권을 인정하였다.[25]

23) Malaysia/Singapore case, loc. cit.
24) Sovereignty over Certain Frontier Land(Belgium/Netherlands), ICJ Reports, 1959, p.209, 229~230 및 본서 제9장, IV.2 참조.
25) Ibid., p.250, quoting the Minquiers and Ecrehos case(France/United Kingdom), Judgment, ICJ Reports, 1953, p.47, 67~70.

2. 동부 그린란드 사건: 일방적 성명·약속

국제법상 국가기관이 공적으로 행한 일방적 구두 성명(unilateral oral statements) 또는 약속(undertaking)에 그 법적 효력(구속력)을 인정한 대표적 사례로서는 동부 그린란드 사건을 들 수 있다. 이 사건에서 상설국제사법재판소(PCIJ)는 노르웨이 외무장관 이렌(Ihren)이 행한 일방적 구두 약속(그린란드 전역에 대한 주권확립과 관련한 덴마크의 계획에 대하여 "문제를 일으키지 않겠다")의 구속력을 인정하여 분쟁 지역인 동부 그린란드를 포함한 그린란드 전역에 대한 덴마크의 주권을 인정하였다.[26] PCIJ는 양측의 주장에 대한 모든 역사적 배경, 교섭 및 외교적 교환공문 등 서면 자료들을 검토한 후, 덴마크가 노르웨이 외무장관의 발언을 신뢰하여 행동한 것을 근거로 노르웨이에 대항할 수 있다고 판단하였다. 즉 노르웨이 측이 그 구두 발언에 대한 덴마크 측의 서면 확인(written confirmation) 요청을 거부한 사실에도 불구하고, 충분하고 명확하게 입증될 수 있는 구두 발언·성명(statement)은 법적 구속력을 가질 수 있음을 확립한 것이다.

PCIJ는 1919년 7월 22일자 노르웨이 외무장관의 덴마크 공사에 대한 구두답변은 그 자체로서 덴마크의 그린란드 전역에 대한 영토권원을 창설하는 효과를 발생시키는 것은 아니지만 외무장관의 일방선언에 의한 약속(이렌 선언; Ihren Declaration)의 결과로, 즉 덴마크 주권에 대한 노르웨이의 묵인에 의해 "노르웨이는 그린란드 전역에 대한 덴마크의 주권을 다툴 수 없으며, 또한 그 당연한 결과로 그린란드의 일부를 점령하지 않을" 의무를 부담한다고 판결하였다.[27] 이는 노르웨이 외무장관이 구두

---

26) "[t]he Norwegian government would not make any difficulties in the settlement of this question"[소위 이렌 선언(Ihlen Declaration)], Legal Status of Eastern Greenland, *supra* note 16, pp.57~58, 60 & 69~70.

27) *Ibid.*, p.73.

약속에 의해 결과적으로 그린란드 전역에 대한 덴마크의 주권을 '묵시적으로 인정'했다는 것을 의미한다. 이와 같은 판시는 이렌 선언의 법적 구속력을 인정한 것일 뿐만 아니라, 덴마크가 그러한 약속(덴마크 주권 묵인의 발언)을 신뢰하여 행동한 점을 인정한 점에서 영토분쟁사건에서 묵인과 금반언의 법리의 기초를 세운 선구적 판결이라 할 수 있다(후술 V.3 참조).

3. 망끼에·에끄레오 사건: 내부문서·외교각서 상 사실의 기술·인정

묵인이 소극적 국가행위(부작위)에 의한 상대국의 권리, 권익 내지 권원에 대한 인정이라고 한다면, 사실의 기술(a statement of facts)은 적극적 행위(작위)에 의한 인정을 의미한다. 조약과 관습법이 국가를 구속하는 의무를 창설하거나 권리를 부여하는 것과 마찬가지로 일방선언이나 묵인 역시 국가를 구속한다. 다만 전자(형식적 법원)의 경우 그 구속력의 근거가 국가 간 명시적 또는 묵시적 합의인데 반해, 후자(일방선언이나 묵인 또는 승인·인정)의 경우 그러한 합의에 입각한 근거는 부재하며, 일방적 행위·발언 또는 태도를 통해 신의성실의 원칙 등 법의 일반원칙에 입각하여 상대국·타국의 권리를 인정한다는 점이 서로 다르다.

이러한 입장은 망끼에·에끄레오 도서 영유권 분쟁사건에서 일방 분쟁당사국의 장관에 의한 내부입장을 정리한 문서조차 사실의 기술로서 타방 분쟁당사국의 권리 또는 권원을 인정하는 증거로 간주된다고 판시한 점에서도 확인된다.[28] 이 사건에서 ICJ는 런던주재 프랑스 대사가 1820년 6월 12일자 외교각서를 통해 자국 해양장관(French Minister of Marine)이 자국 외무장관에 보낸 1819년 9월 14일자 서한과 2장의 지도를 영국 외무성에 선날한 바, 이 서한에는 망끼에 제노가 영국령으로 기술되어 있

---

28) The Minquiers and Ecrehos case, *op. cit.*, p.71.

을 뿐만 아니라, 또 동봉된 여러 지도 중 한 지도에 망끼에 제도가 영국령으로 표시되어 있었다. 프랑스 측은 문제의 서한에서 동 제도를 영국령으로 인정한 것은 합의에 이르지 않은 교섭과정(왕복문서; diplomatic exchanges)에서 제안한 통지 내지 통고(communication)에 불과하며, 이 교섭은 합의에 이르는데 실패하였으므로 이를 프랑스 측에 불리한 증거로 원용할 수 없다고 항변하였다.[29]

재판소는 프랑스측의 그러한 사실 인정은 교섭과정 중의 제안이나 양보가 아니라 프랑스 대사가 영국 외무성에 전달한 '사실의 기술'(a statement of facts)이며, 이는 당시 프랑스의 공식입장을 표시한 '증거'로 간주되어야 한다고 판단하였다.[30] 재판소는 또 파리주재 영국 대사관이 프랑스 외무장관에 보낸 1869년 11월 12일자 각서(Note)를 통해 망끼에 제도에서의 프랑스 어부들의 절도행위 혐의에 대하여 항의하면서 동 제도를 "해협제도의 이 속령"("this dependency of the Channel Islands)으로 언급한 바, 프랑스 외무장관은 1870년 3월 11일자 답서에서 영국 측의 비난을 일축하면서도 망끼에 제도가 영국령 해협제도의 한 속령이라는 문안에 대하여 아무런 유보도 제기하지 않았음에 주목하면서 프랑스 측이 망끼에 제도에 대한 주권주장을 최초로 제기한 것은 1888년에 이르러서였다고 지적하였다.[31] 즉 ICJ는 프랑스가 동 도서들에 대한 분쟁 당사국으로서 영토주권자라면 마땅히 제기했어야 할 항의 등 대응을 하지 않은 행위는 영국의 주권을 인정한 증거로 원용 가능하다고 판시한 것이다.

이러한 ICJ의 부수적 의견은 독도주권 문제에 관해 유추해석을 가능하게 하는 중요한 근거로 원용될 수 있다. 예컨대 17세기말 울릉도쟁계 당

---

29) *Ibid.*, 1 *ICJ Pleadings*, Annex A/25, p.115 & 335 & 2 *ICJ Pleadings*, p.159; 본서, 제9장, VI.2 참조.
30) Minquiers and Ecrehos case, *ibid.*, p.71.
31) Minquiers and Ecrehos case, *loc.cit.*

시 일본 막부가 돗토리번 및 호키주 태수에게 울릉도·독도의 법적 지위에 관하여 문의한 서한 등에서 독도가 울릉도의 부속도서임을 인정·전제하는 문안을 담고 있는 점은, 비록 그 문서가 조선에 전달된 것은 아니라 할지라도, 바로 당시 일본 정부가 그러한 사실을 인정하고 있음을 보여주는 중요한 증거가 아닐 수 없다.[32] 또 1900년 고종의 칙령 제41호에 대한 항의 부재 역시 일본이 당시 조선의 독도주권을 묵인한 직접 증거로 원용·인정하는데 별다른 이의가 있을 수 없다고 해석된다.

4. 말레이시아/싱가포르 사건: 배제 선언·성명과 지도상의 배제조항

일부 국가들은 국경 또는 영유권 분쟁 사건에서 자국의 이익에 반하는 지도의 증거능력과 증명력을 배제하기 위하여 일방적 성명을 발표하는 경우도 있다. 아르헨티나는 브라질과 미시오네스(Misiones) 지역에 대한 분쟁에 연루되자 '아르헨티나에서 간행된 자국 외무부가 공식 지도로 명시적으로 확인하기 전까지 어떠한 지도도 공인지도로 간주하지 않는다'는 취지의 성명을 발표하였다.[33] 또 인도는 1961년 자국에 불이익을 초래할 수 있는 지도의 간행·배포를 금지하는 법률을 제정하였다.[34]

2008년 말레이시아/싱가포르 간 도서·암초영유권 분쟁사건[35]에서 싱가포르 측은 말라야 및 말레이시아 측량관리관(Surveyor General)과 국립

---

32) 본서, 제6장, IV.3 참조.

33) Misiones Boundary case (Argentina v. Brazil), 1889, in Moore, *International Arbitration* (1898), vol.2, pp.1969~2026, S. Akweenda, "The Legal Significance of Maps in Boundary Questions: A Reappraisal with Particular Emphasis on Namibia", *British Yearbook of International Law*, vol.60, 1989, p.205, 217~219 에서 재인용.

34) F. Münch, "Maps", in R. Bernhardt(ed.), *Encyclopedia of Public International Law*(4 vols., Amsterdam: Elsevier, 1992), vol.3(1997), p.288.

35) Malaysia/Singapore case, *supra* note 21, para.273 & 본서, 제10장, IV.2.

측량조사소장(Director of National Mapping) 명의로 발간된 공인 지도 2 장, 그리고 1965, 1970, 1974 및 1975년 간행된 공인지도 4장 등 총 6장 의 말레이시아 공인지도에 표시된 4줄의 정보, 즉 "등대 28번, 풀라우 바 투 푸테, 호스버그(Horsburgh), 싱가포르"에 상당한 비중(신빙성)을 부여 하여36) 이를 증거로 원용하였으나 말레이시아 측은 문제의 지도들에 배 제조항(disclaimer)이 들어있다는 이유37) 등을 들어 싱가포르 측의 주장 을 반박하였다. 그러나 국제사법재판소는 문제의 배제조항의 문안에서는 "이 지도는 국제 또는 다른 경계획정에 관한 근거로 간주되어서는 안 된 다."고 되어있는 반면, 동 재판소는 이 사건에서 경계문제가 아니라 한 특별한 도서를 다루고 있다면서, 어쨌거나 에리트레아/에티오피아 사건 에서 국경위원회(Boundary Commission)가 판시하였듯이38) "지도는, 특 히 자국에 불리한 지도를 자국의 이익에 반하여 스스로 제작·배포하는 경우, 여전히 지리적 사실의 기술로 유효하다"고 판시하였다.39)

IV. 공동 선언·성명

1. 에게 해 도서영유권·대륙붕경계 분쟁사건

그리스와 터키는 양국에 인접한 에게 해(海) 도서 영유권과 대륙붕 경 계획정을 둘러싸고 1973년 분쟁이 발생한 이후 3차례의 전쟁을 치렀다. 또 근래에는 그리스 령(領) 카르파토스(Karpatos) 섬 남동쪽 34km 상공

---

36) *Ibid.*, para.269.
37) *Ibid.*, para.270.
38) Decision regarding Delimitation of the Border between the State of Eritrea and the Federal Democratic Republic of Ethiopia, April. 13, 2002, p.28, para.3.28.
39) Malaysia/Singapore case, *op.cit.*, para.271; 본서, 제9장, III.3 & IV.1(팔마스섬 중재판정) 및 제10장, IV.2 참조.

에서 그리스 공군소속 F-16기 1대가 근접 요격하는 터키 공군소속 F-16기 한 대와 공중충돌, 그리스 조종사가 사망하는 등 긴장상태가 해소되지 않고 있다.[40] 이 사건의 직접적 원인은 그리스가 자국 영공의 범위를 연안으로부터 10마일(16km)로 주장하고 있는데 반해, 터키는 6마일(10km)로 주장하고 있는 데에서 발생한 것으로 알려졌다. 양국은 분쟁해결을 위해 1974년과 1976년 사이에 구상서(verbal notes; *notes verbales*)를 교환한 바 있다.[41]

2. 사건의 경과

1975년 그리스측이 ICJ 제소를 제의하자 터키측은 이를 수락한 후 국내여론 반발에 부딪혀 이를 철회하면서 당사자 간 문제임을 강조하고 ICJ의 관할권을 거부하자, 그리스는 일방 제소하였다. 1976년 7월 중순 경 터키 탐사선이 그리스 해역 침범으로 그리스의 군사적 대응태세와 터키의 무력 사용 위협 등 양국 간 위기가 고조되자 그리스는 ICJ 제소에 대한 대안으로 안보리 회의를 요청하였으며, 안보리는 8월 12일 제1949차 회의를 소집, 양국의 주유엔대표부 대사를 초치하여 입장을 청취하였다. 안보리는 이어 제1953차 회의에서 총의로 채택된 결의 395(1976. 8. 25)를 통해 양국의 현 상황에서의 최대의 자제와 긴장완화를 촉구하면서 직접 대화 및 교섭 재개를 촉구하고, 동시에 법적 이견에 대하여 ICJ에 회

---

40) International Herald Tribune Online, "Greek and Turkish fighter planes collide over Aegean Sea", 2006. 5. 23 & BBC News Online, "Greek and Turkish planes collide", 2006. 5. 23. 에게 해(Aegean Sea)의 면적은 약 214,000 km² 로서, 한반도의 면적보다 약간 작다. 위키피디아 참조.

41) Aegean Sea Continental Shelf case(Greece v. Turkey), Jurisdiction, *ICJ Reports*, 1978, p.3 & Pleadings, pp.28~54; Y. Acer, "A Proposal for a Joint Maritime Development Regime in the Aegean Sea", *Journal of Maritime Law and Commerce*, vol.37, 2006, p.49, 50; J.M. Van Dyke, "The Aegean Sea Dispute: Options and Avenues", *Marine Policy*, vol.20, 1996, p.397.

부하여 해결하는 방안을 계속 고려하도록 촉구하였다.[42] 안보리 권고 결의에도 불구하고 터키가 ICJ 제소거부를 고수하자 그리스는 단독으로 ICJ에 소장(Memorial)을 제출하였으나, ICJ는 관할권이 부재하다는 결론을 내렸다.

3. 그리스의 ICJ 일방 제소와 공동선언의 구속력

1976년 8월 10일 그리스가 터키와의 에게 해(海) 대륙붕 경계획정 분쟁사건을 ICJ에 일방제소하자, 터키는 1976년 8월 26일 ICJ에 관할권이 없다는 선결적 항변을 제출하였다. 그리스와 터키 간 에게 해 대륙붕사건에서[43] ICJ는 양국 수상들이 1975년 5월 31일 의견교환 후 발표한 평화적 해결에 관한 브뤼셀 공동성명(Brussels joint communiqué)에 서명이나 성명의 두문자(initials)가 사용되지 않은 점에 주목하였다. ICJ는 동 성명에 사용된 용어(terms)와 그 성명을 작성하게 된 구체적 상황에 비추어 동 공동성명의 법적 성격을 검토, 양국 수상들이 대륙붕 분쟁사건을 동 재판소의 관할권에 회부할 무조건적 약속을 행할(undertake an unconditional commitment to submit the continental shelf dispute to the Court) 의사가 존재하지 않았음을 확인하고 관할권 부재를 선언하였다.[44]

이 사건은 문서(공동성명문) 해석에 관한 일반 원칙을 확인한 것으로 볼 수 있다. 조약해석의 일반원칙과 마찬가지로, 문서해석의 경우에도 당사자의 의사는 1차적으로 문제의 문서에 사용된 용어와 문언의 통상적

42) Security Council Resolution 395 of 25 Aug., 1976 on Complaint by Greece against Turkey, available at http://www.un.org.

43) Aegean Sea Continental Shelf case, *op. cit.*, pp.38~44; H. Thirlway, "The Law and Procedure of the International Court of Justice 1960~1989", *British Yearbook of International Law, vol. 62*, 1991, pp.13~15.

44) Aegean Sea Continental Shelf case, *ibid.*, pp.39~44, esp. paras.94 & 106~107.

의미에 따른 해석으로부터 추론하는 것이 원칙이다. 즉 그러한 문서를 채택한 후 당사자들이 그 문서의 성격에 대하여 행하는 해석적 발언 또는 행위 등 국가실행으로부터 추론되는 것은 아니다.[45] 다만 그러한 문서로부터 당사국의 명확한 의사를 추론할 수 없는 경우에는 2차적, 보조적 해석수단으로서 당사국의 후속 국가실행을 고려하여 판단하여야 할 것이다.

V. 국경·해양경계 분쟁사건과 묵인, 금반언

1. 묵인의 의의와 국가실행

묵인(acquiescence)이라 함은 대응해야 할 상황에서 대응하지 않는 부작위에 의한 자국 권리의 유기·포기 내지 타국의 권리를 인정하는 소극적 의사표시로 볼 수 있다. 국제재판소는 재판관할권을 확립하는 근거로 묵인(의 국가실행)을 원용하기도 한다.[46] 묵인이 분쟁당사국(권리 상실국; the 'losing' state)의 행동·태도를 가리키는 것이라면, 승인·인정(recognition)은 일반적으로 제3국의 행동·태도에 관한 것이라고 한다.[47] 이와 관련, 상설국제사법재판소는 동부 그린란드 사건에서 분쟁당사국인 '덴마크가 (또 다른 분쟁당사국인 노르웨이가 아닌) 제3국과 체결한 조약들이 그린란드

---

45) Maritime Delimitation and Territorial Questions (Qatar v. Bahrain), Jurisdiction and Admissibility, Judgment, *ICJ Reports*, 1994, p.112, paras.26~27.

46) Military and Paramilitary Activities in and against Nicaragua, Jurisdiction and Admissibility, *ICJ Reports*, 1984, p.392, paras.15~16, 27, 42~43 & 81; D.P. Moynihan, *On the Law of Nations*(Harvard University Press, 1990), pp.143~147. 따라서 관할권 수락선언 시 유보 등 명시적 의사표시가 필요하다. 본서, 제11장, IV.3 & VII 참조.

47) See Brownlie, *supra* note 8, pp.128~133.

에 대한 덴마크의 주권을 승인한 증거를 구성하는 한도 내에서' 덴마크
는 그러한 조약들을 원용할 권리를 가진다고 판시하였다.[48]

1951년 영국/노르웨이 간 어업사건에서[49] 영국은 노르웨이가 1869년
및 1889년 해양경계획정 법령(delimitation Decrees)을 제정·공포하여 여
러 지역에서 피오르드[fjord; 협만(峽灣)], 만과 해상 암초를 연결하는 직
선 폐쇄선(the closing line)을 그은 데 대하여 그 최대길이가 10해리를
초과하는 것은 국제법 위반이라고 주장하였다.[50] 그러나 ICJ는 노르웨이
가 '10해리 규칙'을 자국 해안에 적용하는데 항상 반대해 왔으므로 적어
도 노르웨이에 대해서는 적용할 수 없으며(영국에 대한 대항력 인정), 빙
하의 이동으로 해안선을 따라 형성된 스케이가드(skaegaard)가 노르웨이
본토의 일부라고 규정하였다.[51]

이 사건에서 ICJ는 또 영국이 1869년 및 1889년 법령에 반대하지 않다
가 1933년 7월 27일자 각서(Memorandum)에서 비로소 항의를 제기함으
로써 노르웨이가 도입한 직선기선을 60년 이상 묵인한 사실에 비추어 영
국은 그 유효성을 다툴 수 없다고 판시하여 영국의 주장을 기각하고 영
국에 대한 구속력을 인정하였다.[52] 재판소는 또 1882년 '북해수산(경비)
협약'[North Sea Fisheries (Police) Convention]이 채택한 직선기선의 한도
(최대길이)에 반대하여 동 협약 가입을 거부한 노르웨이 입장의 공연성
(notoriety), 이해관계를 가진 영국이 노르웨이의 행위에 대하여 아무런
유보도 기탁하지 않은 오랜 항의 부재(prolonged abstention), 그리고 노

---

48) Legal Status of Eastern Greenland, *supra* note 16, pp.51~52['To the extent that
   these treaties constitute the *evidence of recognition* of her sovereignty in
   general, Denmark is entitled to rely upon them'].
49) Fisheries case(U.K./Norway), Judgment, *ICJ Reports*, 1951, p.116, 131 & 138;
   R.R. Churchill & A.V. Lowe, *the law of the sea*(3rd edn., Manchester
   University Press, 1999), pp.43~45.
50) Fisheries case, *ibid.*, p.131.
51) *Ibid.*, p.132.
52) *Ibid.*, pp.138~139.

르웨이의 입장에 대한 국제사회의의 일반적 용인(general toleration) 등은 노르웨이 측이 영국에 대하여 직선기선 제도를 집행하는 것을 보장한(warrant) 것이라고 판시하였다.[53]

ICJ는 또 캐나다/미국 간 메인만(灣) 사건에서 어느 경우든 경계획정은 그 지역의 물리적 형상과 기타 관련 상황을 고려하고, 형평한 결과(해결)를 확보할 수 있는 실용적 방법을 사용하고, 형평한 기준을 적용함으로써 이루어져야 한다고 판시하면서 당사국의 분쟁관련 태도와 국가실행(캐나다의 중간선 원칙 주장에 대한 미국의 묵인 여부)과 관련, 분쟁발생 이전 미국의 행동에 모호성이 있으며 일관성이 결여된 점이 있었음을 인정하면서도 이는 캐나다가 주장하는 중간선 원칙에 대한 묵인에 해당하지는 않는다는 결론을 내렸다.[54] 재판소는 미국 정부가 1969년 11월 5일 캐나다 정부에 보낸 외교각서에서 조지스 뱅크(Georges Bank) 대륙붕 부존 천연자원의 개발·이용을 묵인할 수 없다고 언급하였던 점에 주목하였다. 또 캐나다가 주장하는 중간선과 미국의 BLM선과는 1965년에서 1975년 사이에 미국 석유회사들 간에 주장된 것으로서 이는 그 기간에 비추어 볼 때 양국간 잠정협정이나 해양경계 또는 사실상의 해양경계 그 어느 것도 확립된 것으로 볼 수 없다고 판단하였다.

2. 프레아 비헤어 사원 영유권 분쟁사건: '오류' 있는 국경 지도의 묵인

캄보디아/태국 간 프레아 비헤어 사원 영유권 분쟁사건에서 태국 측은 캄보디아 측이 소장(訴狀)의 제1부속서(Annex I to the Memorial)로 제출

---

53) *Ibid.*, p.139. See also Delimitation of the Maritime Boundary in the Gulf of Maine Area(Canada/U.S.A.), Judgment, *ICJ Reports*, 1984, p.246, 309, para.144.

54) Gulf of Maine case, *ibid.*, paras.148~152.

한 동 사원과 그 인근 지역[동부 당그렉 지역(Eastern Dangrek sector)]을 표시한 지도와 관련, 3가지 이유를 들어 그 증거능력을 부인하였다. 즉 1) 동 지도가 양국 간 제1차 국경획정 혼성위원회(the first Mixed Commission of Delimitation of the frontiers)의 작업 결과가 아니며 따라서 태국을 구속할 수 없고; 2) 동 지도상의 국경선은 진정한 분수령 선(watershed line)에 따르지 않고 동 사원을 태국 영역 밖에 표시한 중대한 오류(a material error)를 포함하고 있으며; 또한 3) 태국이 동 지도 자체 또는 동 지도에 표시된 국경선을 승인한 바 없으므로 태국에 대하여 구속력이 없다고 주장하였다.[55] ICJ는 문제의 지도가 제작되기 수 개 월 전 제1차 국경획정 혼성위원회가 그 기능을 중단하였으므로 동 지도가 제작 당시 동 위원회의 공식 승인을 받지 않은(never formally approved) 지도라는 점을 인정하고, 동 지도의 제작 개시 및 제작 당시에는(in its inception, and at the moment of its production) 구속력을 가진 것은 아니었다면서 일단 태국 측의 주장을 긍정하였다.[56]

ICJ는 그러나 동 지도가 1907년 가을 제작·간행된 배경, 과정 및 주체 등을 언급하면서 이러한 모든 사실에 비추어 문제의 지도는 그 고유의 기술적 권위를 가지고 그 출처(provenance)가 명확하므로 결과적으로 공식적 지위(an official standing)가 부여된 것이라고 판단하였다.[57] ICJ는

---

55) The Temple of Preah Vihear (Cambodia v. Thailand), Judgment, *ICJ Reports*, 1962, p.6, 21 및 본서 제9장, IV.3 참조.

56) Temple of Preah Vihear, *loc. cit.*

57) ICJ는 문제의 지도가 당시 당그렉 지역을 담당한 측량기사들(surveying officers)의 작업에 근거하고 있다는 사실은 의문의 여지가 없으며, 또 샴 정부당국(Siamese authorities)의 요청으로 당시 캄보디아의 보호국이던 프랑스 정부의 지형전문가들이 측량·제작하고 프랑스 파리의 한 정평있는 지도제작회사(H. Barrère)가 1907년 가을 인쇄·간행한 일련의 국경지도(총 11장)의 하나로서, 샴 왕국과 프랑스 인도차이나(French Indo-China) 간 문제의 분쟁지역을 포함하는 국경선의 대부분을 포함한 것이었다고 설시하였다. Temple of Preah Vihear, *ibid.*, pp.20~21.

태국 측이 문제의 지도를 수락 또는 승인한 바 없다는 주장도 근거 없다고 기각하였다. 재판소는 우선 문제의 지도가 주요 지리학회(geographical societies)와 이 지역에 이해관계를 가진 각계(circles)에 통지(배포)된 것은 물론, 샴 왕국의 해외 주요공관과 1904년 제1차 및 1907년 제2차 프랑스-샴 국경획정 혼성위원회 위원 전원에게 총 11장의 지도의 각각에 대해 1차로 총 160부 씩 대량 배포되는 등 광범위한 홍보(wide publicity)가 이루어졌다고 지적하였다.58) 재판소는 이러한 태국의 무대응의 태도를 '행동에 의한 공식 인정'(formal acknowledgement by conduct)으로 규정하고, 설령 그러한 공식적 인정이 아니라고 할지라도, 만일 태국 측이 문제의 지도에 대하여 동의하지 않을 의향을 가지고 있었다거나 또는 심각한 의문을 가졌더라면 상당기간 내에(within a reasonable period) 샴 당국의 일정한 대응(reaction)이 요구되는 상황 하에서 "그 당시 또는 그 후 상당기간 동안 그렇게 하지 않았다는 것은 묵인한 것으로 간주될 수밖에 없다."고59) 설시하였다. ICJ는 또 태국이 1925년 및 1937년 프랑스(인도지나 보호령)와 우호통상항해조약(Treaties of Friendship, Commerce and Navigation between France and Siam) 체결을 위한 교섭 당시에도 사원 영유권 문제를 제기할 수 있었지만 그렇게 하지 않은 것은 물론, 심지어 스스로 동 사원을 캄보디아 영토 내에 표시한 내부군사용 지도를 제작한 사실, 그리고 전후 1946년 11월 국경조정협정(Settlement Agreement)에 따라 설치된 프랑스/샴 조정위원회(Franco-Siamese Conciliation Commission)에서도 동 사원 문제를 거론하지 않은 사실에 대한 자연스런 추론은 태국이 캄보디아의 소장 제1부속서로 제출된 지도와 이 지도에 표시된 국경선을 수락한 것이라고 판시하였다.60)

---

58) *Ibid.*, p.23.

59) Temple of Preah Vihear, *loc. cit.*["They did not do so, either then or for many years, and thereby must be held to have acquiesced."] & 30.

60) *Ibid.*, pp.27~29.

보다 구체적으로 ICJ는 그 증거로서 샴 당국이 동 사원을 캄보디아 영토 내에 표시한 문제의 지도를 수령하였음을 인정하고 그 지도의 성격과 그 지도가 표시하려 한 내용을 승인하였다는 사실은 바로 내무장관 담롱 왕자(Minister of the Interior, Prince Damrong)가 방콕 주재 프랑스 공사에게 동 지도에 대하여 사의를 표하면서 지방장관들에게 전달할 목적으로 각 지도 당 15부의 추가 사본을 요청한 사실에서 확인된다고 판시하였다.[61] ICJ는 또 담롱왕자가 내무장관 퇴임 후 1930년 국립도서관 및 고고학적 기념물을 담당하는 샴 왕립연구소의 회장(President of the Royal Institute of Siam) 자격으로 프레아 비헤어 사원에 대한 공식행사에 준하는 성격(a quasi-official character)의 고고학적 시찰 당시, 그가 사원에 도착했을 때 사원에 인접한 캄보디아 주를 관장하는 프랑스 정치고문 (French Resident)이 정무총감(Resident Superior)을 대리하여 프랑스 국기를 휘날리며 담롱 왕자를 영접한 바, 그가 이러한 성격의 영접에 함축된 의미를 놓쳤을 리 만무하며, 또 프랑스 인도지나 측의 권원을 확인하는 이보다 명백한 상황은 상정할 수 없다고 지적하였다.[62]

ICJ는 이러한 프랑스의 행동은 태국 측의 대응을 요구했던 것이지만 태국은 아무런 대응도 하지 않았으며, 심지어 담롱 왕자는 방콕으로 귀환하는 도중 프랑스 정치고문에게 사원방문 당시 찍은 사진을 보내면서 프랑스 측이 그 정치고문을 통해 행사 주최국(host country)으로 행동했던 것을 인정하는 듯한 언어를 사용하였다고 지적하였다.[63] ICJ는 이어

---

61) *Ibid.*, pp.24 & 30~31.
62) *Ibid.*, p.30. 또 태국측이 프랑스로부터 문제의 지도를 수령한 것은 지도제작에 전문성이 없으며 프레아 비헤어 사원에 대하여 전혀 아는 바 없는 하급관리들 (minor officials)이었다고 주장한 데 대해서도 ICJ는 내무장관 담롱 왕자는 물론, 외무장관(1885‐1923) 데바윙세(Devawongse) 왕자(1858~1923), 제1차 국경획정 혼성위원회의 태국 측 위원들과 동 사원 인근의 태국 쿡한 주(州) 지사 (Governor of Khukhan province)에 이르기까지 태국 고위관리들도 이를 확인하였음이 명백하다고 판시하여 태국 측 주장을 일축하였다. *Ibid.*, p.25.
63) *Ibid.*, p.30.

이에 관한 태국 측 설명은 재판소가 보기에 설득력이 없다면서, 이 사례(incident)를 전체적으로 볼 때 이는 명백한 경쟁적 주장(rival claim) 앞에서 권원을 확인 또는 보전하기 위한 대응이 요구되는 경우에도 태국측이 어떤 방식으로든 대응하지 않았던 것은 프레아 비헤어 사원에 대한 캄보디아(프랑스의 보호령: French Protectorate)의 주권에 대한 묵시적 승인(a tacit recognition)에 해당하는 것이라고 설시하였다.[64]

ICJ는 또 태국이 문제의 지도를 수령하였을 당시 지도상의 오류를 인지하지 못했다는 '착오의 항변'(the plea of error) 역시 기각하였다. 재판소는 착오의 항변을 제기하는 측이 자신의 행동을 통해(by its own conduct) 그러한 오류에 기여하였거나 그러한 오류를 회피할 수도 있었던 경우, 또는 정황 상 그러한 주장을 제기하는 당사자에게 오류가능성이 고지된 경우에는 동의를 훼손하는 요소로 인정될 수 없다는 것이 확립된 법규칙(an established rule of law)이라고 판시하였다.[65] 결국 재판소는 태국이 문제의 지도가 대량 배포된 1908년 이후 50년 간 국경획정의 결과를 표시한 문제의 지도를 알고서도 아무런 대응이나 유보도 제기하지 않는 묵인의 행동(conduct)으로 인하여 동 지도상의 국경을 수락하지 않았다고 주장할 수 없게 되었다고 판시하였다.[66]

3. 묵인·금반언의 요소·요건

묵인, 승인과 금반언의 법리는 국제법상 확립된 영토 취득방식은 아니지만, 실제로는 영토분쟁사건에서 국제재판소는 이에 의존하여 판결을 내리는 경우가 많으며(예컨대 동부 그린란드 사건, 망끼에·에끄레오 도

---

64) *Ibid.*, pp.30~31. See also Gulf of Maine Area, *supra* note 53, p.305, para.130 & Malaysia/Singapore case, *supra* note 21, para.121.

65) *Ibid.*, p.26.

66) *Ibid.*, pp.23, 30 & 32.

서영유권 분쟁사건 및 프레아 비헤어 사원영유권 분쟁사건 등), 따라서 이들 법리는 영토분쟁과 영토취득에 있어서 중요한 역할을 수행한다.[67] 전술한 영국/노르웨이 간 어업사건에서 ICJ는 묵인의 요소로서 권리(노르웨이의 직선기선의 최대길이에 대한 반대) 주장의 공연성(notoriety), 국제사회의 일반적 용인(general toleration), 그리고 이 문제에 대한 영국의 입장, 중대한 이해관계와 오랜 항의 부재(prolonged abstention) 등을 묵인의 요소로 제시한 바 있다.[68] 그러나 이러한 요소가 일반적으로 확립된 묵인의 요소인지는 명확하지 않으나, 다만 묵인의 최소한의 기준을 제시한 것만은 분명하다.

전술한 프레아 비헤어 사원영유권 분쟁사건에서 ICJ는 태국이 문제의 지도를 수령할 당시 지도상의 오류를 인지하지 못했으며, 동 지도를 승인한 바 없다는 주장과 관련, 태국 측의 문제의 지도 수령 후 50년간의 후속 행동(국가실행)에 비추어 그 지도상의 오류에 대한 착오를 항변하거나 또는 동 지도(상의 국경)를 수락하지 않았다고 주장하는 것이 이제 배제된다(is now precluded)고 판시하였다.[69] ICJ는 아울러 태국 측이 1904년 조약에 의하여 국경의 안정성이라는 이익을 향유한 점이 인정되고 프랑스와 캄보디아는 그러한 태국 측의 수락에 의존하였으며 따라서 태국 측은 이제 그러한 조약상의 이익을 계속 주장·향유하면서도 다른 한편으로는 조약상 합의의 한 당사자였다는 사실을 부인할 수는 없다고 판시하였다.[70] ICJ는 이 사건에서 50여 년간의 태국의 이의·항의 부재를 근거로 묵인의 법리에 의존·판결하면서,[71] 금반언의 법리를 명시적으로 언급하지도, 이에 의존한 것도 아니라고 해석된다. 다만 영토분쟁사건에

---

67) Malanczuk, *supra* note 7, p.154.
68) Fisheries case, *supra* note 49, p.139; 김영구, "독도 논란, 국제법판례로 다시 보기", 『신동아』 통권 제547호(2005. 4), pp.402~410.
69) Temple of Preah, *op.cit.*, p.32.
70) *Ibid.*
71) *Ibid.*, p.23.

서 금반언의 법리의 관련성과 적용가능성을 제시한 선구적 판결로 평가된다.

프레아 비헤어 사건에서 ICJ가 묵인의 법리와 관련, 일방 당사자의 수락에 따른 이익의 향유 그리고 상대방이 이를 믿고 의존하여 행동한 것을 언급하면서도, 그러한 수락에 의존한 상대방에 야기된 손해에 대해서는 언급하지 않은 것은 묵인과 금반언 법리 간 그 성립 요소·요건 상의 차이를 보여준다. 캐나다와 미국 간 메인 만(灣) 사건에서 ICJ는 금반언(estoppel)은 배제(preclusion)의 개념과 연결되며, 또 '손해의 요소'(the element of detriment or prejudice)에 의하여 묵인과 구별된다고 설시하였다.[72] 즉 금반언의 경우에는 어떤 국가의 태도변경에 의하여 타국에 대한 '손해의 요소'가 요구되지만, 묵인의 경우에는 이러한 요소가 필요하지 않다는 것이다. 이러한 원칙에 비추어 볼 때 이 사건에서 미국의 태도는 불명확했던 것은 사실이지만, 그렇다고 해도 금반언이나 묵인의 요건을 충족시키지는 않는다고 ICJ는 해석하였다. 다만 이 2가지 법리는 모두 신의성실 및 형평의 원칙 등 법의 일반원칙에서 도출되는 동일한 제도(법리)의 다른 측면으로서, 동일한 법적 효과를 가진다.[73]

2008년 말레이시아/싱가포르 간 도서영유권 분쟁사건에서 ICJ는 1969년 북해대륙붕사건을 인용, 특정 국가가 상대국의 묵인에 입각하여 권리를 주장하기 위해서는 무엇보다도 그 상대국의 성명 또는 입장 표명에 의존하여 스스로 특정 행위(distinct acts in reliance on the other party's statement)를 행하였다는 사실을 입증하여야 한다고 판시하였다.[74] 재판소에 의하면 싱가포르는 1953년 조호르 왕국으로부터 페드라 브랑카 섬에 대한 영유권을 포기하는 서한을 수령한 뒤에도 지난 세기부터 행하던

---

72) Gulf of Maine case, *supra* note 53, paras.130 & 144~145; North Sea Continental Shelf cases, *supra* note 14, p.26, para.30.

73) Gulf of Maine case, *ibid*

74) Malaysia/Singapore case, *supra* note 21, para.228; North Sea Continental Shelf cases, *loc.cit.*

행위를 계속하였으며 그러한 서한에 의존하여 특정한 행동을 취했다고 주장하지 않았다면서 따라서 재판소는 금반언의 다른 요건을 충족했는지 여부는 이를 더 이상 검토하지 않는다고 설시하였다.[75] 즉 영유권 분쟁 사건에 있어서 상대국의 포기·묵인을 원용하여 자국에 유리한 법률효과를 주장하는 국가는 그러한 상대국의 포기·묵인을 믿고 그에 의존하여 문제의 영역에 대한 주권자로서 행동하였으며, 상대국이 이후 태도변화로 손해를 입었다는 구체적 증거를 제시해야 금반언의 법리에 입각한 권리를 인정받을 수 있는 것으로 해석된다.

4. 묵인의 효과 및 권원으로서의 지위

ICJ는 말레이시아/싱가포르 간 도서영유권 분쟁사건에서 영역 주권국이 타국의 영역주권 현시행위에 대하여 대응하지 않을 경우, 영역 주권은 타국으로 양도될 수 있다고 판시하였다. 즉 합법적 권원을 가진 영역 주권국이 타국의 영역주권 현시행위에 대하여 대응하지 않을 경우, 그러한 대응의 부재는 묵인에 해당할 수 있다는 것이다.[76] 이 경우 묵인 또는 침묵은 타국의 행위 내지 주장에 대한 묵시적 승인으로서 타국에 의하여 동의로 해석될 수 있다. 이러한 이유로 당사국들의 행위에 입각한 영역주권의 양도는 명확히 천명되어야 하고, 그러한 행위와 관련 사실에 의하여 아무런 의심의 여지도 없어야 하며, 특히 일정 영역에 대하여 사실상 주권을 유기(遺棄: abandonment)하는 경우에는 더욱 그러하다.[77]

묵인(항의 부재의 행동)이 그 자체로서 영토권원을 창설하는 근거(root of title: 예컨대 조약, 동의, 포기, 사법적 판결[78] 등)의 하나를 구성하는

---

75) Malaysia/Singapore case, *loc. cit.*

76) *Ibid.*, para.121.

77) *Ibid.*, paras.122 & 150.

78) See Brownlie, *supra* note 8, p.151.

지의 여부에 대해서는 아직 판례와 학설상 그 입장이 일치되어 있지 않다.[79] 즉 묵인의 법적 지위가 명확한 것은 아니다. 특히 앞에서 설명한 바와 같이(예컨대 캐나다/미국 간 메인만 사건; V.1 & V.3), 국제재판소가 묵인을 판단하는 기준 내지 요소,[80] 그리고 묵인을 구성하는 기간 등을 명확하고 구체적으로 규정·확립하고 있다고 보기도 어려운 것이 사실이다. 그럼에도 불구하고 영토·해양경계 분쟁 관련 국제판례는 당사국을 구속하는 근거로 흔히 묵인을 원용, 판결함으로써 묵인 여부는 영유권 주장의 타당성·유효성을 판단하는 중요한 기준, 근거 내지 증거로 인정되고 있으며, 따라서 동시에 영토·해양경계 분쟁을 해결하는 중요한 실질적 법규범의 하나로 기능하고 있다는 점을 부인할 수 없다.

VI. 실질적 법원·증거로서의 국가실행

1. 사실행위, 법률행위와 법규범성

실정 국제법상 단순한 사실행위(발견·목격 등)와 당사자를 구속하는 법률행위 간의 구별은 당연하다. 즉 사실행위는 당연히 법적 구속력을 가지는 지위와 효과를 수반하는 것은 아니다. 그러나 일방선언 등과 같

---

79) Brownlie 교수는 묵인이 승인·인정(recognition)과 동일한 효과를 가지는 것으로 해석한다. 다만 그는 묵인이나 승인이 권원을 창설하는 근거인지의 여부에 대해서는 명확한 입장표명을 유보하고 있는 것으로 보인다. See Brownlie, *ibid.*, p.151.

80) 예컨대 2002년 카메룬/나이지리아 국경·해양경계 분쟁사건에서 ICJ는 나이지리아 측이 분쟁지역인 다락(Darak) 지역에서 정착촌을 건설하고 행정권을 행사한 점을 인정하면서도, 카메룬 측이 구상서를 통해 나이지리아 측의 주권 주장에 항의한 사실에 주목하여 카메룬 측이 나이지리아 측의 주장을 묵인한 것은 아니라고 판단하였다. 본서, 제6장, III.4 참조.

은 사실행위도 그러한 선언을 행하는 국가가 이에 구속될 의사를 가졌거나 또는 공개적 약속일 경우 '신의성실의 원칙'에 따르는 법률효과(의무의 창설)를 수반할 수 있다. 즉 사실행위도 일정한 경우 법규범력을 가지게 된다. 예컨대 국가승인에 관한 선언적 효과설에 있어서 "국가의 성립이라는 사실이 그대로 법적 확인을 가져오는 것이 아니라, 첫째, 실효성의 유무라는 기준에 의한 법적 평가·인정이 요구되는 것이며, 둘째, 그 인정은 주관적·개별적인 것이 되는 것이며, 셋째, 실효적 지배가 있을지라도 거기에 사용된 수단은 국제법에 위반된 것이 아니라야 한다"고 한다.81) 즉 선언적 효과설에 의하면 타국을 국가로서 일방적으로 승인하는 일국의 선언행위는 그 자체로서는 사실행위로서 법률효과를 동반하는 것은 아니며, 일정한 요건과 절차를 충족시킬 때 비로소 법률효과를 가져온다는 것이다. 이러한 법리해석은 일방선언의 법적 구속력에도 유추·적용될 수 있다고 본다.

영유권에 관한 당사국의 일방적 의사(영유의사)의 표시(선언)와 현실적·계속적·평화적 점유행위(국가기능의 행사)는 '실효적 지배'(effective control)의 요건을 충족, 영토권원을 창설할 수 있다. 또 일방적인 명시적·묵시적 의사표시(수락·인정·승인 또는 묵인 등 단독행위) 역시 일정한 경우 법적 의무를 창설하며, 해당 국가를 구속하는 효과를 발생시킨다(권리의 양도·할양 등). 특히 자국에 불리한 사실(관계)을 인정하는 의사표시의 경우 그러한 의사표시를 행한 국가에 대하여 기존의 법률관계를 확인·소멸 또는 변동시키는 법률효과(권원·권리 포기 등)가 발생하게 된다. 이 경우 그러한 의사표시의 법률효과를 구체적으로 창설·규율하는 원칙(신의성실의 원칙 등)은 실정 국제법의 일반원칙이자 동시에 규칙의 일부로 간주되어야 하며,82) 이러한 의미에서 실질적 법원은 형식적 법원

---

81) 이한기, 『국제법강의』, 전게각주 6, p.196.
82) 조약법에 관한 비엔나 협약은 조약당사국에 성실한 조약이행 의무를 부과하고 있다(제26조).

에 버금가는 지위와 의의를 가진다고 해석된다.

2. 국가실행의 법원성

영토분쟁을 규율하는 조약과 관습법 등 실정 국제법 규칙이 부재 또는 흠결인 상태에서 국가실행 등 실질적 법원은 실정법 규칙의 일부를 구성하거나 보완하는 역할과 기능을 수행한다. 영역주권국이 타국의 이의·항의 제기 등 국가의사의 표시 또는 실효적 지배를 통한 국가실행에 무대응하는 경우, 재판소는 이를 영역주권국이 묵인에 의하여 자국의 권원·권리를 유기·포기하거나 자발적으로 의무부담을 수락한 국가실행으로 간주하고 그러한 묵인의 법적 구속력을 인정하는 것이다. 재판소는 국가실행을 묵인의 증거로서 원용하면서 '신의성실의 원칙' 또는 '금반언의 원칙' 등에 위배되는 행위로서 당사국을 구속하는 근거로 원용한다. 바꾸어 말한다면 재판소는 '법의 일반원칙'에 비추어 당사국을 구속하는 권리·의무를 창설하거나, 또는 이를 유기·포기·소멸 등 변동시키는 법률효과를 발생시키는 원인 또는 근거로서 이의·항의 부재(묵인) 등 해당 국가실행(사실행위 또는 사실관계)을 원용하는 경향을 보여준다.

현행 국제법상 실질적 법원이 차지하는 이러한 지위와 중요성은 현행 실정 국제법질서의 불완전한 성격의 반증일 수 있다. 즉 통일적 입법기관과 해석기관이 존재하는 국내법의 법원에 비해, 분권적 질서를 특징으로 하는 현행 국제법질서의 불완전하고 느슨한 법규 제정절차, 통일된 입법·해석기관의 부재와 밀접한 관련이 있다. 특히 영토분쟁 관련 국제판결을 보면 조약 해석보다는 당사국의 일방선언, 묵인, 또는 문제의 영역에 대한 '실효적 지배'의 사실 등 국가실행에 입각하여 판결을 내리는 경향이 두드러지고 있다.[83] 즉 주로 기존 국제판례와 국가실행에 의하여

---

83) 박현진, "영토분쟁과 권원 간 위계 – 조약상의 권원, 현상유지의 법리와 실효지배의 권원을 중심으로", 『국제법학회논총』 제59권 제3호(통권 제134호, 2014.

분쟁을 해결하는 영토분쟁 사건에 있어서, 실질적 법원은 새로운 국제법 규칙을 형성해 나가는 실질적·동태적 요인으로 볼 수 있다. 이에 따라 영토분쟁 당사국들도 일방선언, 항의 또는 이의제기 등 국가실행을 통해 적극적으로 자국의 의사를 표시하면서 자국의 입장이나 이익에 반하거나 부합하지 않는 기존 국제법 규칙을 변경시키기 위해, 또는 형성 중에 있는 국제법 규칙을 자국에 유리하게 변경시키기 위해 노력한다.[84]

요컨대 영토분쟁을 규율하는 국제판례에 의하면 선언, 묵인과 승인 등 일방적 국가실행은 형식적 법원을 구성하지 않는다. 그럼에도 국제판례는 법의 일반원칙에 비추어 그러한 국가실행의 법적 의미·효과를 평가하여 당사국에 법적 의무를 부담시키거나, 또는 권리를 부여한다는 의미에서 실질적 법규범의 일부로 기능하고 있다는 점은 부인하기 어렵다.

3. 증거로서의 국가실행

일국의 국가실행은 당사국을 구속하는 실질적 법원으로서의 기능과 함께, 내부·외교문서에서 확인되는 국가의사는 영유권 분쟁사건에서 입증자료로서 일정한 증거능력과 증명력을 가질 수 있다. 니카라과 사건에서 ICJ는 정부 고위관료의 진술·발언·성명(statements)들이 자국 정부의 공식 입장에 반하거나, 발언한 자신들이 대표하는 국가에 불리한 사실을 인정하는 경우 그러한 행위에 특별한 증명력을 부여하는 입장을 취하였다.[85] 따라서 국가실행은 영토분쟁사건에서 국가의사를 확인하는 객관적

---

9), p.109.

84) 예컨대 일본이 태평양상 오키노토리 암초(沖ノ鳥島)와 미나미토리 암초(南鳥島) 등 암초의 주위에 200해리 배타적경제수역을 선언·집행하고 있는 것은 섬의 정의에 관한 국제법 규칙(유엔해양법협약 제121조)에 대한 변경을 시도하거나 또는 적어도 동 규칙의 자국에 대한 적용가능성을 배제하기 위한 국가실행으로 해석된다.

85) Military and Paramilitary Activities in and against Nicaragua, Merits, *ICJ Reports*, 1986, p.14, 41, paras.64~65 & p.43, para.70. 다만 이 경우 그러한 발

증거로서의 지위도 향유하는 것으로 해석된다. 즉 국가실행은 분쟁당사국에 의하여 문제의 영역에 관한 의무 창설 또는 법률관계 변동에 관한 증거로 원용될 수 있다.

영토분쟁 사건에서 국제재판소는 흔히 일방선언, 묵인·사실인정(실질적 법원) 등 국가실행에 의존하여 판결하면서도, '문서증거'(documentary evidence), '지도증거'(map evidence) 또는 관련사실(relevant facts)과는 달리, 국가실행을 명시적으로 '증거'로 규정하지 않는 것처럼 보인다.[86] 그러나 일방선언, 묵인 등 실질적 법원은 어떠한 사실이나 권리·의무관계를 입증하는 자료인 문서나 지도·해도와 마찬가지로 증거로서의 지위를 가지는 것이 명백하다. 일방선언이나 승인·항의·묵인 등 국가실행은 어떤 사실이나 권리·의무관계를 입증하는 증거(입증수단)일 뿐만 아니라, 그러한 사실이 확인되면 국제재판소에 의하여 법적 권리·의무의 근거로 원용·간주되어 당사국의 주장을 인정·부인 또는 배척하는 효과를 수반하게 된다. 즉 국가실행은 권리·의무를 창설·소멸·변동시키는 '규칙'(의 근거)으로서의 지위도 함께 향유한다. 특히 영유권 분쟁사건에서 국가실행 가운데 일부 국가행위, 예컨대 승인(인정)은 권원의 근거(a root of title)를 구성할 수도 있는 추가적인 기능과 성격을 가진다는 점에서 단순히 증거로서의 지위·가치만을 향유하는 문서·지도·해도와는 그 법적 지위가 다르다고 해석된다.

2008년 말레이시아/싱가포르 간 도서·암초영유권 분쟁사건에서 ICJ는 국제법 원칙 및 규칙에 비추어 그리고 관련사실에 대한 평가에 비추어 당사국의 국가실행 상 페드라 브랑카/풀라우 바투 푸테의 주권이 영국

언을 행한 것으로 지목된 관리의 발언 사실을 입증하는 증거를 제시하여야 하는 요건을 충족하여야 한다. Nicaragua case, *ibid.*, para.160; M. Kazazi, *Burden of Proof and Related Issues* (The Hague: Kluwer, 1996), p.217.

86) 망끼에·에끄레오 도서 영유권 분쟁사건에서 국제사법재판소가 프랑스의 서한에서 망끼에 제도를 영국령으로 인정한 것을 '사실의 기술'로서 규정하면서 증거로 간주되어야 한다(전술 III.3)고 판시한 것은 이례적이다.

및 싱가포르로 이전된 것인지의 여부에 대해서 검토하였다.[87] 재판소는 조호르가 페드라 브랑카의 영유권을 주장하지 않았다는 것이 조호르국 국무장관 서리의 1953년 명확히 천명된 입장이며, 이러한 입장은 상당한 중요성(major significance)을 가진다고 판시하고,[88] 당사국들의 행동 (conduct of the Parties)을 포함한 관련 사실은 페드라 브랑카/풀라우 바투 푸테에 관한 당사국 입장이 수렴하는 모습을 보여주는 것이라면서, 싱가포르가 동 도서에 대하여 주권자의 자격으로 행한 행위에 말레이시아 및 그 선행국이 대응하지 않은(부작위) 국가실행을 함께 고려하여 1980년에 이르러 페드라 브랑카/풀라우 바투 푸테에 관한 주권은 싱가포르로 이전된 것이라고 결론지었다.[89] 즉 이 사건에서 ICJ는 분쟁당사국 또는 그 선행국의 묵인 등 부작위의 국가실행이 영토분쟁 사건에서 증거로서의 지위와 가치를 가진다는 점을 명시적으로 확인한 것이라고 해석된다.

VII. 결 론

영토분쟁에 관한 국제판례가 확립한 법리 내지 규칙(의 증거)은 현재 미성숙의 단계에 있으나 진화를 거듭하고 있다. 이에 따라 일방선언, 사실인정과 묵인의 국가실행에 대하여 국제판례가 확립한 법리(신의성실의 원칙 등)와 실효적 지배의 법리는 당해 국가를 구속하는 의무를 부담시키거나 권리를 부여하는 법규범으로 기능하는 동시에, 국제재판소에 의하여 문제의 영유권에 관한 국가의사의 유력한 증거로 원용·채택되기도 한다. 영토분쟁의 사법적 해결에 있어서 실질적 법원은 조약 등 형식적

---

87) Malaysia/Singapore case, *supra* note 21, para.273.
88) *Ibid.*, para.275.
89) *Ibid.*, para.276.

법원이 부재한 많은 경우 단순히 형식적 법원의 보조적, 보충적 지위를 넘어 사실상의 주요한 재판규범으로 기능하고 있는 셈이다.

특히 국제판결의 경우 원칙적으로 추후 유사한 영토분쟁사건에서 판결의 당사국이 아닌 제3국을 법적으로 구속하지 않는다.[90] 그러나 장래 유사사건에 있어서 유추에 의한 추정의 유력한 근거 내지 증거로 원용될 수 있다. 특히 판결의 기초가 되는 국가행위, 국가실행(예컨대 묵인, 일방 선언 등)은 일정한 법적 평가를 거쳐 해당 국가(들)를 구속하는 법률관계를 창설·변경 또는 소멸시키는 법률행위로 평가되어 경우에 따라서는 권리·의무를 창설하는 법률효과를 발생시키며, 또 영유권 귀속여부를 판단하는 유력한 증거로 인정된다. 또 이러한 국가실행은 실정 국제법상 형식적 법원(조약 또는 관습법)의 규칙으로 채택·발전될 가능성이 크다. 따라서 국가실행은 실정 국제법 규칙형성의 근거로서의 지위도 가진다.

특히 일방선언이나 승인·항의·묵인 등 국가실행은 어떤 사실이나 법률(권리·의무)관계를 입증하는 증거(입증수단)일 뿐만 아니라, 그러한 사실이 확인되면 국제재판소에 의하여 법적 권리·의무의 근거로 원용·간주되어 당사국의 주장을 인정·부인 또는 배척하는 법률효과를 수반하게 된다. 즉 국가실행은 국제법상 권리·의무를 창설·소멸·변동시키는 '규칙' 형성의 근거로서의 지위도 함께 향유한다고 해석된다. 특히 영유권 분쟁사건에서 국가실행 가운데 일부 국가행위, 예컨대 승인(인정)은 권원의 근거(a root of title)를 또한 구성할 수도 있는 추가적인 기능 및 법적 지위를 가진다는 점에서 단순히 증거로서의 지위·가치만을 향유하는 문서·지도·해도와는 그 법적 지위가 다르다고 해석된다.

정부의 정책천명과 국가원수·각료 등 국가기관의 공적·사적 입장표명이나 묵인 등 대내·외적 행위(동부 그린란드, 망끼에·에끄레오 영유권 분쟁사건, 프레아 비헤어 사원 영유권 분쟁사건 등), 그리고 정부대표의

---

90) 국제사법재판소 규정, 제59조,

국제기구나 국제회의에서 공식 발언 등은 그 자체로서 국가의 적극적·소극적 의사표시(항의·이의 제기 또는 승인·묵인)로 간주되어 그 국가를 구속하는 만큼, 고도로 절제되고 신중한 언행이 요구된다. 다만 전술한 바와 같이 영토분쟁 관련 판결에서 ICJ가 현재까지 묵인의 요건·요소(예컨대 묵인성립에 요구되는 기간 등)에 관해 판시한 내용과 입장이 이론의 여지없이 명확하다고는 보기 어려우며, 향후 학설·판결을 통해 이를 보다 구체적으로 정립, 일관된 법리의 적용을 가능하게 하여야 할 것이다. 특히 묵인이 합의(협정·조약) 또는 명시적 동의(consent)와 마찬가지로[91] 영토분쟁 사건에서 권원의 한 근거로 인정될 수 있는가의 여부에 대해서는 국제판례와 학설상 아직 명확한 결론에 이른 것으로 보기 어렵다.

결론적으로 영토분쟁 사건에서 당사국(또는 구식민지 종주국) 간 체결된 조약 또는 합의는 당사국을 구속하고 그렇지 않으면 구속하지 않는다는 형식적 법원 위주의 이분법적 사고는 부정확하며 심지어 위험하다. 국제판결과 국가실행 등 실질적 법원의 내용과 중요성을 정확하게 인식하고, 권리·권원의 확립·창설 못지않게 변화하는 국제법 법리에 맞추어 확립된 권리·권원을 유지하는(시제법) 적절한 국가행위와 일관된 국가실행이 필요하고 중요하다. 동시에 타국의 국가실행 및 국제기구의 행위를 관찰·유의하면서 그 속에 숨어있는 정확한 의도를 파악하는 노력이 중요한 이유이기도 하다. 이를 통해 실질적 법원의 형성과정에 대한 이해를 제고하고 대응역량을 강화하는 기회로 활용해야 한다. 반복되는 일반적(보편적) 국가실행은 관습을 형성하며, 법적확신을 얻어 관습법으로 발전하기 때문이다.

---

91) Brownlie, *supra* note 8, p.129.

>>> 제 **5** 부

영토주권과 지도·해도의
증거능력·증명력

제9장 독도 영토주권과 지도·해도의 증거능력· 증명력

I. 서 론

독도 영유권에 관한 일본 측 주장의 핵심은 2가지이다. 그 하나는 일본이 1905년 11월 17일 조선에 을사늑약을 강요하여 대한제국의 외교권을 박탈하기에 앞서[1] 1905년 1월 28일 각의(閣議) 결정과 1905년 2년 22일 도근(島根; 시마네)현 고시를 통하여 독도를 자국 영토로 '편입'했다는 주장을 내세운 소위 '무주지' 선점론이다. 다른 하나는 일본이 17세기 중반까지 '실효적 지배'를 통하여 일본 고유영토로 확립하였다는 '고유영토' 주장이다.[2] 즉 일본 측 주장에 따르면 일본은 17세기 중반까지 독도에

---

1) 을사조약과 한일병합조약 등 구한말 대한제국과 일본국 간 체결된 조약의 국제법상 효력에 대해서는 한영구, 『강제력과 국제조약: 국가에 대한 강제로 체결된 조약의 효력』(서울: 오름, 1997) 및 '대한민국과 일본국간의 기본관계에 관한 조약'(1965), 제2조 참조.

2) 나이토 세이츄(內藤正中), "다케시마는 일본의 고유영토인가", 바른역사정립기획단(편), 『독도논문번역선』 I (2005), pp.11~31; 川上健三, 『竹島の歷史地理學的研究』(동경: 古今書院, 1966), pp.71~73 & 136; 박배근, "독도에 대한 일본의 영역권원주장에 관한 일고", 『국제법학회논총』 제50권 제3호(통권 제103호: 2005. 12), p.99, 101 & 105 참조. 그러나 호리 가즈오(堀和生) 교수는 1877년 태정관 지령문 등에 입각하여 고유영토론이 허구임을 밝히고 있다. K. Hori, "Japan's Incorporation of Takeshima into Its Territory in 1905", *Korea Observer*, vol.28, 1997, p.477, 524~525. 또 일본의 역사적 권원 주장은 주로 17세기 도쿠가와 막부정부가 일본인 어부의 울릉도와 독도 인근 해역 어업을 허가(도해면허)한 데 근거한 것으로 보이나, 막부는 안용복의 도일(渡日) 담판과 조선조정과의 후속 외교교섭 후 1696. 1. 28 울릉도·독도를 조선 영토로 확

관한 역사적 권원(historic title)을 확립하였으나, 1905년 독도 '편입'조치를 통하여 확립된 권원을 확인한 것이라는 주장이다.[3]

이러한 일본의 고유영토 주장과 '선점' 주장은 물론 상호 모순적이다.[4] 이러한 모순을 의식한 일본은 근래에는 기존의 주장을 수정·번복, 1905년 독도 '편입'조치는 기존 역사적 권원을 확인한 것이라고 입장을 바꾸고 있다. 물론 이러한 주장 역시 근거 없는 것이다. 일본의 역사적 권원 주장은 이미 앞에서 논의한 바와 같이(제6장), 울릉도쟁계 당시 막부가 교환공문을 통해 울릉도·독도에 대한 조선의 영유권을 인정함으로써 종결된 것이기 때문이다.

양국 간 독도 영유권 논쟁 과정에서 우리 측이 일본 동경 국립공문서관 및 프랑스 국립도서관 등에서 울릉도·독도 영유권 관련 고지도를 새로 발굴해 낸 것은 성과 가운데 하나이다.[5] 현행 국제법상 누가 어떤 목

인하였다. 또 일본인 어부에 의한 울릉도 도해금지령을 내려 그러한 허가를 스스로 철회하였다. 신용하, 『한국의 독도영유권 연구』(서울: 경인문화사, 2006), pp.67~70 & 123; 본서, 제6장.

3) 김찬규, "'우리땅 독도'를 지키는 지혜", 세계일보, 2006. 2. 28, p.31 및 I. Brownlie, *Principles of Public International Law* (6th ed., Oxford: Univ. Press, 2003), p.141 참조.

4) 역사적 권원이 실효적 지배에 의하여 뒷받침된다면, 별도의 선점은 필요하지 않다. 선점은 무주지를 요건으로 하기 때문이다. 또 일본이 주장하는 1905년 '선점' 당시 일본 측이 독도가 무주지가 아니었음을 인지하고 있었다는 사실은 1870년 일본 외무성의 「조선국교제시말내탐서(朝鮮國交際始末內探書)」 및 1877년 「태정관 지령문」에서도 명백하다. 나이토 세이츄(內藤正中), "다케시마 고유영토론의 문제점", 바른역사정립기획단(편), 『독도논문번역선』 I, 전게각주 2, p.33, 52~54; 본서, 제3장, V.3, 제6장, IV.3, 제7장, II.4 및 본장, VII.1 참조.

5) 본 장에서 논의하는 한국·일본 및 서양에서 제작된 독도 관련 지도·해도·수로지에 관해서는 이진명, 『독도, 지리상의 재발견』(서울: 삼인, 1998, 2005), pp.325~335, 참고자료 및 도서목록; 신용하, 『독도의 민족영토사 연구』(서울: 지식산업사, 1996), pp.1~16; 김병렬, 『일본군부의 독도침탈사』(서울: 바른역사정립기획단, 2006), pp.153~172 및 『독도냐 다께시마냐』(서울: 다다미디어, 1997), 첨부지도; 한일관계사연구회(편), 『독도와 대마도』(서울: 지성의 샘, 1996, 2005), p.259 이하, 별첨: 독도·대마도관련 고지도; 영남대 민족문화연구

적으로 그리고 어떤 방식으로 제작한 지도·해도가 도서 영유권 귀속여부를 결정하는 증거로 인정되는가 하는 문제, 그리고 증거로 인정되는 경우 그 가치(신빙성)를 규율하는 일반조약이나 확립된 관습법 규칙은 존재하지 않는다. 따라서 지도의 증거능력·증명력을 규율하는 국제법규범은 현재 증거법에 관한 법의 일반원칙(보조적 법원)[6]과 판결 및 학설(법규결정의 보조수단) 등으로서만 존재한다.[7]

문제는 만일 어떤 이유·상황으로 인해서든 독도문제가 재판에 회부되어 국제재판소에서 다투어질 경우,[8] 그 결과는 당사국간 법리공방에 대한 재판소의 판단과 함께, 당사국이 자신의 청구·주장과 논지를 뒷받침하기 위해 제출·원용하는 기록·문서와 지도 등 입증자료의 증거로서의 자격(지위) 여부와 그 가치(신빙성)에 대한 재판소의 평가에 의존하게 될 것이라는 점이다. 본 장에서는 국제법상 영토·국경 분쟁과 관련, 지도의 법적 지위·기능과 가치에 관한 법의 일반원칙 및 주요 국제판결·학설을 검토·분석, 지도의 증거능력·증명력에 관한 국제법 원칙·규칙의 증거를 확인·일반화하고, 이어 이를 독도 영유권 논쟁에 적용해 봄으로써 그간 한·일 양국에서 간행된 독도관련 주요 공인·비공인 부속·첨부·단독지도의 각각의 증거능력·증명력을 평가해 보고자 한다.[9]

소(편), 『독도를 보는 한 눈금 차이』(서울: 도서출판 선, 2006), pp.248~249 〈표 1〉 울릉도·우산도의 위치에 관한 지도, pp.280~281 〈표 2〉 청·일인이 제작한 울릉도·독도의 표기지도 및 pp.251~277; 사이버 독도, http://www.dokdo.go.kr, 독도자료실〉 일반자료〉 고지도상의 독도(교육인적자원부, 2003. 4. 30); 부산사이버 해양박물관 http://www.seaworld.busan.kr, 우리의 독도〉 민족고유의 영토 독도〉 역사속의 독도〉 지도 속의 독도; 국회도서관 소장 미술작품 사이버 갤러리, 독도관련고지도 참조.

6) Brownlie, *supra* note 3, p.18 참조.

7) 국제사법재판소 규정, 제38(1)(c)~(d)조 참조. 판결과 학설은 법규칙의 권위있는 증거를 구성한다. Brownlie, *ibid.*, pp.19 & 23.

8) 본서, 제11장, II.1 참조. 이 글에서 '분쟁' 또는 '영유권 분쟁'이라는 용어를 사용한다고 하여 독도 영유권에 관한 한·일간 법률적 분쟁을 전제하거나 인정하는 것은 아니다.

II. 국제사법쟁송과 증거법 일반

1. 증거의 의의

영유권·국경분쟁 사건에서 분쟁 당사국 주장의 타당성 여부는 양측이 제출하는 상반된 입증자료(evidential material)에 대하여 재판소가 검증·평가를 통해 이를 판단·채택할 때 비로소 입증된다. 법률상 증거(evidence)라 할 때에는 실체·절차법상 등 2가지 의미를 가진다. 실체법상 증거라 함은 증거는 크게 사료(史料)·조약 또는 기타 합의문서와 기록 및 지도 등 영유권 관련 사실이나 주장을 입증·증명하기 위하여 그리고 재판소에 그러한 확신을 유도할 목적으로 법정에 제출되는 모든 입증 자료·수단을 의미한다.[10]

한편 절차법상의 증거라 함은 재판소가 사실·주장의 입증에 관련성이 있는 것으로 판단·결정하여 채택·기각하는 대상이나 자료, 그리고 특정 자료의 가치·신빙성을 부여·결정하는 법규칙(rules of law)이 규율하는 대상이나 자료를 말한다.[11] 일설에 의하면 영유권 관련 쟁송사건에 있어서 법적 입증자료에는 국내법상 국경선에 관한 기술·언급(boundary

---

9) 본 장에서 논의하는 국제판결 가운데에는 국경분쟁사건을 다룬 것이 포함되어 있어 이들 판결들이 도서 영유권 분쟁에도 '법규결정을 위한 보조수단'으로 인정될 수 있는가에 대하여 이론이 있을 수 있다. 그러나 국경분쟁사건 역시 영토분쟁의 일종이며, 또 기존 국제 판결·학설이 이를 구별하지 않는 점에 비추어 그러한 국경분쟁 관련 판례 역시 도서 영유권 분쟁에 유추적용가능하다고 본다. 이한기, 『한국의 영토』(서울: 서울대 출판부, 1969), pp.204~222.

10) "Evidence means any species of proof, or probative matter or material, legally presented at the trial of an issue, by the act of the parties and through the medium of witnesses, records, documents, writings, or concrete objects to prove an alleged fact or proposition and to induce belief in the minds of the court as to their contention", *Black's Law Dictionary*(6th ed., St. Paul, Minn.: West Publishing Co., 1990).

11) *Black's Law Dictionary, ibid.*

descriptions and other references in national legislation),12) 정부 또는 고위관리의 일방선언, 정책선언이나 입장 천명·성명, 문서보관소의 자료 (archive material), 토지 측량 또는 해양·수로조사 담당 정부기관13)의 행정보고서, 국가실행 내지 행정부의 실행, 그리고 묵인의 증거 등을 들 수 있다고 한다.14) 국제사법쟁송에서 이러한 개별적 입증자료의 증거능력과 증명력에 대한 평가는 재판소의 자유로운 판단(재량)에 달려있다.15)

2. 증거능력과 증명력

영유권을 다투는 국제사법쟁송에 있어서 재판소가 분쟁당사국의 권리·의무를 판단하기 위해 원용하는 법의 일반원칙으로서 증거능력(admissibility of evidence)이라 함은 법률상 어떤 자료가 당사자의 주장이나 사실을 입증·증명하는 법률상의 자격·지위를 의미한다.16) 즉 어떤 자료가 법정에서 사실 또는 주장을 확립·입증하는 증거로서 채택될 수 있는가 없는가

---

12) 우리나라 헌법, 제3조, 영해및접속수역법 및 동 시행령 등.

13) 우리나라의 경우 국토지리정보원(http://www.ngi.go.kr), 국립해양조사원(http://www.nori.go.kr) 등.

14) I. Brownlie, *African Boundaries: A Legal and Diplomatic Encyclopaedia* (London: C. Hurst & Co., for the Royal Institute for International Affairs, 1979), p.5, S. Akweenda, "The Legal Significance of Maps in Boundary Questions: A Reappraisal with Particular Emphasis on Namibia", *British Yearbook of International Law*, vol.60, 1989, p.205, 207, 각주 11에서 재인용.

15) Island of Palmas arbitration (U.S.A v. The Netherlands), 1928, *United Nations Reports of International Arbitral Awards*, vol.2, 1949, p.831, 841; M. Kazazi, *Burden of Proof and Related Issues: A Study on Evidence Before International Tribunals* (The Hague: Kluwer, 1996), p.212.

16) *Black's Law Dictionary, op.cit.* 과거 국경·영유권 분쟁 관련 국제 판결들은 일반적으로 증거능력과 증명력을 구분하지 않았으나, 근래 들어 이를 명확히 구분하는 경향을 보이고 있다(후슈 Ⅵ 3 부르키나 파소/말리 간 국경분쟁사건). 다만 특정 지도의 증거가치를 평가하는 기준·요소에 관한 일반적 규칙은 현재 결여되어 있으며, 국제·국내판례에 의존한다.

하는 입증자료로서의 채택가능성 내지 타당성 여부, 즉 증거적격을 말한다. 증거능력 여부를 판단하는 중요한 요소는 증거로서의 적합성 내지 관련성(relevancy of evidence) 여부이다.[17]

증거능력을 가진 자료는 일차적으로 분쟁당사국 일방의 국가(정부)기관이 작성·간행한 문서 기록·지도 또는 분쟁당사국간 체결된 합의 문서·지도 등 공식기록이나 공인지도를 우선적으로 가리킨다. 그러나 문제의 분쟁 영토·국경에 관해 '현상유지의 법리'(또는 '기존 국경선 존중의 원칙'; uti possidetis juris)이 적용되는 경우에는 구식민지 보호·종주국의 행정당국이 제작·간행한 지도, 또는 그러한 보호·종주국과 타방 분쟁당사국(의 보호·종주국) 간 체결된 합의(협정) 또는 이에 부속된 공인지도 역시 1차적 증거에 포함된다.[18] 이와 관련하여 아프리카 제국의 국경분쟁의 맥락에서 Brownlie 교수는 공인·비공인 지도 여부는 관련국(보호·종주국 등 포함)의 수락·승인의 관점에서 국경의 존재·지위를 판단·결정하는 중요한 증거의 연원(sources of evidence)을 구성한다고 주장한다.[19]

어떤 입증자료가 재판소에 의해 일단 증거능력을 가지는 것으로 평가될 때, 그 자료가 증거로서 과연 어느 정도의 가치를 가지는가 하는 문제가 증명력(probative /evidentiary value/force/effect)의 문제이다. 즉 문제

---

17) Rule 401, U.S. Federal Rules of Evidence, Dec. 1, 2001, Committee on the Judiciary, House of Representatives, available at http://classaction.findlaw.com/research/fre.pdf (2007. 3. 4 검색); W. Twining, *Theories of Evidence: Bentham & Wigmore* (Jurists: Profiles in Legal Theory, London: Weidenfeld & Nicolson, 1985), p.153; G.F. James, "Relevancy, Probability and the Law", *California Law Review*, vol.29, 1941, p.689.

18) F. Münch, "Maps", in R. Bernhardt(ed.), *Encyclopedia of Public International Law* (4 vols., Amsterdam: Elsevier, 1992~), vol.3(1997), p.287, 288. 여기에서 자료의 증거능력을 원칙적으로 관찬 사서, 정부기관의 공식 문서·기록, 조약 또는 공인지도로 한정하는 것은 당해 국가의 공식 의사표시라야 법률상 그 국가에 대한 구속력과 타방 분쟁당사국에 대한 대항력이 인정될 수 있기 때문인 것으로 해석된다.

19) Brownlie, *supra* note 14, p.5, Akweenda, *supra* note 14, p.207에서 재인용.

의 자료가 어떤 사실을 실제로 입증·확립하거나, 입증에 기여하거나, 또
는 입증에 필요한 것을 제공하는 가치를 가지거나 또는 입증하는 높은
개연성을 가지는 경우, 이를 그 자료의 증명력이라 한다.[20] 따라서 증명
력이라 함은 어떤 자료의 증거로서의 가치, 즉 증거로서의 비중·신빙성
내지 일관성(weight, credibility and cogency of the evidence)을 의미한
다.[21] 증명력이 높은 증거로 인정되기 위해서는 문제의 증거자료가 객관
성·중립성 및 공정성을 가진 것으로 인정되어야 한다(후술 III.3). 또 이
러한 가치를 가진 입증자료를 증명력있는 증거(probative evidence)라고
부른다.

3. 직접증거와 간접·정황 증거

증거는 입증방식(methods of proof)에 따라 직접증거와 간접증거로 구
분된다. 직접증거(direct evidence)란 계쟁사실(ultimate principal fact) 외
의 다른 사실의 입증·증명이나 별도의 추론(inference)을 거치지 않고 계
쟁사실을 직접 추론할 수 있는 사실을 입증·증명하는 증거를 말한다.[22]
예컨대 독도에 관한 국가(정부)의 의사를 표시·반영하는 한국 또는 일본
측 문서·기록 또는 지도가 독도를 조선(한국)의 영토로 표시하고 있다면,
그러한 증거사실(evidentiary fact)은 계쟁사실(독도는 한국의 영토이다)을
입증·추론하게 하는 직접증거이다.[23]

한편 간접증거 내지 정황증거(indirect or circumstantial evidence)는 계

---

20) Black's Law Dictionary, op.cit.
21) The term "'probative force' denotes the strength of such support or negation",
    Twining, supra note 17, p.153 & 53.
22) Twining, ibid., p.33; Black's Law Dictionary, supra note 10.
23) 예컨대 후술 망끼에·에끄레오 사건(VI.2)에서 제출된 해도에 직접증거로서의
    증거능력을 인정하였다. 만일 독도가 조선의 영토임을 입증하는 직접증서(문
    서·기록 또는 지도/해도)가 독도를 우산도 등의 명칭으로 표기한 경우 독도와
    우산도의 동일성을 입증하는 별도의 입증·추론과정이 필요하다.

쟁사실을 직접 추론할 수 있는 사실을 입증하는 증거가 아니라, 계쟁사실의 입증에 필요한 또는 요구되는 일정한 사실에 관한 정황·정보를 제공하는 자료이다. 즉 간접증거는 통상적·합리적 경험칙 등에 의하여 계쟁사실을 간접적으로 추론하게 하거나 추론할 수 있도록 유도하는 입증자료이다.24) 따라서 정황증거의 경우 계쟁사실을 입증하기 위해서는 유추해석 등 항상 추가적 추론이 필요하다. 예컨대 후술하는 수로지(항로지)는 독도 영유권 귀속여부를 직접 추론할 수 있는 사실을 입증하는 증거가 아니라 그러한 사실을 간접적으로 추론하게 하는 정황·정보를 제공하는 자료라는 의미에서 간접증거로 볼 수 있다.

영국과 알바니아 간 콜퓨 해협사건은 국제사법재판소가 창설된 후 간접·정황증거를 인정·적용한 최초의 사건이다.25) 재판소는 주권국가가 배타적 통제권을 행사하는 영해 내에서 발생한 국제법 위반행위의 피해국은 흔히 책임을 야기하는 위반사실에 대한 직접증거를 제시하기 어려우므로 "그러한 피해국에게 사실의 추론과 정황증거에 대한 보다 유연한 원용을 허용하여야 한다"고 설시하였다.26) 재판소는 또 "이러한 간접증거는 모든 법체계에서 인정되고 있으며, 국제판결은 그 원용가능성을 인정하고 있다"면서, 간접증거가 유기적으로 연결된 일련의 사실들에 기초하여 논리적으로 하나의 결론에 이르는 경우 특별한 증거가치를 가지는 것으로 인정하여야 하며, 다만 이 경우 사실의 추론이 '아무런 합리적 의심의 여지'도 남기지 않아야 한다(*no room* for reasonable doubt)고 판시하였다.27)

---

24) *Black's Law Dictionary, op. cit.*

25) Il Yung Chung, *Legal Problems Involved in the Corfu Channel Incident* (Genève: Lbrairie E. Droz, 1959), pp.120 & 123~124.

26) The Corfu Channel case, Merits, *ICJ Reports*, 1949, p.4, 18. 이 사건에서 반대의견을 표명한 재판관들 역시 크릴로프(Krylov) 재판관을 제외하고(p.69) 모두 정황증거의 증거능력을 인정하였다.

27) *Ibid.*

이 사건에서 반대의견을 낸 파샤(Pasha) 재판관은 '정황증거는 주장을 입증하는 직접증거는 아니지만, 논증(reasoning)에 의하여 뒷받침되는 경우 당사자 주장을 개연성이 높은 것으로 만드는 사실을 의미한다'고 규정하였다.[28] 역시 반대의견을 표명한 아제베도(Azevedo) 재판관은 "사형선고 역시 간접증거에 근거하여 얼마든지 내릴 수 있으며, 그러한 선고도 그럼에도 불구하고 증인의 증언에 입각해 내린 법원의 유죄판결과 동일한 가치를 가질 수 있다"고 설시하였다.[29]

4. 1차적 증거와 2차적 증거

직·간접증거란 입증·증명의 수단·방식(methods of proof)에 관한 것이며, 증거의 가치에 관한 것은 아니다. 또 직접증거라고 하여 반드시 그 신빙성이 높은 것을 의미하는 것은 아니다. 증거는 그 가치에 따라 1차적 증거(primary evidence)와 2차적 증거(secondary evidence)로 구분되며, 1차적 증거는 그 증명력 면에서 2차적 증거에 우선한다. 그러나 1차적 증거라고 하여 반드시 문제의 영유권 분쟁의 결정적 증거(conclusive/decisive proof/evidence)로 인정되는 것은 아니다.[30] 1차적 증거를 제외한 다른 모든 증거는 2차적 증거로 간주된다. 영유권 관련 국제사법쟁송에 있어서 국제재판소는 '국가(기관)가 그 주권에 기하여 배타적 관할권을 확립·행사한 객관적 사실을 입증하는 증거', 특히 정부기관이 작성·제작·간행한 공적 기록·문서 등 영유권 관련 사실을 입증할 수 있는 서면증거를 최선의 (1차적) 증거(best evidence)로 평가한다.[31] 영토·국경분

---

28) *Ibid.*, per Judge Badawi Pasha, pp.59~60.

29) *Ibid.*, per Judge Azevedo, pp.90~91.

30) Akweenda, *supra* note 14, pp.209 & 219.

31) D.V. Sandifer, *Evidence Before International Tribunals* (rev. ed., Charlottesville. Virginia University Press, 1957), p.208, 나홍주, 『독도의 영유권에 관한 국제법적 연구』(서울: 법서출판, 2000), p.49에서 재인용.

쟁이 있는 한 국가의 대외적 의사표시를 관장하는 정부기관(외교부 등)이나 또는 다른 정부기관이 문제의 분쟁에 관해 작성·간행한 기록·문서·지도.[32]는 그 국가의 객관적 의사를 표시하는 직접·1차적 증거로서의 지위·가치를 가지게 될 것이다.

III. 지도와 해도: 의의·분류와 증거법상 의의

1. 지도의 의의·분류

지도(geographical map; map)라 함은 통상 "지리적 사실(geographical facts)이나 정보 그리고 이와 관련된 정치적 사실(political facts)을 표시해 놓은 도면"으로 정의된다. 이는 지도제작자(cartographer)가 통상 자연이 이룩해 놓은 산과 강, 도시와 만(灣)뿐만 아니라 이러한 자연·인간의 '작품'(work)에 관해 국가의 의사·입장 표명 등 자연과 관련된 정치적 실체(a political entity)와의 관련성 및 지명 등도 함께 지도에 표시하기 때문이다.[33] 여기에서 정치적 실체라 함은 문제의 영토·도서에 대한 주권을 확립하였거나 확립한 것으로 주장하는 지배주체의 표시를 포함하는 것으로 해석된다.[34] 자료의 증거능력·증명력의 관점에서 볼 때 지도는 후술하는 바와 같이 크게 공인·비공인 지도로 분류할 수 있다.

---

32) 예컨대 후술 망끼에·에끄레오 제도 영유권 분쟁사건에서 국제사법재판소는 프랑스 해양장관이 자국 외무장관에게 보낸 서한의 증거능력을 인정하였다. 이하 VI.2 참조.

33) C.C. Hyde, "Maps as Evidence in International Boundary Disputes", *American Journal of International Law*, vol.27, 1933, p.311.

34) 이러한 점은 동해와 일본해 명칭, 울릉도 해저 지명(예컨대 이사부 해산 등)을 둘러싼 한·일간 갈등에서도 드러난다. 국립해양조사원 웹사이트(http://www.nori.go.kr) 참조.

공인지도(official map)라 함은 국가의 지시·요청에 따라 그리고 그 감독 하에 측량·제작·간행되어 관련 국가의 문제의 영토에 관한 의사가 반영된 지도, 또는 국가 간 합의로·조약에 근거하거나 또는 국경획정 합동·혼성위원회 등에 위임·수권 또는 요청 등 법적 근거 하에 측량·제작·간행되는 지도를 말한다.[35] 즉 분쟁당사국의 "공식 측량기사(surveyor) 또는 지도제작자, 그 대리인이나 국가의 감독·후원(auspices)하에 있는 자가 그의 공적 임무 수행의 일환으로 제작한 지도를 말하며, 비공인지도(unofficial maps)란 국가기관이 아닌 민간인(법인)이 국가의 위임, 수권 또는 이에 준하는 법적 근거 없이 임의로 제작한 지도"를 의미한다.[36] 공인·비공인지도를 구별·결정함에 있어서 인쇄인(printers)은 중요하지 않다. 왜냐하면 공인·비공인지도 모두 통상 지도제작자(cartographer)가 인쇄하기 때문이다.[37]

2. 해도·수로지와 항해일지

해도(海圖; maritime chart; chart)는 선박의 항해안전 증진을 목적으로 정부기관이 간행하며 따라서 지도와는 그 법적 성격이 좀 다르다고 볼 수 있다.[38] 1982년 유엔해양법협약은 통상기선, 암초, 직선기선과 그로부터 도출된 영해 한계, 그리고 대향국·인접국간 영해의 경계획정선 등은 연안국 공인해도 또는 적합한 축척의 해도에 표시할 것을 요구하고 있다.[39] 수

---

35) Münch, "Maps", *supra* note 18, p.288.

36) Akweenda, *supra* note 14, p.206.

37) Akweenda, *ibid.*, p.207.

38) 해도에는 항해용도·해저지형도·해저지질구조도·어업용도 등이 있다. 구「수로업무법」(1961년 제정), 제2조 제7호 참조.

39) United Nations Convention on the Law of the Sea (1994. 11. 16 발효), *International Legal Materials*, vol.21, 1982, p.1261 & *United Nations Treaty Series*, vol.1833, 1998, p.3, 제5~7조 및 제15~16조 참조. R.R. Churchill & A.V. Lowe, *The law of the sea* (Manchester University Press, 1999), p.53.

로지(항로지: pilot)라 함은 '항해지침이며 해도의 설명서'로서, 해상교통안전과 해양의 보존·이용·개발 및 해양관할권 확보를 목적으로 통상 정부기관이 수로조사(수로측량·해양관측·항로조사)와 수로정보의 분석·평가를 통해 얻은 자료와 정보(예컨대 목표물·위험물·항만시설 등)를 수록한 문헌을 말한다.[40] 또 수로도서지(水路圖書誌)라 함은 전술한 해도와 항로지 외에 조석표·등대표·천측력 등의 서지류 및 그 수치 관련 제작물을 총칭하는 개념으로 사용된다.[41] 또 항해일지(log books)는 선박의 항해 중 발생·관측한 사실·사건을 기록한 것이다. 항해일지는 공식적 성격이 부재한 것이 일반적이나, 다만 군함이나 정부 탐사선 등이 작성한 항해일지의 경우에는 지도가 아니라 공식 문서로서 간주되어야 할 것이다. 클리퍼튼섬 중재사건[42]에서 단독 중재재판관인 이태리 국왕 에마뉴엘(Victor Emmanuel) III세는 1711년 프랑스 선박들의 항해일지에 동 도서를 발견, 기술된 사실을 언급하였으나 이에 근거하여 판결한 것은 아니다.

3. 공인·비공인 지도의 증거법상 의의

일찍이 Hyde 교수는 국경분쟁사건에서 "분쟁당사국의 공인지도의 가장 두드러진 기능은 그 제작·간행국가를 구속하는 것"이라고 설파한 바 있다.[43] 이는 국가의 지시·감독 하에 간행한 공인지도는 지리적 사실·정보는 물론, 영역 주권의 범위에 관한 당사국의 의사를 표시하므로 그 간

---

40) 이진명, 전게각주 5, p.93; 구「수로업무법」, 제2조 제1호 및 제4~6호 참조. 우리나라의 국립해양조사원(http://www.nori.go.kr)에서는 해도와 함께 현재 동해안·서해안 및 남해안에 대한 수로지(현재 명칭은 '항로지')를 간행하고 있다.
41) 구「수로업무법」, 제2조 제8호 및 제8호의 2 참조.
42) Arbitral Award on the Subject of the Difference Relative to the Sovereignty over Clipperton Island (France v. Mexico), Decision rendered at Rome, Jan. 28, 1931, *American Journal of International Law*, vol.26, 1932, p.390, 393.
43) Hyde, *supra* note 33, p.315; Akweenda, *supra* note 14, p.208; Münch, "Maps", *supra* note 18, p.288.

행 당사국을 구속할 뿐, 타방 분쟁당사국에 권리주장의 증거로서의 대항력이나 객관적 증거능력을 가지지 않는다는 것으로 해석된다. 그는 국경지도의 증거능력에 전반적 회의를 표시하면서, 특히 이들 지도들이 권원에 대한 신빙성 있는 증거와 상충하는 경우 올바른 국경의 법적 기초로 수락될 가능성에 회의를 표시한다.[44] 지도제작은 고도의 기술적 측면을 수반하며, 지도의 증거능력과 증명력 판단의 기준은 무엇보다도 당사자의 의사의 정확한 반영 여부이다. 공인지도의 경우에도 그 증거능력·증명력은 공식 기록·문서 또는 조약이 그 지도에 부여하는(attribution) 성격과 지위에 우선할 수 없다.[45] 이는 공인지도의 경우에도 문제의 지역·도서를 실제로 조사·측량하지 않고 제작하게 되는 경우도 있기 때문이다.[46] 이러한 경향은 특히 지도제작자의 정보와 지식이 부족하거나, 표시된 지리적 사실이 부정확하거나 또는 특정 국가의 입장을 뒷받침하기 위해 제작된 경우에 두드러진다.[47] 또 지도가 지나치게 소축척으로 제작되어 확인이 요구되는 육상의 위치를 정확하게 표시하지 못하는 경우에도 국제재판소는 그 증거능력을 인정하는데 소극적이다.[48]

---

44) Hyde, *ibid.*, p.316. 일부 국가들은 국경 또는 영유권 분쟁 사건에서 자국의 이익에 반하는 지도의 증거능력을 배제하기 위하여 명시적 성명을 발표하는 경우도 있다. 아르헨티나는 브라질과 (미시오네스)Misiones 지역에 대한 분쟁에 연루되자 '아르헨티나에서 간행된 자국 외무부가 공인지도로 명시적으로 확인하기 전까지 어떠한 지도도 공인지도로 간주하지 않는다'는 취지의 성명을 발표하였다. Misiones Boundary case (Argentina v. Brazil), 1889, Akweenda, *ibid.*, pp.217~219에서 재인용. 또 인도는 1961년 자국에 불이익을 초래할 수 있는 지도의 간행·배포를 금지하는 법률을 제정하였다. Münch, *ibid.*, p.288.
45) Beagle Channel award (Argentina v. Chile), London: HMSO, 1977, Akweenda, *ibid.*, p.212에서 재인용.
46) Misiones Boundary case, *ibid.*, Akweenda, *ibid.*, pp.217~219; 후술 브루키나파소/말리 사건(VI.3) 참조.
47) G. Weissberg, "Maps As Evidence in International Boundary Disputes: A Reappraisal", *American Journal of International Law*, vol.57, 1963, p.781; Akweenda, *ibid.*, p.205.
48) Taba arbitral award(Egypt v. Israel), *International Legal Materials*, vol.27, 1988,

팔마스섬 중재사건에서 후버(Max Huber) 단독 중재재판관은 지도는 그 자체로서는 "단지 간접적 방증(indirect indication)을 제공할 뿐이며, 법적 문서에 부속된 경우를 제외하고는 권리의 승인·포기를 인정하는 문서로서의 가치를 가지지 아니한다"고 판시한 바 있다.[49] 그는 이어 어떤 지도가 법률상 증거로 채택되기 위하여 요구되는 첫 번째 조건은 '지리적 정확성'이라고 지적하였다.[50] 그는 또 공인 또는 준공인지도(semi-official maps)는 '그 지도들을 간행하게 한 정부가 자국의 주권을 주장하지 않는 경우'에 비로소 이러한 조건(지도제작자는 주도면밀하게 수집된 정확한 정보에 기초하여야 한다)을 충족시키므로 특별한 중요성을 가질 수 있다'[51]고 설시함으로써 지도의 증거능력 판단에 있어서 지도제작·간행 주체의 객관성·중립성·불편부당성을 강조하였다.

4. 지도의 기능·가치에 따른 법적 분류: 인증·예시·단독지도

지도는 문서로서의 기능과 증거로서의 기능 등 2가지 기능을 가진다.[52] 문서로서의 지도는 새로운 국경을 기술하는 데 사용되어 지도에

---

p.1472, para.184.

49) Palmas arbitration, *supra* note 15, pp.853~854, digested in P.C. Jessup, "The Palmas Island arbitration", *American Journal of International Law*, vol.22, 1928, p.735. 당시 이 사건의 후버 단독중재재판관은 상설국제사법재판소(PCIJ) 소장을 맡고 있었다.

50) *Ibid.*, pp.852~853. 독일 역사가인 패터스(Arno Peters)는 메르카토르 도법(Mercator projection)을 이용하여 제작되는 지도가 대양항해에 도움이 되지만, 동시에 예컨대 인도 면적의 약 1/3에 불과한 스칸디나비아를 인도와 거의 비슷한 크기로 표시하는 등 육지면적을 왜곡함으로써 선진국(industrial nations)의 오만을 조장해 왔다면서 각국의 육지면적에 비례하는 지도제작기법을 새로이 개발하였다고 한다. A. Toffer, *The Third Wave: The Classic Study of Tomorrow* (1980, N.Y.: Bantam, Books, 1981), p.300. 메르카토르 도법에 대해서는 S. Garfield, *On the Map*(Profile Books, 2012), 김명남 옮김, 『지도위의 인문학』(경기 파주: 다산북스, 2015), 제7장 참조.

51) *Ibid.*, p.852.

단지 예시적 가치만을 부여한다. 예컨대 1947년 2월 10일 조인된 대이태리 강화조약[53]은 이러한 원칙을 확인하고 있다. 1984년 메인 만(灣) 사건 판결[54]에서 ICJ 재판부는 "본 판결에 편입되어 있는 지도들은 당사국들이 재판소에 제출한 문서들을 기초로 작성되었으며, 이 지도들은 오직 이 판결의 관련 본문에 대한 시각적 예시목적으로만 제공한 것이다."라는 입장을 표명하고 있다. 또 리비아/몰타 간 대륙붕 경계획정 사건[55]에서 국제사법재판소는 "본 판결에 부속된 제1번 지도의 유일한 목적은 분쟁의 지리적 맥락에 대한 개요도(a general picture)를 제시하기 위한 것이며, 축척의 선택이나 특정 지리적 특징의 존재·부재에 아무런 법적 의미도 부여하지 않는다"고 선언하였다. 한편 지도를 인증된 국경선의 표시수단(증거)으로 이용하기 시작한 관행은 1775년부터 나타났다.[56]

이러한 국경·영유권 관련 주요 국제판결을 지도의 증거능력·증명력의 관점에서 분석하면 대체로 다음 3가지로 분류해 볼 수 있다. 즉 1) 국가의 지시·감독 하에 제작·간행된 지도로서 영유권·국경 관련 공식 기록·문서에 부속되거나, 또는 당사국간 체결한 조약·교환각서나 국경획정위원회 기록에 부속·편입되어 그 본문에서 명시적으로 확인되고(annexed

52) Münch, "Maps", *supra* note 18.
53) Treaty of Peace with Italy, signed at Paris on Feb. 10, 1947, *UNTS*, vol.49, 1950, p.3, Art.1["The frontiers of Italy shall, subject to the modifications set out in Articles 2, 3, 4, 11 and 22, be those which existed on 1 January 1938. These frontiers are traced on the maps attached to the present Treaty (Annex I). In case of a discrepancy between the textual description of the frontiers and the maps, the text shall be deemed to be authentic."], at http://www.istrianet.org/istria/ history/1800-present/ww2/1947_treaty-italy.htm & http://en.wikipedia.org/wiki/Treaty_of_Peace_with_Italy,_1947 (both visited 2014. 10. 16).
54) Delimitation of the Maritime Boundary in the Gulf of Maine (Canada v. U.S.A.), *ICJ Reports*, 1984, p.246, 269 (& 285, 289, 346 & 390).
55) Case Concerning the Continental Shelf case (Libya v. Malta), *ICJ Reports*, 1985, p.13, 20 (maps on pp.21, 27, 54 & 171).
56) Münch, "Maps", *supra* note 18, p.287.

to and incorporated into and identified explicitly in the text of a treaty, an Exchange of Note or official instruments, or in the official records of e.g. a Boundary Commission) 본문의 불가분의 일부(an integral part of the text)를 구성하는 인증지도(認證地圖); 2) 그러한 공식 기록·문서·조약 또는 국경획정위원회의 결정·회의기록 등에 첨부되거나 또는 단순히 보조문서로 언급·지칭되는(attached to an official instrument, reports, decisions or records or simply referred to as subordinate instruments) 예시/참조 지도;[57] 그리고 3) 공식 기록·문서 또는 조약과는 별도로 독립적으로 제작·간행된 단독지도 등 3가지가 그것이다.[58]

IV. 인증지도의 증거능력·증명력

1. 일 반

국경·영유권 관련 지도가 공식 기록·문서 또는 국경조약 등의 본문에 부속·편입되고 그 본문에서 명시적으로 확인되어 그 불가분의 일부를 구성하는 인증지도는, 예시지도와는 달리, 문제의 영유권 또는 국경을 정의·획정하는 기능을 가진다.[59] 따라서 인증지도는 이들 각각의 기록·문서 또는 국경조약의 본문의 증거능력과 증거가치에 상응하는 직접·1차적 증거로서의 지위를 가지며, 계쟁사실을 직접 입증하는 증거자료가 된다. 이러한 지도는 증거법상 그 자체로서 본문과 동등한 증거가치를 가지므로 다른 지도에 우선하는 증거능력·증명력을 가지는 것은 물론, 계쟁사실을 직접 입증하는 최선의 증거(best evidence)로 인정된다.[60]

---

57) See Eritrea/Yemen arbitration, Phase I, PCA, 1998, para.378.
58) Akweenda, *supra* note 14, p.209 & 212.
59) Akweenda, *ibid.*, p.208.

2. 벨기에/네덜란드 간 국경분쟁사건

벨기에/네덜란드 간 국경분쟁사건은 국경 인접 2개 구역-존더레이겐 (Zondereygen)의 A구역 91~92번-영유권 분쟁사건으로서, 벨기에의 바를러 둑(Baerle-Duc) 마을이 역사적 이유 등으로 네덜란드의 바를러 나사우(Baarle-Nassau) 마을로 둘러싸인 위요지라는 독특한 상황에서 발생하였다.[61] 분쟁지역 인근 양국의 콤뮨(commune: 촌락)의 市長들은 1836년 국경선의 획정에 관한 '콤뮨 의사록'(Communal Minute)을 작성, 1841년 서명하였다. 이어 양국 정부는 1842년 11월 5일 2개 콤뮨의 국경선 현상을 유지하는데 합의하는 국경조약(Boundary Treaty)을 체결(1843년 2월 5일 발효),[62] 혼성국경위원회(the Mixed Boundary Commission)에 협약을 기초하도록 위임하였다(제70조). 동 위원회가 1843년 8월 8일 기초한 국경협약(Boundary Convention: 1843. 10. 3 발효)은 정밀측량지도(detailed survey maps)와 함께 현장조사에 기초하여 작성되는 '설명의사록'(說明議事錄; Descriptive Minute)에 따라 국경을 정의하도록 규정하였다. 이어 국경협약(제3조)에 따라 설명의사록과 정밀측량지도 및 축척 1/10,000의 지형도(topographical maps)를 제작, 양측 위원들이 서명 후 협약에 부속·편입시켜 마치 이들이 '하나의 통일체로서(in their entirety) 편입된 것과 동일한 효력과 효과를 가지게 되었다'.[63]

60) Sandifer, *supra* note 31, p.230, Akweenda, *ibid.*, p.209에서 재인용.

61) Sovereignty over Certain Frontier Land (Belgium/Netherlands), *ICJ Reports*, 1959, p.209, 212 이하 및 본서, 제5장, IV.2 참조. 이하 논의는 Weissberg, *supra* note 47, p.787*ff* 및 이한기, 전게각주 9, pp.210~215 참조. 이 사건은 국경분쟁사건이며 분쟁당사국 간 국경조약과 혼성국경위원회의 활동에 따라 정밀측량지도와 설명의사록 등이 작성되고 조약에 부속되어 조약해석의 문제를 또한 내포하고 있다(Moreno Quintana 재판관의 견해, *ibid.*, p.254).

62) *Ibid.*, p.214.

63) *Ibid.*, p.213. '설명의사록'은 '콤뮨 의사록'을 자구대로 그대로 옮긴 것이라고 기술하였으나, 제2부에서 콤뮨 의사록의 내용과는 달리, 문제의 2개 구역이 벨

국제사법재판소는 이 정밀측량지도들은 분쟁해결의 수단으로 의도되어 실제로 해결수단의 일부가 되었으며 협약 자체와 동일한 법적 효력을 가졌던 것으로 판시함으로써,[64] 정밀측량지도들에 인증지도로서의 지위를 인정하였다. 다수의견은 동 위원회가 실제로 국경을 획정한 것이라면서, 동 위원회의 양국 콤뮨 간 국경획정 권능은 의심할 여지가 없으며, 이는 1843년 국경협약 전문에 표시된 당사국의 공통의 의사였다는 점에서도 확인된다고 설시하였다.[65] 다수의견은 콤뮨 의사록의 내용이 사무착오로 설명의사록에 잘못 옮겨 적은(轉寫) 오류가 있다는 네덜란드 측의 2번째 주장을 일축하면서 국경위원회 결정에 따라 작성된 정밀측량지도가 "이 구역들이 네덜란드 영토 내 하나의 작은 섬으로 두드러지게 채색되어 지도의 범례에 따라 네덜란드가 아니라 벨기에에 속한다는 사실을 표시하고 있다"고 판단하였다.[66]

또 1874년 간행 이후 계속 분쟁지역을 자국 영토로 표시한 벨기에 제작 군사참모지도(military staff maps) 역시 군사전략적 목적에서 국내용으로 제작된 것으로서 증거로서 인정할 수 없다는 네덜란드 측의 3번째 주장에 대해서도 Armand-Ugon 재판관을 제외한 10명의 재판관들은 이를 배척하고 그 증거능력을 인정하였다.[67] 결국 재판소는 당사국들의 주장을 검토·평가하여 결정에 도달함에 있어서, 특히 네덜란드의 1~2번 주장을 배척함에 있어서 오로지 지도에만 의존하여 판결을 내린 것은 아니었다고 하더라도, 그 이전의 사건들에 비하여 지도에 '이례적으로 중요한 가치'(an unusually significant value)를 부여한 것이다.[68] 더욱이 재판소

기에 콤뮨에 속하는 것으로 기술하였다. *Ibid.*, p.216.

64) *Ibid.*, p.216.

65) *Ibid.*, pp.221~222.

66) *Ibid.*, pp.225~226.

67) *Ibid.*, p.227. Armand-Ugon 재판관은 반대의견에서 1) 네덜란드가 문제의 지도에 대하여 알지 못했으며 2) 문제의 지도는 설명의사록의 착오를 반복한 것이라는 이유 등을 들어 분쟁구역 영유권에 관한 동 지도의 효력 내지 증거능력을 부정하였다. *Ibid.*, p.247 & 249.

는 벨기에 제작 공인 단독지도인 군사참모지도의 증거능력을 인정, 분쟁 구역에 대한 네덜란드의 정부활동을 통한 주권확립 주장을 기각하였다.[69] 비록 재판소가 이 사건에서 정밀측량지도와 설명의사록 등 다른 증거가 있어 이 군사지도에만 의존하여 판결을 내린 것은 아니라고 할지라도 이 판결은 당사국 일방이 간행한 군사지도의 증거능력·증명력을 인정한 판결로 평가할 만하다.[70]

3. 프레아 비헤어 사원 영유권 분쟁사건

캄보디아와 태국 간 프레아 비헤어 사원 영유권 분쟁사건[71]은 그 성격상 전술한 벨기에/네덜란드 분쟁사건과 유사한 국경분쟁사건으로서, 이 사건에서 국경획정 혼성위원회(Mixed Commission of Delimitation of the frontiers)가 제작·배포한 측량지도가 제작 당시에는 위원회가 발간한 공식문서에 부속 또는 첨부된 지도가 아니었으며 또 위원들의 서명도 결여된 지도였다는 점에서 전술한 벨기에/네덜란드 국경분쟁사건과 차이점을 가진다. 이 사건에서 태국측은 캄보디아측이 제출한 여러 지도 가운데 소장(訴狀) 제1부속서(Annex I to the Memorial)로 제출한 동 사원과 그 인근 당그렉(Dangrek) 산맥 지역을 표시한 한 지도가 동 사원의 위치표시에 중대한 오류가 있다면서 그 증거능력·증명력에 이의를 제기하였다.

국제사법재판소는 동 지도가 1904년 및 1907년 샴왕국-프랑스(당시 캄보디아의 보호국) 간 체결된 국경조약의 위임으로 설치된 제1·2차 혼성위원회가 당시 지도제작기술이 부족하였던 태국(당시 샴(Siam) 왕국) 정부의 요청으로 프랑스의 지형전문가들의 측량에 기초하여 프랑스의 한

---

68) Weissberg, *supra* note 47, p.790.
69) 단독지도의 증거능력·증명력에 관해서는 이하 VI 참조.
70) Weissberg, *op.cit.,* p.803.
71) The Temple of Preah Vihear(Cambodia v. Thailand), Judgment, *ICJ Reports*, 1962, p.6; 본서, 제8장, V.2 & V.3 및 제9장, IV.3 참조.

평판있는 지도제작회사가 1907년 인쇄·간행한 국경지도라는 사실을 중시, 이러한 지도의 성격과 제작 배경, 제작수임 등 위임받은 권한은 문제의 지도 자체로부터 명백하며 따라서 동 지도는 공식적 지위(an official standing)와 기술적 권위를 가지며 그 출처가 공개적이고 명확하다고 설시하였다.[72] 재판소는 이러한 추론은 1904년 조약 규정으로부터 이탈하거나 이를 위반한 해석이 아니라고 강조하면서, 동 지도는 조약을 통한 국경조정(treaty settlement)의 일부로 포함된 것이며 따라서 조약 본문의 '불가분의 일부'(an integral part)를 구성하게 된 것이라고 판시함으로써,[73] 동 지도에 인증지도로서의 지위를 부여하였다.

재판소는 동 지도가 제작 당시에는 아무런 법적 구속력도 가지지 않았던 점을 인정하였으나, 동 지도가 국경획정조약에 의해 설치된 혼성위원회 활동의 결과로서 제작되었으며,[74] 1908년 8월 동 지도는 주요 지리학회, 샴왕국의 주요 해외공관, 그리고 1904년 및 1907년 국경조약에 따라 설치된 제1·2차 혼성위원회 위원 전원에게 배부되었으며 널리 홍보되었다는 사실에 주목, 만일 당시 샴 정부가 이 지도에 동의하지 않았거나 또는 이 지도에 관하여 심각한 의문을 가졌더라면 그 때 그에 따라 행동했어야만 했으나,[75] 태국은 1908년 이후 50년 간 국경획정의 결과를 표시한 동 지도를 인정·수락한(acknowledgement) 후속 국가행동(subsequent conduct)으로 인하여 사원영유권을 주장할 수 없게 되었다고 판시하였다.[76] 즉 재판소는 묵인(acquiescence)의 법리를 원용하여 태국의 주장이 근거없다는 결론을 내렸다.[77]

---

72) *Ibid.*, p.21. 지도의 제작·인쇄는 전문적·기술적 측량작업 등을 포함하며 태국 정부는 20세기 초 당시 이를 수행할 만한 충분한 기술을 보유하지 못하였다. *Ibid.*, p.20. 캄보디아는 1953년 프랑스로부터 독립하였다.
73) *Ibid.*, pp.33~34.
74) *Ibid.*, pp.21~22 & 32.
75) *Ibid.*, pp.23~24.
76) *Ibid.*, pp.23 & 32.
77) *Ibid.*, p.23. 영국/노르웨인 간 어업사건에서 ICJ는 60여년 간 노르웨이측의 직

재판소는 이어 태국이 지도상의 오류를 인지하지 못했다는 착오의 항변에 대해서도 태국 정부의 그러한 장기간의 묵인에 비추어 근거없다고 일축하였다.78) 재판소는 또 동 지도가 국내군사용으로 제작된 것이라는 태국의 주장에 대해서도 역시 태국의 심리상태(state of mind: 묵인 등)에 대한 증거로서 손색이 없다면서, 비록 태국이 동 지도의 오류를 믿었거나 또는 부정확한 것을 인지하고 있었더라도 태국의 행동에 대한 객관적 추론은 태국이 동 지도를 수락한 것이라면서 태국 패소판결을 내렸다.79)

선기선 사용에 대한 영국측이 항의부재(her prolonged abstention)를 원용하여 영국 패소판결을 내렸다. Fisheries case((U.K./Norway), Judgment, *ICJ Reports*,, 1951, p.116. 139; 본서, 제8장, V.1 참조.

78) *Ibid.*, p.26. 재판소는 확립된 국제법 규칙상 오류의 항변은 이를 제기하는 당사자가 그 자신의 행위에 의하여 그러한 오류에 기여하거나, 그 당사자가 그러한 오류를 회피할 수 있었을 경우, 또는 당시 정황이 그 당사자에게 오류 가능성 대하여 주의를 환기시킨 깃으로 볼 수 있는 경우에는 그 당사자는 그 오류를 기속적 동의를 무효화하는 요소로 원용할 수 없다고 지적하면서 태국은 그 지도를 수락하였으며 따라서 태국의 지도상의 오류와 착오의 항변은 받아들일 수 없다고 판시하였다. 이한기, 전게각주 9, pp.218~219.

79) *Ibid.*, pp.28~29; 이한기, 상게서, p.220. 이와 관련, 2006. 12. 11~15 서사모아 아피아에서 열린 제3차 중서부태평양 수산기구 연례회의에서 사무국은 회원국들의 동의 없이 '중서부태평양 고도회유성어족의 보존과 관리에 관한 협약'의 적용수역을 표시한 해도를 임의로 제작·배포한 바, 동 지도에는 일본의 미나미토리 암초 등 태평양상 소도서 주위에 일본이 주장하는 200해리 EEZ를 표시하면서도 한국·중국 등의 EEZ는 전혀 표시하지 않았다. 우리 대표단은 본회의 발언을 통하여 이에 항의하면서 사무국장의 동 해도제작·배포의 배경설명, 동 해도의 추가배포중지 및 추후 유사해도 제작 시 사무국의 주의 등을 요구하고 이러한 우리 측 입장을 회의기록에 기록해 줄 것을 요구한 바, 사무국장은 추후 유사해도 제작 시 회원국 정부와 사전에 협의할 것임을 분명히 하였다. WCPFC, Third Regular Session, Summary Report(2006. 12), paras.184~185, at http://www.wcpfc.int; 박현진, "중서부태평양 고도회유성 어족 보존관리기구 제3차 연례회의(서사모아 아피아, 2006. 12. 11~12. 15) 킴기보고시", 해낭수산무(편), 『중서부태평양 수산기구(WCPFC) 제3차 연례회의 참석결과 보고서』 (2006. 12), p.17, 28.

V. 예시지도의 증거능력·증명력

1. 일 반

공식 기록·문서 또는 분쟁 당사국 간 체결된 국경조약이나 합동·혼성 국경위원회의 결정에서 단순히 언급·지칭되는 지도는 이들 기록·문서·조약·결정의 내용을 예시하기 위한(illustrative) 목적의 지도로서 그러한 문서·조약 등의 내용을 확인·보충하는 보조적 해석수단 또는 준비문서 (travaux préparatoires; preparatory work)로 간주될 수 있다.80) 따라서 예시지도는 원칙적으로 기록·문서 또는 조약 등과 독립하여 그 자체로서 국경·영유권 판단의 1차적 증거 또는 결정적 증거로 간주되지 않는 것이 일반적이다.81) 전술한 유엔해양법협약 상 연안국이 공인한 해도 또는 적합한 축척의 해도에 표시된 영해기선·영해 한계 및 대향국간 또는 인접 국간 영해의 경계획정선 등(III.2)은 예시해도의 지위를 가지는 것으로 볼 수 있다.

문제는 그러한 공식 기록·조약의 본문 규정과 예시지도 간 차이 내지 모순이 있는 경우, 그리고 그러한 공식 기록 등이 명시적 규정을 결하고 있는 경우 어느 자료가 우선하여야 하는가 하는 점이다. 이 경우를 규율하는 일반원칙은 현재 확립되어 있지 않은 것으로 보인다. 따라서 이러한 경우 당사자의 정확한 객관적 의사를 확인하는 것이 중요하다. 미국 대법원 판례는 이와 관련하여 예시지도가 명시적으로 문제의 협정의 일부로 편입된 것과 마찬가지의 효과를 부여하여야 한다는 입장을 취하고 있다.82) 또 후술하는 부르키나 파소/말리 간 국경분쟁 사건에서 국제사법재

---

80) Akweenda, *supra* note 14, p.210 및 1969년 조약법에 관한 비엔나 협약, 제32조.
81) 이한기, 전게각주 9, p.208, Akweenda, *ibid.*, p.208.
82) E.g. U.S. v. State of Texas, 162 US (1896) 1, 37, discussed in Akweenda, *ibid.*, p.240*ff.*

판소는-물론 이 사건에서 양국 간 국경을 확인할 수 있는 조약, 문서 또는 공인지도 등 그 어느 자료도 없었다는 사정에 기인하는 것은 사실이라고 하더라도-심지어 비공인 단독지도에 결정적 증명력을 인정한 판례에 비추어, 예시지도의 증거능력과 증명력을 결코 과소평가할 수 없다.

2. 폴란드/체코 간 국경분쟁사건

폴란드/체코 간 국경분쟁사건(1923)[83)]에서 쟁점은 1920년 7월 28일 대사회의(大使會議) 결정의 해석과 첨부 지도의 효력에 관계된 것이었다. 동 외교회의는 1920년 결정에서 획정위원회의 권고에 따라 수정가능하다는 단서와 함께, 분쟁지역 국경을 표시한 여러 장의 지도를 첨부하면서 이를 그 결정의 일부라고 명시적으로 선언하지는 않았다. 폴란드는 외교회의 결정이 국경의 일부를 구성하는 문제의 분쟁지역에 관한 어떤 해결에도 합의한 것이 아니라고 주장하였다. 상설국제사법재판소는 관련 문서와 지도들을 검토한 후 권고적 의견을 통해 "지도와 (범례 등) 그 설명 부호표(maps and their tables of explanatory signs)는 조약이나 판결의 본문과는 별도로 그 자체로서 결정적 증거로 간주될 수 없다"고 선언하면서도,[84)] 대사회의 결정에 부속 또는 첨부된 문제의 지도들(각각 축척 1/75,000 및 1/200,000)이 "문서와 그 분석을 통하여 얻어 낸 결론을 매우 설득력 있는 방식으로(in a singularly convincing manner) 확인하고 있으며, 또 어떤 문서와도 모순되지 않는다"고 판시함으로써,[85)] 문서 증거들과 상충되지 않는 지도의 2차적 증명력을 인정하고 있다.

---

83) Polish-Czechoslovakian Frontier case (Questions of Jaworzina), Advisory Opinion, *PCIJ*, Ser. B, No. 8 (1923), p. 18.
84) *Ibid.*, pp. 32~33.
85) *Ibid.*, p. 33.

VI. 공인·비공인 단독지도의 증거능력·증명력

1. 공인·비공인 단독지도

공식 문서·기록·조약 등에 부속·첨부되지 않고 독립적으로 간행된 지도는 정부기관이 제작·간행한 경우(공인 단독지도)와 민간에서 제작·간행한 경우(비공인 단독지도) 등 2가지가 있다. 양자는 모두 2차적 증거로서의 증명력을 가질 수 있다. 공인지도의 가장 중요한 기능 가운데 하나는 동 지도를 제작한 분쟁당사국을 구속한다는 점이다.[86] 공인단독지도는 결정적 증거로 간주될 수 없으나, 직접·2차적 증거로서 증거능력과 증명력을 가질 수 있다.[87] 전술한 바와 같이 벨기에/네덜란드 국경분쟁 사건에서 국제사법재판소는 벨기에가 제작한 군사참모지도(공인 단독지도)의 증거능력을 인정한 바 있다. 또 클리퍼튼섬 중재사건에서 멕시코는 '멕시코 지리·통계학회'의 고문서보관소가 인쇄한 지도를 법정에 제출한 바, 단독중재재판관 에마뉴엘 III세는 "문제의 지도가 국가의 命에 의하여 국가의 관리 하에(by order and under the care of the state) 제작된 것인지 확실하지 않기 때문에, 또는 그 지도가 (스페인의) 멕시코 (주재) 정부의 왕립재판소(Royal Tribunal of the Consulate of Mexico)에 의하여 사용되었다는 지도에 기재된 비망록이 그 지도에 공식적 성격을 부여하는 것은 아니기 때문에, 동 지도의 공식적 성격을 확인할 수 없다"[88]고 판시하였다.

비공인지도의 증명력과 관련, 티모르섬 중재사건(1914)[89]에서 상설중

---

86) Hyde, *supra* note 33, p.315.

87) Akweenda, *op. cit.*, pp.208~209.

88) Clipperton Island case, *supra* note 42, p.393.

89) Island of Timor arbitration (The Netherlands v. Portugal), *American Journal of International Law*, vol.9, 1915, p.240, 259; Akweenda, *op. cit.*, p.219.

재재판소(PCA)의 찰스 라디 단독중재재판관은 비공인지도는 그 가치 면에서 양국 대표들이 서명한 2개 공인지도와 비교할 수 없다고 판시하였다. 비공인지도는 법적 위임이나 수권 없이, 권위있는 출처(authoritative sources)에 근거한 신뢰할 수 있는 정보·사실보다 제작자의 사적 견해에 의존하여 제작되는 경향이 있다. 따라서 국제·중재재판소는 비공인지도에 보다 조심스러운 태도를 보여 왔다.[90] 그러나 국경·영유권 관련 공식 기록·문서의 내용이 불분명하고 공인지도가 없는 경우 비공인지도는 증거능력을 가질 수 있다. 또 이 입증과정에서 논리와 상식이 최선의 지침이 되며, 비공인 민간지도라 할지라도 그 기술적 완성도(technical qualities)에 비례하는 증명력을 가진다고 한다.[91] 이 견해에 의하면 공인·비공인 여부는 지도의 증거능력여부의 판단에 영향을 미칠 수 있으나, 비공인지도 역시 일단 그 증거능력이 인정되는 경우 공인지도에 필적하는 증명력을 가질 수 있다(후술 부르키나 파소/말리 사건).[92]

2. 망끼에·에끄레오 제도 영유권 분쟁사건

이 사건에서 영국과 프랑스 양측이 제출한 지도·해도들은 공식 기록·문서, 또는 문제의 도서 영유권 관련 조약에 편입·부속되어 그 본문에서 확인·언급된 지도는 아니라는 점에서 인증·예시지도의 지위를 가진 것은 아니었다.[93] 이 사건에서 런던주재 프랑스대사는 1820년 6월 12일 외교각서를 통해 자국 해양장관(French Minister of Marine)이 자국 외무장관

---

90) Labrador Boundary case (Boundary between Canada and Newfoundland), [1927] 2 *Dominion Law Reports*, p.401, 425, Akweenda, *ibid.*, pp.213 & 219.
91) Akweenda, *ibid.*, p.207.
92) *Ibid.*
93) Minquiers and Ecrehos case(U.K./France), Judgment, *ICJ Reports*, 1953, p.47, digested in Wm. W. Bishop, *American Journal of International Law*, vol.48, 1954, p.316.

에 보낸 1819년 9월 14일자 서한과 2장의 지도를 영국 외무성에 전달한 바, 이 서한에는 망끼에 제도가 영국령("possédés par l'Angleterre")으로 표시되어 있었다.[94] 또 동봉된 지도에는 프랑스 영해를 표시하는 청색선이 프랑스 본토 연안과 쇼제(Chausey) 제도 주위에 그려져 있었으며, 또 영국 영해를 표시하는 적색선이 저지, 사크와 망끼에 제도 주위에 그려져 있었다. 또 에끄레오 제도 주위에는 아무런 영해선도 표시되지 않았으나, 다만 에끄레오 제도의 일부 도서는 저지섬의 영해선(적색선) 내에 그려져 있었고 나머지 도서들은 무주지로 표시되었다.[95]

프랑스 측은 문제의 서한에서 망끼에 제도를 영국령으로 기술한 것은 양국 어부들의 배타적 활동수역 획정 교섭과정에서 제안한 통지(communication)에 불과하며 이 교섭은 합의에 이르는데 실패하였으므로 이를 프랑스 측에 불리한 증거로 원용할 수 없다고 항변하였다.[96] 또 프랑스측 Gros 교수는 재판소에 '중립적' 지도에 주목할 것을 주문하면서 이태리·스웨덴·헝가리·독일 및 영국 지도책들을 제출하였다. 영국 측은 프랑스측이 제출한 그 어떤 지도도 어느 한 제도 또는 양 제도 모두를 영국령으로 표시하고 있지 않으나, 동시에 한 프랑스 지도를 제외한 그 어떤 지도도 양 제도 중 그 어느 것도 프랑스령으로 표시하지 않고 있음을 지적하였다. 영국 측은 자국이 발간한 지도 대신, 양 제도 모두 자국령으로 표시한 독일 스티엘러(Stieler) 지도제작사의 1905년 및 1932년판 지도 2장을 제출하였다.

재판소는 각종 지도의 상대적 가치를 둘러싼 양측의 상반된 주장과 이들 지도 간 일관성 부재 등으로 인해 그 증거능력·증명력에 관하여 평가하지 않은 것으로 보인다. 재판소는 대신 프랑스 해양장관의 서한이 교

---

94) *Ibid.*, p.66 & 71. 동 서한의 내용에 대해서는 *ibid.*, 1 *ICJ Pleadings*, Annex A/25, pp.174~176.
95) *Ibid.*, pp.66~67.
96) *Ibid.*, 1 *ICJ Pleadings*, *ibid.*, pp.115 & 335 & 2 *ICJ Pleadings*, p.159.

섭과정의 제안이나 양보가 아니라(not a proposal or concession), 영유권 문제에 관하여 프랑스 정부가 영국 외무성에 전달한 '사실의 기술'(a statement of facts)이었으며, 프랑스 대사는 이에 관한 아무런 유보(reservation)도 표시하지 않았던 점에 비추어 동 서한에서 기술된 내용이 당시 프랑스 정부의 공식입장을 표시한 증거의 하나로 인정하여 판결하였다.[97] 특히 카네이로(Levi Carneiro) 재판관은 개별의견(individual opinion)을 통해 당사국이 제출한 지도들이 일관성을 결여하고 있으며, 지도증거는 영역주권 관련 법률문제의 해결에서 "항상 결정적인 것은 아니지만", 동시에 경우에 따라서는 "특정 점유(지배) 또는 주권행사가 잘 알려진 사실임을 입증하는 증거가 될 수 있다"는 입장을 표명하였다.[98]

3. 부르키나 파소/말리 간 국경분쟁사건

부르키나 파소/말리 간 국경분쟁사건(1986)에서[99] 국제사법재판소는 당사국들이 제출한 많은 지도들이 어떤 행정문서에 부속되거나 또는 그러한 문서에서 언급되고 있지 않고 있기 때문에 해석상 특별한 주의를 요한다고 지적하였다. 재판소는 이어 1920~40년대 당시 오트볼타(Upper Volta: 현 부르키나 파소)의 식민지 행정당국이 제정한 법률·명령에 부속된 지도를 확인할 수 없거나 분실되고, 프랑스령 서남아프리카 총독의 서한에 부속된 공식지도 역시 분실됨으로써, 당시 식민지 행정당국의 지시 또는 감독 하에 제작된, 그 의사를 반영하는 신뢰할 수 있는 지도를 한 장도 가지지 못한 상황에 처하게 되었다.[100] 결국 재판소는 프랑스 국립지리연구소(French Institut Géographique National: IGN)가 1958~

---

97) *Ibid.*, p.71. 이러한 ICJ의 입장은 신한일어업협정 상 독도의 지위와 EEZ에 관해 일정한 유추를 가능하게 할 수도 있다.
98) *Ibid*, p.105.
99) Frontier Dispute (Burkina Faso/Mali), Judgment, *ICJ Reports*, 1986, p.554.
100) *Ibid.*, p.583*ff.*

1960년 중 간행한 축척 20만분의 1의 서부 아프리카 지도를 검토키로 결정하였다.

이 지도를 간행한 IGN은 소송절차 진행 중 재판부에 비망록(Note)을 제출, 지도상에 표시된 국경선은 양국이 독립하기 전에 측량하고 국경지역 행정기관장이 제공한 정보와 현지 마을 족장·주민들로부터 얻은 정보를 바탕으로 작성한 것이라고 설명하였다.[101] 재판소는 그럼에도 IGN의 후속 지도들이 표시하는 국경선이 식민지 정부로부터 물려받은 국경에 관한 다른 증거와 일치하는지 확인·검토해야 하며, 만일 이 지도증거가 식민지 정부의 의사에 관한 신뢰할만한 정보와 상충하는 경우에는 지도증거를 원용할 수 없으나, 측량일시와 제작주체의 분쟁당사국에 대한 중립성 그리고 모든 다른 증거가 부재·부족하여 정확한 국경선을 확인하기 어려운 현실에 비추어 재판부는 IGN 지도가 비공인지도이며 오류가 있는 점을 확인하였음에도 불구하고, 오류가 있는 부분에 대해서는 축척 50만분의 1 지도 등과 비교하여 판결하면서 IGN 간행 지도의 증명력이 '결정적'(decisive)이라고 판단하였다.[102]

VII. 독도관련 예시지도

1. 「기죽도약도」

일본 東京국립공문서관에서 발견되어 2006년 9월 13일 공개된 「기(의)죽도약도」(磯竹島略圖)」[103]는 1877년 메이지정부 최고정부기관이었던 태

---

101) *Ibid.*
102) *Ibid.*, paras.62. 93~94 & 151~156; 본서, 제10장, Ⅳ.4.
103) 매일신문, "독도 표기 '日 내무성 지도 첫 공개", 사이버 독도 해양청, 'http://www.dokdo.go.kr/, 독도자료실〉보도자료, 2006. 9. 13 참조. '기(의)죽도'라

정관(太政官)이 독도가 조선의 영토임을 명시적으로 인정한 지령문서에 부속된 지도이다. 일본 내무성은 1877년 3월 17일 태정관에게 '日本海內 竹島外一島(독도를 지칭) 지적편찬(地籍編纂) 질의'를 보냈고 태정관은 3. 20 '竹島外一島를 版圖 밖으로 정한다'고 공식 결정한 문서를 작성, 이를 3월 29일 내무성에 하달한 바 있다.[104] 「기죽도약도」는 기죽도(울릉도)와 송도(독도)를 중심으로 당시 일본 서해안 지방과 조선 간의 위치·거리를 표기하면서, '일본 서해 오키(隱岐)의 후쿠우라(福浦)로부터 송도까지 서북 방향 80리 정도', '송도로부터 기죽도까지 서북방향 40리 정도'라고 기록하고 있다. 또 기죽도로부터 조선국을 원망(遠望: 멀리 바라봄)하면 해상으로 95리에 해당한다고 적혀 있다고 한다.

「기죽도약도」는 첫째, 이 지도는 독도를 중심으로 그 위치·거리를 비교적 정확히 표시하고 있으며, 일본 도근현(島根縣)이 1905년 독도를 일본령으로 비밀 '편입'하기 이전 일본정부는 울릉도·독도가 한국령이라는 사실을 분명히 인식·인정했음을 입증하는 최선의 증거이다. 둘째, 이 지도는 일본이 임진왜란·정유재란 등 조선 침략 이후 광해군 재위 당시 국교관계가 회복된 후 조선통신사 파견 등으로 조선의 독도영유권(후술 「팔도총도」 등)에 대한 충분한 인식을 가지고 있었던 것으로 추론할 수 있는 직접증거가 된다. 또 일본이 주장하는 역사적 권원에도 불구하고 17세기 말 울릉도쟁계 당시 한일 간 교환공문에서, 그리고 태정관 지령문서와 「기죽도약도」를 제작한 1877년까지 거의 200년간 조선의 독도 주권

는 명칭은 이수광의 『지봉유설』권 2 지리부에 "왜구가 의(기)죽도를 점거했다고 하는데, 의(기)죽도라고 말하는 것은 울릉도이다"라는 기록에 보인다고 한다. 영남대 민족문화연구소(편), 「독도를 보는 한 눈금 차이」, 전게각주 5, p.92.

104) "竹島外一島 本邦無關", 신용하, 「한국의 독도영유권 연구」, 전게각주 2, pp.118~122 & 신용하, 『독도의 민족영토사 연구』, 전게각주 5, pp.168~170; 김병렬, 『독도냐 다께시마냐』, 전게각주 5, p.250 및 김병렬, 『독도논쟁: 독도가 우리땅인 이유』(서울: 다다미디어, 2005), p.254.

(영유의사 또는 주장)에 대하여 아무런 이의도 제기하지 않았음(묵인)을 인정하는 증거가 된다. 울릉도쟁계 당시 막부는 교환공문을 통해 울릉도에 대한 조선의 영유권을 명시적으로 인정하고 독도에 대한 조선의 영유권을 묵인한 바 있다(1697년).

「기죽도약도」의 모사도[105]

'기죽도약도'(磯竹島略圖) 모사도(模寫圖-1877년 일본 명치정부의 태정관과 내무성이 울릉도와 독도가 한국령이라고 결정할 당시 사용된 '기죽도약도'(磯竹島略圖)의 울릉도와 독도의 위치와 크기를 그대로 나타낸 모사도(가로58, 세로38cm 종이에 그림). 연합뉴스

셋째, 「기죽도약도」는 태정관 지령문서에 첨부된 예시·참조지도로서 2차적 증거로서의 지위를 가지는 것으로 해석된다.[106] 특히 영유권 분쟁 국제판례에서 공인·비공인 지도제작·간행자가 가진 정보의 정확성과 표시의 중립성(특히 자국이 간행한 지도에서 영토주권을 주장하지 않을 경우)이 가지는 증거가치에 비추어(팔마스섬 중재사건),[107] 「기죽도약도」는 특별한 증거능력과 증명력을 가진다고 평가된다. 또 전술한 망끼에·

---

105) 매일신문, 전게각주 103.
106) 漆崎英之(우루시자키 히데유키), "「태정관지령」부속 지도 「기죽도약도(磯竹島略圖)」발견 경위와 그 의의", 『독도연구』 제14권(2013), pp.329~342 참조.
107) Palmas arbitration, *supra* note 15, p.852.

에끄레오 분쟁 사건(VI.2)과 니카라과 사건[108)]에서 국제사법재판소가 자국정부의 공식입장에 반하거나 불리한 정부 고위관료의 진술·성명·입장 표명 또는 사실인정에 특별한 증명력을 부여한 점에 비추어, 「기죽도약도」의 증명력은 결정적이라 할 수 있을 것이다. 다만 이 경우 그러한 발언을 행한 것으로 지목된(attributed) 관리의 발언 사실을 입증하는 충분한 증거를 제시하여야 한다.[109)]

2. 「팔도총도」: 직접·2차적 증거

조선시대에 간행된 대표적 관찬 사서[=지지(地誌)]인 『세종실록』지리지(1432),[110)] 『성종실록』(1476), 『동국여지승람』(1486), 『신증동국여지승람』(1530)과 『만기요람』(1808) 등에서 독도는 우산도·삼봉도 등으로 표시되고 있다.[111)] 특히 『신증동국여지승람』 권1의 첫머리에 수록된 관찬 전국지도인 「팔도총도」(東覽圖: 27×34.2 cm)와 도별지도(道別地圖) 중 강원도지도에 우산도가 강원도에 속하는 섬이라는 사실이 명확하게 표시되어 있다. 「팔도총도」는 조선정부의 공식지리지인 『신증동국여지승람』 본문에서 명시적으로 언급되고 있지는 않으나, 동 지리지의 첫머리에 첨부되어 본문의 내용을 예시하기 위한 의도와 목적이 객관적으로 명백한 첨부지도라는 점에서, 이 지도는 예시지도로서 2차적 증거로서의 지위와 가치를 가진다고 평가된다. 또 당시 조선조정이 지리지에 본문내용을 인증·예시하는 지도를 부속·첨부하여 간행하는 경우 이를 본문에서 명시적

---

108) Military and Paramilitary Activities in and against Nicaragua, Merits, *ICJ Reports*, 1986, p.14, 41, paras.64~65 & p.43, para.70.

109) *Ibid.*, para.160; Kazazi, *supra* note 15, p.217.

110) 「世宗實錄」 卷 一百五十三, 地理志/江原道/三陟都護府/蔚珍縣, 바른역사정립기획단(편역), 『독도자료집』 I (2005), p.195 이하.

111) 바른역사정립기획단, 『독도자료집』 I, 상계서; 신용하, 『독도의 민족영토사 연구』, 전게각주 5, pp.87~96 및 「한국의 독도영유권 연구」, 전게각주 2, pp.4, 14~15, 35, 153 & 398; 김병렬, 『독도냐 다께시마냐』, 전게각주 5, 첨부지도.

으로 언급하지 않는 것이 일반적 관행(시제법)이었다고 판단된다.

다만 「팔도총도」와 도별지도 중 강원도 지도에 우산도를 울릉도 서쪽에 표시하여 그 위치가 반대로 바뀐 오류 내지 부정확성이 있으나, 이는 16세기 초 당시 낙후된 항해술·측량술 및 조선기술 등 과학적·지리적 지식의 한계로 인한 것일 뿐이다. 중요한 점은 동 지도가 동해 2개 도서의 존재와 이들 도서에 대한 조선의 영유의사(*animus occupandi/animus possidendi*)[112) 및 지배사실을 명백히 입증하고 있는 점, 그리고 그러한 오류로 인하여 양 도서의 존재에 대한 혼동을 일으키지 않는다는 점, 그리고 당시 측량·지도제작술에 비추어, 이러한 지도상의 오류 내지 부정확성은 그 증거능력과 증명력에 큰 경정적 영향을 미친다고 보기 어렵다.

예컨대 팔마스섬 중재사건에서 팔마스(Miangas) 섬이 일정 문서에서는 다른 명칭(Melangis)과 부정확한 위치에 표시되어 양자간 동일성 여부가 다투어진 점과 관련, Huber 재판관은 이를 주로 출처 미상의 대축척지도에 의존하여 확인한 바, 이 지도는 팔마스섬의 위도와 경도는 물론, 크기와 형태 표시에 있어 정확하지 않았다(not quite correct).[113) 또 「팔도총도」의 독도에 관한 이러한 위치표시상의 오류는 약 200년 후 제작된 후술하는 정상기의 「동국지도」에서 교정되어 간행되고 있는 점도 독도 영유권의 귀속 실체에 대한 일관된 입장을 표명하는 것으로 평가된다. 또 문제의 문서에서 팔마스섬이 Melangis 외에도 여러 가지 다른 유사명칭으로 불린 점과 관련, Huber 재판관은 이러한 영어 명칭의 차이는 일응 심각한 것처럼 보일 수도 있으나, 그러한 표기의 차이는 현지어(현지발음)를 로마자로 철자하는 과정에서 발생할 수밖에 없는 문제라는 점을 언어학자들이 충분히 설득력있게 설명하고 있다고 판시하여 다른 유사

---

112) See Legal Status of Eastern Greenland(Denmark v. Norway), *PCIJ, Series A/B,* No.53, 1933, p.22, 45~46.

113) Palmas arbitration, *supra* note 15, p.859; Akweenda, *supra* note 14, p.219.; 김병렬, 『독도냐 다께시마냐』 전게각주 5, p.172 & 『독도논쟁: 독도가 우리 땅인 이유』, 전게각주 104, p.172.

명칭들이 지칭하는 도서가 팔마스섬과 동일한 도서임을 인정하였다.[114] 우산도(석도)와 독도 간의 동일성 문제 역시 '상식·논리적'인 언어학적 설명이 시도되고 있는 점에 비추어, 「팔도총도」는 적어도 직접·2차적 증거로서의 증거능력과 증명력을 가질 수 있는 것으로 평가된다.

3. 'SCAPIN 제677호' 첨부地圖와 '구일본영토 처리에 관한 합의서' 첨부지도

1945년 8월 15일 무조건 항복한 구일본제국을 점령한 연합국 최고사령관 맥아더 장군은 1946년 1월 29일 훈령(Instruction: SCAPIN) 제677호

---

114) Palmas arbitration, *ibid*, p.860.

를 일본 정부에 통보, 제주도·울릉도 및 독도를 일본의 영토의 범위에서 제외시키고 그 지위를 원상회복시켜 한국에 귀속시켰다.[115] 연합국은 전쟁 중 일본이 "폭력과 탐욕"으로 탈취한 모든 영토에서 축출할 것을 결의하였으며(1943년 카이로선언), 그러한 의지는 포츠담선언[116]에서 계승되고 일본은 항복문서[117]를 통해 포츠담선언의 항복조건(무조건 항복)을 수락하였다. 이에 입각하여 일본과 한반도에 진주한 연합국 최고사령관은 일본정부에 SCAPIN 제677호를 발령하였다. SCAPIN 제677호는 전후 '전승국(연합국)의 공동결정에 의한 영토처리'(disposition by joint decision of the Allied Powers)라는 법적 성격을 가지는 법률문서이다. 즉 승전국(점령군 군정청·점령당국)이 행정·통치권 행사[118]의 대상인 구

---

115) 신용하, 『한국의 독도영유권 연구』, 전게각주 2, p.218; 나홍주, 전게각주 31, pp.61 & 79
116) Potsdam Declaration/Proclamation Defining Terms for Japanese Surrender (1945. 7. 26), para.8["The terms of the Cairo Declaration shall be carried out and Japanese sovereignty shall be limited to the islands of Honshu, Hokkaido, Kyushu, Shikoku and such minor islands as we determine"], at http://www.ndl.go.jp/constitution/e/etc/c06.html (2014. 10. 15 검색).
117) The text of the Instrument of Surrender, signed Sept. 2, 1945, at http://en.wikipedia.org/wiki/Japanese_Instrument_of_Surrender & http://www.ndl.go.jp/constitution/e/etc/c05.html (both visited 2014. 10. 15).
118) SCAPIN 제677호(SCAPIN No.677)의 영문 명칭은 "MEMORANDUM FOR IMPERIAL JAPANESE GOVERNMENT on the Governmental and Administrative Separation of Certain Outlying Areas from Japan"으로, 발령주체는 '연합국 최고사령관'(GENERAL HEADQUARTERS, SUPREME COMMANDER FOR THE ALLIED POWERS)으로, 그리고 발령의 객체는 일본정부로 되어 있다. At http://en.wikisource.org/wiki/SCAPIN677 (visited 2014. 10. 15). 따라서 이 문서는 연합국 최고사령관이 일본 정부에 통보한 훈령이며, 만일 일본정부가 당시 이 훈령에 이의가 있었다면 이를 연합국 최고사령부에 제기했어야만 했다. 패전국 일본의 법률상의 주권은 일본 국민에 속했으나, 일본은 포츠담선언의 무조건 항복조건을 수락한 항복문서에서 연합국 점령당국에 그 통치·행정권을 양도하였다. 박현진, "독도 실효지배의 증거로서 민관합동 학술과학조사: 1947년 및 1952-53년 (과도)정부·한국산악회의 울릉도·독도조사를 중심으로", 『國際法學會論叢』 제60권 제3호(통권 제138호, 2015. 9), p.61, 75.

일본 점령지역의 지리적·영토적 범위와 한계[119]를 정한 법적 문서로서, 한국의 독도 영토주권을 입증하는 권원의 근거(a root of title)이며, 그 증거를 구성한다.[120]

연합국 최고사령부는 SCAPIN 제677호에 지도를 첨부한 바, 이 지도는 한국과 일본의 영토를 구획, 독도를 "TAKE"로 표시하고 한국영토로 복속시켰다.[121] 이 첨부지도는 적어도 예시지도로서의 성격과 지위를 가지는 지도로서, 독도 주권의 귀속에 관한 직접증거를 구성하며, 그 증명력 역시 상당히 높은 것으로 평가된다. 이 지도가 1차적 증거인가 아니면 2차적 증거인가의 여부는 중요하지 않다.[122] 다만 SCAPIN 제677호는 한국의 독도 영토권원의 중요한 근거 및 증거가 된다는 점에서 그 첨부지도는 예시지도로서 그 증명력 역시 높게 평가된다.

또 연합국은 대일강화조약 체결 직전 1950년 '구일본영토 처리에 관한 합의서'(Agreement Respecting the Disposition of Former Japanese Territories)를 작성하였다. 이 합의서 제3조에는 한반도와 제주도, 거문도, 울릉도와 독도("Liancourt Rocks"로 표기)를 포함하여 한반도 주변 모든 섬들("all offshore Korean islands")에 대한 권리와 권원을 한국으로 양도할 것을 규정하고, 이 내용을 역시 첨부지도를 통해 명시하고 있다.[123] 이 합의서는 연합국이 대일강화조약을 체결하기 전, 영토문제처리를 위해 마련한

---

119) 물론 한국의 경우에는 미군이 점령한 한반도를 단순히 일제의 '영토'의 일부로 간주할 수 없는 역사적·법적 요인이 존재한다.

120) Brownlie, *Principles of Public International Law*, supra note 3, pp.128~133 & I. Brownlie, *The Rule of Law in International Affairs: International Law at the Fiftieth Anniversary of the United Nations*(Marinus Nijhoff, 1998), pp.153~155. 이 부분은 2007년 논문 발표 후 저자의 연구결과를 반영하여 수정한 것이다.

121) Map of SCAP Administrative Areas; 신용하, 전게각주 2, p.218; 영남대학교 민족문화연구소, 전게각주 5, p.165; 독도연구보전협회, 『우리 땅 독도 이야기』(2004), p.14 참조.

122) Eritrea/Yemen arbitration, supra note 57, para.378.

123) 신용하, 전게각주 2, pp.221~224; 독도연구보전협회, 『우리땅 독도 이야기』, op.cit., p.15.

내부의 합의를 반영하는 문서로서 발효되지 않은 조약이라는 점에서 그 증명력은 정황증거에 머물 것으로 평가된다.

4. 「일본영역 참고도」

전술한 바와 같이[124] 「일본영역참고도」는 일본정부(해상보안청)가 1951년 8월 자국 의회에 대일강화조약의 비준동의를 요청하면서 제출한 지도로서, 독도를 한국령으로 표시하고 있다고 한다.[125] 이 지도가 당시 일본 정부가 제작한 지도의 사본인 것이 사실로 판명되는 경우, 동 조약의 당사국인 일본 정부의 이러한 내부 공인지도는 대일강화조약 상 독도의 지위의 해석과 관련한 일본의 의사를 표시한 것으로서 일본 스스로 독도 영토권원을 가지고 있지 않다는 것을 인정한 증거가 된다. 「일본영역 참고도」는 예시지도의 지위를 가지는 것으로 판단되나, 중요한 점은 공인·준공인 지도를 간행한 정부가 동 지도에서 문제의 영토에 대한 자국의 주권을 주장하지 않는 경우 특별한 증명력을 부여한 판례에 비추어(III.3), 이 지도는 SCAPIN 제677호에 첨부된 지도와 함께 광복 이후 한국의 합법적 독도주권을 객관적으로 입증하는 최선의 증거가 된다는 점이다.

---

124) 본서, 제7장, V.3 참조.
125) 다만 이 지도에서 당시 일본이 주장하는 '어선조업허가구역'을 표시한 점선이 독도 북쪽으로 그어지다가 독도 부근에서만 그 밑으로 그어져 있는 점은 이의를 제기할 부분이라고 본다. 이는 울릉도쟁계 당시 막부가 울릉도·독도에 대한 조선의 영유권을 승인하고 독도 이남 해상국경에 묵시적으로 합의하였기 때문이다. 본서, 제6장.

VIII. 공인 단독지도: 직접·2차적 증거

1. 「동국지도」·「해좌전도」·「여지도」·「대한여지도」와 「대한전도」

18세기 정상기(1678~1752)가 제작한 것으로 알려진 「동국지도」는 「팔도총도」의 오류를 바로잡아 우산도를 울릉도의 동쪽에 올바르게 그린 지도로서, 울릉도·우산도의 크기·거리가 정확하게 표시되고 있다.126) 「동국지도」는 이후 조선에서 제작된 많은 지도에 영향을 준 지도로서 조선 후기의 대표적인 지도로 자리매김한 공인지도로 추정된다. 그러나 정확한 최초 제작연도가 불분명하며, 또한 당시 조선조정의 명이나 지시에 따라 제작된 지도인지 그 출처가 공개적이거나 명확하지 않다.127) 또 「해좌전도」(海左全圖)128)는 19세기 전기부터 중기(1822년~1857년)까지 제작된 대표적 목판본 조선전도로, 독도는 '우산'이란 명칭으로 울릉도 동쪽에 비교적 정확히 그려져 있으며, 조선의 영토임을 명백히 표시하고 있다. 또 울릉도와 대마도에 대한 역사적 사실을 지도의 각각 동쪽과 남쪽에 적시하여 지리와 역사를 연결시키고 있다. 다만 「해좌전도」 역시 제작 주체와 제작목적이 명확하지 않은 관계로 그 증거능력과 증명력은 판단하기 어렵다.

「여지도」(輿地圖)(我國總圖: 서울대 규장각 소장)는 18세기 말(1787~1800) 조선 중앙관서의 화원(畫員)이 그린 것으로 추정되는데, 울릉도·독도 및 대마도 등이 모두 표시되어 있으며, 독도는 울릉도 동북쪽에 그려

---

126) 송병기, 『고쳐 쓴 울릉도와 독도』(서울: 단국대학교 출판부, 2005), p.86.
127) 따라서 정상기의 생애 전반(관직 취임 여부, 구체적 관직명, 재임기간 등)과 지도제작 배경 등에 대한 연구가 필요하다.
128) 프랑스 국립도서관 지도·도면부, 동양어대학교 도서관 및 한국 소장(97.8× 55.4cm), 이진명, 전게각주 5, p.186.

져 있다. 「여지도」의 8도 분도 가운데 하나인 「강원도지도」(江原道地圖) 역시 우산도를 울릉도의 동북쪽에 그리고 있다. 당시 화원이라면 조정의 관직을 가진 관원이었으므로 일단 조정의 명이나 지시 하에 공식 직무수행의 일환으로 지도를 그렸을 것으로 추정된다.129) 1898년 대한제국 학부가 발간한 「대한여지도」(大韓輿地圖)(서울대 규장각 소장)에 독도는 울릉도 동쪽 비교적 정확한 위치에 "于山"으로, 또 그 이듬해 대한제국 학부 편집부에서 당시의 경도와 위도를 표시하여 제작·배포한 표준지도 「대한전도」(大韓全圖)(1899)에도 울릉도 우측에 "于山"으로 명확히 표기되어 있다.130) 이들 2개 지도는 국가기관이 공식 제작한 단독지도로서 2차적 증거가치를 가진다고 평가된다.

2. 「총회도」와 「일본변계약도」

도쿠가와 막부 시절인 18세기 제작되어 막부의 공식지도였던 「총회도」(總繪圖)는 국경과 영토를 명백하게 구분하기 위하여 일본은 적색으로, 조선은 황색으로 채색했는데, 울릉도와 독도를 정확한 위치에 그려 넣고 황색으로 채색하여 모두 조선 영토임을 명확하게 표시하였다. 또 이 지도도 「삼국접양지도」와 마찬가지로 울릉도와 독도 옆에 문자로 '朝鮮ノ持也'(조선의 것)라고 써넣어 울릉도와 독도가 조선 영토임을 명확하게 표시하였다.131) 또 「일본변계약도」는 1809년 일본 도쿠가와 막부가 서양제작기법을 이용하여 공식 제작한 공인지도로 알려져 있으며, 울릉도는 '울릉도'로, 독도는 '우산도'로, 그리고 동해는 '조선해'로 각각 표기하고 있다.132) 「총회도」와 「일본변계약도」가 막부의 공인지도였다고 하더라도

---

129) 당시 지도는 국가주권과 관할권의 범위(강역)에 관한 중요 정보에 속하는 사항으로 간주되고 있었으므로 국가안보에 직결된 지도 제작·간행을 화원이 임의로 간행하였으리라고 단정하기는 어렵다.
130) 독도연구보전협회, 「우리 땅 독도 이야기」, 전게각주 121, pp.10~11.
131) 김병렬, 『독도 논쟁: 독도가 우리 땅인 이유』, 전게각주 104, pp.261~262.

공식 문서·기록 등에 부속·첨부되지 않은 단독지도라는 점에서 그 증명
력은 「기죽도약도」에 우선할 수 없다. 그러나 전술한 바와 같이 영유권
분쟁에 관한 해당 국가의 정부 고위관료의 입장표명이 자국 정부의 공식
입장에 반하는 진술·성명이거나 또는 발언한 관료가 대표하는 국가에 불
리한 사실을 인정하는 경우 국제판례는 그러한 진술·행동이나 사실인정
에 특별한 증명력을 부여한 판례에 비추어(상기 III.3 & VII.1), 「총회도」
와 「일본변계약도」가 일본 막부의 공인지도임을 입증한다면 「기죽도약
도」와 함께 독도 영유권에 관한 중요한 증거로 원용될 수 있다.

IX. 비공인 단독지도: 직접·2차적 증거

1. 「일본여지노정전도」와 「삼국접양지도」

「일본여지노정전도」(日本輿地路程全圖)는 20년에 걸쳐 1773년 제작·간
행된 지도로서 일본 고지도 가운데 독도를 한국의 영토로 표기한 가장
오래된 것이라고 한다.[133] 이 지도는 일본 최초로 경도와 위도를 표시한
사찬(私纂) 목판 채색지도이며, 2년 후인 1775년 2판에서 독도는 송도로,
울릉도는 죽도로 표시하고 일본 영토는 채색을 하면서 독도와 울릉도는
채색을 하지 않음으로써 양 도서가 일본 영토가 아니라는 구체적 물증을
제시하는 지도이다. 한편 「삼국접양지도」(三國接壤之圖; 일본접양지도)는
일본의 정치경세사상가였던 하야시 시헤이(林子平, 1738~1793)가 1785~1786
년 『삼국통람도설』(三國通覽圖說)을 간행하면서 첨부한 5장의 지도 중의
하나로서, 이 지도는 조선은 황색, 일본은 녹색으로 채색하여 각국의 국

---

132) 상게서, pp.262~263.
133) 상게서, pp.258~259.

경과 영토를 명료하게 구분하였다.[134] 그는 동해 한가운데 울릉도와 독도(우산도)를 정확하게 그려 넣었고, 울릉도와 독도를 모두 황색으로 채색하여 조선영토임을 명백하게 표시했다. 또 이 울릉도와 독도 두 섬 옆에 다시 붓글씨로 '朝鮮ノ持也'(조선의 것)라고 적어 넣어 울릉도와 독도가 조선 영토임을 강조하면서 일본의 서북 한계를 오끼섬으로 명확히 하였다. 「삼국접양지도」는 그 법적 성격상 관찬도서가 아닌 민간도서에 첨부된 지도로서, 공식 기록·문서에 첨부된 예시지도의 지위를 가질 수 없으며 단독지도에 가깝다. 이 지도는 독도가 의문의 여지없이 조선 영토임을 증명하는 직접 증거이나, 비공인지도라는 점에서 그 증명력은 제한될 수 있다.

2. 「시마네현 전도」와 「조선전도」

1910년 일본 지도전문제작사인 동경 하쿠아이칸(博愛館) 출판사에서 이토 세이조(伊藤政三)를 발행인으로 제작·간행한 「대일본분현지도첩」(50매)에 포함된 「시마네현 전도」는 1905년 시마네현의 이른바 독도 '편입'조치 이후에 제작된 지도임에도 불구하고 관할 도서에 오키섬만 표시하고 있을 뿐, 독도가 포함되어 있지 않다. 동 지도첩에 수록된 「조선전도」 역시 여전히 울릉도를 송도로, 독도를 죽도라는 이름으로 조선영토로 표시했다.[135] 이 지도 역시 「삼국접양지도」와 마찬가지로 비공인 민간지도이기는 하나, 일본이 1905년 일본 시마네현 고시를 통한 독도 '편

---

134) 신용하, 출처: http://www.dokdo.go.kr/, 독도자료실〉 독도 백문백답; 김병렬, 상게서, pp.259~260. 「삼국접양지도」가 인접국의 영토를 각각 다른 색으로 채색하여 구별한 것은 전술한 벨기에/네덜란드 국경분쟁사건에서 다루어진 정밀측량지도의 기법과 유사하다. IV.2.

135) 이상업, 『서양안들이 본 한국근해』(서울: 한국해양개발, 2003), p.244; 한겨레신문, "일본인 만든 1910년판 지도에도 '독도는 한국땅'", 1999. 4. 12. 마찬가지로 1917년 판, 1935년판 및 1940년판 시마네현 전도 역시 독도를 표시하지 않고 있다. 김병렬, 『일본군부의 독도침탈사』, 전게각주 5, p.104.

입'주장이 근거 없음을 입증하는 2차적 증거이다. 특히 「삼국접양지도」, 「시마네현 전도」와 「조선전도」가 비록 비공인 민간지도라고는 하나, 전술한 부르키나 파소/말리 간 국경분쟁사건과 Brownlie 교수가 제시한 바 대로 공인·비공인지도 모두 영토관련 문제에서 중요한 증거의 연원이라는 입장(II.2)을 법규결정을 위한 보조수단으로 인정하는 경우, 이들 비공인지도 역시 그 증거능력과 증명력을 인정하여야 한다.

X. 공인 수로지 부속해도

1. 『환영수로지』 부속해도

『수로지』는 도서 영유권 또는 해양경계 획정에 관한 당사국의 의사를 표시하기 위한 목적으로 제작되는 것이 아니라 항해안전 증진을 주목적으로 간행되는 항해지침이므로 그 영유권 관련 적합·타당성과 신빙성은 간접·2차적 증거로 평가된다. 『환영수로지』 부속해도는 1883년 일본에서 간행된 공식 수로지인 『환영수로지』 제2권에 수록된 해도로서, 당시 일본이 독도를 한국 영토로 인정하고 있었음을 방증하는 2차적 증거이며, 지금까지 최고본(最古本)으로 알려졌던 1886년보다 3년 앞선 것이다.[136] 이 수로지는 일본 해군성 수로부가 동아시아의 해안자료를 기록한 책자로, 한국관련 내용은 조선 동안·남안·서안으로 구분돼 있다. 독도는 한국의 동해안을 기록한 '조선 동안편'에 '리앙꾸르 열암(列岩: 늘어선 암초)이란 이름으로 섬의 위치와 크기, 섬 사이의 거리 등이 기재되어 있어 일본이 독도를 한국 영토로 인식·인정하고 있었음을 방증한다.

---

136) 중앙일보, "독도는 한국 땅' 일본정부 1883년에도 인정", 1999. 12. 2. 이 자료는 이종학 독도박물관장이 공개하였다. 1886년 판 「환영수로지」의 표지는 김병렬, 『독도 논쟁: 독도가 우리 땅인 이유』, 전게각주 104, p.252 참조.

2. 『일본 수로지』 부속해도

『조선연안수로지』(1933: 일본 해군성 발행), 「지도구역일람도」(1936: 일본 육지측량부 발행), 그리고 「지도일람도」(1946: 일본 내무성 지리조사소 발행) 등 일본 정부기관이 직접 제작한 해도에 독도는 일본영토에 포함되지 않았다.[137] 육지측량부 발행 「지도일람도」는 당시 일본에서 가장 높은 정확성과 공신력을 인정받던 육군참모본부 육지측량부에서 제작·발간한 것으로, 독도와 울릉도를 함께 조선의 영토로 표기하고 있다.[138] 또 군사참모지도의 증거능력을 인정한 ICJ의 벨기에/네덜란드 국경분쟁사건(IV.2)에 비추어 이들 지도들이 군사목적으로 제작된 것일 경우에도 증거능력은 인정될 수 있다. 다만 전술한 바와 같이 수로지는 간행 당사국의 특정 도서에 대한 영유의사가 직접 반영된 것이 아니므로 영유권관련 계쟁사실(독도영유권)을 직접 추론할 수 있는 사실을 입증하는 직접증거는 아니며, 단지 계쟁사실의 입증에 필요한 사실관계에 관한 정황을 제공하여 간접적으로 계쟁사실을 추론하게 하는 간접·2차적 증거라는 점에서 그 증명력은 직접·1차적 증거에 우선할 수 없다.

---

137) 김병렬, 『일본군부의 독도침탈사』, 전게각주 5, pp.166~172; 박배근, 전게각주 2, p.117; 인터넷 연합뉴스, "최고공신력 日 정부 지도에 독도 日 영토서 배제", 2005. 6. 12.

138) 이러한 사실은 일본정부가 17세기 후반(1693~1696년) 조선 숙종조 안용복의 활동에 힘입어 확립된 한·일 해양경계선(독도 남부)을 2차대전 패전 직후까지 인정해 왔다는 주장을 가능하게 하고 있다. 실제로 연합국 최고사령부가 SCAPIN 제1033호(1946. 6. 22: '일본인의 어업 및 포경업의 허가구역에 관한 훈령')를 발령, 설치한 맥아더 라인 역시 독도 동남 12해리까지 일본인의 접근을 금지하였다. 박현진, 전게각주 118, p.69 & 91; 본서, 제7장, IV.4.

XI. 결 론

일찍이 1920년대 말 팔마스섬 중재사건에서 후버 재판관은 지도는 공인·비공인을 막론하고 "단지 간접적 방증을 제시할 뿐이며, 법적 문서에 부속된 경우를 제외하고는 그 자체로서 독립하여 권리의 승인 또는 포기를 확립하는 문서로서의 가치를 가지지 않는다"(III.3)고 판시하여 지도의 독립적 증거능력과 증명력에 회의적 출발점을 제시하였다. 그는 또 지도의 증거능력·증명력 인정의 요건으로 정확성·객관성·중립성을 제시하였다. 이후 지도는 영토·국경 관련 국제사법쟁송에서 관련 공식 문서·기록·조약의 본문을 확인·보충·보완하는 보조적 해석수단으로서의 지위만이 인정되었으며, 그 자체로서 결정적 증거로 인정되지 않았다. 특히 비공인지도의 경우 부정확한 지리정보에 근거하여 제작되었거나 또는 당사국의 의사를 정확하게 표시하지 못한다는 이유로 그 증거능력과 증명력은 부인되거나 과소평가되어 왔다.

그러나 본 장에서 살펴본 현대 국제판결과 학설에 의하면, 영토·국경 분쟁 관련 사건에서 지도의 증거능력·증명력에 관한 현대 국제법 규칙(의 증거)은 후버 재판관의 기념비적 명제에서 이탈, 진화해 왔다.[139] 또 지도는 공인·준공인 및 비공인을 막론하고 국제사법쟁송에서 매우 중요한, 그리고 때로는 매우 '이례적인' 가치를 인정받고 있다[140](특히 국제사법재판소의 1959년 벨기에/네덜란드 간 국경분쟁사건과 1986년 부르키나 파소/말리 간 국경분쟁사건). 이러한 변화는 특히 국제사법재판소가 1949년 콜퓨해협사건에서 간접증거의 증거능력을 인정함으로써 구체화되기 시작하였다. 본 장에서 검토·분석해 본 주요 국제판결·중재판정에 의하면, 지도는 증거로서의 관련성·적합성·타당성(증거능력)과 그 신빙

---

139) Weissberg, *supra* note 47, p.801.
140) Weissberg, *ibid.*, p.799; 이한기, 전게각주 9, p.223.

성·비중(증명력)에 따라 인증지도, 예시지도와 단독지도 등 3가지로 구분하고 있다고 해석된다.

이러한 관점에서 1877년 일본정부 공식문서에 부속된 「기죽도약도」는 당시 일본 최고행정기관인 태정관이 조선의 독도 영유권을 인정한 직접·1차적 증거로 평가된다. 「기죽도약도」는 첫째, 일본 시마네현(島根縣)이 1905년 조선조정에 통고하지 않고 독도를 일방적으로 비밀 '편입'하기 이전에 이미 일본(중앙)정부가 독도는 한국령이라는 사실을 인식·인정한 최선의 증거가 된다. 둘째, 「기죽도약도」는 일본이 독도에 대한 역사적 권원을 확립한 것으로 주장하는 1600년대 중반부터 1877년까지 약 200여 년간 조선의 독도 영유권을 묵인한 최선의 증거가 된다. 셋째, 정부 고위 관료의 자국 정부의 공식입장에 반하거나 불리한 진술·성명 또는 사실인정에 특별한 증명력을 부여하고 있는 국제판결(망끼에·에끄레오 사건과 니카라과 사건: VI.2 및 VII.1)에 비추어 「기죽도약도」는 19세기 독도주권의 귀속주체에 관한 결정적 증거로 평가된다.

한편 조선의 관찬지리지인 『신증동국여지승람』 첨부지도인 「팔도총도」는 그 본문에서 명시적으로 확인·언급되고 있지는 않으나, 조선정부가 간행한 동 관찬사서의 본문내용을 예시하기 위하여 첨부한 것이 분명하다는 점에서, 그리고 당시 조선조정이 지리지에 지도를 첨부·간행하는 경우 지리지 본문에서 이를 명시적으로 언급하지 않았던 일반적 관행에 비추어(시제법), 예시지도로서의 지위를 가질 수 있다. 「팔도총도」는 현재의 울릉도와 독도의 위치를 바꾸어 표시하고 있는 오류가 인정되나, 이는 당시의 항해·측량술에 비추어 1) 법률상 충분히 용인될 수 있는 수준이며, 2) 양 도서의 존재에 관한 조선의 인식을 명백히 하고 있으며, 또한 3) 울릉도와 독도를 명확히 구분·표시하고 조선의 영유의사를 분명히 하고 있는 점에서(팔마스섬 중재사건) 직접·2차적 증거로서의 증거능력과 증명력을 가진다. 또 이러한 부정확성 내지 오류는 약 200년 후 정상기의 「동국지도」에서 수정되어 일관된 독도 영유의사를 표시하고 있다는 점에서 더욱 그러하다.

공인지도의 경우 그 중요한 기능 가운데 하나는 동 지도를 제작·간행한 당사국을 구속한다는 점이다(Hyde 교수). 이러한 맥락에서 도쿠가와 막부 공인지도인 「총회도」와 「일본변계약도」는 자국에 불리한 정보를 표시한 객관성·중립성(팔마스섬 중재사건)[141]으로 인해 특별한 증명력을 인정받을 수 있다. 기타 조선시대에 간행된 많은 지도들(「여지도」, 「해좌전도」, 「대한여지도」 및 「대한전도」)은 대부분 공인 단독지도로서, 한국의 독도 영유권에 대한 2차적 증거로 판단된다. 또 이 지도들은 대부분 '국가의 명(지시)에 의하여 그리고 국가의 감독·관리 하에' 제작된 것이다(클리퍼튼섬 중재사건). 또 국가의 의사가 정확히 반영된 지도라는 점을 입증하는 경우, 내부용 군사참모지도도 증거능력을 가진다(벨기에/네덜란드 국경분쟁사건).

민간 고서 등에 첨부·수록된 비공인지도나 단독으로 간행된 비공인지도라고 하여 반드시 증거능력이 부정되는 것만은 아니며, 2차적 증거로서의 증명력을 가질 수 있다. 지도의 증거능력·증명력은 공인·비공인 여부보다는 지도의 정확성, 제작주체의 중립성과 일관성 등 3가지 요소에 의하여 보다 크게 좌우된다는 점에 유의할 필요가 있다. 국제사법재판소가 다른 문서 증거 등 신뢰할만한 정보와 상충하지 않으며 또한 모든 다른 증거가 부재·부족하여 정확한 사실관계를 확립하기 어려울 경우 비공인지도의 증명력이 '결정적'이라고 판단한 사실(부르키나 파소/말리 간 국경분쟁사건)은 주목할 만하다. 『수로지』 부속해도는 간접증거로서의 지위를 가질 수 있다.

1946년 연합국 최고사령관 훈령(SCAPIN) 제677호에 첨부된 지도(연합국 최고사령관 관할 행정구역도)는 전후 연합국의 공동결정에 의한 '영토분리'라는 법적 성격·지위를 가지는 문서의 예시지도로서의 증거능력·증

---

141) Hyde, *supra* note 33, p.314; 상기 III.3.

명력을 가진다고 판단된다. 또 일본 정부가 1951년 8월 대일강화조약의 비준 동의를 요청하면서 자국 의회에 제출한 「일본영역참고도」는 공인지도로서 독도를 한국령으로 표시하고 있다. 조약당사국인 당시 일본의 중앙행정기관인 해상보안청 수로부가 제작한 이 지도는 일본 중앙정부의 의사표시로서 동 조약상 독도의 지위 및 귀속주체에 관한 강력한 증거를 구성한다고 해석된다.

특히 정부 고위관료의 자국 정부의 공식입장에 반하거나 불리한 진술·성명 또는 사실인정에 그리고 공인·준공인 지도를 간행한 국가가 문제의 영토를 자국의 영토로 주장하지 않는 경우에 특별한 증명력을 부여하고 있는 국제판결에 비추어 「기죽도약도」가 19세기 독도주권의 귀속주체에 관한 결정적 증거를 구성한다면, 이 지도는 SCAPIN 제677호 첨부지도와 함께 20세기 중반 한국의 독도주권을 객관적으로 입증하는 강력한 증거가 된다. 요컨대 현재까지의 연구결과에 따르면 지도의 증거능력·증명력의 관점에서 볼 때, 1877년 일본 태정관 지령문서에 부속된 「기죽도약도」는 1946년 연합국 최고사령부가 제작한 SCAPIN 제677호 첨부지도, 그리고 1951년 8월 일본 해상보안청 수로부 제작 「일본영역참고도」와 함께 한국의 독도영토주권을 입증하는 3대 지도로 간주될 수 있다.

제10장 영토·해양경계 분쟁과 지도·해도의 증거 지위·가치: 독도 관련 지도·해도의 법·정책·외교를 중심으로[*]

I. 서 론

영유권 분쟁, 국경 분쟁 또는 해양경계(대륙붕, EEZ 또는 어업수역 등) 분쟁 사건에서 국제재판소가 유효한 영토 권원(legal title)의 창설·확립과 유지, 또는 유효한 국경·해양경계를 표시한 것으로 입증·인정하는 증거는 복합적이다. 1) 당사국을 구속하는 조약이나 문서증거(외교문서·각서, 공식 문서·기록 또는 판결 등); 2) 지도·해도 증거, 그리고/또는 3) 당사국의 실효적 지배[1]를 확립하는 당사국의 국가행위 내지 국가실행(state practice: 국내입법, 행정명령/규제조치 등); 그리고 4) 일방 선언·동의·수락·승인·항의 또는 유보 등 적극적 의사표시와 묵인 등 소극적 의사표시, 또는 문제의 영역에 대한 제3국(또는 유엔 등)의 승인 등으로 나누어 볼 수 있다.[2] 도서영유권 관련 최근 국제 판례의 경향을 보면 국가기관

---

[*] 본 장에 표기된 법령명은 2007년 12월 당시 발효 중이던 「정부조직법」, 「수로업무법」 및 「측량법」 등에 따른 것임을 밝혀둔다.

1) 실효적 지배에 입각한 권원을 창설·확립 및 유지하기 위해서는 영유의사(*animus occupandi*)의 존재라는 주관적 요건과 함께 국가권능의 행사(*corpus occupandi*)라는 객관적 요건을 충족하여야 한다. 따라서 '발견'은 미성숙의 권원을 창설할 뿐이다. The Island of Palmas arbitration, 1928, *UN Reports of International Arbitral Awards*, vol.2, 1949, p.831, 840, 843, 846 & 867~868; Legal Status of Eastern Greenland(Denmark v. Norway), *PCIJ, Series A/B*, No.53, 1933, p.22, 45~46.

에 의한 어업면허 발급은 해양자원의 이용에 관한 면허행위로서 육지/도
서자원에 대한 면허가 아니며, 따라서 육지영토·도서에 대한 실효적 지
배에 입각한 권원을 확립하는 국가권능의 행사로 간주하지 않고 있다.[3]

영유권 분쟁이나 국경분쟁(양자를 합쳐 이하 '영토분쟁'이라 한다) 또
는 해양경계 분쟁 사건에서는 대부분 다양한 종류의 권원 주장이 혼재하
며, 역사적 사실의 신빙성 여부를 둘러싸고 당사국의 입장이 대립하는
것이 일반적이므로 재판소가 일방 당사국에 역사적 권원을 인정한 판결
은 드물다.[4] 이러한 경우 권원의 귀속은 당사국을 구속하는 조약이나 문

---

2) 본서, 제9장, II.1, 영토분쟁 또는 해양경계획정 교섭 시 당사국 일방이 타방 당
   사국에게 제시하는 제안, 타협안 등의 국가실행도 경우에 따라서는 사실의 기
   술·인정으로 간주될 수 있다는 점에서 주의를 요한다(1953년 망끼에·에끄레오
   제도 영유권 분쟁사건, 본서, 제9장, VI.2). 조약·문서증거에 의존한 판결에는
   2001년 카타르/바레인 사건(선행 보호국 영국정부의 결정)과 1998년 에리트레
   아/예멘 중재사건(협정 및 외교기록)을 들 수 있다. 1986년 부르키나 파소/말
   리 국경분쟁 사건은 지도증거에, 1928년 팔마스섬 중재사건과 망끼에·에끄레
   오 사건은 주로 실효적 지배에 의존한 판결이다. 또 1959년 벨기에/네덜란드
   간 국경분쟁사건은 조약·문서증거와 지도에, 1962년 프레아 비헤어 사건은 지
   도증거와 묵인의 국가실행, 그리고 2002년 리기탄·시파단 사건의 경우에는 실
   효적 지배, 묵인과 인증지도에, 2002년 카메룬/나이지리아 간 국경·해양경계분
   쟁 사건은 조약(1913년 영-독 협정, 1919년 영-불 선언, 1931년 영-불 교환각서)
   과 동 선언 부속 지도에, 2002년 「유엔 에리트레아/에티오피아 국경위원회」에
   의한 국경획정결정은 조약·외교문서와 지도에, 그리고 2007년 니카라과/온두
   라스 간 도서영유권 분쟁사건 판결은 주로 실효적 지배에 의존한 판결로 볼 수
   있다.

3) Eritrea/Yemen arbitration, Phase I(Territorial Sovereignty and Scope of the
   Dispute Award, 1998), Permanent Court of Arbitration(PCA), paras.334 & 370,
   International Law Reports, vol.114, p.1 [Phase II (Maritime Boundary
   Delimitation Award, 1999), *International Law Reports*, vol.119, p.417], available
   at http://www.pca-cpa.or. 이 중재판정은 17세기 덕천 막부에서 2개 어부가문
   에 발급하였다는 울릉도와 독도 '도해면허'에 근거하여 일본이 주장하는 '고유
   영토론'의 영유권 관련 효력에 관해 일정한 유추를 가능하게 한다는 점에서 주
   목할 만하다. 나이토 세이츄(內藤正中), "죽도도해면허를 둘러싼 문제", 바른역
   사정립기획단(편), 『독도논문번역선』 I (2005), p.91, 97~98 참조.

4) 예컨대 Eritrea/Yemen arbitration, Phase I, *ibid.*, paras.449 & 491; Minquiers and

---

서증거의 해석,[5] 또는 실효적 지배 확립 유무(1928년 팔마스섬 중재사건, 1953년 망끼에·에끄레오 사건 및 2002년 리기탄·시파단 사건) 등에 의존하게 된다. 즉 지도증거는 그 자체만으로 영토분쟁사건에서 원칙적으로 단독으로 유효한 권원을 확립하는 결정적 증거가 되기 어렵다.[6] 그러나 조약이나 공식문서·기록·결정 등의 본문에 부속·편입되어 본문에서 명시적으로 언급되는 인증지도는 문서와 동등한 1차적 증거력을 가지며, 예시지도 역시 2차적 증거라고 하나, 객관성·중립성과 정확성이 인정되는 경우 증거가치를 가질 수 있다.[7] 또 당사국의 의사를 확인할 수 있는

Ecrehos case (France/U.K.), Judgment, *ICJ Reports*, 1953, p.47. 국경(frontier line/boundary)과 변경(지대)(frontier; frontiers)은 원칙적으로 상이한 개념이다. 전자가 선적, 정치적, 법적 개념인데 반해, 후자는 면적, 지역적(zonal; area), 지리적 개념이다. 백충현, "영토분쟁의 해결방식과 증거", 『법학』 제23권 4호 (통권 52호)(1982. 12), p.17, 18. 그러나 frontier라는 용어에는 국경이라는 의미도 동시에 포함되어 있다. Frontier Dispute (Burkina Faso/ Mali), Judgment, *ICJ Reports*, 1986, p.554, paras.57, 71. 155~156 & 179. 따라서 이러한 구분은 상대적이며, 상호배타적인 것만은 아니다. 이를 구분하는 실익은 전자는 경계획정 분쟁의 성격을, 후자는 영유권 분쟁의 성격을 가진다는 점에 있다. 그러나 양자는 서로 밀접하게 연관되어 있어 많은 경우 이를 엄격히 구분하기는 어렵다. 신각수, 『국경분쟁의 국제법적 해결에 관한 연구』(박사학위논문, 서울대학교, 1991), pp.8~9 & 20~23.

5) Eritrea/Yemen arbitration, *ibid.*, para.375(외교기록과 협정에 입각한 결론); Maritime Delimitation and Territorial Questions between Qatar and Bahrain(Qatar/Bahrain), Merits, *ICJ Reports*, 2001, p.40; Land, Island and Maritime Frontier Dispute(El Salvador/ Honduras: Nicaragua intervening), *ICJ Reports*, 1992, p.351, 398, para.62. 독도 영유권에 관한 문서증거로서는 1870년 일본 외무성의 '조선국교제시말내탐서'와 1877년 일본 태정관 지령문서, 조선 숙종조 1696. 1. 28 도쿠가와 막부가 조선의 울릉도 영유권을 인정한 후 그 이듬해 2월 대마도주를 통해 그 내용을 조선 조정에 통보한 외교(왕복)문서와 1900년 대한제국 칙령 제41호 등을, 또 지도증거로는 태정관 지령문서에 부속된 「기죽도약도」와 조선시대의 「팔도총도」 등을 들 수 있을 것이다. 송병기, 『고쳐 쓴 울릉도와 독도』(서울: 단국대 출판부, 2005), 82~83쪽; 신용하, 『독도의 민족영토사 연구』(서울: 지식산업사, 1996), pp.42, 128~129, 192 & 317; 본서, 제9장, VII.1~VII.2.

6) Eritrea/Yemen arbitration, *ibid.*, paras.369~370 & 388.

다른 어떤 유효한 조약·문서증거도 존재하지 않는 상황에서는 비공인 단독지도도 문서증거와 독립하여 독자적인 '결정적' 증명력이 인정되기도 한다.[8]

현행 국제법상 영토·해양경계 분쟁과 관련한 지도·해도의 법적 지위와 가치에 관한 형식적 법원(조약·관습법) 상의 규칙은 확립되어 있지 않다. 따라서 법의 일반원칙과 법규칙 결정의 보조수단으로서 국제법 규칙의 증거인 국제 판결을 중심으로[9] 지도(약도)·해도가 유효한 권원을 창설·확립하는 증거로서 충족해야 할 증거능력과 증명력의 구체적 조건 내지 요건을 경험적·귀납적·실증적[10]으로 분석해 보고자 한다. 이를 통해 이 글은 도서영유권 및 국경·해양경계획정 분쟁 관련 지도·해도의 증거능력·증명력에 관한 구체적 국제법 규칙(의 증거)을 추론, 독도 관련 지도·해도의 증거 지위·가치에 관한 일정한 시사점을 도출해 볼 것이다. 아울러 현재 우리의 지도·해도간행 관련 국내법과 제도상의 문제점과 개선방향을 검토하여 바람직한 지도정책과 지도외교의 수립·강화를 위한 논의의 기초를 제시해 보고자 한다.

---

7) 본서, 제9장, II.4 & III.3~III.4.

8) Frontier Dispute, *supra* note 4, p.586, para.62; 본서, 제9장, VI.3.

9) 국제사법재판소 규정, 제38조 제1항 (c)~(d)호 참조. 현행 국제법상 국제 판결은 문제의 분쟁사건에 관해 소송당사국만을 법적으로 구속하며 제3국에 대하여 법적 구속력을 가지지 않는다. 국제사법재판소 규정, 제59조. 따라서 소송당사국은 판결을 근거로 법적으로 제3국에 대항할 수 없다. 그러나 국제 판결은 국제법상 법규결정의 보조수단으로서 사실상의 규범력을 가지며, 국제법의 실질적 법원을 구성한다. 동 규정, 제38조 제1항 (d)호 및 I. Brownlie, *Principles of Public International Law*(6th edn., Oxford University Press, 2003), pp.4~5, 19 & 23; 본서, 제8장, II.3.

10) 박현진, "세계화, 법학전문대학원과 법학연구·교육의 방향·방법론 – 국제 '보통법'으로서의 영미법과 법률영어의 체계적 심층탐구를 옹호·제창하며", 『법조』 제56권 제12호(통권 제615호, 2007. 12), p.277, 298~300 참조.

II. 인증·예시 지도·해도와 약도

1. 인증지도

도서 영유권 분쟁사건에 관한 선구적, 기념비적 판결 가운데 하나인 1928년 팔마스섬 중재사건에서 후버(Max Huber) 단독 중재재판관은 지도는 그 자체로서는 "단지 간접적 방증(indirect indication)을 제공할 뿐이며, 법적 문서에 부속·편입된 경우를 제외하고는 권리의 승인 또는 포기를 인정하는 문서로서의 가치를 가지지 아니 한다"고 설시하였다.[11] 이 판정은 국제법상 도서영유권을 분쟁을 규율하는 지도의 증거능력과 증명력에 관한 선구적 입장을 정립하면서, 인증지도 이외의 지도(예시지도와 단독지도)는 1차적 증거로 원용될 수 없다는 입장을 정립한 것으로 해석된다. 국제사법재판소 역시 현재까지 이러한 입장에서 크게 벗어나지 않는다.

동 재판소는 2002년 인도네시아와 말레이지아 간 리기탄·시파단 도서 영유권 분쟁사건에서 기존 판례(부르키나 파소/말리 간 국경분쟁 사건)를 인용하면서:

> "지도는 사건에 따라 정확성이 다른 정보를 구성할 뿐이며; 그 자체로서 그리고 그 존재사실 만으로서는, 영역권원을 확립할 목적으로 국제법이 부여하는 고유의 법적 효력(intrinsic legal force)을 가진 문서와 같은 권원을 창설하지는 않는다. 물론, 경우에 따라서는 지도가 그러한 법적 효력을 가지는 경우도 있으나 이 경우 그 법적 효력은 단지 지도 자체에 고유한 가치 (merits)로부터 발생하는 것은 아니며; 이는 그러한 지도들이 관련 당사국

---

11) Palmas arbitration, *supra* note 1, pp.853~854, digested in P.C. Jessup, "The Palmas Island arbitration", *American Journal of International Law, vol. 22,* 1928, p.735.

(들)의 의사를 물리적으로 표시하는(physical expressions of the will) 범주
(category)에 속하기 때문인 것이다. 예컨대 문제의 지도(들)가 공식 문서
본문(official text)에 부속되어(annexed) 그 문서의 불가분의 일부를 구성하
는 경우가 이에 해당한다. 이와 같이 명확히 정의된 경우를 제외하고 지도
는 각기 그 신빙성이 서로 다른 단지 부대적 증거(extrinsic evidence)로서,
다른 정황증거와 함께 실제의 사실을 확립하거나 또는 재구성하는데 이용
될 수 있다"(밑줄은 필자).12)

고 설시하였다. 즉 문서와 동등한 직접·1차적 증거로서의 증거능력과 증
명력을 가지는 것으로 평가되는 인증지도(認證地圖: certified/ authenticated
map)라 함은 조약 또는 공식문서·기록에 부속·편입되어 그 본문에서 명
시적으로 확인되고 본문의 불가분의 일부를 구성하는 지도를 가리킨다.
예컨대 1947년 대이태리 강화조약은 그 제1 부속서 ('대이태리 강화조
약에 동반된 지도목록') 및 제2부속서('프랑스-이태리 국경')에 동 조약에
부속된 지도 목록을 열거하고 있으며, 특히 제2부속서는 각각의 지도가
표시하는 구체적 국경선과 축척을 표시하고 있다.13) 이 지도들은 각각
동 조약의 관련 조문을 명기함으로써,14) 이 지도들이 동 조약에 부속되

---

12) Sovereignty over Pulau Ligitan and Pulau Sipadan (Indonesia/Malaysia),
   Judgment, *ICJ Reports*, 2002, p.625, paras.88 & 91; Frontier Dispute, *supra*
   note 4, p.582, para.54; Kasikili/Sedudu Island (Botswana/Namibia), Judgment,
   ICJ Reports, 1999(II), p.1098, paras.84 & 54. 인용된 판결문 첫 문장에서 언급
   되고 있듯이 증거에 이르지 못한 사실은 '정보'(information)로 분류된다.
   Territorial and Maritime Dispute between Nicaragua and Honduras in the
   Caribbean Sea(Nicaragua v. Honduras), *ICJ Reports*, 2007, p.659, para.160; El
   Salvador/Honduras case, *supra* note 5, para.333.
13) ANNEX I (Maps to Accompany the Peace Treaty with Italy) & ANNEX II
   (Franco-Italian Frontier), The Treaty of Peace with Italy, *UNTS*, vol.49 (1950),
   p.3, 172~179, at https://treaties.un.org/doc/Publication/UNTS/Volume%2049/
   v49.pdf (2015. 6. 9 검색).
14) 예컨대 "ANNEX I Maps to Accompany the Peace Treaty with Italy (see
   separate volume), *ibid*.:

어 조약 본문의 불가분의 일부를 구성하고 있다는 점이 인정된다. 따라서 위에서 인용한 부르키나 파소/말리 간 국경분쟁사건에서 ICJ가 지도의 법적 지위에 관하여 정의한 바에 따른다면, 이 부속지도들은 그 증거지위에 있어서 인증지도로서, 조약문 본문과 동등한 1차적 증거로서의 가치를 가진다고 해석할 수 있을 것이다.

2. 예시지도: 판결문 부속 지도·약도

근래에는 국제재판소의 국경/해양경계 분쟁 관련 판결문 역시 지도·약도를 본문에 편입·부속시키는 관행이 형성되고 있으며, 이들은 일반적으로 예시지도(illustrative/reference map)로서의 지위를 가진다. 이러한 관행은 우선 국경/해양경계 분쟁사건의 경우 그 경계선을 판결 본문에 지리적 좌표로 표시하여 이를 1차적 증거로 원용하게 하는 것이 일반적이지만, 동시에 좌표 목록의 시각적 정확성을 보완시킬 필요성이 가중되면서 자연스럽게 형성된 것으로 보인다.15) 둘째, 판결 후 지형변화(예컨

A. Frontiers of Italy (Article 1)

B. Franco-Italian Frontier (Article 2)

C. Yugoslav-Italian Frontier (Article 3)

D. Frontiers of the Free Territory of Trieste (Articles 4 and 22)

E. Sea Areas defined in Article 11 of the present Treaty".

15) 예컨대 Delimitation of the Maritime Boundary in the Gulf of Maine Area(Canada/USA), *ICJ Reports*, 1984, p.246, 269, Map No.1 & p.346. 그러나 1977년 영·불 간 대륙붕 경계획정 중재사건 판정문과 판정 해석문은 지도를 예시하고 있지 않다. 그 대신 경도와 위도 등 지리적 좌표(coordinates)를 열거하여 양국간 대륙붕 경계를 획정하고 있다. Delimitation of the Continental Shelf(U.K./France), 1977, *International Law Reports*, vol.54, 1979, p.6, p.126, para.255 및 Interpretation of the Decision, 14 March 1978, *ibid.*, p.139. 동 중재재판소는 판정문에 부속서를 첨부하여 재판소가 기점(points) 지정에 참고한 영국과 프랑스의 해도를 구체적으로 기록하고 있다. *Ibid.*, p.134(Annex The Boundary-Line Chart and the Tracing of the Boundary Line). 중재재판관 Briggs는 반대의견에 약도를 삽입하였다. *Ibid.*, p.213. 이 중재판성 이후 양국

대 강어귀의 이동 등) 또는 지명변화 등으로 인하여 지리적 좌표만으로
는 그 정확한 경계를 확인하기 어렵거나 지형의 특성상 비현실적인 상황
이 발생할 수도 있다는 점이다. 셋째, 소송당사국은 ICJ의 판결이 내려진
후 재판 당시 재판소와 재심을 요구하는 당사국이 인지하지 못했던 새로
운 사실을 발견하고(지리적 사실의 착오 등) 그러한 무지가 그 당사국의
과실에 의한 것이 아닌 경우, 판결일자로부터 10년 이내에 그리고 그러
한 새로운 사실의 발견 후 적어도 6개월 이내에 판결의 수정을 신청할
권리를 가진다.16) 이 경우 당사국이 판결문에 편입·부속된 지도·약도를
증거로 원용하거나 또는 이 분쟁과 연관된 제3국과의 후속분쟁 사건17)에
서 이를 원용하는 상황을 상정할 수 있을 것이므로 그러한 판결문 부속
지도·약도의 지위와 가치를 명확하게 정의할 필요성이 발생하는 것은 당
연하다.

　1984년 메인 만(灣) 해양경계 분쟁사건의 판결18)에서 ICJ는 "본 판결
에 편입되어 있는 지도들은 당사국들이 재판소에 제출한 문서들을 기초
로 작성되었으며, 이 지도들은 오직 이 판결의 관련 본문에 대한 시각적

은 그리니치 자오선 서부 30분의 동부지역(Area East of 30 Minutes West of
the Greenwich Meridian: 1분은 1/60도)에서의 대륙붕 경계획정에 관한 협정을
체결하여 그 좌표(제1조 제1항)와 함께 예시적 목적의 부속해도를 첨부하고 있
음을 명시하고 있다(동 제3항). J.I. Charney & L.M. Alexander(eds.), *International
Maritime Boundaries*(Dordrecht: Martinus Nijhoff, 1993~), vol.II, pt.II, pp.1752 &
1747.

16) 국제사법재판소 규정, 제61(1)조 및 61(4)~(5)조. 판결의 수정을 신청한 사건으
로 Application for Revision of the Judgment of 11 September 1992 in the El
Salvador/Honduras case (*supra* note 5), 2002, Judgment, *ICJ Reports*, 2003, p.392
Application for Revision and Interpretation of the Judgment of 24 February 1982 in the
Case concerning the Continental Shelf (Tunisia/Libya), Judgment, *ICJ Reports*,
1985, p.192.

17) 예컨대 에리트레아/예멘 도서영유권 및 해양경계 분쟁사건에 관한 중재판정이
내려진 후, 아래에서 설명하는 바와 같이 곧 에리트레아와 에티오피아 간 국경
획정이 뒤따랐다.

18) Gulf of Maine case, *supra* note 15, p.269 (& 285, 289, 346 & 390).

예시목적으로만 제공한 것이다"라는 입장을 표명하고 있다. 즉 동 판결 본문은 1차적 증거로 원용될 수 있으나, 판결문에 편입된 지도들은 2차적 증거로서의 지위를 가진다는 점을 명시한 것이다. 리비아/튀니지[19] 및 리비아/몰타[20] 대륙붕 경계획정 사건 판결문 역시 각각 지도 아래에 예시목적의 지도임을 명시하는 문구를 포함하고 있다. 1993년 덴마크와 노르웨이 간 얀 메이얀 사건에서 ICJ는 여러 장의 약도를 편입시키고 있으며, 그 가운데 일부 약도는 판결문 본문에서 명시적으로 언급되고 있다.[21] 얀 메이얀 사건 판결문은 세계측지계(World Geodetic System 1984)에 따른 좌표를 표시하고 있으므로,[22] 판결문(문서증거)에 표시된 이들 좌표를 표시한 약도들은 예시목적의 지도, 즉 2차적 증거로 볼 수 있다.

마찬가지로 2001년 카타르/바레인 간 해양경계획정 및 영토문제 사건 판결에서 ICJ는 판결문 본문에 많은 '예시목적'의 약도를 포함시키고 있다.[23] 동시에 동 판결은 기점의 좌표를 표시하고 있으며, 판결문 본문이 아니라 판결문에 첨부된(attached) 7번 약도 역시 예시적 목적임을 명시

---

19) Case concerning the Continental Shelf(Tunisia/Libya), *ICJ Reports*, 1982, p.18, 36, Map No.1, p.81, Map No.2(예시목적의 지도). 이 판결 이후 양국은 구체적인 대륙붕 경계 획정에 관한 협정을 체결하면서 첨부된 축척 798,000분의 1의 해도에 예시적 해도의 지위를 부여하였다(제2조). Charney & Alexander, *supra* note 15, p.1679.

20) Case concerning the Continental Shelf(Libya/Malta), *ICJ Reports*, 1985, p.13, p.21, Map. No.1, p.27, Map No.2 & p.54, Map No.3(예시목적 지도). 이 판결 이후 양국은 협정을 체결, 일정 해역에서 좌표를 명시하여(제1조) 양국간 대륙붕경계를 획정한 바, 동 협정은 첨부된 축척 110만분의 1 해도가 예시적 목적임을 명시하고 있다(동 제2조). Charney & Alexander, *ibid.*, p.1662.

21) Maritime Delimitation in the Area between Greenland and Jan Mayen (Denmark/Norway), *ICJ Reports*, 1993, p.38, p.45, Sketch-Map No.1(p.47, para.18 & p.68, para.67에서 언급) & p.80, Sketch-Map No.2(paras.91, 92 & 94에서 Sketch-Map No.2를 언급).

22) *Ibid.*, paras.91~93.

23) Qatar/Bahrain case, *supra* note 5, Sketch-Map Nos.1~6.

하고 있다.[24] 또 육상 국경, 도서 영유권 및 해양경계 등 복합적 분쟁을 다룬 ICJ의 1992년 엘살바도르/온두라스 간 영토·도서 및 해양경계 분쟁 사건 판결에는(전게각주 5) 적어도 15장 이상의 약도가 본문에 첨부되어 있다. 2007년 니카라과/온두라스 간 도서영유권 및 해양경계분쟁 사건 (전게각주 12)에 관한 ICJ의 판결 역시 본문에 모두 8개의 대부분 해양경 계선 관련 약도를 삽입시키면서 역시 예시적 목적임을 명시하고 있다.

또 1998년 에리트레아/예멘 간 홍해상 도서영유권 분쟁사건에 이어, 5 인의 「유엔 에리트레아-에티오피아 국경위원회」(Eritrea-Ethiopia Boundary Commission)는 2002년 4월 13일 양국 국경선을 획정하는 결정을 내린 바, 동 결정 역시 총 13장의 지도(인증지도 포함: 후술 III.4)를 본문 속에 편입시키면서 그 범례에 예외 없이 '예시목적'(This map is produced for illustrative purposes only)이라는 문구를 첨부하고 있다.[25] 동시에 동 국 경위원회는 이 결정문 본문에 최종 국경선을 표시하는 기점의 지리적 좌 표목록을 수록하면서 또한 획정 과정을 통해 좌표들을 최종적으로 조정 하여 축척 25,000분의 1의 대축척지도를 제작·간행할 것이며, 여기에 표 시되는 경계선은 최종 확정적(definitive) 지도임을 명시적으로 언급함으 로써, 이 최종지도는 인증지도의 지위와 가치를 가질 수 있음을 시사하 고 있다.[26]

---

24) *Ibid.*, p.115, paras.250 & 251.

25) See Decision regarding Delimitation of the Eritrea-Ethiopia Boundary Border by the Commission, 2002. 4. 13, available at http://www.un.org/NewLinks/ eebcarbitration (2007. 12. 8 검색), e.g. p.101, sec.8.2[Maps Illustrating the Delimitation Line], para.1, (i)-(iv) 참조.

26) *Ibid.*, p.13, sec.2.16, p.101, sec.8.2, sec.8.3 & pp.101~104(기점의 좌표 목록). 국경위원회의 이러한 명시적 언급은 1962년 프레아 비헤어 사원 영유권 분쟁 사건에서 문제의 지도가 제작·발행된 당시에는 프랑스와 샴 왕국 관리들로 구 성된 국경획정 혼성위원회가 승인한, 구속력 있는 공인지도로서의 지위를 가지 지 못했던 사실을 염두에 둔 것으로 보인다. 이 사건 본안판결에서 국제사법재 판소는 그러나 동 지도가 샴 왕국 정부의 요청으로 프랑스 정부의 지형측량담 당 군인·전문가들의 측량에 기초하여 제작되고 유명한 프랑스 지도제작사에

3. 일반지도와 개요도·약도

영토분쟁사건이나 해양경계획정 분쟁 사건 관련 국제 판결은 일반지도(general map)[27]와 개요도·약식지도(略圖: sketch map; croquis)[28] 간 그 법적 성격이나 지위 면에서 양자를 구별하고 있는가? 특히 국제 판례는 양자 간 증거능력이나 증명력에 우열을 두고 있는가? 국제 판결을 종합해 보면 양자 간 어떤 증거능력·증명력상의 우열을 판단하는 기준이나 규칙은 존재하지 않는 것으로 보인다. 부르키나 파소/말리 간 분쟁 사건에서 말리측은 부르키나 파소측이 구체적인 약도를 제시하지 않고 단지 일반지도에만 의존한 주장을 제기하고 있다면서 이의를 제기하였으나, 재판부는 일반지도와 약식지도 간 어떤 증명력상의 차이에 관해 어떤 의견도 제시하지 않으면서, 단지 입증자료를 제시하는 측이 문제의 지도의 신빙성을 입증할 책임을 진다고 설시하였을 뿐이다.[29]

또 리비아/몰타 간 대륙붕 경계획정사건[30]에서 국제사법재판소는 "본 판결에 부속된 제1번 지도의 유일한 목적은 분쟁의 지리적 맥락에 대한 개요도(a general picture)를 제시하기 위한 것이며, 축척의 선택이나 특

의하여 간행된 점은 의심할 여지가 없다면서, 동 지도에 '사실상의 인증지도'로서의 지위를 인정하였다. The Temple of Preah Vihear (Cambodia v. Thailand), Merits, ICJ Reports, 1962, p.6, 21; 본서, 제9장, IV.3.

27) 예컨대 Gulf of Maine case, supra note 15, p.269, Map No.1; 조선시대 「팔도총도」(1531)와 「대한전도」(1899) 및 일본에서 간행된 「총회도」 등. 본서, 제9장, VII.2 & VIII.1~VIII.2 참조.

28) 여기에서 약도는 특정 지역/해역을 자세하게 표시할 목적으로 제작된 지도를 말한다. 판결문 본문에 약도를 포함시킨 판결로는 Land and Maritime Boundary between Cameroon and Nigeria(Cameroon v. Nigeria; Equatorial Guinea Intervening), ICJ Reports, 2002, p.303; Frontier Dispute, supra note 4; El Salvador/Honduras case, supra note 5; Jan Mayen case, supra note 21; Qatar/Bahrain case, supra note 5; Indonesia/Malaysia case, supra note 12 참조.

29) Frontier Dispute, ibid., paras.94~95 & 155.

30) Case concerning the Continental Shelf (Libya v. Malta), supra note 20, p.20, para.14(maps on pp.21, 27, 54 & 171).

정 지리적 특징의 존부에 아무런 법적 의미도 부여하지 않는다"고 선언
하여 동 지도가 인증지도로서의 지위를 가지지 않는다는 점을 분명히 하
고 있다. 1877년 메이지 정부 최고행정기관이었던 태정관(太政官: 현재의
총리대신)31)이 독도가 조선의 영토였음을 명시적으로 인정한 공식 내부
문서(태정관 지령문서)에 부속된 지도인 「기죽도약도」(磯竹島略圖)32) 역
시 동서남북 방위는 표시하고 있으나, 일반지도라기보다는 약식지도에
가깝다고 판단된다. 그러나 현재의 국제판례의 입장에서 볼 때, 이러한
약식지도가 그 증거능력·증명력 면에서 일반지도와 비교하여 큰 차이가
존재한다고 결론짓기 어렵다.

4. 예시해도: 공인해도 표시 해양경계

1982년 유엔해양법협약은 연안국이 주장하는 영해, 배타적경제수역 및
대륙붕 경계를 표시한 연안국 공인 해도에 예시지도, 즉 직접·2차적 증
거로서의 증거능력과 증명력을 인정하고 있다. 유엔 해양법협약은 영해
통상기선은 "연안국이 공인한 대축척해도에", 그리고 영해 직선기선과 그
외측한계 및 대향·인접국 간 영해 경계선의 경우에는 "그 위치를 확인하
기에 적합한 축척의 해도에 표시할 것"(또는 이러한 측지자료를 명기한
각 지점의 지리적 좌표목록으로 이를 대체할 수 있다)과 동시에 그러한
해도를 적절히 공표하고 그 사본을 유엔 사무총장에게 기탁할 것"을 요
구하고 있다.33) 동 협약은 또 배타적경제수역과 대륙붕의 외측한계, 그

31) 태정관은 막부시대를 마감하고 왕정을 복고한 메이지 유신(1868) 후 서양의 제
　도를 모방하여 관제를 정비하면서 1868. 4. 21 처음으로 도입한 행정기관으로
　서 예하의 행정각부를 통할하는 최고의 행정관서로 기능하였다. 태정관 제도는
　이후 3차례(1869. 7. 8, 1871. 7. 29 및 1873. 5. 2)의 관제 개정을 거쳐 1885.
　12. 22 내각제를 채택하면서 폐지되었다. 吉川弘文館 編輯部(編), 『近代史必携』
　(동경: 吉川弘文館, 2007), pp.100 & 160.
32) 매일신문, "독도 표기 ′日 내무성 지도 첫 공개", 사이버 독도, 'http://www.
　dokdo.go.kr/, 독도자료실〉 보도자료, 2006. 9. 13; 본서, 제9장, VII.1.

리고 대향국·인접국 간 대륙붕 경계획정은 협약 규정에 따라 획정하고 그 경계선은 그 위치를 확인하기에 적합한 축척의 해도에 표시하고 그 사본은 유엔 사무총장 또는 국제해저기구 사무총장에 기탁할 것을 요구한다.[34] 이러한 협약 규정은 대향국·인접국 간 해양경계(영해, 배타적 경제수역 및 대륙붕의 폭)에 관한 분쟁이 발생할 경우 당사국이 공인한 대축척해도 또는 적절한 축척의 해도에 적어도 연안국이 주장하는 해양경계선을 예시하는 직접·2차적 증거로서의 지위와 가치를 인정하는 조약법상의 규칙을 확립한 것으로 해석된다.

III. 지도·해도의 법적 지위·가치

1. 영유권 분쟁, 국경분쟁과 해양경계분쟁

홍해상 도서영유권 분쟁사건인 1998년 에리트레아/예멘 영토분쟁 중재사건 제1단계 판정에서 중재재판소는 제출된 많은 지도들이 전반적으로 문제의 도서들에 대한 예멘의 영유권 주장에 약간 우월한 사례(a marginally better case)를 제공하며, 이는 일정한 광범위한 세간의 평판(a certain widespread repute)을 제시하고 있다는 점을 숨기지 않고 솔직히 피력하고 있다.[35] 이는 사건에서 지도가 재판부의 심증형성에 상당한 영향을 미쳤을 것임을 시사한다. 비록 이 사건에서 재판소는 지도가 아니라 협정(조약)과 외교기록에 의존하여 결론을 내렸다고는 하지만, 그러한 지도들이 재판소의 심증형성에 기여하였을 것임은 의심의 여지가 없을 것이다. 또 2002년 리기탄·시파단 도서영유권 분쟁 사건 판결에서 국제

---

33) 유엔 해양법협약, 제5, 7, 15 및 16(1)~(2)조.
34) 제74~75 및 제83~84조.
35) Eritrea/Yemen arbitration, Phase I, *supra* note 3, para.490.

사법재판소는 양국이 제출한 많은 공인·비공인 지도들이 서로 상충되어 결론을 내릴 수 없다는(inconclusive) 이유로 그 증거능력을 받아들이지 않았다.[36] 다만 1915년 협정에 부속된 인증지도의 증거능력만은 이를 인정하였다.[37]

한편 2002년 카메룬/나이지리아 간 국경·해양경계 분쟁사건에서[38] 카메룬 측은 1986년 부르키나 파소/말리 국경분쟁 사건과 1994년 리비아/차드 간 영토분쟁 사건 판결을 인용하여 국제사법재판소가 국경획정에 관해 채택한 논증(reasoning)은 해양경계획정에도 치환·적용 가능한(transposable) 것으로 주장하였다. 그러나 재판소는 이러한 주장을 기각하면서 육상경계(국경)획정 규칙과 해양경계획정 규칙은 서로 독립된 별개의 법의 분야(two distinct areas of law)이며, 따라서 서로 다른 요소와 고려사항들이 적용된다고 판시하였다.[39] 이러한 재판소의 부수적 의견은 해양경계 분쟁의 경우 조약법(유엔해양법협약)상 경계획정에 관한 기본규칙 내지 원칙이 확립되어 있는데 반해, 국경획정에 관해서는 그러한 조약 또는 관습법상의 규칙이 확립되어 있지 않으며 영유권 분쟁사건과 유사한 법리가 적용되기 때문인 것으로 해석된다(후술 III.5 참조).

2. 제3국 간행 지도

전술한 1998년 에리트레아/예멘 중재사건 1단계 판정에서 소송당사국은 각각 많은 제3국 간행 공인(단독)지도(official maps)[특히 이태리 식민지성 간행들을 법정에 제출하였다.[40] 상설중재재판소(PCA)는 당사국의

---

36) Indonesia/Malaysia case, *supra* note 12, paras.47~48, 72 & 81~91.

37) *Ibid.*, paras.72 & 91.

38) Cameroon/Nigeria case, *supra* note 28, para.238.

39) See Territorial Dispute(Libya/Chad), Judgment, *ICJ Reports*, 1994, p.6; Frontier Dispute, *supra* note 4.

40) Eritrea/Yemen arbitration, Phase I, *supra* note 3, paras.364, 369~370 &

지도 증거에 대한 태도와 접근법이 상반된 점에 비추어 재판소는 진정한
법적 입장을 확립하는 증거로 지도를 사용할 수 없다는 입장을 밝혔
다.[41] 재판소는 이미 문서증거에 의존하여 1940년까지 에티오피아의 구
식민지 보호국(종주국) 이태리가 영유권을 취득하지 못했다는 결론에 이
른 이상, 에티오피아, 따라서 그로부터 분리(by derivation) 독립한 에리
트레아가 이태리로부터 그 10년 후 권원을 승계취득(by inheritance)했다
는 결론에 이를 수 없다고 판시하였다.[42]

상설중재재판소는 또 1923년 및 1939년 체결된 외교 기록과 협정에
기초하여 분쟁도서들의 귀속여부에 대하여 법적 결론을 내린 이상, 지도
증거가 그러한 결론과 일치하며 또한 그러한 결론을 뒷받침하는 것은 사
실이더라도 분쟁도서에 대한 영유권 귀속 판단에 있어서 결정적
(determinative)인 것은 아니라면서 지도에 증거능력을 부여하지 않았다.

372~374. 에리트레아 측의 지도증거에 대한 전반적인 입장은 지도들이 상충적
이어서 신빙성 있는 증거로 원용할 수 없다고 본 데 반해, 예멘측은 지도가 1)
일반여론이나 평판을 나타내는 중요한 증거, 2) 정부의 태도를 입증하는 증거,
3) 국가행위와 관련하여 당사국의 의사를 나타내는 기능, 그리고 4) 이익에 대
한 묵인 또는 인정의 증거 등 4가지 이유에서 지도의 증거능력을 긍정함으로써
에리트레아의 입장과는 상반된 입장을 보였다. *Ibid.*, ch.VIII, paras.367~368.
41) Eritrea/Yemen arbitration, *ibid.*, paras.364 & 367~368.
42) *Ibid.*, paras.379, 388 & 370[1872년 이전 제작 지도의 경우 수작업에 의한 2단
계 채색작업(hand-colouring)을 수반하는데, 이러한 지도의 채색의 성격에 대하
여 평가하기 어렵다. 이는 벨기에/네덜란드 간 국경분쟁사건에서 ICJ가 혼성국
경위원회 결정에 따라 작성된 정밀측량지도가 "이 구역들이 네덜란드 영토 내
하나의 작은 도서로서 두드러지게 채색되어 지도의 범례에 따라 네덜란드가
아니라 벨기에에 속한다는 사실을 표시하고 있다"고 판단한 것과 상충된다는
점에서 주목된다. Sovereignty over Certain Frontier Land (Belgium/The
Netherlands), *ICJ Reports*, 1959, p.209, pp.225~226; G. Weissberg, "Maps as
Evidence in International Boundary Disputes: A Reappraisal", *American Journal
of International Law*, vol.57, 1963, p.781, p.787ff, 본서, 제9장, IV.2 참조. 다
민 중재재판소의 이러한 판정은 벨기에 사건과 달리 당사국 합의로 구성된 혼
성국경위원회가 제작·간행한 인증지도가 아니라는 점에서 정당화될 수 있다고
본다.

재판소는 다만 만일 그러한 외교기록에 이태리의 입장이나 의사에 관한 다른 증거가 없는 경우에는, 지도가 매우 중요성을 가질 것이라고 판시하였다.[43] 이러한 중재재판소의 부수적 의견의 저변에는 문제의 지도들이 전술한 팔마스섬 중재사건(및 리기탄·시파단 사건)에서 언급된 인증지도가 아니라는 사실과 함께, 제출된 지도들이 그 표시 내용에 있어서 상당한 차이를 보인다는 점에 주로 기인한 것으로 해석된다. 또 재판소의 의견은 제3국(특히 구식민지 종주국) 간행지도에 1차적 증거로서의 조약이나 문서증거를 보조하는 2차적 증거로서의 지위를 인정하면서, 문서증거에 입각하여 권원 귀속 여부를 판단할 수 없는 경우에 비로소 지도에 의존할 것임을 시사한 것이다. 따라서 제3국 간행지도의 경우에도 그 객관성과 중립성이 인정되는 경우 증거능력과 증명력이 인정된다.

3. 국제기구 간행 지도

상설중재재판소는 또 예멘측이 제출한 1950년 「유엔 에리트레아 위원회」(UN Commission for Eritrea) 간행 지도의 증거능력과 관련, 유엔 관행상 지도간행은 일정 영역에 대한 주권/권원의 승인을 구성하지 않는다는 사실은 널리 인정되고 있다고 지적하였다.[44] 재판소는 이미 문서 증거에 의존하여 1940년까지 에리트레아의 구식민지 보호국(종주국)으로서 이태리가 영유권을 취득하지 못했다는 결론에 이른 이상, 동 지도가 위원회 공인지도(official commission map), 타협안, 또는 동 위원회의 보고서 첨부 '예시지도'(illustrative map)의 여부는 문제의 핵심을 벗어난 논의라면서, 다만 이 지도가 입증하는 사실은 동 지도가 배포되어 널리 사용되었으며 에티오피아(에리트레아의 선행국)조차 동 지도의 존재를 충분히 인지하고서도 동 지도를 첨부한 동 보고서에 찬성표를 던짐으로써

---

43) *Ibid.*, paras.375 & 388.
44) *Ibid.*, para.377.

1950년 이후 이 지도에 대한 아무런 이의도 제기되지 않은 점이라고 지적하였다.[45]

재판소는 또 유엔이 에티오피아와 에리트레아의 장래에 관하여 어떤 행위(행동)를 한 경우, 유엔은 동 도서들의 영유권 귀속여부 문제는 고려하지 않았으므로, 문제의 도서들이 유엔간행 지도상 예멘과 같은 색으로 채색되어 있다고 하더라도 문제의 분쟁도서들이 예멘 영유라는 사실을 긍정적으로 입증할 수 없다는 견해를 피력하였다.[46] 즉 유엔은 1) 당사국의 명시적 동의가 있거나, 2) 유엔이 국경문제에 관한 특별한 권능과 책임을 가지는 경우, 또는 3) 특별한 상황과 같은 예외적인 경우를 제외하고는 국경획정 권능을 가지지 않고, 유엔이 간행하는 지도는 국경선에 관한 증거를 구성하지 않으며, 따라서 일반적으로 유엔이 지도를 제작하는 경우 이는 문제의 지역에 대한 국경을 획정하는 것으로 간주되지 않으며, 국경선은 당사국간 국제법 원칙에 따라 해결되어야 한다는 것이다.[47] 같은 맥락에서 과거 유엔 나미비아 지도(UN Map of Namibia) 역시 배제조항(disclaimer)을 담고 있으며, 나미비아의 국경문제는 그 지역을 관할하는 독립정부가 해결할 문제라는 점을 명시적으로 언급하고 있다. 즉 동 지도는 정보 제공·배포 목적으로 제작된 것으로서 당사국들이 국경획정을 요청하지 않았으며, 따라서 동 지도가 나미비아와 국경을 공유하는 국가들을 구속하지 않는다는 점을 명시한 것이다.[48]

---

45) Ibid., para.378.

46) Ibid., para.379.

47) S. Akweenda, "The Legal Significance of Maps in Boundary Questions: A Reappraisal with Particular Emphasis on Namibia", British Yearbook of International Law, vol.60, 1989, p.205, 251~252.

48) Akweenda, ibid., p.252; Decision regarding Delimitation of the Border by the Eritrea-Ethiopia Boundary Commission, supra note 25, p.28, secs. 3.26-3.27.

4. 영유권분쟁 관련 지도와 국경분쟁 관련 지도

부르키나 파소/말리 간 국경분쟁 사건에서 국제사법재판소가 비공인 단독지도에 결정적 증명력을 인정한 것은[49] 현행 국제 판례상 예외적인 경우에 속한다. 이 사건 판결은 국경분쟁 관련 지도의 경우 도서 영유권 분쟁 관련 지도에 비해 그 객관성이 떨어지는 경우에도 그 증명력을 인정할 수 있다는 일반원칙을 지지한 것으로 해석될 소지도 있다. 그러나 그러한 해석은 확대해석으로 경계하여야 할 것이다. 다른 국제판결을 보면 국경분쟁 관련 지도와 도서 영유권 분쟁 관련 지도의 증거능력과 증명력의 요건 면에서 특별한 구분을 하고 있다고 보기 어렵다. 바꾸어 말한다면 현행 국제판례상 국경분쟁 관련 지도의 경우 도서영유권 분쟁 관련 지도에 비해 객관성이 떨어지는 경우에도 그 증거능력과 증명력을 인정받을 수 있다는 일반원칙은 확립되어 있다고 보기 어렵다. 이는 도서 영유권 분쟁이든 국경분쟁이든 결국 영토분쟁이라는 점에서는 동일한 법적 성격을 가지기 때문이다.

예컨대 에리트레아/예멘 영토분쟁 사건 중재 판정 이후, 전술한 라우터팍트(Lauterpacht) 교수를 위원장으로 하는 5인의 「유엔 에리트레아-에티오피아 국경위원회」는 당사국의 구두변론(oral hearings)을 거쳐 2002. 4. 13 국경선을 획정한 바(상기 II.2), 이 결정에 앞서 동 위원회는 당사국이 제출한 최소한 250장에 이르는 지도들이 서로 상충된다는 이유로 증거능력을 부여하지 않았다.[50] 즉 국경분쟁의 경우에도 당사국이 제출한 지도들이 일관성과 객관성을 결여한다는 이유로 그 증거능력을 부인한 것이다.[51] 동 위원회는 대신, 1900년, 1902년 및 1908년 조약, 1900년

---

49) Frontier Dispute, *supra* note 4, p.586, para.62.

50) See Decision regarding Delimitation of the Border by the Eritrea-Ethiopia Boundary Commission, *op.cit.*, pp.25(sec.3.17), 50~53 & 55.

51) *Ibid.*, p.50, sec.4.67.

조약에 부속된 인증지도,[52] 1902년 조약 교섭 시 사용된 축척 40만분의 1의 예시지도(Mai Daro demonstrative map 1900),[53] 외교기록·서한·각서(memorandum) 및 당사국들의 후속 국가실행(subsequent conduct) 등에 입각하여 결론에 도달하였다.[54]

5. 해 도

도서영유권 분쟁사건의 경우 해도(maritime chart)는 그 성격상 문제의 도서영유권에 관한 당사국의 공식 의사를 표시한 직접증거로 간주되기 어려우므로, 해도는 그 지위(증거능력)·가치(증명력) 면에서 지도에 뒤떨어지는 증거라 할 수 있다. 즉 도서 영유권과 관련하여 해도의 증거능력이 인정되는 경우 간접·2차적 증거(indirect and secondary evidence)로 간주될 것이다.[55] 해양경계 분쟁의 경우 연안국이 공식 제작·간행한 공

---

52) *Ibid.*, pp.25~26(sec.3.18), 32(지도) & 33(sec.4.8). 이러한 판례는 1953년 망끼에·에끄레오 도서영유권 분쟁사건에서도 국제사법재판소가 당사국인 영국과 프랑스가 제출한 지도들이 일관성이 부재하다는 이유로 그 증거능력을 인정하지 않은 사실과 비교된다(Minquiers and Ecrehos case, *supra* note 4 및 본서, 제9장, VI.2].

53) *Ibid.*, p.61, sec.5.20~p.65, sec.5.27 참조.

54) See *ibid.*, p.25(sec.3.18), 28(sec.3.29), 48~49(sec.4.60), 51(sec.4.74; conduct), 55(sec.4.89) & 65(sec.5.26). See B. Kwiatkowska, "The Eritrea/Yemen Arbitration: Landmark Progress in the Acquisition of Territorial Sovereignty and Equitable Maritime Boundary Delimitation", *Ocean Development & International Law*, vol.32, 2001, pp.1~25 & updated version at http://www.law .uu.nl/nilos (pp.1~38), p.8.

55) 본서, 제9장, II.3~II.4. 구 「측량법」에 의하면 "지도"라 함은 지표면·지하·수중 및 공간의 위치와 지형·지물(地物) 및 지명 등의 각종 지형공간정보를 일정한 축척에 의하여 기호나 문자 등으로 표시한 것을 말한다. 이 경우 다음 각목의 1에 해당하는 것을 포함하되, 「지적법」에 의한 지적도 등의 도면과 「수로업무법」에 의한 항해용도(航海用圖) 등이 해도를 제외한다"(제1조 제16호)고 규정하여 지도와 해도를 구분하고 있다. 또 현행 「측량·수로조사 및 지적에 관한 법률」(2013.6.19 시행, 법률 제11592호, 2012.12.18., 일부개정) 제2조(정의) 제

인 해도는 해양경계에 관한 연안국의 유효한 의사표시 내지 국가실행으로 간주되어, 분쟁당사국 간행 공인해도는 해양경계에 관한 직접·1차적 증거로 인정될 수 있을 것으로 생각하기 쉽다. 그러나 이러한 선험적 추론은 경험적 검증을 요하는 바, 전술한 바와 같이 당사국 간행 공인해도는 해양경계선에 관한 2차적 증거로 해석되며, 현재까지 그러한 해도에 1차적 증거가치를 부여한 판결은 찾아보기 어렵다.

이는 우선 당사국의 영유의사와 실효적 점유를 권원확립의 요건으로 규정하는 도서영유권 분쟁사건과는 달리, 해양경계의 경우 당사국의 해양공간 점유의사가 그 권리 확립의 요건이 아니며(특히 대륙붕),56) 따라서 그러한 당사국 간행 공인지·해도에 표시된 의사가 그 권원 또는 권리를 입증하는 1차적 증거가 될 수 없기 때문인 것으로 해석된다. 둘째, 현행 국제법은 도서영유권 분쟁의 해결에 관해서는 구속력 있는 조약·관습법 규칙을 확립하고 있지 못한 데 반해, 영해, 대륙붕 및 배타적 경제수역 등 해양경계의 경우에는 영해와 대륙붕·배타적 경제수역의 외측한계를 측정하는 기준이 되는 통상기선과 직선기선의 설정57)과 그 각각의 한계 설정에 관한 조약(유엔해양법협약) 상의 기본규칙 내지 일반원칙을 확립하고 또한 이를 적합한 축척의 공인해도에 표시하여 공시할 것을 요구하고 있기 때문이기도 한 것으로 보인다(II.4).58)

10호에 의하면 "지도"란 측량 결과에 따라 공간상의 위치와 지형 및 지명 등 여러 공간정보를 일정한 축척에 따라 기호나 문자 등으로 표시한 것을 말하며, 정보처리시스템을 이용하여 분석, 편집 및 입력·출력할 수 있도록 제작된 수치지형도(항공기나 인공위성 등을 통하여 얻은 영상정보를 이용하여 제작하는 정사영상지도(正射映像地圖)를 포함한다)와 이를 이용하여 특정한 주제에 관하여 제작된 지하시설물도·토지이용현황도 등 대통령령으로 정하는 수치주제도(數值主題圖)를 포함한다"고 규정하고 있다.

56) 예컨대 1982년 유엔해양법협약은 "대륙붕에 대한 연안국의 권리는 실효적이거나 관념적인 점유 또는 명시적 선언에 의존하지 아니한다"[제77(3)죄고 규정하고 있다.

57) 유엔 해양법협약, 제5, 7, 15, 74 & 83조.

58) 유엔 해양법협약, 제16, 75 & 84조.

바꾸어 말한다면 해양경계분쟁 시 국제·중재재판소에서는 그러한 조약법 규칙·원칙에 기초하여, 그리고 경우에 따라 특별 사정(special circumstances) 내지 관련 사정(relevant circumstances) 등 구체적 상황에 상응하는 형평을 실현하기 위한 추가적 고려요소를 반영하여 해양경계를 획정하게 되므로, 국제·중재재판소가 당사국이 간행한 공인해도에 1차적 증거가치를 부여할 이유가 없을 것이라는 점이다. 즉 유엔해양법협약에서 해양경계 획정에 관한 일반원칙을 확립하면서 해양경계를 표시하는 연안국 간행 해도에 예시지도로서 2차적 증거가치를 부여하고 있으므로(II.4 & III.1), 향후 동 협약 당사국간 해양경계 분쟁사건에서 국제·중재재판소는 분쟁당사국 간행 공인해도에 2차적 증거가치만을 인정하게 될 것으로 해석된다.

IV. 지도·해도의 객관성·정밀성·정확성과 오류

1. 객관성·중립성과 신빙성

영토·해양경계 분쟁 사건에서 지도·해도가 증거능력·증명력을 인정받기 위해서는 그 경도·위도 표시, 도서의 크기 표시(축척), 방위·위치 표시에 있어서 어느 정도의 정확성과 정밀성을 가질 것이 요구되는가? 국제 판결은 우선 지도·해도의 증거능력과 증명력에 요구되는 객관성·중립성과 정확성·정밀성을 규율하는 구체적 규칙·기준을 확립하고 있지 않다. 다만 분쟁 당사국이 제작·간행한 지도·해도는 그 영유관련 의사를 확인할 수 있는 직접증거를 구성할 수 있다는 면에서 그 객관성·중립성에 명백한 문제가 있는 경우를 제외한다면 일반적으로 제3국 간행 지도·해도에 비해 우선적 증거능력·증명력을 인정받을 수 있다. 그러나 분쟁

당사국이 간행한 공인지도·해도만이 증거능력을 가지는 것은 아니다. 예 컨대 예외적이기는 하지만, 구식민지 종주국과 같은 제3국의 공신력 있 는 기관에서 제작한 객관성이 인정되는 지도·해도의 경우, 당사국이 제 작한 지도에 못지않은 증거능력과 증명력을 인정받을 수도 있다(부르키 나 파소/말리 국경 분쟁사건).

팔마스섬 중재사건에서 후버 재판관은 인증지도에만 그 증거능력과 증명력을 인정하면서(II.1), 어떤 지도가 법률상 증거로 채택되기 위하여 요구되는 첫 번째 조건은 '지리적 정확성'이라고 지적하였다.[59] 그는 또 '공인' 또는 '준공인(準公認)' 지도(official or semi-official maps)는 그 지 도들을 간행하게 한 정부가 자국의 주권을 주장하지 않는 경우에 비로소 이러한 조건(지도제작자는 주도면밀하게 수집된 정확한 정보에 기초하여 야 한다)을 충족시키므로 특별한 중요성을 가질 수 있다'고 설시하여 지 도제작·간행 주체의 객관성·중립성·불편부당성[60]을 강조하였다. 즉 지 도의 출처의 중립성(neutrality)과 기술적 신빙성(technical reliability)이 그 증거능력 판단의 가장 중요한 요소임을 지적한 것이다.[61]

2. 말레이시아/싱가포르 간 도서·암초영유권 분쟁사건

이러한 후버 재판관의 명제는 2008년 국제사법재판소(ICJ)에 의하여 계승되고 있다. 2008년 말레이시아/싱가포르 간 도서·암초영유권 분쟁사 건에서 싱가포르 측은 말라야 및 말레이시아 지적측량관리관(Surveyor General)과 국립지도제작소장(Director of National Mapping) 명의로 발간 된 공인 지도 2장, 그리고 1965, 1970, 1974 및 1975년 간행된 공인지도 4장 등 총 6장의 말레이시아 공인지도에 표시된 4줄의 정보, 즉 "등대 28

---

59) Palmas arbitration, *supra* note 1, pp.852~853.
60) *Ibid.*, p.852; 본서, 제9장, III.3.
61) Burkina Faso/Mali case, *supra* note 4, p.554, 583, para.56.

번, 풀라우 바투 푸테, 호스버그(Horsburgh), 싱가포르"에 상당한 비중을 부여하였다.[62] 또 이와 동일한 표시(designation)가 이들 지도상에서 명백히 싱가포르 주권 하에 있는 다른 하나의 도서 이름 아래에도 나타나 있었으나, 다만 이 지도들 가운데 하나에서 싱가포르가 관리하는 다른 하나의 등대인 풀라우 피상(Pulau Pisang)에 관해서는 유사한 주석(annotation)이 표시되지 않고 있어, 그러한 표시가 등대의 소유권과는 직접 관련이 없다는 방증도 되고 있다.[63] 이러한 싱가포르 측의 주장에 대하여 말레이시아는 1) 지도상의 표시는 다르게 평가될 수 있다; 2) 지도는 권원을 창설하지 않는다; 3) 지도는 조약에 편입된(incorporated in treaties) 경우 또는 국가 간 교섭에 사용된 경우를 제외하면 승인에 이르지 않으며, 그리고 4) 문제의 지도들에는 배제조항(disclaimer)이 들어있다는 이유[64]를 들어 싱가포르 측의 주장을 반박하였다.

그러나 재판소는 1) 문제의 주석이 명확하고 싱가포르의 입장을 지지하는 것이고; 2) 싱가포르 측이 문제의 지도들이 권원을 창설하기보다는 말레이시아의 입장에 대한 방증(a good indication of Malaysia's position)을 나타낸 것이라는 싱가포르 측의 보다 제한적 주장(more limited argument)에 설득력(strength)이 있으며; 3) 상대 주장/입장의 인정(admissions)은 다른 상황에서 발생할 수도 있다는 명제를 뒷받침하는 권위있는 근거가 있으며;[65] 그리고 4) 문제의 배제조항의 문안에서는 "이 지도는 국제 또는 다

---

62) Sovereignty over Pedra Branca/Pulau Batu Puteh, Middle Rocks and South Ledge (Malaysia/Singapore), Judgment, *ICJ Reports*, 2008, p.12, para.269.

63) *Loc.cit.*

64) *Ibid.*, para.270.

65) Frontier Dispute(Benin/Niger), *ICJ Reports*, 2005, p.90, 119, para.44; Frontier Dispute, *supra* note 4, p.582, para.54 & p.583, para.56. 이 사건들에서 ICJ는 말레이시아가 주장한 바대로 '지도가 조약에 편입된 경우'로 특정하지 않고, 그 대신 지도가 공식문서 본문(official text)의 불가분의 일부를 구성하여 그 문서에 부속되어 있는(annexed) 경우에는 지도가 영토권원을 창설하는 법적 효력을 발생시킬 수도 있으며, 이 경우 그러한 법적 효력은 단지 지도에 고유한 가

른 경계획정에 관한 근거로 간주되어서는 안 된다"고 되어있는 반면, 동 재판소는 이 사건에서 경계문제가 아니라 한 특별한 도서(영유권 문제) 를 다루고 있다면서, 어쨌거나 에리트레아/에티오피아 사건에서 국경위 원회(Boundary Commission)가 판시하였듯이 "지도는, 특히 자국에 불리 한 지도를 자국의 이익에 반하여 스스로 제작·배포하는 경우, 여전히 지 리적 사실의 기술로 유효하다"[66]고 판시하였다.[67]

ICJ는 또 싱가포르가 1995년까지 페드라 브랑카를 자국 영토 내에 포 함시킨 지도를 발간하지 않았으나, 그러한 싱가포르 측의 부작위는, 재판 소의 견해로는, 말라야와 말레이시아가 1962년에서 1975년 사이에 발간 한 지도들에 부여될 가치에 비해 상대적으로 그 비중이 떨어지는 것이라 면서, 이들 지도들은 말레이시아가 페드라 브랑카/풀라우 바투 푸테가 싱가포르 주권에 복종하는 것으로 간주하였음을 확인하는 경향이 있다고 결론지었다.[68] ICJ는 이어 당사국들의 행동(conduct) – 특히 동 도서에 대 하여 싱가포르와 그 선행국들이 주권국의 자격으로 행한 행동에 대하여 말레이시아와 그 선행국들이 아무런 대응을 하지 않은 사실 등 – 을 포함 한 관련 사실(relevant facts)들을 검토하여 페드라 브랑카에 대한 당사국 들의 입장이 수렴되고 있다면서 1980년까지 페드라 브랑카에 대한 주권 은 싱가포르로 이전된 것으로 결론지었다.[69] 결국 이 사건에서 ICJ는 문 제의 말레이시아 간행 지도들에 의존하여 판결을 내린 것(판결이유)은 아니며, 또한 지도가 권원을 창설하는 근거는 아니라는 점을 확인하였다 는 점은 명백하다. 동시에 ICJ는 적어도 문제의 지도들을 분쟁 중인 도서

치에서 발생하는 것이 아니라 그러한 지도가 당사국(들)의 의사를 물리적으로 표시하는 범주로 분류되기 때문이라고 판시하였다. 본장, 상기 II.1 참조.

66) Decision regarding Delimitation of the Border by the Eritrea-Ethiopia Boundary Commission, *supra* note 25, p.28, para.3.28.

67) Malaysia/Singapore case, *supra* note 62, para.271.

68) *Ibid.*, para.272.

69) *Ibid.*, paras.275~276.

영유권에 관한 법률관계를 입증하는 증거로 인정하고 또 상당한 증명력을 부여하여 판결하였음은 부인할 수 있다.

3. 정밀성: 대·소축척 지도·해도

전술한 바와 같이(II.4), 유엔해양법협약은 영해기선, 그 외측한계 및 배타적 경제수역/대륙붕 외측한계선 등을 적합한 축척의 공안 해도에 표시하고 이를 공표할 것을 요구하고 있다. 문제는 동 협약이나 국제 판결이 대축척지도와 소축척지도의 법률상의 의미를 정의하거나 또는 양자를 구분하는 기준을 제시하지 않고 있다는데 있다. 예컨대 네덜란드/미국 간 팔마스섬 영유권 중재사건에서 Huber 단독 중재재판관은 '대축척지도'(large-scale map)란 용어를,[70] 그리고 에리트레아/예멘 사건(Phase I)에서 상설중재재판소는 '소축척지도'(small-scale map)라는 용어를 각각 사용하고 있다.[71] 그러나 2개 판결 공히 이를 정의하고 있지 않으며, 또한 그러한 축척이 다른 지도의 증거능력이나 증명력상의 차이나 구분을 시도하고 있지 않다. 우리나라의 「영해및접속수역법」 역시 제2조(기선) 제1항에서 "영해의 폭을 측정하기 위한 통상의 기선은 대한민국이 공식적으로 인정한 대축척해도에 표시된 해안의 저조선으로 한다"고 규정하고 있으나, 동 법과 그 시행령은 물론, 「배타적경제수역법」이나 구 「측량법」·구 「수로업무법」과 현행 「측량·수로조사 및 지적에 관한 법률」 등 지도·해도 관련 기타 국내법도 '대축척해도'의 의미를 정의하고 있지 않다.[72]

---

70) Palmas arbitration, *supra* note 1, pp.853 & 859.
71) Eritrea/Yemen arbitration, Phase I, *supra* note 3, para.490.
72) 다만 현행 「측량·수로조사 및 지적에 관한 법률」 (약칭: 측량수로지적법, 시행 2013.6.19, 법률 제11592호, 2012.12.18, 일부개정) 제2조(정의) 제34호에서 "'축척변경'이란 기저도에 등록된 경계점의 정밀도를 높이기 위하여 작은 축척을 큰 축척으로 변경하여 등록하는 것을 말한다."고 규정하고, 제83조에서 '축척변경'에 대하여 규정하고 있다.

국제판결은 일반적 원칙으로서 대축척지도와 소축척지도 간 그 증거 능력이나 증명력상의 차이를 인정하는가?[73] 이 문제에 관하여 국제판결 은 명확한 입장을 확립하고 있지 않은 것으로 보인다. 단지 지도가 지나 치게 소축척으로 제작되어 요구되는 지상의 위치를 정확하게 표시하지 못하는 경우 국제재판소는 그 증거능력을 인정하는데 소극적일 뿐이 다.[74] 소축척지도에 표시된 해양경계선의 증거능력이 제한되는 이유는 명백하다. 소축척지도에 표시된 경계선은 대축척지도의 그것에 비해 그 정밀성이 떨어지기 때문이다. 국제연합의 한 연구에 의하면 50만분의 1 축척해도에 0.3mm의 두께로 그린 경계선은 1해리의 거의 1/10(185m)에 해당하는 바다 표면의 폭을 나타내게 된다면서, 따라서 해양경계선을 표 시하기 위한 해도의 축척을 5만분의 1에서 20만분의 1 사이로 할 것을 제안하였다.[75] 또 국가간 영해 한계를 표시하는 해도는 축척 2만분의 1 에서 4만분의 1 사이의 해도로 하는 것이 바람직하다고 한다.[76]

---

73) 국어사전에 의하면 대축척지도라 함은 보통 축척 10만분의 1 보다 큰 축척의 지도, 통상 5만분의 1 내외로 작성된 지도로서 좁은 지역을 자세히 나타낸 지 도이며, 소축척지도라 함은 축척 100만분의 1 내외의 지도로서 넓은 지역을 간 략하게 표시한 지도를 가리킨다. 그러나 국제재판소는 이에 대한 명확하고 일 관된 정의를 내리고 있지 않다. At http://terms.naver.com/entry.nhn?docId= 913040&cid=42455&categoryId=42455 참조.

74) Decision regarding Delimitation of the Border by the Eritrea/Ethiopia Boundary Commission, *supra* note 25, p.26(sec.3.21) & 50(sec.4.67); Taba arbitral award(Egypt v. Israel), *International Legal Materials*, vol.27, 1988, p.1472, para.184.

75) Study on the Future Functions of the Secretary General Under the Draft Convention and on the Needs of Countries, especially developing countries, for information, advice and assistance under the new legal regime, prepared by the Secretary-General in his capacity as Secretary-General of the Third United Nations Conference on the Law of the Sea, UN Doc. A/CONF.62/L.76 (18 Aug., 1981), p.43, quoted in S. P. Jagota, *Maritime Boundary* (Dordrecht: Martinus Nijhoff, 1985), pp.61~62.

76) R.D. Hodgson & E.J. Cooper, "The Technical Delimitation of a Modern Equidistant Boundary", *Ocean Development and International Law*, vol.3,

전술한 1986년 부르키나 파소/말리 간 국경분쟁 사건에서[77] 말리측은 1925년 제작된 축척 50만분의 1 지도에서 '은구마' 고원지역(Heights of N'Gouma; Mount N'Gouma)에 대한 표시상의 오류를 지적하면서, 정확한 지도는 1960년 프랑스 국립지리연구소(French Institut Géographique National: IGN) 제작 20만분의 1 지도이라고 주장하였다. 그러나 베자위(Bedjaoui) 재판장을 포함, 5인의 재판관으로 구성된 ICJ 재판부는 판결에서 시종일관 문제의 지도들의 축척의 차이가 증명력 판단에 결정적 근거로 작용하였다는 그 어떤 시사도 하지 않았다. 또 이 사건에서 양당사국 역시 축척을 이유로 증거능력이나 증명력 상 어떤 차이가 있다는 주장을 제기하지 않았다. 다만 당사국들은 문제의 지도의 제작주체와 제작배경 및 정밀성·객관성 등에 근거하여 그 증거능력 인정여부나 증명력 판단 주장의 기준으로 삼고 있음을 보여주고 있다.

4. 정확성: 위도·경도와 방위표시의 정확성과 오류있는 지도

국제판례에 비추어 볼 때, 고지도의 경우 위도와 경도 그리고 동서남북 등 방위 표시 여부는 그 증거능력·증명력의 요건은 아니다. 예시지도로 평가되는 「팔도총도」(1531)의 경우 아무런 방위표시나 위도와 경도 표시가 없으나, 당시 측량·항해술 및 조선술에 비추어 불가피한 것으로 보아야 하며, 울릉도와 독도에 대한 조선의 영유의사를 표시하고 그 역사적 권원을 입증하는 2차적 증거로 평가될 수 있을 것이다. 그보다는 우산도와 독도 간 동일성을 입증하는 언어학적 문제가 하나의 쟁점이 될 수 있을 것으로 보인다.[78] 서양에서 위도 측정법이 확립된 것은 16세기 중반 경이었으나, 해상에서 경도 측정법이 고안된 것은 18세기말(1772년)

1976, p.361, 377.
77) Frontier Dispute, *supra* note 4, paras.71, 151~156, 165~166 & 171~173.
78) Palmas arbitration, *supra* note 1, pp.859~860 참조; 본서, 제9장, VII.2.

영국에서라고 한다.[79] 따라서 지도·해도에서 섬의 정확한 경도를 표시할 수 있었던 것은 18세기말부터였을 것으로 판단된다. 1785년 경 일본에서 제작된 「삼국접양지도」와 18세기 말 제작된 것으로 알려진 일본의 「총회도」 역시 경도와 위도 표시가 없다. 따라서 동양의 경우 서양의 근대 지도제작기법이 도입된 것은 19세기 이후의 일로 보인다.

오류 있는 지도의 증거능력과 증명력은 부인되는가? 전술한 팔마스섬 중재사건에서 당사국이 제출한 지도 가운데에는 위도와 경도는 물론, 도서의 크기나 형태 표시가 정확하지 않았다. 그러나 후버(Huber) 단독 중재재판관은 그러한 지도의 증거능력 자체를 부인하지 않고, 다른 지도와 비교·추론하여 합리적 결론에 이름으로써 그러한 지도의 증명력을 일부 인정하는 과정을 보여주고 있다. 이는 이 사건의 핵심 쟁점이 영유의사 존부와 실효적 지배 유무에 대한 확인이기 때문으로 볼 수 있다. 이 사건에서 후버 재판관은 본안 문제인 영유권 귀속에 관하여 주로 실효적 지배의 사실에 입각하여 결론에 도달하였지만(판결이유), 동시에 Palmas와 다른 명칭간의 동일성 여부에 대해서는 오류 있는 지도를 포함, 여러 장의 지도를 비교하여 이러한 지명들이 모두 Palmas섬을 지칭하는 것이라는 결론(부수적 의견)에 이른 것을 보여준다.[80] 만일 이 사건에서 후버 재판관이 일응 오류 있는 것으로 간주되는 지도들의 증거능력을 전혀 인정하지 않았더라면, 팔마스와 다른 명칭(지명) 간 동일성을 입증할 수 없었을 것이다. 이 경우 팔마스섬에 대한 네덜란드 측의 실효적 지배사실(권원의 근거 및 증거) 주장의 진위여부에 대한 재판관의 판단에 부정적 영향을 미쳤을 지도 모른다.

---

79) L.A. Brown, *The Story of Maps* (N.Y.: Dover Publications, 1977), pp.180 & 239.

80) Palmas arbitration, *op.cit.*, pp.859~860; 본서, 제9장, VII.2. 팔마스섬 중재사건의 판정 본문에는 당사국들이 중재재판소에 제출한 지도가 부속·첨부되거나 본문 속에 편입되어 있지 않다. 다만 판정 본문에서 이러한 지도들의 지위와 가치에 관해 언급되고 있을 뿐이다.

즉 이 사건에서 후버 재판관은 팔마스와 다른 지명 간의 동일성 여부
를 확인하기 위해 출처 미상의 오류 있는 대축척지도에 주로 의존, 논지
를 전개함으로써 그 증거가치를 인정한 셈이 되었다.[81] 이러한 Huber
재판관의 지명확인에 관한 추론과정은 판결이유를 구성하지 않는 부수
적 의견이라고는 하지만, 동시에 스스로 인증지도의 증거능력과 증명력
만을 인정한 원칙을 천명하면서도 실제로는 출처 미상의 지도에 일정한
증거능력과 증명력을 부여한 모순을 노정한다. 한편 전술한 부르키나 파
소/말리 간 국경분쟁사건에서 국제사법재판소는 프랑스 국립지리연구소
(IGN)이 1958~1960년 중 간행한 축척 20만분의 1의 서부 아프리카 지도
에 일정한 오류가 존재하는 점을 확인하였으나, 오류가 있는 부분에 대
해서는 50만분의 1 지도 등 다른 지도와 비교·수정하여 국경선을 획정
하였다.[82]

또 전술한 2002년 카메룬/나이지리아 간 국경 및 해양경계 분쟁사건에
서 국제사법재판소는 1931년 당시 카메룬을 분할, 통치했던 영-불의 헨더
슨-플뢰리안(Henderson-Fleurian) 교환각서에 편입된 1929년 및 1930년 2
차례에 걸친 톰슨-마샹 선언(Thomson-Marchand Declaration)의 내용을 중
심으로 양국 국경선을 검토하였다. 특히 재판소는 1919년 영-불간 밀너-시
몬(Milner-Simon) 선언에 부속되고 톰슨-마샹 선언에서 명시적으로 언급된
축척 30만분의 1의 므와젤(Moisel) 카메룬 (인증)지도[83]를 2장의 최선의
현대지도 - 즉 1969년 축척 5만분의 1의 DOS 나이지리아 지도 및 1965년
프랑스 국립지리연구소(IGN) 간행 축척 5만분의 1 중앙아프리카 지도 - 와
비교·검토하여 므와젤 지도에 일정한 오류가 존재함을 확인하였다. 이러
한 오류에도 불구하고 재판소는 동 지도가 두 개의 강줄기를 가르는 분수

---

81) *Ibid.*, p.859; 본서, 제9장, VII.2.
82) Frontier Dispute, *supra* note 4, p.583ff, paras.93~94 & 151~156; Akweenda,
 supra note 47, pp.223~225; 본서, 제9장, VI.3.
83) Cameroon/Nigeria case, *supra* note 28, paras.27(a), 34 & 45.

령(watershed)의 부정확한 선의 방향에 관한 일정한 객관적 정보를 제공하고 있다는 점을 인정하면서, 이 부정확한 선을 현대 지도에 옮겨 놓고 (transpose) 정확한 경계선을 획정해 낼 수 있다고 설시하였다.[84]

이러한 국제 판례의 입장에 비추어 어떤 지도의 객관성과 중립성이 인정되는 경우 일정한 오류가 존재한다고 하여 그 지도의 증거능력 자체를 무효화하거나(invalidate) 또는 그 증명력 자체가 부인되는 것으로 보기는 어렵다. 수소재판소가 문제의 지도의 객관성·중립성을 인정하는 한도 내에서는 그 증거능력이 인정될 수 있으며, 단지 지도상에 표시된 오류 있는 부정확한 지리적 사실로 인하여 그 지도의 증명력이 훼손되는 효과를 초래하는 것으로 해석하는 것이 합리적일 것이다.

V. 지도와 시제법

1. 시제법과 권원의 창설·유지

1928년 팔마스섬 중재사건에서 Huber 단독 중재재판관은 시제법 (intertemporal law)이라 함은 권원 귀속여부의 판단은 권원 창설 시점에 존재하는, 지배적인 법적 기준(prevailing legal standards)을 적용하여 권원의 근거(root of title) 또는 주권 창설여부를 판단하여야 한다는 원칙을 말한다고 규정하였다.[85] 이 법리 내지 원칙에 따르면 권리의 창설과 그 존속(existence)·유지 여부는 서로 구별하여야 한다. 즉 권리의 발생 당시 발효 중이던 법에 따라 권리를 창설한 행위를 규율한 바로 그 원칙은 마찬가지로 그러한 권리의 지속적 존속을 위해서는 그 후 변화하는 법이

---

84) *Ibid.*, paras.82 & 115~118.
85) Palmas arbitration, *op. cit.*, pp.845~846.

요구하는 여러 가지 요건을 충족할 것을 요한다.

이러한 관점에서 18세기 중반 이후 발전된 추세를 반영하여 성립한 19세기 실정 국제법에 의하면 발견 등 선점(effective occupation)에 입각한 영토주권 주장이 유효하게 성립하려면 그러한 선점이 실효적일 것을 요구한다("occupation, to constitute a claim to territorial sovereignty, must be effective"). 마찬가지로 후속 행위 없는 과거의 발견 (행위)만으로는 현재 그 유효한 영유권(권원)을 입증하기에 충분하지 않다. 또 만일 발견은 확정적 권원이 아니라 단지 미성숙의 권원만을 창설한다는 19세기 이후 지배적인 견해를 취할 경우, 그러한 미성숙의 권원은 발견한 것으로 주장한 지역에 대하여 합리적 기간 내에 실효적 점유를 통해 완성되어야 한다. 미성숙의 권원은 다른 국가의 지속적·평화적 권능행사에 우선할 수 없다는 것이다. 이러한 팔마스섬 판결에 따르면, 발견을 통해 원시적 권원 또는 본원적 권원을 확립하였다고 하더라도 그러한 권원 역시 변화하는, 그리고 19세기 이후 확립된 국제법 법리에 따라 현실적·평화적·지속적인 점유와 국가권능의 행사에 입각한 실효적 지배를 확립하여야 한다는 것이 현대 국제법의 입장인 것으로 해석된다.

2. 지도의 시제법

과학적 지식 또는 경험적 진리와는 달리 증거로서의 지도·해도의 경우에는 '최신지도가 최선의 지도'(The latest map is the best one)라는 명제가 반드시 통하는 것은 아니다. 즉 최신지도가 최고의 증거능력과 증거가치를 가지는 것은 아니다. 이는 최초의 원본지도(original map)는 최대한 정확한 현지 측량에 기초하여 제작되는데 반해, 그 이후 간행되는 지도는 지형변화 등에 대한 측량없이 상업적 목적으로 전문(傳聞)에 의존하여 성급하게 제작되는 경우가 많기 때문이다.[86] 또 국가기관이 자국의 영유권 주장을 홍보할 목적으로 뒤늦게 의도적으로 역사적·지리적 사실과 정보를 자국에 유리하게 작성하여 지도와 해도를 간행하는 경우도 상정할 수 있다. 따라서 시제법의 원칙에 따라 영토분쟁이 발생한 당시 당사국들이 발간한 공인지도, 특히 인증지도와 분쟁 발생 이전과 직후에 제작·간행된 지도가 중요하다. 이는 분쟁 발생 당시의 지도가 정확하지 않거나 중립적이 아닐 경우, 그 전후에 제작된 지도들을 통해 영유권·국 경선 주장의 일관성 여부를 파악할 수 있기 때문이다.

3. 일본의 독도 영유권 주장

일본은 과거 외무성 홈페이지 게시 글을 통해 "한국의 독도 점유는 국 제법상 아무런 근거도 없이 취해진 불법점유이며, 17세기 초 일본이 독 도에 대한 실효적 지배를 확립하기 이전, 한국이 실효적 지배를 행사하 였다는 명확한 근거를 입증할 것"을 주장하였다.[87] 일본 측의 이러한 주 장은 근대로 올수록 자신들의 영유권 주장의 근거가 상대적으로 박약해 지는 점을 인식하고(1877년 태정관 지령문서 등)[88] 이러한 불리한 정황 을 반전시킬 목적으로 독도영유권 '분쟁' 발생의 기준시점(critical date)을 최대한 소급시켜 한국이 주장하는 역사적 권원의 뿌리 자체에 이의를 제 기하여 이를 훼손시키려는 의도로 해석된다. 따라서 일본이 독도를 고유

---

86) Brown, *The Story of Maps, supra* note 79, p.7. See Nicaragua/ Honduras case, *supra* note 12, p.31, para.99.

87) Japanese Ministry of Foreign Affairs, "The Issue of Takeshima": "The occupation of Takeshima by the Republic of Korea is an illegal occupation undertaken on absolutely no basis in international law. Any measures taken with regard to Takeshima by the Republic of Korea based on such an illegal occupation have no legal justification. (Note: The Republic of Korea has yet to demonstrate a clear basis for its claims that, prior to Japan's effective control over Takeshima and establishment of sovereignty, the Republic of Korea had previously demonstrated effective control over Takeshima)"(2007. 12. 2 검색).

88) 신용하, 『독도의 민족영토사 연구』, 전게각주 5, pp.168~170; 본서, 제9장, VII.1.

영토로 확립하였다는 17세기, 즉 1618년부터 1696년 사이에 도쿠가와 막부가 발간한 일본 정부의 공인지도, 특히 단독지도보다는 공식문서에 부속·편입된 인증지도를 집중적으로 발굴하는 것이 중요하다. 또 당시 제3국(중국 또는 서양)이 간행한 조선이나 일본의 강역에 관한 공인 (단독)지도 역시 객관성 또는 중립성을 가진 간접증거로서 2차적 증명력을 인정받을 수 있을 것으로 본다. 또 일본이 독도를 시마네(島根)현 영토로 '편입'하였다는 1905년과 그 전후에 일본 정부가 발간한 공인지도들도 일본의 영유권 주장의 유효성 또는 허구성을 판단하는 중요한 증거가 될 수 있다.

VI. 지도·해도의 과거·현재와 미래

1. 지도·해도의 역사·지리학과 종교·정치사회학

과거 지도는 지식·종교·군사·정치권력 및 재산권과 밀접한 상관관계 속에서 간행·보관 및 배포된 관계로 극도의 비밀성과 보안성이 지도의 속성으로 간주되던 시절이 있었다. 고대·중세의 지도 간행·배포가 비밀작업이었다면 당시 지도는 부와 사회적 지위·권력의 상징이었을 것이다. 또한 당시 그러한 지도를 입수·이용할 수 있었던 사람은 사회 피라미드의 최상층을 구성하는 지배계층(고위 관리·성직자, 장군과 소수의 탐험가나 선장 등)이었을 것이다. 초기 기독교 시대로부터 교회가 세속권력을 능가하는 권력을 행사하였던 서기 1,200년까지 우주의 신비나 지리학적 추측은 종교적 죄악은 아니었지만, 이교도나 빠져드는 '대담한' 행동에 속했다. 따라서 당시 성직자들의 감독 하에 제작된 지도들은 매우 모호하고 일반인들의 경외심을 자극할 뿐, 자연현상에 대한 객관적·회의적

관찰자들을 만족시킬 수는 없었다.[89]

콜럼버스의 아메리카 대륙 탐험이후 스페인에서 제작된 '보물대륙' 신세계에 관한 지도나 해도들은 거의 예외 없이 세비야(Seville; Sevilla)의 고문서 보관서에 기탁되고(deposit) 겨우 몇 부의 사본만을 만들어 오직 믿을 만한 몇 몇 선장들에게만 배부되었다. 위대한 탐험가들이 제작한 원본 지도·해도들은 결코 이를 인쇄하거나 동판을 뜨도록 허용되지 않았다.[90] 이런 이유로 콜럼버스, 마젤란이나 코르테스의 탐험과 관련된 대부분의 일차적 자료는 영원히 자취를 감추게 되었다. 우리나라 '최초의 민간지도 제작자'라 할 수 있는 김정호(?~1864)의 죽음에 관해 여러 가지 의혹의 이야기가 떠도는 것도 이러한 지도의 '정치사회학적', '권력적' 속성 때문이기도 할 것이다.[91]

근대에 들어서면서 서구 열강들의 아시아, 아프리카와 아메리카에서의

---

89) Brown, *supra* note 79, p.7.

90) *Ibid.*, p.8. 세계일주 항해를 마치고 1580년 9월 플리머스항에 귀환한 드레이크 제독에게 엘리자베스 1세는 '보물창고'로 향하는 항로를 비밀에 부치도록 당부했다. 드레이크의 항로는 영국이 무적함대를 격파한 이듬해인 1589년이 되어서야 확인되었다. S. Garfield, *On the Map*(Profile Books, 2012), 김명남 옮김, 『지도위의 인문학』(경기 파주: 다산북스, 2015), pp.170~175. 최초의 (서양)지도책은 1477년 볼로냐에서 프톨레마이오스의 고대지도 27점을 묶어 인쇄한 것이라 한다. Garfield, *ibid.*, p.178.

91) 그가 간행한 비공인 조선전도인 「대동여지도」(1861)[보물 제850호, 성신여대박물관 소장. 초판은 철종 12년(1861), 재판은 고종 1년(1864)에 간행]의 경우 판각본에는 '우산'도가 빠져 있으나 그 준비 작업으로 그린 필사본에는 울릉도 동쪽에 우산도가 그려져 있다고 하며, 또 청구도에서도 울릉도 동쪽에 명확하고 선명하게 '우산'이라고 표시되어 있다고 한다. 김병렬, 『독도: 독도자료총람』(서울: 다다미디어, 1998), 530~531쪽; http://100.naver.com/100.nhn?docid=32195; 이은성, "백 년 전에 온 사람", 월간 「산」, 1984. 6, pp.92~100. 축척 약 16만분의 1, 가로 3m, 세로 7m인 대동여지도는 한반도를 북에서 남까지 동서로 끊어 22폭으로 나누어 책으로 접어놓은 형식으로서, 이를 순서대로 맞추면 조선전도가 된다고 한다. See http://kref.naver.com/doc.naver?docid=699601, http://100.naver.com/100.nhn?docid=32195, & http://issue.media.daum.net/money2/200712/07/moneytoday/v19159048.html (2007. 12. 7 검색).

식민지 확보 경쟁이 노골화하면서 지도는 공시단계를 거치게 된다. 이는 열강들이 해외식민지 개척에 관한 자국의 독점적 권리 주장을 뒷받침하기 위한 목적과 밀접한 관련이 있다고 본다. 즉 서구 열강(탐험가)들이 '발견'한 '미지의 신세계' 영토에 대한 자국의 배타적 권리를 보호받기 위한(제3국에 대한 대항력) 수단으로 지도를 대량으로 인쇄·간행·배포하기 시작한 것으로 볼 수 있다. 확립된 국경선을 입증하는 증거로 지도를 이용하기 시작한 관행이 1775년부터 나타난 것도[92] 이러한 과정과 무관하지 않다고 본다. 현대 국제법상 지도는 단순히 자연과 인간이 빚어 낸 지리적 사실을 표시한 도면만은 아니기 때문이다. 지도는 지리적 사실과 함께 이와 관련된 '정치적 사실'을 표시해 놓은 도면이다.[93]

2. 지도·해도의 국제·국내법

한 걸음 더 나아가 지도·해도는 권리의 창설(발생)·처분·변동(유기·포기 등)을 수반하는 '법률사실'(dispositive facts)을 기록하는 수단이며, 증거 자격과 가치를 가지는 도면이다.[94] 즉 지도·해도가 표시하는 사실 또는 정보는 영토주권과 관련한 중요한 또는 결정적인 법률효과를 수반하는 증거능력과 증명력을 가진다. 따라서 지도·해도의 의의와 중요성은 영토·해양경계 관련 분쟁에서 당사국의 권리 주장을 뒷받침하는 '객관적'

---

92) F. Münch, "Maps", in R. Bernhardt(ed.), *Encyclopedia of Public International Law* (4 vols., Amsterdam: Elsevier, 1992~), vol.3(1997), p.287; 본서, 제9장, III.4.

93) C.C. Hyde, "Maps as Evidence in International Boundary Disputes", *American Journal of International Law*, vol.27, 1933, p.311; 본서, 제9장, III.1.

94) 예컨대 「총회도」 등 18세기 막부시대 대표적 지도들이 울릉도와 독도를 조선의 영토로 표시하면서 '조선의 것'이라고만 하지 않고 '朝鮮의 것으로"(朝鮮ノ持ニ)라고 한 것도 17세기말 조선-일본 막부 간 이른바 '울릉도쟁계'('竹島一件')가 해결되어 울릉도와 독도를 '조선의 것으로' 인정한 막부 장군의 1696년 최종결정을 지도에 반영한 것이라는 것이다. 송병기, 전게각주 5, p.86. 신용하, 전게각주 5, p.127.

증거로서의 법적 지위와 가치에 있다. 일찍이 하이드(Hyde) 교수는 국경 분쟁사건에서 "분쟁당사국의 공인지도의 가장 두드러진 기능은 그 제작·간행국가를 구속하는 것"이라고 강조한 바 있다.[95] 이는 정부가 공인·준공인 지도·해도의 간행 시 모든 주의를 기울여야 함은 물론, 민간 지도·해도 제작자의 비공인지도의 간행 시에도 그 등록·자격심사 및 정보의 정확성 등에 대한 지도·감독 의무의 중요성을 강조한 것이 아닐 수 없다. 지도의 증거능력과 증명력을 규율하는 현행 국제법 규칙(의 증거)인 국제판례 상 지도의 법적 의의와 효력에 대한 정확한 이해에 근거한 국가행위와 국가실행이 요구되는 소이가 여기에 있다.

구 「측량법」과 구 「수로업무법」은 지도·해도 간행의 기술·규제적인 측면을 규율하고 있으며, 그 주무부서로서 국토교통부 산하 국토지리정보원[96]과 해양수산부 산하 국립해양조사원(National Oceanographic Research Institute)[97] 등을 설치·운영하고 있다. 지도·해도의 간행은 측량(surveying; mapping)[98]·삼각측량(三角測量: triangulation)·측지(geodesy)·수로측량(hydrography)·측심(bathymetry)·지리학(geography)·지형학(geomorphology)·지형측량학(topography)·해양학(oceanography)·지질학(geology)과 지물리학(geophysics) 등을 포괄하는 종합적인 과학기술 정보·지식을 요구한다(「국가지리정보체계의 구축 및 활용 등에 관한 법률」 및 「공간정보의 구축 및 관리 등에 관한 법률」 참조). 문제는 지도·해도의 간행이 이러한 과학기술적 측면의 지식을 요구할 뿐만 아니라, 국제법상 우리나라

---

95) Münch, "Maps", *supra* note 92, p.288; Hyde, *supra* note 93, p.315; Akweenda, *supra* note 47, p.208.
96) See http://www.ngi.go.kr/index.html.
97) See http://www.nori.go.kr.
98) 구 「측량법」에 의하면 ""측량'이라 함은 지표면·지하·수중 및 공간의 일정한 점(點)의 위치를 측정하여 그 결과를 도면 및 수치로 표시하고 거리·높이·면적·체적(體積) 및 변위(變位)의 계산을 하거나 도면 및 수치로 표시된 위치를 현지에 재현하는 것을 말하며, 지도의 제작, 연안해역의 측량과 측량용사진의 촬영을 포함한다"(제1조 제1호).

의 권리·의무 관계(영유권 및 해양경계 관련)에 영향을 미치는 법률효과를 수반한다는 점을 충분·정확하게 이해할 것이 요구한다는 점이다. 따라서 지도·해도간행과 관련한 여러 분야와 측면에 관한 이론과 실무 지식을 두루 갖추어 고지도의 해석·평가와 현대지도 간행 시 법률자문 역량을 가진 지도전문가의 양성이 긴요하다.

이러한 제반 문제점들을 시정하기 위해서는 우선 현행 법률의 미비점 등에 대한 전반적 검토가 필요하다. 예컨대 구 「측량법」과 구 「수로업무법」은 지나치게 기술적 측면에 초점이 맞추어져 있어 지도·해도 간행의 국세·국내법적 효과에 대한 고려는 경시·간과되거나 무시되고 있다.[99] 따라서 전술한 민간부문 간행 지도상 독도 누락 등에 비추어 민간업자의 지도간행업무에 대한 법적 측면의 심사기준을 강화하고,[100] 해도제작업의 등록제[101]의 등록기준을 강화하는 방안을 검토할 필요가 있다. 특히

---

99) 본 장을 논문으로 발표할 당시인 2008년 4월 현재 시행중이던 「측량법」(1986년 전문개정, 법률 제3898), 「지적법」(1950년 제정)과 「수로업무법」(1961년 제정, 법률 제862호; 1988년 전문개정, 법률 제4063호)은 2009. 12. 10 「측량·수로조사 및 지적에 관한 법률」(법률 제11592호, 2012.12.18 일부개정)이 제정되고 2013. 6. 19부터 시행되면서 폐지되었다. 본서에서는 구 법령의 문제점을 지적한 원래의 원고를 대체로 유지하였음을 알려 둔다.

100) 구 「측량법」에 의하면 국토지리정보원장과 민간업자는 지도를 간행할 수 있다. 第23條(측량성과의 刊行등) ①국토지리정보원장은 건설교통부령이 정하는 바에 의하여 기본측량의 測量成果를 사용하여 지도 기타 필요한 刊行物(이하 "地圖등"이라 한다)을 刊行하여 발매 또는 배포하여야 한다. 이 경우 국가안보를 해할 우려가 있는 사항을 地圖등에 표시하여서는 아니된다.〈개정 1997.1.13, 2000.1.28, 2004.1.20〉 第25條(측량성과 등의 사용) ①基本測量의 측량성과 및 측량기록 또는 第23條 第1項 및 第2項의 規定에 의한 지도 등을 사용하여 地圖등을 刊行하고 이를 판매 또는 배포하고자 하는 者는 지도 등을 간행하기 전에 建設交通部令이 정하는 바에 의하여 국토지리정보원장의 심사를 받아야 한다.

101) 구 「수로업무법」 第26條(수로조사업 및 해도제작업의 등록 등)〈개정 1999. 4.15.〉 ① 수로조사업 또는 해도제작업(이하 "수로사업"이라 한다)을 영위하고자 하는 者는 해양수산부 령이 정하는 바에 의하여 해양수산부 장관에게 등록을 하여야 한다. 등록한 사항을 변경하고자 하는 때에도 또한 같다.〈개정

지도·해도의 제작·간행의 법적 의의·효과에 대한 규정을 두고, 지도·해도 제작·간행 시 중과실 등에 의한 오류에 따르는 책임을 법제화하는 방안도 아울러 강구할 필요가 있다. 또 정부간행 공인 지도·해도의 법적 지위와 가치 등에 관한 규정 신설 여부 등도 검토해 볼 수 있다. 또 간행 시 그 정확성이 의심되는 경우, 그러한 지도의 간행을 자제하거나, 또는 그러한 지도·해도 밑에 "이 지도·해도는 대한민국이 국제법상 향유하는 고유한 입장 및 권리를 해하는 것으로 해석되거나 원용되어서는 아니된 다"는 등의 배제조항(disclaimer)을 포함시키는 방안도 검토해 볼 수 있을 것이다.[102] 또 「지도도식규칙」(건설교통부령 제323호) 역시 이러한 법적 측면을 반영할 수 있어야 한다.

3. 지도·해도의 국제정치경제학과 지도정책·외교

이러한 법적 토대를 바탕으로 국가 공인지도·해도 제작업무와 관련한 방향설정·정책수립과 집행 업무를 효과적으로 수행하기 위해서는 일관성 있는 장기적, 체계적 '지도정책'을 수립하여야 한다. 또 현행 국제법상 입증수단 내지 증거로서의 법적 지위와 가치에 비추어, 앞으로도 한국과 일본(그리고 제3국) 등지에서 특히 17세기 일본 막부가 간행한 공인지도, 특히 인증지도를 발굴하는 것이 긴요하다(V.3).[103] 또 독도 관련 지도를 체계적으로 검토·분류하여 그 가치를 지리학적·역사적·국제법적 증거

1996.8.8, 1999.4.15)

102) 물론 이 경우 그러한 지도의 증거능력과 증명력은 저하될 수밖에 없을 것이 다. See Indonesia/Malaysia case, *supra* note 12, para.84 참조. 또 지도상에 표시된 배제조항 역시 지도 간행국이 이를 근거로 항상 상대국에 대항할 수 있는 것은 아니며(말레이시아/싱가포르 사건, 전게각주 62), 특히 자국에 불리 한 내용의 지도를 제작·배포하는 경우 그러한 지도상의 정보는 지리적 사실 의 기술로 인정된다(망끼에·에끄레오 사건)는 점에 유의해야 한다.

103) 호사카 유지 교수에 의하면 현재 2가지 종류의 막부간행 공인지도가 확인되 어 있으며, 이 지도들은 울릉도와 독도를 조선의 영토로 표시하고 있다고 한다.

지위와 가치의 측면에서 평가하고 표시된 지명의 변화를 조사하는 작업을 병행하여야 한다. 아울러 정부의 공인지도·해도 제작 관행 역시 신자유주의와 세계화의 이념(또는 이데올로기)이 요구하는 국제경쟁력 있는 지도 제작이라는 '정언명령'(categorical imperative)으로부터 자유로울 수 없다.[104] 무엇보다도 지도와 해도는 영토 및 해양경계에 관한 권리와 직결된 문제이기 때문에 더욱 그러하다.

　미국, 영국과 일본 등 선진국들이 최신기법을 동원, 지도와 해도를 직접 제작·간행하여 자국에 유리한 '정치적·법적 사실'을 표시하고 있는 것도 지도의 법적 기능과 비중을 인식하고 잠재적 영토·해양경계 분쟁에서 재판관들로 하여금 최대한 자국에 유리한 심증을 형성시켜 우월적 위치를 선점하기 위한 전략의 일환인 것으로 볼 수 있다. 지도 관련법과 지도정책에 따라 정부와 관련 단체는 향후 적극적인 '지도외교'를 추진할 필요가 있다. 미국의 경우 1937년 이미 연방정부의 6개 주요부처(six primary Departments of the US Government)가 지도·해도 제작에 종사·관여하기 시작하였으며,[105] 현재 연방 및 주정부 차원의 많은 지도(제작)관련 부서

---

104) 박현진, "세계화, 법학전문대학원과 법학 연구·교육의 방향·방법론", 전게각주 10, pp.302~304 참조.

105) Brown, *supra* note 79, p.307. 이들 6개 부처는 그러나 미 육군 또는 해군이 미국 국내 또는 외국 영역에서 전투를 수행하는데 필요한 지도와 해도를 제공할 예산이나 장비를 갖추지 못하였으며, 단지 전쟁성(War Department) 내 공병단(Corps of Engineers)만이 총참모부(General Staff)를 위해 군사지도를 편집할 권능을 위임받은 유일한 부서였다고 한다. 당시 지도제작 관련 정보와 자료는 전쟁성 공문서보관소(archives), 육군대학 도서관(library of the War College) 소장 지도, 탄약창(Munitions Building) 지하에 보관된 지도와 공병의 야전 메모/기록(field notes) 등으로 이루어져 있다. 2차 대전 이후 군사지도 제작 업무는 육군지도국(Army Map Service)으로 이관되었다. Brown, *ibid*. 현재 미국의 군사지도 관련 업무는 국방성 내 고등국방연구사업청(Defense Advanced Research Project Agency: DARPA), 육군 공병단과 육군지형측량센터(Army Topographic Engineering Center) 등이 다음 각주에 열거한 다른 정부기관들과 유기적으로 협력·담당하고 있는 것으로 보인다. See, "DoD News Briefing: Agreement to Commercialize Government Funded Technology",

가 설치·운영되고 있다.[106] 미국은 또 국무성 내 '해양국제환경과학국'에서 과도한 해양경계를 주장하는 국가와 그 범위를 파악하여, 대내외 정책 수립의 기초자료로 활용하고 있는 것으로 보인다.[107] 지도는 영토, 국경 및 해양경계 문제와 직결된 중차대한 문제이기 때문일 것이다.[108]

따라서 향후 우선 세계지도·해도를 간행하는 미국(국무성, 국방성과

February 12, 1997, at http://www.defenselink.mil/transcripts/transcript.aspx? transcriptid=402 (2008. 1. 15 검색).

106) 예컨대 연방정부 기관만 하더라도 국무성 해양국(Office of Ocean Affairs, Department of State) 내에 상근 지리학자(geographer)가 근무하며, 연방정부 기관으로 국립측량영상국(U.S. National Mapping and Imagery Agency, http://erg.usgs.gov/nimamaps)와 내무성 지질조사원(US Geological Survey, Department of the Interior, http://www.usgs.gov), 국토지리성 지도제작실 (The Cartography Office, Department of Geography and Program in Planning, http://www.geog.utoronto.ca/cartweb/cartpage.html), 상무성 국립해양기상청 연안측지청(US Coast & Geodetic Survey, National Oceanic and Atmospheric Administration, US Department of Commerce, http://www.arlingtoncemetery. net/uscgs.htm), 농무성 자원보존청 국립지도지형공간센터(National Cartography and Geospatial Center, Natural Resources Conservation Service, Department of Agriculture, http://www.ncgc.nrcs.usda.gov/products/mobile)과 연방 항공청 국립항공지도제작실(National Aeronautical Charting Office: NACO, Federal Aviation Administration, http://naco.faa.go) 등이 설치되어 있다. 또 미국지리 학회(American Geographical Society)와 국제지도협회 미국위원회(US National Committee for the International Cartographic Association, http://www.msu. edu/~olsonj/USNC-ICA.html)도 일정 범위 내에서 지도제작에 간여하고 있는 것으로 알려져 있다.

107) U.S. Department of State, Bureau of Oceans and International Environmental and Scientific Affairs, 「U.S. Responses to Excessive National Maritime Claims」, Limits in the Seas, No.112, available at http://www.state.gov/documents/ organization/58381.pdf (2007. 12. 8 검색).

108) 국제연합에는 지도과(United Nations Cartographic Section, Department of Field Support)가 설치되어 있으며, 그 長은 수석 지도사(chief cartographer)이다. At http://www.un.org/Depts/Cartographic/english/htmain.htm (2007. 12. 8 검색) & "UN cartographer to plot disputed Shaba Farms' border boundaries", http://www.haaretz.com/hasen/spages/901591.html (2007. 12. 8 검색).

연방정부 기관 등), 영국[해군성(The Admiralty)[109] 수로국[110]]과 프랑스 등 주요 외국 정부(기관)와 민간기관의 명단을 파악,[111] 이들이 발행하는 지도를 수집·분류·분석할 필요가 있다. 또 이 가운데 독도에 관한 영유권 귀속 실체를 우리의 입장과 배치되게 표시하거나 또는 우리의 정당한 권익에 반하는 지명, 명칭을 표시한 경우에는 직접 해당 정부 또는 민간 지도제작자에게 적극적·정기적·지속적으로 이의를 제기하면서 그 시정을 요구하여야 한다. 동시에 국제수로기구(International Hydrographic Organization: IHO)[112] 해저지명소위 등 국제기구에서의 활동을 통해 오류의 시정을 제기하거나 요구할 필요가 있다.[113] 이러한 노력은 독도영유권을 둘러싼 갈등과 관련한 잠재적 사법쟁송에 대비, 묵인의 국가실행을 방지하여 우리에게 유리한 여건 조성에 기여할 수 있기 때문이다.[114]

---

109) British Admiralty, http://www.admiralty.co.uk/Pages/Home.aspx.

110) U.K. Hydrographic Office, http://www.ukho.gov.uk/Pages/home.aspx.

111) 예컨대 미국의 내셔널 지오그래픽(National Geographic Society) [http://www. nationalgeographic.com/about/index.html], 영국의 The Times와 대영백과사전 (Encyclopedia Britannia) 그리고 프랑스의 Larousse 백과사전 등을 들 수 있다.

112) At http://www.iho.shom.fr/. IHO는 1929년부터 『해양의 경계』(Limits of Oceans and Seas)라는 지도책을 발간하고 있는데, 초판 발행시 '동해(East Sea)'를 '일본해(Japan Sea)'로 표기, 세계 주요 지도에 일본해가 통용되는 근거가 된 것으로 알려졌다. 1953년 세 번째 개정판 이후 4번째 개정판 발간을 앞두고, 우리 정부는 '동해'와 '일본해'가 병기되도록 추진하고 있다. 그런데 IHO는 2002년 11월 '해양의 경계' 4차 개정판에서 일본해 단독표기를 삭제하고 동해 부분을 공란으로 남겨놓기로 했다가 이를 철회한 채 동해 표기방식 결정을 미루고 있다.

113) At http://terms.naver.com/item.php?d1id=7&docid=892(2007. 12. 12). 해양수산부는 2007년 7월 제20차 해저지명소위원회(SCUFN) 회의에서 우리나라 배타적 경제수역(EEZ) 내 독도 주변 해저 지명 10곳(후포퇴·우산해저절벽·강원대지·울릉대지·온누리분지·새날분지·안용복해산·김인우해산·이규원해산·우산해곡)을 신청하였다. 한편 일본은 지난 2001년에 일본 EEZ 내 해저 지명 240여개를 신청해 등재시켰다. 한국아이닷컴, "'독도주변 해저지명 10곳 국제 기구 등재", 2007. 6. 8, at http://economy.hankooki.com/lpage/news/200706/ e2007060820535270300.htm (2007. 12. 12 검색).

114) 전술한(상기 II.2 & III.4) 2002년 에리트레아/에티오피아 국경위원회 결정은

VII. 결 론

영토·해양경계 분쟁 관련 지도와 해도의 증거로서의 지위와 가치 및
그 요건에 관한 국제법 규칙(의 증거)으로서의 국제 판례는 현재 미성숙
한 단계에 있다. 이는 지도와 해도가 그 자체로서 영역 권원을 창설하는
법적 지위를 가지지 못할 뿐만 아니라, 인증지도를 제외하고는 기본적으
로 조약이나 문서상의 영역 권원 주장을 보강·확인하는 보조적·2차적 증
거라는 사실과 무관하지 않다.[115] 그러나 지도와 해도는 다른 정황증거
와 함께 실제의 사실을 확립하거나 또는 재구성하는데 이용될 수 있다
(리기탄·시파단 사건: II.1). 즉 지도증거가 문서증거[116] 그리고 다른 증
거나 정황(circumstances)과 결합하여 묵인 등 국가실행을 구성할 경우
그 법적 중요성이 매우 크며,[117] 당연히 시너지 효과를 발휘한다.[118] 특
히 지도·해도에 표시된 지리적 사실·정보는 그 시각적 효과로 인하여 재
판과정에서 재판관들의 심증형성에 상당한 영향력을 발휘한다는 점을 부
인할 수 없다(에리트레아/예멘 사건: III.1). 또 만일 영토·해양경계 관련
국제사법쟁송에서 증거능력을 가진 조약·문서나 실효적 지배의 증거가
부재한 경우 지도의 가치는 그 자체로서 결정적이다(부르키나 파소/말리

국경선 획정에 있어서 참조한 몇 몇 지도 가운데 미국 국립측량영상국 제작
지도를 포함시키고 있다. 전게각주 25, p.124, Appendix C, C1(ii). 또 2007년
니카라과/온두라스 간 영유권 및 해양경계 분쟁사건에서 온두라스 측은 미국
국립측량영상국이 작성한 지명색인(Gazetteer of Geographic Features)을 인용
하고 있다. Nicaragua/Honduras case, *supra* note 12, para.242.

115) Nicaragua/Honduras case, *ibid*, p.58, para.217.
116) Eritrea/Yemen arbitration, Phase I, *supra* note 3, para.490.
117) Decision regarding Delimitation of the Border, *supra* note 25, p.27(sec.3.22).
118) B.K. Sibbett, "Tokdo or Takeshima? The Territorial Dispute between Japan
and the Republic of Korea", *Fordham International Law Journal*, vol.21, 1998,
p.1606; 전술한(II.1) 리기탄·시파단 도서영유권 분쟁사건과 부르키나 파소/말
리 간 국경분쟁사건, 인용문 참조.

국경분쟁 사건).

영토분쟁사건에서 지도·해도는 권원을 창설하는 근거로 인정되지는 않는다(2008년 말레이시아/싱가포르 도서영유권 분쟁사건 등). 또 그 자체만으로 영토주권 귀속여부와 귀속주체를 판단하는 판결이유가 되는 경우도 흔하지 않다. 그러나 지도·해도는 통상 문서 증거 그리고/또는 분쟁당사국의 국가실행(묵인, 승인 등)과 함께 검토되어 판결과정에 이르기까지 국제재판소가 고려·평가하는 증거의 중요한 한 요소를 구성한다(부르키나 파소/말리 사건 및 카메룬/나이지리아 사건 등). 중요한 점은 영토분쟁 관련 국제판례상 지도·해도 그리고 거기에 표시된 지리적 정보(designation)가 영토주권의 귀속여부와 귀속주체를 입증하는 중요한 증거자료로서의 지위와 가치를 인정받고 있다는 점이다(말레이시아/싱가포르 사건). 소위 지도상에 표시된 배제조항 역시 항상 간행국의 권리를 보호해 줄 수 있는 '만병통치약'으로 인정되지 않으며(말레이시아/싱가포르 사건), 특히 자국에 불리한 지도를 자국의 이익에 반하여 스스로 제작·배포하는 경우, 그러한 지도는 여전히 지리적 사실의 기술로 유효하며, 배제조항 등을 이유로 항상 상대국에 대항할 수 있는 것은 아니다.

영토분쟁 관련 국제소송에 있어서의 관건은 권원에 대한 상충하는 당사국 권원주장의 상대적 우월성(relative strength; superior claim)에 달려 있다.[119] 더욱이 독도 영유권에 관하여 아직 발굴되지 않은 지도가 있을 개연성을 완전히 배제할 수 없다는 점에 비추어 볼 때,[120] 도서영유권 및 국경/해양경계 획정을 둘러싼 지도의 법적 의의와 중요성은 결코 과소평

---

119) Eastern Greenland case, *supra* note 1, p.46; Palmas arbitration, *supra* note 1, p.870; Minquiers/Ecrehos case, *supra* note 4, p.67; Eritrea/Yemen arbitration, Phase I, *supra* note 3, paras.452 & 454; Nicaragua/Honduras case, *op.cit.*, paras.169 & 227.

120) 이 논문 발표 후 일본정부가 국회에 대일강화조약 비준동의를 요청하면서 함께 제출한 「일본영역 참고도」가 첨부되어 있음이 2014년 알려졌다. 본서, 제7장 참조.

가될 수 없다. 유엔해양법협약은 도서 영유권 분쟁사건에 있어서 지도의 증거능력과 증명력에 관한 규칙을 확립하고 있지 않다. 그러나 동 협약은 대향국 또는 인접국 간 해양경계(영해, 배타적 경제수역 및 대륙붕의 폭)에 관한 분쟁이 발생할 경우 연안국이 주장하는 해양경계를 표시한 연안국이 공인한 대축척해도 또는 적절한 축척의 해도에 2차적 증거, 즉 예시지도로서의 지위를 인정하는 조약법상의 기본 규칙을 확립한 것으로 해석된다. 또 대부분의 국경/해양경계 분쟁 사건의 판결문 본문에 포함된 약도는 '예시목적'의 지도임을 명시하여 2차적 증거로서의 가치를 부여한 것으로 해석된다.

이와 관련, 국제재판소는 지도의 증거능력·증명력의 판단에 있어서 도서 영유권 분쟁 관련 지도와 국경 분쟁 관련 지도 양자 간 구분을 시도하고 있지 않다고 해석된다. 어느 쪽이든 인증지도 또는 공인지도로서 일관된 정보를 표시하고 있는 경우 분쟁당사국인 간행국의 문제의 도서/영역에 관한 영유의사를 표시한 것으로 간주하는 경향을 보여준다. 그러나 해양경계(영해, 대륙붕 또는 EEZ) 분쟁 관련 지도의 경우에는 현재까지 이를 유효한 증거로 채택하여 판결한 사례가 드물다. 즉 해양경계 분쟁에 있어서는 분쟁당사국이 간행한 지도·해도 상에 표시한 해양경계 관련 정보와 당사국의 의사는 그 증거능력이 극히 제한적이다. 이는 1) 12해리 영해와 200해리 배타적경제수역의 개념이 1982년 채택된 유엔해양법협약에서 처음으로 규정한 제도로서 과거 이러한 해양경계를 표시한 지도·해도가 상대적으로 적다는 점, 그리고 2) 해양경계 획정의 경우 영유권분쟁 사건과는 달리, 동 협약이 기본 원칙/규칙을 확립하고 있으므로, 그에 따라 판결하기 때문인 것으로 풀이된다.[121] 그러나 동 협약이 발효한(1994) 이후 동 협약 규정에 따라 연안국이 해양경계를 표시하여 간행한 지도·해도는 예시지도로서의 증거지위를 향유하므로, 향후 해양

---

121) Nicaragua/Honduras case, *op. cit.*, paras. 237, 261, 267~270, 277~281 & 302.

경계 관련 분쟁이 재판에 제소될 경우 그러한 지도·해도는 2차적 증거로서 원용될 수 있을 것으로 판단된다.[122]

근래 일본이 외무성 공식 홈페이지 영문게시문을 통해 독도에 대한 역사적 권원과 과거 실효적 지배의 확립 주장과 함께, 자국 영유 태평양상 암초들에 대한 200해리 EEZ을 선포·집행하는 국가실행을 계속하고 있는 것은 향후 동해와 남해에서 한·일 간, 그리고 동중국해에서 중·일 간 EEZ/대륙붕 경계획정 교섭에서 '중간선 원칙'을 고수·관철시키려는 전략의 일환으로 해석된다. 지도·해도 간행의 법적 중요성과 효과에 비추어, 현행 '지도정책'에 대한 전반적 재검토를 통하여 영유권·해양경계를 공고화하는 국가실행을 일관성 있게 추진하여야 한다. 이와 관련, '지도의 시제법'의 법리에 따라 1618~1696년 사이 일본 막부가 간행한 공인지도와 1905년을 전후하여 일본 정부가 간행한 공인지도를 중점적으로 발굴하는 노력이 필요하다. 특히 독도를 조선의 영토로 표시한 일본 막부·정부 간행 인증지도는 결정적 증거능력·증명력을 가진다. 아울러 독도의 지명 변화과정(우산도, 삼봉도, 가지도, 석도 등)을 역사학·언어학·인류학적으로 설득력 있게 설명할 수 있어야 할 것이다.

또 지도·해도 간행 관련 국내법 규정을 검토하여, 간행에 따르는 법적 측면 관련 규정을 신설·개정(VI.2)하는 방안을 검토할 필요가 있다. 공인 지도·해도의 간행에 대한 심사기준을 강화하고, 민간 지도·해도제작업의 등록제를 면허제로 전환하여 면허·감독의 기준·절차를 강화하며, 지도·해도 간행 시 중과실로 인한 오류에 대하여 민·형사·규제 등 법적 책임

---

122) 2007년 니카라과/온두라스 간 도서영유권 및 해양경계 분쟁사건에서 온두라스 측은 유엔해양법협약 제16조에 따라 유엔 사무총장에 영해측정을 위한 기선의 지리적 좌표를 기탁한 사실과 이 좌표들이 국제연합 「해양법 공보」(公報; Law of the Sea Bulletins)에 기재·발간된 사실을 상기시키고 있다. *Ibid.*, para.278. 해양법 공보에 대해서는 UN Division for Ocean Affairs and the Law of the Sea, http://www.un.org/Depts/los/doalos_publications/los_bult.htm (2015. 11. 20 검색) 참조.

을 부과하는 방안을 검토할 필요가 있다. 또 정부가 공인 지도·해도 간행 시, 그 경계선과 지명 표시 등에 관한 표준 기준과 규칙(건설교통부령 「지도도식규칙」)에도 법적 고려에 대한 조항을 추가하여 우리의 권리와 이익을 보호할 수 있는 지도간행 정책과 법을 수립·시행하여야 한다. 동시에 정부 수립이후 발간된 공인·비공인 지도에 대한 전반적 검토를 통하여 오류가 있는 지도의 목록과 오류 내용을 파악할 필요가 있다.

특히 영해기선과 그 외측한계 및 EEZ 외측한계 등을 표시하는 정부 공인 대축척해도 또는 적합한 축척의 해도 간행 시, 그러한 해도가 향후 해양경계획정 교섭에서 관련국에 의하여 우리에게 불리한 증거로 원용될 수 있다는 점을 인식하여 그 지리학적·역사적 및 법적 시사점과 잠재적 효과를 해석·평가·자문하는 지도·해도 관련 법률전문가도 양성하여야 한다. 아울러 유엔 또는 주요국(제3국 또는 구 식민지 보호·종주국) 발간 지도(특히 공인지도)들도 재판과정에서 재판관의 심증형성에 상당한 영향을 미칠 수 있다는 점을 고려할 때(프레아 비헤어 사원 영유권 분쟁사건), 이에 대한 종합적 실태조사를 통해 우리의 입장에 반하는 영유권 귀속 주체 또는 해양경계선을 표시한 외국 정부·민간 지도제작사에 대하여 지속적인 이의·항의 제기를 통해 수정을 유도할 필요가 있다. 이는 그러한 지도상의 오류를 인지하고서도 묵인한 국가실행을 구성하지 않도록 유의하는 것이다.[123] 또 관련 국제기구에서도 적극적 '지도외교'를 경주해야 할 것(에리트레아/예멘 중재사건의 유엔 작성 지도)이다.

---

123) Decision regarding Delimitation of the Border by the Commission, *supra* note 25, p.26(sec.3.21) 참조.

>>> 제 **6** 부

국제사법쟁송,
한일관계와 한국의 도전

- 제11장 독도문제와 국제사법쟁송
- 제12장 한일관계와 한국의 도전
- 제13장 역사적 이성, 실정법적 정의와 독도주권

제11장 독도문제와 국제사법쟁송*

I. 독도문제의 정치적·법적 성격

'독도문제'는 비록 일본의 권리·권원 주장의 근거가 박약한 정치외교적 공세(비법률적 사실상의 분쟁)의 성격이 강하기는 하나,[1] 동시에 그 주장의 사실상 및 법률상의 타당성(본안 문제) 여부와는 관계없이 외견상 권리 다툼이 존재한다는 측면에서 본다면 일응 '형식상' 법률상의 분쟁(a pro forma legal dispute)의 외양과 성격도 가지고 있다. 일본은 한국이 독도에 대한 계속적·평화적·실효적 지배권을 행사해 온 역사적 사실 및 법률사실에 대하여 이의를 제기하면서 나름의 법적 주장을 내세우고 있다.[2]

이러한 일본의 대내·외적 주장과 행동(國家實行)에 비추어 볼 때, 일본의 독도 영유권 주장의 목적은 제1단계로 '사실상의 분쟁'의 외양을 갖춘 주장을 통해 정치·외교적 정당성을 획득, 유리한 국제여론을 조성하여

---

* 이 글은 2004. 9. 3 한국해양수산개발원 주최 '독도영유권에 관한 국제법적 접근' (서울 렉싱턴 호텔) 세미나에서 경희대 김찬규 명예교수의 발제논문 "독도문제와 국제재판"에 대하여 필자가 토론한 논지를 중심으로 이를 보완한 것임.

1) 이한기, 『한국의 영토』(서울: 서울대학교 출판부, 1969), pp.16, 25, 38, 299 & 351 및 이한기, "영토취득에 관한 국제법 연구-영토문제에 대한 일반적 고찰", 육낙현(편), 『백두산정계비와 간도영유권』(서울: 백산자료원, 2000), p.153, 191; 최재훈/정운장, 『국제법신강』(서울: 신영사, 1996), p.491. '독도문제'의 개념에 대해서는 본서, 서문, 각주 4 참조.

2) 예컨대 일본 측의 실효적 점유, 선점 또는 시효취득에 입각한 독도 영유권 주장에 관한 검토·평가에 대해서는 이한기, 상게서, pp.278~285 & 290~298.

독도를 '사실상' 분쟁지역화하고, 이어 제2단계로 주변여건·상황 및 한국의 대응에 따라 이를 법적 분쟁으로 비화시켜 국제재판소 제소 등 사법적 쟁송을 통해 '합법적'으로 권리·권원을 획득·확립하려는 의도를 가진 것으로 파악된다.[3] 일본이 국제연합 안전보장이사회가 특정분쟁의 해결에 관한 권고 결의를 채택할 때 법적분쟁은 국제사법재판소(ICJ) 규정에 따라 당사국에 의해 원칙적으로 동 재판소에 회부되어야 한다는 점을 고려해야 한다[국제연합헌장 제36죄는 점을 원용하고 있는 것도 한국의 국제의무 위반 주장에 입각하여 유리한 국제여론 환기 내지 조성을 위한 외교적 시도 내지 공세로 볼 수 있다.[4]

이러한 배경에서 이 글은 독도에 대한 일본의 영유권 주장이 정치외교적·법적 성격 등 이중적 성격을 가지고 있다는 전제하에[5] 그에 대한 국제사법쟁송 가능성－특히 ICJ 규정 선택조항 수락에 입각한 관할권 및 응소관할권 성립 가능성－과 쟁송절차에 대하여 동 규정, 동 재판소규칙 및 국제판례에 비추어 논의한다. 이러한 접근은 ICJ가 그 동안 많은 도서영유권 분쟁과 해양경계(획정) 분쟁을 다루어 왔으며, 또 일본정부가 1954년 독도문제의 ICJ 제소를 한국정부에 제의한 바 있다는 점, 그리고 만일 독도문제가 국제재판에 회부될 경우 국제해양법재판소보다는

---

3) 동아일보, "日, 국제사회에 "독도는 분쟁지역" 외쳐", 2004. 7. 30, p.A17; 김찬규, "日 독도 속셈은 국제재판", 세계일보, 2005. 3. 18, p.A23 및 "분쟁화 최대한 피해 영유권 지켜야", 『고대신문』, 2005. 3. 28, p.6.

4) 이한기, 전게각주 1, p.299. 일본 측은 이승만 대통령의 1952. 1. 18 '인접해양의 주권에 관한 대통령 선언' (일명 '평화선' 선언: 국무원 고시 제14호) 직후인 1952. 1. 28자 서한을 통해 독도영유권을 주장하기 시작하였다. 대한민국 외무부, 『독도관계자료집(I)－왕복외교문서』(1952~1976), 1977. 7. 15, pp. 1~2. 이와 관련, 그리스/터키 간 에게해 도서영유권 및 대륙붕경계 분쟁사건에서 양국 간 군사적 긴장이 고조되자 안전보장이사회가 양국에 ICJ 회부를 통한 해결방안을 고려하도록 권고결의를 채택하였으나 터키 측은 이를 거부하였다. 본서, 제8장, IV.2~IV.3 참조.

5) 이한기 교수는 독도문제가 주로 정치적 분쟁이라고 평가하면서도 법적 분쟁으로 비화할 가능성을 배제하지 않고 있다. 상게서, pp.299, 304 & 351.

국제사법재판소에서 다루어지게 될 개연성이 높다는 점에서 정당화 될
수 있다.6)

---

6) 국제연합 회원국은 당연히 ICJ 규정(Statue of the International Court of Justice)
의 당사국이 된다. 국제연합헌장, 제93(1)조. 독도문제의 국제재판 회부 가능성
과 관련, 1982년 유엔해양법협약은 도서영유권 귀속문제 자체에 대해서는 규율
하지 않는다. M.H. Rahman, "The Impact of the Law of the Sea Convention
on the Regime for Islands", *International & Comparative Law Quarterly*,
vol.35, 1985, p.368, 370. 따라서 독도 영유권 문제는 동 협약 제286죄절차의
적용), 제287(1)죄절차의 선택) 및 제288(1)죄관할권] 상 동 협약 해석 또는 적
용에 관한 분쟁으로 보기 어려우며, 더욱이 제298(1)죄적용의 선택적 예외] 규
정에 따라 한국은 2006년 아래와 같은 서면선언을 기탁하여 해양경계획정, 군
사활동 또는 안전보장이사회가 권한을 수행하는 분쟁에 관한 국제해양법재판
소(ITLOS)의 관할권을 배제시킨 바 있으므로 한일 간 특별합의(special agreement)
가 없는 한, 동 재판소는 독도 영유권 문제에 관한 관할권을 결여할 것으로 본
다. 즉: 「Declaration made after ratification (18 April 2006) by the Republic of
Korea」: "1. In accordance with paragraph 1 of Article 298 of the Convention,
the Republic of Korea does not accept any of the procedures provided for in
section 2 of Part XV of the Convention with respect to all the categories of
disputes referred to in paragraph 1(a), (b) and (c) of Article 298 of the
Convention. 2. The present declaration shall be effective immediately. 3.
Nothing in the present declaration shall affect the right of the Republic of
Korea to submit a request to a court or tribunal referred to in Article 287 of the
Convention to be permitted to intervene in the proceedings of any dispute
between other States", available at http://www.un.org/Depts/los/ convention_
agreements/convention_declarations.htm#RepKorea after ratification (2015. 7. 1.
검색), 본 장은 『국제법학회논총』제50권 제2호(2005. 10)에 게재된 같은 제목의
논문을 일부 수정한 것이며, 이 논문이 출간된 지 약 5개월 후 정부는 동 선언
을 기탁하였다.

II. 분쟁과 법적 분쟁, 관할권과 수리적격

1. 분쟁 및 법적 분쟁의 정의, 요건과 효과

일반적으로 분쟁은 이해당사국간 법률문제에 대한 의견의 상위(difference, disagreement or divergence)가 있어 이를 외교적 경로를 통한 논의(discussions), 회담(talks), 협의(consultations) 및 교섭(negotiations) 등 외교적 수단에 의한 해결이 실패한 후 인정되는 상황으로 파악된다.[7] 보다 구체적으로 분쟁이라 함은 당사자간 "법률상 또는 사실상의 쟁점에 대한 의견의 불일치, 법적 견해 또는 이해관계의 충돌"을 의미한다.[8] 국제분쟁의 존재여부는 객관적으로 결정될 문제이며, 분쟁의 존재는 일방 당사국의 청구에 대하여 타방 당사국이 적극적으로 반대하고 있음이 입증되어야 한다.[9] 이러한

---

7) R.K. Gardiner, *International Law* (Pearson Longman, 2003), p.452. See U.S. Diplomatic and Consular Staff in Tehran (U.S.A. v. Iran)[이하 "Tehran Hostage case"], Judgment, *ICJ Reports*, 1980, p.3, 27, para.51; Aegean Sea Continental Shelf case (Greece v. Turkey), Jurisdiction, *ICJ Reports*, 1978, p.3, 12, para.29; Case Concerning Military and Paramilitary Activities in and against Nicaragua (Nicaragua v. U.S.A.)[이하 Nicaragua case], Jurisdiction and Admissibility, *ICJ Reports*, 1984, p.392, 440, para.106; The Trial of Pakistani Prisoners of War, *ICJ Reports*, 1973, p.347; Convention for the Suppression of Unlawful Acts against the Safety of Civil Aviation, concluded at Montreal on 23 Sept., 1971, 974 *UNTS* 177 (1975), No.14118, Art.14(1): "Any dispute⋯which cannot be settled *by negotiation*, shall⋯"(italics added).

8) "a disagreement on a point of law or fact, a conflict of legal views or interests between parties". 마브로마티스 팔레스타인 양허 사건(Mavrommatis Palestine Concessions case), *PCIJ Ser.A*, No.2, 1924, p.6, 11; Case concerning the Northern Cameroons (Cameroons v. U.K.), Preliminary Objections, *ICJ Reports*, 1963, p.15, 20; East Timor case (Portugal v. Australia), *ICJ Reports*, 1995, p.90, 99, para.22; 김찬규, 발제논문, p.1 각주 1.

9) Interpretation of Peace Treaties with Bulgaria, Hungary and Romania, First Phase, Advisory Opinion, *ICJ Reports*, 1950, p.65, 74; South West Africa cases, Preliminary Objections(Ethiopia v. South Africa; Liberia v. South Africa),

분쟁의 정의 및 개념에 의하면, 독도 영유권과 관련한 일본측 주장의 근거와 타당성 여부를 별론으로 할 때, 독도 영유권에 대한 한·일 양국 간 의견의 불일치, 법적 해석(見解) 또는 이해관계가 충돌하고 있다고도 볼 수 있다.

그러나 이는 분쟁10)에 대한 (법적) 정의[the (legal) definition of a *dispute*]이기는 하나,11) 엄격한 의미에서 '법적 분쟁'에 대한 정의(the definition of a *legal dispute*)는 아니다. 법적 분쟁 또는 법률상의 분쟁이라 함은 일견 정치적 (성격의) 분쟁(disputes of a political character; political disputes or controversies), 즉 '사실상의 분쟁'과 대비·구별되는 분쟁으로서,12) 적어도 실정법적 권리(legal rights or entitlements)에 대한 다툼, 즉

Judgment, *ICJ Reports*, 1962, p.319, 328; Nuclear Tests cases (Australia v. France), Judgment, *ICJ Reports*, 1974, p.253, 270, para.55.

10) 국제연합헌장의 해석상 '분쟁' 또는 '상황'(situation)은 국제평화와 안전을 적어도 잠재적으로라도 위협할 수 있는 구체적 사안을 의미한다고 한다. Charter of the United Nations, Arts.1(1), 2(3), 12(1), 33(1), 37; B. Simma(ed.), *The Charter of the United Nations: A Commentary* (2d ed., Oxford University Press, 2002), vol.I, p.289.

11) See I. Brownlie, *Principles of Public International Law* (5th ed., Oxford: Clarendon Press, 1998), p.481.

12) Simma, *supra* note 10, vol.II, p.1157, sec.92.83; 이한기, 『한국의 영토』, 전게 각주 1, pp.299 & 304. 예컨대 일본의 역사교과서 왜곡 관련 분쟁은 그 해결 여하에 따라서는 법적 권리·이익 다툼을 수반하게 될 수도 있으나, 일본의 왜곡 및 한국의 시정요구 그 자체는 실정법적 권리나 이익에 대한 다툼이라기보다는 역사적 사실을 둘러싼 양국간 정치·외교적 분쟁, 즉 사실상의 분쟁으로 평가된다. 김영구 교수는 역사적으로나 국제법(선점 및 시효취득 법리) 상으로나 일본의 주장은 그 법적 근거가 박약하지만, '영유권 분쟁'은 존재하며 또 분쟁을 인정한다고 하여 영유권을 부인하는 것으로 보는 것은 '논리의 비약'이라고 주장한다. 김영구, 『한국과 바다의 국제법』(서울: 북21, 2004), pp.320~342 및 김영구, "한일간 독도 영유권 문제의 평화적 해결방안", 독도연구보전협회(편), 『독도영유권과 영해와 해양주권』(독도연구총서 3, 1998), p.197, 208 & 222. 그러나 이러한 그의 논지는 모순적이다. 즉 독도 '분쟁'을 인정하는 것은 한·일 간 독도영유권 다툼의 존재를 인정하는 것이다. 따라서 일본 측의 독도에 대한 법적 권리 주장의 존재를 인정하게 될 것이며, 그가 언급하는 독도에

법적 실익(법익: a legal interest)이 있는 분쟁으로서 사법적 심판의 실익이 있는 분쟁을 의미하는 것으로 볼 수 있다. 즉 국제·중재재판소의 사법적 판결에 의하여 분쟁당사국간 기존의 현실적 법률관계 – 권리·의무관계 – 에 영향을 미쳐 그 법률관계의 불확실성을 제거하는 실제적인 결과를 가져올 수 있는 분쟁이 법적 분쟁이라 할 수 있다.13)

결국 분쟁의 내용 내지 대상(subject-matter of the dispute)이 무엇이든 간에 당사국간 법적 권익다툼이 있는 분쟁일 경우에 비로소 그 분쟁은 수리가능하고 따라서 사법적 판단의 대상이 될 수 있는 분쟁(justiciable disputes)14)으로 간주될 수 있을 것이다. 따라서 사실상의 분쟁(정치적 분

대한 한국의 '완벽한' 권원(의 확립)[본서, 제3장, I(서론) 참조]은 훼손될 것이기 때문이다. 또 이 경우 1998년 신한일어업협정이 한국의 독도영유권을 훼손하였다는 그의 주장은 사실상 근거 없는 주장이 되고 만다. 왜냐하면 분쟁을 인정하는 순간, 국제연합헌장 상 회원국의 분쟁의 평화적 해결의무[제33(1)조]에 따라 국제재판을 통하지 않고서는 그 누구도 어느 쪽의 주장이 올바른 것인지 최종적인 법적 판단을 내리기 어려울 것이기 때문이다.

13) The Northern Cameroons case, *supra* note 8, 33~34; I.A. Shearer, *Starke's International Law* (11th edn., London: Butterworths, 1994), p.459. 국제연합헌장 제36(3)조 역시 '법적 분쟁'이라는 용어를 쓰고 있으나 이를 정의하고 있지 않다. 사실상의 분쟁(정치적 분쟁)과 법적 분쟁 간 구별은 후술하는 관할권 및 수리적격의 판단에 있어서 실익이 있다고 본다. Kelsen은 법적 분쟁과 정치적 분쟁을 구분하는 기준은 그 분쟁의 성격에 따르는 것이 아니라, 법적 규범 즉 기존의 실정법 규범을 적용해서 그 분쟁을 해결하는 경우에는 법적 분쟁이라고 설명하고 있다. H. Kelsen, *Principles of International Law* (2d ed. by R.W. Tucker, N.Y.: Holt, Rinehart & Winston, 1966), p.526. 그러나 이러한 구분법은 예컨대 법적 분쟁도 얼마든지 비사법적(非司法的) 방법에 의하여 해결될 수 있다는 점에서 동의하기 어렵다.

14) See J.L. Brierly, *The Law of Nations* (6th ed. by Sir Humphrey Waldock, Oxford: Clarendon Press, 1963), pp.366~367; L. Henkin et al, *International Law: Cases and Materials* (3d ed., St. Paul: West Publishing Co., 1993), p.849; Simma, *supra* note 10, vol.II, p.1157; 이한기, 「한국의 영토」, 전게각주 1, p.24 & 41. 동 법리는 원래 영국 국내법상의 원칙으로서, 주권국 A국 정부가 자국 영역 내에서 행한 행위에 대해서는 B국 법원은 이를 사법적 심판대상에서 제외한다는 원칙을 의미하며 미국법상 국가행위이론[act of state doctrine:

쟁)은 원칙적으로 국제법상 사법적 심판의 대상이 될 수 없다(non-justiciable disputes: 재판부적격).[15] 이와 관련, 국제사법재판소 규정은 법적 분쟁의 예로서 (a) 조약의 해석; (b) 국제법 상의 문제; (c) 국제의무 위반을 구성하는 사실의 존부; 그리고 (d) 국제의무 위반으로 인한 배상의 성격과 범위 등을 규정하고 있다.[16] 독도문제를 법적 분쟁으로 볼 경우 이는 동 규정상 국제법 상의 문제(도서영유권 귀속)에 속한다.

법적 분쟁이 국제재판에 회부된 후 후술하는 관할권 및 수리적격의 요건을 충족하는 경우, ICJ는 국제법에 따라 이를 심판한다[ICJ 규정, 제38(1)조]. 니카라과 사건(본안 판결)[17]에서 미국은 문제의 사안(미국의 니카라과에 대한 여러 가지 형태의 공격이 평화에 대한 위협, 파괴 또는 침략행위를 구성하는지 여부의 판단)이 ICJ의 강제관할권을 수락하는 ICJ

Underhill v. Hernandez, 168 US 250, 252(1897)]에 해당한다고 한다. Gardiner, *supra* note 7, pp.365 & 384~387; H. Fox, "International Law and Restraints on the Exercise of Jurisdiction by National Courts of States", in M. D. Evans (ed.), *International Law* (1st ed., Oxford University Press, 2003), ch.11, p.357, 377~378; Kyong Whan Ahn, "The Influence of American Constitutionalism on South Korea", *Southern Illinois University Law Journal*, vol.22, 1997, p.71, 92~93; 박현진, "국제민간항공에 관한 시카고협약 55주년의 회고—운항권 분쟁, 항공기 인증 및 안전/보안규제 관련 사례 및 판례를 중심으로", 『국제판례연구』 제1집(서울: 박영사, 1999), p.95, 125, note 89. justiciability and admissibility에 대한 논의에 대해서는 Proceedings of the American Society of International Law(ASIL), 1985 & 1986 참조.

15) Gardiner, *supra* note 7, p.489; 이한기, 『한국의 영토』, 전게각주 1, pp.36~42, esp. p.40.

16) Article 36(2) of the ICJ Statute provides: "The States parties to the present Statute may at any time declare that they recognize as compulsory *ipso facto* and without special agreement, in relation to any other State accepting the same obligation, the jurisdiction of the Court in *all legal disputes* concerning: a) interpretation of a treaty; b) any question of international law; c) the existence of any fact which, if established, would constitute a breach of an international obligation; d) the nature or extent of the reparation to be made for the breach of an international obligation"(*italics* added).

17) Nicaragua case, *supra* note 7, Merits, *ICJ Reports*, 1986, p.13, 26, para.33.

규정 제36(2)조 선택조항/의정서 상 법적 분쟁에 포함되지 않으므로 동 사안은 사법적 심판의 대상이 될 수 없다는(non-justiciable) 주장을 폈으나, 동 재판소는 미국의 주장을 기각하였다.

2. 관할권

국제분쟁에 대한 대표적 司法的 해결 기관인 국제사법재판소에의 회부는 그 사법적 심판의 선결문제로서 관할권(jurisdiction)과 수리적격(受理適格: admissibility)이라는 2가지 요건을 충족하여야 한다.[18] ICJ의 관할권 성립은 현행 실정 국제법의 전제인 주권국의 자유의사에서 유래하는 동의·협의에 따른 의사주의(consensualism)[19]에 입각해 있다. 따라서 관할권 존부에 대한 다툼이란 재판 회부에 대한 당사국간 합의의 존재 여부에 대한 이견을 말한다. 재판소의 관할권이라 함은 사실을 조사하고 법률을 적용하여 얻은 결정을 판결로써 선언할 수 있는 재판소의 권능으로서 사법재판의 가능성 존부 자체를 결정짓는 것을 말한다. 여기에서 법적 분쟁의 존재 그 자체는 관할권 행사의 선결요건일 뿐, 관할권 행사의 요건을 충족시키거나 또는 수리가능성을 담보하는 것은 아니다.[20] 즉 법적 분쟁의 존재는 관할권 행사의 제1차적 필요조건이나 충분조건은 아니다.[21]

당사국 일방에 의한 관할권 존부에 대한 이의제기로 인한 다툼이 있을

---

18) ICJ 규정, 제53(2)조.

19) ICJ 규정, 제36(1)~(2)조; P. Malanczuk(ed.), *Akehurst's Modern Introduction to International Law* (7th ed., London: Routledge, 1997), p.47; Lotus case, *PCIJ Ser.A*, Judgment No.9, 1927, p.4, 18; Interpretation of Peace Treaties with Bulgaria, Hungary and Romania, *supra* note 9, p.71. 김찬규, 발제논문, *op. cit.*, p.5.

20) The Northern Cameroons case, *supra* note 8, p.27; Brownlie, *supra* note 11, p.474.

21) Nuclear Tests cases (Australia v. France), *supra* note 9, pp.270~271, para.55 & (N.Z. v. France), p.457, 476, para.58.

경우 이는 ICJ의 결정(decision of the Court)에 따라 법률적으로 해결될 문제이다.22) ICJ 규정 당사국은 관할권 존부에 대한 당사국간 다툼이 있을 경우 재판소가 관할권을 수락할 것인지 여부를 스스로 판단할 권능(compétence de la compétence)을 행사하도록 동의할 의무를 진다.23) 따라서 관할권 존부 판단은 당사국의 문제가 아니라 재판소의 문제이며, 이에 관한 한 당사국의 입증책임의 문제는 발생하지 않으며 동시에 재판소가 관련 사실에 비추어 결정할 법률상의 문제(questions of law)라는 것이다.24) 후술하는 바와 같이 독도 영유권 문제는 한국이 동의하지 않는 한, 원칙적으로 ICJ의 관할권이 성립하기 어렵다. 다만 응소관할권의 성립은 한국의 동의와는 관계없이 일본의 독도관련 국가실행(예컨대 현행 '평화헌법' 제9조 상 무력 위협·사용이 금지된 일본의 사실상의 무력시위 등: 후술 Ⅵ.2 참조)과 국제정치적 상황 및 변수에 따라 그 가능성을 완전히 배제할 수 없다고 본다.

3. 수리적격

수리적격(admissibility)이라 함은 문제의 청구가 사법적 심판·결정 대상으로 타당한가(proper) 여부에 대한 판단의 문제로서, 문제가 되는 청구가 사실상 그리고 법률상 타당한 근거를 가져야 한다.25) 법적 분쟁의

---

22) ICJ 규정, 제36(6)조; Nuclear Tests cases, *ibid*.

23) Fisheries Jurisdiction case (U.K. v. Iceland), Jurisdiction, *ICJ Reports*, 1973, p.3, 31, para.13(Separate Opinion of Judge Fitzmaurice); Brownlie, *supra* note 11, p.715.

24) Border and Transborder Armed Actions (Nicaragua v. Honduras), Jurisdiction and Admissibility, Judgment, *ICJ Reports*, 1988, p.76, para.16; Fisheries Jurisdiction (Spain v. Canada), Jurisdiction, *ICJ Reports*, 1998, p.432, paras. 51~58.

25) Art.53(2) of the ICJ Statute provides in part: "···the claim is well founded in fact and law".

존부는 수리적격의 판단 기준이 되며,26) 특정 제소국의 계쟁 법익(法益)의 존재여부는 원칙적으로 본안 문제라기보다는 수리적격의 문제로 보아야 한다.27) 이와 관련, ICJ는 수리적격을 충족하는 4가지 종류의 법적 분쟁을 규정한다.28) 북카메룬 사건에서 ICJ 재판관들은 신청국의 법익의 존재가 사법적 심판 대상이 되는 분쟁의 필수불가결한 전제조건으로 간주하거나29) 또는 신청에 대한 수리적격의 문제(Fitzmaurice 재판관)로 간주하고 있다.30)

수리적격은 재판소가 제소국의 법익 존재 요건 외에도 법적 분쟁의 지속여부, 제소국의 법익(legal interest) 존재 주장과 관련한 당사자적격(locus standi: standing) 여부 등을 종합적으로 고려하여 판단할 문제이다.31) 수리적격을 충족시키기 위해서는 국제공동체 구성원 전체에 부과되는 대세적 의무(obligations *erga omnes*)의 위반으로 인한 일반적 이익의 침해만으로서는 불충분하며, 가해국이 특정 조약 등 국제협정이나 법규칙(rule of law) 상 구체적 국제의무 위반으로 인하여 제소국(피해국)에게 부여된 권익이 침해 또는 손상될 것이 요구된다.32) 독도문제의 경우

---

26) Gardiner, *supra* note 7, p.489; Brownlie, *supra* note 11, pp.480~481.
27) South West Africa cases(Ethiopia v. South Africa & Liberia v. South Africa), Second Phase, Judgment, *ICJ Reports*, 1966, p.6, pp.36~38, 42~43 & para.99; Brownlie, *ibid.*, p.471.
28) ICJ 규정, 제36(2)조, 전게각주 16.
29) The Northern Cameroons case, *supra* note 8, Separate Opinion of Judge Koo, pp.44~46.
30) *Ibid.*, Separate Opinion of Judge Fitzmaurice, pp.101 & 105. See Brownlie, *supra* note 11, p.481.
31) 최종화 외, 『국제어업분쟁 해결제도론』(서울: 두남, 2003), p.121; P. Okowa, "Issues of Admissibility and the Law on International Responsibility", in Evans, *International Law, supra* note 14, ch.15, pp.473~502; Gardiner, *supra* note 7, p.489.
32) Barcelona Traction, Light and Power Company, Ltd., Second Phase, Judgment, *ICJ Reports*, 1970, p.3, para.35; South West Africa Cases, *supra* note 27, pp.32~33. 따라서 국제공동체 전체의 '공익'을 위하여 그 구성원이 제소하는

일본에 법익(영유권 다툼)이 있으며 또 1952년 이후 외교서한을 시작으로 이후 지속적으로 영유권 주장을 제기하고 있는 점(분쟁의 지속성), 또 후술하는 바와 같이 법적 분쟁이 정치적 성격을 동시에 내포하는 경우에도 단지 그 이유만으로 수리적격을 배제하는 것은 아니라는 점(VI.3) 등에 비추어, 독도문제가 제소될 경우 '형식상'의 법적 분쟁으로서 수리적격을 충족할 것으로 판단된다.

III. ICJ의 관할권 일반

1. ICJ의 계쟁관할권

국제사법재판소(ICJ)는 원칙적으로 분쟁당사국이 합의로 동 재판소에 회부한 분쟁을 국제법에 따라 판결하는 기능을 가지며, 4가지 계쟁관할권(contentious jurisdiction)을 가진다.[33] 1) 분쟁당사국간 특별협정[특별합의(서)](special agreement: *compromis*);[34] 2) 분쟁 당사국을 구속하는 유엔 헌장 또는 기타 조약상의 제소합의 조항(compromissory clauses)[35];

소위 '민중(공익) 소송'은 현행 실정 국제법상 당사자적격이 결여된 소송으로서 허용되지 않는 것으로 해석된다. South West Africa cases, *ibid.*, p.47; 김대순, 「국제법론」(서울: 삼영사, 2004), p.577.

33) ICJ 규정, 제36(1), 38(1)조 & 40(1)조. R. Bernhardt (ed.), *Encyclopedia of Public International Law* (Amsterdam: Elsevier), vol.3 (1997), p.49 (judicial settlement of disputes). Also available at http://www.icj-cij.org, "Basis of the Court's Jurisdiction"; Simma, *supra* note 10, vol.II, pp.1154~1157, sec.92.67~92.82.

34) ICJ 규정, 제40(1)조. 분쟁당사국간 특별합의로 ICJ에 제소된 사건은 총 16건이며, 그 대부분은 도서영유권 또는 해양경계획정 관련 분쟁이다. Available at http://www.icj-cij.org/jurisdiction/index.php?p1=5&p2=1&p3=2 (2015. 11. 12 방문), n.2.

35) ICJ Statute, Art.36(1): "The jurisdiction of the Court comprises all cases which

3) 분쟁당사국간 법적 분쟁에 관한 ICJ 규정상 선택조항 내지 선택의정서
(optional clause or protocol)에 입각한 강제관할권 수락선언;[36] 그리고
4) 응소관할권(forum prorogatum)이 그것이다.[37]

앞의 3가지 계쟁관할권의 근거는 모두 분쟁당사국의 사전 합의를 전
제로 성립한다는 점에서 이를 엄격한 의미에서 합의관할권(consensual
jurisdiction)이라 할 수 있으며 권고적 관할권과 구별되는 관할권을 말한
다(후술 VI.4 참조).[38] 또 선택조항 수락에 따른 관할권 행사의 근거 내
지 대상(물적 관할)은 동 조항이 규율하는 "법적 분쟁"(legal disputes)에
국한된다(상기 II.1).[39]

2. 선결적 항변(Preliminary Objection)

제기된 신청(제소)에 대하여 피신청국은 관할권 성립 또는 수리적격에
대한 이의 내지 반대를 의미하는 선결적 항변을 제기할 수 있으며, 동 항
변은 신청(제소)국의 소장(Memorial)이 피신청(피제소)국에 송달된 후 늦
어도 3개월 이내에 서면으로 제출하여야 한다.[40] 만일 피신청국(피고국)
이 관할권 존부 또는 신청의 수리적격을 다투는 경우, 재판소는 관할권

the parties refer to it and all matters specially provided for in the Charter of
the United Nations or in treaties or conventions in force". See A. Aust,
Modern Treaty Law and Practice (Cambridge University Press, 2000),
pp.292~293; Tehran Hostage case, *supra* note 7, p.27, para.52; Nicaragua
case, Merits, *supra* note 17, p.29, para.36. 전술한 바와 같이 현재로서는 1982
년 유엔 해양법협약에 근거하여 한·일간 독도 영유권 문제에 관하여 국제해양
법재판소(ITLOS)의 관할권이 성립하기는 어렵다. 전게각주 6 참조
36) ICJ 규정, 제36(2)조, 전게각주 16.
37) ICJ 규정, 제40(1)조 및 후술 콜퓨 해협사건 참조.
38) ICJ 규정, 제65조, 68조 및 국제연합헌장 제96조.
39) Nicaragua case, Merits, *supra* note 17, para.33; 전게각주 16.
40) ICJ 재판소 규칙(ICJ, Rules of the Court 1978 as amended on 5 Dec. 2000), 제
79(1)조.

및 수리적격에 대하여 각각 결정할 수 있다.[41] 선결적 항변이 제기되면
본안심리절차는 중지된다.[42] 선결적 항변의 사유로는 관할권 흠결, 법익
부재 및 기타 수리적격 결여 등을 들 수 있다.[43] 한국이 추후 ICJ 규정
선택조항에 입각, 관할권 성립과 관련한 일정한 명시적 유보와 함께 강
제관할권 수락선언을 행한 후(후술 IV.3) 일본이 일방 제소할 경우 한국
은 동 유보에 근거하여 관할권 흠결의 선결적 항변을 제기할 수 있는 효
과적인 법적 근거를 가질 수 있을 것이다.

1988년 12월 팬암 103편의 스코틀랜드 로커비 상공 공중폭파 사건과
관련, 리비아가 1971년 '민간항공의 안전에 대한 불법적 행위의 억제를
위한 협약'(몬트리올 협약: 전게각주 7) 당사국으로서 동 협약상 사건의
유력한 테러용의자 2명에 대한 자국의 재판관할권을 주장하면서[44] 용의
자 2명을 자국 내에 비호하고, 미국과 영국이 이들의 인도를 요구하자 리
비아가 제기한 로커비 사건[45]에서 미국측은 ICJ의 관할권 및 리비아측
제소의 수리적격에 이의를 제기하였다. 그러나 ICJ는 안보리 결의의 채택
시점은 리비아의 제소 후이며 또한 동 재판소 규칙 상 그러한 이의제기
는 "전적으로 선결적 성격"(an exclusively preliminary character)만을 가
질 때에만 인정될 수 있으며,[46] 미국 측의 이의는 선결적 성격과 본안문
제와 관련된 판단을 함께 수반하는 이의 제기로서 인정될 수 없다고 이
를 기각하였다.

---

41) ICJ 규정, 제36(6)조 & 재판소규칙, 제79(1) & 79(4)조.
42) ICJ 재판소 규칙, 제79(5)조.
43) 김대순, 전게각주 32, pp.485 & 922.
44) 박현진, "美 세계무역센터 및 국방성 청사 '자살충돌' 테러사건과 변화하는 항
공테러리즘", 『항공우주법학회지』(2001. 12), p.9, 60 참조.
45) Questions of Interpretation and Application of the 1971 Montreal Convention
Arising from the Aerial Incident at Lockerbie (Libya v, U.S.A.), Preliminary
Objections, Judgment, ICJ Reports, 1998, p.115, paras.46~49.
46) ICJ 재판소 규칙, 제79(9)조.

3. 재판부의 구성

만일 ICJ와 같은 국제사법기관이 적용 · 재정하는 실정 국제법규 및 판결(결정)이 주로 과거 식민제국주의 시대에 형성된 원칙과 규칙에 기초하고 있어 '서구적 제국주의 국가'였던 일본에 유리할 것으로 판단되거나,[47] 또는 한국 국적의 재판관이 포함되어 있지 않아 한국에 불리할 것으로 판단될 경우,[48] 스스로 불리한 위치에 있다고 생각하는 당사국 일방은 서면심리절차(written proceedings)가 종료하기 전까지 5명의 재판관 또는 (분쟁 당사국 국적의 재판관이 전혀 재판소에 포함되어 있지 않은 경우) 3명의 재판관과 2명의 임시재판관으로 구성되는 특별재판부(ad hoc chamber)의 구성을 신청할 수 있으며, 재판소는 타방 당사국의 동의가 있는 경우 이에 따라 특별재판부를 구성 · 심리한다.[49]

이러한 특별재판부는 분쟁당사국의 요청과 합의에 따라 특정 사건의 심리를 위하여 구성되는 것이므로, 특정 범주의 사건 심리를 위해 재판소가 사전에 설치한 상설재판부(permanent chamber)[50]와는 그 성격이 다르다.[51] 또 특별 재판부의 구성 시 당사국들은 재판관의 數만을 합의 ·

---

47) 김찬규, "국제사법재판소의 강제관할권에 대한 제국가의 태도",『국제법학회논총』제12권 제1호(통권 제21호), 1967, p.5, 18~19; 이한기,『한국의 영토』, 전게각주 1, pp.303~305. 그러나 1951년 영국/노르웨이 간 어업사건[Fisheries case(U.K. v. Norway), Judgment, *ICJ Reports*, 1951, p.116]과 니카라과 사건(전게각주 7 & 17) 등의 예를 보면 ICJ의 판결이 반드시 강대국에 유리한 것만으로 보기는 어려운 측면도 있는 것으로 판단된다.

48) 중재재판의 경우 역시 공정한 중재재판관을 발견하는 것은 용이한 일은 아니다. 이한기, 상게서, p.305. 중재판정(arbitral award)은 ICJ 판결(judgment)에 비해 보다 비사법적 정치적·절충적 성격이 강하다는 점에 대해서는 D.W. Bowett, "The Conduct of International Litigation", in Bowett et al, *The International Court of Justice: Process, Practice and Procedure* (London: British Institute of International and Comparative Law, 1997), p.1, 11 참조.

49) ICJ 규정, 제26(2)~(3) & 31조 및 ICJ 재판소 규칙, 전게각주 40, 제17(1)조; Bowett, *ibid.*, p.6.

50) ICJ 규정, 제26(1) & 29조 & ICJ 재판소 규칙, 제91조.

지정할 수 있는 것이 원칙이며, 특별재판부의 5명 또는 3명의 재판관의 선정은 ICJ가 선출·결정할 문제이다.[52] 그러나 현재까지 구성된 4개의 특별재판부 재판관 선정은 모두 당사국의 의사를 존중하여 이루어졌다.[53] 특히 분쟁당사국 일방의 국적을 가진 ICJ 재판관도 재판에 참여할 권리를 가지므로, 재판소에 자국 국적의 재판관이 없는 타방 당사국은 1명의 임시재판관을 선임할 권리를 가진다.[54]

IV. ICJ 규정 선택조항에 입각한 관할권

독도문제의 사법적 심판 회부 가능성과 관련하여, 현 시점에서 독도에 대한 영유권 '분쟁' 자체를 부인하고 있는 한국정부의 입장을 고려할 때 ICJ의 4가지 관할권 행사 근거 가운데 특별합의 또는 조약 규정에 따른 관할권이 성립하기는 어려울 것으로 보인다. 따라서 아래에서는 우선 ICJ 규정 제36조 제2항(선택조항/선택의정서) 수락에 따른 관할권[55] 성립가

---

51) P. Sands(ed.), *Manual on International Courts and Tribunals* (London: Butterworths, 1999), pp.7~8. 현재 상설재판부는 1993년 7월 7인의 재판관으로 구성·설치된 '환경문제 재판부'(Chamber for Environmental Matters) 하나가 있을 뿐이라고 한다. Sands, *ibid.* & https://en.wikipedia.org/wiki/International_Court_of_Justice (2016. 1. 15 검색).

52) ICJ 규정, 제26(2)조 & ICJ 재판소 규칙, 제17(3)조. See Bowett, *supra* note 48, p.6.

53) Sands, *supra* note 51, p.8.

54) ICJ 규정, 제31(1)~(2)조 & 제4~5조; Bowett, *ibid.*, p.6.

55) 전게각주 16 참조. 2002. 7. 31 현재 선택조항을 수락하는 일방적 선언을 행한 국가는 영국, 캐나다, 일본, 호주, 화란과 아프리카 및 중남미 제국을 포함, 모두 64개국이다. At http://www.icj-cij.org/homepage/index.php, "Basic Documents", "Declarations Recognizing as Compulsory the Jurisdiction of the Court". 2014년 10월 25일 현재 국제사법재판소 웹사이트는 이 정보를 더 이상 게시하지 않고 있다.

능성을 중심으로 검토하기로 한다.

1. 일본의 수락 선언

일본은 1958년 9월 15일 선택조항을 수락하는 선언을 서면으로 제출하면서 동 선언은 "선언일로부터 최초 5년간 효력을 가지며 그 이후에는 서면통고에 의하여 그 효력이 종료될 때까지" 계속 효력을 가진다고 규정하고 있다.56) 특히 동 선언에는 '동 일자 이후 다른 평화적 수단에 의하여 해결되지 않는 상황 또는 사실과 관련하여 동 선언일과 그 이후 발생하는 모든 분쟁'57)에 대한 ICJ의 관할권을 인정한다고 선언하고 있다. 일본의 수락선언에서 중요한 점은 동 선언의 발효 기간 중 언제라도 일방적 통고에 의하여 통고기간 없이 즉시 동 선언의 효력을 종료토록 하고 있는 점이며, 이 점은 다음 항에서 설명하는 미국의 수락선언이 6개월의 통고기간을 두었던 것과는 다른 점이다.

또 선택조항에 따르면 조약해석을 포함, 국제법상 어떤 문제이든 그에 관한 모든 법적 분쟁(all legal disputes concerning ⋯ any question of international law)에 대하여 동일한 의무를 수락한 국가들간, 특별합의가 부재한 경우에도, ICJ의 강제관할권을 인정하기로 규정하고 있다. 한국은 현재까지 선택조항 수락선언을 행한 바 없으므로, 일본의 수락선언은 동일한 의무를 수락하지 않은 한국에 대하여 효력이 없으며 따라서 ICJ는 현재로서는 한국과 일본 간 그 어떤 분쟁에 대해서도 선택조항에 따른 강제관할권을 행사할 수 없다.

---

56) *Ibid.*
57) ⋯"all disputes which arise on and after the date of the present declaration with regard to situations or facts subsequent to the same date and which are not settled by other means of peaceful settlement".

2. 한국의 수락선언 시 관할권 성립 가능성

한국이 장차 선택조항에 따라 ICJ의 강제관할권을 수락하는 선언을 하는 경우, 여기에 근거하여 독도문제에 대한 ICJ의 관할권이 성립할 가능성이 있다. 이 경우, 선택조항에 입각한 ICJ의 관할권은 독도 영유권에 관한 '분쟁' 발생의 기준시점(critical date)[58]이 언제인가에 따라 성립될 수도 또는 그렇지 않을 수도 있다고 보여진다. 즉 만일 독도 영유권 분쟁 발생의 기준시점을 일본의 선택조항에 따른 ICJ의 관할권 수락 시점인 1958년 9월 15일 이전으로 볼 경우, 한국은 선택조항 수락선언을 행하더라도 동 선언에 소급적 효력을 인정하지 않는 명시적 의사를 표시한다면 독도문제에 대한 ICJ의 관할권이 성립하지 않는다는 선결적 항변을 제기할 수 있을 것이다.[59] 다만 이 경우, ICJ는 분쟁 발생 기준시점에 대한 판단을 선결문제가 아니라 본안 문제로 간주할 가능성도 있으므로 주의를 요하는 문제라 본다.

3. 명시적 유보의 필요성

선택조항에 입각한 관할권 수락선언은 무조건적으로 행할 수도 있고, 인적·지역적(적용대상국)·시간적 적용범위(적용기간: time-limit clauses)에 관한 조건(conditions)이나 유보(reservations)를 포함하여 행할 수도 있다.[60] 또 선언의 발효 후 언제든지 수정선언과 효력 종료선언도 가능

---

58) 분쟁 발생의 기준시점 또는 권원 창설의 기준 시점을 의미한다. See Brownlie, *supra* note 11, p.128 & 140.

59) 일본은 이승만 대통령의 '평화선 선언'(전게각주 4)에 대한 항의 구술서를 전달한 1952. 1. 28, 또는 한국에 국제사법재판소 회부를 제의하는 구술서를 전달한 1954. 9. 2을 가장 유력한 기준시점으로 잡고 있는 것으로 보인다. 이한기, 전게가주 1, p.191. 일본의 제의에 대해 우리 정부는 1954. 10. 28 이를 일축하는 항의 구상서를 송달하였다.

60) ICJ 규정, 제36(3)조.

하다.61) 따라서 한국이 추후 강제관할권 수락 선언을 행할 경우, 동 선언에 시간적(선언 이전에 발생한 분쟁에 대한 소급적 효력의 배제)·인적·지역적·내용적(일본과의 영유권 및 해양경계획정 관련 '이견') 적용범위에 대한 관할권을 배제하는 명시적 유보를 행한다면, 독도문제에 대한 ICJ의 강제관할권을 배제할 수 있을 것이다. 또 강제관할권 수락선언서 기탁 시 추후 언제든지 수정 선언권, 추가적 유보권 및 일방적 통고를 통한 선언 전부 또는 일부에 대한 즉시 효력종료 선언권(철회권) 등의 권리를 계속 유보한다는 내용을 명시적으로 포함시키는 것이 긴요하다(영국 및 일본의 수락선언 참조).

이 점과 관련, 니카라과 사건에서 미국은 1984년 당시 니카라과의 제소가 임박한 것을 인지하고 이에 대한 ICJ 관할권 성립을 저지하기 위하여 니카라과의 제소 불과 3일 전(1984. 4. 6) 자국이 1946년 8월 14일 행한 ICJ 강제관할권(선택조항/의정서: Optional Clause) 수락선언(原선언: 선언일로부터 5년간 유효하며, 이후 선언 효력의 종료 통고 시에는 통고 후 6개월 뒤에 실효한다는 내용)62)에 대한 수정선언을 국제연합 사무총

---

61) ICJ 규정, 제36(3)조; Nicaragua case, Jurisdiction and Admissibility, *supra* note 7, p.418, para.59; Fisheries Jurisdiction (Spain v. Canada), *supra* note 24, para.42; Case concerning the Aerial Incident of 10 August 1999 (Pakistan v. India), Jurisdiction, *ICJ Reports*, 2000, paras.30~31 & 34~46.

62) 이 수락선언에는 상호주의(reciprocity) 원칙과 함께 2가지 유보가 첨부되었다. 미국 연방헌법 상 조약비준 동의권[U.S. Constitution, Art.II, Sec.2: "He(the President) shall have power, by and with the advice and consent of the Senate, to make treaties, provided two thirds of the Senators present concur"] 을 가진 상원은 '미국이 결정하는 바에 따라 본질적으로 미국 국내관할권에 속하는 문제에 관한 사건에 대해서는 ICJ의 강제관할권을 수락하지 않는다'는 코널리 유보(Connally Reservation), 그리고 '미국은 다자조약에서 발생하는 ICJ의 강제관할권을 수락하지 않으나, 다만 이 경우 ICJ의 관할권 존부 결정으로 자국의 권리·의무에 영향을 받는 그 조약의 모든 당사국이 문제의 사건 당사자가 되는 경우에는 이를 예외로 한다'는 반덴버그 유보(Vandenberg Reservation) 등 2개의 유보를 붙여 ICJ 규정 선택의정서의 비준에 동의하였다. 니카라과 사건에서 니카라과 측의 주장은 부분적으로 다자조약(유엔 헌장 및 미주기구(OAS) 헌

장에 기탁하였다. 동 수정선언에서 미국은 원 선언에 대한 추가적 유보를 통고하면서 중앙아메리카 국가와의 분쟁 또는 중앙아메리카에서 또는 중앙아메리카에서의 사태와 관련하여 발생하는 분쟁("disputes with any Central American State or arising out of or related to events in Central America")에 대해 원선언의 적용을 배제하며, 동 수정선언의 통고 즉시 발효 및 향후 2년간 원선언의 부분적·한시적 효력정지를 선언하였다.[63] 이는 미국 측이 원 선언에서 효력종료 통고 6개월 후 발효한다고 천명한 것을 번복한 것이었다. 그러나 ICJ는 미국의 원선언 상 통고 후 6개월 경과 후 효력종료 조항을 이유로 들어 미국의 수정선언의 통고 즉시 발효 주장을 기각하고 관할권을 확립하였다.[64] 결국 미국은 소송이 진행 중이던 1985년 10월 7일 원선언 자체를 철회하였다.[65]

V. ICJ의 응소관할권

1. 의 의

전술한 바와 같이 ICJ의 계쟁관할권(係爭管轄權)은 원칙적으로 당사국의 명시적 사전 합의에 의해서 成立한다. 그러나 응소(확대)관할권(forum prorogatum)은 ICJ 규정(제36조)에 따라 당사국간 사전 합의에 입각한 통

장에 기초한 것이었다. D.P. Moynihan, *On the Law of Nations*(Harvard University Press, 1990), pp.144~145.

63) Moynihan, *ibid.*, p.143~144.

64) Nicaragua case, Jurisdiction and Admissibility, *supra* note 7, para.13, 54 & 65.

65) U.S. Dept. of State, "U.S. Terminates Acceptance of ICJ Compulsory Jurisdiction: Secretary's Letter to U.N. Secretary General, Oct. 7, 1985, *International Legal Materials*, vol.24, 1985, pp.1742~1745; Bernhardt, *Encyclopedia of Public International Law*, *supra* note 33, vol.1, p.756.

상적 관할권 성립방식과는 달리 당사국의 명시적 사전합의가 부재한 가운데 성립하는 예외적 관할권을 의미한다. 즉 일방 당사국의 일방 제소 자체로서는 관할권이 성립하지 않으나, 일방제소 후 타방 당사국이 동 일방제소에 동의의 의사표시를 할 경우에 한하여 비로소 성립하는 관할권을 말한다. ICJ 규정 역시 동 재판소에의 제소는 분쟁당사국 간 특별합의의 통고 또는 '서면신청'(either by the notification of the special agreement or by a written application)에 의하여 제기할 수 있다고 규정함으로써[제40(1)조], 당사국 일방에 의한 일방적 제소 가능성을 열어두고 있다.

따라서 응소관할권이라 함은 계쟁 사건에서 분쟁당사국 一方이 타방 당사국의 동의가 부재한 가운데 일방적으로 ICJ에 제소하고, 관할권의 성립을 타방 당사국의 사후 동의에 의존하여 성립하는 관할권을 의미한다.66) 따라서 제소(원고)국(applicant State)이 일방적 신청을 제기한 후, 피신청(피고)국(respondent State)이 관할권 존부를 다투지 않고 이를 수락하는 명시적 의사표시(선언 등) 또는 묵시적 행위(예컨대 재판소의 서면절차 또는 구두변론절차에 출석하여 관할권 존부를 다투는 주장과 공방을 제기하는 등)에 의하여 관할권 성립상의 최초의 하자를 보정할 경우에 성립하는 관할권이다(아래 콜퓨 해협사건 참조).67) 그러나 일방 당사국의 일방제소 후 타방 당사국이 관할권 성립에 동의할 때까지는, ICJ는 동 사건을 총사건명부(General List)에 등재할 수 없으며 또 재판절차상의 그 어떠한 조치도 취할 수 없다.68)

---

66) ICJ 재판소 규칙, 전게각주 40, 제38(5)조 제1문; Brownlie, *supra* note 11, p.724. PCIJ의 계쟁관할권은 응소관할권을 포함하고 있지 않았다고 한다. M. O. Hudson, *The World Court 1921~1931: A Handbook of the Permanent Court of International Justice* (3d ed., Boston: World Peace Foundation, 1931), p.8.

67) Sienho Yee, "Forum Prorogatum and the Advisory Proceedings of the International Court", *American Journal of International Law*, vol.95, 2001, p.381.

2. 콜퓨해협 사건

안보리의 권고 결의 등에 기초한 ICJ의 응소관할권 성립은 ICJ 창설 후 첫 사건인 1949년 Corfu해협 사건[69]에서 다루어진 바 있다. 영국은 자국 해군 함정 2척이 1946년 10월 22일 알바니아 영해 내 콜퓨해협을 통과하던 중 기뢰에 충돌하면서 폭발, 동 함정에 파손을 야기하고 다수의 인명 피해를 낸 사건과 관련, ICJ 규정 제36(1)조와 제40(1)조 및 헌장 제25조 그리고 안보리가 "동 분쟁을 즉시 ICJ 규정에 따라 ICJ에 제소토록 양국에 권고한" 결의(1947. 4. 9)[70]에 입각하여 1947년 5월 22일 동 사건에 대한 알바니아의 국제책임과 배상책임을 주장하면서 ICJ에 일방 제소하였다.[71]

이에 대해 알바니아는 안보리의 동 결의를 전적으로 수락하며 그 기초 위에서 동 분쟁의 ICJ 회부 의무를 인정한다고 전제하면서도, 1) 알바니아는 ICJ 규정 [제36(1)조]에 명시된 국제조약 또는 조약 상 영국과의 분쟁을 ICJ에 제소해야 할 의무에 기속되지 않으며;[72] 2) 따라서 동 제소는 당사국간 특별합의의 통고로서만 성립하고 일방적 서면 신청으로는 성립할 수 없으며;[73] 3) 위 안보리 권고결의가 "ICJ 규정에 따른 제소의무"를 부과하고 있는 바, 이는 결정(decision)이 아니라 (구속력을 가지지 않는)

---

68) ICJ 재판소 규칙, 제38(5)조 제2문.
69) Corfu Channel case (U.K. v. Albania), Preliminary Objection, *ICJ Reports*, 1948, p.15. 영국은 이 사건 발생 20여일 후인 동 년 11. 12~13 양일간 알바니아 정부의 허가 내지 동의가 없는 가운데 문제의 알바니아 영해에 대한 기뢰제거(소해) 작전을 수행하였다. 영국의 일방제소 당시 알바니아는 국제연합 회원국은 아니었으며, ICJ 규정 당사국도 아니었다[헌장 제93(1)~(2)조 참조]. Il Yung Chung, *Legal Problems Involved in the Corfu Channel Incident*(Genève: Librairie E. Droz & Paris V: Librairie Minard, 1959), p.85.
70) 동 권고결의의 채택 배경에 대해서는 Chung, *ibid*, pp.43~44.
71) Chung, *ibid.*, pp.16·17.
72) Corfu Channel case, *supra* note 69, p.18 & 21.
73) *Ibid.*, p.21.

권고로서 ICJ 규정 제36(1)조 상 "유엔헌장 상 ICJ의 관할권이 미치는 것으로 구체적으로 규정된 사안"을 구성하지 않으며 (따라서 ICJ의 관할권이 성립하지 않는 사안이며); 그리고 4) 안보리 권고결의상 분쟁의 ICJ 회부 의무가 알바니아의 ICJ 출석을 당연히 강제하는 것으로 간주될 수 없다[74]는 요지의 선결적 항변을 제출하였다.

이에 대하여 ICJ는 알바니아 정부가 1947년 7월 2일 동 재판소에 송부한 서신에서 안보리의 권고를 수락할 것임을 선언하고, 아울러 영국 제소의 절차적 하자 내지 변칙성(procedural irregularity)에도 불구하고 재판소에 출석할 준비가 되어있다는 자발적인 의사표시를 한 것은 수리적격에 대한 추후 항변제기의 권리를 포기한 것 이외의 그 어떤 다른 의미로도 해석될 수 없으며 따라서 재판소의 관할권에 대한 자발적이고 반론의 여지가 없는 수락을 구성한다고 판결하였다(pp.26~27). 결국 알바니아는 동 사건에 대한 관할권 수락이 추후 선례로 작용하지 않는 것을 조건으로 동 사건에 한하여 응소하기로 결정하였으며(p.19), 선결적 항변이 기각된 직후인 1948년 3월 25일 영국 정부와 특별협정(special agreement)을 작성, 본안심리에 참가하였다.[75]

VI. 독도문제와 ICJ의 응소관할권 및 권고적 관할권

1. 국제연합헌장과 평화적 분쟁해결 의무

국제연합헌장은 회원국에게 분쟁의 평화적 해결의무[제2(3)조 및 제33(1)조]와 교섭의무[76] 등 분쟁해결절차(제33~38조)를 규정하고 있다. 헌

---

74) *Ibid.*, p.22.
75) Corfu Channel case, Merits, *ICJ Reports*, 1949, p.4, 6~7.
76) Fisheries Jurisdiction case, *supra* note 23, Merits, *ICJ Reports*, 1974, p.3, 32,

장 제33(1)조에 의하면 회원국의 교섭을 통한 분쟁해결 의무와 절차에 따를 의무는 문제의 분쟁이 지속될 경우 국제평화와 안전을 위협하게 될 개연성(likelihood)이 있을 때에만 발생하며, 또 이러한 개연성에 대한 판단은 안전보장이사회에 위임돼 있다(헌장 제37(2)조).[77] 헌장 상 안보리는 '평화에 대한 위협 또는 파괴'가 존재한다고 판단하는 경우 잠정조치를 취하거나 또는 권고를 채택할 수 있으며, 또 경제봉쇄 또는 무력사용 등 강제조치를 취할 권능을 가진다(제39~42조).

분쟁당사국에게 부과되는 평화적 분쟁해결의무, 특히 교섭의무의 한계는 어디까지인가? 협의, 교섭 등 외교적 수단에 의한 분쟁해결의무는 국제협정 등에 명시적으로 규정되어 있지 않더라도 일반적으로 묵시적 조건으로 간주된다.[78] 또 교섭이라 함은 반드시 지리한 일련의 각서교환 등을 전제하는 것만은 아니고 논의가 시작되었으나 교착상태에 빠져 당사자 일방이 양보할 수 없다고 선언하거나 양보를 거부하는 것 자체로서 충분할 수 있다.[79] 한편 북해대륙붕 사건에서 ICJ는 당사국간 합의에 이르기 위한 의미있는(meaningful) 교섭을 진행할 의무를 규정하면서도 일방이 자신의 입장에 대한 수정을 고려함이 없이 그 입장을 고수하는 것은 의미있는 교섭으로 볼 수 없다고 판결함으로써,[80] ICJ가 동 재판소의 판례에 비추어 교섭과 사법적 해결절차를 병렬적으로 추구할 수 있으며, 적극적 교섭이 진행되고 있는 사실 자체가 법적으로 동 재판소의 사법적 기능을 행사하는데 아무런 장애가 되지 않는다는 입장을 취하고 있다.[81]

---

para. 75.

77) Lord Gore-Booth(ed.), *Satow's Guide to Diplomatic Practice* (5th ed., London & New York: Longman, 1979), p.349.

78) Henkin et al, *International Law, supra* note 14, p.587.

79) 마브로마티스 팔레스타인 양허 사건(Mavrommatis Palestine Concessions case), *supra* note 8, p.13.

80) North Sea Continental Shelf cases(Federal Republic of Germany/Denmark; Federal Republic of Germany/Netherlands), Judgment, *ICJ Reports*, 1969, p.3, 47~48.

2. 무력충돌 사태와 안보리의 ICJ 회부 권고 결의

국제연합헌장은 회원국에 안보리의 결정을 수락·이행할 의무를 부과하고 있으며(헌장 제25조), 또한 안보리가 문제의 분쟁 또는 상황(situation)의 지속이 국제평화와 안전의 유지를 위태롭게 할 우려가 있는 경우 적절한 조정 절차·방식을 권고할 수 있다[헌장 제36(1)조 및 제37(2)조]. 이 경우 안보리는 법적 분쟁은 ICJ 규정에 따라 원칙적으로 당사국에 의하여 동 재판소에 회부되어야 한다는 일반 원칙을 고려하여야 하며[헌장 제36(3)조 및 ICJ 규정 제36(1)조],[82] 일본은 이 조항을 원용하여 한국을 정치·외교적으로 압박할 수 있다.[83]

독도문제와 관련하여 응소관할권이 문제시 될 가능성은 독도를 둘러싼 한·일 간 긴장고조로 무력충돌이 발생하는 경우 안전보장이사회가 이를 국제연합헌장 상 국제평화와 안전에 대한 위협 사태(헌장 제39조)로 간주하여 이에 개입하게 되는 가상적 상황과 관련해서이다.[84] 즉, 전술한 콜퓨해협 사건에서 보듯이 일본 극우조직 등에 의한 무력도발 등 돌발 상황이 발생할 경우 안보리는 그 권능에 따라 동 분쟁의 ICJ 회부 권고 결의(헌장 제35~36조) 등을 채택할 가능성이 있고 이후 일본이 ICJ에 일방 제소할 경우, 분쟁의 평화적 해결의무를 지고 있는 국제연합 회원

---

81) Nicaragua case, Jurisdiction and Admissibility, *supra* note 7, p.440, para.106; Aegean Sea Continental Shelf case, *supra* note 7, p.12, para.29; Tehran Hostage case, *supra* note 7, p.24, para.43.

82) Charter of the United Nations, Art. 36(3): "In making recommendations under this Article the Security Council should also take into consideration that *legal disputes* should as a general rule be referred by the parties to the International Court of Justice in accordance with the provisions of the Statute of the Court"(italics added).

83) 이한기, 『한국의 영토』, 전게각주 1, p.299.

84) See the Aegean Sea Continental Shelf case, *supra* note 7, p.10, para.23 및 본서 제8장, IV 참조; 유하영, "독도의 영유권에 관한 연구－독도에 대한 일본 무력행사의 위법성", 『국제법학회논총』 제42권 제1호(1997. 6), pp.1~11 참조.

국으로서 한국은 국제정치상황에 따라 부득이 일방제소에 응소할 수밖에 없는 외교적 궁지에 몰리는 가상적 상황도 완전히 배제할 수는 없다.

실제로 일본은 1952년 1월 28일자 구상서에서 이승만 대통령의 '평화선' 선포에 항의하면서 한국의 독도영유권을 부인하는 외교 서한을 우리 정부에 송달한 이후[85] 1953년 10월 23일 독도에 해상보안청 소속 함정 2척을 파견하여 한국의 영토 표지석을 제거하고 일본 영토표지를 설치하는가 하면, 1954년 2월에는 시마네현이 3명의 일본인에게 독도의 인광채굴권을 허가하였으며, 1954년 11월 30일 일본 경비정이 독도에 접근하자 한국 정부가 포격을 가하면서 무력사용 불사의지를 표명함으로써 일촉즉발의 대결상황이 벌어진 일이 있었다.[86] 또 1989년에는 한국 해양경찰이 독도영해 침범을 이유로 일본 어부 11명을 체포한 바 있다.[87]

3. '정치·외교적'('군사적') 분쟁과 법적 분쟁: ICJ의 관할권과 수리적격

일반적으로 영유권에 관한 이견을 이유로 안보리가 당사국에 ICJ 회부를 강제할 권능을 가진 것은 아니다. 동시에 어떤 법적 분쟁이 정치적 성격 (예컨대 무력시위, 심각한 무력사용 또는 비우호적 외교정책 등)을 동시에 내포하고 있다고 하더라도 단지 그러한 정치적 성격만을 이유로 ICJ의 심리를 배척하는 것은 아니며,[88] 테헤란 인질사건과 영국/아이슬란드

---

85) 신용하(편), 『독도영유권 자료의 탐구』 제3권(독도연구총서 7, 독도연구보전협회, 2000), p.400. 이후 전개된 양국 정부간 논쟁에 대해서는 신용하, 같은 책, p.400 이하 및 신용하(편), 『독도영유권 자료의 탐구』 제4권(독도연구총서 8, 독도연구보전협회, 2001) 참조.

86) 김학준, 『독도는 우리땅―독도의 어제, 오늘 그리고 내일』(서울: 한줄기, 1996), pp.139~140.

87) Kyodo News Agency's English reports, 17 Nov., 1989.

88) Nicaragua case, Jurisdiction and Admissibility, *supra* note 7, pp.434~435, paras.95~96; Tehran Hostage case, *supra* note 7, p.19, para.36 & Request for

간 어업관할권 사건 등에서 ICJ는 관할권과 수리적격이 인정되는 경우에
는 피제소(신청)국이 서면심리와 구두 변론절차 등 재판절차에 모두 불
참한 경우에도 본안판결을 내린 바 있다.[89]

전술한 로커비 사건[90]에서 미국은 1971년 몬트리올 협약(전게각주 7)
의 해석·적용과 관련한 리비아의 제 권리는 안보리가 채택한 대리비아
결의[748(1992) 및 883(1993)]에 의하여 대체되었으므로 미국과 리비아 간
'분쟁'은 존재하지 않으며 따라서 ICJ는 동 사건을 심리할 관할권을 결여
하고 있다고 주장하였다. 그러나 ICJ는 리비아의 제소 시점 이후 안보리
에서 채택한 결의는 이미 성립한 동 재판소의 관할권에 영향을 미칠 수
없다는 이유로 미국의 주장을 기각하였다.[91]

또 니카라과 사건에서 미국은 처음에는 문제의 사안이 ICJ 규정 제
36(2)조상의 '법적 분쟁'에 포함되지 않으며 따라서 ICJ는 관할권을 행사
할 수 없다는 주장을 폈으나 재판소에 의해 기각되자, 다음으로 니카라
과의 신청에 대한 수리적격(admissibility)에 반대하면서 동 사안이 법적
분쟁이 아니라기보다는, 무력사용의 적법성(適法性) 여부에 대한 결정 권
능은 국제연합헌장 상 명시적으로 정치적 기관들(안보리 등)에 부여된

---

the Indication of Provisional Measures, Order, *ICJ Reports*, Dec.15, 1979, p.15,
para,.25; Mosler/Oellers-Frahm, "Article 92", in Simma, *supra* note 10, vol.II,
p.1157, sec.92.83.

89) ICJ 규정, 제53(1)조; Fisheries Jurisdiction case, Jurisdiction, *supra* note 23,
paras.3, 5 & 10 & Merits, *supra* note 76, pp.8~10, paras.13~18; Tehran
Hostage case, *ibid.*, paras.4 & 10. 이 사건에서 이란 외무부는 ICJ의 관할권 부
재와 사건의 정치적 성격·역사적 배경을 이유로 동 사건 수리적격에 이의를
제기한 서한 2건을 ICJ에 송달한 바, ICJ는 이에 불구하고 관할권과 수리적격을
확립, 판결하였다. *Ibid.*, paras.10, 33~38 & 81~82; Nicaragua case, Jurisdiction
and Admissibility, *supra* note 7.

90) Lockerbie case, *supra* note 45.

91) Lockerbie case, *ibid.*, paras.36~38, available at ilusjudgment/ilus_ ijudgment_9;
나인균, "국제연합(UN)에서의 "법의 지배"(rule of law)의 원리", 『국제법학회
논총』 제50권 제1호(통권 제101호, 2005. 6), p.57, 60.

것92)을 이유로 들었으나, ICJ는 미국의 이러한 주장 역시 기각하였다.93)
ICJ는 안보리에 상정된 문제라고 하여 동 재판소의 심리를 배척하는 것
은 아니며 양쪽 기관에서 심리절차가 병행될 수 있다고 판결하였다.94)
이러한 ICJ의 입장에 비추어 독도 문제 역시 무력충돌 등의 상황으로 인
하여 안보리가 그 정치적 권능을 행사하는 경우에도(상기 VI.2), 그 이유
만으로 ICJ가 관할권 행사를 자제할 것으로는 보이지 않는다.

즉 국제평화와 안전의 유지에 관한 안보리의 정치·군사적 권능과 ICJ
의 사법적 분쟁해결 권능은 병렬적으로 행사될 수 있으며, 안보리에 회
부된 문제라고 하여 반드시 ICJ의 심리를 배척하는 것은 아니다. 테헤란
인질사건에서도 ICJ는 동 사건과 관련하여 안보리가 2개의 결의(457 &
461)를 채택한 사실에 유의하면서도 에게해 대륙붕 사건을 인용, 유엔헌
장 제33조에 따라 안보리와 동 재판소가 분쟁의 평화적 해결을 위해 동
시에 각자의 기능을 동시에 행사하는 것은 전혀 비정상적이거나 변칙적
인(irregular) 것은 아니라고 판결하였다.95)

---

92) 국제연합헌장, 제24(1), 33(2), 35(1), 36~46조 참조.
93) Nicaragua case, Jurisdiction and Admissibility, *supra* note 7, p.432, para.90 &
   Merits, *supra* note 17, para.33.
94) Nicaragua case, *ibid.*, paras.89~93, esp. para.93; 박현진, "무력사용금지의 원
   칙과 미국의 국가실행: 연방헌법, 전쟁권 결의 및 사법부의 태도를 중심으로",
   『국제인권법』 제6호(2003. 12), p.17, 64; 나인균, 전게각주 91, p.64.
95) Tehran Hostage case, *supra* note 7, paras. 28~29, 40 & 43; Aegean Sea
   Continental Shelf case, *supra* note 7, paras.23 & 29. 이러한 ICJ의 판례들은
   ICJ가 안보리의 결의나 조치의 합법성 여부를 심판하는 권능을 행사하는 데에
   는 일정한 제한이 있다고 하더라도, ICJ의 사법심사 권능을 완전히 배제하는
   것은 아니라는 해석도 마찬가지로 가능하다. 김영구, "분쟁해결을 위한 새로운
   패러다임으로시의 현대 국제관결－그 기능 및 한계에 관한 연구", 『서울국제법
   연구』 제8권 제1호(2001), p.1, 33 참조.

4. 총회 또는 안보리에 의한 ICJ의 권고적 의견 청구

독도문제에 대한 한·일 간 정치외교적 긴장이 고조되는 경우 국제연합 헌장에 의거, 국제연합 안보리 또는 총회가 일련의 결의를 채택하고, 법률 문제(any legal question)에 관하여 ICJ에 권고적 의견을 구할 가능성도 상정해 볼 수 있다[헌장 제96(1)조]. 이 경우 권고적 의견 청구의 주체는 총회와 안보리이며, 국제연합의 기타 기관과 전문기구들은 총회의 승인을 받은 경우에 한하여 ICJ에 권고적 의견을 청구할 수 있으며 이 경우에도 단지 동 기관 또는 전문기구의 활동의 범위 내에서 발생하는 법적 또는 법률문제(legal questions arising within the scope of their activities)에 대해서만 권고적 의견을 청구할 수 있다(동 제2항).[96]

국가는 ICJ의 권고적 의견 청구적격을 가지지 않으므로, 일본이 독도문제에 대하여 독자적으로 그러한 권고적 의견을 청구할 수는 없다. 권고적 의견은 그 법적 효력 면에서 신청 기관은 물론, 국가에 대해서도 법적 구속력을 결한다는 점에서, 단지 설득적, 자문적(consultative) 효력을 가질 뿐이지만, 그럼에도 불구하고 그 권위로 인하여 서부 사하라 사건 및 나미비아 사건 등에서 내려진 권고적 의견은 관련 기관들에 의하여 존중되어 왔으며 따라서 국제법의 발전에 상당한 영향을 미친 것으로 평가된다.[97]

---

96) 국제연합의 다른 기관 또는 전문기구들의 경우 그 활동의 범위에 회원국 간 영유권 관련 분쟁 중개·조정·해결의 임무·권능이 포함된다고 보기 어려우며, 또 설령 그러한 권능이 인정된다 하더라도 권고적 의견 청구는 총회의 승인을 받아야 하므로, 결국 권고적 의견 청구의 주체는 총회와 안보리 정도일 것이다. Legality of the Threat or Use by a State of Nuclear Weapons in Armed Conflict, Advisory Opinion, *ICJ Reports*, 1996, p.226; 김대순, 전게각주 32, p.935 & 1044. 1993년까지 안보리, 경제사회이사회 및 3개의 전문기구(Unesco, WHO, IMCO)가 권고적 의견을 청구하였다고 한다. 이석용, 『국제법』(서울: 세창출판사, 2003), p.303.

97) 이한기, 『국제법강의』(서울: 박영사, 2002), p.670; 최종화 외, 전게각주 31,

'서부 사하라 사건' 권고적 의견에서 ICJ는 총회의 권고적 의견 청구의 목적은 분쟁 또는 법적 논란을 동 재판소에 제기하여 재판소의 의견에 따라 추후 분쟁의 평화적 해결을 위한 총회의 권한과 임무를 행사하려는 데 있는 것이 아니라, 탈식민지화(decolonization)에 관한 총회의 임무를 제대로 수행하는데 도움이 되는 것으로 간주되는 재판소의 의견을 얻기 위한 것으로 판단하고 있다.[98] ICJ의 권고적 의견 제시에 있어서 관련 이해당사국의 관할권에 대한 동의는 재판소의 권능행사를 가능하게 하기 위한 목적이 아니라 권고적 의견 제시의 적정 내지 타당성(propriety) 여부 판단의 목적상 관련성이 있는(relevant) 요소이기는 하다. 그러나 권고적 (법적) 의견 제시 여부의 판단에 있어서 보다 중요한 요소는 재판소가 권고적 의견을 제시하는데 필요한, 사실관계에 관한 충분한 자료와 증거를 확보하였는가 하는 점이라고 밝히고 있다.[99] 따라서 ICJ는 권고적 관할권의 행사에 있어서 이해당사국의 동의는 필수요건이 아님을 분명히 하고 있다. 따라서 만일 추후 총회 또는 안보리가 독도문제와 관련, ICJ에 구속력이 없는 권고적 의견을 신청하는 경우, 한국의 반대는 권고적 관할권 행사에 결정적 장애가 될 수 없을 것이다.

권고적 의견 청구와는 별도로, 그 동안 총회 또는 안보리는 서부 사하라, 나미비아(서남 아프리카), 동티모르 등의 문제에 있어서 결의를 채택한 바 있으며 이들의 법적 (영유권) 분쟁의 성격을 부인할 수는 없으나 동 결의들은 보다 근본적으로는 탈식민지화 과정에서 상당수의 주민이

---

p.65; 이석용, 상게서, p.303; Malanczuk, *supra* note 19, p.289. 국가간 조약에서 권고적 의견에 구속력을 부여하는 예외에 대해서는 최종화 외, p.65.

98) Western Sahara case, Advisory Opinion, *ICJ Reports*, 1975, p.12, paras.39~40 & 72.

99) Western Sahara case, *ibid.*, paras.45~47; Interpretation of Peace Treaties with Bulgaria, Hungary and Romania, *supra* note 9, Second Phase, Advisory Opinion, *ICJ Reports*, July 18, 1950, p.221 & Henkin, *supra* note 14, p.863, n.2.

거주하는 이들 영역에 대한 자결권 내지 독립부여 여부와 관련된 정책적 판단의 문제로서,[100] 독도문제와는 직접적 연관성 내지 유사성이 적다. 또 총회가 개입한 포클랜드 제도(4,700 평방마일의 면적에 영국계 이주민 약 1,800명 거주) 영유권 문제의 경우 역시 주민 수가 충분하지는 않으나 자결권 주장(영국)과 식민지 종료 주장(아르헨티나)이 서로 맞선 문제로서,[101] 수비대 이외에 상주 섬주민이 극소수에 불과한 독도문제와는 그 성격이 다른 것으로 보인다. 특히 현 상황에서 독도문제에 대한 총회 또는 안보리의 개입 가능성이 높다고 보기는 어려울 것이다.[102]

VII. 결 론

독도문제는 그 성격상 정치적 분쟁이자 동시에 '유사(의사)' 법적 분쟁이다. 한일관계에서 일본은 독도문제를 '와일드 카드'로 활용하고 싶어한다. 그러나 독도문제의 사법쟁송 회부가능성은 '오발탄' 내지 '불발탄'이 될 가능성이 높다. 예컨대 국제해양법재판소(ITLOS)에서의 사법쟁송 가능성은 희박하다. 우리 정부는 2006년 4월 18일 유엔 해양법협약(UNCLOS)의 대한민국에 대한 적용과 관련, 영토문제 관련 제소를 수락하지 않는다는 선언[103]을 이미 기탁, 일본이 일방제소해도 국제해양법재

---

100) Malanczuk, *supra* note 19, pp.328~332.
101) Malanczuk, *ibid.*, p.332.
102) 이는 독도문제가 동북아에서의 정치·안보 상황의 전개와도 밀접한 관련이 있기 때문이기도 하다. 즉 중국과 센카쿠 열도(댜오위다오) 영유권 분쟁을 겪고 있는 일본이 현 상황에서 무력시위 등으로 독도도발을 시도하는 경우, 센카쿠 열도에 대한 중국의 무력사용·위협의 명분을 제공할 것이다. 중국을 견제하기 위한 한국과의 협력이 절실한 일본의 입장에서 "현재로서는" 독도문제를 악화시키는 행동으로 안보리의 개입을 유도할 유인(incentives)이나 실익은 낮을 것으로 본다.
103) 전게각주 6.

판소의 재판관할권은 성립하지 않으며 따라서 소송이 개시될 수 없다.[104] 또 ICJ의 경우에도, 전술한 바와 같이, 우리 정부가 현재까지 ICJ 규정 선택의정서(선택조항)에 입각한 ICJ의 강제관할권을 수락하는 선언을 한 바 없으므로, 독도문제에 관해 한일 간 합의에 입각한 ICJ의 관할권은 원칙적으로 성립하지 않으며, 따라서 ICJ는 독도문제에 관한 관할권을 확립할 수 없다.

독도 주권을 공고히 강화하기 위해서는 도서 영유권을 규율하는 현행 실정 국제법규범(국제판례)에 대한 연구·이해와 함께, 국제사법쟁송절차 숙지 등 2가지 분야에 대한 균형적 접근과 연구가 필수적이다. 양자는 법규범의 구속력과 강제집행력의 관계와 마찬가지로 동전의 양면처럼 서로 불가분의 관계를 가지고 있기 때문이다. 구속력 있는 실체법상의 권리와 이익이라 할지라도 그 방어·보전 및 강화는 절차법에 의해서 비로소 구체적, 최종적으로 확립·보호될 수 있을 뿐이다. 이러한 맥락에서 독도문제와 관련한 모든 가능성에 대비해야 하는 것은 당연하다.

첫째, 독도가 역사적으로나 법적으로나 한국의 고유한 영토이며, 국제재판은 당사국간 분쟁 회부에 관한 합의가 없으면 당연히 성립되지 않는다는 고정관념은 경계할 필요가 있다.[105] 이는 독도문제와 관련한 돌발 상황이 발생하는 경우, 국제연합 총회 또는 안보리가 ICJ에 설득적 권위를 가진 권고적 의견 청구가능성과 함께, 응소관할권 성립 가능성을 완전 배제할 수 없는 상황이 전개될 수도 있기 때문이다. 또 독도문제가 정치적 성격을 동시에 내포하고 있다는 이유만으로 ICJ가 사건의 수리적격을 배제하는 것은 아니기 때문에(VI.3) 그러하기도 하다. 따라서 독도에 대한 권원강화 노력과 함께, 독도문제의 국제사법쟁송과 관련한 여러 가지 경우의 수, 그 순열과 조합을 염두에 두고 그 절차에도 대비할 필요가 있다.

---

104) 박현진, "독도문제와 직접외교", 한국일보, 2012. 10. 26, p.29.
105) 김찬규, 발제논문, op. cit., p.1.

둘째, 독도문제에 대한 ICJ의 응소관할권 성립 가능성과 관련, 일반적으로 도서영유권에 관한 당사자 간 이견(disagreement) 또는 '충돌' 그 자체만으로 국제평화와 안전에 대한 위협을 구성, 안보리 결의(권고 또는 결정)의 대상이 되거나, 이를 이유로 안보리가 당사국에 ICJ 회부를 강제할 권능을 가지는 것은 아니다. 또 안보리 결의 자체가 회원국을 구속하는 국제재판소의 강제관할권을 확립하는 것은 아니다. 더욱이 2차대전 전범국가이자 동시에 전후 경제적 기여를 통해 국제평화와 안전에 기여해왔음을 자부하면서 이를 근거로 안보리 상임이사국 진출을 시도해 온 일본 역시 정치·외교적 부담을 지게 되는 군사적 모험을 쉽게 결행하기는 어려운 리스크(위험부담)를 안고 있는 것도 부인할 수 없다.

동시에 콜퓨해협 사건에서 군사적 충돌 후 안보리가 당사국간 합의에 의한 분쟁의 ICJ 회부를 권고하는 결의를 채택하고 영국이 일방 제소 후 알바니아가 서면으로 이 사건에 한해 소송참가 의사와 함께 영국과 특별협정을 채택하는 일련의 과정을 통하여 응소관할권의 선례가 확립된 바 있듯이 국제정치의 예측하기 어려운 유동적 상황에 따라서는 독도문제에 대한 응소관할권 성립가능성을 전혀 배제할 수만은 없다. 실효적 지배의 현상을 유지하는 것이 중요한 이유가 여기에 있다. 특히 ICJ는 1974년 핵실험 사건 이후 1984년 니카라과 사건, 그리고 1992년 나우루 사건[106]에 이르기까지 고전적 의사주의에서 이탈, 적극적으로 관할권을 확립할 태세를 갖추고 있음을 시사하고 있다.[107] 또 2002년 12월 9일 콩고 정부가 프랑스를 상대로 ICJ에 일방 제소한 사건에서 2003년 4월 11일 프랑스 정부가 응소한 예에 비추어[108] 각 국의 태도 역시 과거에 비해 보다 적

---

106) Certain Phosphate Lands in Nauru (Nauru v. Australia), Preliminary Objections, *ICJ Reports*, 1992, p.240.
107) W.M. Reisman, "The Constitutional Crisis in the United Nations", *American Journal of International Law*, vol.87, 1993, p.83, 85. 국제사법재판소의 조약의 형식 및 조약 체결 방식·절차에 대한 적극적 해석에 관해서는 본서, 제5장 참조.

극적으로 국제사법쟁송에 응소하고 있는 점은 주목할 만한 현상으로 보인다.

셋째, 따라서 독도문제가 국제재판에 회부되는 경우에 대비한 관할권, 수리적격, 재판에서의 공방절차에 대한 심층적 연구와 체계적 접근이 필요하다. 국제재판에서 관할권 확립, 사실관계의 규명과 그에 따른 법률관계의 확립은 상당부분 국제소송절차에 대한 정확한 이해, 법정 공방기술에 의해 좌우되기 때문이다.109) 예컨대 영국이 콜퓨해협 사건을 통해 응소관할권의 선례를 확립한 것은 상대국인 알바니아에 비해 정치·외교적 위상과 역량은 물론, ICJ규정 및 소송절차에 대한 이해 및 실무적 응용기술 상의 우월성을 시사한다.

넷째, 분쟁이 "진정 존재할"(genuinely exist) 때, 그리고 관할권과 수리적격이 인정될 때 ICJ는 비로소 계쟁관할권을 행사할 수 있다.110) 동시에 사실상의 '분쟁'이라도 이를 공식적으로 인정하거나 묵인하는 것으로 해석될 소지가 있는 외교적 언사·문서(왕복문서 등)는 영유권 관련 국가의 사를 객관적으로 입증하는 국가실행의 증거가 되므로 주의를 요한다.111) 니카라과 사건에서 ICJ는 니카라과가 1929년 상설국제사법재판소 규정상의 임의조항 수락선언 후 비준하지 않았음에도 불구하고, ICJ규정 제36(5)조 상의 문구에 대한 적극적 해석을 통하여 니카라과의 '선언'을 유효한 것으로 해석하고, 니카라과와 미국이 공히 38년간 이를 묵인한 후

---

108) Certain Criminal Proceedings in France (Congo v. France), Application Instituting Proceedings, April 11, 2003 & Request for the Indication of a Provisional Measure, Summary of the Order of 17 June 2003, paras.20~21.
109) 김찬규, "독도 어떻게 지켜야 하나", 국민일보, 2004.5.10, p.22 및 "독도를 지키는 법", 경향신문, 2005. 3. 24, p.31.
110) Nuclear Tests cases, supra note 9, p.271, para.57.
111) 예컨대 영·불 간 1953년 망끼에·에끄레오 사건 참조. 본서, 제3장, II.2, 제5장, III.2 및 제9장, VI.2. 국가 간 구두에 의한 합의도 조약으로 성립할 수 있다. 다만 1969년 비엔나 조약법 협약은 그러한 합의에 대해서는 그 적용을 배제하고 있다. 동 제2(1)조.

속 국가실행 및 1956년 체결된 미국/니카라과 우호통상항해조약제24(2)
죄까지 원용, 관할권을 확립한 바 있다(IV.3).[112]

따라서 현실적·평화적·지속적 실효지배의 중요성에 유의하면서도 독
도의 분쟁지역화를 기도하는 일본의 전략에 대해서는 상황과 사안에 따
라 적극·소극 등 강·온 양면전략을 구사할 필요가 있다. 일관된 소극적
대응은 분쟁을 묵인하는 국가실행으로 해석될 수도 있기 때문이다. 또
소극적 대응으로 '분쟁' 지역화를 방지하는 효과가 있다면 효과적일 것이
나, 만일 상대가 이에 응하지 않고 논란이 소멸하는 것이 아니라면(예컨
대 2005년 시마네현의 '다케시마의 날' 선포 등) 소극적 대응은 재고할
필요가 있다. 영토주권에 대한 도발에 대해서는 구체적이고 일관된 메시
지를 전달하는 것이 중요하다.

다섯째, 한국이 장차 ICJ 규정 선택조항(선택의정서) 수락선언을 통하
여 ICJ의 강제관할권을 수락해야 할 경우, 니카라과 사건에서 미국이 기
탁한 1946년 ICJ의 선택의정서(강제관할권) 수락 선언의 문안 작성상의
순간적 방심(수락선언 철회 시 그 효력종료 통고 즉시 효력발생이 아니
라, 통고 6개월 후 효력발생)을 반면교사로 삼는다면(IV.3) 동 선언의 인
적·시간적·지역적·내용적 적용범위를 제한하는 '명시적 유보' 등을 통하
여 독도주권 문제에 대한 ICJ의 관할권을 명시적으로 배제시킬 필요가
있다. 동시에 최초의 수락선언에 추후 수정선언권, 추가적 유보권과 효력
종료 선언권 등을 명시하여야 하며, 수정 내지 종료선언의 경우 통고기
간을 설정하지 말고 최초 수락선언의 효력을 수정선언 또는 종료선언 즉
시 종료시키는 방식을 취할 필요가 있다. 이와 관련, 영국 및 일본의 선
택조항 수락선언의 내용은 하나의 길잡이가 될 수 있다.

---

112) Nicaragua case, Jurisdiction and Admissibility, *supra* note 7, paras.15~16, 27,
42~43 & 81.

제12장 한일관계와 한국의 도전

I. 서 론

위에서 전개한 독도 영토주권에 대한 역사적·지리적·법적 논의·분석 및 평가를 바탕으로 이제 통시적 관점에서 한일관계의 역사를 되돌아보고 우리의 현주소와 앞으로의 자세에 관해 고찰해 보고자 한다. 우리는 지금 어디에 서 있으며 어디로 향하고 있는가, 그리고 앞으로 무엇을 어떻게 해야 하며 어디로 향해야 하는가? 특히 한일 양국은 인접국으로서 오랜 역사를 공유하면서도 일방적, 습관적 침략과 무력강점과 같은 역사적 앙금 그리고 근래에는 일본의 역사왜곡·부정과 독도주권문제 등으로 인해 갈등과 마찰을 겪어 왔다. 아래에서는 한일 간 근현대사를 중심으로 과거사를 짚어보고 이를 바탕으로 올바른 대일관계의 방향을 모색해보고 우리의 자세에 대해서도 성찰해 보고자 한다. 한일과거사 문제는 단순히 지나간 과거의 문제가 아니라 양국관계의 현재와 미래를 규정하는 문제이다. 양국 간 신뢰의 문제이며 또한 우리 스스로의 정체성에 관한 문제이기도 하다.

II. 지리적 인접성, 역사적 갈등

1. 한국, 한국인과 한국문화

우리 민족은 예로부터 평화를 애호하고 음악과 가무를 즐긴 농경민족으로 알려져 있다.[1] 고구려의 유목 기마민족의 기상과 상무정신은 만주를 떠나 한반도에 정착하면서 점차 사라져갔다. 궁핍했던 민중의 삶에서 토속 무속신앙(샤머니즘)과 조상숭배사상은 중요하다. 중국·인도 등에서 수입된 유·불·선 사상과 서구 기독교 문명은 민중의 정신생활의 다양성과 풍요를 가져왔지만, 토속신앙의 전통을 제거하지는 못하였다. 동시에 우리 민족은 글과 학문, 시문·시가(詩歌)와 문장을 숭상하는 전통을 가지고 있다.[2] 목판인쇄술의 정수인 『고려대장경』에 이어 고려 말 금속활자[직지심경(直指心經)=직지심체요절(直指心體要節)]의 주조는 그러한 전통의 소산일 것이다. 인쇄문화의 발달로 서책의 대량생산·보급이 가능해졌고, 『조선왕조실록』 등 기록문화는 우리 민족의 자부심과 정체성을 구성한다. 뿌리와 역사에 대한 자긍심과 경외심의 표현이다. 향가, 한시, 시조, 가사문학과 소설은 그러한 우리의 자화상과 정체성의 일부이다. 과거시험과 식자(識者)계급은 민중의 로망이었다. 조선시대 '배우지 못한 한과 설움'은 광복 후 교육열로 나타났다.

오랜 역사를 통해 외세의 부단한 침략과 지배계층의 핍박·수탈은 민중들의 삶과 정신을 억누르고 피폐케 하였다. 그럼에도 한민족은 굴하지 않는 저항정신·정서[한(恨)의 정서]를 근간으로 역경을 인내하며 고통을 승화시키는 고유의 정체성을 면면히 형성·유지해 왔다. 특히 우리 민족이 오랜 세월을 거쳐 경험한 전쟁, 반란, 혁명, 재난, 핍박과 수난 등 고통스런 누적적·집단적 기억·경험, 정서와 체험, 그리고 가뭄에 콩 나듯

---

1) 농악, 판소리와 서편제, 가곡, 민요와 트로트 등은 그러한 전통과 유산 위에 서 있다.
2) 김희보(편), 『한국의 옛 詩』(서울: 종로서적, 1986) 참조. 이수광은 『지봉유설』(芝峰類說, 1614)에서 우리나라가 "전통적으로 착한 품성을 가진 곳"이며 "아름다운 자연을 가진 나라"임을 자부하고 있다. 신병주, "지봉유설 ― 열린 마음으로 세계를 껴안다", 고운기 외, 『한국의 고전을 읽는다』 4 (역사·정치)(서울: 휴머니스트, 2006), at http://terms.naver.com/entry.nhn?ocId=92147&cid=41708&categoryId=41736 (2015. 10. 23 검색).

성군·목민관의 선정으로 찾아온 태평성대의 행복감·즐거움·신바람 등을 예술적으로 숙성·승화시킨 전통 음악은 유장한 민중의 삶, 일상의 희로애락을 여러 가지 다른 형식의 가사와 가락에 담아 형상화시킨 것이다. 고단한, 때로는 전쟁, 가뭄, 기근 등 고통스런 삶의 애환을 위무하고 동시에 희망의 미래를 이어가는데 없어서는 안 될 자연발생적 문화예술 장르이다.[3] 우리 민족이 개발한 음악의 장르는 아악, 농악, 가곡(歌曲: 전통 성악곡), 판소리의 노래인 창(唱), 국악, 민요와 대중가요(트로트, 포크송) 등 실로 다양하다. 농악, 창, 민요가 민중의 음악이었다면, 지배계층은 자연을 벗 삼아 가야금 산조, 시나위 연주를 배경으로 음주, 가무와 시문 돌려짓기 등 풍류를 즐겼다.

음악에 이어 드라마, 영화와 식문화를 아우르는 한류(Korean Wave)는 이제 한국문화를 세계에 전도하는 무형문화로 자리매김하고 있다. 특히 우리 민족이 겪어야 했던 이민족의 지배·압제를 극복하고 민족분단의 고통을 인내하며 산업화와 민주화를 이룩한 이후 나타난 케이팝(K-pop)은, 그 이전의 전통 대중음악과는 달리, 정치·경제적 성취를 반영하여 밝고 자신감에 넘치는 신세대의 발랄·강렬한 개성과 가치를 표현·발산하고 있다. K-pop은 강력한 비트(beat), 화려하고 강렬한 율동, 자극적 조명, 선정적 의상과 동기화된(synchronized) 빠른 집단적 동작 등 보컬 그룹과

---

3) 러시아 황제(czar)와 지배계층의 핍박에 수탈에 오랜 동안 시달린 슬라브 민족의 음악이나 폴란드출신의 쇼팽의 음악('야상곡', '폴로네이즈' 등) 역시 우수와 애환의 토속 정서를 표현하는 곡이 많다. 차이코프스키의 '슬라브 행진곡'(세르비아·러시아 행진곡), 체코 출신 드보르작의 '슬라브 무곡 10번' 등은 그 예일 것이다. 이는 로마제국의 후예인 이태리의 음악(오페라 아리아), 또는 독일의 악성 베토벤('전원', '영웅', '황제' 등), 브람스('대학축전 서곡')나 슈베르트의 '숭어' 등 서정적인 가곡과는 거리가 있다. 또 이는 오스트리아 잘츠부르크 출신 모차르트의 곡('마술피리', '피가로의 결혼'), 요한 스트라우스의 밝고 명랑힌 왈츠곡('봄의 왈츠', '아름답고 푸른 도나우강'), 하이든('천지창조', '고별'교향곡) 또는 프란츠 주페('경기병 서곡', '시인과 농부' 등)의 분위기와도 차이가 있다.

록밴드가 함께 시청각 효과를 극대화시키는 종합예술을 특징으로 한다. 이는 과거 대중음악이 가수 개인의 가창력, 가사와 가락(멜로디)을 전달하는 위주의 소리(보컬) 음악으로서 가수·무대와 청중이 분리되어 청중은 단지 수동적인 음악 감상자에 불과했던 전통에서 이탈한 것이다. 케이팝은 빛과 소리, 가사와 동작, 노래와 춤, 그리고 두드림과 울림을 융합한 복합적 효과를 유발하며, 무대와 청중석이 하나가 된 흥거운 놀이마당에서 청중의 참여를 통해 쌍방향의 공감·공유, 감정이입을 유도한다. 음악과 연극, 소리와 춤, 오디오와 비주얼이 한데 어우러진 신바람 나는 소리·시각·행위 예술의 융·복합과 동기화된 집단 하모니 쇼(show)를 지향한다.4) 또 비보이즈의 화려한 브레이크 댄싱(breakdancing) 공연은 획일화된 '모범' 청소년 문화에 대한 하나의 '예외'이자 저항으로서 청춘의 독자적 개성과 신세대의 가치를 중시하는 새로운 세태·문화를 반영한다.

고려청자매병 (高麗靑瓷梅甁)

명장의 손길 대지의 정기 고이 품어 주무르듯
천지의 조화, 선조(先祖)의 체취 한껏 안아 빚어
여인네 보드라운 속살에 고려혼 불어넣으면
현묘한 기하학적 이오니아식 치켜세운 배흘림 형상

---

4) 이는 탈춤공연의 전통과 맥을 같이한다. 『테스』로 유명한 영국의 건축가·작가인 하디(Thomas Hardy: 1840~1928)의 고향이며 그의 2층 붉은 벽돌집 생가가 있는 잉글랜드 남서부 도셋(Dorset) 지방의 영불해협에 면한 작은 전원도시 도체스터(Dorchester) 해안가 백조 집단도래·서식지[(Abbotsbury Swannery, http://abbot sbury-tourism.co.uk/swannery/(2016. 1. 10 검색)]에는 부화기인 부활절 기간 중 관광객들이 몰린다. 큰 몸집의 백조의 떼가 갯벌에서 도움달리기로 양력을 얻어 순차적으로 서서히 날아오르는 거대한 집단 군무(群舞)는 대자연이 지휘하는 장엄한 부정기 공연이며, 군더더기 없는 완벽한 하모니와 균형미를 선사한다. 최대이륙중량 약 450톤에 이르는 초대형 여객기 점보기(Boeing 747)의 이륙장면은 백조의 비상(飛上)을 연상시킨다.

삼라만상 원초적 생명의 요람 칠흑 소우주 속
참나무 장작 고깔 깔고 앉아 영겁을 상대하며
불덩어리 아기 지구가 태양으로부터 엄마야
분리되던 두려움, 그 넘실대는 1,300°C 불가마

이글대는 활화산 아가리 일렁이는 화마의 입
태초의 어둠속 산사, 참선에 몰입한 불자처럼
빈손 먼 길 떠나는 다비식 앞둔 큰 스님처럼
오롯이 온 몸 내맡긴 채 천길 속 용암 응시하듯

깊고 푸른 몇 날 몇 밤 피토하듯 울어대며
고통을 극락삼아 자신을 불태운 등신불처럼
불노리에 맞춰 스스로를 열반 속 불사르니
한옥 팔작지붕의 황금곡선 사뿐히 흘러내려라.

홍도 눈부신 비색 바닷물 길어 담은 듯
남도 비경 간직한 쪽빛 한껏 머금은 듯
우주생성의 섭리, 민족의 숨결 어우러져 피어나니
세계인들 뉘라서 앞 다투어 시샘 아니할까?

흙(土)과 불(火)의 조화, 아사달의 배달 혼과 정신
오늘 가인(佳人)으로 환생한 듯 되살아나니
천상천하 유아독존, 신비스런 도자의 지존
천년 옥색신비 천상의 자태, 시공을 넘어 만년을 비추네.

　　흥을 돋우는 전통가락과 신바람 문화의 전통은 K-pop을 낳은 토양일
것이다. K-pop 탄생의 저변에 한글이 존재한다는 사실을 잊기 쉽다. 우
리의 역사·정서적 배경과 집단적 경험 속에서 과도적 표현수단이 한문·
이두(吏讀)를 거쳐 조선 세종에 이르러 민족의 창의적·과학적 연구·개발

역량을 집결·탄생시킨 훈민정음의 창제는 그야말로 한국인의 창조적 저력을 유감없이 보여준 오천년 역사의 결정(結晶), 문화적 압권이자 화룡점정이었다. 한글은 민중이 식자층의 도움을 받지 않고 자신의 의사를 직접 독립적으로 문자로 표현하고, 그 고유의 의식·정서·감각·지각을 풍부·정교하게 가다듬도록 도와준 불가결의 안내자이며 동반자였다. 합리적, 과학적 사고를 촉진·숙성시키고 그 교육·전수를 가능케 한 산파였다. 또 효과적 의사소통·사유를 가능하게 하고 관념·사상·가치관을 잉태·숙성시켜 학문발전을 견인한 수단이자 무기였다. 한국인으로서의 정체성과 긍지를 확인·유지·강화시켜 준 정신적 개안(開眼)이었다. 자유와 평등의식, 지식과 문화를 공유·확산시킨 문자혁명이며 정신혁명이었다. 세종의 문화융성 프로젝트의 '선물'이자 '축복'이었다. 백성들의 국정참여를 촉진시킨 사실상의 민주주의 혁명, 정치혁명의 출발점이었다.[5]

한글창제는 삼국시대 목간(木簡), 신라향가의 모태인 이두, 그리고 고려 가사와 고려대장경 판각이라는 집단적 경험과 전통 위에 서 있다. 민족의 DNA 속에 용해·숙성된 그러한 역사적 자산과 문화적 유산은 백성들과 고유문자의 공유·소통의 중요성을 투시한 세종의 통찰력과 리더십을 만나 유리알같이 투명하고 맑은 위대한 민족유산으로 결정화(結晶化)되었다. 통시적 안목, 분석적 마인드와 샘솟는 영감의 소유자 세종이 당대 엘리트 두뇌들을 결집·지휘, 민족의 집단적 기억·경험을 창의적·과학적으로 분석·적용·통합시켜 문화·과학 르네상스의 새 역사를 일으키고, 민족중흥의 기초와 발판을 마련한 것이다. 비록 창제 이후 국가의 공식 언어로 채택되지는 않았으나, 한글은 세종 이전 한국인이 일구어 온 역

---

5) 예컨대 광해군 시대의 허균이 지은 최초의 한글소설 『홍길동전』(洪吉童傳)과 숙종조 김만중의 『사씨남정기』(謝氏南征記) 등. 훈민정음 반포 3년 후 대신들을 비방하는 언문 벽서·투서가 나오기 시작했다. 강만길, 『분단시대의 역사인식』(서울: 창비, 1979), pp.205, 208~209 & 213. 일제의 창씨개명과 조선어말살정책은 한국인의 정체성을 일제에 동화(同化)시키기 위핸소위 내선일체(內鮮一體)] 것이었음은 물론이다.

사·문화·예술의 고유성·정체성·우수성을 기억·기록하여 이후 민족문화에 접목·연착륙시킨 탯줄이자 가교(架橋)가 아닐 수 없다. 특히 생활언어인 구어를 문어에 접목시켜 언문일치(표음문자)를 실현시킨 언어혁명으로써 배달민족 백성들이 자신의 생각과 의사를 능히 외부로－오지와 도서 격지까지－표현·소통할 수 있는 새로운 창(窓)과 통로를 열어 준 것이다.

한편 우리 역사와 문화에 있어서 의례와 명분 문제는 우리 민족의 사고방식을 지배한 핵심가치의 하나였으며, 따라서 그만큼 중요한 위치를 차지한다. 신라·발해의 예부(禮部)가 교육(敎育)·외교(外交) 및 의례(儀禮) 등의 일을 관장한 이래, 고려시대 상서육부(尙書六部) 중 예조(禮曹)/예부(禮部)는 예의·제향·조회(朝會)·교빙·학교·과거(科擧) 등의 정사(政事)를 관장했던 중앙관청이었으며, 조선시대 예조 역시 예악·제사·연향·조빙·학교·과거 등의 업무를 담당한 관청이었다(『경국대전』).[6] 예조(禮曹)는 궁중 의례·복식은 물론, 외교까지 담당하는 부처로서 신라 이후 1894년 갑오경장 때 폐지될 때까지 존속한 '역사적'인 중앙부처였다. 우리나라 역대 왕조가 추구한 외교의 기조는 예(禮)에 기초한 관계를 지향하였다는 점을 여실히 입증한다. 문제는 조선의 건국이념이 인의예지신(仁義禮智信)을 핵심가치로 하는 유교사상이었다는 점이다. 조선시대 한양 도성의 남대문은 숭례문(崇禮門)이라는 현판을 걸고 있다. 조선시대 경제·과학기술의 중요성은 평가 절하되고, 정치는 지나치게 허례허식에 치우친 것이 아니었는가 하는 것이다. 그만큼 조선은 "모범적 유교사회"였으며,[7] 예악(禮樂)은 한국, 한국인과 한국문화를 특징짓는 핵심적 요소

---

6) 네이버 지식백과(한국민족문화대백과, 한국학중앙연구원), "예부(禮部)".

7) 존 K. 페어뱅크·에드윈 O. 라이샤워·앨버트 M. 크레이그, *East Asia, Tradition & Transformation* (1978, 1990), 김한규 외 역, 『동양문화사』(상·하, 서울: 을유문화, 1991~1992), (상), 제12장 참조. 중국의 경우, 주(周)나라 이래 귀족들은 예(禮)로 다스리고 서민들은 형(刑)으로 다스리는 전통이 확립되었으나, 한비자의 법가(法家)는 이러한 구분을 없애 양자를 똑같이 상벌로써 다스리는 법제를 주장한 반면, 유가는 반대로 모두 예로써 다스리자는 주장을 펼쳤다. 신영복,『강

를 구성한다.[8]

한국인은 개성과 개인·가족주의적 성향과 감성적·정서적 성향이 두드러지나, 겉으로는 이상과 명분, 대의와 명예를 앞세우는 속성도 가지고 있다. 조선 지배층은 유아독존식 사변적·형이상학적 학문(신유학)과 사상을 고집·독점하면서 계층적 질서와 권위(신분, 문벌, 학파, 당파 등)를 내세워 그들의 세계에 안주하며 특권적 지위·권력을 독점하였다. 집단·당파 간 양보와 타협, 권력공유·분점과 협력에 매우 인색한 편이었다. 백성은 지배와 수탈의 대상(고부군수 조병갑 등)일 뿐, 국정의 협력·동반자로 인식·간주되지 않았다. 민주주의나 사회통합은 요원했다. 국력은 그만큼 누수가 많았다. 문제는 지배층의 소신마저 흔히 진정한 국리민복·부국강병을 앞세운 것만은 아니었다는 점이다. 창의적 도전정신은 선비문화의 본질이 아니었다. 기득권 및 기존질서의 수호는 그들의 당연한 신성불가침의 특권이었다. 19세기말 국가개혁을 요구하며 일어선 동학운동의 지도자들이 내건 구호가 보국안민(輔國安民), 제폭구민(除暴救民)이었던 점은 시사하는 바가 크다.

특히 대외문제에 있어서 소신은 지나치게 명분에 치우친 비현실적인 것이거나[예컨대 선조의 명(明)에 대한 '재조지은'(再造之恩), 명·청 교체기 청에 대한 인조의 지나친 대결자세] 또는 당파의 이익을 대변한 부화뇌동도 적지 않다. 조선 지배계층의 의식과 대외정책이 과연 대국적 견지에서 국익을 최우선시키는 전략적 사고에 기반을 둔 것이었는지 의심스럽다. 오직 '반대를 위한 반대'를 통해 상대를 몰락시키고 정권 획득·유지를 위한 권력투쟁에 모든 노력이 집중되었다고 해도 과언이 아니다. 반

___

의-나의 동양고전 독법』(경기 파주: 돌베개, 2004), p.442.

8) 이수광,『지봉유설』, 전게각주 2, 서문. 안연(顏淵)이 인(仁)에 대해 묻자, 공자는 "자신을 이기고 예로 돌아가는 것이 곧 인의 실천"(克己復禮爲仁)이라고 답변하였다. 이는 사람마다 나태와 탐욕의 유혹을 이기고, 인간의 예를 회복해야 한다는 의미라고 한다. 『논어』(유일석 역, 경기, 고양: 새벽이슬, 2008), 안연편, pp.209~210.

대의 입장을 수렴하여 함께 보다 나은 대안을 궁구하는 노력은 거의 실종되었다. 쇄국정책 역시 마찬가지이다. 변화하는 국제현실에 대한 유연한 전략적·능동적 사고가 아니라 근시안적 접근, 교조적 우월감과 비타협적 독선 등은 치명적인 독소였던 셈이다. 일본의 사쓰마 번 등이 19세기 서양 군사력의 우월성을 인정하고 배우려 한 것[9]과는 대조적이다.

신이 아닌 이상 실수는 인간의 영역이다. 문제는 국익 – 국가안보와 국가(민생)경제 – 을 최우선시키는 사심 없는 최선의 선택과 결정이었는가가 후세의 판단의 기준이 되어야 한다. 또 그러한 선택과 결정은 역사의 교훈, 선조들의 가르침을 올바르게 이해·활용하는 실천적 지혜에 기초했었어야 한다. 특히 조선시대에는 상업과 전문기술직(공인, 역관 등)을 경시하는 풍토가 지배적이었으며, 그 결과 대외무역, 상업과 과학·기술력의 후퇴와 함께 국력을 크게 약화시켰다. 이러한 경향은 신라 및 고려와 비교해 볼 때 두드러진다. 조선시대 외국과의 무역은, 중국과의 제한된 국경교역을 제외하면, 거의 차단되고 단절된 것으로 보아 무방할 것이다. 해상무역은 고립을 자초한 결과 참담한 수준으로 전락했다. 특히 현실에 대한 이성적 판단·합리적 인식과 전략적 대처보다는 명분에 치우친, 관행에 젖은 타성적 대응 등으로 사태를 그르치는 경우가 많았던 역사의 준엄한 교훈을 새겨야 할 것이다. 인조의 실정과 대원군의 쇄국정책은 대표적인 사례일 것이다. 조선 중기 임진왜란을 겪은 후 정치·사회·경제적으로 큰 변혁의 시기, '성리학자' 이수광이 개방적·개혁적 사고를 바탕으로 실질적 국부증진과 국력강화 방안에 천착, 실학(實學)의 선구로 평가받는 것은 이상한 일이 아니다.[10]

---

9) 본서, 제1장, 6. 민족자결권 부정·침략과 평화파괴범에 대한 심판, 참조.
10) 당대 조선에서 남다른 국제적인 안목을 갖추었던 이수광(李睟光: 1563~1628)은 진취적·실용적 사고로 동·서양을 넘나들며 군함·화포 등 국방은 물론, 천주교를 포함하는 다양한 분야에 관한 정보를 객관적·실증적으로 기술한 문화백과사전『지봉유설』을 1614년(광해군 6) 탈고, 원고는 그의 사후인 1633년(인조 11) 출간되었다. 신병주, 전게각주 2. 실학자와 광복 이후 우리 학자들이 진리에 이

2. 통일, 국가안보와 상무정신

오랜 역사를 통해 한반도에 대한 또는 한반도를 둘러싼 주변 외세의 개입 또는 외세 간 각축은 우리 민족의 숙명적 도전이 아닐 수 없다. '한반도와 주변도서·바다'라는 지리적·지정학적·지형적 조건은 바로 우리 민족사의 운명적 만남이자 도전이며, 그 정체성을 규정하는 한 요소이다. 민족사의 관점에서 우리 역사는 간단없는 외세의 침략에 맞서 이 강역과 해양공간을 수호하기 위한 줄기찬 대응과 극복의 역사이다. 일제의 패망과 광복으로 우리 민족은 완전한 독립 통일조국을 기대하였다. 그러나 우리가 실제로 마주친 현실은 소위 주변 강대국에 의한 분단이었다. 전승국들은 패전국 일본의 영토는 온전히 보전해 준 반면, 침략전쟁과 무

르는, 즉 어떤 가설·명제가 참임을 입증하는 과학적·철학적 방법론(인식론)에 보다 궁구·정진했어야 한다고 믿는다. 이것이 우리(동양)가 서양의 과학기술에 뒤지게 된 원인 가운데 하나이며 또한 새로운 원천지식을 산출하는 근원이라고 믿기 때문이다. 따라서 고교·대학 교육과정에 인식론, 논리학 등의 인문학 과목을 강화하고, 이를 과학기술·산업에 접목시킬 필요가 있다고 본다. 밀(John Stuart Mill: 1806~1873)이 당대의 철학자인 벤담으로부터 배워 『자유론』(On Liberty: 1859)을 완성하고 연역·귀납법의 논리학 체계를 집대성한 것은 멘토(mentor)로부터 받은 지도·영감과 계시의 덕분이기도 했을 것이다. See e.g. J. Viner, "Bentham and J.S. Mill: The Utilitarian Background", *American Economic Review*, vol.39, No.2 (1949. 3), pp.360~382. 밀은 1820년 프랑스에 있는 벤담의 동생(Samuel Bentham)의 가족을 방문하고 경제학자 Say와 Saint-Simon을 만난 후 영국으로 돌아온 1821년 벤담의 저작을 탐독하기 시작했으며[J.S. Mill, *The Collected Works of John Stuart Mill, Volume VII-A System of Logic Ratiocinative and Inductive: Being a Connected View of the Principles of Evidence and the Methods of Scientific Investigation, Part I*(1843, ed. by J.M. Robson & R.F. McRae, University of Toronto Press & London: Routledge & Kega Paul, 1974), p.lii(textual introduction)], 벤담을 인용하고 있다[*ibid.*, *Volume VIII, Part II*, p.695], available at http://oll.libertyfund.org/titles/246, http://lf-oll.s3.amazonaws.com/titles/246/0223.07_Bk.pdf, http://lf-oll.s3.amazon aws.com/titles/247/0223.08_Bk.pdf & http://www.gutenberg.org/ebooks/27942 (2015. 12. 25 검색).

관한 한민족의 터전인 한반도를 분할했다. 그리고 70년의 세월이 흐르고 있다. 또 6·25 전쟁 시에는 중국의 개입으로 통일이 무산되었다. 민족분 단과 영토분단은 서기 676년 신라의 '불완전통일' 이후 우리 민족이 약 1,270년 만에 처음으로 겪게 된 좌절이며 굴욕이 아닐 수 없다.

통일제국 수(隋: 581~618)와 당(唐: 618~907)에 당당히 맞섰던 고구려, 그리고 거란을 격퇴하고 대제국 몽골에 맞섰던 고려의 상무(尙武) 정신 은 조선시대에 이르러 소위 '선비정신'으로 치장된 채 문약으로 실종되었 다. 고구려, 신라, 고려와 조선을 거치면서 우리 민족의 안보역량과 자위 능력은 하향곡선을 그려왔다. 「무용총」 등 고구려 고분벽화에 남아있는 기마민족의 기상은 아득한 전설 속의 기억으로 사라졌다. 조선은 우리 역사상 군사력이 가장 취약했던 왕조였다. 임진왜란, 정유재란, 정묘호란 과 병자호란, 그리고 강제병합의 역사는 유비무환의 상무정신이 조선의 부족한 2%였음을 웅변하고 있다(『징비록』). 구한말 영국발 산업혁명의 물결과 의미, 절체절명의 도전이었던 개방·개혁·개조의 중요성, 그리고 소위 근대화·산업화의 파고를 깨닫지 못하고 오만과 편견과 기득권에 사 로잡혀 폐쇄적인 그들만의 리그(league)에서 파벌싸움에 몰입했던 지배 계층의 이기적·근시안적 사고는 민족사에 지울 수 없는 파멸적 시련과 오점을 남겼다. 분단의 시발점은 무능·무기력한 조선의 사실상의 국권상 실이었음을 잊어서는 안 된다. 이를 겸허하게 인정하는 바탕 위에서 광 복 70년의 여정에 대한 성찰을 계속해야 한다.

19세기 말 제국주의 시대, 지배층의 부패와 무능으로 인한 조선의 '식 물국가' 전락은 일제에 영토 야욕과 탐욕을 부추긴 측면이 있었다는 점 을 부인할 수 없다. 독도도발의 시발점이 아닐 수 없다. 관찬 『은주시청 합기』(1667)에서 「울릉도쟁계」 당시(1693~1699) 조선-막부 간 교환공문 과 명치정부의 「태정관문서」(1877)에 이르기까지 200년 이상 일관되게 조선의 독도영유권을 인정했던 일본이 청일·러일전쟁을 거치면서 독도침 탈 야심을 노골화했기 때문이다. 세종과 충무공의 유산과 전통을 가진 조선이 무기력하게 무너진 원인을 올바르게 진단·평가하는 데에서 독도 문제의 완전한 해결 및 한일관계 정상화의 실마리를 찾아야 한다. 민족 통일은 그 하나의 돌파구가 될 수 있다. 임진왜란 당시 육·해전에서 승리한 원동력은 크게 거북선과 판옥선, 함포(총통)와 폭탄(비격진천뢰) 등 과학기술력, 그리고 의병의 활약과 충무공의 리더십·전략·작전능력이었을 것이다. 이러한 조선의 과학기술력은 세종 조에 이룩한 창의적 발명 정신과 그 유산인 과학기술적 기반에 힘입은 바 크다. 그러한 도전정신과 기술적 기반이 약 200년 후 임진왜란에서도 빛을 발한 것으로 본다.

문제는 정묘, 병자호란을 거치면서 17세기 중반 이후 청(후금)이 조선의 국방에 대한 간섭이 강화되면서 효종(1649~1659) 때 북벌론이 잠시 등장하였으나 효종의 급서로 흐지부지되고 이후 조선은 지배층의 분열과 정권다툼, 개혁부진, 쇄국과 민생불안정 등으로 국력이 쇠퇴하면서 최소한 자위능력마저 상실하였다. 조선 지배층은 임진왜란 당시 해전승리로 국권을 유지했던 교훈을 쉽게 망각했다. 위기를 극복한 경험을 바탕으로 전후 절치부심, 와신상담하여 국민통합·민생안정과 국가혁신을 절체절명의 최우선 국정목표·과제로 추진했어야 하지만, 실제로는 이후 집권 지배층에 그러한 절박감이나 위기의식, 치열한 유비무환 정신은 보이지 않는다. 국난극복의 자신감 탓이었을까? 또 주요 국정사안(후계문제, 폐비문제, 대동법 시행,11) 북벌론, 예법 논쟁 등)마다 극단적 대립의 결과 지

---

11) 대동법은 이원익과 한백겸의 건의로 1608년(광해군 원년) 경기도에 실시한 적이 있었지만, 전국적으로 확대되지는 못하였는데, 1638년(인조 16년) 김육(金堉: 1580~1658)이 충청감사로 제수되면서 대동법 시행을 강력하게 건의하였다. 그는 대동법이 백성을 구제하고 국가 재정확보에도 도움이 되는 시책이라 주장하였으나, 많은 사람들이 국가재정을 부족하게 만드는 세법이라며 반대하여 확대에 진전이 없었다. 그러나 효종의 등극과 함께 김육이 우의정에 제수되자, 효종 2년 호서지방에서도 대동법이 실시되어 성공을 거두자 1658년(효종 9년)에 호남지역에서도 대동법이 실시되었다. 이어 경상도를 거쳐, 1708년 황해도에까지 실시됨으로써 대동법이 경기도에 처음 실시된 지 100년 만에 함경도와 평안도를 제외한 전국적 실시를 보게 되었다. 강만길,『고쳐 쓴 한국 근대사』(2판, 경

도층·국론의 분열과 처형 등 인재의 희생과 국력의 약화를 자초했다. 결국 임진왜란 후 300년도 안 돼 1866년 병인양요, 1871년 신미양요에 이어 1875년 9월 일본이 영국에서 수입한 군함 운양호가 강화도에 나타나 서양제국의 포함외교를 벤치마킹하자 조선은 이에 대적할 아무런 근대식 군함도 보유하고 있지 않았다.[12] 단지 초지진에 배치된 소수의 '원시적' 해상감시 병력이 전부였다. 충무공의 선견지명과 불세출의 전략·지략에 대한 기억은 전쟁이 끝나자마자 조선 지배층의 뇌리에서 일제히 포맷되어 백지상태로 초기화된 셈이었다. 화석화된 기억은 복구불가능한 깊은 단층 속으로 사라져 다시 활성화되지 않았다. 이후 열강들의 각축과 간섭 속에서 조선은 국력신장의 복원력을 잃고 자중지란, 적전분열 속에서 급속히 내리막길로 치달았다.

민족의 생존·존속을 담보하고 영토를 수호·보전할 수 있는 최소한의 안전보장능력, 즉 개별적 자위능력을 보유해야 한다. 침략행위를 격퇴할 수 있는 전쟁억지력이 그것이다. 동맹국의 지원은 우리의 생존을 궁극적으로 담보하는 수단은 아니다. 역사적 경험에 의하면 평화는 대가없이 주어지는 것이 아니다. '평화를 위해서는 전쟁도 불사해야' 비로소 평화를 지켜낼 수 있다. 평화는 대가를 치르고서 쟁취하는 것이라는 것이 역사적 명제이다. 평화는 그것을 수호하려는 강한 의지와 역량이 있을 때에만 그 억지력으로 지켜질 수 있다. 평화 획득·유지비용과 가치는 잊기 쉽다. 그러한 안보능력을 전제로 할 때, 통일은 현재 우리 민족이 직면한 최대의 도전 가운데 하나이다. 20세기 후반 산업화와 민주화를 이룬 역량, 정보통신혁명의 산업기술력을 바탕으로 이제 국가와 민족의 역량을 결집, 통일의 사회·문화적 기반을 구축할 때이다. 온전한 조국을 후세에

기 파주: 창비, 2006), p.31; 네이버 지식백과, '대동법' 및 '김육' 참조.

12) 『징비록』과 『난중일기』는 치밀한 관찰과 성찰, 그리고 쓰라린 기록과 교훈으로서가 아니라 단순한 장서 내지 문화유산으로 철저히 외면당한 셈이다. 이후 조정에서 수군 육성에 대하여 논의된 바조차 있었는지 의심스럽다. 아니면 기고만장하여 더 이상의 침략은 없을 것으로 확신했던 것일까.

물려주어야 한다. 후속 세대에 통일의 짐을 전가해서는 안 된다. 민족통일·영토통합과 국가안보는 21세기 여전히 우리의 우선적 과제이다.

통일과 함께 현재 우리가 처한 또 하나의 도전은 만일의 사태에 대비하고 준비하는 상무정신의 일상화일 것이다. 평화를 애호하고 가무를 즐긴 농경민족이라는 우리의 정체성은 근래 한류문화와 함께 고구려의 웅혼한 기상, 신라의 화랑도와 같은 상무정신이 사라지고 있는 것이 아닌가 하는 우려를 자아낸다.[13] 그러한 우려는 현재까지도 고위공무원 임명 때면 어김없이 병역의혹이 제기되고 있는 점에서도 확인된다.[14] 임진왜란, 베트남 전쟁의 총력전에서 교훈을 얻어야 한다.[15] 을미사변과 강제

---

13) 화려한 한복과 가무의 전통은 우리의 자산임과 동시에 부(負)의 측면을 수반한다. 지구상의 많은 소수민족과 태평양 도서국들은 화려한 전통 의상과 민속무용 등으로 존재감을 표현한다. 한편 몽골의 상무정신은 현재까지 마상무예, 활쏘기와 씨름 등으로 표현되고 있다. 약소국 출신의 마키아벨리는 군주는 법과 힘의 2가지 무기를 가지고 투쟁할 줄 알아야 하며, 여우의 교활함과 사자(야수)의 힘을 동시에 활용해야 한다고 주장한다[N. Machiavelli, *The Prince* (1513; ed. by Q. Skinner & R. Price, Cambridge University Press, 1988), pp.xix~xx & pp.61 & 68~69; 자크 데리다, "군주는 인간과 야수의 본성을 지닌 잡종 짐승", 르몽드 디플로마티크 (편), 『르몽드 인문학』(경기 파주: 문학동네, 2014), p.212, 215]. 그는 또 군주의 중요한 책무 가운데 하나는 전쟁에 대비하는 것이라고 주장한다. Machiavelli, *ibid.*, ch.14.

14) 장애인도 아니면서, '건강상의 이유'로 병역면제를 받은 사람을 국민들은 진정한 지도자로 인정하지 않을 것이며 이는 국민통합을 저해하는 요소이다. 특히 법집행을 담당하는 고위 검사들의 높은 병역면제비율은 이해하기 어렵다. 또 그러한 '지도자'가 어떻게 전시에 국민들에게 목숨을 내놓을 것을 당당하게 요구할 수 있을지 의문스럽다.

15) 조선닷컴, ""전쟁 나면 싸우겠냐"는 질문에… 모로코는 94%가 "예", 한국은 42%", 2015. 3. 18. 각국 여론조사기관이 가입한 'WIN-갤럽 인터내셔널'이 2014년 9월부터 12월까지 4개월 동안 64개국 6만 2,000명을 대상으로 여론조사를 실시한 결과, '나라를 위해 싸울 의사'가 있는 국민이 가장 많은 나라는 모로코와 피지(94%), 파키스탄과 베트남(89%)이었다. 중국(71%) 러시아(59%) 미국(44%)이 그 뒤를 이었으며, 우리나라는 42%를 기록해 중상위권을 차지했다. 반면 '나라를 위해 싸울 의사'가 있는 국민이 가장 적은 나라는 일본(11%)'이었다. 네덜란드(15%) 독일(18%) 벨기에(19%) 이탈리아(20%)가 그 뒤를 이었다고

병합의 치욕을 기억해야 한다. 국가적 위기 시에 "모두 함께" 참여·협력하는 단합된 자세와 수준이 바로 그 국가의 숨어 있는, 통계에 잡히지 않는 총체적 국가역량이자 국가위기 시에만 드러나는 진정한 국력이다. 정부와 지도자에 대한 신뢰를 바탕으로 국민이 단합한다면 한국은 누구도 함부로 건드릴 수 없는 고슴도치가 될 수 있다. 지도층의 솔선수범이 절실한 이유이다. 2차대전 당시 영국의 엘리트 젊은이들은 숱한 희생을 치르면서 암호해독, 레이더 발명, 적지 침투 및 공중폭격 작전수행 등 대독전(對獨戰) 승리에 혁혁한 공을 세웠다. 자력으로 광복을 이룩하지 못한 결과 분단되었던 역사에서 배워야 한다.

3. 일본, 일본인과 일본 문화

일본인, 일본사회·문화는 한국인과는 대비되는 독특한 특징을 가지고 있다. 4개 주요 섬으로 구성된 섬나라라는 폐쇄된 지리적·지형적 특성상 일본사회·문화는 일왕을 정점으로 하는 공동체질서, 즉 수직적·집단적·봉건적 질서를 확립하였다.[16] 지역 군벌(대명: 大名) 간 오랜 권력다툼으로 '칼'과 '힘'을 신봉하는 무사문화는 일본 역사·문화의 다른 하나의 축을 형성한다. '붓'과 선비정신을 중시하며 '평등'과 '형평'을 중시했던 조선과는 대비된다. 인륜과 천륜(천벌, 비리법권천 등)은 한국의 정치·사회적 윤리와 일상생활의 근간을 형성하며, 그 전제가 된다. 그에 반해 일본인의 정신·사고와 행동, 즉 정체성을 특징짓는 다른 하나의 중요한 요소는 집단의 이익을 최우선적으로 고려하는 현실적·전략적·집단적 사고와 행동이다. 신비주의와 비합리성을 특징으로 하는 신도(神道)는 그러한 일본인의 현실적 사고와 전략적 행동을 정당화한다.[17] 그들이 신봉

한다.
16) 페어뱅크·라이샤워·크레이그, 『동양문화사』(상), 전게각주 7, 제14~15장.
17) 역사상 오랜 기간 무사지배의 전통과 문화 속에서 일본은 불교, 유교와 가톨릭

하는 궁극적 신념과 가치는 상대를 제압·굴복시킬 수 있는 힘, 무력과 권력이다. 과학기술·경제력은 그러한 힘을 뒷받침하는 현실적 무기인 셈이다. 평화나 민주주의의 관념은 사실상 부재했으며, 전쟁은 적어도 악은 아니었다.[18] 협력적 원원 게임보다 제로-섬 게임, 지배와 복종 관계에 익숙했다.

결국 일본인의 정신과 정서의 저변에는 '힘이 정의', 승자에 대한 복종, 주군에 대한 절대적 충성[19]이 가치·전통으로 자리잡고 있다. 무사가 사회·신분질서의 지배계급을 형성하고 계급이 세습되면서 공동체 내 위계질서는 엄격하며 개인적 가치에 우선한다. 공공의식과 공공예절은 세계 최고수준일 것이다. 개인은 근면·검소·친절·정결하고, 조용한 편이다. 인내심이 강하고, 자신의 직분에 충실하며, 웬만해선 젠체하고 나서거나 남의 일에 주제넘게 끼어들지 않는다. 감정조절에 능하며, 감정표출을 자제하고 본심(本音: ほんね)을 속에 묻어둔다. 본심(속내, 속셈)과 겉으로 표시된 명분·원칙[(建(て)前, 入(て)前: たてまえ]이 다르다보니, 제3자에게 이중적으로 비치는 것도 무리는 아니다. 현실적이고 실용·실리지향적이며, 오랜 무사문화 탓인지 행동은 전반적으로 전략적이며, 상황판단과 셈이 빠르다. 예술, 감성 등 '비현실적'·개인적 가치·이익은 현실적·집단적 가치인 공동체의 윤리·질서·이익에 우선할 수 없다. 특히 섬나라의 특성

등 외국종교를 수입하였으나 이들 종교들이 지향·추구하는 이념·가치(평등, 인권, 평화, 박애 등)들은 일본의 수직적·집단적 전통과 정신, 정체성과 조화하는 종교로 받아들여지지 못했다. 또 문치(文治)를 중시하는 유교의 경우, 조선은 이를 통치이념으로 받아들이고 소중화(小中華)를 자처할 만큼 높은 수준에 이르렀지만, 무의 전통을 가진 일본에서 주류 사상으로 받아들여질 수 없었다.

18) 박홍규, "일본 식민사상의 형성과정과 사회진화론", 강만길 외(편), 『일본과 서구의 식민통치 비교』(서울: 선인, 2004), p.57, 60. 1890년~1945년 간 일본 정부는 명치헌법에 기초한 '입헌주의적'이었으나 그것은 의회민주주의적인 것은 아니었다. 민주주의 전통과 표현의 자유는 일본 고유의 문화가 아니었다. 페어뱅크·라이샤워·크레이그, 『동양문화사』(하), 전게각주 7, p.308 & 129.

19) 박홍규, *ibid.*

상 역사적으로 대륙의 정세와 문화에 대한 지대한 관심과 흥미를 보여 왔다. 쿠릴열도의 남단 4개 도서를 '북방도서'로, 독도를 '송도'에서 '죽도'로 개명하고, 태평양상 무인도서들에 일일이 이름을 붙여 자국 영토로 편입하는 등 도서작명·개명에도 일가견이 있다.

특히 막부시절 이후 확립된 상도의(商道義)와 기술력은 패전 후 일본을 다시 일으켜 세운 원동력이었을 것이다. 일본의 산업제품은 전후 반세기 이상 세계시장을 휩쓸었다. 고객과 소비자들에게 믿음을 심어준 탓일 것이다. 일본인들의 시민의식 또한 대체로 매우 높은 수준이다. 집단적 의식구조는 산업사회의 표준화된 대량생산 체제에 적합하다. 그러나 개인의 창의성과 도전적 모험정신을 핵심으로 하는 정보통신혁명의 시대정신과 조화하는지는 의문이다. 또 섬나라의 고립적 역사·문화적 전통, 그리고 과거 침략과 전쟁을 주도한 우익세력의 폐쇄적 의식구조는 예외와 특수성을 강조한다. 보편적 역사인식과 가치관 형성에 장애물로 작용하여 한·일 간 상호불신의 원인 가운데 하나라는 점은 지적해야 한다.

명치유신 이후[20] 일본은 후쿠자와가 외친 서양 과학기술문명과 법·제도를 수입하면서도 서구 문명을 낳은 근대 계몽사상 등 정신문화는 금수품이었다. 합리주의와 과학적 방법론의 결과인 서구문명을 학습하면서도, 서양사상의 기반과 배경 – 개인의 자유·자율에 입각한 합리·이성적 사고, 다양성 – 은 당시 평균적 일본인에게는 금단의 세계이자 사치품이었다. 개인의 사고·내면은 여전히 절대적 신도와 비합리적 신비주의가

---

20) 런던대학교 본부대학(University College London)에 단기 유학했던 이등박문 등이 참여·기초한 1889년 명치헌법 하에서 신도의 정점 '천황'은 신성불가침의 주권자, 국무·입법·의회대권과 군통수권을 가진 국정의 최고권력자였다. 법과 제도를 근대적으로 정비한 명치헌법은 본질적으로 그 성격상 일본의 '전통적 지배(왕정)'에 서구의 '합법적' 지배(법치·민주주의)의 틀을 씌워 가미한 하이브리드(hybrid) 체제였으며, 이는 군국주의적 전체주의의 탄생 및 제국주의적 팽창의 시발점이었다. 역사적 경험에 비추어 아베 총리의 안보법제 개정과 평화헌법 개정이 지향하는 바를 짐작할 수 있을 것이다.

지배하는 전통사회의 가치·관습·질서의 지배를 받았다. 결국 일본은 신도(神道)를 중심으로 한 고유의 문화를 가지고 있으며,[21] 유교적 가치관을 중심으로 하는 동아시아 문화와는 다른 이질성을 가지고 있어 학자들은 일본을 독자적 문명으로 인정하고 있다.[22] 특히 일본인들은 한·중 양국 국민들과 비교하여 상대주의, 집단주의, 신비주의에 입각한 의식구조를 보여준다.[23]

일왕을 정점(국가원수)으로 하는 일본사회는 위계질서에 충실하며 신도를 중심으로 하는 전통적 공동체의식과 일사분란한 집단윤리를 실천한다. 폐쇄된 지리적 여건 상 외부의 도전과 위협에 민감하게 반응하며 강한 사회연대감과 응집력을 발휘한다. 문제는 자신들의 이익이 침해되거나 위협받을 경우 평소 일본인들의 특징인 감정조절기능은 전혀 작동하지 않는 것 같다. 참지 못하고 평정심을 잃는다. 특히 집단적 선동·명령에 냉정과 평정심을 잃고 흥분, 이에 무모하게 부화뇌동하는 성향을 보인다(가미카제). 관동대지진 시 한국인 학살, 남경대학살[24]등 내재된 열등의식을 폭발시키면서 인종차별적 수준으로 정당화·합법화될 수 없는 광적인 야만성을 발산하기도 한다. 한반도를 침략했던 한족, 몽골과 만주(여진)족 등 북방민족이 한반도에 진출하여 인원·물자를 '공출'해 간 것은 사실이지만 일제의 만행에 유사한 대규모 범죄를 저질렀다는 기록은 일찍이 본 적이 없다. 생체실험까지 자행한 야만성은 과거 오랜 기간 동아시아 문명에서 격리된 채 자신들만의 '고유한 문명을 개척'한 것으로

---

21) 본서, 제1장, 18. 신도, 신비주의와 국수주의, 참조.
22) 새뮤얼 헌팅턴, The Clash of Civilizations and the Remaking of World Order 1996), 이희재 역, 『문명의 충돌』(서울: 김영사, 1997), p.53; 정재서, "동아시아 문화, 그 보편가치와의 문제", 정재서(편), 『동아시아 연구 - 글쓰기에서 담론까지』(서울: 살림출판, 1999), p.177, 184 & 190.
23) 공성진, "동아시아 상생 구조의 가능성", 정재서(편), 상게서, p.207, 217.
24) 패트릭 스미스(P. Smith), Japan: A Reinterpretation(1998), 노시내 역, 『일본의 재구성: 현대 일본이 부끄러워하는 진짜 일본』(서울: 도서출판 마티, 2008), p.352.

평가되는 일본의 민낯을 보는 듯해 민망하기 그지없다.

그러나 자신들의 대응역량을 벗어날 경우에는 현실로 인정하고 그 명령과 질서에 복종한다. 우월한 상대에 복종하고 적극적으로 배우고자 한다. 이러한 습성은 1860년 대 초 영국 군함의 사쓰마 및 조슈번에 대한 포격사건에서도 드러난다.[25] 원자폭탄 피폭 후 항복선언에서도 알 수 있다. 임진왜란과 정유재란 후 선린외교를 추구했던 덕천막부의 자세에서도 확인된다. 힘으로 제압할 수 없음을 알고 자신의 본래의 위치로 돌아간 것이다. 힘을 숭배하고 우월한 무력에 복종하는 '칼의 문화'의 전통인 셈이다. 오직 힘이 정의일 뿐이며, 힘이야말로 정의의 심판관일 뿐이다. 특히 상대가 자신에 비해 약하다는 것을 간파하는 순간, 무자비한 공격성과 무력, 심지어 '집단적 광기'를 드러내며 제압·굴복시키려 든다. 오랜 폐쇄적 전통의 유산, 즉 그로 인해 인접국들로부터 정당한 평가를 받지 못한 데 대한 일종의 공격심리가 내포되어 작용하고 있다. 국가관계이든 인간관계이든 수평적이라기보다 늘 수직적이다. 지배와 복종관계를 기본으로 유지된다. '칼의 문화'에서 진화한 소위 군국주의적 사고방식이다. 민주주의는 일본의 고유한 전통이 아니다.[26] 목적을 위해 수단과 방법을 가리지 않았던 마키아벨리즘의 본모습을 제대로 인식하고 대비하는 것이 중요하다. 관용과 화해는 그 다음이다.

4. 한반도 침략·무력강점의 성격·본질

일제의 한반도 침략은 한국을 '근대화'시키기 위한 계몽주의적 시혜는 물론 아니었다. 후쿠자와의 극언에 따르면, '미개한' 한민족이 근대화나 민족자결권이라니 언감생심이고, '황국신민'도 황송한 것이며, 그저 '노예

---

25) 본서, 제1장, 6. 민족자결권 부정·침략가 평화파기범에 대한 신판, 참조.
26) K.B. Pyle, *Japan Rising: The Resurgence of Japanese Power and Purpose* (N.Y.: Century Foundation, 2007), pp.x~xi.

상태'로 충분하다는 심사인 셈이다. '선진' 교육, 철도부설 등 소위 식민지 근대화론이며, 따라서 한국에 공헌·기여한 것이므로 "한국이 감사할 것이지 일본이 반성하거나 배상·보상할 것은 없다"는 인식이다.[27) 안타깝지만 1951년 대일강화조약과 국교정상화를 위한 1965년 한일협정은 모두 이러한 기조 위에서 체결되었다. 게다가 민족·국토분단의 시련과 좌절은 더 말할 것도 없다. 지도층의 부패무능, 무지·편견과 오만독선, 기득권 집착과 끊임없는 권력암투로 '반듯했던' 유구한 역사와 전통에 빛나는 나라를 빼앗긴 민족, 그리고 거족적 독립투쟁에도 불구하고 '자신의 힘'으로, 자신이 주도한 독립을 쟁취하지 못했던 민족이 치러야만 했던 부끄러운 그러나 가혹한 '대가'였는지도 모른다.

마지막 조선총독 아베 노부유키(阿部信行: 1875~1953)가 한반도를 떠나면서 했다는 '저주'가 인터넷에서 유포되고 있다.[28) 일본 최고위층 인사의 일그러진 인성과 극도의 무례·오만의 심연을 드러낸다. '한국이 잘되면 배가 아픈'(Schadenfreude) 정도가 아니라 한국의 몰락·멸망을 염원했던 비뚤어진 인격파탄의 극치이다. 침략의 본심이 민족말살, 아니면 적어도 민족분열에 있었다는 것을 여실히 보여준다. 탈아입구, 대동아공영 등의 허황된 속 빈 구호는 내면의 뿌리 깊은 열등의식을 그릇된 우월·선민의식으로 포장하여 선진문화권에 대한 침략과 지배를 정당화하는 선전선동의 무기로 이용한 것뿐이다.

더욱이 서세동점으로부터 아시아를 구하기 위한 '충정'과 대동아공영을 위한 것이었다는 그럴듯한 변명도 구실에 불과하다. 임진왜란과 습관

---

27) 정병준, 『독도 1947 – 전후 독도문제와 한·미·일 관계 – 전후 독도문제와 한·미·일 관계』(경기 파주:돌베개, 2010), pp.360~361.

28) "우리는 비록 전쟁에 패했지만, 조선이 승리한 것은 아니다. 장담하건대 조선인이 제정신을 차리고 옛 영광을 되찾으려면 100년이 더 걸릴 것이다. 우리 일본은 조선인에게 총과 대포보다 더 무서운 식민교육을 심어 놨다. 조선인들은 서로 이간질하며 노예적 삶을 살 것이다. 그리고 나 '아베 노부유키'는 다시 돌아온다."

적 노략질 등은 한반도와 대륙에 대한 일본의 끝없는 동경, 야욕과 약탈 문화를 웅변한다. '아시아 탈출'이 아니라 '도서 탈출'이 그 목적이었음은 역사가 이를 입증한다. 미국, 캐나다, 호주와 인도가 과거 영국의 '식민지'였다는 것은 역사적 사실이다. 그럼에도 책임 있는 영국 지도층 인사가 아베 총독과 같은 악담이나 후쿠자와와 같은 입에 담지 못할 극언[29]을 했다는 얘기는 과문한 탓인지 들어본 적이 없다. 또 명성황후 시해 등 일제의 야만적 만행을 기억하고 있는 한국의 지도층 인사 가운데 미국이 1945년 일제에 원폭을 아예 10여 개 제조하여 동경 등 대도시에 동시다발적으로 투하했어야 했다, 또는 후쿠자와와 같이 '일제의 멸망을 축하한다'고 공개적으로 저주를 퍼부었다는 얘기를 일찍이 들어본 적이 없다. 아니면 미군이 동경 정복 후, 구소련 적군(赤軍: Red Army)이 나치 독일 진주 후 벌였던 보복과 같은 대규모 여성인권 유린에 나섰어야 했다는 극언을 하는 것을 들어본 적이 없다.

과연 조선(대한제국)이 무기력해서 미국의 흑선이 동경 만에 출현, 무력시위에 나섰던 것인가? 아니면 조선이 미개하고 어리석었기 때문에 영리한 영국의 군함이 사쓰마번에 포격을 가한 것인가? 논리적으로 과학적으로 전혀 성립하지 않는 인과관계를 들어 조선을 타박하는 후쿠자와 등의 견강부회식 궤변은 어떻게든 열도탈출과 한반도·대륙 침략의 구실 찾기에 골몰하고 있었던 이들의 책임전가·회피에 불과하며, 서세동점은 그러한 야심 실현에 더 할 나위없는 호재를 제공했다는 것은 자명하다. 구한말 일제의 행동은 서세동점을 침략의 배출구로 이용한 것일 뿐이다.

동시에 19세기 중반 영국발 산업혁명으로 시작된 도도한 시대적 변화와 급박한 국제정세의 본질과 심각성을 전혀 깨닫지 못하고 한가롭게 청국(淸國)의 얼굴만 쳐다보면서 능동적·자주적인 노력은커녕, 자국 국민의 정당한 개혁요구에 외세를 동원, 무력으로 진압했던 조선 지배층의 누적

---

29) 본서, 제1상, 1. 침략·무력상섬의 굴레: 한일과서사와 냉보분세, 참소.

된 부패무능, 책임회피와 직무유기가 망국의 1차적 원인이었다는 사실을 겸허하게 성찰해야 한다. 청국과 일제 등 외세를 끌어들여 '난'을 진압해야 했던 조선 지배층의 근시안적 임기응변은 결국 조선의 운명을 파국으로 이끈 원흉이었다. 또 제1차(1839~1842) 및 제2차(1856~1860) 아편전쟁에서 연이어 굴욕을 당한 청국의 무능 역시 곧이어 청일전쟁 등 일제 침략의 빌미를 제공했다는 비판에서 자유로울 수 없기는 마찬가지이다. 따라서 그 어리석음을 깨우칠 『격몽요결』(擊蒙要訣)보다 강한 충격요법이 필요했을 것임은 분명하다. 중요한 점은 내부개혁의 의지도 능력도 없는 국가·국민의 운명은 곧 공격적 민족성을 가진 외부 세력의 무력동원 앞에 스스로를 벌거숭이로 노출하는 것을 의미한다는 사실이다.

오랜 역사를 통해 일본의 국력이 한국을 압도한 시기는 근대에 이르러 고작 한 세기 남짓하다. 역사상 대부분의 기간 동안 한국은 일본과의 교류 없이도 별다른 불편 없이 살아온 것이 사실이다. 역사상 대부분 기간 동안 한국에서 일본의 문화·과학기술의 영향은 미미하거나 거의 전무했다. 유사 이래 지난 수천 년 간 일본의 역사·문화는 상당부분 한국·중국으로부터 전래된 문화 또는 그 영향을 받은 것임을 부정하기 어렵다.[30] 그만큼 그동안 동아시아에서 일본의 기여는 미미했다. 고대 백제의 문화 전래는 일본 문화의 기초를 세웠다. 조선이 제공한 한문 불경은 일본 전통 불교의 교리 이해·발전에 기여했다. 임진왜란 시 납치한 조선 도공이 일본 도자기 문화에 이바지한 것은 움직일 수 없는 사실이다. 일본 문자는 한자의 영향을 받았다는 것은 삼척동자도 다 아는 사실이다. 그럼에도 그 출처를 밝히고 인정하는데 인색한 나라가 바로 일본이다. 16세기 말 전국시대를 마감한 사나운 풍신수길의 군대도 해상에서는 충무공이 이끄는 조선 수군에 연전연패했으며, 육상에서는 의병들의 활동에 기를 펴지 못했다. 서양 고지도에 '한국해', '조선해' 등의 지명이 많은 것도 과

---

30) 임진·정유재란 이후 조선통신사(朝鮮通信使)의 파견은 공식적인 문화·학술사절단으로 볼 수 있다. 통신이란 신뢰(信)를 나누는(通) 것이라 한다.

거사의 흔적이다.

역사적 '부채'의식의 부재 자체를 탓하고 싶지 않다. 다만 유럽 없는 영국사를 상정할 수 없듯이,[31] 한국과 중국 없는 일본사는 상상할 수 없다. 피해의식에서 오는 선입견인지는 몰라도 정당한 이유 없이 인접국을 겁박하고 괴롭히는 '놀부'의 심사로는 지도국의 반열에 오를 수 없다. 부끄러움과 염치는 신뢰와 리더십의 기본 요건이 아닐 수 없다. 요컨대 일본의 역사는 정체된 섬 내에서 평화적·지속적 내부 혁신을 통한 성장보다는 외부로 눈을 돌려 폭력과 무력을 통해 성장동력을 얻으려 했던 점에 문제의 본질이 숨어있다. 해적, 약탈, 납치와 침략 등 외부로부터의 정기적 '수혈'을 통해 발전동력을 얻은 것이 전형적 수법이었다. 전국시대를 마감하고 임진왜란을 일으켰으며, 막부체제의 붕괴와 명치유신 후에는 소위 '정한론'(征韓論)과 '대동아공영'을 내세워 청일, 러일전쟁을 일으키고 한반도, 대만과 중국을 침략, 민간인 학살, 생체실험 등 만행을 저질렀다. 그리고 '자신의 것'을 빼앗기면 극도로 예민한 반응을 보인다 ['북방도서', 1977년 일본 니가타 현에서 납치된 요코타 메구미(横田惠)양 사건 등].[32] 침략과 무력강점 당시 독립운동에 참여한 숱한 한국인과 독립투사(제암리 학살사건 등)들을 학살하고, 종군위안부를 강제동원했으면서도 이를 부정하려 하고, 더욱이 1923년 관동대지진 당시 한국인 학살 관련 기록은 공개하지도, 사죄하지도 않으면서, 전후 북한이 일본인 17명을 납치했다면서 북한 측의 설명과 사과를 요구하고 있다.

아베 총리 등 일본 우익의 논리대로 납치사건 역시 단순히 '지난 일' 아닌가? 필요하다면 북한이 '아시아평화협력기금'과 유사한 기금을 만들어 일본 측에 보상하면 되지 않는가? 일본의 일방적 편향적 사고와 독선

---

31) 박현진, "일본은 아시아의 영국인가?", 한국일보, 2012. 12. 1, p.30.
32) 동아닷컴, "[단독]"메구미, 北의 약물 과다투여로 숨졌다"", 2014. 11. 7 & 2015. 4. 30(수정); "북조선(북한)에 의한 일본인 납치문제(Abductions of Japanese Citizens by North Korea)", at http://www.rachi.go.jp/kr/ratimondaI/jian.html (2015. 3. 29 검색).

은 여기에서 그치지 않는다. 전후 70년 내부적 정체에 직면한 일본이 집단적 자위권을 탈출구로 다시 무력사용 카드를 만지작거리면서 '일본열도 탈출'을 시도하고 있다. 기존 동아시아 질서가 격변하는 시점에서 '전범국' 일본이 집단적 자위권을 내세워 미국의 묵인 하에 '전쟁가능 국가' 및 자위대의 해외파병 범위 확대와 무력사용 요건 완화에 나서고 있다.[33] 두말할 나위도 없이 무력행사는 합법성, 투명성과 책임성이 전제되어야 한다. 일제의 무법적 폭력과 만행에 시달렸으며, 전후에도 그러한 엄연한 역사적 진실을 부정·호도하는 일본의 무력사용 가능성에 대한 우리의 경계심과 우려는 당연하며 정당하다. 수 천 년 간 일본이 한반도와 우리 민족에게 일방적으로 가한 고통과 상흔의 무게를 미국과 미국 국민들이 충분히 이해하기를 기대할 수 없다. 과거사 문제의 해결을 미국에만 의존하기 어려운 이유이다. 수 천 년의 역사를 가진 한국에 비해 미국의 역사는 불과 250년에도 미치지 못한다.

---

33) 이와 관련, 만일 일본이 한국 거주 일본인의 안전에 위험이 발생했거나 발생할 우려가 큰 것으로 판단하는 경우 '자국민보호'를 구실로 자위대의 한반도 파병할 빌미를 줄 수도 있다. 따라서 국가안보실 등 관계부처에서는 외교부, 법무부와 협력하여 주한 일본대사관에 재한 일본인들의 소재와 연락망 등을 요청·확보하고, 모든 일본인들에게 권역별 거점 집결지를 명확하게 사전 지정·통보하여 위급사태 발생 시 신속히 일본 등으로 귀국시킬 수 있는 구체적 위기대응·관리계획을 수립·집행할 수 있어야 할 것이다. 일본군이 다시 이 땅에 발을 들여놓는 일을 미연에 철저히 방지하여야 할 것이다. 우리 스스로 일본군을 한반도에 끌어들이거나 또는 일본이 자위대를 일방적으로 한반도에 파병하여 동학농민운동 진압이나 명성황후 시해와 같은 만행을 저지르지 못하도록 각오를 다지고 대비에 만전을 기해야 한다.

III. 국제정치와 국제법의 진화

1. 영토, 국민과 국가

한 인간이 소여된 혈통을 가지고 태어나 주로 거주하게 되는 지리적·물리적 장소·공간은 그와 불가분의 정치적·사회적·법적 관계를 맺게 된다. 장소(place; locale) 또는 지역은 그에 고유한 이미지와 정체성(identity)을 생성·창출한다(베니스, 런던, 파리, 뉴욕 등). 공간과 자원에 대한 지배는 개인과 사회·민족의 생존의 전제조건이며,34) 거주는 "인간이 세계에 존재하는 방식으로서 존재의 본질"이다.35) 인간과 특정 장소와의 관계는 토착(원주)민과 이주민, 고향과 타향을 구분하는 기준이 된다. 문명과 문화36)는 모두 사람들의 '총체적 생활방식'을 가리키며, 특히 문명은 '야만' 또는 '원시'의 반대 개념으로서 정착생활, 도시와 문자를 그 구성요소로 한다고 한다.37) 문명은 광범위한 문화적 실체(공동체)가 특정 장소·공간 또는 지역에서 정착·생활하며 공통적으로 가지게 되는 문화적

---

34) D.M. Smith, "Introduction: the sharing and dividing of geographical space", in M. Chisholm & D.M. Smith(eds.), *Shared Space: Divided Space: Essays on Conflict and Territorial Organization* (London: Unwin & Hyman, 1990), p.1 참조.

35) 하이데거, 『존재와 시간』, T. Cresswell, *Place: a short introduction*(Oxford: Blackwell, 2004), 심승희 역, 『장소: 짧은 지리학 개론』(서울: 시그마 프레스, 2012), p.33 & 95에서 재인용

36) 문화(culture)의 사전적 정의는: "5
a : the integrated pattern of human knowledge, belief, and behavior that depends upon the capacity for learning and transmitting knowledge to succeeding generations
b : the customary beliefs, social forms, and material traits of a racial, religious, or social group; also: the characteristic features of everyday existence (as diversions or a way of life) shared by people in a place or time ⟨popular culture⟩ ⟨southern culture⟩", at http://www.merriam-webster.com/dictionary/culture (2015. 3. 11 검색).

37) 허팅턴, 전게각주 22, pp.46~47.

동질성으로서, 언어, 역사, 종교, 관습과 제도, 가치, 기준과 사고방식과 같은 객관적 요소와 사람들의 주관적 귀속감 모두에 의해 정의된다.[38] 문명은 문화에 비해 보다 가시적이고 물질적인 측면을 가진다고 본다.

독일 이외의 지역에서는 문명과 문화[39]에 대한 엄격한 구별은 거의 수용되지 않고 있다고 한다.[40] 그러나 이러한 양자를 동일시하는 입장은 원시문화 또는 문자를 가지지 않은 소수민족의 문화를 부정하는 결과를 가져올 수 있다는 점에서 반드시 타당한 것인지는 의문이다. 문화 역시 한 집단·민족·국가(공동체)가 주어진 장소·공간·지역과 환경에서 다른 집단·민족과 교류·소통·갈등하고 적응·극복하면서 축적된 인식·지각·정서·경험에 기초하여 일정한 양식(pattern)으로 행동하게 하는 사고방식·가치관을 말한다.[41] 다만 문명이 과학기술적, 물질적 측면·요소와 결부된 개념이라면, 문화는 습속·언어·가치관·사상·종교와 예술적 특성 등 정신적 가치와 연관된 개념이라는 양자 간 구분을 부정할 필요는 없다고 본다.[42] 즉 문화는 공동체 소속 구성원들의 공통된 습속·관습·풍속과 전

---

38) 헌팅턴, 상게서, p.47 & 49.
39) 주의할 점은 독일어의 Kultur는 위에서 인용한 영어의 culture의 사전적 의미에 추가하여 다음과 같은 함축된 의미를 동시에 가지고 있으므로 주의를 요한다. "2: culture emphasizing practical efficiency and individual subordination to the state
3: German culture held to be superior especially by militant Nazi and Hohenzollern expansionists", at http://www.merriam-webster.com/dictionary/kultur (2015. 3. 11 검색).
즉 독일어의 Kultur는 독일 민족의 힘, 종족적 우월감과 같은 남성적인 힘과 자연의 힘을 일치시키려는 신비주의적 이론 내지 노력과 연관된 관념으로서 독일 국민의 단결심과 통일을 향한 구심점 역할을 하는 개념으로 이해되고 있다고 한다. H. Nicolson, *Diplomacy*(1939; 3rd edn., Oxford University Press, 1969), 신복룡 역, 『외교론』(서울: 평민사, 1979), pp.145~147 참조.
40) 헌팅턴, *op.cit.*, pp.46~47.
41) 박현진, "국제테러의 억제와 집단적 책임·관할권의 한계", 『서울국제법연구』 제19권 1호(2012. 6), p.139, 152, 각주 46.
42) 영어에서도 양자를 구분하고 있다.

통, 언어·예술, 사고·사상, 그리고 규범·종교 등으로 표현된다.[43] 문화는
한 집단의 구성원을 다른 집단 구성원과 구별 짓는 후천적·집단적 정체
성으로서 동일 집단 내 구성원들이 일정한 사고방식과 가치관을 공유하
고 일정한 방식(양식)으로 행동하게 하는 특질이며,[44] 집단의식·행동을
형성하게 하는 요소이기도 하다.

개인은 자신이 거주하는 특정 장소·공간에 일정한 귀속감과 애착심을
가지며, 이를 바탕으로 정치·경제·사회적 공동체(국가)를 형성한다. 국가
는 국제관계의 중심 단위(principal unit)이며, 국가성(statehood)은 국제
관계의 기본적 전제이다.[45] 국가는 정치적 관념이자, 영토를 기반으로
하는 법적 실체(a territorial entity)이며, 근본적으로 법률적 구조물(a
fundamental legal construct)이다.[46] 장소·공간은 개인과 정치적·법적 결
사체인 국가를 연결시키는 법적 매개 고리(국적: nationality)가 된다.[47]
공동체 구성원의 국적국(state of nationality)은 국제법상 그를 '국
민'(national)으로 보호할 권리를 향유하고 의무를 부담하며(외교적 보호
권), 국민은 국가에 기본적 의무를 부담·이행하여야 한다. 한 국가의 영
역 내에서 국민(내국인)으로서의 법적 지위는 외국인의 그것과 구별된다.
요컨대 영토(장소로서의 고향 내지 고국; homelands)를 떠나서는 민족·

---

43) T.S. 엘리어트, 『문화란 무엇인가』(서울: 중앙일보사, 1974. 7), p.228 및 말리
    노프스키, 『문화의 과학적 이론』(한완상 역, 서울: 삼성출판, 1976), pp.217~
    218.
44) G. Hofstede, *Cultures and Organizations: Intercultural Cooperation and Its
    Importance for Survival* (London: HarperCollins, 1991), pp.5, 67 & 260.
45) L. Henkin, *How Nations Behave: Law and Foerign Policy* (1968; 2nd edn.,
    New York: Columbia University Press, 1979), p.15.
46) A.D. Smith, *The Ethnic Origins of Nations* (Oxford: Basil Blackwell, 1986),
    p.93; Henkin, *ibid.*
47) Nottebohm case (Liechtenstein v. Guatemala), Second Phase, Judgment, *ICJ
    Reports*, 1955, p.4. 민족국가는 통일된 법전·법체계, 그리고 법에 기반한 제도
    를 가진 법적 공동체(a community of laws and legal institutions)이기도 하다.
    Smith, *ibid.*, p.135.

국가공동체는 불가능하다.[48] 영토는 민족·국민의 정체성(아이덴티티)과 연대감·연대의식(solidarity)에 직결되는 핵심적 요소이기도 하다. 국제법상 국가의 3요소로 영토, 국민과 정부를 꼽는 것은 이상한 일이 아니다. 심지어 무리 짓는 동물들의 다툼, 연어의 목숨을 건 곡예와 사투(死鬪)의 회귀 여정 역시 영역·종족유지와 관련이 있다.

영토의 불가침성 및 민족자결권에 대한 국제관습과 국제법 원칙은 발트 3국(Baltic states) 사례에서 극명하게 확인되고 있다. 1차 대전 후 독립한 에스토니아, 라트비아와 리투아니아 등 발트 3국은 1940년 구소련에 의해 다시 무력 점령당했으나 1990년 독립을 선포하였으며, 1991년 9월 6일 러시아는 발트 3국의 독립을 승인하였다. 독립 당시 이 작은 발트 3국은 신생국이 아니라 1차 대전과 2차 대전 사이에 존재했던 독립국이 '원상회복'(reversion)된 것임을 선언하였다. 이로써 그들은 냉전시대 구소련의 지배가 불법강점이었다는 주장을 재차 천명한 것이다.[49] 50년에 걸친 발트 3국의 독립(원상회복) 역정은 역사적으로 그리고 국제법상 우리에게 큰 교훈과 울림으로 다가온다.[50] 강대국 앞에서 북유럽 '소국'들이 보여준 불굴의 민족정신과 정체성에 대한 자부심은 경외심마저 불러일으킨다.[51] 자신들의 역사·문화와 공동체를 신봉하며 전통과 정체성을 이어나가는 발트 3국의 의지와 저력은 우리에게 시사하는 바 크다.

지식인들이 일제강점 35년의 기간의 성격에 관해 근대화 등 이중적 태도를 가진다면 이는 표현·학문·양심의 자유 그 이전의 문제이다. 보편적

---

48) Smith, *ibid.*, pp.28~29 & 93.

49) 위키피디아, "발트3국", at http://ko.wikipedia.org/wiki/%EB%B0%9C%ED%8A%B8_3%EA%B5%AD (2014. 12. 10 검색).

50) 발트 3국은 총면적 약 175,000 평방킬로미터에 인구는 총 약 800만에 불과하다.

51) 이들 3국은 역사, 민족, 종교와 언어 등에서 서로 이질적 요소를 가지고 있다. 예컨대 에스토니아어는 우랄어족에 속하는 데 반해, 라트비아어와 리투아니아어는 인도-유럽어족에 속한다고 한다. http://en.wikipedia.org/wiki/Baltic_states (2014. 12 30 검색).

상식의 문제이며, 대한민국 국민으로서의 기본적인 국가관과 역사관의 문제이다. 이는 안중근·윤봉길 의사를 위시한 선열들의 고귀한 희생과 숭고한 독립투쟁에 나타난 민족정신을 부정하는 것이나 다름없다. 또 민족의 유구한 역사·정체성, 그리고 민족의 창조적 유산·역량과 잠재력을 부인하는 것과 다르지 않다. 무엇보다도 한국인으로서의 자부심과 정체성을 스스로 부정하는 자기비하적 태도가 아닐 수 없다. 미국은 약 240년 전인 1776년까지 영국의 식민지였다. 조선은 세종 조 창의와 혁신의 자세로 민족의 역량을 결집하여 영토, 과학기술, 경제와 문화 등 국정의 모든 분야에서 눈부신 성장과 진보의 역사를 창조한 바 있다. 다만 세조와 연산군, 선조와 인조를 거치며 그러한 유산과 전통을 온전히 계승하지 못하고 쇠망하게 된 원인과 이유에 대해 올바르게 파악하고 반면교사로 활용하여 의식, 법·제도와 교육·사회 개혁에 철저히 반영·실천해야 한다.

2. 주권·주권론의 진화

법률가, 정치가, 경제사상가이자 역사학자인 장 보댕(Jean Bodin: 1529/1530~1596)이 1576년 출판한 『주권론』(Six livres de la république: Six Books of the Republic)[52]에서 정립한 주권과 국가의 관념에 입각한 '주권국가' 질서는 이후 전 유럽에 "급속하고 강력한" 영향을 미쳤다.[53] 중세 봉건적·교회적 제도와 질서는 중요성을 상실하게 되었으며, 공공의

---

52) 소병천, "국제법상 주권담론에 대한 소고", 『국제법학회논총』 제58권 제4호(통권 제131호, 2013. 12), p.133, 145; 인터넷 연합뉴스, "장 보댕의 '국가에 관한 6권의 책' 동양권 첫 완역", 2013. 3. 22, at http://www.yonhapnews.co.kr/international/2013/03/22/0606000000AKR20130322157300005.HTML (2014. 12. 10 검색).
53) 칼 슈미트, 『정치신학(政治神學) 외』(김효전 역, 서울: 법문사, 1988), pp.380~381.

안녕질서 유지, 경찰 및 교육은 국가의 몫이 되었다. 종교전쟁기의 혼란 상태에 직면해 보댕은 국가만이 질서의 수호자이고, 국가는 주권이 존재할 경우에만 성립한다고 보았다. 그에게 주권이란 그 행사에서 국민(신민)의 동의를 필요로 하지 않는 "국민에 대한 절대적, 영속적 권력"으로서 인법(human law)의 구속을 받지 않는다는 의미에서 그의 주권론의 핵심은 "실정법의 구속을 받지 않는 주권자", 즉 주권과 국왕을 동일시하는 군주주권론이다.[54]

근대 국제법은 장 보댕이 서양 제국(諸國) 간 평등관계에 적용되는 법으로 규정한 주권론의 기초 위에서 출발, 그로티우스(Hugo Grotius: 1583~1645)가 전쟁을 국가의 정치적 자의에 따른 일방행위에서 이성과 양심의 명령에 따르는 자연법의 구속을 받는 국제적 행위(정전론)로 규정하고 당시 유럽 국가관계를 '자연상태'가 아니라 국제사회의 합의된 규칙이 적용된다는 국제법 이론을 전개한 이래,[55] 주권평등(sovereign equality) 및 보편적 정의실현을 향해 기나긴 투쟁과 진화를 계속해 왔다. 1648년 베스트팔리아 조약, 1919년 베르사이유 조약, 1946년 뉘른베르크 국제군사재판과 극동(동경)국제군사재판, 그리고 1951년 대일강화조약 등은 그러한 진화과정의 산물임은 물론이다. 시대정신을 규정·구현하여 새로운 규칙을 실정법규화하고 법의 지배를 정착시키는 국제사회의 공동노력의 소산이 아닐 수 없다.

국제관계의 1차적 행위주체가 국가라는 점은 부정할 수 없다. 동시에 국제연합 안전보장이사회를 비롯한 국제기구의 권한은 국가행위에 커다

---

54) A. Nussbaum, *A Concise History of the Law of Nations* (rev. edn., N.Y.: Macmillan, 1958), p.77; 소병천, *loc. cit.*, p.137; 금민, "종교적 관용·사유재산권 등 근대 주권론 선구 장 보댕", 인터넷 한겨레, 2005. 5. 24, at http://legacy.www. hani.co.kr/section-001065000/2004/05/001050002004052421356 .html (2014. 12. 10 검색). "주권은 군주에게 속하며, 주권자는 주권의 구체적인 징표로서 입법, 선전강화, 공직 임명, 재판, 사면, 화폐, 도량형, 과세의 8권을 가진다".

55) 박현진, 전게각주 41, p.140.

란 영향을 미치고 있으며, 환경·인권·통상 및 기후변화 등의 문제에 있어서 국제기구의 권능은 강화되고 있다. 특히 2차대전 이후 광범위한 분야에서 국가 간 각 분야에서의 협력 및 분쟁의 평화적 해결의 필요성이 증대되고 또 근래 세계화 추세 및 국가 간 상호의존성이 증대되면서 제한된 권리·행위능력을 가진 수많은 국제기구·재판소가 탄생하고,[56] 인권·환경·통상·해양수산 등 분야에서의 많은 비정부간 시민사회단체가 출현, 국제기구의 의사결정과정에 참여하고 영향을 미치고 있다. 또 개인의 국제법상 지위 역시 크게 신장·제고되었다. 이러한 변화로 주권의 자주성, 독립성과 완전성은, 영토주권의 개념을 제외한다면, 상대적 개념으로 변모하였다.[57] 근대 국제법상 주권은 주권국가 자신들이 합의·제정한 국제법, 특히 조약과 관습법에 의하여 규율·규제되어 스스로를 제한·구속하고 있다(자기제한).[58]

보댕이 제창한 군주주권론은 서양에서 이후 17세기 중반부터 18세기 중반 홉스(1588~1679), 로크(1632~1704)와 루소(1712~1778)의 사회계약론을 거쳐 국민주권론과 민주주의로 진화하면서 국가역량의 극대화, 국가경쟁력의 최적화로 나아갔다. 그에 반해 조선의 개혁적 실학사상은 기득권층의 무관심과 저항으로 인해 하나의 실험에 그치고, 계몽적 개혁군주 정조가 꿈꾸고 실현하려 했던 혁신은 유야무야 없던 일이 되어 버렸

---

56) V. Lowe & M. Fitzmaurice(eds.), *Fifty Years of the International Court of Justice: Essays in Honour of Sir Robert Jennings* (Cambridge University Press, 1996); 김영구, "국제사법재판소의 위상변화에 관한 고찰", 『국제법학회논총』 제46권 제2호(2001.10), p.73; R.Y. Jennings. "The International Court of Justice after Fifty Years", *American Journal of International Law*, vol.89, 1995, p.493; A.S. Muller, David Raič & J.M. Thuránszky(eds.), *The International Court of Justice: Its Future Role After Fifty Years* (Martinus Nijhoff Publishers, 1997).

57) J.I. Charney, "Universal International Law", *American Journal of International Law*, vol.87, 1993, p.529, 538~542; 김영구, 상게논문, p 96

58) 김부찬, 『국제법특강: 국제법의 쟁점 및 과제』(서울: 도서출판 보고사, 2014), pp.31 & 244~246.

다. 지배계층은 농민의 개혁요구마저 외세를 이용하여 철저히 탄압함으로써 정부와 국민은 협력적 동반관계가 아니라 '사냥개'와 '사냥감'의 관계로 변모했다. 정부와 국민이 서로 총부리를 겨누고 등을 돌림으로써 국정은 마비되고 국력은 피폐해질 수밖에 없었다. 이 땅에서 국민주권이 개화한 것은 사실상 그로부터 약 100년 뒤인 1987년경에 이르러서였을 것이다.

3. 민족자결권의 관습법화와 시제법

19세기 중·후반 일본은 무력을 핵심적 가치로 하는 일사불란한 무사도 문화 그리고 국왕을 정신적·법적 최고지도자(군주제)로 신격화한 신도(神道)문화를 바탕으로[59] 근대화에 성공한 일본은 팽창정책을 국시(國是)로 주변국을 침략, 무력 강점하였다. 일제의 패전과 몰락은 결국 '폭력과 탐욕'(카이로선언)의 결과이다. 그러나 인접국과의 지속가능한 공존·공영을 전제로 하지 않는 일방적 침략과 지배는 파멸을 부를 수밖에 없다. 일본이 근대 국제법을 현실적 힘의 관계, '정치공학적' 정의를 뒷받침해 줄 수 있는 유용한 도구[60]로만 활용하려 기도한 시마네현의 소위 '편입' 역시 탐욕의 증거이다. 대일강화조약 문안작성 당시 일본의 행태 역시 여기에서 크게 벗어나지 않는다. 현재 일본의 독도 영유권 주장 역시 이러한 연장선상에 서 있다고 보아 지나침은 없을 것이다.

---

59) 본서, 제1장, 18. 신도, 신비주의와 국수주의, 참조.
60) 일본의 국제법 실행은 구미에 대해서는 어느 정도 '규범주의적'이었던 반면, 아시아에 대해서는 '편의주의적'이었다. 이러한 경향은 일본이 열강의 대열에 편입된 제1차 세계대전 전후부터 더욱 강해졌다. 일본은 법규범으로서의 국제법의 발전의 계기를 (자신들이 열강에 합류한) 제1차 대전 이후로만 보고, 그 이전의 시기를 '강자의 법'의 시대로 강조한다. 강성은,『1905년 한국보호조약과 식민지 지배책임－역사학과 국제법학의 대화』(한철호 역, 서울: 선인, 2008), p.215. 국제법 발전의 역사에서 일본의 이러한 자의적인 구분에는 찬성하기 어렵다.

'지리상의 발견'과 '대항해시대'의 개막으로 서세동점 속에서 서양제국
들은 동양 여러 나라를 자신들과 대등한 '근대국가'가 아니라 부족 연합
체 정도로 취급하였다. 외교권은 흔히 서양제국에 '위임'되어 행사되었다.
근대 국제법은 존재했으나, 그 적용은 동양에서 흔히 무시되고 위반된 것
이 사실이다. 개별적 자위능력을 가지지 못한 약소국에게 주권국으로서의
지위는 당연히 부여되는 특권은 아니었던 셈이다. 동시에 제1차 대전을
법적으로 종결지은 1919년 파리 강화회의에서 미국의 윌슨 대통령은 14
개조(Fourteen Points)의 평화원칙과 약소국의 민족자결권(民族自決權;
right to self-determination)을 확인하였다. 이에 앞서 그는 1918년 2일 11
일 의회 양원 합동회의에서 행한 연설에서 '국민은 자신의 동의에 의해서
만 통치되며, 민족자결은 정언명령적 행동원칙'이라고 강조하였다.[61]

2001년 11월 미국 케임브리지에서 열린 제3회 하버드회의를 보고한 「산
케이 신문」의 기사에서 케임브리지大 크로포드(James R. Crawford) 교수
는 1910년 강제병합조약의 효력에 대하여 "강제되었기 때문에 불법이라
고 하는 논의는 제1차 대전(1914~1918) 이후의 일이기 때문에 당시로서
는 문제가 될 수 없는 일"이었다고 주장한 것으로 보도되었다고 한다.[62]
그러나 민족자결권은 주권평등의 원칙의 원칙과 함께 1648년 베스트팔리
아 체제가 확립한 근대 국제법의 기본원칙이며,[63] 윌슨 대통령이 제창한
원칙은 단지 이를 확인 내지 추인한 데 지나지 않는다. 또 전술한 바와

---

61) "National aspirations must be respected; people may now be dominated and
   governed only by their own consent. Self determination is not a mere phrase;
   it is an imperative principle of action…", Wikipedia, "Self-determination", at
   http://en.wikipedia.org/wiki/Self-determination (2015. 2. 23 검색). 전술한 바
   와 같이, 영국의 역사가 카아(Carr)는 민족자결원칙을 무시하고 유럽의 지도를
   다시 그리는 것은 위험하다는 것이 역사의 교훈이라는 통찰을 남겼다. 본서,
   제1장, 7. 안중근 의거와 법의 지배, 참조.
62) 이태진·사사가와 노리가츠(편), 『한국병합과 현대 – 역사적·국제법적 재검토』
   (경기 파주: 태학사, 2009), p.22(서문) 참조.
63) 본서, 제1장, 9. 민족주의, 참조.

같이, 일제는 1895년 청·일 간 하관조약에서 조선의 자주독립국을 이미 인정하였으며, 연합국 정상들은 1943년 카이로선언에서 일제가 "폭력과 탐욕"으로 탈취한 모든 영토에서 일제를 축출할 것을 결의하면서 "한국민의 노예상태에 유의하여" 그 독립을 약속하였다.[64]

또 크로포드 교수의 해석은 전술한 발트 3국에 대한 영국의 국가실행[65]에 비추어서도 일관된 해석이라 할 수 없다. 만일 그의 해석대로 시제법(時際法)을 이유로 1919년 공식 제창된 민족자결주의는 1910년 일제의 강제병합에 소급적용할 수 없다면, 1945~1946년 뉘른베르크 국제군사재판(Nuremberg trials)에서 연합국이 런던헌장(Charter of the International Military Tribunal; Nuremberg Charter or London Charter)을 제정, 독일의 침략 전쟁과 유대인 학살행위에 '평화에 반한 죄'(crime against peace)와 '인도에 반한 죄'(crime against humanity)를 신설·소급적용한 것도 역시 '불법'이며 무효로 비판해야 할 것이다. 법은 단지 일단의 기술적 규칙의 총체만은 아니다.[66] 법은 인류와 문명사회의 보편적 양심과 이성에 기초한 정의와 공정성의 실현을 핵심 가치로 하는 강제규범이다. 형식논리에 의한 일률적, 기계적 법 적용의 주장에는 동의하기 어려운 이유이다.

뉘른베르크 국제군사재판은 국제법의 진화과정에서 인류와 국제사회가 인권과 정의, 국제평화를 향한 인류의 각성과 염원을 구현, 실정 법규범으로 정립한, 국제법의 역사상 획기적 이정표였다. 연합국 수뇌들이 테헤란(1943), 얄타(1945) 및 포츠담(1945) 회담을 거치면서 전범 처벌의 원칙과 형식에 합의하고, 이를 런던헌장으로 구체화한 것이다.[67] 동 헌장

---

64) 본서, 제1장, 1. 침략·무력강점의 굴레 및 6. 민족자결권의 부정·침략과 평화파괴범에 대한 심판, 참조.
65) 본장, 상기 III.1 참조.
66) R.M. Dworkin, "Is Law A System of Rules?", in R.M. Dworkin (ed.), *The Philosophy of Law* (Oxford University Press, 1977), p.38 & R.M. Dworkin, "The Model of Rules", *University of Chicago Law Review*, vol.35, 1967, p.14.
67) Wikipedia, "Nuremberg trials", http://en.wikipedia.org/wiki/Nuremberg_trials (2015. 3. 6 검색).

은 인간의 존엄성을 향한 인류의 커다란 자각과 성찰을 반영한 강행법규이다. 인간정신의 진보를 향한 하나의 커다란 도약을 의미하며, 동시에 인간의 양심과 존엄성을 회복하기 위한 하나의 중요한 이정표를 상징한다. 무엇보다도 보다 큰 이상과 가치의 실현을 위한 인류의 공동의 노력과 집단적·집합적 지혜의 소산이다. 원초적 정의를 실현하고 형평을 회복하기 위한 근본적 대원칙을 천명한 예외적 규칙이다.

만일 크로포드 교수의 주장대로 당시 적용가능한 규칙의 부재로 인해 범죄자를 처벌할 수 없다면, 인류는 유대인 도살(holocaust)이나 731부대에 의한 마루타 생체실험조차 처벌할 수 없는 무능·무기력한 법을 신봉해야 하는 원초적 야만적 자연상태에 봉착한다. 진전된 법의 지배는 신기루에 불과할 뿐이다. 특히 인권은 '이성과 양심의 불변의 원리'들로 이루어진 자연법(jus natural)의 이념과 가치를 반영·실현하는 만민법(jus gentium)이며,[68] 시대를 초월하는 그 근본적 공리임을 부정해서는 안 된다. 민족자결권은 역사적 실재로서의 한 민족의 집단적 존엄성과 독자성, 자기결정권을 구현하는 실정 국제법의 본질에 관한 원칙이며 보편적 강행규범이다. 법의 진화의 역사에서 교훈을 얻지 않는다면, 인류는 문명이 요구하는 양심과 이성을 거부·포기하고 원시적 야만과 본능으로 회귀해야 한다.

4. 대한민국 임시정부의 수립과 국제법의 진화: 부전조약과 불승인주의

수천 년 간 하나의 민족으로 그리고 주권국으로 존재한 국가의 자결권을 박탈한 것은 명백한 불법이며, 윌슨 대통령이 제창한 민족자결권은

---

68) 존 위터 주니어(John Witte, Jr.), *The Reformation of Rights*(Cambridge University Press, 2007), 정두메 역, 『권리와 자유의 역사』(서울: 한국기독학생회출판부, 2015), p.542 참조.

1910년 당시 이미 실정 관습법 규칙으로 확립된 것으로 해석하는 것이 합리적이다. 특히 조선의 경우는 과거 영국의 식민지배 기간 중 자치권을 가졌던 호주의 경우와는 다르다.[69] 일제의 무력강점 및 강압통치에 신음하던 우리 민족은 곧 이어 1919년 기미독립선언을 통해 자주독립의 의지를 세계만방에 천명하였다. 이를 신호탄으로 민족의 역량을 결집한 조직적 독립운동을 전개하기 시작하였다. 동년 4월 상해에 대한민국 임시정부(망명정부)를 수립·선포하고(1919. 4. 13), 1920년 6월 봉오동 전투 및 동년 10월 청산리 전투에서 승리하면서 민족의 저력과 저항의지를 과시하였다. 동년 9월 2일 강우규(姜宇奎) 의사는 조선총독 사이토 마코토(齋藤實)를 저격하였다. 국제사회 역시 일본의 팽창·침략정책에 대한 제재에 나섰다.

1928년 미국과 프랑스는 전문(前文)과 3개조로 구성된 「부전조약」(不戰條約: Kellogg-Briand Pact; Pact of Paris; Treaty for the Renunciation of War)[70]을 체결, 국가정책 수단(instrument of national policy)으로서의 전쟁을 포기하고, 분쟁해결을 위한 전쟁이 불법임을 선언하였다. 일제는

---

69) 영국 의회에서 1986년 오스트레일리아 법이 통과되어 영국 의회의 호주 내 입법권이 정지되었으며, 사법권도 최고재판소가 런던의 추밀원에서 호주 고등법원으로 이관됨으로써 호주는 영국과의 법적 종속관계를 단절하여 자주국가가 되었다. 그럼에도 영연방국가로서 엘리자베스 2세 여왕을 국가원수로 하는 입헌군주제 국가이다. Wikipedia, "Australia", http://en.wikipedia.org/wiki/Australia (2015. 2. 23 검색).

70) See B. Simma(ed.), *The Charter of the United Nations: A Commentary* (2 vols., 2d ed., Oxford: Oxford University Press, 2002), vol.1, p.116 이하 참조. 국제연맹은 1937년 중·일 간 상하이 사건이후 발생한 충돌사건에 관해 부전조약을 원용, 일본의 자위(self-defence) 주장을 기각하고 부전조약 위반을 선언하였으며, 1938년 히틀러의 체코 침공 당시 미국 대통령은 역시 부전조약상의 의무준수를 원용하였다. I. Brownlie, *International Law and the Use of Force by States* (Oxford: Clarendon, 1963), pp.78~79. 「부전조약」은 효과적인 제재(강제집행) 수단을 결여한 한계를 가지고 있었다. D.P. Moynihan, *On the Law of Nations*(Harvard University Press, 1990), p.77; Brownlie, *ibid.*, p.90.

1931년 7월 2일 만보산 사건에서 한·중 민족갈등을 부추기고 동년 9월 18일 류탸오후 사건(柳條湖事件, 만철 폭파 사건)을 조작, 만주침략의 구실을 만들어 만주사변(滿洲事變, 9·18 사변)을 일으켰다.[71] 만주를 중국 침략을 위한 전쟁 병참기지화 및 식민지화하기 위한 사전포석이었다. 이에 1932년 1월 미국의 스팀슨 국무장관은 부전조약 상의 약속과 의무에 반하는 방법에 의해 초래된 일체의 사태·조약·협정을 승인하지 않는다는 스팀슨주의(Stimson Doctrine)를 천명하면서 불법 무력사용과 침략에 의한 상황·사태를 승인하지 않을 의무, 즉 불승인주의(Doctrine of Non-Recognition)를 국제법의 원칙으로 정립하였다. 이어 1932년 3월 11일 국제연맹 특별총회는 연맹회원국에 불법 사태를 승인하지 않을 의무를 선언하는 결의를 채택하였다.[72]

1932년 4월 29일 오전 11시 40분 한인 애국단 소속 약관 24세의 청년 윤봉길(尹奉吉) 의사는 상해 홍구공원에서 열린 일제의 기념행사장에 '도시락' 폭탄을 투척하여 다수의 일제 최고위 군인·관료를 처단하였다.[73]

---

71) "만주사변", at http://ko.wikipedia.org/wiki/%EB%A7%8C%EC%A3%BC_%EC% 82%AC%EB%B3%80 (2014. 12. 10 검색).
72) See D. Turns, "The Stimson Doctrine of Non-Recognition: Its Historical Genesis and Influence on Contemporary International Law", *Chinese Journal of International Law*, vol.2, 2003, p.105, 123.
73) 김구, 『백범일지』(도진순 주해, 서울: 돌베개, 1997), pp.298 & 331~441 및 김구, 『백범일지』(서울: 아이템북스, 2005), pp.253~258. 최근의 한 국내방송보도에 의하면 거사 직후 체포된 윤 의사는 일본에서 약식재판을 거쳐 혼슈 중서부 동해연안의 이시카와현(石川縣)의 가나자와시(金澤市) 소재 육상자위대 시설 내에서 총살된 후 인근 육군묘지로 통하는 길 아래에 암매장되어 사람들이 밟고 지나가도록 했다고 한다. 윤의사의 유해는 광복 후 1946년 현장에서 수습되어 효창공원에 안장되었다. 윤의사의 정확한 순국지를 확인하기 위한 우리 측의 협조요청을 일본은 현재까지 거부하고 있다. 또 우리 측이 윤의사의 상해의 거 관련 일본 측 기록 열람을 요청한 데 대해서도 일본 자위대 연구소 측은 당시 기록을 소각했거나 소실, 분실되었다면서 자료공개를 거부하고 있다고 한다. 일본 측은 자신들에 불리한 기록을 철저히 은폐하고 있다는 점을 자인한 셈이다.

안중근 의거, 기미독립선언에 이어 일제의 군국주의 침략·팽창과 무력강점·식민지배에 맞서 민족자결권을 수호하기 위해 항전한 우리 민족·선열들이 혼연일체로 뭉쳐 싸운 독립투쟁사에 있어서 또 하나의 기념비적 사건이었다. 윤의사의 멸사봉공 희생정신의 승리였다. 민족을 향한 윤봉길 의사의 드높은 열정과 조국의 독립에 대한 숭고한 의지는 세계만방에 한국인의 긍지를 드높이고 상해임시정부의 지위를 격상시켰다.

강박·무력을 사용한 침략의 불법성에 관한 국제관습은 1933년 미주(美洲) 국가 간 「국가의 권리·의무에 관한 협약」(Convention on the Rights and Duties of States: 몬테비데오 협약)74) 제11조75)에서 성문화되었다. 침략 등 불법적 무력사용에 의해 초래된 현상의 불승인 의무에 관한 국제조약·관습법 원칙은 1949년 국제연합 총회의 「국가의 권리·의무선언 초안」(Draft Declaration on Rights and Duties of States with commentaries),76) 그리고 1970년 「국가 간 우호·협력관계에 관한 국제법원칙선언」(Declaration on Principles of International Law Concerning Friendly Relations and Co-operation among States in Accordance with the Charter of the United Nations)77) 등 많은 국제문서에 반영·확인되고 있다. 또

---

74) Signed at Montevideo, Uruguay on Dec.26, 1933 and entered into force on Dec.26, 1934(2015년 5월 현재 당사국은 16개국임), https://en.wikipedia.org/wiki/Montevideo_Convention & http://www.oas.org/juridico/english/sigs/a-40.html (2016. 1. 5 검색).

75) Art.11["The contracting states definitely establish as the rule of their conduct the precise obligation not to recognize territorial acquisitions or special advantages which have been obtained by force whether this consists in the employment of arms, in threatening diplomatic representations, or in any other effective coercive measure. The territory of a state is inviolable and may not be the object of military occupation nor of other measures of force imposed by another state directly or indirectly or for any motive whatever even temporarily"].

76) *Yearbook of the International Law Commission*, 1949 & UNGA Res.375(IV), Dec.6, 1949, Annex, at http://legal.un.org/ilc/texts/instruments/english/commentaries/2_1_1949.pdf (2014. 11. 27 검색).

같은 맥락에서 국제사법재판소 역시 1971년 나미비아 사건 권고적 의견에서 남아공의 서남아프리카(나미비아) 점령은 불법이며, 국제연합 회원국은 남아공의 점령 및 통치의 합법성을 승인하는 것으로 인정될 수 있는 그 어떤 행위, 관계형성, 지지 또는 지원 제공도 자제할 의무가 있다고 판결하였다.[78] 이러한 일련의 과정은 국제사회의 야만적 '승냥이의 법'이 부단히 문명화된 '양의 법'으로 진화되어 왔음을[79] 보여주는 것이다.

IV. 역사적 이성, 실정법적 정의

1. 역사적 이성, 실정법적 정의 그리고 실천적 이성, 실천적 정의의 진화

1945년 이후 국제사회는 국제평화와 집단안전보장을 목표로 국제연합을 창설하고 문명과 이성 그리고 법과 정의를 향한 진화를 보다 적극적으로 모색·시현하고 있다. 이러한 변화는 역사적 경험과 교훈을 바탕으로 진전된 역사·현실인식과 실천의지를 보여주고 있는 것이다. 또 '법의 지배'(The Rule of Law)를 지향하고 있다는 점에서 긍정적이다. 특히 나치 전범과 일제 전범을 처벌하기 위해 연합국이 종래 국제법상 금지된

---

77) UNGA Res.2625(XXV), A/RES/25/2625, Oct. 24, 1970, Annex, at http://www.un-documents.net/a25r2625.htm (2014. 11. 27 검색).

78) Legal Consequences for States of the Continued Presence of South Africa in Namibia(South West Africa) notwithstanding Security Council Resolution 276 (1970), Advisory Opinion, *ICJ Reports*, 1971, p.16, p.51, para.108, p.54, para.119 & p.58, para.133; 본서, 제1장, 14. 과거사이 무게와 굴레, 그리고 법의 지배, 참조.

79) 강성은, 전게각주 60, p.314 참조.

'전쟁범죄'(war crime)에 추가하여 불법 무력사용·위협에 의한 침략범죄를 처벌하는 '평화에 반한 죄', 그리고 홀로코스트(holocaust) 등을 처벌하기 위한 '인도에 반한 죄'를 신설, 소급적용한 것은 정의를 회복·실현하기 위한 불가피한 예외적 조치였다. 뉘른베르크 국제군사재판에서는 1939년 이후 나치 독일이 저지른 범죄 가운데 전쟁범죄에 해당하지 않는 비인도적 행위에 대하여 인도에 반한 죄를 적용되어 처벌하였다.[80] 또 극동(동경)국제군사재판에서 총 26명의 일제 전범이 A급 전범(평화에 반한 죄), B급 전범(전쟁범죄), C급 전범(인도에 반한 죄)로 분류되어 처벌된 바, C급 전범으로 기소된 전범은 없었다. 전시 경제운영에서 중심적 역할을 수행했던 기업인들은 전범처벌에서 제외되었다.[81] 2차 대전 종전 후 더 이상의 세계적 규모의 전쟁이 발생하는 않은 것은 이러한 인류의 실천적 이성과 진화된 모습이 한 몫을 했다고 평가해도 과언은 아닐 것이다.

독일의 사가 랑케(Leopold von Ranke: 1795~1886)를 위시한 고전적 역사학의 입장은 역사적 사실에 대한 가치판단·평가를 수반하는 역사철학(philosophy of history)을 부정하고, '있었던 그대로', '일어난 그대로'("wie es eigentlich gewesen"; how things actually were; how it really was; what actually happened)의 역사를 기술하는 것이다. 랑케의 마법(incantation)과도 같은 아포리즘(aphorism)에도 불구하고 '객관적' 사실의

---

80) London Charter of the International Military Tribunal, Art.6(c)["Murder, extermination, enslavement, deportation, and other inhumane acts committed against any civilian population, before or during the war, or persecutions on political, racial or religious grounds in execution of or in connection with any crime within the jurisdiction of the Tribunal, whether or not in violation of the domestic law of the country where perpetrated."]. Wikipedia, "Crime against humanity", http://en.wikipedia.org/wiki/Crimes_against_humanity (2015. 2. 21 검색).

81) Wikipedia, "Crime against peace", http://en.wikipedia.org/wiki/Crime_against_peace & http://en.wikipedia.org/wiki/Crimes_against_humanity (2015. 2. 21 검색).

기술을 통한 역사적 진실의 탐구는 역사가의 로망일 뿐이며, 근접하기 어려운 피안의 세계일지도 모른다. "모든 역사는 현재의 역사"일 뿐이라는 크로체(B. Croce: 1866~1952)의 명제에 보다 공감하기 때문이다. 또 역사가의 임무란 현재의 관점에서 과거사실에 대한 끊임없는 재해석과 재평가로 귀착된다는 카아(E.H. Carr: 1892~1982)의 발견이 보다 설득력있는 설명이라고 믿기 때문이다.[82] 랑케의 역사학이 한 개인·민족·국가의 개별적·독자적 특수 경험을 궁구하기 위한 것이라면, 카아에게 있어서 역사학의 본령은 통시적·객관적·보편적 이성을 추구하는데 있는 셈이다.

문제는 인류가 축적·확립한 역사적 이성이 늘 적시에 실천적 이성과 법의 이상으로 치환·구현되는 것만은 아니라는 것이다. 양자 간에는 일정한 시차와 간극이 존재하는 것이 사실이다. 법은 흔히 현실적, '정치공학적' 정의를 집행한다. 국내법은 입법기관에서의 정당 간 법안 절충 또는 당사자 간 이해관계의 절충과 타협에 기초한다. 구일본제국의 패전책임을 규정하고 일제가 무력으로 탈취·점령했던 영토를 법적으로 분리시킨 1951년 대일강화조약 문안에 나타난 독도문제의 처리는 그러한 국제권력정치의 현실을 반영하는 사례일지도 모른다. 이러한 이유 등으로 '가해자'와 '피해자'간 논전은 마치 피고와 원고 간 재판정 공방처럼 자칫 평행선을 달리기 일쑤이다. 역사적 쟁점사안에 대한 법적 유권해석은 늘 과거사에 대한 '역사적 평가'의 문제로 치부되기 일쑤이다.

또 '행위·사건 발생 당시의 법'이나 당시 '법의 부재' 등을 들어 법적 판단을 회피·호도하기도 한다. 영토·국경 분쟁 관련 국제판례에서 무력강점과 식민지배에 대한 법적 평가는 금기는 아니더라도 아직 회색지대에 가깝다. ICJ에 회부된 대다수의 영토분쟁 관련 판결에서 다수의견은

---

82) E.H. Carr, *What is History?* (London: Macmillan, 1961, Penguin Books, 1964), pp.8~12, 20~21, 30 & 55; 천관우, 『한국사의 재발견』(서울: 일조각, 1974, 1978), pp.48~50. 실증사학의 입장에서 역사학의 본령을 '사실과 해석' 간 조화, 그리고 '가위와 풀'과 '과거와 현재의 내왕' 산 균형으로 보는 입장에 대해서는 박종기, 『안정복, 고려사를 공부하다』(서울: 고즈윈, 2006), pp.142~144 참조.

이를 회피·우회하거나 또는 무력강점과 식민지배 당시의 권력질서·지형을 대체로 '기정사실화'하는 데서 출발한다. '사라진 왕국' 고구려와 발해는 단지 각각 중국의 지방정권이었으며 따라서 고구려사는 중국사의 일부인가? 아니면 현재의 한국의 모태의 일부로서 당연히 한국사의 일부를 구성하는 것인가? 아니면 양자 모두 참 명제인가? 또 이를 판단하는 원칙과 기준은 무엇인가? 이러한 의문과 관련한 하나의 기준은 전통적으로 통시적 관점에서 중국이 만리장성을 중심으로 한족과 이민족을 구분하지 않았는가(소위 동이, 서융, 남만, 북적) 하는 점, 그리고 중국에서 만주를 바라본 시각이 아닐까.

2. 소급 입법의 논리와 법리

분명 역사적 심판은 법적 심판과 반드시 일치하는 것은 아니다. 또 영토분쟁 관련 '식민지 유산'에 관한 법적 판단은 국제재판소가 될 수 있으면 회피·우회하고 싶어 하는 '블랙홀'이 되고 왔다. 그렇다고 법이 과거 사실에 늘 법적 효력을 박탈하거나 또는 과거 불법행위에 당연히 면죄부를 발급하는 것은 아니다. 역사적 권원은 확정적 권원은 아니지만, 미성숙의 권원에 유사한 법적 지위가 인정된다. 연합국은 나치·일제 전범에 소급적 효력을 가진 조약을 제정, 사후 처벌의 법적 근거를 마련하고 이를 집행하였다. 또 국제사회는 종전 후 국제연합과 다양한 국제·지역기구의 활동을 통해 지속적으로 다양한 분야에서 다양한 방식으로 형평의 개념을 구체화하고, 정의의 이념과 영역을 확대하여 실질적 정의를 실현하기 위해 노력해 왔다.83) 전술한 바와 같이,84) 국제사법재판소는 1971

---

83) E.g. North Sea Continental Shelf cases(Federal Republic of Germany/Denmark; Federal Republic of Germany/Netherlands), Judgment, *ICJ Reports*, 1969, p.3, 47, para.85; Continental Shelf(Tunisia/Libya), Judgment, *ICJ Reports*, 1982, p.18, p.44, para.39, p.58, para.69, p.60, para.71 & p.76, para.104; Frontier Dispute(Burkina Faso/Mali), *ICJ Reports*, 1986, p.554, paras.27~28. 최근 프랑

년 나미비아 사건과 1975년 서부 사하라 사건에서 식민지배의 유산에 대한 최후의 일격을 가했다. 인류의 실천적 이성이 실질적 정의의 진전을 위해 부단히 노력하고 있음을 반증하는 것이다. 독일은 시효 없이 지금까지도 나치 전범을 추적, 심판을 내린다.

아베 총리의 측근이자 집권 자민당의 핵심 간부인 이나다 도모미(稻田 朋美) 정무조사회장은 2015년 2월 26일 BS 아사히 프로그램 녹화 때 "도쿄재판이 사후법에 의한 재판"이라면서 극동(동경)국제군사재판부가 2차 대전 이후 정립된 '평화에 반한 죄'를 태평양전쟁에 국한하지 않고 만주사변 등 1930년대 일본의 침략행위에까지 소급해 적용한 것이 '사후법 금지' 원칙에 위배된다는 주장으로 보인다고 보도되었다.[85] 대표적 우익 정치인 중 한 사람인 그는 "(도쿄재판의) 판결은 받아들이고 있다"고 전제한 뒤 "(역사를) 스스로 검증하는 태도를 가져야 한다"고 부연하면서, 지난 2015년 2월 24일에도 자신의 정치자금 모금행사에서 도쿄재판에 대해 "판결 주문은 받아들이지만 (판결의) 이유에 대한 판단까지 구속될 까닭은 전혀 없다"고 말했다고 한다.

스 파리에서 열린 제21차 유엔 기후변화협약 당사국총회(COP21)는 교토의정서를 대체하여 2020년 이후 적용될 신기후체제 합의문인 '파리협정(Paris Agreement)'을 채택, 연간 평균 지구온도 상승률을 2℃ 이하로 억제하기로 합의하였다. 인터넷 연합뉴스, "〈파리 기후협정〉 신기후체제 의미는…195개 선진·개도국 모두 참여", 2015. 12. 13. 선진국들은 기금을 출연, 개도국의 온실가스 감축 노력을 지원키로 한 바, 이는 선진국들이 산업혁명 이후 야기한 지구온난화 책임을 인정하고 '기후 정의(正義)'의 실현에 동의·동참한 것으로 해석된다. 하랄트 슈만·크리스티아네 그레페, 『신자유주의의 종언과 세계화의 미래』(김호균 역, 서울: 영림 카디널, 2009), p.18 & 284; H. Shue, "The Unavoidability of Justice", in A. Hurrell & B. Kinsbury (eds.), *The International Politics of the Environment* (Oxford: Clarendon Press, 1992), p.373.

84) 본서, 제1장, 14. 과거사의 무게와 굴레, 그리고 법의 지배 및 상기 III.3 참조.
85) 인터넷 연합뉴스, "아베 측근 자민당 간부 "도쿄재판 법적으로 문제" 망언, 전범단죄 판결에 이의…'침략·식민지 반성론'에 대항 모양새", 2015. 2. 26, at http://media.daum.net/politics/dlpdefen/newsview?newsid=20150226144011979 (2015. 2. 27 검색).

형식논리상(technically) 국제판결의 부수적 의견은, 판결주문과는 달리, 원칙적으로 법적 구속력을 가지지 않는 것으로 해석되므로, 그의 주장은 원론적 입장표명으로 이해된다. 그러나 역시 형식논리로만 따진다면, 연합국(최고사령부)이 뉘른베르크 국제군사재판을 위한 런던헌장을 본 따 1946년 1월 19일 제정한 「극동(동경)국제군사재판소 헌장」(Charter of the International Military Tribunal for the Far East: CIMTFE)을 일제의 전범(戰犯)에 적용·처벌한 것 자체가 소급법의 적용이라는 사실에는 변함이 없다. 동경헌장은 법의 일반원칙에 양립하지 않는 소급효를 규정한 규범인 동시에 또한 연합국이 부과한 '실정 국제법' 규범(조약)인 것도 엄연한 사실이다. 문제는 일본이 내세우고 싶어하는 과거사에 대한 새로운 해석의 기준이 인류역사를 관통하는 통시적·보편적 역사관·가치관이 아니라 일본의 '특수성' 또는 '예외성'에 기초한 수정주의적 주장이라는 데 있다. 보편적·통시적 이성에 기초한 국제법·규범에 기초한 재평가 아니라 일본이 신봉하는(또는 신봉하고 싶은) 개별적 '특수성'을 내세워 이를 책임회피의 수단으로 정당화하려 시도하는 데 있다.

　　2차대전 후 "평화에 반한 죄' 및 '인도에 반한 죄'의 신설과 소급적용은 국제평화와 안전, 그리고 인간존엄성이 도덕적·법적으로 가장 우월한 규범이며 최고의 가치임을 확인한 것이다. 또 실정법의 좁은 한계와 울타리를 뛰어 넘어 인류가 미리 예견하지 못한 반인도·반인륜적 범죄의 처벌을 실현함으로써 보편적, 실질적 정의를 궁극적으로 실현하기 위한 인류의 집합적·집단적 통찰과 예지의 산물로 평가된다. 또 인류가 보편적 양심과 가치를 뒤늦게나마 회복하고, 후세에 그러한 범죄와 만행의 재발을 방지하기 위한 전향적 노력의 일환으로서 「국제연합헌장」에 구현된 정신을 계승하여 그러한 의지를 실정법규화 한 것뿐이다. 뉘른베르크 및 동경 헌장은 침략전쟁금지와 반인도적 범죄의 재발방지에 대한 국제사회의 엄숙한 서약이자 이를 실현하는 대헌장이다. 부단한 정의의 실현을 향한 인류 공동의 결연한 의지·결의의 표현이자 인류의 진보를 향한 거대한 행보(行步)인 것이다. 일본 집권당의 간부가 인류의 양심과 이성을 구현한 명백한 실정법 규범, 역사적 사실과 보편적 역사관을 부정하면서 회피적 주장을 반복하는 옹졸함과 편협함에 큰 실망을 느끼지 않을 수 없다.

그의 논리대로라면, 만일, 예컨대, 어떤 국가(또는 그 동맹국)가 자국의 영토를 침탈하거나 또는 이를 기도한 국가에 대해 급박성과 비례성의 원칙을 무시하고 아예 '무제한적으로' 핵무기를 사용한 경우에도, 핵무기 사용의 적법성 여부에 대한 아무런 구속력있는 규칙을 확립하고 있는 못한 현행 '실정 국제법상', 그러한 핵무기 사용국에 아무런 제재·처벌 근거도 가지지 못하게 되는 명백히 부당한 결과-법의 부재·무능-를 초래하게 될 것이다. 이러한 가설적(假說的) 상황은 현 단계의 국제법이 국내법의 입법과정과 비교할 때 매우 불완전한 단계에 있음을 웅변하는 것이다. 즉 통일적 입법기구가 부재한 국제사회의 현실에서 '실정 국제법'(positive international law) 규칙만을 고집하는 경우 극단적 부정의, 불공정이 불가피하다는 점을 예증하는 사례이다. 이러한 극단적 상황에 대비하고 정의와 공정성을 실현·회복하기 위해, 국제평화와 안전에 직결되는 근본적 중요성을 가진 국제문제-예컨대 침략행위, 집단학살과 전시 반인도적 범죄 등-에 대해서는 소급적 효력을 가진 입법(조약) 등 일정한 예외적·한시적 접근을 통한 문제해결방식의 정당성·적법성을 인정해야 할 것이다.

3. 광복, 독립과 분단: 대일강화조약과 한국

태평양전쟁 종전 후 미·소 협력관계가 냉전 상황으로 바뀌자 미국은 전후 대일구상을 변경하였다. 일본에 대한 침략·전쟁책임 추궁에서 반공진영 결집을 통한 냉전대응체제 구축으로 전환하였다 미국은 철저한 책임 추궁과 전범 저단 대신 일본 내 협력자 육성이라는 정책·전략적 고려에서 극동(동경) 국제군사재판을 통해 전쟁책임을 일부 군인들에게 전가하면서, 일왕에 면죄부를 주고 신 헌법상 그를 국가의 상징으로 규정하여 왕실·왕정의 신화를 유지시켰다.[86] 일왕 역시 그러한 미국의 전후 구상에 적극 협력함으로써 동경재판은 미·일의 '합작품'이 되었다.[87] 즉 "카이로회담 및 포츠담선언의 반침략주의 노선을 반공산주의 노선으로 전환함에 의해 일본의 침략주의 역사를 희석"시켰으며, 그 결과 대일강화조약의 틀 내에서 진행된 "한일회담에서도 일본의 식민지배에 대한 과거사 인식은 모호한 상태"로 남겨졌으며, 이 때문에 "침략정책의 일환으로 이루어진 1905년 일본의 독도영토 편입에 대해 그 불법성을 명확히 규정할 수 없었다".[88]

일본은 냉전이라는 국제정세의 변화에 따른 미국 주도의 '관대한 강화' 정책에 편승,[89] 침략·전쟁과 식민지배 책임을 회피하는데 적극 활용하였다.[90] 한국은 대일강화조약 교섭 당시 전쟁 중인 데다가 협상당사국으로 참여하지 못한 가운데 조약 준비문서(preparatory work)에서 독도의 '주인'이 마치 6·25 전쟁당시 백마고지의 그것처럼 조변석개하는 웃지 못할 촌극도 목도해야 했다.[91] 당시 미국은 한국을 조약서명국으로 초청한

---

86) H.P. Bix, *Hirohito and the Making of Modern Japan* (N.Y.: HarperCollins, 2000; Perennial edn., 2001), chs.14~16, esp. pp.592~593 & 619~625. 1947년 5월 6일 일왕 히로히토는 연합국 최고사령관 맥아더 원수를 만나 미군 철수 후 일본의 안보에 대한 우려를 표명하였으며, 맥아더 사령관은 미국의 안보공약과 국제연합헌장의 이념을 강조하였다고 한다. Bix, *ibid.*

87) 강성은, 전게각주 60, p.261.

88) 김영수, "한일회담과 독도 영유권: 샌프란시스코 강화조약과 한일회담「기본관계조약」을 중심으로", 『한국정치학회보』 제42집 제4호 (2008년 겨울), pp.113~130.

89) Bix, *supra* note 86, pp.567~568 & 592~594. 영국 재무성 대표의 한 사람으로 제1차대전 후 베르사이유 강화회담에 참석했던 경제학자 케인즈는 '관대한 강화'(generous peace)를 주장하였다. See J.M. Keynes, *The Economic Consequences of the Peace* (1919) & Wikipedia, http://en.wikipedia.org/wiki/The_Economic_Consequences_of_the_Peace (2015. 3. 11 검색).

90) 강성은, 전게각주 60, p.270.

다는 입장을 세웠으나 영국과 일본의 반대로 성사되지 못하였다고 한다. 영국은 일본과 한국이 교전관계가 아니었다는 점 그리고 한국이 서명국으로 참여하면 아시아의 다른 나라에 미칠 영향을 들어 반대하였다.[92] 또 일본은 1951년 4월 23일 덜레스·요시다 회담에서 미국 측에 제시한 "한국과 강화조약"("Korea and the Peace Treaty")라는 제목의 문서에서 일본 측은 한국이 강화조약 발효에 의해 독립을 회복하는 것이지 전쟁관계가 없으며, 또 한국이 연합국으로 취급되면 재일한국인은 연합국 국민의 지위를 취득하게 되어 그로 인한 일본의 심각한 사회적 곤란 등의 이유를 내세워 한국의 서명국 참여를 반대하였다고 한다.[93]

그러나 일본이 내세운 첫째 이유에 대해서는 기미독립선언, 청산리·봉오동 전투, 윤봉길 의거와 상해임시정부의 대일 전쟁수행 등 우리의 항일의지와 항일투쟁을 들어 반박·설득할 수도 있었을 것이다. 둘째 이유에 대해서도 미국 측과 사전 협의와 조율을 거쳐 해결될 수 있는 문제였다. 더욱이 당시 미국이 한국을 강화회의에 초청하려 했던 이유는 식민지배에 대한 한국의 손해배상 요구에 동조했다기보다는 반공진영의 일원으로 참여시켜 미국이 구상하는 반공 연합전선의 위상을 강화하기 위한 아시아정책에 필수적이었으므로,[94] 미국 측의 의도를 사전에 정확히 파악했더라면 이를 근거로 미국을 설득할 수도 있었을 것이다. 즉 대일강화조약 체결에 초청된 55개국 중 49개국이 조약에 조인한 바, 여기에는 일본과 실질적 교전관계가 없었던 중남미 22개국과 중동아프리카 9개국, 아시아 2개국도 포함되어 있었던 점에 비추어[95] '교전관계'에 근거한 초

91) 정병준, 전게각주 27, pp.399~550 참조.
92) 강성은, *op. cit.*, p.265.
93) 강성은, *ibid.* 한편 제2차 세계대전 중 나치 점령당시(1940. 4. 9~1945. 5), 유럽의 다른 나라들과는 달리, 망명정부조차 가지지 않았던 덴마크는 해방되자마자 샌프란시스코 회의에 초청되었다. E. Luard, *A History of the United Nations, vol.1: The Years of Western Domination 1945-1955* (London: Macmillan, 1982), p.39.
94) 강성은, *ibid.* 및 정병준, *op. cit.*, p.520.

청대상국 선정은 문제점을 가진 결정이었다.

실제로 대일강화조약은 일제의 한반도침략과 무력강점에 대한 법적 책임 조항을 담고 있지 않다. 다만 연합국과의 전쟁으로 인해 연합국에 야기한 손해 및 정신적 고통에 대한 배상(reparations for the damage and suffering caused by it[Japan] during the war) 책임(제14조), 연합국 및 그 국민의 일본 내 재산·권익의 반환 의무(제15조), 연합국 군대 구성원 및 그 유가족에 대한 배상책임(제16조), 그리고 일본과 일본 국민의 연합국에 대한 모든 청구권의 포기(제19조) 등을 규정하고 있을 뿐이다. 한국은 동 조약의 '당사국'이 아닌 '제3국'으로서 한반도와 독도를 포함한 부속도서에 대한 주권의 회복을 사후 추인받는 법적 이익을 얻었을 뿐이다[제2(a)조, SCAPIN 제677호의 효력에 관한 제19(d)조 및 제21조]. 대일강화조약은 사실상 구미 6개국과 일본 간 전후관계를 최종 정리한 것일 뿐, 최대 피해국인 한국, 중국과 아시아 각국의 입장은 반영되지 않았으며, 그 처리문제는 양자 간 교섭에 맡겨졌다.[96]

특히 대일강화조약은 한반도가 분단된 후 대한민국이 법적으로 이미 독립한 상태에서 '한국의 독립'(independence of Korea)을 승인한다고 규정함으로써[제2(a)조], 미국과 구소련, 그리고 일본이 그러한 분단의 책임을 미봉한 것이다. 한반도 분단은 구소련(그리고 어느 정도 미국까지도)이 태평양전쟁에 불과 며칠 간 참전한 후, 일제가 항복을 선언하자 카이로 선언에도 불구하고 마치 한반도를 패전국 일본의 '영토의 일부'인 것처럼 간주하여 북한에 진주하고(진주하는 것을 용인하고) 이후 자신의 안보의 최남단 울타리이자 영향력 행사의 공간으로 이용하려 한 것으로 해석할 수 있다. 일본은 패전으로 자신의 '고유'영토에서 4개 북방도서를 구소련에 빼앗겼을 뿐, 영토 면에서 거의 피해를 입지 않았다. 한반도 분단에 일정한 책임이 있는 일본이 근거 없는 독도영유권까지 주장하는 것

---

95) 강성은, p.268.
96) 강성은, pp.268~269.

은 한마디로 염치와 양심을 망각한 후안무치의 극치이다. 그에 반해 독일은 1, 2차 대전 패전으로 상당한 영토를 상실하거나 포기한 바 있다. 또 수도 베를린은 4대 전승국의 분할 점령 하에 있었다. 게다가 약 2,600만 명의 자국 국민의 희생을[97] 강요당한 구소련의 군인들은 독일에 진주하자 그 보복으로 독일 민간인에 대한 학살·약탈과 대규모 성폭행을 자행하였다. 그러나 패전한 일본 제국주의의 본토와 수도에서는 그러한 고의적 대규모 만행은 발생하지 않았다. 일본의 현세대가 연합국 점령당국 그리고 '점령군의 법'에 감사해야 할 또 하나의 이유이다.

V. 일본의 선택과 일본의 미래

1. 과거사 미화·호도: "폭력과 탐욕", 일제 파멸의 출발점

올바른 역사·현실인식과 그에 따르는 책임있는 자세는 일본이 '전범국가'의 멍에를 벗고 정상국가로 이행하기 위한 기본적 전제이자 지름길이다. 명백한 침략전쟁, 불법강점과 인권유린의 역사에 대해 이를 호도하고 억지로 일관하는 것은[98] 책임회피일 뿐이며 대일관계 정상화의 첫걸음이 될 수 없다. 군국주의, 팽창주의와 극단주의로 인접국과 그 국민에 돌이킬 수 없는 아픔과 고통을 가했던 역사적 사실을 부정·왜곡하고 미화·호도하는 것은 손바닥으로 하늘을 가리는 일이다. 침략전쟁의 과오와 과거

---

97) 제2차대전으로 인한 사망자는 민간인을 포함하여 약 7,000~8,000 만 명(군인 2,100만~2,500 만 명, 민간인 약 5,000~5,500만 명)으로 추산되며, 이 가운데 러시아인이 약 26.6 만 명이라고 한다. Wikipedia, "World War II casualties", at https://en.wikipedia.org/wiki/World_War_II_casualties (2015. 10. 25 검색).
98) 한국일보(인터넷), "美언론 "명백한 日 침탁·식민지배, 어떻게 논쟁이 가능한가"", 2015. 3. 25.

사의 굴레에서 영원히 해방될 수 없다. 일본 스스로에게 불행한 일이다. 군국주의 침략의 과거사를 정당화·호도하고 계승시키려는 교육은 국제사회에서 신뢰받는 국가, 신망있는 지도자를 양성하는 대신, 국수주의적 사고로 무장한 지도자를 양산하여 또 다시 침략과 팽창의 유혹을 부추길 수도 있는 위험한 모험주의가 아닐 수 없다.

일본이 말하는 "점령군의 법", "전쟁할 수 있는 정상국가" 등의 화법은 마치 히틀러가 1차대전 패전의 책임을 물어 독일군을 축소시킨 베르사이유 조약을 "증오하며",[99] 이를 의도적으로 「베르사이유의 명령」(The Diktat of Versailles)으로 격하시켜 사용했던 사실을 상기시킨다. 이러한 히틀러의 화법은 독일인들로 하여금 외부의 적국이 독일로부터 군대를 빼앗아갔으며 그 재건이 유일한 중요한 목표라는 점을 선동한 것이다.[100] '국민적 군중의 상징'(a national crowd symbol)으로서 군대의 중요성을 부각시켜 선동한 히틀러의 정치구호와 독일국민의 호응이 결국 2차 세계대전이라는 전 세계적 비극과 고통을 초래한 셈이다. 무릇 강화조약에 내재하는 '승자의 정의'의 성격을 완전히 부정할 수는 없으며, 상호합의에 의한 조약체결과는 거리가 있다는 것은 사실이다. 베르사이유 조약 역시 예외는 아니다.[101]

중요한 점은 카이로선언, 포츠담선언과 대일강화조약은 일본이 일으킨

---

99) 마셜 맥루언(M. McLuhan), *Understanding Media* (1946 & 1996), 김성기·이한우 역, 『미디어의 이해: 인간의 확장』(서울: 민음사, 2002 & 2007), p.163.
100) E. Canetti, *Masse und Macht*(Hamburg: Classen Verlag, 1960), translated from the German by Carol Stewart, *Crowds and Power* (Penguin Books, 1973, rep.1987), pp.212~213. Henkin 교수는 솔직하게 베르사이유 강화조약이 합의(agreements)의 특성인 상호 동의(mutual consent)와 대가관계(*quid pro quo*)에 입각한 것이 아니라 무력으로(by force) 강요된 조약이었음을 인정한다. L. Henkin, *How Nations Behave: Law and Foreign Policy* (2nd edn., N.Y: Columbia University Press, 1979), p.80. 중요한 점은 독일이 오스트리아-헝가리 제국과 함께 1차대전을 일으킨 동맹국이며 패전했다는 사실이다.
101) Henkin, *ibid.*, p.80.

침략과 전쟁으로 야기된 직접적 결과(인과관계)라는 사실이다. 또 일본이 '점령군'의 법을 말하는 것은 한반도 무력강점과 식민지배의 불법성을 스스로 인정하는 자기모순이다. 더욱이 일제가 당시 한반도와 중국 및 동남아 국가들을 침략한 것이 아니라면, 미국이 일본을 침략한 셈이 된다. 일제가 '폭력과 탐욕'으로 일으킨 침략전쟁에서 패전한 결과로 '점령군'의 요구로 성립된 국내법의 효력을 부인할 수 없다. 힘의 논리를 신봉하던 일본이 힘에 굴복했다면, 패전의 결과로 부과된 모든 법적 책임을 인정하는 것이 일관성있는 자세일 것이다. 또 그러한「평화헌법」(일본 헌법 제9조)[102]을 포함한 '점령군의 법'은 소위 '천황제' 유지를 대가로 항복문서에서 일본이 명시적으로 수락, 합의한 것이다. 또 일본이 흔히 말하기 좋아하는 '법(형식논리)대로' 얘기한다면, 그러한 일본의 전후 국내법은 일본의 입법·행정기관들이 '자발적으로' 적법한 절차를 거쳐 성립·공포한 것이다.[103]

그것이 아니라면, 법적으로 말해서 처음부터 자신들의 침략이 불법이었음을 인정하고 패전의 법적 책임을 받아들이되, 다만 원자폭탄 사용의 적법성과 인도주의의 문제를 제기하는 것이 순서일 것이다. 원폭이 민간

---

102) 평화주의를 선언한 평화헌법 제2장 제9조는 무력행사·위협의 포기와 교전권의 포기를 규정하고 있다: "1. 일본국민은 정의와 질서를 기조로 하는 국제 평화를 성실히 희구하고, 국권의 발동에 의거한 전쟁 및 무력에 의한 위협 또는 무력의 행사는 국제분쟁을 해결하는 수단으로서는 영구히 이를 포기한다. 2. 전항의 목적을 성취하기 위하여 육해공군 및 그 이외의 어떠한 전력도 보유하지 않는다. 국가의 교전권 역시 인정치 않는다", 위키피디아, '일본국 헌법', at http://ko.wikipedia.org/wiki/%EC%9D%BC%EB%B3%B8%EA%B5%AD_%ED%97%8C%EB%B2%95 (2015. 6. 6 검색).

103) 대일강화조약 전문은 일본이 전후 자국 입법(post-surrender Japanese legislation)을 통해 국제연합헌장의 제원칙을 존중하고 준수할 의사를 천명하고 있다는 점을 명시적으로 언급하고 있다. 또 동 조약 제19(d)조는 점령 당국(연합국 최고사령부)이 섬령기간 중 내린 지령(directives)에 따라, 또는 일본법(Japanese law)이 승인한, 모든 작위와 부작위의 효력을 승인한다고 규정하고 있다.

인도 공격대상으로 했다는 점에서 그러하다. 이도저도 아닌 짜깁기 논리는 해괴하다. 만일 일본이 과거 미국의 필리핀 지배와 일본의 한반도 지배를 서로 묶인한 양국 간 비밀양해(1905년 태프트-가쓰라 밀약)104)를 이유로 침략을 부인하는 것이라면, 이는 1차적으로 미국과 필리핀 양자 간 문제이며, 국제법상 일반적 효력을 가진 '양해'로 주장하는 근거로 원용될 수 없다. 이 밀약을 근거로 일본이 자신의 침략을 부인하거나 또는 미국의 책임을 추궁할 입장에 있지 않다. 즉 일본의 침략과 태평양전쟁이 필리핀을 미국의 식민지배로부터 해방시키기 위한 '정당·적법한' 전쟁은 아니었다. 따라서 필리핀이 미국에 대해 문제를 제기하는 것이 올바른 순서이자 원칙일 것이며, 양자 간에 해결되어야 할 문제로서 일본이 왈가왈부할 일은 아니다. 아리스토텔레스는 좋은 품성을 가지고 합리적인 탁월한 선택을 실천할 때 실천적 지혜를 가진 영리한 사람이 되며, 못된 품성으로 마음을 비틀고 그릇된 출발점에서 나쁜 목표를 추구하는 사람을 교활한 사람이라고 규정한 바 있다.105)

억지, 변명으로 침략의 본질을 부정하고 그 책임을 회피하면서 단지 전후 경제적 기여만으로 국제평화에 기여했다고 말할 수는 없다. 자유민주주의와 시장경제체제를 공유한다고 양국 간 문제가 저절로 해결되는 것은 아니다. 전후 경제적으로 기여했다고 당연히 지도국의 반열에 오르는 것은 더더욱 아니다. 견강부회, 지록위마로, 그리고 원칙과 상식 대신 책략과 술수로 역사적 진실과 국제여론을 호도하면서 책임 있는 자리에 오를 수는 없다. 회담 후 뒤통수를 치거나, 상식을 뒤집는 일방적 해석을 내놓는 수준으로는 결코 인접국의 신뢰와 지지를 얻을 수 없다. 지도국의 반열에 오를 수 없다. 패권국은 언감생심이다. 자신의 공동체에 대한

---

104) Carole C. Shaw, *The Foreign Destruction of Korean Independence* (Seoul: National University Press, 2007). 이 책은 1901년 이후 미국 측 공식 원본자료에 입각하여 미국이 일제의 한국강점에 깊숙이 개입했던 사실을 추적하고 있다.

105) 아리스토텔레스, 『니코마코스 윤리학』(Ethica Nicomachea, 이창우 외 옮김, 서울: 이제이북스, 2006), 제6권 제12장, pp. 228~229.

윤리와 책임, 자신의 위치와 직분에 충실한 일본인들이지만, 일부 우익지도층의 과거사에 대한 윤리와 책임의식은 실망스런 수준이다. 경제력에 걸맞는 성숙한 의식과 사고, 일관된 행동과 책임이 뒷받침될 때 비로소 국제공동체 구성원들의 신뢰와 지지를 얻을 수 있다. 도덕적 권위를 가지고 타국을 이끌 수 있다. 인접국의 발전을 배 아파하고 발목을 잡으려는 심리상태로는 열등의식을 극복할 수 없다. 자신의 억지주장을 통해 타국의 정당한 주장에 물타기로 협상력을 높이려는 시도로는 신뢰를 얻을 수 없다.

2. 아베의 역사관과 법의 지배

영국의 역사가 토인비에 의하면 인접한 나란히 존재하는 인접한 부족사회와 문명사회를 관찰해 보면 보다 복잡한 사회가 심리적인 면에서 도전해오면 보다 단순한 사회는 에너지를 폭발적으로 방출하게 된다고 한다.106) 고대 로마제국을 멸망시킨 게르만과의 관계를 연상시키는 가르침이다. 150여 년 전 일본이 근대화를 통한 국가혁신에 성공한 후, 문제는 국가발전의 동력이 폭력적·침략적·탐욕적 방식이 아닌 평화적·지속가능한 호혜의 정신으로 충전·추진되었어야 했다는 점이다. 일본 내에서 극우세력의 득세는 중국의 부상과 한국의 성장에 비해 스스로 정체된 자신들의 처지로 인한 조바심 내지 두려움도 일조하고 있는 것으로 보인다. 왜 영리한 일본 지도층이 그 정도의 세계사의 전개과정도 이해하지 못하고 늘 일본만이 성장, 팽창할 할 수 있을 것으로 그릇된 판단을 했는지 이해하기 어렵다. 종군위안부 사건은 뉘른베르크 국제군사재판을 집행하기 위한 런던헌장(London Charter)에서 규정한 반인도적 범죄이며, 또 1965년 한일협정 체결 당시 전혀 정확히 알려지지도, 당사자 간 논의되

---

106) 맥루언, 『미디어의 이해』, 전게각주 99, p.120에서 재인용.

지 않았던 사안이다. 심지어 확정판결에 대해서도 재판소 및 재심을 청구하는 당사자가 선고 당시 알지 못했던, 그러나 판결에 결정적 요소로 작용할 성격을 가진 어떤 새로운 사실의 발견에 근거하여 재심을 청구하는 경우 이를 허용하고 있다.107) 종군위안부 사건은 인류의 보편적 가치와 양심에 관한 문제이기도 하다.

19세기 중엽이후 '욱일승천'의 기세로 아시아에서의 '불패 신화'에 도취되어 과거의 '영광'이 패전 후에도 계속될 것이며 '미개한' 인접국들은 계속 제자리걸음 또는 퇴보할 것으로 착각했던 것은 아닐까? 아니면 일본 지도층은 자신들의 단견을 질책하면서 우려하는 국민들에게 다시 새로운 극우 파시즘으로 돌아가자고 국민들을 선동·위협하고 있는 것은 아닌지 자문해 볼 일이다. 그렇다면 영리한 일본답지 못한 어리석은 역사인식이다. 또 "너 자신을 알라"는 것은 서구철학 원조의 가르침이다. 한국은 수천 년간 대륙의 온갖 민족들과 투쟁하고 시달리면서도 꿋꿋이 그 정체성을 지켜온 민족이며 나라이다. 한 때, 역사가 입증하듯이, 만주대

---

107) 국제사법재판소 규정, 제61(1)조. 종군위안부 피해자의 헌법소원 사건에서 헌법재판소는 "일본국에 의하여 광범위하게 자행된 반인도적 범죄행위에 대하여 일본군위안부 피해자들이 일본에 대하여 가지는 배상청구권은 헌법상 보장되는 재산권일 뿐만 아니라, 그 배상청구권의 실현은 무자비하고 지속적으로 침해된 인간으로서의 존엄과 가치 및 신체의 자유를 사후적으로 회복한다는 의미를 가지는 것이므로 피청구인의 부작위로 인하여 침해되는 기본권이 매우 중대하다."고 판시하였다. 2011.8.30. 선고, 2006헌마788 결정(대한민국과 일본국간의 재산 및 청구권에 관한 문제의 해결과 경제협력에 관한 협정 제3조 부작위 위헌확인 사건). 또 우리 대법원은 강제징용 피해자의 손해배상청구권 사건에서 한일 청구권협정 협상과정에서 일본 정부는 식민지배의 불법성을 인정하지 않고 강제동원피해에 대한 법적 배상을 원천 부인하였으며, 이러한 상황에서 일본의 국가권력이 관여한 반인도적 불법행위나 식민지배와 직결된 불법행위로 인한 손해배상청구권이 청구권협정의 규율대상에 포함된 것으로 보기 어렵다면서 동 청구권협정으로 개인의 청구권이 소멸하지 않았음은 물론, 대한민국의 외교적 보호권도 포기되지 않았다고 보는 것이 합리적이라는 취지로 판결하였다. 대법원 2012.5.24 선고, 2009다22549 판결(미쓰비시 사건 판결).

륙의 왕조와 중국대륙의 통일 왕조를 무너뜨린, 일제에 못지않은 강력한 무력을 가진 적도 있었다. 그것은 한국인의 DNA 속에 살아 숨 쉬고 있다. 사실을 말하자면, 역사상 일본이 한국의 국력을 압도한 것은 그야말로 19세기 후반이후 현재까지 150여 년에 불과하다. 또 한국은 역사상 대부분의 기간 동안 일본 없이 생존해 온 저력을 가지고 있다. 한국은 7년 나당전쟁을 승리로 이끌었으며, 대제국 몽골과 30년전쟁을 치른 민족의 후예이기도 하다.

전후 질서가 70년에 이르면서, 일제의 침략·만행과 태평양전쟁의 역사를 자신들은 물론, 아시아인과 세계인들의 기억과 기록에서 영원히 그리고 완전히 지우고 싶어 하는 일본 극우세력의 책동은 집요하다. 노다 요시히코(野田佳彦) 일본 전 총리가 아베정권을 "음험한 보수"로 비판하면서 "편협한 민족주의는 비열한 보수"라고 비판했듯이,[108] 일본 극우정치인들의 사고방식은 편리하다. 법을 자신들의 이익과 관점에 부합하도록 그 때 그 때 상황에 따라 견강부회·지록위마하는 자기합리화 재주가 뛰어나다. 19세기 말~20세기 전반 자신들의 침략행위를 인정하지 않고, 아시아 각국에 무력으로 강요한 조약을 '합법적'인 것으로 정당화한다. 그리고 '폭력과 탐욕'으로 일으킨 침략전쟁을 연합국이 응징하여 자발적으로 '무조건' 항복문서에 서명한 후 연합국 점령당국의 요구에 따라 스스로 제정한 헌법과 법률은 이제 '점령군'의 법이라고 강변한다. 보편적 법의 원칙과 정의를 자신들의 편의에 따라 자의적으로 재단하는 게 일본의 '법의 지배'에 대한 인식인가? 또 그렇게 왜곡·은폐하고 교육하는 것이 애국이라고 강변하고 있는 것일까? 자신들에 호의적이지 않다는 이유로 일국의 국모를 야만적으로 시해하고서도 이에 대한 사죄는커녕, 아무런 입장표명도 하지 않는 국가가 과연 법을 운위할 자격이 있는가?

일본 사회가 극우세력의 선동적 구호에 맞장구를 치는 것은 안타깝지

---

108) 인터넷 연합뉴스, "노다 前 日총리 "아베 정권은 음험한 보수", 2013. 2. 23,

만, 선택도 그로 인한 결과도 그들의 것이다. 이는 일본이 자라나는 세대에게 역사적 사실을 은폐·호도·물타기 하면서 제대로 가르치지 않기 때문이기도 하다. 또 1850년대 문호 개방이후에도 오랜 동안 섬나라에 갇혀 살아 온 수직적·획일적·폐쇄적 사고방식은 여전하기 때문이기도 할 것이다. 일본 교과서에서 안중근 의거 등 우리의 항일투쟁은 거의 소개·기술되지 않고 있다고 한다. 패전 세력의 후예인 일본 우익이 국가신도의 가림·보호막 뒤에서 집단 우민화 정책을 추진하고 있는 셈이다. 더욱 가관인 것은 아베 신조(安倍晋三) 일본총리가 "중국은 어처구니없는 나라지만, 그나마 외교게임이 가능하다. 하지만 한국은 그저 어리석은 국가일 뿐"이라고 말했다는 점이다.[109] 외교적 결례이자 무례를 넘어선 오만의 극치이다. 또 오만을 넘어 거의 '겁박'에 가깝다. 침략·만행의 원흉 '대일본제국'에 대한 향수에 젖은 과대망상이며, 과거사 청산에 관한 그의 기본적 인식, 사고방식과 접근법을 보여주는 표본적 사례일 것이다.

지식·정보가 실시간 광속으로 전파·검색·검증되는 정보통신혁명의 시대, 현실권력은 가상권력과 경쟁해야 한다. 가상공간에서 신의와 원칙을 무시하는 술수가 얼마나 지속할 것인지는 미지수이다. 일본의 미국 역사 교과서 수정기도[110]는 하나의 좋은 시금석이 될 것이다. 확립된 역사적 진실을 부정하는 것은 인권과 인도주의 그리고 정의에 대한 공공연한 도전이 아닐 수 없다. 언론의 자유와 법의 지배를 근간으로 하는 자유민주주의를 신봉한다는 위선을 여지없이 폭로하는 증거이다.[111] 이러한 가운데 우리 정치인과 국민들이 과거사에 대해 객관적 진실의 규명과 사죄를

---

109) 인터넷 연합뉴스, "아베의 좌충우돌?" 한국을 '어리석은 국가'라 했다"(종합)", 2013. 11. 14.
110) 본서, 제1장, 14. 과거사의 무게와 굴레, 그리고 법의 지배, 참조.
111) G. Orwell, "The Freedom of the Press", preface to *Animal Farm*(1945)["If liberty means anything at all it means the right to tell people what they do not want to hear.", in *find*, at http://orwell.ru/library/novels/Animal_Farm/english/efp_go (2015. 7. 22 검색).

요구하는 것이 과연 값싼 민족주의를 선동하는 일인가? 민족자결권은 한 민족의 정당한 실정법상의 권리이며, 이를 짓밟는 것은 명백한 불법이다. 민족독립 회복이라는 정당한 대의를 실현시키기 위해 침략과 불법강점에 항거하여 독립운동에 매진하는 것은 당연하며 적법한 일이다.[112] 민족의 고유한 권리이기 때문이다. 사실과 진실을 은폐하고 세탁하고 파괴하면서 책임을 회피하는 자들이야말로 문제의 본질임을 왜 외면하려 하는 것인가? 전략적 목적도 역사적 진실과 법적 정의를 전제로 하지 않으면 안 된다. 이를 무시하고 힘으로 밀어붙이는 것은 결코 국제사회의 협력과 지지를 얻어낼 수 없으며, 오직 비용과 대가를 수반할 뿐이다.

3. 중국의 경고

시진핑(習近平) 중국 국가주석은 일본의 총선 직전인 2014년 12월 13일 난징(南京)시 '대도살희생동포 기념관'에서 열린 제1회 남경대학살(Nanjing Massacre) 희생자 국가추모일 추모사를 통해 "난징대학살을 부정하는 것은 결코 용납될 수 없다"면서 "전쟁범죄의 책임은 소수의 군국주의자들에 있으며, 일본 국민에 있지 않다"[113]고 책임의 소재를 분명히 했다. 그는 이어 "역사는 시대가 변한다고 바뀌는 것이 아니며 사실은 교묘한 말로 (부인한다고) 사라지는 것이 아니다. 난징대학살의 참상은 '산처럼 명백한 증거가 있다'"고 비판했다.[114] 그가 이어 "난징대학살은 제2차 세계대전의 3대 참사 가운데 하나이자 반인륜적 범죄로 인류 역사의

---

112) 예컨대 한용운, '조선독립의 서', 만해사상실천선양회(편), 『만해 한용운 논설집』(서울: 장승, 2000), p.283 및 김광식, 『만해 한용운 평전』(서울: 참글세상, 2009), pp.115~116 참조; 본서, 제1장, 9. 민족주의, 참조.
113) 상해일보(The Shanghai Daily), "Nanjing Massacre Cannot be Denied", 2014. 12. 13, p.1.
114) 동아닷컴, "中 시진핑 "난징대학살 부인하는 건, 범죄 반복하겠다는 것"", 2014. 12. 15, http://studio.donga.com/View?idxno=201412150021&c=00030004 (2014. 12. 17 검색).

암흑 사건"이라며 "역사 범죄를 부인하는 것은 다시 반복할 수 있다는 것을 의미한다"고 언급한 것은 일본의 침략과 과거사 부정에 대한 강력한 우려와 경고의 메시지가 담겨있다.

100여 년 전 '손쉬운 먹잇감'에 불과했던 한국의 성장, 중국의 굴기를 목도해야 하는 일본의 속내가 편치 않을 것임은 물론, 심지어 불안할 것임을 짐작하기는 어렵지 않다. 이러한 일본의 '정상국가'를 향한 일본의 선택은 인접국들과의 불행한 과거사의 부정으로 인한 '필연적' 결과일지도 모른다. 그러나 과거사 부정·왜곡 및 부당한 영유권 주장으로 한국, 중국과 건설적 협력관계 대신 대립각을 세우는 것이 과연 지역·국제평화에 기여하는 책임 있는 국가로서의 행동인지 그리고 일본의 국가브랜드 및 장기적 국익에 진정 부합하는 것인가에 대한 일본 지도층 스스로의 성찰이 중요하다. 과거 사죄에 부합하는, 아니 진전된 성숙한 역사인식과 책임의식을 행동으로 보여줄 때 주변국과 국제사회의 신뢰와 평가는 당연히 뒤따르게 되는 보상이며 덤일 뿐이다. 스스로 나서서 지역·국제평화에 대한 일본의 기여를 홍보할 필요조차 없게 된다. '대동아공영'의 구호는 한 번으로 족하지 않은가?

4. 임진왜란과 히로시마, 나가사키의 교훈

미국의 원폭투하와 군사점령은 일본인들의 일방적 사고와 예외적인 '특수한' 습성에 결정적 타격을 가했다. 일본은 자국 역사상 처음으로 그러한 치명적 공격을 받고 항복했다. 일본인들의 충격과 좌절감은 말로 표현할 수 없었을 것이다. 극우 파시스트 군부의 심리상태는 자포자기, 공황상태였을 것이다. 자신들이 도발했던 미국의 공격으로 초토화된 히로시마, 나가사키의 모습에 망연자실했을 것이다. 힘이 우월한 미국에 자존심을 접고 항복해야 했던 현실을 받아들이기는 쉽지 않았을 것이다. 아베 총독이 한국을 떠나면서 한국과 중국에 진 것은 아니라고 항변한 것은 씁쓸한 변명이자 스스로에 대한 위로였을 것이다. 시간이 지나면서 분노와 회한도 삭여야 한다는 것을 배웠을 것이다. 바로 그것이 정복당한 국민이 감내해야 하는 천형(天刑)과도 같은 정신적 트라우마임을 일본인들도 비로소 뼈저리게 느꼈을 것이다. 19세기 말 동아시아에 '자연상태'를 조성하고 최강의 글로벌 검투사를 자처하며 힘을 남용한 당랑거철(螳螂拒轍) 일본이 힘의 상대성과 '제국의 시간'의 유한성을 깨닫는 데에는 그로부터 오래 걸리지 않았던 교훈을 현명한 일본 총리는 깨닫기를 기대한다. 국제사회의 보편적 규범과 사고 그리고 그에 기초한 군사·경제력의 결집이 가져온 결과를 겸허하게 수용할 수 있는 지혜와 용기를 발휘하기를 기대한다.

미국 역사교과서에 대한 개입시도 사례에서 보듯이 그러한 아베의 시도는 결코 성공할 수 없다. 시대착오적 사고·접근방식으로 국제사회의 상식과 보편적 정의에 도전하는 어리석음을 스스로 깨달아야 현명한, 국제적인 지도자의 반열에 오를 수 있다. 국제사회는 '검객' 정치인, '음험한' '닌자'(忍者) 정치인이 아니라 원칙과 상식, 그리고 신뢰와 투명성을 존중하는 지도자를 평가한다. 아베 총리는 분명 평균적 일본인과는 다르다. 21세기 국제사회에서 그러한 술수와 책략, 겁박과 강박이 통하리라고 믿고 있는 그야말로 무력으로 조선을 침략·강점하고 태평양전쟁을 일으킨 군국팽창주의 프레임에 갇힌 시대착오적 미망에서 벗어나야 한다. 그것이야말로 본인은 물론, 일본의 국익과 동아시아 평화에 건설적으로 기여하는 것임을 왜 깨닫지 못하는 것일까? 아베 총리의 폭주에 대하여 일왕이 일본은 전쟁에서 교훈을 얻어야 한다고 일침을 놓은 것도 바로 이를 겨냥한 것이 아니겠는가?

역사상 대부분의 기간 동안 세계사의 중심부와 단절되어 변방의 이름 없는 국가로 걸핏하면 주변국 노략질과 침략, 술수와 모략, 은폐와 책임회피(관동대지진 시 한국인 학살, 만보산 사건, 마루타 생체실험 등)을 일삼았던 자신들의 과거를 망각하고 한국을 비하하는 데 열을 올린다. 더욱이 아베 총리의 '어리석은 한국' 발언은 본서 제1장 모두에서 언급했던 과거 개화기 후쿠자와 유키치의 발언을 상기시킨다. "조선국은(…) 미개하므로 이를 유인하고 이끌어야 하며, 그 인민 정말로 완고하고 고리타분하므로 이를 깨우치고(…) 끝내 무력을 사용해서라도 그 진보를 도와야 한다."(1882. 3). 그는 조선의 멸망을 축하하였다. 또 아베 총독 역시 저주를 던지고 한반도를 떠났다. 상대국에 대한 모독은 금도를 넘어선 지 오래이다. 인류최초의 원폭 투하장소가 히로시마라는 사실은 과연 우연의 일치였을까? 이토 히로부미의 고향 장주변(현재의 야마구치 현)에 인접한 히로시마에 원폭이 투하된 것은 과연 즉흥적인 선택이었을까?[115]

이와 관련, 연합국은 나치 전범을 처단하기 위한 국제군사재판의 장소로 처음에는 라이프치히와 룩셈부르크를 고려하였다고 한다. 그러나 최종적으로 바바리아 주(현재 바이에른 주)의 뉘른베르크를 선택한 것은 무엇보다도 2가지 이유 때문이었다고 한다.[116] 그 하나는 당시 뉘른베르크에 항소·지역·지방법원과 검찰청사로 구성된 뉘른베르크 사법궁(Nuremberg Palace of Justice)의 몇 개 큰 건물들이 연합국 폭격에도 불구하고 훼손되지 않고 남아 있었던 데다 또한 교도소시설을 갖추고 있던 점이다. 다른 하나는 뉘른베르크가 나치당의 요람으로서 많은 전당대회와 선전대회 등이 개최된 도시이며, 특히 1935년 나치당이 연방의회를 이곳에서 개최하여 유대인 혈통을 가진 사람들의 독일 시민권을 박탈하고 유대인과 독일인 간 결혼을 금지시킨 뉘른베르크 법(Nuremberg laws)

---

115) 제2차 대전 당시 히로시마는 일본제국 육군의 근거지였으며, 우지나 항은 일본제국 해군의 근거지였다. 또 군수품 보급을 위한 커다란 병창(depots)이 여럿 있어 수송의 중심지이기도 했다고 한다. Wikipedia, "Hiroshima (히로시마시)", at https://en.wikipedia.org/wiki/Hiroshima & https://ko.wikipedia.org/wiki/%ED%9E%88%EB%A1%9C%EC%8B%9C%EB%A7%88_%EC%8B%9C (2015. 7. 19 검색).

116) Wikipedia, "Nuremberg trials", at http://en.wikipedia.org/wiki/Nuremberg_trials (2015. 3. 9 검색).

을 통과시킨 점이다. 즉 뉘른베르크를 단죄의 장소로 선택함으로써 나치의 멸망을 상징하는 효과도 기대한 것이며, 이 가운데 첫 번째 이유가 현실적으로 보다 중요한 이유였다고 한다.

일본이 임진왜란과 태평양전쟁에서 패한 원인을 다시 생각해 보자. 우선 임진왜란의 경우 일본은 서양에서 수입한 조총을 이용하여 개전 초반 기습공격으로 기선을 잡았다. 대명(大名) 간 오랜 내전의 전투경험도 도움이 되었을 것이다. 그러나 조선의 관군이 육상에서 지리멸렬한 반면, 전국에서 일어난 의병의 유격(게릴라) 작전은 전혀 예상하지 못한 저항이었고, 일본군의 사기를 크게 저하시켰다. 게다가 해전에서는 충무공의 활약으로 서해로 진출할 수 없어 병력과 군수품을 한양 이북으로 대량으로 신속하게 수송할 수 없었다. 전선이 확대되면서 각지의 의병의 공격으로 일본군의 보급과 통신에 결정적 장애가 발생하였으며, 전선이 확장되자 전력이 분산되어 전략목표 장악·통제에 어려움이 발생했다. 지구전이 시작되고 명군이 개입하면서 전세가 역전되기 시작하였다. 게다가 조선군이 개발한 대포(총통)의 파괴력은 일본군의 그것을 압도함으로써, 전쟁 초기 조총과 같은 개인화기의 열세를 상쇄, 전세를 만회시켰다.

19세기 말에서 20세기 초 기습 공격으로 청일, 러일전쟁의 승전에 고무된 일본 군국주의자들은 서구의 과학기술을 수입, 모방 그리고 일부 응용하여 이룩한 자신들의 산업생산력·과학기술력을 과신하고 서양 과학기술문명을 이미 따라잡은 것으로 오인 또는 자만하였다. 일제는 1920년대 이미 항공기, 잠수함과 항공모함까지 자체생산하거나 또는 독일 등에 발주하여 '아시아 최강'의 해상전력을 갖추었다. 워싱턴 해군군축 조약(Washington Naval Treaty; Treaty on the Limitation of Armament, 1922)과 런던 해군군축 조약(London Naval Treaty; Treaty for the Limitation and Reduction of Naval Armament, 1930)에서 일제는 그러한 강대국의 위상과 지위를 인정받았다. 그러나 거기까지였다. 일제의 패전의 일차적 원인은 필경 미국의 자원, 산업생산력과 과학기술력(원자폭탄, 도청장비 등)에 대한 이해부족과 과소평가 탓일 것이다. 스스로를 과대평가하고 상대를 과소평가하여 덤비는 당랑거철(螳螂拒轍)은 위험하고 무모한 일이다.

보다 근본적으로 태평양전쟁에서 일제가 패망한 원인은 자율적이고 유연한 창의적 사고에 익숙하지 않은 집단적·획일적 사고와 수직적 명령·복종 문화를 가진 점이 아닐까 한다.[117] 수입과 모방만으로는 결코 최고, 최강이 될 수 없다는 점을 깨닫지 못한 점이 근본적인 패전의 원인이라는 것이다. 즉 자유와 자율, 이견과 토론을 존중하는 바탕 위에서 다양성과 창의성을 기본적 신념과 정신적 가치로 추구하는 문화의 우월성에 대한 이해부족이 빚어낸 결과라는 것이다. 그러한 사회에서는 개인의 권리가 타인의 권리 및 사회의 공공선·공동선이라는 한계 속에서 균형·조화를 이루고, 개개인의 능력을 최고도로 발휘하게 하는 원동력이 된다. 개개인의 역량이 서로 상쇄되지 않고 그대로 산술적 총합을 이루어 국력을 극대화시킨다.

이러한 사회와 문화에서는 그 구성원 개개인이 자신이 속한 공동체적 가치와 신념을 수호하기 위해서라면 스스로 목숨도 아끼지 않는 정신문화를 선도하고 구성원들이 이를 공유한다. 물론 지도층의 솔선은 중요하다. 이러한 관점에서 보면 전쟁의 승패는 궁극적으로는 공동체 구성원들이 강요에 의해서가 아니라 공동체와 그 가치를 수호하기 위해 기꺼이 자발적으로 함께 참여하려는 집합적 의지, 즉 정신문화의 소산이 아닐까 한다. 나치 독일의 현실적 위협과 공격에 맞선 영국의 항전은 이를 뒷받침한다. 부당한 특권, 특혜, 예외와 권위주의가 횡행하는 사회라면, 그러한 자발적 참여는 기대할 수 없다. 베트남전의 교훈이 그러하다. 중국 국민당에 대한 공산당의 승리 역시 그러하지 않을까.

지난 역사에 대한 성찰·교훈을 바탕으로 판단할 때, 항공기·핵무기를

---

117) 미군 장성들의 경우 1차, 2차 세계대전을 통해 구체적 전장에서 창의적 전략·전술을 구사하는 역량이 역시 뛰어난 것으로 평가할 수도 있을 것이다.

발명하고, 이후 유인 우주선을 인류최초로 달에 착륙시키고 정보통신혁
명을 일으킨 국가를 상대로 한 전쟁은 결과적으로 무모한 만용이었다.
하드 파워는 소프트 파워와 결합·조화될 때 비로소 패권에 접근할 수 있
다. 수직적·집단적·획일적 사고와 문화의 한계이다. 개인의 자유와 창의
성, 사회적·민주적 합의를 최대한 보호하고 보장하는 체제의 우월성을
실증하는 사례이다. 지배와 복종, 강압과 강제를 강요하는 일률적 사고와
문화는 합리적 비판, 다양성과 개인의 창의성을 압살하고 필연적으로 '집
단명령'에 무조건 부화뇌동하는 것을 덕목으로 여기는 '전체주의적' 문화
와 환경을 조성한다. 개인은 물론, 민족과 국가 역시 스스로를 올바르게
깨닫는 것이야말로 현명함과 지혜의 출발점일 것이다. 그렇지 않으면 돈
키호테식 만용이 스스로를 망치고 이웃을 해치는 비극을 잉태하고 그 주
인공이 된다.

VI. 정보통신혁명시대의 국가비전

1. 정보통신혁명의 시대정신

디지털 혁명시대의 철학과 가치관은 산업사회를 특징짓는 동기화된
대량생산, 통일화·표준화된 사고·행동·언어, 중앙집중식 의사결정과는
대조적으로 개별화·맞춤형 소량생산, 다양성과 개성적 언어·사고·가치관
과 행동, 그리고 분산·분권적 의사결정 방식을 지향·중시한다.[118] 21세
기 제3의 물결 속에서 호흡하는 세대와 그 엘리트들은 단순한 답습과 계
승이 아니라 혁신과 창조의 숙명(Destiny to Create; Born to Create)을 가
지고 태어난 셈이다.[119] 영감과 상상력에 기초한 창의적 발상과 착상이

---

118) A. Toffler, *The Third Wave*(1980, N.Y.: Bantham Books, 1981), p.355.

정보통신혁명의 시대정신에 부합하는 덕목이다. 이러한 정보통신혁명의 속성은 우리 민족의 미적 감각·심미안(한옥·한복·한식 등), 개성을 중시하는 개인주의적 성향,[120] 오랜 역사를 통해 용해된 음악적 감성(국악, 아악, 판소리, 창, 가곡, 민요, 대중가요 등), 그리고 과학기술·예술문화(한글, 금속활자, 거북선, 온돌, 비격진천뢰, 신기전, 상감청자·백자, 목판 대장경 판각) 등 우리의 창의적 전통 및 유산과 잘 조화·결합될 수 있다. 디자인, 패션 등은 그 대표적 분야일 것이다. 창의와 혁신은 정보통신혁명의 시대정신이자 화두(keyword)이다.

정보통신혁명은 광범위한 파급효과를 유발하고 있다. 가상공간(cyberspace)이 현실세계에 미치는 영향력·파급력은 계속 증대되고 있으며, 양자 간 경계는 모호해지고 있다. 현실권력은 가상권력의 강력한 도전을 받고 있으며, 가상세계를 통해 실시간으로 감시·검증받고 있다. 사이버 범죄자·해커를 감시·추적·적발해 내는 보안시스템을 구축한다 해도, 현실권력(각국 정부)에 의한 국제적 차원의 실효적인 규제와 처벌은 더욱 어려워지고 있다. 비록 사이버 공격·테러범이 온라인에 접속하는 한 언제든 발각될 수 있으며 완전히 숨는 것은 불가능하다고 하더라도 데이터

---

119) Toffler, *ibid.*, pp.439~443.
120) '개인주의'(individualism)라 함은 개인의 독립성과 가치를 중시하며(자유주의), 개인의 이익을 사회 또는 국가에 우선시키는 철학, 가치관 내지 도덕적 입장을 말하며, '집단주의'(collectivism)란 인간의 상호의존성과 집단의 정체성, 목표, 권리와 가치 등을 중시하는 입장을 가리킨다. Wikipedia, "Individualism" & "Collectivism" (2015. 3. 22 검색). 우리 민족의 성향을 개인주의적이라고 규정한 것은 우리 문화에 집단적 의식·정서가 부재하다는 의미는 아니다. 조선시대에도 학파, 당파 등 인식·가치공동체를 중심으로 관료·선비들이 집단적 이익을 추구한 것은 사실이지만, 그럼에도 불구하고 개인적 신념·가치가 학파·집단의 그것과 충돌할 경우 조선 선비가 궁극적으로 의존한 행위기준은 개인적 신념·가치였다고 본다. 즉 같은 집단 내 동료들(peers)의 행동이 관료·선비들의 궁극적 준거규범은 아니었다고 본다. 또 조선시대 평민의 경우에도 수직적 신분제도에도 불구하고 평등의식이 매우 높은 수준으로 유지되고 있었다고 본다. 조선시대 많은 민란도 그 예의 하나로 본다.

내에서 위험신호를 감지해 내는 것은 시간과 비용을 요하는 어려운 작업이다.[121] 네트워크 상 공사(公私) 간 경계는 모호하며,[122] 긴밀한 국제사법공조를 통해 형사관할권을 행사·처벌할 수 있는 국가 간 합의의 도출은 간단한 문제가 아니다. 사이버 안보를 둘러싼 '사이버 전쟁'의 시대에 접어든 것이다.[123] 특히 국가기밀 또는 국가기간산업 운용에 대한 해킹을 방지하는 사이버 보안은 국가안보의 핵심을 구성한다.[124]

과학기술혁명과 정보통신혁명, 그리고 그 애플리케이션의 무한한 진화는 특히 무기체계와 안보의 측면에 심각한 영향과 변화를 초래하고 있다. 스텔스 군함·군용기, 인공지능 킬러로봇, 무인항공기(drone), 그리고 레이저 포와 미사일 방어체계 등 무기체계는 이미 혁명적 변화를 맞고 있다. 만일 정부·공공기관 웹사이트가 사이버 해킹에 무방비로 노출되어 해커들의 공격대상이 된다면, 또 만일 전시에 정부, 군 지휘부와 야전부대 간, 그리고 육·해·공 야전부대 상호간 통신이 해킹으로 쉽게 두절된다면 제대로 한 번 싸워보지도 못하고 패배를 자초하는 격이다. 자신의 전략정보, 병력배치·전개·이동, 작전·보급 계획 등 핵심정보를 스스로 적에게 넘기는 것이나 마찬가지이다. 해커는 시스템 보안상의 취약점을 파악하고 집요하게 해킹을 통해 위험을 가한다. 미래 사이버 전쟁시대에 대비하는 사이버 보안 역량을 획기적으로 강화할 수 있는 전문가를 양성하고 시스

---

121) 에릭 슈미트·제러드 코언(E. Schmidt·Jared Cohen), *The New Digital Age* (2013), 이진원 역, 『새로운 디지털 시대』(서울: 시공사, 2013), pp.289 & 302.
122) 프랜시스 케언크로스, *The Death of Distance: How the Communications Revolution Will Change Our Lives* (1997), 홍석기 역, 『거리의 소멸 ⓝ 디지털 혁명』(서울: 세종출판, 1999), p.267.
123) 슈미트·코언, *op.cit.*, p.175. 리처드 클라크 전 백악관 테러담당 보좌관은 '사이버 전쟁'이란 '피해 또는 교란을 야기할 목적으로 타국 컴퓨터나 네트워크에 침입하는 국가적 차원의 행동'으로 정의한다. 또 사이버 공격의 배후(개인·실체)와 공격의 동기 등을 고려하여 사이버 공격(cyber attack)과 사이버 테러(cyber terrorism)를 구분할 수 있다. 슈미트·코언, p.174.
124) 테러리스트 훈련캠프는 위성으로 적발이 가능하지만, 사이버 신병훈련소는 인터넷 카페와 구분이 용이하지 않다. 슈미트·코언, 상게서, p.276.

템을 보완해야 한다. 경험적, 실용적 지식과 실천적 지혜는 아무리 강조해도 지나침이 없다. 선제적·능동적 대응이 중요하다. 전문성, 사명감과 책임감 있는 창조적 지식인이 21세기 정보통신혁명의 시대정신이 요구하는 인재이며, 교육은 국가안보·과학기술에 직결된 현실적 문제를 해결하는 창의적 인재의 양성에 초점을 맞추어 실시하는 것이 당연하다.

정보통신혁명의 아이콘 스티브 잡스(Steve Jobs)는 2005년 스탠퍼드대 졸업식 축사에서 "끊임없이 갈구하고, 우직하게 집중하라"("Stay hungry, stay foolish")는 말을 남겼다. 전자가 줄기찬 지적 호기심과 도전적 탐구심이라면, 후자는 열정적 사고력·실천력일 것이다. 미지의 세계에 대한 무한도전, 상상력과 의지력이 창의적 사고의 출발점인 셈이다. 한마디로 "한 우물을 파라"는 것이다. 그리고 거기에 승부를 걸라는 얘기이다. 직관적 지식이 아니라 분석적·창의적·혁신적 지식이 중요하다. '점수벌레' 양성정책만으로는 나라의 과학기술 경쟁력도, 경제도 미래도 결코 장담할 수 없다. 도덕성과 인성도 담보할 수 없다. 평균적 수재 수 천, 수 만 명은 창조력에 있어서 불과 한 두 명의 천재를 당할 수 없다. 다빈치, 뉴턴, 제임스 와트, 튜링(Alan Turing),[125] 그리고 미국의 제임스 왓슨(James Dewey Watson 1928~)과 함께 DNA의 이중나선구조를 규명한 프랜시스 크릭(Francis Harry Compton Crick, 1916~2004) 등의 유산이다.

우리 교육은 광범위한 일반적 사실·지식의 획일적 암기에 불필요하게 과도한 노력을 요구하며, 또 그러한 암기능력을 과도하게 평가하는 경향이 있다. 지금은 조선시대와 같이 지식·정보유입이 차단되어 이수광의 『지봉유설』과 같은 백과전서파 지식이 필요한 시대가 아니다. 그러한 지

---

125) 영국의 수학자, 암호학자, 논리학자인 앨런 튜링(Alan Turing: 1912~1954)은 컴퓨터 과학에 대한 지대한 공헌으로 "컴퓨터 과학의 아버지"라고 불리며, 2차 대전 당시 에니그마(Enigma machine)로 불린 독일군의 암호체계를 해독하여 전쟁을 2년 이상 단축시켜 엄청난 인명을 구하고 연합국의 승리를 이끌어 내는데 크게 기여한 것으로도 유명하다. Wikipedia, "Alan Turing" (2015. 3. 13 검색).

식은 스마트 폰이나 태블릿 PC에 연결된 인터넷에서 언제 어디서나 누구나 거의 무제한적으로 쉽게 접속·확인·검색·검증가능하다. 남이 이미 발견·입증·확립한 지식을 그저 빨리 기억해 내어 기계적으로 적용하는 역량을 능력평가의 신성불가침의 잣대로 신봉하는 시대는 지났다. 구체적 사실·지식이 발생·성립하게 된 근본적 이유·원리·배경, 맥락, 함축된 의미와 한계 및 수정가능성의 이해에 보다 치중해야 한다.[126] 이를 위해 교사·교수는 학생과의 정기적인 민주적 쌍방향 대화를 통해 문제에 대한 호기심을 지속적으로 자극하고 학생은 스스로 자신의 언어·개념·방식으로 문제에 자유롭고 다양하게 접근, 분석적 사고를 통해 자신의 방식으로 문제해결에 집중·몰입, 도전하는 다양한 교육 환경·문화의 조성·진작이 급선무이다.

인류가 부딪히는 모든 문제는 늘 변화하는 속성이 있다. 정보통신혁명은 기존 지식·정보에 대한 직관적 암기위주의 전통적 교육·연구 패러다임을 근본적으로 변화시키고 있다. 학생 개개인이 자신의 적성과 재능을 조기에 발견, 자율적으로 자기주도형 학습·연구능력을 함양·제고하고 창의적·전문적·혁신적 지식을 개발하도록 유도하는데 교육·연구의 최우선적 목표와 전략이 맞추어져야 한다. 논리적 사고력과 구체적 전문성(해법 제시능력)이 궁극적인 평가의 잣대가 되어야 한다. 기존 지식에 대한 새로운 접근·이해와 인식을 바탕으로 새로운 지식을 생산해 내는 체계를 구축하고, 새로운 문제에 대한 창의적 해결을 모색하는 능력 함양이 바로 교육의 목표, 인재양성·선발의 패러다임이 되어야 한다. 새로운 맞춤형 지식·정보의 생산체제로 새로운 부(富)의 창출을 유도해야 한다. 다양성의 존중 ─ 다양한 사고와 문제에 대한 다른 접근방식 ─ 은 교육과 학문

---

126) 다양한 입시제도, 교과과정·교수법을 개발·도입하여 학생들에게 선택권을 부여하고, 교육 내용·방식을 다양화해야 한다. 교과목 간 융합적 논술과 수행평가, 세미나·실험 등을 통해 학생들의 비판적·종합적 사고력을 평가하고, 창의적 시고력 개발을 장려해야 한다.

의 전제이다. 또 대학의 석·박사 학위 수여는 내부와 외부 심사위원의 수와 권한을 동등한 비율로 배분·부여할 때 보다 공정하고 객관적인 심사결과를 기대할 수 있으며, 학문발전을 촉진할 수 있을 것이다.

2. 다양성 속 실천적·창조적 가치공동체의 추구

정보통신혁명으로 다양한 가치관이 혼재하는 현실에서 국가 정체성과 일관성 있는 가치관의 확립·유지는 당면과제 가운데 하나일 것이다.[127] 자유민주적 기본질서 아래에서 하나의 획일적 가치관만을 강요할 수는 없다. 다만 다양한 의견과 가치관 속에서 역사적 경험에 기초하여 대다수 국민의 정서에 부합하고 그들이 공감·공유하는 하나의 전략적 공동목표를 설정·추구하는 것은 국가의 기본적 정체성과 생존에 관한 선택이 아닐 수 없다. 실천적·창조적 가치공동체는 그 하나의 예가 될 수 있다. 우리의 역사적 경험과 실천적 지혜를 결집하는 국가비전과 추진전략을 설정·공유하여 민족·국가의 정체성을 확립하고, 공익적 가치가 우선하는 새로운 한국의 건설 및 창의적이며 책임있는 한국인 육성의 초석으로 활용해야 한다. 그러한 목표와 철학은 분열·분단을 극복하고 선진화된 실천적 공동체 건설을 촉진하여 외부세력에 흔들리지 않는 역동적·능동적·주체적 선진 통일조국의 건설에 기여할 수 있어야 한다.

잡스가 실증하였듯이 기술혁신과 기술개발을 대기업에만 의존할 수는 없다. 벤처기업과 대기업 간 일정한 분업은 불가피하다. 대기업은 모험과 위험에 대체로 중립적이거나 이를 회피하려는 경향이 중소기업에 비해 높다.[128] 벤처기업과 벤처자본의 역할이 필요한 이유이다.[129] 위험을

---

127) 예컨대 최근 서구 국가의 청소년들이 인터넷을 통해 비밀리에 이슬람국가(IS: Islamic State of Iraq and the Levant) 측과 접촉한 후, 자진 입국하기 위해 시리아 국경으로 이동하는 사례가 보도되고 있다.

128) 경제학은 불확실성과 제한된 자원의 세계에서 인간의 합리적 선택을 연구하는 학문이며, 인간행동 분석의 틀로서 '위험 회피적'(risk-averse), '위험 중립

수반하지 않는 도전, 모험을 감수하지 않는 비약은 기대할 수 없다.[130] 갈릴레이[131]의 도전, 뉴턴의 여정은 이를 웅변한다. 숱한 좌절과 실패에도 굴하지 않는 끝없는 인내와 숙성과정은 불가결의 요소이다, 습기와 이끼의 관계처럼 진보는 도전과 실험의 산물이다.[132] 학문이든 과학이든 연구는 지적 호기심에 대한 무한 도전이며 탐구가 아닐 수 없다. '지리학의 아버지'('father of geography')로 불리는 수학자이자 천문학자인 에라토스테네스(Eratosthenes: 276~195/194 B.C.)의 탐구는 지구의 둘레와 지구자전축의 기울기(tilt of the Earth's axis)를 과학적으로 측정한 최초의 지구인, 그리고 위도(parallels)와 경도(meridians)를 사용한 세계최초의 세계지도를 제작한 지구인으로 전해지고 있다.[133]

더욱이 우리가 지향·추구해야 할 국가비전은 20세기 말 정보통신혁명

적'(risk-neutral) 및 '위험 선호적'(risk-preferring) 등 3가지 행동유형을 상정한다. A.M. Polinsky, *An Introduction to Law and Economics* (Boston: Little, Brown & Co.,1983), pp.27 & 51~53; R. Cooter & T. Ulen, *Law and Economics* (N.Y.: Harper Collins, 1988), pp.63~64: Hyun-jin Park, *Economic Analysis of the Legal Regime for Aviation Liability* (Ph.D. thesis, University of London, 1998), pp.37~38.

129) 본서, 제1장, 16. 정보통신혁명과 부·권력지형의 변환, 참조.

130) 박경리, 『토지』(1969~1994), 서문(1973) 참조.

131) 갈릴레오 갈릴레이(1564~1642)는 자신이 만든 망원경을 이용하여 목성의 위성과 달 표면 등을 처음으로 발견함으로써 큰 발자취를 남겼으며, 뉴턴의 등장에 기여했다. 그는 천체·우주에 관한 인류의 과학적 인식의 지평을 확대시키고 항해술 등 기술진보에 기여하였으나, 당시 지배적 천체·우주관에 대한 그의 도전과 진리의 발견이 그의 인생역정을 가시밭길로 몰아 간 것은 아이러니가 아닐 수 없다.

132) 과학적 진리의 발견과 과학의 진보가 점진적 진화과정을 통해 이룩되는 것인지, 혁명적 패러다임을 통해 얻어지는 것인지, 아니면 양자 간 상호과정을 통해 얻어지는 것인지의 문제는 그 다음 문제이다. See T.S. Kuhn, *The Structure of Scientific Revolutions* (2nd enlarged edn., University of Chicago Press, 1970), pp.172~173.

133) "Eratosthenes", at Wikipedia, http://en.wikipedia.org/wiki/Eratosthenes# Eratosthenes.27_measurement_of_the_Earth.27s_circumference (2014. 11. 6 검색).

이 초래하고 있는 변화를 적극 수용하고 그 흐름을 국가발전의 원동력으로 활용하는 국가차원의 실천적, 전략적 지혜를 필요로 한다. 과학기술경쟁력 강화는 우리의 최우선 국가목표여야 한다. 국가혁신과 교육혁신을 통한 원천적 과학기술의 연구·개발, 그리고 이를 통한 발명과 특허야말로 우리가 지향·추구해야 할 국가목표이자 부흥전략이 되어야 한다. 광복 70년, 문학상은 언어와 정서의 문제가 있어 그렇다 치더라도, 노벨 물리학·화학·생리의학·경제학상 등 분야에서 아직 하나의 메달도 차지하지 못하고 있는 현실은 안타깝다.134) 노벨상 수상여부가 학문·연구수준에 대한 궁극적·절대적 평가 잣대는 아니더라도, 적어도 하나의 중요한 객관적 평가기준은 될 수 있을 것이다. 기존 교육·연구 패러다임에 대한 전면적 재검토가 필요한 시점이 아닐까 한다.135)

'평범한 인재' 양성 위주의 관행적 기존 교육·평가 제도와 병행하여 비범한 창조적 두뇌를 양성할 수 있는 맞춤형 교육·연구의 시스템을 개발·구축해야 할 시점이 아닌지 제로베이스에서 진지하게 검토해볼 필요가 있다. 창의적 사고와 문화의 기반조성이야말로 현재 우리 사회가 직

---

134) 올림픽 경기 등 주요 운동경기 때마다 우리 언론은 국가별 메달 획득 집계와 각종 신기록에 큰 관심을 보인다. 메달획득 순위가 국력의 한 지표인 것은 사실일 것이다. 또 방송은 각종 국제·국내 영화제를 생중계하는 경우가 많다. 1921년 수상자인 아인슈타인(스위스)이 포함된 역대 노벨 물리학상 수상자의 국적은 미국이 압도적인 가운데 영국, 독일, 러시아가 그 뒤를 잇고 있으며, 일본과 중국도 수상자에 이름을 올리고 있다. Wikipedia, "Nobel Prize in Physics", at https://en.wikipedia.org/wiki/Nobel_Prize_in_Physics & "과학인 물사－노벨과 노벨상", at http://www.chemmate.com/history/p-priz.htm (2015. 7. 25 검색).

135) 2006년 미국이 발사한 명왕성 탐사위성 '뉴 호라이즌스'('New Horizons')호가 약 9년 반의 우주항해 끝에 2015년 7월 인류최초로 명왕성 근접 촬영에 성공한 것은 우주·천체물리학의 결정이며 개가이다. See https://en.wikipedia.org/wiki/New_Horizons (2015. 7. 25 검색). 우주개발·이용 관련 과학·기술력은 국가안보(미사일방어체제 등) 및 차세대 산업의 핵심 분야 가운데 하나를 구성한다.

면한 핵심적 도전이자 화두일 것이기 때문이다. 미래 성장동력의 핵심적 기초일 것이다. 정부 주도로 그러한 투 트랙(two-track) 교육·연구 제도 도입의 실현가능성, 장단점과 문제점에 대한 종합·체계적·지속적 연구를 발주하고, 그러한 연구를 기초로 현행 「과학기술기본법」[136] 제9조에 따라 설치된 국무총리 소속 「국가과학기술심의회」에 산·학·연 전문가위원회를 두어 지속적으로 창의적 인재양성에 관한 교육·연구 제도를 혁신하는 관련 법률 제·개정에 관한 자문, 권고와 건의 그리고 정부에 관련 정책 자문과 건의를 담당케 하는 시스템을 구축하는 것도 하나의 방법일 것이다. 연구공동체와 연구자 역시 다른 연구공동체 및 연구자와 협업, 협동을 통해 스스로 경쟁적·협력적 교육·연구 환경을 조성해야 한다.

현재진행중인 정보통신혁명과 과학기술혁명의 추세를 반영·선도하는 전문성·창의성, 그리고 공동체의 가치·윤리에 기여하는 역사관·국가관, 그리고 도덕성·사명감을 갖춘 경쟁력 있는 인재를 양성하는 데 교육·연구 역량을 집중할 때이다. 모든 분야에서 구성원의 자유와 자율에 기초한 원칙과 기본에 충실한 사회, 그리고 책임과 의무를 우선시키는 사회가 우리의 지향점이다. 사회 각 분야에서 선진화된 의식, 제도, 관행을 정착시킬 솔선수범과 무실역행의 실천적 자세와 각오를 새로이 할 때이다. 이를 위해 지도자와 지식인들이 합심하여 우리의 역사적 유산, 조선의 불행한 종말과 민족사의 단절, 민주화·산업화, G-20 정상회의 개최 (2010), 국가부도사태와 극복 등 우리의 성공과 좌절 경험, 그리고 정보통신혁명의 성격·본질과 시대정신 등을 종합적으로 고려·반영하여 우리가 함께 지향해야 할 선진공동체의 비전을 제시해야 한다. 또 미·중 간 경쟁이 가열되고 있는 21세기의 국제정세와 일본의 보수 우경화로 인한 우리의 안보 딜레마 속에서 우리의 안보를 수호하고 평화통일을 이룩하기 위한 비전에 대한 심각한 고민과 지혜를 담아낼 수 있어야 한다. 그리

---

136) 2001. 1. 16 제성, 법률 제6353호.

하여 이를 국민과 함께 공유하고 실천해 나갈 수 있는 확고한 국가목표와 이념, 그리고 이를 뒷받침하는 한국의 정신 - 한국의 사상과 철학 - 의 정립이 시급·절실하다.137)

3. 법치사회, 신용사회와 정보화 사회

19세기 중·후반 아시아 국가로는 최초로 서구 산업사회 모델 - 대량화, 획일화와 표준화 - 에 신속하게 적응했던 일본은 혁신적 제품으로 20세기 중반에서 후반까지 기계류를 중심으로 하는 세계 제조업시장을 석권하였다. 그러나 20세기 말 미국발 정보통신혁명과 그에 따른 국제경제(산업·통상)질서 재편과정 속에서 자동차 등 과거 일본을 규정했던 전통 제조업은 신흥국의 추격을 받고 있으며, 가전제품은 추월당하고 있다. 과거 자동차·카메라와 같이 소품종·대량생산 방식의 제조업 마인드를 가진 경쟁력 있는 일본 기업들이 스마트 폰과 같이 개성을 중시하는 창의적 다품종·소량생산을 특징으로 하는 정보통신시대의 새로운 생산·유통·소비의 패러다임에 제대로 적응하지 못하고 있는 것으로 보인다. '작은 것이 아름답다'로 유명한 일본의 정밀기술이 정보통신혁명 시대의 창의적 상상력과 영감을 바탕으로 하는 소프트웨어('무체재산') 창조에서는 - 게임 관련 프로그램을 제외하면 - 별로 힘을 쓰지 못하는 셈이다. 휴대용 카세트 레코더(portable audio cassette players) 워크맨(Walkman)이라는 산업사회의 효율적 집단주의의 신화로 세계시장을 석권했던 일본 기업들이 정보통신혁명의 논리·패러다임을 충분히 이해·적용·심화시키지 못한 것이다. 근대화, 산업화에 성공한 일본이 정보화사회 하이테크 산업에서 "사회 시스템의 결함 탓으로 미국에 또 다시 패했다는 반성"이 촉구되고 있다.138)

---

137) 일본에 비해 우리 민족은 불교, 유교, 가톨릭, 기독교 등 외래종교·사상에 개방적이었다.

이러한 인식에서 국가비전은 무엇보다도 모든 분야에서 행위규범으로 도덕성, 투명성과 실천성을 기초로 하는 직업적 직무전문성(professionalism) 심화 및 창의적 교육·연구 및 인재양성에 우선적 목표를 두고, 실천적 가치공동체의 건설을 그 핵심적 요소로 포함할 수 있어야 한다. 즉 1) 법이 엄정·공정하게 제정·적용·집행되고 규칙·원칙이 존중·준수되며, 그에 따라 공공·책임의식을 제고하여 공공선과 공동선[139]을 실천하는 예측 가능한 법치사회; 2) 민족정신과 전통유산을 계승하고 민주적 소통을 바탕으로 구성원들의 적성·다양성을 존중하고 상호 존중·신뢰하는 투명하고 합리적인 제도·가치관을 공유·교육·실천하는 신용사회; 그리고 3) 기초·응용과학의 균형발전을 도모하고, 정보통신혁명의 심화·발전 추세를 반영하여 창의적·혁신적 원천지식의 연구개발을 진작시키고, 과학기술 전문성·창의성·혁신성을 중시·평가하는 정보화 사회가 그것이다.[140] 이러한 국가비전은 법을 1차적 행위규범 내지 행동기준으로 상정하여, 국민의 법의식과 책임의식을 제고하고 준법정신을 생활화하는 자세를 확립하여 자발적 의무이행과 책임부담에 기여할 것이다.

또 공동체 구성원간 신뢰에 기초하여 공동체의 윤리와 가치 - 공공의식과 책임의식 - 의 함양·실천에 또한 역점을 둔 교육을 통해 헌신과 봉사의 보람과 가치를 존중·창출하는 사회·정신문화를 지향해야 한다. 권

---

138) 조병한, "90년대 동아시아 담론의 개관", 정재서(편), 『동아시아 연구 - 글쓰기에서 담론까지』, 전게각주 22, p.143, 148.

139) 마이클 샌델, 『왜 도덕인가』(안진환·이수경 역, 한국경제신문사, 2010), pp. 210 & 218 및 『정의란 무엇인가』(Justice: What's the right thing to do?, 2009, 이창신 역, 경기 파주: 김영사, 2010), 제10장(정의와 공동선).

140) 1968년 반포된 「국민교육헌장」은 "우리는 민족중흥의 역사적 사명을 띠고 이 땅에 태어났다. 조상의 빛난 얼을 오늘에 되살려, 안으로 자주독립의 자세를 확립하고, 밖으로 인류 공영에 이바지할 때다. … 성실한 마음과 튼튼한 몸으로, 학문과 기술을 배우고 익히며, 타고난 저마다의 소질을 계발하고, … 창조의 힘과 개척의 정신을 기른다. 공익과 질서를 앞세우며 능률과 실질을 숭상하고, 경애와 신의에 뿌리박은 상부상조의 전통을 이어받아, 명랑하고 따뜻한 협동정신을 북돋운다."고 선언하고 있다.

리주장에 앞서 책임과 의무를 기본적 덕목으로 실천할 때 공동체 구성원
간 상호신뢰와 응집력을 담보할 수 있다.[141] '갑질', '노예계약'과 같은
부조리한 관행과 권위주의 문화로 인해 공동체 구성원들이 겪는 좌절감,
사회적 갈등과 사회적 비용은 이루 말할 수 없다. 올바른 국가관과 역사
관을 함양시켜 공동체의 이익과 가치-공동선과 공공선-를 존중·실천
하고 기여하는 인성 함양에 교육목표를 두고 이를 실현하기 위한 줄기찬
노력이 병행되어야 한다. 이러한 투자와 노력은 국가위기 시 자발적 기
여와 헌신을 당연시하는 공동체 문화의 조성·확립에 기여할 것이다. 무
형의 사회간접자본이자 자산이 아닐 수 없다. 궁극적으로 실증적·분석
적·혁신적 학문·과학의 전통을 확립하고, 민족문화의 음악적·감성적 유
산에 동화적 판타지와 인문학적 영감·상상력[142]을 결합한 종합 과학기술

---

141) 임진왜란 당시 조선은 충무공과 함께, 류성룡(柳成龍: 1542~1607)과 이원익(李
元翼: 1547~1634)과 같은 명재상이 있었기에 국난을 극복할 수 있었다. 특히
'오리(梧里) 대감' 문충공(文忠公) 이원익은 오랜 관직생활 동안 강직한 신념
과 일관된 원칙, 실무적 경륜과 식견, 도덕과 청렴을 실천하여 임진왜란과 정
유재란 등 국가위기를 극복하는데 기여한 인물로 기록되고 있다. 그는 1608년
(광해군 원년) 공납의 폐단을 시정하여 백성들의 어려움을 덜어주는 대동법
(大同法)을 경기도에 시범 실시하여 후대에 전국적으로 통일, 실시하는 기반
을 마련하였다. 특히 그는 임진왜란 기간 동안 이순신(李舜臣)을 변함없이 옹
호한 거의 유일한 대신이었다. 류성룡마저 이순신을 비판할 때도 이원익은
"경상도의 많은 장수들 중에서 이순신이 가장 뛰어나다"면서 그를 교체하면
모든 일이 잘못될 것이라고 진언했다(선조 29년 10. 5 & 11. 7)고 한다. 네이
버 지식백과.
142) 영국의 경우 예컨대 토머스 모어(Thomas More)의 『유토피아』(Utopia, 1516),
존 밀턴(John Milton)의 『실락원』(Paradise Lost, 1667 & 1674), 잉글랜드 북서
부 컴브리아 주(County of Cumbria) 호반구(區)(Lake District)의 '호반시인'이
자 계관시인(Poet Laureate)인 워즈워스(William Wordsworth)의 「무지개」[My
Heart Leaps Up(The Rainbow)]와 「수선화」[I Wandered Lonely as a Cloud
(The Daffodils, 1807)], 조나단 스위프트(Jonathan Swift) 원작의 『걸리버 여행
기』(Gulliver's Travels, 1726), 수학교수 출신 루이스 캐럴(Lewis Carroll)의 『이
상한 나라의 앨리스』(Alice's Adventures in Wonderland, 1865), 존 로널드 톨
키엔(J. R. Tolkien)의 『반지의 제왕』(The Lord of the Rings, 1937~1949), 그
리고 조앤 롤링(J. K. Rowling)의 『해리 포터』(Harry Potter) 시리즈(전7권,

강국과 문화·환경부국이 우리가 상정·기대하는 미래 한국의 자화상이다.

4. 창의적 도전·교육과 원천지식의 연구개발 역량강화

진화를 계속하고 있는 정보통신혁명의 시대, 응용지식만으로는 거대한 변혁의 흐름에서 소외되거나 낙오되기 쉽다. 관련 기초과학분야의 핵심 원천지식을 연구개발·교육하는 통합적 시스템을 구축해야 한다. 기초과학과 응용과학 간 연구의 합리적인 균형이 유지되어야 한다. 원천지식은 여러 분야에 걸쳐 영감과 응용지식을 낳는 화수분이다. 많은 경우 -단독연구 역량이 부족한 경우- 연구는 협력, 협업과 협동을 속성으로 한다. 기본적 정보·지식의 취득·교환·해석 등 기초 작업이 그러하다. 산업체, 학교와 연구기관이 함께 지역·거점별·분야별 네트워크를 구축, 인력·자원·시설 및 지식·정보를 공유하여 특화된 분야에 대한 공동연구개발과 교육을 담당하는 산·학·연 협력공동체를 창설·활성화시키고, 이러한 공동체를 통해 후속 연구세대를 양성해야 한다.[143] 외국 대학·연구기관과의 정기적 교류·협력을 통해 연구동향과 정보를 교환하고 심도있는 공동 연구개발 등을 통해 연구수준과 연구경쟁력을 제고·강화해야 함은 두말할 나위도 없다. 창의적 연구·교육방식을 진작시키고, 현장과 문제해결능력을 위주로 한 직무능력·전문성을 중시하는 사회문화를 정착시키고, 그러한 경험과 자료를 활용하여 산·학·연 공동연구에 있어서도 지속가능한 원천지식의 연구개발에 기여할 수 있다.

우리나라는 「과학기술기본법」[144]에 의해 매2년 마다 중요 분야에 대한 기술수준평가를 실시하여 그 결과를 국가기술계획의 수립에 활용하고

1997~2007) 등.
143) 현고 애상데, "현고애상과학기술인의 ·싱·벵적 힉 연 협력모델 개발 기획연구" (한국연구재단 공모과제, 2013. 9) 참조.
144) 전게각주 136.

있다고 한다. 이와 함께 미국, 일본과 유럽 등 주요국가의 연구개발 동향을 매년 조사하고 관련정보 및 정책제언을 과학기술정책 수립에 활용할 수 있어야 한다.[145] 해외 과학기술 연구단체 및 과학기술자들과의 교류·네트워크를 강화하고 공동연구 프로젝트 등을 통해 연구개발 역량을 강화해야 한다.[146] 과학기술, 학문, 기업경영 등 개개인이 자신의 분야에서 국제경쟁력을 강화하고 지속적 무한혁신을 통해 과학기술 선진국을 이룩, 경제력을 극대화하는 것이 극일(克日)의 첩경일 것이다.

우리 대기업들은 정보통신혁명으로 촉발된 변화의 물결과 흐름을 제대로 읽고 순발력과 창의력을 발휘하여 반도체, 스마트 폰, 컴퓨터와 가전제품 등 글로벌 전자통신시장에서 선전하고 있다. 전략적 사고와 선제적 대응을 통한 괄목할 만한 성과는 평가해야 할 자산이다. 동시에 현재의 '성공신화'에 만족할 만큼, 상황이 여유롭다거나 녹록한 것만은 아니라는 점이다. 투명한 책임경영, 경영권의 대물림 등 개선돼야 할 숙제도 적지 않다. 또 후발국들의 거센 추격으로 언제 추월당할지 모르는 상황에서, 상황변화·역전에 대비한 지속적 연구개발이 요구되고 있다. 또 대부분 응용지식을 기반으로 하거나 또는 비싼 로열티를 지불하고 들여온 원천지식·기술에 기반한 산업생산에 의존하고 있어 대부분 낮은 이윤율에 만족해야 하는 이러한 추세가 과연 얼마나 지속가능한가의 여부도 문제이다. 하드웨어 위주의 생산은 산업사회의 원형이며, 정보통신혁명의 요체인 소프트웨어 연구·개발에 취약한 우리 산업구조와 역량의 한계를 인정해야 한다.

원천 과학기술 지식의 연구·개발이 중요한 이유가 여기에 있다. 원천

---

145) 한국과학기술기획평가원, "한·일 기술수준 비교 연구"(2012) & "일본, 과학기술·연구개발 국제비교"(2011. 6. 27), at google.com (2015. 3. 18 검색).
146) 18세기 산업혁명의 주역 증기기관차가 영국에서 발명되었다면, 현재 시속 600km에 육박하는 세계최고의 초고속열차는 프랑스가 발명했다. 산업혁명에서 뒤져 이후 18~19세기 과학기술과 산업생산 경쟁에서 뒤져, 세계의 부와 세계경영의 주도권을 영국에 빼앗겼던 프랑스가 절치부심한 결과일 것이다.

지식 발견·개발을 가능하게 하는 창의적 연구기반 확립·확충과 이를 뒷받침하는 창의적 교육·문화 환경(입시제도, 교육 방식 등)의 조성이 문제의 핵심이 아닐 수 없다. 원천지식이야말로 그 지속적인 다양한 적용과 응용을 가능하게 하는 화수분이기 때문이다. 기초과학과 기초학문의 진흥이 절실하다. 응용 지식·학문만으로는 한계가 있다. 기본에 대한 이해 없이 요령(테크닉)만 익혀서는 지속가능한 원천지식과 정보를 창출해 낼 수 없다. 창의적 교육과 인재양성의 중요성이 여기에 있다. 원천 과학기술 지식이 부족한 현 상황에서 과도적으로 차세대 소프트웨어 애플리케이션 등 응용역량을 강화하고 점진적으로 원천지식에 접근하여 성장 잠재력을 유지하는 전략을 수립·실천해야 한다.[147] 응용기술이 축적되면 장기·점진적으로 원천지식에 접근·개발할 수 있는 역량을 구축할 수 있을 것이다.

중장기적으로는 국내외 연구기관과 네트워크를 개발·구축, 기업(산업), 대학과 연구기관을 연결하는 지식공유와 협력의 기반위에서 경쟁을 통한 전문분야 연구개발을 추구해야 한다. 이를 통해 다양한 연구를 통합·융합하는 체계적 연구역량을 축적·강화하고 우선순위에 따라 선택된 기초과학분야의 원천지식 연구에 보다 지원을 강화해야 한다. 다양한 배경·경력의 연구자들을 포용하여 경쟁력 있는 융합 연구풍토를 조성하고 업적에 상응하는 보상제도를 수립해야 한다. 교육방식과 시스템 역시 변화가 요구되고 있다. 교사·교수는 생각의 힘, 사고의 결과인 저작물(지식·정보 콘텐츠)을 소개하는 직업에서 그러한 저작물에 이른 기초적 사고의 방식·과정과 추론 방식, 즉 논리적·창의적으로 '생각하는' 방법을 쌍방향으로 소통·지도하는 역할에 치중해야 한다. 학생들이 자신이 평생 즐겁게 그리고 남보다 잘 할 수 있는 분야를 스스로 찾아내 몰입하도록 (자기결정) 도와주는 것은 교육의 가장 의미 있는 존재의의이자 효용일

---

147) 인터넷 연합뉴스, "반기문 "교육은 글로벌 경제 엔진이자 평화에 기여"", 2015. 3. 7.

것이다. 스티브 잡스가 얘기한 대로 개인의 탐구·도전정신이야말로 창조와 혁신의 열쇠일 것이다.

VII. 대일관계의 현주소, 한국의 도전과 기회

1. 한일 외교갈등과 한일정상회담

미국 역사교과서에 대한 아베 정권의 간섭 시도, 그리고 미국 사법부의 결정에 대한 일본 관방장관의 외교적 결례에 해당하는 부당한 논평[148] 등은 일본 보수 세력의 시대착오적 역사인식과 현실인식을 반영하는 사례이다. 새로운 형태의 욕심과 탐욕의 증거이다. 일본을 필요로 하는 미국의 입장, 일본의 경제력 그리고 일본 정치지도자라는 지위를 이용하여 타국 교과서의 객관적 역사적 사실 기술에 대한 왜곡·세탁을 시도하고 타국 사법부 결정에 딴죽을 거는 일본의 태도는 오만과 독선의 극치이다. 학문의 자유·사법권의 독립에 대한 심각한 도전임은 물론, 학문적 진실·사법적 판단을 정치적 목적에 따라 자의적으로 영향을 미치려는 반지성적, 반이성적 행동이다. 학문은 보편적 기준과 방법·가치에 따라 수행되고 비판된다. 역사학의 경우에는 더욱 그러하다. 조선은 영리하거나 영악하지 못했으나, 동시에 적어도 비겁하거나 비열하지 않았다. 대의를 존중하고 평화로운 삶을 추구하며 학문을 숭상하는 전통을 가졌다. 선비정신이다. 문제는 이제 더욱 복잡·다양해지고 있는 국제문제와 무한경쟁체제에 비추어 단선적 사고만으로는 문제해결에 충분하지 않다는 것이다. 많은 경우 문제에 대한 전문지식은 물론, 현실적·실리적 사고와 전략적 선택이 요구된다는 것이다.

---

148) 본서, 제1장, 19. 과거사 청산·극복과 아시아 평화공동체 건설, 참조.

혹자는 한일정상회담의 필요성을 내세우며 무조건 만나라고 윽박지른다. 정상회담 자체를 반대할 이유는 없다. 국가안보나 경제에 필요하다면 더욱 그러하다. 문제는 우선 명분도, 원칙도, 절차도, 국민적 공감도 부족한 가운데 무조건 만나는 것이 능사인가 하는 점이다. 임진왜란과 정유재란으로 단절된 국교는 막부가 대마도주를 통해 3차례의 국교재개 요청(1599~1600)을 조선이 받아들여 광해군 원년 1609년 「기유약조」(己酉約條)가 체결될 때까지 17년간 국교부재상태가 지속되었다.[149] 또 광복 후 20년 간 한일 간에는 국교관계가 부재했다. 둘째, 역사세탁을 넘어 역사파괴를 자행하는 극단적 인식의 소유자를 상대로 정상회담을 한 들 어떤 보람과 이익이 있을 것인가? 그것이 국익에 부합한다는 구체적 근거는 무엇인가? 셋째, 왜, 무엇을 위한, 누구를 위한 정상회담인가? 군국주의 침략 철학과 '무용담'이나 그 비법이라도 전수받기 위함인가? 아니면 창의적 '쇼비니즘'과 쇼맨십을 직접 관람하기 위한 만남인가? 아니면 안중근 의사 유해 발굴을 위한 적극 협력이라도 보장받았는가? 그도 아니면 통일대박이나 경제적 대박을 눈앞에 둔 정상회담인가? 그도 저도 아니라면 '뒤통수 외교'를 직접 체험하기 위한 회담인가? 정상회담은 최소한의 기본적 역사인식의 공유를 전제로 현안문제의 해결을 위한 현실적·구체적 진전을 담보로 하지 않으면 안 된다.

히틀러에 대한 영국·프랑스와 이태리의 유화책 - 1938년 뮌헨협정/늑약(Munich Agreement; Munich Dictate) - 은 성공하지 못했다. 필요한 것은 영토도발과 위안부 문제 등에 대하여 일관된 목소리로 엄중하게 대응

---

149) 조선은 통교 재개의 선행조건으로서 ① 국서를 정식으로 먼저 보내올 것, ② 왜란 중 왕릉을 발굴한 범릉적(犯陵賊)을 압송해올 것, ③ 피로인(被擄人)을 송환할 것 등 3대 조건을 제시하였다. 일본 측이 이를 충실히 이행함으로써 조약이 성립되었으며, 우리나라가 일본에 통교를 허용하는 형식으로 이루어졌다. 이로써 일본 측에게 전쟁을 유발시킨 범죄행위를 스스로 시인케 한 외교문서가 되었다. 네이비 지식맥과, "기유약조", at http://terms.naver.com/entry.nhn?docId= 551422&cid=46622&categoryId=46622 (2015. 1. 13 검색).

하여 최대한 국제적 지지를 이끌어내야 한다는 점이다. 문제는 이들 양국 간 현안문제가 안보·경제 등 다른 문제와 연결되어 있다는 점이다. 중국견제에 일본을 동원해야 하는 미국의 입장을 과연 어느 정도 고려하여 우리의 목표관철을 추진할 것인가 하는 점이 우리의 도전이다. 목전의 이익을 위해 법과 원칙을 쉽게 내던지는 국가를 국제사회는 곱게만 바라보지 않는다. 신뢰하기 어렵다는 얘기이다. 드러나지 않는 외교적 비용이다. 과거사에 대한 아베식 접근법에도 불구하고 정상회담을 해야 한다고 믿는 우리 국민은 과연 얼마인가. 우리의 목전의 과제인 통일과 관련하여 일본은 어떠한 도움을 줄 것이라고 기대할 수 있는가? 더욱이 원칙·전략 없는 대화는 국민정서에 부정적 영향과 함께 우리의 정체성에 대한 내부 균열도 감수해야 할지 모른다. 이와 관련, 국내 일간지의 사설을 보자:

> "일본은 1997년 태국에서 시작된 아시아 통화위기 때 달러부족으로 곤경에 처한 한국에서 100억 달러의 자금을 갑자기 빼내 한국이 외환위기에 몰리는 데 큰 영향을 미쳤다. 2008년 글로벌 금융위기 직후에도 한국과의 통화협력 규모 확대에 소극적인 자세를 보였다. 한국과 중국이 300억 달러 규모의 통화스와프 협정 체결을 추진하자 협상에 적극적인 자세로 돌아서 같은 규모의 협정을 체결했던 나라다. 자금력을 무기로 한국을 길들이려는 일본의 태도는 뒷맛이 씁쓸하지만 그것이 국제 경제관계의 냉엄한 현실이다".[150]

정상회담 자체에 반대할 이유는 없다. 문제는 명분과 실리, 또는 그 어느 한 쪽이라도 득이 되는 유용하고 바람직한 결과를 기대할 수 있을 때 비로소 서로 얼굴을 맞대고 의미있는 대화를 재개할 수 있다는 것이다. 만남은 상호신뢰를 전제로 하고, 또 성공적 회담에 대한 일정한 확신

---

150) 동아닷컴, "[사설] 외교 갈등이 결국 韓日통화스와프 중단시켰다", 2015. 2. 18, http://news.donga.com/3/all/20150218/69706987/1.

이 선행돼야 한다는 것이다. 또 목전의 이익과 중장기적 국익 간 철저한 비교·교량이 선행돼야 한다. 성공적 결과에 대한 기대가능성이 낮다면 회담분위기가 무르익었다고 보기 어렵다. 상호 이견을 확인하기 위한 (agree to disagree) 만남은 현 단계에서는 별 의미가 없다. 우리의 국가 비전·목표와 구체적 추진전략을 명확히 하여 국민적 공감대를 형성하고, 외교안보 및 경제적 측면에 대한 보다 설득력 있는 근거와 논리가 제시되어야 할 것이다. 한미일 공조 논리에만 입각하여 한일정상회담을 내세우는 입장에는 쉽게 공감하기 어렵다. 이스라엘은 미국과의 특별한 관계에도 불구하고 아랍세계로 둘러싸인 중동에서 독자적인 외교·국방정책을 시행하고 있다.

또 경제적 이익과 관련, 대일 기술의존도를 낮추어 '기술독립'을 제고하는 기회로 삼는 방안도 고려할 수 있을 것이다. 인공위성을 발사하기 위한 로켓 제작기술은 러시아와 협력하고 있지 않은가? 또 잠수함 건조기술은 독일로부터 도입하지 않았는가? 상감청자와 금속활자를 제작·주조한 기술력, 그리고 충무공의 거북선 발명 등은 새로운 성공신화의 신념과 확신을 심어주기에 부족함이 없다. 세종의 국가비전, 창조적 도전과 리더십 등 민족의 저력을 되살린다면, 위기를 넘어 새로운 미래를 개척해 나갈 수 있다. 역사적 경험과 지혜를 교훈삼아 목표, 추진전략과 실행방법을 구체화하고 실천하는 슬기와 끈기가 중요하다. 원전기술 수출에 이어, 정보통신 소프트웨어, 나노기술, 전기차, 항공우주산업, 인공지능 로봇, 생명과학 등 첨단 과학기술 분야에 있어서도 원천지식 연구개발에 박차를 가해 일본과의 기술격차를 좁히는 계기로 삼아야 한다. 우리 과학기술력의 체질개선과 경쟁력 강화의 계기로 삼아야 한다. 모든 것을 원점에서 재검토하여 기본과 기초를 바로 세우고 강화하려는 혁신적 각오와 실천적 자세가 중요하다. '급할수록 돌아가라', '천리길도 한걸음부터'라 하지 않았는가.

2. 대일외교의 현주소

침략과 무력강점, 각종 만행 등 과거사 문제에 대한 회피적 태도와 독도주권에 관한 부당한 주장, 그리고 근본적으로 한국의 발전·성장을 달가워하지 않는 일본과의 협력에는 한계가 있을 수밖에 없다는 점을 일본은 잘 인식하고 있을 것이다. 역사적 경험에 따르면, 일본은 우리가 정치·경제적 위기 시 또는 국력이 약화될 시기에는 이를 호기로 우리의 약점을 이용해 이익을 챙겨왔다는 것이 엄중한 교훈이 아닐 수 없다. 일본은 뼛속 깊이 오직 실리지향적, 이해타산적인 나라이다. '가까운 이웃'이니 하는 것은 입에 발린 말(lip service)인 셈이다. 일반적으로 국제관계는 대가관계임은 물론이다. 오랜 역사적 경험에 비추어 볼 때, 특히 대일관계에서는 오직 현실적, 타산적인 냉정한 접근법만이 올바른 선택일 것이다. 17세기 전반 정묘·병자호란 시 울릉도 도해면허 발급, 6·25 동란 시 독도침탈 시도, 1998년 한국의 국가부도 위기 시 구어업협정을 일방 파기하는 등 초상집에 빚 독촉도 마다하지 않는 행동을 보여 왔기 때문이다. 이와 관련, 1965년 한일협정이 과연 전문(前文)에서 카이로선언과 포츠담선언의 정신을 반영·계승한, 침략과 불법강점에 관한 진정한 사죄 문안을 담고 있을까?[151] 1993년 고노(河野洋平) 담화에서 언급한 종군위안부 강제동원은 사실무근이며 사실의 날조·중상인가? 1995년 무라야마(村山富市) 담화에서 언급한 '과거의 과오'(past wrongs)에 종군위안부 강제동원은 제외된 것인가?

근래 일본 정부가 명치시대 근대산업시설 총 31곳의 세계문화유산 등재를 추진하면서 그 시설 가운데 일부－특히 군함도 하시마 탄광 등－에 한국인을 강제노역시킨 역사적 사실을 은폐하고 등재를 시도한 일본 정부에 대하여 피해국인 대한민국 정부가 보편적인 국제규범에 따라 사실

---

151) 일본의 일부 지식인은 과거 일제의 만행을 일본 지도층의 문화적 열등의식(콤플렉스)의 산물로 설명한다.

왜곡에 대한 시정을 요구하고 문제해결을 추구하고 있다는 점에서 결코 지나친 문제제기라거나 불합리한 주장 또는 비합리적인 문제해결방식으로 볼 수 없다.[152] 이후 양국 간 협상을 거쳐 그러한 객관적 사실을 적절히 공시한다는 양국 합의를 바탕으로 2015년 7월 5일 독일 본에서 열린 유네스코 세계유산위원회 제39차 회의에서 사토 구니(佐藤地) 주유네스코 일본대사가 '1940년대 일부 시설에서 많은 조선인들이 그러한 강제노역에 종사했다는 사실을 이해시킬 수 있는 조치를 취할 준비가 되어있다'[153]는 발언을 기초로 동 위원회가 등재를 결정한 직후, 바로 그 구체적 이행을 둘러싸고 양국간 파열음이 나오고 있다.

사토 대사의 언급에 대해 우리 정부는 비공식 번역문을 통해 "일본은 1940년대 일부 시설에서 수많은 한국인과 여타 국민이 본인의 의사에 반해 동원돼 가혹한 조건하에서 강제로 노역했으며, 제2차 세계대전 당시 일본 정부도 징용정책을 시행하였다는 사실을 이해할 수 있도록 하는 조치를 취할 준비가 되어 있다"고 해석했다.[154] 그러나 기시다 후미오(岸田

---

152) 정부의 정당한 문제제기에 대해서 당시 일부 언론은 의구심과 함께 거의 '비아냥'에 가까운 논평을 통해 정부의 정당한 노력을 평가절하하고 딴죽을 거는 행태를 보였다. 이러한 자기비하적, 패배주의야말로 극복되어야 할 식민지 잔재의 하나가 아닐 수 없다. 건전한 비판과 대안 제시가 언론의 주어진 사명이자 책무이다. '지피지기면 백전불태'(知彼知己 百戰不殆)는 충무공의 유산이다.

153) 사토 대사는 5일 독일 본에서 열린 세계유산위원회에서 영어로 "Japan is prepared to take measures that allow an understanding that there were a large number of Koreans and others who were brought against their will and forced to work under harsh conditions in the 1940s at some of the sites, and that, during World War II, the Government of Japan also implemented its policy of requisition"이라고 언급했다. 인터넷 연합뉴스, "합의 잉크도 마르기도 전에…한일, '강제노역' 해석 마찰", 2015. 7. 6.

154) 특히 우리 정부 당국자는 "일제강점기 한국인들이 자기 의사에 반해 노역하였다는 것을 사실상 최초로 일본 정부가 국제사회 앞에서 공식적으로 언급했다는 데 큰 의미가 있다"면서 의미를 부여하기도 했다. 윤병세 외교부 장관도 기자회견에서 "이번 문제가 대화를 통해 원만히 해결된 것을 계기로 한일 양국이 선순환적 관계 반전을 도모해 나갈 수 있기를 기대한다"면서 관계개선

文雄) 일본 외무상은 등재 결정 직후 도쿄에서 기자들에게 사토 대사의 언급에 대해 "강제노동을 의미하는 것은 아니다"고 말했다고 일본 언론이 전했다고 한다. 일본 정부가 세계유산 등재가 결정된 산업시설에서 조선인 '강제노동'이 있었음을 인정한 것이 아니라고 주장하고 나선 것이다.155) 또 일부 일본 언론이 일본 정부의 가번역본이라며 공개한 부분에도 'forced to work'라는 부분을 '일하게 됐다'는 애매한 표현으로 해석하여, 강제노역이라는 표현을 훼손했다는 지적이 나온다.156) 이에 대해 우리 정부 당국자는 "'의사에 반해', '가혹한 조건하에서 강제로 노역' 등 이 두 가지 표현은 누가 보더라도 강제노동으로 당연히 해석할 수 있다"고 반박했다고 한다.157)

사토 대사의 발언이 일본의 산업혁명시설 세계유산 등재 결정문 주석(footnote)에 우회적으로 반영됨으로써 문안상 강제노역 사실의 해석(일본의 인정 여부)을 둘러싸고 논란이 일고 있는 것은 일본의 과거 행태(을사늑약, 강제병합, 대일강화조약의 해석, 한국의 독도 '불법점거' 주장 등)에 비추어 이상한 일도, 특별한 일도 아닐지 모른다. 중요한 점은 세계유산위원회의 결정문 본문 또는 부속문서에 우리의 입장이 반영된 문안이 공식적으로 명시되어 우리 정부의 그러한 해석을 정당화하고 있는가 하는 점일 것이다. 동 위원회가 주유네스코 일본 대사의 발언을 일본 정부의 공식의사로 인정하고 이를 고려하여 또는 이에 기초하여 등재를 결정하였다는 공식 결정문이 그러한 한일 간 논란에 관한 1차적 증거가 될 것이기 때문이다.158) 또 과거 일본의 행태와 일본인의 사고와 문화의

발판으로서의 기대감을 감추지 않았다.
155) 인터넷 연합뉴스, "일본 정부 "조선인 강제노동 인정 안했다…입장 불변"(종합)", 2015. 7. 6.
156) 인터넷 연합뉴스, "日정부, '강제노역' 일어번역문엔 '일하게 됐다'로 물타기", 2015. 7. 6.
157) 인터넷 연합뉴스, "외교부 "영문본이 정본"..日 '강제노동 부인' 반박…" 'against will', 'forced to work', 강제노동 일반적 표현", 2015. 7. 6.
158) 관련보도에 의하면, 유네스코 세계유산위원회(WHC)는 홈페이지(http://whc.

'특수성'에 비추어 향후 양자 및 다자간 대일외교 협상은 가능한 한 문서로 하고, 또 문서에서 영어 등 공용어를 정본으로 명시하는 등 그 의미를 최대한 명확히 하는 외교관행을 확립해야 한다.

대일관계와 협상에 있어서 낙관론은 금물이다. 냉정함을 유지하면서 돌다리도 두드려 건너는, 또는 건너지 않는 극도의 조심성, 신중함과 경계심을 일상화해야 한다. 역사적 경험에 비추어 일본의 태도와 입장이 하루아침에 근본적으로 변화하기를 기대하기는 어렵다는데 문제의 심각성이 숨어 있다. 더욱이 과거사를 부정하는 억지와 궤변은 스스로에게 새로운 불행을 잉태할 수 있다는 점에서 위험하다. 일본인들의 이중기준은 원폭사용에 대한 미국인과의 인식차에서도 잘 드러난다.[159] 침략, 무

unesco.org/en/sessions/39com/)에 일본 근대산업시설을 세계유산으로 등재한 결정문을 7월 18일 공식 게재한 바, 해당 결정문(Decision)은 제39차 세계유산위 회의를 총정리한 문서의 177~181페이지에 'Decision:39 COM 8B.14'라는 제목으로 포함됐다. 관련 시설에서 조선인 강제노역이 있었다는 내용은 제39차 회의에서의 결정대로 주석을 통한 연계방식이 그대로 적용됐다. 결정문은 우선 본문의 일본 정부에 대한 권고 항목(paragraph 4.g)에서 "각 시설의 전체 역사를 알 수 있도록 하라"("allow an understanding of the full history of each site")고 적시했다. 이 권고문과 관련해 "세계유산위원회는 'paragraph 4.g'에 언급된 대로 각 시설의 전체역사를 알 수 있도록 '토의 요록'(summary record, WHC-15/39.COM/INF.19)에 포함된 일본의 성명에 주목한다"라는 내용을 결정문의 주석(註釋, footnote)으로 처리했다. 여기에서 '일본의 성명'은 사토 대사가 일본 근대산업시설의 등재와 관련, 조선인 강제노역 등을 영어로 언급한 발언록을 가리킨다고 한다. 인터넷 연합뉴스, "'日세계유산 결정문', 세계유산위 홈피에 게재", 2015. 7. 19, at http://www.yonhapnews.co.kr/politics/2015/07/19/0505000000AKR201507190 22700043.HTML?template=2087 (2015. 7. 19 검색). 이러한 접근방식은 일종의 절충을 의미한다고 해석되며, 다만 1) '권고항목'이라는 형식은 구속력·강제력의 문제를 수반할 수 있으며; 2) 문제의 "일본대사의 성명에 주목하면서"("Taking note of the Japanese Ambassador's remarks,")라는 내용이 등재결정문의 주석이 아니라 결정문 본문에 포함되었다면 그 의미와 우리의 입장이 보다 명확하게 반영된 것으로 해석될 수 있을 것이다.

159) 조선닷컴, "美·日 '원폭투하' 인식차 커…"원폭투하 정당" 미국인 56%, 일본인 14%", 2015. 4. 8. 미국 여론조사기관 퓨리서치센터가 전후 70년을 맞아 미·

력강점, 식민지배와 강제노역, 종군 위안부 강제동원에 대해서는 이를 부정·호도하면서, 자신들의 침략행위의 결과로 야기된 피해에 대해서는 이를 자국민에 기억시키며 은연중 원폭투하의 부당성을 주장하려는 듯한 의도를 드러낸다. 교과서 파동을 겪은 양국관계는 새 천년, 신한일관계란 말이 무색하다.

3. '어리석은' 한국, '현명한' 일본

한일관계는 일본이 내면의 뿌리 깊은 문화적 '열등의식'160)을 가학적 '폭력과 광기'를 통해 주기적·습관적·집단적으로 표출·발산시키는 데 문제의 본질과 핵심이 숨어있다. 내 것에 만족하지 못하고, 스스로 발명하지 못하고, 타국의 국민과 재물을 습관적으로 습격·약탈하거나 수입·복사하여 충당해 온 문화와 역사에 기인한다. 19세기 중반 명치유신 이후 일본이 중국과 한국에 앞서 서양의 과학기술을 재빨리 수입, 군사적으로 무장하기 전까지 수천 년 간 세계사에서 일본의 존재와 기여는 미미했다. 19세기 일본의 부상은, 심하게 말한다면, 중국이 더 이상 세계의 중심적 국가가 아니라는 사실을 재빨리 간파하고 서양으로 눈을 돌려 과학기술을 수입한 데 있을 뿐이다. 문제는 그 영리한 일본이 왜 핵폭탄이 떨어질 때까지 침략전쟁에 올인했는지 의문이라는 사실이다. 영리했지만 무지했던 탓인가? 무지해서 용감했던 탓이던가?

현명함과 영리함은 다르다. 더욱이 현명함은 약삭빠름과는 더욱 다르

일 양국 국민을 대상으로 실시한 이 설문조사결과에 의하면 2차 대전 중 일본군의 만행에 대해 일본이 "충분히 사죄했다"고 대답한 미국인은 37%, "사죄가 필요 없다"고 응답한 미국인은 24%로서 두 응답을 합하면 61%로 '사죄가 불충분하다고 응답한 29%를 두 배 이상 웃돌았다고 한다. 또 양국 국민 대부분 (미국 68%, 일본 75%)은 "미국과 일본이 서로를 신뢰하며 관계가 양호하다"고 답했다고 한다.
160) 스미스, 전게각주 24, p.397.

다. 아리스토텔레스가 말한 대로, 성실성과 진정성을 갖춘 도덕적 품성이야말로 국제사회에서 신뢰와 존중을 얻는 지름길이다. 한국은 고구려 이후 전통적으로 힘보다는 문화적으로 우월한 문명을 존숭하는 역사를 가졌다는 점에서, 일제의 무력강점에 더욱 참을 수 없는 모욕·모멸감을 가질 수밖에 없다. 또 후쿠자와의 "나쁜 친구를 사절해야 한다"는 발언이 아베 총리에게는 "어리석은 친구"로 바뀐 점이 다르다. 어쨌든 어리석은 선택에는 대가가 따르는 법이니 영리한 일본은 어리석은 한국과 어리석게 상대할 필요도 없다. 왜 '그저 어리석은' 한국이 정상회담을 안 한다고 불평불만인가? '어리석은' 한국이라서 그럴 수밖에 없는 것인데 왜 영리한 일본이 그걸 모르는지 답답한 노릇이다. '어리석은' 한국은 수 천년 간 하나의 민족국가(nation-state)로서 존속해왔다. 일본이 걱정할 일이 아니다. 한국이 어리석든 말든, 국내문제 불간섭의 원칙은 국제연합헌장 상 확립된 원칙이며(제2조 제7항), 더욱이 아베 총리의 '걱정'의 진정성 여부도 의심스럽다.

역사 앞에 겸허한 자세로 교훈을 얻는 것은 일본의 장기적·전략적 이익에도 부합한다. 군국주의를 앞세운 침략과 팽창, 반인권적·반인도적 행위 등 과거사의 과오와 범죄에 대한 책임 있는 행동은 국제사회의 신뢰와 존중을 회복하는 기본 전제이다. 현재 일본의 법이 '점령군'의 법이라는 선동적 구호로 과거사를 호도하고 소위 '집단적 자위권' 행사를 정당화하기에 앞서 먼저 일본 제국주의의 몰락과 패망의 시발점이 인접국 침략과 무력강점 그리고 인접국 국민들에 가한 야만적 만행에서 출발한다는 평범한 진실을 가감 없이 받아들이는 용기와 슬기를 발휘할 수 있어야 한다. 독도 영유권 주장은 용납될 수 없는 '불법행위'를 정당화하는 '탐욕'의 증거일 뿐이며, 또 다른 침략의 저의를 드러낼 뿐이다. 소탐대실하는 우를 다시 범하지 않도록 자라나는 세대에게 역사적 진실에 입각한 교육을 통해 신정한 가치공유·우호관계로 나아가려는 자세가 올바른 신택이다. 미래사를 중시하는 차원에서 이웃과 과거사를 청산·극복하려는 전략적 사고와 남다른 각오, 그리고 이를 구체화하는 정치적 결단이 필요하다.

이러한 관점에서 정상회담을 개최해야 될 명분이나 정당성은 '어리석은' 한국을 위해 현명한 일본이 마련하는 것이 당연하다. 영리한 일본이 왜 그걸 이해하지 못하고, 또 마다하는지 이해하기 어렵다. 그걸 하기 싫다면 한국과 한반도에 대한 지나친 관심을 지우고 '공식' 관계를 끊으면 된다. 구 한일어업협정도 한국이 국가부도의 위기 사태에 처했던 1998년 초 일방적으로 파기한 일본이 아닌가? 아시아에서 '탈출'한다고 해 놓고서 "아직도 떠나지 않은" 것은 이해할 수 없다. 미련 없이 영원히 떠나면 된다. 대양주로 주소를 옮기면 된다. 인접국에 대한 침략과 무력강점 구실을 찾아 '대동아공영'을 외쳤던 일본이 무조건 「항복문서」(Instrument of Surrender)를 통해 카이로·포츠담선언에서 연합국 정상들이 천명·요구한 '폭력과 탐욕'에 의한 침략·전쟁 책임을 인정하고 나서도 다시 교묘한 언어와 술수로 침략과 식민지배를 부정하는 것은 자가당착, 이율배반이요, 손바닥으로 하늘을 가리는 격이다.

국제사회의 보편적 인권과 정의를 향한 시대정신, 지구촌의 도도한 대의, 그리고 명백한 진실을 거스르고 저항·부정하면서 계속 시대착오적 억지와 궤변을 궁리하면 된다. '미개국'이나 '어리석은' 국가들을 사절하고 동아시아에서 영광스런 고립의 길을 걸어가거나 동아시아를 정식으로 '탈출'하면 된다. 선택은 온전히 일본의 것이다. 다만 신뢰상실로 인한 비용은 목전의 이익에 비할 수 없다. '양치기 소년'의 우화는 교훈적이다. 신뢰에 기반한 우의야말로 진정한 국익 증진의 최고의 방책이다. '어리석은' 국가의 한 국민으로서 한 가지 덧붙인다면, 목전의 이익에 빠른 영리함은 현명함만 못하고, 현명함은 지혜로움만 못하다는 점이다.

이러한 접근법을 통시적·비교문화적 관점에서 세계사에 적용하여 일정한 추론을 얻어내는 것도 가능할 것이다.[161] 한일관계는 현재로서는 일정한 수준의 기본적 협력관계가 유지될 것이지만, 장기적·안정적으로 성숙한 동반적 관계, 더 나아가 전략적 동반자 관계로 발전할 것인지의 여부는 향후 과거사 등 현안문제에 대한 일본의 태도에 달려있다. 우리가 국제정치무대에서 일본을 배제·무시하고 대외정책을 추진할 수 있다는 것은 아니지만, 이는 일본 역시 마찬가지일 것이다. 우리만큼은 아닐지라도 일본 역시 우리 측과의 관계 단절이 초래할 대가는 만만치 않을 것이다. 침략과 무력강점, 그리고 불행한 과거사에 대한 아베 정부의 퇴행적 역사인식과 회피적 언행으로 인해 양국 국민 간 신뢰관계는 커다란 손상을 입었다. 일본의 일부 보수 세력은 그러한 엄연한 객관적 사실과 진실마저 부정하려 하고 있기 때문이다. 결국 한미동맹을 바탕으로 안보·경제적 우발사태에 대비하여 우호적 방파제를 구축할 수 있도록 동아시아에서 외교적 지평을 확대·다변화하는 것이 보다 필요하다.

4. 충무공·안중근 의사의 유산과 운양호 사건

유비무환과 솔선수범, 신상필벌과 필사즉생의 초지일관 정신은 충무공이 풍신수길의 야망을 좌절시켜 나라를 구한 원동력이며, 『난중일기』를 통해 후세에 남긴 소중한 민족의 유산이다. 거북선이라는 철갑선을 발명한 창의적·혁신적 사고와 필사즉생의 정신은 조선의 수호신 충무공의 불멸의 위업 무패신화의 원천이다. 13척의 함선으로 130척의 적함에 맞서 불가능을 가능으로, 꿈을 현실로, 그리고 절망에서 희망을 일으켜 세운

---

161) 예컨대 영국은 1588년 스페인 무적함대를 격파하면서 유럽의 강대국으로 부상했으며, 그로부터 약 170년 후인 18세기 후반 산업혁명을 주도하여 이후 19세기 100여 년 간 최대 교역국이자 패권국으로 군림하다가 1913년 최대 교역국의 지위를 미국에 넘겨주고 제1차 세계대전 중 그 패권을 미국에 양도하였다. 미국은 18세기 후반 건국 이래 약 130~140년 후인 1차 대전을 통해 최강대국으로 부상하여 현재까지 100년 간 그 패권을 유지하고 있다. 한중일은 거의 비슷한 시기에 새로운 정부가 들어서 현재 약 70년이 경과하고 있다 영국과 미국의 경험에 비추어 볼 때 금세기 향후 약 30~50년의 시간은 패권의 향빙을 가늠하는 중요한 시기가 될 것으로 본다.

불세출의 명장의 지략과 전략의 출발점이다. 7년 전쟁 기간 중 솔선수범, 신상필벌과 공평무사, 살신성인의 정신으로 실천적 전시공동체를 이끌면서 민·관·군 총력전을 펼쳐 필승해군 신화를 일구어 낸 초석이다. 불굴의 사명감과 책임감, 난공불락 리더십의 기반이다. 구성원과의 민주적 소통·교감을 통해 각자의 역량과 가치를 최대로 발휘시킨 공감·울림·화음은 세종에 이은 충무공 리더십의 정수이다. 터무니없이 불리한 극한상황에서 나라를 지켜냈던 충무공의 멸사봉공의 정신은 "국가안위노심초사(國家安危勞心焦思)", "위국헌신군인본분(爲國獻身軍人本分)", "견리사의견위수명(見利思義見危授命)"과 같은 안중근 의사의 실천적 좌우명에 닿아 있다.162)

　근래 해군 최고지휘관들이 군함건조 시 알면서도 불량 부품납품을 묵인하여 군함의 설계성능을 현저히 저하시키거나, 또는 해상작전 헬기 선정·도입과정에서 성능평가를 조작함으로써 첨단기술전쟁 시대 유사시 군함의 정상적 작전수행은 고사하고 적의 손쉬운 표적(sitting duck)으로 만드는 이적행위에 연루된 의혹은 그 의혹 그 자체만으로도 충격을 넘어 분노를 자아낸다. 방위산업비리는 조선 지배층의 비전 부재, 부정부패·무능과 개혁저항으로 충무공 신화 이후 불과 300년도 안 돼 일어난 1875년 운양호(雲揚號) 사건이 조선몰락의 신호탄이었다는 역사의 교훈을 망각한 반역행위이다. 조선의 비극적 종말을 망각한 치매 지휘관의 망동이다. 국가의 안위에 아랑곳하지 않고, 오직 일신(一身)과 가족의 호의호식을 대물림하려는 거대한 악이며 탐욕이다. 독립투사들의 죽음과 고통을 헛되이 만드는 것은 물론, '공동체'의 공공선을 파괴하는 매국행위이다. 최고지휘관으로서 전시 부하들을 '총알받이', '대포밥'(cannon fodder) 또

162) 서울 남산 '안의사의 친필 석비', 안중근, 『안중근 의사 자서전 - 안중근 옥중집필』(경기 파주: 범우사, 2000), 본문 앞쪽 관련 사진; 문화재청 문화재 검색, http://www.cha.go.kr/korea/heritage/search/search01_new.jsp?mc= NS_04_03_01 (2015. 10. 30 검색) 참조.

는 '물고기 밥'으로 내모는 비열한 행위이다. '관품'이자 국가공복으로서
의 기본적 본분, 국가와 국민의 신뢰를 망각한 망국적 행위이다. 군 전력
증강을 위해 혈세를 납부하는 국민에 대한 배신행위이다.

2010년 백령도 인근 해상에서 북한의 어뢰공격으로 침몰한 천안함 피
격사건도 북한 잠수함을 식별해 내는 수중음향탐지기(SONAR) 등 장비부
실로 인한 사전 탐지 미비 또는 승조원의 대잠전 전문성·훈련 부족으로
인한 북한 잠수함에 대한 대비태세의 미비 등으로 어뢰공격을 받은 것으
로 추정될 수 있다. 전투, 준전투 상황에서는 병사─특히 경계임무 병사
─1명의 순간의 방심도 치명적이다. 전투, 아니 전쟁의 승패에 결정적 영
향을 미칠 수도 있다. 군함의 성능은 승조원의 생명줄이자, 전시 승무원
들의 사기·작전·임무 수행능력과 함께 승전의 필수적 요소이다. 그러고
보면 하나의 의문이 있다. 남한의 경제력이 북한을 압도하기 시작한 80
년대 이후 지난 30~40년 간 남북한 간 국방비는 비교할 수 없을 정도로
그 현격한 차이를 보여 왔지만, 우리의 재래식 전력은 아직도 북한의 그
것에 뒤지고 있다는 보도가 그것이다. 얼마나 쏟아 부어야 북한군을 압
도하는 전력을 가지게 되는지 국민들은 이해하기 어렵다.[163] 소위 비대
칭전력의 열세는 불가피한 것이었는지, 우리의 연구·대비 부족은 없었는
지, 그 극복방안과 계획은 무엇인지 등에 대한 설득력있는 설명이 필요
하지 않은가? 비대칭전력의 경우 핵무기개발은 현 상황에서 선택사항이
아니라고 하더라도, 중거리 미사일과 미사일 방어체제는 안보주권의 문

---

163) 한 연구에 의하면, 우리나라의 국방예산이 국내총생산(GDP)에서 차지하는 비
　　 중은 1980년대 중반을 기점으로 점차 감소해 왔으며, 또 국방비의 구조면에서
　　 국방비 가운데 무기체계의 구입을 포함하는 전력투자비가 차지하는 비중은
　　 2000~2009년 평균 30%로서 증가율은 10%에 그치고 있는 반면, 전력운영비는
　　 꾸준히 증가세를 보이면서 동 기간 내 증가율은 12%에 달함으로써, 기술집약
　　 형 위주의 전력건설에 어려움이 있다고 한다. 이성훈, 『한국 외교안보정책의
　　 이론과 현실: 위협, 동맹, 한국의 군사력 건설 방향』(서울: 도서출판 오름,
　　 2012), pp.252~255. 그러나 이러한 수치의 나열만으로는 재래식 대북전력의
　　 '열세'의 이유와 원인을 충분히 설득력있는 방식으로 설명한다고 보기 어렵다.

제이며, 장기적 관점에서 동맹국과의 협의·협력을 통해 충분한 억지능력을 보유하는 것이 요구된다고 할 것이다. 작지만 강한, 승리하는 군대, 이스라엘군의 모습이 아닐까?

정보화시대의 전략·전술이 산업화시대의 그것과 같을 수는 없다. 현대전은 전장공간이 비선형, 분산형 및 비대칭 형태로 그 양상이 변화하고 있으며, 네트워크를 연결하는 동시 통합전, 첨단장비와 로봇을 동원하는 테크노전, 사이버 쇼크전, 테러전과 같은 비정규전 등 복합전 형태를 띠고 있다.[164] 특히 정밀무기체계의 발전으로 적의 핵심시설·장비·무기와 인원 살상이 가능해짐으로써 대량파괴·살상 등 전투력 낭비 없이 전쟁종결이 가능해지고 있다.[165] 따라서 미래 전투·전쟁 시 적과 아군 및 작전환경에 대한 지식·정보의 분석·평가를 바탕으로 핵심지역·목표를 선정하여 전쟁 전략·임무와 연계, 모든 가용능력을 집중시켜 그 효과(영향)를 설정·평가하는 '효과중심작전'(effects-based operation)이 새로운 작전개념으로 부상하고 있다.[166] 이후 효과에 대한 평가에 따라 정책·전술을 조정하는 절차를 거쳐 전략목표의 달성을 꾀하게 된다.

정보화시대 기술혁신 및 군사전략·전술 개념의 변화에 적응하는 일 못지않게 중요한 점이 또 하나 있다. 한 국가의 군사기술혁신은 작용-반작용이라는 동태적 양상에 따라 모방과 추격을 유도, 시간이 주어지면 적도 아군과 거의 대등한 수준의 기술을 보유하게 된다는 점이다.[167] 따라서 기술·조직이 전쟁의 승패를 좌우하는 결정적 요인만은 아니며, 기술·조직이 우수해도 군기(기강 및 규율), 사기(동기부여 및 단합), 애국심·충성심과 민군화합 등 정신적·사회적 요소, 그리고 현장에서의 작전·무기의 전술적 운용능력은 여전히 전쟁의 결과를 뒤바꿀 수 있는 핵심적

---

164) 조용만, 『문명전환과 군사분야혁신』(서울:도서출판 진솔, 2008), p.384.
165) 조용만, 상게서, p.285.
166) 상게서, pp.284~285.
167) 상게서, pp.382~383.

요소라는 점을 잊어서는 안 된다.[168]

5. 대일관계 정상화

오천년의 역사를 자랑하는 한민족의 유구한 역사는 그 자체로서 평가되어야 할 여정이다. 한민족은 한글, 조선왕조실록, 금속활자, 고려대장경 등 학술·기록문화와 음악 등을 통해 세계문화와 세계평화에 기여해왔다. 한 국가로서의 평판을 받고 자부심을 가질 만한 전통과 유산이 아닐 수 없다,[169] 오천년 역사와 문화, 그러나 그것만으로는 이제 더 이상 충분하지 않다. 또 유장한 역사와 문화 그 자체로서 미래의 영속적 생존을 담보하는 것도 아니다. 이제 민족중흥의 역사적 사명을 기억하고, 국익[170]·국력[171]의 증진·극대화와 국가 이미지·브랜드 제고에 함께 고민·노력해야 할 때이다. 이러한 관점에서 외교는 예방목적의 최상의 수단이자 '방위의 최전방',[172] 외교관은 그 첨병이라는 통찰에서 출발해야 한다.

---

168) 상게서, *ibid.*

169) "개인과 마찬가지로 정부도 다른 나라로부터 경시 당한 일을 오랫동안 기억한다", John B. Kotch, The Japan Times, 2003. 5. 10, 최병구, 『외교, 외교관 — 외교의 실제』(서울: 평민사, 2004), p.74에서 재인용,

170) "우리에게는 영구적인 우방도 영속적인 적도 없다. 우리의 이익만이 영구적이고 영속적이며, 이러한 이익에 따르는 것이 우리의 의무이다."[파머스톤 경 (Lord Palmerston), 1848], 최병구, 상게서, p.47에서 재인용.

171) 국력은 한 국가의 총체적 역량으로서, 자국의 이익을 수호하고 목표를 달성하기 위해 채택·사용하는 정책·전략을 추구하는데 사용할 수 있는 능력을 말한다. 최병구, p.51. 국가 간 게임에서 유형의 국력은 국가규모(영토·인구 등), 경제력 및 군사력의 합이며, 국력은 국가전략과 이를 지지·추종하는 국민의 의지(여론 지배·장악·통합력)와 같은 변수에 비례한다. E.H. Carr, *The Twenty Years' Crisis 1919~1939* (N.Y.: Harper & Row, 1939, 1964), pp.108~112 & 이극찬, 『정치학』(서울: 법문사, 1999), p.721; 변상근, "국익이냐, 국가적 이기 (利己)냐", 중앙일보, 2003. 10. 27, 최병구, 상게서, *ibid.*

172) 최병구, p.25. 현실주의자의 입장에서 외교는 '평화적 수단에 의한 국익의 증진'을 그 주된 목표로 한다. H.J. Morgenthau, *Politics among Nations: The Struggle for Power and Peace* (5the edn., N.Y.: Alfred·A·Knopf, 1973),

보다 구체적으로 외교는 국가가 자신의 이익과 목표를 추구하기 위해 교섭(평화적 수단)을 통해 국가 간 관계를 관리해 나가는 과정 또는 방법과 기술을 의미한다.[173] 외교는 음모가 아니며(조지 케난), 정직은 최선의 방책이듯이 성공적 외교에 필수적인 것은 정직이라고 한다(필립 하비브).[174]

외교는 원칙적으로 투명성과 신뢰에 기반해야 한다. 명백한 불법행위, 허위사실에 기초하거나[175] 정의에 반하는 구태의연한 비밀·술수외교는 발붙이기 어렵다. 거짓말은 정권의 도덕성에 치명적 타격을 가해 그 정권의 수장은 국제적으로 고립되고 웃음거리가 되어 국가를 이끌 수 없게 된다. 국제적 사임압력은 국내정치를 무력화시킨다. 단 한 번의 헛손질이나 헛발질도 정치생명에 치명타가 될 수 있다. 더욱이 일본은 한 세기 전과 같이 동아시아에서 '거칠 것 없었던' 유일한 '제국'은 아니다. 한국도 더 이상 과거의 무능한 '식물나라'가 아니다. 을사늑약이나 강제병합조약과 같이 친일파 지식인과 관료를 사주·회유하고 이에 반대하는 관료를 강압·위협하여 밀어붙이면 되는 '식은 죽 먹기'(pushover)는 더더욱 아니다. 더욱이 국제사회의 눈과 귀는 아베 총리의 입과 말은 물론, 그 일거수일투족에 붙박이로 꽂혀 있다. 변혁의 시대, 그의 경직된 사고, 시대정신을 거스르는 그의 인식과 발언은 계속 한국과 중국은 물론, 국제사회를 자극하고 "외교적" 마찰과 충돌을 야기하게 될 것이다.

---

p.519. 국제정치는 필연적으로 '권력정치'(Power Politics)라고 한다. Morgenthau, *ibid.*, p.33. 권력의 개념에 대해서는 본서, 제1장, 각주 135 참조.

173) H. Nicolson, *Diplomacy* (Oxford University Press, 1950), p.15, quoted in H. Bull, *The Anarchical Society: A Study of Order in World Politics* (London: Macmillan, 1977), p.162; 최병구, *ibid.*, pp.10~11. 외교(diplomacy)는 대외정책의 수립·집행의 전 과정을 의미하지만, 영국의 니콜슨 경과 조지 슐츠 (George Shultz) 미국 전 국무장관은 대외정책(foreign policy)의 수립, 그리고 수립된 정책의 구체적 집행·시행, 즉 좁은 의미의 외교를 구분한다. 최병구, *ibid.*

174) 최병구, *ibid.*, pp.121~126.

175) 본서, 제7장, III.4 참조.

향후 동아시아 국제정치에서 한일관계는 역사 세탁·파괴 등 진정성 있는 진전된 자세를 보이지 않는다면 긴밀한 전략적 협력관계보다는 의심과 경계심이 주기적으로 반복되는 구조적 긴장관계의 개연성이 높다. 명치유신을 통해 서구 주도의 근대화에 편승해 "민족국가의 배타적 이익을 최대의 선행으로 삼고 남의 불행을 자기발전의 전제"[176]로 간주한 과거를 청산하지 않는 한, 양국 간 그리고 양국 국민 간 신뢰관계에는 한계가 있을 수밖에 없다. 관계의 심화·발전은 더 말할 것도 없다. 인기영합적 선동·왜곡, 독선과 변명, 그리고 억지와 자기합리화로 버티면서 국제사회의 보편적 가치와 규범, 그 시대정신을 거스르고 저항함으로써 고립을 자초하는 정부는 살아남기 어렵다. 평가받기는 더욱 어려울 것이다.

객관적으로 입증·확립된 역사적 진실, 특히 보편적 인륜과 인간의 존엄성에 관해서는 그 어떤 변명과 예외도 인정될 수 없는, 시대와 장소를 초월하는 강행규범(*jus cogens*)의 문제이기 때문이다. 그러한 변명은 문명사회가 확립한 상식과 규범, 법과 원칙[177]에 대한 중대한 도전을 구성하기 때문이다. '체급'이 다르다고 이러한 국제법의 정신, 국제공동체의 행위규범이 달라지는 것은 아니다. 슈퍼헤비급이라고 해서 이러한 보편적 규범을 함부로 훼손·파괴할 지위나 권리를 향유하거나, 또는 그 준수·이행의무에서 당연히 면제되는 것은 아니다. 링 위에 오른 모든 선수들은 경기규칙을 준수하면서 페어플레이로 최선을 다할 때, 승패를 떠나 관객들의 공감과 호응을 이끌어낼 수 있다. 이 나라 지식인 그리고 정도(正道) 언론이라면, 우리의 체급은, 우리의 준비와 노력으로 비정상적 분단의 현실을 극복하는 그날이 오면, 라이트 헤비급 또는 헤비급으로 재조정될 것이라는 올바른 역사인식과 확신, 그리고 비전과 자부심도 필요하다.

---

176) 공성진, "동아시아 상생 구조의 가능성", 전게각주 23, p. 212.
177) 국제사법재판소 규정 제38조 세1항 3호는 동 재판소의 재판규범으로서 조약, 관습법과 함께 문명국이 인정하는 법의 일반원칙을 들고 있다.

비정상적 관계를 '정상적 관계'로 전환하는 데에는 과거의 관행을 단절하려는 남다른 비상한 각오와 노력이 필요하다. 기본적 이해·인식의 공유를 전제로 일정한 절차와 합의가 필요하다. 이웃 나라라면 공동의 목표달성을 위한 기본적 역사 인식·가치의 공유 등 상식적 조건의 충족도 필요하다. 민주주의와 시장경제만으로 양국 간 모든 문제가 해결되는 것은 아니다. 일본의 일부 정치인들이 보편적 '법의 지배'의 개념을 이현령비현령 식으로 사유화한다면 진정한 신뢰형성은 연목구어이다. 정상회담 없이도 중앙부처간, 지자체 간 또는 민간단체 간 얼마든지 필요한 협력을 증진시킬 수 있다. 양자 간 통화 스와프 협정(Bilateral Currency Swap Agreement)은 이미 체결한 협정의 스와프 규모를 확대하거나 또는 다른 나라와 추가적으로 협정을 체결할 수도 있다. 보다 시급한 것은 개혁과 혁신을 통한 지속적인 성장 동력·잠재력 발굴·지원·강화 노력이며, 스스로 문제를 해결해 나가려는 각오와 자세가 아닐까 한다.

산업화와 민주화를 성취한 뒤 정보통신혁명의 시대에 적응하면서 문화융성의 길을 개척해 온 우리는 이제 대일관계 역시 장기적으로는 조선 전·중기의 관계로 환원, '정상적' 관계로 전환시킬 기회로 활용해야 한다. 조선시대까지 일본은 평화 시 한반도와의 교역·교류를 통해, 그리고 경우에 따라서는 침략을 통해 필요한 물자·인원과 학문·지식, 종교(경전)·과학기술을 입수해갔다. 재미를 붙인 일본은 결국 무력으로 한반도를 병합하고, 한국인을 불법·부당하게 학살하거나(관동대지진) 또는 한국인을 징병·징용으로 또는 종군위안부로 침략전쟁에 동원하여 희생시켰다. 종군 위안부 문제 등 사실관계에 대한 정확한 인지 없이 체결된 양국 간 협정은 체결당시의 '원초적 입장'으로 돌아가 재검토해야 한다. 또 영토·해양 주권·관할권 관련 조약은 양국관계에 관한 역사적 기록·사실과 외교적 합의[178]를 기초로 하여 현행 국제법상 우리의 정당한 법률상의

---

178) 특히 본서, 제6장 참조.

권익을 보장하는 올바른 방향으로 체결되고, 또 필요한 경우, 합당한 개정이 이루어져야 할 것이다.

VIII. 과거사 극복과 실용주의

1. 과거사 청산: 의의, 근거와 정당성

일본은 아직도 독도영유권을 주장하면서, 종군위안부 강제동원이 없었다면서 자국 교과서 내용을 수정시키는가 하면, 국제연합을 포함한 국제사회의 이구동성의 요구에도 눈과 귀를 막고 '나 홀로' 오만한 행보를 계속한다. 한국과 아시아 여성들을 "성노예"로 강제 동원했던 전시 반인도적 만행을 부정하고 이를 사죄하는데 인색하다.[179] 심지어 미국 L.A. 소재 출판사에게까지 수정을 요구하는 시대착오적 무례를 저지르고 있다.[180] '과거사에 대한 평가는 역사에 맡기자'면서 다른 한편으로는 끊임없이 그리고 노골적으로 객관적 역사적 사실을 회칠하고 이를 세탁·파괴하는 이중 플레이를 자행하고 있다. 이러한 아베식 행보는 물론 미국이 이 지역에서 중국(그리고 러시아)을 견제하기 위해 강력한 미일동맹을

---

179) 마이클 샌델, 『정의란 무엇인가』, 전게각주 139, p.294. 이러한 일본의 태도는 1988년 미국 레이건 대통령이 태평양전쟁 당시 일본계 미국인들을 서해안 임시수용소에 격리·억류했던(Executive Order, 9066, presidential executive order signed and issued by US President Franklin D. Roosevelt on Feb. 19, 1942) 과거사에 공식 사죄하는 법(Civil Liberties Act of 1988)에 서명하고, 그 생존자·유족 82,219만 명에 각 2만 달러의 배상금을 지급한 사실과 대비된다. 샌델, 같은 책, p.295; O. Stone & P. Kuznik, *The Untold History of the United States*(2012), 이광일 역, 『아무도 말하지 않은 미국현대사 I』(파주: 들녘, 2015) & https://en.wikipedia.org/wiki/Civil_Liberties_Act_of_1988 (2015. 10. 30 검색) & https://en.wikipedia.org/wiki/Executive_Order_9066 (2016. 1. 5 검색).

180) 본서, 제1장, 14. 과거사의 무게와 굴레, 그리고 법의 지배, 참조.

천명·합의하고 이 지역 안보에 있어서 일본의 보다 적극적인 역할과 기여를 지지·요구하고 '영리한' 아베총리가 여기에 적극 편승하면서 빚어지고 있는 측면이 있다. 마치 미국이 카이로·포츠담선언에서 천명했던 '준엄한 정의'(stern justice)[181]를 기조로 한 대일정책이 전후 공산주의의 위협에 앞에서 실종되고 대일강화조약에서 갑자기 '관대한 평화'로 전환하면서 일본의 침략전쟁에 대한 면죄부를 주고 일본 띄우기로 선회했던 60여 년 전의 상황이 오버랩되는 것도 무리는 아니다.

이러한 일본의 역사세탁 시도는 일부 지식인과 정치인의 편의적, 일방적 사고의 편린일 뿐이다. 예컨대 전후 일본의 '국민작가'라는 시바 료타로(司馬遼太郎: 1923~1996) 역시 중국에서 전차부대 장교로 치열한 전쟁을 겪고 생환하여 「산케이」신문에 근무하다가 사직한 후, 닌자(忍者) 소설 그리고 도쿠가와 이에야스(德川家康)와 러일전쟁 등을 소재로 역사소설을 발표하여 인기를 얻었다. 특히 자신의 개인적 패전 경험에도 불구하고 이에 관한 소설은 별로 쓰지 않았으며, 그 대신 막부 말기 명치유신의 막후 공로자인 사카모토 료마(坂本龍馬)를 주인공으로 한 『료마가 간다』(龍馬が行く)를 발표하는 등 영웅주의 사관에 경도된 우월적 시각을 보여준다는 평가도 있다.[182] 또 침략의 피해자인 한국과 중국 관련 역사

---

181) 연합국 수뇌들은 전쟁의 목적을 천명하면서 일본 민족의 노예화 또는 절멸을 의도하지 않고 있으며, 단지 일본이 민주주의의 강화, 기본적 인권의 존중, 그리고 언론·종교·사상의 자유를 보장할 것을 요구하고 있다. Potsdam Declaration, para.10["We do not intend that the Japanese shall be enslaved as a race or destroyed as a nation, but *stern justice* shall be meted out to all war criminals, including those who have visited cruelties upon our prisoners. The Japanese Government shall remove all obstacles to the revival and strengthening of democratic tendencies among the Japanese people. Freedom of speech, of religion, and of thought, as well as respect for the fundamental human rights shall be established."](italics added); 본서 제1장, 11. 침략전쟁·무력강점의 뒤안길 및 본장, IV.3 참조.

182) 윤상인 외(편), 『위대한 아시아』(서울: 황금가지, 2003), pp.468~471; 나카츠카 아키라(中塚明), 『歷史の僞造おただす』(REKISHI NO GIZOWO TADASU: 1997).

적 사실에 대해서는 외면하면서, 『한국기행』(韓のくに紀行)에서는 한국에 대한 무지와 우월감을 드러낸다. 그는 또 『언덕 위의 구름』에서 명성황후 시해사건에 대해서도 마치 아무 일도 없었던 것처럼 시치미를 뗀다.[183] 일본이 전후 경제적 기여를 내세워 그리고 중국에 대한 아시아 각국의 우려에 편승하여 아시아 도처에 남아 있는 역사적 진실의 증거를 왜곡·은폐하려는 과거사 '조작' 시도에는 동의할 수도, 또 결코 성공할 수도 없다.

특히 독일 메르켈 총리가 일본 방문 기간 중 과거사 직시 및 위안부 문제 해결을 촉구하자, 일본 정부는 당혹감과 불쾌감이 뒤섞인 반응을 보였다고 한다. 기시다 후미오(岸田文雄) 외무상은 "일본과 독일은 전쟁 중에 어떤 일이 있었는지, 어떤 상황에서 전후 처리에 골몰했는지, 어떤 나라가 이웃인지 다르기 때문에 단순 비교는 적당치 않다"[184]고 말했다고 한다. 일본이 홀로코스트와 같은 만행을 자행하지 않았다는 변명으로 들린다. 양국이 공유하는 수천 년 역사 중 오랫동안 습관적으로 한반도에 대한 침략·약탈과 만행을 자행했던 자신들의 과거사의 민낯을 외면·부정하는 참으로 부끄러운 태도가 아닐 수 없다. 또 '어떤 나라가 이웃인지 다르다'는 주장 역시 범죄의 본질과 아무런 관계도 없다. 상황의 특수성과 일본의 예외를 들먹이는 습관적 강변에 불과하다. 조선(한국)이 일본 해안을 습관적으로 침략·노략질을 일삼았는가? 굳이 따지자면, 한일 관계와 독·불 관계가 다른 것은 사실일 것이다.

독·불은 나폴레옹의 침공[185]과 보불전쟁(1870) 등 한 때 서로 주고받

박맹수 역, 『1894년, 경복궁을 점령하라』(서울: 푸른역사, 2002), pp.167~168.
183) 나카츠카 아키라(中塚明), 상게서, pp.177~178 참조.
184) 조선닷컴, "메르켈 "日, 위안부 제대로 해결해야"", 2015. 3. 11.
185) 나폴레옹의 프로이센 침공으로 프로이센이 패전하자 격분한 피히테(Johann Gottlieb Fichte: 1762~1814)는 「독일 국민에 고함」(1807~1908)(Reden an die Deutsche Nation) 강연을 통해 독일 민족의 우월성을 강조했으며, 이는 독일 민족주의의 노대가 되었다. Nicolson, *Diplomacy*, 전게각주 39, p.146, 각주 17 참조. 베토벤의 교향곡 3번 '영웅'과 피아노협주곡 5번 '황제'는 나폴레옹

은 관계이다. 물론 제1, 2차 대전은 독일 쪽의 침략전쟁이었다. 반면 한일관계는 일본의 일방적 한반도 침략으로 얼룩진 역사이다. 임진왜란에서부터 동학농민운동 진압, 명성황후 시해, 독립운동·투사 고문·학살, 관동대지진 시 한국인 학살, 마루타 생체실험, 위안부 강제동원 등 침략·만행기록을 가진 주인공이다. 더욱이 일제강점 시 일본 경찰이 독립운동을 행한 어린 한국인 여학생에 대하여 조직적으로 성고문을 행하였다는 사실을 기록한 미국 선교사의 당시 문서가 발굴되어[186] 다시금 일제의 야만적 만행의 실상이 드러나고 있는 마당에 무슨 낯으로 얼굴을 들고 '이웃'을 말할 자격이 있는가. 메르켈 총리의 조언 등 이러한 성과는 모두 우리의 '조용한 외교'가 아니라 '적극외교'의 성과가 아닐 수 없다. 전방위적 국제적 압박으로 아베총리의 위선과 허구를 낱낱이 폭로하여야 한다. 일본의 미래세대에 명확히 그 실상을 알리고 국제사회가 이를 명확히 인식하도록 각인시켜야 한다. 일본의 세계문화유산 등재와 관련한 우리의 당연하고도 올바른 적극대응은 국제사회의 공감과 유네스코 위원회 회의에서 일본 대표의 발언 등 일정한 성과를 얻어낸 것이 사실일 것이다.

우리가 침략·강점의 불법성 및 부정적 유산에 관해 정확하게 기록·기억하도록 일본에 요구하는 것은 결코 '일본 때리기'가 아니다. 더욱이 현재의 일본 또는 현세대 일본인들에 대한 원한, 증오 또는 적개심을 부추기기 위한 '일본 혐오' 캠페인은 더더욱 아니다. 다만 정확한 사실의 기술과 사실의 인정은 미래 건전하고 바람직한 관계구축의 출발점이자 기본 전제이기 때문이다. 또 유사한 사례가 앞으로 결코 반복되어서는 안된다는 현 세대의 엄숙한 다짐이며 서약이어야 하기 때문이다. 현세대의 일본 정치인, 특히 우익 지도층이 그들의 가까운 선조들이 자행한 과거사의 과오와 범죄사실에 대하여 올바르게 인식·자성하고 그에 따라 행동

과 관련이 있는 것으로 알려져 있다.
186) 인터넷 연합뉴스, ""3·1운동 뒤 일본 경찰이 성고문"…미 교회연합회 문서 발견", 2015. 4. 26.

할 것을 촉구하고 있는 것뿐이다. 더 이상 탐욕 아니면 과도한 '피해망상'으로 인접국을 무고한 희생양으로 삼거나 스스로에 대한 성찰을 그르치지 않도록 경계하기 위한 것일 뿐이다. 간접적으로나마 과거 경험과 고통을 올바르게 인식·공유함으로써 현세대 양국 국민과 미래 세대는 상호 이해·존중의 바탕위에서 올바른 미래를 향해 함께 나아갈 수 있을 것으로 확신하기 때문이다. 현명한 일본 지도층은 과거사 부정과 책임회피로 인한 비용 - 국가신뢰도 추락 등 - 역시 만만치 않다는 점을 모를 리 없다. 특히 선진국으로서의 이미지와 리더십 구축은 어렵다.

역사적 경험에서 볼 때, 진정성 있는 반성과 사죄 없는 임기응변식 '땜질 처방'은 앞으로 또 다른 야심을 부추길 수 있다는 위험을 결코 과소평가해서는 안 된다. 일본의 한반도에 대한 관심과 정탐, 침략과 약탈은 집요하지 않았는가? 예컨대 임진왜란 이전과 한반도 무력강점 이전 조선정탐(1870년 일본 외무성의 「조선국교제시말내탐서」와 1877년 「태정관문서」 등)은 물론, 조선의 임진왜란 극복기인 『징비록』(1633, 1647)을 몰래 입수하여 1695년(숙종 21) 교토의 야마토야(大和屋)에서 간행하였다.[187] 그리고 틈만 있으면 한반도에 발을 들여 놓으려 온갖 구실을 붙이지 않았는가? 1910년 조선은 일제에 의해 강제병합을 당했다. 그리고 일제의 마수에서 벗어나 광복을 얻었지만 자신의 의지에 반해 분단되었다. 중국의 시진핑 주석이 "난징대학살을 부인하는 건, 범죄 반복하겠다는 것"이라고 강력히 비판한 것을 새겨들을 만하다. 저들의 한반도와 대륙에 대해 습관적으로 일으킨 침략·약탈 습성에 제대로 '손을 본' 것은 미국이지 한국과 중국이 아니다. 그것도 가미카제와 옥쇄로 맞섰던 민족이다. 근래 들어서는 고개를 쳐들고 미국에 대해서조차 '점령군의 법'을 운위하고 있다. 이제 한반도에 대한 일본의 습관적 술수와 모략, 그리고 일방적 약탈과 침략의 관계에 종지부를 찍을 때가 되지 않았는가? 인식과 가치관

---

187) 류성룡, 『징비록』(이재호 역, 서울: 역사의 아침, 2007), 뒤표지.

의 공유는 신뢰형성 및 협력관계의 전제이자 미래지향적 관계설정의 기초이기 때문이다.

2. 실용주의

실용주의(pragmatism)는 행위·판단의 기준으로서 이론이나 관념론보다는 경험적 지혜·실천적 가치를 중시하는 영미의 경험론적 사상을 말한다. 고정적 원리나 절대적·선험적 진리 등을 부정하고 경험세계에서 귀납적으로 입증된 사실만을 진리로 인정하는 철학 사조이다. 실용주의는 진리의 상대성과 다원성에 입각한 사상이며, 도덕적으로 옳고 그름을 판단함에 있어서 실제적으로 유용한 바람직한 결과[개인적 효용의 총체의 극대화라는 '심리적 쾌락주의'(psychological hedonism)]를 중시한다는 점에서 흔히 결과주의(consequentialism)와 연결된다. 또 효용주의에 입각, '최대다수의 최대행복'을 내세운 공리주의(utilitarianism)[188], 그리고 실험적 경험주의의 입장에서 이론과 실천(theory and practice), 목적과 수단(ends and means), 그리고 평가와 기술(appraisal and description) 간 전통적 괴리를 제거하려 한[189] 도구주의(instrumentalism) 역시 실용주의 사상과 그 궤를 같이한다. 또 급격한 변화보다는 점진적 목표달성을 중시하는 점진주의와도 밀접한 관련이 있다. 이러한 실용주의의 입장에 서

---

188) See J. Bentham, *An Introduction to the Principles of Morals and Legislation* (ed. by J.H. Burns & H.L.A. Hart, University of London, 1970; London & N.Y.: Methuen, 1982), pp.xlvii & lix(Introduction by H.L.A. Hart). 동시에 벤담의 '효용 원칙'(the principle of utility)은 개인이 경험하는 쾌락과 고통의 크기의 차이를 인정하지 않고 동일한 가치를 부여하며 그 총체의 극대화만을 바람직한 것으로 상정함으로써, 개인의 개성을 무시하고 결과적으로 특정 개인을 차별, 희생시키는 결과를 가져올 수 있다는 비판에 직면하고 있다. Bentham, *ibid.*, p.xlvii.

189) Wikipedia, "Instrumentalism", http://en.wikipedia.org/wiki/Instrumentalism (2015. 3. 3 검색).

면, 현실문제의 해결에 도움이 되는 것은 유용하며 가치 있는 것으로 평가된다.

따라서 실용주의의 입장에서 볼 때, 문제해결을 위한 현실주의적 유연한 사고는 중요한 가치이다. 동시에 그러한 유연성은 경험칙 상 상대의 신뢰성에 따라 달라질 수밖에 없으며, 또한 달라져야 한다. 상호주의 원칙이다. 개인과 국가를 막론하고 대화와 교섭은 원칙과 상호신뢰에 기초하지 않으면 안 된다. 그렇지 않으면 기대하는 바람직한 결과를 얻어내기 어렵다. 액체 상태의 천연고무(생고무) 수액(라텍스)이 한 전문가에 의해 천신만고 끝에 유황을 만나 탄성을 가진 새로운 만능 고체소재로 탄생, 산업사회의 총아로 환영받게 된 것은 유황의 변치 않는 신뢰할 만한 성질 덕택이다. 또 상대가 제시하는 해결방식이 기본적 원칙·기준 또는 보편적 가치와 충돌하거나 또는 협상목표에 미치지 못하는 경우, 유리한 방향으로 문제를 해결하기 위해 쉽게 타협하지 않는 태도 역시 협상전략의 하나이다.

실용주의의 관점에서 17세기말 안용복의 도일(渡日) 활동은 우리에게 마르지 않는 영감의 원천이다. 원칙과 신념의 조선 어부 안용복은 도서 영유권과 동해상 어업권에 관해 협상목표와 전략을 세우고[2차도일 시 울릉·우산양도 감세장(監稅將) 자처[190]], 1차도일의 경험을 바탕으로 주도면밀한 협상준비[2차도일 시 조선강역 지도 지참 등]로 일본의 지방고위관리들을 상대로 민간차원의 창의적 단독교섭을 성공적으로 이끈 주역이다. 그는 2차례 도일을 통해 막부로부터 조선의 울릉도·독도 영유권을 공식 인정받게 되는 현실적 결과를 도출하는 계기를 마련하였다. 그의 문제의식과 문제해결 전략, 일본어 구사·해득능력과 일본에 대한 경험·지식, 그리고 당당한 자신감과 굴하지 않는 기개는 협상성공의 또 하나의 숨은 주역이었을 것이다. 그는 고려시대 서희의 업적에 견줄만한 외

---

190) 송병기, 『고쳐 쓴 울릉도와 독도』(서울: 단국대 출판부, 2005), p.61 & 232; 신용하, 『한국의 독도영유권 연구』(서울: 경인문화, 2006), p.65.

교적 성과를 사실상 홀로, 그리고 민간인 신분으로 이루어낸 인물이다.

일본은 약 120여 년 전부터 자국을 침략하지도 않은 청국, 러시아는 물론 미국을 상대로 자국을 '위협'한다면서 선제 기습공격을 통해 침략전쟁을 일으키고, 한반도를 침략한 장본인이다. 일본은 이를 서구 제국주의로부터 아시아를 구하고 대동아공영을 실현하기 위한 '불가피한 선택'이었다고 강변한다. 문제는 대다수의 우리 국민은 아베 정부의 과거사 인식에 부정적 시각을 가지고 있으며, 심지어 우리 국민의 일본인들에 대한 호감도는 2015년 3월 여론조사 결과 17%로 떨어졌다고 보도된 바 있다. 아베정부의 위안부 문제 처리 태도, 독도 영유권 주장 및 일본 내 혐한 시위 등이 부정적 영향을 미친 것으로 보인다. 이러한 가운데 민주주의 국가에 있어서 대외정책의 수립과 집행은 국민여론을 고려하지 않을 수 없다. 민주정부의 국내정책 수립·집행이 국정수행평가에 대한 여론조사 결과에 미치는 영향을 무시할 수만은 없는 것과 마찬가지이다.

외교안보정책은 물론 현실적 이익을 바탕으로 추진하는 것이 바람직하다. 문제는 대일관계와 관해 극단적인 오월동주(吳越同舟)도 국민적 공감을 형성하는가 하는 점이다. 또 이를 실용주의적인 올바른 결정으로 평가할 것인지, 그리고 현실적 이익을 중시하는 실용주의의 한계는 과연 어디까지인가 하는 점이다. 특히 대일관계에 대한 내부의 이견은 언젠가 상대가 우리의 본심을 오인케 하여 다른 야욕을 부추기는 치명적 과오의 빌미를 제공할 수도 있다는데 문제의 심각성과 위험성이 숨어 있다. 원칙·기준이 없는 타협은 자신의 정체성을 부정하는 행위 외의 다름 아니라는 점이다. 불법을 용인하고 방조하여 상대에게 우리의 의사를 오도·오판하도록 부추긴다는 점에서 반역사적·몰가치적이며, 위험한 발상일수도 있다.

극단적으로 말해서 주권을 사실상 강탈당하고 노예상태에서 일정한 근대화를 이룬 사실을 긍정적·적극적으로 평가해야 할 것인가? 자주성, 독자성과 정체성을 도외시하고 오직 경제적 이익이나 결과만을 평가의 잣대로 삼는 접근방식과 사고의 위험성은 더 말할 나위도 없다. 과오가 재발하지 않는다고 장담할 수 없다. 과거에 대한 철저한 반성·응징·시정 없이 미래를 지향한다는 구호의 허구성, 위험성과 궁극적 한계를 웅변한다. 국민적 합의로 국익증진을 우선시키는 중장기 외교 목표·전략의 청사진을 수립하고, 각각의 목표·전략의 추구에 따르는 가능한 모든 상황을 상정, 그에 대응하는 치밀한 단계별 중·단기 행동계획을 세워 실행에 만전을 기할 일이다.

3. 실용주의의 함정과 반성

100여 년 전, 한민족의 민족자결권을 짓밟고 35년 간 무력강점하면서 독립투사들을 고문·학대·학살하고, 무고한 민간인을 학살하며, 탐욕적 전쟁에 인원·물적 자원을 징발·수탈하는 것은 물론, 심지어 종군위안부 동원과 생체실험의 만행을 부정하려는 세력에 의한 술수와 책동을 실용주의의 이름으로 묵인하는 것이 과연 보편적 정의와 건전한 상식에 부합하는 행동인가? 그러한 인식과 태도로 과연 양국관계의 진정한 장기적 발전을 도모할 수 있는가? 또 아시아를 전쟁지옥으로 만든 장본인들을 모신다는 야스쿠니 신사(靖國神社)[191]에 참배를 강행하는 지도자를 만나야 할 이유와 정당성은 어디에서 찾아야 하는가? 더욱이 광복 70년이 지난 지금까지도 독도에 대한 억지 주장을 일삼는 국가와 '무조건' 만나야 할 근거와 이익은 과연 무엇인가?

'덕천막부 270년 간의 평화'는 임진·정유재란을 극복한 조선의 자신감의 바탕위에 막부측의 진정성이 결합된 결과였다. 17세기말 울릉도쟁계 교섭의 결과 역시 그러한 상호 우호·신뢰관계의 바탕에서 가능했다. '짝퉁' 실용주의야말로 정체불명, 국적불명의 협정들을 탄생시킨 장본인이

---

191) 야스쿠니 신사는 도쿄 시내 지요다(千代田)구 소재, 해자토 둘러싸인 왕궁 인근에 위치해 있다.

며 경계해야 할 역사의 교훈이 아닐 수 없다. 을사늑약과 병합조약의 원흉 이완용이 죽은 다음 날인 1926년 2월 13일, 훗날 '일장기 말살사건'으로 장기간 정간에 처해졌던 「동아일보」는 사설 "무슨 낯으로 이 길을 떠나가나"를 게재했다.[192]

> "그도 갔다. 그도 필경 붙들려 갔다. (…) 살아서 누린 것이 얼마나 대단했는지 이제부터 받을 일 이것이 진실로 기막히지 아니하랴 (…) 부둥켰던 그 재물은 그만하면 내놓지! (이완용은 월급 100원이 희귀했던 시절에 나라를 통째로 일본에 넘긴 공으로 300만 원을 받았다고 한다.) 앙탈(=약탈: 저자 주)하던 이 책벌을 이제부터는 영원히 받아야지!"

실용주의는 유용한 결과를 중시한다. 과연 일부의 주장대로 국권을 넘겨주는 '대가'로 일제가 무력강점 기간 중 인력(병력)동원·이동과 자원수탈을 효과적으로 수행하기 위해 이 땅에 도입한 '쥐꼬리만한' 근대화의 '결과'를 평가해야 할 것인가? 과연 '근대화'가 객관적 사실이었다고 주장하는 것인가? 극단적으로 말해 "국력이 약한 우리가 일본의 요구를 거절할 수 없을진대 원만하게 타협한" 것을 나라와 국민을 위한 '실용주의적' 결단으로 평가해야 할 것인가? 일제가 무력강점 기간 중 수탈한 인적·물적 자원 그리고 국권을 되찾기 위해 민족이 치러야 했던 피와 땀과 대가

---

192) 황상익, "이완용 죽은 다음 날 〈동아일보〉는…", 인터넷 프레시안, 2010. 10. 4, http://www.pressian.com/ news/article.html?no=65472 & http://mlbpark. donga.com/mbs/articleV.php? mbsC=bullpen2&mbsIdx=767527 (2015. 11. 13 검색). 1905년 11월 을사늑약 문제를 논의하는 어전회의장에서 이완용은 "국력이 약한 우리가 일본의 요구를 거절할 수 없을진대 원만히 타협하고 우리의 요구도 제기하는 것이 좋다"고 발언한 것으로 전해진다. 어쩌면 그도 '훗날 역사가 평가하리라'는 생각을 했을지 모른다. 그러나 그의 죄악은 죽음으로도 용서받지 못했다. 전북 익산군(시) 낭산면에 소재했던 이완용의 묘는 매장 직후부터 훼손되기 시작했으며, 결국 1979년 그 후손들이 파묘하였다고 한다. "매국노가 누울 자리는 없다: 친일파 이완용의 무덤", at http://bestan. istory.com/506 (2015. 11. 13 검색).

는 과연 '근대화'에 비교하여 아주 하찮은 것이었는가? 오천년 역사, 민족자결의 무게는 새털처럼 가벼운 것이었는가? 한국인으로서의 존엄성과 정체성 그리고 한민족의 유산과 자부심은 쉽게 포기해도 좋을 만큼 값싼, 거추장스런 허영에 불과한 것이었는가? '부강한 국가'의 노예로 '배부른 돼지'가 되는 것이 '배고픈 주체적인 한국인'보다 가치 있는 일이었는가? 한국인으로서 4만 세대를 이어온 인류와 지구에 대해, 그리고 우리를 생겨나게 한 우주에 대해 생존의 의무를 지고 있지 않은가?[193] 인간의 의식과 영혼은 동물처럼 물질의 노예로 활동·기능하도록 조물주에 의해 설계된 것인가? 지금이라도 강대국에 자발적으로 '합병', 안보 걱정 없이 배부르게 사는 것이 바람직하지 않은가?

소기의 바람직한 결과에 대한 일정한 확신 없이 '무조건' 회담에 임하는 것은 실용주의에도 반한다. '회담을 위한 회담'에 집착하는 대가 없는 양보이다. 목전의 작은 이익을 위한 임기응변식 타협이며 기회주의이다. 정당한 이유 없이 굴욕을 감수하는 굴종이다. 침략과 무력강점 등 확립된 역사적 사실을 부정·왜곡·호도하는 그릇된 역사관·가치관을 가진 국수주의적 선동주의를 공인해 주는 일이다. 진실을 외면·왜곡하고 과거사를 부정하며 민족정신·정체성을 폄훼하려는 세력에 부화뇌동하는 일이다. 거짓을 진실로 포장하고 둔갑시키는 반역사적 자기기만이며 반이성적 허위의식이다. 원칙·기준을 저버리는 '얼치기' 실용주의이다. 진실관철에 대한 의지·열정이 결여된 '유사' 실용주의적 야합이다. 원칙과 정의를 쉽게 포기하는 허약한 패배주의이다. 실용주의의 이름으로 애국심을 "무뢰한(scoundrel)의 마지막 도피처"[194]로 남용해서는 안 된다. 우리가

---

193) 칼 세이건(C. Sagan), *Cosmos*(1980), 서광운 역, 『코스모스』(학원신서 4, 서울: 학원사, 1981), pp.481, 489 & 491 참조.

194) Samuel Johnson(1709~1784), "Patriotism is the last refuge of the scoundrel.")(April 7, 1775, in James Boswell, *The Life of Samuel Johnson*(ed. by H. Christopher, New York: Penguin Classics, 1986), quoted in Wikipedia, "Political views of Samuel Johnson" (visited March 1, 2015).

진정 경계해야 할 것은 패배주의와 기회주의이며, 스스로의 안위조차 돌볼 수 없는 나약한 국가, 힘없는 나라이다. 상대의 정체를 올바르게 파악하면서 동시에 스스로를 객관화시켜 과거의 과오를 시정하는 부단한 노력을 계속한다면 백번 싸워 불리하지 않다. 유용한 결과는 또한 동시에 바람직한 결과가 아니라면 만만치 않은 후유증을 수반한다. 목전의 이익을 위해 원칙과 대의를 쉽게 포기하는 것은 천박한 '짝퉁'실용주의이며 소탐대실이 된다.

지난 한 세기 간 지속되어 온 비정상적 대일관계를 정상화하려면 역사적 진실·정의에 입각하여 우리의 정당한 목적·권익의 실현을 향해 불굴의 의지와 각오로 이를 집요하게 관철시켜 나가는 데 있다. 그렇지 않으면 자부심은커녕 정체성도 온전하게 지킬 수 없다. 자기부정과 기회주의가 '애국'으로 둔갑·득세하게 될 것이다. 실용주의의 본고장 미국 역시 영국의 식민지배에 항거하여 전쟁(미국독립혁명: American Revolution)을 통해 독립을 쟁취했다. '관계정상화'를 이룩한 이후, 비로소 우리는 실용주의에 입각한, 보다 유연한 현실주의적 대일외교를 추진할 수 있을 것이다. 이 경우에도 중견국가로서 외교정책·행위의 투명성, 민주성과 책임성과 같은 원칙과 기조를 중시하는 바탕위에서 일관성 있는 대일외교를 추진할 때 비로소 일본으로부터 경원당하지 않고, 국제사회의 존중과 신뢰를 얻을 수 있다. 우리의 외교적 역량과 지평을 확대하는 기반을 조성하고 우리의 전략적 이익을 극대화하는 효과를 거둘 수 있을 것이다. 외교적 실용주의는 눈앞의 이익보다 장기적 관점에서 호혜적 평등의 기반 위에서 목표·가치를 공유하고 호혜적 이해증진에 노력하는 방식으로 접근·추진될 때 비로소 그 효과를 극대화하고 지속가능한 관계를 유지할 수 있을 것이다.

4. 대일외교의 미래

근대 대일관계에서 평화는 아마도 임진왜란과 정유재란 후 도쿠가와 막부(德川幕府) 시절 약 270년의 기간이 전부였을 것이다. 우리에게 대일관계는 자산이라기보다 '부채'의 관계로, 덧셈보다 뺄셈의 관계로 인식되어 왔다. 신라, 고려와 조선을 거치는 오랜 역사를 통해 우리 민족은 일본의 크고 작은 침략, 강제병합·식민지배와 각종 도발로 인해 실존적 위협과 고통에 시달려야 했다. 독도도발은 그 하나의 예일 뿐이다. 을미사변 120년, 이제 과거사의 불공정한 한일관계에 종지부를 찍고, 대일관계를 정상화해 나가는 원점으로 삼아야 할 때이다.[195] 독도문제의 해결을 통해 정상적 한일관계를 회복하는 출발점으로 삼아야 한다. 역사적 경험에 의하면 일본은 우리의 힘이 약화·분열되었을 때면 어김없이 이를 이용하여 부당한 이익을 도모하거나 영토침탈·도발을 일으켰다. 임진왜란·정유재란 후 17세기 전반 정묘·병자호란 시 일본 막부의 울릉도 '도해면허' 발급주장과 울릉도쟁계, 1905년 러·일전쟁 중 독도 비밀'편입' 주장, 6·25 전쟁 시 독도침탈 기도,[196] 패전 후 대일강화조약 문안협상 당시 연합국을 상대로 한 전방위적 독도침탈 로비, 1952년 6·25 전쟁 중 외교공문을 통한 영유권 주장 제기, 그리고 1998년 국가부도사태 시 구 어업협정 일방 파기 등이 그것이다. 최선의 대응은 일치된 단호한 대응이다.

특히 영토문제에 대해서 애매모호한 자세나 타협적 태도는 상대의 오판을 유발하고 부추긴다. 확고한 목표와 치밀한 전략, 그리고 세밀한 단

---

195) 최근 보도에 의하면 일본의 양심적 학자들과 시민단체 운동가들은 서구에서 간행된 고지도 등 자료와 근거에 입각하여 독도가 한국의 고유영토임을 주장하는 작은 연구모임과 활동을 계속하고 있음을 보여주고 있다.

196) 박현진, "독도 실효지배의 증거로서 민관합동 학술과학조사: 1947년 및 1952-53년 (과도)정부·한국산악회의 울릉도·독도조사를 중심으로", 『國際法學會論叢』 제60권 제3호(통권 제138호, 2015. 9), p.61~96; 정병준, 전게각주 27, p.869 이하.

계적 실천계획에 따라 일관된 강력한 메시지를 단호하게 전달하는 것만이 영토·영해주권을 지키고, 대일관계를 정상화하는 첩경이다. 실용주의의 이름으로 과거 정부에서 이를 모호하게 임기응변으로 대응했던 시도는 결국 커다란 역효과와 후유증을 불러왔다. 오히려 반격의 빌미를 제공한 셈이라는 게 그동안의 교훈이며 경험이다. 민족사의 새로운 지평을 열어나가는 도전·개척정신으로 정보통신기술 등 우리의 지혜와 역량을 결집하여 100년, 200년 앞을 내다보고 일본의 영토도발에 슬기롭고 단호하게 대처해 나가야 한다. 후세에 부당한 짐과 부채를 떠넘기는 어리석은 선조가 되어서는 안 된다. 이 점에서 안용복의 도일활동은 개척·도전정신, 탁월한 리더십의 실천적 지혜를 보여주는 교훈적 사례이자 영감을 불러일으키는 역사적 선례이다.197) 올바른 일(大義)에 대한 확신을 가지고 1차도일 시 얻은 경험과 정보를 바탕으로 치밀한 준비와 전략(2차 도일)으로 자신이 세운 목표와 임무를 완수한 것이다.

과거 기회만 있으면 섬에서 탈출하기 위해, 아니면 인력·자원과 선진문물·기술을 압수 또는 빼앗기 위해 '침략'과 무력강점을 자행한 불행한 역사에도 불구하고 일본 우익이 자신들의 '습관'을 스스로 반성할 것이라는 지나친 기대는 금물이다.198) 과거사 반성에 기초한 진정성 있는 신뢰관계를 구축할 수 없다면, 우리의 선택은 물론 '쿨'하게 우리의 길을 가는 것이다. 특별히 관계개선을 추구할 것도, 특별히 악화시킬 것도 없다. 불가근불가원(不可近不可遠)으로 접근하는 게 불가피하다. 철저히 전략

---

197) 본서, 제6장, II.1 참조.
198) 청일·러일전쟁은 '방위전쟁'이었으며, 일본군은 이 전쟁에서 전시 국제법을 준수한 모범적 군대였고 이 전쟁의 승리로 '무적 황군'의 신화가 만들어졌다는 인식은 단지 군국주의자들만의 입장이 아니라 평균적 일본인의 인식이다. 나카츠카 아키라, 전게각주 182, pp.161~168 참조. 일본은 예컨대 명성황후를 시해한 극악무도한 범인들에 대한 면죄부, 안중근 의사에 대한 불법 처형과 유해인도 거부, 제암리 학살 등 항일의병 학살, 관동대지진 시 한국인 학살 등에 대해서는 애써 침묵으로 일관하거나 시치미를 뗀다.

적·실리적·현실적 외교노선을 우리의 대일외교의 원칙과 기조로 삼는 것이 최선이다. '탈춤' 외교이다. 정상회담을 하고 안하고는 그 다음의 문제이다. 어차피 인식의 간극을 좁힐 수 없는 것이라면, 크게 기대할 것도 없고 속내를 상대에게 내보일 필요도 없다. 기존 채널 내에서 늘 경계심과 조심성을 가지고 실무적으로 실리적으로 대응·대비할 수밖에 없다.

동시에 대일관계의 모든 관련 기초 정보·동향을 상시적으로 수집·분석·평가하는 민·관·군 통합 TF와 정보네트워크를 설치하고 전략적 대응체제를 구축해야 한다. "적을 알고 나를 알면 백번 싸워 위태롭지 않다"(知彼知己百戰不殆)는 충무공의 유산, 즉 실전적 통찰력과 경험적 예지를 우리의 자산이자 좌우명으로 활용해야 한다. 우리의 국익을 침해하려는 상대의 지략과 술수를 미리 예견하고 이에 효과적으로 대응·분쇄할 수 있는 실천적 대비역량을 강화해야 한다. 지난 역사에 대한 성찰을 바탕으로 치밀한 전략·전술, 철저한 준비 자세를 가다듬어야 한다(『징비록』). 누구도 한반도를 함부로 넘보지 못하도록 전략·전술적 지혜를 강구·실천에 옮겨야 할 때이다. 꿩 잡는 게 매라면, 토끼를 이기는 것은 거북이고, 여우를 잡는 것은 고슴도치·호저(hedgehog; porcupine)[199]이다. 충무공의 돌격선인 거북선도 고슴도치를 닮았다. 일본군에 심리적·전술적 타격을 가해 그 야욕을 좌절시킨 선봉이었다. 또 2차대전 중 ─ 그의 지휘력에 대한 일부 논란에도 불구하고 ─ '돌다리도 두드려 보고 건너는' 몽고메리 장군의 전략적 신중함과 준비성은 치열한 북아프리카 전투에서 '사막의 여우' 롬멜의 정예 기갑군을 제압하고 튀니지에서 항복을 받아낸 원동력이 아니었을까.

---

199) See I. Berlin, *The Hedgehog and the Fox: An Essay on Tolstoy's View of History* (London: Weidenfeld & Nicolson, 1953), at http://en.wikipedia.org/wiki/The_Hedgehog_and_the_Fox (2015. 3. 21 검색). 잠수함 전력 강화 또는 '땅굴작전'도 그러한 전략의 하나가 될 수 있다.

5. 지식인, 시민단체와 국제연대

정보통신혁명의 시대, 지식은 지식인-그 의미가 정확히 무엇이든-의 전유물이 아니다. 인터넷, SNS 등 사이버 공간에서 대중은 서로 만나 공동체를 형성하고 집단적으로 지식을 생산·소통·공유·수정한다(소위 미네르바 사건, 위키피디아 등 소위 '집단지성').[200] 사회변혁의 중심에 서야 할 지식인의 위기이다. 학문연구와 정치참여의 경계선 위에 서서 방향타를 잃고, 흔히 연구와 감투 사이에서 갈등한다. 연구의 질적 수준은 논외로 하더라도, 정년까지 연구에 매진하는 경우는 희귀사례이다. 위기의 지식인이다. 귀중한 국가자원의 낭비이며, 인적자원의 비효율적 배분이다. 그럼에도 학문적 성취·기여에 관한 진지한 고민과 사색을 고백하는 경우는 드물다. 연구풍토·환경의 혁신을 위한 솔직한 제언이나 성찰을 토로하는 일 역시 흔한 일은 아니다. '학문의 자유', '자율성' 등 명분 아래 외부의 개입·규제에 저항한다. 기득권은 자발적으로 삭감·포기하지 않는다. '제살 깎는' 개혁이 혁명보다 어려운 이유이다. 사회변혁, 국가비전은 뒷전이다. 교수직에 부여되는 사회적 권위와 위엄에 스스로 도취되어 연구는 부업이 되기 십상이다.[201]

정부의 정책 또는 기업의 경영전략을 조사·분석·결정할 목적으로 설

---

200) 이태희, 『변화의 지향-사상의 자유시장과 인터넷의 미래』(경기 파주: 나남, 2010), pp.640~641; 위키피디아, at https://ko.wikipedia.org/wiki/%EB%AF%B8%EB%84%A4%EB%A5%B4%EB%B0%94_%EC%82%AC%EA%B1%B4 (2016. 1. 20) 참조.

201) 일반적으로 교수에게는 급여, 연금과 퇴직금은 물론, 연구비, 등재학술지 논문게재 지원금, 특강(특진)비, 석·박사과정 논문 지도비, 외부 자문료, 외부회의 참가 사례비, 논문 발표사례비, 각종 공무원시험 출제수당, 사외이사 연봉 등 각종 부수입과 특전(perks)이 부여된다. 우리나라 대학교수의 급여수준은 영미에 비해 결코 낮은 수준이 아니다. 문제는 생산성, 논문의 수준과 국제경쟁력일 것이다. 국제법 분야의 경우 논문의 영문초록은 논문의 수준을 가늠해 볼 수 있는 하나의 중요한 척도가 된다.

립된 공공·기업부문 연구기관(think tank)의 현실적 접근과 지속적 연구성과는 연구기관으로서의 대학의 지위를 위협한다. 특히 현장중심의 창의적 문제해결 역량에 있어서 공공·기업 연구기관은 비교우위를 점하고 있다. 개발된 실용적 지식의 산업·상업화 또는 입법·정책 수립에 대한 기여도가 높다. 중소·중견기업과 소규모 민간 벤처자본의 연구·개발 역량 역시 괄목할 만한 수준에 이르고 있다. 산·학·연 간 분업화와 협업화가 불가피한 이유이다. 연구의 꿈을 상실한 교수는 삶의 꿈을 접은 지식인이나 마찬가지이다. 학생지도도 부실해질 수밖에 없다. 기성언론의 점유율과 영향력 역시 인터넷 매체와 시민사회단체의 도전에 직면해 있다. '기성' 지식인의 위기이다. 의식·식견 있는 시민사회단체의 역할과 집단지성이 보다 중요해지고 있는 소이이다.

대일관계의 정상화를 위해서는 정부 차원의 대응과 함께, 각국의 연구기관, 전문가와 시민사회단체 등 민간차원의 네트워크를 구축하고 지속적 연대·공조 활동을 통해 일본이 부당한 억지 주장을 철회하고 국제사회에 통용되는 보편적 이성과 상식을 회복하도록 다각적·지속적으로 그리고 집요하게 압박해야 한다. 특히 일본의 양심적인 정치·사회지도자, 지식인과 시민사회단체 등과 지속적 협력의 틀과 망을 구축하고 시민사회단체 차원의 활동을 체계화하고 지속적으로 확산시켜 네트워크를 통한 국제여론형성도 중요하다. 필요하다면 유관 국제기구에서 우리의 정당한 입장을 논리적으로 전개·설득할 수 있어야 한다. 일본의 지각있는 지식인과 의식있는 시민단체 역시 현실을 직시하고 행동에 나설 수 있어야한다. 군국주의 과거를 미화하고 개인을 국가에 종속시키는 국가주의적 '집단의 명령'과 '집단의 행진'에 방관하거나 동참하는 과오를 되풀이해서는 안 된다.[202] 인도의 타고르가 아니더라도, 보편적 가치를 구현하는 주체로서 그리고 보편성의 관점에서 주체적 성찰과 반성 그리고 책임의

---

202) 에드워드 사이드(Edward Wadie Said), *Representations of the Intellectual*, 최유준 역, 『지식인의 표상: 지식인이란 누구인가』 (서울: 마티, 2012), p.56 참조.

식은 지식인의 특권이자 의무이며, 비판과 창조적 대안 제시는 지식인의 신성한 사명이자 책무이다.[203] 피카소(게르니카)가 아니더라도, 위대한 예술인들은 자국민의 "집단적 고통을 대변하고, 그 고난을 증언하고" 그들의 기억을 되살려 줄 의무를 지고 있다.[204]

사이드에 의하면 "한 민족이 약탈당하고, 억압받거나 학살당했으며 민족적 권리나 정치적 존재를 부정당했음을 단순히 확인하는 것만으로" 지식인의 의무를 완수한 것은 아니다.[205] 지식인은 그러한 공포와 고통을 다른 민족들과 연결시킴으로써, "한 장소에서 이루어진 억압으로부터 얻은 교훈이 다른 장소와 시간에서 잊혀지거나 무시될 가능성을 방지"해야 한다.[206] '고자질' 외교도 필요한 셈이다. 스스로를 비하할 필요는 없다. 영국 문필가·외교관·정치인인 헨리 우턴(Henry Wotton, 1568~1639) 경에 의하면 "외교관이란 모국을 위해 거짓말을 하도록 외국에 파견된 정직한 사람이다"[207]라는 우스갯소리도 있다. 실제로 예컨대 대일강화조약 협상 당시 일본은 미국을 상대로 심지어 울릉도·독도가 일본의 부속도서라는 허위사실을 담은 팸플릿을 만들어 '고자질'했던 전력이 있다.[208] 더욱이 진실을 '고자질'하는 것은 지식인과 언론의 사명이자 책무이며,[209] 정치인과 지도자의 가치이자 목표가 되어야 한다. 지식인이라면 진리·지식의 보편성에 입각하여 인간의 미래를 전망하고 성취해야 할 바람직한 목표를 제시할 수 있어야 한다.[210]

---

203) 장-프랑수와 리오타르, 『지식인의 종언』(이현복 역, 서울: 문예출판, 1993), pp.218~225; 사이드, 상게서, pp.55~56.
204) 사이드, 상게서, p.57.
205) 사이드, p.57.
206) 사이드, pp.57~58.
207) "An ambassador is an honest man sent to lie abroad for the good of his country". 최병구, 전게각주 169, p.126 & Wikipedia, "Henry Wotton", at https://en.wikipedia. org/wiki/Henry_Wotton (2015. 7. 30 검색).
208) 본서, 제7장, III.4 참조.
209) 노암 촘스키(Noam Chomsky), *Powers and Prospects* (London: Pluto Press, 1996), 강주헌 역, 『지식인의 책무』(서울: 황소걸음), p.15.

한 가지 흥미로운 사실은 1859년에 설치된 옥스퍼드대학교 국제법 석좌교수의 영어 명칭은 Chichele Professor of Public International Law인데, 설치 당시의 명칭은 The Chichele Professor of International Law and Diplomacy였다고 한다. 즉 국제법과 외교 담당 교수인데, Chichele라는 명칭은 Henry VI세와 더불어 1438년 All Soul College의 설립자 가운데 한 사람인 캔터베리 대주교(Archbishop of Canterbury) Henry Chichele의 이름을 딴 것이라 한다.[211] 어떻게 보면 대영제국 전성기 국제법과 외교 간 불가분의 관계를 인식하고, 국제사회의 '권력'(패권)유지를 위해 명분과 실리를 조화시키기 위한 방책과 전략 안출에 영국 유수의 교육기관과 브레인들이 고민했다는 반증이기도 할 것이다.

아베 총리가 미국 맥그로힐 출판사의 역사교과서를 거론하며 위안부 관련 기술이 잘못됐다고 허위사실을 '고자질'한 데 대해 미국역사협회(American Historical Association: AHA) 소속 역사학자 19명이 표현의 자유와 학술의 자유에 대한 도전으로 규정하는 집단성명을 발표하여 역풍을 불러일으킨 바 있다.[212] 그는 심지어 자국 의회에 출석, 한국이 세계 도처에서 일본군이 한국여성을 '성노예로 삼았다는 중상'을 일삼고 있다는 취지로 답변하여 적반하장격의 도착(倒錯)된 역사인식을 보여주었다. 결국 고자질과 외교·홍보 간 구분은 이현령비현령에 가깝다. 다만 같은 '고자질'이라도 세련된 방식으로 전달하는 기술은 필요하다. 품위와 품격을 갖춘 비판, 오직 엄밀한 근거에 기초한 엄정한 비난·비판만이 설득력

---

210) 장 폴 사르트르(J.-P. Sartre), *Plaidoyer pour les intellectuels* (Éditions Gallimard, 1972), 박정태 역, 『지식인을 위한 변명』(이학사, 2007), 이성재, 『지식인』(서울: 책세상, 2012), p.66에서 재인용.

211) 옥스퍼드대학교에는 그 외에도 경제사(economic history), 전쟁사(history of war), 사회·정치철학(social and political theory), 중세사(Medieval History)와 현대사(modern history) 등의 분야에 Chichele 석좌교수직을 두고 있다. Wikipedia, "All Souls College, Oxford", at https://en.wikipedia.org/wiki/All_Souls_College,_Oxford (2015. 8. 6 검색).

212) 본서, 제1장, 14. 과거사의 무게와 굴레, 그리고 법의 지배, 침고.

을 가지고 건전한 국제여론 형성에 기여할 수 있다. 독도문제와 과거사 문제 등 우리의 문제를 미국에만 의존할 수 없다. 종군위안부 문제에 대하여 미국은 나름대로 전시 인권유린이라는 원칙을 가지고 일관성있게 대처하고 있다. 다만 과거사 문제에 대해서 미국은 보다 큰 그림인 자국의 글로벌 안보전략과 연계하여 대처하고 있는 것으로 보이며, 우리의 입장과 일치한다고 보기는 어렵다. 따라서 동맹국 미국의 입장을 어느 선까지 반영하여 우리의 입장을 결정·추진할 것인가의 선택은 오롯이 우리의 몫이다.

IX. 결 론

21세기 문턱에 들어선 지금 우리는 중대한 기로에 서 있다. 우리 민족사, 특히 광복 70년, 분단 70년을 성찰하고 이를 우리의 새천년 좌표의 초석으로 활용해야 한다. 역사적 경험을 단순화시킨다면 우리 민족은 이성보다 감성, 합리보다 서열과 권위의식, 신중보다 속도, 혁신보다 관행, 분석보다 직관, 귀납보다 연역에 의존하는 경향을 보여왔다. 이러한 경향은 우리의 전통과 문화, 민족정체성을 규정한다. 이제 이러한 관성에 대한 성찰을 통해 일정한 궤도수정이 필요한 시점에 이르렀다고 본다. 21세기 정보통신혁명의 시대, 국력은 적어도 3가지 요소에 의존한다. 부, 자유와 사회적 화합이 그것이다.213) 부는 지식·정보의 생산·분석·처리·전파능력에 달려있다. 자유는 평화유지능력의 척도로서 경제, 기업, 과학기술과 학문과 예술 등 거의 모든 분야의 창조적 활동의 원천일 것이다. 국가위기 시 빛을 발하는 사회적 화합의 중요성은 더 말할 나위조차 없

---

213) 로저 루이스, "20세기를 마감하면서", 마이클 하워드 & 로저 루이스 (편.), *The Oxford History of the Twentieth Century* (Oxford University Press, 1998), 차하순 외 역, 『20세기의 역사』(서울: 가지않은 길, 2000) p.485, 516.

다. 이제 세종조의 창조적 실험정신과 도전정신을 되살려야 한다. 창의와 혁신은 그 전제이다. 세종의 위업을 이어받은 정조의 못다 이룬 개혁을 통한 부국강병의 꿈과 한, 희망과 비원(悲願)을 이제 온전히 창의적으로 계승, 비약적으로 업그레이드시켜 적용할 때이다. 2단계, 3단계 로켓을 준비·점화시켜 지구를 벗어나 태양계와 외계를 탐험·정복할 위대한 여정에 돌입할 웅대한 각오와 꿈의 비전을 가다듬고, 치밀한 준비·실천에 착수해야 할 중대한 시점이다.

중국의 부상과 일본의 우경화 등 한반도를 둘러싼 정치경제·안보질서는 19세기말에 이어 다시 커다란 변혁의 시기에 접어들었다. 새로운 질서의 태동·형성은 곧 새로운 도전을 야기한다. 동아시아 정세는 매우 엄중하다. 일본의 과거사 부정·왜곡 시도에 관계없이, 새로운 각오로 역량을 결집하여 국제정세의 변화에 능동·선제적 대응자세·체제를 구축하는 계기로 활용해야 한다. 스스로 과거사에 대한 성찰과 교훈을 바탕으로 국가역량을 극대화하는 실천적 지혜로 활용해야 한다. 광복 70주년을 극일(克日)과 제2의 광복, 그리고 한반도 재통일준비의 기점으로 삼아 재도약하는 우리 역사의 분수령으로 삼아야 한다. 우리는 광복 후 6·25 전쟁, 국가부도위기 등 많은 위기와 난관을 극복하면서 자신감과 경험을 얻었다. 위기극복의 원동력은 우리 자신의 불굴의 정신문화가 아닐 수 없다. 동시에 사회통합, 지속적 성장동력의 발굴, 사회 각 분야의 낙후된 제도와 비리 관행 등 혁신해야 할 분야가 산적해 있다. 무엇보다도 과학기술력과 사이버 보안 역량을 획기적으로 제고할 전략을 수립하고, 경제의 효율성과 투명성 제고 등 체질 강화로 국가경쟁력을 획기적으로 개선하는 기회로 활용해야 한다. 변화와 도전을 기회로 활용하는 실천적 지혜를 모으고 단합된 힘을 발휘하여 전략적으로 선택·집중, 실천할 때이다.

이를 위해 창의적 문제해결능력과 직무전문성을 인재양성·평가의 최우선적 목표·기준으로 삼고 실천적 사고를 일상화해야 한다. 개성·적성과 다양성을 존중하면서 국민을 하나로 통합시키는 공동의 목표·가치와 국가비전에 합의하여 함께 실천해 나가는 민족공동체의 건설에 매진해야한다. 지도층일수록 탐욕을 버리고 국가와 사회에 대한 헌신과 봉사를당연한 특권으로 받아들이고, 이를 잣대로 평가·인정받는 사회를 지향해야 한다. 공동운명체에 대한 인식과 책임을 나누어 부담·실천하는 정신문화를 정착·확산시킬 책임은 우선 지도층에 있다. 이러한 협력적 실천공동체를 정착시키기 위해서는 적어도 법과 원칙이 존중·준수되는 공정한 법치사회, 신뢰에 기반한 투명한 신용사회 그리고 과학기술 전문성을중시하는 정보화 사회가 전제되어야 한다. 정보통신혁명시대 산업체, 학교와 연구단체(산·학·연)가 권역별·거점별·분야별로 연계된 새로운 협력적 공동연구개발 모델을 개발·정착시키기 위한 지혜를 모으고 실천해 나가야 한다. 인적·물적 자원과 지식·정보를 공유하고 기초·응용과학 분야를 균형있게 발전·심화시키는 모델을 개발하고 시스템을 구축, 새로운핵심·전략 분야를 지속적으로 개척하고 연구개발 역량을 결집하여 이를신 성장동력으로 활용하는 전략과 지혜를 발휘해야 할 때이다.[214) 국가와 사회는 그러한 사회여건과 환경·인프라 조성과 국민의식 변화에 역량을 집중해야 한다.

외양과 스펙, 포장과 무늬가 아니라 내실과 내공을 중시하는 실천적사고와 문화를 생활화해야 한다. 이제 직관적 암기·이해력으로 기존 질서·지식을 단순히 추종·적용하는 정형화된 평범한 수재가 아니라, 기존지식·가치와 사회의 패러다임을 변화시키는 구체적 창의성으로 혁신을선도·주도하는 비범한 두뇌, '괴짜' 두뇌가 필요하다. 별다른 부가가치도없는 기존 지식의 암기·재생산을 위한 획일적 교육에 매달리는 것은 정보통신혁명의 시대정신, 즉 다양성, 창의성과 혁신성에 역행하는 일이다.해킹과 감청 등이 일상화되고, 사이버 보안능력이 국방력과 국력을 평가하는 핵심지표로 평가되고 있다. 사이버전쟁이 심화하면서 국가안보와

---

214) 한국 해양대, "한국해양과학기술원의 상생적 학·연 협력모델 개발 기획연구",
전게각주 143 참조.

국민안전의 개념 역시 완전히 새로운 시각과 관점에서 접근·대응을 요구한다. 수학능력시험이 잠재력과 창의력에 대한 객관적 척도는 될 수 없다. 다품종 소량생산의 정보통신혁명시대에 우리가 '대량생산'해야 할 것은 바로 창의적·모험적·도전적 두뇌 집단이다. 정보통신혁명이 심화하면서 갈수록 전문화되고 있는 사회·기업 환경의 급속한 변화와 흐름에 비추어 제너럴리스트(generalist), 더욱이 아마추어(dilettante) 수준으로는 이에 올바르게 대처하기가 더욱 어려워지고 있다. 자신이 좋아하고 가장 잘할 수 있는 분야를 조기에 발견, 선택하여 평생 전념하는 일사일업(一事一業)[215]의 장인정신(artisanship)과 풍토를 조성하고 각 분야에서 최고의 전문가 집단을 양성해야 한다.

마찬가지로 연구·교육 분야 역시 '독창적 사고'의 주인공이야말로 우리가 양성해야 할 인재라는 인식·가치와 행동의 전환, 패러다임의 전환이 절실하다. 철학, 인문학, 수학, 자연과학과 사회과학 등 모든 학문·연구 분야에서 창의와 혁신, 입증과 논증을 21세기 우리의 최우선적 목표와 가치로 일상화하는 자세가 필요하다.[216] 세종과 정조의 창의적 도전정신을 부활시켜 연구·교육과 사회 모든 분야에서 창의성·혁신성과 전문성(professionalism)을 평가의 궁극적 잣대로 인식·실천하는 자세확립이 절실하다. 과학적·학문적 발견, 발명과 특허야말로 연구·교육의 목표이며, 동시에 국력 극대화의 첨경이라는 인식을 공유·실천할 수 있어야 한다. 스티브 잡스와 빌 게이츠와 같이 사실상의 '1인' 벤처기업을 창업하는 실험·도전정신으로 새로운 지식, 새로운 산업을 창조하는 마인드를 일상화해야 한다. 다양한 실험정신이야말로 정보통신혁명 시대의 핵심적 화두이며, 무한도전과 무한혁신이야말로 산업혁명과 정보통신혁명을 낳은 요체이다.

관성의 법칙에 추종·순종 또는 복종하는 물체, 개인과 사회는 변화와 혁신을 기피한다. 정체된 비도덕적 사회가 부정·비리로 비대해져 고도비

---

215) 한만년, 『一業一生』(서울: 일조각, 1984).
216) 본장, 각주 10 참고.

만으로 가속도가 붙어 몰락의 내리막길로 치닫는 것은 시간문제이다. 혁신과 진화가 없는 사회에 주어지는 숙명은 도태와 사멸일 뿐이다. 조선 종말의 준엄한 교훈이자 엄숙한 경고이다. 우리 사회가 보다 연구해야 할 대상은 바로 운동의 법칙(laws of motion)이다. 다만 관성의 법칙은 타율적 타성의 법칙이며 '현상유지의 원칙'일 뿐이다. 우리가 숙지·활용해야 할 진정한 운동의 법칙은 관성의 법칙이 아니다. 가속도의 법칙과 작용과 반작용의 법칙(the action-reaction law)이라는 물리학의 법칙(physical laws)이며,[217] 이는 항성과 행성 등 천체의 생성·소멸·변화·재탄생의 진정한 원동력이다. 새가 알을 까고 나오듯, 도전과 응전은 역사를 지배·관통하는 명제이다. 가속도의 법칙과 작용과 반작용의 법칙이야말로 생명의 법칙인 셈이다.

개인 역시 자신의 운명의 궁극적 개척·책임자라는 인식을 바탕으로 자신의 적성과 재능을 계발하고 전문분야를 스스로 개척, 경쟁력 있는 인재로 다듬어 나가는 노력에 집중해야 한다. 부모와 교사는 학생의 적성·재능과 잠재력을 조기에 발견, 지적 호기심, 상상력과 문제의식을 지속적으로 계발·천착·집중할 수 있도록 유도·지원하는 데 그 역할과 임무가 주어져야 한다. 필요하다면 자신의 미래를 스스로 개척하는 도전정신으로 '지구 밖으로' 항해·진군할 자세를 갖추어야 한다. 소위 대항해시대 '지리상의 발견'은 그러한 위험과 모험을 감수하고 이루어졌다. 진취적 도전과 실험은 청춘의 특권이자 미덕이다. 난관과 위기를 기회와 축복으로 바꾸는 도전과 용기가 젊은이의 특전이자 사명이다. 타는 목마름으로 사회적 사명감과 자신의 운명에 대한 책임감에 따라, 그리고 때로는 영감과 계시에 따라, 중동이든 남미든 남극대륙이든, 열사의 사막이든 밀림의 정글이든 아니면 극지·오지이든 무지개를 좇아 열정과 도전의 삶을 개척하고 후대에 벅찬 공감과 울림, 새로운 용기와 영감을 불어넣을 수

---

217) 운동의 법칙을 사회과학의 방법론으로 적용한 저서로는 T. Hobbes, *Leviathan* (1651, edited by C.B. Macpherson. London: Penguin Books, 1968) 참조.

있어야 한다. '기회의 땅'을 찾아 자신만의 블루오션을 개척하고 뛰어들 진취적 각오와 위대한 도전정신이 21세기 우리 젊은이들의 키워드가 되어야 한다.[218] 후회 없는 삶을 개척하기 위해 실패를 두려워하거나 죄고 우면하지 않고 목표에 올인함으로써 성취·비약하는 창의적 도전은 청춘의 본질이자 알파요 오메가가 아닐 수 없다.

이제 광복 지난 70년의 경험, 지혜와 교훈을 모아 모두가 말보다 실천, 목전의 이익과 타산보다 봉사와 헌신, 기회·보신주의가 아니라 도전과 솔선수범에 매진할 때이다. 무실역행하는 실천적·협력적·창조적 가치공동체 건설에 나설 때이다. 또 이러한 국가·사회혁신의 동력을 통일 기반 조성의 원동력으로 적극 활용해야 한다. 국민 개개인이 남다른 각오로 '나부터' 새로운 한국 건설에 나서야 한다. 충무공 정신, 안중근·윤봉길 의사의 국가와 민족을 위한 숭고한 뜻과 유지(遺志)를 되새기고 거울삼아 2015년 을미년을 대일관계 역사를 새로 쓰는 원년으로 삼아야 한다. 선진 자주독립 통일조국의 초석을 굳건히 세우는 이정표로 삼아야 한다. 창의와 혁신, 원칙과 책임, 공정과 화합, 그리고 소통과 배려에 입각한 사회통합과 사회정의 실현에 더욱 박차를 가해 제2의 광복, 그 출발점으로 삼아야 한다. '험난한 앞길이 펼쳐지더라도' "포기함으로써 좌절할 것인가", 아니면 불굴의 의지로, 불퇴전의 각오로 "도전함으로써 비약할 것인가"[219] 전략적으로 결단·선택할 때이다.

---

218) 18세기 산업혁명으로 세계사의 흐름을 자신에게 유리하게 바꾼 영국인들은 모국을 뛰쳐나와 아프리카 밀림으로리빙스턴(David Livingstone: 1813~1873) 등, 5대양 6대주로 탐험과 모험의 길을 선택하여 시장을 개척하고 네트워크를 구축, 오늘날 앵글로색슨이 지배하는 세계, 영어가 말하는 시대를 열었다. 물론 이후 침략과 식민지배가 뒤따른 것은 인류가 경험한 근현대사의 어두운 면이 아닐 수 없다.

219) 박경리, 『토지』, 전게각주 130, 서문 "… 앞으로 나는 내 자신에게 무엇을 언약할 것인가. 포기함으로써 좌절할 것인가, 저항함으로써 방어할 것인가, 도전함으로써 비약할 것인가. 다만 확실한 것은 보다 험난한 길이 남아 있으리라는 예감이다…"].

제13장 역사적 이성, 실정법적 정의와 독도주권

1. 프롤로그: 우리는 지금 어디에 서 있으며 어디로 향하고 있는가?

파란과 곡절로 점철된 우리 근세사에 있어서 지난해 2014년은 갑오경장(甲午更張) 120주년이며, 금년 2015년은 우리 민족에게 마침내 압제의 사슬을 끊고 벅찬 감격을 안겨준 광복 70주년을 맞는 역사적인 해이다. 동시에 금년은 무인 출신 주한일본공사 미우라 고로(三浦梧樓)가 일본 낭인들을 사주하고 친일파 조선인 관리를 포섭, 경복궁에 난입하여 전대미문의 을미사변(乙未事變)[1]을 일으킨 지 120년을 맞는 해이기도 하다. 19세기 후반 조선지배층은 산업혁명, '지리상의 발견'에 이은 새로운 국제질서의 태동·개막이라는 거대한 변혁의 흐름을 예측·대비하지 못하고 이에 저항하다가 결국 비극적인 종말을 맞았다. 임진왜란·정유재란 및 정묘·병자호란 이후에도 계속된 개혁실패와 기득권층의 부패·무능[2]에 대한 동학농민운동 등 누적된 적폐가 봇물처럼 터지고, 이를 호재로 밀려드는 외세 등 내우외환 앞에 오천년 역사는 모래성처럼 일거에 무너져 내렸다. 전근대적 제국은 근대화의 파고 앞에서 우왕좌왕 허둥대다 난파했다. 난파선에 타고 있던 백성들은 하루아침에 노예 신세로 전락했다.

---

1) 송영희, "개국오백사년팔월사변 보고서", 『梨大史苑』, vol.2, 1960, pp.80~83 참조.
2) 고부 군수 조병갑(趙秉甲)이나 『춘향전』의 변학도는 대표적이다. 박현진, "법률영어, 법률문장과 문체·기교: 영미법상 비유법·유추·의제와 완곡어법을 중심으로", 『법학연구』(연세대 법학연구소) 제18권 제3호(통권 제39호, 2008. 9), p.249, 272 참조.

한편 지난 2010년은 조선이 일본 제국주의에 의하여 강제병합 당해 '사실상' 국권을 상실한 지 100년이 되는 해이다. 또 2010년 3월 26일은 민족의 영원한 스승인 안중근(安重根, 1879~1910) 의사의 순국 100주년이 되는 날이다. 또 96년 전 3월 1일은 일제의 무력과 강압 앞에서 '사실상'의 주권을 빼앗겨 '나라 잃은' 백성이 자주독립을 향한 무한투쟁의 대장정에 돌입한 날이다. 동시다발적 릴레이 함성이 전국 방방곡곡 그리고 전 세계를 뒤흔들었던 기미독립선언 96주년이 되는 날이다. 중국 상해 홍구공원[虹口公園: 현재 '루쉰 공원'(魯迅公園)] 내에 건립된 아담한 한옥 2층 정자인 매정(「梅亭」) 1층에서는 오늘도 매헌(梅軒) 윤봉길 선생의 의거를 웅변하는 짧은 흑백 활동사진이 상영되어 의거 당시의 비장한 역사적 현장의 감동을 가감 없이 전달한다.[3] 만물이 태동하기 시작한다는 3월, 피어린 오천년 역사의 무게, 신성한 강토의 축복을 새삼 실감한다.

광복 70년과 분단 70년, 우리는 5천년에 걸쳐 축적한 총체적 역량을 시험받는 진검승부를 앞두고 있다. 19세기 중반 조선은 국제현실에 대한 무지몽매 그 자체였다. 사직(社稷)이 위기에 처한 것을 깨달았을 때는 이미 늦었다. 게다가 어리석음과 오만, 부패와 무능으로 뼈를 깎는 대가를 치러야만 했다. 그리고 그 고통은 고스란히 백성들의 몫이었다. 우리 민족에게 19세기 중반 이후 외세의 개입과 침략, 그리고 6·25 전쟁에 이르는 약 100년의 기간은 좌절과 상실의 '잃어버린 한 세기', 우리 근대사의 블랙홀이었음을 부정할 수 없다. 35년 일제 강점과 그 극복은 항구적 면역항체가 될 수 없다. 탐욕과 무능으로 인한 근시안적 순간의 선택이 100년, 아니 수 백 년을 좌우한다. 조선의 지배계층의 파벌과 분열, 부패와 무능으로 인한 잘못된 선택과 정책은 150년이 지난 지금까지 분단의 고

---

3) 홍구공원 북동쪽 가장자리에는 낮은 초목담장으로 둘러싸인 윤봉길 의사 기념 공원이 조성되어 있으며, 그 입구에는 1932년 윤의사가 폭탄을 투척한 장소를 알려주는 표지석이 있다. 안쪽에는 2층 누각에 윤의사의 유품과 유물을 전시하고 있다.

통과 짐을 남기고 있다. 조선의 몰락은 두말할 나위도 없이 영국발 산업혁명과 산업화에 이은 제국주의의 파고를 넘지 못하고, 그 영향·결과에 능동적으로 대비·대응하지 못한 결과이다.

조국의 자주독립을 위해 기꺼이 목숨을 바친 윤봉길·이봉창 의사와 이육사[4]·윤동주 선생 등 애국선열들의 거룩한 도전, 무엇보다도 안중근 의사의 숭고한 정신이 민족의 고난의 역정에 가져다 준 꿈과 희망, 울림과 여운을 되새겨 본다. 순국 100주년을 넘긴 이 시점까지 안 의사에 대한 일본의 폄훼 기도, 영토도발과 과거사 왜곡이 공공연히 자행되고 있는 현실에 대한 무거운 책임감도 함께 느낀다. 구한말 근대 불평등조약은 침략의 서곡이었으며, 그간 국제법은 우리의 자산(assets)이라기보다 부담(liabilities)으로 작용해 왔다. 더욱이 관습법 규칙의 형성과 확립에서도 확인되는 바와 같이 결국 국제관계는 '힘과 법 간의 갈등관계이며 상호작용'이다.[5] 불법적 힘, 즉 폭력과 광기를 합리적 국제법규범으로 진화시키는 원동력은 인류의 보편적 양심과 정의감, 그리고 실천적 이성일 것이다. 역사적 경험은 인류의 보편적 양심과 이성이 정의와 형평의 관념을 규정·구체화하고 실정 법규범의 제정을 촉진하여 법의 진화를 추동해 온 사실을 보여준다.

국제사회에서 "힘없는 정의는 무력하고, 정의 없는 힘은 폭력"[6]이라는 파스칼의 명제는 아직 일정 부분 유효하거나 유력한 셈이다. 그러나 법과 정의에 입각한 「법의 지배」(The Rule of Law)[7]의 이상은 분명 진화·

---

4) 연합뉴스, "[단독]이육사 순국한 日지하감옥, 베이징에 여전히 존재", 2015. 8. 2.
5) 본서, 제6장, I(서론), 각주 1 참조.
6) "Justice without might is helpless; might without justice is tyrannical. Justice without might is gainsaid, because there are always offenders; might without justice is condemned. We must then combine justice and might and, for this end, make what is just strong, or what is strong just.". B. Pascal, *Pensées*, translated by W. F. Trotter, available at http://folk.uio.no/lukeh/books/thoo/Pascal-Pensees.pdf (2013. 11. 14 검색).
7) 본서, 제1장, 8. 원폭투하, '점령군의 법'과 일본식 '법의 지배', 참조.

전진하고 있다. 동시에 그 완전한 실현은 아직 도래하지 않았으며, 구체적·실질적 정의의 실현을 향한 인류의 진군은 시지프스(Sisyphus)의 신화처럼 무한히 계속되어야 할 인류의 숙명이다. 따라서 국제사회에서 '힘의 지배'는 일정부분 아직 엄존한다는 현실인식에 기초하여 이에 대비하는 총체적 국가역량을 강화하면서 정의에 기초한 국제평화에 기여해 나가야 한다. 불과 150여 년 전 지배층의 당쟁, 무지·무능과 부패로 나라의 운명과 백성의 삶을 송두리째 앗아간 참혹한 교훈을 되새겨 이제 누적된 폐단을 혁파하여 국민의 역량과 지혜를 결집하고, 창의와 혁신을 통한 사회통합과 내실화를 실천해야 할 때이다. 모든 분야에서 현 수준을 점검하고, 정보통신혁명의 시대정신을 구현하는 새천년 민족통일 공동체의 새로운 비전과 방향을 진지하게 고민·성찰해야 할 중차대한 시점이 아닐 수 없다.

2. 역사문제와 영토문제

역사, 그것은 인물의 행적과 사건(사회·자연 현상)의 전말에 대한 자연과 인류의 기록·기억이며, 또한 역사가의 이성적·경험적 해석·평가이기도 하다. '모든 역사는 현재의 역사'이며, 역사가는 시대정신과 가치에 입각하여 과거사를 끊임없이 재해석·재평가한다.[8] 따라서 역사는 인간의 보편적 이성에 입각한 인류의 이상과 가치 ─ 자유, 평등과 정의, 인권과 인도주의 등 ─ 의 실현·수렴을 지향한다. 변화하는 인류의 이상과 가치에 비추어 인물의 행적과 사건에 대한 끊임없는 재평가를 수반하는 것은 불가피하다. 결국 역사의 진전이란 따라서 적어도 교육을 통해 미래세대에 인본주의를 거양하고, 보편적 역사관과 가치관을 확립·공유하며,

---

8) 본서, 제12장, IV.1.

소통을 통한 상호존중과 신뢰를 증진시키는 것을 의미할 것이다. 이러한 발전적 진화는 과거사의 과오를 진지하게 성찰·시정하고 인접국과 바른 역사인식의 공유를 전제로 한다. 히로시마, 나가사키는 바로 그릇된 과거사[9]의 비극적인 역사적 현장이자, 움직일 수 없는 침략의 산증인이 되고 있다.

지난 2008년 일본은 자국 중등교사용 사회과 학습지도요령 해설서에 독도 영유권 주장을 명기함으로써 우리 측의 강력한 반발과 유감을 불러일으킨 바 있다. 일본에 민주당 정부가 출범한 이후 정면충돌이나 대립은 일단 피한 것처럼 보인다. 그러나 갈등의 불씨는 여전히 남아 있으며, 뇌관이 제거된 것은 아니다. 자민당 정부가 출범하면서 종군위안부 문제와 영토문제를 포함한 과거사 문제에 대한 우려는 일부 현실로 나타나고 있다. 영토는 국가의 3요소 중 하나이며, 민족·국가공동체의 기본 전제이다. 영토는 그 구성원의 육신의 쉼터이자 영혼의 안식처이다. 영토는 종족·민족·국민의 생활·(민속·문족)문화의 공간이자 경제적 기반이며, 그 구성원의 집단적 기억·정체성을 담보하는 공간적 실체이다.[10] 영토는 또 그 지형·기후 및 생활조건으로 인하여 그리고 지리적 인접국과의 상호영향으로 인하여 그 구성원들의 인식과 사고, 정서와 에토스(ethos: 정신·기풍)를 형성·지배하는 선천적 모태이다. 후천적 교육과 더불어 영토는 일정한 정신문화의 양식(pattern)과 특징을 제조해 내는 거푸집과도 같다. 따라서 도서와 육지 등 지리적 영토 조건은 정치·경제공동체는 물론, 나아가 민족공동체의 정체성(형성)의 터전이다. 나아가 민족문화 창출의 둥지이며, 민족·국민과 그 문화의 영속성을 담보하는 물리적 기반이다. 요컨대 영토는 한 민족의 자산이자 유산이며, 민족문화의 보고(寶庫)이자 민족정신·정서의 요람이다.

---

9) 예컨대 1995년 무라야마 담화 참조.
10) A.D. Smith, *The Ethnic Origins of Nations* (Oxford: Basil Blackwell, 1986), pp.28~29; 본서, 제12장, III,1 참조

독도문제는 19세기 중반 근대화에 성공한 일본이 20세기 초 조선을 침략한 역사적 배경에서 출발한다. 독도는 일본의 제국주의적 침략·팽창 정책의 첫 희생물이다. 일본은 기습공격으로 러일전쟁에서 기선을 제압하여 국제정세에 혼란을 야기하고 이를 틈타 독도를 자국 영토로 '편입' 하였다고 주장한다. 이러한 은밀한 불법 '독도편입'의 성격을 위장하기 위하여 일본은 소위 '무주지 선점'론으로 포장해 왔다. 그만큼 독도문제는 역사·지리적 문제이자 법적(영토주권 침탈) 문제이고, 또한 국제정치 (외교)적 측면도 내포하고 있다. 따라서 독도문제는 이러한 3가지 측면에 대한 종합적 접근·검토가 바람직하다. 요컨대 독도주권 문제와 과거사 문제는 한일관계에 있어서 일본의 일방적, 습관적 침략·식민지배에서 촉발된 구조적 성격을 가진 문제이다. 한일관계의 '정상화'는 독도주권 문제의 해결과 직·간접적 관련성이 있다. 또 독도주권 문제는 우리의 입장에서 볼 때 대일관계의 측면과 함께, 일정부분 대일강화조약에서 유래·기인하는, 국제사회를 상대로 한 다자적 측면도 내포하고 있다.

3. 역사적 계승·법적 승계 그리고 원상회복

역사학이 인류의 보편적 이성에 기초하거나 보편적 이성을 지향한다고 하여 과거사 문제를 하루아침에 해결해 줄 수는 없다. 역사적 사실·쟁점에 관하여 역사주체가 가지는 또는 소여받은 정치적·국가적·민족적 입장·관점·시각이나 가치관 등 주관적 인식의 차이로 인해 또는 국제정치에 따른 국가·동맹 관계의 이합집산 등으로 인해 그러하다. 이러한 일련의 사건·사실은 명백히 우리의 것조차 이를 지키려는 강력한 의지와 일관된 노력, 그리고 일치된 단호한 대응역량이 없거나 부족하면 지킬 수 없다는 교훈을 남겼다.

전술한 발트 3국의 예에서 보듯[11] 역사적 계승은 법적 승계로 이어질 때 민족정체성 갈등에서 해방될 수 있다. 독도는 광복과 더불어 일제의 강점에서 벗어나 다시 한국의 품으로 돌아온 것이며, 법적으로는 '원상회복'된 것이다.[12] 카이로선언, 포츠담선언과 일제의 항복문서 그리고 1946년 초 한반도와 독도를 일본의 영역으로부터 분리시킨 연합국 최고사령관 훈령(SCAPIN) 제677호[13]는 이를 확인하는 국제법률문서(international legal instrument)이다.[14] 즉 35년간의 일제의 강점 기간 동안 일제는 한반도에 대한 '사실상'의 통치권을 행사했을 뿐이다. 한반도에 대한 '법률상의 주권·통치권'은 엄연히 대한제국 및 그 승계국 대한민국(국민)에 귀속·유지되고 있었던 것이며, 독도 주권 역시 마찬가지이다. 이러한 입장과 해석은 1943년 연합국 수뇌들의 카이로선언에서도 확인된다. 즉 연합국 수뇌들은 카이로선언에서 일제의 침략을 응징하기 위해 싸우고 있다고 선언하고, 일제가 "폭력과 탐욕"으로 탈취한 모든 영토에서 축출하기로 결의하였다. 특히 한국민의 "노예상태"(enslavement)에 유의하여 적절한 절차를 거쳐 한국을 자유·독립국가로 원상회복시킬 것이라는 단호한 입장을 표명하고 또한 일본의 무조건 항복을 압박하는데 필요한 군사작전을 계속할 것임을 천명하고 있다.

---

11) 본서, 제12장, Ⅲ.1 참조.

12) Park Hyun-jin, "SCAPIN 677 as an International Legal Instrument Constituting Both a Root and Evidence of Korean Title to Dokdo", 『Korean Yearbook of International Law』, vol.1 (2014), p.123, sec.Ⅲ.3.

13) 'SCAPIN 677 – Governmental and Administrative Separation of Certain Outlying Areas from Japan by General Headquarters of Supreme Commander for Allied Powers'; 본서, 제7장, Ⅳ.1

14) 본서, 제7장, Ⅳ.1 및 Park, *supra* note 12, p.125 참조. Brownlie 교수는 주요 전승국 공동결정에 의한 영토처리(disposition by joint decision of the principal powers)를 영토권원의 근거로 간주한다[I. Brownlie, *Principles of Public International Law*(6th edn., Oxford University Press, 2003), p.130]. 본서에서는 연합국 공동의 영투처리(분리 결정)는 한국의 녹도에 관한 기존 영토주권 및 그 승계사실을 확인한 법적 처분(원상회복)으로 간주한다. Park, *ibid.,*, p.128.

이러한 연합국의 입장은 국제사회(를 대표한 주요 열강들)가 일제의 대한제국 강제병합의 불법성을 규탄하고 이를 원상회복시키겠다는 각오와 결의를 표명한 것이 아닐 수 없다. 일제의 항복으로 한반도에 진주한 미군(군정청)과 구소련군 역시 점령군으로서 국제법상 대한제국 및 한반도에 대한 법률상의 주권을 취득할 수 없었으며, 실제로 주권을 취득한 것도 아니다. 대한제국의 신민은 줄기차게 민족항쟁과 독립투쟁을 전개하였으며, 따라서 태평양전쟁의 패전국 국민이 아니다. 미 군정청은 약 3년간 대한민국을 지배하였으나 이는 어디까지나 독립 이전까지 점령군으로서 연합국 및 대한민국(국민)의 명시·묵시적 위임을 받아 잠정적으로 정치권력을 행사한 것일 뿐이다. 법적으로 말한다면, 미군정청은 사실상 또는 법률상의 '통치권'을 행사한 것일 뿐이며, 법률상의 주권은 조선인(한국인)에 귀속되어 있었다(소위 '잔존주권').15)

중요한 점은 대일강화조약 제2(a)조에서 연합국과 일본은 대한민국이 아니라 '한국'(Korea)에 한반도와 인접·부속도서에 대한 영토주권을 실정 국제법상의 권리로 인정하였다는 사실이다. 즉 1951년 9월 당시 연합국과 일본이 한반도의 통일을 한국민이 스스로 결정·해결해야 할 문제로 규정한 것은 한국에 통일의 권리('통일권')을 실정법상의 권리로 인정한 것이다.16) 더욱이 루스벨트 대통령, 장개석 총통과 처칠 수상은 1943년

15) 박현진, "독도 실효지배의 증거로서 민관합동 학술과학조사: 1947년 및 1952-53년 (과도)정부·한국산악회의 울릉도·독도조사를 중심으로", 『國際法學會論叢』 제60권 제3호(통권 제138호, 2015. 9), p.61, 74~76 참조. 미 군정청의 정식명칭은 '재조선미육군사령부군정청'(在朝鮮美陸軍司令部軍政廳, United States Army Military Government in Korea, USAMGIK)이다. At https://en.wikipedia.org/wiki/United_States_Army_Military_ Government_in_Korea (2015. 8. 19 검색).

16) 본서, 제7장, VIII 참조. 물론 현재의 중국과 러시아는 각각 대일강화조약 당사국이 아니므로 조약상 의무에 구속되지 않는다는 주장을 제기할 수도 있으나, 카이로선언은 장개석 총통이 당시 중국을 대표하여 참가한 공동선언이므로 당시의 자유중국을 승계한 중국을 구속한다고 볼 수 있다. 또 전술한 바와 같이(제7장, III.1), 중국은 동 조약 영토조항 상 일정한 이익을 얻고 있으므로[제2(b)죄 중국이 단지 조약당사국이 아니라는 이유만으로 동 조약에 구속되지

카이로선언에서 연합국의 전쟁 수행의 목표가 일본의 침략을 응징하기 위한 것임을 천명하면서 "스스로 그 어떤 이익을 탐하지 않으며, 추호도 영토 확장의 생각이 없다"[17]고 선언한 바 있다.

4. 역사인식과 법적 평가

관계국간 역사인식의 차이를 좁혀 역사 마찰·갈등을 해소하는 이상적인 방법은 관계국간 공동연구를 통해 보편적 사관에 따른 공동체 역사를 기술하는 것이다. 이 경우 역사적 사실의 진위 여부는 역사를 둘러싼 갈등과 대립의 문제가 아니라 건전한 상식과 보편적 이성의 문제가 된다. 문명사회의 이성적 판단과 선험적 윤리·관습의 문제가 된다. 또 역사해석을 둘러싼 관계국간 이견 역시 공동의 역사인식에 기초한 상호 신뢰의 바탕위에 역사화해에 이를 수 있다. 법은 사회가 지향하는 가치·이념을 표상·실현하는 제도·체제를 구축·수립하고 공동체의 안보·질서를 유지·수호하여 그 구성원들의 자유·평화로운 삶을 보장하는 데 요구되는 최소한의 규범이다. 정의와 형평, 인권과 인도주의 등은 공동체가 지향하는 그러한 보편적 가치·이념을 구성한다.

다양한 인종, 민족과 국가들로 구성되어 다양한 역사, 문화와 가치관이 공존하는 국제사회에서 '보편적 법의 이념·가치'를 구현하는 법의 '일

않는다는 주장은 설득력이 없다고 본다. 또 러시아 역시 얄타회담과 포츠담선언에 스탈린이 참가한 사실, 동 조약 상 일정한 이익을 향유하고 있는 점[제2(c)조], 그리고 강화조약의 제3국에 대한 효력에 관한 국제판례(에리트레아/예멘 사건, 제2장, III.1)에 비추어 동 조약의 자국에 대한 구속력을 부인하는 것은 성립하기 어렵다고 본다.

17) "They covet no gain for themselves and have no thought of territorial expansion.", Cairo Communiqué, at http://www.ndl.go.jp/constitution/e/shiryo/01/002_46/ 002_46tx.html(visited 2015. 3. 1).

반원칙'(general principles of law)은 국제사회가 직면한 이견·분쟁의 해결을 규율하는 근간·기초이며, 국내·국제판결 및 학설과 함께 국제법의 2차적 법원(法源), 즉 실질적 법원을 구성한다.[18] 단순히 과거사실이라는 이유만으로, 또는 문제의 과거사에 적용할 법규가 부재했다는 이유로, 과거의 범죄를 '역사적 평가'에 맡겨 '역사적 책임'만을 운위하는 것은 무력침략·강점과 식민지배 및 양차 세계대전 등 미증유의 고통을 겪은 20세기 동시대인으로서 무책임한 직무유기요, 책임회피가 아닐 수 없다. 단순히 '과거'라는 이유만으로 면죄부가 주어질 수도, 또 주어져서도 안 된다. 과거 사실에 대한 역사적 심판은 인류의 진보를 위한 국제공동체 구성원 모두의 당연한 책무이다. 동시에 과거사에 대한 법적 해석·판단과 함께 행위·사실 발생 당시의 지배적 실정규범(시제법) 또는, 예외적으로 불가피한 경우(뉘른베르크 헌장 등) 보편적 기준, 즉 '법의 일반원칙'에 의한 엄정한 법적 평가·심판[19] 역시 법의 존재의의이다. 과거, 현재를 막론하고 옳고 그름(시비: right or wrong)에 대한 판단은 법의 고유한 기능이며 법의 본연의 사명이다.

사법적 자제(judicial restraint)는 사법적 적극주의(judicial activism)와 적절한 균형과 조화를 이룰 때 비로소 진정한 '법의 지배'의 이념을 실현할 수 있다. 바람직한, 법과 원칙에 입각한 국제공동체는 보편적 기준·규범에 기초해야 할 것임은 두말할 나위도 없다. 인도에 반한 죄, 전쟁·침략 범죄, 인종청소·집단살해에 대한 보편적 관할권을 인정·지향하고 시효 없이 단죄하는 것은 문명사회의 정언명령이며, 국제사회 및 그 구성원 모두의 보편적 이념·가치·법익에 부합한다. 약육강식이 지배하는 '자연의 섭리', '야생의 순리'가 아니라 '이성과 상식의 요구', '문명사회의 준칙'에 따르는 것은 인간사회의 당위의 법칙이자 생존을 위한 인류의

---

18) 국제사법재판소 규정, 제38(1)(c)~(d)조; 본서, 제8장, II.3.
19) 예컨대 본서, 제6장, III.1~III.2 (조·일 교환공문의 '약식조약'으로서의 효력 및 증명력에 대한 법적 해석·평가); 박현진, 전게각주 15, pp.86~89.

진화 과정 그 자체라고 해도 지나친 말은 아니다.

5. 영토문제와 영토도발

1951년 대일강화조약 문안 작성 당시 패전국 일본은 집요한 대미로비
와 공작을 통해[20] 반환영토 목록에서 독도를 제외시키고 이를 근거로 한
영유권 주장도 내세우고 있다. 이 책에서 원용·논증·입증한 숱한 반대
증거에도 불구하고 그리고 스스로 독도에 대한 영토권원의 부재를 여러
차례 인정하고서도 영유권 주장을 되풀이하는 것은 억지요 궤변이 아닐
수 없다. "독도는 한국 독립의 상징이다". 1954년 일본의 국제사법재판소
(ICJ) 제소 제안에 대하여 당시 변영태 외무장관이 특별성명에서 밝힌 명
쾌하고 단호한 금석지언(金石之言)이다. 일본은 양국 간 국교를 정상화한
1965년 한일협정 체결 당시 독도문제를 양자 간 현안문제로 규정하는데
실패함으로써 우리의 독도영유권을 묵인한 국가실행을 보였다.[21]

태평양전쟁을 일으킨 일제는 패전의 결과 일본이 역사적 권원을 주장
하는 남 쿠릴열도 4개 도서('북방도서')와 러일전쟁의 '전리품' 사할린 남
부 등을 상실한 데 불과하다. 청일전쟁으로 빼앗았던 타이완(臺灣)·펑후
제도(澎湖諸島) 역시 일본의 고유영토는 아니었다. 미국은 1968년 유황도
(硫黃島: 이오지마)를, 1972년 오키나와(沖繩) 제도를 일본에 반환하였다.

---

20) 정병준, 『독도 1947 - 전후 독도문제와 한·미·일 관계』(경기, 파주: 돌베개,
2010), pp.72~73 & 331~395.
21) 한일 양국 간 국교정상화 조약인 한일 「기본관계조약」은 현안 영토문제에 관
한 조항이 없다. 일반적으로 국가 간 외교관계에 관한 조약은 미해결 영토·국
경 문제가 있을 경우 이를 명기하는 것이 확립된 관행이며, 이를 명기하지 않
는 경우 상대의 권원을 인정하고 영토분쟁이 존재하지 않는 것으로 간주·해석
된다. See Case concerning the Temple of Preah Vihear(Cambodia v. Thaliand),
Merits, *ICJ Reports*, 1962, p.6, 27~28.

2차대전 패배로 상당한 영토를 상실한 독일과 대비된다. 더욱이 분단된 한국의 참혹한 현실에 비하면, 정작 숱한 인명 희생과 고통을 야기했던 국가의 영토는 패전 후에도 그대로 유지되도록 허용되었다. 구소련은 마치 한반도가 일제의 합법적 영토였던 것처럼 짧은 기간 대일 참전의 대가를 한반도에서 찾았다. 카이로선언에서 연합국 수뇌들이 약속한 통일 '한국'은 온데간데없다.

근대 국제법상 대표적인 영토취득방식 가운데 하나인 무주지 선점은 문제의 영토가 무주지라야 하며, 그 영토에 대한 영유의사를 가지고 실효적(물리적)으로 지배[현실적·평화적·계속적 국가권능(입법·행정 또는 사법)의 현시]할 것이 요구된다. 또 그러한 영유의사는 영토 '편입' 시 국제사회에 적절·충분하게 공시되고, 관련국에 통고하는 것이 원칙이다. 특히 무인 소도서의 경우에는 무주지 여부와 실효지배의 객관적 증거를 확인하기 어려운 관계상 더욱 그러한 공시·통고가 요구된다(편입행위의 '공연성').22) 이러한 법적 절차는 관련 이해관계국에 정당한 이의·항변의 기회를 제공하여 불필요한 분쟁이나 평화에 대한 위협을 피하고 국경의 안정성을 도모하기 위한 것이다.

문제의 영토에 대한 정당·적법한 권원 보유국이 있는 경우, 비밀 영토 편입은 두말할 나위도 없이 타국 주권에 대한 엄연한 영토침탈 행위를 구성한다. 또 대일강화조약 체결을 전후한 일본의 국가행위(국가실행) 역시 합법적 영토취득의 요건을 전혀 충족시키지 못하고 있음을 스스로 보여주고 있다. 1951년 9월 8일 대일강화조약이 조인되기 직전, 일본 정부(해상보안청 수로부)가 동년 8월 제작하여 조약 비준동의에 참조목적으로 동년 10월 자국 의회에 제출한 「일본영역참고도」,23) 대장성령 제4호

---

22) 박현진, "일제의 독도 군사점령과 비밀·유사 '편입': 국제법상 지방행정청의 영토선점·고시(사본)의 적법성·유효성·증거력", (사)독도연구보전협회 2015년도 학술대회 (서울: 역사박물관, 2015. 10. 8), 발표논문집, p.19 참조.
23) 본서, 제7장, V.3.

(1951. 2. 13)와 총리부령 제24호(1951. 6. 6)[24] 등은 모두 독도를 한국의 영토로 표시하여 일본이 주장하는 독도권원의 부재와 영유의사 부재의 사실을 스스로 입증하고 있다(사실추정칙=*res ipsa loquitur*; The thing speaks for itself).

6. 한국의 독도권원의 근거와 증거: 안용복의 유산

조선 숙종조 안용복 사건에 이은 외교적 담판에서 조선 조정은 당시 양국 간 관행·원칙(거리 관습)에 입각한 명확한 입장을 정리한 후, 전략적 사고·판단에 따른 협상을 통해 올바른 그리고 바람직한 교섭을 이끌어냈다.[25] 협상의 규칙을 준수하면서 상대의 본심을 읽고 그에 따라 협상 카드를 올바르게 활용한 결과이다. 물론 협상에서 뱃심과 뚝심은 기본전제일 것이다. 또 그에 앞서 고려시대 서희의 담판 역시 실용적·창의적 외교의 결실이다.[26] 한편 무능한 선조에 이은 인조의 명분 일변도의 대외정책은 나라와 백성에 아무런 실질적 이익이나 바람직한 결과도 가져오지 못했다. 또한 의미 있는 명분이나 원칙도 세우는 데에도 실패했다.

『세종실록』 지리지(1432)와 『신증동국여지승람』(1530) 등 사서와 지리서 및 각종 관찬 지도·해도에서 독도에 대한 영유의사를 천명·확인하고 (상징적 병합), 울릉군도에 대한 정기·부정기 수토사 파견과 개척(가상

---

24) 본서, 제7장, V.4 참조.
25) 본서, 제6장.
26) 조선 초기 이예(李藝: 1373~1445)는 울산군의 향리(아전)에서 출발하여 이후 43년간 외교관으로 활동하면서 일본 국왕에 6번, 유구국 등에 7번 등 총 40여 회에 걸쳐 통신사로 파견되어 한일관계와 문화교류에 기여하였다고 한다. 이명훈 엮음, 『이예(李藝)의 사명: "나는 조선의 통신사로소이다"』(서울: 새로운 사람들, 2005) 참조.

적·현실적 실효지배), 17세기 말 안용복의 선견지명과 선구적 민간 '왕복외교'로 촉발된 울릉도·독도 영유권과 해상국경에 관한 외교교섭('울릉도쟁계') 과정에서 당시 숙종과 남구만의 올바른 상황판단과 적극대응에 따라 막부는 교환공문(약식조약)을 통해 1697년 조선의 울릉·독도 영유권을 공식 인정하였다.

이어 일본은 1870년 및 1877년 명치정부가 입장을 정리한 내부문서를 통해 스스로 조선의 울릉도·독도 영유권 인정한 바 있으며, 조선은 1900년 고종의 칙령 제41호에 입각한 울릉도·독도 행정구역(울도군) 창설과 실효지배를 강화하였다. 또 광복 후 연합국 최고사령관 훈령(SCAPIN) 677호와 대일강화조약 그리고 변영태 외무장관 등 정부의 강력 대응·경고에도 불구하고 그간 일본이 국제법의 원칙과 법리에 반하는, 국제사회의 건전한 상식에 명백히 반하는 비우호적인 부당한 주장을 집요하게 계속하면서 도발을 계속하는 데에는 일제강점으로 인한 '사실상'의 주권 공백이 존재했던 사실 이외에도 복합적 요인이 존재한다.

즉 1) 1990년대 중반까지 과학적·실증적·분석적 접근에 입각한 연구 성과 부족과 증거자료 발굴부족으로 독도권원을 입증하는데 미흡했던 점과 전쟁 등으로 인해 우리의 독도주권의 근거·증거를 국제사회에 널리 홍보·확신시키지 못한 점;[27] 2) 우리의 대응의지·수준을 시험해 보고 대응전략을 세워 일정한 이익을 취하려는 일본의 책략과 전략, 그리고 영토문제를 이용하여 자국의 전략적 이익과 영향력을 유지하려는 외부의 간접적 개입 시도; 그리고 3) 일부 우리 지식인·연구자들이 통시적 관점에서 본 일본 우익의 실체를 호도하며 '미래지향적 한일관계' 또는 실용

---

27) 여기에는 조선 지배계층의 해양영토·관할권의 중요성에 대한 전반적 무지·무관심 및 인식부족, 태종에서 고종에 이르기까지 대부분의 울릉·독도수토(시찰) 관리들의 분석적·실증적·과학적 탐구자세의 부족, 광복 후 남북분단과 6·25 전쟁 등으로 인한 혼란과 자료 소실, 그리고 그릇된 역사인식·접근방식과 이중적 태도, 불필요한 '선심성' 제안(예컨대 '평화의 바다' 제안 등)이나 타협적 거래시도도 포함된다.

주의 등을 앞세워 어설픈 타협과 그릇된 선택을 마치 국익을 위한 큰 결단인 양 은연중 포장하여 사실상 '국론분열'을 유도·조장해 온 점 등이 복합적으로 작용한 결과로 볼 수 있다.[28]

7. 정보통신혁명시대의 콘텐츠·애플리케이션 개발과 네트워킹

독도를 둘러싼 법리논쟁에서 확고한 우위를 점하려면 객관적 사실·자료·증거를 조사·수집하고 깊이 있는 연구를 축적하는 것이 긴요하다. 또 독도에 관한 정확한 역사적 사실과 정보를 전달할 교재를 개발하고, 또 연구결과를 주요 외국어로 번역·출간하여 국제사회의 정책결정자, 학계와 언론 및 여론 주도층을 대상으로 논리적으로 설득시키는 일관성 있는 차분한 노력이 중요하다. 일반인을 대상으로 한 교육·홍보 자료 역시 심도 있는 조사·연구를 바탕으로 필요한 사람들에게 객관적 사실과 정보를

---

28) 만일 적극대응이 독도의 '국제분쟁화'를 부추기는 행동이라는 주장이 유효하기 위해서는, 그동안 소극적 대응이 일본의 거듭된 독도 망언·도발을 초래하고 일본의 일방적 주장이 국제사회(각국의 지도와 웹사이트 등)에 확산되도록 방치하지 않았는가 하는 점, 2006년 일본 해양조사선의 독도수역 진입 시도, 그리고 신한일어업협정 상 독도의 지위 등 일련의 사태·상황에 대해서 먼저 납득할 만한 충분한 설명이 선행되어야 한다. '권리위에서 낮잠 자는 자는 보호할 가치가 없다'는 것이 법의 기본적 입장이며[R. v. 예링, 『권리를 위한 투쟁』(박영문고 163, 심재우 역, 박영사, 1977), p.139], 국제판례는 영토주권에 관한 소극적 태도(망끼에·에끄레오 사건에서 프랑스 측의 태도 등)는 묵인으로 간주하여 패소판결을 내린다. '동해'표기 문제에서 일정한 효과를 얻고 있는 것도 적극대응의 긍정적 성과의 하나로 볼 수 있다. '울릉도쟁계' 당시 남구만의 대응, 정유재란 시 충무공이 퇴각하는 일본군을 추격한 점, 변영태 외무장관의 특별성명(1954), 2006년 독도수역 진입 시도한 일본 해양조사선의 실력 저지 등은 우리의 자세에 대한 엄각과 교훈을 준다. 일관된 단호한 대응이야말로 영토문제에 대한 올바른 접근방법이 아닐 수 없다.

제공할 수 있어야 한다. 또 새로운 연구·정보에 비추어 콘텐츠를 정기적으로 검토, 보강·업데이트하고 애플리케이션을 개발하여 소통방식을 다양·다변화하고 정부 간 채널 외에도 여러 가지 형태로 각국의 대중·시민사회단체 등 민간차원의 국제적 소통·연대를 강화하는 방법도 강구·시행할 필요가 있다.[29]

즉 정부차원의 단호한 공식 대응과는 별도로, 장기적으로는 민간교류네트워크를 통하여 일본의 합리적 지식인들과 정치인을 설득해 나가는 노력이 필요하다. 17세기말 안용복의 민간 '왕복외교'가 남긴 교훈이다. 현재 일본 학자와 시민운동가들이 각종 증거자료를 바탕으로 "독도는 한국의 고유영토"라는 확신을 가지고 위험을 무릅쓰고 이를 일본 내에 알리고 확산시키는 운동을 전개하고 있다는 사실은 일본의 양심적·합리적 학계와 시민단체와의 연대를 통한 민간 차원의 창의적 홍보노력의 중요성과 가능성을 일깨우는 사례이다.[30]

실제로 일본의 '새로운 역사교과서를 만드는 모임'(새역모)이 2001년 일본 극우파의 역사인식을 그대로 반영한 후소샤(扶桑社) 교과서를 출간하자 문제의 심각성을 인식한 '한중일 삼국 공동역사편찬위원회'는 국제연대를 맺고 2002년 난징국제학술대회에서 각 국 중학생이 공동으로 사용할 수 있는 근현대사 교재를 개발하기로 합의, 한국 23명, 일본 14명, 중국 17명이 공동집필진으로 참여한 공동역사서 「미래를 여는 역사」를 2005년 출간하였다.[31] 이외에도 자민족중심주의를 지양하고 21세기 동아시아의 새로운 모습을 탐색하기 위해 중국과 일본의 역사, 문학 분야 학자들이 중심이 되어 '동아시아 지식공동체 모임'을 결성·운영하고 있는 등 대학과 민

---

29) 예컨대 동북아역사재단 독도연구소는 2010년 사이버 외교사절단(VANK)과 온라인 '글로벌 역사외교 아카데미' 동영상 강좌를 개설하는데 합의하였다.

30) 본서, 제7장, 결론 참조.

31) 배영자, "동아시아 지식네트워크: 싱크 탱크(Think Tank)와 공개소프트웨어(Open Source Software) 사례", 하영선(편), 『동아시아 공동체: 신화와 현실』(서울: (재) 동아시아연구원, 2008, 2010), p.329, 347.

간연구소 중심의 다양한 민간차원의 교류와 네트워킹이 활발하게 이루어지고 있다고 한다.[32] 이러한 지식네트워크 활동은 정보통신혁명으로 사이버 상에서 보다 용이하게 조직·소통·운영될 수 있다는 이점을 가지고 있다. 민간차원의 공감·공유·협력은 일본 정부·지자체의 부당한 일방·독선적 주장에 대한 일정한 제동력을 발휘할 수 있을 것이다.

8. 독도 연구와 교육·홍보

연구와 교육·홍보는 동전의 양면과도 같다. 저자가 소장으로 근무하던 당시 독도연구소가 국회도서관에서 개최한 '동해독도 고지도전'은 독도 영유권 관련 자료 수집·보존 노력과 함께, 동해·독도 표기문제에 대한 우리의 입장을 올바르게 알리는 성격도 가진 전시회였다. 전시회에서는 지도별로 국·영문을 병용한 해제를 첨부하여 활용성을 높인 『고지도에 나타난 동해와 독도』(「East Sea and Dokdo in Old Maps」)라는 천연색 「도록(圖錄)」을 제작·배포하였다. 전시회에는 서울 주재 아시아 및 아프리카 국가의 외교관들도 다수 참석하여 영토·해양 문제에 관한 높은 관심을 보여 주었다. 이들 국가 역시 그만큼 독도문제와 한일관계에 관한 최신 정보와 객관적 사실에 목말라 하고 있다는 반증이 아닐 수 없다. 그만큼 정확한 자료와 증거에 입각한 객관적 접근은 충분한 홍보효과를 가져올 수 있다.

특히 진화하는 정보통신기술은 독도주권에 대한 일본 측의 도발에 대한 대응과 동해표기 확산에 효과적 무기로 활용할 수 있다. '인터넷 강국'을 자처하는 우리의 위상, 창의성과 상상력을 반영·자극하는 다양한 포맷의 경쟁력 있는 콘텐츠·애플리케이션을 개발·보급하고 수시로 업데

---

32) 배영자, *ibid.*

이트하는 것은 물론, 주요 언어로 번역, 관련 정부기관·공공기관과 민간 단체의 웹사이트에 게시하고 콘텐츠를 주요 포털 사이트(portal site)와 인터넷 백과사전 등에 링크(link)·게시함으로써 세계 각국의 다양한 방문자들의 관심·흥미를 지속적으로 유발하고 우리의 대의에 공감·동참시키는 노력을 계속해야 한다. 그러한 웹사이트의 디자인부터 의견 참여 안내에 이르기까지 방문자 위주, 고객 친화적 사고·접근법으로 세심·친절한 정성과 배려를 기울여야 한다. 또 각국 정부의 공식 웹사이트는 물론, 세계 각국의 주요 지도제작·서비스 회사, 언론·통신사, 교과서 집필·제작 출판사 등의 웹사이트를 지속적으로 감시하고 필요한 경우 지속적으로 시정을 요구하는 끈기와 정성이 필요하다.[33]

9. 과거사의 굴레, 미래사의 멍에

침략의 향수와 습성을 버리지 못하는 국가에 대해서는 그 야만적 폭력성을 문명으로 길들이는 노력과 함께, 만일 침략 시 이를 강력히 응징·타격할 수 있는 총체적 역량을 강화하여야 한다. 상대에 뼈아픈 교훈을 얻도록 치명적 타격을 가할 수 있는 억지력을 시현하여 상대가 감히 우리의 강토를 넘볼 수 없도록 대비해야 한다. 충무공이 지킨 바다가 강토를 보전하였듯이 그리고 나치 독일이 영불해협을 건너지 못해 공중폭격과 V-1, V-2 로켓(rocket) 공격에 의존하였으나 결국 영국 정복에 실패한 경험에서 배울 수 있다. 전쟁은 국가적 역량 및 전략과 함께, 결국 총체적 의지력과 지구력의 총력전이다. 침략군에 대해서는 임진왜란 당시와 마찬가지로 민관군이 최후의 일각까지, 최후의 일인까지 저항·격퇴하는 강인한 정신력을 소중한 유산으로 전승시켜야 한다. 청일전쟁과 러일전쟁 시 기습당한

---

33) 본서, 제8장, VI.3.

청나라와 러시아의 해전 참패는 반면교사가 아닐 수 없다.

현 단계에서 원폭사용의 적법성 여부는 일률적으로 규정하기 어렵고, 구체적 상황에 따라 사안별로 판단되어야 한다는 것이 국제사법재판소(ICJ)의 입장인 것으로 보인다.[34] 전쟁종식의 기회 부여[35]와 최후의 일격 경고[36]에도 불구하고, 그리고 괴멸의 경고와 무조건 항복 권유[37]에도 불구하고 항복하지 않은 일본 측에 우선 그 책임이 있다. 원폭투하에 이른 미국의 결정은 가미카제 공격과 유황도(硫黃島: 이오지마) 등에서의 옥쇄 등 사수(死守)를 고수했던 일제 군국주의의 집단적 무모함의 결과이며,[38] 연합국에게 일제 군국주의자들의 괴멸(annihilation) 이외에 전쟁 종식의 다른 선택이나 대안이 없었다는 사실[39]을 인정할 수밖에 없다. 핵무기

---

34) Legality of the Threat or Use of Nuclear Weapons, Advisory Opinion, *ICJ Reports*, 1996, p.226.

35) The Potsdam Declaration, July 26, 1946, at http://www.ndl.go.jp/constitution/e/etc/c06.html (2015. 1. 18 검색), para.1["We … agree that Japan shall be given an opportunity to end this war."].

36) The Potsdam Declaration, *ibid.*, para.2["The prodigious land, sea and air forces of the United States, the British Empire and of China, … are poised to strike the final blows upon Japan…"].

37) *Ibid.*, para.3["… The full application of our military power, backed by our resolve, will mean the inevitable and complete destruction of the Japanese armed forces and just as inevitably the utter devastation of the Japanese homeland."] & para.13["We call upon the government of Japan to proclaim now the unconditional surrender of all Japanese armed forces…"].

38) *Ibid.*, para.3["The result of the futile and senseless German resistance to the might of the aroused free peoples of the world stands forth in awful clarity as an example to the people of Japan…"] & para.6["There must be eliminated for all time the authority and influence of those who have deceived and misled the people of Japan into embarking on world conquest, for we insist that a new order of peace, security and justice will be impossible until irresponsible militarism is driven from the world."].

39) *Ibid.*, para.4["The time has come for Japan to decide whether she will continue to be controlled by those self-willed militaristic advisers whose unintelligent calculations have brought the Empire of Japan to the threshold of

사용의 합법성 여부에 대한 ICJ의 권고적 의견은 보다 큰 희생을 강요당하는 것을 막기 위해 군사목적 상 현실적으로 불가피했다는 점, 그리고 원자폭탄이 동아시아에 궁극적 평화를 가져왔다는 점을 고려한 의견으로 보인다.

전후 일본이 국제평화에 기여해 왔다는 점을 부각시키려 하면서 ICJ가 국제연합의 1차적 사법기관으로서 그 실현에 기여해 온 사실을 모를 리 없다. 따라서 ICJ의 사법적 판단이 수반하는 정치·외교적 의미를 과소평가할 수 없다. 또 만일 일본이 주장하는 침략과 무력강점의 논리, 즉 아시아를 서구 침략으로부터 보호하기 위한 것이었다는 입장에 선다면, 마찬가지로 태평양전쟁 당시 일본의 대량파괴와 극렬한 저항으로부터 아시아 국민과 참전 연합국 군인들에 대한 더 이상의 불필요한 피해를 방지하고 이들을 보호하기 위해 원폭투하는 불가피한 선택이었다는 주장도 일본은 유사한 논리로 받아들여야 할 것이다. 무엇보다도 일본 우익의 일부 지도자들은 지금까지도 침략사실을 호도하며 부인하고 있다는 점에서 핵무기 사용의 적법성 논란은 무의미하고 무익하다.

10. 역사적 이성, 실정법적 정의

김소운(金素雲) 선생이 『목근통신』(1952)[40]을 띄운 지도 60여 년의 세월이 흘렀지만, 일본은 여전히 '가깝고도 먼 이웃'으로 남아 있다. 조선이 덕천막부 시대 쌓은 270년의 평화는 계승·발전시켜야 할 값진 무형자산이자 공동유산이며 소중한 역사적 기념물이 아닐 수 없다. 조선통신사는

---

annihilation, or whether she will follow the path of reason."](italics added) & para.13["The alternative for Japan is prompt and utter destruction."].

40) 『목근통신 – 일본에 보내는 편지』(포켓판, 대구 영웅사, 1952; 삼성문화문고 37, 1973).

당시 양국 간 우호교류의 상징이자 현해탄을 잇는 가교(架橋)였다. 구원 (舊怨)으로 미래를 망치기를 바라지 않는다. 그러나 문제에 대한 올바른 인식·접근 그리고 문제의식·가치의 공유 없이 오랜 숙원(宿願)의 문제가 풀리지는 않는다(Old problems never die. They would die hard without a proper approach and settlement).[41] 조상 대대로 물려받은 타국의 엄연한 세습영토를 빼앗으려는 야심으로 불법적 주장도 모자라 한국이 독도를 불법점거하고 있다는 근거 없는 황당한 주장마저 내세우는 이웃이라면 진정한 신뢰형성은 불가능하다. 과거 침략과 무력강점의 역사적 사실을 호도, 세탁하고 파괴하는 세력이라면 더욱 그러하다. 광복 70주년 그리고 한일관계 '정상화' 50년은 양국 관계 및 아시아 평화를 위해 의미 있는 새로운 출발점이 되어야 한다. 그렇지 않으면 아직도 습관적·고질적 침략의 과거사를 부정하고 독도영유권을 주장하는 일본이 언제 어떤 형태로 구실을 붙여 새로운 침략의 깃발을 들어 올려 출정(出征) 나팔을 불어댈 지 누구도 장담할 수 없다.

역사적 이성, 특히 '역사적 분노'만으로는 독도문제, 과거사 문제의 해결을 도모하기 어렵다. '힘없는 정의'는 무력하기 때문이다. 목표를 관철시킬 수 있는 국가 역량을 갖추지 않으면 역사도 진실도 지키기 어렵다. 국제법의 진전에도 불구하고 국제관계의 엄연한 현실이다. 동시에 도덕을 국제법에 접목시켜 정전(正戰; just war)의 개념을 도입하고, 국제관계를 '법의 지배'에 복종시킨 그로티우스(Hugo Grotius, 1583~1645)의 유산[42]은 실정 도덕과 실정 국제법 간 수렴작업이 경험칙상 불가능한 것이

---

41) 이는 제9회 '평화와 번영을 위한 제주포럼'(2014. 5. 30, 제주 해비치 호텔)에서 미국 메인대 법학전문대학원(University of Maine School of Law) 노키(C.H. Norchi) 교수의 "Korea-Japan and the Continuing Quest for Human Dignity" 및 서울대 이근관 교수의 'The Unmasterable Past and International Law in East Asia—With Particular Reference to the 1965 Claims Settlement Agreement' 발표에 대한 지정토론에서 저자가 한일관계를 언급하면서 발언한 내용이다.

42) G.I.A.D. Draper, "Legal Ideas about War", in H. Bull, B. Kingsbury & A.

아니라는 사실을 입증하였다. 특히 무력충돌법 상 심지어 정전(正戰)의 경우에도 침략전쟁(wars of aggression)과 정복전쟁(wars of conquest)을 '강도전쟁'(wars of robbers)으로 규정한 그로티우스의 유산43)은 1928년 부전조약을 거쳐 현행 실정 국제법상 '무력사용금지의 원칙'[국제연합헌장 제2(4)죄으로 진화, 실정법적 정의의 지속적 진전을 보여주고 있다. 국제법을 도덕과 이성에 기반한 진정한 법과학(a genuine legal science)으로 끌어올린 그로티우스의 학문적 공로 역시 '역사적 현재'로서 국제법의 전통으로 자리잡고 있다.44)

법은 - 국가·국제기구의 권리·의무관계를 규율하는 국제법을 포함하여 - 문제의 행위·사건에 단순히 실정법의 원칙과 규칙을 기계적으로 적용하여 결론을 이끌어내는 일단의 기술적인 규범의 체계만은 아니다.45) 국제법은 인류의 집합적 경험에 기초, 국제공동체의 가치·윤리와 이념·이상을 실현하기 위한 보편적 의지의 표현이자 실현수단이며 역사적·이성적 제도임을 망각해서는 안 된다. 보다 나은 세상, 보다 나은 미래를 실현하기 위한 인류의 쉼 없는 진군의 역사이자 도정이 바로 법의 역사이자 속성이다. 정의, 인권·인도주의 등은 그 본질적·핵심적 요소를 구성한다. 나치 독일의 예에서 보듯이, 실정법 만능의 사고는 위험하다. 과학기술의 진보, 사회변화 및 가치관의 변화에 따른 법의 진화 역시 불가피

Robers (eds.), *Hugo Grotius and International Relations* ((N.Y.: Oxford University Press, 1990), p.177, 206.

43) Draper, *ibid.*

44) Draper, *ibid.*, p.207.

45) 만일 그렇다면 극단적으로 말해서 현행 법률과 축적된 사례·판례에서 확립된 원칙·규칙을 입력한 소프트웨어 칩을 개발, 지역별 사법행정기관에 보급하고 여기에서 분쟁당사자로부터 전송받은 소송서류 파일을 통해 당사자들이 내세우는 주장에 관련 원칙·규칙을 적용·대입하면 판결·결정을 이끌어낼 수 있다. 증언은 동영상파일로 전송받거나 '원격영상재판에 관한 특례법' 절차를 준용하여 사법공무원이 약식절차로 처리하면 된다. 법조인과 법조계는 곧 사라져야 할 직업군이 된다.

하다. 실정법 규칙이 부재할 때(입법 부재), 재판관은 과거 입법·판례 가운데 문제의 사건에 적용가능한 구체적으로 타당한 원칙 또는 관습을 찾아내(법의 발견) 합리적인 판결을 내릴 수 있어야 한다.

지도자와 지식인은 현실과 역사를 꿰뚫는 예지와 통찰력을 가지고 국가비전을 제시하고 이를 앞장서서 헌신하고 실천하는 리더십을 보여야 한다. 합리적 목표설정, 치밀한 추진전략과 일관된 집요한 추진노력을 일상화해야 한다. 한일관계와 같이 오랜 역사를 공유하면서도 그 인식에 상당한 간극이 존재할 뿐만 아니라 그 간극을 좁히는 것이 만만치 않은 도전이 되고 있는 경우 더욱 그러하다. 다만 일본이 올바른 선택을 할 경우 상호신뢰·존중에 입각한 올바른 관계설정 가능성은 남아 있다. 무엇보다도 우리 스스로의 실천적 지혜와 행동이 중요하다. 일본이 과거사를 직시해야 하듯이, 우리 역시 우리 스스로를 직시해야 한다. 고난과 위기를 극복하고 도전과 성취를 이룩한 민족사에 대한 자부심과 함께, 동시에 탐욕, 부정·부패·무능과 불공정 등 비정상을 철저히 성찰하는 토대 위에서, 무한혁신의 자세로 함께 새로운 조국, 통일 한국의 미래에 대한 신념과 확신을 가지고 국민 모두의 힘과 지혜, 역량을 결집·실천해 나가야 한다.

> "일즉이 아세아(亞細亞)의 황금 시기(黃金時期)에
> 빛나든 등촉(燈燭)의 하나인 조선(朝鮮)
> 그 등(燈)불 한번 다시 켜지는 날에
> 너는 동방(東方)의 밝은 빛이 되리라"[46]

---

46) 타고르, '동방의 등불'('The Lamp of the East'): "In the golden age of Asia Korea was one of its lamp-bearers, and that lamp is waiting to be lighted once again for the illumination in the East."
이 시는 1929년 3월 28일에 쓰였는데 당시 편집국장이던 주요한의 번역으로 4월 2일자 동아일보에 실렸다고 한다. (사)국민이 행복하게 사는 세상, "타고르의 한국 관련 두 편의 시 〈패자의 노래〉 와 〈동방의 등불〉", at http://

11. 한일 과거사, 원초적 입장과 문제해결의 출발점

우리 내부에 조그만 틈만 있으면 이를 구실로 그리고 외부 국제질서 상 조그만 변화만 있으면 이를 자국에 대한 위협이라면서 군대를 출병시키고, 자신들에 우호적이 아니라는 이유로 일국의 국모를 잔악하게 시해하는 패륜적 만행을 저지른 것도 모자라 그 유해를 훼손·유기했던 일본이다. 자국 내 자연재해가 발생하면 조선인 탓이라면서 광기어린 학살을 일삼은 일본이 섬에서 탈출하여 대륙에 발을 들여 놓으려는 습성과 근성에 종지부를 찍도록 지구 종말의 순간까지 긴장과 각오, 그리고 치밀한 경계와 대비를 늦추어서는 안 된다. 충무공의 유비무환, 그리고 안용복의 도일활동과 울릉도쟁계의 결과가 주는 교훈이기도 하다. 태평양전쟁 패전까지 수천 년 일본의 역사를 규정할 때, 주변국에 대한 '침략'과 '약탈'이라는 키워드를 과연 제외할 수 있을까? 왜구[倭寇: わこう(Wakō); Japanese/dwarf pirates][47]라는 비속어는 오늘날 근대화된 선진국 일본도 신봉한다는 국제법에 의하면 두말할 나위 없이 '해적'에 해당한다. 최근 일본이 '지상낙원'이라는 자화자찬에 상당수 일본인들이 공감하고 있다고 하니 그나마 다행스런 일이지만, 과거와 같은 대량 '낙원탈출'로 '미개한' 인접국들을 침범하지 않을 것이니 걱정하지 않아도 될 것인가? 또 끊임없는 독도야심도 문제이다.

전쟁의 한 복판에서 연합국 수뇌들이 천명한 카이로·포츠담선언의 굳은 의지와 각오는 인류의 소중한 그리고 값비싼 자산이자 유산이 아닐

---

www.siddham.kr/3038 (2015. 4. 2 검색). 1913년 노벨문학상 수상자이기도 한 타고르(Rabindranath Tagore: 1861~1941)는 1870년대 말 런던 남부 브라이튼(Brighton)으로 이주, 간디와 마찬가지로 런던대학교 본부대학(University College London)에서 잠시 법학을 공부했으나, 1880년 학위 없이 귀국하였다(위키피디아, '타고르' 참조)..

47) Wikipedia, "Wokou", at https://en.wikipedia.org/wiki/Wokou & https://ko.wikipedia.org/wiki/%EC%99%9C%EA%B5%AC (2015. 7. 5 검색).

수 없다. 새로운 한일관계의 관점에서 카이로·포츠담 정신의 '원초적 입장'(original position)[48]으로 돌아가 1965년 한·일협정 체결 당시 정식의제로 다루어지지 않았던 문제들도 해결하려는 자세는 히로시마·나가사키의 영령들을 함께 진심으로 위로·추모하게 하는 첩경이다. 일본의 진정성과 지도력을 입증할 것이다. 혁신적 사고와 진화론적 접근방식이야말로 일본이 스스로 프로메테우스와 같은 '과거사의 족쇄'를 푸는 해법이다. 현재의 상황에서 일본의 쇠사슬을 끊어줄 헤라클레스는 쉽게 나타나지 않을 것이고 나타날 수 없을 것이다. 본심을 열고 진정한 자세로 상대의 마음을 얻을 수 있을 때 양국은 비로소 진정한 상호존중과 신뢰의 바탕위에서 안전·부강한 미래로 함께 나아갈 수 있다.

12. 국가: 이기심·폭력성과 전쟁

민족이 공통의 언어·문화, 연대감과 민족의식(a national consciousness)으로 결합된 인적 공동체라면, 국가는 물리적 강제력을 가진 법적·정치적 조직(법인)이다.[49] 구성원(국민)의 생명·안전과 권리를 보호해주는 대가로 주권과 통치권, 특히 물리적 강제력을 위임받은 국가는 국민에 충성과 복종을 요구하며, 때로는 그 목숨을 요구한다. 국가주권은 국제적 긴장의 주요원인으로 작용해 왔으며, 미래 전쟁의 잠재적 원인이기도 하다.[50] 국가 간 전쟁을 방지하고 평화와 안전을 담보하기 위해 설립한 국제연맹(League of Nations)과 국제연합(United Nations)은 명칭과는 달리 모두 민족공동체가 아니라, 국가(이를 대표하는 정부)에게만 그 회원자격

---

48) See J. Rawls, *A Theory of Justice* (Harvard University Press, 1971).
49) H. Seton-Watson, *Nations and States: An Inquiry Into the origins of nations and the politics of nationalism* (London: Methuen, 1977), p.1.
50) Seton-Watson, *ibid.,* p.2

이 주어졌거나 주어진다. 이는 민족주의의 황금기인 윌슨 대통령 시절 국가는 민족을 표상하고, 각 국의 국민은 하나의 민족을 형성하며, 모든 민족은 자기결정(self-determination)에 따라 자신의 국가를 가지는 것으로 가정 또는 전제되었기 때문이다.[51]

국가는 하나의 독립적 유기체와도 같이 근본적으로 이기적이며, 그 본질은 폭력과 위선이라고 한다.[52] 제국주의[53]는 물론이고, 인류 역사상 많은 전쟁은 국가(애국심)를 내세운 이기심과 기만적 충동의 요소를 배제하기 어렵다.[54] 한 사회 내에서 물리적 강제력을 합법적으로 독점하는 국가의 폭력성은 - 특히 민주적 절차에 따라 견제·통제받지 않는 독재자에 의해 지배되는 국가일수록 - 자의적 무력사용에 의하여 남용되는 경향이 있다. 그러나 역사적 통찰에 의하면, 인류 전체의 관점에서 볼 때 그리고 전승국의 경제적 측면에서 볼 때에도, 전쟁은 결코 손익계산에 맞는 합리적 결정이 아니라 무모한(futile) 행위일 뿐이며, 관련국 모두에 해로운 것이다.[55] 전쟁은 자원의 재분배를 가져올 수 있지만, 재화를 창조

---

51) Seton-Watson, *ibid.* p.1.
52) 라인홀드 니버(Niebuhr, R.), *Moral Man and Immoral Society: A Study in Ethics and Politics* (1932 & 1960), 이한우 역, 『도덕적 인간과 비도덕적 사회』 (서울: 문예출판, 1992, 2006), pp.125, 133, 137~138, 145, 150, 153 &, 157.
53) See J.A. Hobson, *Imperialism* (1902; 3rd edn., London: G. Allen & Unwin, 1938).
54) 클라우제비츠는 "전쟁이란 다른(물리적) 수단을 동원한 정치(정책)의 연장"이라고 정의하여, 전쟁을 정치적 목적을 달성하기 위한 군사적 수단으로 규정한다. 또 문명국 국민 간 전쟁의 경우에도 전쟁이 발발하는 즉시 '정치'는 물러나고 전쟁 자체의 속성을 규율하는 법칙에 따라 폭력으로 변질된다고 한다. C. von Clausewitz, *On War* (edited & translated by M. Howard & P. Paret, N.J.: Princeton University Press, 1984), pp.86~87.
55) N. Angell, *The Great Illusion: A Study of the Relations of Military Power in Nations to Their Economic and Social Advantage*(1909; London: Heinemann, 1914). 만일 전승국이 정복된 영토를 몰수할 경우, 현지 주민들의 생산의욕(인센티브)은 고갈되어 그 땅은 별로 가치 없는 땅으로 전락하게 될 것이므로, 전승국은 결국 정복·점령 비용을 부담한 채 그 땅을 현지 주민들에게 그대로 맡

하는 것은 아니다; 부를 창출하는 것은 - 아담 스미스가 설파한 바 대로 - 노동일 뿐이다.[56]

또 국가의 위선적 태도는 러시아, 프러시아와 오스트리안 간 '신성동맹'의 조약문에서 그 극단적 모습을 찾을 수 있다고 한다. 기독교적 사랑과 평화 및 정의를 최고의 원리로 추앙하면서 형제애와 동포애로 단결할 것을 천명한 이 동맹선언의 종교적 성격은 현실주의자 메테르니히가 고취한 이율배반적인 것이다.[57] 제국주의는 군사력을 무기로 일방적 경제·통상 이익을 극대화하려는 이데올로기이며, 이는 자본가, 지식인, 정치인의 탐욕이 만들어낸 합작품이자 부산물이다. 대영제국 역시 경제·통상 이익 등 국가이기주의와 제국에 대한 허영심에서 예외일 수 없다.[58] 다만 영국 귀족의 전통에 내재하는 관용·관대함과 자선·미덕(신사도)과 법관의 독립성은 피정복민족에 대한 인도주의를 수반하여 국제적인 공헌을 하였으며,[59] 이는 다른 제국주의와 구별하는 하나의 요소가 될 수 있다.

겨야 두어야 한다는 것이다. Angell은 1933년 '집단적 자위' 관련 내용을 추가하여 신판을 출간하고, 같은 해 노벨평화상을 수상하였다. At https://en.wiki pedia.org/wiki/The_Great_Illusion (2016. 1. 15 검색). 유사한 논지로는 H. Bull, *The Anarchical Society: A Study of Order in World Politics* (London: Macmillan, 1977), p.195 참조.

56) K.N. Waltz, *man, the state and war: a theoretical analysis* (N.Y.: Columbia University Press, 1959), p.224; A. Smith, *The Wealth of Nations, Books I-III* (1776; Penguin Books, 1986), Bk. One, I~III("Division of Labour").

57) 니버, 전게각주 52, pp.150~151.

58) 니버, *ibid.*, p.136.

59) 니버, p.155 & 177; J. Locke, "A Letter Concerning Toleration"(1689); A. Maurois, *Histoire D'Angleterre* (Librairie Arthème Fayard, 1978), p.446; S.D. Krasner, "Sovereignty, Regimes, and Human Rights", in V. Rittberger(ed.), *Regime Theory and International Relations*(Oxford: Clarendon, 1993), p.139, 145. 구한말~일제강점시기 한국에 부임, 근대교육과 의식 개혁에 헌신·기여하고, 일제의 침략·만행에 저항하여 투쟁하는 한국인의 고통을 기록·고발하여 한국의 독립에 기여한 영·미·캐나다의 언론인·선교사(프레더릭 매켄지, 윌리엄 그리피스, 프랭크 스코필드, 윌리엄 린튼과 유진 벨 등)의 활동은 그 하나의 예일 것이다.

위선의 전형은 일본 제국주의의 '대동아공영'에서도 쉽게 확인해 볼 수 있다. 서양의 침략에 대항하여 '나쁜 친구'를 사절하고, 상황에 따라 영국, 미국, 독일, 이태리 등 '선량한' 서양친구들과 임기응변의 동맹을 체결하고 파기했다. 일본 제국주의는 국민 개개인의 희생적 이타심, 즉 애국심을 백지위임 받아 이를 국가의 이기심과 폭력성으로 전환시켜[60] 이를 악용하였다. 가미카제와 옥쇄작전은 그 전형적인 사례이다. 일본인 개개인들의 윤리적, 도덕적 우수성에도 불구하고, 집단으로서 일본 민족·국가의 행동은 그러하지 못했다.[61] 특수성과 '일본식'을 중시하는 일본의 전통은 '뿌리깊은 인종차별성향'을 드러낸다.[62] 문화적 배타성과 폐쇄성으로 인해 일본은 아테네, 로마제국이나 미국의 기여와 같은 그 어떤 심원한 가치도 타국에 제공하지 못하고 있다.[63] 관동대지진 시 조선인 학살은 전대미문의 야만적 만행이었다.

냉전 이후 인류가 공동으로 부딪히는 기후변화, 안보위협, 테러억제, 사이버 범죄, 경제·통상협력 요구 등 초국가적 협력 필요성이 증대하고 그에 따라 정부간 기구 또는 지역기구의 증가로 인해 전통적 국가주권의 상대화(자기제한)는 불가피하며, 국가·민족 간 문화적 편협성의 간극은 완화되는 경향이 있다. 그럼에도 불구하고 현재까지 영토에 기반한 민족국가(territorial state; nation-state)를 대체할 만한 정치적 조직은 출현하지 않고 있다.[64] 이러한 현실은 핵전쟁의 위험 속에서도 각 국이 세계정부

---

60) 니버, pp.133 & 134~135 참조.

61) 간디는 개인으로서의 영국인과 이들이 지지하는 제국주의라는 제도를 구별하려 했다. 니버, p.335. 비폭력운동의 대부인 간디(Mahatma Gandhi: 1869~1948)는 식민지 시절 런던대학교 본부대학(University College London) 법학부 유학 중 한 영국인 교수의 편견과 모욕에도 굴하지 않은 것으로 유명하다. "Gandhi and Professor Peters", at https://iconandlight.wordpress.com/2014/08/30/gandhi-and-professor-peters/ (2016. 1. 14 방문).

62) 폴 케네디(P. Kennedy), *Preparing for the 21st Century*(N.Y.: Random House, 1993), 변도은·이일수 역, 『21세기 준비』(한국경제신문사, 1993), p.191.

63) 케네디, *ibid.*

(world government)로 이행하지 않고 있는 데서도 드러난다.[65] 또 국가 주권 개념의 약화가 국가의 소멸이나 민족의 소멸을 야기한 것도 아니다.[66] 국가의 이기심과 마찬가지로 민족의 이기성 역시 의문의 여지가 없다.[67] 이해관계를 달리하는 사회 내의 많은 집단·조직의 존재 그리고 다문화 사회의 현실 등을 도외시한 채 공통의 언어, 역사와 문화 등에 기초한 민족정서만으로 그리고 국가의 권위만으로 충성심을 유지하기란 쉽지 않다.[68]

13. 도덕적 사회, 비도덕적 국가: 일본의 경우

침략, 무력강점을 통한 경제적 이익 수탈과 함께 일본은 '대일본제국' '천황' 폐하를 정점으로 하는 신사참배 강요와 문화제국주의도 병행하여 한민족에 대한 창씨개명, 조선어말살 등 민족말살정책도 강행했다. 일본은 폭력과 탐욕의 결과 인류최초의 원폭 피폭국이라는 멍에를 지고서도 아직도 영토야심을 버리지 못하고 과거의 습성에서 벗어나지 못하고 있다. 사죄에 부합하는 일관성 있는 언행을 실천을 행하고 있는지도 의문스럽다. 이 경우 관용과 화해는 단순히 저자세 외교의 문제가 아니다. 국가·민족정체성의 문제가 아닐 수 없다. 우리의 미래 안보의 문제이다. 우리의 궁극적 생존의 문제이기도 하다. 일본은 과연 우리에게 무엇인가? 양국은 과연 서로 얼마나 필요한 존재인가? 양국 간 바람직한 미래관계는 어떤 모습이며, 어떻게 달성되어야 하는가?

---

64) 케네디, *ibid.*, p.178.
65) J.S. Nye, Jr., *Nuclear Ethics* (N.Y.: The Free Press, Collier Macmillan Publishers, 1986), pp.130~131.
66) Seton-Watson, *supra* note 49, p.2.
67) 니버, 전게각주 52, p.124.
68) 니버, *ibid.*

일왕은 1945년 8월 15일 연합국이 카이로, 포츠담선언에서 요구한 무조건 항복을 수락하면서 예의 '옥음(玉音) 방송'을 내보냈다:

> "무릇 제국 신민의 안녕을 꾀하고 세계만방이 공영의 즐거움을 함께 하는 것은, 예로부터 황실 조상이 남긴 법도로서 짐이 삼가 신불에 바치는 바이다. 앞서 미·영 두 나라에 선전포고한 까닭도, 또한 실로 제국의 동아시아의 안정을 간절히 바라는 것에서 나아가, <u>타국의 주권을 배제하고 영토를 침범하는 것과 같은 것은 처음부터 짐의 뜻이 아니었다.</u> 그런데 교전 상태는 이미 4년의 세월이 지나, 짐이 육해군 장병의 용맹, 짐의 문무백관의 근면, 짐의 억조창생의 봉공, 각각 최선을 다했음에도 불구하고 전쟁의 국면을 반드시 호전시킬 수 있는 것은 아니었다. 세계의 대세 또한 우리에게 이롭지 않았을 뿐만 아니라, <u>적은 새로 잔혹한 폭탄을 사용하여 끊임없이 무고한 백성을 살상하고 참담한 피해를 입히는 바,</u> 참으로 예측할 수 없는 지경에 이르렀다. 게다가 일찍이 교전을 계속했으나, 마침내 우리 민족의 멸망을 초래했을 뿐만 아니라, 더 나아가서 인류의 문명마저도 파기할 것이다. 이와 같이 된다는 것은, 짐이 어떻게 해서든 수많은 백성을 보호하고 황실의 신령에게 사죄할 것이며, 바야흐로 짐의 제국 정부로써 공동성명에 응하게 되기에 이른 연유이다….
>
> 짐은 이에 국체를 보호 유지할 수 있으며, 충성스럽고 선량한 그대들 신민의 일편단심을 신뢰하고, 늘 그대들 신민과 함께 있다. 만약 그 정이 격해지는 바, 함부로 일의 단서를 번번히 늘리거나, 또는 동포를 배제하고 서로 시국을 어지럽게 하기 위해 대도를 그르치며, <u>신의를 세계에서 잃는 것과 같은 것은 짐이 그것을 가장 경계한다</u>".[69]

이 항복방송에서 일왕 히로히토(裕人: 재위 1926~1989)는 침략은 간접적으로 인정하면서도 타국 침범이 본심이 아니었다며 책임회피와 변명을 늘어놓고 있다. 전쟁으로 인한 자국민에 대한 '참담한' 피해를 안타까워

---

69) 밑줄은 필자, Wikipedia, "Gyokuon-hōsō"(玉音放送), at https://en.wikipedia.org/wiki/Gyokuon-h%C5%8Ds%C5%8D (2015. 10. 18 검색).

하면서도 강제병합과 침략, 징병과 징용 및 종군위안부 강제동원으로 타국 국민들에 가한 고통과 피해에 대해서는 아무런 언급도 사죄도 없다. 마치 연합국만이 '잔혹한' (원자)폭탄으로 자신의 무고한 백성들을 학살하는 것처럼 비난하고 분노를 표출하면서, 자신의 군대는 '인자한' 폭탄으로 불가피한 경우에만 타국 국민을 살상한 것과 같은 교묘한 뉘앙스를 전달한다. '옥음방송'에서 인정하고 있듯이, 당시 이미 전쟁의 국면을 '호전시킬 수 없는' 비관적인 상황이었음을 충분히 인식했으면서도 단말마적 가미카제 작전으로 충성스런 '황국신민'에 무의미한 죽음과 승산 없는 전쟁을 강요하고, 연합국 군함 수십 척을 수장시켜 타국에 '참담한' 피해를 야기한 것은 대일본제국 '천황'과 '폐하'의 충성스런 군대가 아니었는가? 1889년 명치헌법상 일본제국 군대의 최고통수권자는 히로히토 '천황폐하' 자신이 아니었던가?

그는 항복하면서도 사죄는 자국 '황실'의 신령에게만 행할 것임을 선언한다. 자의적 신도주의의 본모습이 아닐까. 다만 히로히토 일왕은 이 방송에서 국제사회의 '신의'를 상실하는 것에 대해서는 크게 경계하고 있다. 1895년 인접국의 국모 시해사건(을미사변)의 주모자들이 전대미문의 야만적 만행계획에 대해 사전에 그의 조부인 명치(明治: 재위 1867~1912) 일왕에 보고·승인받지 않고 그러한 범죄를 저질렀을 가능성은 희박하다.[70] 명치 일왕에게 대한제국에 대한 '신의'는 아무런 고려의 대상도 되지 않았다는 점에서 그의 손자인 히로히토 일왕의 '신의' 강조는 과연 양심과 이성을 회복한 일본역사의 진전이라고 해야 할 것인가? 근대 '문명

---

70) 과문한 탓에 명치 일왕이 이 사건에 대해 공식 사죄와 책임자에 대한 엄중한 처벌을 언급했다는 공식기록이나 보도를 접한 바 없다. 사죄는커녕, 타국 영토에 임의로 군대를 파병하여 인접국 국민을 학살하고 한민족의 민족자결권을 짓밟는가 하면, 패전 후에는 국제사회가 합의한 침략의 정의("Definition of Aggression", UNGA Resolution 3314(XXIX), 1974. 12. 14)를 자의적으로 해석·규정하려 기도한다. '제국의 부활'을 꿈꾸는 세력이 있다면, 70여 년 전 히로히토 일왕의 항복방송을 기억해야 한다.

화'된 일본에게 '법의 지배', 정의의 관념은 부재하였으며, 만일 있었다면 '장식품'에 불과하였음은 자명하다.

재무장을 추진하는 아베 총리는 1차대전 패전 후 '명예'를 회복하겠다면서 침략과 팽창정책을 추구했던 나치독일이 과연 어떤 종말을 맞았는지 성찰해 볼 때이다. 국가와 국민의 안전보다 국민을 다시금 전쟁의 비극 속으로 내모는 것이 과연 일본의 장래와 미래세대를 위한 현세대의 올바른 역할인지 깊이 자문해 볼 일이다. 군사적으로 '강한' 일본의 건설이 과연 일본의 밝은 미래를 보장할 것인지 스스로 깊이 새겨 보아야 한다. 패전 후, 평화헌법을 '점령군'의 법으로 치부하는 편리한 이중적 사고방식으로 과연 국제사회에서 리더십을 인정받을 수 있을 것으로 생각하는지, 인류의 보편적 가치에 기여할 수 있을 것인지 자문해 볼 일이다. 또 주변국의 불신과 경계심을 자초하고 긴장을 고조시키는 것이 과연 일본의 국익에 부합하는 것인지 고민해야 한다.

침략, 식민지배와 전쟁책임에 대한 변명과 책임전가, 책임회피로 일관하는 일본의 일부 우익인사들의 자세와 태도는 시대정신에 역행하는 것이다. 19세기 제국주의가 산업혁명의 발명품을 흉기로 악용한 것이라면, 21세기 정보통신혁명은 지구 곳곳의 거짓과 은폐를 여과 없이 실시간으로 고발하고 폭로한다. 위키리크스와 같은 폭로·고발 전문 웹사이트마저 생겨났다. 네트워크로 연결된 인터넷과 SNS 등 지구 '진실 지킴이' 덕분에 진실의 순간은 실시간으로 다가온다. 동시에 첨단정보통신 기술 역시 문명의 이기(利器)로만 이용되는 것은 아니다. 각종 테러의 수단으로 악용되고 또한 개인의 신상정보와 통신기밀에 대한 불법 도청과 감청을 가능하게 하고 있는 것도 사실이다. 투명성, 진정성과 책임성이야말로 정보통신기술 개발·적용, 그리고 새로운 '대동아공영'의 좌표이자 목표가 되어야 한다.

일찍이 세계사의 흐름을 꿰뚫는 혜안과 선견지명으로 일제의 패망을 예고했던 한용운 선생의 계시(啓示)는 아직도 유효하며 현재진행형인 셈이다. 「3·1독립선언서」에 서명한 민족대표 33인의 한 사람인 만해 한용운 선생이 일제에 체포된 후, 형무소에서 그의 중심사상인 자유, 평등, 평화의 정신에 입각한 기념비적인 명문 「조선독립의 서」를 집필한 것은 잘 알려져 있다.[71] 그는 결심공판 최후진술에서 일제를 향해 "너희들도 강병(强兵)만 자랑하고 수덕(修德)을 정치의 요체로 하지 않으면 국제사회에서 고립하여 마침내 패망할 것을 알려두노라"라고 일갈하였다.[72] 진정한 성찰과 그에 상응하는 행동은 피해국 국민의 신뢰를 얻는 지름길이며, 올바른 미래를 향한 첫걸음이다. 전후 70년 간 국제평화와 안전에 기여했다는 사실만을 도드라지게 드러내려는 속 좁은, 그리고 빤히 속이 들여다뵈는 '자화자찬'만을 궁리할 것이 아니라, 통시적 역사를 대면하는 진솔함과 대범함을 보여야 한다. 그 이전 수천 년 간 대륙과 한반도로부터 얻은 혜택에 대해서도 마찬가지로 정당하게 인정하는 올바른 역사인식을 담는다면 자연스럽게 그 누구도 일본과 일본 국민의 선의와 본심을 의심하지 않게 될 것이다.

14. 미국과 중국, 그리고 아시아의 평화와 미래

중화인민공화국은 이제 금년으로 건국 66주년에 이른다. 중국의 생산력은 계속 증가하고 있으며, 앞으로도 상당기간 성장을 지속할 것으로 보인다. 하이테크기술 분야에서도 선진국에 접근하고 있다. 미국은 첨단 과학 및 기술혁신 면에서 아직도 비교우위를 유지하고 있지만, 한 때 전 세계의 40%에 육박했던 국내총생산(GDP)은 이제 20%선을 유지하기도 버겁다.[73] 게다가 만성적 재정·무역적자로 시달리고 있다. 중국은 러시

---

71) 본서, 제1장, 20. 민주주의, 국제평화와 일본의 선택, 참조.
72) 김평식, 『만해 한용운 평전』(서울: 참글세상, 2009), p.123.
73) 2015년을 기준으로 전세계 총 GDP에서 미국의 GDP(약 18조 달러)가 차지하

아와 안보협력을 강화할 태세이다. 상하이 협력기구를 통해 러시아, 중앙 아시아는 물론, 서남 아시아권 국가들과의 안보협력을 강화해 나가고 있다. 일본의 과거회귀에 압박을 가하면서 동아시아에서 미일동맹을 견제한다. 중국이 주도하는 아시아 인프라투자 은행(AIIB)은 미국이 주도하는 세계금융질서에 대한 은근한 압박이다. 최근 중국 위안화는 세계 3대 기축통화로 공식 등극했다.[74] 강대국의 흥망사에 비추어 볼 때 그 부침(浮沈)은 스스로 의도적으로 통제·관리하는데 한계가 있다는 점에서 거의 '자연발생적'이다. 국가가 인위적으로 자국의 흥기(興起)·쇠퇴를 통제하는 데에는 한계가 있다. 국가의 흥망이 그 경제의 상대적 효율성에 있든 아니면 국민들의 정신적 의지와 도덕적 경쟁력에 기인하든, 그것은 다음 문제이다. 중국의 굴기는 근본적으로 그 군사력의 결과가 아니라, 미국의 경쟁력 약화를 반영하는 것이다.[75] 미국과 중국은 모두 자신들이 독특한 가치를 대표한다는 '예외주의'(exceptionalism) 입장을 가지고 있으며, 미국의 그것이 전도적(missionary)이라면 중국의 그것은 문화적(cultural)이

는 비중은 15.88% (최대 17%)이며, 2020년에는 14.92%로 계속해서 떨어질 것으로 추정되고 있다. http://www.statista.com/statistics/270267/united-states-share-of-global-gross-domestic-product-gdp/, https://en.wikipedia.org/wiki/World_economy & https://en.wikipedia.org/wiki/Economy_of_the_United_States (2016. 1. 10 검색).

74) 하버드대 로런스 서머스(Lawrence Summers) 교수(경제학)는 2008년 1월 31일 하버드대 강의에서 인류역사를 조망하고 미래역사를 예언하면서 300년 후 출간될 역사서들은 1) 개발도상국의 발전, 특히 중국과 인도의 부상과 이들 국가와 선진국의 상호관계 및 상호작용; 2) 냉전 종식; 그리고 3) 이슬람과 서방세계 간의 관계를 3가지 가장 중요한 사건으로 기록할 것으로 예측하였다. 천진(陳晋), *Notes from Harvard on Economics*(2010), 최지희 역, 『하버드 경제학』(경기 파주: 글항아리, 2011), pp.79~80. 그는 '한국비하' 발언 등 거만하고 '거친 입'으로 구설수에 오르기도 했던 인물로서 2013년 방한한 바 있다. 그는 또 28세에 하버드대 역사상 최연소로 종신교수직을 얻은 인물이라고 한다. 조선닷컴, "로렌스 서머스는 누구인가". 2007. 5. 18, http://news.chosun.com/site/data/html_dir/2007/05/18/2007051800612.html (2015. 12. 31 검색).

75) H.A. Kissinger, *On China* (N.Y.: Penguin Books, 2011, 2012), p.546.

다.76) 중국의 굴기가 새로운 부상인지(rising) 아니면 '돌아온 중국'(returning)인지 여부는 제3자에겐 중요하지 않다. 중요한 점은 경제적 변화는 국제관계, 특히 국제정치질서의 '현상유지'를 흔들고 국제정치질서에 변동을 일으킬 수 있는 주요한 요인이라는 점이다.77) 급격한 현상변경은 불필요한 긴장과 체제불안을 야기한다. 특히 한 국가가 다른 국가가 추구하는 현상변경 시도를 단호히 저지하기로 각오를 다지는 경우, 위기가 발생한다.78)

제1, 2차 세계대전을 승전으로 이끌어 자유민주주의와 시장경제 그리고 인권신장을 확산시켰으며, 구소련을 해체시킨 미국의 패권은 국제테러, 중동과 이슬람의 도전, 중국의 부상 등 도전에 직면해 있다. 패권국 미국의 기여와 역할은 아직도 현재의 국제질서와 안보를 유지하는 핵심 요소이다. 다만 패권의 유지는 막대한 비용을 요구한다. 미국은, 제한된 재정·군사 자원을 감안하면, 대외정책의 수립·집행에 있어서 핵심적 이

---

76) Kissinger, *ibid.*, p.xvi. 미국은 민주주의, 시장경제와 인권 등을 확산시켜야 할 소명의식을 가지고 있으며, 과거 중국은 자국의 문화·정치제도가 보편성을 가지는 중심국가(종주국)이며 주변국은 조공국으로 인식하였다. 그러나 이러한 관계는 상징적(symbolic)인 것으로서 '조공국'의 자율성과 독립성을 인정하는 방식으로 운용·관리되었다. Kissinger, *ibid.*, p.80. 미국과 중국의 예외주의에까지 이르는 것은 아니지만, 일본 역시 주기적으로 사회문화적 민족특수성(national distinctiveness)에 기초한 문화적 정체성(a national cultural identity)과 문화적 민족주의(cultural nationalism)에 집착하는 경향이 있다고 한다. A.D. Smith, *National Identity* (London: Penguin Books, 1991), p.106.

77) 국력이 증대하는 국가가 현상변경을 위해 지불해야 하는 상대적 비용은 하락하며, 역으로 국력이 하락하는 국가가 지불해야 하는 비용은 증가한다. Gilpin, R. Gilpin, *War & Change in World Politics* (Cambridge University Press, 1981), p.95. 국력증대국은 국력하락국에 비해 높은 비용을 지불할 여력을 가지며, 따라서 수요의 법칙에 따라, 국력이 증대될수록 체제변경 의사의 개연성도 증대된다. Gilpin, *ibid.*

78) K.N. Waltz, *The Theory of International Politics* (N.Y.: McGraw-Hill, 1979), p.171. 패권투쟁(hegemonic struggles)은 궁극적 쇠락의 우려 그리고 약화된 힘의 인식에 의하여 흔히 야기되어 왔다. Gilpin, *ibid.*, p.239.

익(vital interest)을 명확히 재정의하고, 그에 따른 전략적 선택과 집중이 어느 정도 불가피할 지도 모른다.[79] 동아시아의 경우, 중국이 미국의 핵심적 이익에 도전하지 않는다면, 그 지위에 걸맞게 지역 안정·평화의 유지에 보다 큰 책임과 역할을 담당하여 건설적으로 기여하도록 유도하는 것이 미국의 전략적 이익에 부합한다고 본다. 지역·국제 질서·체제에 대한 장기적·전략적 이해관계 및 인식·가치의 공유가 중요하다.[80]

중국 역시 기존 확립된 국제법과 원칙 등 보편적 국제규범을 준수·이행하면서 합리적·민주적 법·제도의 구축 및 예측가능한 의사결정 과정 등 소프트 파워의 증진에 노력하여 지역·국제사회의 신뢰·존중·협력을 확보하고 리더십 구축의 기초로 활용하는 것이 장기적·전략적 이익에 부합할 것이다. 지나치게 목전의 이익에 집착하거나 무력시위를 자제하고 절제된 행동을 통해 지역사회 구성원들의 우려를 불식하고 민주적 리더십을 제고해야 한다. 강대국에 걸맞는 역내 평화수호·유지자로서의 책임과 사명, 법의 지배에 입각한 인권·정의 등 보편적 가치를 수호·증진시키는 건설적 리더십과 역량을 발휘해야 한다. 국제평화와 안전의 유지, 그것은 국제연합헌장의 원초적 구상이자 결국 패권국의 신성한 책무이다. 전쟁은 패권국에도 양날의 칼이다. 패권전쟁은 더 말할 나위도 없다.

평화적 방식에 의한 평화의 부과·유지(peace-making and peace-keeping)는 모든 국가의 이익에 부합하는 전략 목표이자 가치이다. 그것은 또 비용 면에서도 훨씬 효율적이다. 만일 국가가, 특히 강대국이 근본적으로 이기적, 폭력적, 위선적이라면, 이를 최소한도로 억지하기 위해서는 개별적 이해관계를 초월하여 공정하게 무력을 행사할 수 있는 지역·국제기구에 무력행사를 위임하는 것이 필요하다.[81] 즉 개별안보에서 집단안보(양자·지역동맹), 그리고 나아가 보편적 공동안보를 지향해야 한

---

79) H.A. Kissinger, *Diplomacy* (N.Y.: Simon & Schuster, 1994), pp.810~813.
80) Kissinger, *op.cit,* pp.547~548.
81) 니버, 전게각주 52, p.157.

다. 국제연합의 전쟁억지 기능 그리고 침략격퇴 기능을 보다 강화시키는 방안이 바람직하다.[82] 함께 보다 확고한 문명화된 법치주의로 나아가지 않으면 안 된다.

보다 구체적으로 국가 간 갈등은 국가 간 협상력 또는 국익에 대한 인식의 차이에 기인하며, 특히 안보분야에서 국가행동(behavior)은 국제사회에서의 권력분배와 각 국의 지위를 반영하여 나타난다.[83] 이러한 상황에서 규칙·규범·원칙과 절차를 제공하여 합의(agreement)를 용이하게 하는 안보제도(a security regime)를 수립·유지하기 위해서는 적어도 3가지 조건이 충족되어야 한다.[84] 북한의 위협에도 불구하고 남한 주도의 통일에 대한 중·미 간 인식차에 비추어 이들을 포함하는 지역안보제도·기구의 설립·유지는 하나의 커다란 도전임에 틀림없다. 특히 과거사를 둘러싼 갈등과 독도영유권 주장은 일본의 우익이 '팽창'을 국익에 부합하는 것으로 인식하는 것으로 의심된다. 따라서 동북아 안보·협력을 증진·강화하기 위해서는 부당한 주장이나 이기적 독자행동을 부추기는 유인을 제거·완화하고 과거사·현실에 대한 인식의 공유를 통한 신뢰형성이 선결조건이다. 또 공동행보에서 이탈하여 자국의 이익을 극대화하려는 유인

---

82) 안전보장이사회의 상임이사국 간 입장 대립으로 거부권이 남용되는 경우, 국제연맹의 예에서와 같이, 무기력한 '식물기구'로 전락할 위험을 어떻게 효과적으로 제거·방지할 것인가 하는 점이 과제이다. 상임이사국의 수가 늘어날 경우 그러한 위험은 증대될 수밖에 없다.

83) S. Krasner, "Structural causes and regime consequences: regimes as intervening variables", in S.D. Krasner(ed.), *International Regimes* (Itaca & London: Cornell University Press,1983), p.1, 6~7.

84) 우선 최대한 단독·개별행동을 선호하는 강대국들이 그러한 규제체제의 수립을 희망하고, 또 모든 국가들이 현상에 충분히 만족하며, 무제한 전쟁의 사용·위협에 의존하지 않고 현상변경이 가능할 것; 2) 국가들이 자신들이 공동방위·협력에 부여하는 가치에 다른 국가들도 이를 공유한다고 믿을 것; 그리고 3) 하나 또는 그 이상의 국가가 팽창이 자신들의 안보를 가장 잘 제공할 것이라는 믿음을 가지지 않을 것 등이 그것이다. R. Jervis, "Security Regimes", in S.D. Krasner(ed.), *International Regimes, ibid.*, p.173, 176~177.

(죄수의 딜레마)을 차단하는 강압도 필요하다. 진전된 과거사 인식을 위해서는 중국, 한국과 미국이 일본을 압박할 수 있어야 한다.[85] 또 북핵문제에 관해 높은 수준의 공동행보를 취하려면 한미가 중국을 압박할 수 있어야 한다.[86]

15. 탐욕의 바벨탑

조선 왕가와 지배계층은 유교를 통치이념으로 거창한 도덕적 명분을 내걸고(예컨대 수신제가치국평천하(修身齊家治國平天下), 인의예지신(仁義禮智信) 등) 실제로는 기득권 유지, 개혁에의 저항, 자신의 영달과 가문의 부귀영화를 탐욕하고 권력투쟁으로 백성들의 삶을 피폐케 하며 국력을 소진시켜 망국으로 이끈 1차적 책임이 있다. 결과적으로 조선 지배계층의 부패와 무능, 폐쇄적 오만과 끝없는 권력투쟁은 망국을 불러왔다. 더욱이 광복 70년이 지난 현재까지 한 세기 이상 그 상흔을 남기고 있다.

---

85) 예컨대 미국 하원(U.S. House of Representatives), 만장일치로 종군위안부 결의 채택 (H. RES. 121, 2007. 7. 30). 연합국 점령 후 일본 정부는 1945년 8월 22일 연합군을 위해 '특수 위안시설 협회'(Recreation and Amusement Association)를 설치했으며, 도쿄, 히로시마, 시즈오카, 효고현, 야마가타 현, 아키타 현, 요코하마, 아이치현, 오사카, 이와테 현 등에 위안소가 설치되었다고 한다. At https://ko.wikipedia.org/wiki/%EC%9C%84%EC%95%88%EB%B6%80 (2016. 1. 20 검색).

86) E.g. Uniting for Peace resolution, G.A, Res. 377A(V)(1950. 11. 3), at http://legal.un.org/avl/ha/ufp/ufp.html. 유엔 총회는 이어 중공군이 한국전에 개입하자 새로운 결의를 채택, 이를 '침략'으로 비난하고 철군을 촉구하면서 모든 국가에 한국에서의 유엔의 행동을 지원할 것을 권고하였다(G.A. Res. 498 (VI)(1951. 2. 1), https://en.wikipedia.org/wiki/United_Nations_General_Assembly _Resolution_498]. See J.F. Murphy, "Force and Arms", in C.C. Joyner, *The United Nations and International Law*(Cambridge University Press, 1997), p.97, 108~109.

광복 후 이념대립의 혼란기 속에서 국민적 합의 도출의 어려움을 인정하더라도, 친일청산 논란과 남북분단은 계속되고 있다. 과연 이 엄중한 책임을 인정하고 사죄한 가문은 얼마나 될까? '명문거족'으로 대를 이어 권력을 휘두르고 영화를 누리면서 나라와 백성의 운명을 농단한 선조들을 위해 비좁은 국토에 거대한 묘지에 각종 비석과 석물을 조성·유지하고 그 음덕을 간구하는 데에 열을 올린다.[87]

고귀한 신분은 고귀한 희생과 기여에 대한 사회적 평가·대우이다. 별다른 공적이나 헌신도 없이 과도한 재물이나 지위를 대물림하는 것을 당연시하는 전통은 정당한 노력·노동 없이 부당이익을 취하는 것이다. 사실상 '타인'의 재물을 '무노동'으로 강탈하는 것과 무엇이 어떻게 다른 것인지 알 수 없다. 경쟁을 요체로 하는 시장경제의 본질에도 배치된다. 공동체 구성원들에게 박탈감을 부채질하고 불신·분열을 조장한다. 신뢰와 단합을 저해하고, 희망과 활력을 빼앗는 역기능을 일으키는 장본인이기도 할 것이다. 자신이 소유하는 토지 인근에 도로를 개설하기 위한 수 백억 원의 예산을 따내, 지가상승으로 부당한 이익을 편취한다면, 그야말로 '땅 짚고 헤엄치기', '식은 죽 먹기'로 떼돈을 벌게 된다. 국민의 대표기관이라는 국회의원이 특권과 지위를 악용하여 사익을 추구하며 최소한의 염치마저 저버린 도덕적 해이의 표본이다.

법치에 앞장서야 할 지도층이 법망을 회피하는 우월한 지식·정보와 지위를 이용하여 일신의 이익과 영달에 몰두한다면 과연 지도층이라 할

---

87) 우리의 국립묘지(현충원)에 해당하는 영국 런던의 국회의사당 인근에 위치한 웨스트민스터 사원(Westminster Abbey)과 프랑스 파리의 판테온(Panthéon)은 제왕과 위인들의 유해를 석관에 안치하고 묘비, 기념물로 추모하는 실내 공동묘지이다. 스페인 역시 프랑코 총통의 묘소를 제외하면, 대부분의 제왕들의 유해는 성당 지하의 석관에 안치돼 있다. 스페인에서는 마드리드 근교의 파옌 계곡의 산을 깎아 만든 프랑코 총통의 묘소와 기념관을 해체할 것을 주장하는 여론이 일고 있다고 한다. 인터넷 연합뉴스, "[토픽]스페인, 故프랑코 묘소 해체문제로 논란", 1993. 12. 7.

수 있을까. 숱한 '이름 없는' 선열들의 피와 땀과 눈물로 되찾은 강토에서 현재 온갖 혜택을 받고 권익과 지위를 누리는 기득권층은 조선의 지배계층에 비해 얼마나 도덕적이고 자기희생적이라고 주장할 수 있는가? 게다가 지역, 세대, 계층 간 이념·이익을 놓고 극단적 갈등·대립으로 스스로 핵분열을 일으킨다면 그로 인해 이익을 보는 것은 주변국뿐일 것이다. 좌초와 침몰은 작은 실수와 과오에서 출발하여 불법비리가 관행으로 정착되면서 자신도 모르는 사이에 소리 없이 그러나 불가역적으로 다가온다. 그리고 이를 깨달았을 때는 그 도도한 흐름을 되돌리기에는 너무 늦은 경우가 많다.[88]

지도층의 부패가 관행화되고 비리를 눈감아주는 풍토가 용인되는 사회라라면 비정상이 정상이 되고 나라의 미래는 칠흑같은 어둠의 블랙홀 속으로 빠져들게 된다. 방위산업 비리, 세월호에 대한 불법개조와 항행안전수칙 무시가 바로 그러하다. 국회의원들은 부지기수이고 전직 국무총리조차 재임 시 뇌물수수 혐의로 유죄판결을 받았다.[89] 국문학자이자 시조시인인 가람 이병기 선생의 고향 전북 익산시 여산면에서 2015년 11월 6일 저자가 만났던, 일제 무력강점과 공산군 점령 등 현대사의 파란을 겪은 80대 초반의 한 촌로는 "이장도 뇌물을 먹는다"는 이야기를 전했다. 익산이라면 백제의 체취가 묻어나는 그 심장부이다. 국보 제11호이자 유네스코

88) 자동차가 고개 마루에서 내리막길로 접어들면서 받는 가속도는, 놀이공원의 비행기 안에서 경험하는 원심력이나 구심력과 같이 누구나 한 번쯤 경험해 보았을 저항하거나 거역할 수 없는 거대한 근원적인 힘이다. 정점에 오른 롤러코스터(roller coaster)가 정지상태에서 하강하면서 공중에서 경험하는 전율적 속도여행은 중력과 역학에 도전하는 시간여행과도 같다. 시간을 거슬러 마치 구한말 톱니바퀴처럼 맞물려 벌어졌던 연속적 비극적 파노라마와 그 종말의 시말(始末) 간 시간적 거리를 연상시킨다.

89) 미국 연방헌법은 "대통령, 부통령과 모든 문관은 반역죄, 수뢰죄 또는 그 밖의 중범죄나 경범죄로 탄핵을 받거나 유죄판결을 받는 경우 면직된다"[Art.II, Sec.4: "The President, Vice President and all civil officers of the United States, shall be removed from office on impeachment for, and conviction of, treason, bribery, or other high crimes and misdemeanors."]고 규정하고 있다.

세계문화유산인 금마면(金馬面) 미륵사지다층석탑과 왕궁리 유적의 고장이다. 공산성, 송산리 고분과 무령왕릉으로 유명한 고도(古都) 공주(웅진), 그리고 부소산성과 낙화암, 능산리 고분과 정림사지 5층석탑이 700년 영광과 고난의 역사를 묵묵히 지켜보고 있는 백제의 마지막 수도 부여(사비)가 지척이다. 동학농민운동의 고장 정읍과 고창에서도 멀지 않은 곳이다.

문제는 상대적이다. 주변국에 비해 보다 청렴·투명·공정한 사회가 강한 경쟁력과 생존력을 가지는 이유이다. 조선 종말의 교훈을 새겨야 하는 이유이다. 자유와 자율, 행위와 책임, 노동에 상응한 대가는 공교육의 출발점이자 요체일 것이다. 청소년에 희망과 신념을 주는 사회가 접근이 어려운 피안의 유토피아가 되어 간다면 이는 명백히 부와 지위, 자원의 분배에 관한 의사결정·선택을 독점하고 있는 기성세대의 1차적 책임이다. 기득권을 내려놓고 공정한 룰을 제정, 후속 세대에 능력에 따른 정당한 몫을 보장하여 그들이 재능과 역량을 발휘할 수 있는 경제생태계를 조성할 책무가 있다. 후속세대의 젊은이들이 대한민국 국민으로서 자부심을 가지고 이 땅을 지키고 살아가도록 지원, 사기를 진작시키고 창의적 도전정신과 민족정신을 고취하여 다음 세대의 주역으로 성장시켜야 한다. 솔선수범과 자기희생으로 국민과 청소년에 희망과 용기를 주는 지도자와 지도층이 절실하다. 세종과 충무공, 그리고 안중근·윤봉길 의사와 김구 선생과 같은 지도자와 위인들을 지속적으로 배출할 수 있는 위대한 사회를 건설해야 한다.[90] 국가를 혁신할 국가비전을 제시하고 실천·희생하는 지도자가 희귀해진 현실을 어떻게 설명해야 하고 또 어떻게 타개할 것인가? 그러한 책임은 누구의 책임이며, 과연 이 시점에서 우리는 꿈과 희망을 되찾기 위해 무엇을, 어떻게 해야 할 것인가?

---

90) 무능·우유부단했던 선조 재위 시 임진왜란과 같은 누란(累卵)의 위기를 극복하고 나라와 강토를 보전할 수 있었던 원동력은 당시 조정에 세종 조 다음으로 많은 유능하고 헌신적인 인물들이 선조를 보필한 점, 의병의 활약 그리고 백성들의 동참 때문이었을 것이나.

16. '세월호', 대한민국 호와 공동체의 미래

우리 역시 스스로 과거와의 대면과 성찰은 계속되어야 한다. 올바른 미래를 위한 전제이기 때문이다. 침몰하는 선박에 어린 학생들을 가둬둔 채 가장 먼저 배를 탈출한 선장과 선원의 모습은 선진국 문턱에 선 한국의 민낯을 가감 없이 폭로하였다. 국민혈세를 낭비하는 공기업, 정치인·검사들의 잇단 부정·부패·무능·비리, 군 고위간부들의 줄지은 일탈, 재벌 2세의 안하무인 '갑질', 교수들의 비리추문 등 지도층의 탐욕과 권력 남용은 끝이 없다. 일부 부유층의 고가 외제차 선호는 도를 넘고 있다. 금전만능 사고가 팽배해 있다. 검소와 절제, 근신의 덕목은 사치, 과시와 현시적 소비로 바뀐 지 오래이다. 양극화가 심화되면서 많은 국민들은 생존에 허덕이다 자살로 생을 마감하고 있지만, 거액을 상속받은 재산가들이 기부문화를 선도하고 있다는 소식은 들리지 않는다. 이들에게 '기부'는 자식에게 국한된 현상이다. 부의 대물림을 당연시한다. 대기업과 자본가의 횡포는 공정한 경쟁을 가로막고, 건전한 공동체를 파괴하는 독소가 되고 있다. 가맹계약이 일방적 '노예계약'화하고 있다.

자살률, 이혼율과 출산율은 세계적이고, 생활고에 가족이 집단 음독한다. 청소년들마저 미처 꽃을 피우기도 전에 쉽게 세상을 하직하고, 강력범죄는 줄어들지 않고 있다. 고액 연금생활자, 고가 외제자동차의 소유자 등 재산가가 부당하게 낮은 의료보험료를 납부하거나 자식의 의료보험에 편승한다. 정상과 비정상 간 구분마저 모호해지고 있다. 우리의 급한 성격과 인내심 부족도 한 원인이다. 일부 언론은 공익성은 뒷전이고 선동적 상업주의, 선정주의에 타협, 여론을 호도하면서 상업적 이익에 골몰한다. 권력과 언론을 감시해야 할 일부 시민단체들도 비리로 인해 국민들의 신뢰를 잃고 있다. 현역 육군 장성들의 성희롱·성추행 사건, 전직 해군참모총장까지 연루된 것으로 의심되는 방위산업비리까지 터지면서 군기강문제와 전투력문제가 국민적 관심사가 되었다. 군사강국은 고사하고, 과연 대한민국이 스스로를 방위할 의지나 역량을 갖추고 있는지조차 의심케 하는 소이가 되고 있다.

일부 종교단체 지도자들은 헌금을 거의 사유재산처럼 유용하면서 일가의 재산증식에 골몰하여 신도보다 더 세속화된 물질만능의 사고와 생활로 도덕적·정신적·종교적 지도력을 상실한 지 오래이다. 공동체는 고사하고 자신과 일가 이외의 복지에는 아무런 관심도 없는 이기주의가 만연돼 있다. 학생의 인성과 적성, 창의성을 중시하고 이를 최대한 계발시키는 교육 본연의 목표와 사명은 현행 교육제도 아래에서는 누구에게도 환영받지 못하는 공허한 공염불에 불과하다. 창의적 사고력, 구체적 문제해결능력 함양·증진이 아니라 신속한 기계적 대량 암기, 점수벌레 양성에 주안점이 두어져 있다. 수학능력시험 성적이 능력과 잠재력의 궁극적 척도가 된다. 광범위한 직관적 암기능력이 학업의 목표, 인재의 기준으로 둔갑한다. 논리적 사고, 치밀한 분석력은 뒷전이다. 잡스가 말한대로 원천지식에 대한 집요하고 끈질긴 도전("Stay hungry, stay foolish")은 무리한 요구인지도 모른다. 무모한 무한도전은 연구자나 영재들에게 아예 얘기조차 꺼내기도 어려운 주문인지도 모른다. 과학기술·정보 강국은 신기루일지도 모른다.

명백한 불법행위에도 책임을 지지 않고 버티는 관행이 만연되어 있다. 정의가 이기는 게 아니라, 이기는 게 정의라는 도착적 사고가 당연시된다. 목적이 수단을 정당화한다. 10억 원이 생긴다면 교도소에 갈 수도 있다는 고교생이 의외로 많다. 남보다 빨리, 많이 얻고 지키기 위해 탐욕이 일상화되고 수단과 방법은 문제시되지 않는 마키아벨리적 사고가 보편화되어 있지 않은가? 더불어 가는 생각과 배려하는 문화는 걸음마단계에 있다. 거액의 성금을 기부하는 독지가들은 많은 경우 어려운 가운데 자수성가한 사람들이다. 정치인과 지도층은 과연 자신의 기득권보다 국민의 복지와 행복 증진을 앞세우고 있는 것일까? 개혁과 혁신은 고사하고,

법치와 신용사회라는 기본적 가치·목표조차 흔들리고 있는 것은 아닐까. 경쟁에 기초한 구체적 업적·성과에 대한 객관적이고 공정한 평가, 그에 따른 보상제도에 기초한 노동시장은 보다 유연성과 효율성을 가지게 될 것이다.[91] 국가와 사회에 헌신·봉사하는 공동체 정신과 사상을 재정립하고 국가비전을 제시하여 앞서 실천하는 지도자, 지도층과 지식인의 양성·배출이 변혁의 소용돌이에 처한 이 시대와 사회가 요구하는 절실하고 시급한 우선적 과제이다.

17. 한국의 민족주의, 일본의 국수주의

한국의 역사와 문화는 대륙세력과의 끊임없는 갈등, 충돌과 협력 과정에서 형성된 것이다. 그에 반해 일본의 그것은 섬나라라는 지리적 특성상 덕천(에도) 막부가 성립한 서기 1600년까지 거의 외부와 차단된 채 제한된 범위 내에서 한반도 및 중국 등과의 접촉·교류 속에서 독자적인 길을 걸어왔다. 물론 덕천막부 이전 및 그 초기부터 스페인·포르투갈·네덜란드 등 서구의 선교사를 받아들이고, 쇄국 중에도 네덜란드와는 무역관계를 유지하였다. 따라서 르네상스 이후 세계사를 주도하던 서구문명과 권력지형의 변화와 흐름에 대한 일본의 이해는 조선의 그것에 비해 높은 수준이었을 것으로 추정된다. 특히 한국의 경우 고려시대(무신정권 제외)와 조선시대는 문민통치가 행해졌지만, 일본의 경우는 중세의 가마쿠라

---

91) 신고전파의 새뮤엘슨 교수(Paul Samuelson: 1915~2009)는 세계화의 결과 전문성이 부족한 사람들의 도태가능성을 인정하면서 보호무역을 주장하는 대신, 승자가 패자와 이득을 나누어야 한다는 대안을 제시한다. 카렌 호른(K.I. Horn), *Roads to Wisdom, Conversations with Ten Nobel Laureates in Economics* (England: E. Elgar Publishing Co., 2009), 안기순 등 옮김, 『지식의 탄생』(서울: 미래엔, 2012), pp.63~66.

시대(鎌倉時代) 이후 실적적인 정권의 담당자는 거의 대부분 무사였다.[92]

양국 간 이러한 정치·사회·지리적 환경·여건상의 근본적 차이는 양국의 역사, 문화와 사고방식 등에서 극명한 대비를 드러낸다. 조선시대 500년 간 문치(文治) 문화에 길들여진 한국인들이 정서적·사변적·논쟁적이고 수평적·개인주의적인데 반해, 오랜 전국시대를 거쳐 무사계급의 지배를 받으며 무(武)를 숭상하는 전통을 확립한 일본인들은 조용·치밀·집요한 성격에 자신의 속내를 드러내지 않으며 수직적·집단적·전략적 사고에 익숙한 편이다. 한국인이 대의를 중시하고 원칙을 고집하는 편이라면, 일본인은 대의명분보다 실리지향인 경향이 있다. 현실인식과 상황판단이 빠르고 거래에 능하다. 대일강화조약 독도관련 문안은 일본 측의 집요한 로비로 그야말로 '자고 일어나면 그 주인이 바뀌는' 해프닝을 겪기도 했다.

한국의 민족주의는 대륙세력과 해양세력으로부터 집요한 침략에 대한 알레르기 대응이자 반응으로서, 저항적 성격을 가진다.[93] 한국의 민족주의는 - 만일 그러한 의식, 이념 또는 이데올로기가 실증적으로 입증가능한 현상으로서 한민족의 정체성의 일부로 유전되고 있는 실재(實在)라면

---

92) 네이버 지식백과, "일본의 역사"(사진 통계와 함께 읽는 일본 일본인 일본문화, 2011.9.5, 다락원), at http://terms.naver.com/entry.nhn?docId=1529244&cid=42995&categoryId=42995 (2015. 6. 6 검색).

93) 강만길, "민족사학론의 반성 - 〈민족사학〉을 중심으로", 이우성·강만길(편), 『한국의 역사인식(하)』(창비신서 16, 경기, 파주: 창비, 1976), p.536, 540 및 송건호·강만길(편), 『한국 민족주의론 I』(서울: 창비, 1982) 참조. 한국에 있어서 민족의식이 싹트기 시작한 것은 조선 후기 실학파, 즉 영조·정조 시대(대략 18세기)부터이며, 1846~1847년(헌종 12~13년) 프랑스 이양선이 2차례 연이어 서해안에 나타나 조선의 천주교 탄압에 대한 항의서한을 전달하고 답신을 요구하자 조선 조정은 청국을 통해 그에 대한 답변을 전달하면서 서양의 충격이 현실화하고, 특히 1876년(고종 13년) 불평등조약인 '강화도조약'이 체결되면서 위정척사, 개화자강과 동학운동이 일어나면서 민족주의 운동이 본격화하였다고 한다. 천관우, "한국 민족주의의 역사적 구조 - 재발견", 진덕규(편), 『한국의 민족주의』(서울: 현대사상사, 1976), p.75, 77~79; 김영작, 『한말 내셔널리즘 연구 - 사상과 현실』(서울: 청계연구소, 1989).

– 외세의 침략에 대항하여 나타난 현상이다. 특히 서세동점과 일제의 침략으로부터 국권을 수호하고 민족 자존감을 회복하기 위한 자구적 민족자강운동이며, 유구한 역사의 민족정신 회복 노력이다. 한국의 민족주의는 따라서 그 성격상 수동적·방어적 성격의 이념이자 운동이다. 공격적이거나 침략적 성격을 가지고 있지 않다. 고구려 패망 이후 날개가 꺾인 한민족은 사실상 '사대'·교린외교에 의존하는 '평화애호민족'을 지향하게 되었다. 역사의 교훈을 바로 새긴다면 민족의 생존과 존엄성을 담보하기 위해 국가전략상 최우선순위의 하나로 최소한의 개별적 자위능력을 확립·유지해야 한다. 군사 국가를 지향할 필요나 이유는 없지만, 적어도 상대가 한국의 영토에 야심을 가지고 무력을 사용할 경우, 치명적 대가를 치를 것이라는 인식을 심어주고 실제로 체험하도록 만드는 총체적 역량이 중요하다. 우리에게 불법 무력이 행사될 경우 총력전을 통해 강력한 타격과 응징을 가할 수 있는 상시 전쟁 억지력이 필수적이다.

20세기 초 강대국들이 한국을 자신들의 '팻감'으로 이용했던 교훈을 되살려 다시는 그러한 권력정치, 권모술수가 한반도에서 재현되지 않도록 강력한 자위능력을 갖추어야 한다. 베트남의 땅굴작전, 아프가니스탄의 게릴라 전법이 그것이다. 불굴의 저항정신과 상무정신을 우리의 정체성의 일부로 유전시켜 상대에게 각인시켜야 한다. 임진왜란의 경험이 그것이다. 이후 덕천막부가 270년 간 조선과의 평화를 추구했던 근본적인 소이일 것이다. 조선 지도층의 오만과 독선, 무지와 편견, 명분을 볼모로 한 교조주의적 권력암투와 쇄국정책의 참담한 결과를 성찰하고 이제 더 이상 폐쇄적, 배타적 단일민족의 유산만을 고집할 수 없다. 실용적 '열린 민족주의'로 외국과 선진국의 장점을 수용하면서 국력을 극대화해 나가는 실천적 슬기를 발휘할 때이다. 변화에 소극적·수동적인 관성을 척결하고, 능동적·주체적·선제적 대응으로 변화를 활용·주도하는 창의적 자세와 실천적 전략을 가다듬어야 한다.

한편 일본의 소위 신도(神道) 문화를 축으로 하는 국수주의는 신비주의적, 비합리주의의 성격을 가진다. 그러한 국수주의는 19세기 서양 제국주의를 흉내 낸 제국주의로 그 본색을 드러낸 바 있다. 일본 국수주의의 키워드는 수직적 무인문화(武人文化)이며, 그 핵심요소는 무력침략과 팽창이다. 국제법은 무력과 침략을 합법으로 포장하는 도구였으며,[94] 외교는 술수와 책략(합종연횡)을 기초로 한다. "한국은 어리석은 국가"라고 공개적으로 비난했던 아베 총리의 오만은 바로 그러한 무인문화와 제국주의적 사고와 유산의 연장선상에 서 있다. 정보통신혁명 시대 대명천지 과거사에 대한 시치미 떼기, "눈뜨고 코 베어 간" 만행에 대하여 손바닥으로 하늘을 가리는 잔꾀, 술수와 집요한 물타기 시도는 결코 성공할 수 없다. 혁명적으로 진화하고 있는 첨단 정보통신기술망이 거미줄처럼 연결된 국제사회의 정의와 양심세력은 그러한 무모한 '돈키호테'식 시도를 결코 용납·좌시하지 않을 것이다.

자신의 과오를 남에게('서구') 또는 주변('미개국')에 전가하거나, 과거 범죄를 망각하고 지우려는 그 어떤 시도도 성공할 수 없다. 자신을 더욱 초라하게 만들 뿐이다. 스스로의 고민과 불행을 다른 형태로 연장시키는 부질없는 짓이다. 기만적 구호와 책임전가식 술수로 역사적 진실을 은폐하고 여론 조작을 시도하는 것은 도조 히데키 시대로 되돌아갈 것을 선동·사주하는 행위나 다름없다. 더욱이 그러한 회피성 행동이 집단적·조직적으로 이루어질 때 민족성의 문제로 비화하고 장기적으로는 주변국의 의구심·경계심과 불신을 증폭시켜 신뢰상실을 자초하고 고립과 긴장을 야기하는 악순환을 초래하게 된다. 부끄러운 과거사를 겸허하게 대면하고, 그에 따르는 피해자의 고통을 극복·청산하려는 진정성 있는 성찰과 노력을 계속할 때 비로소 스스로 인간적 성숙과 정신적 진보를 이룩하고, 주변국 국민들의 신뢰와 존중을 회복할 수 있다. 국가의 장래를 염려하는 '현명한' 지도자라면 스스로 성찰을 통해 진정한 장기적 국익이 무엇

---

94) 강성은, 『1905년 한국보호조약과 식민지 지배책임』(한철호 역, 서울: 선인, 2008), p. 215.

인지 올바르게 판단하고, 건전한 상식과 양심에 기초한 역사적 진실과 국제여론을 존중하는 자세를 가져야 한다.

18. 도덕적 국가, 비도덕적 사회: 한국의 경우

일본 제국주의에 의한 침략, 무력강점과 식민지배를 벗어난 한국은 광복 후 20년 만인 1965년 대일관계를 '정상화'하고, 한미동맹을 기반으로 70년대에 시작한 산업화와 80년대 말 민주화를 달성하였다. 정보통신혁명의 시대적 추세에도 발 빠르게 적응·대처하고 있다. 자유, 인권과 정의에 기초한 보편적 규범과 가치를 확산·진화시키고 있는 국제법, 그리고 전통적 국가 간 관계를 기본 축으로 국제·지역기구를 통한 협력증진을 중시·강화하는 국제관계의 양대 축에 발맞추어 국제평화와 안전에도 기여하고 있다. 유엔이 주도하는 국제평화유지군 활동에도 적극 참여하고 있다.95) 문제는 내부 도덕적 가치에 대한 사회연대에 기초한 가치공동체의 건설이 시급한 과제 가운데 하나라는 엄연한 사실이다. 일본의 '국가 마키아벨리즘'이 한국에서 사적(私的) 마키아벨리즘으로 작동하고 있지는 않은가. 개인의 가치와 공동체의 목표가 상충·충돌하는 경우 그 사회의 응집력·안정성·영속성을 담보할 수 없다.

자유민주주의 질서와 법치주의 하에서 개인의 자유와 권리는 최대한 보장되어야 하며, 공권력에 의한 간섭·침해는 최소한에 그쳐야 함은 당연하다. 동시에 개인의 자유와 권리 역시 절대적일 수 없으며, 또한 인간의 자유의지 역시 "권력과 이익의 손아귀에서 놀아나지 않는다"고 장담하기 어렵다.96) 또 법적 측면에서 볼 때, 공동체 구성원이 합의하는 공동

---

95) 에컨대 소말리아와 앙골라, 서부 사하라 그리고 동티모르(2002년 5월 독립) 파견 상록수부대(1999~2003)는 그 예이다. 김재명, 『오늘의 세계분쟁』(서울: 미지북스, 2011), pp.402~407 참조.

선과 공공선(국가안보, 법질서 유지, 공공복리 등)의 제한을 받는 자기구속성에 동의하지 않을 수 없다(사회계약설). 소유권의 절대 및 과실책임의 원칙과 함께 근대 민법의 3대원칙으로 하나로 간주되는 '사적 자치의 원칙'(계약자유의 원칙: principle of private autonomy)이 가지는 한계는 위에서 언급한 우리 사회의 각종 비정상에 비추어 자명하다.[97] 공동체에의 소속감 없이 개인이 자신의 선택과 행동에 대해서만 책임지면 그만이라는 사고를 고집한다면, 이는 사회적 동물이라는 인간 본성에 부합하지 않을 뿐만 아니라, 자신이 속한 사회 또는 국가의 역사와 전통에 대한 귀속감이나 자부심을 가지기 어렵다.[98]

암담했던 일제 강점기의 마지막 단말마적 순간을 후쿠오카 감옥에서 맞아야 했던 윤동주(1917~1945) 선생이 지식인으로서 괴로웠던 삶을 차라리 '어둠 속' 「십자가」에서 조용히 마감하고 싶었던 고통을 성찰하고 현재의 어려움을 공유·극복하려는 실천적 자세와 창의적 노력이 절실하다.[99] 민족의 고통과 불행을 짊어져야 했던 '무기력한' 지식인에게 그 무게는 홀로 감당하기에 너무도 무거운 짐이었을 것이다. 고통의 극점에서 차라리 자신의 현세의 육신을 부정하는 극단적 선택을 통해 인류를 내세에서 구원하고자 했던 예수가 '행복했던 사나이'로 비쳤던 것도 무리는 아니다. 민족독립의 '순교자'로, 조국광복의 선봉으로 행동하지 못했다고 '부끄러운' 자화상을 자책하며 생의 마지막 순간 장렬한 순국을 통해 조

---

96) 마이클 샌델, 『정의란 무엇인가』(이창신 역, 경기 파주: 김영사, 2010), p.176 참조; 마이클 샌델, 『정의의 한계』(Liberalism and the Limits of Justice, Cambridge University Press, 1982, 이양수 역, 경기 고양: 도서출판 멜론, 2012).

97) 소유권 절대의 원칙 역시 공공복리, 권리남용 금지의 원칙 등에 의하여 제한된다. 또 과실책임의 원칙 역시 무과실 책임(no-fault liability), 또는 엄격책임(strict liability) 등으로 보완·대체되고 있다.

98) 샌델, 『정의란 무엇인가』, 전게각주 96, p.327; 박현진, "국제테러의 억제와 집단적 책임·관할권의 한계", 『서울국제법연구』 제19권 1호(2012. 6), p.139. 151, 각주 45 참조.

99) 송우혜, 『윤동주 평전』(서울: 푸른역사, 2004) 참조.

국의 위대한 아들로 부활하고 싶었던 그의 강렬한 조국애를 돌이켜 본
다. 광복을 눈앞에 두고 미처 30의 연륜을 채우지 못한 채 죽는 날까지
한 점 부끄럼 없는 순수시를 통해 거룩한 희생과 조국독립의 길을 꿋꿋
이 걸어갔던 한 사나이의 고독하고 고귀한 영혼이 남긴 울림과 여운을
되새겨 본다. 그의 삶과 죽음이 오늘을 사는 우리에게 광복의 의미를 되
새기고 실천적 공동체 정신을 회복하는, 바닷가 밤하늘을 밝히는 등대가
될 수 있기를 기대한다.

지식정보사회의 특권적 지위와 권력을 향유·행사하는 지식인, 언론과
대학의 역할과 사명에 대해 생각해 본다.[100] 우월적 지위를 악용, 갑질로

---

100) 박현진, "세계화, 법학전문대학원과 법학 연구·교육의 방향·방법론: 국제 '보
통법'으로서의 영미법과 법률영어의 체계적 심층탐구를 옹호·제창하며", 『법
조』 제56권 제12호(통권 제615호, 2007. 12), p.277 참조. 1998년 신한·일어업
협정을 자문한 박춘호 교수(1930~2008)는 전북 남원 출신으로 순창농고, 서울
대 정치학과를 거쳐 영국 에든버러대와 미 하버드·하와이대에서 수학·연구한
후 1982~1995년 고려대, 이어 나가사키 하시마(端島) 탄광, 후쿠오카 남쪽 구
루메(久留米) 시 등 징용의 한[인터넷 연합뉴스, "일본 나가사키시, '다카시마
공양탑 가는 길' 폐쇄", 2016. 1. 4]이 서려 있는 일본 규슈의 서남학원대학(西
南學院大學; Seinan Gakuin University)에 재직 중 1996년 및 2005년 등 2차례
에 걸쳐 정부추천으로 국제해양법재판소(ITLOS) 재판관에 피선되었다. 그러
나 역사적 사실·증거 및 국제법과 원칙을 도외시하면서 한국의 정당·적법한
영토·해양권익을 손상시킨 동 협정으로 인해[양기웅, 『한국의 외교협상-한·
미·일의 정치와 협상전략』(춘천: 한림대 출판부, 2008), pp.287~290], 그는 학
문적·국민적·도덕적 비판의 표적이 되었다. 특히 '무대응' 또는 '조용한' 외교
주장은 국제법의 기본 원칙과 법리를 무시한 것으로서 분쟁화를 방지하는 것
이 아니라 오히려 분쟁을 묵인하는 효과를 가져올 수 있는 위험한 태도였다.
김영구, 『독도, NLL문제의 실증적 정책분석』(부산: 다솜출판, 2008), pp.144
& 349~351; The Korea Herald & Park Hyun-jin(eds.), 『Insight into Dokdo』
(Paju, Kyeonggi -do: Jimoondang, 2009. 4), p.22(Introduction). 또 실정법의
원칙·규칙·판례 및 법리에 기초한 분석·논증/추론과정을 거치지 않고 수사·
비유에 의존하는 것은 법률사실의 과도한 단순화·왜곡으로 논리의 비약과 엉
뚱한 결론을 수반한다. 엄밀성과 명징성에 입각한 품격있는 학문의 정도(正
道)라 할 수 없다. 인류의 축적된 경험을 바탕으로 수 천 년 간 진화해 온 법
(학)은 그 과정에서 자연과학(인과관계 등), 기술(측량, 지도와 경도·위도 표

타인의 정당한 권익을 빼앗고 가로채며, 고통을 가한 악행에도 책임을 외면·회피하는 후안무치한 '지식인'은 악마에 자신의 영혼을 팔아넘긴 타락한 파우스트나 다름없다. 학교·사회의 미래에 아랑곳하지 않고 오로지 자신의 생존에만 올인하는 좀비(zombie)이다.[101] 교육은 덕성을 갖춘 창의적 인재의 양성을 그 핵심적 목표로 하는 국가적 과업이다. 부정·비리를 외면·묵인·방조하고 비호하는 교육기관은 학문적·도덕적·교육적 권위를 내세울 수 없다. 이 나라 학문의 전통과 유산, 민족정신과 얼을

시 등), 철학의 인식론(고의, 과실, 의사 등), 윤리학(정의, 형평)과 논리학(연역·귀납법) 등의 학문적 개념·진리·지식을 수용, 고유한 규칙·원칙과 법리, 그리고 결론(판결이유)에 이르는 분석·평가·입증방법을 확립하고 있다. 수사·비유·비교나 유추(analogy: 개연성 있는 추리)는 법률관계에 대한 예증방법(method of illustration)일 뿐, 입증방법(method of proof)은 아니다. 예컨대 블랙스톤 경은 영국법을 중세에 건축되어 현대적으로 개조된, 망루를 가진 '고딕 성채'(an old Gothic castle)에 비유(은유 내지 의제)하면서, 진화하는 영국 판례법의 전통 위에 의회제정법이 그때그때 누더기처럼 입혀져 성채에 새로운 미로를 만들어냈다고 비판하였다. W. Blackstone, *Commentaries on the Laws of England* (4 vols., 1765~1769; reprinted, University of Chicago Press, 1979), vol.3, p.268; W. Twining, *Blackstone's Tower: The English Law School* (The Hamlyn Lectures, London: Stevens & Sons/Sweet & Maxwell, 1994), p.3; 박현진, "법률영어, 법률문장과 문체·기교", 전게각주 2, p.267. 그러나 '성채'의 비유는 그러한 비판적인 결론(주장)을 법률상 직접 입증하는 것은 아니다.

101) 아담 스미스는 도덕적 판단의 기준은 행위의 동기(the agent's motive)와 공정한 공감(impartial sympathy)으로 규정한다. A. Smith, *The Theory of Moral Sentiments*(1759; ed. by D.D. Raphael & A.L. Macfie, Oxford: Clarendon, 1976), pp.13, 21~22(Introduction) & 83~85. 그에게 정의(감)는 "사회구조를 지탱하는 주요 기둥"("Justice, on the contrary, is the main pillar that upholds the whole edifice")인데 반해, 자선(beneficence)은 건물(사회)을 지탱하는 기반은 아니다. Smith, *ibid.*, p.86; 닐슨(W.A. Neilson)(편), *Lectures on the Harvard Classics*(N.Y.: Collier & Son Co., 1914), 김영범 역, 『열린 인문학 강의』(경기 파주: 유유, 2012), p.194. 그에게 정의의 목적은 피해나 손해로부터 자유로와지는데 있다("The end of justice is to secure from injury"), A. Smith, *ibid.*, Pt.II.ii.1.5 & 1.7 & *Lectures on Jurisprudence*(1762~1766; ed. by R.L. Meek, P.G. Stein & D.D. Raphael, Oxford: Clarendon, 1978), pp.397~399.

배반·파괴하는 일이다. 인성을 포기한 지식은 흉기요, 윤리 없는 지식은 진정성 없는 얄팍한 현학(pedantry)에 불과하다.[102] 또 실천 없는 지식은 위선에 불과하며, 가치관 없는 지식은 기회주의자의 도피처일 따름이다. 과연 신망 있는 유능한 인재를 양성할 수 있을까? 상습 갑질, 부정·비리 의혹에도 책임회피 등 부도덕의 아이콘에 대한 대가는 준엄한 학문적·국민적·역사적 심판일 것이다. 성경은 불의와 탐욕으로 정의를 버리고, 대의를 박해하는 자에게 "화 있을진저"라고 저주하고 있다.[103]

갑질과 함께 부정·비리 의혹에 대하여 책임을 외면·회피하는 탐욕의 화신을 나라를 빛낼 인물로 공공연히 미화한다면 지록위마도 이만저만이 아니다.[104] 사실·진실이 전세계 어디서나 실시간으로 지구 반대편으로

---

102) 조지훈, 『지조론』(정음문고 48, 서울: 정음사, 1976), p.16.

103) 「마태복음」, 제23장 23~36절. 중국 고전에 의하면 "윗사람을 범한 자가 높은 자리에 있고 탐욕스럽고 비루한 자가 부유함을 누린다면, 비록 성군이 있다 하더라도 그 나라는 훌륭한 정치를 이룩할 수 없다". 태공망·황석공, 『육도삼략』(유동환 역, 서울: 홍익출판, 1999), 하략. 또 "현명한 인재를 해치는 자는 재앙이 3대 뒤의 자손에까지 미치고, 현명한 인재를 가려서 앞길을 막는 자는 재앙이 자신에게 미치며, 현명한 인재를 헐뜯은 자는 명예를 끝까지 지키지 못한다. 그러나 현명한 인재를 추천하여 앞길을 열어준 자는 하늘의 복을 받아 혜택이 자손에까지 미치게 된다.", *ibid*. 지식인이라면 새겨들어 실천해야 할 잠언이 아닐 수 없다. 관시(關係) 등 일부 부정적 시각에도 불구하고 중국은 초등학교 시절부터 기록되는 '당안'에 의해 철저한 인재관리시스템을 유지하고 있다고 한다. 이광재·김태만·장바오윈, 『중국에게 묻다: 21세기 초강대국의 DNA』(서울: 학고재, 2012), pp.377~388. 한비자(韓非子)를 모함, 자결케 하고 분서갱유를 건의했던 이사(李斯)는 대의를 버리고 탐욕을 좇아 통일제국 진(秦)을 멸망시키고 자신은 모반죄로 오형(五刑: 얼굴에 문자를 새기고, 코가 잘리고, 두발이 잘린 후, 목이 잘리고, 요참을 당함)을 당하는 비참한 최후를 맞았다. 렁청진(편), 『변경: 5천년 중국 역사 최고의 인재활용 경전』(김태성 역, 서울: 더난 출판, 2003), p.278. 결국 인성·도덕과 민주적 감독장치(법·제도)가 각각 내용과 형식으로 조화롭게 결합될 때 비로소 공공선과 공공질서를 확립할 수 있다. 렁청진, 같은 책, p.359.

104) 언론이 '아님 말고' '끼워팔기'식 애드벌룬을 띄우고, 학교가 이에 편승·호응하는 식의 '쌍끌이' 수법도 단절·청산해야 한다. 나라의 미래를 현대판 권세가의 '세도정치'에 맡길 수는 없는 일이다. 『한비자』(김동휘 역해, 서울: 신원

전송·검색·확인되고 보편적 가치가 국제적으로 공유·통용·부과되는 정보통신혁명의 시대, 국민의 눈과 귀를 가리고 손바닥으로 하늘을 가리는 곡학아세(曲學阿世)이다. 사실을 비틀고 진실을 비웃는 행태로 본연의 임무와 사명을 저버리는 일이다. 국내외 웃음거리를 자초하는 일이다. 재벌가 '갑질녀'에 대해 퇴출을 일갈하고 갑질 국회의원에 호통치면서 갑질 교원에 대해서는 용비어천가도 서슴지 않는다면, 민성에 귀 닫고 개혁에 저항해 종말을 맞은 조선을 지켜본 정도(正道) 언론의 책임있는 자세는 아니다. 매천(梅泉)과 같은 올곧은 선비의 자세는 더더욱 아니다. 부정비리, 오만·독선, 무능과 위선이 조선종말의 원인[105]임을 망각하는 일이다.[106] 현저히 공정성을 잃은 언론의 신뢰도가 추락하는 것은 당연하다. "곧은 것을 굽히고, 깨끗한 것을 더럽히면서까지 매사를 역행해서야 장

문화, 2007), 오두편, p.331; 신영복, 『강의−나의 동양고전 독법』(경기 파주: 돌베개, 2004), p.454. 이익은 『성호사설』인사문(人事門)에서 나라를 좀먹는 여섯 종류의 암적 존재(육두) 가운데 하나로 벌열(閥閱)을 들고 있다. At https://ko.wikipedia.org/wiki/%EC%84%B1%ED%98%B8%EC%82%AC%EC%84%A4 (2016. 1. 15 검색). 현재 우리나라 법학전문대학원 교과과정에는 법조윤리 과목이 포함돼 있다. 박현진, 전게각주 100, pp.284~285 & 306. 또 국제사법재판소 재판관은 '덕망이 높은 자'(persons of high moral character)를 자격요건으로 규정하고 있다. 국제사법재판소 규정, 제2조.

105) 박지원, 『호질』, 『양반전』등. "논객은 거짓말과 간사한 일컬음으로 외국의 힘을 빌어서 그 사사로운 이익을 성취하고 국가의 이익은 버린다", 『한비자』(최태응 역, 서울: 새벽이슬, 2010), p.169(나라를 좀먹는 다섯 가지 벌레); 신영복, ibid.

106) 정의는 균형·비례성의 유지·회복으로 이해되고, 흔히 공정성(fairness)의 관점에서 평가되며, 배분·보상에 있어서 정당한 몫(share)의 개념과 결부된다. H.L.A. Hart, The Concept of Law(Oxford: Clarendon, 1961), pp.154~155; J. Rawls, A Theory of Justice (Harvard University Press, 1971), ch.I(Justice as Fairness). 즉 "같은 것은 평등하게(같게), 다른 것은 불평등하게(다르게)"("Treat like cases alike, and treat different cases differently") 다루는 것(상대적 차등)이 정의이자 평등이다. Hart, ibid,,, p.155; 권영성, 『신판 헌법학원론』(서울: 법문사, 1999), p.349; 박현진, "국제항공여객운송인이 민사책임 · 법경제학적 접근", 『국제법학회논총』제44권 제1호(1999.6), p.141, 143. 기회균등과 자의(恣意)의 금지는 정의의 핵심내용을 구성한다.

차 국운이 어찌 될 것이냐".[107]

더욱이 함량미달의 상습 불법·비리자를 두호·포상하는 사회라면 광복 70년의 '위대한 여정'과 성취를 스스로 부정하는 일그러진 자화상이 아닐 수 없다. 역사의 수레바퀴를 거꾸로 되돌려 역주행하자는 얘기나 다름없다. 독버섯과 같은 부도덕한 영혼을 찬양하며, 보편적 정의와 양심을 부정하고, 법과 원칙을 배반하는 일이다. 문명사회의 양식·상식, 이성·순리에 공공연히 도전하는 폭거이다. 불편한 진실을 외면·은폐하고, 거짓을 진실로 둔갑시키는 견강부회이다. 악덕과의 부적절한 야합이며 '법치주의의 적'과의 불편한 동거이다. 비정상을 심화·고착화시키는 일이다. 국민통합·화해를 자해하며 공동체를 분열·파괴시키고 조국의 자주독립에 헌신한 선열들의 고귀한 희생을 욕보이는 일이다. 광복 70년, 선진조국의 꿈은 공염불, 신기루가 되기 십상이다.

폐가입진(廢假立眞)은 대의의 요구이며, 사필귀정(事必歸正)은 정의의 회복이다.[108] 그릇된 정책과 인물의 선택은 국가와 국민에 치명적 대가를 요구·수반한다. 이는 결코 자학이나 가학이 아니다. 자성이며 자존의 요구일 뿐이다. 광복의 의미를 되새기는 성찰의 외침이다. 모든 중요한 국정과 관계 고위 공복(公僕)의 행적은 기록·기억되고 평가·심판된다. 연구와 교육은 권위·허위의식을 버리고 양심과 실천이성에 따라 진실과 진리를 추구할 때 비로소 그 목표에 접근할 수 있다. 자신의 학문과 행적에 대한 무한책임이다. 지식인의 주어진 숙명이다. 포은, 율곡과 다산 그리고 만해가 청사에 이름을 남기고 기억되는 이유일 것이다. 해외 직접 구매·결제와 배송의 시대, 국가 간 경쟁은 그야말로 글로벌 차원의 생존 경쟁이다. 그럼에도 우리의 대학은 거의 산업화 이전 알음알음식 구명가

---

107) 동아일보 사설, "갑오년을 보내는 감회", 1954. 12. 31, at http://saenae.blog.me/220227312807 및 ""내가 누군줄 알아" 외친 甲, 2014년이 쏨한다 "너 내려"", 2014. 12. 31, at http://news.naver.com/main/read.nhn?mode=LSD&mid=sec&oid=020&aid=0002717634&sid1=001 (2015. 11. 11 검색).
108) 김만중, 『사씨남정기』(謝氏南征記).

게 또는 보부상 조직과 같은 '그들만의 리그'의 의식·행동양식으로 거대한 변혁에 맞서고 있는 형국은 아닌지 자문해 볼 일이다.[109]

19. 우리는 무엇을 어떻게 해야 할 것인가: 행적·기록· 기억, 그리고 심판

무한 암기능력으로 무늬(스펙)와 경력만 치장하면 승승장구하는 시대는 끝났다(지식인의 위기). 잔치가 끝난 지금, 구체적으로 검증된 창의·혁신적 역량과 차별화된 전문적 문제해결능력으로 평가·승부하는 사회라야 지속가능한 생존과 번영을 담보할 수 있다. 고위 공복(公僕)·국회의원·장성·판검사와 공공연구기관·공기업의 수장 등 지도층이 맡은 바 업무를 오직 공평무사하게 처리하는 문화가 확립·정착될 때 선진국의 문턱은 자연스레 낮아질 것이다. 교수·교원, 연구원(研究員)과 언론인 등 지식인이 스스로 권위·허위의식에서 해방되어 본연의 연구·교육과 여론형성 등 자신의 학문·행적에 대한 무한책임을 부담·실천할 때 이 나라의 민주화는 완성될 수 있다. 자신의 지위를 특권·탐욕을 향유·충족시키는 수단·디딤돌이 아니라 국가·사회발전과 사회정의·통합의 선도자로 인식·실천할 때 선진국 대열에 진입할 수 있다. 역사적 경험에 대한 성찰

---

109) 근래 하버드대의 정치(정부)학과 종신교수의 선발에는 후보자를 지금까지 한 번도 만난 적이 없는(자격요건) 5명의 하버드대 종신교수가 심사위원으로 참여하였으며, 이는 후보자의 이미지나 성격, 행동 등 개인적 요소가 심사위원들의 주관적인 선호도에 영향을 주지 않도록 하기 위함이다. 또 선발기준은 후보자가 발표한 논문에만 근거해 그 학술적 수준과 사고능력을 판단하도록 요구한다고 한다. 또 하버드대 교수승진에 있어서 가장 중요한 요소는 후보자의 연구 성과와 학술지에 발표한 논문의 질과 수량이며, 논문의 수준이 횟수보다 중요하고, 교학의 비중이나 다른 교수와의 인간관계 등은 그다지 숭요하지 않다고 한다. 친진(陳晋), 『하버드 경제학』, 전게각주 74, pp.324~325.

을 바탕으로 국가와 민족의 미래를 고민하고 그 비전을 제시하여 사회변화·발전의 동력을 제공하는 역할을 담당할 수 있을 때, 비로소 국민의 신뢰와 존중, 도덕적 권위를 회복할 수 있다. 후쿠자와, 아베 총독의 저주에서 해방될 수 있다. 누구나 자신의 직무와 직분에 충실하면 '보이지 않는 손'(an invisible hand)에 의해 공익(the public interest)은 증진된다.110) 경쟁과 효율성은 원칙이며, 다만 공정한 게임의 규칙 수립·시행, 독과점 규제, 고용창출을 통한 유효수요의 창출 등 시장의 기능을 정상 작동·유지시킬 최소한의 정부개입은 불가피하다.

4·19 의거가 표방한 자유, 정의와 진실은 훈장이나 장식, 또는 지나가는 열병이나 유행이 아니다. 특정인, 특정집단의 전유물도 아니다. 모두가 함께 목숨으로 쟁취하고 끊임없이 피로써 지켜내야 할 고귀한 역사적 유산이며 국민적 가치이다.111) 시지프스(Sisyphus)와 같은 부단한 돈오점수의 과정일 뿐이다. 드레퓌스 사건의 뼈아픈 유산이며 값비싼 교훈이다. 일그러진 자화상을 대면하고 직시할 때이다. 민간·공공부문을 막론하고, 불합리한 관행·관성을 혁파하고 공평무사, 공정성과 전문성을 우선적 가

---

110) A. Smith, *An Inquiry into the Nature and Causes of Wealth of Nations*(1776; reproduced, 2 vols., Glasgow edn., by R.H. Campbell, A.S. Skinner & W.B. Todd, Oxford: Clarendon, 1976), pt.IV, ii, 9. 정부는 공정한 게임의 규칙을 정하고(기회균등) 위반자에 대한 감독·벌칙부과 역할에 충실하면 된다. 간섭과 개입, 규제를 최소화하여 자유경쟁에 입각한 시장의 자율성을 신봉하는 고전경제학의 원조 아담 스미스의 통찰이다. 이근식, 『자유주의 사회경제사상』(서울: 한길사, 1999), 제1장 참조. 이러한 입장은 시카고학파에 의해 계승되고 있다. 자유주의경제학연구회, 『시카고학파의 경제학-자유, 시장 그리고 정부』(대우학술총서, 서울: 민음사, 1994) 참조. 그러나 대공황 이후 시장의 신화가 장기불황, 불완전고용 등 시장의 실패(market failure)가 나타나면서 정부의 시장개입을 통한 유효수요 창출을 내세운 케인즈 이론이 등장하였다. 이어 양대 전통을 통합한 신고전파가 등장, 신자유주의(통화주의)를 주창하였다. 한스 페터 마르틴·하랄트 슈만, 『세계화의 덫-민주주의와 삶의 질에 대한 공격』(강수돌 역, 서울: 영림 카디널, 1997), pp.205~206.

111) 신동엽, "껍데기는 가라", 『申東曄詩選集』(서울: 창비사, 1979), p.88.

치로 실천하는 의식·사고와 문화를 전통으로 확립·계승시켜야 한다. 누구나 자신의 직분에서 공명정대를 좌우명으로 실천에 매진한다면 이 나라의 미래는 반석위에 놓이게 될 것임은 의심의 여지가 없다.

법과 원칙이 무너지면 반칙과 예외가 활개친다. 술수·기회주의가 행동의 준거규범이 된다. 비리가 관행이 되고 비정상이 정상이 된다. 창의와 기회의 천국이 아니라 짝퉁과 기회주의의 낙원으로 전락한다. 사회기강과 응집력은 급속히 약화된다. 보이지 않는 사회적 비용이다. 국가의 근본 기강마저 흔들리게 된다. "불의에 항거한 4·19 민주이념을 계승하고" "모든 사회적 폐습과 불의를 타파하며", "조국의 민주개혁과 평화적 통일의 사명에 입각하여 정의·인도와 동포애로써 민족의 단결을 공고히" 할 것을 천명한 현행 헌법(전문)의 정신에도 역행하는 불법이다. 개혁은 시대적 소명이자 지식인의 책무이다. 국론분열을 극복하고 국민통합을 이룩하는 전제이자 지름길이다. 조선 후기 개혁의 아이콘 정조가 신유학의 사변적(思辨的) 공리공론을 지양하고 과감하게 국리민복을 향한 새로운 길을 개척했던 도전이, 다산 정약용의 실증주의적 실학(實學)이, 그리고 추사 김정희의 실사구시(實事求是)의 유산이 거대한 변혁의 이 시기에 다시금 커다란 울림을 일으키는 소이이다.

우리 스스로 "지난 일의 잘못을 징계하여 뒤에 환난이 없도록 조심"[112]하고 경계한다는 가르침을 새기고, 과거사의 과오에 대한 분석·평가, 해부·성찰의 기초 위에서 우리의 새로운 각오와 통합을 다지고 미래 좌표 설정의 초석으로 삼아야 한다. 오늘날 한국이 존재하고 있는 것은 조국이 위기에 처했을 때 일신과 가족의 안위를 초개처럼 팽개친[113] 선

---

112) 류성룡, 『징비록』(1647, 이재호 역, 서울: 역사의 아침, 2007), 자서(自序).
113) 충무공, 『난중일기』, 노승석 역, 『이순신의 난중일기 완역본』(동아일보사, 2005)과 특히 "한산섬 달 밝은 밤에"; 문화재청 문화재 검색, 안중근 의사 유묵(安重根義士遺墨), "국가안위노심초사(國家安危勞心焦思)", at http://www.cha.go.kr/korea/heritage/search/Culresult_DB_View.jsp?mc=NS_04_03_01&Vdk VgwKey=12,05692200,11 (2015. 2. 8 검색).

열들의 피어린 희생과 헌신,[114] 그리고 "백성들의 조국을 사랑하는 마음이 그치지 않았기 때문"[115](의병과 기미독립운동 등)이었음을 기억·공유·교육해야 한다. 같은 맥락에서 과거 일본의 부당한 주장에 대해 우리 위정자와 지식인들이 이중적 행동·대응으로 인해 상대에 오판의 빌미를 제공한 것은 아닌지 따져볼 일이다. 지식인의 숙명에서 남겨야 할 흔적과 행적은 무엇인가? 이 나라 역사에서 수많은 인사들이 생전의 악행·비행으로 후세에 오명을 남긴 채 국민의 손가락질의 대상이 되고 있는 사실은 무엇을 웅변하는 것인가? 지식인·지도층이라면 지난 역사의 준엄한 심판과 평가에서 교훈을 얻어야 하지 않겠는가?

'먹물'의 부당한 특권[116]과 갑질을 당연시하고 비호하는 사회라면, 나

---

114) 문화재청 문화재 검색, 안중근 의사 유묵, "견리사의견위수명"(見利思義見危授命), "위국헌신군인본분(爲國獻身軍人本分)". at http://www.cha.go.kr/korea/heritage/search/Culresult_Db_View.jsp?mc=NS_04_03_01&VdkVgwKey=12, 05692300,11 (2015. 2. 8 검색).

115) 류성룡, 전게각주 112, 자서(自序).

116) 특히 대규모 기업집단(재벌), 사립학교와 언론도 권력집단으로 볼 수 있다. 존경받는 기업, 능력과 적성의 계발을 견인하는 창의적 인성교육, 그리고 올바른 여론형성에 기여하는 정도(正道) 언론이야말로, 정치혁신과 함께 이 나라의 미래를 책임질 세력이다. 특히 우리나라 국회의원들은 특권과 높은 연봉을 받고 있다. 월 1,200여만 원 수준인 한국 국회의원의 월급은 프랑스와 영국 사이에 해당하는 높은 수준인 것으로 나타났다. 영국의 하원의원은 2012~2013년 회기를 기준으로 6만 6,396파운드(약 1억 1,309만원)의 연봉을 받는다. 이는 2013년 4월에 기존 6만 5,738파운드(약 1억1197만원)에서 1% 인상된 것이다. 2014년 4월에는 공무원 임금인상에 따라 다시 1% 인상되어 6만 7,060파운드(약 1억 1,422만원), 2015년 4월부터는 6만 7,731파운드(약 1억 1,536만원)가 될 예정이다. 뉴시스, "국회의원 월급수준, 미국·일본·독일·프랑스·한국·영국 순", 2013. 8. 23, at http://www.newsis.com/ar_detail/view.html?ar_id=NISX20130823_0012305885&cID=10301&pID=10300 (2015. 7. 9 검색). 영국 하원의원들이 손수 가방을 들고 지하철로 출퇴근하는 모습이 흔히 TV에 방영된다. '국민 속으로' 들어가 그들의 눈높이에 맞추어 소통하려는 노력이야말로 건강한 민주주의, 시민사회의 참모습이다. 경험론의 본고장다운 풍경이다. 밀실에서, 승용차 안에서 돈 봉투를 주고받는 우리 의원들의 모습과는 판이하다. 우리나라 국회의원의 연봉은 생산성에 연계된 임금인지도 불

라의 장래는 담보할 수 없다. 구일신, 일일신, 우일신(苟日新 日日新 又日新)이야말로 우리의 과제이다. 혁신하지 않겠다는 것은 나라와 공동체의 안위에 상관하지 않고 오로지 자신과 자신이 속한 집단의 기득권에 집착하겠다는 의사표시이다. 이념과잉, 분열적 대립, 부당·불공정한 관행, 그리고 과욕과 탐욕은 없었는지 모두 그리고 함께-특히 위정자, 지식인과 교육인과 기업인은-스스로를 뒤돌아 볼 때이다. 권리와 이익보다 공동체에 대한 책임과 의무,117) 공공선과 공동선을 먼저 생각하는 사회문화적 합의와 전통을 확립해 나가야 한다. 사법정의의 확립은 그 하나의 요소이다. 부패방지법의 공정한 시행 역시 중요하다. '대가성' 여부로 뇌물수수를 눈감아주는 사법 '관행'은 사라져야 한다. 기회균등과 능력본위의 공정한 인사·채용·승진 제도의 확립과 시행 역시 긴요하다. 교육과정·방식 그리고 평가방식 역시 개편돼야 한다. 창의적 문제해결능력 위주로 교육·연구·평가를 실시해야 한다.

사실상의 국권상실로 강제 징병·징용, 강제이주, 종군위안부 그리고 국토분단과 이산가족 등 우리 민족이 겪어야 했던 좌절과 고통, 고난과 역경을 기억해야 한다. 이를 극복하고 독일 탄광에서, 중동 열사의 사막과 계곡에서, 남미의 고원지대에서 수로·관개사업, 항만건설, 원자로 건설과 댐건설 그리고 자원개발 등 새 역사를 건설해온 강인한 개척정신과 불굴의 의지를 계승·발전시켜야 한다. 정보통신 강국화와 소프트파워 강화, 공동체 정신의 회복으로 국가·민족정체성과 국가브랜드를 구체화·제고하고, 총체적 국가 역량을 업그레이드시켜야 한다. 혈연·학연·지연에 집착하는 전통사회의 배타적 의식구조에서 전세계가 실시간으로 연결되어 동기화된 정보통신사회라는 역동적 변화의 패러다임 속으로 들어가

명확하며, 국민에 봉사하는 국민의 대표인지도 의심스럽다. '헌법기관'을 자처하며 권위를 내세우기 전에 공동체의 존립과 이익을 위한 입법을 담당하는 생산적인 국회로 국민의 신뢰를 얻는 진정한 국민의 대표기관으로 거듭나기를 기대한다.
117) 「국민교육헌장」 참조.

의식과 행동을 혁신해야 한다. 창의적 에너지를 우리 국민의 유전자 (DNA)에 아로새겨 새로운 천 년의 역사를 추동하고 진화시키는 엔진으로 활용해야 한다. 그러한 진보는 과학기술력과 신용·법치사회에 대한 합의와 실천을 전제로 한다. 뿌리깊은 나무가 강한 비바람에도 끄떡없는 이유이다.

광복 70년, "유구한 역사와 전통을 자랑하는 우리 대한민국은" 20세기 전반 35년 견딜 수 없는 굴욕과 수치를 견뎌내고, 참을 수 없는 고통과 수모를 참아냈으며 잃었던 자유, 국권과 독립을 되찾았다. 이후 산업화와 민주화를 이루어내는 저력을 발휘하면서 새 역사를 창조하였다. 이제 과거사 및 우리의 현 위치에 대한 성찰을 바탕으로 "모든 사회적 폐습과 불의를 타파하며, 자율과 조화를 바탕으로"(헌법 전문) 더욱 성숙한 공공·책임의식으로 무장한 시민·공동체의식으로 함께 공동체 미래의 비전, 가치와 좌표를 궁리할 때이다. 광복의 진정한 의미와 가치를 새롭게 되새기고 민족정체성과 민족정신을 확인·확립하는 간단없는 노력과 실천만이 과거사의 굴레와 무게를 공유하고, 우리 앞에 놓인 난관을 극복하고 함께 전진하는 지름길이자 유일한 선택이다. 또 그러한 노력과 실천이야말로 후세에 온전히 기록·전달해야 할 핵심 메시지 가운데 하나이다.

20. 에필로그: 을미사변과 을사늑약 그리고 히로시마와 나가사키

국제관계가 힘과 법 간의 갈등과 상호작용 관계라면, 이러한 현실을 올바르게 인식하고 국력강화에 매진해야 한다. 스스로의 안위조차 지킬 수 없었던 구한말의 비극의 원인을 새겨 반성하고 과오를 거울삼아 구조적 부패·비리와 무능·분열을 척결해야 한다. 기득권을 버리고 함께 기존

관행과 기준, 법과 제도를 제로베이스에서 평가·변화시키는 성역없는 국가·사회 무한 혁신에 동참하는 자세는 사회도덕성과 국가경쟁력을 제고하는 첩경이다.[118] 국가역량 증진·강화를 위한 국민통합은 우선적 과제이다. 무엇보다도 지도층의 헌신과 봉사, 솔선수범이야말로 국민통합의 요체이다. 의식을 개혁하고 그릇된 관행과 제도를 혁신해야 한다.[119] 일제의 식민사관에 저항한 민족사학자 안재홍 선생은 광복 후 우리 민족의 과제에 대하여 다음과 같이 설파한 바 있다:

> "오인(吾人)은 40년의 예속과 36년의 질곡 밑에 전민족이 초계급적(超階級的)으로 굴욕과 피착취의 대상이 되었었다. 이제 또 전민족이 초계급적으로 해방되었나니, 초계급적인 통합민족국가를 건설하여 전민족의 해방 및 독립의 완성을 도(圖)함이 역사의 명제이다".[120]

인류 역사는 이성과 자유의 확대·확산과정이다.[121] 관념적, 사변적 관

---

118) 한상범, 『화 있을진저 너희들 법률가여』(경기, 파주: 패스 앤 패스, 2004).
119) 일제강점 35년, 남북분단 70년 등 100여 년 간 비정상적 현실이 지속되고 있는 가운데 석연치 않은 이유로 병역을 면제받은 사람이 고위공직자로 임명되는 현실은 보편적 국민정서와 국민의 눈높이에 반하며 국민은 거부감을 느끼게 마련이다. 지도층에 대한 국민의 불신을 부추겨 국민통합을 저해한다. 고위공복(公僕)의 병역사항은 법의 문제가 아니다. 기본 자격·자질의 문제이며, 그 전제조건이다. 고위 공직자·정치인들의 병역 면제비율이 일반인들에 비해 훨씬 높다면, 경험칙상 지도층에 '병약자'가 특히 많다는 비정상적 사실을 곧이곧대로 믿을 만큼 어리석은 이 나라 국민은 별로 없다. '금수저'라는 특권적 지위·신분의 대물림이라는 따가운 비판도 그러한 불신을 나타낸다. 다만 과학기술 진흥의 중요성에 비추어 과학기술 연구자의 경우 일정기간 연구에 종사하는 것을 조건으로 예외를 두어 국가발전에 기여케 하는 것은 정의의 관념이나 형평의 원칙에 반한다고 볼 수 없다.
120) 안재홍, 『신민족주의와 신민주주의』(1945), at http://navercast.naver.com/contents.nhn?rid=129&contents_id=17900 (2015. 7. 28 검색).
121) B. Croce, *History as the Story of Liberty* (translated from the Italian by S. Sprigge, N.Y.: W.W. Norton & Co., 1941); book review, J. Salwyn Schapiro, *Journal of the History of Ideas*, vol.2, No. 4 (Oct., 1941), pp.505~508.

점에서는 물론, 경험적, 실증적인 관점에서 그러하다.[122] 서양의 중세시대, 그리고 나치독일이나 일본제국주의의 팽창·지배 야욕과 집단적 광기가 인류의 이성적 전진을 가로막았던 적이 있었으며, 근래에는 극단주의에 의한 국제테러가 또한 인류의 평화적·이성적 문제(분쟁)해결 능력을 시험하고 있는 것은 사실이다.[123] 그러나 인류는 비이성적, 반동적 시대를 궁극적으로 진실과 정의가 승리하는 방향으로 극복·진화시켜 왔다. 인류의 역사적·경험적·보편적 이성이 실정법적 정의를 인도·개척하고 인류의 양심과 정의에 수렴시킨다. 민주주의·인도주의와 법의 지배(법치주의)는 그 오랜 역사적 투쟁의 경험적 산물이다. 진실과 정의가 승리·진군해 온 움직일 수 없는 증거이다. 물론 국내·국제민주주의가 완성된 단계에 있는 것은 아니다. 과학기술 진보에 따른 사회·가치관의 변화 및 새로운 불공정·불평등 등 새로운 도전이 생겨나고, 자유민주주의는 끊임없이 이러한 도전을 대면하고 극복해야 하는 숙명을 안고 있다.[124] 그럼에도 자유, 정의와 진실은 계속 전진할 것이다. 인류의 역사적 경험은 그러한 명제를 뒷받침한다.

역사적 사실과 진실을 은폐, 호도, 미화 또는/그리고 무시하고 자신들에 편리한 방식으로 기억하도록 국민을 호도하는 것이 과연 아베 총리가 말하는 '영리한' 또는 '현명한' 외교인지 일본의 주권자인 국민과 지식인들은 이제 목소리를 내야 할 때이다. 종군위안부 문제는 일본의 과거 침략, 무력강점에 관한 일본 현세대의 인식과 자세를 평가하는 하나의 잣대요, 시금석이 아닐 수 없다. 일본 시민사회와 여론지도층은 일본의 미래를 일방적으로 결정하는 일본 지도자들이 국제사회의 우려와 경고에도

---

122) 물론 개인에 대한 가능한 최대한의 자유는 누구에게나 공정하게 배분·보장되어야 하고 또한 자유의 제약 역시 공정하게 부담되어야 한다. See K.R. Popper, *The Open Society and Its Enemies* (2 vols., 5th edn., London: Routledge, 1966), vol.1, p.89 & note 4.
123) See E. Said, *Culture and Imperialism* (London: Vintage, 1993), pp.20~30.
124) Popper, *op.cit.*

불구하고 일방적 독주를 강행하여 발생할 모든 책임을 부담할 각오를 하지 않으면 안 된다. 이런 가운데 미국 국무성이 위안부 문제의 용어 규정 논란과 관련한 논평 요청에 "미국 정부의 입장에는 변함이 없다"며 "성(性)을 목적으로 한 일본군의 여성 인신매매로서 끔찍하고 극악한 인권 침해"라고 규정하고 비판한[125] 것은 다행스럽다.

독도도발은 또 하나의 시험대가 될 것이다. 독도를 한국이 불법점령하고 있다는 허위사실[126]을 주장하는 일본의 외교가 19세기말과 20세기 전반기 제국주의시대 '식물국가' 조선·대한제국을 상대로 한 외교전이었다면 혹시 국제사회에 통했을지도 모른다. 그러나 21세기 정보통신혁명의 시대, 사실·정보·지식이 광속으로 지구 반대편으로 전달되고 검색·검증되는 시대에 그러한 억지가 국제사회로부터 지지와 신뢰를 얻을 수 있을지 성찰해 볼 때이다. 남의 것을 탐하는 버릇은 일본의 고유한 습성인가? 아니면 '밝은 치세'(明治) 시대 청일전쟁과 러일전쟁에서 기습 선제공격으로 전쟁을 일으켜 대만과 사할린 섬 남쪽 절반을 빼앗았던 과거의 유산일 뿐일까? 역사적 진실을 온누리에 대낮처럼 밝히고, 또 보편적 가치를 수호하기 위해서는 그 궁극적 해결에 이를 때까지 목전의 손해를 감수하면서도 정부와 국민이 '최후의 일인까지, 최후의 일각까지' 분명하고 일관된 단호한 메시지와 행동을 전달하고 시현해야 한다. 필사즉생(必死則生)[127]의 의지와 각오야말로 바로 충무공의 살신성인, 멸사봉공 정신

---

125) "[t]he trafficking of women for sexual purposes by the Japanese military during World War II was a terrible, egregious violation of human rights", 인터넷 연합뉴스, "미국 "위안부, 性목적 일본군 여성 인신매매로 끔찍한 인권침해"", 2015. 4. 8. 이 같은 미 국무성의 논평은 아베 총리가 3월 하순 워싱턴 포스트와의 인터뷰에서 위안부 문제를 단순히 인신매매(human trafficking)라고 표현한 것과는 달리, 사안의 성격과 본질을 보다 분명히 했다는 점에서 주목되며, 미국 국무성 대변인실은 또 "미국은 일본이 이 문제와 관련 사안들에 대해 주변국과의 강건한 관계를 구축하는 방향으로 접근하기를 지속적으로 독려하고 있다"고 밝혔다고 한다.
126) 정병준, 전게각주 20, pp.76~77 & 110.

의 정수가 아니겠는가?

2차 대전 중 독일군의 끈질긴 잠수함공격, 공중폭격과 V-1, V-2 로켓공격 등 사면초가의 극한상황에 맞서 처칠 수상이 이끈 영국의 불굴의 저항은 교훈적이다. 현재의 영국을 이끈 저력의 원천이자 영국정신의 정수이다. 대제국 몽골의 7차례의 침략에 맞서 30년간 대몽항쟁(1231~1259)의 총력전을 벌이면서도 민족의 역량을 결집하여 『고려대장경』(Tripitaka Koreana)을 판각했던 고려인들의 불굴의 저력 또한 우리의 역사이며 우리의 정체성을 보여주는 사례이다. 인류 역사와 경험에서 배우려 하지 않는 무모한 민족이나 국가는 자연계를 지배하는 진화의 법칙을 거스르는 것이며, 자연계에서 영원히 퇴출될 수밖에 없다. 인간이 인류와 지구에 대해서 그리고 자신이 태어난 그리고 자신을 출현시킨 우주에 대해서 충성심을 가지고 생존(아담 스미스가 말하는 '자기보존')128)의 의무를 이행해야 한다면,129) 마찬가지로 한민족도 인류와 우주에 대해-그리고 한민족이 경외(敬畏)하는 자신의 뿌리와 조상에 대해-신성한 생존의 의무를 지고 있는 셈이다. 민족·국가 간 가열찬 경쟁에서 도태되지 않기 위해 민족·국가공동체에 대해서도 구성원 모두 각자 일정한 의무를 부담·이행해야 한다. 도전과 혁신의 체질화, 창의적 사고와 입증·논증의 일상화 그리고 공공·책임의식의 정상화라는 집단 DNA의 형성이 그것이다.

그리고 그에 앞서 그보다 시급한 선결 생존조건이 있다. 여러 차례 국가존망의 위기에서 가까스로 벗어났던 조선의 위정자들은 전후에도 개혁

---

127) "필사즉생필생즉사"는 불과 13척의 함선으로 명량해전을 앞두고 충무공이 행한 유시이다. 『난중일기』 정유 9월 15일; 천관우, 『한국사의 재발견』(서울: 일조각, 1974, 1978), p.83.

128) Smith, *The Theory of Moral Sentiments*, *supra* note 101, Pt.VII.ii.1.15, VII.ii.3.16, IV.1.10, II.ii.2.1 & pp.8~9 & 22, at https://en.wikipedia.org/wiki/Tripitaka_Koreana (2015. 10. 12 검색); 본서, 제1장, 9. 민족주의, 참조.

129) 칼 세이건(C. Sagan), *Cosmos*,(1980), 서광운 역, 『코스모스』(학원신서 4, 서울: 학원사, 1981), p.491.

은커녕, 기득권 유지에 골몰했다. 대동법의 전국적 실시까지는 무려 한 세기가 걸렸다. 쓰디쓴 기록은 외면당했다. 『충무공전서』를 펴낸 것은 개혁군주 정조였다.[130] 조선 종말의 교훈을 새긴다면, 쓰라린 기록을 대면·기억하고, 만난(萬難)을 무릅쓰고 아는 것을 어떻게 행할 것인가 고민해야 할 것이다. '치매' 정치인·지휘관과 탐욕적 기회주의 지식인·지도층은 모두 국민의 공적(公敵)으로 엄중한 심판을 받아야 한다. 미국 국민이 진주만을 기억하고 배우듯이, 한·일 양국 국민 모두 각각 엄혹한 과거사에 대한 진지한 성찰을 바탕으로 그 오점·과오나 범죄를 쉽게 망각하거나 되풀이하지 않도록 각성제가 필요하다.

"을미사변·을사늑약을 상기하라". "히로시마·나가사키를 기억하라".

---

130) 『충무공전서』는 충무공 사후 거의 200년 만인 1795년(정조 19)에 전14권으로 간행되었다. 네이버 지식백과, "충무공전서(1 8)" 참고.

>>> 부록

I. 국제 판례

Misiones Boundary Case(Argentina v. Brazil), 1889, in Moore, *International Arbitration* (1898), vol.2, pp.1969~2026.

Grisbadarna Case(Norway v. Sweden), Award of the Tribunal, Permanent Court of Arbitration, 1909.

Island of Timor Arbitration(The Netherlands v. Portugal), *American Journal of International Law*, vol.9, 1915, p.240.

Polish-Czechoslovak Frontier Case(Questions of Jaworzina), *PCIJ Series B*, No.8, 1923, p.18.

Mavrommatis Palestine Concessions Case, *PCIJ Series A*, No.2, 1924, p.6.

Interpretation of Article 3, Paragraph 2, of the Treaty of Lausanne(FRONTIER BETWEEN TURKEY AND IRAQ), Advisory Opinion, 1925, *PCIJ, Ser.B*, No.12, p.20.

Labrador Boundary Case(Boundary between Canada and Newfoundland), [1927] 2 *Dominion Law Reports*, p.401.

Lotus Case, *PCIJ Series A*, Judgment No.9, 1927, p.4,

The Island of Palmas Arbitration, 1928, *United Nations Reports of International Arbitral Awards*, vol.2, 1949, p.831.

Customs Régime between Germany and Austria, Advisory Opinion, *PCIJ Ser.A/B*, No.41, 1931, p.37.

Arbitral Award of His Majesty the King of Italy on the Subject of the Difference Relative to the Sovereignty over Clipperton Island(France v. Mexico), Jan. 28, 1931, *American Journal of International Law*, vol.26, 1932, p.390.

Legal Status of Eastern Greenland(Denmark v. Norway), *PCIJ Ser.A/B*, No.53, 1933, p.22,

Corfu Channel Case(U.K. v. Albania), Preliminary Objection, *ICJ Reports*, 1948, p.15.

Asylum Case(Colombia v. Peru), *ICJ Reports*, 1950, p.266.

Interpretation of Peace Treaties with Bulgaria, Hungary and Romania, First Phase, Advisory Opinion, *ICJ Reports*, Mar. 30, 1950, p.65.

Interpretation of Peace Treaties with Bulgaria, Hungary and Romania, Second Phase, Advisory Opinion, *ICJ Reports*, July 18, 1950, p.221.

Fisheries Case(U.K. v. Norway), Judgment, *ICJ Reports*, 1951, p.116.

Rights of U.S. Nationals in Morocco case(France v. U.S.A.), Judgment, *ICJ Reports*, 1952, p.176.

The Minquiers & Ecrehos case(France/U.K.), Judgment, *ICJ Reports*, 1953, p.47.

Nottebohm Case (Liechtenstein v. Guatemala), Second Phase, Judgment, *ICJ Reports*, 1955, p.4.

Sovereignty over Certain Frontier Land(Belgium/Netherlands), Judgment, *ICJ Reports*, 1959, p.209.

Right of Passage over Indian Territory(Portugal v. India), Merits, *ICJ Reports*, 1960, p.6.

The Temple of Preah Vihear(Cambodia v. Thailand), Merits, *ICJ Reports*, 1962, p.6.

South West Africa Cases(Ethiopia v. South Africa; Liberia v. South Africa), Preliminary Objections, Judgment, *ICJ Reports*, 1962, p.319.

Case concerning the Northern Cameroons (Cameroons v. U.K.), Preliminary Objections, *ICJ Reports*, 1963, p.15.

South West Africa Cases(Ethiopia v. South Africa; Liberia v. South Africa), Second Phase, Judgment, *ICJ Reports*, 1966, p.6.

North Sea Continental Shelf Cases(Federal Republic of Germany/Denmark; Federal Republic of Germany/Netherlands), Judgment, *ICJ Reports*, 1969, p.3.

Barcelona Traction, Light and Power Company, Ltd., Judgment, *ICJ Reports*, 1970, p.3.

Legal Consequences for States of the Continued Presence of South Africa in Namibia(South West Africa) notwithstanding Security Council Resolution 276 (1970), Advisory Opinion, *ICJ Reports*, 1971, p.16.

Fisheries Jurisdiction Case(U.K. v. Iceland), Jurisdiction, *ICJ Reports*, 1973, p.3.

The Trial of Pakistani Prisoners of War, *ICJ Reports*, 1973, p.347.

Fisheries Jurisdiction Case(U.K. v. Iceland), Jurisdiction, *ICJ Reports*, 1973, p.3.

Fisheries Jurisdiction Case(U.K. v. Iceland), Merits, *ICJ Reports*, 1974, p.3.

Nuclear Tests Cases(Australia v. France, New Zealand v. France), Judgment, *ICJ*

Reports, 1974, p.253 & p.457.

Western Sahara, Advisory Opinion, *ICJ Reports*, 1975, p.12.

Aegean Sea Continental Shelf Case(Greece v. Turkey), Jurisdiction, *ICJ Reports*, 1978, p.3.

Beagle Channel Case(Argentina v. Chile), Award of April 18, 1977, London: HMSO, 1977 & *International Legal Materials*, vol.17, 1978, p.632.

Delimitation of the Continental Shelf(U.K./France), 1977, *International Law Reports*(Cambridge: Grotius Publications Ltd., vol.54, 1979, p.6.

Case concerning U.S. Diplomatic and Consular Staff in Tehran (U.S.A. v. Iran), Request for the Indication of Provisional Measures, Order of 15 Dec., 1979.

U.S. Diplomatic and Consular Staff in Tehran(U.S.A. v. Iran), Judgment, *ICJ Reports*, 1980, p.3.

Case concerning the Continental Shelf(Tunisia/Libya), Judgment, *ICJ Reports*, 1982, p.18.

Case concerning Delimitation of the Maritime Boundary in the Gulf of Maine Area (Canada/U.S.A.), Judgment, *ICJ Reports*, 1984, p.246.

Case Concerning Military and Paramilitary Activities in and against Nicaragua (Nicaragua v. U.S.A.), Jurisdiction and Admissibility, *ICJ Reports*, 1984, p.392.

Case concerning the Continental Shelf (Libya v. Malta), *ICJ Reports*, 1985, p.13.

Application for Revision and Interpretation of the Judgment of 24 February 1982 in the Case concerning the Continental Shelf (Tunisia/Libya), Judgment, *ICJ Reports*, 1985, p.192.

Frontier Dispute(Burkina Faso/Republic of Mali), Judgment, *ICJ Reports*, 1986, p.554.

Case concerning Military and Paramilitary Activities in and against Nicaragua (Nicaragua v. U.S.A.), Merits, *ICJ Reports*, 1986, p.14.

Taba Arbitral Award(Egypt v. Israel), *International Legal Materials*, vol.27, 1988, p.1472.

Border and Transborder Armed Actions(Nicaragua v. Honduras), Jurisdiction and Admissibility, Judgment, *ICJ Reports*, 1988, p.76.

Land, Island and Maritime Frontier Dispute(El Salvador/Honduras, Nicaragua intervening), *ICJ Reports*, 1992, p.351.

Certain Phosphate Lands in Nauru(Nauru v. Australia), Preliminary Objections, *ICJ Reports*, 1992, p.240.

Case concerning Maritime Delimitation in the Area between Greenland and Jan Mayen(Denmark/Norway), *ICJ Reports*, 1993, p.38.

Case concerning the Territorial Dispute(Libya/Chad), Judgment, *ICJ Reports*, 1994, p.6.

Case concerning Maritime Delimitation and Territorial Questions between Qatar and Bahrain, Jurisdiction & Admissibility, *ICJ Reports*, 1994, p.112.

Case concerning Maritime Delimitation and Territorial Questions between Qatar and Bahrain, Jurisdiction and Admissibility, *ICJ Reports*, 1995, p.6.

East Timor Case(Portugal v. Australia), *ICJ Reports*, 1995, p.90.

Legality of the Threat or Use of Nuclear Weapons, Advisory Opinion, *ICJ Reports*, 1996, p.226.

The Eritrea/Yemen arbitration, Phase I (Territorial Sovereignty and Scope of the Dispute Award), Permanent Court of Arbitration(PCA), 1998, *International Law Reports*, vol.114, p.1 & available at http://www. pca-cpa.or.

_____, Phase II(Maritime Boundary Delimitation Award, 1999), *International Law Reports*, vol.119, p.417, at http://www.pca-cpa.or.

_____, Decision regarding Delimitation of the Border by the Commission, at http://www.un.org/NewLinks/eebcarbitration.

Questions of Interpretation and Application of the 1971 Montreal Convention Arising from the Aerial Incident at Lockerbie(Libya v. U.S.A.), Preliminary Objections, Judgment, *ICJ Reports*, 1998, p.115.

Fisheries Jurisdiction(Spain v. Canada), Jurisdiction, Judgment, *ICJ Reports*, 1998, p.432.

Case concerning Kasikili/Sedudu Island(Botswana/Namibia), *ICJ Reports*, 1999, p.1045.

Case concerning the Aerial Incident of 10 Aug., 1999 (Pakistan v. India), Jurisdiction of the Court, *ICJ Reports*, 2000, p.12.

Case concerning Maritime Delimitation and Territorial Questions between Qatar and

Bahrain, Merits, *ICJ Reports*, 2001, p.40.

Case concerning the Land and Maritime Boundary between Cameroon and Nigeria(Cameroon v. Nigeria, Equatorial Guinea Intervening), Merits, *ICJ Reports*, 2002, p.303.

Sovereignty over Pulau Ligitan and Pulau Sipadan (Indonesia/Malaysia), Judgment, *ICJ Reports*, 2002, p.625.

Application for Revision of the Judgment of 11 September 1992 in the Case concerning the Land, Island and Maritime Frontier Dispute(El Salvador/Honduras), 2002, Judgment, *ICJ Reports*, 2003, p.392.

Decision regarding Delimitation of the Border between the State of Eritrea and the Federal Democratic Republic of Ethiopia, April. 13, 2002, Eritrea/Ethiopia Boundary Commission.

Certain Criminal Proceedings in France (Congo v. France), Application Instituting Proceedings, April 11, 2003 & Request for the Indication of a Provisional Measure, Summary of the Order of 17 June 2003.

Frontier Dispute (Benin/Niger), Judgment, *ICJ Reports*, 2005, p.90.

Territorial and Maritime Dispute between Nicaragua and Honduras in the Caribbean Sea (Nicaragua v. Honduras), Judgment, *ICJ Reports*, 2007, p.659.

Sovereignty over Pedra Branca/Pulau Batu Puteh, Middle Rocks and South Ledge (Malaysia/Singapore), Judgment, *ICJ Reports*, 2008, p.12.

Whaling in the Antarctic (Australia v. Japan: New Zealand Intervening), Judgment, *ICJ Reports*, 2014, p.226.

II. 조약, 국제협정, 유엔 선언, 기타 국제문서 및 국내 입법·판결

「벨기에/네덜란드 국경조약」(Boundary Treaty), 1842. 11. 5 서명, 1843. 2. 5 발효.

「벨기에/네덜란드 국경협약」(Boundary Convention), 1843. 8. 8 기초, 1843. 10. 3 발효.

봉쇄·금수품에 관한 국제법규칙을 정의한 1856년 파리선언(Declaration of Paris 1856 aimed at defining the rules of international law relating to blockade and contraband).

폭발성 탄환에 관한 1868년 상페테르부르크 선언(Declaration of St Petersburg 1868 relating to explosive bullets).

「북해수산(경비)협약」[North Sea Fisheries (Police) Convention], 1882.

「하관 조약」(시모노세키 조약), 1895.

U.S. v. State of Texas, 162 US (1896) 1.

Underhill v. Hernandez, 168 US 250(1897).

「육전의 법 및 관습에 관한 협약」(헤이그 제2협약) (Convention with Respect to the Laws and Customs of War on Land: Hague II), 1899. 7. 29 헤이그에서 작성, 1900. 9. 4 발효.

Anglo-Danish Fishery Convention, June 24, 1901.

「포츠머스 조약」(Treaty of Portsmouth), 1905.

「태프트-가쓰라 밀약」[Taft-Katsura Agreed Memorandum(桂 · タ가密約: かつら · たふとみつやく)], 1905. 7. 29.

「육전의 법 및 관습에 관한 헤이그 제4협약」, 부속서 (Convention Respecting the Laws and Customs of War on Land, with Annex of Regulations Respecting the Laws and Customs of War on Land), 1907. 10. 18.

「워싱턴 해군군축 조약」(Washington Naval Treaty; Treaty on the Limitation of Armament, 1922).

「로잔 조약」(대터키 강화조약), 1923.

「프랑스/샴 우호통상항해조약」(Treaties of Friendship, Commerce and Navigation between France and Siam), 1925 & 1937.

「부전조약」(不戰條約: Kellogg-Briand Pact; Pact of Paris; Treaty for the Renunciation of War), 1928.

「런던 해군군축 조약」(London Naval Treaty; Treaty for the Limitation and Reduction of Naval Armament), 1930.

「국가의 권리·의무에 관한 몬테비데오 협약」(Convention on Rights and Duties or States, Montevideo), 1933.

U.S.-U.K. Lend-Lease Agreement, 1940.

Executive Order, 9066, US presidential executive order signed and issued by President Franklin D. Roosevelt on Feb. 19, 1942.

카이로선언(Cairo Communiqué/Declaration), 1943. 12. 1.

포츠담선언(Potsdam Declaration/Proclamation Defining Terms for Japanese Surrender), 1945. 7. 26.

항복문서(Instrument of Surrender), 1945. 9. 2.

「국제민간항공협약」(Convention on International Civil Aviation), opened for signature at Chicago, Dec.7, 1944, *UNTS,* vol.15, p.295 & ICAO, *Convention on International Civil Aviation*(9th edn., ICAO Doc.7300/9), entered into force on April 4, 1947.

「국제사법재판소 규정」(The Statute of the International Court of Justice), 1945. 6. 26 샌프란시스코에서 서명, 1945. 10. 24 발효) [대한민국은 1991. 7. 13 국회 비준동의를 거쳐 1991. 8. 5 수락서 기탁, 1991. 9. 18(조약 제1059호) 발효, 1991. 9. 24 관보 게재].

Charter of the International Military Tribunal(Nuremberg Charter or London Charter, 「뉘른베르크 국제군사재판소 헌장」), 1945. 8. 8.

Charter of the International Military Tribunal for the Far East (CIMTFE, 「극동(동경) 국제군사재판소 헌장」), 1946. 1. 19.

SCAPIN No.677(Memorandum for Governmental and Administrative Separation of Certain Outlying Areas from Japan), 1946. 1. 29.

「프랑스/샴 국경조정협정」(Settlement Agreement), 1946.

「대이태리 강화조약」(Treaty of Peace with Italy), signed at Paris, Feb. 10, 1947, *UNTS,* vol.49, 1950, p.3.

「국제법위원회 규정」(Statute of the International Law Commission), adopted by the General Assembly in resolution 174(II) of 21 Nov., 1947, as amended by resolutions 485(V) of 12 Dec., 1950, 984(X) of 3 Dec., 1955, 985(X) of 3 Dec., 1955 and 36/39 of 18 Nov., 1981.

국가의 권리·의무선언 초앤Draft Declaration on Rights and Duties of States with Commentaries], *UNGA* Res.375(IV), 1949. 12. 6, Annex.

Uniting for Peace Resolution, G.A, Res.377A(V)(1950. 11. 3).

Intervention of the Central People's Government of the People's Republic of China in Korea, G.A. Res.498(VI)(1951. 2. 1).

「대일강화조약」Treaty of Peace with Japan, signed at San Francisco, Sept. 8, 1951, *UNTS*, vol.136, 1952, p.46).

Payne v. Railway Executive, [1952] I KB 26.

「한·일협정」(「한일 양국의 국교관계에 관한 조약」; 「기본관계조약」), 1965.

「청구권·경제협력에 관한 협정」(「대한민국과 일본국 간의 재산 및 청구권에 관한 문제의 해결과 경제협력에 관한 협정」, 1965.

「정보공개법」(U.S. Freedom of Information Act 1966), 5 U.S.C. §552, as amended.

「주한미군의 지위 협정」[大韓民國과 아메리카 合衆國間의 相互防衛條約 第4條에 依한 施設과 區域 및 大韓民國에서의 아메리카 合衆國 軍隊의 地位에 關한 協定 (Agreement under Article 4 of the Mutual Defence Treaty between the Republic of Korea and the United States of America, Regarding Facilities and Areas and the Status of United States Armed Forces in the Republic of Korea); 약칭 Status of Forces Agreement(SOFA)], 1966.

「조약법에 관한 비엔나협약」(Vienna Convention on the Law of Treaties, 1969).

「국가 간 우호관계·협력에 관한 국제법원칙 선언」 (Declaration on Principles of International Law Concerning Friendly Relations and Co-operation among States in Accordance with the Charter of the United Nations), *UNGA* Res.2625(XXV), A/RES/25/2625, 1970. 10. 24.

「대한민국과 일본국간의 양국에 인접한 대륙붕 남부구역 공동개발에 관한 협정」 (1974).

U.S. Guano Islands Act 1856, 48 U.S.C. §§ 1411~1419(1976).

Convention for the Suppression of Unlawful Acts against the Safety of Civil Aviation, concluded at Montreal on 23 Sept., 1971, *UNTS, vol.974,* 1975, p.177.

U.S. Fishery Conservation and Management Act, 16 U.S.C., §§1801~ 1882(1976).

Security Council Resolution 395 of 25 Aug., 1976 on Complaint by Greece against Turkey, available at http://www.un.org.

「국제연합(유엔) 해양법협약」(United Nations Convention on the Law of the Sea), 1982. 12. 10 서명, 1994. 11. 16 발효, *International Legal Materials*, vol.21, 1982, p.1261 & *UNTS*, vol.1833, 1998, p.3.

Restatement of the Law Third, Foreign Relations of the United States, sec. 102(2) (1987).

U.S. Civil Liberties Act 1988.

「일본국에 거주하는 대한민국 국민의 법적지위와 대우에 관한 대한민국과 일본국간의 협정」(1965, 동경에서 서명)에 입각한 '「재일한국인 3세 이하 자손의 법적지위에 관한 한·일 외무장관 간 합의각서'」, 1991. 1. 10, 서울에서 서명.

「대한민국 정부와 미합중국 정부간의 북태평양 내 유자망어업과 관련한 교환각서」, 1991년 서명, 1992. 6. 30까지 유효 및 첨부 양해기록.

Agreed Framework between the United States of America and the Democratic People's Republic of Korea, signed at Geneva on Oct.21, 1994.

「통신예절법」(U.S. Communications Decency Act of 1996; Title V of the Telecommunications Act of 1996), 47 U.S.C. § 230(1996).

「공공기관의 정보공개에 관한 법률」(1996).

「신한일어업협정」(1998).

「한중어업협정」(2000).

U.S. Federal Rules of Evidence, Dec. 1, 2001, Committee on the Judiciary, House of Representatives.

WCPFC, Third Regular Session, Summary Report(2006. 12), at http://www. wcpfc.int.

헌법재판소, 2011.8.30. 선고, 2006헌마788 결정(대한민국과 일본국간의 재산 및 청구권에 관한 문제의 해결과 경제협력에 관한 협정 제3조 부작위 위헌확인 사건).

대법원, 2012.5.24 선고, 2009다22549 판결(미쓰비시 사건 판결).

「측량·수로조사 및 지적에 관한 법률」(약칭: 「측량수로지적법」), 법률 제11592호, 2012. 12. 18 공포, 2013. 6. 19 시행.

「과학기술기본법」, 2001. 1. 16 제정, 법률 제6353호.

III. 주요 웹사이트

국제사법재판소(ICJ), http://www.icj-cij.org/.

국제식량농업기구(FAO), http://www.fao.org/home/en/.

국제수로기구(IHO), http://www.iho.shom.fr/ [『해양의 경계』(Limits of Oceans and Seas: 1929~) 발간.

국제연합(United Nations; Organisation des Nations Unies), http://www.un.org.

_____, 국제법위원회(International Law Commission), http://legal.un.org/ilc/.

_____, 지도과(United Nations Cartographic Section, Department of Field Support, http://www.un.org/Depts/Cartographic/english/htmain.htm.

_____, 총회(General Assembly), http://www.un.org/en/ga/.

_____, 해양법·해양과(UN Division for Ocean Affairs and the Law of the Sea), http://www.un.org/Depts/los/doalos_publications/los_bult.htm.[「해양법 공보」 (公報; Law of the Sea Bulletins) 발간.

_____, 교육과학문화기구(Unesco: Organisation des Nations unies pour l'éducation, la science et la culture; United Nations Educational, Scientific and Cultural Organization), http://en.unesco.org/.

_____, 유네스코 세계유산위원회(UNESCO World Heritage Center: WHC), http://whc.unesco.org/en.

국제지도협회 미국위원회(US National Committee for the International Cartographic Association), http://www.msu.edu/~olsonj/USNC-ICA.html.

대한민국

_____, 경상북도 사이버 독도, http://www.dokdo.go.kr.

_____, 국립외교원, http://www.knda.go.kr.

_____, 국립해양조사원, http://www.khoa.go.kr/.

_____, 국토교통부 국토지리정보원, http://www.ngii.go.kr.

_____, 국회, http://www.assembly.go.kr/.

_____, 대한국제법학회, http://www.ksil.or.kr.

_____, 동북아역사재단, http://www.historyfoundation.or.kr/.

_____, 독도연구소, http://www.dokdohistory.com/kr/.

_____, 부산광역시 사이버 해양 박물관, http://www.seaworld.busan.kr/.

_____, 외교부, http://www.mofa.go.kr/.

_____, 한국해양과학기술원, http://www.kiost.ac/kordi_web/main/.

_____, 한국해양수산개발원, http://www.kmi.re.kr/kmi/kr/.

_____, 해양수산부, http://www.mof.go.kr/index.do.

_____, 한국해양재단, http://koreamaritimefoundation.or.kr/.

_____, 헌법재판소, http://www.ccourt.go.kr.

미 국

_____, 국무성 해양국(Office of Ocean Affairs, Department of State), http://www.state.gov.

_____, 국무성 해양국제환경과학국(Bureau of Oceans and International Environmental and Scientific Affairs)[「*Limits in the Seas*」발간], http://www.state.gov/documents/organization/58381.pdf.

_____, 국립측량영상국(U.S. National Mapping and Imagery Agency), http://erg.usgs.gov/nimamaps.

_____, 국제법학회(American Society of International Law), http://www.asil.org/.

_____, 내무성 지질조사원(US Geological Survey, Department of the Interior), http:// www.usgs.gov.

_____, 국토지리성 지도제작실(The Cartography Office, Department of Geography and Program in Planning), http://www.geog.utoronto.ca/cartweb/ cartpage.html.

_____, 상무성 국립해양기상청 연안측지청[U.S. Coast & Geodetic Survey, National Oceanic and Atmospheric Administration(NOAA), U.S. Department of Commerce], http://www.arlingtoncemetery.net/uscgs.htm.

_____, 농무성 자원보존청 국립지도지형공간센터(National Cartography and Geospatial Center, Natural Resources Conservation Service, Department of Agriculture), http://www.ncgc.nrcs.usda.gov/products/mobile.

_____, 역사협회(American Historical Association: AHA), https://www.historians.org/.

_____, 연방 항공청 국립항공지도제작실[National Aeronautical Charting Office: NACO, Federal Aviation Administration(FAA)], http://naco.faa.go.

_____, 지리학회(U.S. National Geographic Society), http://www.nationalgeographic. com/about/index.html.

상설중재재판소(Permanent Court of Arbitration, PCA), http://www.pca-cpa.or.

세계국제법협회(International Law Association), http://www.ila-hq.org/.

영 국

_____, 외무성(British Foreign & Commonwealth Office), https://www.gov.uk/government /organisations/foreign-commonwealth-office.

_____, 수로국(U.K. Hydrographic Office), http://www.ukho.gov.uk/Pages/home. aspx.

_____, 해군성 (British Admiralty), http://www.admiralty.co.uk/Pages/Home.aspx.

위키피디아(Wikipedia), http://en.wikipedia.org/.

일본 외무성(Japanese Ministry of Foreign Affairs), http://www.mofa.go.jp/mofaj/.

중서부태평양 수산위원회(WCPFC), http://www.wcpfc.int.

프랑스

_____, 외교부, http://www.diplomatie.gouv.fr/en/.

_____, 국제법학회 [La Société française pour le droit international(SFDI)], http://www.sfdi.org/.

Ⅳ. 참고문헌

1. 국내 문헌

가필드, 사이먼(Garfield, Simon), *On the Map*(Profile Books, 2012), 김명남 옮김, 『지도위의 인문학』(경기 파주: 다산북스, 2015).

강만길, "민족사학론의 반성", 이우성·강만길(편), 『한국의 역사인식(하)』(창비신서 16, 경기, 파주: 창비, 1976), p.536.

_____, 『분단시대의 역사인식』(서울: 창비, 1979).

_____, 『고쳐 쓴 한국 근대사』(2판, 경기 파주: 창비, 2006).

_____, "동아시아의 평화구축을 위한 제언", 백담사 만해마을(편), 『만해축전(萬海祝典) 자료집(상)』(서울: 인북스, 2011), p.81.

강성은, 『1905년 한국보호조약과 식민지 지배책임-역사학과 국제법학의 대화』(한철호 역, 서울: 선인, 2008).

공성진, "동아시아 상생 구조의 가능성", 정재서(편), 『동아시아 연구 – 글쓰기에서 담론까지』(서울: 살림출판, 1999), p.207.

공의식, 『새로운 일본의 이해』(서울: 다락원, 2002).

공 자, 『논어(論語)』(유일석 역, 경기, 고양: 새벽이슬, 2008).

권영성, 『신판 헌법학원론』(서울: 법문사, 1999).

글루쉬코프, 발레리, "러시아의 영토문제: 과거, 현재, 그리고 미래", 독도연구소 개소 1주년 기념 국제학술회의 「국제질서의 변용과 영토문제」(서울 프라자 호텔, 2009. 8. 6-8. 7) 『발표자료집』, p.164.

금 민, "종교적 관용·사유재산권 등 근대 주권론 선구 장 보댕", 인터넷 한겨레, 2005. 5. 24.

김광식, 『만해 한용운 평전』(서울: 참글세상, 2009).

김 구, 『백범일지』(도진순 주해, 서울: 돌베개, 1997) & 『백범일지』(서울: 아이템북스, 2005).

김기순, 『남극의 영유권주장에 관한 국제법적 고찰』, 박사학위논문, 고려대학교, 1990.

김대순, 『국제법론』(산영사, 2009).

김명기, "대일강화조약 제2조에 관한 연구", 『국제법학회논총』 제41권 제2호(통권 제 80호, 1996. 12), p.1.

_____, "독도의 영유권에 관한 연구- 독도에 대한 일본의 무력행사의 위법성", 『국 제법학회논총』 제42권 제1호(1997. 6), pp.1~11.

_____, "The Island of Palmas Case(1928)의 판정 요지의 독도문제에의 적용 - 대상 판결 The Island of Palmas Case(1928)", 『판례월보』 336호(1998. 9), pp.52~53.

_____, 『독도의 영유권과 국제법』(경기도 안산: 투어웨이사, 1999).

_____, "독도의 영유권에 관한 일본정부 주장에 대한 법적 비판", 독도학회(편), 『한 국의 독도영유권 연구사』(독도연구총서 10, 독도연구보전협회, 2003), p.247.

_____, "일본 총리부령 제24호와 대장성령 제4호에 의한 한국의 독도 영토주권의 승인", 『독도연구』 제9호(2010. 12), pp.177~200.

김병렬, 『독도냐 다께시마냐』(서울: 다다미디어, 1997).

_____, 『독도: 독도자료총람』(서울: 다다미디어, 1998),

_____, "대일강화조약 제2조의 해석", 『국제법학회논총』 제43권 제1호(통권 제83호, 1998. 6), p.17.

_____, 『독도논쟁: 독도가 우리 땅인 이유』(서울: 다다미디어, 2005).

_____, "독도영유권에 관련된 일본학자들의 몇 가지 주장에 대한 비판", 『국제법학 회논총』 제50권 제3호(2005. 12), p.77.

_____, 『일본군부의 독도침탈사』(동북아의 평화를 위한 바른역사정립기획단, 2006. 6).

_____, 『명치 38년 죽도편입소사』(韓誠 譯, 京都: インタ 出版, 2006. 12).

김부찬, 『국제법특강: 국제법의 쟁점 및 과제』(서울: 보고사, 2014).

김소운, 『목근통신 - 일본에 보내는 편지』(포켓판, 대구 영웅사, 1952; 삼성문화문고 37, 1973).

김승대, "헌법관습의 법규범성에 대한 고찰"(헌법재판소 웹사이트).

김영구, "한·일간 독도 영유권 문제의 평화적 해결방안", 『독도영유권과 영해와 해양 주권』(독도연구총서 3, 서울: 독도연구보전협회, 1998), p.197.

_____, "분쟁해결을 위한 새로운 패러다임으로서의 현대 국제판결 - 그 기능 및 한 계에 관한 연구", 『서울국제법연구』 제8권 제1호(2001. 6), p.1.

_____, "국제사법재판소의 위상변화에 관한 고찰", 『국제법학회논총』 제46권 제2호 (통권 제90호, 2001. 10), p.73.

_____, 『한국과 바다의 국제법』(서울: 21세기북스, 2004).

_____, "독도 논란, 국제법판례로 다시 보기", 『신동아』 통권 제547호(2005. 4), pp.402~410.

_____, "샌프란시스코 강화조약과 독도의 지위", 한국해양연구원 주최 "역사와 과학으로 본 우리영토 독도 심포지엄"(2008. 8. 13, 서울 롯데 호텔) 「발표자료집」, p.59.

_____, 『독도, NLL문제의 실증적 정책분석』(부산: 다솜출판, 2008).

_____, "독도 영유권에 관한 법적 논리의 완벽성을 위한 제언 – 이른바 '속도이론(屬島理論)'이라는 허구", 『저스티스』 통권 제124호(2011. 6), p.419.

김영석, "1948년 UN총회 결의 제195(III)호와 독도영유권", (사)독도연구보전협회 2014년도 학술대토론회 '강화되는 일본의 독도침탈정책 비판과 한국의 독도수호보전정책 방안'(서울역사박물관, 2014. 10. 10) 『발표자료집』, pp.21~35.

김영수, "한일회담과 독도 영유권: 샌프란시스코 강화조약과 한일회담 「기본관계조약」을 중심으로", 『한국정치학회보』 제42집 제4호(2008년 겨울), pp.113~130.

_____, 『미첼의 시기: 을미사변과 아관파천』(서울: 경인문화, 2012).

_____, 『명성황후 최후의 날 – 서양인 사바찐이 목격한 을미사변, 그 하루의 기억』 (서울: 말글빛냄, 2014).

_____, "시마네현 고시 제40호와 일본의 울릉도·독도 조사", (사)독도연구보전협회 2014년도 학술대토론회 '강화되는 일본의 독도침탈정책 비판과 한국의 독도수호보전정책 방안'(서울역사박물관, 2014. 10. 10) 『발표자료집』, pp.3~19.

김영작, 『한말 내셔널리즘 연구 – 사상과 현실』(서울: 청계연구소, 1989).

김재명, 『오늘의 세계분쟁』(서울: 미지북스, 2011).

김정건·장신·이재곤·박덕영, 『국제법』(서울: 박영사, 2010).

김찬규, "국제사법재판소의 강제관할권에 대한 제국가의 태도", 『국제법학회논총』 제12권 제1호(통권 제21호, 1967), p.5.

_____, "독도 어떻게 지켜야 하나", 국민일보, 2004.5.10, p.22

_____, "日 녹노 속셈은 국제재판", 세계일보, 2005. 3. 18, p.A23.

_____, "독도를 지키는 법", 경향신문, 2005. 3. 24, p.31.

_____, "분쟁화 최대한 피해 영유권 지켜야", 고대신문, 2005. 3. 28, p.6.

_____, "'우리땅 독도'를 지키는 지혜", 세계일보, 2006. 2. 28, p.31.

김채형, "샌프란시스코 평화조약상의 독도영유권", 『국제법학회논총』 제52권 제3호 (통권 제109호, 2007. 12), p.103.

김학준, 『독도는 우리 땅 - 독도의 어제, 오늘, 그리고 내일』(서울: 도서출판 한줄기, 1996).

_____, "독도를 한국의 영토로 원상복구시킨 연합국의 결정 과정", 독도연구보전협회, 『독도영유의 역사와 국제관계』(독도연구총서 1, 1997), p.189.

_____, 『독도연구 - 한·일간 논쟁의 분석을 통한 한국영유권의 재확인』(서울: 동북아역사재단, 2010).

김화경, "섬의 소유를 둘러싼 한·일 관습에 관한 연구: 울릉도 쟁계의 결말에 작용된 관습을 중심으로", 『독도연구』 제7호(2009. 12) p.5.

김희보(편), 『한국의 옛 詩』(서울: 종로서적, 1986).

김희영(편), 『이야기 일본사』(서울: 청아출판, 2000).

나이토우, 세이쮸우(內藤正中), 『독도와 죽도』(권오엽·권정 역, 서울: 제이앤씨, 2005).

_____, "다케시마는 일본의 고유영토인가", 바른역사정립기획단(편), 『독도논문번역선』 I(2005), pp.11~31.

_____, "다케시마 고유영토론의 문제점", 『독도논문번역선』 I, pp.33~65.

_____, "오키의 안용복", 『독도논문번역선』 I, pp.67~90.

_____, "죽도도해면허를 둘러싼 문제", 『독도논문번역선』 I, p.91~117.

_____, "죽도일건을 둘러싼 제문제", 『독도논문번역선』 I, pp.119~232.

Naito, Seichu, "Tokyo's Dokdo claim is groundless", in The Korea Herald & Park Hyun-jin(eds.), 『Insight into Dokdo - Historical, Political and Legal Perspectives on Korea's Sovereignty』(Paju, Kyeonggi-do: Jimoondang, 2009. 4), p.158.

나인균, "국제연합(UN)에서의 "법의 지배"(rule of law)의 원리", 『국제법학회논총』 제50권 제1호(통권 제101호, 2005. 6), p.57.

나카츠카 아키라(中塚明), 『歷史の僞造おただす』(REKISHI NO GIZOWO TADASU: 1997), 박맹수 역, 『1894년, 경복궁을 점령하라』(서울: 푸른 역사, 2002).

나홍주, 『민비 암살(角田房子 著) 비판』(서울: 미래문화사, 1990).

_____, 『독도의 영유권에 관한 국제법적 연구』(서울: 법서출판, 2000).

_____, "독도문제의 실체와 그 대응책 ─ 독도관계 일본총리부령 제24호(1951. 6. 6)
　　　　와 스카핀(SCAPIN) 제677호(1946. 1. 29) 비교 고찰을 중심으로", 『독도연
　　　　구』 제6호(2009. 6), pp.7~48.

_____, "SCAPIN 제677호(1946. 1. 29)의 국제특별법령의 성격", (사)독도연구보전협
　　　　회·독도학회 주최 학술대토론회 '한국의 독도영유권 증명과 일본의 독도침
　　　　탈정책 비판'(2011. 10. 5, 서울역사박물관) 「발표자료집」, pp.37~117.

노컷 뉴스(인터넷), "외교부, "한일어업협정 파기 불가…독도 영유권·EEZ 경계획정
　　　　과 무관"", 2012. 9. 7.

뉴시스, "국회의원 월급수준, 미국·일본·독일·프랑스·한국·영국 순", 2013. 8. 23.

_____, "'안중근 이토암살' 105년 전 LA헤럴드 1면 톱…최초 보도는 AP", 2014. 10.
　　　　25.

니버, 라인홀드(Nieburh, Reinhold), *Moral Man and Immoral Society: A Study in
　　　　Ethics and Politics* (1932 & 1960), 이한우 역, 『도덕적 인간과 비도덕적 사
　　　　회』(서울: 문예출판, 1992, 2006).

니콜슨, 해럴드(Nicolson, H.), *Diplomacy*(1939; 3rd edn., Oxford University Press,
　　　　1969), 신복룡 역, 『외교론』(서울: 평민사, 1979).

닐슨, 윌리엄(W.A. Neilson)(편), Lectures on the Harvard Classics (N.Y.: Collier &
　　　　Son Co., 1914), 김영범 역, 『열린 인문학 강의』(경기 파주: 유유, 2012).

데리다, 자크, "군주는 인간과 야수의 본성을 지닌 잡종 짐승", 르몽드 디플로마티크
　　　　(편), 『르몽드 인문학』(경기 파주: 문학동네, 2014), p.212.

독도연구보전협회, 『우리 땅 독도이야기』(2004).

독도학회(편), 『한국의 독도영유권 연구사』(독도연구총서 10, 독도연구보전협회, 2003).

동북아역사재단, 『독도논문번역선』 III(2009. 6).

동북아의 평화를 위한 바른역사정립기획단(편역), 『독도자료집』 I(2005).

_____, 『독도논문번역선』 I(2005. 12).

_____, 『독도논문번역선』 II(2005. 12).

_____(편역), 『독도자료집』 II(2006).

_____, 『일본은 이렇게 독도를 침탈했다』(서울: 한아문화, 2006).

동아닷컴, "와다 하루키 "복노, 기브앤테이크'로 해결", 2008. 8. 29.

_____, "정몽준 "신한일어업협정 파기해야"… 독도에 득? 독?". 2012. 9. 8.

_____, "설, 설, 설 안중근 거사 촬영 필름 …러시아에 사본 있을 가능성", 2014. 3. 26.

_____, "'이토를 죽인 15가지 이유' 안중근 의거 105년 전 신문 찾았다", 2014. 3. 26.

_____, "[단독]"메구미, 北의 약물 과다투여로 숨졌다"", 2014. 11. 7 & 2015. 4. 30 (수정).

_____, "中 시진핑 "난징대학살 부인하는 건, 범죄 반복하겠다는 것"", 2014. 12. 15.

_____, "[사설] 외교 갈등이 결국 韓日통화스와프 중단시켰다", 2015. 2. 18.

_____, "쓰시마 명운 건 국서 위조… 조선-日은 알고도 눈감아줬다", [수교 50년, 교류 2000년/한일, 새로운 이웃을 향해] 2부 조선통신사의 길… 〈2〉쓰시마 섬의 국서 위조 사건, 2015. 10. 27.

동아일보, 사설, "갑오년을 보내는 감회", 1954. 12. 31.

_____, "日, 국제사회에 "독도는 분쟁지역" 외쳐", 2004. 7. 30, p.A17.

_____, 사설, ""내가 누군줄 알아" 외친 甲, 2014년이 告한다 "너 내려"", 2014. 12. 31.

Launius, M., "A political analysis of Japan's Dokdo claim", The Korea Herald, 2008. 10. 13, p.4.

Rausch, F., "Why Did Ahn Jung-geun Kill Hirobumi Ito?", The Korea Times, 2009. 8. 24.

렁청진(편), 『변경: 5천년 중국 역사 최고의 인재활용 경전』(김태성 역, 서울: 더난출판, 2003).

로버츠, 애덤, "세계공동체를 향하여? 유엔과 국제법", in 마이클 하워드(M. Howard) & 로저 루이스(Wm. R. Louis) 편, The Oxford History of the Twentieth Century (1998), 차하순 외 역, 『20세기의 역사』(서울: 가지않은 길, 2000), p.464.

로젠바흐, 마르셀·슈타르크, 홀거(Marcel Rosenbach & Holger Stark), Wilileaks (2011), 박규호 역, 『위키리크스: 권력에 속지 않을 권리』(경주 파주: 21세기북스, 2011).

루이스, 로저, "20세기를 마감하면서", 마이클 하워드 & 로저 루이스, 『20세기의 역사』, op.cit., p.485.

류성룡, 『징비록』(1647, 이재호 역, 서울: 역사의 아침, 2007).

리오타르, 장-프랑수와, 『지식인의 종언』(이현복 역, 서울: 문예출판, 1993).

마르틴, 한스 페터·슈만, 하랄트, 『세계화의 덫 - 민주주의와 삶의 질에 대한 공격』
　　　　(강수돌 역, 서울: 영림 카디널, 1997).

마상윤, "미국의 외교정책", 김계동 외, 『현대외교정책론』(서울: 명인문화, 2007),
　　　　p.395.

마한, 알프레드 세이어(Alfred Thayer Mahan), The Influence of Sea Power Upon
　　　　History 1660~1783(1890), 김주식 역, 『해양력이 역사에 미치는 영향』 1(서
　　　　울: 책세상, 1999).

말리노프스키(Bronislaw K. Malinowski), 『문화의 과학적 이론』(한완상 역, 서울: 삼
　　　　성출판, 1976).

매일신문, "독도 표기 ´日 내무성 지도 첫 공개", 2006. 9. 13.

맥루언, 마셜(M. McLuhan), Understanding Media (1946 & 1996), 김성기·이한우 역,
　　　　『미디어의 이해: 인간의 확장』(서울: 민음사, 2002 & 2007).

몽테스큐(Montesquieu), 『법의 정신』(신상초 역, 서울: 을유문화, 1963).

문규석, "동경재판에서 일본의 전쟁책임에 관한 연구", 동북아역사재단(편), 『한일간
　　　　역사현안의 국제법적 조명』(2009. 1), p.255.

문화일보(인터넷), "총맞은 이토 마지막말 "내가 당했어 … 누가 쐈나?"", 2014. 3.
　　　　26.

민두기 편저, 『일본의 역사』(서울: 지식산업사, 1976).

박경리, 『토지』(1969~1994).

박관숙, 『독도의 법적지위에 관한 연구』, 박사학위논문, 연세대학교, 1969.

　　　　, "독도의 법적 지위", 독도학회(편), 『한국의 독도영유권 연구사』(독도연구총
　　　　서 10, 독도연구보전협회, 2003), pp.13~33.

박배근, "독도에 대한 일본의 영역권원주장에 관한 일고", 『국제법학회논총』 제50권
　　　　제3호(통권 제103호: 2005. 12), p.99.

박종기, 『안정복, 고려사를 공부하다』(서울: 고즈윈, 2006).

박지원, 『호질』, 『양반전』.

박현진, "국제항공여객운송인의 민사책임: 법경제학적 접근", 『국제법학회논총』 제44
　　　　권 제1호(1999. 6), p.141.

　　　　, "국제민간항공에 관한 시카고협약 55주년의 회고 - 운항권 분쟁, 항공기인증

및 안전/보안규제 관련 사례 및 판례를 중심으로", 서울국제법연구원(편), 『국제판례연구』 제1집(서울: 박영사, 1999), p.95.

_____, "美 세계무역센터 및 국방성 청사 '자살충돌' 테러사건과 변화하는 항공테러리즘", 『항공우주법학회지』 제14호(2001. 12), p.9.

_____, "美 EP-3 정찰기와 중국 전투기간 남중국해 상 공중충돌사건 - 영공주권 원칙과 조난 군용기의 법적 지위를 중심으로", 『서울국제법연구』 제9권 제1호(2002. 6), p.75.

_____, "테러와의 투쟁: 미국 해외군사기지에 억류중인 탈리반·알 카에다 전사의 법적 법적 지위와 권리", 『인도법논총』 제23호(2003. 5), p.61.

_____, "무력사용금지의 원칙과 미국의 국가실행: 연방헌법, 전쟁권 결의 및 司法府의 태도를 중심으로", 『국제인권법』 제6호(2003. 12), p.17.

_____, "고문방지협약에 대한 미국의 유보와 국가실행: 양립성, 허용가능성과 효과", 『인도법논총』 제25호(2005. 8), p.57.

_____, "독도문제와 국제사법쟁송", 『국제법학회논총』 제50권 제2호(통권 제102호, 2005. 10), p.125.

_____, "중서부태평양 고도회유성 어족 보존관리위원회 제3차 연례회의(서사모아 아피아, 2006. 12. 11~12. 15) 참가보고서", 해양수산부(편), 『중서부태평양 수산위원회(WCPFC) 제3차 연례회의 참석결과 보고서』(2006. 12), p.17.

_____, "세계화, 법학전문대학원과 법학 연구·교육의 방향·방법론: 국제 '보통법'으로서의 영미법과 법률영어의 체계적 심층탐구를 옹호·제창하며", 『법조』 제56권 제12호(통권 제615호, 2007. 12). p.277.

_____, "독도영유권과 지도·해도의 증거능력·증명력", 『국제법학회논총』 제52권 제1호(통권 제107호, 2007. 6), pp.89~128.

_____, "영토·해양경계분쟁과 지도·해도의 증거지위·가치: 독도 관련 地圖·海圖의 法·政策·外交를 중심으로", 『국제법학회논총』 제53권 제1호(통권 제110호, 2008. 4), pp.61~98.

_____, "法律英語, 法律文章과 文體·技巧: 英美法상 比喩法·類推·擬制와 婉曲語法을 중심으로", 『法學研究』(연세대 법학연구소) 제18권 제3호(통권 제39호, 2008. 9), pp.249~285.

_____, "대일강화조약과 독도영유권", 『국제법평론』 2008-II(통권 제28호, 2008. 10), pp.125~146.

_____, "영토분쟁과 국가실행의 구속력·증거지위: 일방선언과 묵인 등 실질적 법원을 중심으로", 『서울국제법연구』, 제15권 2호(2008. 12), pp.149~170.

_____, "國際捕鯨委員會 正常化와 沿岸捕鯨재개－대형고래자원의 利用을 둘러싼 變化·挑戰과 對應", 『國際法評論』 2009-I(통권 제29호(2009. 6), p.109.

_____(역), '동부그린란드의 법적 지위'(상설국제사법재판소, 1933. 4. 5 판결) 국문 완역·평석, 동북아역사재단(편), 『영토·해양관련 국제판례집(I)』(2009. 12), pp.771~906.

_____, "독도와 고지도", 동북아역사재단(편), 『고지도에 나타난 동해와 독도』(2010. 3.), pp.8~9.

_____, "역사적 이성, 실정법적 정의와 독도문제", 『독도연구저널』(한국해양수산개발원) 제9호(2010 봄), pp.14~19.

_____, "국제테러의 억제와 집단적 책임·관할권의 한계", 『서울국제법연구』 제19권 1호(2012. 6), p.139.

_____, "독도문제와 적극외교", 한국일보, 2012. 10. 26, p.29.

_____, "일본은 아시아의 영국인가", 한국일보, 2012. 12. 1, p.30.

_____, "영토·해양경계분쟁과 '약식조약'의 구속력·증거력: 의사록, 합의의사록과 교환각서/공문 해석 관련 ICJ의 사법적 적극주의(1951~2005)를 중심으로", 『국제법학회논총』 제58권 제2호(통권 제129호, 2013. 6), pp.95~129.

_____, "17세기말 '울릉도쟁계' 관련 한·일 교환공문의 증명력: 거리관습에 따른 조약상 울릉·독도 권원 확립·해상국경 묵시 합의", 『국제법학회논총』 제58권 제3호(통권 제130호, 2013. 9), p.131.

_____, "울릉제도의 인접성·통일성과 무인도에 대한 실효지배－상징적 병합과 가상적 실효지배를 중심으로", 독도학회·독도연구보전협회 주최 2013년도 학술 대토론회 '국제정세변동 속에서의 한국의 독도수호정책과 일본의 독도침탈 정책 실상'(2013. 10. 11, 서울 역사박물관) 『발표자료집』, pp.75~117.

_____, "독도 영토주권과 무인도에 대한 상징적 병합·가상적 실효적 지배", 『국제법학회논총』 제58권 제4호(통권 제131호, 2013. 12), pp.103~132.

_____, "만남·교감·울림", 대한국제법학회 제정 2013년도 현민 국제법 학술상 수상 연설(단국대 서관, 2014. 1. 10).

_____, "러일전쟁과 독도: 역사적 진실, 울림 그리고 여운", 2014년 한국러시아학회 주최 동북아역사재단 후원 국제학술대회 '러일전쟁, 110년을 말하다'(서울:

동북아역사재단, 2014. 3. 22), 환영사.

_____, '평화와 번영을 위한 제주포럼 2014', Prof. Charles H. Norchi (University of Maine School of Law), "Korea-Japan and the Continuing Quest for Human Dignity" & Prof. Lee Keun-Gwan, 'The Unmasterable Past and International Law in East Asia－With Particular Reference to the 1965 Claims Settlement Agreement', 지정토론(2014. 5. 30, 제주 해비치 호텔).

_____, "영토분쟁과 권원 간 위계－조약상의 권원, 현상유지의 법리와 실효지배의 권원을 중심으로", 『국제법학회논총』 제59권 제3호(통권 제134호, 2014. 9), pp.109~145.

_____, "독도 실효지배의 증거로서 민관합동 학술과학조사: 1947년 및 1952-53년 (과도)정부·한국산악회의 울릉도·독도조사를 중심으로", 『국제법학회논총』 제60권 제3호(통권 제138호, 2015. 9), pp.61~96.

_____, "일제의 독도 군사점령과 비밀·유사 '편입': 국제법상 지방행정청의 영토선점·고시(사본)의 적법성·유효성·증거력", (사)독도연구보전 협회 2015년도 학술대회 '일본 아베정권의 독도침탈정책 강화추세와 한국의 독도영유권의 명증'(서울: 역사박물관, 2015. 10. 8) 「발표논문집」, p.19.

Park, Hyun-jin, *Economic Analysis of the Legal Regime for Aviation Liability* (unpublished Ph.D. thesis, University of London, 1998).

_____, "Dokdo belongs to Korea－Legal scholar says evidence overwhelming in sovereignty dispute over the islets", an email interview with The Korea Herald, 2008. 8. 4, p.4 & The Korea Herald & Park Hyun-jin (eds.), 『Insight into Dokdo』, pp.55~65.

_____, "Ahn Yong-bok towers over Dokdo-Seaman's 17th century saga fosters Korean sovereignty over islets", The Korea Herald, 2008. 9. 10, p.4 & 『Insight into Dokdo』, *ibid.*, pp.196~205.

_____, "A response to 10 Japanese points on Dokdo Sovereignty", The Korea Herald, 2008. 10. 14, p.4 & 『Insight into Dokdo』, *ibid.*, pp.206~215.

_____, "Map evidence galore against Japan's Dokdo claims", The Korea Herald, 2008. 10. 21, p.4 & 『Insight into Dokdo』, *ibid.*, pp.216~225.

_____, "SCAPIN 677 As An International Legal Instrument Constituting Both A Root and Evidence of Korean Title to Dokdo", 『Korean Yearbook of

International Law』, vol.1(2014. 12), pp.123~140.

_____, "Marine Scientific Research Act", translated by Park Hyun-jin, in 『Korean Yearbook of International Law』, vol.1, *ibid.*, pp.243~260.

_____, "The 1951 Treaty of Peace with Japan and Its Conduct and Practice Relating to the Territorial Status of Dokdo", paper presented at an international seminar organized by the ILA-ASIL Asia-Pacific Research Forum (Taipei, Regent Hotel, May 26, 2015).

_____, "The Proximity, Dependency and Unity of the Ulleung Archipelago as Evidence Creating Presumption of Effective Control", 『Korean Yearbook of International Law』, vol.2(2015. 9), pp.69~92.

朴玄鎭·류재형, "國際捕鯨規制協約 60주년과 兩極化로 갈림길에 선 國際捕鯨委員會: 商業捕鯨中止 20주년과 '責任捕鯨'을 향한 韓國의 選擇", 『海事法研究』, 제18권 제2호(2006. 9), p.151.

박홍규, "일본 식민사상의 형성과정과 사회진화론", 강만길 외(편), 『일본과 서구의 식민통치 비교』(서울: 선인, 2004), p.57.

반 다이크, 존, "독도 영유권과 해양경계선에 관한 법적 쟁점", 동북아역사재단(편), 『독도논문번역선 III (서울: 독도연구소, 2009), p.9.

배영자, "동아시아 지식네트워크: 싱크 탱크(Think Tank)와 공개소프트웨어(Open Source Software) 사례", 하영선(편), 『동아시아 공동체: 신화와 현실』(서울: (재) 동아시아연구원, 2008, 2010), p.329.

백충현, "영토분쟁의 해결방식과 증거", 『법학』 제23권 4호(통권 제52호, 1982. 12), p.17.

번스타인, 윌리엄(William Bernstein), *The Birth of Plenty: How the Prosperity of the Modern World Was Created*(2004), 김현구 역, 『부의 탄생』(서울: 시아퍼블리셔스, 2012).

베네딕트, 루스(Benedict, R.), *The Chrysanthemum and the Sword: Patterns of Japanese Culture* (Boston: Houghton Mifflin Co., 1946), 김윤식·오인석 옮김, 『국화와 칼』 (제3판, 서울: 을유문화사, 1995).

변상근, "국익이냐, 국가적 이기(利己)냐", 중앙일보, 2003. 10. 27.

보댕, 장(Jean Bodin), 『주권론』(Six livres de la République: Six Books of the Republic, 1576).

사르트르, 장 폴(J.-P. Sartre), *Plaidoyer pour les intellectuels* (Éditions Gallimard, 1972), 박정태 역, 『지식인을 위한 변명』(이학사, 2007).

사이드, 에드워드(Said, Edward Wadie), *Representations of the Intellectual*, 최유준 역, 『지식인의 표상: 지식인이란 누구인가?』 (서울: 마티, 2012).

Sato, Shojin(左藤正人), "Japanese Expansionist Policy and the Question of Tokdo", 『Korea Observer』, vol.XXIX, No.1, 1998, p.165, reproduced in 동북아역사 재단(편), 『독도논문번역선』III (서울: 독도연구소, 2009. 6), p.154 & "국민 국가 일본의 독도점령", *ibid.*, p.293.

샌델, 마이클(Michael, J. Sandel), *Justice: What's the right thing to do?* (2009), 이창 신 역, 『정의란 무엇인가』(경기 파주: 김영사, 2010).

_____, *Public Philosophy: Essays on Morality in Politics* (Harvard University Press, 2005), 안진환·이수경 역, 『왜 도덕인가』(서울: 한국경제신문 한경BP, 2010).

_____, *Liberalism and the Limits of Justice* (Cambridge University Press, 1982), 이양 수 역, 『정의의 한계』(경기 고양: 도서출판 멜론, 2012).

서희원, 『영미법강의』(박영사, 1996).

세이건, 칼(Sagan, C.), Cosmos(1980) 서광운 역, 『코스모스』(학원신서 4, 서울: 학원 사, 1981).

소병천, "국제법상 주권담론에 대한 소고", 『국제법학회논총』 제58권 제4호(통권 제 131호, 2013. 12), p.133.

송건호·강만길(편), 『한국 민족주의론 I』(서울: 창비사, 1982).

송병기, "조선후기·고종기의 울릉도 수토와 개척", 최영희 선생 화갑기념논총간행위 원회(편), 『한국사학논총』(서울: 탐구당, 1987), p.403.

_____, "고려 중·후기, 조선초기의 울릉도 경영: 조선초기 지리지의 우산·울릉도기 사 검토", 독도학회(편), 『한국의 독도영유권 연구사』(독도연구총서 10, 독 도연구보전협회, 2003). p.101.

_____(편), 『독도영유권자료선』(춘천: 한림대출판부, 2004).

_____, 『고쳐 쓴 울릉도와 독도』(서울: 단국대 출판부, 2005).

송영희, "개국오백사년팔월사변 보고서", 『梨大史苑』, vol.2(1960), pp.80~83.

슈만, 하랄트·그레페, 크리스티아네, 『신자유주의의 종언과 세계화의 미래』(김호균 역, 서울: 영림 카디널, 2009).

슈미트, 칼, 『정치신학(政治神學) 외』(김효전 역, 서울: 법문사, 1988).

슈미트, 에릭·코언, 제러드(Eric Schmidt·Jared Cohen), *The New Digital Age* (2013), 이진원 역, 『새로운 디지털 시대』(서울: 시공사, 2013).

스미스, 패트릭(Smith, Patrick), *Japan: A Reinterpretation*, 1998), 노시내 역, 『일본의 재구성: 현대 일본이 부끄러워하는 진짜 일본』(서울: 도서출판 마티, 2008).

스톤·쿠즈닉(O. Stone & P. Kuznik), The Untold History of the United States(2012), 이광일 역, 『아무도 말하지 않은 미국현대사 I』(파주: 들녘, 2015).

신각수, 「국경분쟁의 국제법적 해결에 관한 연구」, 박사학위논문, 서울대학교, 1991.

신동엽, "껍데기는 가라", 『申東曄詩選集』(서울: 창비사, 1979).

신동욱, 『독도영유에 관한 연구』(서울: 어문각, 2008).

신병주, "지봉유설--열린 마음으로 세계를 껴안다", 고운기 외, 『한국의 고전을 읽는 다』 4 (역사·정치)(서울: 휴머니스트, 2006).

신석호, "독도소속에 대하여", 『사해』(史海) 창간호(1948. 12), p.89.

신영복, 『강의-나의 동양고전 독법』(경기 파주: 돌베개, 2004).

신용하, 『독도의 민족영토사 연구』(서울: 지식산업사, 1996).

_____(편), 『독도영유권 자료의 탐구』 제1권(독도연구총서 5, 서울: 독도연구보전협 회, 1998).

_____(편), 『독도영유권 자료의 탐구』 제3권(독도연구총서 7, 서울: 독도연구보전협 회, 2000),

_____(편), 『독도영유권 자료의 탐구』 제4권(독도연구총서 8, 서울: 독도연구보전협 회, 2001).

_____, "조선왕조의 독도영유와 일본제국주의의 독도침략－독도영유에 대한 실증적 일연구", 독도학회(편), 『한국의 독도영유권 연구사』(독도연구총서 10, 독도 연구보전협회, 2003), p.123.

_____, 『한국의 독도영유권 연구』(서울: 경인문화, 2006).

_____, 『독도영유권에 대한 일본주장 비판』(개정 증보, 서울대학교 출판문화원, 2011).

_____, "대한제국 칙령 제41호의 제정과정 및 의의와 석도＝독도의 세가지 방법의 증명", (사)독도연구보전협회·독도학회 주최 학술대토론회 '한국의 독도영 유권 증명과 일본의 독도침탈정책 비판'(2011. 10. 5, 서울역사박물관) 「발 표자료집」, pp.119~143.

Shin Yong-Ha, "Korea's territorial rights to Dokdo: A historical study", The Korea

Herald, & Park Hyun-jin(eds.),『Insight into Dokdo』, pp.68~157.

신채호, "조선혁명선언", 단재 신채호 전집(하)(서울: 을유문화, 1972).

아리스토텔레스,『니코마코스 윤리학』(Ethica Nicomachea, 이창우 외 옮김, 서울: 이
제이북스, 2006).

안중근,『안중근 의사 자서전--안중근 옥중 집필』(경기 파주: 범우사, 2000).

양기웅,『한국의 외교협상--한·미·일의 정치와 협상전략』(춘천: 한림대 출판부,
2008).

양욱, "해군 총장이 먼저 나서 금품 요구까지", 조선 닷컴, 2015. 4. 26.

양태진(편),『독도연구문헌집』(서울: 경인문화, 1998).

_____,『한국독립의 상징 독도』(서울: 백산출판, 2004).

엘리어트, T.S.,『문화란 무엇인가』(서울: 중앙일보사, 1974. 7).

연합뉴스(인터넷), "[토픽]스페인, 故프랑코 묘소 해체문제로 논란", 1993. 12. 7.

_____, "한일합방 조약의 무효입증 의미", 1995. 6. 6.

_____, "최고공신력 日 정부 지도에 독도 日 영토서 배제", 2005. 6. 12.

_____, "프랑스 정부 "독도 한국영토" 입장 견지", 2008. 8. 1.

_____, "노다 前 日총리 "아베 정권은 음험한 보수"", 2013. 2. 23.

_____, "장 보댕의 '국가에 관한 6권의 책' 동양권 첫 완역", 2013. 3. 22.

_____, "아베의 좌충우돌? "한국을 '어리석은 국가'라 했다"(종합)", 2013. 11. 14.

_____, "정부 "유사시 한미연합작전구역서 日집단자위권 불용"", 2014. 7. 9.

_____, "일본정부, 교과서 '군 위안부' 기술 삭제 허용〈요미우리〉", 2015. 1. 9.

_____, "일본, 역사적 사실 알리는 한국 못 막아〈NYT〉 – 맥그로힐 출판사 '군위안
부·동해표기' 우회 지지", 2015. 1. 31.

_____, "미국 역사학자들 "아베 '역사수정' 압력에 경악" 집단성명", 2015. 2. 5.

_____, "〈인터뷰〉 알렉시스 더든 교수 "역사는 편한대로 기억하는 것 아냐"(종합)",
2015. 2. 6.

_____, "일본 야당 대표 "아베 총리 때 개헌 논의 매우 위험"", 2015. 2. 7.

_____, "일본 정부 "미국내 군위안부 소녀상 설치 매우 유감": 관방장관, 美법원의
철거요구 기각 결정 관련 언급", 2015. 2. 25.

_____, "아베 측근 자민당 간부 "도쿄재판 법적으로 문제" 망언, 전범단죄 판결에
이의…'침략·식민지 반성론'에 대항 모양새", 2015. 2. 27.

_____, ""일본, 이르면 연내 '일본판 CIA' 창설 추진"〈산케이〉, IS 일본인 인질 피살

계기 정보기관 창설론 재부상", 2015. 2. 28.

_____, "일본박물관 소장 한국문화재 반환 국제청원 추진 – 일본법원 시민단체 반환 소송 각하 따른 후속조치", 2015. 3. 5.

_____, "프랑스 르몽드 동해 일본해 병기", 2015. 3. 8.

_____, "중국 외교부장, 북중 정상회담 가능성 시사(종합2보)", 2015. 3. 8.

_____, "메르켈 독일총리 "과거 정리는 화해를 위한 전제"", 2015. 3. 9.

_____, "정부 뒤늦게 공공 아이핀 시스템 해킹 대국민 사과", 2015. 3. 10.

_____, "메르켈 총리 "군위안부 문제 제대로 해결해야"", 2015. 3. 10.

_____, "〈미중 수교 35주년…"갈등과 협력 공존〉 – 양국 베이징서 기념행사, 리위 안차오·카터 등 참석", 2015. 3. 13.

_____, "미국 "위안부, 性목적 일본군 여성 인신매매로 끔찍한 인권침해"", 2015. 4. 8.

_____, ""3·1운동 뒤 일본 경찰이 성고문"…미 교회연합회 문서 발견", 2015. 4. 26.

_____, "세계 역사학자 187명 집단성명 "아베 '위안부' 과거사 왜곡 말라"", 2015. 5. 6.

_____, "합의 잉크도 마르기도 전에…한일, '강제노역' 해석 마찰", 2015. 7. 6.

_____, "日정부, '강제노역' 일어번역문엔 '일하게 됐다'로 물타기", 2015. 7. 6.

_____, "일본 정부 "조선인 강제노동 인정 안했다…입장 불변"(종합)", 2015. 7. 6.

_____, "외교부 "영문본이 정본"..日 '강제노동 부인' 반박…"'against will', 'forced to work', 강제노동 일반적 표현", 2015. 7. 6.

_____, "'日세계유산 결정문', 세계유산위 홈피에 게재", 2015. 7. 19.

_____, "[단독]이육사 순국한 日지하감옥, 베이징에 여전히 존재", 2015. 8. 2.

_____, "〈파리 기후협정〉 신기후체제 의미는…195개 선진·개도국 모두 참여", 2015. 12. 13.

_____, "일본 나가사키시, '다카시마 공양탑 가는 길' 폐쇄", 2016. 1. 4.

Yonhap News online, "Japan's attempt to dispute wartime history raises questions about academic freedom: U.S. scholar", 2015. 2. 6.

_____, "U.S. scholars express strong protest against Japan's attempt to 'censor history'", 2015. 2. 6.

영남대학교 민족문화연구소(편),『독도를 보는 한 눈금 차이』(서울: 도서출판 선, 2006).

예링, R. v.,『권리를 위한 투쟁』(박영문고 163, 심재우 역, 박영사, 1977).

오마이뉴스(인터넷), "아베에게 안중근은? "사형판결 받은 인물", 의회 제출 답변서에서 밝혀…"안중근 기념관 개관은 유감"", 2014. 2. 5.

오윤경, "조약의 실체와 절차", 오윤경 외, 『21세기 현대 국제법질서 - 외교실무자들
　　　　이 본 이론과 실제(서울: 박영사, 2001), p.3.

외교통상부, '대한민국정부와 칠레공화국 정부간의 자유무역협정 부속서 4 개정을
　　　　위한 교환각서'[2004. 4. 1 서명, 2004. 4. 1 발효(외교부고시 제486호: 관보
　　　　게재일, 4. 7)].

＿＿＿, '대한민국 정부와 칠레공화국 정부간의 자유무역협정'(2004. 4. 1 산티아고
　　　　에서 서명).

＿＿＿, 『알기 쉬운 조약업무』(e-book, 2006. 3).

＿＿＿, 『알기 쉬운 기관 간 약정 업무』(2007. 10).

＿＿＿, "한·일·중 3국협력 사무국 설립협정 (Agreement on the Establishment of the
　　　　Trilateral Cooperation Secretariat) 서명식 개최", 외교통상부 정책메일 제
　　　　326호(2010. 12. 21).

＿＿＿, 동북아 1과, "한·일간 체결한 협정·조약 목록",「한일협정 관련 참고자료」
　　　　(2005. 8 공개).

＿＿＿, 조약국(편), 『국제법기본법규집』(서울: 현암사, 2008. 1).

＿＿＿, "한·미간 '비자면제 양해각서(MOU)' 서명", 외교통상부 정책메일(2008. 4.
　　　　24).

외무부, 『독도관계자료집(I) - 왕복외교문서』(1952~1976), 1977. 7. 15.

위티 주니어, 존(John Witte, Jr.), *The Reformation of Rights*(Cambridge University
　　　　Press, 2007), 정두메 역, 『권리와 자유의 역사』(서울: 한국기독학생회출판
　　　　부, 2015).

유하영, "울릉도 부속섬으로서 독도의 법적 지위", 『이사부와 동해』 제5호(2013. 2),
　　　　pp.67~95.

＿＿＿, "중·러 간 조약 및 협상을 통해 본 한·일 해양경계협상", (사)독도연구보전
　　　　협회 2015년도 학술대회 '일본 아베정권의 독도침탈정책 강화추세와 한국
　　　　의 독도영유권의 명증'(서울역사박물관, 2015. 10. 8)「발표자료집」, p.73.

윤상인 외(편), 『위대한 아시아』(서울: 황금가지, 2003).

이광재·김태만·장바오원, 『중국에게 묻다: 21세기 초강대국의 DNA』(서울: 학고재,
　　　　2012).

이극찬, "신생국 민족주의의 일반론", 진덕규(편), 『한국의 민족주의』(서울: 현대사상

사, 1976), p.13.

_____, 『정치학』(서울: 법문사, 1999).

이근관 외, 『동북아시아 영토문제의 탈식민주의적 관점에서의 고찰 – 국제사법재판소 및 국제중재법정의 판결에 대한 분석을 중심으로』 (동북아역사재단, 2008. 12).

이근식, 『자유주의 사회경제사상』(서울: 한길사, 1999).

이기백, "신민족주의사관론", 이우성·강만길(편), 『한국의 역사인식(하)』(창비신서 16, 경기, 파주: 창비, 1976), p.522.

_____, 『한국사신론』 (서울: 일조각, 1992).

Lee Ki-baik, 『A New History of Korea』 (trans. by E.W. Wagner & E.J. Shultz, Seoul: Ilchogak, 1984).

이동률 외, 『중국의 영토분쟁과 해결』(서울: 동북아역사재단, 2008).

이명훈(편), 『이예(李藝)의 사명: "나는 조선의 통신사로소이다"』(서울: 새로운 사람들, 2005).

이병조·이중범, 『국제법신강』(서울: 일조각, 2003).

이상업, 『서양인들이 본 한국근해』(서울: 한국해양개발, 2003).

이석용, 『국제법』(서울: 세창출판, 2011).

_____, "국제사법재판소의 도서영유권 및 해양경계획정 관련 분쟁해결", 『국제법학회논총』, 제51권 제1호(통권 제104호, 2006. 6), p.123.

_____, "해양경계획정의 최근 동향과 대응방안", 국제해양법학회 정기세미나(서울시립대, 2011. 11. 29) 발표자료집, p.23.

이석우, "독도분쟁과 샌프란시스코 평화조약의 해석에 관한 소고", 『서울국제법연구』, 제9권 1호(2002. 6), p.121.

_____, 『일본의 영토분쟁과 샌프란시스코 평화조약』(인천: 인하대 출판부, 2003).

_____(편), 『독도분쟁의 국제법적 이해』(학영사, 2005).

_____, 『동아시아의 영토분쟁과 국제법』(경기 파주: 집문당, 2007).

이성재, 『지식인』(서울: 책세상, 2012).

이성훈, 『한국 외교안보정책의 이론과 현실: 위협, 동맹, 한국의 군사력 건설 방향』(서울: 도서출판 오름, 2012).

이수광, 『지봉유설』(1614).

이순신, 『난중일기』(국보 제76호, 1962년 지정).

_____, 『이순신의 난중일기 완역본』(노승석 역, 동아일보사, 2005).

_____, 『충무공전서』(1795: 정조 19).

이은성, "백 년 전에 온 사람", 월간 『산』, 1984. 6, pp.92~100.

이익, 『성호사설』.

이장희, "독도영유권 관련 국제법적 쟁점 법리 재조명", 독도연구보전협회 2010년 학술대토론회 '일본의 독도 침탈정책 비판'(2010. 10. 15, 서울역사박물관) 발표자료집, p.7.

_____(편), 『1910년 '한일병합조약'의 역사적·국제법적 재조명』(서울: 아시아사회과학연구원, 2011).

Lee Jang-Hie, "Some International Legal Evaluations on Ahn Jung-geun's Judidial Trial", 『Korean Yearbook of International Law』, vol.2(2015), p.17.

이진명, 『독도, 지리상의 재발견』, 개정판(서울: 도서출판 삼인, 2005).

이케우치 사토시(池內敏), "죽도도해와 돗토리번 – 원록(元綠) 죽도일건 考·序說", 동북아평화를 위한 바른역사정립기획단, 『독도논문번역선』 II (2005. 12), p.11.

_____, "죽도일건의 재검토 – 원록 6~9년의 일·한교섭", 『독도논문번역선』 II, 상게서, p.71.

_____, "17~19세기 울릉도해역의 생업과 교류", 『독도논문번역선』 II, p.131.

_____, "전근대 죽도의 역사학적 연구 서설", 『독도논문번역선』 II, p.167.

이코노미스트, 『세계대전망 2009』(The World in 2009; 현대경제연구원 편역, 한국경제신문, 2008).

이태진·사사가와 노리가츠(공편), 『한국병합과 현대 – 역사적 국제법적 재검토』(경기 파주: 태학사, 2009).

이태희, 『변화의 지향-사상의 자유시장과 인터넷의 미래』(경기 파주: 나남, 2010).

이한기, 『한국의 영토 – 영토취득에 관한 국제법적 연구』(서울대 출판부, 1969).

_____, "영토취득에 관한 국제법 연구 – 영토문제에 대한 일반적 고찰", 육낙현(편), 『백두산정계비와 간도영유권』(서울: 백산자료원, 2000), p.153.

_____, 『국제법강의』 (서울: 박영사, 2002).

_____, "국제분쟁과 재판: 독도문제의 재판부탁성에 관련하여", 독도학회(편), 『한국의 독도영유권 연구사』(독도연구총서 10, 독도연구보전협회, 2003), pp.45~100.

임경석·김영수·이항준(편), 『한국근대외교사전』(서울: 성균관대 출판부, 2012).

자유주의경제학연구회, 『시카고학파의 경제학--자유, 시장 그리고 정부』(대우학술총서, 서울: 민음사, 1994).

자칭궈(賈慶國), "21세기의 중국과 한국", 문정인, 『중국의 내일을 묻다: 중국 최고지성들과의 격정토론』(서울: 삼성경제연구소, 2010), p.469.

정근식, "강제병합 100년, 한일 과거사 극복의 과제와 전망", 백담사 만해마을(편), 『만해축전(萬海祝典) 자료집(상)』(서울: 인북스, 2011), p.90.

정병준, 『독도 1947 – 전후 독도문제와 한·미·일 관계』(경기 파주: 돌베개, 2010).

정약용, 『목민심서』(1818) 및 『경세유표』([방례초본(邦禮草本), 1817)].

_____, 『유배지에서 보낸 편지』(박석무 편역, 개정 2판, 경기 파주: 창비, 2009).

장순순, "17세기 조일관계와 '울릉도쟁계'", 『역사와 경계』 제84집 (2012. 9), p.37.

정인섭, "국제법 측면에서 본 독도 영유권 문제", 한국정신문화연구원, 「독도연구」 보고논총 96-1 (1996), p.96.

_____, "조약체결에 대한 국회의 사후동의", 『서울국제법연구』 제9권 1호(2002. 6), p.1.

_____, 『신국제법강의』 (서울: 박영사, 2012).

정일영, "독도영유권 연구의 향후 과제", 연세대 동서문제연구원/이준 국제법연구원 주최 '신동욱교수 추모 세미나'(서울: 프레스센터, 2009. 3. 26), 발표 요지.

정재서, "동아시아 문화, 그 보편가치와의 문제", 정재서(편), 『동아시아 연구 – 글쓰기에서 담론까지』(서울: 살림출판, 1999), p.177.

정태만, "독도문제의 수학적 접근: 독도는 왜 지리적, 역사적으로 우리 땅이 될 수밖에 없는가?", 『독도연구』 제5호(2008. 12), p.167.

_____, 『태정관 지령이 밝혀주는 독도의 진실』 (서울: 조선뉴스프레스, 2012).

_____, "태정관 지령 이전 일본의 독도 인식," 『사학지』 제45권(2012), pp.5~ 42.

_____, 『17세기 이후 독도에 대한 한국 및 주변국의 인식과 그 변화』, 박사학위논문, 단국대학교, 2014.

정해웅, "EEZ 체제와 한일어업협정", 『서울국제법연구』 제6권 1호(1999. 6), p.1.

제성호, "전후 영토처리와 국제법상의 독도 영유권", 『서울국제법연구』 제15권 1호 (2008. 6), p.135.

조선닷컴, "로렌스 서머스는 누구인가". 2007. 5. 18.

_____, "[구진조선] 쳥노 촌놈, 한국인 죄초 첫 공채 교수 된 드라마", 2013. 4. 15.

＿＿＿, "안중근 의사의 '이토를 죽인 15가지 이유' 보도한 영어매체 기사 첫 발견",
2014. 3. 26.

＿＿＿, "日 방문 독일 메르켈 총리, "일본 과거 직시하고, 주변국은 인내해야"".
2015. 3. 9.

＿＿＿, "메르켈 "日, 위안부 제대로 해결해야"", 2015. 3. 11.

＿＿＿, ""전쟁 나면 싸우겠냐"는 질문에… 모로코는 94%가 "예", 한국은 42%",
2015. 3. 18.

＿＿＿, "美·日 '원폭 투하' 인식차 커…"원폭 투하 정당" 미국인 56%, 일본인 14%",
2015. 4. 8.

＿＿＿, "한국이 2위와 3위를 차지한 유네스코 기록유산과 인류무형문화유산", 2015.
11. 5.

조병한, "'90년대 동아시아 담론의 개관", 정재서(편), 『동아시아 연구 – 글쓰기에서
담론까지』, p.143.

조지훈, 『지조론』(정음문고 48, 서울: 정음사, 1976).

중앙일보, "'독도는 한국 땅' 일본정부 1883년에도 인정", 1999. 12. 2.

진덕규(편), 『한국의 민족주의』(서울: 현대사상사, 1976).

천관우, "한국 민족주의의 역사적 구조--재발견", 진덕규 (편), 『한국의 민족주의』, 상
게서, p.75.

＿＿＿, 『한국사의 재발견』(서울: 일조각, 1974, 1978).

천진(陳晋), *Notes from Harvard on Economics*(2010), 최지희 역, 『하버드 경제학』
(경기 파주: 글항아리, 2011).

촘스키, 노암(Noam Chomsky), *Powers and Prospects* (London: Pluto Press, 1996),
강주헌 역, 『지식인의 책무』(서울: 황소걸음, 2005).

최낙정, 『신한일어업협정은 파기되어야 하나』 (서울: 세창출판, 2002).

최병구, 『외교, 외교관--외교의 실제』(서울: 평민사, 2004).

최자영, "전쟁의 원인과 국제관계에 대한 투키디데스의 분석 – 긍정적 인간성과 평화
의 지향에서 보이는 현대적 의미", 『대구사학』 제101집(2010), pp.1~26.

최재훈·정운장, 『국제법신강』 (서울: 신영사, 1996).

최종화·이창위·김채형, 『국제어업분쟁 해결제도론』 (서울: 두남, 2003).

최종화·손재학, "국제수산기구 자원보존관리조치의 국내법적 수용체계", 『해사법연
구』 제18권 제2호(2006. 9), p.1.

최태현, "외교적 방식에 의한 영토분쟁의 해결", 『법학논총』 제24집 제4호 (한양대 법학연구소, 2007. 12) 별책, p.71.

칠기영지(漆崎英之: 우루시자키 히데유키), "「태정관지령」 부속 지도 「기죽도약도(磯竹島略圖)」 발견 경위와 그 의의", 『독도연구』 제14권(2013), pp.329~342.

칸트, 이마뉴엘, 『순수이성비판/실천이성비판』(정명오 역, 서울: 동서문화사, 1978, 2007).

케네디, 폴(Kennedy, P.), Preparing for the 21st Century(N.Y.: Random House, 1993), 변도은·이일수 역, 『21세기 준비』(한국경제신문사, 1993).

케언크로스, 프랜시스(Frances Cairncross), The Death of Distance: How the Communications Revolution Will Change Our Lives (1997), 홍석기 역, 『거리의 소멸 ⓝ 디지털 혁명』(서울: 세종출판, 1999).

코가 마모루, "해양법상 분쟁해결: 일본의 경험", 대한국제법학회 및 동북아역사재단 공동주최, '국제사법기구를 통한 국제분쟁해결의 최근동향'(2008. 8. 22, 서울 플라자 호텔), 「발표논문집」, p.69.

Korea Times, The, "US Insists on Neutrality on Islets", 2008. 7. 29.

Korea Herald, The & Park Hyun-jin(eds.), 『Insight into Dokdo: Historical, Political and Legal Perspectives on Korean Sovereignty』 (Paju, Kyeonggi-do: Jimoondang, 2009).

콘, 한스(Hans Kohn), Nationalism: Its Meaning and History(Princeton: Van Nostrand Co., 1955), 차기벽 역, 『민족주의』(삼성문화문고 50, 삼성문화재단, 1974).

크레스웰(Cresswell, T.), Place: a short introduction(Oxford: Blackwell, 2004), 심승희 역, 『장소: 짧은 지리학 개론』(서울: 시그마 프레스, 2012).

태공망·황석공, 『육도삼략』(유동환 역, 서울: 홍익출판, 1999).

파스칼(Pascal, B.), Pensées (1660, 홍순민 역, 『팡세』(서울: 삼성출판, 1976) & Pensées, translated by W.F. Trotter, available at http://folk.uio.no/lukeb/books/theo/Pascal-Pensees.pdf.

페어뱅크, 존 K·라이샤워, 에드윈 O·크레이그, 앨버트 M., East Asia, Tradition & Transformation (1978, 1990), 김한규 외 역, 『동양문화사』(상·하, 서울: 을유문화, 1991~1992).

한겨레신문(인터넷), "일본인 만든 1910년판 지도에도 '독도는 한국땅'", 1999. 4. 12.

_____, "일본 교과서 '독도 고유 영토' 주장···30년 뒤가 두렵다", 2015. 10. 18.

Hankyoreh, The, "American historians issue statement opposing Japanese PM's efforts to alter history textbooks", 2015. 2. 7.

한국 아이닷컴, "독도주변 해저지명 10곳 국제기구 등재", 2007. 6. 8.

_____, "외국 학자들도 독도는 한국 땅－나이토 시마네대 명예교수 "러·일전쟁 중 강탈"", 2008. 7. 19.

한국일보(인터넷), "[바이든 방한] 바이든 "미국 반대편에 베팅은 좋지 않아"… 한중 밀착에 압박성?", 2013. 12. 7.

_____, "美언론 "명백한 日 침략·식민지배, 어떻게 논쟁이 가능한가"", 2015. 3. 25.

한국해양대, "한국해양과학기술원의 상생적 학·연 협력모델 개발 기획연구"(한국연구재단 공모과제, 2013. 10).

한만년, 『一業一生』(서울: 일조각, 1984).

한비자, 『한비자』(김동휘 역해, 서울: 신원문화, 2007).

_____, 『한비자』(최태웅 역, 서울: 새벽이슬, 2010).

한영구, 『강제력과 국제조약』(서울: 도서출판 오름, 1997).

한용운, 「조선독립의 서」, 만해사상실천선양회(편), 『만해 한용운 논설집』(서울: 장승, 2000), p.283.

한인섭, 『식민지 법정에서 독립을 변론하다－허헌·김병로·이인과 항일 재판투쟁』(서울: 경인문화, 2012).

한일관계사연구회(편), 『독도와 대마도』(서울: 지성의 샘, 1996, 2005).

한철호, "독도에 관한 역사학계의 시기별 연구동향", 『한국근현대사연구』 제40집 (2007, 봄), p.200.

허영란, "명치기 일본의 영토 경계 확정과 독도－도서 편입 사례와 '죽도 편입'의 비교", 『서울국제법연구』 제10권 1호(2003. 6), p.1.

헌팅턴, 새뮤얼(Samuel P. Huntington), The Clash of Civilizations and the Remaking of World Order(1996), 이희재 역, 『문명의 충돌』(서울: 김영사, 1997).

호른(K.I. Horn), Roads to Wisdom, Conversations with Ten Nobel Laureates in Economics(England: E. Elgar Publishing Co., 2009), 안기순 등 옮김, 『지식의 탄생』(서울: 미래엔, 2012).

Hori, K., "Japan's Incorporation of Takeshima into Its Territory in 1905", 『Korea Observer』, vol.28, 1997, p.477.

호사카 유지(Hosaka, Yuji), 『일본 고지도에도 독도없다』(서울: 자음과 모음, 2005).

_____, "Ensuring Korea's sovereignty over Dokdo－Japanese-born scholar says Tokyo's groundless claims are buttressed by effective diplomacy", The Korea Herald, 2008. 10. 15, p.4.

홍성근, "독도 영유권 문제와 영토의 실효적 지배", 독도연구보전협회(편), 『독도영유권 연구논집』(독도연구총서 9, 2002), p.125.

_____, "국제법상 독도문제의 해결방법과 정책방향", 이석우(편), 『독도분쟁의 국제법적 이해』(학영사, 2005), p.239.

_____, "독도문제에 대한 직접교섭의 실행가능성과 해결형태", 이석우(편), 『독도분쟁의 국제법적 이해』, 상게서, p.291.

홍성욱, 『네트워크 혁명, 그 열림과 닫힘』(서울: 들녘, 2002).

황상익, "이완용 죽은 다음 날 〈동아일보〉는…", 인터넷 프레시안, 2010. 10. 4,

2. 외국문헌

굴화생(堀和生: 호리 가즈오), "1905年 日本の竹島領土編入", 『조선사연구회논문집』 24(1987).

길천홍문관(吉川弘文館) 編輯部(編), 「近代史必携」(동경: 吉川弘文館, 2007).

삼원고령(杉原高嶺: 스기하라 다카네), 『國際法學講義』(東京: 有斐閣, 2008).

천상건삼(川上健三: 가와카미 겐조), 『竹島の歴史地理學的 研究』(동경: 古今書院, 1966).

태수당 정(太壽堂 鼎: 다이주도 가나에), 『領土歸屬の國際法』(東京: 東信堂, 1998).

황목교부(荒木教夫), "領土·國境紛爭における地圖の機能", 『早法』 74권3호(1999), pp.1~25.

Acer, Y., "A Proposal for a Joint Maritime Development Regime in the Aegean Sea", Journal of Maritime Law and Commerce, vol.37, 2006, p.49.

Agnew, J., "The Territorial Trap: The Geographical Assumptions of International Relations Theory", Review of International Political Economy, vol.1, 1994, p.53.

Ahn, Kyong Whan, "The Influence of American Constitutionalism on South Korea", Southern Illinois University Law Journal, vol.22, 1997, p.71.

Akweenda, S., "The Legal Significance of Maps in Boundary Questions: A

Reappraisal with Particular Emphasis on Namibia", *British Yearbook of International Law*, vol.60, 1989, p.205.

American Heritage Dictionary (4th edn., Boston & N.Y.: Houghton Mifflin Co., 2000).

Angell, N., *The Great Illusion: A Study of the Relations of Military Power in Nations to Their Economic and Social Advantage* (1909; London: Heinemann, 1914).

Auburn, F.M., "The White Desert", *International & Comparative Law Quarterly*, vol.19, 1970, p.234.

_____, *Antarctic Law and Politics* (London: C. Hurst & Co., 1982).

Aust, A., "The Theory and Practice of Informal International Instruments", *International and Comparative Law Quarterly*, vol.35, 1986, p.787.

_____, *Modern Treaty Law and Practice*(Cambridge University Press, 2000).

BBC News Online, The, "Greek and Turkish planes collide", 2006. 5. 23.

_____, "Sir Malcolm Rifkind and Jack Straw have whip withdrawn over 'sting'", 2015. 2. 23.

Benn, A., "UN cartographer to plot disputed Shaba Farms' border boundaries", 2007. 9. 6, at http://www.haaretz.com/hasen/spages/ 901591.html (2007. 12. 8 검색).

Bentham, J, *An Introduction to the Principles of Morals and Legislation* (ed. by J.H. Burns & H.L.A. Hart, University of London, 1970; London & N.Y.: Methuen, 1982).

Berlin, I., *The Hedgehog and the Fox: An Essay on Tolstoy's View of History* (London: Weidenfeld & Nicolson, 1953).

Berman, N., "Sovereignty in Abeyance: Self-Determination and International Law", *Wisconsin International Law Journal*, vol.7, 1988~1989, p.51.

Bernhardt, R., "Customary International Law", in Bernhardt(ed.), *Encyclopedia of Public International Law* (4 vols., Amsterdam: Elsevier, 1992~), vol.I(1992), p.898.

Beveridge, Sir William, *Beveridge Report: Social Insurance and Allied Services*(1942).

Bix, H.P., *Hirohito and the Making of Modern Japan* (N.Y.: HarperCollins, 2000;

Perennial edn., 2001).

Black's Law Dictionary (6th edn., St. Paul, Minn.: West Pub. Co., 1990).

Blackstone, W., *Commentaries on the Laws of England* (4 vols., 1765~1769; reprinted, University of Chicago Press, 1979), vol.3.

Blix, H. & Emerson, J.H. (eds.), *The Treaty Maker's Handbook* (Dag Hammarskjöld Foundation, N.Y.: Oceana Publications, Dobbs Ferry, 1973).

Boswell, J., *The Life of Samuel Johnson*(ed. by H. Christopher, New York: Penguin Classics, 1986).

Bowett, D.W., "The Conduct of International Litigation", in Bowett et al, *The International Court of Justice: Process, Practice and Procedure* (London: British Institute of International and Comparative Law, 1997), p.1.

Brierly, J.L., *The Basis of Obligation in International Law* (Oxford: Clarendon, 1958).

_____, *The Law of Nations: An Introduction to the International Law of Peace* (6th edn., by H. Waldock, Oxford: Clarendon, 1963).

Brilmayer, L. & Klein, N., "Land and Sea: Two Sovereignty Regimes in Search of a Common Denominator", *New York University Journal of International Law & Politics*, vol.33, 2001, p.703.

Brown, L.A., *The Story of Maps* (N.Y.: Dover Publications, 1977).

Brown, L.N. & Bell, J.S., *French Administrative Law*(Oxford: Clarendon, 1993).

Brownlie, I., *International Law and the Use of Force by States* (Oxford: Clarendon, 1963).

_____, *African Boundaries: A Legal and Diplomatic Encyclopaedia* (1979).

_____, *Basic Documents in International Law* (3rd ed., Oxford: Clarendon Press, 1983).

_____, *The Rule of Law in International Affairs – International Law at the Fiftieth Anniversary of the United Nations* (The Hague: Martinus Nijhoff, 1998).

_____, *Principles of Public International Law* (6th edn., Oxford: Clarendon Press, 2003).

Bull, H., *The Anarchical Society: A Study of Order in World Politics* (London: Macmillan, 1977).

Canetti, E., *Masse und Macht* (Hamburg: Classen Verlag, 1960), translated from the

German by Carol Stewart, *Crowds and Power* (Penguin Books, 1973, rep.1987).

Carr, E.H., *What is History?* (London: Macmillan, 1961, Penguin Books, 1964).

_____, *The Twenty Years' Crisis 1919~1939: An Introduction to the Study of International Relations*(N.Y.: Harper & Row, 1939, 1964).

Charney, J.I., "Universal International Law", *American Journal of International Law*, vol.87, 1993, p.529.

_____, "Progress in International Maritime Boundary Delimitation Law", *American Journal International Law*, vol.88, 1994, p.227.

Charney, J.I. & Alexander, L.M.(eds.), *International Maritime Boundaries*(The Hague: Martinus Nijhoff), vol.III(1998).

Cheng, B., "United Nations Resolutions on Outer Space: "Instant" Customary Law?", *Indian Journal of International Law*, vol.5, 1965, p.23.

Chung, Il Yung, *Legal Problems Involved in the Corfu Channel Incident* (Genève: Lbrairie E. Droz & Paris V: Librairie Minard, 1959).

Churchill, R.R. & Lowe, A.V. *the law of the sea* (3rd edn., Manchester University Press, 1999).

Clausewitz, C. von, *On War* (edited & translated by M. Howard & P. Paret, N.J.: Princeton University Press, 1984).

Cooter, R. & Ulen, T., *Law and Economics* (N.Y.: Harper Collins, 1988).

Croce, B., *History as the Story of Liberty* (translated from the Italian by S. Sprigge, N.Y.: W.W. Norton & Co., 1941).

D'Amato, A.A., "The Concept of Special Custom in International Law", *American Journal of International Law*, vol.63, 1969, p.211.

De la Rochère, J.D., "France", in Jacobs & Roberts, *The Effect of Treaties in Domestic Law*, p.39.

Denza, E., *Diplomatic Law* (2nd edn., Oxford: Clarendon Press, 1998).

_____, "Two Legal Orders: Divergent or Convergent?", *International & Comparative Law Quarterly*, vol.48, 1999, p.257.

Dicey, A.V. *Introduction to the Law of the Constitution* (9th edn., London: Macmillan, 1950).

Draper, G.I.A.D., "Grotius' Place in the Development of Legal Ideas about War", in H. Bull, B. Kingsbury & A. Robers (eds.), *Hugo Grotius and International Relations* ((N.Y.: Oxford University Press, 1990), p.177.

Dworkin, R.M., "The Model of Rules", *University of Chicago Law Review*, vol.35, 1967, p.14.

_____, "Is Law A System of Rules?", in R.M. Dworkin(ed.), *The Philosophy of Law* (Oxford University Press, 1977), p.38.

Evans, M.D.(ed.), *International Law* (1st edn., Oxford University Press, 2003).

Fox, H., "International Law and Restraints on the Exercise of Jurisdiction by National Courts of States", in M.D. Evans (ed.), *International Law*, p.357.

Frank, T.M., "World Made Law: The Decision of the ICJ in the Nuclear Test Cases", *American Journal of International Law*, vol.69, 1975, p.612.

Gardiner, R.K., *International Law* (Longman Pearson, 2003).

Gellner, E., *Plough, Sword and Book: The Structure of Human History* (London: Paladin Grafton Books, 1988).

Gilpin, R. *War & Change in World Politics* (Cambridge University Press, 1981).

_____, *The Political Economy of International Relations* (Princeton University Press, 1987).

Gore-Booth, Lord(ed.), *Satow's Guide to Diplomatic Practice* (5th edn., London & N.Y.: Longman, 1979).

Gromyko, A., *Memories* (translated by H. Shukman, London: Hutchinson, 1989).

Gross, L., book review, R.Y. Jennings, *The Acquisition of Territory in International Law*(Manchester University Press & N.Y.: Dobbs Ferry, Oceana Publications, 1963), *American Journal of International Law*, vol.59, 1965, pp.408~410.

Habib, P., *The Work of Diplomacy, Conversations with History*, 1982. 5. 14(인터넷 동영상).

Hall, W.E., *A Treatise on International Law* (8th edn., N.Y.: Clarendon Press, 1917).

Hart, H.L.A., *The Concept of Law*(Oxford: Clarendon, 1961).

_____ & Honoré, T., *Causation in the Law*(2nd edn., Oxford: Clarendon Press, 1985).

Harvard Research in International Law, Draft Convention on the Law of Treaties, *American Journal of International Law*, vol.29, 1935, Supp., p.653.

Henkin, L., *How Nations Behave: Law and Foreign Policy* (2d edn., N.Y.: Columbia University Press, 1979).

_____, *Foreign Affairs and the Constitution* (2nd edn., N.Y.: Oxford University Press, 1996).

_____ et al, *International Law: Cases and Materials* (3d ed., St. Paul: West Publishing Co., 1993).

Herb, G.H., "National Identity and Territory", in G.H. Herb & D.H. Kaplan(eds.), *Nested Identities: Nationalism, Territory and Scale* (Lanham, MD: Rowman & Littlefield Publishers, 1999), p.9.

Heydte, von der, F.A.F., "Discovery, Symbolic Annexation and Virtual Effectiveness in International Law", *American Journal of International Law*, vol.29, 1935, p.448.

Hobbes, T., *Leviathan*(1651, edited by C.B. Macpherson. London: Penguin Books, 1968).

Hobson, J.A., *Imperialism* (1902; 3rd edn., London: G. Allen & Unwin, 1938).

Hodgson, R.D. & E.J. Cooper, "The Technical Delimitation of a Modern Equidistant Boundary", *Ocean Development and International Law*, vol.3, 1976, p.361.

Hofstede, G., *Cultures and Organizations: Intercultural Cooperation and Its Importance for Survival* (London: HarperCollins, 1991).

Holmes, Jr., O.W., *The Common Law*(Boston: Little, Brown & Co., 1881, 1938).

Howard, M., "The Influence of Clausewitz", in C. von Clausewitz, *On War, ibid.*, p.27.

Hudson, M. O., *The World Court 1921~1931: A Handbook of the Permanent Court of International Justice* (3d edm., Boston: World Peace Foundation, 1931).

Hurrell, A., "International Society and the Study of Regimes: A Reflective Approach", in V. Rittberger(ed.), *Regime Theory and International Relations* (Oxford: Clarendon, 1993), p.49.

Hutchinson, D.N., "The Significance of Registration and Non-Registration of an International Agreement in Determining Whether or Not It Is a Treaty",

Current Legal Problems, vol.46, 1993, p.257.

Hyde, C.C., "Maps as Evidence in International Boundary Disputes", *American Journal of International Law*, vol.27, 1933, p.311.

International Herald Tribune Online, The, "Greek and Turkish fighter planes collide over Aegean Sea", 2006. 5. 23.

Jacobs, F.G. & Roberts, S.(eds.), *The Effect of Treaties in Domestic Law*(London: Sweet & Maxwell, 1987).

Jagota, S. P., *Maritime Boundary* (Dordrecht: Martinus Nijhoff, 1985).

James, G.F., "Relevancy, Probability and the Law", *California Law Review*, vol.29, 1941, p.689.

Jennings. R.Y., *The Acquisition of Territory in International Law* (Manchester University Press & N.Y.: Dobbs Ferry, Oceana Publications, 1963).

_____, "The International Court of Justice after Fifty Years", *American Journal of International Law*, vol.89, 1995, p.493.

Jervis, R., "Security Regimes", in S.D. Krasner(ed.), *International Regimes, ibid.*, p.173.

Jessup, P.C., "The Palmas Island Arbitration", *American Journal of International Law*, vol.22, 1928, p.735.

_____, *A Modern Law of Nations – An Introduction* (N.Y.: Macmillan, 1956).

Kaikobad, K.H., "Some Observations on the Doctrine of Continuity and Finality of Boundaries", *British Yearbook of International Law*, vol.54, 1983, p.119.

Kazazi, M., *Burden of Proof and Related Issues: A Study on Evidence Before International Tribunals* (The Hague: Kluwer, 1996).

Kelsen, H., *Principles of Public International Law* (2nd edn., by R.W. Tucker, N.Y. & Chicago: Holt, Rinehart & Winston, 1966).

Kennedy, D., "The Sources of International Law", *American University Journal of International Law and Politics*, vol.2, 1987, p.1.

Kennedy, P., *The Rise and Fall of the Great Powers: Economic Change and Military Conflict From 1500 to 2000* (N.Y.: Random House, 1987).

Keynes, J.M., *The Economic Consequences of the Peace* (1919).

Kissinger, H. A., *Diplomacy* (N.Y.: Simon & Schuster, 1994).

_____, *On China* (N.Y.: Penguin Books, 2011, 2012).

Knight, D., "People Together, Yet Apart: Rethinking Territory, Sovereignty, and Identities", in G.J. Demko & W.B. Wood(eds.), *Reordering the World: Geopolitical Perspectives on the Twenty-First Century* (Boulder, Colo.: Westview Press, 1994), p.71.

Koskenniemi, M.(ed.), *International Law* (New York University Press, 1992).

Kozlowski, A., "The Legal Construct of Historic Title to Territory in International Law – An Overview", *Polish Yearbook of International Law*, vol.30, 2010, p.61.

Krasner, S. D., "Structural causes and regime consequences: regimes as intervening variables", in S.D. Krasner(ed.), *International Regimes*(Itaca/London: Cornell University Press, 1983), p.1.

_____, "Sovereignty, Regimes, and Human Rights", in V. Rittberger(ed.), *Regime Theory and International Relations*(Oxford: Clarendon, 1993), p.139.

Kratochwil, F.V., *Rules, norms, and decisions: on the conditions of practical and legal reasoning in international relations and domestic affairs* (Cambridge University Press, 1989).

Kuhn, T.S. *The Structure of Scientific Revolutions* (2nd enlarged edn., University of Chicago Press, 1970).

Kwiatkowska, B., "The Eritrea/Yemen Arbitration: Landmark Progress in the Acquisition of Territorial Sovereignty and Equitable Maritime Boundary Delimitation", *Ocean Development & International Law*, vol.32, 2001, p.1, updated at http://www.law.uu.nl/nilos.

Kyodo News Agency's English reports, 17 Nov., 1989.

Lakatos, I., "History of Science and Its Rational Reconstruction", in I. Hacking(ed.), *Scientific Revolutions* (Oxford University Press, 1981), p.107.

Lee Ki-baik, *A New History of Korea* (trans. by E.W. Wagner & E.J. Shultz, Seoul: Ilchokak Publishers & Cambridge, Mass.: Harvard University Press, 1984).

Locke, J., "A Letter Concerning Toleration"(1689).

Lowe, V. & Fitzmaurice, M.(eds.), *Fifty Years of the International Court of Justice: Essays in Honour of Sir Robert Jennings* (Cambridge University Press, 1996).

Luce, R.D. & Raiffa, H., *Games and Decisions* (N.Y.: Wiley, 1957).

Macdonald, R. St. J. & Johnston, D.M.(eds.), *The Structure and Process of International Law: Essays in Legal Philosophy, Doctrine and Theory* (Dordrecht: Martinus Nijhoff, 1986).

Machiavelli, N., *The Prince* (1513; ed. by Q. Skinner & R. Price, Cambridge University Press, 1988).

Malanczuk, P., *Akehurst's Modern Introduction to International Law* (7th rev. edn., London: Routledge, 1997).

Mangoldt, H. Von, "Mixed Commissions", in Berhardt, *Encyclopedia of Public International Law*, vol.III, p.439.

Maurois, A., *Histoire D'Angleterre* (Librairie Arthème Fayard, 1978).

McNair, Lord, *The Law of Treaties* (Oxford: Clarendon, 1961).

Mendes de Leon, P.M., "Before and After the Tenth Anniversary of the Open Skies Agreement Netherlands-US of 1992", *Air and Space Law*, vol.28, 2002, p.280.

Mill, J.S.,*The Collected Works of John Stuart Mill*, vol.VII-A System of Logic Ratiocinative and Inductive: Being a Connected View of the Principles of Evidence and the Methods of Scientific Investigation, Part I(1843, ed. by J.M. Robson & R.F. McRae, University of Toronto Press & London: Routledge & Kegan Paul, 1974) & vol.VIII, Part II.

Milward, A.S., War, *Economy and Society* 1939~1945 (1977; Penguin Books, 1987).

Morgenthau, H.J., *Politics among Nations: The Struggle for Power and Peace* (5th edn., N.Y.: Alfred · A · Knopf, 1973).

Mosler/Oellers-Frahm, "Article 92", in Simma (ed.), *The Charter of the United Nations: A Commentary*, vol.II, p.1157.

Moynihan, D.P., *On the Law of Nations* (Harvard University Press, 1990).

Muller, A.S., Raič, D. & Thuránszky, J.M. (eds.), *The International Court of Justice: Its Future Role After Fifty Years* (Martinus Nijhoff Publishers, 1997).

Münch, F., "Maps", in R. Bernhardt(ed.), *Encyclopedia of Public International Law*(4 vols., Amsterdam: Elsevier, 1992~), vol.3(1997), p.288.

Murphy, J.F., "Force and Arms", in C.C. Joyner, *The United Nations and*

International Law(Cambridge University Press, 1997), p.97.

Nandan, S.N., Lodge, M.W. & Rosenne, S. (eds.), *United Nations Convention on the Law of the Sea 1982: A Commentary*, vol.VI (The Hague, London & New York: Martinus Nijhoff, 2002).

New York Times Online, The, "U.S. Textbook Skews History, Prime Minister of Japan Says", 2015. 1. 29.

Nussbaum, A., *A Concise History of International Law* (rev. edn., N.Y.: Macmillan, 1958).

Nye, Jr. J.S., *Nuclear Ethics* (N.Y.: Free Press, Macmillan, 1986).

O'Connell, D.P., *The International Law of the Sea* (2 vols., ed. by I.A. Shearer, Oxford: Clarendon, 1982).

Okowa, P., "Issues of Admissibility and the Law on International Responsibility", in Evans, *International Law*, pp.473~502.

Oppenheim, L., *International Law* (8th edn., 1955 & 9th edn. by R. Jennings & A. Watts, N.Y.: Longman, 1992).

Orwell, G., "The Freedom of the Press", preface to *Animal Farm*(1945).

Parsons, T., "Power and the Social System", in S. Lukes (ed.), *Power* (Oxford: Basil Blackwell, 1986), p.94.

Polinsky, A. M., *An Introduction to Law and Economics* (Boston: Little, Brown & Co., 1983).

Popper, K.R., *The Open Society and Its Enemies* (2 vols., 5th edn., London: Routledge, 1966).

Pyle, K.B., *Japan Rising: The Resurgence of Japanese Power and Purpose* (N.Y.: Century Foundation, 2007).

Rahman, M.H., "The Impact of the Law of the Sea Convention on the Regime for Islands", *International & Comparative Law Quarterly*, vol.35, 1985, p.368.

Rawls, J., *A Theory of Justice* (Harvard University Press, 1971).

Reisman, W.M., "The Constitutional Crisis in the United Nations", *American Journal of International Law*, vol.87, 1993, p.83.

Röling, B.V.A,, "Are Grotius' Ideas Obsolete in an Expanded World?", in H. Bull, B. Kingsbury & A. Roberts (eds.), *Hugo Grotius and International Relations*

(N.Y.: Oxford University Press, 1990), p.281.

Rubin, A.P., "The International Effects of Unilateral Declarations", *American Journal of International Law*, vol.71, 1977, p.1.

Russell, B., *A History of Western Philosophy* (1946, 2nd edn., London: George Allen & Unwin, 1961).

Said, E., *Culture and Imperialism* (London: Vintage, 1993).

Sandifer, D.V., *Evidence Before International Tribunals* (rev. ed., Charlottesville: Virginia University Press, 1957).

Sands(ed.), P., *Manual on International Courts and Tribunals* (London: Butterworths, 1999).

Schapiro, J. S., book review, B. Croce's *History as the Story of Liberty, Journal of the History of Ideas*, vol.2, No. 4(Oct., 1941), pp.505~508.

Schindler, D., "Regional International Law", in R. Bernhardt(ed.), *Encyclopedia of Public International Law*, vol.IV(Amsterdam: Elsevier, 2000), p.161.

Schwarzenberger, G., "Title to Territory: Response to A Challenge", *American Journal of International Law*, vol.51, 1957, p.308.

Seton-Watson, H., *Nations and States: An Inquiry into the origins of nations and the politics of nationalism* (London: Methuen, 1977).

Shanghai Daily, The, "Nanjing Massacre Cannot be Denied", 2014. 12. 13, p.1.

Shaw, Carole C., *The Foreign Destruction of Korean Independence* (Seoul National University Press, 2007).

Shaw, M.N., "Territory in International Law", *Netherlands Yearbook of International Law*, vol.13, 1982, p.61.

Shearer, I.A., *Starke's International Law* (11th edn., London: Butterworths, 1994).

Shi Jiuyong, "Maritime Delimitation in the Jurisprudence of the International Court of Justice", *Chinese Journal of International Law*, vol.9, 2010, p.271.

Shue, H., "The Unavoidability of Justice", in A. Hurrell & B. Kinsbury (eds.), *The International Politics of the Environment* (Oxford: Clarendon Press, 1992), p.373.

Sibbett, B.K., "Tokdo or Takeshima? The Territorial Dispute between Japan and the Republic of Korea", *Fordham International Law Journal*, vol.21, 1998, p.1606.

Simma, B., "Consent: Strains in the Treaty System", in R. St.J. Macdonald & D.M. Johnston(eds.), *The Structure and Process of International Law,* p.485.

_____ (ed.), *The Charter of the United Nations: A Commentary* (2 vols., 2d ed., Oxford: Oxford University Press, 2002).

Sinclair, I., *The Vienna Convention on the Law of Treaties* (2nd edn., Manchester University Press, 1984).

Singh, N., "The United Nations and the Development of International Law", in A. Roberts & B. Kingsbury(eds.), *United Nations, Divided World* (Oxford & N.Y.: Clarendon Press, 1988), p.159.

Smith, A., *The Theory of Moral Sentiments*(1759; ed. by D.D. Raphael & A.L. Macfie, Oxford: Clarendon, 1976).

_____, *An Inquiry into the Nature and Causes of Wealth of Nations* (1776; reproduced in 2 vols., Glasgow edn., by R.H. Campbell, A.S. Skinner & W.B. Todd, Oxford: Clarendon Press, 1976).

_____, *The Wealth of Nations, Books I-III* (1776; Penguin Books, 1986).

_____, *Lectures on Jurisprudence*(1762~1766; ed. by R.L. Meek, P.G. Stein & D.D. Raphael, Oxford: Clarendon, 1978).

Smith, A.D., *The Ethnic Origins of Nations* (Oxford: Basil Blackwell, 1986).

_____, *National Identity* (London: Penguin Books, 1991).

Smith, D.M., "Introduction: the sharing and dividing of geographical space", in Chisholm, M. & Smith, D.M.(eds.), *Shared Space: Divided Space: Essays on Conflict and Territorial Organization* (London: Unwin & Hyman, 1990).

Stevenson, L., *Seven Theories of Human Nature* (2nd edn., N.Y. & Oxford: Oxford University Press, 1987).

Straits Times, The, "The Harbin Tragedy – Assassin's Charges Against the Late Prince Ito", 1909. 12. 2, p.5.

Strange, S., *States & Markets* (England: Blackwell Publishers, 1988).

Sumner, B.T., "Territorial Dispute at the International Court of Justice", *Duke Law Journal,* vol.53, 2003~2004, p.1779.

Tapscott, D. & Williams, A.D., *Wikinomics: How Mass Collaboration Changes*

Everything (expanded edn., N.Y.: Portfolio, Penguin Group, 2008).

Telegraph Online, The "Why I'm standing down from Parliament: Jack Straw, MP for Blackburn", 2015. 2. 13.

Thirlway, H., "The Law and Procedure of the International Court of Justice 1960~1989", *British Yearbook of International Law*, vol.62, 1991, p.1.

Thornberry, C., book review, R.Y. Jennings, *The Acquisition of Territory in International Law*(Manchester University Press & N.Y.: Dobbs Ferry, Oceana Publications, 1963), *International and Comparative Law Quarterly*, vol.12, 1963, pp.1051~1053.

Toffler, A., *The Third Wave*(1980, N.Y.: Bantham Books, 1981).

_____, *Powershift: Knowledge, Wealth, and Violence at the Edge of the 21st Century* (N.Y.: Bantham Books, 1990).

Toynbee, A., *A Study of History*, at http://en.wikipedia.org/wiki/A_Study_of_History.

Turns, D., "The Stimson Doctrine of Non-Recognition: Its Historical Genesis and Influence on Contemporary International Law", *Chinese Journal of International Law*, vol.2, 2003, p.105.

Twining, W., *Theories of Evidence: Bentham & Wigmore* (Jurists: Profiles in Legal Theory, London: Weidenfeld & Nicolson, 1985).

_____, *Blackstone's Tower: The English Law School*(The Hamlyn Lectures, London: Stevens & Sons/Sweet & Maxwell, 1994).

U.S. Department of Defense, "DoD News Briefing: Agreement to Commercialize Government Funded Technology", February 12, 1997.

U.S. Dept. of State, "U.S. Terminates Acceptance of ICJ Compulsory Jurisdiction: Secretary's Letter to U.N. Secretary General, Oct. 7, 1985, *International Legal Materials*, vol.24, 1985, pp.1742~1745.

U.S. Dept. of State, Bureau of Oceans and International Environmental and Scientific Affairs, 「U.S. Responses to Excessive National Maritime Claims」, *Limits in the Seas*, No.112, available at http://www.state.gov/documents/organization/58381.pdf (2007. 12. 8 검색).

Van Dyke, J.M., "The Aegean Sea Dispute: Options and Avenues", *Marine Policy*, vol.20, 1996, p.397.

_____, "Legal Issues Related to Sovereignty over Dokdo and Its Maritime Boundary", *Ocean Development & International Law*, vol.38, 2007, p.157,

_____ & Brooks, R.A., "Uninhabited Islands: Their Impact on the Ownership of the Oceans' Resources", *Ocean Development & International Law*, vol.12, 1983, p.265.

Viner, J., "Bentham and J.S. Mill: The Utilitarian Background", *American Economic Review*, vol.39, No.2 (1949. 3), pp.360~382.

Waltz, K.N., *man, the state and war: a theoretical analysis* (New York: Columbia University Press, 1954 & 1959).

_____, *The Theory of International Politics* (N.Y.: McGraw-Hill, 1979).

Weissberg, G., "Maps As Evidence in International Boundary Disputes: A Reappraisal", *American Journal of International Law*, vol.57, 1963, p.781.

Wheaton, H., *Elements of International Law* (1866, rep., Oxford University Press, 1936).

Wildhaber, L., *Treaty-making and Constitution: An International and Comparative Study* (Basel & Stuttgart: Hellbing & Lichtenhahn, 1971).

Yee, Sienho, "Forum Prorogatum and the Advisory Proceedings of the International Court", *American Journal of International Law*, vol.95, 2001, p.381.

Zemanek, K., "Majority Rule and Consensus Technique in Law-Making Diplomacy", in Macdonald & Johnston, *The Structure and Process of International Law*, p.857.

Zimmerman, A., Tomuschat, C., Oellers-Frahm, K. & Tams, C.J., *The International Court of Justice: A Commentary* (2nd edn., Oxford University Press, 2012).

Zoller, E., *Droit des relations extérieures (Paris: Presses* Universitaires de France, 1992).

V. 찾아보기

88

박현진

· 高麗大學校 法科大學 법학과(法學士)
· 런던대학교 본부대학(University College London) 법학부(法學碩士·博士)
· 경희대·서울市立大·延世大·한남대·항공대·고려 사이버대 등 15개 대학 강의
· 서울대학교 法學研究團 契約敎授
· 국제수산회의 정부대표·외교안보연구원 겸임교수·國際捕鯨委員會(IWC) 保存委員會 議長
· 東北亞歷史財團 獨島研究所長
· 英國 外務省(British Foreign & Commonwealth Office) 장학생
· 大韓國際法學會 제정 「현민 國際法 學術賞」 수상
· 世界國際法協會(ILA) 韓國本部 사무총장
· 현 대한국제법학회 이사·국제해양법학회 이사

〈단행본〉

· 『Insight into Dokdo: Historical, Political and Legal Perspectives on Korea's Sovereignty』
(Jimoondang, 2009)(co-editor with The Korea Herald).

〈논문〉

· "국제항공여객운송인의 민사책임: 법경제학적 접근"(1999).
· "拷問防止協約에 대한 美國의 留保와 國家實行: 양립성, 허용가능성과 효과"(2005)[대전 국가기록원 국가기록정보센터 소장].
· "世界化, 法學專門大學院과 法學研究·敎育의 方向·方法論"(2007).
· "法律英語, 法律文章과 文體·技巧 - 英美法上 比喩法·類推·擬制와 婉曲語法을 중심으로"(2008)[국립중앙도서관 전자도서관 소장].
· "SCAPIN 677 As An International Legal Instrument Constituting Both A Root and Evidence of Korean Title to Dokdo"(2014).
  등 國·英文 論文 및 法令·判例·논문 국·영역 40여 편.

독도 영토주권 연구

값 59,000원

2016년 3월 25일 초판 1쇄
2017년 10월 20일 초판 2쇄

저 자 : 박현진
발행인 : 한정희
발행처 : 경인문화사
경기도 파주시 회동길 445-1
전화 : 031-955-9300 팩스 : 031-955-9310
이메일 : kyunginp@chol.com
홈페이지 : http://kyungin.mkstudy.com

등록번호 : 제10 - 18호(1973. 11. 8)
ISBN : 978-89-499-1188-5   93360
ⓒ 2016, Kyung-in Publishing Co, Printed in Korea